张家界年鉴

2021

张家界市地方志编纂室　编

方志出版社
Publishing House of Local Records

图书在版编目（CIP）数据

张家界年鉴. 2021 / 张家界市地方志编纂室编.—北京：方志出版社，2021.12
ISBN 978-7-5144-4998-3

Ⅰ. ①张… Ⅱ. ①张… Ⅲ. ①张家界－2021－年鉴Ⅳ. ①Z526.43

中国版本图书馆CIP数据核字（2021）第275705号

责任编辑：齐笑
责任校对：刘玉霞
责任印制：梅中英
出 版 者：方志出版社
地　　址：北京市朝阳区潘家园东里9号（国家方志馆4层）
邮　　编：100021
网　　址：http://www.zgfzcb.cn
发　　行：方志出版社图书营销中心（010-67110500）
印　　刷：长沙沐阳印刷有限公司
开　　本：889毫米×1194毫米 1/16
印　　张：30.5　地图1幅
字　　数：1111千字
版　　次：2021年12月第1版
印　　次：2021年12月第1次印刷
定　　价：268.00元

《张家界年鉴（2021）》编辑委员会

《张家界年鉴（2021）》编辑部

数字張家界

综合

地区生产总值	556.68 亿元
第一产业增加值	82.15 亿元
第二产业增加值	87.24 亿元
第三产业增加值	387.29 亿元
三次产业占地区生产总值比重	14.76 ∶ 15.67 ∶ 69.57

农业

农林牧渔业	136.1 亿元
农业	73.4 亿元
林业	9.3 亿元
牧业	44.4 亿元
渔业	4.0 亿元
农林牧渔专业及辅助性活动	5.0 亿元
粮食种植面积	118.4 万亩
糖料种植面积	0.3 万亩
油料种植面积	72.9 万亩
烟叶种植面积	9.7 万亩
蔬菜种植面积	57.9 万亩
粮食产量	63.7 万吨
油料产量	8.4 万吨
烤烟产量	1.5 万吨
茶叶产量	0.4 万吨
蔬菜产量	104.0 万吨
猪、牛、羊肉产量	6.3 万吨
禽蛋产量	1.4 万吨
水产品	1.2 万吨
存栏生猪	58.4 万头
出栏生猪	73.1 万头
出栏牛	5.4 万头
出栏羊	29.9 万只
农村用电量	21832 万千瓦时
化肥施用量（折纯）	5.7 万吨
国家级及省级龙头企业	30 家
农产品加工企业实现销售收入	114.3 亿元
休闲农业经营收入	9.8 亿元
农民专业合作社	2550 个
家庭农场	1301 个
农业机械化总动力	119.6 万千瓦
高标准农田建设面积	9.8 万亩
有效使用绿色食品标志、有机农产品标志和农产品地理标志产品个数	137 个
省级现代农业特色产业园区	26 个
市级现代农业特色产业园区	33 个
稻田综合种养	0.8 万亩
土地托管面积	33.9 万亩
秸秆还田面积	157.2 万亩
名优特水产品养殖面积	0.2 万亩

工业和建筑业

大米产量	7.8 万吨
饲料产量	5.6 万吨
精制食用植物油产量	0.2 万吨
水泥产量	157.2 万吨
资质以上总承包和专业承包建筑业企业总产值	73.9 亿元
房屋建筑施工面积	410 万平方米
房屋建筑竣工面积	160.0 万平方米

固定资产投资

施工项目	342 个
新开工项目	167 个
本年投产项目	122 个
商品房销售面积	160.0 万平方米
商品房销售额	92.6 亿元

国内贸易和物价

社会消费品零售总额	197.0 亿元
城镇消费品零售总额	149.4 亿元
乡村消费品零售总额	47.5 亿元
批发零售企业商品销售额	58.4 亿元
网上零售额（按卖家分）	3.1 亿元
旅游产业增加值	189.2 亿元
高新技术产业增加值	23.1 亿元

对外经济

外贸进出口总额	10.1 亿元
出口额	9.6 亿元
利用外资金额	1.8 亿美元

交通、邮电和旅游

公路通车里程	9206 千米
高速公路通车里程	185.1 千米
铁路营业里程	205 千米
提质改造农村公路	314 千米
公路客运量	2745.6 万人
水运客运量	37.9 万人
铁路客运量	202.5 万人
公路旅客周转量	12.4 亿人千米
民用汽车保有辆	444717 辆
电信业务总量	153.3 亿元
邮政业务总量	3.24 亿元

固定电话用户	9.6 万户
移动电话用户	166.1 万户
固定互联网宽带用户	58.7 万户
旅游等级区（点）	26 家
AAAA 级及以上景区	12 家
旅游总收入	569.0 亿元
接待国内外游客	4949.2 万人次

财政、金融

一般公共预算收入	52.0 亿元
地方财政收入	32.1 亿元
上划中央“两税”	9.0 亿元
上划中央所得税	7.6 亿元
税收收入	21.9 亿元
非税收入	10.2 亿元
一般公共预算支出	198.4 亿元
民生支出	153.7 亿元
金融机构本外币各项存款余额	939.5 亿元
住户存款余额	591.0 亿元
非金融企业存款余额	135.2 亿元
金融机构本外币各项贷款余额	915.5 亿元
住户贷款余额	365.8 亿元
非金融企业及机关团体贷款余额	549.6 亿元
直接融资总额	28 亿元
证券交易额	675 亿元
保险公司原保险保费收入	28.4 亿元
寿险保费收入	17.8 亿元
产险保费收入	10.5 亿元
保险公司原保险赔付支出	8.7 亿元
寿险赔付支出	3.0 亿元
产险赔付支出	5.7 亿元

教育和科学技术

普通高中毕业生	8452 人
中等职业教育毕业生	4088 人
初中学校毕业生	17705 人
普通小学毕业生	18531 人
特殊教育毕业生	32 人
幼儿园在园幼儿人数	45918 人
全市各类民办学校数	698 所
发放普通高中国家助学金	1682.7 万元
发放中职国家助学金	1469.4 万元
中职免学费资助中职学生	9207 人
科技成果登记数	39 项
签订技术合同	72 项
技术合同成交金额	3.9 亿元
拥有省级工程技术研究中心	2 个
省级重点实验室	2 个
专利申请量	1143 件
发明专利申请量	440 件
专利授权量	723 件
工矿企业、大专院校和科研单位专利申请量	210 件、50 件和 2 件
工矿企业、大专院校专利授权量	25 件、6 件
全市共有检验检测机构	48 家
法定计量检定机构	3 家
特种设备数量	8385 台
点工业产品质量监督抽查	718 批次
强制检定计量器具	8.9 万台件
组织制定地方标准	4 项
发放食品生产许可证	43 张

文化、卫生和教育

全市有艺术表演团体	42 个
群众艺术馆、文化馆	5 个
公共图书馆	4 个
博物馆、纪念馆	5 个
国家级非物质文化遗产名目录	4 个
省级非物质文化遗产名录	16 个
广播电台	2 座
电视台	3 座
有线电视用户	1.5 万户
综合档案馆	5 个
放映农村公益电影	1.4 万场
出版报纸种类	2 种
报纸总印数	2 万份
全市共有卫生机构	1294 个
医院	32 个
妇幼保健院（所、站）	5 个
社区卫生服务中心（站）	23 个
诊所、卫生所、医务室	236 个
村卫生室	890 个
执业医师和执业助理医师	4009 人
注册护士	4364 人
疾病预防控制中心	5 个
生监督所（中心）	5 个
医院拥有床位	7069 张
乡镇卫生院	89 个
拥有床位	2547 张

体育

参加体育锻炼人数	59.3 万人
开展全民健身项目	25 项次
新建农民体育健身工程的行政村	876 个
全国冠军	1 个
体育场地	4234 个
体育馆	4 座
运动场	166 个
游泳池	15 个
训练房	11 个

人民生活和社会保障

全体居民人均可支配收入	19139 元
城镇居民人均可支配收入	27884 元
农村居民人均可支配收入	11538 元
全体居民人均消费支出	15656 元
城镇居民人均消费支出	19592 元
农村居民人均消费支出	12236 元
城镇居民人均住房面积	52.6 平方米
农村居民人均住房面积	66.4 平方米
新增城镇就业人员	10240 人
年末城镇登记失业率	3.6%
失业人员再就业人数	4308 人
参加基本医疗保险参保人数	150.8 万人
城乡居民基本医疗保险参保人数	136.6 万人
城镇职工基本医疗保险参保人数	14.3 万人
城乡居民基本养老保险登记参保人数	98.2 万人
城镇基本养老保险职工人数	18.6 万人
参加工伤保险职工人数	15.5 万人
参加失业保险职工人数	11.1 万人
领取失业保险金职工人数	2468 人
获得政府最低生活保障的城镇居民	11571 人
发放城镇居民最低生活保障经费	0.6 亿元
获得政府最低生活保障的农村居民	40315 人
发放农村居民最低生活保障经费	1.2 亿元
提供住宿民政机构床位数	5803 张
养老机构床位数	5376 张
销售社会福利彩票	1.2 亿元
筹集福彩公益金	0.3 亿元

资源、环境和安全生产

森林蓄积量	3130.5 万立方米
全年完成造林面积	0.3 万公顷
实有封山（沙）育林面积	0.2 万公顷
自然保护区	5 个
自然保护区面积	48781 公顷
国家地质公园	1 个
全社会用电量	28.4 亿千瓦时
工业用电量	6.7 亿千瓦时
居民生活用电量	11.5 亿千瓦时
全市规模工业综合能源消费量	24.6 万吨标准煤
六大高耗能行业综合能源消费量	20.6 万吨标准煤
化学需氧量排放量	1.6 万吨
二氧化硫排放量	1.1 万吨
氨氮排放量	0.2 万吨
氮氧化物排放量	0.7 万吨
开工各类水利工程	257 处
水利工程投入资金	3.6 亿元
水利工程完成土石方	0.2 亿立方米
新增节水灌溉面积	0.03 千公顷
共发生道路交通事故	19347 起
道路交通死亡率	2.4 人 / 万辆

2020 年 3 月 15 日，张家界市委书记虢正贵（左）深入桑植调研脱贫攻坚工作 （张 潘 摄）

2020 年 8 月 14 日，张家界市委书记虢正贵（左一）深入张家界高新区，调研产业项目进展情况

（张 潘 摄）

2020 年 1 月 6 日上午，张家界市第七届人民代表大会第四次会议在市人大会堂隆重开幕，市委副书记、市人民政府市长刘革安作政府工作报告（张 潘 摄）

2020 年 1 月 5 日，市七届人大四次会议开幕（张 潘 摄）

2020年1月8日下午3点，张家界市第七届人民代表大会第四次会议举行第三次全体会议，胡丘陵当选为市人大常委会副主任，面向宪法宣誓 （张 潘 摄）

2020年1月8日下午3点，张家界市第七届人民代表大会第四次会议举行第三次全体会议，市人大代表投出神圣选票 （张 潘 摄）

2020 年 1 月 29 日，市委副书记、市长刘革安（前右二）在慈利县检查新冠肺炎疫情防控工作

（庹兴亮 摄）

2020 年 2 月 7 日，市委副书记、市长刘革安（前右二）调研慈利县脱贫攻坚工作　　（庹兴亮 摄）

2020年2月7日，市委副书记、市长刘革安（左二）在慈利调研工业企业复工复产和班线车运营情况

（庹兴亮 摄）

2020年6月21日，市委副书记、市长刘革安（左四）在桑植县调研防汛备汛工作情况 （庹兴亮 摄）

2021 年 1 月 8 日，市政协党组书记、主席汪业元代表政协张家界市第七届委员会常务委员会作工作报告

（李 享 摄）

2021 年 1 月 8 日，张家界市政协七届五次会议在市委礼堂隆重开幕　（李 享 摄）

2020 年 4 月 10 日，市政办召开 2020 年提案办理工作会议　（卓亚琼 摄）

2020 年 7 月 14—15 日，省政协“发展红色旅游 助力乡村振兴”调研组到张家界市调研　（卓亚琼 摄）

2020年9月23日，市委常委、市委秘书长单铸飞（右三）到省委党史研究院对接“忠诚、维护与担当——红二方面军与长征”学术研讨会相关工作 （市委党史研究室 供图）

慈利县南山坪乡梁山村月亮湾（澧水沙刀湾） （杨年春 摄）

慈利县南山坪乡八月瓜　（杨年春　摄）

慈利县南山坪乡胜天水库　（杨年春　摄）

慈利县南山坪乡犀牛村胭脂溪　（杨年春　摄）

慈利县南山桃源景区　（杨年春　摄）

慈利县南山坪乡剪刀寺　（杨年春　摄）

慈利县南山坪乡插旗山　（杨年春　摄）

慈利县南山梯田　（杨年春　摄）

慈利县南山坪乡拉磨谷　　（杨年春　摄）

慈利县南山瑶池景区　　（杨年春　摄）

世界最长一线天奇观——张家界地缝景区　　（屈文浩　摄）

编 辑 说 明

一、《张家界年鉴》系统记述年度内张家界市自然、政治、经济、文化、社会、生态建设等方面情况，1989年创刊，2019年开始每年出版一卷。《张家界年鉴》以马克思列宁主义、毛泽东思想、邓小平理论、“三个代表”重要思想、科学发展观、习近平新时代中国特色社会主义思想为指导，坚持辨证唯物主义和历史唯物主义的立场、观点和方法，全面、客观地记述张家界市发展情况。

二、《张家界年鉴（2021）》从张家界市经济社会发展和改革开放的实际出发，实事求是地进行编辑，注重反映地方特色和年度特点，突出经济社会发展和改革开放的新情况。记述时限为2020年1月1日至12月31日。全书共35个部分，依次是：特载、大事记、张家界概况、中国共产党张家界市委员会、张家界市人民代表大会、张家界市人民政府、中国人民政治协商会议张家界市委员会、中共张家界市纪律检查委员会 张家界市监察委员会、民主党派、人民团体、军事、法治、综合监督管理、农业·林业·水利、工业、城乡建设与管理、生态环境保护、交通·邮政·通信、国内贸易、对外经济贸易、旅游、财政·税务、金融、科学技术与科技服务、社会科学、教育、文化事业、新闻·出版·广电、文学艺术、卫生健康、体育、社会生活、区县概况、人物、附录、政策法规选编、索引。

三、《张家界年鉴》所载稿件，均由各地各单位撰稿人提供，并经供稿单位领导审核。主要经济指标中的地区生产总值、工农业总产值一般按当年价格计算，其增减百分比则按可比价格和可比口径计算。因统计口径和统计制度变化，部分数据不尽一致。

四、《张家界年鉴》采取类目、分目、条目的编辑体例，以字体、补充字号等版式设计区别不同层次。

五、为方便读者查阅，《张家界年鉴》配备目录和索引双重检索系统。

六、《张家界年鉴》文字和图片由各撰稿单位提供，统计示意图由张家界市统计局提供文字，年鉴编辑部负责编辑。

七、使用规范的语体文记述，文字力求严谨、朴实、简洁、流畅。数字、标点使用遵循GB/T 15835-2011《出版物上数字用法》和GB/T 15834-2011《标点符号用法》国家标准出版规定。计量单位采用国务院1984年2月发布的中华人民共和国法定计量单位，地名、机构、职务等均以当时称谓记述，必要时括注说明。

八、为尽量保持资料完整性，本卷年鉴“人物”类目中一般收录国家、省、市三级有影响力的年度人物。重点收录省级及以上（含省级）劳动模范、优秀共产党员、先进生产（工作）者、道德模范等。人物以简介（小传）形式记述，市级人物仅列表概括其生年、籍贯、政治面貌、学历、职业。

目　录

专　记

大事记

张家界概况

张家界市人民代表大会

张家界市人民政府

中国人民政治协商会议张家界市委员会

中共张家界市纪律检查委员会张家界市监察委员会

民主党派

人民团体

军 事

城乡建设与管理

生态环境保护

交通·邮政·通信

国内贸易

对外经济贸易

旅 游

社会科学

教　育

体　育

社会生活

人　物

附　录

政策法规选编

索　引

Contents

SPECIAL RECORDS

CHRONICLE OF MAJOR EVENTS OVERVIEW OF ZHANGJIAJIE

ZHANGJIAJIE MUNICIPAL COMMITTEE OF THECOMMUNIST PARTY OF CHINA

ZHANGJIAJIE MUNICIPAL PEOPLE'S CONGRESS

ZHANGJIAJIE MUNICIPAL PEOPLE'S GOVERNMENT

CHINESE PEOPLE'S POLITICAL CONSULTATIVE CONFERENCE ZHANGJIAJIE MUNICIPAL COMMITTEE

ZHANGJIAJIE COMMISSION FOR DISCIPLINE INSPECTION OF THE COMMUNIST PARTY OF CHINA ZHANGJIAJIE COMMISSION OF SUPERVISION

DEMOCRATIC PARTIES PEOPLE'S ORGANIZATIONS

MILITARY

RULE OF LAW

COMPREHENSIVE SUPERVISION AND MANAGEMENT

AGRICULTURE · FORESTRY · WATER CONSERVANCY

INDUSTRY

URBAN AND RURAL CONSTRUCTION AND MANAGEMENT

ECOLOGICAL ENVIRONMENT PROTECTION

TRANSPORTATION · POST · COMMUNICATION

DOMESTIC TRADE

FOREIGN ECONOMIC RELATIONS AND TRADE

TRAVEL

FINANCE AND TAXATION

FINANCE

SCIENCE-TECHNOLOGY AND SCIENCE-TECHNOLOGY SERVICES

SOCIAL SCIENCE

EDUCATION

CULTURAL UNDERTAKINGS

NEWS · PUBLISHING · BROADCASTING AND TELEVISION

LITERATURE AND ART

HEALTH

PHYSICAL EDUCATION SOCIAL LIFE

DISTRICT AND COUNTY OVERVIEW

FIGURES
APPENDICES
SELECTED POLICIES AND REGULATIONS
INDEX

2021

专　记

· 张家界年鉴 ·

抗击突如其来的新冠肺炎疫情

建立六大体系　打好疫情防控总体战

2020年4月1日，市委书记虢正贵（前左一）迎接支援武汉医疗队返回张家界
（邵　颖　摄）

2020年，张家界市出台《新型冠状病毒疫情防控方案》，精准落实各项疫情防控措施，全力以赴打好疫情防控的总体战、阻击战，是全省出现确诊病例最晚、病例人数最少、病例清零最早、治愈周期最短的市（州）。在省政府2020年重点工作综合大督查中，张家界市疫情防控典型经验做法受到通报表扬，并获得单项激励奖。

一、建立作战指挥体系。坚决执行“三统一”和“五级书记”打头阵指令要求，第一时间构建党委统一领导、指挥部统一指挥、市县乡村统一行动的战时防控指挥体系。1月21日成立了由市委书记挂帅的疫情防控工作领导小组和以市长为指挥长的防控工作指挥部，实行集中办公、统一指挥，确保中央、省委的决策指令第一时间“直接见底”。明确党员干部“十带头”，建立5名市委常委联系4个区县和市直部门、22名市级领导联点指导乡镇街道、177名区县处级干部下沉乡镇街道、3604名乡镇街道干部下沉到村（社区）的“四级包联”机制，组织1.3万名党员干部、431支社区小区突击队充实基层力量，选派901名市直机关干部到社区小区开展防疫和担任驻企防疫联络员，全天候、无间隙值班值守。

二、建立联防联控体系。严格落实“早发现、早报告、早隔离、早治疗”要求，关口前移防输入、防扩散、防反弹，构成点、线、面相结合的综合防控体系。一是严把进入关。1月21日启动重大突发公共卫生事件应急响应。在全国第一批次关闭全市所有景区景点，劝退、取消旅游团4462个9.5万人次，退款1.6亿多元，取消2000多场文化演艺民俗活动和每年30万人参加的元宵灯会，作为全国第一批次全域关闭景区景点的市（州），没有发生重大游客投诉、涉旅输入性病例、涉旅负面舆情。二是筑牢疫情输入防线。在疫情初期，严守湖北交界133千米水路防线，第一时间启动设置北线沿临湖北鹤峰县交通道口和高速公路入口、机场、车站等卡点51个，做到不放过“一车一船一人”，到3月27日所有道路现场查控工作全部结束，累计排查车辆12万辆37万人次，送医就诊169人。三是织密防控网。加强景区景点、商超、农贸市场、银行网点等9类人员密集场所疫情防控，人员进入查验身份、检测体温。落实农贸市场“日清洗、日消毒、日巡查”制度，加强畜禽水产品检查检验。对“一老一小”、精神病院等重点场所严格实施“封闭式”管理。全市63家宗教场所严格落实“两暂停”举措。对全市494家医药门店售卖退烧药和110家发热门诊实行严格的实名制登记和询问调查制度。在全省率先开展密切接触者、涉鄂人员、疑似暴露者核酸检测“两清零、三到位”行动，率先完成对所有密切接触者核酸检测清零。加强中药提前干预，免费发放中药汤剂46万剂。

三、建立医疗救治体系。全力以赴救治患者，最大限度整合资源力量，着力提高收治率、治愈率，严守“不死一人”底线目标。一是全面集中收治患者。明确3家定点医院，所有确诊病例集中到市人民医院救治，待排病例在属地定点医院隔离观察，并按要求迅速将收治规模扩大至150人、床位257张，所有病例做到收治转诊无缝对接、24小时内完成确诊，48小时内对所有密切接触者管控到位。二是组建多学科专家团队。以市人民医院为主体，统筹全市呼吸科、危重症科、重症科、感染科等医学科最优秀专家、最好护理人员、最强医疗力量，组建由5名省级专家、11名市级专家高度融合的专家团队，共同研究确定救治方法和措施。三是制定精准救治方案。针对每一名确诊患者的病情和身体状况，实行“一人一卡”、“一人一策”“每日一评估、一会诊、一巡查，两查房、

2020 年 4 月 1 日，市委书记虢正贵（右一）欢迎张家界市第一批援鄂医护人员解除医学观察平安返家　　（邵　颖　摄）

两报告、两调度”，特别是对存有多种基础病患者，实行集体会商、联合攻关、不间断监测，并及时根据病情变化，不断优化诊疗方案。四是实行中西医结合治疗。在落实“四抗两平衡”国家诊疗方案的同时，发挥中医诊疗优势，运用大数据手段，认真梳理我国历史上有记载的抗击瘟疫过程中使用频次高的处方和中药，对照患者病情进行随症加减、辩症论治。五是实行“治愈出院 + 跟踪观察”制度。在全省率先对治愈出院患者实施在院集中隔离观察 15 天，并跟踪回访，确保患者治愈后观察期间健康、安全。

四、建立复工复产体系。3 月下旬，成立市委书记任第一组长、市长任组长的应对新冠肺炎疫情促进经济社会高质量发展工作领导小组及指挥部，形成“分工明确、各负其责、联合作战”的两套指挥作战序列，统筹有序推进全市疫情防控和经济社会发展工作。一是加快旅游复苏回暖。出台促进旅游市场全面复苏“310”行动计划，举办“网游张家界”“2020 湖南省第十一届全民健身节暨张家界半程马拉松赛”等活动，在严格落实“两方案一评估”的基础上，有序开放全市所有 18 家 A 级景区、1099 家酒店及民宿、3000 余家餐饮场所。截至 10 月底，全市接待总人数、旅游总收入分别恢复至 2019 年同期的 50.81%、50.84%，是全国同类山岳型景区旅游恢复进度最快的地区。二是全力推进复工复产。大力开展“三抓三促”活动，组织专班力量对全市复工复产情况实行“日调度、日通报”制度，截至 3 月 31 日，全市 1637 家企业复产率达到 93%，214 个重点项目复工率达到 100%。截至 4 月 20 日，张家界市春节前返乡农村劳动力返岗率达到 99.41%，全省通报张家界市“点对点”用工对接服务居全省第 1，农民工返岗率居全省第 2。三是有序恢复社会秩序。按照低风险地区要求，精准精细调整小区、商区、校区、厂区、园区、景区、办公区“七区”防控措施，有序恢复正常交通、文化、教育、医疗等经济社会秩序，4 月 7 日起，全市中小学分四批次安全有序开学复课。

五、建立疫情防控体系。坚持思想不松、机制不变、队伍不散，建立健全群防群治、物资保障、医疗救护等常态化防控机制，筑牢疫情防控的“铜墙铁壁”。一是严把监测关。卫生健康部门进一步完善了传染病疫情网络直报系统、发热门诊监测网络，全市各级各类医疗机构平均每天采集 300 余个样本，对病例、病原学和环境进行监测。市场监管部门利用药店药品销售系统，对全市 494 家零售药店退烧药购用人员进行监测管理，已累计登记购买退烧药 13116 人次。市场监管、商务、农业农村等行业主管部门牵头，疾控部门配合，平均每周采集 300 余个样本，对冷链食品、农贸市场和屠宰厂等重点场所进行检测分析。全市实现了智慧化预警多点触发和多渠道监测预警，确保第一时间发现处置疫情。二是严把输入关。加强境外和国内中高风险地区来张人员管控，把好机场、火车站、汽车客运站等“入口关”，严格执行疫情防控“36 字”口诀和“一必报、二必戴、三必扫、四必隔”防控措施，严防疫情输入。对境外和中、高风险地区人员，实现集中接送、检测、隔离等全流程高效无缝闭环运转。市通过联合工信、公安、疾控等部门建立联合流行病学调查机制，运用面对面调查、手机定位等综合手段，快速完成重点人员追踪管理和排查，做到“来一人、管一人、管到位”，排查进度居全省前列。向长沙派驻 15 批次防范境外疫情输入工作组，受到长沙黄花国际机场疫情防控联合指挥部肯定。三是严把检测关。2020 年年底，全市共有 8 家医疗卫生机构具备核酸检测能力，实现了各县域内至少有一家县级医院具备核酸样本采集和检测能力。满负荷工作情况下，全市日检测量通过混样检测达到 13.4 万人份，实现所有二级以上医疗机构核酸检测能力全覆盖。四是严把保障关。依托疾控机构和医疗机构，组建 3 支应对新冠肺炎疫情防控市级专家队和 1 支核酸检测机动队，开展大演练大培训，全力做好秋冬季防控应对准备。确定了市公共卫生应急物资储备计划，组织 4 家企业转型口罩生产，日产 180 万只，在全省率先推动口罩分类处置工作，被中央电视台《新闻联播》推介。

六、建立防控责任体系。压实战斗责任，严明战时纪律，形成一级抓一级、层层抓落实的疫情防控责任体系，坚决做到守土有责、守土担责、守土尽责。一是落实落细责任。坚持属地为主、条块结合，落实市、区县、乡镇街道和村社区四级防控责任，明确“管行业必须管防控、管生产必须管防控、管经营必须管防控”要求，建立企业复工复产“一报告六必须”责任制度。二是加强监督检查。充分运用派驻监督、暗访监督、媒体监督等监督形式，聚焦交通卡点、社区小区、景区景点等重点区域开展专项督查，市县两级共进行“四不两直”督查138批次，现场交办并督促整改问题751个，确保各项疫情防控措施落实落地。三是强化追责问责。严明疫情防控“八必须八严禁”、党员干部和公职人员“八不准”、疫情防控“十不得”等纪律要求，对疫情防控工作不重视、要求不落实、不担当假作为缓作为的，实行“一案三查”。全市问责追责党员干部和国家公职人员154人，通报典型问题52件90人。

（市卫健委供稿）

勇于担当、真抓实干
湖南通报表扬张家界市采取有效措施强化疫情防控典型经验做法

按照湖南省政府2020年重点工作综合大督查的统一部署，2020年11月23日至12月4日，省政府7个督查组分赴14个市州开展了实地督查。

湖南多地多部门统筹推进新冠肺炎疫情防控和经济社会发展，做好“六稳”工作，落实“六保”任务，全力稳住经济基本盘，着力保障和改善民生，取得积极成效，全省形成了23项具有代表性、典型性的经验做法。其中，张家界市采取有效措施强化疫情防控典型经验做法获湖南省“勇于担当、真抓实干”通报表扬。

张家界市“三个三”防控实现涉旅疫情零输入。“三个及时”反应，及时成立疫情防控指挥部抽调精干力量集中办公，即时取消重点单位春节假期投入防控疫情，及时关闭景区、取消活动、退还预定。“三个强化”压实责任，制定“36字”口诀和“一必报、二必戴、三必扫、四必隔”措施强化部门管控；强化医疗技术支持，派出2500多名医护人员保障“半程马拉松”等重大活动；强化督促检查全天候多层次立体监管，问责、追责154人。“三个关口”筑牢防线，及时调整景区防控策略把住政策关口，对游客全流程闭环管理把住接待关口，医护人员景区驻点把住防疫关口。全年接待游客4829万人次，没有出现涉旅疫情。

（市卫健委供稿）

勇士出征！
张家界人民是你们的坚强后盾

2020年2月21日上午，张家界市第二批支援湖北医疗队的15名队员在市新冠肺炎防控指挥部集结出征，支援湖北省武汉市突如其来的疫情防控工作。出征前全体队员庄严宣誓，市委书记虢正贵为医疗队授旗，并宣布出征。

市委副书记、市长刘革安代表市委、市政府和全市人民向医疗队表示诚挚慰问并致以崇高敬意，嘱托队员们在湖北前线践行今天的誓言，把病房当战场，把病人当亲人，不惧艰险，全力救治，用过硬的技术和勇气驱赶病毒，守卫胜利，守护健康。要加强自我保护，一个都不能少，一个都不能倒，期待大家平安归来。

据了解，这支医疗队由张家界市中医医院主任、主任医师邓勇军担任领队，有队员15人，其中，医生5名，护理人员10名。队员平均年龄33岁，年龄最大44岁、最小26岁。队员中有共产党员5人，入党积极分子2人，具有副高级及以上职称3人，占20%。

此次赴湖北医护人员分别来自市、两县人民医院、市中医医院4家医疗卫生单位，都具有重症医学科、呼吸内科、传染（感染）科相关工作经验。

市领导单铸飞、郭天保、曾超群、邹菊芳等参加出征仪式。

（市卫健委供稿）

授勋！以国之名！这两名张家界人获表彰！

2020年9月8日上午10时，全国抗击新冠肺炎疫情表彰大会在北京人民大会堂隆重举行，大会开始，全场肃立，向新冠肺炎疫情中的牺牲烈士和逝世同胞默哀。

国家功臣，国礼待之！国宾护卫队护卫，国家勋章和国家荣誉称号获得者乘车前往人民大会堂。

以国家名义，向英雄致敬！礼兵护送，在雄壮的《向祖国英雄致敬》乐曲声中，习近平为国家勋章和国家荣誉称号获得者一一颁授勋章奖章，并同他们亲切握手、表示祝贺。

钟南山获授共和国勋章，我国呼吸疾病研究领域的领军人物，敢医敢言、勇于担当，提出的防控策略和防治措施挽救了无数生命，在非典型肺炎和新冠肺炎疫情防控中做出巨大贡献。

张伯礼获授“人民英雄”国家荣誉称号。指导中医药全程介入新冠肺炎救治，主持研究制定的中西医结合疗法成为中国方案的亮点，为推动中医药事业传承创新发展做出重大贡献。

张定宇获授“人民英雄”国家荣誉称号。扎根医疗一线的杰出代表，作为渐冻症患者，疫情期间仍义无反顾、冲锋在前、救死扶伤，为打赢湖北保卫战、武汉保卫战做出重大贡献。

陈薇获授“人民英雄”国家荣誉称号。长期从事生物危害防控研究，新冠肺炎疫情暴发后闻令即动，在基础研究、疫苗、防护药物研发方面取得重大成果，为疫情防控做出重大贡献。

张家界市有全国抗击新冠肺炎疫情先进个人表彰对象2人。

粟仲锐(土家族) 张家界市人民医院感染科主任，主任医师

卢 辉(苗族) 张家界市疾病预防控制中心性病与艾滋病防治科科长

（市卫健委供稿）

张家界39人14个集体获抗疫先进表彰！感谢义无反顾的你们！

2020年11月30日，湖南省抗击新冠肺炎疫情表彰大会在长沙召开，省委、省政府表彰950名湖南省抗击新冠肺炎疫情先进个人和300个湖南省抗击新冠肺炎疫情先进集体，省委表彰120名湖南省优秀共产党员和90个湖南省先进基层党组织。

其中，湖南省抗击新冠肺炎疫情先进个人张家界35名，湖南省抗击新冠肺炎疫情先进集体张家界11个，湖南省优秀共产党员张家界4名，湖南省先进基层党组织张家界3个。

（市卫健委供稿）

张家界市36名援鄂医疗队队员荣获“湖南好人”称号

2020年4月22日上午，张家界市召开集中慰问援鄂医疗队座谈会，并颁发“湖南好人”证书。市委常委、市委宣传部部长郭天保出席会议并讲话，全市第一批援鄂医疗队20名代表参加座谈会。

新冠肺炎疫情发生以来，湖南省累计有19批次、1498名医务工作者义无反顾奔赴湖北抗疫一线，展现了湖湘儿女良好的精神风貌和无畏的奉献精神。经省文明办研究决定，授予湖南支援湖北抗疫医疗队“湖南好人”群体荣誉称号。其中，张家界市支援湖北抗疫医疗队36人。会上，市卫健委相关负责人通报了全市援鄂医疗工作情况。随后，与会领导为全市援鄂医疗工作者代表颁发“湖南好人”证书，并赠送了《潇湘家书》书籍。援鄂医疗队代表罗巧、吕滢、覃桂香依次发言。

郭天保代表市委、市政府向全市所有援鄂医疗队员致以诚挚问候和崇高敬意。郭天保表示，张家界市援鄂医疗队闻令而动，义无反顾奔赴战“疫”最前线，出色完成了救治任务，展现医者仁心的职业操守、敬业奉献的职业精神，以及张家界人的大德大爱，是全市、全省人民学习的榜样。

郭天保要求，全市宣传思想文化系统要大力宣传学习身边好人，加强对抗疫一线中涌现出的各类先进典型和感人事迹的报道，充分发挥好身边好人在培育和践行社会主义核心价值观过程中的示范引领作用，形成人人争做好事、人人争当好人的浓厚氛围。市、区县文明委要进一步建立完善身边好人的激励帮扶礼遇长效机制，各级文明委成员单位要结合实际，出台尊崇好人、关爱好人的措施，及时帮助他们解决实际

困难和问题，在全社会树立德者有得、好人好报的鲜明价值导向。同时，市、区县文明委要全面梳理提升“中国好人”“湖南好人”推荐评选工作以及“张家界好人（群体）”评选活动的各个环节，明确要求、规范程序、创新方式、注重日常，突出群众评、评群众和群众学、学群众，不断提升评选活动的影响力和感染力。

（市卫健委供稿）

新冠疫情防控物资协调工作

2020年，市政协承担牵头协调组织疫情防控物资工作，面对防疫物资严重短缺的困境，市政协党组书记、主席汪业元个人签字向市政协委员企业借款240万元，设立防疫物资采购临时资金池，先后组织接受物资捐赠8批次，筹集价值1052万元紧缺防疫物资（口罩、消毒液、酒精、护目镜、防护服等），市政协委员个人捐款37.9万元。120多名市政协委员奋战在疫情防控第一线，19名医卫战线市政协委员奋战在救治第一线。市政协对奋战在疫情防控一线38名市政协委员进行慰问，评选雷明盛等72名省、市、区县三级政协委员为“张家界市政协系统新冠肺炎疫情防控工作先进个人”。积极助推复工复产，23家市政协委员创办或负责的企业响应号召，率先复工复产。

（吴　丹）

文艺战“疫”

【概况】2020年，张家界市文联积极响应省文联号召，组织张家界市文联系统760多名文艺工作者主动捐款捐物价值25万余元。组织创作文艺战“疫”作品2905件，歌曲《逆风的人》《谢谢你》《共同的战场》等登上中宣部“学习强国”学习平台并被多家媒体转载推介，编辑出版《张家界文艺战“疫”作品专辑》。在“5·12”国际护士节开展向抗疫一线医护人员捐赠美术书法、楹联作品活动，将102件书法、美术和楹联作品赠与张家界市援鄂及战“疫”一线医务工作者。

【影视“战疫”精品与影视活动】2020年，张家界市影视家协会创作的《张家界首例患者出院》点击量超过20万人次，《推迟的婚礼》《致敬逆行者》《防疫下的航拍张家界》《相约张家界，再观神仙地》等作品被国家、省、市各媒体转发、推送。

歌曲《珍爱生命》于6月22日在《战胜疫情·北京加油》2020年文化北京朝阳四季主题晚会上，由北京知名歌手鹏鸣倾情演唱，北京电视台、京视网、腾讯网等媒体刊播，中国海外最大的多元文化和汉语言文化传播媒体——中国国际教育电视台于7月22—27日在海内外播出，8月10—15日在张家界广播电视台、爱视网、电台刊播，反响强烈。田仲副主席在疫情期间创作诗歌《致敬媒体人》，真情撰写抗疫纪实作品《微爱壮歌》；罗建辉创作诗歌《英雄》和一篇新闻稿《张家界市影视家协会为抗击疫情捐款27500元》；顾问罗曦创作30首抗疫古体诗歌。滕子伟、郭红艳、黄真龙、朱岚武、李炳华等会员不仅直接参与抗疫，而且创作各具特色的抗疫作品100多篇（件、部）。一大批作品的出现，鼓舞、激励着在不同岗位上奋勇抗“疫”的人们众志成城战胜疫情。

2020年5月23日，市影视家协会参加永定区四都坪乡牧笛溪村举办的“助力脱贫攻坚、助力乡村振兴”文艺志愿服务和主题党日活动。三个采访摄制组分头进行采访，创作宣传片《歌起牧笛溪》。2020年7月14日，在桑植县陈家河镇岩壁村组织一场“文化引领促脱贫、共建秀美新岩壁”党建主题活动，9月24日，召开“不忘初心、牢记使命”主题教育工作会议等。

（本栏撰稿　杨次洪　李　莉）

防范化解重大风险

深入推进网贷风险整治 切实维护社会稳定

2020年，在省互金整治办、省P2P网贷整治办和市政府统一领导下，张家界市P2P整治办精心部署，认真领会和精准把握国家网贷整治精神，相关职能部门密切协作，围绕P2P“全面出清”工作目标，巩固前期整治成果，持续加强监测，全面做好辖区内网贷机构整治，取得良好成效。

2020年5月中旬，召开全市防范处置非法集资案暨互联网金融风险专项整治工作会议 （赵尔斌 摄）

一、整治工作进展情况

（一）扛牢工作责任，强化组织领导。一是成立工作领导小组。根据《湖南省P2P网贷机构风险整治攻坚方案》要求，为扎实推进张家界市P2P网贷机构清退工作，制定《张家界市P2P网络借贷信息中介机构退出工作实施方案》《张家界中兴易贷投资管理有限公司良性退出处置工作突发事件应急预案》，第一时间成立了由市委常委、常务副市长任组长的专项整治和突发事件应急处置领导小组，从市政府金融办、市银保监分局、市公安局、市市场监管局、市人民银行等成员单位抽调业务骨干组建工作专班，明确职责分工，全力以赴做好网贷清退工作。二是周密部署。按照全省整治工作“一盘棋”“一条心”“一股劲”的要求，市整治办主动担当，积极向市政府汇报网贷整治工作进展情况。并按照市政府的指示，张家界市P2P网贷风险专项整治小组和张家界市互联网金融风险专项整治小组联合下发了《关于转发〈关于进一步加快P2P网贷机构清退的通知〉的通知》（张互金整治办〔2020〕1号），要求各区县互金整治办、P2P网贷整治办、各成员单位严格落实文件精神，有效防范和化解风险隐患。市整治办及时加强与各成员单位的沟通，召开网贷工作碰头会、协调会、推进会议，及时研究和解决网贷清退工作中遇到的重点难点问题，并指派专人负责P2P网贷清退日常协调工作，提高工作的有效性、及时性和连续性。

（二）突出重点个案，形成合力攻坚。根据湘网贷整治办函〔2018〕9号文件确定的名单，结合张家界市网贷机构实际情况，市整治办把列入全省整治名单内的“中兴易贷”列为重点风险处置对象，制定退出工作方案。一是压实机构责任。明确网贷机构和股东主体责任，及时掌握出借人、借款人、公司控股股东及高管的思想动态，要求网贷机构作出“六不”承诺，积极督促借款人及时归还平台贷款，切实保障出借人合法权益，并及时向市整治办汇报情况。二是开辟“绿色通道”。协调政府相关单位就借款人变卖房产归还平台借款过程中的立契过户、税费缴纳做到能快则快、能减则减、能免则免；协调政府相关单位及时兑付涉及借款人承建的项目款。

（三）强化日常监管，保持常态监测。一是关注舆情随时监控。聚焦名单内、外机构的风险重点，通过关注网络舆情，及时掌握情况、回复安抚。二是建立台账及时核对。建立网贷《P2P网络借贷风险专项整治工作台账》，按时收集上报网贷机构的相关报表、资料以及工作情况报告，及时掌握网贷机构到期应兑付金额和当期收回资金情况，同时综合考虑到期不能收回的风险。三是多措并举有力防控。通过开展集体约谈、稳定员工思想、进行资产清理等扎实有效的措施，及时发现并解决风险隐患，确保退出对象不反弹、借贷双方不对立、矛盾风险能转化。

二、建立长效机制，突出重点，强化整顿

（一）持续完善长效机制建设。市P2P网贷风险专项整治小组认真落实整治各项工作部署，从机制建设入手，加强网贷整治。一是严格落实党中央、国务院关于“金融业务一定要持牌经营”的总要求，专项整治工作总体收官后，对于新增从事借贷撮合业务的网络借贷平台、未经中央金融监管部门和地方金融监管部门批准的从事互联网放贷业务的机构和平台，一

律按照打击非法金融活动机制进行查处。二是健全监测预警机制，着力建设监测预警平台，注重科技监管，建立完善非法金融业务早发现、早预警、早处置体制机制，深入开展非法金融活动排查整治。三是压实各方责任，依据中央立法部门出台的上位法和中央金融监管部门制定的统一业务规则，强化本地政府属地金融监管职责和风险处置责任。四是加大宣传力度。自P2P网贷机构清退工作启动以来，市政府着力推动建立网贷风险防范整治长效机制，充分总结网贷整治经验教训，进一步加强防范金融风险的宣传。特别是防范P2P网贷风险的宣传，以身边事教育身边人，增强社会公众的法律意识和金融风险防范能力，引导群众自觉抵制和远离高投资高回报诱惑，营造良好的社会环境，从源头上防范互联网金融风险。

2020年6月16日，全市防范和打击非法集资集中宣传教育活动（赵尔斌 摄）

（二）重点推进。根据湘网贷整治办函〔2018〕9号文件确定的名单，张家界市在126家名单内网贷机构有3家、22家名单外网贷机构有1家，共计4家网贷机构。市整治办在抓好网贷公司规范转制的基础上，重点对张家界市中兴易贷投资管理有限公司的网贷业务进行清零整治。先后多次集体约谈该公司，并在次日派出现场督导组进行现场督导后，平台积极配合，现场督导小组积极推进。截至2020年，共收回5451万元。年末，平台尚有借款余额610万元未兑付，涉及出借人106个，实际借款人3人。（张　恺）

守土尽责　持续保持“零”高风险机构

2020年度，张家界市人民银行坚持“严实监管、科学考评、政策扶持”，在防风险中促发展，精准打好防范化解重大金融风险攻坚战，辖区内持续保持“零”高风险机构，辖区内3家农商银行、1家村镇银行央行评级保持在良好区间，在全省绩效考核等级均为A类，经营排名进入全省前列。

一、严实监管，“监测预警＋现场核查”前移风险防控关口

运用风险监测预警系统、监管协作机制澄清风险底数，凝聚风险防控合力。依托湖南省金融风险监测预警系统，改进日常风险监测机制，加强地方法人金融机构重点业务和重点指标的风险监测，编制风险预警手册，动态掌握风险状况。发挥市金融监管协作机制作用，提请召开防范化解金融风险工作领导小组会议，实现政府职能部门、监管部门信息共享，实现风险联防联控，推动重点领域风险化解。开展疫情影响专题监测，重点了解旅游行业、民营经济、“三农”等领域信贷风险，全面掌握疫情影响下地方法人金融机构贷款质量真实状况。跟踪了解地方法人金融机构富余资金投向，对机构资金业务规模、结构及投向开展金融风险排查，摸清资金业务风险底数，进一步提升资金业务稳健性、合规性。通过偿付能力敏感性、流动性压力测试考量地方法人金融机构流动性缺口。从机构类型、规模、区域等多个维度分析测试结果，分析预判潜在风险和问题，运用压力测试结果指导地方法人金融机构优化资金结构和期限匹配，不断提高资金运用水平。

加大现场核查力度，排查风险隐患。不断提高现场核查深度和频度，以“现场核查专家＋高级经济师＋海归研究生”组建一支核查精兵，围绕重点部位开展重点核查。敏锐筛查不良贷款、资本充足、流动性、案件防控、法人治理等重点部位的管理缺陷和风险隐患。针对个别机构部分经营指标反映欠准确、内控管理欠规范等问题，要求相关机构立行立改，及时化解风险隐患。2020年，开展资产质量现场核查10次，存款保险现场核查2次，指出存在的问题共8类38项。联合市政府金融办在慈利县举办“张家界市金融突发事件处置应急演练”，有效提高辖区内金融突发事件应急处置能力，及时稳妥处置2起风险隐患事件。

2020年，辖内地方法人金融机构开展专项行动现金清收表内外不良贷款1.3亿元，农商行整体不良贷款率低于全省农商行系统0.69个百分点。资金业务增速同比回落23.3%，超额存款准备金同比增长118%，机构流动性状况明显改善，更多富余资金进入实体经济。在全省系统年度考评中荣获“案防目标责任考核先进单位”、“不良贷款风险防控前十行”。

二、科学考评，“央行评级＋风险提示”督导合规经营

开展央行评级为地方法人金融机构全面体检。科学制定《央行金融机构评级工作实施方案》，从公司

治理、内部控制、资本状况、流动性、市场风险、盈利能力等方面对辖区内法人金融机构开展全面评价。以座谈、走访、现场查阅的方式，深入机构基层部门网点走访查证，多角度获取评级数据；加强与市金融办、法院、银保监分局的联系，多渠道获取评级外部信息，确保评级高效、客观、公正。以评级结果为导向要求机构规范管理、稳健经营。通过“季度非现场评估+年度现场评价”，督导机构不断完善公司治理，加强内部控制，科学应对疫情冲击，不断提升风险管控水平。做好评级结果运用，在存款保险差别费率核定、两项直达货币政策工具使用、二级资本债发行、宏观审慎评估（MPA）等方面，切实发挥央行评级结果对地方法人金融机构的正向激励作用。2018 年开展央行金融机构评级以来，辖区内地方法人金融机构央行评级结果一直保持在良好区间。因评级结果良好，辖区内 4 家地方法人金融机构均能获得两项直达货币政策工具支持，2 家地方法人金融机构快速通过二级资本债发行审核。2020 年 6 月以来，辖区内法人金融机构在两项直达货币政策工具支持下，获取零利率资金 2.48 亿元，直接增加经营收益 2000 万元。张家界农商银行成功发行二级资本债 1.6 亿元，有效补充资本，慈利农商银行二级资本债发行已通过审核。

开展风险提示推动问题整改。通过央行金融机构评级、压力测试、稳健性评估，对地方法人金融机构经营发展中存在的突出问题，“一对一”下达风险提示函，面对面约谈高管，督促问题整改，有效防控风险。2020 年以来，共开展风险提示 12 次，及时纠正部分机构流动性波动较大、公司治理欠规范、应急管理有盲区、风险分类欠精细等方面的问题和不足。2020 年，辖内地方法人金融机构治理能力、经营效益、资产质量均呈稳中向好态势，4 家地方法人金融机构贷款拨备率、拨备覆盖率同比分别上升 0.1 个、49.05 个百分点，清收处置不良贷款金额同比增长 61.24%，不良贷款率同比下降 0.41 个百分点，流动性比例同比上升 28.52 个百分点。

三、政策扶持，“服务实体 + 稳健发展”实现双赢

用好政策工具引导银行聚焦服务实体经济。为有效缓解疫情影响，市人民银行先后出台《金融“暖春行动”助力疫情防控和复工复产工作方案》《全市金融支持稳企业保就业工作方案》等系列举措强力支持稳企业、保就业。用好用足再贷款政策，在资金上有力支持地方法人金融机构加大对脱贫攻坚、乡村振兴、复工复产等重点领域的信贷投放，全市再贷款余额 28.66 亿元，同比增长 50.84%。指导张家界农商银行成功发行疫情防控专项同业存单 1 亿元，增强金融支持复工复产的能力。用好各类货币政策工具，按地方法人金融机构服务实体经济成效给予正向激励。3 次降低存款准备金率，释放可用资金 5.54 亿元；办理利率互换本金协议 4.66 亿元，实现互换收益 396 万元；购买普惠小微企业信用贷款 6.22 亿元。

防风险促发展实现双赢。2020 年末，辖区内 4 家地方法人金融机构各项存款余额 253.63 亿元，较年初增长 9.39%；各项贷款余额 185.04 亿元，较年初增长 11.97%，实现经营利润 6.93 亿元，缴纳各项税费 2.1 亿元。在平稳应对疫情冲击，实现自身稳健发展的同时，借助各类货币政策工具，全市地方法人金融机构对实体经济信贷投入力度进一步加大。全市 2.4 万户农户享受小额信贷红利；对 3875 家普惠小微企业延期本金 4490 笔，延期率达 74%，对 14476 家普惠小微企业发放信用贷款占比 25.4%；共投放复工复产贷款 13.23 亿元，累计减免利息 626 万元。

（郑洪斌 蒋四春）

多措并举 推进张家界大鲵保护区水电站整治

为认真贯彻落实 2019 年 11 月 9 日建辉常务副省长主持召开的张家界市小水电关停工作专题会议精神，市政府常务会议明确中国银保监会张家界监管分局牵头负责水电站整治涉银行债务处置工作。在湖南银保监局和张家界市委市政府的支持指导下，张家界银保监分局会同相关部门和银行机构，通过细化措施、争取政策、创新方式多种举措推进张家界大鲵国家级自然保护区水电站整改涉及银行债务处置工作，确保了整治期间不出现大面积银行不良贷款、不出现大面积涉银行债务司法诉讼及上访的目标。获省委常委、常务副省长谢建辉批示：“银保监局在中央环保督查反馈问题——张家界大鲵国家级自然保护区水电站整改上，政治站位高，协调力度大，工作抓得实，值得充分肯定。”

一、主要工作开展情况

（一）深入调查研究，摸清底数情况。一年多来，张家界银保监分局以问题为导向，召集债权银行座谈 24 家（次），实地走访调研水电企业 6 家（次），逐家指导推动各银行机构积极作为、不等不靠，主动召集银行、区县政府和企业协商化解方案。在基本摸清银行的贷款情况、风险底数和基本诉求的同时，张家界银保监分局多次召开 19 家企业贷款涉及的银行机构主要负责人会议，讲明水电站整改工作的意义、要求和相关政策，讲明政府和水电企业面临的想法和困难，要求银行高度重视债务处置工作。

（二）压实银行责任，落实六字方针。要求各银行机构按照省政府专题会议提出的“展、降、分、销、缓、还”六字方针，按“一户一策”要求细化处置方案，同时根据贷款处置难易程度，综合六字方针落实情况，将19家企业分为五类，制定进展报表，逐月督促监控处置进度，将银行债务处置责任进一步压实，确保方案落实、方法多样、方式创新推进银行债务处置。对处置工作中发现的银行贷款三查不到位等问题，及时开展监管约谈和行政处罚前期工作，责成银行全力追回损失，加强贷款管理，防范风险。

（三）强化协调联动，缓释化解风险。一是争取湖南银保监局的政策指导和支持，多次向省局汇报银行债务处置工作情况和设想，省局组织相关债权行省行召开专题座谈会研究处置措施。二是推动各债权银行积极向上级行争取政策。按六字方针对水电企业贷款采取展期、降息、调整还款计划等措施，缓释风险，缓解还贷压力。三是协调区县联动处置银行债务。派专人到省政府参与水电站整治资产处置专班工作。推动张家界市水电整治指挥部对各区县整治办下发《关于做好我市水电站整治涉及银行债务处置工作的通知》（张水电整指〔2020〕12号），指导协调区县政府、相关部门及银行机构落实“高度重视、把握原则，积极稳妥、协调推进，及时反馈、防范风险”的工作要求，将银行债务处置责任进一步压实。慈利县政府由财政出资设立了风险周转金，并已垫付长潭河、兴达水电站利息2236万元。

（四）把握关键重点，创新处置方法。当前，水电站整治工作重点从停止发电、拆除大坝转向职工安置、资产补偿等，而资产补偿存在地方资金不足和资产认定差距大等问题，也开始影响银行债处置工作顺利推进。针对出现的新形势、新情况、新问题，张家界银保监分局采取抓住重点、主动出击措施，指导银行、企业创新处置方法，采取平移、置换贷款等方式主动化解风险。再制定“一站一策”处置方案，落实化险措施的同时，结合实际创新了“换”的处置方式（寻找新的项目置换原有项目贷款），目前已通过“换”的方式完成湘慈爱依斯4650万元贷款处置。下一步，张家界银保监分局拟指导建设银行牵头，采取此方式处置长潭河水电站28574万元贷款。

二、工作进展及成效

截至2020年年底，已处置15家水电企业贷款本金29800.26万元（其中4家水电企业银行贷款已结清），水电站待处置贷款余额由2019年10月末的121977.7万元下降至92177.44万元，涉及水电企业由19家减少至15家，达到了以时间换空间，不引发系统性风险的目的。

（一）以“换”为主处置的，涉及企业2家，贷款金额55950万元。截至2020年年末，已归还5850万元，贷款余额50100万元。其中，茶林河水电站为央企，涉及贷款51300万元，已归还工行贷款本金100万元，贷款余额51200万元。按照“谁家的孩子谁抱走”的思路，各债权银行已与该企业母公司初步达成一致，以母公司代为还款或推荐集团公司内符合条件的企业承接（贷款置换）等方式化解风险，具体处置细节还在进一步协商中。湘慈爱依斯为县属国企，涉及贷款4650万元，慈利县政府已筹集资金归还了贷款，爱依斯的贷款处置完毕。目前，各债权行已对上述2家企业采取了降息、调整还款计划等处置措施。

（二）以“销”为主处置的，涉及企业2家，贷款金额4919万元，已归还3136万元，贷款余额1583万元。其中长元水电站张家界农商行1200万元贷款已核销，金龙电站归还贷款本金2136万元，贷款余额1583万元。

（三）以“还”为主处置的，涉及企业10家，贷款金额26599.7万元，已归还20438.91万元，贷款余额6160.79万元。其中：已归还结清贷款的2家，为慈利县赵家垭水电站125万元和金滩梯级水电站800万元。目前有贷款余额的8家，均按协商约定归还贷款本息。

（四）以“分”为主处置的，涉及企业2家，贷款金额2029万元，涉及桑植县龙源水力发电有限责任公司贷款188万元，县政府每月归还本息20万元，已归还175.35万元，贷款余额1704.65万元，3余额末2家企业贷款余额1853.65万元。

（五）以“展、缓、降”为主处置的，涉及企业3家，贷款金额32480万元。此类水电企业均为民营，3家企业均表示在政府资产补偿协议确定后再协商贷款处置事宜。各债权银行对上述企业已采取展期、降息措施。

（宋建中）

精准脱贫

坚定信心 一鼓作气　确保脱贫攻坚圆满收官

2020年是决胜全面建成小康社会、决战脱贫攻坚之年。全市各级各部门要在市委、市政府的坚强领导下，深入学习贯彻习近平总书记在决战决胜脱贫攻坚座谈会上的重要讲话精神，以不获全胜决不收兵的定力和担当，只争朝夕、真抓实干，以更大决心、更强力度推进脱贫攻坚，努力克服新冠肺炎疫情影响，高质量打赢全市脱贫攻坚收官之战。

一、坚持基本方略，切实坚定信心决心

全市上下要深入学习习近平总书记关于扶贫工作的重要论述，尤其是要把认真学习领会总书记3月6日在决战决胜脱贫攻坚座谈会重要讲话精神，作为当前和今后一个时期的首要政治任务。总书记在重要讲话中全面分析了脱贫攻坚形势，充分肯定脱贫攻坚取得的决定性成就，深刻指出打赢脱贫攻坚战面临的困难挑战。成绩的取得，充分证明党中央和习近平总书记关于脱贫攻坚的决策部署是完全正确的，脱贫攻坚的顶层设计是全面可行的，精准扶贫精准脱贫方略的实施是切实有效的，贫困地区以脱贫攻坚统揽经济社会发展全局的论断是科学英明的。全市各级各部门要充分认识如期高质量完成脱贫攻坚任务的重要性艰巨性紧迫性，在思想上政治上行动上切实向总书记看齐，以打赢脱贫攻坚战、兑现郑重承诺的实际行动，践行增强“四个意识”、坚定“四个自信”、做到“两个维护”的根本要求。各级各部门要绷紧弦、加把劲，坚定不移贯彻落实党中央决策部署，保持战略定力，坚定必胜信心，坚持目标导向、问题导向、结果导向，再接再厉、乘势而上，把经过实践检验的、行之有效的制度和做法坚持下去，扎扎实实做好脱贫攻坚各项工作。

脱贫攻坚 助力“三农” 消费扶贫公益助农直播美丽南山行

二、采取过硬措施，努力克服疫情影响

新冠肺炎疫情使人流物流受阻，对脱贫攻坚的影响主要在外出打工、备耕备产、产品销售、项目开工等方面。要根据党中央、国务院、省委、省政府和市委、市政府的统一部署，结合疫情防控形势变化，分区分级、有力有序把既定工作目标任务落实好，尽快把耽误的时间抢回来、把延误的工作补上去。加强对疫情防控的指导和支持力度，督促完善差异化防控措施，全面做好疫情防控工作，力促脱贫攻坚顺利进行。支持贫困劳动力优先务工就业，帮助贫困劳动力返岗复工，协作开展点对点输送，确保就业增收和稳定脱贫，积极支持扶贫产业恢复生产。做好农资供应工作，用好产业扶贫资金和扶贫小额信贷政策，促进扶贫产业持续发展。做好对因疫致贫返贫人口的帮扶。密切跟踪受疫情影响的贫困人口情况，及时落实好兜底保障等帮扶措施，确保基本生活不受影响。要进一步转变作风、转变工作方式，关注贫困群众生产生活，关心爱护基层扶贫干部，及时解决困难。

三、狠抓贯彻落实，坚决完成目标任务

一是要强化返贫致贫监测帮扶。进一步完善动态监测机制，实事求是确定监测数量。坚持日常动态监测，对于符合标准的，及时全部纳入边缘易致贫户或脱贫不稳定户，确保不出现遗漏。根据致贫返贫原因提前开展针对性地帮扶。对有劳动能力的，加强产业、就业、技术、资金等支持，通过自身劳动实现增收脱贫。对丧失劳动能力的，强化农村低保、临时救助、残疾人保障等综合措施，保障基本生活，适度扩大最低生活保障和临时救助覆盖范围，全面落实特困人员救助供养政策，切实做到凡困必帮、有难必救。二是要狠抓涉贫问题整改清零。结合国家脱贫攻坚普查和督查、脱贫质量“回头看”、全市两次自查及各级各方反馈的问题，对前期问题排查整改工作进行“回头看”，及时梳理遗漏的问题，特别是疫情灾情带来的新情况新问题或者带有倾向性、颠覆性的具体问题，要坚持立行立改，推动问题全面清零。坚持边改边查，对产生问题的倾向或隐患要全消除，把问题消灭在萌芽状态。三是要加快基础设施建设扫尾。加快水、电、路、网等基础设施和村级卫生室等公共服务设施建设进度，完善各类项目建设资料归档整理，尽早完成省下达的

各项行业扶贫任务。加强“两房”建设后续管理，抓好农村危改住房和易地扶贫搬迁住房质量“回头看”，进一步完善住房配套功能化建设，解决群众重点关注关心的实际困难，切实提高群众满意度。四是要推动行业扶贫政策落实。用好涉农整合资金和财政扶贫专项资金，全面落实好产业扶贫、就业扶贫、教育扶贫、健康扶贫、兜底保障、农村危房改造、易地扶贫搬迁、生态扶贫、科技扶贫、旅游文化扶贫、通信扶贫、光伏扶贫、金融扶贫、残疾人扶贫等各类行业扶贫政策，对标年度任务和工作要求，查漏补缺，做到“账账”“账实”相等，确保各类扶贫政策不打折扣精准落实到位。

四、压实攻坚责任，强力推进工作落实

一是全面发起脱贫攻坚收官决胜战。从现在到今年年底，在全市范围内开展脱贫攻坚收官决胜战。全市各级各部门要牢固树立争先创优意识，根据各自职责，对照贫困退出验收、成效考核、行业扶贫、驻村帮扶结对帮扶等相关标准，厘清各自任务清单，按照市脱贫攻坚指挥部的统一部署，集中人员、集中力量、集中时间，全面彻底无死角地完成各项任务。二是大力开展克服疫情汛灾防止返贫致贫、就业扶贫和消费扶贫专项行动。尽快恢复受灾地区生产生活秩序，最大限度减少贫困群众损失，全面解决贫困户因灾产业的问题，尽快修复贫困村受损基础设施，切实抓好灾后重建和恢复生产。同时，聚焦贫困户收入问题，各级各有关部门要按照市脱贫攻坚指挥部的统一安排，大力开展就业扶贫和消费扶贫专项行动。三是深入开展“两会四个一”活动。全市各级各部门要持续深入开展“两会四个一”活动，每月一次。各后盾单位要结合收入达标、就业扶贫、消费扶贫、灾后恢复、问题排查、防范涉贫信访舆情风险、正确疏导群众情绪等脱贫攻坚阶段性重点任务召开党组会，重点工作要结合实际深入分析，在帮扶村研究部署，推动落实。驻村帮扶工作队要结合当前工作任务召开“屋场会”，在屋场会上讲变化、讲工作、讲希望，依靠群众解决工作难题，坚决不走过场、不搞形式，真正推动工作。结对帮扶责任人要同贫困户深入交流，用最接地气的方式了解情况，用最真诚的感情解决问题，最深入地贴近群众，提高群众满意度。

（市乡村振兴局供稿）

《人民日报》点赞的张家界屋场会，是党密切联系群众的鲜活案例

屋场，在南方方言中是指自然形成的居民聚居点。所谓“屋场会”，就是各级党员干部利用这种聚居点，比如房屋院落、田间地头，把会议室搬到他们中间去。这种不拘形式、不限时间，家事国事天下事事事关心的屋场会，深受老百姓欢迎。

屋场会之所以深受欢迎，首先因为会议的主角是老百姓，在这里，大家可以讲政策、拉家常、听实情、议事情；其次因为这样的场所很熟悉，老百姓没有拘束感，可以畅所欲言。不过，屋场会的形式与气氛虽然活泼，但绝不是纸上谈兵图个热闹，目的那是相当严肃，就是让党的声音“飞入寻常百姓家”，就是想方设法解决老百姓“急难愁盼”事。

古人说：“先立乎其大者，则其小者弗能夺也。”屋场会能够取得成功，自然是社会治理的一次创新，但这只是“小者”；在观潮君看来，屋场会成功的关键是因为弘扬了我们党密切联系群众的作风，这方为“大者”。100 年前南湖的一条小船，正是由于人民群众的支持，才变成了满载 14 亿多人驶向光辉彼岸的巨轮。

密切联系群众是个好作风

中国共产党在长期的革命斗争中形成了一整套优良作风。毛泽东把它们概括为三大作风：一是理论联系实际的作风；二是密切联系群众的作风；三是自我批评的作风。

很多人会唱的“红色经典第一歌”——《三大纪律八项注意》，就是党密切联系群众的缩影。1928 年 3 月，工农革命军到达湖南桂东沙田，其间出现了部队侵犯群众利益的事情。毛泽东根据数月做群众工作的经验，将过去陆续提出的纪律和注意事项合并补充，正式宣布了“三大纪律六项注意”，后来根据形势发展和实践经验，“六项注意”又增加了两项，形成了最初的“三大纪律八项注意”。

1947 年，“三大纪律八项注意”以命令的形式固定下来，成为全军的统一纪律。其中，“不拿群众一针一线”“说话和气”“借东西要还”“损坏东西要赔”“不损坏庄稼”等都是为了融洽与群众的关系。仓廪实而知礼节，这些在今天看来是公序良俗，无须强调的东西，在当时的背景下要严格做到殊为不易。

回顾党的历史，星星之火之所以能够形成燎原之势，一个重要原因就是我们党注重与群众的鱼水关系。在淮海战役中，60 万武器装备处于劣势的人民解放军，面对 80 万装备先进的国民党军，最终以少胜多、以弱胜强，成为世界军事史上的奇迹，这就是源于数以千万的支援前线民工和解放区普通群众，坚定地站在

60万人民解放军的身后。因此，陈毅元帅称淮海战役的胜利是人民群众用小车推出来的。

新中国成立后，整个国家百废待兴，我们党始终与人民共命运、心连心。比如，刘少奇了解到人民群众的困难疾苦后，心情十分沉重。为了和人民群众一起共渡难关，他订下了规定，把自己的粮食定量一减再减，坚持不吃肉，不要特殊照顾。他一再要求工作人员，不准买定量以外的物资，定量之内的也尽量少买。此外还规定，上学的孩子一律在大食堂用餐。工作人员过意不去，想做工作让孩子们回来吃，却被他拒绝："人民吃不饱，我们有责任。让孩子们尝尝吃不饱的滋味，有好处。等他们为人民办事的时候，将会更好地总结我们的经验教训，再不要让人民吃不饱饭。"

可以说，我们党一直与群众围一张桌子、同坐一条板凳，屋场会就是党和群众打成一片的生动写照。

最大的危险是脱离群众

我们党植根于人民。所以，党中央很早就把"脱离群众危险"当作"四大危险"之一，要求全党居安思危。

党的十八大以来，习近平总书记多次强调："我们党的最大政治优势是密切联系群众，党执政后的最大危险是脱离群众。"而党内脱离群众的现象集中表现在形式主义、官僚主义、享乐主义和奢靡之风这"四风"上。

现在，我们早已熟知的"八项规定"，全称是"中共中央政治局关于改进工作作风密切联系群众的规定"，每条规定都是纠正"四风"，但旨在加强与人民群众的联系，告诫大家不能因为走得远了，就忘记了为什么出发。中央八项规定坚持以上率下，率先垂范，党风政风焕然一新。各地根据中央八项规定精神，出台了相应的举措，比如湖南省委出台的是"九项规定"。

2013年6月开始，党的群众路线教育实践活动在全国铺开。这次教育实践活动借鉴延安整风经验，明确提出"照镜子、正衣冠、洗洗澡、治治病"的总要求，在全党开始了自我净化、自我完善、自我革新、自我提高，目的同样是改进工作作风，让群众真正叫好。

这些举措都坚持了"问题导向"，是洞察到脱离群众的危险后做出的战略部署。

互联网时代不能少了深入群众

历史和现实都告诉我们，密切联系群众，是党的性质和宗旨的体现，也是党发展壮大的重要原因。如今随着互联网的变革，我们的政务服务提质增速了，但也让人产生了路径依赖，无形中拉开了党与群众的距离。

比如微信的流行，使人们的沟通交流方式更加多样，但也悄然改变着人们的工作模式。点一点手机，建个微信群，把相关人员"拉"到群里来，大家便可以随时交流，收发工作指令。

但是，任何事物都是一体两面的，新的交流工具带来新的工作方式，也带来变相造假、形式主义、沟通不良、反馈不畅等新问题。这给我们的启示就是无论通信手段多么发达，信息平台和渠道如何多元，都不能替代深入实际、深入基层、深入群众进行实地的调查研究。

在"键对键"风行的时代，张家界的屋场会无疑是一次加强党与群众血肉联系的有益探索与尝试。

（来源：红网）

"键对键"代替不了"面对面"

炭火烧起来了，20多名村民围坐在一起，腾腾热气中飘出糍粑烤出的香气。12月15日，湖南张家界市桑植县澧源镇西界村2020年第五十二次屋场会开起来了。

"村里的路修好没有？""修好了！"

"家家户户有水了没有？""有了！"

村干部大声问，参会村民大声答，现场气氛一下子活跃起来，这让原先有些拘谨的村民放松了下来。

这次屋场会，村里请来了准备来投资的企业家，和大家讨论建民宿的事情。需要多少投资？村里人可以参与建设吗？以后能有多少就业岗位……一个个村民关心的问题，在大家的笑声和掌声中，得到了解答。

"干部不光要会说，更要会听，听出群众的真诉求，才能为他们解决真问题。"张家界高新区驻西界村第一书记袁凯说，屋场会就是倾听群众意见的好机会。

过去，由于季节性缺水，一到秋冬，西界村村民吃水都成问题。在一次屋场会上，扶贫工作队提出用电泵引自来水上山，却被老百姓给"否了"。

村民们说，尽管帮扶单位帮出了建设成本，"可是以后用电抽水，水电费负担可能过重"。

这时，一位老人提议："很多人都不知道，我们村的山上有个废弃水库，但是漏水很多年。如果能把水库修好，说不定能行。"

实地考察后，袁凯发现，修水库投资小、维护易，的确可行。如今，这一项目已经完工，村民用水成本比原计划减少了一半，不光西界村用水不愁，周边村庄也从中受了益。

前不久，在张家界永定区天门山镇黄庄村的屋场会上，易地扶贫搬迁户赵永珍和大家有说有笑。由于患有眼疾，她有些自卑，不爱与人交往。为让搬迁户融入新家园，张家界市委统战部的帮扶干部组织了一场“同心屋场会”。一开始，赵永珍只是坐着听。听了几次后，她也开始参与讨论，人变得越来越开朗。

把国家大事、家乡新事、邻里小事融合起来的屋场会，成了张家界各村（社区）居民生活中一件有滋有味的事情。截至目前，张家界有屋场2700多个，听众超过100万人。不仅各级干部下屋场，理论宣讲、文明实践等各项活动也下屋场。现在，群众通过屋场会实现了有事通个气，没事唠家常，遇事出点子。

近年来，各地积极探索基层社会治理，工作流程上了墙，服务过程留了痕，很多地方还建起各种现代化的指挥平台，大屏幕进村，智能应用普及……但“键对键”代替不了“面对面”，要想真正了解群众的诉求，解决群众的困难，必须推动各方面资源向基层下沉，在心贴心的沟通上下功夫，在点对点的服务上花力气。

（来源：人民日报）

张家界市创新开展“两会四个一”活动：干部进村 扶贫到心

12月1日，寒风凛冽，市人大常委会办公室干部陆叶再次来到扶贫联系户张五一家中，嘘寒问暖，共同盘点2020年的收成。

初冬的张家界，天气日渐严寒。然而，浓浓的寒意却挡不住党员干部的脚步。全市党员干部深入贫困村，走进贫困户，持续开展“两会四个一”帮扶活动，全力为贫困群众解难题、干实事、帮真忙。

“两会四个一”，即“两项帮扶”后盾单位在帮扶村召开专题党组会、屋场会，结对帮扶人在贫困户家中宿一晚、同做一顿饭、一起打扫一次卫生、一起完善帮扶措施。压紧压实两个帮扶责任，精细精准地破解脱贫攻坚中的一个个具体难题，努力克服新冠肺炎疫情带来的不利影响，让群众有更多获得感、幸福感。

创新源于走访。“脱贫摘帽不是终点，而是新生活、新奋斗的起点。”今年3月6日，习近平总书记在决战决胜脱贫攻坚座谈会上强调，要保持脱贫攻坚政策稳定，对退出的贫困县、贫困村、贫困人口，要保持现有帮扶政策总体稳定，扶上马送一程。

摘帽，不摘责任、不摘政策、不摘帮扶、不摘监管。2020年2月，省政府批复桑植县符合摘帽程序和标准，退出贫困县序列。这标志着张家界市啃下了最后一块硬骨头，从此告别区域性整体贫困。

“行百里者半九十。”面对疫情带来的影响，如何让脱贫攻坚完美收官，市委书记虢正贵一直牵挂在心。5月18日，虢正贵以“四不两直”方式，来到桑植县澧源镇西界村贫困村民卢英道家里，了解疫情对脱贫的影响。卢英道患有白内障，行动不便，导致长期贫困。在工作队的帮扶下，做了白内障手术，发展起养殖业，生活有了保障。

“养殖一年收入多少？手术花了多少？报销了多少？”在卢英道的屋场上，从扶贫干部的表现，到自身脱贫的动力，从养殖的方式方法，到成本与收入的算法，从身体健康状况到环境卫生打扫，虢正贵与卢英道聊得就像家里人。

听取情况后，虢正贵与驻村工作队、村支“两委”一起，以党组会形式，化解脱贫攻坚中一个个难题。

“越到紧要关头，越要响鼓重槌。要把扶贫做到群众心里。”虢正贵说，要踢好脱贫攻坚的“临门一脚”，需要与结对帮扶对象同吃同住同劳动，对照标准把帮扶措施一项项找准和落实，共同下足绣花功夫。

在三天后的市委常委会上，虢正贵归纳出“两会四个一”，即党组会、屋场会开进村里，结对帮扶人在贫困户家中宿一晚、同做一顿饭、打扫一次卫生、一起完善帮扶措施，确保贫困群众能够高质量脱贫。

一级做给一级看，一级带着一级干。于是，全市3.28万名结对帮扶干部整好行囊、带着深厚感情，分赴各个村庄夜宿农家，在农户的堂屋里、厨灶边，以坦诚的态度、真挚的话语、可行的措施，落实、落细、落小，精准解决贫困群众“急盼难愁”问题，激励起他们脱贫致富的斗志。

会议开进村里。“搞了乡村旅游，有游客来，收入增加不少。”“公路、路灯都搞好了，晚上走路都是亮晃晃的。”“家里喂了猪，吃肉没得问题。”……6月4日晚，慈利县三官寺土家族乡，贫困户胡明初的屋场前热闹不已，市委副书记、市长刘革安与村民们围坐在一起，算收入、问政策、找问题、查难处，以实际行动推动“两会四个一”活动纵深开展。

2020年以来，我市建立驻村帮扶和结对帮扶后盾单位党组会开到帮扶村制度，逐户研究增收措施和突出问题整改；后盾单位领导和驻村工作队、支村“两委”各个村寨召开屋场会，宣传扶贫政策和脱贫成效，实地听取群众意见、就地解决实际问题。同时，各级党支部均及时召开支部会，学习中央关于脱贫攻坚的最新精神，以作风攻坚促进脱贫攻坚；市县驻村帮扶办每周一召开电视电话会议，对扶贫工作进行全面精准调度。

“只用了20天，就完成了选址、征地等工作，年底能建成投产。”桑植县官地坪镇梯市村驻村第一书记唐芳雄告诉笔者，为提高430亩莓茶的附加值，市纪委监委在村里的一场常委会决定新增一个莓茶加工厂，114 户种植户因此直接受益。

在永定区王家坪镇太阳山村，该区民政局召开的党组会上，现场研究决定投入 50 多万元进行 1.5 千米通组公路硬化和入户公路建设。

民情民意在一线掌握，党的政策在一线落实，干部作风在一线转变，脱贫攻坚在一线体现。

“一经提出，立马解决。”武陵源区索溪峪街道双文村建档立卡户唐会勇对屋场会的效率赞叹不已，包括自己在内的部分群众缺生活用水的问题提出后，第二天就动手修建，一个月就完成验收，如今已准备投入使用。

缺水问题、道路出行、产业发展等一系列难题，在一次次党组会、屋场会中迎刃而解；群众与干部的血肉联系，在一次次交流中不断加深。

交心交到家里。12 月 1 日，桑植县官地坪镇干部邱德帅从市场上买了猪肉、豆腐等，来到结对户熊美英家里走访。

熊美英的丈夫 10 多年前过世了，两个孩子在高校就读，家里养了 10 多头猪，全家经济来源主要是养猪收入、低保金和助学金。来到熊美英家，推开门一看，她正在给猪仔喂食，屋内十分凌乱。邱德帅当即接过熊美英手中的活儿，帮着给猪仔喂食。忙活完后，他又自己动手做饭，打扫卫生，并与熊美英商讨交流，帮忙解决两个孩子的上学费用。当天，他还自费订购了年猪一头，付款 4000 多元。

在“两会四个一”活动中，党员干部把群众当“家人”，把群众的事当“家事”，把群众的家庭发展当“家业”，面对面与群众倾心交谈，点对点了解当地实际情况，实打实解决热点难点问题，人民群众对扶贫和脱贫的满意度大幅提升。

在结对帮扶干部李良成的牵线下，永定区谢家垭乡昌溪村贫困户梁红梅在广东韶关的一家针灸馆找到了一份称心如意的工作，每月工资将近 6000 元；在武陵源区天子山镇黄河村，结对帮扶干部邓文华为贫困户刘正浓儿子申请到了 3000 元助学金，并解决了厨房修建问题；慈利县溪口镇云岩村贫困户朱西松自产的农产品，在结对帮扶干部鲁观清的助力下，销售一空；桑植县陈家河镇黄木潭居委会建档立卡户王朝化在结对帮扶干部王委的帮助下，用几天时间就解决了土鸡销售难的问题……

在这场创新性的“交心”过程中，全市广大干部与群众干在一起，苦在一处，以逢山开路遇水架桥的闯劲，不达目的誓不罢休的拼劲，咬定青山绝不放松的韧劲，攻下决战决胜脱贫攻坚的“最后高地”，在与全国同步实现全面小康的道路上不落伍、不掉队。

据统计，“两会四个一”活动开展以来，全市各级后盾单位在结对帮扶村召开党委（党组）会议 2854 次，各级驻村工作队举行屋场会 11617 场次，3.28 万名结对帮扶干部为贫困村与贫困群众解决“急盼难愁”问题上万个，办理大小实事 8 万余件。

（宁　奎　田育才）

污染防治

污染防治攻坚战三年行动计划圆满收官

2020年3月17日，张家界市生态环境保护委员会印发《张家界市污染防治攻坚战2020年度工作方案》《张家界市污染防治攻坚战“2020年夏季攻势”任务清单》《张家界市2020年度污染防治攻坚战考核办法》。一年来，张家界市压紧压实各级各部门生态环境保护责任、严格落实生态环境保护“党政同责、一岗双责”总体要求，打赢打好蓝天、碧水、净土保卫战，切实强化突出生态环境问题整改，年度环境质量改善目标和污染防治重点任务全面完成，污染防治攻坚战三年行动计划圆满收官。

2020年1—12月，张家界市环境空气优良天数为359天，优良率为98.1%，较2019年上升4.1个百分点；PM10年均浓度43微克/立方米，较2019年下降14%；PM2.5年均浓度25微克/立方米，较2019年下降19.4%；连续3年稳定达到国家二级标准。全市国控、省控、市控地表水监测断面水质稳定达到功能区要求，县级以上城市集中式饮用水水源达标率100%。全市地表水环境质量、城市空气质量综合排名均居全省第一。累计完成受污染耕地安全利用59948.03亩，严格管控1400.01亩，两项指标均完成省定任务。2020年，慈利县枧潭桥断面镍浓度年均值0.0228毫克/升，比2019年0.025毫克/升下降8.8%，比2012年的0.255毫克/升下降91.06%，达到省定考评要求。

污染防治重点任务进展顺利

2020年，张家界市污染防治攻坚战重点任务进展顺利。

打赢蓝天保卫战。重点推进“燃煤烟气、工业废气、工地扬尘、车辆尾气、城乡烟尘”等“五气共治”。全市高污染燃料禁燃区内10蒸吨及以下燃煤锅炉全部淘汰，取缔市中心城市建成区经营性燃煤炉灶358家。桑梓电厂燃煤锅炉超低排放改造基本完成。全市1600余家餐饮企业安装油烟净化器，市中心城市三个灶头以上经营性单位餐饮油烟已基本治理到位；132个加油站安装油气回收系统。75家重点行业企业完成挥发性有机物治理；严格落实《张家界市扬尘污染防治条例》，对全市在建工地严格管控，“六个100%”措施全部到位；淘汰公共汽车、老旧柴油货车等高排放机动车77台。完成非道路移动机械编码登记2746台，超额完成省定任务目标。全市6家机动车尾气检验检测机构全部完成省、市、县机动车排放检测站三级联网，全面实施汽车排放检验和维修（I/M）制度。市中心城市机械化清扫率达到90%以上，县城建成区达到80%以上。全市农作物秸秆综合利用率达到85%。完成市中心城市和两县城区声环境功能区划分工作。

打赢碧水保卫战。抓实城镇生活污水治理，市城区黑臭水体基本消除。抓实饮用水水源地保护，完成27个“千吨万人”、68个“千人以上”集中式饮用水水源保护区划定，10个县级及以上饮用水水源地全面完成环境问题整治，完成率100%。抓实全流域生态补偿，推动建立澧水流域横向生态补偿，建立张家界市与常德市、两区两县澧水、溇水流域上下游横向生态补偿机制。抓实河长制落实，市级河长巡河60余次，省级交办19批26个问题，市级督查发现23个问题，摸排“四乱”发现68个问题，全部完成整改。抓实农村面源污染管控，全市畜禽禁养区面积由1948平方千米调整为1087.2平方千米，累计退养禁养区畜禽规模化养殖场30家、养殖专业户551户，拆除栏舍面积近2万平方米；完成156家规模养殖场粪污处理及资源化利用配套设施改造，全市畜禽规模养殖场粪污处理设施配套率100%，粪污资源化利用率达到90.31%。

打赢净土保卫战。设置118个国控土壤监测点位，开展5轮涉镉等重金属污染源排查。积极落实《慈利县枧潭溪流域镍污染综合治理实施方案（2018—2025年）》，治理废渣232.05万立方米，恢复植被33.03万平方米，铺设废水收集管网9852米，建立渗滤液和矿洞涌水处理站4座，废水处理能力达400吨/小时。以开展鱼潭库区及上游10个乡镇生活垃圾专项整治行动为抓手，全面推动农村生活垃圾治理能力提升，基本实现城乡生活垃圾收集处理全覆盖。全市乡镇集镇、行政村均配备稳定保洁队伍，累计建成乡镇垃圾中转站48座，配备垃圾转运车100多辆，电动收集车和人力收集车1600余台，添置垃圾桶（箱）150000多个，90%村庄生活垃圾得到有效治理，农村生活垃圾治理“五有”措施日益完善。扎实推进“2020年夏季攻势”。省定6大类53项具体任务全部完成整改。其中，老旧柴油货车淘汰、“千吨万人”饮用水水源地生态环境问题整治全省率先完成，全国人大水污染防治法执法检查指出问题按要求完成年度整改目标。

（本栏撰稿　王礼发）

2021

大事记

·张家界年鉴·

1月

8日，张家界市第七届人民代表大会第四次会议举行第三次全体会议，补选市人大常委会副主任、市七届人大常委会委员、市人民检察院检察长。大会由市委书记、市人大常委会主任、大会主席团常务主席虢正贵主持。胡丘陵当选为张家界市第七届人民代表大会常务委员会副主任。吴俞萍、彭川晋当选为张家界市第七届人民代表大会常务委员会委员。罗树中当选为张家界市人民检察院检察长。会议还举行了宣誓仪式，新当选的张家界市第七届人民代表大会常务委员会副主任、张家界市第七届人民代表大会常务委员会委员向宪法宣誓。

10日，张家界市"不忘初心、牢记使命"主题教育总结会议召开。市委书记、市人大常委会主任虢正贵主持会议并讲话，湖南省委第七巡回指导组组长陈书山出席会议并讲话。

是日，张家界市新的社会阶层人士联合会召开成立大会暨一届一次会员大会。市委书记、市人大常委会主任虢正贵出席会议并讲话。大会选举产生市新阶联第一届领导班子，杨学文当选主席。

24日，张家界珍杰畜禽养殖专业合作社法人代表、身残志坚的梁英杰被授予"湖南省三八红旗手"荣誉称号。

26日，国家林业和草原局公布全国第一批共3947个国家森林乡村。其中，张家界市入选的8个国家森林乡村分别是永定区王家坪镇马头溪村、教字垭镇龙洞湖村；武陵源区天子山街道泗南峪村、锣鼓塔街道张家界社区；慈利县三官寺土家族乡罗潭村、零阳镇龙峰村；桑植县芙蓉桥白族乡芙蓉桥村、人潮溪镇廖城村。

2月

14日，市委书记、市人大常委会主任虢正贵深入武陵源区调研督导疫情防控、《中共张家界市委、张家界市人民政府关于禁止大鲵（娃娃鱼）交易和食用的通告》执行落实等情况，并召开座谈会，谋划旅游市场启动恢复前期准备相关工作。

15日，张家界市由20名护理人员组成的医疗队应召出征，驰援湖北武汉新冠肺炎疫情医疗救治工作。市委书记、市人大常委会主任虢正贵，市委副书记、市长刘革安为医疗队出征壮行。

17日，2020年2月"湖南好人"候选人点赞评议活动中，张家界市武陵源区交警李铁入选敬业奉献类"湖南好人"候选人；桑植县芙蓉桥白族乡高阳村村主任谷臣文入选见义勇为类"湖南好人"候选人；武陵源区海云家电家私城总经理胡海云入选诚实守信类"湖南好人"候选人；桑植县空壳树乡莲花台村陈风英、彭长助夫妇入选孝老爱亲类"湖南好人"候选人。

21日，张家界市第二批支援湖北医疗队的15名队员在市新冠肺炎防控指挥部集结出征，支援湖北省武汉市疫情防控工作。出征前全体队员庄严宣誓，市委书记、市人大常委会主任虢正贵为医疗队授旗，并宣布出征。市委副书记、市长刘革安代表市委、市政府和全市人民向医疗队表示诚挚慰问。

22日，湖南省文化和旅游厅、省发展和改革委员会发布首批湖南省乡村旅游重点村名录，武陵源区协合乡龙尾巴居委会、永定区尹家溪镇马儿山村入选。

28日，湖南省交通厅公示2020年度全省交通运输第一批投资计划。桑龙、张官等3条高速公路被列入2020年投资计划项目，其中桑龙高速项目建设全长61公里，项目总投资116亿元。炉红山（湘鄂界）至慈利高速公路全长80公里，项目总投资146亿元。张官高速项目建设全长83公里，项目总投资171亿元。

3月

5日，国家林业和草原局发布《关于公布第二批国家森林乡村名单的通知》，张家界市永定区王家坪镇石堰坪村、谢家垭乡高坪村，慈利县杨柳铺乡复兴村、阳和土家族乡杨家坪村、江垭镇官桥村，桑植县洪家关白族乡实竹坪村、五道水镇芭茅溪村共7个村入选。

10日，张家界市一次性医用口罩实现自产。其中瑞博公司建设日产40万只全自动医用口罩生产线、日产2万只半自动医用口罩生产线，市高新区康尔佳生物医药公司建设日产8万只全自动医用口罩生产线，桑植工业集中区中科恒瑞公司建设日产30万只全自动民用口罩生产线，每天可投放20万只一次性医用口罩、10万只民用口罩。

27日，张家界市举行2020年第一季度重点项目集中开工活动，25个项目总投资150亿元，年度计划投资48亿元。

30日，张家界市举行2020年招商引资重大项目第一次集中签约仪式，15个项目签约，总签约金额167.1亿元，涵盖工业制造、农业产业、文旅康养等领域。

4月

7日，国家林业和草原局授予桑植县五道水镇芭茅溪村等7个村

"国家森林乡村"称号。

是日，张家界首支抗疫歌曲《逆风的人》入选中组部"全国党员干部现代远程教育频道"。

15日，湖南省文化和旅游厅公布2019年度湖南省五星级乡村旅游区(点)名单，永定区天门山庄、云上田、柳叶溪古村落，武陵源区五号山谷、慈利县古韵溪生态园入选。

16日，全市见义勇为表彰座谈会对7位见义勇为英雄进行表彰。

是日，慈利东方希望畜牧有限公司项目正式开工建设。

18日，由湖南省文化和旅游厅、张家界市人民政府共同举办的"体验锦绣潇湘 拥抱健康生活"湖南人游湖南暨仙境张家界健康自驾游活动启动仪式在武陵源标志门广场举行。

是日，永定区委办公室荣获2019年度"省级党委信息工作先进单位"和"全省党委督查工作先进基层单位"称号。

20日，安慈高速公路雷家台隧道全线贯通。

是日，农业农村部发布《关于做好2020年农业产业强镇建设工作的通知》，张家界市慈利县零溪镇等入选。

23日，张家界市举行产业项目集中开工暨企业销售订单集中签约仪式，7个产业项目在张家界高新区集中开工，张家界高新区12家龙头企业与全国28家企业签订销售订单，签约金额达11.7亿元，订单总数额超过张家界高新区去年工业总产值一半。其中继源科技与昆药集团签订橙皮苷订单1亿元，畅想农业与安徽三只松鼠、湖南朱大哥商贸、好味屋食品、汇米巴、唐人神等公司签订蛋制品订单2.1956亿元，占生塑胶与东莞百代塑胶、中山精创电子、张家界乐童玩具等企业签订电子塑胶玩具、彩盒、电子板产品订单1.5亿元，湘丰茶业茶叶与北京东科坤腾、天津河西区津湘茶行企业签订桑植白茶订单4200万元等。

28日，省文旅厅发布2019湖南十大文旅地标名单，武陵源入选。

是日，全省重大项目集中开工活动张家界市分会场暨张家界市2020年第三批重点项目集中开工仪式在张家界宁邦广场举行，10个项目参与集中开工，总投资80.29亿元。

是日，永定区王家坪镇马头溪村获评"全省文化和旅游扶贫示范村"的20个示范村。

是日，张家界市首例骨盆"通道螺钉"微创手术获得成功。

5月

6日，张家界机场新增"重庆—张家界—厦门"航线，由南航重庆分公司执飞。

是日，惠州—张家界—呼和浩特航线正式开通。

7日，慈利县连续两年获评"全省推进河长制湖长制真抓实干先进县"。

14日，张家界市举办"共同推进张家界市5G建设发展战略合作"签约仪式。

是日，张家界市学生魏子灵、戴嘉桉入选第十四届宋庆龄奖学金获奖候选人。

17日，"健康进社区"项目落地张家界市。

21日，市人民医院沙堤新院正式启动搬迁工作。

6月

3日，省道S303永定教字垭至温塘公路（二期）工程开工。

4日，武陵源头茶业公司一级红茶、张家界老山翁山茶油等138家供应商提供的253种扶贫产品入围湖南省扶贫产品名录。

5日，张家界市生态环境应急物资储备库揭牌。

6日，永定区入选国家级慢性病综合防控示范区。

8日，张家界开通首条国际货运航线（曼谷—河内—张家界）。

16日，张家界市永定区合作桥乡人民政府、慈利县高峰土家族乡中学、中共桑植县委统战部、武陵源区人民政府被授予"全省民族团结进步模范集体"称号，市民族宗教事务局党组书记、局长李林、市康华实业有限公司董事长彭澧康、武陵源区索溪峪街道办事处党工委书记杜修勇、慈利县三官寺土家族乡罗潭村党支部书记杜修福、永定区民族宗教事务局副局长屈湛军被授予"全省民族团结进步模范个人"称号。

是日，张家界市人民政府与中国农业银行湖南省分行签订全面战略合作协议。

19日，湖南省体育局与张家界市人民政府签订共建体育旅游示范城市战略合作协议，双方在现场正式启动"共建体育旅游示范城市"。

28日，张吉怀高铁电气化工程开工。

7月

3日，湖南省文明办发布2020年6月"湖南好人榜"，张家界市龚少雄入选敬业奉献类"湖南好人"、朱民硕入选见义勇为类"湖南好人"。

是日，张家界四都坪高空极致体验乐园项目签约仪式举行。张家界市永定区人民政府、湖南华年文化旅游投资有限公司、中惠旅智慧景区管理股份有限公司签约。

4日，中宣部、财政部、文化和旅游部、国家文物局公布了第二批革命文物保护利用片区分县名单，永定区、慈利县、桑植县入选。

9日，张家界市永定区尹家溪镇马儿山村、武陵源区协合乡龙尾巴村、武陵源天子山街道泗南峪社区入选第二批全国乡村旅游重点村。

21日，2020年湖南省十大特色文旅小镇授牌仪式在长沙举行，桑植县洪家关白族乡等10家单位获授牌。

23日，张家界市首个导游医疗急救实训基地成立。

30日，中国共产党张家界市第七届委员会第九次全体会议召开。全会以习近平新时代中国特色社会主义思想为指导，深入学习党的十九届四中全会精神，认真贯彻《中共湖南省委关于深入学习党的十九届四中全会精神为加快建设富饶美丽幸福新湖南提供有力制度保障的决议》精神，听取市委常委会工作报告，审议通过《中共张家界市委关于以制度建设为主线以重点领域改革为突破推进治理体系和治理能力现代化的若干意见》。市委书记、市人大常委会主任虢正贵代表市委常委会作工作报告；市委副书记、市长刘革安就意见的起草情况向全会作说明，并传达全省产业项目建设推进现场观摩会精神，研究部署下半年有关工作。

31日，张家界荷花国际机场高架桥工程开工建设。

8月

4日，携程旅行网发布《跨省游恢复半月人气报告》，湖南省和张家界入选目的地省市人气榜前十。

5日，“康华”商标被国家知识产权局认定为中国驰名商标。至此，张家界市中国驰名商标认定总数已达8件。

6日，2020年8月“湖南好人”候选人点赞评议活动中，龚协标入围“助人为乐类“湖南好人”候选人，向亮入围见义勇为类“湖南好人”候选人，朱明喜入围孝老爱亲类“湖南好人”候选人。

7日，桑植县洪家关白族乡在湖南省特色文旅小镇授牌仪式上被授予特色文旅小镇称号。

10日，湖南省教育厅发布《关于2020年湖南省民族教育发展项目校评审结果的通报》，张家界市7所学校入选民族团结教育示范校和偏远教学点办学提升工程项目。

15日，“仙境张家界 惊艳全世界”张家界市第二届网红直播旅游节在张家界茅岩河景区九天洞广场启动。

19日，“百台携手敬英雄 英雄相聚张家界”全国大型公益活动启动仪式在张家界国家森林公园举行。

25日，南航正式开通张家界—长沙—北京大兴航线。据悉，该航线由南航空客A321机型执飞，计划每天一班。

26日，2020年香港摄影图片展张家界站开幕式在武陵源举行。

27日，慈利四中学生李钊获得“2020年湖南省青少年田径锦标赛”三级跳远单项冠军。

28日，张家界金海中学挂牌。张家界金海中学是继张家界金海实验学校之后，市政府签约引进的一所民办寄宿制完全中学。项目于2019年11月动工，2020年秋季开学。学校位于永定区枫香岗街道丁家溶社区，占地面积114亩，建筑面积约9万平方米，总投资3.5亿元。

9月

3日，张家界市马儿山村、龙尾巴村、泗南峪居委会入选全国乡村旅游重点村名录。

5日，2020年9月“湖南好人”候选人点赞评议活动中，张家界市钟高明入围助人为乐类“湖南好人”候选人、唐道双入围诚实守信类“湖南好人”候选人。

7日，张家界市武陵源区被评为2019年度“四好农村路”省级示范县。

是日，“仙境张家界 民歌邀你来”2020张家界山野民谣《你莫走》暨经典民歌汇报演唱会在长沙音乐厅举行。

9日，张家界市出席全国抗击新冠肺炎疫情表彰大会的粟仲锐、卢辉2位抗疫英雄搭乘航班归来。

14日，张家界市湘西腊肉产业带动项目和鬼谷子汤茶健康e站荣获湖南省首届退役军人创业创新大赛三等奖。

15日，桑植县红色教育培训暨研学基地建设项目等4个重大优质项目签约，签约金额4.8亿元。

16日，省政协在桑植县召开“挖

掘我省红色文化资源，打造精品红色旅游线路”专题协商会议，省政协主席李微微主持会议并讲话，省政协副主席戴道晋，贺龙元帅女儿贺晓明、贺黎明，市委书记、市人大常委会主任虢正贵出席会议。

26 日，2020 年湖南科技论坛暨院士专家张家界行活动开幕。市委书记、市人大常委会主任虢正贵向 6 名院士专家颁发张家界市“创新引领、开放崛起”发展战略顾问聘书。湖南省科协党组书记、副主席刘小明向 18 个省级学会服务站授牌。市委副书记、市长刘革安主持开幕式。

27 日，张家界湘阿妹食品有限公司湘阿妹菜葛产业项目以生物成长组第 1 组第 2 名入围第九届中国创新创业大赛全国赛名单。

是日，全国重点革命老区部分市州第六次工作交流会在张家界市举行。

是日，湖南省 2020“侨系张家界”招商引资引智活动在张家界举行。

29 日，全省第二次重大项目集中开竣工活动张家界市分会场暨张家界市 2020 年第四批重点项目集中开工仪式在张家界高新区中国翠谷植物提取产业园举行，15 个项目参与集中开工，总投资 128.22 亿元。

10 月

8 日，2020 年 10 月“湖南好人”候选人点赞评议活动中，张家界市何于班入围助人为乐类“湖南好人”候选人、周元林入围见义勇为类“湖南好人”候选人、覃文清入围孝老爱亲类“湖南好人”候选人。

13 日，安慈高速公路石门至慈利段全线贯通。

15 日，张家界武陵源风景名胜区和国家森林公园管理局门票管理中心吴家峪经营部部长袁谋文拟被评为全国劳动模范。

17 日凌晨，由南方航空执行深圳至张家界的 CZ3991 航班平稳落地，张家界机场迎来了 2020 年第 100 万名旅客。截至是日，张家界机场保障航班 10517 架次，旅客 1000678 人次。

22 日，“为了胜利”——张家界市纪念中国人民志愿军抗美援朝出国作战 70 周年文艺演出正式首演，市委书记、市人大常委会主任虢正贵致辞并宣布演出开始。演出前，虢正贵一行看望慰、问抗美援朝老兵张宏权、张学志、柏胜初、王治美、段希瑞、董武松，为他们佩戴中共中央、国务院、中央军委颁发的中国人民志愿军抗美援朝出国作战 70 周年纪念章。

是日，张家界市作家李文锋、罗长江获“梦圆 2020”脱贫攻坚主题文学创作奖一等奖。

26 日，张家界文郡实验学校项目开工建设。

是日，张家界市 6 名教师入选“湖南省第十一届特级教师评选拟通过人员名单”。

11 月

4 日，张家界市国土空间规划委员会 2020 年第七次会议召开，审查并原则通过枫香岗组团、沙堤片区、且住岗组团等 14 宗土地用地供地方案。

6 日，上海市张家界商会成立大会暨张家界市招商引资推介会在上海举行。湖南省委原书记、省人大常委会原主任王茂林，浙江省委原常委、省人大常委会原副主任、湖南省人民政府原副省长、张家界市委原书记刘力伟，湖南省人民政府驻上海办事处党组书记、主任魏旋君出席大会。市委书记、市人大常委会主任虢正贵为商会授牌并讲话。

10 日，2020 年 11 月“湖南好人”候选人点赞评议活动中，张家界市张绣云入围助人为乐类“湖南好人”候选人，万让军入围诚实守信类“湖南好人”候选人，唐雷、陈刚入围见义勇为类“湖南好人”候选人，毛金春入围孝老爱亲类“湖南好人”候选人。

14 日，2020 湖南省第十一届全民健身节暨张家界半程马拉松赛开幕。国际奥委会副主席、中国奥委会副主席、北京 2022 年冬奥会和冬残奥会组织委员会副主席于再清出席并宣布开赛，中国奥委会执委、亚奥理事会副主席、体育委员会主席宋鲁增，省体育局党组书记、局长李舜，市领导虢正贵、刘革安、刘绍建、郭天保、欧阳斌、谢振华参加开幕式并为半程马拉松赛鸣枪开跑。

16 日，中国·张家界首届世界遗产摄影大展开幕。全国政协原副主席刘晓峰，省委常委、省委宣传部部长张宏森，贺龙元帅女儿贺晓明、贺黎明，财政部原党组成员、纪检组组长贺邦靖，全国总工会原副主席、书记处书记苏立青，省人大常委会原副主任、全国人大监察与司法委员会委员谢勇，省政协副主席张大方，意大利驻广州领事馆总领事白露茜出席；市委书记、市人大常委会主任虢正贵出席并致辞，市委副书记、市长刘革安主持开幕式，中国摄影家协会副主席柳军、杨越峦、王琛，中国摄影家协会分党组成员、秘书长高琴，省文联主席鄢福初，中国摄影报社社长赵迎新及市领导刘桦、单铸飞、田华玉、郭天保、王令波、李传荣、邹菊芳、欧阳斌出席开幕式。

是日，陈复礼铜像揭幕仪式在武陵源核心景区水绕四门举行。继吴冠中之后，张家界市第二次在世界自然遗产地为当地旅游发展作出突出贡献的艺术家安放铜像。

19日，“忠诚、维护与担当——红二方面军（红二、六军团）与长征”学术研讨会在张家界举行，中央马克思主义理论研究和建设工程咨询委员会委员、原中央党史研究室主任欧阳淞，湖南省政协副主席张大方出席会议并讲话；任弼时、贺龙等老一辈革命家后代亲属出席或发言；湖南省委党史研究院院长胡振荣出席并作主旨发言；市委书记、市人大常委会主任虢正贵出席并致辞，市委副书记、市长刘革安主持研讨会开幕式。湖南、湖北、四川、贵州、重庆五省市党史部门签订《深化湘鄂川黔革命根据地历史研究合作框架协议》。学术研讨会结束后，与会人员前往桑植县先后考察中国工农红军第二方面军长征出发地纪念馆、贺龙纪念馆，并举行红二方面军革命后代捐赠历史文物文献仪式，捐赠历史文物文献合计107件。

20日，湖南省农业农村厅官网发布《湖南省第八批休闲农业与乡村旅游星级企业（园区）公示》，对全省301家拟评星级的企业（园区）进行公示，张家界市14家企业入选湖南省第八批休闲农业与乡村旅游星级企业（园区）。

21日，湖南省第六届生态文明论坛永定年会在张家界市举行。省政府副省长陈文浩，省生态环境厅厅长邓立佳出席，市委书记、市人大常委会主任虢正贵主持开幕式，市委副书记、市长刘革安致辞。国家生态环境保护专家委员会委员、国务院三峡办原副主任、生态环境保护部原党组成员胡保林，中国生态文明研究与促进会副会长兼秘书长刘青松，湖南省人民政府副秘书长黎咸兴，湖南省生态文明研究与促进会会长、省社科联原党组书记周发源，湖南省发展改革委一级巡视员、省政协常委、省政协人口资源环境委员会副主任刘山，湖南省生态环境厅党组副书记、副厅长刘群，张家界市领导李培其、祝云武参加。

是日，张家界市崇实小学北校荣获第二届“全国文明校园”称号。

25日，张家界中腾商业服务有限公司、慈利县芙蓉实业有限责任公司城东店入选第二批省级绿色商场创建企业名单。

26日，张家界市8人被评为“湖南省劳动模范”，3人被评为“湖南省先进工作者”。

27日，张家界市人民政府与湖南省农村信用社联合社举行“深化金融服务推进经济社会高质量发展合作协议”签约仪式。湖南省农村信用社联合社党委副书记、主任李勤，张家界市委副书记、市长刘革安出席并见证签约，省农信联社党委委员、副主任王文芳，副市长祝云武签署合作协议，张家界市3家农商银行与全市9家企业进行了现场签约，授信金额5.1亿元。

30日，携程发布冬季旅游度假人气榜，其中，在国内私家团目的地人气排行榜中，张家界市位列第九。

是日，张家界市垃圾焚烧综合处理项目等2020年第五批重点项目集中开工，实现2020年项目建设圆满收官。

12月

6日，2020年12月“湖南好人”候选人点赞评议活动中，张家界市龚礼波入围诚实守信类“湖南好人”候选人、刘金翠入围敬业奉献类“湖南好人”候选人、杨年铣入围孝老爱亲类“湖南好人”候选人。

9日，“仙境张家界·诗约全世界”中国·张家界第四届国际旅游诗歌节颁奖典礼暨“行吟中国”旅游诗歌之夜在湖南省张家界市举行。中国作家协会副主席、著名作家廖奔，湖南省政协原副主席、省文联原主席谭仲池，湖南省作家协会主席王跃文出席典礼，张家界市委书记、市人大常委会主任虢正贵出席并致辞，张家界市委副书记、市长刘革安主持颁奖典礼。

是日，张家界市永定区崇山村、慈利县大峡谷村和红岩岭村、桑植县合群村四个“多规合一”的实用性村庄规划入选湖南省首届国土空间规划优秀案例展评活动。

11日，中国共产党张家界市第七届委员会第十次全体会议召开，深入学习贯彻习近平新时代中国特色社会主义思想和习近平总书记考察湖南重要讲话精神，全面贯彻落实党的十九届五中全会、省委十一届十二次全会精神，审议通过《中共张家界市委关于制定国民经济和社会发展第十四个五年规划和二〇三五年远景目标的建议》《中共张家界市委关于深入贯彻落实习近平总书记考察湖南重要讲话精神奋力推动新时代张家界高质量发展的决定》。市委书记、市人大常委会主任虢正贵代表市委常委会作工作报告，市委副书记、市长刘革安就《建议（审议稿）》和《决定（审议稿）》向全会作说明。

14日，张家界金海中学初中数学组荣获2020年湖南省中小学（幼儿园）教师信息技术与学科教学深度融合在线集体备课大赛活动特等奖第一名。

21日，中国茶叶流通协会授予

永定区“莓茶之乡”称号。该区“茅岩莓”商标于2015年被认定为中国驰名商标，“天门郡”莓茶获得国家生态原产地保护产品认证。

是日，张家界市与莫尔比施市举行友城签约视频会议，莫尔比施市成为第7个与张家界市建立国际友好关系的城市。

22日，张家界国际航空物流园（以下简称“物流园”）开工建设。

是日，决战全面建设小康社会第八届中国民生发展论坛在北京人民日报社举行。张家界市土家族织锦“掌舵人”丁世举入选“2020全国最美小康建设者”，这是湖南唯一获此殊荣的地方民族品牌企业人物代表。

26日，湖南中铁炉慈桑龙高速公路有限公司成立暨揭牌仪式在张家界高新区举行。

是日，张家界至官庄高速公路开工建设。

29日，张家界市被评为“全国无偿献血先进城市”。

30日，第八届中国旅游产业发展年会发布2020年度中国旅游产业影响力风云榜，武陵源区入选2020年度中国文旅融合发展名县（区）案例。

是日，张家界市民营企业负责人唐江获评全省“最美退役军人”。

是日，安慈高速石门至慈利段通车。

2021

张家界概况

·张家界年鉴·

地　理

【位置面积】张家界市位于湖南西北部，距省会长沙398千米，它的地理位置坐标是：北纬28° 52′至29° 48′，东经109° 40′至111° 20′。东与常德市的石门县与桃源县交界，南与沅陵县毗连，西与永顺县、龙山县接壤，北与湖北省的鹤峰县和宣恩县为邻，总面积9533.87平方千米，东西最长167千米，南北最宽96千米。（谷忠秋）

【地形地貌】张家界市地貌构造复杂，主要有山地、岩溶、丘陵、岗地和平原等，山地面积占总面积的76%，其中最具特色的是石英砂岩峰林地貌，为世界罕见。武陵山脉自贵州云雾山分支，入张家界市后又分成三支山系贯穿城市全境。张家界市境内山峦起伏，最高点海拔1890.4米，最低点海拔75米。市境地貌以山地为主，地势西北高，沿澧水倾斜，中部沿澧水两岸呈北东向缓低，南部山地向沅水递降。

张家界以其得天独厚的旅游资源闻名于世。由中国第一个国家级森林公园张家界和天子山、索溪峪、杨家界三个自然保护区组成的武陵源风景区面积达264.6平方千米，区内以世界罕见的石英砂岩峰林峡谷地貌为主体，集桂林之秀、黄山之奇、华山之险、泰山之雄于一体，藏桥、洞、湖、瀑于一身，有“扩大的盆景、缩小的仙山”之美称。（谷忠秋）

【气候特征】2020年张家界市气温偏低，降水偏多，雨热同期，日照偏少，极端气候事件频发。

气温：2020年张家界市年平均气温为16.8℃，较常年偏低0.2℃，各县（区）年平均气温桑植、永定、慈利分别为16.5℃、16.8℃、16.9℃，与常年相比桑植偏高0.1℃，永定偏低0.4℃，慈利偏低0.5℃。年极端最高气温为38.7℃，出现在8月5日（慈利）；年极端最低气温为-2.1℃，出现在12月20日（永定）。

降水：2020年张家界市年平均降水量为1995.7毫米，居历史第二高位，较常年偏多613.3毫米，各县（区）年降水量桑植、永定、慈利分别为1859.7毫米、1973.2毫米、2154.2毫米，较常年分别偏多441.5毫米、627.7毫米、770.7毫米，根据国家站及区域自动站雨量分布来看，张家界市北部、南部降水较多，中部、东部降水较少，其中桑植西北部是张家界市降水大值中心，桑植天平山站3197毫米，居湖南省第一名，桑植五道水站2889.4毫米，居湖南省第三名，桑植八大公山站2872.8毫米，居湖南省第四名。

日照：2020年张家界市平均日照时数为1098.2小时，居历史第二低位，较常年偏少193.5小时。全市各县（区）年日照时数桑植、永定、慈利分别为985小时、993.3小时、1182.7小时，较常年分别偏少141.3小时、375.1小时、200小时。

主要天气气候事件

一、寒潮大风。2020年，张家界市因寒潮大风造成343人受灾，农作物受灾面积158.8公顷，农作物绝收面积1.3公顷，一般损坏房屋84间，直接经济损失38.1万元。

2月14—16日，受强冷空气影响，张家界市出现寒潮、大风、雨转雨夹雪，高山中雪天气，永定、慈利、桑植48小时最低气温降温幅度分别为9.7℃、11.5℃、8.4℃，最低气温分别为2.2℃、1.1℃、2.6℃，慈利站出现大风（17.3米/秒，NE）。此次寒潮过程具有降温幅度大、雨雪范围广、天气复杂等特点。此次过程主要对农作物生长不利，对交通运输业和人们生活造成一定的不利影响。

二、强对流。2020年，张家界市因风雹等强对流灾害造成6368人受灾，农作物受灾面积537公顷，直接经济损失1269万元。

1月22日00:40左右，桑植县洪家关—刘家坪到白石一带局部出现冰雹天气，最大直径2厘米，持续10分钟左右。局部作物受损。

2月5日晚上，慈利县局部出现小冰雹天气，最大直径1厘米，持续5分钟左右，局部作物受损。

3月21日夜间，受南支槽和地面冷空气、西南急流、切变线等因素共同影响，张家界市出现了一次小到中雨，局部大雨，并伴有雷雨大风、冰雹等灾害性天气过程。据张家界区域自动气象站资料统计，21日20时至22日08时，张家界市大雨10站次，主要在永定区南部，中雨38站次，小雨77站次。最大降水量杨家峪44.3毫米，最大小时雨强四都坪05时25.8毫米。其中张家界国家气象站极大风速达到16.4米/秒。永定城区、慈利高桥等地出现最大直径3厘米左右的冰雹。此次过程造成张家界市3164人受灾，紧急转移安置人口9人，农作物受灾面积302公顷，绝收面积30公顷，直接经济损失767.5万元。

3月26日晚至27日受强冷空气和暖湿气流影响，张家界市出现一次大风降温、中雨过程，并伴有雷电等强对流天气，据张家界自动气象站资料统计极大风速为18.2米/秒，出现在张家界国家气象观测站。此次过程造成全市1789人受灾，紧急转移安置人口127人，农作物受灾面积65.3公顷，绝收面积11.6公顷，直接经济损失295万元。

5月4日18时至20时张家界市桑植县洪家乡出现直径2厘米左右的冰雹；桥自湾镇出现直径6厘米左右的冰雹；永定市城区出现直径2厘米左右的冰雹。

8月9日17点30分左右，永定区西溪坪红壁岩电站下方100米左右的河边，一名38岁朱姓男子钓鱼时遭雷击身亡。

三、倒春寒。2020年4月，张家界市出现2次倒春寒过程：3月27日—4月6日、4月17日—26日。3月27日—4月6日受持续冷空气影响，张家界市平均气温仅为11.3℃，较常年同期偏低2.9℃，其中桑植、永定、慈利平均气温分别为11.4℃、11.5℃、11.0℃，历史距平分别为-2.4℃、-2.9℃、-3.5℃，均达到轻度倒春寒。4月17—26日我市再次出现倒春寒过程，张家界市平均气温仅为15.5℃，较常年同期偏低3℃，其中桑植、永定、慈利平均气温分别为14.8℃、15.5℃、16.1℃，历史距平分别为-3℃、-3.2℃、-2.7℃，均达到轻度倒春寒。

四、连阴雨。2020年，张家界市年平均阴雨日数为176天，较常年偏多25天，居历史第六高位。

1月上中旬，桑植、永定出现连续10天（2—11日）、慈利出现连续7天（5—11日）的轻度连阴雨天气过程，对越冬农作物油菜、马铃薯等蔬菜生长不利。

4月，张家界市出现一次连阴雨过程：17—23日，桑植和永定连续7日降水≥0.1毫米，且平均日照时数≤1小时，过程降水量分别为71.7毫米和46.2毫米。

五、暴雨洪涝。2020年汛期，张家界市暴雨频发，降雨总量多，范围广，灾情重，共造成97.3万人受灾，农作物受灾面积5.28万公顷，倒塌房屋570间，直接经济损失20.7亿元。汛期张家界国家站共出现20站次暴雨，较常年偏多6.7站次，大暴雨5站次，较常年偏多2.6站次。暴雨分别出现在桑植站51.2毫米（6月2日）、桑植站90.1毫米（6月8日）、桑植站69.8毫米（6月21日）、桑植站62.9毫米（7月2日）、桑植站78.2毫米（7月8日）、桑植站118.6毫米（7月19日）、永定站70.9毫米（5月14日）、永定站51.7毫米（6月12日）、永定站72.1毫米（6月13日）、永定站86.1毫米（6月22日）、永定站53.2毫米（7月6日）、永定站103.4毫米（7月8日）、永定站67毫米（7月11日）、永定站78.3毫米（7月19日）、慈利站50.6毫米（5月14日）、慈利站186.8毫米（6月13日）、慈利站173.5毫米（6月22日）、慈利站181.8毫米（7月2日）、慈利站67.4毫米（7月4日）、慈利站50.9毫米（7月8日）；区域站共出现16次暴雨天气过程，分别为：4月20日，5月13—14日，6月1—2日、8—9日、12—14日、17—19日、20—22日、26—29日，7月1—2日、5—9日、11—13日、17—19日、30日，8月9日、19—21日、24—25日。

六、轻度重度高温热害。2020年夏季，张家界市桑植、永定、慈利国家气象站高温日数分别为11天、16天、15天，与常年同期（桑植13.6天、永定21.5天、慈利20.6天）相比，桑植偏少2.6天，永定偏少5.5天，慈利偏少5.6天。与2019年同期相比，桑植偏少22天，永定偏少25天，慈利偏少17天。6—8月全市出现了一次轻度的高温热害天气过程，对农业生产、人们健康及户外作业产生直接和间接的危害不是特别明显。7月31日—8月5日，张家界市桑植、永定、慈利出现轻度高温热害，高温最长持续时间为6天（桑植7月31日—8月5日、永定和慈利8月1—6日）；张家界市平均高温日数为12.3天，较常年偏少6.3天。详见表1。

表1　截至8月31日达到高温热害标准的区县统计表

站点名称	等级	持续天数	开始时间	结束时间	最高气温（℃）	最高气温日期
桑植	轻度	6	2020年7月31日	2020年8月5日	37.7	2020年8月4日
永定	轻度	6	2020年8月1日	2020年8月6日	38.5	2020年8月5日
慈利	轻度	6	2020年8月1日	2020年8月6日	38.7	2020年8月5日

七、阴雨。2020年张家界市秋季平均降雨日数为50.7天，较常年同期32.5天偏多18.2天。桑植、永定、慈利雨日分别为52天、51天、49天，较常年分别偏多16.3天、18.9天、19.4天。2020年秋季全市平均总日照时数为178.4小时，较常年同期326.2小时偏少147.8小时，属偏少等级，刷新了秋季日照历史最少的纪录。9月，张家界市平均降水日数为21天，桑植、永定、慈利雨日分别为20天、23天、20天，较历史同期偏多9.3天、14.1天、11.6天，分别居历史第一位、第一位、第二位。最长连阴雨日数桑植、永定、慈利分别为6天、18天、7天，其中慈利达到轻度连阴雨标准，永定达到重度连阴雨标准。10月，全市平均降雨日数为16天，桑植、永定、慈利分别为17天、16天、15天，其中桑植和永定出现了轻度连阴雨天气，桑植1—8日出现8天连阴雨天气，累计雨量72.4毫米，永定1—7日出现7天连阴雨天气，累计雨量33毫米。11月，全市平均降水日数13.7天，桑植、永定、慈利分别为15天、12天、14天，11月16

日开始，桑植出现11天的连阴雨天气，累计降水量60.5毫米。

八、寒露风。2020年9月，张家界市多阴雨天气，平均气温21.1℃，居历史第二低位，仅次于1973年的21℃。9月桑植共有13天平均气温低于20℃，其中21—23日平均气温为18.1℃、17.5℃、18.2℃，达到中度寒露风标准，25—30日平均气温为18.5℃、17.8℃、17.7℃、17.7℃、18.7℃、19.4℃，达到重度寒露风标准；9月永定共有15天平均气温低于20℃，其中13—17日平均气温为19.8℃、18.8℃、19.8℃、19.8℃、18.3℃，达到轻度寒露风标准，21—23日平均气温为18.3℃、17.4℃、17.9℃，达到中度寒露风标准，25—30日平均气温分别为19℃、18.2℃、17.9℃、18℃、18.8℃、19.9℃，达到重度寒露风标准；9月慈利共有10天平均气温低于20℃，其中21—23日平均气温为18.1℃、17.2℃、18.4℃，达到中度寒露风标准，25—29日平均气温19.1℃、18.6℃、18.4℃、18.4℃、18.9℃，达到轻度寒露风标准。10月张家界市平均气温16.2℃，较常年偏低1.6℃，居历史第一低位，其中上中旬气温异常偏低。

九、雾、霾频发。雾、霾的空间分布。雾、霾天气对张家界市交通运输、公众出行和身体健康带来了一定的不利影响。2020年张家界市平均出现大雾55.7天，较常年同期偏多14.3天（34.5%），较2019年偏多30天（116.7%）。大雾出现的天数分别为桑植31天、永定60天、慈利76天，空间分布呈现西北少东南多的特征。全市平均出现霾天气18天，较2019年偏少12.5天（-40.1%）。霾出现的天数分别为桑植12天、永定3天、慈利39天，空间分布呈北多南少的特征。大雾期间，张家界市多条高速公路临时封闭或管制，给交通出行带来不利影响。

雾、霾的时间分布。从张家界市2020年大雾日数逐月分布图（见图1）中可以看出，每个月三个国家站均不同程度出现大雾天气。其中7月出现大雾天气最多，三个国家站分别为桑植1天、永定9天、慈利17天；6月次之。分季节来看，2020年大雾天气在夏季出现较为频繁，平均出现18.3天（占全年32.9%）。2020年张家界市灰霾天气的逐月分布图（见图1）表明，3月、10月、11月三个国家站均出现了霾天气，且慈利站全年霾日明显多于其他两站，12月出现霾天气最多，三个国家站分别为桑植7天、永定零天，慈利15天。可以看出，灰霾天气冬季出现最为频繁，夏季仅慈利站出现了霾天气。（梁　可）

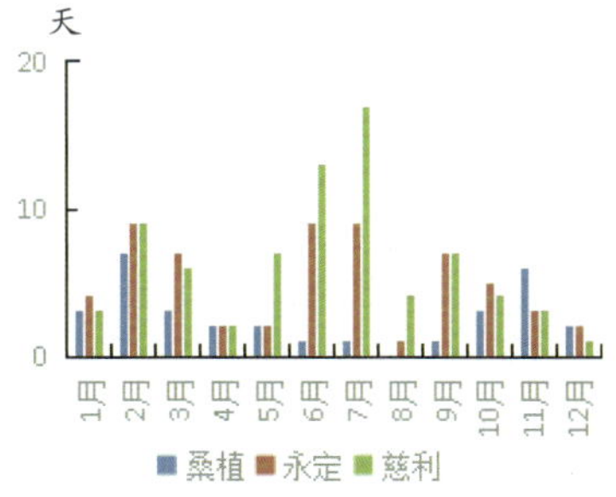

（a）大雾

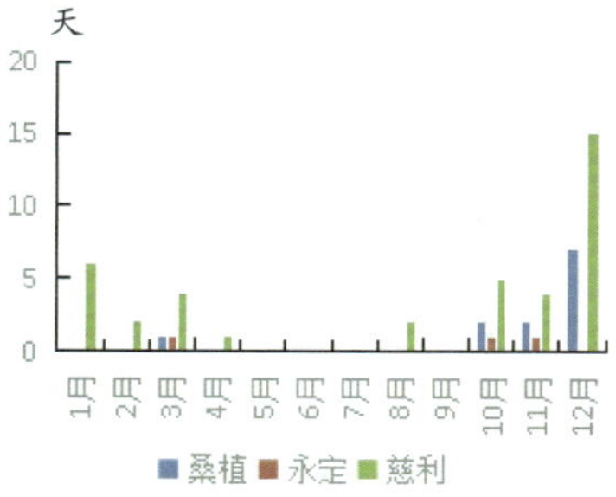

（b）霾

图1　2020年各月雾霾日数分布图（单位：天）

资　源

【土地资源】　根据全国第三次国土调查统计，2020年末全市土地总面积953387.11公顷，占全国土地总面积的0.099%，占全省土地总面积的4.5%。全市一级地类按面积排前三位的依次为：林地734190.66公顷，占比77.01%；耕地105085.55公顷，占比11.02%；住宅用地25448.54公顷，占比2.67%。按照三大类土地利用划分：农用地897756.12公顷，占比94.16%；建设用地36186.16公顷，占比3.8%；未利用地19444.82公顷，占比2.04%。按照权属性质分类：国有土地面积49130.64公顷，占土地总面积的5.15%，集体土地面积904256.47公顷，占土地总面积的94.85%。2020年末耕地保有量为119230.43公顷，其中水田77940.71公顷，旱地41289.72公顷，划定基本农田89969.4公顷。（谷忠秋）

表2　2020年末张家界市一级地类分布统计表

序号	一级地类	面积（公顷）	占国土总面积比例（%）
1	湿地（00）	1356.35	0.14
2	耕地（01）	105085.55	11.02
3	种植园用地（02）	24823.38	2.60
4	林地（03）	734190.66	77.01
5	草地（04）	7498.08	0.79
6	商业服务业用地（05）	1092.50	0.11
7	工矿用地（06）	1858.04	0.19

8	住宅用地（07）	25448.54	2.67
9	公共管理与公共服务用地（08）	1702.32	0.18
10	特殊用地（09）	302.71	0.03
11	交通运输用地（10）	13646.21	1.43
12	水域及水利设施用地（11）	21626.58	2.27
13	其他土地（12）	14756.18	1.55

【水利资源】 张家界市多年平均降水量为1382.4毫米，多年平均水资源总量为86.21亿立方米，其中地表水资源量为86.21亿立方米，地下水资源量为18.22亿立方米（地下水非重复量为18.22亿立方米）。全市水力资源理论蕴藏量为168万千瓦，可开发总量为145.35万千瓦。全市水资源总量居全省第12位，人均占有地表水资源量5072立方米，人均水资源占有量为全国人均2倍多。

2020年，张家界市降水量为1995.7毫米，水资源总量147.98亿立方米，属丰水年份。各行业用水总量为4.96亿立方米，其中农业用水3.05亿立方米、工业用水0.58亿立方米、居民生活用水0.86亿立方米、城镇公共用水0.36亿立方米、生态环境用水0.11亿立方米；农田灌溉水有效利用系数为0.5541；重要江河湖泊水功能区水质达标率为100%。（曾鑫德　赵　威）

2020年，水资源监测。（田胜中　摄）

【水文资源】 张家界市市界东西最长167千米，南北最宽96千米。全市总面积9533.87平方千米，占全省面积的4.5%。其中水面面积214平方千米，占全市面积的2.25%。市境水系主要有澧水和沅水。澧水发源于湘西州龙山县大安乡翻身村，经桑植、永定到慈利流入常德石门县。市境内支流密布，5000米以上溪河有212条，水资源极为丰富。

2020年全市年平均降水量2147.84毫米，较上年偏多77.60%，较多年平均偏多44%。属丰水年。地表水资源量147.99亿立方米，比上年偏多100.3%，较多年平均偏多71.66%，地下水资源量23.26亿立方米，水资源总量147.99亿立方米。（田胜中）

【矿产资源】 截至2020年底，全市发现矿产50种，其中能源矿产2种，金属矿产8种，非金属矿产17种，水气矿产1种。已探明储量的矿产资源32种，分布矿产地有333处，其中大型矿床12处，中型矿床34处，主要有煤、铁、镍、钼、铝土、石灰岩、硅石、铝、大理石、磷矿、矿泉水等，镍钼矿、铝土矿、铁矿储量分别居全省第1位、第2位、第4位。目前开发利用的矿产以建筑石料岩、饰面用灰岩、铁矿、石煤等矿种为主。2020年末，全市矿产储量24208.1万吨，矿产储量估算价值177.43亿元。（谷忠秋）

【生物资源】 截至2020年底，张家界市有木本植物106科320属850种，脊椎动物146种。其中有国家级保护植物56种，国家级保护动物40种。珍奇树种有银杏、珙桐、红豆杉、樱花等；名贵药材有灵芝、天麻、何首乌、杜仲等；珍稀动物有娃娃鱼、独角兽、苏门羚、云豹、猕猴、灵猫等。张家界市森林资源丰富，全市有林地面积7341.9平方千米，占全市面积的77%。森林覆盖率达64.61%，名列全省第一。（谷忠秋）

【旅游资源】 张家界市是旅游资源大市，境内山林风光秀美奇特，革命文化资源丰厚，少数民族风情浓郁，形成了张家界独特的旅游风光。市内旅游资源主要分为三个方面：自然山林风光。武陵源风景名胜区由中国第一个国家森林公园——张家界国家森林公园和天子山自然保护区、索溪峪自然保护区、杨家界四大景区组成，风景游览区面积264.6平方千米，是中国首批入选的世界自然遗产、世界地质公园、国家首批AAAAA级旅游景区，更拥有世界罕见的石英砂岩峰林峡谷，被国际认定为“张家界地貌”。“武陵之魂”天门山国家森林公园、“世界罕见的物种基因库”八大公山国家级自然保护区、道教圣地“南武当”五雷山、“百里画廊”茅岩河、万福温泉等景区景色秀美、风光独特。革命文化遗迹。以桑植起义为基础开辟的湘鄂边革命根据地是中共中央直接策划创建的较早的苏区之一，发展为湘鄂西苏区，成为全国三大苏区之一；红二、六军团会师后首先选择在大庸县落脚创建的湘鄂川黔革命根据地，是继中央革命根据地之后南方最大的苏区。长期的革命斗争在张家界留下了丰富的革命文化遗迹，如贺龙故居，红二、六军团长征出发地旧址，湘鄂川黔革命根据地旧址，贺龙刀劈芭茅溪盐税局旧址等。张家界自古就是少数民族聚居地，共有33个民族，主要是土家族、白族、苗族、回族等，各民族共同生活在张家界市，形成了本市独具特色的民族风情。

（周双群）

政区

【行政区划概况】 截至2020年，张家界市设2区2县，4个县级行政区划；14个街道（其中6个没有行政区划代码）、34个镇、30个乡（含民族乡12个），共78个乡镇级行政区划。2020年，张家界市没有行政区划调整情况。加强行政区域界线管理，2020年，张家界市配合湘西自治州完成“张自线”市级界线第四轮联合检查工作，联检总里程225千米。同时督促指导区县完成“慈永线”县级界线联合检查工作。加强地名管理，截至2020年年底，张家界市完成第二次全国地名普查第二阶段任务，采集地名5.8万条，入库地名5.1万条。编制出台《张家界市图录典志编纂规范》。持续推进清理整治不规范地名工作，清理整顿“大、洋、怪、重”等不规范地名9条。

（陈会丽）

表3　2020年张家界市行政区划统计表（一）　单位：个

区县名称	街道	镇	乡	民族乡	乡镇总数
永定区	10（其中4个没有行政区划代码）	7	7		14
武陵源区	4（其中2个没有行政区划代码）		2		2
慈利县		15	3	7	25
桑植县		12	6	5	23
合计	14（其中6个没有行政区划代码）	34	18	12	64

表4　2020年张家界市行政区划统计表（二）

永定区	永定、崇文、南庄坪、大庸桥、西溪坪、官黎坪、后坪、阳湖坪、枫香岗、沙堤10个街道（其中后坪、阳湖坪、枫香岗、沙堤街道没有行政区划代码）；王家坪、教字垭、茅岩河、新桥、尹家溪、天门山、沅古坪7个镇；桥头、谢家垭、四都坪、合作桥、罗塔坪、罗水、三家馆7个乡
武陵源区	军地坪、锣鼓塔、索溪峪、天子山4个街道（其中索溪峪、天子山街道没有行政区划代码）；协和、中湖2个乡
慈利县	零阳、岩泊渡、溪口、东岳观、通津铺、杉木桥、象市、江垭、苗市、高桥、广福桥、三合、零溪、二坊坪、龙潭河15个镇；南山坪、洞溪、杨柳铺3个乡；高峰、金岩、阳和、三官寺、许家坊、赵家岗、甘堰7个土家族乡
桑植县	瑞塔铺、澧源、利福塔、廖家村、龙潭坪、五道水、人潮溪、官地坪、陈家河、八大公山、凉水口、桥自湾12个镇；竹叶坪、空壳树、上洞街、河口、上河溪、沙塔坪6个乡；走马坪、刘家坪、洪家关、芙蓉桥、马合口5个白族乡

人口·民族·宗教

【人口总量】 2020年末，张家界市户籍人口168.49万人，比上年减少了8854人，减少0.52%，出生人口13755人，出生率0.81%。死亡19435人，死亡率1.15%，自然增长率-0.34%。

（赵　航）

【城乡人口】 2020年末，张家界市常住人口中，居民在城镇人口496497人，城镇化率29.47%。比上年末增加了0.67个百分点。乡村人口1188416人，占70.53%，比上年末减少了1.45个百分点。（赵　航）

【人口年龄结构】 2020年末，张家界市常住人口中，0～14岁人口为279985人，占16.61%。15～59岁人口为1068013人，占63.37%。60岁及以上人口为337145人，占20%。同上年相比，0～14岁减少了5477人，下降了0.23个百分点，15～59岁劳动年龄人口增加了4582人，增加了0.61个百分点；60

岁及以上人口减少了 8230 人，下降了 0.38 个百分点。（赵　航）

【人口性别结构】 2020 年末，张家界市户籍人口中有女性 820074 人，比上年末减少了 3829 人，有男性 864913 人，比上年末减少了 4951 人，性别比为 105.46（女性为 100）。（赵　航）

【人口流动】 2020 年，张家界市省内流动人口为 8112 人，比上年增加了零人，省际流动人口为 5 人，比上年增加了零人。（赵　航）

【民族】 张家界市是以土家族为主的多民族聚居区，截至 2020 年 10 月，全市常住人口 1684913 人中有土家族 1125273 人、汉族 402866 人。全市有民族 44 个。全市少数民族人数排名相对靠前的分别有：白族 118872 人，苗族 31165 人，回族 1564 人，其他少数民族 37261 人。

（梅志刚）

【宗教】 张家界市是湖南省宗教工作重点市（州）之一，永定区、慈利县为全省宗教工作重点区（县）。2020 年，有认定备案教职人员 139 人，爱国宗教团体 8 个，依法登记开放的宗教活动场所 63 处，其中天门山寺、普光禅寺、五雷山道观、紫霞观、张家界基督教福音堂为省级重点宗教活动场所。（褚宏祺）

经济社会发展

【概况】 2020 年，张家界市地区生产总值 556.68 亿元，比上年增长 2%。其中，第一、二、三产业增加值为 82.15 亿元、87.24 亿元和 387.29 亿元，分别比上年增长 3.8%、3.8% 和 1.3%。按常住人口计算，人均 GDP 为 36696 元，增长 2.6%。产业结构由上年同期的 12.6 ∶ 14.7 ∶ 72.7 优化为 14.76 ∶ 15.67 ∶ 69.57。

“产业项目建设年”活动扎实推进。完成“52151 行动计划”投资 110.1 亿元、全省“五个 100”重大产业项目投资 26.4 亿元，分别超出年度计划的 18.8%、34.3%。

工业稳中向好。创建国家级高新区工作有序推进，植物提取产业园启动建设，园区规模以上工业增加值占全部规模以上工业增加值比重达到 55.1%，提高 5.1 个百分点。规模以上工业总产值、销售产值分别比上年增长 10%、9%，工业投资、工业技改投资、高新技术产业投资分别比上年增长 12%、20%、18%，新增科技型中小企业 59 家、高新技术企业 22 家。

农业稳定增长。农业增加值比上年增长 3.4%。“五大农业特色产业”质效提升，新增农业特色产业省级品牌 17 个。优势农产品发展“3+2+N”三年行动计划加快推进，大鲵养殖达到 320 万尾，莓茶、杜仲、葛根种植面积分别达到 0.49 万公顷、1.5 万公顷、0.035 万公顷，蜜蜂养殖达到 11.14 万箱。烟叶生产达到 0.36 万公顷。政策性粮食大清查工作高标准完成。

现代服务业加快发展。武陵山电商物流园加快建设，电子商务交易总额达 75 亿元，比上年增长 15%。大湘西中药材交易市场基本建成。金融机构各项贷款余额比上年增长 17.87%、存贷比 89.34%，均居全省第三位。公路客运量和旅客周转量分别比上年增长 21.29%、15.01%，均居全省第一位。

项目支撑作用明显。实施市重点项目 125 个，完成投资 260 亿元，占年度目标任务的 130%。争取债券资金 21.67 亿元。报批建设用地 428.07 公顷，比上年增长 255%。杨家界大道、丰泽国际保税仓等项目建成，张吉怀铁路、安慈高速公路、大庸古城、盛世武陵源等项目加快推进。

改革稳步推进。政府机构改革全面完成。“一件事一次办”改革持续深化，新增市场主体 1.67 万户。农村集体产权制度改革经验全省推广，城乡居民合作建房省级试点有效推进。市本级与永定区财税体制改革全面完成。第四次经济普查工作圆满完成。国企、文化、司法、供销等领域改革取得实效。开放水平显著提升。营商环境不断优化。出台了优化营商环境 30 条和九大攻坚行动实施方案，开展规范性文件清理工作，全市共清理涉及营商环境文件政策 67 份，修改 1 份、废止 1 份；对标先进地区先进经验，提出复制推广北京、上海的 13 项改革举措，供借鉴的 23 项改革举措；开展以“清零即挂地、拿地即开工、交房即交证、领照即开业”等为重点的“9+2”专项行动；全面开展营商环境评价；加快社会信用体系建设。积极开展信易贷工作，出台《个人诚信分管理办法（试行）》，公布诚信红名单企业 616 家，失信黑名单企业 207 家，全面提升信用信息安全，我市城市信用排名居全省第一。

招商引资成效明显。成立招商引资委员会和执委会，发挥市招商项目落地办作用，深入开展“招商引资项目攻坚年”活动，签约重大项目 59 个，合同引资 956.21 亿元，履约项目 44 个，引进世茂、北京文投等“三类 500 强”企业和行业领军企业 15 家。外贸进出口和利用外资分别增长 37.2%、12.5%。国际国内航线达到 54 条，航空旅客吞吐量达到 287.09 万人次，其中口岸出入境航班架次和人次分别比上年增长 80.71%、100.97%，位居中部省份同类口岸第一。民营经济活力显现。出台推动民营经济高质量发展的若干意见，实施“小新星”企业帮扶培育三年行动计划，培育认定“小新星”企业 100 家。实现“个转企”509 户、“小升规”151 家。开展金融支持民营和小微企业区县行活动，实现签约金额232亿元。加入省再担保体系，市担保集团在保余额9.76亿元。落实减税降费政策，新增减税5.5亿元。

民生实事交出新答卷。完成30件省市重点民生实事，财政民生支出占比达77.33%。民生保障不断加强。新增城镇就业1万余人、农村劳动力转移就业1.3万余人、失业人员再就业2024人。创新城乡居民基本养老保险费征缴模式，征缴率居全省第一。普遍提高城乡低保、残疾人“两项补贴”标准，保障特殊困难群体基本生活。企业职工基本养老金实现“十五连调”。社会事业全面进步。实施市中心城市中小学幼儿园建设三年行动计划，成功申报芙蓉学校4所，澧兰中学、桑植芙蓉学校、桑植金海实验学校等一批学校建成开学，消除义务教育大班额402个，在全省率先完成化解任务。中小学生校内课后服务改革试点经验在全省推广。教育教学质量稳步提升，高考成绩再创新高。吉首大学张家界学院转设取得实质性进展。“健康张家界”建设加快推进，在全省率先全面启动医疗卫生城乡一体化改革，消除行政村卫生室“空白村”311个。市人民医院新院建成使用。人口出生缺陷发生率进一步降低，爱国卫生运动深入开展，创建国家卫生城市通过省级考核，正在接受国家评估验收。黄金塔、宏力市场和7个乡镇农贸市场建成使用，新峰、中商、大庸桥等市场改造基本完成。“一宫四中心”主体建成。成功举办首届世界旅游城市桥牌公开赛、全国第二届青年运动会皮划艇激流回旋赛、市六运会等重大赛事活动。退役军人事务和“双拥”工作扎实开展。民族团结进步工作卓有成效，红二方面军长征出发地纪念馆被授予全国民族团结进步教育基地。社会治理成效明显。坚持和发展新时代“枫桥经验”，“一村一辅警”“城市快警”建设加快推进，信访维稳工作全面加强。扫黑除恶专项斗争纵深推进，打掉黑恶势力犯罪团伙29个，破获案件232起。全国禁毒示范城市创建工作进展顺利。食品药品安全得到有效保障。落实安全生产责任，提升应急处突能力，开展旅游、交通、消防等重点行业领域“大排查大管控大整治”活动，安全生产形势总体平稳。（秦海峰）

【经济体制改革概况】 2020年，张家界市统筹完成27小项经济体制改革任务。

行政审批制度改革持续深化。“一件事一次办”改革纵深推进，2020年公布的第四批“一件事一次办”事项均已落地启用，并开设“一件事一次办”专窗，推行“一窗服务”。积极推进“跨域通办”，分两批公布的192件跨域通办事项均已落地实施，市区县均设立了综合窗口，实现市区县业务的闭环融合。“三集中三到位”改革全力推进，出台《市直部门审批服务“三集中三到位”改革实施方案》，市本级事项入驻率超过90%，半数以上单位入驻率达到100%，20家单位243个事项实现“一窗通办”。“互联网+政务服务”一体化平台已实现市、县、乡、村四级覆盖，省“互联网+政务服务”一体化平台网上可办率市本级已达92.97%，“张家界政务通”微信公众号线上服务功能不断优化，移动审批服务APP已开发上线。行政审批服务不断下沉，梳理并公布了《张家界市村（社区）高频政务服务事项“就近办”指导目录》，其中永定区42项，武陵源区40项，慈利县99项，桑植县107项。区县创新推行“一枚公章”审批，实现老年人优待证、生育服务登记证、就业创业证、林木采伐证4个事项村（社区）直办出证。截至12月底，全市村（社区）共办件12293件。

营商环境不断优化。“清零即挂地”有序推进，编制完成80亿元投资款的“清零即挂地”工作方案，组织清零即挂地项目17个，收取土地出让金8.49亿元；对接省“多规合一”业务平台，实现8批次40.3895公顷建设项目用地报批。“交房即交证”稳步实施，制定出台《张家界市中心城区新建商品房“交房即交证”试行办法》，2020年正式启用《商品房买卖合同示范文本》。9月，高盛国际项目近千名业主交房时顺利取得房产证，已售的941户房屋全部实现交房即交证。“领照即开业”走在前列，拟定《张家界市试行“领照即开业”承诺制改革工作实施方案》，实现企业开办“零见面”，开办时间压缩在1个工作日内，超过全省平均水平。

惠企政策落地见效。印发《促进民营经济和中小企业发展政策责任清单》。全年实现对37家规模以上工业企业贴息488.313万元；对高新区及工业集中区内57家工业企业减免厂房租金207.14万元、减免物业管理费13.9万元；按规定返还拖欠民营企业中小企业账款保证金38.7亿元；积极向上推荐申报制造强省、省级转型升级和中小专项资金，共有51个项目获得资金支持3445.2万元。

中介服务市场有效规范。全面清理、规范、公布第一批中介服务事项清单70项、中介服务机构清单61项，建立健全中介机构数据库和网上中介服务“超市”，完成中介服务机构实体入驻政务中心和网上入驻政务服务网工作，建立健全中介机构运行管理制度和惩戒退出机制。

国有企业改革稳步推进。印发《张家界市市级投融资平台公司转型发展实施方案》（张办发〔2020〕4号），加快推进平台公司市场化转型。深化内部三项制度改革，健全市场化用人、用工和薪酬机制，出台《关于深化市属国有企业内部人事、劳动、分配三项制度改革的实施意见》（张政办发〔2020〕11号）。

财税制度得到优化。政府采购实现电子化，出台《张家界市2020

年政府集中采购目录及政府采购限额标准》，张家界市政府采购电子卖场于2020年8月正式投入使用。截至2020年年底，全市已有1146家供应商入驻电子卖场，交易额突破2500万元。预算绩效管理实现联动化，出台《张家界市全面预算绩效管理工作财政审计协同联动机制实施办法（试行）》，整合财政与审计部门力量，加强财政资金监督检查、信息共享、结果运用和整改落实等方面的职能协作。税源管理实现精细化，成立张家界市财源建设工作领导小组办公室，完成全市财税综合信息平台建设“一心四极”布局。建立骨干税源企业管理服务工作机制，加强对骨干税源企业管理服务，进一步夯实我市税源基础。2020年张家界市地方税收占比达到68.14%，高于2019年水平，收入质量得到提升。

信用建设成效明显。进一步规范公共资源交易项目进场交易行为，坚持应进必进，做到“平台之外无交易”。建立推进公共资源配置领域政府信息公开制度。社会信用信息共享交换平台不断优化，升级联合奖惩系统、信用承诺系统等功能。加强政务诚信建设，制定加强政务诚信建设的实施方案。出台个人诚信积分管理和奖惩办法。2020年在全国301个地级市（含地州盟）城市信用状况监测排名中位列第43名。

综合行政改革不断深化。制定文化市场、农业农村综合行政执法改革实施方案，落实交通运输、市场监督、生态环境三大领域综合行政执法改革方案，加强整合综合行政执法机构和队伍建设。基本完成群团组织改革任务，健全群团工作联席会议制度。（彭　奎）

【社会体制改革概况】 2020年，张家界市统筹完成11小项社会体制改革任务。

医疗卫生城乡一体化改革取得突破。组建了医疗集团班子及内设机构，区县医疗集团组建基本完成，乡镇卫生院财权顺利移交，明确制定各卫生院发展规划，实施“一院一策”。医疗上下联动机制基本形成，建成医疗集团内部联络制度，基层医生可第一时间与专家对接联系，同步开通了转诊、会诊“绿色通道”，提高双向转诊工作效率。选派专家到卫生院定期坐诊教学，县级医院人员、技术已下沉基层，医疗集团分级诊疗体系基本建立，县乡医疗卫生服务正在融合。张家界市被列为全面推进城乡一体化改革的四个试点市州之一，在全省率先实施公立医院药品集中配送，每年为全市患者减轻药费负担6000万元以上，有效解决了药品耗材价格虚高和基层药品配送不及时、不齐全问题，此项改革已被纳入《湖南深化医改典型案例》。

完善重大疫情防控应急体系。基本建立突发重大公共卫生事件联防联控应急体系，加强县（区）、乡、村三级防控队伍建设，按照“应保尽保”的原则，落实人员队伍、设备配备、物资储备等应急能力建设财政保障。

深化医疗保障制度改革。规范基本医疗保险管理机制，全面实行基本医疗保险市级统筹。出台《张家界市基本医疗保险和生育保险市级统筹实施方案》，并于10月1日在全市启动基本医疗保险和生育保险市级统筹。

深化教育领域综合改革。制订学前教育建设三年行动计划（2020—2022年），学前教育资源布局进一步优化，推进社区教育发展改革，制定推进社区教育发展的实施意见，有力推动农村学校办学条件改善，探索制订乡镇寄宿制学校和农村小规模学校建设三年行动计划。

市场管理不断完善。推进农贸市场规范化管理，维护农贸市场交易秩序，制定《张家界市农贸市场管理办法（试行）》，印发《关于深化改革加强食品安全工作的若干措施》（张发〔2020〕8号），落实食品药品安全“四个最严”要求，构建“从农田到餐桌”全过程、全链条监管机制。

健全房地产规范管理长效机制。完善老旧小区改造机制，印发《张家界市城镇老旧小区改造指导意见》（张安居发〔2020〕1号）的通知，支持和促进房地产平稳健康发展，制定支持和促进市中心城区房地产市场健康发展的若干意见。（彭　奎）

【经济发展情况】 2020年，张家界市地区生产总值556.68亿元，比上年增长2%，增速较一季度、上半年和前三季度分别提升3.9、3.1和1.9个百分点。分产业看，第一产业增加值82.15亿元，增长3.8%；第二产业增加值87.24亿元，增长3.8%；第三产业增加值387.29亿元，增长1.3%。

农业。全年农林牧渔业总产值136.1亿元，比上年增长3.9%。其中，农业产值73.4亿元，增长5.0%；林业产值9.3亿元，增长3.9%；牧业产值44.4亿元，增长1.5%；渔业产值4亿元，下降1.5%；农林牧渔专业及辅助性活动5亿元，增长7%。

工业和建筑业。全年规模以上工业增加值比上年增长2.9%。其中，民营经济增加值比上年增长7.1%。按企业规模分，大中型企业比上年增长0.6%。按经济类型分，国有企业比上年增长5.6%，股份制企业比上年下降2.2%，外商及港澳台投资企业比上年下降17.2%。按行业分，农副食品加工业比上年增长8.3%，化学原料和化学制品制造业比上年增长19.6%，医药制造业比上年增长10.7%，非金属矿物制品业比上年下降7.3%，汽车制造业比上年增长140.1%，计算机、通信和其他电子设备制造业比上年下降4.8%，电力、热力生产和供应业比上年下降8.4%。高技术制造业增加值比上年增长0.5%，省级及以上产业园区工业增加值比上年增长 2.7%。全年资质以上总承包和专业承包建筑业企业实现总产值 73.9 亿元，比上年增长 10.1%。房屋建筑施工面积 410 万平方米，下降 9.7%；房屋建筑竣工面积 160 万平方米，下降 36.7%。

旅游。全年全市旅游等级区（点）26 家，其中，AAAA 级及以上 12 家。实现旅游总收入 569 亿元，比上年下降 31.5%。接待国内外游客 4949.2 万人次，下降 26.4%。

消费。全年社会消费品零售总额 197 亿元，比上年下降 4.5%。按经营地分，城镇消费品零售总额 149.4 亿元，比上年下降 3%；乡村消费品零售总额 47.5 亿元，比上年下降 8.9%。按地区分，永定区实现消费品零售额 92.6 亿元，比上年下降 4.4%；武陵源区 17.2 亿元，比上年下降 4.9%；慈利县 55.1 亿元，比上年下降 4.5%；桑植县 32.1 亿元，比上年下降 4.5%。

收入。全年一般公共预算收入 52 亿元，比上年下降 20.4%。其中，地方财政收入 32.1 亿元，比上年下降 14.8%；上划中央“两税”9 亿元，比上年下降 31.5%；上划中央所得税 7.6 亿元，比上年下降 19.7%。地方财政收入中，税收收入 21.9 亿元，比上年下降 14.4%；非税收入 10.2 亿元，比上年下降 15.5%。一般公共预算支出 198.4 亿元，比上年增长 7.7%，其中民生支出 153.7 亿元，比上年增长 6.8%。全年全体居民人均可支配收入 19139 元，比上年增长 6.2%。按常住地分，城镇居民人均可支配收入 27884 元，比上年增长 4%；农村居民人均可支配收入 11538 元，比上年增长 10.1%。

【规模以上工业综合能源消费】 2020 年，张家界市全社会用电量 28.4 亿千瓦时，比上年下降 0.1%。其中，工业用电量 6.7 亿千瓦时，下降 3.6%；居民生活用电量 11.5 亿千瓦时，增长 5.8%。初步核算，全市规模以上工业综合能源消费量 24.6 万吨标准煤，比上年下降 4.4%。其中，六大高耗能行业综合能源消费量 20.6 万吨标准煤，下降 4.9%。从主要污染物排放情况看，化学需氧量排放量 1.6 万吨，比上年下降 2.4%；二氧化硫排放量 1.1 万吨，与上年基本持平；氨氮排放量 0.2 万吨，比上年下降 4.1%；氮氧化物排放量 0.7 万吨，与上年基本持平。

【固定资产投资】 2020 年，张家界市固定资产投资（不含农户）比上年增长 6%。其中，民间投资增长 10.3%。分经济类型看，国有投资下降 2%；非国有投资增长 8.7%。分产业看，第一产业投资比上年增长 3.9 倍；第二产业投资比上年增长 23%；第三产业投资比上年增长 2.9%。分地区看，永定区固定资产投资比上年增长 14.5%，桑植县比上年增长 14.1%，慈利县比上年增长 4.2%，武陵源区比上年下降 44.3%。分投资方向看，工业投资比上年增长 23%，民生投资比上年下降 0.8%，生态投资比上年增长 1.5%，基础设施投资比上年下降 16.9%，高新技术产业投资比上年增长 52.6%。

全年施工项目共 342 个，比上年下降 13.2%。本年新开工项目 167 个，下降 9.7%。本年投产项目共 122 个，下降 47.4%。全年房地产开发投资比上年增长 17.7%。商品房销售面积 160 万平方米，比上年增长 5%。其中，住宅销售面积 144.7 万平方米，增长 6.3%。商品房销售额 92.6 亿元，下降 4.6%。其中，住宅销售额 79.8 亿元，增长 1.2%。年末商品房待售面积 16.3 万平方米，增长 90.4%。

（本栏撰稿　刘名湘）

【重点民生实事项目】 2020 年，张家界市重点民生实事项目投入各类资金 13.88 亿元，30 件省市重点民生实事指标任务圆满完成。完成政府补贴性职业培训 48974 人（含农村转移就业劳动者培训 14328 人），为全年目标任务的 2.54 倍；完成骨干电商培训 3231 人，为全年目标任务的 1.62 倍；改造城镇老旧小区 47 个，完成全年目标任务的 100%；化解市中心城区 13 个开发楼盘办证遗留问题，完成全年目标任务的 100%；受理法律援助案件 1752 件，超额 46% 完成全年目标任务；农村低保标准达 4000 元 / 人・年，农村低保月人均救助水平达到 223 元；困难残疾人生活补贴和重度残疾人护理补贴均提高至每人每月 65 元；完成残疾儿童康复救助 352 人，为全年目标任务的 117.33%；重症精神病患者住院救治救助 1360 人，超额 13.6% 完成全年目标任务；严重精神障碍患者救治救助监护奖励 1057 人，完成全年目标任务的 105.7%；完成退役军人和其他优抚对象特殊困难帮助援助 1198 人 211.05 万元，为全年目标任务的 105.53%；新改扩建特困人员集中供养服务机构 3 个（新增床位 458 张，其中护理床位 428 张），完成全年目标任务的 100%；巩固新增农村通自来水人口 37900 人，完成全年目标任务的 100%；完成行政村配电网改造 1953 万元，为全年目标任务的 100%；完成自然村通水泥（沥青）公路 93.638 千米，为全年目标任务的 141.88%；提质改造农村公路 314.018 千米，为全年目标任务的 160.21%；完成农村公路安防工程建设 611.646 千米，为全年目标任务的 101.77%；完成省级节目数字化覆盖台站建设 3 座，为全年目标任务的 100%；完成全民健身示范村建设 20 个，为全年目标任务的 100%；增加公办幼儿园学位 2190 个，完成全年目标任务的 192.2%；完成村小和农村教学点改扩建 23 个，为全年目标任务的 100%；完成农村及城镇低保适龄妇女“两癌”免费检查 27252 人，为全年目标任务的 104.02%；完成孕产妇产前免费筛查 9293 人，为全年目标任务的102.23%；完成所有建制乡镇卫生院配备全科医生338名，为全年目标任务的264.06%；补助每个行政村卫生室运行经费516万元，完成全年目标任务的100%；完成乡村视频监控摄像头建设1000个，为全年目标任务的100%；完成乡镇饮用水水源地环境整治16个，为全年目标任务的100%；完成乡镇污水处理设施建设11个，为全年目标任务的100%；完成改（新）建农村户用厕所和农村公用厕所1571户，为全年目标任务的104.73%；完成旅游厕所革命建设91座，为全年目标任务的121.33%；市城区垃圾站与公厕已完成改建4座和新建9座（其中5座完工、4座在建），完成全年目标任务的100%。（李优民　黄世江）

对外开放

【概况】 2020年，全市商务系统多措并举加大招商力度，内外发力扩大对外贸易，推动张家界市更高水平对外开放。全年实现内联引资97.54亿元，同比增长19.85%；引进“三类500强”企业8家（9个项目）、总部经济项目4个；全年签约重大招商项目80个，完成全年任务160%，总签约额约790.1亿元。2020年，张家界市累计进出口总额100505万元，同比下降5.9%。其中出口96123万元，下降7.2%；进口4382万元，增长39.1%。

【招商引资】 2020年，张家界市持续深入开展招商引资项目攻坚年活动，多措并举抓招商。夯实招商基础。出台2020年工作要点和四个驻外招商联络处考核细则。整理发布招商项目册，涵盖文化旅游、健康养老、新型工业、农业开发、商贸服务、城市开发6个板块71个项目。编制发布招商地图，包含市情简介、城市总体规划、项目地块信息等，收录可招商地块52块（8500亩）。灵活方式招商。应对疫情，转变招商方式，利用微信、网站、视频等，开展“云招商”“云洽谈”。统筹推进招商。为加强工作统筹，多次组织召开市招委会、市执委会会议、市政府招商引资专题会议、总部经济会议，讨论年度招商计划、部署重大招商活动、研究总部经济项目、会审重点招商项目。成功举办三次签约仪式。市领导带头招商，市领导带队开展小分队招商10余次，分别前往北京、上海等地，考察红星美凯龙、穿越千机集团、华图集团、良业集团等战略投资企业，对接产业项目。拓展招商渠道。协助成立上海市张家界商会，参加天津湖南商会成立十周年庆典、广东省湖南张家界商会第三次会员大会，同步举行招商引资推介会，积极“引老乡回故乡建家乡”。充分发挥驻外招商联络处前沿阵地作用，成功促成现代化生猪养殖产业链、垃圾焚烧发电等14个项目签约。

（本栏撰稿　钟琬乔）

【进出口贸易】 2020年，张家界市累计进出口总额100505万元，同比下降5.9%。其中出口96123万元，同比下降7.2%；进口4382万元，同比增长39.1%。

一般贸易进出口值99611万元，同比下降6%，占张家界市进出口总额99%，加工贸易进出口总额885万元，同比增长38.1%，占比0.9%。

贸易进出口总值列前五名国家分别是：美国、比利时、马来西亚、日本、阿联酋，除与马来西亚存在一定幅度下降外，与美国、比利时、日本、阿联酋四国贸易均有增长。2020年张家界市对美国进出口值为1.4亿元，同比增长72.2%，占全市进出口总值13.9%；对比利时进出口总值为5079万元，增长6.1倍，占全市进出口总值5%；对马来西亚进出口总值为4526万元，同比下降50.2%，占全市进出口总值4.5%；对日本进出口总值为4481万元，同比增长25.1%，占全市进出口总值4.3%；对阿联酋进出口总值为3807万元，同比增长23.6%，占全市进出口总值3.8%。

民营企业为主。民营企业进出口总额9.8亿元，同比下降2.6%，占张家界市进出口总量97%；外商投资企业进出口0.3亿元，同比下降54.7%，占张家界市进出口总量3%。

出口重点商品中列前五名分别是机电产品、服装及衣着附件、塑料制品、纺织纱线织物及其制品、高新技术产品。机电产品出口4.5亿元，同比下降3.2%；服装及衣着附件出口8286万元，同比下降50.2%；塑料制品出口7178万元，同比增长4.2%；纺织纱线织物及其制品出口5987万元，同比增长1.7倍；高新技术产品出口4814万元，同比增长68.8%；此外，木及其制品出口125万元，同比增长14.1倍。

（蔚建新）

【对外经济合作】 （详见“对外经济贸易”类目的“对外经济技术合作”分目）。

政治文明建设

【党的组织建设】 （见“中共张家界市委”类目的“组织工作”分目。）

【党风廉政建设和反腐败工作】 2020年，张家界市巩固发展反腐败压倒性胜利，党内政治生态持续向好，全面从严治党取得新成效。

强化政治监督。把学习贯彻习近平总书记考察湖南重要讲话精神第一时间传达到各级纪检监察机关、基层第一线。围绕贯彻总书记重要指示批示精神，紧盯大鲵保护区水电项目整治开展四轮监督检查，约谈相关负责人，全程跟进、严督实导、协同发力，保障全市86座涉改水电站完成省级验收销号；紧盯重点水域禁捕退捕、违建别墅整治、农村乱占耕地建房专项清理，确保政令畅通、令行禁止。出台疫情防控“八必须八严禁”纪律要求，压实责任、靠前监督，紧盯责任落实、造谣传谣、非正常聚集等行为，快查快处、精准问责。严明政治纪律和政治规矩，立案查处李某杰在防疫关键期临阵脱逃等案件。

服务中心大局。对358个贫困村开展入村督查行动，严查扶贫工作不实、“微腐败”和不正之风等问题。做好督查“后半篇文章”，回访回看督促解决群众关心关注的问题639个。开展“两房”（危房改造、易地搬迁）“两主义”（形式主义、官僚主义）专项督查，查纠问题56个，追责43人。在2020年全省扶贫领域腐败和作风问题专项治理工作考核中，市纪委监委位列全省第二，4个区县纪委监委全部进入一类先进单位。面对历史罕见的13轮强降雨，主动请战、凌晨出征，以有力的监督筑牢防汛抗灾纪律“堤坝”。对53个市级重点单位、项目进行督查，协调解决问题47个，助力企业复产、项目复工。深入10家企业开展调研走访，聚焦惠企政策落实、优化政务服务等问题，广泛收集意见、建议26条，督促整改落实。

扛牢监督首责。创新出台党内监督专题会议制度，在桑植县委和市退役军人事务局党组试点探索，压紧压实管党治党主体责任。继续推行主体责任提醒卡制度，对1720人次领导干部发送提醒事项，谈话函询“一把手”38人次。完善派驻纪检监察组工作模式，探索构建贯通“两个责任”的联系协调机制，推动监督做实做细。建立市管干部电子廉政档案，做好廉政画像，严把党风廉政审查关，探索开展政治生态评估。精准运用监督执纪“四种形态”处理问题线索2004人次，“四种形态”分别占比63.7%、30%、3.2%、3.1%，做到抓早抓小、防微杜渐。开展工程建设项目招投标专项整治，处置招投标领域问题线索145件，处理21人，其中移送司法机关处理5人，追缴违纪违法资金980余万元。开展人防系统腐败问题专项治理，组织处理7人，提出整改建议28条，督促主管部门追缴易地建设费2427.9万元。提质升级“互联网＋监督”平台，推广村级财务管理“象市模式”，加强“小微权力”监督。稳步推进市属企业、高新区和乡镇（街道）监察派驻改革，推进监察监督全覆盖。

推进作风建设。严肃查处桑植“6·3”事件24名责任人，协助市委开展集中整治漠视群众利益作风顽疾专项行动。查处形式主义、官僚主义案件75件205人。严格落实中央八项规定精神及其实施细则，发现问题线索59件，追责问责20人。紧盯征地拆迁指挥部超标准发放津补贴、市直单位聘请人员滥发福利待遇等问题开展专项治理，清退违规发放资金202.2万元，立案查处14人。完善信访立体受理体系，建成举报平台，实现信访举报全流程闭环管理。大力化解越级访，集中化解“三多”（多年、多层、多头）举报57件。全市受理信访举报1556件，同比下降20.5%，省级以上越级信访举报257件，同比下降41.8%。

深化政治巡察。坚持有形覆盖和有效覆盖相统一，全年分三轮巡察28个市直单位党组织，提前完成本届市委巡察全覆盖任务。交办立行立改事项348件，完成整改335件，移送问题线索37件。落实上下联动机制，主动对接省委巡视，省、市、区县三级巡视巡察贯通推进，系统巡察市、区县两级人大、政协机关，提级交叉巡察区县委管理的8个党组织；靠前指导区县巡察，开展集中驻点督导，推动基层巡察更加规范。健全巡察整改日常监督机制，压实整改责任。调整优化市级巡察人才库，建立完善巡察抽调干部考评激励机制，我市巡察工作经验被全省推介。

持续高压反腐。全市立案766件，涉及县处级干部20人，处分709人，处置问题线索2158件，侯某勇、张某寅、王某民、向某良、杨某柏、唐某等31人被移送检察机关审查起诉。出台《推进以案促改制度化常态化的指导意见》，充分发挥查办案件治本功能，推动反腐败工作在“查”中“改”、在“改”中“治”。加强纪法宣传教育和廉政文化教育，筑牢防腐拒变的思想防线。扎实做好受处分干部的回访工作，帮助提高认识、改正错误、放下包袱、增强信心。

锻造过硬铁军。坚持以政治建设为引领，市纪委常委会注重以上率下，带头做到“两个维护”，带头强化理论武装，带头严格执行请示报告制度，带头严肃党内政治生活。以全员培训为抓手，多途径提升干部履职能力。着力打造“模范机关”“清廉机关”，市纪委监委机关获评省级文明标兵单位。主动接受监督，邀请特约监察员参加会议、参加作风督查等活动。对干部违纪违法问题“零容忍”，处置问题线索12件，立案查处7人，严防“灯下黑”。（李太鸿）

精神文明建设

【概况】 2020年，张家界市精神文明建设战线坚持以习近平新时代中国特色社会主义思想为指导，全面贯彻落实市委、市政府和市文明委工作部署，在学用新思想、培育核心价值观、深化文明创建等方面持续发力，有力促进市民文明素质和社会文明程度提升。

牢牢把握精神文明建设工作方向。切实把习近平总书记关于精神文明建设的重要论述和指示精神作为工作实践的重要遵循，转化为推进精神文明建设的具体任务举措。基层理论宣讲进一步走深，“屋场会”微宣讲在全国形成影响，引发央媒、省媒高度关注。用好“学习强国”平台，全国第一个“学习强国”学习课堂在桑植县细砂坪学校挂牌启用。

加强社会主义核心价值观建设。抓好《新时代爱国主义教育实施纲要》《新时代公民道德建设实施纲要》贯彻实施，充分利用张家界市红色资源，传承红色基因。大力开展核心价值观系列公益广告宣传，出台《张家界市个人诚信积分管理暂行办法》《张家界市旅游市场主体及从业人员失信监管暂行办法》，开展“诚信兴商”宣传月等活动，推进建筑行业诚信管理。深入开展“我推荐我评议身边好人”活动，龚少雄被评为“中国好人”，胡健等20人（组）被评为“湖南好人”；启动“张家界好人”评选活动，28人（组）获评“张家界好人”。2020年春节期间广泛开展道德模范及身边好人激励帮扶慰问活动，走访“身边好人”49人，发放慰问金22.8万元。切实抓好未成年人思想道德建设，新建乡村学校少年宫10所，举办全市2020年度乡村学校少年宫项目建设工作推进会暨成果展，周海燕获评全国未成年人思想道德建设工作先进个人，获评“新时代湖南好少年”1人，评选“新时代张家界好少年”17名。扎实开展“四季同行·雷锋家乡学雷锋”主题志愿服务活动，张家界市获评2018—2019年度全国无偿献血先进城市，市文明办获评全国无偿献血促进奖。

广泛学习宣传《张家界市文明行为促进条例》(以下简称《条例》)。广泛开展“学《条例》、量距离、促文明”主题活动，印发《条例》宣传手册3万余份，创作发布文明行为促进系列H5、海报、文艺作品等，开展公益广告、电视播报、“村村响”广播等系列宣传，永定区“文明行为随手拍、少年说、我来带”系列实践活动反响良好，慈利县8万人参与“学《条例》见行动”网络答题。组织开展《条例》宣讲进机关、进企业、进校园、进社区、进农村、进景区“六进”活动，宣讲500多场次，其中91个城市社区全覆盖宣讲。制发“使用公筷公勺，养成文明习惯”“告别陋习·文明祭祀”“文明旅游 你我同行”“诚信兴商经营”等倡议书和公益广告，促进文明健康生活理念深入人心，清明节期间全市文明祭扫蔚然成风。

推进新时代文明实践中心建设。建立市文明委成员单位挂点调研指导乡镇（街道）新时代文明实践所和市委宣传部部务会成员挂点调研指导区（县）新时代文明实践中心建设工作制度。《武陵源区“屋场会”助力文明实践》得到省委常委、省委宣传部部长张宏森批示肯定并进行试点推广；全区37名区级领导带头到志愿服务示范岗开展文明实践活动。永定区按季开展“文明实践季度大比武”活动，涌现出一大批优秀实践所、宣讲员、宣讲项目。慈利县着力动员社会志愿服务组织和志愿者参与文明实践，形成“我志愿、我服务”的浓厚氛围。桑植县广泛开展“好公婆、好儿媳”“文明清洁户”“身边好人”“脱贫之星”“最美扶贫人”等评选活动，学先进、敬英雄，助力脱贫攻坚。

拓展群众性精神文明创建活动。深化文明城市创建，大力开展全民爱国卫生运动、文明节俭操办婚丧喜庆事宜工作和殡葬领域突出问题治理，持续推进移风易俗，城市创建基础进一步夯实，荣膺国家卫生城市荣誉称号，文明城市顺利通过省文明委复查。加强精神文明建设典型培育和动态管理，获评第六届全国文明村镇4个、文明单位5个、文明家庭1个、文明校园1所；获评湖南省文明村镇5个、文明单位24个、文明标兵单位6个、文明家庭4个、文明校园2所、文明标兵校园2所；复查（认定）2016届、2018届市文明村镇、行业、单位、校园208个，其中黄牌警告单位4个、撤销荣誉称号单位1个；开展2020届市文明村镇、文明行业、文明单位、文明校园、文明家庭评选活动，出台《张家界市文明社区（小区）、文明窗口单位、文明风景旅游区、文明集市、文明餐饮示范店评选和管理办法》。

夯实工作基础。组织召开市文明委第二十七次全体会议，完善《市文明委工作制度和成员单位工作职责》，推进文明委工作制度化、规范化。举办全市精神文明创建骨干培训会，全市240余名骨干工作人员参加培训。办好张家界文明网、“文明张家界”公众号，公众号粉丝量1.3万余人，阅读量100万+。新冠疫情发生以来，编发新冠疫情防控“我志愿、你最美、他们奋勇争先”等系列宣传报道，动员鼓舞全市精神文明建设战线和4.3万余名志愿者投身新冠疫情防控工作。

【张家界市文明委第二十七次全体会议】 2020年6月2日，张家界市文明委第二十七次全体会议召开。市委书记、市文明委主任虢正贵主持会议并讲话。市委常委、市委宣传部部长、市文明委常务副主任郭天保传达省有关会议精神并通报张家界市精神文明建设有关情况。49个市文明委成员单位负责人参加会议。

会议充分肯定2019年以来全市精神文明建设战线在深入宣传阐释党的创新理论、巩固壮大主流思想舆论、加强社会主义核心价值观建设、深化拓展群众性精神文明创建、助力新冠疫情防控等方面所做的大量卓有成效的工作。特别是张家界市成功创建省级文明城市，颁布施行了《张家界市文明行为促进条例》，全市精神文明建设工作精彩纷呈、可圈可点。会议要求，强化思想引领，高举伟大旗帜，培育时代新人，坚守为民初心，持续推动习近平新时代中国特色社会主义思想走深走心走实。聚焦中心工作，助力决战决胜脱贫攻坚，助力常态化新冠疫情防控，助力实施乡村振兴战略，助力推进爱国卫生运动，不断凝聚推动高质量发展的强大精神力量。要深化湖南省文明城市建设，全力以赴推进全国文明城市创建，坚持铸魂创建，打牢文明根基，坚持统筹创建，建设宜居城市，坚持常态创建，加强制度建设，全面提升国际精品旅游城市文明程度。

会议审议通过《市文明委2020年工作安排》《市文明委工作制度和成员单位工作职责》《市文明委成员单位挂点调研指导乡镇（街道）新时代文明实践所的实施方案》《张家界市文明社区（小区）、文明窗口单位、文明风景旅游区、文明集市、文明餐饮示范店评选和管理办法》；各区县委文明委作汇报工作；市直机关工委、市教育局、市公安局等7个市文明委成员单位进行工作述职。

【张家界市文明创建工作培训会议】 2020年7月28日，张家界市召开文明创建工作培训会。市委常委、市委宣传部部长、市文明委常务副主任郭天保出席会议，各区县、市直及驻张单位中各级届内文明单位和申报创建2020届省、市文明单位238名联络员参加培训。

会议充分肯定张家界市精神文明建设工作成绩。会议强调，文明创建工作要切实做到职工工作有干头，完善职业道德规范体系，动员全员参与，激励干部职工干事创业，实现单位走在前、领导做表率、职工当标兵。要做到群众生活有甜头，始终把为民靠民利民惠民思想体现在创建的各个方面，把改善民生放在创建的突出位置，着力提升群众幸福感、获得感。要做到城市形象有看头，不断擦亮城市文明“底色”，改善市容市貌、提升城市品位、提高市民城市意识和文明素质，建好城市“近景”和“远景”，提升张家界知名度和美誉度。

【张家界市乡村学校少年宫项目建设工作推进会暨成果展】 2020年12月1日，张家界市乡村学校少年宫项目建设工作推进会暨成果展在桑植县洪家关小学举行。市委常委、市委宣传部部长郭天保，副市长邹菊芳出席活动。各区县委常委、宣传部部长及文明办主任、乡村学校少年宫项目建设负责人参加活动。

活动中，参会人员现场观摩洪家关小学乡村学校少年宫功能场室及建设成果，桑植县23所乡村学校少年宫学生进行了手工、乐器、舞蹈、体育等活动成果现场展示，并进行乡村学校少年宫建设成果舞台展演，向贫困儿童捐赠了安全防护爱心书包。展演活动后，还开展了红色教育和乡村学校少年宫项目建设负责人培训。

【张家界市“屋场会”微宣讲活动】 2020年，张家界市紧扣基层实际，紧盯群众需求，因势利导用好因地理区位、交通条件、历史文化及家族习俗等原因自然形成村民习惯聚集地2758个“屋场”平台，创新开展“屋场会”微宣讲活动20932场次，让“屋场小天地”成为“群众大舞台”，参与人数超过100万人次，有效提升基层治理水平，激发乡村振兴活力，筑牢党的执政根基。

建立四项机制。建立市里统筹、区县主体、乡镇督促、村居协调“四级”联动机制，推动“屋场会”全覆盖；实行集中指导机制，由宣传部门统一指导；实施需求对接机制，宣讲内容由群众“点单”出题；实行督导考评机制，把“屋场会”作为城乡共建和脱贫攻坚内容纳入绩效考核，对开展情况专项督导。

完善“345”宣讲模式。建立“三支队伍”。由市区县理论宣讲团成员、乡镇宣讲小分队、党校教师等阐释党的创新理论；由职能部门业务人员、科技特派员、先进模范讲解传播涉农法规、实用技能、文明风尚；由“土专家”“田秀才”“五老”人员、创业人才等讲述身边故事、创业经历和群众心声，让群众成为“屋场会”的“主角”。坚持“四不原则”。“屋场会”不拘形式、不定调子、不限时间、不限内容，利用群众茶余饭后或农闲时节，采用座谈会、篝火会、茶话会、观影会等形式组织“屋场会”，最大限度方便和鼓励群众参与。宣讲“五项内容”。“屋场会”根据群众需求，灵活多样地讲创新理论、讲形势发展、讲政策法规、讲乡风文明、讲生产技术，让群众在学习中成长。

打通服务群众“最后一公里”。将“屋场会”与志愿服务、送戏下乡、“文艺轻骑队”相结合，采取歌舞、小品、地方戏曲等形式，把党的理论政策用通俗易懂的语言、生动鲜活的事例呈现给群众，让群众听得进、记得住、用得上。积极推行“屋场会+精神文明建设、+基层自治”形式，开展“身边好人”“文明家庭”“最美家庭”等评选活动，化解矛盾、调处纠纷，全市“屋场会”现场化解信访积案117件、调处各类矛盾纠纷1.04万件，形成共建共治共享的乡村社会治理新格局。利用“屋场会”举办茶叶、蔬菜、烟叶、大鲵等产业技术培训，带动全市有产业发展能力和意愿的15万人发展特色产业，助力脱贫攻坚圆满收官，为乡村振兴注入活力。

【张家界市“学《条例》·量距离·促文明”主题活动】 《张家界市文明行为促进条例》（以下简称《条例》）于2020年3月1日起正式施行。张家界市委宣传部、市文明办认真组织学习宣传贯彻工作，3月—12月在全市广泛开展“学《条例》·量距离·促文明”主题活动，夯实教育引导、实践养成、制度保障，不断擦亮美丽张家界的文明“底色”。

“学《条例》·量距离·促文明”

主题活动按照集中宣传、学习培训、常态推进三个阶段进行。“学《条例》”主要是举行《条例》全媒体发布活动，高频次、大密度播发《条例》及相关宣传片、海报、标语等，开展市容市貌、交通秩序、文化旅游、生态环境、公益宣传、志愿服务等专项普法活动；编印《条例》宣传手册，开展《条例》宣讲进机关、进企业、进校园、进社区、进农村、进景区“六进”活动；将《条例》列为各级党校（行政学院）和各类校园教学内容，纳入各级党委（党组）理论学习中心组、道德讲堂、主题党日、党支部“三会一课”学习内容，实现全市党员干部、学生学习全覆盖。“量距离”主要是制作“请用文明尺子丈量自己”H5，引导干部群众对照《条例》自评“打分”，找差距、纠陋习、树新风；在市新闻媒体开设曝光台、“随手拍”等，利用宣传栏、微信群、网络媒体等，开展线上“晒”出我的“文明分”、线下致敬我身边的文明人等宣传教育活动。“促文明”主要是立足实际、重在日常，以各类群众性精神文明创建活动为载体，以新时代文明实践中心（所、站）为平台，以“四季红·雷锋家乡学雷锋”志愿服务活动为品牌，广泛组织开展各类“促文明”主题实践活动；组织文化旅游、公安、交通运输、市场监管、生态环境、城管、住建、交警等部门开展专项执法行动，年底组织开展联合执法行动；开展文明单位、市民、游客先进典型评选、宣传活动等。

截至12月底，张家界市创作发布《条例》宣传海报50多幅，发放宣传手册20多万份，开展《条例》宣讲“六进”活动500多场次，“村村响”广播宣讲8万余小时，市民学《条例》网络答题17万多人次，全市参与主题活动人数超过100万人次；开展专项执法行动8次，取得良好宣传教育警示效果。

（谷湘辉）

生态文明建设

【概况】 2020年，张家界市努力创建国家生态文明建设示范市，全面推进生态文明建设，推动实现经济高质量发展。永定区建成全国“绿水青山就是金山银山”实践创新基地。慈利县、桑植县建成省级生态文明建设示范县。全市累计建成市级生态文明建设示范村镇118个。张家界荣获“2020中国最具生态竞争力城市”称号。

【生态文明建设示范市建设】 2020年3月17日，张家界市生态环境保护委员会印发《张家界国家生态文明建设示范市2020年度创建工作方案》。慈利县、桑植县生态环境保护委员会先后出台《慈利县生态文明建设示范县2020年度创建工作方案》《桑植县生态文明建设示范县2020年度创建工作方案》。市、县紧紧围绕生态制度、生态环境、生态空间、生态经济、生态生活、生态文化等六大方面，着力推进国家和省级生态文明建设示范市县创建指标达标建设。全市建成市级生态文明建设示范乡镇13个、市级生态文明建设示范村30个。2020年11月18日，慈利县、桑植县荣获第二批“省级生态文明建设示范县”称号。

【“两山”实践创新基地建设】 2020年，张家界市坚持生态立市，守护绿水青山，在“两山”转化模式实践探索中涌现出一批践行“两山”理念典型案例，形成“旅游+”模式、“农业+工厂+旅游”模式，打造“张家界莓茶”地区公共品牌，并积极延伸和扩宽产业链，农产品成为转化第二、三产业载体，助推全市经济发展，提升居民生活水平。2020年10月9日，张家界市永定区被生态环境部命名为第四批“绿水青山就是金山银山”实践创新基地。2020年11月21日，湖南省第六届生态文明论坛永定年会在张家界市举行，会议以“绿水青山就是金山银山”为主题。

（本栏撰稿 王礼发）

全面小康建设

【经济发展】 2020年，全市全年地区生产总值556.68亿元，比上年增长2%；地方一般公共预算收入52亿元；全年社会消费品零售总额197亿元，比上年下降4.5%；全年外贸进出口总额10.1亿元，签约重大招商项目80个，金额790.1亿元；实际引进境内省外资金96.8亿元，比上年增长18.9%；全年固定资产投资比上年增长6%，分产业看，第一产业投资比上年增长3.9倍；第二产业投资增长23%；第三产业投资增长2.9%。

【基础设施】 截至2020年末，全市公路通车里程9206千米。高速公路通车里程185.1千米，比上年增长1.6%。铁路营业里程205千米。提质改造农村公路314千米。全年电信业务总量153.3亿元，比上年增长32.9%；年末固定互联网宽带用户58.7万户，比上年增长13.6%。5G实现商用，累计建成基站1741个。

【工业产业】 2020年，全年规模以上工业增加值比上年增长2.9%。按行业分，农副食品加工业比上年增长8.3%，化学原料和化学制品制造业比上年增长19.6%，医药制造业比上年增长10.7%，汽车制造业比上年增长140.1%。重点加强工业建设，工业投资比上年增长23.0%，其中高新技术产业投资增长52.6%。规模以上工业企业营业收入85.3亿元，比上年增长8.1%。全年外贸进出口总额 10.1 亿元。

【公共服务】 2020 年，张家界市补足教育事业短板，增加公办幼儿园学位 20687 个。消除义务教育大班额，小学适龄儿童入学率达 100%。改善医疗条件，医院床位数 7069 张，增长 5.6%；乡镇卫生院 89 个，卫生院床位数 2547 张，卫生技术人员 1882 人，村卫生室“空白村”清零。社会保障进一步铺开，获得政府最低生活保障的农村居民 40315 人，增长 17.9%。发放农村居民最低生活保障经费 1.2 亿元，增长 32.7%，完善社会保障体系，建档立卡贫困人口参保率达到 100%，实行基本医疗保险市级统筹，实现城乡居民养老保险、医疗保险应保尽保，提高退休人员基本养老金待遇。

【民生水平】 2020 年，全市全体居民人均可支配收入 19139 元，相较于 2019 年增加 6.2%，其中农村居民人均可支配收入增长 10.1%，达到 11538 元；城镇居民人均可支配收入 27884 元，增长 4%。贫困发生率由 0.4% 降至零，358 个贫困村全部出列，累计完成易地扶贫搬迁 9644 户 34698 人，累计脱贫 249163 人。完成农村危房改造，推进棚户区改造、公租房建设。全年新增城镇就业人员 10240 人。（李沐恩）

全面深化改革

【经济和社会体制改革】2020 年，张家界市经济体制改革铺排重点改革事项 15 项，社会体制改革铺排重点改革事项 9 项，推动了行政审批制度改革、优化营商环境、财税制度改革、医疗卫生城乡一体化改革等重点改革取得实效。（行政审批制度改革、优化营商环境、财税制度改革相关内容详见本类目的经济社会发展分目）

医疗卫生城乡一体化。2020 年，张家界市医疗卫生城乡一体化改革取得突破。区县医疗集团组建基本完成。永定区明确以中医院为龙头，四家医院参加的医疗集团于 2020 年 8 月 23 日正式挂牌成立。武陵源区医疗集团于 2020 年 7 月 10 日正式挂牌。慈利县完成医疗集团班子及内设机构的组建，乡镇卫生院财权已移交医疗集团。桑植县两家医疗集团全面完成了清产核资和制定各卫生院发展规划，实施“一院一策”。慈利县建立医疗集团微信工作群，基层医生可第一时间与专家对接联系，同步开通了转诊、会诊“绿色通道”。选派专家到卫生院定期坐诊教学，医疗集团分级诊疗体系基本建立。湖南省医改办已将张家界市列为全面推进城乡一体化改革的四个试点市州之一。张家界市在全省率先实施公立医院药品集中配送，每年为全市患者减轻药费负担 6000 万元以上，解决药品耗材价格虚高和基层药品配送不及时、不齐全问题，此项改革已被纳入《湖南深化医改典型案例》。

【农业农村体制改革】 2020 年，张家界市开展食用农产品合格证试点、返贫监测预警和动态帮扶、涉农资金管理、供销合作社“三大体系”建设 4 项重点改革事项，着力推动农业农村体制改革。食用农产品合格证试点改革全面推行。宣传引导 580 家包括蔬菜、水果、畜禽、禽蛋、水产品五类农产品生产经营主体实施合格证管理，全年全市共开局纸质合格证 35229 张，附证上市农产品 8855 吨。返贫监测预警和动态帮扶机制不断巩固和完善。按照中央、省要求和统一制定的识贫标准，全市年度共识别不稳定户 2317 户 5582 人和边缘易致贫户 2046 户 3976 人，均对其安排帮扶责任人，实现了监测和帮扶全覆盖。通过年度考核，全部达到脱贫标准，消除返贫致贫风险，兑现了“扶贫路上不落一人的承诺”。涉农资金管理向纵深推进。全市各级财政部门深入推进农业专项资金“大专项 + 任务清单”管理。全年整合财政涉农资金 97615.07 万元。供销合作社“三大体系”建设任务超额完成。全市供销合作社构建了组织管理、经营服务、农合会组织“三大新型体系”。64 个乡镇供销（基层）社全部建成，新建和改扩建村级供销社 945 个；组建 4 个县级惠农服务公司，建成 64 个乡镇惠农服务中心和 945 个村级供销惠农综合服务社；成立乡镇农合会（联）68 个，实现了乡镇农合会（联）全覆盖。

【生态文明体制改革】 2020 年，张家界市着力推动生态环境保护监管、创新自然保护地管理等两项体制机制改革。

生态环境保护监管。张家界市健全生态环境保护监管体制机制、生态环境分区管控体系。建立生态环境损害赔偿制度体系，制定生态环境损害赔偿制度改革实施方案。启动扬尘污染、危险废物焚烧等生态损害赔偿案 4 件，涉及金额达 100 万元。制定长江经济带战略环境评价张家界市“三线一单”。全市共划定 29 个环境管控单元，其中优先保护单元 14 个，重点管控单元 8 个，一般管控单元 7 个；同时形成了张家界市生态环境准入清单。全年市中心城市环境空气优良天数为 359 天，优良率为 98.2%，连续三年达到国家二级标准。全市国控、省控、市控地表水监测断面稳定达到功能区要求，县级以上城市集中式饮用水水源达标 100%。

自然保护地管理。张家界市按照“一个保护地、一套机构、一块牌子”原则设置管理机构，科学划定自然保护地类型，优化自然保护地规划，构建科学合理的自然保护地体系，制定自然保护地整合优化方案。将张家界市 16 个自然保护地整合优化成为张家界大鲵国家级自然保护区、八大公山国家级自然保护区2个自然保护区和张家界国家森林自然公园、天门山国家森林自然公园、张家界国家地质自然公园、张家界红石林国家石漠自然公园、江垭省级森林自然公园等5个自然公园。整合优化后自然保护地的面积为89807.76公顷，占市域总面积的9.42%。

【民主法制领域改革】 2020年，张家界市着力推进农村居民住房建设法制化管理，健全农村居民住房建设和管理长效机制，出台农村居民住房建设管理条例。《张家界市农村村民住房规划建设管理规定》已经2020年9月3日张家界市第七届人民代表大会常务委员会第二十九次会议通过，2020年9月25日经湖南省第十三届人民代表大会常务委员会第二十次会议批准。2020年10月15日经市人民代表大会常务委员会2020年第4号公告的形式予以公布，自2021年1月1日起施行。

【文化体制改革】 2020年，张家界市着力推动文化领域新媒体融合、网络综合治理体系两项改革。

市级媒体。张家界市级媒体“中央厨房”成效显著。建立“中央厨房”，抓好疫情防控宣传报道，完善重点报道工作机制。全年召开18次“中央厨房”编前会，其中，郭天保部长亲自参加编前会5次。经“中央厨房”确定的重点选题，在《人民日报》、中央电视台、《湖南日报》、湖南卫视等央媒、省媒平台上稿1000余篇。

区县融媒体。张家界市区县融媒体中心建设全面完成。4个区县融媒体中心已全部通过省级验收。永定区融媒体中心已形成一次采集、多种生成、全媒发布的格局，有“掌上永定”APP、永定新闻网、红网手机报等多个宣传平台。省委常委、省委宣传部部长张宏森到张家界调研时，对永定区融媒体中心的建设和成效给予了充分肯定。武陵源区融媒体中心改版升级官方新闻客户端，开设多个综合服务项目，完成新武陵源APP等11个新闻发布平台建设，融媒体矩阵进一步优化。慈利县级融媒体中心被评为湖南红网新媒体集体先进单位。

网评工作。张家界市全面加强网评队伍建设，出台《关于新形势下推进全市网络评论队伍建设的实施办法》。搭建全市网评工作体系架构，对全市500余名网评队伍实施分类登记。开展“清朗”“剑网”“扫黄打非”等专项行动，设置“辟谣侠盟”专栏，联合公安等部门，重拳出击打击网络谣言。加强属地网站巡查管理，先后约谈属地自媒体账号6家，联合文化执法部门查处涉黄网站1家。疫情期间，创新推出圈群涉疫舆情报告和24小时涉张大数据分析等措施，每天定时推出每日涉张舆情报告。出台《涉疫社会稳定风险网络舆情监测应急处置工作预案》等舆情应急预案，共监测、交办、处置涉张网络负面舆情3386件次，有力捍卫全市网络舆论阵地。办理网民留言和网络问政网帖2107条，网民诉求办理率和回复率达97.6%。其中，网络问政书记和问政市长网帖办理率达100%，张家界市网民留言回复率稳居全省第一方阵。

【司法体制改革】 2020年，张家界市开展市域社会治理创新、诉讼服务制度体系、公安智慧管理体系、社区矫正队建制改革等四项改革，着力推动司法体制完善。

市域社会治理。张家界市出台《张家界市社会治理创新实施方案》和《关于切实加强诉源治理深入推进矛盾纠纷多元化解工作的实施办法》。明确了全市各个层面的社会治理创新试点共344个，共设立诉源治理工作站35个，安排法官及司法辅助人员59人，开展调解指导71次，参与当地纠纷化解89件。

诉讼服务制度。张家界市积极融入市域治理新格局，多措并举探索多元解纷新机制。力推“431立体解纷模式”，探索司法辅助参与调解等各种形式，应调尽调、层层过滤，力争把矛盾纠纷化解在基层，取得了良好成效。搭建诉讼服务新平台，推动“一站办通”，实现诉讼服务“零距离”。开展跨域立案、网上立案和适用云间法庭审理案件。在疫情防控期间，利用云平台调解的一起合同纠纷案被最高人民法院评选为疫情期间人民法院调解平台全国十大典型案例。深化分调裁审改革，全市法院均成立速裁团队，采用案件“三分法”。全年全市法院通过速裁程序解决民商事纠纷4180件，约占民商事案件的62.1%，平均审理周期为10天，案件服判息诉率达95%以上。

公安智慧管理。张家界市在永定区开展“智慧公安”项目建设暨智慧安防小区试点探索。永定公安分局研发建设的“永定智慧公安”（县域警务）平台，主要建设“1+6+N”科技支撑体系，积极构建以大数据智能应用为核心的智慧警务新模式。通过平台使用，明显提升了公安系统的侦察打击效率、治安防范效率、风险管控效率和指挥调度效率，相比2019年，2020年永定区公安系统的破案率上升了5.54%，发案率下降了19.89%，管控率上升了11.11%，永定公安分局还利用“一呼百应”系统成功完成了重要节点、重大安保活动的可视化指挥调度工作任务。

社区矫正队建制。张家界市司法局在全省率先成立市社区矫正委员会，由市公、检、法、司等各社区矫正参与单位为成员单位。但因编制原因及缺乏省级层面有力的政策依据，社区矫正队建制改革实行暂行替代方案，待省级层面出台完善的政策依据后再行推动设立。

【党的建设制度改革】 2020年，张家界市推动干部人事制度、党组织基层治理体制机制、人才工作机制三项改革。

干部人事制度。张家界市出台《市委管理干部选拔任用工作实施办法》，提高干部选拔任用工作制度化、规范化、科学化、民主化水平，一大批担当作为、干事创业的干部得到提拔重用和褒扬。全年调整市管干部6批次218人次；确立“每批干部调整年轻干部要保持三分之一到五分之一的比例”原则，新提拔或进一步使用年轻干部30名；突出干事创业导向，在一线考察识别干部，评选表彰80名脱贫攻坚担当作为优秀干部，跟踪培养30名脱贫攻坚表现突出干部，对疫情防控中表现不力的7名干部给予降免职组织处理。

人才工作机制。张家界市制定《张家界市市级人才发展专项资金管理办法》。进一步强化了引才、留才、用才、育才的政策资金保障，全年引进急需紧缺人才179名，柔性引进19名学者（含3名院士），发放市级拔尖人才津贴16.2万元，乡村产业人才“倍增”工程经验做法得到中组部人才局关注和省委组织部肯定。

党组织基层治理。张家界市全方位加强城市党建工作，巩固城市社区“三联四建”活动成果，进一步优化城市居民小区党组织功能定位，切实为小区党组织赋权，推动2.4万名党员到社区小区双报到，协调解决较大问题83个，设立项目199个，投入资金2460多万元，小区党组织的战斗堡垒作用日益突显。

【纪律检查体制改革】 2020年，张家界市纪检领域着力推动清廉张家界建设、健全党内监督制度、创新村级财务管理模式三项改革。

清廉张家界。制定出台《关于推进清廉张家界建设的意见》，包括7个方面，30项内容，清廉张家界建设融入经济建设、政治建设、文化建设、社会建设和生态文明建设各方面、全过程。为进一步发挥标本兼治综合效应，市纪委监委出台《关于推进以案促改制度化常态化的指导意见》。全市纪检监察机关共立案766件，涉及县处级干部20件，同比增长8.7%。做好以案促改工作，发出纪律监察建议书93份，推动堵塞制度漏洞，督促案发单位召开专题民主生活会、警示教育大会，拍摄警示教育片，加强家教家风建设，让党员干部受教育、明底线。

党内监督。张家界市以市委常委会的形式定期召开专题会议，从遵守党章党纪、贯彻落实重大决策部署、严肃党内政治生活等12个方面，对全市各级各部门落实主体责任情况定期“大考”，跟进监督整改落实，推动压实管党治党责任。2020年12月召开首次党内监督专题会议，桑植县委、市退役军人事务局党组作为第一批，就落实全面从严治党主体责任情况向市委常委会作专题汇报，会议取得预期效果。

村级财务管理。开展走访调研，征求各区县和有关部门的意见，形成《关于推介慈利县村级财务管理“象市模式”工作经验的实施方案》。市财政局配套出台《张家界市村级财务管理操作指南》。为进一步了解实施方案出台后的推进情况，市纪委监委和市财政局组成联合调研组，深入村居（社区）走访调研，了解村级财务管理的现状及存在的问题，并提出规范工作的建议。从调研情况看，“象市模式”在我市得到了全面推广，村级财务管理有了明显改进，推动“小微权力”规范运行，该做法被省委深改委《改革简报》刊登推介。

【旅游综合改革】 2020年，张家界市着力推动旅游领域旅游统计、乡村旅游、在线旅游经营管理、文旅融合、“天门智慧工程”、门票车票分离改革等改革事项。

旅游统计。张家界市为提升全市旅游业统计数据质量，制定了《张家界市关于加强旅游业依法统计提升旅游统计数据质量的意见》，明确了旅游统计制度和工作内容、旅游统计组织体系和工作职责，推进旅游统计改革，提升旅游统计工作水平，加强了旅游统计各环节的要素保障，提升了旅游数据质量。

乡村旅游。张家界市拟定了《关于促进全市乡村旅游发展实施意见》,并经市政府常务会议讨论通过。意见明确了张家界市发展乡村旅游的总体目标和工作任务，制定了《张家界发展乡村旅游各部门工作内容》和《全市发展乡村旅游建设项目清单》，压紧压实工作内容，引导乡村旅游品质化发展，推动乡村经济高质量发展。

在线旅游。张家界市制定《张家界市推进在线旅游经营服务管理机制改革实施方案》，主动探索新业态监管模式，推动构建在线旅游经营行业执法检查机制、争端解决机制和动态监测监管机制。探索开展了旅行社法人记分管理工作，制定了《张家界市旅行社法人记分管理暂行办法》，对法人的记分标准、奖励方式、管理措施等进一步修订完善，提升经营者的规矩、规范意识，引领旅游业持续健康发展。

文旅融合。张家界市组织指导永定区开展公共文化服务体系建设与旅游服务功能融合发展试点工作，印发《关于学习“永定经验”，深入推进公共文化服务体系建设与旅游服务功能融合发展试点工作的通知》，要求各区县以“永定经验”为借鉴，结合各自实际，推进文旅融合发展，最终达到区县整体推进，文旅融合发展的目标。

“天门智慧工程”。张家界市在充分调研和借鉴外地经验的基础上，完善天门智慧工程总体规划方案，修订了《张家界市天门智慧工程工作实施方案》《张家界市天门智慧工程税务监管业务支撑系统工作实施方案》。推行自然人手机APP代开发票业务，自然人通过支付宝、微信和易办税APP，可在线申请代开增值税电子普票。推行全市二手房交易评税系统，针对当前二手房交易价格混乱现状，合理确定二手房交易计税价格。

门票车票分离。张家界市出台了《关于武陵源核心景区门票价格有关事项的通知》（湘发改价费规〔2020〕722号）文件，文件明确了环保车价格、优惠范围、免票和半票人群，文件自2020年11月1日开始执行。（本栏撰稿 宋文艺）

2021

中国共产党张家界市委员会

·张家界年鉴·

重要会议、文件

【张家界市“不忘初心、牢记使命”主题教育总结会议】 2020年1月10日上午，张家界市“不忘初心、牢记使命”主题教育总结会议召开。市委书记虢正贵强调，要深入贯彻中央主题教育总结大会和省委总结会议精神，认真总结全市主题教育取得的宝贵经验，坚持问题和目标导向，持续深入整改落实，不断推动主题教育成果常态化长效化，不断推动张家界市全面从严管党治党再上新台阶。

会议认为，张家界市坚决贯彻落实习近平总书记在主题教育工作会议上的重要讲话精神和党中央、省委各项安排部署，紧紧围绕“守初心、担使命，找差距、抓落实”的总要求，切实做到思想认识到位、检视问题到位、整改落实到位、组织领导到位，推动主题教育取得实在成效，广大党员干部经受党性洗礼，全市人民群众普遍表示认可和满意。

会议指出，在主题教育的实践中，张家界市探索形成了一些好做法和好经验。一是突出思想引领，把加强理论武装贯穿主题教育始终；二是突出重点对象，把发挥“关键少数”作用贯穿主题教育始终；三是突出清单管理，把四项重点措施贯穿主题教育始终；四是突出精准精细，把分级分类指导贯穿主题教育始终；五是突出问题导向，把整改落实“两个百分之百”目标贯穿主题教育始终；六是突出开门抓教育，把坚持以人民为中心贯穿主题教育始终。

会议要求，全市上下要深入贯彻中央主题教育总结大会和省委总结会议精神，坚持以“不忘初心、牢记使命”为永恒课题推动党的自身建设，坚持以马克思主义中国化最新成果统一思想、统一意志、统一行动，坚持以刀刃向内、自我革命的勇气持续推进问题整改落实，坚持以管根本、利长远、重实效的机制深化巩固主题教育成果，坚持以强烈的责任担当和斗争精神推动党的重大决策部署在张家界市落地生根，为决胜全面建成小康社会、加快建成国内外知名旅游胜地，谱写富饶美丽幸福新湖南的张家界篇章而不懈奋斗。

【张家界市传达全省“两会”精神会议】 2020年1月19日上午，张家界市召开会议传达全省“两会”精神。湖南省人大代表、张家界市委书记、市人大常委会主任虢正贵讲话，省人大代表、市委副书记、市长刘革安主持会议，省政协委员、市政协主席汪业元传达省政协十二届三次会议精神，省人大代表、市人大常委会常务副主任、党组书记胡丘陵传达省十三届人大三次会议精神。

会议指出，全市上下要统一思想认识，深刻领会和准确把握省“两会”精神的丰富内涵。2020年是决胜脱贫攻坚、决胜全面建成小康社会，实现“十三五”规划圆满收官、实现第一个百年奋斗目标的关键之年，此次省“两会”有着三个鲜明的特征，即：在坚定做到“两个维护”上彰显高度自觉和强烈担当。在统揽“两个大局”上彰显全局视野和战略眼光。在决胜全面建成小康社会上彰显清晰谋划和科学思路。

会议强调，各级各部门要迅速把思想和行动统一到全省“两会”精神上来，把学习宣传贯彻省“两会”精神作为当前一项重要任务来抓，切实增强大局观念、全局眼光和战略思维，把张家界放在全省“一盘棋”的格局中去定位、谋划、摆布，以更高的站位、更实的举措，推动省委、省政府各项决策部署在张家界市落地落实落细。

会议要求，对标对表贯彻落实，全力以赴推动省委、省政府各项部署落地生根。要紧扣杜家毫书记指出的张家界推动高质量发展的“三条路径”和许达哲省长代表省人民政府所作的政府工作报告明确的决胜全面建成小康社会“八项任务”，对标对表贯彻落实，切实做到抓具体、抓深入、抓到位，推动全市各方面工作迈上新台阶。要做精做美全域旅游，坚定不移落实“绿水青山就是金山银山”理念；树牢“精明增长”理念，持续推进国际精品旅游城市建设；加强法治张家界建设，把依法治市落实到推动治理体系和治理能力现代化的全过程。要坚定不移打好三大攻坚战，大力实施乡村振兴战略，保障和改善民生，改进和创新社会治理，完善制度建设。

会议强调，要深化主题教育成果，着力营造只争朝夕、决胜全面小康的浓厚氛围。突出思想引领，加强党的领导，发扬斗争精神，鼓励担当作为。要严守各项工作底线，用心用情抓好岁末年初各项工作。认真落实岁末年初值班值守、安全巡查、纪检监督等工作制度，牢牢守住民生、稳定、安全、廉洁“四条底线”，确保社会大局和谐稳定，确保人民群众过一个祥和喜庆的春节。

【张家界市决战脱贫攻坚暨防控新冠肺炎阻击战动员大会】 2020年2月11日上午，张家界市委书记虢正贵主持召开张家界市决战脱贫攻坚暨防控新冠肺炎阻击战动员大会，动员全市上下鼓足干劲，顽强拼搏，共克时艰，坚决打赢脱贫攻坚战和疫情防控阻击战。

会议传达学习习近平总书记2月10日在北京市调研指导新冠肺炎疫情防控工作时的重要讲话精神，宣读《2020年张家界市脱贫攻坚工作考核办法》《全市2020年决胜脱贫攻坚市级领导联乡包村工作方案》《张家界市脱贫攻坚挂牌督战方案》。会议通过“智慧党建”平台，以视频会议的形式开到区县、乡镇、村（居）。

会议强调，要深学笃用习近平

总书记关于扶贫工作的最新重要论述精神，客观分析脱贫攻坚存在的短板和弱项，一鼓作气、乘势而上坚决攻克贫困最后堡垒。要聚焦决战短板和弱项，紧紧咬定脱贫任务，巩固提升脱贫质量，强化突出问题整改，注重产业扶贫长效，高质量完成今年脱贫攻坚任务。要强化决战责任，全面落实工作责任，保持决战决胜姿态，切实改进工作作风，坚决打赢脱贫攻坚这场硬仗。

会议强调，要充分肯定疫情防控工作成效，坚定必胜信心。要清醒把握疫情防控工作存在的困难和问题，当前疫情防控形势更加复杂，物资保障难度仍然不小，责任落实不到位和企业用工短缺，必须科学防治精准施策；要切实强化工作措施，坚持集中统一领导，做到令行禁止，落实落细各项举措，更加突出科学防控、合力攻坚、精准施策、依法防控、供应保障、舆论引导、严肃纪律规矩，增强防控实效，有序抓好复工复产，坚决打赢疫情防控的人民战争、总体战、阻击战。

【张家界市委农村工作会议】 2020年3月2日上午，张家界市召开市委农村工作会议，深入贯彻习近平总书记关于“三农”工作的重要论述、关于抗击疫情的重要指示精神和中央、省委农村工作会议精神，安排部署今年“三农”工作，动员全市上下特别是“三农”战线上的同志在做好疫情防控的前提下，同心协力、真抓实干，积极工作、稳产保供，稳住农业基本盘，稳住农村大社会，确保小康之年农业丰收，确保农村同步全面建成小康社会。市委书记虢正贵出席会议并讲话。

会议指出，2019年以来，面对错综复杂的国内外经济形势以及非洲猪瘟、草地贪夜蛾灾害等困难挑战，全市各级各部门迎难而上、攻坚克难，脱贫攻坚取得决定性胜利，产业振兴扎实推进，农村民生切实改善，农村改革持续深化，乡村治理水平不断提高，为全市经济社会高质量发展提供了有力支撑。

会议要求，要站在全局高度，深化思想认识，充分认识到“三农”工作事关决胜全面建成小康社会、决战脱贫攻坚，必须深学笃用习近平总书记关于“三农”工作的重要论述，把思想和行动统一到中央、省委决策部署上来；充分认识到对标对表全面建成小康社会目标任务，全市“三农”工作还存在不少问题，必须下大力气补齐短板；充分认识稳住经济社会高质量发展“基本盘”，必须不断夯实“三农”基础、扎实做好“三农”工作，切实增强做好“三农”工作的紧迫感、责任感。

会议要求，要聚焦工作重点，补齐短板弱项，重点以“一脱贫三促进六覆盖”为抓手，坚决夺取脱贫攻坚全面胜利，把促进农民增收作为“三农”工作的“牛鼻子”来抓，加大农村基础设施和公共服务建设力度，持之以恒推进农村人居环境整治，全力抓好粮食、生猪等重要农产品稳产保供，大力发展五大特色产业，切实抓好农村重点改革任务，加强和创新乡村社会治理，切实发挥好“三农”“压舱石”作用。

会议要求，要加强组织领导，狠抓工作落实，强化五级书记抓乡村振兴责任，强化“三农”投入保障，强化基层组织建设，强化工作落实、切实扛牢扛稳“三农”工作政治责任。

会议强调，当前正处于疫情防控最吃劲的关键阶段，春耕生产、复工复产工作正在抓紧推进。农村疫情防控线长面广，必须坚定不移、毫不松懈地抓紧抓实，做到思想不松、队伍不撤、氛围不降、力度不减，统筹抓好疫情防控与当前农业农村各项工作。要对春耕生产中的实际困难和就业难、农产品滞销等问题，明确责任人、明确专班、明确时间、明确办法抓紧帮助解决，为全年工作奠定基础。要切实加强农业物资生产和供应，维护农村正常的生产生活秩序。要坚决整治形式主义、官僚主义，切实为基层减负。要坚决查处发生在群众身边的不正之风和腐败问题，以优良的纪律作风保障“三农”工作有力有效推进。

【张家界市第七届纪律检查委员会第五次全体会议】 2020年3月5日上午，中国共产党张家界市第七届纪律检查委员会第五次全体会议召开。市委书记虢正贵出席会议并强调，要更加紧密地团结在以习近平同志为核心的党中央周围，忠诚坚定、担当尽责，顽强拼搏、共克时艰，努力取得全面从严治党、党风廉政建设和反腐败斗争的更大成果，奋力夺取疫情防控和全年经济社会发展目标的双胜利，为建设富饶美丽幸福新湖南做出张家界新的更大贡献。市委副书记、市长刘革安主持会议，刘绍建、汪业元等市领导参加会议。

会议指出，习近平总书记在十九届中央纪委四次全会上的重要讲话，深刻总结了新时代全面从严治党的历史性成就，深刻阐释了我们党实现自我革命的成功道路、有效制度，深刻回答了管党治党必须“坚持和巩固什么、完善和发展什么”的重大问题，对以全面从严治党新成效推进国家治理体系和治理能力现代化作出了战略部署，为推动全面从严治党向纵深发展指明了前进方向、提供了根本遵循。全市各级党组织和纪检监察机关要认真学习习近平总书记的重要讲话精神和十九届中央纪委四次全会、十一届省纪委五次全会精神，准确把握新形势下反腐败斗争的特点、特征和规律性认识，把“严”的主基调长期坚持下去，坚持把自己摆进去、把职责摆进去、把工作摆进去，把全面从严治党的决策部署变为实际行动，坚决把党中央、中央纪委、省委、省纪委各项工作部署落到实处。

会议强调，要坚持以党的政治

建设为统领，落实“两个维护”更加坚决有力；持之以恒落实中央八项规定精神，纠“四风”、树新风更加坚决有力；坚持标本兼治、一体推进，反腐惩恶、正风肃纪更加坚决有力；大力整治侵害群众利益的突出问题，查处群众身边腐败和作风问题更加坚决有力；着力推进纪检监察体制机制改革，监督公权力的正确运行更加坚决有力；始终保持全面从严治党“永远在路上”的清醒和坚定。面对问题决不能回避、决不能绕道，必须敢于斗争、善于斗争，以正视问题的勇气和刀刃向内的自觉向顽瘴痼疾开刀，以永远在路上的坚韧和执着深入推进全面从严治党，保持定力、寸步不让，着力建设清廉张家界，为决胜全面建成小康社会、决战脱贫攻坚，加快建成国内外知名旅游胜地提供强有力的纪律保证。

会议审议并表决通过《中国共产党张家界市第七届纪律检查委员会第五次全体会议工作报告》和《中国共产党张家界市第七届纪律检查委员会第五次全体会议公报》。

【张家界市安委会第一次全体（扩大）会议暨全市安全生产工作会议】2020年3月5日下午，张家界市召开2020年市安委会第一次全体（扩大）会议暨全市安全生产工作会议，深入学习贯彻习近平总书记关于安全生产重要论述和指示批示精神，落实省安委会今年第一次全会精神，对全市安全生产工作进行全面安排。市委书记、市安委会主任虢正贵出席会议并讲话。市委副书记、市长刘革安主持会议。

会议传达了省安委会2020年第一次全会精神，通报了2019年全市安全生产工作情况，并对2020年全市安全生产工作进行了安排部署。

会议强调，要深入贯彻习近平总书记重要指示批示精神和省安委会今年第一次全会精神，牢固树立安全发展理念，坚决扛起安全生产重大政治责任，坚决守住发展决不能以牺牲安全为代价这条不可逾越的“红线”，坚持底线思维，以最严肃的态度抓好安全生产工作，以安全生产工作的实绩实效，彰显增强“四个意识”、坚定“四个自信”、做到“两个维护”的思想自觉、政治自觉、行动自觉。

会议强调，各级各部门要时刻警醒安全生产的惨痛教训，坚决克服麻痹思想和侥幸心理，突出旅游、交通等重点领域的安全监管，按照全覆盖、零容忍、严执法、重实效的总要求，总结经验、查找不足，居安思危、防微杜渐，不折不扣地把安全生产工作抓紧抓实抓细抓落地；各级领导干部要有利剑高悬、重担在肩的责任感和紧迫感，切实履职尽责，严格履行党政同责，强化一岗双责，严肃失职追责，压实企业主责，明确监管职责，严格属地责任。全市上下要进一步健全完善“党政同责、一岗双责、齐抓共管”的安全生产责任体系，进一步健全安全生产行政责任制规定。各级组织部门、纪检监察部门要切实履行好问责职责，对安全生产工作中存在的失职、渎职行为进行严厉问责，引导各行业、各领域树立安全生产意识，确保把安全生产的责任、措施、奖惩不折不扣地落实到位、抓实抓细，坚决守住安全生产这条“红线”。

【全市机构改革总结暨机构编制工作会议召开】2020年3月6日上午，市委书记虢正贵在全市机构改革总结暨机构编制工作会议召开上强调，要认真总结宝贵经验，巩固机构改革成果，以机构改革为契机，切实推动全市治理体系和治理能力现代化进程，坚定不移把全面深化改革推向深入。市委副书记、市长刘革安主持会议，市领导刘绍建、汪业元、袁美南、刘桦、艾可知、单铸飞、田华玉、郭天保、郭钰、曾超群等参加会议。

会议强调，要坚持严格对标对表，不打折扣、不讲条件、不搞变通，确保机构改革沿着正确方向前进；坚持加强党的全面领导，充分发挥党总揽全局、协调各方的作用，把加强党的领导落实到机构改革的各方面；坚持优化协同高效。始终把优化协同高效作为机构改革的基本原则，也作为衡量机构改革成效的重要标准；坚持突出问题导向。按照中央和省委的部署，结合张家界实际，找准当前最突出的矛盾和短板，着力解决历史遗留问题，理顺体制机制障碍。

会议强调，要巩固机构改革成果，续写“后半篇文章”，为推进治理体系和治理能力现代化再加油、再用劲。完善党的领导制度体系。坚持和完善党的领导制度体系，特别是“两个维护”的制度，更好发挥党的领导最大优势；统筹党政机构职能。对机构改革后一些部门间可能存在的权责边界模糊问题，厘清关系、落细举措、明确责任；深化事业单位改革，按照中央、省委部署，分类推进事业单位改革；推进基层治理创新。严格落实省委关于全面加强基层建设的“1+5”文件要求，持续深化基层各项改革，提升基层治理效能；加强机构编制管理，精准“定位”，明晰职能职责，加强归口协调管理，形成职责明确、协调高效的运行机制。

会议强调，要压实主体责任，强化组织领导，切实明责履责，突出改革重点，提升改革实效，加强系统集成，提高整体效能，全力补齐短板，切实推动全市治理体系和治理能力现代化进程。

【张家界市投资暨重点建设项目推进会】2020年3月27日上午，张家界市投资暨重点建设项目推进会召开，安排部署2020年应对疫情促进投资及重点建设项目各项工作。市委书记虢正贵出席会议并讲话。

会议强调，要深入贯彻习近平总书记关于统筹疫情防控和经济社会发展系列重要讲话精神，落实党中央、国务院决策部署，按照省委全会要求，克服疫情影响，抢抓政策机遇，主动担当作为，努力把时间抢回来、把损失补回来，奋力夺取疫情防控和经济社会发展“双胜利”。

2019年，全市固定资产投资同比增长7.8%，125个市重点项目完成投资261亿元，为年度计划的130.5%，实现增长超预期、进度超计划、支撑超往年。2020年，全市安排重点实施项目141个，计划完成投资220亿元，力争完成投资280亿元。

会议指出，全市上下要充分把握形势，抢抓国、省加大投资的大好机遇，抓住“窗口期”，强化“旅游损失投资补”“一季度欠账后三季度追”，用心用力推动项目建设，全力以赴稳投资，确保实现全年目标任务。

会议要求，各级各部门要按照“新建项目抓开工，在建项目抓进度，争取项目抓落实，前期项目抓谋划，招商项目抓落地”的要求，找准发力点，以只争朝夕的干劲推动项目建设。强化服务、跟踪推进、限期办理，力争用最短时间做好前期工作；加大日常调度，及时协调项目建设过程中的困难，力争提前竣工投产，最大限度释放投资效益；认真研究国家政策，抢抓政策机遇，谋划一批既管当前又利长远的重大优质项目，加大申报力度；立足发展实际，把张家界发展融入到全国、全省发展大局来思考、谋划重点项目，围绕“十四五”规划编制，重点在植物提取、生态利用、电子信息、公共卫生、乡村振兴、旅游开发和基础设施提升等方面，精心策划、包装一批项目；紧盯世界和国内500强企业，加快招商项目的推介、对接、洽谈、签约，积极谋划和引进一批战略投资者，确保每年都有标志性重大签约项目落地落实。

会议强调，推动投资增长目标任务落实落细落地，要拧紧责任链条，以善作善成的状态确保完成目标任务。主要领导要亲自上阵、靠前指挥，身先士卒，冲锋在前，勇于担当负责；相关部门要主动作为，坚持靶向施策；要从严追责问责，加大督查问责力度，对工作严重滞后、破坏发展环境、损害项目和企业利益的典型案件，点名道姓通报曝光，形成强大震慑；褒奖重用在重点项目工作中实绩突出的干部，以鲜明的用人导向营造埋头苦干、履职尽责、敢抓敢为、善作善成的干事创业氛围。

【张家界市举办庆祝“五一”国际劳动节表彰大会】 2020年4月30日上午，张家界市庆祝“五一”国际劳动节暨市五一劳动奖、市工人先锋号、市援鄂医疗队表彰大会在市委礼堂召开。市委书记虢正贵出席会议并讲话，市委副书记、市长刘革安主持会议，市委副书记刘绍建宣读表彰决定。

会议指出，当前，张家界市疫情防控工作虽然取得重要阶段性胜利，但是仍然面临外防输入的压力，特别是疫情蔓延对全市经济社会发展带来新的挑战，无论是巩固和拓展国内疫情防控来之不易的良好势头，还是统筹推进经济社会发展，都离不开精神力量的激励和支撑。面对新时代、新使命、新要求，迫切需要付出更大努力，挥洒更多汗水，大力发扬劳模精神、劳动精神特别是“抗疫精神”，充分激发各方面的积极性和主动性，凝聚起统筹推进疫情防控和经济社会发展的磅礴力量，慎终如始、一鼓作气夺取战役的最终胜利，如期实现全年经济社会发展目标，为夺取决战脱贫攻坚、决胜全面小康全面胜利而不懈努力。

会议要求，全市各级党委、政府要支持工会依法依章程创造性开展工作，研究解决工会工作中的困难和问题。各级工会组织要深刻领会习近平总书记关于工人阶级和工会工作的重要论述精神，充分发挥自身优势，当好职工群众的“娘家人”，强化服务意识，提高服务能力。要以深化群团组织改革为契机，切实强“三性”去“四化”，认真对待人民群众的合理诉求，把工作做在苦难时，把力量使在关键处，把温暖送到心坎里。要紧紧围绕市委市政府中心工作、企业特别是民营企业、广大群众职工等三个方面做好全方位服务，为推动全市高质量发展贡献智慧和力量。

【张家界市直机关党的工作会议暨创建“让党中央放心、让人民群众满意的模范机关”动员大会】 2020年5月13日下午，张家界市直机关党的工作会议暨创建“让党中央放心、让人民群众满意的模范机关”动员大会召开，总结2019年市直机关党的工作，部署2020年工作任务。市委书记虢正贵出席会议并讲话，市委副书记、市长刘革安主持会议。会上，市委常委、市委组织部部长艾可知宣读《市直机关创建“让党中央放心、让人民群众满意的模范机关”实施方案》，市委常委、市委秘书长单铸飞作报告。会议对2020年市直机关党的工作进行部署。

会议要求，坚持以习近平新时代中国特色社会主义思想为指导，认真贯彻落实新时代党的建设总要求，以党的政治建设为统领，以在深入学习贯彻习近平新时代中国特色社会主义思想上做表率、在始终同以习近平同志为核心的党中央保持高度一致上做表率，建设让“党中央放心、让人民群众满意的模范机关”为总体目标，以“五个带头”为主要任务，推动市直机关党的建设高质量发展，为落实市委对标提质旅游强市战略，加快建设国内外知名旅游胜地、谱写富饶美丽新湖南的张家界篇章提供坚强保证。

会议强调，市直各单位党组（党委）及各级党组织要认真贯彻落实习近平总书记关于中央和国家机关党的建设重要讲话精神和中央、省委决策部署要求，切实提高政治站位，学深悟透，真正用以武装头脑、指导实践、推动工作。要全面对标对表，着力推动市直机关党的建设高质量发展。要强化担当作为，坚决扛牢机关党的建设政治责任，坚持以习近平新时代中国特色社会主义思想为指导，不忘初心、牢记使命，真抓实干、砥砺奋进，不断提高机关党的建设质量和水平，为夺取疫情防控和经济社会发展“双胜利”、确保完成决战决胜脱贫攻坚目标任务，全面建成小康社会做出新的贡献。

【张家界市优化营商环境暨促进民营经济、中小企业发展推进大会】 2020年5月13日上午，张家界市召开优化营商环境暨促进民营经济、中小企业发展推进大会，认真学习长沙市优化营商环境工作的先进经验，并就全年优化营商环境和促进民营经济、中小企业发展作全面部署。市委书记虢正贵出席会议并讲话。市委副书记、市长刘革安主持会议并作工作报告。省发改委党组成员、省优化办主任陈永实，市领导刘绍建、汪业元、胡丘陵等参加会议。

会议强调，要坚持以习近平新时代中国特色社会主义思想为指导，深入贯彻落实国务院《优化营商环境条例》《湖南省优化经济发展环境规定》和市委市、政府决策部署，进一步深化改革，在全面巩固和发展优化营商环境执行年和专项整治行动成果基础上集中攻坚整治存在的营商环境突出问题，打造“审批最简、准入最宽、服务最优、效率最高、费用最省、监管最规范”的一流营商环境，促进全市经济高质量发展。

会议指出，2020年确定为全市“优化营商环境攻坚年”，要发扬疫情防控的战时思维、战时状态、战时作风，以最鲜明的态度和最坚定的决心，打响一场优化营商环境、促进民营经济和中小企业发展的攻坚战，努力打造公开、公正、透明、可预期的一流营商环境，推动全市营商环境进入省内第一方阵，进一步激发市场主体活力、增强高质量发展动能。

会议强调，全市各级各部门要进一步提高政治站位，深刻认识优化营商环境是贯彻落实习近平总书记重要讲话和重要指示批示精神的具体行动，是统筹推进疫情防控和经济社会发展的必然要求，也是提高城市竞争力、吸引力、影响力的迫切需要。要深化思想认识，切实增强优化营商环境、促进民营经济和中小企业发展的责任感、紧迫感。坚持问题导向，全力破解营商环境存在的痛点难点堵点问题。用心用情用力，大力促进民营经济和中小企业发展。

【张家界市2020年创建国家卫生城市工作会议暨迎接湖南省文明城市复查测评工作推进会议】 2020年5月27日，张家界市创建国家卫生城市工作会议暨迎接湖南省文明城市复查测评工作推进会议召开。会议总结2019年创卫工作，对2020年创建国家卫生城市工作和迎接湖南省文明城市复查测评工作进行部署。

会议指出，2019年张家界市“国家卫生城市”主要创建指标达到国家卫生城市标准，顺利通过省级考核鉴定、国家资料审核，并以802.4分一次性通过国家爱卫专家组的暗访，成功闯过国家卫生城市评审的前三关，完成年度目标任务。2020年将在市城区开展十大巩固提升行动，打造十大示范点建设行动，狠抓创卫资料档案建设，巩固提升创卫成果，确保顺利通过国家卫生城市技术评估和综合评审。

会议指出，国家卫生城市创建和省级文明城市复查测评的各项工作是落实习近平总书记多次讲话要求，是完善全市公共卫生安全治理体系、推动全市经济社会高质量发展、提升全市人民群众幸福指数的客观需要，各级各部门要以志在必胜的信心切实担负起国家卫生城市创建和省级文明城市复查测评的各项工作。坚持重点突破与全面提升并举、坚持软件规范与硬件建设一体、坚持短期整改与长效管理并举，以精准精细的态度扎实推动国家卫生城市创建工作。在全面对标对表、落实分解任务、提升文明涵养上下功夫，以务实管理的举措切实抓好省级文明城市复查测评的各项工作。强化责任抓落实、形成合力抓落实、加强督改抓落实，以真抓实干的担当坚决确保国家卫生城市逐级创建成功和省级文明城市复查测评取得优异成绩。

【中共张家界市第七届委员会第九次全体会议】 2020年7月30日上午，中国共产党张家界市第七届委员会第九次全体会议召开。全会以习近平新时代中国特色社会主义思想为指导，深入学习中共十九届四中全会精神，认真贯彻《中共湖南省委关于深入学习中共十九届四中全会精神为加快建设富饶美丽幸福新湖南提供有力制度保障的决议》精神，听取市委常委会工作报告，审议通过《中共张家界市委关于以制度建设为主线、以重点领域改革为突破推进治理体系和治理能力现代化的若干意见》。市委书记虢正贵代表市委常委会作工作报告；市委副书记、市长刘革安就意见的起草情况向全会作说明，并传达全省产业项目建设推进现场观摩会精神，安排部署下半年有关工作。出席全会的市委委员应到46人，实到43人；市委候补委员应到8人，实到8人，符合规定人数。不是市委委员、候补委员的市级领导；市人大常委会、市政府、市政协秘书长，市委、市政府副秘书长；市人大常委会、市政协各委室主要负责人；市纪委市监委委员；市直正处级单位及驻张单位党组（党委）主要负责人；部分省委委员和基层党代表参加会议。

全会认为，2020年以来，市委常委会坚持以习近平新时代中国特色社会主义思想为指导，深入贯彻党的十九大和十九届二中、三中、四中全会精神以及省委历次全会精神，坚持稳中求进工作总基调；坚持用全面、辩证、长远的眼光看待当前的困难、风险、挑战，认真落实中央、省委决策部署，大力实施省委创新引领开放崛起战略和市委对标提质旅游强市战略，统筹决战决胜脱贫攻坚、全面建成小康社会各项工作；坚持观大势、谋大局、抓大事，在危机中育新机、于变局中开新局，统筹推进疫情防控和经济社会发展，在克服困难中不断发展，在应对挑战中不断壮大，全市各项工作取得新进展新成效。

会议指出，制度优势是一个国家的最大优势，要突出制度建设这条主线，扎实推进重点领域改革。全市各级党组织和广大党员、干部要认真理解把握中共十九届四中全会和省委十一届九次全会精神，深刻认识制度建设对于推进国家治理体系和治理能力现代化的重大意义，加强改革创新，加大制度建设，把制度优势更好地转化为治理效能，加快推进全市治理体系和治理能力现代化。要结合中共十九届四中全会部署的各项改革任务，一体推动、一体落实；要在精准谋划、精准见效上下足功夫；要聚焦制度是否有效运转开展督察，看改革是否实现目标集成、政策集成、效果集成。

全会要求，要以敢打必胜勇往直前的气概，奋力实现全年发展主要目标。要保持定力抓发展，以一鼓作气的勇气和作风抓"六保"促"六稳"；要真抓实干促攻坚，以志在必得的信心和决心打好打赢三大攻坚战；要从严治党不松气，以持之以恒的狠劲和韧劲着力夯实党的事业根基；要大力传播正能量，以敢抓善管的担当和姿态着力构建良好的社会舆论生态。力求决胜全年，确保"十三五"规划和全面建成小康社会圆满收官。

全会强调，要在狠抓落实、强力推进中彰显责任担当，确保工作到底见效。作为党员干部，敢于担当就要勇当"战士"而不当"绅士"，就要追求"实干"而不能"空谈"，就要宁可"掉肉"也决不能"掉队"，咬定目标加油干，统筹推进常态化疫情防控和经济社会发展，奋力完成全年目标任务，为决胜全面小康、决战脱贫攻坚、推进治理体系和治理能力现代化作出新的更大贡献。

【全市领导干部会议】2020年9月21日下午，张家界市委书记虢正贵主持召开全市领导干部会议，进一步传达学习习近平总书记在湖南考察时的重要讲话指示精神和在基层代表座谈会上的重要讲话精神，安排部署贯彻落实工作，坚定不移推动习近平总书记重要讲话指示精神在张家界落地生根。

会议指出，习近平总书记在湘考察期间作出的一系列重要讲话指示，立意高远、内涵丰富，总揽全局、引领航向，与习近平总书记十八大以来对湖南提出的"精准扶贫""一带一部""三个着力""守护好一江碧水"等重要指示一脉相承、相互贯通，共同构成了指引湖南事业发展的行动纲领和根本遵循。全市上下要站在不断增强"四个意识"、坚定"四个自信"、做到"两个维护"的政治高度，深入学习领会、认真贯彻落实，坚定不移沿着习近平总书记指引的方向前进。

会议指出，习近平总书记这次来湖南考察，体现了他对湖南的深厚情感和殷切期望、谋划"十四五"的大局视野和战略考量、矢志不渝地为民初心和使命担当，要深刻领会、准确把握习近平总书记重要讲话指示的精神实质。

会议要求，要坚持产业提质升级，促进"旅游+"跨界融合发展，全面落实旅游复苏"310"行动计划，深化项目建设年和招商引资项目攻坚年活动，深化"放管服"改革，努力打造武陵山片区对外开放新高地，着力推动高质量发展；要坚持农业农村优先发展，推动农业产业转型升级，推动"藏粮于地、藏粮于技"，不断推动美丽乡村建设，坚决打好脱贫攻坚战，持续推进全面脱贫与乡村振兴有效衔接；要坚持生态优先绿色发展，大力建设生态绿色张家界，让全市人民群众和国内外游客充分享受到"绿色福利"；要坚持以人民为中心的发展思想，完善全覆盖、可持续的社保体系，落实就业优先政策。全面落实教育立德树人根本任务，培育和践行社会主义核心价值观。要坚持深化革命传统教育，深入挖掘和利用好红色资源，以政治建设为统领推进党的各项建设，全面贯彻新时代党的组织路线，坚持大抓基层的鲜明导向，始终保持反腐败高压态势，全面推进党的各项建设。通过全市上下共同努力，全面深入、不折不扣抓好习近平总书记重要讲话指示精神在张家界的落实落地。

会议强调，全市各级各部门要把学习宣传贯彻习近平总书记重要讲话指示精神作为当前的首要政治任务、头等大事和长期任务，切实把思想和行动统一到习近平总书记重要讲话指示精神上来，把智慧和力量凝聚到实现习近平总书记对湖南的各项目标定位上来，不断推动全市各项工作取得新进步、再上新台阶，迅速掀起、持续保持学习宣传贯彻习近平总书记重要讲话指示精神的热潮。

【传达学习中共十九届五中全会精神会议】2020年11月2日上午，张家界市委书记虢正贵主持召开全市传达学习中共十九届五中全会精神会议。会议强调，全市各级各部门要切实把思想和行动统一到中共十九届五中全会精神上来，结合贯彻落实习近平总书记考察湖南重要讲话精神，科学谋划张家界"十四五"发展，扎实做好当前各项工作，凝心聚力、攻坚克难，为开启全面建设社会主义现代化国家新征程作出新的更大贡献。

会议指出，要切实提高政治站位，坚决把思想和行动统一到中共十九届五中全会精神上来。要把深入贯彻中共十九届五中全会精神，与张家界的实际工作结合起来，逐条逐项认真研究，一项一项落实到位，切实用中共十九届五中全会精神特别是习近平总书记重要讲话精神武装头脑、指导实践、推动工作；要迅速学习宣传贯彻，充分凝聚团结奋进的磅礴力量。各级各部门要对标对表中央、省委、市委要求，层层组织传达学习，确保党的创新理论传达到每一个基层党组织、每一名党员干部群众。

会议要求，要做好统筹有效衔接，科学制定"十四五"发展规划。要锚定2035年远景目标，立足五年、着眼百年，高质量规划每一项领域的任务目标，让规划符合时代要求、顺应人民意愿；要抓紧抓牢当前工作，努力完成年度目标任务。认真对账盘点，抓紧查漏补缺，扎扎实实办好自己的事，统筹疫情防控和经济社会发展，切实加强对经济形势分析研判，扎实做好"六稳"工作，全面落实"六保"任务等，确保"十三五"规划圆满收官。

会议强调，要坚持全面从严治党，巩固拓展风清气正的良好政治生态。以政治建设为统领推进党的各项建设，培育和践行社会主义核心价值观，坚持政治标准、好干部标准和"三个用起来"标准选人用人，着力打造忠诚干净担当的高素质专业化干部队伍，把严的主基调长期坚持下去，持续巩固发展反腐败斗争压倒性胜利，为落实"十四五"规划营造良好的政治生态和发展环境。

【社会治理创新暨扫黑除恶专项斗争推进会召开】 2020年11月10日，张家界市委书记虢正贵在全市社会治理创新暨扫黑除恶专项斗争推进会上强调，推进社会治理创新和扫黑除恶专项斗争是党中央作出的重大决策部署，全市上下要切实提高政治站位，深化思想认识，把思想和行动统一到中央、省委和市委关于社会治理创新和扫黑除恶专项斗争的决策部署上来，深入、扎实、稳步推进更高水平的平安张家界建设。

会议指出，要深化思想认识，切实增强推进社会治理创新和扫黑除恶专项斗争的责任感、使命感，是坚决贯彻以习近平同志为核心的党中央决策部署的具体行动，是提升社会治理效能的现实需要，是推动高质量发展的重要保障，是坚持以人民为中心的必然要求。要突出工作重点，努力提升推进社会治理创新和扫黑除恶专项斗争的针对性、有效性。要着力防范五类安全稳定风险，着力深化扫黑除恶专项斗争，着力推进市域社会治理创新，着力完善社会治理方式方法，以市域平安为全省平安、全国平安夯实基础、贡献力量。

会议强调，要深入贯彻习近平总书记关于社会治理创新和扫黑除恶专项斗争的重要论述，真抓实干、扎实工作，各级各部门要加强党的领导，不断强化推进社会治理创新和扫黑除恶专项斗争的组织力、执行力。要落实领导责任，建强工作队伍，营造良好氛围，突出督导考核，努力建设更高水平的平安张家界。

【"十四五"规划和二〇三五年远景目标建议、"十四五"规划纲要和2021年经济工作务虚会召开】 2020年12月7—8日，张家界市召开"十四五"规划和二〇三五年远景目标建议、"十四五"规划纲要和2021年经济工作务虚会，深入学习贯彻中共十九届五中全会精神和省委十一届十二次全会部署要求，聚焦"全面把握新发展阶段、全面贯彻新发展理念、主动融入新发展格局"，精心谋划张家界市"十四五"时期及明年经济社会发展，集思广益绘蓝图，凝心聚力闯新关，推动张家界高质量发展。

会议指出，科学编制张家界市"十四五"规划和二〇三五年远景目标，事关城市未来长远发展，事关广大人民群众福祉。要抢抓机遇，把握新发展阶段的新定位新目标，大力实施"三高四新"战略，坚持"对标提质、旅游强市"战略和"11567"总体思路，在危机中育先机、于变局中开新局，为谱写习近平新时代中国特色社会主义湖南新篇章贡献张家界力量。

会议强调，2021年经济工作要突出重点、抓住关键，在毫不松懈抓好疫情防控、安全生产和社会稳定维护的同时，加快推进旅游经济高质量发展、打好新一代工业倍增计划开局战、推动生态文明建设向更高水平发展、加快实施巩固拓展脱贫攻坚成果与乡村振兴相结合、全力以赴推进项目建设、纵深推进重点领域改革、加强对经济运行分析与监测，打好"十四五"开局之战，确保张家界经济社会平稳健康运行。

【中共张家界市第七届委员会第十次全体会议】 2020年12月11日，中国共产党张家界市第七届委员会第十次全体会议召开，深入学习贯彻习近平新时代中国特色社会主义思想和习近平总书记在湖南考察时的重要讲话精神，全面贯彻落实中共十九届五中全会、省委十一届十二次全会精神，审议通过了《中共张家界市委关于制定国民经济和社会发展第十四个五年规划和二〇三五年远景目标的建议》《中共张家界市委关于深入贯彻落实习近平总书记考察湖南重要讲话精神奋力推动新时代张家界高质量发展的决定》。市委书记虢正贵代表市委常委会作工作报告，市委副书记、市长刘革安就《建议（审议稿）》和《决定（审议稿）》向全会作了说明。出席全会的市委委员应到46人，实到44人；市委候补委员应到8人，实到6人，符合规定人数。不是市委委员、候补委员的市级领导；市人大常委会、市政府、市政协秘书长，市委、市政府副秘书长；市人大常委会、市政协各委室主要负责人；市纪委市监委委员；市直正处级单位及驻张单位党组（党委）主要负责人；部分省委委员和基层党代表参加会议。

全会认为，2020年以来，市委常委会在省委的坚强领导下，坚定以习近平新时代中国特色社会主义思想为指导，深入贯彻党的十九大和十九届二中、三中、四中、五中全会精神以及省委历次全会精神，坚持稳中求进工作总基调，践行新发展理念，认真落实省委"三高四新"战略，深入实施对标提质旅游强市和"11567"总体思路，以越是艰险越向前的斗争精神，知重负重、奋力拼搏，攻坚克难、团结奋斗，统筹推进疫情防控和经济社会发展，扎实做好"六稳"工作、全面落实"六保"任务，推动全市各项工作迈出新步伐、取得新成效。

全会指出，"十三五"规划期间，是张家界决战脱贫攻坚、决胜全面小康取得历史性决定性成就的五年。市委坚定践行习近平新时代中国特色社会主义思想，全面落实党中央和省委决策部署，积极应对发展环境复杂变化等风险挑战，着力打基础、解难题、利长远、惠民生，形成了政治生态风清气正、经济发展生机勃勃、社会环境安定和谐、全市上下奋发有为的良好局面。五年来，全市综合实力不断增强，全域旅游提质升级，城乡面貌日新月异，改革开放持续深化，三大攻坚战战果卓著，法治建设不断完善，党的建设全面加强，发展环境持续优化。

全会认为，国家相继制定并实施长江经济带、中部地区崛起等发展战略，湖南自贸区获批，张家界市具有"承东接西""左右逢源"的区位优势，许多战略将在市域内叠加实施，给张家界市带来巨大发展机遇。国家还正在对特殊类型地区振兴发展进行重大部署并启动规划编制，张家界市作为革命老区、少数民族地区、国家生态功能区等，完全可以得到更多的政策、资金和项目支持。此外，随着国家着力构建国内外双循环发展新格局，以及省委"三高四新"战略的大力实施和"锦绣潇湘"全域旅游基地建设的深入推进，张家界市的旅游产业融合发展也必将迎来更为广阔的发展空间。同时，发展不平衡不充分问题依然突出、产业结构欠合理、巩固脱贫攻坚成果任务艰巨等问题依然存在，生态环保、民生保障、社会治理等领域的短板弱项依然存在，高质量跨越式发展仍是张家界经济社会发展面临的主要任务。面向未来，全市上下必须胸怀中华民族伟大复兴战略全局、世界百年未有之大变局，辩证看待新发展阶段面临的新机遇新挑战，深刻认识社会主要矛盾变化带来的新特征新要求，把握发展规律，保持战略定力，努力在危机中育先机、于变局中开新局。

全会提出"十四五"规划时期张家界经济社会发展的指导思想，强调要继续高举中国特色社会主义伟大旗帜，深入贯彻中共十九大和十九届二中、三中、四中、五中全会精神，坚持以马克思列宁主义、毛泽东思想、邓小平理论、"三个代表"重要思想、科学发展观、习近平新时代中国特色社会主义思想为指导，全面贯彻党的基本理论、基本路线、基本方略，深入落实习近平总书记对湖南工作系列重要讲话指示精神，统筹推进"五位一体"总体布局，协调推进"四个全面"战略布局，坚定不移贯彻新发展理念，坚持稳中求进工作总基调，深入实施"三高四新"战略，坚持建设国内外知名旅游胜地总目标不动摇，加快建设面向全国、全球的现代化旅游经济体系，加快建设旅游强市、文化强市、健康张家界和国际精品旅游城市。

全会锚定到二〇三五年，张家界与全国、全省同步基本实现社会主义现代化，经济总量突破800亿元，地区生产总值增速高于全省平均水平1个百分点以上。社会文明程度得到新提高、生态文明建设实现新进步、民生福祉达到新水平、治理效能得到新提升，基本建成旅游强市、生态强市、文化强市、健康张家界和国际精品旅游城市。

全会强调，要深刻认识习近平总书记考察湖南重要讲话精神是为湖南省现代化建设量身定制的行动纲领，准确把握习近平总书记考察湖南重要讲话精神与中共十九届五中全会精神有机统一的内在关系，系统谋划习近平总书记考察湖南重要讲话精神在张家界市贯彻落实的落脚点、着力点。切实增强政治自觉思想自觉行动自觉，坚定不移沿着习近平总书记指引的方向砥砺奋进，紧紧围绕实现"十四五"规划目标任务聚焦发力，准确把握新时代新发展阶段的新特征新要求，为开启张家界现代化建设新征程提供坚强保障。

全会强调，岁末年初要抓好常态化疫情防控、加快推进重大项目建设、持续巩固脱贫成效、统筹抓好安全生产民生实事，对照"十三五"规划和"六稳""六保"、全面小康、脱贫攻坚、党建等全年目标考核任务，加强梳理调度，抓紧查漏补缺，力争各项指标任务高效推进、圆满完成。

全会号召，全市上下要更加紧密团结在以习近平同志为核心的党中央周围，在省委的正确领导下，不忘初心、牢记使命，承前启后、继往开来，为夺取全面建成小康社会伟大胜利、加快建设国内外知名的旅游胜地、全面开启张家界现代化建设新征程而努力奋斗。

【全市项目建设推进会】 2020年12月17日，张家界市召开项目建设推进会。市委书记虢正贵强调，要全力推进项目建设提档加速，以更大决心、更大力度、更实举措抓项目稳投资增动能，为“十四五”开好局、起好步，推动全市经济社会高质量发展提供更坚强、更有力、更持续的支撑。

会议强调，全市上下要切实把握当前项目建设面临的形势和要求，牢固树立项目意识，抓住项目建设这个“牛鼻子”，坚定信念，提振信心，高标准谋划和储备项目，扎实做好重大项目前期工作，努力促进项目落地，加快项目建设进度，切实强化要素保障，狠抓资金落实，抓紧征地拆迁，抓好用地保障，加强资源要素保障，持续优化项目建设环境，全力推进项目建设提档加速。要强化责任担当，落实领导责任、部门和区县责任、风险防范责任，勇于担当解难，强化协调联动，强化考核奖惩，强化氛围营造，以强烈的责任担当、昂扬的精神状态、务实的工作作风，全力以赴推动项目建设，全面做好“六稳”工作、落实“六保”任务，为“十三五”规划圆满收官交上一份优异答卷。

【全市殡葬改革工作市、县、乡、村四级视频推进会】 2020年12月23日上午，张家界市召开全市殡葬改革工作市、县、乡、村四级视频推进会，以中共十九大和中共十九届二中、三中、四中、五中全会精神为指导，深入学习贯彻落实习近平总书记等中央领导关于殡葬改革工作的重要指示批示精神，贯彻落实中央、省和张家界市关于殡葬改革工作部署，全面深化殡葬改革，全力推进殡葬事业健康有序发展。市委书记虢正贵出席会议并讲话，市委副书记、市长刘革安主持会议，市领导刘绍建、单铸飞、尚生龙出席会议。

会议回顾总结了近年来张家界市殡葬改革工作取得的成效和经验，分析当前殡葬工作面临的形势，提出到2022年，全市全面建成殡葬基础设施，实现城乡公益性公墓覆盖、入葬公墓、红白理事会引办丧事“三个100%”，全市火化率达50%，党员干部、公职人员集中火化率、集中治丧率和集中安葬率达到100%；“三沿六区”散埋乱葬、豪华大墓、硬化大墓、活人墓、宗族墓地基本整治到位，骨灰装棺再葬和办丧事扰民现象全面禁止；全面落实殡葬惠民政策和奖补激励政策，切实减轻群众丧葬负担；全面培育现代殡葬文化，节地生态、移风易俗新风尚成为殡葬活动主流。

会议指出，殡葬改革工作事关人民群众切身利益，事关精神文明和生态文明建设。要认真研究，以更坚定的决心、更有力的举措、更严明的要求，持续深入推进殡葬改革工作，推动全市殡葬改革迈上新台阶。

会议指出，张家界市在自然生态修复、污染防治攻坚、文化保护传承、城市风貌建设、景区景点打造等方面狠下功夫，城乡面貌发生了翻天覆地的变化，特别是城区更加宜居、宜业、宜游，群众获得感和满意度进一步提升。但一些地方占用农田山林散葬乱埋、一些干部群众丧事大操大办、重殓厚葬修大坟、占用公共场所“设灵堂”“摆道场”等问题仍然突出，且随着人口老龄化社会的加剧，死人与活人“争地”矛盾日益凸显，造成土地资源的浪费、破坏正常的社会风气、扰乱群众生活秩序，与坚持节约优先、保护优先、自然恢复为主的生态文明建设方针不相符合，与打造国内外知名的旅游胜地蓝图愿景极不协调。问题表明，加强殡葬改革迫在眉睫，要破除长期形成的丧葬习俗，坚持不懈地推进殡葬改革，已经到了全面发力、深入推进的关键时期。

会议强调，要以中共十九大和中共十九届二中、三中、四中、五中全会精神为指导，深入贯彻落实习近平总书记等中央领导关于殡葬改革工作的重要指示批示精神，推动落实党中央、国务院有关决策部署，精准把握殡葬改革重点，建立健全殡葬改革体制机制，全面加强组织领导。把深化殡葬改革、加强殡葬公共服务与维护人民群众利益密切结合，加快推进殡葬基础设施建设，倡导文明节俭操办丧事新风尚，全面推进遗体火化、生态节地安葬，革除丧葬陋习，减轻群众负担，服务全域旅游事业发展，助力城市创建工作，改善城乡人居环境，不断促进高质量发展。

【市委经济工作会议】 2020年12月29日，张家界市委经济工作会议召开。市委书记虢正贵主持会议并讲话，全面总结2020年经济工作，深入分析当前经济形势，部署2021年经济工作，明确总体要求和目标任务。

会议认为，2020年是极不平凡的一年，面对严峻形势和多重压力，全市上下坚持以习近平新时代中国特色社会主义思想为指导，坚决按照习近平总书记指引的方向前进，坚决贯彻党中央、省委决策部署，疫情防控阻击战、防汛救灾保卫战、高质量发展推进战、旅游经济复苏战和三大攻坚战都取得重大战果。2020年是“十三五”规划收官之年，经过五年接续奋斗，全市综合经济实力不断增强，脱贫攻坚目标任务如期完成，以大鲵保护区水电站整治为重点的污染防治攻坚战取得决定性成果，防范化解重大风险有力有序，重点领域关键环节改革实现突破，对外开放水平显著提升，城乡面貌显著改善，民生保障全面加强，法治张家界、平安张家界、清廉张家界建设有力推进，“十三五”规划目标任务即将完成，经济社会发展取得新的历史性成就，全面建成小康社会胜利在望，为开启张家界现代化建设新征程奠定了坚实基础。

会议指出，必须始终坚持沿着习近平总书记指引的方向砥砺奋进，必须始终坚持市委对地方经济工作的全面领导，必须始终坚持系统思维统筹推进，必须始终坚持生态优先绿色发展，必须始终坚持以人民为中心的发展思想，必须始终坚持深化改革开放。

会议强调，2021年是“十四五”开局、全面建设社会主义现代化国家新征程开启之年，也是中国共产党建党100周年，做好经济工作意义重大。

会议确定，要抓好以下重点工作：一要集中精力建设“两地两区一龙头一家园”。要抓战略落地，抢抓政策机遇“窗口期”，加快“两新一重”建设。二要全力推进旅游高质量发展。要推动旅游供给侧结构性改革，丰富旅游产品供给；创建国家文化和旅游消费试点市，培育消费新热点；加强旅游需求侧管理，推动旅游产业数字化；持续激发旅游市场主体活力，力促消费市场繁荣。三要大力抓项目建设抓招商引资。要树牢项目为王的理念，坚定不移大抓项目抓大项目、大招商招大商。四要大力实施新型工业强基倍增计划。要高位推动、闻令即行、合力共为，迅速形成大抓工业的普遍共识和浓厚氛围，坚决补工业短板、强工业弱项。五要大力推进现代服务业创新发展。要加快补齐生产性服务业短板，提质消费性服务业，构建以旅游业为主导的现代服务业新体系，全面发展新经济新业态，大力发展会议会展经济，积极发展健康、养老产业，培育发展旅游大数据产业。六要持续推进国际精品旅游城市建设。要重规划设计，建项目精品，注重精细化管理，引领生态、文明、智慧、休闲、畅达“五城一体”的国际精品旅游城市建设。七要大力推进乡村振兴。要坚持农业农村优先发展，推动脱贫攻坚与乡村振兴有效衔接，实施乡村建设行动，培优扶强现代农业，稳住粮食安全。八要坚持不懈推进改革开放和创新。要促进开放型经济发展，坚持科技创新引领和带动，激发市场主体创新活力，推进实施张家界人才行动计划，着力推进改革走深走实，加快构建开放型经济新体制，加快外贸结构调整。九要持续推进生态绿色张家界建设。要加强生态系统保护，持续打好污染防治攻坚战，推动绿色低碳发展，增强全民生态文明意识。十要全力保基本民生保安全稳定。要用心用情惠民生，全力以赴保稳定，广泛凝聚人心，确保人民群众安居乐业。

会议强调，适应新发展阶段、贯彻新发展理念、构建新发展格局，必须加强党的全面领导。全市上下要在经济社会发展各领域、各方面切实贯彻“两个维护”的要求，真抓实干把中央、省委决策部署落实到经济工作各方面。领导干部作为关键少数，在当前最吃劲、最艰难、最关键的时期，更要率先垂范、担当作为，不断提升推动高质量发展的能力和水平。

会议指出，岁末年初，要把各项工作抓紧抓实。疫情防控要毫不放松抓好“外防输入、内防反弹”工作，严防死守，确保不出现规模性输入和反弹。要抓好能源保供、电力迎峰度冬、应急值守等工作。要扎实做好“两节”“两会”期间市场供应、物资保障、走访慰问、帮扶救助、安全生产、信访维稳等工作。要抓好2021年首季经济运行，各级各部门要认真履职尽责，突出抓好项目准备、突出抓好向上争取、突出抓好各项生产，千方百计实现开门红。（本栏撰稿 韦 毅）

【市委重要文件】 2020年1月19日，市委办公室发出《关于印发中共张家界市委党校（市行政学院、市社会主义学院）职能配置、内设机构和人员编制规定的通知》。

1月22日，市委、市政府发出《关于进一步优化营商环境促进产业高质量发展的若干意见》。

1月30日，市委发出《关于加强党的领导、坚决打赢疫情防控阻击战的通知》。

2月11日，市委办公室、市政府办公室发出《关于印发〈张家界市发展和改革委员会职能配置、内设机构和人员编制规定〉的通知》。

3月3日，市委发出《关于深入贯彻落实习近平总书记重要讲话精神在统筹推进新冠肺炎疫情防控和经济社会发展工作中进一步发挥各级党组织和党员干部作用的实施意见》。

3月17日，市委办公室、市政府办公室发出《关于印发〈张家界市全面小康决胜年行动方案〉的通知》。

5月15日，市委、市政府发出《关于切实抓好“三农”重点工作确保如期实现全面小康目标的实施意见》。

5月10日，市委办公室发出《关于印发〈市直机关创建“让党中央放心、让人民满意的模范机关”实施方案〉的通知》。

6月22日，市委办公室、市政府办公室发出《关于印发〈张家界市2020年30件省市重点民生实事项目〉〈张家界市2020年30件省市重点民生实事项目指标任务〉的通知》。

7月27日，市委办公室发出《关于印发〈张家界市集中整治漠视群众利益作风顽疾专项行动实施方案〉的通知》。

8月18日，市委发出《关于以制度建设为主线以重点领域改革为突破推进治理体系和治理能力现代化的若干意见》。

8月25日，市委办公室
府办公室发出《关于严格落
日子”要求加强财政支出
“三保”支出底线的通知

8月27日，市委办公室发出《关于印发〈张家界市残疾人联合会机关职能配置、内设机构和人员编制规定〉的通知》。

8月27日，市委办公室发出《关于印发〈中国国际贸易促进委员会张家界市支会（中国国际商会张家界商会）机关职能配置、内设机构和人员编制规定〉的通知》。

8月27日，市委办公室发出《关于印发〈张家界市归国华侨联合会机关职能配置、内设机构和人员编制规定〉的通知》。

8月27日，市委办公室发出《关于印发〈张家界市妇女联合会机关职能配置、内设机构和人员编制规定〉的通知》。

10月16日，市委、市政府发出《关于加快推进中国莓茶植物提取产业园建设发展的若干意见》。

10月22日，市委、市政府发出《印发〈关于深化改革加强食品安全工作的若干措施〉的通知》。

11月17日，市委、市政府发出《关于印发〈张家界市旅游经济高质量发展综合改革试点总体方案〉的通知》。

12月4日，市委办公室、市政府办公室发出《贯彻落实〈中共中央国务院关于营造更好发展环境支持民营企业改革发展的意见〉的通知》。

12月11日，市委办公室、市政府办公室发出《关于加快推进殡葬改革促进殡葬事业发展的实施意见》。

12月30日，市委发出《关于制定张家界市国民经济和社会发展第十四个五年规划和二〇三五年远景目标的建议》。

12月30日，市委发出《关于深入贯彻落实习近平总书记考察湖南重要讲话精神奋力推动新时代张家界高质量发展的决定》。

（本栏撰稿 韦 毅）

办公室工作

【概况】 2020年，张家界市委办公室深入贯彻习近平新时代中国特色社会主义思想和党的十九大，十九届二中、三中、四中、五中全会精神，认真落实省委书记许达哲在省委办公厅等单位走访座谈时的讲话精神，持续深化践行"五个坚持"主题实践活动，不断增强"四个意识"，坚定"四个自信"，做到"两个维护"，自觉扛起"坚强前哨"和"巩固后院"的使命担当，较好完成各项工作任务。

【政治建设】 2020年，市委办公室牢记政治机关根本属性，突出政治引领，把牢政治方向，准确把握"两个维护"的科学内涵和要求，知行合一推动"两个维护"向纵深贯彻落实，切实履行好风向标、催化剂、把关人、监督员的职责和要求。持续强化理论武装，召开市委秘书长会议25次，对中共十九届五中全会，习近平总书记重要讲话、指示批示和习近平总书记考察湖南重要讲话精神第一时间传达学习；制定下发《市委办公室学习贯彻落实习近平总书记视察湖南重要讲话指示精神方案》，采取听辅导报告学、市委秘书长会议学、理论学习中心组专题研讨学、支部主题党日学、青工委组织学、各科室自觉学等方式，做到全体干部职工学习全覆盖，坚决把习近平总书记亲切关怀和殷切嘱托转化为进一步做好"三服务"工作的强大动力。认真组织市委办公室理论学习中心组学习和支部党员学习。充分利用市委理论学习中心组学习资源，组织全体党员集中听取专题培训课5堂，市委办公室理论学习中心组集中学习12次，重点发言37人次，7个支部共组织党员学习76次。举办以提升群众工作能力为主题的读书班，并以例会为平台进行了6堂业务知识讲座。同时，用好学习平台，及时督促、提醒党员坚持在"学习强国"、"红星云"、干部培训网络教育学院等平台进行线上学习。真正做到武装头脑、指导实践、推动工作。

【党风廉政建设】 2020年，市委办公室始终将政治纪律和政治规矩挺在前面，及时研究部署党风廉政工作，下发《市委办公室各科室权力清单》，摸排市委办公室（含市委保密办）廉政风险点18个，制定防范措施和机制55条。严肃党内政治生活，严格执行民主集中制、"三重一大"集体决策等制度；切实增强党内政治生活的政治性、时代性、原则性和战斗性，市委秘书长会议在2020年9月以"集中整治漠视群众利益作风顽疾"为主题，召开高质量班子专题民主生活会，所辖7个支部召开专题组织生活会，市委秘书长会议成员均以普通党员身份参加。

【意识形态工作】 2020年，市委办公室全面落实市委秘书长会议意识形态工作责任制，把意识形态工作纳入市委秘书长会议重要议事日程，全年两次召开市委秘书长会议，就意识形态状况认真进行分析和研判，并对如何应对意识形态风险点作出安排部署，着力提升抓意识形态工作的本领，突出问题导向，全面加强意识形态领域综合研判，在保密、内网、移动办公等方面做到内外有别、严控风险。

【参谋服务】 2020年，市委办公室认真践行省委书记许达哲在省委办公厅、省委政研室（财经办）、省委改革办走访座谈时的讲话精神，不断提高"三服务"工作水平。全体同志立足岗位职责，投身疫情防控、复工复产、防汛救灾、三大攻坚战、高质量发展等各个战场，全力做好统筹协调、文件运转、会议活动、文稿服务、督查落实等工作，着力保障市委中枢高效运转，助力市委在各个主战场上夺取重大胜利。面对突如其来的新冠疫情时，迎难而上，攻坚克难，19人递交“请战书”，纷纷要求到一线担任驻企疫情防控联络员，先后选派2人担任驻企防疫联络员，精通英语、熟悉外事政策、了解防控知识的2人进驻黄花机场开展疫情防控工作，1人长期抽调至市疫情防控指挥部工作，机关党员自愿捐款56900元支持疫情防控，1人被评为湖南省抗击新冠肺炎疫情先进个人，真正在疫情防控一线发挥党办的先锋模范作用。在中央和省委、市委作出“疫情防控和复工复产两手抓”工作部署后，积极协助市委科学合理优化工作目标、强化工作重点、细化工作举措，着力为市委统筹推进疫情防控和经济社会发展提供优质高效服务，全力推动疫情防控和复工复产“两手硬两战赢”。

【督查检查考核】 2020年，市委办公室开展习近平总书记重要指示批示贯彻落实情况“回头看”工作，对市级贯彻落实习近平总书记2013年以来的有关重要讲话和2019年以来的重要批示精神进行书面督查，并向省委办公厅报告落实情况，督促习近平总书记指示批示精神落实落地。全年完成省委督查室交办事项23项，其中办理反馈省委书记4件批示件，协调配合省委督查室5次到张家界督查调研，办理回复省委督查室筛选的5条人民网留言。建立完善市委主要领导指示批示精神和市委常委会，会议议定事项落实督办机制，狠抓落地问效。持续推进统筹规范督查检查考核工作，坚决遏制发生在督查领域增加基层负担的行为，收集并审核全市2020年拟开展的督查检查考核事项，形成《2020年度张家界市市级层面督查检查考核计划清单》，市级层面明确30项督检考事项，比2019年的37项减少7项。全年以书面、实地等方式开展市本级督查14次，相较2019年减少1次，落实了省委减少督查频次、减轻基层负担的工作要求。贯彻落实《湖南省深化整治形式主义官僚主义10条措施》，建立全市整治形式主义官僚主义突出问题工作台账，深化整治形式主义官僚主义专项工作机制，明确各党委（党组）主体责任，聘请10名人大代表、政协委员担任基层减负监督员，并向社会公布举报电话，接受社会监督。推进关键领域问题整改，督查督办省委第二巡视组交办问题的整改落实，5个重点问题中4个基本整改到位，1个问题正在抓紧推进。严守精文减会硬杠杠，全年印发市委、市委办公室文件74个，比2019年同期减少9.5%。市委党内规范性文件较2019年精简19.1%；严把会议数量、质量、规模关，全年以市委名义召开的全市性会议比2019年下降17%。

【党内重大事项请示报告制度】 2020年，市委办公室聚焦市委工作重点，突出报告大事要事，就贯彻中共十九届五中全会和中央、省委重要部署、落实省委领导对张家界重要指示批示精神等重大事项及时准确向省委报告。扎实推进全市重大事项报告工作制度化、规范化，下发2019年下半年、2020年上半年落实党内报告等三项制度工作情况通报，定期发布工作提示，严谨细致收办各类重大事项报告，严格开展考核考评，推动各级党办深入学习贯彻落实《中国共产党重大事项请示报告条例》以及省、市关于请示报告工作的各项文件规定，全年摘要、呈报重大事项报告22次，呈报领导干部外出请示报告246批1236人次。

【政务服务】 2020年，市委办公室积极履行承上启下、协调左右、沟通内外职能，切实发挥中枢机关作用。认真落实《关于进一步加强市级领导班子统筹协调的若干意见》，落实市委、市人大常委会、市政府、市政协秘书长联席会议制度和市委重要会议活动月预告、市委主要领导会议活动周预告、市委市政府领导与市人大市政协主要领导公务活动日通报制度，加强对市委重大政策措施、重大决策部署、重大会议活动、重大应急工作、重大专项工作等统筹协调。严格遵守中央八项规定及修订后的实施细则精神和省委、市委实施办法，全年牵头完成重要接待任务15批次，较好完成了1次警卫接待任务和省委领导来张调研服务工作。围绕市委工作重点、领导关注焦点和群众反映热点，积极开展调研研究，为市委参谋决策提供精准服务。积极组织青年干部论坛活动，聚焦全市高质量发展和党办工作中的重大问题，深入调查研究，形成《关于“精简文件、改进文风”切实为基层松绑减负的调研报告》《关于桑植县发展红色旅游的调查与思考》等调研文章为市委提供决策参谋意见。持续健全信息工作机制，精准定位找准信息上报切入点，上报的《张家界市构建“三大体系”实现“六零”目标》《张家界市实施“百村示范、千村推进”计划发展壮大村级集体经济》等信息被省办刊物单条采用。严守紧急信息报送底线。严格落实24小时紧急信息工作值班制度，全年报送紧急信息114条，未发生紧急信息迟报、漏报、误报、瞒报、谎报情况。进一步规范中央、省委文件传阅工作，建立明传电报处理24小时值班制度，加强与科室之间的配合协作，细化来文处理的责任分工，全方位、全链条、无缝隙做好电报处理，确保中央、省委文件高效运转和安全保密。全年共处理各级各部门来文11874件，其中明传电报287件，向上级报送请示8件。认真落实24小时坐班、领导带班制度，做好疫情防控、强降雨三级应急响应期间的值班值守工作，充分发挥上传下达、下情上报、联系左右、沟通内外的总调度和总枢纽作用。积极妥善处理群众来信来访，及时给予回复、解释和处理，全年转办群众来信53件，交办领导关于群众信访批示件45件。

【“五个坚持”主题实践活动】 2020年，市委办公室在创建“让党中央放心、让人民群众满意”模范机关活动的基础上，持续深化践行“五个坚持”主题实践活动。拟定《市委办公室“让党中央放心、让人民群众满意的模范机关”创建方案》及工作清单，全面巩固“不忘初心、牢记使命”主题教育成果，持续推进机关党的建设，加强机关党建和党办业务工作的深度融合，切实增强围绕中心、建设队伍、服务群众的实效。按照“讲政治、马上办、更精准、高质量、强合作”要求，修订完善各项管理制度和工作规范，并汇编下发《市委办公室规章制度》《市委办公室工作规范》，形成具有可操作性的行为准则，切实弘扬严实作风，强化担当作为。

【全面从严管党治党】 2020年，市委办公室主要负责人认真履行全面从严治党第一责任人责任，以实际行动践行“两个维护”，全年市委秘书长会议共10次专题研究全面从严治党、机关党建、意识形态工作，印发《市委办公室落实全面从严治党主体责任2020年任务安排》《市委办公室领导班子、主要负责人、其他班子成员全面从严治党主体责任清单》，形成了市委秘书长会议统一领导，机关党委负责，各支部抓落实的全面从严治党、机关党建工作格局；充分发挥巡视巡察联动优势，全力配合市委对市委保密办、市档案馆巡视工作，督促被巡视单位完成问题整改；开展警示教育“三个一”活动，观看1部警示教育片，开展1次廉政专题讲座和1次“以案明鉴、警钟长鸣”学习研讨，确保全面从严治党主体责任落实落地。

【基层党组织建设】 2020年，市委办公室坚持用巩固支部“五化”（阵地标准化、管理科学化、维稳机制化、活动经常化和党建区域化）建设成果统揽支部工作，健全落实支部主题党日活动，民主生活会、组织生活会“双述双评”等10项制度，机关党委所属支部各开展主题党日活动12次。依托贺龙元帅故里洪家关、红二方面军长征出发地刘家坪、袁任远故居等红色资源，积极开展“七·一”主题党日活动，实现了党员到社区小区“双报到”全覆盖。坚持党建带团建，增强凝聚力和引领力，会同青工委举行“无奋斗·不青春”——学习抗疫英雄、奉献无悔青春市委办公室纪念“五四”运动101周年青年座谈会，用抗疫先进模范的典型事迹教育引导党员干部树立正确价值理念和职业操守，践行社会主义核心价值观。　（本栏撰稿　唐　浩）

党委督查工作

【概况】 2020年，张家界市委督查室围绕习总书记重要指示批示、省委及市委主要领导指示批示开展政治督查，开展相关督查工作82项，其中省委督查室交办事项23项，市委领导指示批示事项35项，其他事项24项。开展习近平总书记重要指示批示贯彻落实情况“回头看”工作，督促习近平总书记指示批示精神落实落地。办理反馈省委主要领导4件批示件，协调配合省委督查室5次来张督查调研，办理回复省委督查室筛选的5条人民网留言以及其他相关事宜。围绕事关全市经济社会发展、安全稳定大局的疫情防控、脱贫攻坚、中小企业发展、防汛度汛、禁捕退捕、安全生产等工作开展市本级督查14次。

【深入整治“两个主义”】 2020年，张家界市委督查室深入查找贯彻落实习近平总书记考察湖南重要讲话精神和中央、省委重大决策部署落实不到位的问题，对贯彻落实习近平总书记2013年以来有关重要讲话和2019年以来重要批示精神情况跟踪督查，并向省委办公厅报告落实情况。采取“四不两直”方式开展专项工作督查，查找基层减负实际效果及存在的突出问题。紧盯重点问题不放，督查推进省委第二巡视组交办问题整改落实，5个重点问题中4个问题整改到位。定期召开专项工作机制联席会议加强调度，聘请10名市人大代表、市政协委员担任基层减负监督员，公布举报电话，接受社会监督。加强发文必要性、合理性审查，严控会议数量、规模，市委、市委办2020年发文数比2019年下降9.5%，市委党委法规性文件比2019年下降28.5%；市委召开的全市性会议比2019年下降17%。规范督查检查考核，落实计划清单管理，市级层面明确30项督查检查考核事项，比2019年减少7项。严肃查处发生在三大攻坚战、扫黑除恶、安全生产、食品药品安全等重点领域的形式主义官僚主义。查处案件75起，处理159人，党纪政务处分46人。

【“三抓三促”促发展】 2020年，张家界市委督查室负责协调全市“三抓三促”（抓上门服务，抓马上就办，抓限时办结，促问题解决，促要素保障，促预期目标）主题活动，明确35名市级领导、35家市直单位分别联系5个园区、6大产业链、36家重点企业、36个重点工程项目和33个重大招商项目，定期到项目和企业服务，为项目建设和企业发展把脉，分析项目、企业的困难和问题，研究制定解决方案。全市审核备案纳入“台账管理平台”的困难问题共338个，其中园区16个、产业链32个、工业企业102个、工程项目97个、招商项目91个。主要涉及规划用地、资金筹措、基础设施配套、优化营商环境、政策扶持、市场营销、物流及其他等八个方面。

（本栏撰稿　黄　杰）

组织工作

【概况】 2020年全市组织系统认真践行新时代党的组织路线，履职尽责、主动作为，为推动全市经济社会高质量发展提供坚强组织保证。深化固本培元，“两个维护”更加坚定。始终坚持把政治建设摆在首位，坚决压实全面从严治党主体责任，持续巩固拓展主题教育成果，上下联动推动政治建设考察落实落细。深入学习贯彻党的十九届四中、五中全会和习近平总书记考察湖南重要讲话精神，实施思想、能力建设“双提升”工程，举办高质量发展专题研讨、村集体经济发展轮训等各类培训班448期，培训干部75203人次，切实推动理论武装往深里走、往心里走、往实里走。充分依托桑植刘家坪红二方面军长征出发地党性教育基地，持续深入开展党性教育，高标准召开集中整治漠视群众利益作风顽疾开好专题民主生活会和组织生活会，引导各级党组织和党员干部更加自觉增强“四个意识”、坚定“四个自信”、做到“两个维护”。

服务大战大考，政治担当更加彰显。始终坚持把组织工作与中心工作互融互促、同频共振，为接连打赢抗疫防汛战贫三场硬仗提供坚强组织保证。面对突如其来的新冠疫情，广泛发动党员干部“十带头”活动，各级组织部门深入疫情防控和复工复产第一线督战督导，推动826名市直单位干部、7万多名党员下沉小区、进驻企业，火线发展党员26名，紧急下拨专项党费354.5万元，发动党员自愿捐款1000余万元，出台一系列激励防控一线人员的政策，选树表彰宣传了一批重大优秀典型，助力我市创造了确诊病例最晚、病例人数最少、病例清零最早、治愈时间最短的全省疫情防控纪录。面对历时56天、连续13轮历史最高、全省最大的洪水侵袭，动员全市4万余名党员日夜奋战，安全转移10.45万名受灾群众，未垮一堤一坝，未因灾死亡一人。实行抓党建促脱贫攻坚“六抓六促”，优化调整驻村帮扶干部373名，实现脱贫攻坚质量“回头看”发现的1.2万个问题全部整改到位，兑现了“脱贫攻坚路上不掉一人”的庄严承诺。

聚焦规范过硬，基层基础更加夯实。始终以提升组织力为重点，以深入开展“组织生活质量提升年”活动为统揽，抓规范促提升，抓短板强弱项，全市基层党组织建设水平稳步提升。优化完善党委（党组）书记抓基层党建责任清单、“党建活动周”等规范性制度。全面落实省委加强基层建设“1+5”文件，积极推进公共服务（“一门式”）全覆盖，整合32项高频服务事项代办，实现老年人优待证等4类证件直办，全市1016个村（社区）平台全部建成。平稳有序完成村（社区）“两委”换届，村（社区）党组织书记、主任“一岗双责”实现率达96.56%。实施“百村示范、千村推进”计划，集体经济年收入20万元以上的村达12.2%，“空壳村”全部清零，涌现出一批年收入50万元以上的集体经济强村，经验被《中国组织人事报》推介。启动第二轮服务全域旅游创“三优”活动，打造8条党性教育示范线路。连续14年开展“三联四建”活动，拓展社区“联三户当六员”、小区“三亮三服务”等载体，2.4万余名党员干部社区小区报到服务。探索开展党员分类管理试点，扎实开展党员教育轮训、党内关怀帮扶。全面建成“澧兰党建”智慧云平台，精品党课《两弹元勋陈能宽》获全省一等奖，并得到中组部表彰。

坚持选贤任能，用人导向更加鲜明。始终坚持政治标准、好干部标准和“三个用起来”用人导向，连续开展市管领导班子和领导干部政治建设考核考察，探索选人用人“四个三”机制文章被《党建研究》刊发。全年共调整市管干部6批次218人次，评选表彰80名脱贫攻坚担当作为干部，提拔使用30名在重大斗争一线表现突出的市管干部。确立“干部调整年轻干部最低配备比例”，从市直单位选派9名“80后”干部到基层一线“墩苗”锻炼。落实落细关心关爱政策，配合全省圆满完成8个市1688名乡镇党政正职疗养任务，连续三年组织乡镇（街道）党政正职进行健康体检，实现乡镇机关事业单位工作人员工资收入高于区县直同职级人员目标。稳妥推进公务员职务与职级并行，共889名公务员晋升职级，新招录126名公务员，定向选调生23名。坚持“凡提四必”，推进“六个监督”，市本级提醒、函询、诫勉、批评教育119人，降免职组织处理疫情防控不力干部7名，处理不如实报告个人有关事项干部32名，其中4人被中止选拔任用程序。聘任选人用人监督员做法得到中组部推介。

注重创新引领，引才汇智更加有效。充分发挥组织部门牵头抓总作用，创新实施党管人才工作“账单”制管理机制，大力推进张家界人才行动计划。出台人才引进操作规程，实行人才引进专编保障，全年引进急需紧缺人才179名，其中柔性引进科技创新领军人才9名。举行引进人才服务绿卡授卡仪式，举办百名院士专家张家界行活动，成立张家界旅游营销智库研究院。实施乡村产业人才“倍增”工程，促进人才向基层一线流动，全市组建5个专家服务督导团（组），选聘28名基层人才服务专员、266名科技特派员联系服务，累计吸引1351名人才返乡投资兴业，发放“乡村产业人才创新创业金卡”80张，经验做法被新华网、《中国组织人事报》、《中国人才》等媒体推介，得到中组部和省委组织部肯定。

强化全面从严，“四部”建设更加扎实。持续推进政治立部、质量强部、文化育部、从严治部建设。实行部务会政治理论学习第一议题制度，制订组工干部三年轮训计划，集中举办全市组工干部专业化能力专题培训班，先后开办8期“组工业务半月谈”，学习培训经验得到省委组织部推介。优化完善调研信息、宣传推介机制，在《组工信息》《中国组织人事报》等中央媒体上稿7篇。有力开展支部“五化”建设、模范机关创建，成功创建省级文明单位，积极推进清廉组工建设，强化内部制度修订执行，常态化开展“三项教育”、集中整治形式主义官僚主义，营造良好政治生态。

（肖 俊 龚 业）

【贯彻全国党政领导班子建设规划纲要】 2020年，中共张家界市委认真贯彻落实《2019—2023年全国党政领导班子建设规划纲要》和湖南省《实施意见》文件精神，坚持定期开展分析研判，为日常人事调整和换届人事预判提供参谋参考。继续加大选调生招录力度，统筹做好定向选调生锻炼期满岗位分配，积极引导选调生扎根基层，对2名志愿留在基层、表现突出的定向回市直选调生安排到重要岗位进行培养。突出跟踪培养抓好年轻干部后备力量。结合年度考核开展优秀年轻干部考察，不断完善优秀年轻干部信息库。积极推荐优秀年轻干部参加省委党校中青班学习和省委第九、十轮巡视，切实开拓视野、提升能力。联合市委统战部开展党外干部队伍调研，合理配备抓好“女少非”队伍建设。（熊 雯）

【年轻干部队伍建设“12312”工程】 2020年，张家界市创新优秀年轻干部培养选拔机制，大力实施“12312”工程，即市级层面直接动态掌握40岁以下优秀处级干部100名左右、35岁以下优秀正科级干部200名左右、30岁以下优秀副科级干部300名左右、45岁以下村（居）干部1000名左右、35岁以下村（居）后备力量2000名左右。一是拓宽源头抓储备。先后出台切实加强和改进优秀年轻干部发现培养选拔工作的实施意见、选拔优秀年轻干部到基层培养锻炼等文件，运用政治建设考察、年度考核成果，对表现优秀的年轻干部进行跟踪培养。适当降低乡镇公务员招录的学历门槛，为乡镇大量补充年轻干部，近年来接收定向重点高校选拔的选调生84名。二是面向基层抓培养。注重让年轻干部到基层一线、艰苦岗位“墩苗”，安排市直单位年轻干部与乡镇干部双向交流，其中选派4名40岁以下、缺少基层工作经历的处级干部到乡镇任职。鼓励选调生扎根基层，对2名志愿留在基层的选调生提任乡镇党委副书记。市级层面举办1期年轻干部专题培训研讨班，计划用3年时间实现优秀年轻干部培训全覆盖。三是刚性配备抓使用。市委坚持每批干部调整，年轻干部保持三分之一到五分之一的比例，2020年提拔或进一步使用45岁以下年轻干部30名、其中“80后”干部11名。对班子成员均超过50岁的市直单位，在班子调整配备时优先补充年轻干部。（吴渊明、龚 业）

【凝聚党员干部力量决战决胜脱贫攻坚】 2020年，中共张家界市委突出正向激励，注重在脱贫攻坚主战场培养干部、发现干部、使用干部。积极配合省委组织部开展脱贫攻坚干部考察，评选80名脱贫攻坚担当作为优秀干部，对其中20名事迹突出的干部进行了集中宣传报道，营造学习先进、崇尚先进、争当先进的氛围。坚持基层导向，鼓励上下交流，2020年从乡镇党政正职选拔市管干部7名，从市直单位选派9名表现优秀、缺乏基层工作经验的“80后”年轻干部到基层一线“墩苗”，其中选派3名优秀干部与3名乡镇（街道）党政正职双向交流任职，干部在一线锻炼、在一线成长、在一线选拔成为风向标。落实关心关爱政策，连续三年组织乡镇（街道）党政正职进行健康体检，号召各级为脱贫攻坚干部发放应急药品包。建立心理健康辅导和走访慰问长效机制，把心理健康辅导纳入党校教育、专题培训、中心组学习内容，广泛开展脱贫攻坚干部走访慰问。

（吴渊明）

【创新推行干部选拔任用工作监督员制度】 2020年，中共张家界市委组织部出台监督员制度执行细则，聘任首批监督员30名，及时下发工作提示，引导监督员充分发挥作用。注重听取和收集各方面的意见建议，注重了解和掌握市管干部的平时表现，注重收集和报告各方面对选人用人方面的社会反响，注重参与市委干部研究调整的考察、公示、评估等工作，注重加强与市委组织部的沟通联系，注重加强对选人用人工作的宣传引导和教育。聘任监督员以来，收集对市管干部个人的评价、意见建议29条，对选人用人工作的意见建议14条。（卓 侠）

【公务员分类管理改革】 2020年，张家界推进公务员职务与职级并行制度实施常态化，完善职级职数管理使用办法，指导区县和市直单位科学制定晋升方案，全市889名公务员完成职级晋升。落实行政执法类、专业技术类公务员分类管理政策和法官、检察官分类管理措施，推进人民警察职级序列改革。（陈娅丽）

【干部培训教育工作】 2020年，张家界市选派干部参加省级以上的培训18批45人次；举办各类培训班52个，培训干部17921人次；在干部教育培训网络学院中，全市参学单位83个，9146人次参与选课学习，参学率为97.24%、合格率91.75%，课程平均学时68.45小时，学员总学时62.6万小时，培训干部27112人次。开展专业教育，结合张家界市工作实际，针对性组织开展"市经济高质量发展专题培训班"、"应急管理专题培训班"、干部网络学院"新冠肺炎防控知识学习专栏"和"疫情防控与应急管理能力提升专题培训班"等。开展务实教育，课堂式教学与现场教学相结合，组织主体班学员赴贺龙纪念馆、怀化通道转兵纪念馆、湘鄂川黔革命根据地纪念馆、桑植芙蓉桥白族乡鹤群村等5处现场教学。开展精品教育，紧扣重大理论、实践问题和干部队伍思想工作实际，开发和打磨精品课程9门；探索开发"习近平新时代中国特色社会主义思想专题"和"十九届四中全会精神专题"上党校讲台新课7堂，打造特色课程和党性教育精品课3堂；采取校内教师与校外专家相结合的方式，邀请各级各界专家担任客座教授，全年授课30余堂次。开展规范教育，优化教师质量，赴市外高校公开招聘3人，派遣教师参加中央级、省级业务培训8期，培训教师17人；围绕我市在旅游经济高质量发展、生态文明建设、脱贫攻坚、乡村振兴等方面的重要部署，深入挖掘大鲵自然保护区水电项目整改、疫情防控、推进脱贫攻坚与乡村振兴等具体工作中的攻坚克难典型案例13个。（吴凯力）

【壮大村级集体经济】 2020年，中共张家界市委建立联席会议制度，市委书记担任总召集人，常务副市长、组织部部长、分管副市长任召集人，组织部、财政局、农业农村局等15家单位为联席会议成员单位，定期研究、谋划推动、聚力破解重点难点问题。出台实施"百村示范、千村推进"计划指导意见，从2020年起利用三年时间，打造100个示范村，带动全市1000余个村居发展集体经济。2020年市县两级总投入超过2亿元，实现"空壳村清零、薄弱村减半"，集体经济年收入20万元以上的村（居）占12.2%，涌现出一批年收入50万元以上的集体经济强村。经验做法被中组部《2020年组织工作盘点·抓党建促脱贫攻坚》总结点名肯定，被《中国组织人事报》头版、省委办公厅《要情汇报》推介。（王成）

【发挥组织优势抗击新冠肺炎疫情】
2020年，中共张家界市委发出号召，发挥全市各级党组织战斗堡垒作用，引导广大党员干部落实"十带头"（带头群防群治、防疫宣传、入户摸排、防控管理、重点劝导、劝导聚会、卫生清理、维护秩序、个人防护、抵制谣言等），织密城乡基层党组织联防联控网络。全市党员干部第一时间响应党的号召，奋战在基层一线。2月11日，依托市委组织部成立驻企防疫联络办，从市直机关选派826人担任驻企防疫联络员，出台《张家界市驻企防疫联络员管理办法》，建立驻企防疫"日报告、日会商、日反馈"联动协调机制，有序推动企业项目复工复产，累计为56515名员工领服中药药剂，为4471名员工开展核酸检测，配备卫生员2468人，全市无一人感染。张家界市驻企防疫促复工复产做法被《中国组织人事报》、"共产党员网"、《湖南日报》等推介。（唐莉 肖寒）

【推进"一门式"提升基层公共服务质量】 2020年，张家界召开全市基层公共服务"一门式"全覆盖工作会议。市委组织部、市民政局联合印发《关于坚持党建引领推进基层公共服务"一门式"全覆盖标准化建设的实施意见》（张组〔2020〕8号），明确工作要求和考评办法，协调调度25个职能部门任务落地。2020年10月集中攻坚，制定工期倒排表，一周一调度、一周一通报。截至2020年底，所有村（社区）平台全部建成，清理挂牌整改21231块，394个平台办理不动产证，统一配置高拍仪、证件打印机和行政审批钢印，明确32项高频政务服务事项全程代办，实现老年人优待证、生育服务登记证、就业创业证、林木采伐证平台直办，邮政包裹和信件实现村村直达，206个旅游资源丰富的村（社区）设置旅游咨询点，698个供销站点、电商站点整合进子台、85个城市社区配套设置ATM机，金融便民服务站点进驻率达99.83%，平台综合服务聚集效应不断增强，群众满意度显著提升，张家界市基层公共服务直办证件做法被《湖南日报》推介。

（唐莉 肖寒）

【服务全域旅游创"三优"活动】
2020年，张家界市深入推进第二轮服务全域旅游创"三优"活动，新一轮活动按照"拓面""提质""创新"的原则，有方向、有计划、有步骤地推进。建立21个市级领导联系点，新增如红二方面军长征出发地纪念馆党支部、市导游协会、旅行社协会等党支部，实现从旅游核心景区向全域旅游景区拓展，从旅游窗口单位向旅游服务行业拓展，从党员（团员）示范带头向所有旅游服务从业者拓展。各区县参照市级做法，建立区县级领导示范点49个，逐一配备党建指导员，将旅游窗口党建工作提质升级，提升标准落实好"三好""三必须"、"三比"要求，引领后疫情时代旅游业发展。领导联系点成果丰硕，2020年天门狐仙公司党支部被列为"全省基层党建工作示范点"，慈利县芙蓉实业有限责任公司被省商务厅评为"省级绿色商场"等。活动实现工作创新，选取36个拥有红色资源的先进基层党组织，规划出以"致敬贺龙元帅光辉战斗的一生"等为主题的8条党性教育示范线路，拟向全省乃至全国推介，推进"党建+旅游"

融合，为旅游发展开足“红色引擎”。（杨梅 戴荣）

【城市社区“三联四建”活动优化城市基层治理】 2020年，张家界市开启第六轮城市社区“三联四建”活动，继续推动城区、街道、社区和小区四级党组织分层次与驻区单位、新兴领域党组织建立共建机制。第六轮活动号召75家市直单位组成了18个市级“三联四建”工作组，联系18个社区、18个小区，739名机关党员干部联系689户居民，19名市领导联点社区和小区，通过调研走访、召开座谈会等方式化解治理难题，形成治理共识。区县参照市级做法，建立58个工作组，为43个社区93个小区设立后盾单位，派出1863名机关党员干部与1228户居民结成“亲戚”，66名区县领导深入联系社区和小区开展工作。2020年全市落实社区项目619个，投入资金7393万元，推动城市社区硬件设施、服务功能进一步提质升级。第六轮城市社区“三联四建”活动，将工作触角延伸至居民小区，落实小区项目354个，投入资金2371万元，成立小区党支部，设置楼栋党小组，组织党员8小时之外服务小区居民。抗击新冠肺炎疫情期间，全市2.5万名“双报到”党员下沉到95个社区400多个小区，服从统一调度指挥，在疫情防控中发挥重要作用。（杨梅 戴荣）

【农村发展党员违规违纪问题排查整顿】 2020年，张家界市在永定区开展排查整顿试点，对党的十八大以来农村党组织发展的1239名党员进行排查。认定违规违纪发展党员问题52例，其中“带病入党”41人，“弄虚作假”0人，，“徇私舞弊”3人（违规“异地入党”3人），“严重违反入党程序”8人。出党处置12人（党内除名9人、不予承认党员身份2人、取消预备党员资格1人），承认党员身份40人（纪律处分19人，视情形重新履行相应手续8人，批评教育和谈话提醒13人）。问责处理相关责任人125人次，其中给予纪律处分8人，通报批评117人次。（胡聪 钟楠）

【党员分类管理试点探索】 2020年，张家界市在农村、社区、“两新”党组织等“三个领域”，在强化思想教育、强化组织生活、强化激励监督、强化作用发挥等“四个环节”开展党员分类管理工作。出台《张家界市党员分类管理综合试点工作方案（试行）》《关于做好新形势下党员分类管理工作的指导意见》，查找解决党员管理中存在的突出问题，探索建立务实管用的党员分类管理办法。（胡聪 钟楠）

【产业人才“倍增”工程】 2020年，张家界市创新实施乡村产业人才倍增工程，推动脱贫攻坚向乡村振兴有效衔接，在全省、全国位于先发位置。以“实现人才倍增、促进产业兴旺、育强后备力量”为主要任务，通过组建“十百千万”四支人才队伍，即市、区县聘请十名左右的专家导师组成服务督导团（组）全程指导，乡镇（街道）选聘百名基层人才服务专员到岗上班，服务专员回引千名左右的乡村产业人才返乡投资兴业，并以此带动培育本地万名左右的新型职业农民，形成“十带百、百联千、千育万”的乡村产业人才“倍增”机制，构建以人才回引人才、以人才服务人才、以人才培育人才的乡村人才发展的良性循环，有效破解后发地区乡村基层人才“引不进、留不住、用不好”的现实难题。自乡村产业人才倍增工程实施以来，张家界市吸引返乡投资创业人才1351名，培育新型职业农民10790名，各类乡村人才发展项目2027个，投资金额53.52亿元，吸纳就业3.65万人，带动群众增收4.53亿元，带动村集体经济增收9045万元。2020年，龙尾巴村、马儿山村、泗南峪社区入选第二批全国乡村旅游重点村。（谷溪桥）

【信息化平台建设】 2020年，张家界市着力推进“智慧党建”项目建设，在全市搭建以高清视频会议系统、坐班值班监督系统和智慧党建平台管理系统为骨干支撑的“澧兰党建”云平台。建成涵盖市县乡村四级的视频会议会场1109个（其中市级主会场2个，区县级主会场11个，乡镇、村级分会场1096个），村级坐班值班服务系统1016个。（吴彬）

宣传工作

【概况】 2020年，张家界市宣传思想文化工作有成效、有亮点。“一种学习经验”推介到中宣部；“一类屋场会”，省委编发6000余字的信息；“一首歌”《你莫走》深受老百姓喜爱；“一部剧”《江山如此多娇》，提升张家界的形象，展示张家界脱贫攻坚成果，促进本地乡村旅游、扩大特色产品的品牌影响、增加市场份额等；“一个调研报告”《从深闺山水到璀璨明珠——旅游业发展的“张家界样本”》，入选中宣部40强。

【疫情防控宣传】 2020年，市委宣传部着力讲好张家界抗疫故事，组织张家界市爱乐乐团乌克兰籍艺术家创作歌曲《相信》MV助推张家界抗疫宣传。加强同国外结对友好城市互帮互助，开展防护物资捐赠活动。永定区群众捐1500千克腊肉支援新冠疫情突袭的湖北。全市创作新冠疫情防控文艺作品2100多部。做好新冠疫情发布引导。全市各媒体通过报纸、电视、“两微一端”以及近8000个“村村响”广播终端，科普防疫知识，及时播报工作动态，迅速澄清各种谣言，全市发布新冠疫情防控信息15224条，新闻报道15490条，为新冠疫情防控“四个最”做出突出贡献。倾力防疫志愿服务。全市4.3万多名志愿者和近万名机关党员干部，进社区、守小区、巡村居，主动担当“疫情宣传员、防控监测员、文明劝导员、采购跑腿员、爱心募集员”。培训选派驻企防疫志愿者730名，助力复工复产。

2020年2月29日，乌克兰音乐家参与创作抗疫歌曲（张明涛 摄）

【理论武装学习】 2020年，市委宣传部着力理论学习，创新“每月一次、上下同题”张家界中心组学习模式，抓实全市中心组学习，市委中心组开展12次集中学习。发行《习近平谈治国理政》第三卷5万余册。理论宣讲有声有色。开展多种主题专题宣讲活动2.1万余场，利用“屋场会”载体开展主题微宣讲活动，获省委常委、省委宣传部部长张宏森3次批示，并把“屋场会”经验做法试点全市推广，11月16日，省委常委、省委宣传部部长张宏森到武陵源区黄龙路社区吴家台屋场会，宣讲中共十九届五中全会精神；市委书记带头，4名市领导分别前往区县宣讲十九届五中全会精神。播放“村村响”8万多小时。永定区巡回开展“决胜小康，奋斗有我”宣讲活动，5万余人次观看。“学习强国”出新出彩。举办“学习强国”通讯员培训班，全市上稿803篇。全国首个“‘学习强国’学习课堂”在桑植县细砂坪学校挂牌。武陵源区利用“班班通”教学系统，将“学习强国”学习平台教学资源纳入教学内容。举办“大美看中国·聚焦张家界”全国摄影比赛。组织开展“爱国心·报国情·强国志”征文活动。

【新闻宣传报道】 2020年，市委宣传部着力做好主题报道，建立重大宣传“中央厨房”机制，统筹重大宣传报道，央媒省媒上稿近9000件。设立专题专栏近50个栏目。张家界市广播电视台一季度央视上稿位居全国地市级媒体前5名，得到中央广播电视台致信感谢。做强对外宣传。中央电视台中文国际频道（CCTV-4）《美食中国》栏目《品味张家界》于1月播出。《中国缘》张家界篇《结缘张家界》于11月1日推出。《航拍中国》将张家界地貌风光震撼呈现。《中奥会客厅》向全球展示张家界市民宿旅游、慢旅游的最新成果。短视频《云上中国·张家界》亮相纽约时报广场“中国屏”。张家界爱乐乐团乌克兰籍艺术家们开展“中外游客同唱红歌，为新中国祝福”活动。做热融媒传播。永定区、慈利县、武陵源区融媒体中心已通过验收并投入使用。搭建掌上永定、新武陵源、智慧慈利、新桑植等新型主流媒体平台，生产出一系列爆款产品，如永定区融媒体中心推出的“泡面哥”，视频累计播放量1.5亿次。

【意识形态阵地】 2020年，市委宣传部着力落实工作责任，省委主要领导年初点评张家界意识形态领域存在问题，已经完成整改。印发《张家界市2020年意识形态工作思路》，组织意识形态工作责任制述职评议。按照市委巡察要求同步对市直28个单位开展三轮专项检查。巩固阵地建设。市委中心组带头学习省委宣传部“八个严禁”要求。开展12场次天门讲坛系列读书活动。开展“绿书签”主题活动100余场次，永定区崇实小学李恩希同学在全省“寻找绿色阅读小达人”答题活动中获全省特等奖。严格进行“扫黄打非”工作。制订《2020年推进使用正版软件工作计划》，联合开展“打击侵权盗版、保护知识产权”活动。组织“清源”“秋风”“净网”“固边”等专项整治行动。严厉打击各类非法出版行为，取缔关闭非法网站44个。

【精神文明创建】 2020年，市委宣传部着力文明实践，开展“学《条例》、量距离、促文明”主题活动。开展“扣好人生第一粒扣子”系列主题教育实践活动，并在中国文明网专题报道。《武陵源区“屋场会”助力文明实践》得到张宏森部长肯定并进行试点推广。完善“五小”创建机制，出台评选和管理办法。举办全市精神文明创建骨干培训会。先进模范聚能量。开展“走进红色课堂、传承红色基因”主题活动。加强爱国主义教育基地管理，开展第二批市级爱教基地申报工作，贺龙纪念馆开展爱国主义教育和革命文物保护的经验，在全省作交流发言。开展“我推荐我评议身边好人”活动，龚少雄被评为“中国好人”，“湖南好人”“张家界好人”“新时代张家界好少年”“新时代湖南好少年”有序评选。周海燕被评为全国未成年人工作先进个人。志愿服务出异彩。扎实开展“四季同行·雷锋家乡学雷锋”主题志愿服务活动。“三导”志愿服务形成了常态。举办2020年度张家界市乡村学校少年宫项目建设工作推进会暨成果展，并对新建项目负责人进行培训。

【文化产业发展】 2020年市委宣传部着力文艺创作，民歌《你莫走》网络综合点击量超过100亿人次。《石头开花》《火鸟》分别荣获省“梦圆2020”脱贫攻坚主题文艺创作长篇报告文学、长篇小说一等奖。《卡普它》《戴银饰的姑娘》在第六届“潇湘好歌”征集活动中分别荣获金奖、铜奖。全国脱贫攻坚重点电视剧《江山如此多娇》在张家界拍摄完成。全国首部信访系列广播剧《信访那些事儿》广受好评并在“学习强国”推介。文艺活动异彩纷呈。精心创排“为了胜利”——张家界市纪念中国人民志愿军抗美援朝出国作战70周年文艺演出，8000余人观看，社会效益良好。组织开展欢乐潇湘、一乡一品、广场舞比赛等群众文化活动，参与群众上万人，观众约60万人次。“中国·张家界首届世界遗产摄影大展”成功举办，有550名摄影家参展，作品6800幅，涉及78个国家120处世界遗产地，35万人次观展。文化产业逐步壮大。争取省级应对新冠疫情补贴资金160万元。协助文化企业贷款5.6亿元。《魅力湘西》受邀参加湖南卫视《出手吧兄弟》现场晚会，助力直播带货。完成《天门狐仙·新刘海砍樵》升级改造项目。军声砂石画研究院文产基地、土家织锦文化创意园项目进展顺利。

（本栏撰稿 吴晗）

【“家乡美 幸福年”2020年张家界春节联欢晚会举行】 2020年1月17日晚8点，张家界电视台演播大厅灯光璀璨，流光溢彩，2020年张家界春节联欢晚会在这里精彩上演。市领导郭天保、陈红日、欧阳斌、王光明与在场观众共同观看了演出。晚会节目不仅有精心创作的歌舞、戏曲、小品等文艺品类，还有武术、西洋乐、音诗画等表演形式，整台晚会充满着吉祥、喜庆、欢乐的气氛，为现场观众呈现了一台振奋精神、恢宏大气，有艺术张力的春晚，为喜迎新春的张家界人民送上了一场赏心悦目的视听盛宴。

【张家界市文化科技卫生“三下乡”集中示范活动举行】 2020年1月19日，张家界市文化科技卫生“三下乡”集中示范活动在桑植县瑞塔铺镇举行。市委常委、市委宣传部部长郭天保，副市长欧阳斌出席活动。活动旨在想农民所想，急农民所急，送农民所需，为农民群众做好事、办实事、解难事，活动现场，亮点纷呈、年味浓郁，通过多种形式把知识、健康和欢乐送进农家，伴随着阵阵掌声，农耕打溜子《糊仓》、桑植民歌联唱《红色记忆》、杖鼓舞《鼓韵三湘杖鼓情》、《致桑植10万外出务工者的一封信》等一个个接地气贴近生活、精彩纷呈的节目有条不紊地进行着，为现场的百姓送上了一场文艺盛宴。

【2020年“网游张家界”活动启动】 2020年2月21日，“网游张家界”启动仪式在市文旅广体局举行，市委常委、市委宣传部部长郭天保参加启动仪式。本次活动将通过网宣、网播和网购等方式集中推介张家界，利用张家界旅游官方公众号、“仙境张家界”英文网站、抖音、快手、携程、去哪儿网等新媒体平台，发起话题，开设直播，举办短视频大赛和千名导游讲景区活动等。广大游客宅在家中也能第一时间了解张家界旅游情况，欣赏张家界美景，并启动游客网上预定购张家界旅游产品享特价优惠活动，以促进旅游市场全面复苏。

【第十一届图书巡展暨2020书香张家界·全民阅读绿书签进校园活动启动】 2020年5月11—17日，第十一届图书巡展暨2020书香张家界·全民阅读绿书签进校园活动在市人民广场启动，活动旨在倡导全民阅读，营造人人爱读书、多读书、读好书的浓厚氛围，不断满足张家界市人民群众多元化、深层次的精神文化需求。启动仪式现场，“书香张家界·全民阅读”关爱贫困山区留守儿童爱心捐赠活动也正式发起，中国邮政集团有限公司张家界分公司为张家界民族小学捐赠图书1000册、爱心书包100个，湖南省新华书店有限责任公司张家界分公司为张家界敦谊小学捐赠图书1000

2020年4月29日，“其实张家界很动听”城市留声计划正式启动，并首次面向全球发布张家界城市发展NCDI指数
（市委宣传部 供稿）

2020年5月18日晚，“其实张家界很动听”张家界城市声音大典在市民广场举行
（市委宣传部 供稿）

册、爱心书包50个。

【全国首个“学习强国”学习课堂在桑植县八大公山镇细砂坪学校授牌】 2020年5月14日，全国首个“学习强国”学习课堂在桑植县八大公山镇细砂坪学校授牌，“学习强国”学习平台向细砂坪学校师生赠送留言簿和500册“学习强国”笔记本。省委宣传部二级巡视员刘新年、湖南红网新媒体集团党委书记、董事长舒斌出席授牌仪式。

【“其实张家界很动听”城市声音大典启动】 2020年5月18日，张家界市举行“其实张家界很动听”城市声音大典。活动现场，湖南卫视主持人仇晓、李兵等12位湖南广电声音大咖用专业演绎展示声音的魅力，为张家界增添城市的全新魅力，助推张家界旅游复苏。张家界市委常委、市委宣传部部长郭天保，张家界市人民政府副市长欧阳斌参加盛典。

【张宏森到张家界市调研文化旅游】 2020年6月10日，省委常委、省委宣传部部长张宏森一行赴张家界市督导防汛，调研文化旅游等工作，省应急厅二级巡视员曾平江，市领导虢正贵、刘革安、单铸飞、郭天保、欧阳斌参加调研或座谈。张宏森一行来到永定区尹家溪镇茅溪水库、子午西路延伸段防洪工程现场、市中心城区陈家溪电排站砂石料堆场，实地检查涉大鲵自然保护区水电站整治和防汛工作，了解防洪工程施工和防汛抢险物资储备情况，并听取张家界市相关工作情况汇报。其间，张宏森还前往武陵源景区新时代文明实践旅游志愿服务岗、贺龙公园等地，对张家界市文化旅游行业复工复产情况进行调研。

【张家界市“扫黄打非”工作推进暨业务培训会召开】 2020年7月24日，张家界市召开“扫黄打非”工作推进暨业务培训会。会议总结2019年以来全市“扫黄打非”工作情况，安排部署下一阶段“扫黄打非”重点工作任务，副市长、市“扫黄打非”领导小组副组长欧阳斌出席会议，市“扫黄打非”领导小组各成员单位，各区、县相关负责人参加会议。2019年，张家界市检查文化市场经营单位1200余家次，收缴非法出版物及音像制品4200余册（件），下达整改通知书82份。2020年上半年，全市重拳出击，查缴各类非法出版物642册、违禁出版物46册，责令下架出版物453册，查处“黑广播”1起，取缔关闭网站43个，处置网络有害信息7531条。

【张宏森赴张家界探班《江山如此多娇》】 2020年8月25日，省委常委、省委宣传部部长张宏森来到张家界市四都坪乡牧笛溪村，探班《江山如此多娇》剧组。张家界市委书记虢正贵，省委宣传部副部长、省广电局党组书记、局长张严，湖南广播影视集团党委副书记、总经理、湖南广播电视台台长龚政文，张家界市委常委、市委宣传部部长郭天保等陪同。张宏森肯定这种扎根生活、迎难而上的现实主义创作态度，认为只有真正体验生活，才能真实呈现生活。对于演员们的表演创作，他指出，要多去体验和感悟，拍摄间隙多与当地村民交流，让表演成为还原和展现生活的一个过程。

【张家界市2020年爱国主义教育工作联席会议召开】 2020年8月26日，张家界市召开2020年全市爱国主义教育工作联席会议。市委常委、市委宣传部部长郭天保在会议上强调，要充分认识到做好爱国主义教育工作的重要性，依托张家界旅游资源、红色资源，加快发展红色旅游，打造张家界志愿服务品牌，不断丰富新时代爱国主义教育实践载体；要坚持问题导向，不断提升新时代爱国主义教育工作水平，精心组织新闻宣传，发挥大众传媒宣传引导作用，创新方法手段，结合当下脱贫攻坚等中心工作，推进文艺项目创作，生动讲好新时代爱国故事，营造新时代爱国主义教育浓厚氛围；要完善工作机制，健全督查考评机制、人才机制，加大财政投入，为推进新时代爱国主义教育工作提供有力保障。

【张家界市互联网企业党建工作推进会暨互联网行业党委成立大会召开】 2020年8月27日，张家界市互联网企业党建工作推进会暨互联网行业党委成立大会召开。省委网信办副主任、省互联网行业党委副书记屈贵全，市委常委、市委宣传

2020 年 9 月 23 日上午，张家界 & 米哈游战略合作签约仪式暨《原神》传送锚点启动仪式在张家界国家森林公园举行，市委常委、市委宣传部部长郭天保为《原神》传送锚点揭幕，并与参加仪式的领导嘉宾合影留念 （市委宣传部 供稿）

部部长郭天保出席会议并讲话。屈贵全强调，要坚持党管互联网，以更高的政治站位引领互联网企业党建工作“迈入正轨”，把党的政治建设贯彻始终，把思想理论武装常抓不懈，把提升能力素养当作日常；要把握互联网规律，以更大力度推动互联网企业党建与发展“同频共振”，坚持共性与个性并重，坚持继承与创新兼顾，坚持党建与业务融合；要强化工作保障，以更实举措推动互联网企业党建工作“落地生根”，畅通“键对键”联系渠道，开展“面对面”座谈交流，强化“线对线”分类指导，探索出像张家界旅游品牌一样的新名片、新经验。

【张家界 & 米哈游战略合作签约仪式暨《原神》传送点仪式启动】 2020 年 9 月 23 日，张家界 & 米哈游战略合作签约仪式暨《原神》传送点启动仪式在张家界市武陵源区张家界国家森林公园大氧吧广场举行，双方战略合作正式拉开序幕。此次《原神》“从驻足到远行”景区联动企划，通过选择景区中与游戏场景相近的地点摆放《原神》传送锚点及岩之瞳的方式，吸引众多游戏玩家到现实中的美景打卡，亲自探访壮丽山河，置身于山水之间，感受华夏之美。

【“游戏＋旅游”战略合作暨《天涯明月刀》手游上线盛典仪式启动】 2020 年 10 月 14 日，张家界携手腾讯游戏《天涯明月刀》“游戏＋旅游”战略合作暨《天涯明月刀》手游上线盛典启动仪式在张家界大峡谷玻璃桥举行，双方战略合作正式拉开序幕。湖南省委网信办副主任屈贵全，张家界市委常委、市委宣传部部长郭天保，张家界市人民政府副市长欧阳斌，腾讯互娱全国区域推广负责人甘霖、腾讯游戏《天涯明月刀》制作人杨峰等出席此次活动。本次与腾讯游戏展开战略合作，从文创和科技入手，以旅游为主线，以张家界美景为原型，将这里的奇山异水置入国风游戏《天涯明月刀》中，游客即使没能亲眼目睹张家界，也可以通过数字体验模式，身临其境感受张家界之美。除了将张家界山水风光“装进”游戏，此次合作还将共同打造一条天涯明月刀＋大湘西文旅线路，将张家界、凤凰、芙蓉镇这三个大湘西地区最具代表性的“网红”景区，旨在打造成最具代表性的湖湘旅游名片。

【“为了胜利”——张家界市纪念中国人民志愿军抗美援朝出国作战 70 周年文艺演出正式首演】 2020 年 10 月 22 日，时任张家界市委书记虢正贵出席首演并宣布演出开始，市委常委、市委宣传部部长郭天保主持首演。在家市级领导及市级退休老干部，张家界市抗美援朝老兵、烈属、军属代表，劳模、道德模范及好人代表，援鄂抗疫医护人员代表，驻村工作队代表，市直及驻张单位和各区县党政主要负责人，张家界学院师生共同观看演出。演出分为《跨过鸭绿江》《英雄儿女》

2020 年 10 月 14 日，张家界携手腾讯游戏《天涯明月刀》“游戏＋旅游”战略合作暨《天涯明月刀》手游上线盛典启动仪式在张家界大峡谷玻璃桥举行 （张明涛 摄）

2020 年 10 月 29 日，张家界市宣传思想干部培训班开班　（张明涛 摄）

《日月同光》三个篇章，以《歌唱祖国》为尾声。推出新创独幕剧《魂兮归来》，并邀请张家界市 6 名抗美援朝老兵代表登台亮相，将现场气氛推向高潮。演出坚持传承赓续、守正创新，为观众奉献思想性、艺术性相统一的优秀作品，展示舞台艺术魅力，弘扬抗美援朝精神。

【张家界市宣传思想干部培训班开班】 2020 年 10 月 29 日，张家界市宣传思想干部培训班开班。市直及驻张各单位、各区县宣传干部 200 余人参加培训。市委常委、市委宣传部部长郭天保作开班动员讲话。主要集中学习《习近平新时代中国特色社会主义解读》《网信工作基本常识》《学习贯彻〈中国共产党宣传工作条例〉深入推进社会主义精神文明建设》等内容，旨在进一步提升全市宣传思想干部综合素质和业务水平。郭天保指出，当今世界正经历百年未有之大变局，站在“两个一百年”奋斗目标的历史交汇点上，中华民族即将迎来伟大复兴的启程时刻，宣传思想战线面临艰巨和繁重的任务，工作形势异常复杂，需要我们提升能力素养，开拓创新，开创宣传思想工作新局面。他强调，宣传工作是党的一项极其重要的工作，已进入守正创新的重要阶段，要根据习近平总书记的要求，自觉担负起举旗帜、聚民心、育新人、兴文化、展形象的使命任务，切实提升脚力、眼力、脑力、笔力，不断提高做好宣传思想工作能力水平，真正成为行家里手，为张家界高质量发展、中华民族伟大复兴贡献我们的智慧和力量。

【张家界市新闻战线庆祝第二十一个记者节暨“乡村振兴 永定行”主题采访活动举办】 2020 年 11 月 6 日，张家界市新闻战线庆祝第二十一个记者节暨“乡村振兴 永定行”主题采访活动在张家界市永定区尹家溪镇“远方的家”举行。张家界市委常委、市委宣传部部长郭天保出席活动。郭天保向受到表彰的同志表示祝贺，充分肯定全市新闻战线取得的成绩，他指出，当前，全市上下正在深入学习宣传贯彻中共十九届五中全会精神和习近平总书记来湘考察重要讲话精神，希望全市广大新闻工作者扛牢使命，把新闻舆论工作“48 字”方针铭记于心、践之于行，切实做到政治坚定、对党忠诚、作风优良、能打胜仗。要锤炼过硬脚力、眼力、脑力、笔力，以“沾泥土”“带露珠”“冒热气”的精品力作，切实提升新闻舆论传播力、引导力、影响力和公信力。要加强学习主动转型，在学习中实践，在实践中提升，朝着全媒体新闻工作者目标迈进，以更加主动的工作状态，更加有力的工作担当，更加有效的工作实绩，争取更大的成绩，为张家界市经济社会高质量发展提供良好舆论氛围和强大精神动力。

【中国张家界首届世界遗产摄影大展开幕】 2020 年 11 月 16 日，中国张家界首届世界遗产摄影大展开幕。全国政协原副主席刘晓峰，省委常委、省委宣传部部长张宏森，

2020 年 11 月 6 日，张家界市新闻战线庆祝第二十一个记者节暨“乡村振兴 永定行”主题采访活动举行　（市委宣传部 供稿）

2020 年 11 月 16 日，中国张家界首届世界遗产摄影大展开幕现场　　（符璋德　摄）

贺龙元帅女儿贺晓明、贺黎明，原财政部党组成员、纪检组组长贺邦靖，全国总工会原副主席、书记处书记苏立青，省人大常委会原副主任、全国人大监察与司法委员会委员谢勇，省政协副主席张大方，意大利驻广州领事馆总领事白露茜出席，张家界市委书记虢正贵致辞，市委副书记、市长刘革安主持开幕式，市领导汪业元、胡丘陵等参加开幕式。省委常委、省委宣传部部长张宏森在讲话中指出，近年来湖南持续加强遗产申报、保护、利用和管理工作，其中张家界市培育了旅游演艺、国际诗歌节等一批文旅融合品牌，在文化和自然遗产的保护发展上做了许多有益探索。希望张家界市以举办此次活动为契机，认真学习贯彻中共十九届五中全会精神和习近平总书记考察湖南重要讲话精神，自觉肩负起历史责任，推动文化和自然遗产进一步活起来、动起来、火起来。同时诚挚欢迎国内外摄影家把张家界山水、自然、文化之美，更多、更全面、更精彩地呈现给全世界。

【第四届中国・张家界国际旅游诗歌节活动开幕】 2020 年 12 月 9 日，第四届中国・张家界国际旅游诗歌节在张家界拉开帷幕。用世界的眼光，共鸣诗意山水。湖南省政协第十届副主席、诗人谭仲池宣布活动开幕。中国作协副主席廖奔，中国作家协会诗歌委员会主任叶延滨，中国诗歌学会党支部书记王山，中国作协诗刊副主编、中华辞赋杂志社社长王冰，湖南省文联副主席张纯，湖南省作家协会主席王跃文，湖南省文旅厅二级巡视员、诗人王鹏等参加开幕式。本届诗歌节突出艺术化、大众化、国际化，以旅游诗歌艺术形式，诠释中国诗歌文化内涵，包括 2020 年第四届中国・张家界国际旅游诗歌节开幕式、旅游诗歌主旨演讲、行与诗——刘年诗歌研讨会、张家界与河南省鹤壁市文旅融合发展对话、2020 年第四届中国・张家界国际旅游诗歌节颁奖典礼暨“行吟中国”旅游诗歌之夜、“仙境张家界，诗约全世界”全国诗人张家界景区现场创作采风之旅等六大主题活动。

【中央、省、市媒体聚焦张家界“屋场会”】 2020 年 12 月 15 日，《人民日报》、新华社、中央广播电视台、《湖南日报》、红网等 16 家中央、省级主流媒体 30 名记者聚焦张家界“屋场会”，将张家界市新时代基层社会治理创新的“张家界经验”推向全国。截至 11 月底，张家界市有“屋场”2758 个，开会 20932 场，听众超过 100 万人次。“屋场会”以小切口、接地气的形式，畅通基层群众诉求表达，构建共建共治共享的社会治理格局。（本栏撰稿　吴晗）

统一战线工作

【概况】 2020 年，全市统战理论政策研究、统战工作实践创新成果获省委统战部奖励 6 项，其中省委统战部委托课题《年轻一代民营经济人士思想引导和政治引领对策建议》获全省统战理论政策研究创新成果一等奖；统战信息工作跃居全省第四并获二等奖；民主党派工作激励关怀制度获中央统战部《每日汇报》推介；市级领导联系商协会工作获省委统战部《统战工作》推介并纳入省对市州绩效考核内容；市委统战部成功创建为“让党中央放心、让人民群众满意”模范机关和市级文明标兵单位。

党管统战工作。市委常委会 5 次专题研究统战工作，市委统战工作领导小组审议通过并在全省率先出台民主党派工作激励关怀制度、加强党外代表人士思想政治工作意见。市“四大家”主要领导新春上班第一天走访慰问各民主党派市委会、市工商联、市知联会，连续坚持 17 年。市委统战部召开部务会 18 次，部署推进统一战线各项工作。市委统战部梳理形成《统一战线廉政风险防控工作指南》，组织各层级 60 名统战干部在省社会主义学院举办全市统战干部能力提升研修班，举办全市统战信息宣传调研培训班。

思想政治引领。制定政党协商计划并推动落实，深化“不忘合作初心、共担历史使命”主题教育活动。引导统战成员提交参政议政调研报告 7 篇、建议提案 30 多件、社情民意90多条。开展“三深”活动，走访座谈党外代表人士440人。组织推荐30多名党外干部参加省、市级培训。市区县特约人员参加民主监督活动240余人次。召开民主党派队伍建设会商会，推荐7名党外处级干部提拔使用、3人交流任职。至12月31日，全市有副科级以上党外干部900余人，其中副厅级7人、正处级13人、副处级70人。

服务中心大局。500余名党外医护人员坚守抗疫一线，23名党外医护人员驰援湖北一线；市新阶联、商协会等第一时间参与购买和调运防疫物资、开展志愿服务；宗教团体第一时间关停宗教场所62处，市商业企业商会被评为“全国工商联系统抗疫先进商协会组织”，全市统一战线2200余人参与疫情防控，捐款捐物价值1453.98万元。深化“万企帮万村”精准扶贫行动，引导商协会党组织开展“感党恩·助脱贫”主题党日和志愿服务活动140场次，带动农副产品消费1400余万元，360家商协会和民营企业与185个特色产业村，形成农副产品稳定供销关系。罗潭村、黄庄村获评省级“同心美丽乡村”，慈利县、桑植县所有乡镇实现“同心美丽乡村”建设全覆盖。推动党政领导联系商协会制度实现市、区县全覆盖，113名市县级领导分别联系147家市县级商协会，走访民营企业452家，协调解决问题327个。

各领域统战工作。召开全市民族宗教工作推进会，启动“全国民族团结进步示范市”创建前期工作，上报31家“两民”企业享受2020年度中央财政贷款贴息1000万元，审核通过10101名考生享民族优惠政策加分。召开宗教界代表人士座谈会、高校宗教工作座谈会。开展宗教工作专项治理，推动解决张家界福音堂土地纠纷等宗教领域历史遗留问题，宗教工作“永定模式”和慈利县“1234”宗教工作机制获省委统战部推介。市区县知联会、新阶联组织实现全覆盖。召开市知联会二届二次会员大会、归国留学人员座谈会，走访座谈无党派人士和党外知识分子代表220余人。创建市新阶联“庸城新活力，景区新力量”品牌，“张家界e创园”获评省级新阶层人士实践教育基地。成立市侨青委，全省首个建设银行“侨胞之家”落户永定区思善桥社区。

【张家界市新的社会阶层人士联合会成立】 2020年1月10日，张家界市新的社会阶层人士联合会成立大会召开。市委书记虢正贵出席会议并讲话。市委常委、市委秘书长单铸飞，市委常委、市委统战部部长田华玉，市政协副主席、市工商联主席张元次出席。市新的社会阶层人士统战工作联席会成员单位、各区县委统战部负责人和市新阶联会员150人参会。大会选举产生张家界市新阶联第一届领导机构，并聘请10家企业为第一届联席主席单位。虢正贵代表市委对市新阶联成立和当选的领导班子成员表示祝贺。他指出，新的社会阶层人士是新时代统一战线重要工作对象，是促进我国阶层关系和谐稳定的关键群体，是建构社会治理共同体的重要力量。他希望广大新的社会阶层人士，要为加快推进国家治理体系和治理能力现代化献良策、建诤言、做奉献；要奏响主旋律、弘扬正能量，讲好张家界故事；要融入全市中心大局，为推动张家界高质量发展贡献力量。

【市级领导联系商协会制度在全省率先出台】 2020年3月17日，张家界市出台《市级领导联系市工商联所属商协会制度》，由市委书记虢正贵、市长刘革安等19名市级领导联系19家市工商联所属商协会，明确市级领导做到“四个主动”，即主动交友，深入开展交心谈心，引导民营经济人士讲真话、讲实话，献良策、建诤言；主动参与活动，参与商协会引资引才、公益捐赠和商协会党组织主题党日、国情教育等活动，支持和推动商协会思想建设、组织建设和制度建设；主动靠前服务，深入商协会及会员企业开展走访调研，听取意见和诉求，畅通政企沟通渠道；主动解决问题，着眼于帮助商协会与民营企业解决现实问题与实际困难开展工作，突出解决反映比较集中的融资难、用工难、维权难等问题，推动构建亲清新型政商关系，更好为民营企业和商协会服务，促进民营经济高质量发展。

【省委统战部到张家界市调研党外干部队伍建设】 2020年5月8日，省委统战部副部长、省社会主义学院党组书记邓焕生来张调研党外干部队伍建设工作，召开座谈会并与各民主党派市委会主委、市工商联主席和市人大、政府、政协党外领导班子成员，以及优秀年轻党外干部代表个别访谈。市委书记虢正贵，市委常委、市委秘书长单铸飞，市委常委、市委统战部部长田华玉参加座谈或调研。邓焕生肯定张家界市统战工作及党外干部工作，认为在党外干部物色发现、教育培养、选拔配备、履职管理工作等方面取得明显成效。邓焕生强调，要进一步提高对多党合作制度的思想认识，贯彻好中央、省委有关政策精神，加大党外干部培养、任用力度；组织、统战部门要密切配合，形成良好培养选拔任用机制；要着眼2021年党派市级组织换届和党外干部队伍建设长远发展，尽早谋划，针对性加强培养、搭好台阶，着力建设一支特色突出、梯次明显、结构合理的党外干部队伍。

【中共张家界市委统战工作领导小组2020年第一次全体会议召开】 2020年7月2日，市委书记虢正贵主持召开中共张家界市委统战工作领导小组2020年第一次全体会议，市领导刘绍建、艾可知、田华玉、邹菊芳出席，传达学习省委统战工作领导小组2020年第一次全体会议精神，听取全市党外干部队伍建设、市级领导联系市工商联所属商协会工作、全市宗教工作情况汇报，审议通过党外代表人士、民主党派、宗教工作等方面的文件。会议强调，要突出思想政治引领，强化政治理论武装，用好抗疫生动教材，始终求同存异聚同化异。要主动服务中心大局，聚力决战决胜脱贫攻坚和全面建成小康社会、民营经济高质量发展、统筹常态化疫情防控和经济社会发展。要牢牢抓住关键环节，促进政党关系、民族关系、宗教关系、阶层关系、海内外同胞关系更加和谐。要坚持和加强党的全面领导，健全完善体制机制，加强队伍建设，努力做好新形势下的统战工作。

（本栏撰稿 刘 宏 刘 潇）

2020年3月6日，机构编制工作会议 （张力文 摄）

机构编制工作

【概况】 2020年，张家界市机构编制工作坚持目标导向、问题导向、结果导向相统一，完成各项目标任务。

统筹推进各项改革。巩固深化本轮机构改革成果。召开张家界市机构改革总结会议，全面总结张家界市机构改革工作成效和经验。继续做好涉改部门“三定”规定制发工作，全年印发市发改委、市委党校、市自然资源事务中心、市医保事务中心等16家市直机关事业单位“三定”规定。完成张家界市森林公安机关管理体制调整和市辖区自然资源管理体制调整工作。协同开展市妇联、市残联、市贸促会、市侨联等群团组织改革涉及的机构编制调整工作。完成对市直部门和区县落实机构改革方案情况的检查评估。稳慎推进综合执法改革。完成市本级“五大领域”综合行政执法改革队伍组建、“三定”制发、班子配备、人员转隶、机构挂牌工作。执法职责融合良好，执法队伍稳定，执法效益有所提升。率先完成经营类事业单位改革。成立经营类事业单位改革工作推进小组，出台推进方案，强化工作指导，开展2次专项督查。完成22家涉改单位改革任务（撤销20家，转企2家）。全市52家经营类事业单位全部改革到位，并顺利通过省改革推进小组的考评验收。巩固深化乡镇（街道）机构改革。对乡镇（街道）党政内设机构和事业单位按照“6办3中心1站1大队模式”调整优化后的运行情况进行调研评估。配合做好赋权工作，赋权204项。指导区县对乡镇（街道）不符合规定和要求加挂的牌子予以清理，清理违规挂牌232个。督促区县落实乡镇（街道）“有编即补”规定，全市乡镇（街道）通过公务员招录、事业单位招聘、安置退役士兵等方式补员486人，全市乡镇（街道）行政和事业编制空编率均控制在5%以下。

加强机构编制管理。统筹用好机构编制资源。分配中小学教师编制241名，会同市教育局、市人社局、市财政局，开展中小学教职工管理问题专项整治，清理出在编不在岗教职工280人、编外教师1266人。纠正在编不在岗教职工129人，解聘编外教师248名。对中央和省里明确规定的和张家界市经济社会发展迫切急需的机构编制需求，重点保障森林防火、审计、幼儿教育、综合执法、应急救援、医疗保障等领域机构编制需求。通过撤销、下放、合并等方式减少事业单位64个。建立乡镇行政编制周转使用机制。制发《张家界市市直事业单位人才专项编制管理办法》，全市确

2020年7月7日，省委组织部副部长、省委编办主任刘越高（右五）到张家界调研（吴慈君 摄）

2020 年 7 月 8 日，省委编办到张家界调研召开座谈会　（张力文 摄）

定人才专项编制 100 名实行专户管理，加强对人才引进工作编制保障。发挥机构编制实名制数据的基础性作用。完成公务员招录 150 名、工作调动 62 名、调任 10 名、内部调整 95 名、选调考试 7 名、人才引进 178 名、公开招聘 78 名、定向选调生政策性安排 24 名、军转安置 21 名、退伍安置 17 名等用编计划的编制使用审核工作。利用实名制数据，积极配合纪委监委、组织、人社、财政等部门，在巡视巡察、公务员职务与职级并行、公务员登记、绩效奖金发放、工资核发、车改参改对象、财政经费预算、养老保险等工作中，提供精准的机构、编制、职数、人员等实名制管理数据信息。不断优化事业单位登记管理和机关群团赋码工作。全年完成 153 家事业单位法人年度报告公示工作，公示率 100%。为赋予事业单位独立法人资格，促进社会主义市场经济繁荣提供良好的制度保障。强化机构编制监督检查。开展机构编制问题自查自纠，建立问题整改台账。对省委巡视区县反馈机构编制问题进行整改销号工作。三个区县需整改问题 115 项，已整改 65 项，作出说明、列入分步整改计划 50 项。积极参与选人用人专项检查。开展机构编制纪律宣传和机构编制违规违纪问题警示教育。自觉抵制“条条干预”4 起，不断强化机构编制刚性约束。

【湖南省委编办来张家界调研座谈会】 2020 年 7 月 7—8 日，湖南省委组织部副部长、省委编办主任刘越高带队调研张家界市机构编制工作。7 日，刘越高一行先后来到贺龙中学、洪家关白族乡政府，实地调研乡镇机构改革、中小学教职工编制管理等情况，并听取相关工作汇报。8 日上午，召开专题调研座谈会，刘越高认真听取张家界市编办、教育、人社及区县委编办相关情况汇报，对张家界市机构编制工作给予充分肯定。刘越高强调，全市各级机构编制部门要深入领会习近平总书记关于机构编制工作重要指示批示精神，认真贯彻落实《中国共产党机构编制工作条例》；要切实加强党对机构编制工作的集中统一领导，突出增强机构编制工作的刚性约束，坚决防止“条条干预”；要敢于担当，以高度的思想自觉和行动自觉，坚持问题导向，突出重点，对标对表，抓实抓好当前重点工作；要加强机构编制队伍建设，扎实推进“三转”，充分发挥编办作为党的机关的参谋助手作用，为服务全市经济社会高质量发展提供坚强的体制机制保障。（本栏撰稿　张力文）

对台工作

【概况】 2020 年，张家界市对台工作服务全市经济社会发展，服务在张台企台胞，服务张台交流交往，各项工作展现新作为、取得新成效。对台交流获得省台办充分肯定，为台商台企排忧解难获得台胞高度认可，注册台企逆势增长，全市台资企业由 2019 年的 19 家增加到 22 家。

【对台宣传】 2020 年，张家界市台办抓涉台教育和对台宣传，每季度印发台海形势辅导资料发至各区县，指导各级各相关单位把握中央对台政策，明确工作任务。3 月，张家界市委常委会专题听取了全省对台工作会议精神汇报，安排部署 2020 年全市对台工作。5 月，张家界市邀请省台办主任肖祥清为市委理论学习中心组 2020 年第五次集中（扩大）学习作“台海形势”专题辅导报告。通过召开座谈会、举办联谊会和台商微信群向台胞台商宣传中央对台政策和惠台措施，宣传张家界建设发展成就、风土人情和美丽风光。

【对台交流】 2020 年，张家界市台办持续深化开展对台交流交往，加强对台交流基地建设，夯实对台交流工作基础。承办省台办 2020 年重点对台交流项目——“台湾基层民意代表张家界交流”活动，促进两地基层民众的沟通和了解。在“湖南省对台交流基地”张家界国家森林公园管理处设立对台交流办公室，负责交流基地的日常工作，展示对台交流成果。加强对张家界博物馆、刘明灯墓石雕群、张家界黄石寨客运索道公司、孙开华故居 4 个对台交流点的指导，启动孙开华故居的修缮工作，基本完成故居主体建筑的恢复和整修。对张家界市涉台历史文物——孙开华故居和刘明灯墓石雕群的现状、存在的问题和如何保护利用进行调研。加强和台湾民间社团协会的联络联系，为进一步交流合作夯实基础。举办新春联谊会和“浓浓中秋、情系台胞”联谊活动，中华传统佳节慰问台胞台属15人次，疫情期间，走访台胞台商33人。指导市台商协会开展工作，发挥桥梁纽带作用。

【服务台企台胞】 2020年，张家界市台办进一步推动中央及省惠台措施落实见效，依法维护台企台胞合法权益。通过召开台商座谈会、举办涉台仲裁知识讲座、组织部分台企负责人参加全省涉台经济工作政策业务培训班等方式，宣传中央和省惠台政策，帮助台胞台商掌握和运用经济相关政策，维护台胞合法权益。多次深入台湾风情小镇建设项目、新旺阳体育育乐有限公司和张家界是佳运动用品有限公司等台企实地调研，助力台企复工复产，帮助落实相关用地、税费减免等政策，减免职工保费、厂房租金等130多万元。深入开展涉台矛盾纠纷排查，妥善处理涉台突发和涉台求助事件5件，确保全市涉台大局稳定。 （本栏撰稿 王海滨）

政策研究工作

【概况】 2020年，中共张家界市委政策研究室（以下简称市委政研室）做好文稿服务、调查研究、深化改革、财经绩效、全面小康、刊物编发等工作，较好完成各项工作任务。市委政研室市直单位绩效评估考核等次、驻村帮扶工作、综治工作连续3年获得优秀等次。

【政治建设】 2020年，市委政研室全年理论学习中心组集体学习12次、领导干部讲党课5次。坚持“一周一学”制度，定期开展一人领学、全员讨论的“一周一学”20次，并充分利用“学习强国”、干部网络教育学习、如法网等平台，进一步提高学习主动性积极性，引导全体党员干部自觉向党中央看齐，向党的路线方针政策看齐。坚持纪律面前一律平等，遵守和执行纪律规矩没有例外、没有特权。对违背党的政治纪律和规矩的行为坚决抵制。严格落实《关于新形势下党内政治生活若干准则》，积极巩固和深化机关党支部“五化”建设成果，坚持每月开展主题党日，严格落实民主生活会制度、民主评议党员制度、党员进社区小区“双报到”制度等，加强经常性教育，及时发现问题，解决问题。

【文稿服务】 2020年，市委政研室起草了市委主要领导在市委经济工作务虚会、市委经济工作会、市委财经委会、市委深改委会等重要会议上的讲话稿。撰写了《中共张家界市委常委会2020年工作要点》和市委七届九次全会《中共张家界市委关于贯彻党的十九届四中全会精神以制度建设为主线着力推进全面深化改革的若干意见》、市委七届十次全会《中共张家界市委关于制定张家界市国民经济和社会发展“十四五”规划和二〇三五年远景目标的建议》、《中共张家界市委关于深入贯彻落实习近平总书记考察湖南重要讲话精神奋力推动新时代张家界高质量发展的决定》等重大文件。《坚决打好化危为机主动仗》《张家界打好化危为机主动仗的实践与思考》等市委主要领导署名文章分别在《湖南工作》《湖南省情要报》等刊物上发表，省委常委、省委宣传部部长张宏森对《张家界打好化危为机主动仗的实践与思考》作出批示，推广借鉴。

【调查研究】 2020年，市委政研室围绕推动张家界高质量发展领域存在的重点难点热点问题，开展经济形势、财税工作、城市精明增长等课题调研，形成一批有针对性、操作性和参考价值的调研成果。撰写《千方百计抓好“六保”政策落实——我市落实国省“六保”政策情况调研报告》《张家界市文旅产业项目点状用地改革调研报告》《关于张家界市村级财务管理的调研报告》《国家卫生城市长效机制建设考察报告》《关于张家界市中心城市精细化管理的调研报告》等10余篇报告，为市委决策提供参考，其中《对疫情冲击下的财税严峻形势保持警醒》得到了市委、市政府主要领导批示。

【市委改革办工作】 2020年，市委改革办设在市委政研室，市委改革办专职副主任负责全面深化改革工作。市委政研室全面对标党的十九届四中全会和省委十一届九次全会精神，起草《中共张家界市委关于以制度建设为主线以重点领域改革为突破推进治理体系和治理能力现代化的若干意见》，出台《张家界市全面深化改革工作考核激励办法》。2020年张家界市3例改革创新做法入选“湖南基层改革探索100例”典型案例，《念好“六字诀”创新“组合拳”——张家界市建立疫情防控经济发展双胜双赢机制》《为改革者负责 为担当者担当——张家界市出台全面深化改革工作考核激励办法》等经验材料被省委改革办《改革简报》刊发并向全省推介。出台实施《张家界市2020年重点改革任务清单》，统筹抓好经济、社会、文化、生态、旅游等10大领域49大项75小项重大改革任务，着力推进市域社会治理创新。

【财经绩效工作】 2020年，市委财经办设在市委政研室，负责财经绩效工作。市委政研室承办召开市委财经委员会会议、半年经济形势分析会、市委经济工作会等会议，为市委、市政府调度全市经济工作当好工作助手。建立经济数据分析会商机制，与发改、财政、统计等部门一道定期会商研判，确保数据清、问题明、对策准。搞好省对市和市对区县重点工作绩效评估，开展2次省对市指标自评、市对区县半年评估，整体沿用省对市州指标体系，并将确有必要考评的本市特色重点工作融入其中，形成市对区县的重点工作绩效评估指标体系。

2020年8月28日，张家界市第二届网红直播旅游节开幕式现场　（向 韬 摄）

【全面小康办公室工作】2020年，市委政研室根据《全面小康决胜年行动方案》《2020年湖南省县（市、区）全面建成小康社会补短板监测考评实施办法》等文件精神，认真制定方案、分解责任、全力推进，推动落实落细。召开业务培训会，压实责任，督促区县坚持对指标“一月一调度、一月一预警”，对短板指标，实行“一标一策”，及时与市直单位、省直单位沟通信息，定期到省小康办、省统计局汇报对接。组织区县和市直牵头单位，围绕“六覆盖”重点任务开展调查，摸排22个问题和困难，细化30项下一步工作措施。对“六覆盖”工作实施月调度，建立工作台账，紧盯时间表倒排时间、集中攻坚，完成“六覆盖”工作。

【党刊编印】2020年，市委政研室办好《送阅件·决策参考》，为市委决策咨询服务。《张家界通讯》新增“人文张家界”栏目，重点宣传地方人文历史文化。张家界市推荐的市委主要领导《以“两山论”引领高质量绿色发展》一文，被《今日桂林》《石家庄决策》等期刊刊登宣传；“对外交流”栏目主动宣传《桂林市文化旅游融合为胜地建设增辉》《以人民为中心谋改革促发展》等文章。（本栏撰稿　肖　洒）

网络安全和信息化工作

【网络综合治理】2020年，市委网信委召开第二、第三次全体会议，全市加强网络宣传，做好互联网工作交流会议，成立市委网信委公共事件大数据应用推进小组，出台相关文件，网络意识形态责任制落到实处。成立张家界市互联网行业党委，推进网络安全应急指挥中心规范化建设，网络意识形态工作主动权得到巩固。深入开展“清朗”“清网”“剑网”等专项行动，联合公安部门先后打击十多起网络谣言，查处一批违规网站，拘留、约谈、训诫多人。

【网络宣传报道】2020年，市委网信办统筹全市新闻网站和新媒体开辟专区、设置专题、固定专栏工作，重点宣传习近平新时代中国特色社会主义思想、习近平总书记重要活动和重要讲话，充分发挥网上舆论“定海神针”的作用。紧扣“时、度、效”因势而动，围绕疫情防控、脱贫攻坚、经济社会复苏、中共十九届五中全会、习近平总书记考察湖南时的重要讲话等主题主线，组织各网站开设专题专栏20多个，集纳、发布稿件10万余篇。围绕疫情防控、抗洪救灾等社会热点、敏感事件开展网络主题宣传报道，充分保障公众知情权。

2020年6月15日，市委常委（扩大）会议暨全市网上舆论宣传工作交流会暨全市半年意识形态分析研判会　委网信办 供稿）

2020年8月27日，张家界市互联网行业党委成立大会　（庹　亮　摄）

【网络舆情管理】 2020年，市委网信办实行7×24小时网络应急值班制度，全年分析涉张家界信 息500多万条，处理涉张家界网络舆情4000多条。编发《每日涉张舆情报告》365期、《圈群涉疫舆情报告》20期、《舆情专报》22期、《舆情动态》20期、《网络舆情月报》12期，有效发挥网络舆情“气象站”“预警机”作用。健全网络民意“发现收集、分析研判、转办交办、处置反馈”工作机制，全年办理网络社情民意2885条，网民诉求办理率和回复率达99.6%，问政网帖办理率达100%。永定区和慈利县的网上群众路线工作经验被省级媒体推介。

【网络安全保障】 2020年，张家界市印发有关网络安全应对的工作文件，联合公安、工信等部门对全市30多家重点单位开展网络安全现场检查，组织市人民医院等10家单位参加2020年“湖湘杯”网络安全应急演练，提升全市重要信息系统网络安全防护和应急处置水平。定期开展网络安全巡察，督促相关部门整改系统或网站存在的高危漏洞，提升网络安全综合保障能力。通报、整改部分违规收集使用个人信息行为的新闻客户端。联合区县、市直部门开展网络安全宣传周活动，推进网络安全知识进景区、进校园、进军营、进农村、进社区、进家庭。永定区的网络安全宣传作品《不转账》获湖南省公益微视频二等奖。

【信息化驱动引领】 2020年，印发《张家界市贯彻落实〈湖南省数字乡村发展行动方案〉（2020—2022）的实施意见》，联合涉农部门开展“信息化助农行动”，发挥信息化驱动引领作用。推出全市24小时涉疫大数据报告，在全市主流媒体开辟“辟谣侠盟”，累计发布涉疫辟谣信息1000多条。推出《这碗总也吃不完的方便面》《三封“家书”》《李铁真“铁人”》等系列抗疫作品，增强全市人民抗疫信心。联合宣传、文旅等部门开展短视频大赛、网游张家界、网红直播旅游节等“网约湘游”专项行动，助力旅游市场复苏，微博话题#张家界网约湘游#阅读量超过4000万人次，#张家界雾凇#阅读量超过2亿人次。全网全媒打造推介的“心湖”景点微博话题阅读量超过2.6亿人次，成功打造张家界市又一网红景点。助力自媒体推出的歌曲《你莫走》，网络综合点击量超过100亿人次。

【市委网信委会议】 2020年4月3日、12月28日，市委书记、市委网信委主任虢正贵分别主持召开张家界市委网信委第二次、第三次全体会议，研究全市网络安全和信息化有关工作，成立相关工作小组，审议通过《张家界市贯彻落实〈湖南省数字乡村发展行动方案（2020—2022）〉的实施意见》等文件。

【网络安全应急指挥中心】 2020年7月29日，“市网络安全和信息化服务中心”更名为“市网络安全应急指挥中心”，为市委网信办所属正科级公益一类事业单位，核定财政全额拨款事业编制4名，科级管理职数1名。主要负责全市网络舆情信息收集与分析，承担网络应急值班，受理涉张互联网违法和不良信息举报投诉，为全市网络安全监管及网络应急处置、应急指挥等工作提供技术支持和服务保障。

【互联网行业党委成立】 2020年8月27日，召开张家界市互联网企业党建工作推进会暨互联网行业党委成立大会。会议审议通过《张家界市互联网行业党委议事规则（试行）》及班子成员分工，明确班子成员党建联系点。通过组织建设“两个覆盖”，组织生活“线上线下”，最大限度地把属地互联网企业和网络社会组织紧密团结凝聚在党组织周围，为全市经济社会发展增强新动能。（本栏撰稿　符元鑫 杨建武）

机关党建工作

【概况】 截至2020年末，市直机关工委有行政编制9个，在职干部职工9人，下设4个内设机构（办公室、组织部、宣传部、群工部）、1个派出机构（市直机关纪检监察工委）和1个机关党支部。2020年，为市直及驻张81家单位10597名干部职工发放抗疫中药汤剂，配合选派机关干部下沉企业、社区担任防疫联络员，组织发动5000多名党员自愿捐款96万元支持疫情防控。推进“组织生活质量提升年”，全面完成党支部“五化”建设任务，“五化”

2020 年 12 月 28 日，张家界市委网信委第三次会议召开　（张　潘　摄）

建设做法成效被人民网、“学习强国”重点报道和省直机关工委通报推介。制定《张家界市直机关党建工作责任清单》，健全党组（党委）、机关党委、党支部“三级”机关党建责任清单。开展 3 轮党建督查考核，约谈 39 家副处级以上事业单位的 19 名主管部门党组（党委）书记。培训党务工作者 732 人次，其中新任党支部书记 165 人，党支部书记 153 人，机关党委书记 37 人，党务干部 295 人，优秀党务工作者和优秀共产党员 82 人。发展党员 113 名，培训发展对象 116 人。召开市直机关庆祝建党 99 周年表彰暨创建“模范机关”工作座谈会，表彰吴凤庸等 54 名共产党员、钟杰等 23 名党务工作者。春节、“七一”期间走访慰问生活困难党员 62 名。编印《市直机关党员干部部分党内规章选编》，申报贺龙纪念馆为省直机关党员干部党性教育现场教学点。

【市直机关意识形态工作】 2020 年，张家界市直机关加强意识形态工作分析研判，落实思想政治工作定期分析和形势报告制度，办好用好张家界市直机关党建网站和微信公众号，讲好张家界市直机关党建故事。发布推送市直机关党建工作动态 315 篇，在湖南机关党建网等省级媒体发表 4 篇，在人民网等国家级媒体发表 2 篇。指导 13 家市直单位创建市级文明（标兵）单位。组织开展“党课开讲啦”“大学习·走在前”“建设书香机关”“社会主义核心价值观进校园”活动，创建“党建学习书屋”93 个，2 篇选送党课分别荣获“党课开讲啦”全省一等奖和三等奖。

【市直机关群团工作】 2020 年，张家界市直机关新成立和换届 18 个基层工会、21 个基层团组织和 18 个基层妇委会。开展第六届“争做新时代湖南向上向善好青年”、2020 年度省城乡妇女岗位建功先进集体（个人）、2020 年张家界市“三八”红旗手（集体）评选、张小团直播学院 2020 年度“青创课”培训、“最美家书”作品征集、“第一堂课”家庭教育公益巡讲等活动。

【市直单位（党组）党委书记述职评议会】 2020 年 1 月 17 日，市直机关工委组织召开 2019 年度市直单位党组（党委）书记抓基层党建暨落实意识形态工作责任制述职评议会议，市委常委、市纪委书记、市监委主任袁美南主持会议，市委常委、市委秘书长、市直机关工委书记单铸飞对述职情况进行点评并讲话，市委常委、市委宣传部部长郭天保参加会议。64 名市直单位党组（党委）书记参加会议，15 名党组（党委）书记进行现场口头述职。29 名党组（党委）书记被评定为“好”等次，35 名党组（党委）书记被评定为“较好”等次。

（本栏撰稿　秦　俭）

巡察工作

【常规巡察】 2020 年，张家界市组织开展七届市委第十轮、十一轮、十二轮巡察，巡察市直单位 28 个，发现问题 348 个，推动立行立改 273 项，移交问题线索 37 件。截至 2020 年底，七届市委开展 12 轮巡察，全面覆盖市委管理的 88 个市直单位

2020 年 8 月 31 日，七届市委第十二轮巡察动员部署会召开　（钟新星　摄）

党组织（含市检察院），顺利完成七届市委巡察全覆盖任务。

【巡视巡察上下联动】 2020年，开展七届市委第十一轮巡察，市级巡察发挥承上启下作用，主动对接省委巡视，实现省、市、县（区）三级联动。市委派出1个巡察组对市人大、市政协机关党组开展常规巡察，同时派出4个提级交叉巡察组，组长由市委授权，组员由区县委成建制交叉选派，对区县委管理的8个党组织开展提级交叉巡察，发现问题96个，推动立行立改34项，移交问题线索2件，按照“系统巡、巡系统”的机制，实现“系统察、系统治”的效果。

【配合省委巡视】 2020年，张家界市配合做好省委巡视组对永定区、武陵源区、桑植县巡视的相关工作。按照巡视巡察上下联动的工作要求，市委派出1个巡察组，对张家界国家森林公园管理局开展机动巡察。经省委巡视组授权，对永定区、武陵源区、桑植县人大党组、政协党组进行巡察监督。同时，在省委巡视组的统一安排下，各区县党委也派出巡察组，各选择一家平台公司，进行同步巡察。市、县联动配合组在开展巡察期间，同时接受省委巡视组的领导和指导，实现同频共振，震慑效应倍增。

【指导督导】 2020年，张家界市委巡察工作领导小组加强对区县巡察工作的指导督导。市委巡察办牵头对区县巡察专项检查反馈问题整改情况进行专题督办，对照反馈意见，逐一检查相关问题整改到位情况，结合张家界市实际，报市委常委会同意，由市委巡察办主任带队，对区县巡察工作开展现场检查指导督导，实现对区县指导督导的全覆盖，对指导督导反馈问题整改情况进行督查，确保督导和整改效果，相关经验做法在《湖南巡视巡察》刊发。 （本栏撰稿 刘家卓）

老干部工作

【概况】 2020年，中共张家界市委老干部局（以下简称市委老干部局）推动离退休干部党建工作，全市建立离退休干部党组织228个，其中市直党总支3个，支部41个，全省示范离退休干部党支部4个。抓实党建、三化建设，以正能量活动为载体发挥离退休干部作用，围绕脱贫攻坚、疫情防控、贫困助学深化“增添正能量·共筑中国梦”活动。至年底，市委老干部局获评市级文明标兵单位。市税务局离退休党支部成功创建“全省示范离退休干部党支部”。

【老干部系列主题活动】 2020年，市委老干部局开展“增添正能量·共筑中国梦”等活动，8000余名“五老”志愿者参与社会公益、社区治理、精准扶贫、蓝天保卫战。市老科协41名专家直接参与精准扶贫工作；5000余名离退休干部党员投身疫情防控志愿服务，3474名离退休干部党员捐款捐物。组织考察慈利溪口红军树、苏维埃革命旧址等红色历史遗迹，组织参加“不忘初心·砥砺前行”知识竞赛等活动。

【市老干部（老年）大学】 2020年，原张家界市老年大学更名为张家界市老干部大学。学校以老干部（老年人）为教育服务对象，办学宗旨为“老有所教、老有所学、老有所乐、老有所为”。2020年，学校推进5G智慧校园建设落地，利用网络引导学员进行线上学习，组织学员在做好自身防护的同时，以捐款捐物、志愿服务、创作文艺作品等多种形式，为打赢疫情防控阻击战贡献力量。（本栏撰稿 孟果良 刘 慧）

关心下一代工作

【“传承红色基因，争做时代新人”主题活动】 2020年，张家界市10万余名中小学生参加“传承红色基因，争做时代新人”主题活动。永定区关工委组织党史国史宣讲团深入到学校、社区、村居为青少年讲红色故事。桑植县关工委在洪家关红军学校开展党史、国史报告会。桑植县、武陵源区、慈利县关工委相继开展系列红色革命党性教育。各地还根据自己的特点，成立不同形式的“五老”志愿服务队、“学雷锋服务团”、“学生安全监督团”。（五老指老干部、老战士、老专家、老教师、老模范）

【“讲好抗击疫情系列故事”活动】 2020年，张家界市各级关工委在全市236所中小学开展讲好抗疫英雄楷模系列故事，通过黑板报、主题班会、思政课、专题讲座、国旗下的讲话、“爱国心·报国情·强国志”征文活动、法治主题教育等活动，宣传抗疫一线医护人员的优秀事迹。

【“关爱明天、普法先行”教育活动】 2020年，张家界市关工委法制报告团牵头组织各级关工委开展学校法制宣传教育工作。市检察院关工委开展“开学第一课”法治进校园巡讲活动，市公安局开展送法进学校活动，市中级人民法院开办流动法庭，送法律到基层、学校和企业。

【“三送一扶”活动】 2020年9月19日和10月23日，市关工委联合市慈善总会，在桑植县洪家关乡、慈利县溪口镇举行“三送一扶”活动，现场救助贫困家庭孩子300余名，发放贫困救助资金20万元，为近千名贫困家庭孩子开展义诊。据统计，张家界市各级关工委组织开展“三送一扶”（送文化、送健康、送温暖、扶贫助学）活动57次，发放救助资金百万余元，为万名贫困家庭孩子开展义诊，组织文艺演出近百场。

【“一对一”关爱农村留守儿童】2020年，张家界市农村特困留守儿童30700名，参加“一对一”结对关爱的18491名干部、党员、教师定期对农村留守儿童进行帮扶，做到“心理上有温暖，学业上有辅导，生活上有照顾”。张家界市各级关工委积极探索关爱留守儿童新途径，建立慈利县江垭镇留守儿童之家，桑植县芭茅溪学校留守儿童托管中心等多家留守儿童关爱阵地，启动张家界“圆梦大风车·关爱筑未来”留守困境儿童关爱公益项目等。

【家庭隔代教育】2020年，张家界市各级关工委组织家庭教育讲师团79个，将隔代教育与红色文化教育、法治宣传教育、遵纪守法、依法办事相结合，家庭教育与德智体美劳教育相结合。永定区关工委举办隔代家庭教育大型公益讲座198场，慈利县编写隔代家庭教育专题教材，定期组织学习，桑植县开通家庭教育微信平台，助力青少年健康成长。

【杨流芳等获全国关心下一代工作委员会表彰】2020年11月17—18日，纪念中国关工委成立30周年暨全国关心下一代工作表彰大会在北京召开。桑植县关工委获“全国关心下一代工作先进集体”称号，杨流芳、卓乐知、刘小燕3人获“全国关心下一代工作先进个人”称号。卓乐知同志作为湖南省6名参会代表之一赴北京参加大会。

（本栏撰稿 刘小燕 刘 慧）

保密工作

【概况】2020年，张家界市委保密办将机关、单位保密委员会建设和工作落实情况列入全市保密检查内容，各区县和市直机关、单位保密委员会及其办公室建设得到加强。加强党管保密政治属性。推动保密知识持续列入市委和区县委理论学习中心组年度学习内容。市委党校将保密课纳入处干班、青干班、科干班教学内容。开展新进公务员保密培训。

2020年12月4日，市委保密办深入市城区开展法治宣传活动　（黄 勤 摄）

【保密重点领域管理】2020年，张家界市加强涉密人员和涉密电脑动态管理。建立涉密人员信息库、定密工作和涉密计算机动态管理数据库，摸清全市涉密人员、涉密计算机的底数。加强定密管理工作。组织开展定密报备和集中解密审核，指导健全机关、单位定密管理制度，定密工作取得新成效。加强涉密网络管理和信息化建设。完成全市保密部门接入专用网络工作，部署互联网保密风险预警设施，涉密网络和互联网监管能力得到提升。加强涉密资质管理。配合完成全市X家申请资质企业的现场审查工作。发布全市涉密乙级资质企业名录，加强涉密印刷、保密设备购置、涉密网络建设运维等方面源头管理。切实加强国家教育考试保密指导监督。开展保密室现场检查，指导加强保密管理措施，防范失泄密风险。

【保密宣教培训】2020年，张家界市委保密办开展公益宣传，营造社会氛围。扎实开展“4·15”大型法治宣传活动，采取多种有效形式，对保密法、国家安全法、军事设施保护法、反间谍法、国防法进行广泛宣传，发放宣传手册800余份，提升公众保密意识。加强业务培训，提升业务素质。2020年举办涉密人员培训班7场次，全市保密干部业务培训班1场次，培训涉密人员800余人次。组织观看保密专题教育片，开展经常性保密形势宣讲，全年完成宣讲任务30批次。

【保密检查督查】2020年，张家界市委保密办开展进驻式保密检查和保密自查自评督查。检查机关单位、乡镇，排查全市保密工作风险隐患。开展重点涉密单位周边文印店和自然资源领域专项检查。严格案件查办。依法依规查处违规行为，督促处理相关责任人。

（本栏撰稿　彭　昱）

党校工作

【概况】截至2020年年底，市委党校设有办公室、组织人事部、教务部、科研部等部室17个。“三校合一”后分为宝头山、五子坡、老木峪三个校区，校园占地面积8.4公顷，总建筑面积2.1万平方米。2020年，市委党校以贯彻落实《中国共产党党校（行政学院）工作条例》（以下简称《条例》）为契机，抓好党员干部培训工作，发挥好党员干部培训主阵地、主渠道作用。市委常委会专题研究贯彻落实《条例》，听取校（院）工作情况汇报，印发《贯彻落实〈条例〉重点任务清单》的通知，确保《条例》落实落地。全年开办主体班7个，培训人数415人。承办各类社会培训班6个，培训人数313人。完成省、市和校级课题6个，在省级以上刊物发表论文10篇。

【干部培训】2020年，市委党校开办主体班7个，培训人数415人。承办各类社会培训班6个，培训人数313人。科学设置干部培训班次，按照市委全年干部培训计划，设置两期处干班、两期中青班、一期科干班和一期新录用公务员初任培训班以及市委经济高质量发展专题培训班。优化干部培训教学布局，针对不同班次、不同培训对象，设置相应的课程，围绕工作重点和干部所需，及时调整和更新教学内容。在坚持突出马克思主义基本理论和中央最新重大理论、方针政策教学的基础上，以习近平新时代中国特色社会主义思想、基本原理与经典原著系列专题，党规党纪、党史等党性教育系列专题，领导方法与文化素质系列专题等为主要教学板块。加强党的思想建设、组织建设、作风建设、反腐倡廉、制度建设等教学内容的研究。至年底，开设教学专题19个。围绕《习近平新时代中国特色社会主义思想三十讲》《习近平的七年知青岁月》《习近平在正定》等书籍，组织座谈会和读书分享会。各主体班次配备同职级的班主任和跟班教师各1名，严格学员培训管理，学风良好，结业考核成绩优良率85%以上。

【科研咨政】2020年，张家界市委党校获批省级社科课题项目1项。获批省部级科研课题项目5项，省部级课题结项6项。在省级以上刊物发表论文10篇。鄢虎获第四届湖南省社会主义学院科研评奖三等奖，童路雯获第十三届湖南省委党校(行政学院)系统科研成果评比一等奖。在全省党校系统理论研讨会中获得一个一等奖、一个二等奖和一个三等奖。在“忠诚、维护与担当——红二方面军（红二、六军团）与长征”学术研讨会中，市委党校5人、4篇文章获得优秀论文奖。

【新校区建设】2020年，市委党校新校区建设取得省自然资源厅下发的新校区建设用地调规批复、林业许可批复和省大鲵保护办公室《不涉及大鲵保护生态红线的批复》，完成详规设计编制送审稿、风险稳定评估、环境评估等相关评审工作。市委党校新校区建设项目选址在永定区后坪街道侯家湾村宝头山处，新校区建设项目概算投资1.97亿元，总占地面积81.03亩，总建筑面积约24000平方米。

（本栏撰稿　覃道武）

党史研究工作

【概况】2020年，张家界市委党史研究室修订《中国共产党张家界历史（1921—1949）》（第一卷），补充最新资料6万余字、照片30余幅，形成定稿20万余字，已交付出版社。启动《中国共产党张家界历史（1949—1978）》（第二卷）的编纂工作。完成《湘鄂西革命根据地》编纂工作，形成30万字送审稿，湖南省《湖湘红色基因文库》办公室专家认为书稿‘符合要求，并且思路清晰，史实清楚，内容布局合理，逻辑严谨”。2020年12月《湘鄂西革命根据地》已交付出版社出版。编写“红军长征在湖南”专题史料，形成《红军长征在张家界》《红军长征在永定》《红军长征在武陵源》《红军长征在慈利》《红军长征在桑植》5本专题史料，共51万

2020年11月19日，“忠诚、维护与担当——红二方面军（红二、六军团）与长征”学术研讨会现场

（市委党史研究室　供图）

余字。启动《红二方面军长征故事》编纂工作，面向全国征稿，收到稿件150余篇，已交付出版社出版。

党史联络工作。编写《难忘的历程——回忆录之八》（张家界市关心下一代工作纪实）（以下简称《之八》）、《难忘的历程——回忆录之九》（百年巨变）（以下简称《之九》）。《之八》记录2004年以来张家界市关心下一代工作的情况和成绩，形成送审稿25万字；《之九》征集记录建党以来张家界市境内各行各业取得的建设成就回忆文章70多篇，形成初稿35万字。

抗击新冠肺炎专项史料收集。编辑整理全市疫情防控专题资料。2020年4月，张家界市委党史研究室向全市参与疫情防控工作的一线相关单位发函，上门收集相关资料，整理相关文件、新闻、先进模范事迹等资料700余份，照片600多幅，形成张家界市抗击新冠肺炎疫情专题史料。

完成《湖南省委工作纪事》（2020年卷）张家界市、区县工作纪事撰写任务。做好《湘潮》杂志学刊、用刊工作。上报《红色印章（徽章）》《革命旧址和纪念馆相关材料》《中共党史人物传·湘籍人物资料》。

2020年10月23日，省委党史研究院副院长王文珍（左）来张家界调研“忠诚、维护与担当——红二方面军与长征”学术研讨会筹备工作 （市委党史研究室 供图）

【红二方面军与长征专题学术研讨会】 2020年11月18—20日，张家界市委党史研究室承办由中共张家界市委联合中国中共文献研究会任弼时思想生平研究分会、中共湖南省委党史研究院、湖南省中共党史学会在张家界市共同主办的“忠诚、维护与担当——红二方面军（红二、六军团）与长征”学术研讨会。收到论文127篇，入选67篇。原中央党史研究室主任欧阳淞、湖南省政协副主席张大方、省委党史研究院院长胡振荣及其他来自全国26个省份的100余名专家学者参加会议。50余名红二方面军革命后代列席会议。与会学者从对崇高理想和坚定信念的无限忠诚、对实事求是和艰苦奋斗的始终坚守、对革命大局和党的领导核心的维护、对民族独立和人民解放事业的无畏担当四个方面，深入阐释红二、六军团的历史地位和历史贡献，并就如何传承革命精神、开发红色资源等提出了许多新观点新见解，进一步提升了对红二方面军（红二、六军团）长征历史地位的认识。会议认为，红二、六军团创建的湘鄂川黔革命根据地，在中国共产党的百年历史上有着十分重要的地位。在红二、六军团基础上组建起来的红二方面军，在中国人民解放军创建发展史上产生深远影响。英勇善战和敢于担当的红二、六军团以及之后的红二方面军，在长征中始终坚持维护党中央的集中统一领导，维护红军的统一，为长征胜利和中国革命的胜利作出了重大贡献。会议期间，湘、鄂、川、黔、渝五省市党史部门签订《深化湘鄂川黔革命根据地历史研究合作框架协议》。这次会议取得的成果得到中央《光明日报》、省市各级媒体的广泛推介。

2020年11月12日，“忠诚、维护与担当——红二方面军与长征”学术研讨会筹备工作调度会召开 （市委党史研究室 供图）

【《中国共产党张家界历史（1921—1949）》修订本提交出版】2020年4月，《中国共产党张家界历史（1921—1949）》修订本通过中共张家界市委审阅，并提交湖南人民出版社。

修订工作由市委党史研究室主任张国纲牵头，于2019年3月开始，至2020年4月结束。修订工作主要体现在六大方面：一是调整篇目。由原书三编改设五编，第一编党组织的建立及在大革命时期的活动分为两编，即第一编党创建时期的张家界社会环境和第二编大革命时期党组织在张家界地区的活动。将第三编分为两编，即第四编全民族抗日战争党组织在张家界地区的活动和第五编解放战争时期党组织在张家界地区的活动。二是修正观点。对标《中国共产党历史》第一卷和《中国共产党的九十年》等权威著作，依据新的资料和研究成果，对部分史实进行修正。三是增加图片。增加图片30余幅，增强历史感和可读性。四是增补内容。充分利用近年来张家界地区的党史研究成果，就红二方面军从桑植出发长征、桑植起义等重大事件的内容进行增补。全书字数由原来的20万增加到30余万。五是完善表述。纲目标题表述更加简洁，内容论述、详略等关系处理得更为恰当，语言更加简明生动。六是凸显特色。对桑植起义爆发及其历史贡献、湘鄂川黔等革命根据地的历史地位进行了论述，凸显张家界市地方特色和亮点。

【市委常委会专题研究党史和地方志工作】2020年4月23日，湖南省张家界市委书记虢正贵主持召开张家界市委常委会2020年第11次会议，研究党史和地方志工作。张家界市委党史研究室（张家界市地方志编纂室）主任张国纲作党史和地方志工作情况汇报，系统汇报近两年党史和地方志工作情况、今后拟开展的重点工作以及请示事项。

会议要求，各级各部门党委（党组）要站在历史和全局的高度重视党史工作，加强领导，强化责任，密切配合，抓好党史工作。党史部门要研究好、宣传好、维护好党的历史，把握机遇，牢牢担起时代责任，鼓励社会各界人士共同参与，打造张家界市的党史精品力作，以良好风貌和业绩，向建党一百周年献礼。会议强调，要结合张家界资源特色，深入挖掘红二方面军长征出发地、湘鄂川黔革命根据地的历史地位和意义，着力打造红色文化品牌，进一步加强品牌影响力。

（本栏撰稿 王 欣）

接待工作

【概况】 2020年，张家界市接待服务中心共接待客人364批次，8535人次。其中，政务接待305批次，3610人次，商务接待38批次，868人次，重要活动接待21批次，4057人次。保障党和国家、省、市领导安全公务用车服务376批次。其中，党和国家领导人公务接待安全用车服务4批次。省领导公务接待安全用车服务144批次，市委、市政府公务考察调研安全用车126批次，其他接待用车安全服务102批次。

【重大接待活动】 2020年11月15—22日，张家界市接待服务中心参与和承担2020中国·张家界首届世界遗产摄影大展、“忠诚、维护与担当——红二方面军（红二、六军团）与长征”学术研讨会和中国·张家界第四届国际旅游诗歌节等重大活动接待任务，接待人数达到500余人。接待工作中，张家界市接待服务中心严格按照市委、市政府的总体安排，认真履行责任，精细安排，克服困难，安全至上，全面完成各项接待任务，受到市委、市政府领导的充分肯定和接待对象的高度评价。

【服务全市经济建设】 2020年，张家界市接待服务中心对有意向到张家界投资兴业的重点客商，采取人性化接待方式，增强其投资决心。全年完成商务接待38批次，868人次。利用公务接待中印制的接待手册这一载体，围绕全市旅游经济大局，宣传推介张家界旅游，全年印制接待宣传手册2000余册。

（本栏撰稿 李朝英 宋帖蔚）

2021

张家界市人民代表大会

· 张家界年鉴 ·

总 类

【概况】 2020年，张家界市人大常委会以习近平新时代中国特色社会主义思想为指导，深入贯彻落实党的十九大和十九届二中、三中、四中、五中全会精神，坚持党的领导、人民当家作主、依法治国有机统一，认真履行宪法和法律赋予职权，召开主任会议14次，常委会会议7次，审议通过地方性法规3部，作出决议决定9项，听取和审议“一府两院”专项工作报告29项，听取有关审议意见研究处理情况报告17项，开展5部法律法规实施情况的执法检查或调研。

【坚持党的领导】 2020年，张家界市人大常委会始终以习近平总书记关于坚持和完善人民代表大会制度的重要思想指导人大工作，及时传达学习习近平总书记湖南考察重要指示和关于人大工作批示精神，结合实际抓好贯彻落实。围绕市委重大决策部署，安排重点工作，做到人大工作与市委决策部署同频共振，把党的全面领导贯彻到人大工作全过程和各方面，确保市委决策部署通过法定程序成为全市人民的共同意志，确保市委推荐的人选通过法定程序成为国家政权机关的领导人员。认真落实重大事项向市委请示报告制度，全年向市委请示报告22次，提请市委常委会研究人大工作6次。（本栏撰稿 李 晶 杜 博）

重要会议

【市七届人大四次会议】 2020年1月5—8日，市七届人民代表大会第四次会议在市区召开。本次会议的议程：听取和审查《张家界市人民政府工作报告》；审查和批准张家界市2019年国民经济和社会发展计划执行情况与2020年计划草案的报告；批准张家界市2020年国民经济和社会发展计划；审查和批准张家界市2019年预算执行情况与2020年预算草案的报告；批准张家界市2019年市级预算；审查和批准张家界市人民政府环境保护工作报告；听取和审查张家界市人民代表大会常务委员会工作报告；听取和审查张家界市中级人民法院工作报告；听取和审查张家界市人民检察院工作报告；会议通过审议，决定批准市人民政府市长刘革安所作的《政府工作报告》；批准市人民政府提出的张家界市2019年国民经济和社会发展计划执行情况与2020年计划草案的报告；批准市人民政府提出的张家界市2019年预算执行情况与2020年预算草案的报告；批准市人民政府提出的张家界市2020年市级预算及市人民政府环境保护工作报告；决定批准市人大常委会主任虢正贵所作的张家界市人民代表大会常务委员会工作报告；决定批准市中级人民法院院长壮晓阳所作的张家界市中级人民法院工作报告；决定批准市人民检察院副检察长刘有仁所作的张家界市人民检察院工作报告。会议审议通过《张家界市第七届人民代表大会第四次会议选举办法》，通过《张家界市人民代表大会及其常务委员会制定地方性法规条例》。会议补选胡丘陵为张家界市第七届人民代表大会常务委员会副主任；补选吴俞萍、彭川晋为张家界市第七届人民代表大会常务委员会委员。补选罗树中为张家界市人民检察院检察长。本次会议收到市人大代表提出建议、批评和意见133件，交由市人民政府及相关单位办理。

【市七届人大常委会第二十六次会议】 3月5日至6日上午，市七届人大常委会第二十六次会议召开。会议听取和审议了市人民政府关于市七届人大常委会第二十二次会议关于2018年度市属企业国有资产管理情况报告审议意见研究处理情况的报告、关于中央和省级生态环境保护督察问题整改落实情况的报告的审议意见研究处理情况的报告、关于全市农村人居环境整治工作情况报告审议意见研究处理情况的报告、关于全市归侨侨眷权益保护“一法两办法”贯彻实施情况报告审议意见研究处理情况的报告。会议听取和审议了市人民政府关于2020年全市重点项目计划安排情况的报告、关于《中华人民共和国传染病防治法》《中华人民共和国传染病防治法实施办法》贯彻实施情况的报告，审议了《张家界市农村居民住房建设管理条例（草案）》，交办了市七届人大四次会议期间代表提出的建议、批评和意见。会议表决通过了市人大常委会关于批准2020年市本级重点项目计划的决议，审议并通过《张家界市人民代表大会常务委员会2020年工作要点》。

【市七届人大常委会第二十七次会议】 4月28—29日，市七届人大常委会第二十七次会议召开。会议听取和审议了市人民政府关于市七届人大常委会第二十三次会议关于《中华人民共和国城乡规划法》和《湖南省实施〈中华人民共和国城乡规划法〉办法》贯彻实施情况的报告的审议意见研究处理情况的报告、关于《湖南省武陵源世界自然遗产保护条例》贯彻实施情况的报告的审议意见研究处理情况的报告。听取和审议了市人民政府、市中级人民法院、市人民检察院关于市七届人大常委会第二十三次会议关于《中华人民共和国行政诉讼法》贯彻实施情况的报告的审议意见研究处理情况的报告、市人民政府关于2019年度法治政府建设情况的报告、市人民政府关于2019年度全市国有自然资源资产管理情况的报告。会议听取了市人民政府关于《张家界市自然保护地整合优化方案(送审稿)》有关情况的报告。会议表决通过了市人大常委会关于2019年度全市国有自然资源资产管理情况的报告的审议意见、人事任免名单，会议决定免去曹思益的市人民检察院副检察长、检察委员会委员、检察员职务。会议举行了市人民检察院检察长罗树中向宪法宣誓仪式。

【市七届人大常委会第二十八次会议】 7月14—15日，市七届人大常委会第二十八次会议召开。会议听取和审议了市人民政府关于市七届人大常委会第二十五次会议关于《中华人民共和国教育法》贯彻实施情况的报告的审议意见研究处理情况的报告、市人民政府关于提请作出加强张家界莓茶和桑植白茶品牌建设决定的议案及市人大农业委对此议案的审查报告、市人民政府关于提请审议《张家界市古树名木保护条例（草案）》的议案及市人大农业委对此议案的初步审查意见、听取市人民政府关于2019年全市及市本级财政决算情况的报告及市人大财经委的审查报告、听取市人民政府关于2019年市本级预算执行和其他财政收支情况的审计工作报告、听取市人民政府关于2020年上半年国民经济和社会发展计划执行情况的报告、听取市人民政府关于2020年上半年预算执行情况的报告，市人民检察院关于开展公益诉讼检察工作情况的报告、《张家界市农村村民住房规划建设管理规定（草案·二审稿）》。会议听取了市人民政府关于全市“扫黑除恶”专项斗争工作情况的报告。会议听取和审议了市人民政府关于全市结核病防治工作专题报告，组织开展了关于全市结核病防治工作专题询问。会议听取、审议表决通过了市七届人大常委会关于接受袁美南辞去市监察委员会主任职务的决定、市七届人大常委会代表资格审查委员会关于个别代表的代表资格的报告、关于提请任命王令波为市监察委员会副主任的议案、关于提请免去段智敏等职务的人事任免议案。会议表决通过了市人大常委会关于市人民政府关于提请作出加强张家界莓茶和桑植白茶品牌建设决定的议案的决定和决议、市人大常委会关于2019年市本级财政决算情况的决议、市人大常委会关于2019年市本级预算执行和其他财政收支情况的审计工作报告的审议意见、市人大常委会关于2020年上半年国民经济和社会发展计划执行情况的报告的审议意见、市人大常委会关于2020年上半年预算执行情况的报告的审议意见、市人大常委会关于开展公益诉讼检察工作情况的报告的审议意见、市人大常委会关于全市结核病防治工作情况的报告的审议意见。会议补选了易佳良、袁友方为张家界市出席湖南省第十三届人民代表大会代表。会议决定任命王令波为张家界市监察委员会副主任，决定接受袁美南辞去张家界市监察委员会主任职务的请求，报张家界市第七届人民代表大会第五次会议备案，决定王令波副主任为张家界市监察委员会代理主任。

【市七届人大常委会第二十九次会议】 9月3日，市七届人大常委会第二十九次会议召开。会议听取和审议了市人民政府关于2020年市本级预算调整方案的情况报告及市人大财经委对此方案的审查报告、市人民政府关于《全国人民代表大会常务委员会关于全面禁止非法野生动物交易、革除滥食野生动物陋习，切实保障人民群众生命健康安全的决定》《中华人民共和国野生动物保护法》贯彻实施情况的报告、市人民政府关于贯彻实施《中华人民共和国城乡规划法》《湖南省实施〈中华人民共和国城乡规划法〉办法》开展国土空间规划编制情况的报告、市人大常委会执法检查组关于检查《张家界市扬尘污染防治条例》贯彻实施情况的报告、《张家界市农村村民住房规划建设管理规定（草案·三审稿）》、《张家界市古树名木保护条例（草案·二审稿）》。会议听取、审议并表决通过市七届人大常委会代表资格审查委员会关于个别代表的代表资格的报告。会议表决通过了市人大常委会关于对市人民政府关于《全国人民代表大会常务委员会关于全面禁止非法野生动物交易、革除滥食野生动物陋习，切实保障人民群众生命健康安全的决定》《中华人民共和国野生动物保护法》贯彻实施情况的报告的审议意见、市人大常委会关于对市人民政府关于贯彻实施《中华人民共和国城乡规划法》《湖南省实施〈中华人民共和国城乡规划法〉办法》开展国土空间规划编制情况的报告的审议意见、市人大常委会执法检查组关于检查《张家界市扬尘污染防治条例》贯彻实施情况的报告的审议意见、市人大常委会关于批准2020年市本级预算调整方案的决定、《张家界市农村村民住房规划建设管理规定》及人事任免名单。会议任命董府宁为市人大法制委员会副主任委员，决定任命张雅鑫为市人大常委会办公室专职副主任，董府宁为市人大常委会法制工作委员会副主任。决定免去田党民的市人大常委会办公室专职副主任职务。

【市七届人大常委会第三十次会议】 2020年10月20—21日，市七届人大常委会第三十次会议召开。会议听取了市人民政府关于全市国际友城建设工作情况的报告、关于全市脱贫攻坚工作情况的报告，听取和审议了市人民政府关于提请审议张家界市与老挝人民民主共和国琅勃拉邦省琅勃拉邦市建立友好城市关系的议案及市人大民侨外委对此议案的审查报告、市人民政府关于提请审议天子山景区高台游步道提质改造项目的议案及市人大农业委对此议案的审查报告、市人民政府关于提请审议金鞭溪沿线基础设施提质改造项目的议案及市人大农业委对此议案的审查报告、市人民政府关于市七届人大常委会第二十三次会议《关于〈张家界市妇女儿童发展规划（2016—2020年）〉贯彻实施情况的报告的审议意见》研究处理情况的报告，市人大常委会主任会议关于提请审议《张家界市人民代表大会常务委员会关于加强检察机关公益诉讼工作的决议（草案）》的议案、市人大常委会执法检查组关于检查张家界市《中华人民共和国残疾人保障法》和《湖南省实施〈中华人民共和国残疾人保障法〉办法》贯彻实施情况的报告、《张家界市古树名木保护条例（草案·三审稿）》。会议表决通过市人大常委会执法检查组关于检查张家界市《中华人民共和国残疾人保障法》和《湖南省实施〈中华人民共和国残疾人保障法〉办法》贯彻实施情况的报告的审议意见、市人大常委会关于张家界市与老挝人民民主共和国琅勃拉邦省琅勃拉邦市建立友好城市关系的议案的决定、市人大常委会关于天子山景区高台游步道提质改造项目的议案的决定、市人大常委会关于金鞭溪沿线基础设施提质改造项目的议案的决定、市人大常委会关于加强检察机关公益诉讼工作的决议、《张家界市古树名木保护条例》及人事任免名单。会议决定任命祝云武为张家界市人民政府副市长，决定免去李传荣的张家界市人民政府副市长职务，免去向源的张家界市中级人民法院审判员职务。

【市七届人大常委会第三十一次会议】 2020年11月25日—26日，市七届人大常委会第三十一次会议召开。会议听取和审议了市人民政府关于《中华人民共和国行政诉讼法》贯彻实施情况的报告、市人民政府关于市七届人大常委会第二十八次会议《关于〈市人民政府关于2020年上半年国民经济和社会发展计划执行情况的报告〉的审议意见》研究处理情况的报告、市人民政府关于市七届人大常委会第二十八次会议《关于〈市人民政府关于2020年上半年预算执行情况的报告〉的审议意见》研究处理情况的报告、市人民政府关于市七届人大常委会第二十八次会议《关于〈市人民政府关于2019年度市本级预算执行和其他财政收支情况的审计工作报告〉的审议意见》研究处理情况的报告、市人民政府关于市七届人大常委会第二十七次会议《关于〈市人民政府关于2019年度国有自然资源管理情况的报告〉的审议意见》研究处理情况的报告、市人民政府关于市七届人大常委会第二十八次会议《关于听取我市结核病防治工作情况和专题询问后的审议意见》研究处理情况的报告、市人民政府及市工信局、市财政局、市城管局、市政府研究室关于市七届人大四次会议以来代表建议、批评和意见办理情况的报告。会议组织对市政务中心、市自然资源和规划局、市住建局、市市场监督管理局、市工信局、市发改委、市文旅广电体局、市公安局、市财政局、市人社局、市生态环境局、市交通运输局、市商务局、市城管局、市林业局、市人防办进行了优化营商环境工作集中评议。会议表决通过了市人大常委会关于《中华人民共和国行政诉讼法》贯彻实施情况的报告的审议意见、《张家界市人民代表大会常务委员会关于召开张家界市第七届人民代表大会第五次会议的决定》，会议决定张家界市第七届人民代表大会第五次会议于2021年1月8日在市区召开。

【市七届人大常委会第三十二次会议】 2020年12月23日，市七届人大常委会第三十二次会议召开。会议听取和审议了张家界市人大常委会2021年立法计划（草案）及有关说明、主任会议关于提请审议《张家界市人民代表大会常务委员会关于进一步加强行政审判工作的决议（草案）》的议案、市七届人大五次会议筹备工作情况报告；市人民政府关于2020年度市本级预算调整方案报告及市人大财经委对此方案的审查报告、医疗保障基金监管工作情况报告；市人民检察院关于开展公益诉讼检察工作情况报告审议意见研究处理情况的报告及人事任免议案。会议审议了市人大常委会工作报告和2020年规范性文件备案审查工作情况报告。会议听取和审议并表决通过了市人大常委会关于接受张炎辞去张家界市第七届人民代表大会民族华侨外事委员会主任委员职务的决定、代表资格审查委员会关于个别代表的代表资格报告。会议表决通过了张家界市人大常委会2021年立法计划、关于进一步加强行政审判工作的决议、关于批准2020年度市本级预算调整方案的决定、市人民政府医疗保障基金监管工作情况报告的审议意见及人事任免名单。会议决定接受张炎辞去张家界市人民代表大会民族华侨外事委员会主任委员职务，报张家界市第七届人民代表大会第五次会议备案。会议任命黄兴吉为张家界市人民代表大会民族华侨外事委员会委员；蒋木书为张家界市人民代表大会监察和司法委员会委员；许晖为张家界市人民代表大会财政经济委员会委员；李娟为张家界市人民代表大会法制委员会委员。会议决定任命陈叶峰为张家界市人力资源和社会保障局局长，决定免去王德光的张家界市人力资源和社会保障局局长职务，批准免去许朝晖的慈利县人民检察院检察长职务。

（本栏撰稿　杜　博）

地方立法

【概况】 2020年，张家界市人大常委会着力探索“既要讲好党言党语，也要讲好法言法语”的法治实践，坚持“小切口、真管用”原则，充分发挥立法引领作用，深入推进科学立法、民主立法和依法立法，审议通过地方性法规3部，为全市高质量发展提供有力的法治保障。

【创新立法模式】 2020年，张家界市人大常委会充分发挥立法主导作用，建立常委会主要领导负总责，其他副主任分头负责，各专委会、工作机构和常委会组成人员齐上阵的“众人磨一剑”立法模式。坚持提前介入、开门立法，落实立法公开要求，健全立法沟通机制，扩大公民有序参与，多渠道多形式征集社会各方面的立法意见和建议，广泛凝聚社会共识，立法更加科学、更加民主，立法质量明显提高。

【立法为民】 2020年，张家界市人大常委会始终把人民群众对美好生活的向往作为立法方向，坚持立打造改革开放高地的法、立离人民群众近的法、立管长久的法。全年审议通过地方性法规3部，为解决农村村民建房规划滞后、乱占耕地、人居环境差、审批手续繁杂等突出问题，深入14个乡镇36个村，开展多轮考察调研，三次审议修改法规草案，出台《张家界市农村村民住房规划建设管理规定》，该法重点突出，条条都有针对性，为实施乡村振兴战略提供基础法治保障。为加强古树、名木后续资源保护，制定《张家界市古树名木保护条例》，该法切口小，有特色，规范和加强了古树名木保护管理，促进全市生态文明建设和全域旅游发展。为规范地方立法活动，提高立法质量，维护社会主义法制的统一，发挥立法的引领和推动作用，制定《张家界市人民代表大会及其常务委员会制定地方性法规条例》。

【维护法制统一】 2020年，张家界市人大常委会听取规范性文件备案审查工作报告，进一步完善备案审查制度，推动备案审查工作规范化、制度化、程序化。对市“一府两院”报送的39件规范性文件进行备案审查，做到有件必备、有错必纠。创新开展市本级法规学习宣传，联合市委全面依法治市委员会编印《张家界市地方性法规学习读本》，并纳入全市普法考试内容。

（本栏撰稿 李 晶 杜 博）

人大监督

【概况】 2020年，张家界市人大常委会围绕市委所谋、政府所为、群众所盼，创新监督方式，依法开展正确监督有效监督，听取和审议“一府两院”专项工作报告29项，听取有关审议意见研究处理情况报告17项，开展5部法律法规实施情况的执法检查或调研，开展专题询问1次，开展专项评议1次，确保法律法规和决议决定有效执行。

【促进经济企稳向好监督】 2020年，张家界市人大常委会听取和审议计划、预算、审计、重点项目计划安排、国有资产、国有自然资源管理等工作报告，推动全市上下坚定发展信心、抓好项目建设、促进旅游升温，经济发展企稳向好。开展优化营商环境工作评议，出台市直部门优化营商环境工作评议方案及实施细则，对16个市直部门开展集中评议，为优化全市营商环境发挥积极作用。开展演艺市场调研视察，督促相关部门解决演艺市场恶性竞争等突出问题。听取和审议国际友城工作情况报告，内陆开放新高地建设有新进展。听取和审议脱贫攻坚工作情况报告，助力全面建成小康社会。听取市人民政府“十四五”规划和2035年远景规划纲要编制工作报告，召开“十四五”规划和2035年远景规划纲要座谈会。各专委会主动对接有关部门，广泛组织市人大代表为规划纲要建言献策，并汇编成集供编制单位参考，为更好绘就发展蓝图留墨添彩。

【人民生命健康安全监督】 2020年，张家界市人大常委会认真贯彻落实党中央和省委、市委坚决打赢疫情防控阻击战的决策部署，靠前指挥疫情防控工作，深入联系项目企业、乡镇村居一线，调研产业复工复产。呼吁全市各级人大及人大代表积极行动，共同抗击疫情。配合省人大常委会开展重大疫情防控和突发公共卫生事件应对法治建设专题调研，听取和审议了《全国人民代表大会常务委员会关于全面禁止非法野生动物交易、革除滥食野生动物陋习，切实保障人民群众生命健康安全的决定》及野生动物保护法贯彻实施情况报告。开展传染病防治法和实施办法的执法检查，针对人民群众反映突出的结核病防治有关问题，组织开展本届人大常委会首次专题询问，形成审议意见和问题交办清单，理顺结核病防控机制，规范治疗程序，加大财政投入，解决中小学生入学免费体检、结核病患者报销比例不高、免费药物品种较少、检验检测设备缺乏等突出问题。

【生态环保监督】 2020年，张家界市人大常委会市区县协同开展《张家界市扬尘污染防治条例》执法检查，采用“1+4”编组模式，形成监督合力。创新运用“两次交办一次回头看”监督方式，向市人民政府及有关部门交办问题17个，整改成效明显。强力推进国家卫生城市创建，市人大常委会两位副主任分别负责创卫日常工作和督查工作，开展《张家界市爱国卫生条例》实施情况调研，为成功创建国家卫生城市做出贡献。听取和审议《湖南省武陵源世界自然遗产保护条例》实施情况报告，景区资源环境保护进一步加强。听取和审议贯彻实施城乡规划法和湖南省实施办法、开展国土空间规划编制情况的报告，促进国土空间合理利用和有效保护。听取和审议自然保护地整合优化方案有关情况的报告，力促自然保护地相互重叠、边界不清、多头管理、机构不全等问题的解决。

【社会公平正义监督】 2020年，张家界市人大常委会听取和审议了2019年度法治政府建设、“扫黑除恶”专项斗争工作、行政诉讼法贯彻实施等工作情况报告，维护社会公平正义，推动平安张家界建设。听取和审议全市医疗保障基金监管工作情况的报告，切实维护医保基金运行安全。组织开展贯彻实施残疾人保障法的执法检查，提出健全残疾人保障工作联动机制、加大残疾人事业资金投入、加强残疾人基本公共服务、完善残疾人基本权益保障等审议意见，保障残疾人合法权益。（本栏撰稿 李 晶 杜 博）

重大事项决定和人事任免

【概况】 2020年，张家界市人大常委会围绕市委决策部署，积极回应群众期盼，加强对事关全市经济社会发展大局的重大事项开展调查研究，努力提升审议水平，依法作出决议决定9项。坚持党管干部原则，依法任免23名国家机关工作人员。

【决议决定】2020年，张家界市人大常委会为促进经济复苏，推进重点项目建设，作出《关于批准2020年市本级重点项目计划的决议》。为贯彻落实“一带一路”倡议部署，加强对外交往，审议并批准《张家界市与老挝人民民主共和国琅勃拉邦省琅勃拉邦市建立友好城市关系的议案》。为推动张家界莓茶、桑植白茶产业发展，促进农民增收，作出《关于加强张家界莓茶和桑植白茶公共品牌建设的决议》。对市政府提请审议的《天子山景区高台游步道提质改造项目议案》和《金鞭溪基础设施提质改造项目议案》，开展深入调研和认真审议，依法作出批准议案的决定。加强对“一府一委两院”的支持和监督，作出《关于进一步加强行政审判工作的决议》，健全协作机制，促进依法行政、依法监察和公正司法，推进法治张家界建设；作出《关于加强检察机关公益诉讼工作的决议》，明确公益诉讼的范围和程序，强化公益诉讼检察工作措施，维护国家和社会公共利益。

【人事任免】 2020年，张家界市人大常委会始终坚持党管干部原则，依法任免23名国家机关工作人员，包括任命8人，免去5人，批准免去1人，决定任命4人，决定免去3人，接受辞职2人。按要求组织拟任职人员参加任前法律知识考试。认真执行宪法宣誓制度，对常委会依法任命的国家工作人员组织宪法宣誓仪式，增强国家工作人员的宪法意识、责任意识和公仆意识。

（本栏撰稿 李 晶 杜 博）

代表工作

【概况】 2020年，张家界市人大常委会坚持为代表服务与保障代表履职并重，加强领导示范带动，市人大代表中的市级领导全部参加所在代表小组活动。督办人大代表意见、建议134条，代表建议办理全程公开。代表履职能力不断提高。实现代表联络站建设全覆盖，全年收集群众意见、建议505条。

【代表联系群众平台】 2020年，张家界市人大常委会完善代表联系群众平台建设与管理，重点在市城区及周边人员密集地，市、区县政务服务中心新建立15个代表联络站，运用“互联网+”模式，建立代表联系群众“微”平台，通过线上线下相结合的方式，有效打通代表联系群众“最后一公里”。全年各代表联络站收集来访群众反映问题、建议505条，落实解决151条，转化为代表建议和意见50余条，代表联络站真正成为“民意窗、连心桥”。

【代表活动】 2020年，张家界市人大常委会开展市级领导干部中的市人大代表“密切联系人民群众”主题活动，市级领导带头深入群众、带头参加代表活动，起到了良好的示范作用。围绕群众普遍关心关注的热点难点问题，印发代表调研重点课题，指导代表小组开展脱贫攻坚、旅游发展、乡村振兴等专题调研。组织全国、省人大代表开展农村电子商务发展情况专题调研，针对农村地区物流欠发达、网络信息技术普及度低等问题提出了合理化建议。

【代表意见建议办理】 2020年，张家界市人大常委会为提高代表建议办理效果，制定代表建议督办工作方案，常委会各副主任带队督办，压实相关单位办理主体责任和各专门委员会督办责任。将代表提出的133件建议内容和办理结果在《张家界日报》、红网张家界等媒体上进行公示，接受各方面监督，有力推动营商环境优化、旅游产业发展、食品药品安全等代表和群众高度关注的工作。（本栏撰稿 李 晶 杜 博）

2021

张家界市人民政府

· 张家界年鉴 ·

重要规章、文件

【市政府文件】 2020年，市政府制定颁发的主要文件有：

2月13日，《关于印发2020年〈政府工作报告〉任务分解方案的通知》。

2月21日，《关于认真做好张家界市第七次全国人口普查工作的通知》。

6月1日，《关于改进市中心城区集体土地征地拆迁工作机制的若干意见（试行）》。

9月26日，《关于印发〈健康张家界行动实施方案〉的通知》。

12月25日，《关于实施“三线一单”生态环境分区管控的意见》。

（杜海波）

重要会议、活动

【市政府全体会议】 2020年，市政府召开2次政府全体会议，分别为市人民政府七届七次全会、市人民政府七届八次全会。

7月29日，市人民政府召开七届七次全会，分析研判上半年经济发展形势，研究部署下一阶段各项工作，审议并原则通过《关于开展“六大工程”秋季攻势专项行动的实施方案（送审稿）》。市委副书记、市长刘革安出席会议并讲话。

12月30日，市政府七届八次全会召开，审议并通过《政府工作报告（全会审议稿）》，研究部署岁末年初工作。

【市政府常务会】 2020年，市政府召开22次政府常务会，分别为第七十四至第九十五次常务会。

市政府第七十四次常务会议。1月21日，市委副书记、市长刘革安主持召开市人民政府第74次常务会议，传达全国全省新型冠状病毒感染的肺炎疫情防控工作会议、省政府第五次全体会议、全省人力资源和社会保障工作会议、省政府恢复生猪生产保障市场供应工作电视电话会议、全省发展改革工作会议、健康湖南启动仪式精神，审议《政府工作报告任务分解方案（送审稿）》《张家界市加强安全生产基层基础工作十项措施（送审稿）》，听取岁末年初重点项目、市政项目、工业企业生产、旅游接待等方面工作情况汇报。

市政府第七十五次常务会议。2月7日，市委副书记、市长刘革安主持召开市政府第75次常务会议，审议《关于进一步加强大鲵保护的通告（送审稿）》。

市政府第七十六次常务会议。2月13日，市委副书记、市长刘革安主持召开市政府第76次常务会议，传达学习2月12日中共中央政治局常委会会议上习近平总书记的重要讲话精神、全省农村宅基地和集体建设用地房地一体确权登记工作电视电话会议精神和全省推进装配式建筑会议精神有关讲话和会议精神，审议并原则通过《2020年全市重点项目计划（送审稿）》《2020年市政项目计划（送审稿）》《2020年全市重点民生实事项目计划（送审稿）》《关于进一步加强市本级政府投资管理的通知（送审稿）》。

市政府第七十七次常务会议。2月25日，市委副书记、市长刘革安主持召开市政府第77次常务会议，传达学习副省长隋忠诚到张家界调研时的讲话精神和全省林业工作会议精神，听取全市脱贫攻坚工作情况、新冠肺炎疫情对张家界市经济的影响分析和项目企业复工复产工作情况汇报，审议并通过《张家界市中心城区房地产开发项目公配套（建）设施建设管理实施细则（送审稿）》和关于设立市级产业发展基金和国有小额贷款公司的筹备方案等。

市政府第七十八次常务会议。3月12日，市委副书记、市长刘革安主持召开市人民政府第78次常务会议，传达学习3月5日市州长视频会议和全省水利、住房城乡建设、交通运输、自然资源、统计、生态环境、粮食和物资储备等工作会议精神，听取安全生产、森林防火、防汛抗旱、地质灾害防治、智慧城市综合运行指挥调度中心建设、市政府与市经投公司签订《资产移交协议书》、市级产业发展基金和小额贷款公司设立工作、国有企业退休人员社会化管理工作等工作情况汇报，审议并原则通过《森林防灭火涉改部门主要职能职责界定及工作交接事项清单（送审稿）》《防汛抗旱涉改部门主要职能职责界定及工作交接事项清单（送审稿）》《地质灾害防治涉改部门主要职能职责界定及工作交接事项清单（送审稿）》《2019年度全市安全生产和消防工作考核结果的通报（送审稿）》《张家界市智慧城市综合运营指挥调度中心项目建设方案（送审稿）》《市政府与市经投集团公司资产移交协议书（送审稿）》《土家织锦生产性保护示范基地项目支持方案（送审稿）》《张家界市级产业发展基金筹建方案（送审稿）》《张家界市产业发展基金管理办法（试行）（送审稿）》《张家界市小额贷款公司筹建方案（送审稿）》《张家界市国有企业退休人员社会化管理工作实施方案（送审稿）》。

市政府第七十九次常务会议。3月25日，市委副书记、市长刘革安主持召开市政府第79次常务会议，传达学习全省投资暨重点项目推进电视电话会议精神、全省政府系统办公室工作会议精神、全省教育工作会议精神、全国全省森林草原防灭火工作会议精神以及《关于抓好“三农”领域重点工作确保如期实现全面小康的意见》（中办发

〔2020〕1号），审议并原则通过《关于切实抓好“三农”重点工作确保如期实现全面小康目标的实施意见（送审稿）》《张家界市农作物秸秆综合利用工作方案(送审稿)》《张家界市自然保护地整合优化方案(送审稿）》《市七届人大四次会议建议办理任务分解方案（送审稿）》《市政协七届四次会议提案办理任务分解方案（送审稿）》《2020年市政协委员来信办理任务分解方案（送审稿）》《市政协七届四次会议协商政府工作报告委员意见与建议办理责任分解方案（送审稿）》，听取2019年度建议提案办理工作、市“五馆一院一中心”项目建设有关情况汇报。

市政府第八十次常务会议。4月14日，市委副书记、市长刘革安主持召开市人民政府第80次常务会议。会议传达《湖南省政府办公厅印发〈2020年真抓实干督查激励措施的通知〉》精神，听取关于殡葬改革、交通顽瘴痼疾整治城乡农贸市场建设改造、张家界高新区科技与工业企业城市基础设施配套费减免、天门山景区交通工具服务价格和黄龙洞景区门票拆分工作情况汇报，审议并原则通过《争取省人民政府2020年真抓实干督查激励措施责任分解清单（送审稿）》《关于改进永定城区集体土地征地拆迁工作机制的若干意见（试行）（送审稿）》《张家界市经投集团公司与新松机器人投资有限公司“张家界新松机器人·欢乐城”项目合作协议（送审稿）》。

市政府第八十一次常务会议。4月29日，市委副书记、市长刘革安主持召开市人民政府第81次常务会议，分析全市经济形势，部署下一阶段工作。会议还研究关于置换原张家界市委党校土地及地上建筑事宜。

市政府第八十二次常务会议。5月7日，市委副书记、市长刘革安主持召开市政府第82次常务会议。会议传达学习4月29日、5月6日中共中央政治局常务委员会会议精神，全省集中化解房地产办证信访突出问题动员部署电视电话会议精神，全省2020年污染防治攻坚战暨“夏季攻势”推进工作电视电话会议精神等。会议听取关于湘西北固体废弃物绿色循环利用项目的工作情况汇报，关于张家界市市场监管工作情况汇报和全市禁毒工作情况汇报及张家界荷花国际机场高架桥建设情况汇报。会议审议并原则通过《张家界市市直单位公务员医疗救助暂行办法（送审稿）》，会议研究其他事项。

市政府第八十三次常务会议。6月2日，市委副书记、市长刘革安主持召开市政府第83次常务会议。会议传达学习大湘西片区省重点项目推进会议精神会议和省委、省政府有关统计工作的文件精神。会议听取全市脱贫攻坚工作情况汇报，会议听取全市生产经营类事业单位改革推进工作情况汇报，会议审议并原则通过《市直部门审批服务“三集中三到位”改革实施方案（送审稿）》《张家界市基本医疗保险和生育保险市级统筹实施方案（送审稿）》《张家界市贸促会（张家界国际商会）深化改革实施方案（送审稿）》《张家界市残疾人联合会改革方案（送审稿）》。

市政府第八十四次常务会议。6月11日，市委副书记、市长刘革安主持召开市人民政府第84次常务会议。会议听取关于当前财税形势工作情况汇报、关于全市信访工作情况汇报和关于迎接“国家森林城市”复查考核和禁食陆生野生动物人工繁育主体退出补偿工作情况汇报，审议并原则通过《张家界市古树名木保护条例（送审稿）》，传达全省互联网金融P2P网贷整治和处置非法集资工作电视电话会议精神，审议并原则通过《张家界市打好防范化解重大金融风险攻坚战实施方案（送审稿）》和《张家界市国有企业股权划转方案（送审稿）》。会议还研究其他有关事项。

市政府第八十五次常务会议。6月16日，市委副书记、市长刘革安主持召开市人民政府第85次常务会议。会议听取市经投集团在公开市场融资中有关问题的情况汇报，并就下一步如何解决相关问题进行研究部署。

市政府第八十六次常务会议。6月22日，市委副书记、市长刘革安主持召开市人民政府第86次常务会议。会议传达全省受污染耕地安全利用工作推进视频会议精神，会议审议并原则通过《关于切实加强张家界莓茶和桑植白茶品牌建设决定的议案（送审稿）》《张家界市安全生产专项整治三年行动实施计划（送审稿）》《张家界市公立医疗机构医疗服务价格调整实施方案(送审稿）》，会议还听取2019年市直单位绩效评估结果汇报，审议并原则通过《2020年市直单位绩效评估实施方案(含评估指标)(送审稿)》，会议听取迎接2020年全国干线公路养护管理评价工作情况汇报。

市政府第八十七次常务会议。7月10日，市委副书记、市长刘革安主持召开市政府第87次常务会议。会议传达学习习近平总书记关于长江流域禁捕退捕重要指示和国务院长江流域重点水域禁捕退捕视频会议、全国农村乱占耕地建房问题整治电视电话会议、全省粮食和物资储备部门主要负责人座谈会议、全省早稻收购视频会议精神及省委书记杜家毫有关批示精神，听取我市争取省政府2020年真抓实干督查激励措施工作督查、张家界市重点水域禁捕退捕工作、深化国资国企改革工作及中央、省级环保督察暨污染防治攻坚战“2020夏季攻势”进展工作情况汇报，审议并原则通过《张家界市重点工作成绩突出单位奖励办法（试行）（送审稿）》《张家界市市级投融资平台公司转型发展实施方案（送审稿）》《关于深化市属国有企业内部人事劳动分配制度改革的实施意见（送审稿）》《张家界市农业综合行政执法改革实施方案（送审稿）》。

市政府第八十八次常务会议。7月28日，市委副书记、市长刘革安主持召开市政府第88次常务会议。会议传达国务院第三次廉政工作会议、2020年省政府廉政工作会议、省政府第六次全体会议精神、全省民族团结进步表彰大会、湖南省城市生活垃圾分类工作现场推进会精神及湖南省金融支持稳企业保就业政银企对接活动精神，听取张家界市交通问题顽瘴痼疾集中整治工作、张家界市旅游安全工作情况汇报，审议并原则通过《关于开展“六大工程”秋季攻势专项行动的实施方案（送审稿）》《关于严格落实过“紧日子”要求加强财政支出管理兜牢“三保”支出底线的通知（送审稿）》《张家界市本级地方政府专项债券资金管理暂行办法（送审稿）》《关于市本级抗疫特别国债资金分配及压减相关支出的实施方案（送审稿）》《张家界市生活垃圾分类工作实施方案（送审稿）》《张家界农副产品交易中心项目合作协议（送审稿）》《张家界市宣传思想工作评选表彰工作方案（送审稿）》。

市政府第八十九次常务会议。8月27日，市委副书记、市长刘革安主持召开市政府第89次常务会议，传达学习习近平总书记在经济社会领域专家座谈会上的重要讲话精神、习近平总书记在扎实推进长三角一体化发展座谈会上的重要讲话精神和国务院、全省第七次全国人口普查电视电话会议精神，研究全市河长制、武陵源风景名胜区金鞭溪基础设施提质改造项目和天子山高台游步道提质改造项目（一期）选址、市中心城区供水、电子政务内网横向网建设和安可替代工程建设等工作，审议并原则通过《市中心城区周边五个水厂上划张家界市自来水有限责任公司统一经营管理实施方案（送审稿）》《中共张家界市委张家界市人民政府关于深化改革加强食品安全工作的若干措施（送审稿）》。

市政府第九十次常务会议。9月9日，市委副书记、市长刘革安主持召开市人民政府第90次常务会议。会议传达学习习近平总书记在全国抗击新冠肺炎疫情表彰大会上的重要讲话精神和在纪念中国人民抗日战争暨世界反法西斯战争胜利75周年座谈会上的重要讲话精神，《中共湖南省委审计委员会关于印发〈重大政府投资建设项目审计监督实施办法〉的通知》以及省重点建设项目协调推进会会议精神。会议研究市中心城区限价商品房建设管理、全市农村宅基地管理以及“中国鲵城”等项目城市基础设施配套费减免等工作，审议并原则通过《张家界市中心城区限价商品房管理办法（修订稿）》《全市住建部门疫情防控期间服务经济社会发展的28条措施（送审稿）》《张家界市现代物流业发展规划（2020—2035年）（送审稿）》《张家界市特色产业小镇发展规划（2020—2025年）（送审稿）》《张家界市生态环境损害赔偿制度改革实施方案（送审稿）》。

市政府第九十一次常务会议。9月26日，市委副书记、市长刘革安主持召开市政府第91次常务会议。会议传达全国深化“放管服”改革优化营商环境电视电话会、2020年土地例行督察动员部署暨省农村乱占耕地建房问题整治工作动员部署电视电话会、全省推进社会保险费征收体制改革工作电视电话会、全省粮食收购现场推进会、全省秋冬季森林防灭火电视电话会、全省灾后恢复重建工作电视电话会等会议精神，会议研究全市安全生产、2020年国庆中秋假日旅游、浙江网商银行县域普惠金融项目、“湖南省法治政府示范市”创建等工作，审议并原则通过《张家界市区党校整合涉及财政管理相关事项实施方案（送审稿）》《张家界市关于加强旅游业依法统计提升旅游统计数据质量的规定（送审稿）》。

市政府第九十二次常务会议。10月20日，市委副书记、市长刘革安主持召开市政府第92次常务会议。会议传达全省学习贯彻预算法实施条例防范化解政府债务风险电视电话会议、全省统计法治工作会议暨统计工作座谈会有关精神，会议审议并原则通过《关于加快培育工业新兴优势产业链的实施意见（送审稿）》《张家界市市场监督管理体制调整涉及财政管理相关事项工作实施方案（送审稿）》，会议研究关于武陵源核心景区门票价格拆分工作情况。

市政府第九十三次常务会议。11月5日，市委副书记、市长刘革安主持召开市政府第93次常务会议。会议传达副省长吴桂英，副省长、省公安厅厅长许显辉到张家界调研时的讲话精神以及全省推进禁食野生动物后续工作电视电话会议精神。会议研究关于张家界市本级农村集体建设用地基准地价成果工作、2020年污染防治攻坚战“夏季攻势”及省生态环境保护督察“回头看”问题整改工作、脱贫攻坚工作以及吉首大学张家界学院转设工作。会议审议并原则通过《关于进一步加强市中心城区土地一级市场管理工作的通知（送审稿）》《张家界市社会投资建设项目审批模式告知承诺制管理办法（试行）（送审稿）》《张家界市建设项目区域评估评审工作实施方案（试行）（送审稿）》以及《张家界市个人诚信分管理办法（试行）（送审稿）》。

市政府第九十四次常务会议。11月25日，市委副书记、市长刘革安主持召开张家界市人民政府第94次常务会议。会议传达全省质量大会精神、副省长陈文浩在湖南省第六届生态文明论坛永定年会上的讲话精神以及全省2020—2021年特护期大气污染防治暨重污染天气应急演练工作电视电话会议精神。会议听取长江经济带战略环境评价张家界“三线一单”编制成果情况汇报和张家界市自然保护地整合优化试点工作费用有关情况汇报，会议审议《武陵源风景名胜区袁家界派出所业务用房建设项目方案（送审稿）》以及《张家界市红十字会改革方案（送审稿）》。

市政府第九十五次常务会议。12月25日，市委副书记、市长刘革安主持召开市人民政府第95次常务会议。会议审议并原则通过《政府工作报告（送审稿）》《张家界市国民经济和社会发展第十四个五年规划和二〇三五年远景目标纲要（草案审议稿）》《2021年全市经济社会发展重要计划指标方案（送审稿）》《促进全市乡村旅游发展的实施意见（送审稿）》《张家界市推进在线旅游经营服务管理机制改革实施方案（送审稿）》《张家界市社会投资项目“拿地即开工”实施意见（试行）（送审稿）》《深化改革全面推进基础教育高质量发展的实施意见（送审稿）》《张家界市退役军人创业扶持办法（送审稿）》。会议审议《张家界市旅行社法人记分管理办法（送审稿）》。

【市政府专题会】 2020年，市政府召开各类专题会议。具体如下：

1月19日，张家界市召开会议传达全省“两会”精神。湖南省人大代表、张家界市委书记、市人大常委会主任虢正贵出席会议并讲话，省人大代表、市委副书记、市长刘革安主持会议，省政协委员、市政协主席汪业元传达省政协十二届三次会议精神，省人大代表、市人大常委会常务副主任、党组书记胡丘陵传达省十三届人大三次会议精神。

1月24日，市委副书记、市长刘革安主持召开新型冠状病毒感染的肺炎疫情防控工作领导小组（扩大）会议，传达省委书记杜家毫、省长许达哲召开的关于疫情防控工作视频调度会精神，听取各区县政府、市直重点单位疫情防控工作情况汇报，并就贯彻落实工作进行统一部署。

2月10日，市委副书记、市长刘革安主持召开全市“四上”企业培育工作调度会，扎实推进“四上”企业培育和入库工作，充分挖掘和发挥“四上”企业在经济发展中的重要作用。

2月11日，市委副书记、市长、市委新冠肺炎疫情防控工作指挥长刘革安主持召开市防疫指挥部疫情防控和救治工作专题会，研究部署医疗救治、企业复工后疫情防控等工作。

是日，市委副书记、市长刘革安主持召开张家界市“三线一单”编制工作专题会，听取《长江经济带战略环境评价张家界市“三线一单”》编制情况，为进一步打赢打好污染防治攻坚战提供保障。

2月12日，市委副书记、市长刘革安主持召开2020年全市重点项目、市政项目、民生项目计划安排专题会，安排全年项目建设“盘子”。

2月13日，市委副书记、市长、市委新冠肺炎疫情防控工作指挥部指挥长刘革安主持召开张家界市新冠肺炎疫情防控工作视频会，传达学习2月12日中共中央政治局常委会会议习近平总书记重要讲话精神，听取各区县疫情防控及企业、项目复工复产情况和全市疫情防控、医疗救治情况，就下一阶段疫情防控工作进行部署。

2月14日，市委副书记、市长刘革安主持召开市政府专题会议，研究永定区征地拆迁等工作，协调解决当前工作中存在的难问题。

2月15日，市委副书记、市长刘革安主持召开全市落实市委、市政府《关于禁止大鲵交易和食用的通告》工作调度会，听取工作开展情况，部署下一阶段工作。

2月17日，市委副书记、市长刘革安主持召开全市金融支持园区和工业企业发展专题会议，研究部署金融支持工业企业发展工作。

2月19日，市委副书记、市长刘革安主持召开全市项目企业复工复产调度会，对全市复工复产、项目建设等再调度。

2月20日，市委副书记、市长刘革安主持召开市政府专题会，专题研究市中心城区征地拆迁和房地产开发项目配套设施建设管理工作。

2月24日，市委副书记、市长刘革安主持召开专题会议，专题研究讨论《全市应对新冠疫情十五条措施》（送审稿）。

2月26日，市委副书记、市长刘革安主持召开全市重点工程、市政项目、重点招商项目及清零挂地项目调度会，梳理全市各类建设项目进展情况，研究项目推进过程中的各类问题。

3月2日，市委副书记、市长刘革安主持召开会议，就万达广场、澳门君天、“五馆一院一中心”等项目进行调度。

3月23日，市委副书记、市长刘革安主持召开张家界市招商引资项目执行委员会2020年第1次会议。会议集中会审新松机器人·欢乐城等6个项目，审定《张家界市重大招商引资项目投资人履约能力评估办法》《2020年度张家界市招商引资项目攻坚年工作要点》。

3月24日，市委副书记、市长刘革安主持召开市政府专题会议，专题研究张家界市自然保护地整合优化工作。会议听取张家界市自然保护地整合优化工作情况汇报，研讨如何完善张家界市自然保护地整合优化方案并做好整合优化工作。

3月31日，市委副书记、市长刘革安主持召开全市防汛抗旱电视电话会议。会议通报全市防汛抗旱工作情况，并对下步张家界市防汛抗旱工作进行部署。

4月2日，市委副书记、市长刘革安主持召开市应对新冠肺炎疫情促进经济高质量发展工作指挥部和市新冠肺炎疫情防控工作指挥部会议。会议听取张家界市应对新冠肺炎疫情促进经济高质量发展工作情况汇报、张家界市近期疫情防控工作情况汇报和全市学校学生复课复学准备工作情况，并对下一步难重点工作进行部署。

同日，市委副书记、市长刘革安主持召开全市优质饮用水产业开发座谈会。会议听取全市优质饮用水开发情况汇报，讨论研究张家界市优质饮用水开发的问题和思路，并对下一步如何做好张家界市优质饮用水产业作具体部署。

4月3日，市委书记、市人大常委会主任、市委网络安全和信息化委员会主任虢正贵主持召开市委网络安全和信息化委员会第二次会议。会议传达学习省委网络安全和信息化委员会第二次会议精神，听取2019年全市网信工作情况汇报，审议并原则通过《中共张家界市委网络安全和信息化委员会关于新形势下推进全市网络评论队伍建设的实施办法（审议稿）》，市委副书记、市长、市委网络安全和信息化委员会副主任刘革安出席会议并讲话。

4月7日，市委副书记、市长刘革安主持召开全市新经济发展调度会议。会议听取全市新经济发展工作开展情况汇报和总部经济发展情况汇报，研究讨论下一步工作思路和举措，明确具体工作任务。

4月8日，市委副书记、市长刘革安主持召开市政府专题会议，研究全市5G建设和智慧城市建设工作。会议听取全市5G建设情况、智慧城市建设工作情况汇报，围绕5G基础设施、5G技术应用、5G产业发展、要素保障等进行讨论研究，并对下一步张家界市5G建设和智慧城市建设工作作出具体要求和安排。

4月14日，市委副书记、市长刘革安主持召开市政府专题会议，对南方水泥产能转换、义乌商贸城项目、丰泽保税仓项目等工作进行调度。会议听取有关项目建设情况汇报，并协调解决有关问题。

4月28日，市委副书记、市长刘革安主持召开市新冠肺炎疫情防控指挥部指挥长会议，总结前阶段全市新冠肺炎疫情防控工作，分析研究当前疫情防控工作形势，部署“五一”期间新冠肺炎疫情防控各项工作。会议听取近期全市疫情防控工作开展情况，审议并原则通过《关于做好“五一”期间疫情防控工作的通知》（送审稿）、《关于做好常态化疫情防控加快推进生产生活秩序全面恢复若干问题的通知》（送审稿）、《关于发生重大突发公共卫生事件建造方舱医院等工作预案（草案）》（送审稿）。

5月6日，市委副书记、市长、市生态环境保护委员会主任刘革安主持召开全市2020年污染防治攻坚战暨“夏季攻势”工作推进会。会议听取污染防治攻坚战“2020年夏季攻势”任务有关情况的汇报说明，会议现场交办全省污染防治攻坚战“2020年夏季攻势”中涉及张家界市的有6个方面53项具体任务。

是日，市委副书记、市长刘革安主持召开全市棚户区改造和老旧小区改造工作调度会议。会议听取全市棚户区改造和老旧小区改造工作进展情况，研究讨论当前棚户区改造和老旧小区改造工作的政策形势，并对下一步推进张家界市棚户区改造和老旧小区改造工作明确思路和时间任务。

5月7日，市委副书记、市长刘革安主持召开张家界市电网建设协调领导小组2020年第一次会议。会议听取当前全市电网供需形势、“四个一批”项目安排及存在的问题，2019年电网建设工作开展及下一步工作打算等情况汇报，研究讨论《张家界市电网建设三年行动计划之2020年攻坚活动责任事项清单》，并对下一步张家界市电网建设工作思路和工作任务进行部署。

5月16日，市委副书记、市长刘革安主持召开市新冠肺炎疫情防控工作指挥部、市应对新冠肺炎疫情促进经济高质量发展工作指挥部会议。会议听取近期全市新冠肺炎疫情防控工作情况、市应对新冠肺炎疫情促进经济高质量发展工作情况汇报，并对下一阶段工作作出具体部署。会议审议《关于做好2020年全国“两会”期间疫情防控工作的通知》。

6月3日，市委副书记、市长刘革安主持召开东方希望集团生猪养殖项目调度会议，专题研究当前生猪养殖项目工作面临的困难和问题，并对下一步工作进行部署。

6月4日，市委副书记、市长刘革安主持召开会议，专题研究特色产业小镇和现代物流产业发展规划，审议《张家界市特色产业小镇发展规划（2020—2025年）（送审稿）》《张家界市现代物流业发展规划（2020—2030年）（送审稿）》。

6月9日，市委副书记、市长刘革安主持召开全市投融资平台公司转型发展专题会议。会议听取武陵源区以及市本级投融资平台公司转型发展工作情况汇报，研讨张家界市投融资平台公司转型发展工作思路和方向，并对下一步如何做好转型发展工作作出具体部署。

6月10日，市委副书记、市长刘革安主持召开张家界市人民政府专题会议，专题研究张家界市打造网红经济相关工作，审议《张家界市打造旅游网红经济实施方案（送审稿）》，并就下一步如何抓好张家界市网红经济工作作出部署。

6月19日，市委副书记、市长刘革安主持召开全市卫生健康工作调度会。会议听取张家界市卫生健康工作情况汇报，围绕张家界市卫生健康事业体制改革、机制完善、队伍建设、工作保障等方面进行讨论研究，并对下一步重点工作作出部署。

6月22日，市委副书记、市长刘革安主持召开会议，专题调度市政项目建设情况。会议听取市城区中上游新建污水处理厂选址及管网规划、杨家溪污水处理厂二期建设情况汇报和市政项目建设、市城区城市管理微项目建设进度情况汇报，对下一步工作作出部署。

6月28日，市委副书记、市长刘革安主持召开全市殡葬改革工作调度会议，研究殡葬改革工作，审议并原则通过《殡葬改革承诺书》（送审稿）、《关于推行全市殡葬改革工作、实施“五个一律”免职的通知》（送审稿）以及《张家界市2020年殡葬改革工作考核办法》（送审稿）。

7月1日，市委副书记、市长刘革安主持召开汽车产业销售服务专业市场建设专题会议。会议听取张家界市汽车消费行业发展情况汇报，会议就汽车产业发展进行专题研究，并对下一步工作作出具体部署。

7月2日，市委副书记、市长刘革安主持召开全市旅游经济发展专题会议，就旅游激励政策、规范旅游市场、智慧旅游建设等问题进行专题研究和调度。

7月6日，市委副书记、市长刘革安主持召开会议，专题调度张家界市中心城区D级危房处理工作。会议听取市中心城区D级危房处理工作相关情况汇报，就相关问题进行研究讨论，并就有关具体工作和措施办法进行部署。

7月13日，市委副书记、市长刘革安主持召开专题会议，就市区近期土地“清零即挂牌”出让和已挂牌土地结算工作进行调度。会议听取市本级2020年土地出让情况、市本级2020年以前挂牌出让土地结算情况汇报，研究讨论当前存在的困难和问题，并对下一步工作作出部署。

是日，市委副书记、市长刘革安主持召开全市核灾救灾及灾后重建专题会议。会议听取入汛以来张家界市灾情、抗灾、救灾、核灾及灾后重建工作情况汇报，审议《张家界市救灾核灾及灾后重建工作实施方案》（讨论稿），并就下一步核灾救灾、灾后重建工作进行部署。

7月14日，市委副书记、市长刘革安主持召开张家界市“三线一单”编制工作专题会议。会议听取关于《长江经济带战略环境评价张家界市“三线一单”》编制工作情况汇报，会议就张家界市“三线一单”划定标准、管控单元、划定范围、划定边界等进行讨论，并就下一步工作作出部署。

是日，市委副书记、市长刘革安主持召开市政府专题会议，研究部署市中心城区历史遗留问题楼盘处理工作和商住项目配套建设公服务设施问题专项整治工作。会议听取市中心城区历史遗留问题楼盘处理工作情况和市中心城区商住项目配套建设公共服务设施问题专项整治工作推进情况汇报，研究讨论相关困难和问题，并就下一步工作作出部署。

7月15日，市委副书记、市长刘革安主持召开全市上半年经济运行分析会议，专题研究上半年经济形势，部署下半年经济发展工作。

7月19日，市委副书记、市长、市防汛抗旱指挥部指挥长刘革安主持召开市防汛抗旱指挥部防汛会商视频调度会议，总结张家界市应对18日20时至19日08时强降雨防汛救灾情况，研究部署尾汛、汛后各项工作。

7月28日，市委副书记、市长刘革安主持召开张家界·新松机器人欢乐城项目规划方案汇报会，围绕项目规划设计、产业定位与布局等进行研讨。

8月17日，市委副书记、市长刘革安主持召开“六大工程”秋季攻势攻坚战调度会议，听取相关情况汇报，并对秋季攻势攻坚情况进行调度和部署。

8月20日，市委副书记、市长刘革安主持召开全市防范化解政府性债务风险工作会议。会议听取全市防范化解政府性债务风险工作情况汇报，对相关工作进行调度部署，统筹推进防风险和稳增长工作。

8月31日，市委副书记、市长刘革安主持召开市政府专题会议，传达8月28日全省市州长视频会议精神，调度“六大工程”秋季攻势落实推进情况。

9月2日，市委副书记、市长刘革安主持召开专题会议，听取全面小康工作推进情况，部署下一阶段工作。

9月3日，市委副书记、市长刘革安主持召开专题会议，研究讨论国有土地上房屋征收补偿政策修订。

9月7日，市委副书记、市长刘革安主持召开全市教育工作专题会议，就公办幼儿园占比、城镇小区配套幼儿园专项治理、职业教育、大班额化解等工作进行专题研究和调度。

9月14日，市委副书记、市长刘革安主持召开市政府专题会议，就“六大工程”秋季攻势专项行动项目建设、土地供应进展情况进行专题调度。

是日，市委副书记、市长刘革安主持召开专题会议，研讨“支持和促进房地产市场平稳健康发展”政策。

9月16日，市委副书记、市长刘革安主持召开会议，专题调度张家界市交通问题顽瘴痼疾集中整治工作。

9月17日，市委副书记、市长刘革安主持召开会议，专题研究张家界市“十四五”规划编制工作。

9月23日，市委副书记、市长刘革安主持召开会议，专题调度土地清理资金筹集工作，研讨支持新经济、总部经济发展政策。

9月30日，市委副书记、市长、市新冠肺炎疫情防控工作指挥部指挥长刘革安主持召开会议，部署“两节”期间及下一阶段新冠肺炎疫情防控工作。

10月3日，市委副书记、市长刘革安主持召开视频会议，专题调度全市“十一”假期值班值守、旅游接待及安全生产等工作。

10月30日，市委副书记、市长刘革安主持召开市委副书记、市长碰头会暨经济形势分析会议，调度“六大工程”秋季攻势专项行动进展情况，分析总结1—9月经济发展形势，部署四季度经济工作。

11月9日，市委副书记、市长刘革安主持召开会议，专题研究张家界市生态保护红线评估调整方案和自然保护地整合优化预案。

11月12日，市委副书记、市长刘革安主持召开会议，专题研究铺排2021年市重点项目计划。

11月16日，“张家界·世界绿谷”发展规划编制调研座谈会召开。市委副书记、市长刘革安，国家发改委宏观经济管理编辑部副主任胡长顺参加座谈会。

11月23日，2020年度张家界市安全生产工作考核巡查动员会召开。省考核巡查组组长、省水利厅党组成员、副厅长杨诗君作考核巡查任务安排。市委副书记、市长刘革安出席会议并作表态发言。

是日，市委副书记、市长刘革安主持召开市人民政府专题会议，就全市55座以上客运车辆、卧铺车、800千米以上班线车淘汰工作进行研究。

11月24日，省政府2020年综合大督查张家界市对接会召开。省政府办公厅副厅级督查专员鄢建忠带领省政府督查组一行出席会议，市委副书记、市长刘革安主持会议并表态发言。

12月5日，市委副书记、市长刘革安主持召开专题会议，调度2020年中央、省预算内投资项目和专项债项目开工建设情况。

12月21日，市委副书记、市长刘革安主持召开会议，听取部分市级老干部对2021年《政府工作报告（征求意见稿）》及“十四五”规划的意见、建议。

12月22日，市委副书记、市长刘革安主持召开张家界市2020年经济形势和党风廉政建设情况通报暨“十四五”规划和政府工作报告各界人士代表座谈会。

12月30日，市委副书记、市长刘革安主持召开会议，专题研究“五馆一院一中心”项目以及市中心城区购房优惠政策等工作。

12月31日，市委副书记、市长刘革安主持召开专题会议，就枫香岗组团、太极溪湿地公园有关规划方案进行研究。

【市政府党组会议】 2020年，张家界市政府党组召开15次党组会议。

1月10日，市委副书记、市政府党组书记、市长刘革安主持召开张家界市人民政府党组（扩大）会议，传达学习习近平总书记在全国“不忘初心、牢记使命”主题教育总结大会上的重要讲话精神、习近平总书记在中央政治局第十八次集体学习时的重要讲话精神和省委书记杜家毫在全省“不忘初心、牢记使命”主题教育总结大会上的讲话精神，审议《市政府党组“不忘初心、牢记使命”主题教育总结（送审稿）》。

1月21日，市委副书记、市政府党组书记、市长刘革安主持召开张家界市人民政府党组会议，专题研究市本级财税收入目标绩效奖励和非税收入征管资金奖励发放工作。

1月27日，市委副书记、市政府党组书记、市长刘革安主持召开市政府党组（扩大）会议，传达学习中共中央政治局常务委员会会议、省委常委会会议及全省疫情防控工作视频会议精神，并就全市新型冠状病毒感染的肺炎疫情防控工作进行再部署。

2月6日，市委副书记、市政府党组书记、市长刘革安主持召开张家界市人民政府党组（扩大）会议，传达学习习近平总书记在中央政治局常委会会议上的重要讲话精神、习近平总书记在中央全面依法治国委员会第三次会议上的重要讲话精神、《中共湖南省委办公厅关于学习贯彻习近平总书记在中央政治局常委会会议上重要讲话精神坚决打赢疫情防控阻击战的通知》、《中共湖南省委办公厅关于集中精力打赢疫情防控阻击战的通知》精神、2月5日省委市（州）委书记市（州）长视频会议精神和省政府市（州）长视频会议精神，听取全市新型冠状病毒感染的肺炎疫情防控工作及复工复产工作情况汇报。

2月25日，市委副书记、市政府党组书记、市长刘革安主持召开市政府党组（扩大）会议，传达学习习近平总书记在中央统筹推进新冠肺炎疫情防控和经济社会发展工作部署会议上的重要讲话精神。

3月25日，市委副书记、市政府党组书记、市长刘革安主持召开市人民政府党组（扩大）会议。会议传达学习3月18日中共中央政治局常务委员会会议精神、省委十一届十次全体会议精神、中办通报〔2020〕第1期精神。

4月7日，市委副书记、市政府党组书记、市长刘革安主持召开市政府党组（扩大）会议。会议传达学习习近平总书记3月26日在二十国集团领导人应对新冠肺炎特别峰会上的重要讲话精神、3月27日中央政治局会议精神、习近平总书记3月29日—4月1日在浙江考察重要讲话精神以及中共中央办公厅《党委（党组）落实全面从严治党主体责任规定》，听取关于《市政府党组及其党组书记、成员落实全面从严治党主体责任清单（送审稿）》起草情况汇报。

6月2日，市委副书记、市政府党组书记、市长刘革安主持召开市政府党组（扩大）会议，传达学习习近平总书记在全国“两会”期间系列重要讲话精神和李克强总理《政府工作报告》精神。

7月6日，市委副书记、市政

府党组书记、市长刘革安主持召开市人民政府党组（扩大）会议。会议传达学习2020年6月29日中央政治局会议精神，习近平总书记在中央政治局第二十一次集体学习时的重要讲话精神、习近平总书记在宁夏考察时的重要讲话精神以及习近平总书记关于防汛救灾、禁毒工作、教育公平冒名顶替等重要指示精神，传达省委书记杜家毫在省应急管理厅调研时的讲话精神、关于防汛救灾批示精神，传达省委副书记、省长许达哲听取张家界市工作情况汇报时的精神以及2020年7月3日市州长视频会议精神。

9月22日，市政府召开党组（扩大）会议，专题传达学习习近平总书记在湖南考察时的重要讲话精神和在基层代表座谈会上的重要讲话精神，交流学习心得体会，研究市政府系统贯彻落实意见。市委副书记、市政府党组书记、市长刘革安主持会议。

10月20日，市委副书记、市政府党组书记、市长刘革安主持召开市政府党组（扩大）会议，审议贯彻落实习近平总书记湖南考察重要讲话指示精神工作清单，传达省委书记杜家毫在张家界考察时的重要讲话精神。

11月5日，市委副书记、市政府党组书记、市长刘革安主持召开市政府党组（扩大）会议，学习贯彻中共十九届五中全会精神。

11月25日，市委副书记、市政府党组书记、市长刘革安主持召开张家界市人民政府党组（扩大）会议，传达学习习近平总书记近期重要讲话精神。

12月10日，市委副书记、市政府党组书记、市长刘革安主持召开市政府党组（扩大）会议，传达学习中央、省委有关会议精神，听取2020年真抓实干督查激励工作情况汇报，研究部署当前相关工作。

12月25日，市委副书记、市政府党组书记、市长刘革安主持召开市人民政府党组（扩大）会议，传达学习中央、省委经济工作会议精神，审议相关事项。

【重要活动】 2020年1月3日，市委副书记、市长刘革安会见民航中南地区管理局局长胡振江一行，双方就航空市场开发及机场建设等事宜进行交流。

1月22日，市委副书记、市长刘革安深入武陵源区，看望慰问困难党员、敬老院孤寡老人、困难职工、困难儿童等，为他们送去党和政府的关怀与温暖，向他们致以节日的问候。

1月23日，市委副书记、市长刘革安深入机场、“12345”政府公共服务热线、信访局、市旅游指挥调度中心、110指挥中心等，慰问春节期间坚守岗位的值班人员，并就全市旅游接待工作、新冠肺炎防控有关工作进行检查。

1月25日，市委副书记、市长刘革安到市疫情防控工作领导小组办公室和桑植县，现场督导检查新冠肺炎疫情防控工作，并看望慰问坚守在一线的工作人员。

1月31日，市委副书记、市长刘革安到永定区疫情防控工作指挥部、市城区部分住宅小区和药店，看望慰问一线工作人员，就指挥部工作开展情况、小区疫情防控等工作进行督查。

2月2日，市委副书记、市长、市新冠肺炎疫情防控工作指挥部指挥长刘革安深入桑植县部分乡镇、社区，就桑植县疫情防控工作进行督查督导。

2月4日，市委副书记、市长、市新冠肺炎疫情防控工作指挥部指挥长刘革安深入企业、建设工地，就疫情防控、企业复工复产和重点项目复工等工作进行调研，积极破解发展难题，有效促进经济高质量发展。

2月7日，市委副书记、市长、市新冠肺炎疫情防控工作指挥长刘革安深入慈利县，就疫情防控、工业企业复工复产和班线车恢复营运等工作进行调研。

2月8日，市委副书记、市长、市新冠肺炎疫情防控工作指挥部指挥长刘革安深入教场、且住岗社区和张家界高铁西站、市市场监管局、市疾控中心、市公安局、市交通局及崇文环卫所等地，看望慰问奋战在疫情防控一线的工作人员，协调解决防控工作中存在的困难和问题。

2月11日，市委副书记、市长、市新冠肺炎疫情防控工作指挥部指挥长刘革安深入张家界综合客运枢纽、南正街大修工程、永定区雨露学校等复工项目建设现场，就项目复工后的疫情防控工作进行调研。

2月15日，市委副书记、市长刘革安到张家界市人民医院，检查指导新冠肺炎疫情防控工作，看望慰问奋战在防控一线的医护人员。

2月23日，市委副书记、市长刘革安深入植物提取产业园和垃圾焚烧发电项目建设现场，实地踏勘项目规划建设工作。

3月7日，市委副书记、市长刘革安深入慈利县金岩和三官寺土家族乡，就脱贫攻坚工作进行督战调研。

3月22日，市委副书记、市长刘革安深入杨家溪电排站扩能改造项目、市中心城区澧水重要河段治理（荷花片区）工程、子午西路延伸段防洪项目以及桥头乡高枫村、教字垭镇七家坪村就防汛备汛、复工复产、春耕备耕情况进行调研。

3月28日，市委副书记、市长刘革安深入永定区吾爱森林饮用水厂、仙人溪水厂，桑植县上洞街乡澧水南源水厂、双溪村，就优质饮用水产业发展和脱贫攻坚工作调研并召开座谈会。

4月8日，市委副书记、市长刘革安深入张家界浙江商会调研并举行座谈，了解商会建设及会员企业复工复产情况，为商会和企业发展出谋划策。

4月9日，市委副书记、市长刘革安深入张家界高新区，调研企业复工复产、工业产业发展等工作并举行座谈会，破解张家界高新区发展难题，推动张家界市经济高质量发展。

4月11日，市委副书记、市长刘革安带领市纪委监委、市住建局、市扶贫办等单位相关负责人深入慈利县调研督导脱贫攻坚工作，并开展扶贫领域信访积案化解工作。

4月13日，市委副书记、市长刘革安带领住建、自然资源规划等部门就桂花路、太极溪南路、污水处理厂、花岩水厂等市政项目建设情况进行现场调研并召开座谈会，研究部署项目推进工作。

4月16日，慈利东方希望畜牧有限公司项目开工仪式在慈利县龙潭河镇金富村举行，市委副书记、市长刘革安出席仪式并宣布项目开工。

4月25日，市委副书记、市长刘革安深入永定区桥头乡和桑植县人潮溪镇，就张家界莓茶和桑植白茶产业发展进行调研，研究破解张家界市农业产业特色发展与绿色发展难题的思路和办法，促进特色农产品提高市场竞争力和质量效益。

4月26日，市委副书记、市长刘革安深入武陵源区，调研武陵源核心景区项目建设及门票管理工作，安排“五一”黄金周旅游接待工作。

4月30日，张家界市召开2020年“五一”假期旅游景区开放管理工作会议，会议传达国家和省2020年“五一”假期旅游景区开放管理工作电视电话会议精神，安排“五一”假期旅游景区开放管理及新冠肺炎疫情防控工作，市委副书记、市长刘革安出席会议并讲话。

5月2日，市委副书记、市长刘革安深入天门山国家森林公园、武陵源标志门等地，就“五一”期间景区疫情防控及旅游接待工作进行调研，并来到袁谋文党员义务咨询台、志愿者服务点，看望坚守一线的党员和志愿者。

5月8—10日，省委副书记、省长许达哲到张家界市就“六保”工作、脱贫攻坚、全域旅游、城市建设等调研，并主持召开张家界市经济社会发展座谈会。

5月29日，市委副书记、市长刘革安带队在北京考察洽谈招商引资项目。刘革安一行先后会见北京华体世纪体育场馆经营管理有限公司、中科院新松机器人投资有限公司和北京中关村信息谷资产管理有限公司相关负责人，就体育产业、机器人产业、信息+健康产业等发展合作事宜进行交流洽谈。

6月4日，市委副书记、市长刘革安深入慈利县三官寺土家族乡罗潭村，在贫困户家中开展“四个一”活动，并就地召开脱贫攻坚“屋场会”，与当地村民一起算收入、问政策、找问题，推动扶贫工作纵深开展。

6月5日，市委副书记、市长刘革安深入慈利县三官寺土家族乡调研督导脱贫攻坚质量“回头看”问题整改工作。刘革安一行以“四不两直”的方式先后来到罗潭村、新民村、大峡谷村，现场随机抽取农户对照“一超过、两不愁三保障”和社会保障政策落实情况进行入户走访，随后召开慈利县脱贫攻坚质量“回头看”问题整改工作督战会议。

6月13日，市委副书记、市长刘革安深入永定区尹家溪镇、天门山镇，就防汛备汛工作进行实地调研，并主持召开张家界市2020年8次防汛会商调度会，部署全市防汛工作。

6月21日，市委副书记、市长刘革安深入桑植县，实地调研并指导防汛工作。刘革安一行先后到桑植县城区水文观测点、贺龙水电站及桑植县防汛抗旱指挥部，实地查看并了解水情雨情、地质灾害隐患监测等情况，听取桑植县防汛备汛工作落实情况等。

7月1—2日，省交通运输厅党组书记、厅长赵平率队到张家界，就张家界市交通运输工作进行调研并召开座谈会。市委副书记、市长刘革安，省交通运输厅二级巡视员周自荣，副市长李传荣，中铁建湖南高速公路有限公司董事长、总经理耿杰等参加调研或座谈会。

7月7日，市委副书记、市长刘革安带领市应急管理局、水利局、住建局等单位负责人以及永定区人民政府主要负责人深入市城区木龙滩电站、红壁岩电站等地，就防汛救灾工作进行调研。

7月11日，市委副书记、市长刘革安深入慈利县金岩土家族乡，督导脱贫攻坚质量“回头看”问题整改工作。在红联村、南坪村、三元村，刘革安以“四不两直”的方式现场随机抽取农户，对照“一超过、两不愁三保障”和社会保障政策落实情况进行入户走访，实地查看并督导脱贫攻坚质量“回头看”问题排查整改落实。

7月23日，湖南省金融支持稳企业保就业入市州进园区系列活动在张家界专场举行。活动现场除进行金融政策宣讲、产品展示、需求推介外，有10家银行机构与20家企业进行签约，授信金额达24.18亿元。同时，全市银行机构线上与537家企业达成贷款意向192.5亿元。市委副书记、市长刘革安出席活动并讲话。

8月7日，市委副书记、市长刘革安深入市城区部分项目施工现场、酒店、旅游企业和交通运输公司等地，进行安全生产工作调研检查。

8月18日，市委副书记、市长刘革安就创卫工作进行调研，并召开座谈会，协调解决存在的问题，部署当前创卫验收工作。

8月26日，2020年香港摄影图片展张家界站开幕式在武陵源举行。香港特别行政区政府驻武汉经济贸易办事处主任冯浩贤，市委副书记、市长刘革安，省人民政府港澳事务办公室副主任吴宜彪出席开幕式并致辞。

8月31日，省领导慰问高速公路项目建设者暨六条高速公路集中开工建设动员大会举行，市委副书记、市长刘革安在桑龙高速公路项目分会场参加并讲话。

同日，市委副书记、市长刘革安会见浪潮集团有限公司执行总裁王柏华一行，就合作发展数字经济、新型智慧城市建设、旅游大数据等进行沟通和交流。

9月3日，市委副书记、市长刘革安以普通党员身份参加中共张家界市人民政府办公室机关第一支部“集中整治漠视群众利益作风顽疾”专题组织生活会，与支部党员一起，查摆问题，深入交流。

9月9日，张家界市出席全国抗击新冠肺炎疫情表彰大会的粟仲锐、卢辉2位抗疫英雄搭乘航班载誉归来。市委副书记、市长刘革安到机场迎接问候。

9月15日，市委副书记、市长刘革安会见中国光大国际有限公司副总经理、光大环保（中国）有限公司总裁胡廷国一行，双方就张家界市垃圾焚烧综合处理项目及后续合作进行洽谈。

9月18日，市人民政府与华体集团北京华体世纪体育场馆经营管理有限公司就项目合作事宜进行会谈。张家界市委副书记、市长刘革安，华体运营公司董事、总经理毕晋博，副市长欧阳斌等参加会谈。

9月23日，市委副书记、市长刘革安与360安全科技股份有限公司党委书记、首席发展官、高级副总裁李建华一行举行会谈，双方围绕网络安全、产业数字化等内容进行沟通交流。

9月30日，市人民政府举行庄严的升国旗仪式，市委副书记、市长刘革安出席仪式并讲话。

10月1日，市委副书记、市长刘革安深入张家界高铁站，张家界西出口，常张高速东出口，市中心汽车站、火车站、游客服务中心，天门山索道下站等地，就国庆中秋黄金周旅游接待工作进行调研，并看望慰问一线工作人员与青年志愿者。

10月3日，市委副书记、市长刘革安带领市文旅广体、市场监督管理等相关部门负责人深入张家界大峡谷景区、张家界国家森林公园等地，调研“十一”期间旅游接待工作，看望慰问节日期间坚守在旅游接待一线的工作人员。

10月21—23日，市委副书记、市长刘革安带队赴国家发改委、中铁经济规划研究院及国家铁路集团有限公司对接汇报工作，争取支持，考察企业，招商引资。

11月1日，市委副书记、市长刘革安到永定区阳湖坪街道、西溪坪街道，就新园区社区、丽景天下小区“三联四建”工作进行调研，并召开座谈会，研究部署当前及下一阶段相关工作。

11月3日，市委副书记、市长刘革安带领市纪委监委、市扶贫办等部门有关负责人深入慈利县，督导脱贫攻坚工作并召开慈利县决战脱贫攻坚工作会议。

11月5日，副省长、省公安厅厅长许显辉到张家界以省人大代表身份参加所在的省人大代表永定区小组活动。省政府副秘书长肖迪明、省公安厅一级警务专员、警令部主任潘小松参加调研，市领导刘革安、陈红日、朱用文、谢振华、祝云武参加调研或座谈会。

同日，市委副书记、市长刘革安会见香港特别行政区政府驻武汉经济贸易办事处主任郭伟勋一行。

11月15日，市委副书记、市长刘革安会见意大利驻广州领事馆总领事白露茜（Lucia Pasqualini）。

11月16日，“张家界·世界绿谷”发展规划编制调研座谈会召开。市委副书记、市长刘革安，国家发改委《宏观经济管理》编辑部副主任胡长顺参加座谈会。

11月27日，市人民政府与湖南省农村信用社联合社举行“深化金融服务推进经济社会高质量发展合作协议”签约仪式。湖南省农村信用社联合社党委副书记、主任李勤，市委副书记、市长刘革安等见证签约。（本栏撰稿 钟 彬）

办公室工作

【公文办理工作】 2020年，市政府办公室严格按照《党政机关公文处理工作条例》等有关规定，规范程序，严格把关，精细服务。全年发文887件（同时审核市委、市政府和市委办公室、市政府办公室联发文件代拟文稿50余件），确保公文的必要性、合法性、实效性、科学性、准确性、逻辑性和规范性。对收到的各类公文坚持即时签收登记、拟办承办，全年分发上、本级公文26850份，收文3898件，确保公文运转及时、准确、安全。

（杜海波）

【督查和建议提案办理工作】 2020年，市政府督查室以市《政府工作报告》主要目标任务和省政府督查激励措施项目为主轴，以省、市领导批示交办和“互联网+督查”平台交办事项为切口，以《2020年度张家界市市级层面督查检查考核年度计划清单》为依托，配合完成国务院第七次大督查、全省重大基础设施建设、长江经济带生态环境警示片披露问题整改和近几年审计指出问题整改、省政府2020年重点工作综合大督查等5次国、省督查，开展第七次全国人口普查、交通问题顽瘴痼疾集中整治、禁捕退捕等22次专项督查，组织2次综合督查。对97项《政府工作报告》目标任务、16项市领导交办事项、48个重点工程项目等进行督查督办，并对进展情况进行跟踪反馈，形成请示汇报20余篇，获得市领导的肯定性批示和口头表扬。办理、核查武陵源城区开店办证、茶庵小水电站关停等

25件国务院、省政府“互联网＋督查”平台交办事项，并将办理情况及时向上级进行了反馈。制定市《政府工作报告》的考核办法，完成目标任务的绩效考核；印发《被上级负面点名通报事项跟踪督办机制》，明确对被上级负面点名通报的事项的责任单位给予绩效考核扣分处理，为促进落后工作扭转局面提供制度保障。2020年度，市政府系统承办人大代表建议和政协提案269件，截至2020年10月，人大代表建议和政协提案全部办理完毕，见面率、办结率均为100%，市人大代表建议办理满意率为94.3%，市政协提案办理满意率为96%。

（陶菡茗 陈晓露）

【值班值守工作】 2020年，张家界市人民政府办公室进一步加强值班体系和制度建设，确保联络畅通，反应迅速，报送及时，事实准确，及时妥善应对各种重要紧急情况，提高治理能力和服务水平。规范值班工作，制定下发工作规范手册。对各区县、市直及驻张部分重点单位的值班工作进行督查和指导。高质量报送信息，全年接收突发事件信息240余条。编写《张家界市值班信息》17期，向上报送突发事件信息20余条。完善调度平台建设，将8个市直及驻张重点单位的视频会议系统接入市政府值班信息调度平台。值班工作受到省政府办公厅的高度肯定，省政府办公厅《政务要情与交流》专门刊发张家界市值班工作的典型经验，在全省政府系统值班工作情况的通报中对张家界市值班工作进行通报表扬。（李若涵）

政务服务工作

【概况】 2020年，张家界市政务管理服务工作“放管服”改革向纵深推进，简政便民的规范化举措取得实质性成果，“一站式”为民服务水平快速提升，网上政务服务能力进一步增强，营商环境尤其是政务服务环境持续优化，企业群众满意度和获得感不断提高。2020年，张家界市政务服务中心被评为省级文明窗口单位；成功创建市级“文明标兵单位”；公共服务大厅被评为“三八红旗集体”。

【“一件事一次办”改革】 2020年，张家界市持续推进“一件事一次办”，改革的牵引作用得到充分发挥。促进审批流程再造，先后分五批公布的296件“一件事一次办”事项全部落地，设立“一件事一次办”服务专区，自“一件事一次办”正式上线启用以来，全市累计办件181万余件。在市政务服务大厅设置复工复产、“六稳”、“六保”政策兑现专窗，涉及张家界市“六稳”“六保”政策兑现“一件事一次办”事项全面落地，助力企业纾困解难，办件3.5万件，惠及企业1.9万家，减免税费额、提供补贴费用、创业担保贷款等3.98亿元。分两批公布张家界市“一件事一次办”跨域通办事项目录（192项），明确事项管理、综窗设置、系统配置、办理流程等，建立全市统一的跨域通办联络机制。武陵山片区政务服务“跨省通办”签约仪式和武陵山片区政务服务“跨省通办”工作座谈会成功举行，湘鄂川渝四省市七地成功达成武陵山片区政务服务“跨省通办”战略合作，武陵山片区政务服务进入“标准统一、相互授权、异地取件、远程受理、协同联动”的新模式。

（本栏撰稿 喻立雄）

【行政审批制度改革】 2020年，张家界市深化行政审批制度改革，简政便民的规范化举措取得实质性成果。持续推进政务服务事项“四级四同”工作，根据国家、省调整情况，及时组织市直、区县在“互联网＋政务服务”一体化平台上进行承接，在张家界政务服务旗舰店设置专栏，公布政府部门权力清单、责任清单。不断提升审批服务便民化，出台《市直部门审批服务“三集中三到位”改革实施方案》（张政办发〔2020〕6号），市本级事项入驻率从改革前的55%提升到93%，半数以上单位事项入驻率达到100%，20家单位243个事项实现“一窗通办”。积极推动基层服务“就近办”，制定《张家界市村（社区）高频政务服务事项“就近办”指导目录》，梳理公布32项村（社区）高频事项，区县创新推行“一枚公章”审批，实现对老年人优待证、生育服务登记证、就业创业证、林木采伐证4个高频事项村（社区）直办出证。推进网上中介超市建设，组织开发张家界市网上中介服务超市平台，与“张家界市政务服务旗舰店”实现有效对接，公布市本级第一批中介服务事项清单和中介服务机构清单。（喻立雄 张君方）

【政务服务大厅管理】 2020年，张家界市加强政务大厅集成服务能力，“一站式”为民服务水平快速提升。进一步完善大厅服务功能，科学设置后台审批专区，市政务服务大厅自助服务终端实现“有房／无房证

2020年7月21日，市政务服务中心人大代表联络站投入使用（全文悦 摄）

2020 年 11 月 25 日，省政府督查组到市政务服务中心开展 2020 年重点工作综合大督查（全文悦 摄）

明”、个人征信查询、交通违规查询办理及公共服务事项（电、燃气、部分学费）自助终端缴费等功能，水、电、气和有线电视等与投资建设项目实现并联审批。创新服务方式，推出网上办、预约办、帮代办、容缺办、减证办五项举措，通过“不见面审批”、智能导办、绿色通道、特事特办、信用承诺和清单管理的方式，努力为企业群众提供更加高效、优质的服务。坚持以制度抓管理，进一步压实政务服务大厅入驻单位窗口管理和作风建设主体责任，在探索中不断健全大厅管理制度，形成考勤管理、季度考评、教育培训、大厅晨会、入驻单位分管领导窗口值班等工作机制。

（喻立雄 王祥骏 龚安群）

【网上政务服务】 2020 年，张家界市着力优化一体化平台便利化功能，网上政务服务能力进一步增强。市本级依申请类政务服务事项网上可办率达 95.86%，13 个部门 75 项政务服务事项实行不见面审批或全程网办，网上办理深度三级以上（含三级）事项比例达到 74.29%，提前超额完成省定 70% 目标。完成与 2 个省级、5 个市级业务系统对接，全市 20 个无自建系统部门直接使用一体化平台，实现省平台对数据的统一管理与监管。打造“指尖政务”，建成以政府门户网站为主的网上政务服务渠道，完善并推广“张家界政务通”、政务服务 APP 等移动端应用，推出“AI 审批”、电子亮证等更多便民功能，实现移动端审批和精准推送。

（张君方 龚安群）

【政务服务监督评价】 2020 年，张家界市全面打造全方位监督监管体系，优化营商环境的保障更加有力。建立健全“差评”处置全程联动、分级处理机制，全市“好差评”评价数量近 8 万条，满意率 99.99%。强化行政效能电子监管，将“红黄牌”与“好差评”一同纳入行政效能考核重要内容，市平台系统与省平台完成对接，省级可对全市 29 家直接使用市一体化平台或完成系统对接部门的办件情况进行监察、发放“红黄牌”。加强作风纪律监督，会同纪检监察部门和纪委监委派驻入驻单位纪检组开展明察暗访，紧盯作风建设“常见病、多发病”，定期进行情况通报，发现问题，立行立改，有效防止窗口慵懒散问题发生。深入开展优化营商环境攻坚，张家界市政务服务中心在市人大组织开展的优化营商环境工作评议中排名第 2。（王祥骏）

【政务公开】 2020 年，张家界市提高政府依法行政和政务公开水平，为推动全市经济社会高质量发展提供助力。主动公开法定政府信息。市政府门户网站政府信息公开专栏分类设置规划统计、预算决算、收费项目、重大项目、应急管理、重大民生、监督检查、脱贫攻坚、疫情防控、“六稳”、“六保”等条目，开设“数据”专栏，及时准确

2020 年 4 月 24 日，全市政务管理服务暨党风廉政建设工作会议（全文悦 摄）

在政府网站发布涉及群众切身利益、需要社会公众广泛知晓或者参与的政府信息，公布25次市政府常务会议有关内容，制作8期会议图解，公开28件市政府或市政府办公室名义制发的规范性文件以及12期《张家界政报》。强化政策解读和互动回应。坚持实行出台重要政策措施文件与解读材料同步起草、同步审批、同步发布，先后发布16篇政策解读；在公布各类统计数据时，对经济运行、固定资产投资、农村经济形势、消费市场、电力消费等重点内容配套发布统计分析文章，方便公众解读；开设“问政”专栏，通过“市长信箱”办理留言432条，办结380条，公开答复233条，开发“智能问答”功能，方便公众即时咨询；开展“我为张家界市‘十四五’规划建言献策”等调查征集21期；通过“12345”政府热线受理事件89783件（咨询投诉类占比49.6%），办结89783件，办结率99.98%，综合满意率92.7%。规范依申请公开办理。进一步优化《张家界市人民政府信息公开指南》，明确如何申请、怎样办理、多久答复、如何收费、注意事项等关键环节工作细节，2020年全市各级各部门受办理公民、法人和其他社会组织提出的政府信息公开申请227件，当年办理226件，结转下年度办理1件。推进基层政务公开。印发《张家界市全面推进基层政务公开标准化规范化工作实施方案》（张政务公开办发〔2020〕1号），梳理发布各区县26个领域的基层政务公开标准化规范化事项，形成公开标准目录范本，在市、区县政府门户网站开设专栏进行公布。持续抓好平台建设。完成全市政府网站集约化建设工作，全市政府网站个数从169个整合至36个，市级和各区县政府网站基本实现集约化管理和统一运维并同步部署IPV6改造。印发《张家界市人民政府办公室关于进一步加强全市政府网站和政务新媒体管理工作的通知》，建立政府办、网信、公安等单位相互配合的联动工作机制，共同做好全市政府网站和政务新媒体隐患排查、舆情监测、内容保障、宣传引导、日常监管等工作。

（张君方）

电子政务工作

【大数据建设】 2020年，张家界市加快推进政务信息资源交换共享，依托张家界市云计算大数据中心和张家界市政务信息资源共享交换平台，梳理编制市本级58家部门信息资源目录2431条，完成1755项信息资源目录采集，市级数据交换共享平台完成与国家平台、省平台对接；完成6家省级政务信息业务系统对接，申请数据接口37个；初步完成了市本级54家单位数据归集工作，归集政务数据达到2.08亿条。人口库、法人库、空间地理库、电子证照库、信用库5大基础数据库数据总量达到5000万条，关联信息632项。依托张家界市云计算大数据中心资源，按照“新建系统全部上云，已建系统逐步迁移上云”的业务系统上云流程，积极推动市直区县各部门业务系统上云。51家单位（含二级部门）的214个政务信息系统迁移部署至市大数据中心并提供上云服务，为深入推进“放管服”改革和“互联网+政务服务”“一件事、一次办”提供有效数据支撑。

【电子政务技术服务保障】 2020年，张家界市进一步加强电子政务外网技术服务保障工作，完成所有区县、155家党政机关（含二级机构）、209家区直行政事业单位、264家县直行政事业单位、79个乡镇（街道）、1015个村（社区）电子政务外网接入工作，覆盖率达100%。开展全市电子政务外网升级改造，完成各区县和市直各汇聚点的设备升级工作，提高网络的承载能力。加强电子政务外网的日常运维保障，2020年检修48起线路报修故障，重点保障市政务服务一体化平台、全市非涉密公文传输平台、“一门式服务”、互联网+监督、全市医保系统平台、全省信访信息平台、“12345”热线、全市不动产业务系统平台等16个核心业务系统提供技术咨询和日常运维工作，保障各业务系统的正常运行，同时加强系统间的资源整合，实现政府热线与公安110非警务事件、政法网格化平台事件的双向流转。强化日常监测，定期对电子政务网络及其承载业务系统进行现场安全配置检查和安全性技术测试，全年到各区县和市直相关单位上门检测维护32次，及时制定安全管理实施方案及安全监测、评估、加固方案，切实巩固后台、线路的安全。统筹电子政务工程管理，根据《张家界市电子政务工程建设管理办法》，2020年共审核市直30个单位35个项目，评审项目资金26026.092万元，审减资金4533.0682万元，并完善项目设计实施方案。加快推进党政协同办公OA系统建设。完成张家界市党政协同办公系统平台建设，平台应用实现市委、市政府、市人大、市政协及市直各单位、部门的统一办公协同，提升全市行政效能和应急指挥处突能力。

【政府网站建设与管理】 2020年，张家界市优化全市政府网站集约化平台建设，建设一个基于云服务，技术先进、功能完备、科学运维、高效管理、高可用性、安全稳定的全新的政府网站集约化平台。完成张家界市政府门户网站改版升级，进一步完善网站的网页设计、栏目设置、功能设置。创新政府网站线上政务服务理念，打造市政府门户网站政务服务门户“旗舰店”。依托市政府门户网站，按照“三清单一目录”的要求完成了实体大厅46

个市直部门的办理事项上网受理，推出2948项个人服务事项、3204个法人服务事项、2229个部门服务事项和153个便民查询事项实现网上直接受理，极大提高了政务服务办事效率。加强政府信息公开，张家界市政府门户网站2020年发布信息10484条，发布政策解读30篇次，张家界市政府门户网微信平台共发布信息97期288条，向省政府门户网站推送并发布信息658条。加强留言办理，主动回应社会关切，办理回复《市长信箱》信件406件，办理省政府办公厅转办的《地方领导留言板》相关留言5条。加强政府网站日常监管，建立全市政府网站问题清单、台账制、督办制、销号制、通报制“一单四制”监测管理机制，实行政府网站管理和监测常态化，2020年对全市政府网站抽查118次，电话督办265次，发布政府网站抽查情况通报4次。

【智慧城市建设】 2020年，张家界市完成《张家界智慧城市建设项目可行性研究报告》编制，完成信息化建设项目的收益与资金平衡方案编制，向国家成功申报获批智慧城市专项债资金2亿元。并按照《张家界智慧城市建设可行性研究报告》的具体内容，进一步明确责任、分解任务，形成“十四五”期间智慧城市建设的总体推进方案，有序推进智慧城市项目建设。强化智慧城市项目设计统筹，完成智慧城市综合运营指挥调度中心（综治中心）建设项目设计方案编制工作，邀请专业设计单位对张家界市2020年启动的其他13个重点项目展开设计和设计方案优化工作。强化视频资源整合，结合公安天网工程建设成果和张家界市公共视频联网应用的设计要求，从设计上对智能交通、智慧城管、交通旅游大数据等项目的视频应用内容进行进一步整合。智慧城市综合运营指挥调度中心（综治中心）、智能交通、交通旅游大数据应用试点工程、智慧监狱、智慧城市安全运营中心、智慧城管、互联网+政务服务升级、智慧教育、公共资源交易中心信息化、智慧旅游升级、天门智慧等13个项目推进建设，完成项目6个，完成投资2.07亿元，其他7个项目纳入2021年度重点项目继续推进。

（本栏撰稿　熊先武）

综合调研工作

【文稿起草】 2020年，市政府研究室树立文稿标准和精品意识，严把文稿构思关、选材关、起草关和修改关，确保文稿质量，打造精品力作。全年起草市政府主要领导参加重大活动致辞汇报以及市委全会、市委经济工作会、市政府全会讲话等各类文稿300余篇。其中，高质量起草2021年《政府工作报告》，所撰写的《努力办好人民满意的教育》《在绘就生态绿色张家界画卷中展现新作为》《推动经济迎着“新风口”发展》等多篇文章在《湖南日报》《湖南工作》等报纸杂志上发表。（张湘婕）

【调查研究】 2020年，市政府研究室聚焦全市中心工作、发展中普遍关注的热点焦点问题和工作推进中的节点难点事项，积极走下去、走出去开展调研，完成“关于树立‘精明增长’理念推进国际精品旅游城市建设”以及“关于建设现代化经济体系推动高质量发展”等重大课题调研并形成具体实施方案。发挥以刊辅政作用，编发《张家界政报》12期，做到零差错，发挥发布政令、公开政务、指导工作、服务社会的功效。（张湘婕）

民族工作

【概况】 2020年，张家界市民族工作取得了新进展。

民族工作基础。深入学习习近平新时代中国特色社会主义思想和中共十九届五中全会精神，认真组织学习贯彻习近平总书记考察湖南重要讲话精神和关于民族宗教工作指示精神，增强“四个意识”、坚定“四个自信”、做到“两个维护”。张家界市委常委会会议和市政府常务会议分别听取全市民族宗教工作情况汇报。张家界市委统战工作领导小组先后2次研究解决宗教工作重难点问题，推动民族宗教工作落实。张家界市民族宗教事务局先后2次组织召开全市民族工作推进会议，及时部署解决全市民族工作的具体问题，推动民族工作在基层得到落实。

民族团结进步。组织开展张家界市民族团结进步示范点互观互检活动，通报表彰6个市级民族团结进步示范点，并给予每个示范点2万元奖励。张家界市桑植县刘家坪白族乡、张家界市民族实验幼儿园被评为“第八批湖南省民族团结进步示范区（单位）”。2020年6月16日，在湖南省民族团结进步表彰大会上，张家界市武陵源区人民政府等4个单位和张家界康华棕叶公司董事长彭澧康等5人分别被评为“湖南省民族团结进步模范集体”和“湖南省民族团结进步模范个人”。

民族经济发展。组织开展专项课题调研，完成民族工作“十四五”发展规划编写任务。协同有关部门积极争取和落实各类民族地区差别化优惠政策，2020年，张家界市10101名高考学生通过享受民族地区优惠政策加分审核，向上争取落实少数民族项目发展资金3072万元，上报20家“两民”企业享受2020年度中央财政贷款贴息327.9

2020年3月13日，湖南省民族宗教事务委员会党组书记、主任、省委统战部副部长（兼）向恩明（右一）到张家界调研指导民族宗教工作　（市民宗局 供稿）

万元。积极申报桑植洪家关白族乡实竹坪村为国家民委民族振兴乡村示范单位，给予80万元资金支持。桑植洪家关白族乡被湖南省民宗委和湖南省文旅厅联合授予“湖南省民族风情文旅小镇”称号，并给予500万元支持。

民族文化体育。向上争取省级民族文化专项资金项目8个，落实少数民族文化项目资金55万元。组队参加湖南省第六届“建设伟大祖国、建设美丽家乡”主题演讲比赛，张家界市2名选手获一等奖。组织参加湖南省第五届少数民族文艺调演，获金、银、铜奖各1个和优秀组织奖。组队参加湖南省少数民族特色村镇暨少数民族传统手工艺品展演展示会议，张家界市2项展品获奖，张家界市桑植县民族宗教事务局局长张贤文作经验交流发言。

【向恩明到张家界调研座谈民族宗教工作】2020年3月13—14日，湖南省民族宗教事务委员会党组书记、主任、湖南省委统战部副部长（兼）向恩明到张家界市民族宗教事务局召开民族宗教工作调研座谈会，张家界市委常委、市委统战部部长田华玉主持会议。张家界市、区县民族宗教事务局分别汇报近年来民族宗教工作的经验做法和取得的成效及今年的工作计划，就工作中的重难点问题进行分析研判，提出相关意见、建议。向恩明对张家界市近年来的民族宗教工作给予高度肯定，要求张家界市民族部门做好争取落实民族政策支持、积极创建全国民族团结进步示范市、编制“十四五”少数民族发展规划、民委系统新冠疫情防控等相关工作。市委统战部、张家界市民族宗教事务局有关领导、各区县民族宗教事务局主要负责人参加座谈。

【张家界市4个单位5名个人分别被评为“湖南省民族团结进步模范集体和模范个人”】2020年6月16日，在湖南省民族团结进步大会上，张家界市永定区合作桥乡人民政府、慈利县高峰土家族乡中学、中共桑植县委统战部、武陵源区人民政府4个单位被评为“湖南省民族团结进步模范集体”，张家界市民族宗教事务局党组书记、局长李林、张家界康华棕叶公司董事长彭澧康、武陵源区索溪峪街道办事处党工委书记杜修勇、永定区民族宗教事务局副局长屈湛军、慈利县三官寺土家族乡罗潭村党支部书记杜修福5人被评为“湖南省民族团结进步模范个人”。

【张家界2名个人荣获湖南省“建设伟大祖国 建设美丽家乡”主题演讲比赛一等奖】2020年10月19日，湖南省第六届“建设伟大祖国 建设美丽家乡”主题演讲决赛在长沙举行，张家界市吕欣、杜汪彦谨2名选手获一等奖，朱梦姣、张甜获优秀指导老师奖。

【张家界市3个节目获得湖南省第五届少数民族文艺调演大奖】2020年12月17日，在湖南省第五届少数民族文艺调演中，由张家界市民族宗教事务局和张家界市文化旅游广电体育局联合选送的声乐《你莫走》剧目获金奖，曲艺《糊仓》剧目获银奖，武术《土家武魂》剧目获铜奖，张家界市代表团获优秀组织奖。　（本栏撰稿　罗长跃）

宗教工作

【概况】2020年，张家界市宗教工作始终坚持我国宗教中国化方向，有效维护全市宗教领域和谐稳定。

思想政治引领。认真学习贯彻落实习近平总书记关于宗教工作的重要论述、重要指示批示精神，深入推进将宗教政策法规纳入各级党委（党组）中心组学习内容，纳入全市干部教育培训体系和各级党校（行政学院）、社会主义学院主体班教学内容，组织各级民宗干部到西南政法大学、湖南省社会主义学院等院校学习培训。坚持以我国宗教中国化方向为主线，积极制定推动我国宗教中国化方向具体工作方案，强化各相关部门在推进宗教中国化方向工作中的责任。组织开展全市宗教界代表人士爱国主义教育实践活动暨谈心座谈活动和进行爱国主义教育，深化“五进五好”和“和谐寺观教堂”创建等活动，指导宗教活动场所开展纪念抗日战争胜利75周年祈福法会、座谈会，积极引

2020年9月21日，慈利县高峰中学荣获全省民族团结进步模范集体奖牌（市民宗局 供稿）

导宗教与社会主义社会相适应。

宗教法治化建设。推进宗教事务信息化综合应用平台建设，完成宗教工作基础数据采集和录入工作。推进宗教活动场所财务管理规范化，宗教活动场所对公账户开设基本实现全覆盖。梳理完善宗教工作服务流程，规范做好宗教行政许可审批服务工作，做好“互联网＋政务”工作。推进宗教领域安全稳定隐患问题排查和“一单四制”常态化管理。严格落实新冠肺炎疫情防控期间宗教活动场所疫情防控措施，第一时间执行“两个暂停”和“一个延迟”措施，做好政策宣传和心理疏导工作，全市宗教界为新冠疫情防控捐款37.5万元。

宗教事务管理。及时发现处置佛道教商业化倾向苗头，处置涉宗教因素的商业项目宣传报道，理顺景区内宗教活动场所的管理体制机制，佛道教商业化治理工作取得新成效。开展非法宗教活动的依法治理，依法查处境外利用宗教进行渗透活动，依法取缔非法宗教活动聚会场所，扎实做好教育转化工作。持续开展宗教领域“扫黄打非”工作，加强非法宗教出版物检查管理，有效封堵有害信息的传播。

夯实宗教工作基础。创新考核机制，将宗教管理工作纳入区县党委政府绩效考核、平安建设、基层党建等考核内容，市、区县将宗教工作经费纳入财政预算，夯实宗教工作基层基础。完善宗教工作三级网络和两级责任制，明确县、乡、村三级宗教工作责任，强化落实分级负责、属地管理和责任追究制度，压实宗教工作主体责任，推动宗教工作落实。

【张家界市宗教界代表人士座谈会】 2020年9月11日，张家界市宗教界代表人士座谈会召开，张家界市委常委、市委统战部部长田华玉出席，张家界市委统战部副部长崔长青、张家界市民族宗教事务局副局长陈智勇，各区县委统战部部长、区县民族宗教事务局局长参会。会议学习传达有关宗教方面的文件精神。全市佛教、道教、伊斯兰教、基督教等宗教界代表人士进行交流发言，并就张家界市宗教工作提出意见、建议。张家界市委常委、市委统战部部长田华玉就坚持宗教中国化方向，弘扬爱国爱教传统，增强政治意识，增强责任意识，依法依规管理好宗教事务作了讲话。活动当天，张家界市委统战部还组织宗教界代表人士赴红色文化教育基地桑植县刘家坪红二方面军长征出发地纪念馆、贺龙纪念馆开展爱国主义教育活动。

【湖南省宗教界“五进五好”活动示范宗教场所和先进个人】 2020年10月23日，湖南省民族宗教事务委员会通报表彰，张家界市慈利县五雷山道观被评为湖南省宗教界“五进五好”活动示范场所、张家界市道教协会会长施海华被评为湖南省宗教界“五进五好”活动先进个人。

（本栏撰稿 褚宏祺）

外事侨务工作

【概况】 2020年，张家界市外事侨务系统指导企业开展CE和FDA认证工作，出口口罩1.02亿只。为来张家界市复工复产外国人申发邀请函10批56人次，实际到张家界8人。收到友好城市、侨企侨团捐赠的现金和防护服、口罩、手套等医用防护物资20批次，折合人民币近70万元。给友好城市和意向友好城市捐赠防护服、口罩7批次。通过函签、视频会议分别与老挝琅勃拉邦市、奥地利莫尔比施市签订建立友好城市协议书，新增2对国际友好城市，共达到7对，友好城市总数在全省居第三位，活跃度在全省位居前列。在“一带一路”沿线国家节点城市新设立“丝路驿站”9家，总数达22家。

【张家界市委外事工作委员会第二次全会】 2020年3月26日，市委书记、市人大常委会主任、市委外事工作委员会主任虢正贵主持召开张家界市委外事工作委员会第二次全体会议。会上认真贯彻落实习近平外交思想，学习《习近平总书记关于外交工作论述摘编（二）》，传达省委外事委第二次全体会议精神，听取2019年全市外事工作，审议《张家界市加强对外人文交流工作行动方案（2020—2025）》《中共张家界市委外事工作委员会2020年全市外事工作要点》《2020年上半年因公临时出国计划》《丝绸之路友好城市协作体2020年（张家界）年会总体方案》，研究部署全市外事工作。

【张家界市与老挝琅勃拉邦市签立友好城市关系协议书】 2020年11月26日，张家界市市长刘革安与老挝琅勃拉邦市市长占苏·潘多拉通过邮签形式签署《中华人民共和国湖南省张家界市与老挝人民民主共和国琅勃拉邦省琅勃拉邦市建立友好城市关系协议书》。

【张家界市与奥地利莫尔比施市建立友好城市关系协议书】 2020年12月21日，张家界市与奥地利莫尔比施市举行视频会议，签订建立友好城市关系协议书。中国驻奥地利大使李晓驷，省外事办主任徐正宪，奥地利驻成都总领馆商务领事兼奥地利驻广州总领馆商务处负责人穆娥出席会议。市委书记虢正贵出席会议并致辞。

【张家界武陵源与意大利多洛米蒂山举行世界自然遗产视频对话会】 2020年11月16日，中国张家界武陵源与意大利多洛米蒂山世界自然遗产国际对话交流活动在张家界武陵源举行，双方就世界自然遗产的保护、开发和利用共享经验。与会嘉宾观看了张家界武陵源和多洛米蒂山宣传片，见证武陵源区人民政府与意大利贝卢诺市政府文旅合作意向书的签署。（本栏撰稿　胡长品）

【侨联工作概况】 2020年，张家界市侨联各项工作取得新进步。

党建带动。市侨联把深入学习贯彻习近平新时代中国特色社会主义思想放在首位，把党建带侨建、意识形态和政治思想引领工作牢牢抓在手中，通过“侨系张家界”招商引资引智、人才工作座谈、“五中全会赋能·侨界青年添彩”等活动，开办“张家界侨联”微信公众号、新建新加30多个侨界微信群等形式，及时双向传递各级党委政府与广大归侨侨眷和海外侨胞的声音，把贯彻上级重要会议精神和要求落到实处，不断扩大侨界思想政治引领范围，引导海内外侨界群众始终与中共中央习近平总书记保持“一条心”，不断增强“四个意识”，坚定“四个自信”，做到“两个维护”。

服务经济。精准对接、谋划，2020年9月26日至28日筹办由160多名海内外侨领侨商和各级侨联领导参加的湖南省2020“侨系张家界”招商引资引智活动，通过张家界市情和招商引资项目推介、侨界专家建言张家界发展、项目签约、国家外交学院领导作报告等方式，宣传和促进张家界发展；协商联合建行张家界分行、市侨商会走访南方运输、君天控股、康华实业、九天生物、康茜置业、雨露集团等涉侨企业，开展问卷调查和座谈，抓住省侨联与省建行签订战略合作协议机遇，促进建行张家界分行为8家侨企落实贷款5亿多元。

调整维护侨益平台。2020年初，配齐配强市侨联法律顾问委员会；申报创建“侨胞之家”7个，全省侨联首个在建行网点共建“侨胞之家”——“张家界市归国华侨联合会侨胞之家”于4月11日在建行紫舞路支行挂牌，永定区崇文街道思善桥社区“侨胞之家”得到中国侨联挂牌并获评全国优秀“侨胞之家”，思善桥社区建立全市首个社区侨联。全年印发涉侨政策法规宣传资料5000多份，组织600多人连续3个月参加中国侨联网上侨法知识竞赛，开展宪法日侨法宣传活动；筹资10.8万元组织走访慰问侨界困难群众130多人次。

海外联谊。2020年新冠肺炎疫情发生后，全市侨联系统先后联系落实10多个海外侨团侨领和10多个市内侨商侨企共募集抗疫资金25.55万元人民币，抗疫物资10批60440件（折合49.38万元人民币）。后续密切关注海外侨胞、留学人员抗疫需求，加大政策宣传。全年接待涵盖20个国家和地区的侨界人士近百人次。

参政议政。2020年初，调整充实市侨联参政议政委员会，申报调研课题。全年提出意见、建议20个，其中3个获得省级以上采纳，《关于出国归国留学人员中华民族身份认同的调研与思考》课题调研报告被中国侨联评选为全国侨联系统调研成果三等奖（省以下侨联唯一一个获奖）。

文化交流。2020年初，创建申报华侨文化交流基地。年底，省侨联党组成员、副主席兼秘书长孙民生为两个“湖南省华侨文化交流基地”——武陵源区“魅力湘西文化广场”和“大湘西记忆展览馆”现场授牌。

参与社会建设。2020年，投身农村“精准扶贫”、社区“三联四建”和各项文明创建工作，引导康茜置业、康华棕叶、九天生物等涉侨企业投入2000多万元开发棕叶、猕猴桃、葛根产业基地5000多亩，助力乡村脱贫攻坚，市侨联帮扶11个建档立卡户顺利脱贫，侨企张家界大峡谷旅游开发有限公司荣获全国“万企帮万村”精准扶贫行动先进民营企业称号。

【市侨联四届二次全委会议】 2020年6月23日，张家界市侨联四届二次全委会议在市区召开。卸免委员1名，补选委员1名。审议通过《张家界市归国华侨联合会关于加强委员、常委履职管理的暂行办法》，调整市侨联法律顾问委员会、参政议政委员会成员，成立市侨界青年委员会（全省市州中第一个成立，12月4日召开成立大会）。

【市侨联“三定”方案】 2020年8月25日，经市委机构编制委员会办公室审核、报市委批准，中共张家界市委办公室印发《关于印发张家界市归国华侨联合会机关职能配置、内设机构和人员编制规定的通知》（张办〔2020〕17号）。市侨联机关全额拨款事业编制5名。设主席（正处级）1名，副主席（副处级）1名；科级领导职数2名。2个内设机构：办公室、经济工作和权益保障部（宣传联络部）。

【湖南省2020“侨系张家界”招商引资引智活动】 2020年9月26—28日，在中国侨联指导下，张家界市人民政府和湖南省侨联联合主办湖南省2020“侨系张家界”招商引资引智活动，来自美国、英国、意大利、巴西、老挝、墨西哥、阿根廷等20个国家和地区的160多名嘉宾参加。活动期间，开展张家界牵手侨商推介会暨项目签约仪式、现场考察张家界市旅游资源、国际形势专题讲座等活动；2次深度推介张家界市情和重点项目，现场签约3个项目，何泽仪、廖端芳、汪永兴、王义高4名特聘专家、侨商代表就各自领域为张家界经济社会发展建言献策。

【中国侨联副主席隋军一行到张家界市调研】 2020年11月12—13日，中国侨联党组成员、副主席隋军一行在湖南省侨联党组书记、副主席黄芳陪同下，赴张家界市就十九届五中全会精神贯彻、侨联基层组织建设、侨企复工复产、侨界青年人才培养、华侨文化交流基地建设等工作开展调研。市委书记、市人大常委会主任虢正贵参加侨胞之家调研，并就如何充分发挥侨的作用，做好新时代侨联工作，助力张家界市经济社会高质量发展等工作做汇报交流。市委常委、市委统战部部长田华玉陪同调研。

（本栏撰稿　尹日初）

港澳事务

【概况】 2020年，张家界市大力宣传《中华人民共和国香港特别行政区维护国家安全法》，组织各区县港澳办和在张家界香港同胞学习《中华人民共和国香港特别行政区维护国家安全法》和国务院新闻办《中华人民共和国香港特别行政区维护国家安全法》新闻发布会上的讲话精神，发送《中华人民共和国香港特别行政区维护国家安全法》100余本到相关单位和在张家界香港同胞手上，教育引导香港同胞爱港爱国，反对祸害香港、分裂香港的行为，自觉做“一国两制”的维护者、香港繁荣稳定的践行者。指导在张家界港澳资企业和港澳同胞团结抗疫、复工复产。推送《致在湘外籍人士、港澳同胞的一封公开信》，宣传疫情防控政策和知识，建立台账对口服务，动员相关单位对在张家界港澳同胞做好服务工作，给予正常生活保障，帮助解决居留延期等实际问题。疫情期间，在张家界港澳同胞没有发生疫情感染。全市工商注册登记的港澳资企业有79家，持港澳居留证在张家界港澳同胞由疫情初期的77人减少到年底的30人。

【港澳交流】 2020年8月26日至9月10日，“2020香港摄影图片展”在张家界市武陵源游客中心举办，展出香港120幅摄影图片，30多万人次观展。推动青少年交流，先后接待“冬季香港传媒大专湖南广电实习团”学生30人、“传承红色精神、凝聚爱国力量”港澳籍学生20人。完成港澳青少年来张家界交流线路优化工作。

【虢正贵会见香港特区政府驻武汉办事处主任冯浩贤】 2020年8月26日，市委书记、市人大常委会主任虢正贵在张家界会见香港特区政府驻武汉经贸办事处主任冯浩贤一行。虢正贵简要介绍张家界市经济社会发展情况，希望香港特区政府驻武汉办事处进一步加强对张家界的宣传和推介，促进双方在旅游和文化等领域更加广泛的交流合作，推动务实发展。张家界会积极做好服务，确保摄影图片展取得圆满成功。冯浩贤称赞张家界是一个美丽神奇的地方，表示香港特区政府驻武汉办事处将发挥桥梁纽带作用，积极推动双方更多领域的交流合作。

【刘革安会见香港特区政府驻武汉办事处主任郭伟勋】 2020年11月15日，市委副书记、市长刘革安会见香港特别行政区政府驻武汉经济贸易办事处主任郭伟勋一行。刘革安表示，希望进一步发挥香港特别行政区政府驻武汉办事处的平台作用，推动张家界对外开放，引进更多优质企业落户张家界，促进两地共同发展。郭伟勋表示，香港与张家界一直有密切的联系，2020香港摄影图片展在张家界成功举办也让张家界人民更加了解香港，希望双方加强在经贸、文化等各个领域的交流与合作。

【香港摄影图片展】 2020年8月26日，香港摄影图片展开幕式在武陵源举行。整个展览分为香港的优势、香港的基建设施、香港节日庆祝、香港国际盛事、香港自然风光、香港城市美景和香港多管齐下应对新冠肺炎疫情等7大主题120余张照片，多层次展示香港的璀璨人文、现代科技、开放竞争和改革发展。香港摄影图片展是港府驻湘办的常规交流项目之一，张家界为2020年度香港摄影图片展湖南省巡展的第二站。时间从8月26日至9月10日，观展人数达30多万人次。

（本栏撰稿　胡长品）

【港澳和侨务工作概况】 截至

2020年12月31日，张家界市有涉侨人员10637人，其中归侨27人、侨眷1984人、海外华侨316人、华人239人、港澳居民308人、港澳眷属935人、侨属6828人。

基础工作。开展老年归侨、海外侨社团、侨身份干部提拔使用、定居台胞、市海联会、黄埔军校同学会情况调研。至2020年12月31日，全市现有老年归侨1名；有侨身份的处级实职干部1名、科级12名；本届人大代表中有侨界代表5名，本届政协委员中有侨界委员13名；市贸促会有侨身份的兼职委员1名，市侨青委有侨身份的兼职委员2名；定居台胞64人，其中二代台胞6人、三代17人、四代26人、五代15人；张家界在港澳人员125人、在张家界港澳同胞55人；市海联会有会员91人；张家界黄埔军校同学原有9人，健在1人。

侨务审批。对侨务行政权力、公共服务事项全面梳理和流程再造，将全部审批服务事项向市政务服务中心、市电子政务平台集中，确保"窗口之外无审批"；侨务行政事项在政务服务一体化平台网办深度达二级以上，市本级"互联网+政务服务"工作绩效评估的网上可办率达100%；将华侨回国定居审批和归侨侨眷身份认定事项审批权下放区县，确保"就近办一次办"。

联络服务。走访侨资企业20家次，指导科学复工复产，对5名入境人员主动联系走访，了解健康状况、存在困难并提供帮助。走访慰问归侨侨眷15户、定居台胞1户、黄埔同学1名。向中央统战部、省委统战部、省台联，申报7名年满60岁的定居台胞、1名湘籍老兵、6名困难定居台胞的2021年度生活补助、慰问专款。按月按标准为1名老年归侨发放生活补助。完成64名定居台胞身份认定与户籍更改，协助完成定居台胞2020年补助专款发放。指导完成省黄埔军校同学会第六次会员代表、理事推荐，完成省台联第八次台湾同胞会议代表及理事候选人推荐。（李英豪　刘　潇）

民政工作

【概况】 2020年，张家界市民政公共服务设施进一步完善，新建3所中心养老院，新增养老床位458张。张家界市养老服务中心开工建设，设计养老床位500张。筹建4个县（区）带火化设施和公墓山的殡仪馆，殡改工作纳入市对区县重点考核内容和市直单位绩效考核范畴。民生保障能力明显增强，全市40315名农村低保对象、11571名城市低保对象实现"应保尽保"，31873名兜底保障对象"两不愁三保障"问题稳步有效解决。基层社会治理深入推进，村（居）委会换届选举平稳推进，村（居）班子结构不断优化。基本社会服务水平大幅提升，全市6865名农村留守老人，30627名农村留守儿童，249名散居孤儿，114名集中供养孩子，456名事实无人抚养儿童，12934名困难残疾人和20225名重度残疾人得到更好关爱。（杨　熊）

【民政工作会议】 2020年5月11日下午，张家界市民政暨党风廉政建设工作会议召开。市委副书记刘绍建出席会议并讲话，市人民政府副市长尚生龙主持会议。各区县人民政府分管副区县长，市直有关单位领导及特邀人员，区县民政局班子成员、办公室主任，市民政局处级干部、机关各科室、局属事业单位负责人共68人参加会议。市民政局党组书记、局长彭发勇全面作民政工作报告。（孙中平）

【殡葬改革工作市县乡村四级视频推进会】 2020年12月23日上午，张家界市殡葬改革工作市、县、乡、村四级视频推进会召开，深入学习贯彻落实习近平总书记等中央领导同志关于殡葬改革工作的重要指示批示精神，贯彻落实中央、省和张家界市关于殡葬改革工作部署，全面深化殡葬改革，全力推进殡葬事业健康有序发展。虢正贵出席会议并讲话，刘革安主持会议。刘绍建、单铸飞、尚生龙出席会议。会议回顾总结近年来张家界市殡葬改革工作取得的成效和经验，分析殡葬工作面临的形势，提出2022年工作目标任务。（贺　敏）

2020年3月，张家界市心理学会开展线上战"疫"心理援助（唐群惠　摄）

2020年12月17日，市民政局检查湖南亿家福养老服务有限公司安全生产工作
（唐群惠 摄）

2020年12月18日，张家界市民政局开展留守儿童安全“五防”教育 （朱庆华 摄）

【社会组织党建工作】 2020年，张家界市民政系统打造7个“标杆引领”典型党组织代表，示范引领广大党组织比学赶超、争先创优，组织两次党建培训及学习交流活动。对张家界市爱盟公益协会党支部等12个先进党支部、王新荣等12名优秀党务工作者及秦玉凤等20名优秀共产党员予以表彰。全市社会组织各党支部全力投入疫情防控，20个支部筹集资金142.11万元，募捐口罩22.91万只，食品265箱，蔬菜35吨，水果43件，方便面300件，牛奶16件，面包180袋，消毒液176瓶，矿泉水66件，果王10件，方便饭120盒，喷雾器52台，测温仪2台。张家界市爱盟公益协会党支部、微爱公益服务中心党支部助力复工复产，在张家界市区各超市全天轮班进行管控和体温检测；张家界市心理学会党支部积极开展心理援助，办理线上心理援助177例，作为全省唯一受邀的社会团体加入湖北省社会心理学会心理援助团队。
（卓 芳）

【社会组织登记工作】 2020年，张家界市备案社会组织1151家，其中社会团体661家、民办非企业单位488家、基金会2家。新增社会组织58家，其中社会团体33家、民办非企业单位25家。市级社会组织291家，其中社会团体212家、民办非企业单位77家、基金会2家。新增市级社会组织10家，其中社会团体4家、民办非企业单位6家。6月份组织各区县社会组织登记管理人员和部分社会组织负责人，赴长沙市参观学习社区社会组织登记备案及培育扶持发展先进经验。出台《张家界市民政局〈张家界市社区社会组织登记和备案管理暂行办法〉的通知》。积极争取市三联四建办的支持，共同推进社区社会组织备案工作。截至11月底备案的社区社会组织新增283家。 （卓 芳）

【社会组织监督管理】 2020年，张家界市民政局采取集中年检方式进行社会组织年度检查，社会组织参检率、合格率分别达93.6%，93.4%。根据相关要求，两家社会组织完成限期整改。开展行业协会商会收费检查，出台《张家界市本级行业协会商会乱收费行为举报投诉查处机制》，全市行业协会商会收费行为得到规范。 （卓 芳）

【社会组织精准扶贫】 2020年，张家界市民政局引导和动员社会组织参与脱贫攻坚，开展“万家社会组织进千村帮万户”活动，与张家界市工商联、张家界市扶贫办共同

2020年12月23日，张家界市召开殡葬改革工作市、县、乡、村四级视频推进会
（贺 敏 摄）

推进社会组织参与脱贫攻坚工作。按照“瞄准特困对象、实行兜底保障、开展精准扶贫、同步建成小康”的工作思路，引导包括社会组织、社区和社会工作专业人才在内的“三社”力量等各种资源对城乡低保户、农村五保户、大病患者、失能半失能老人、残疾人、孤儿、失学青少年等困难对象进行帮扶，助推精准扶贫工作开展。主动与困难群众“结穷亲”，扶贫精准到人、精准到户，达到“应保尽保、应帮尽帮”，切实保障困难群众的基本生活。组织引导200多家社会组织参与精准扶贫，投入帮扶资金750余万元，受益贫困户达9000余人。（鄢芳绒）

【社会兜底保障工作】 2020年，张家界市社会保障兜底脱贫对象14803户31873人，支出保障资金9623.99万元。为99198名建档立卡困难群众购买“政府扶贫救助”保险，支出39.67万元。提高保障救助供养水平，完成对农村最低生活保障标准、救助水平和特困人员救助供养标准提标工作，农村低保保障标准提高到4000元/年，农村低保月人均救助水平不低于223元/月，确保低保标准和扶贫标准“两线合一”。为城市最低生活保障对象支出保障资金5202.91万元，为农村最低生活保障对象支出保障资金10737.56万元，临时救助支出资金4293.38万元。（余　毅）

【流浪乞讨人员救助管理】 2020年，张家界市救助流浪乞讨人员1923人次，其中救助未成年人19人次，护送返乡216人次。新冠疫情期间做到全方位管控，没有发生疫情。“寒冬送温暖”“夏季送清凉”活动期间，各救助站坚持每天2次街面巡查，救助流浪乞讨人员951人次，发放服装231套、药品173份、方便面249箱、八宝粥43件、饼干和饮料各6件、矿泉水166件。（秦向云）

【乡镇社工站】 2020年，张家界市各乡镇社工站社工接到新冠疫情防控通知后，第一时间奔赴一线，补充进驻村工作队，协助开展疫情阻击工作，下村入户挨家挨户进行排查，张贴宣传标语，在重要路段设岗立哨，对进出车辆和人员进行体温检测登记，讲解防疫知识，并劝说群众非必须不出门、杜绝聚会、不拜年、不摆酒席等。有的乡镇社工为本乡镇“村村响”的防疫宣传广播进行录音；在没有“村村响”且车辆进不去的地方，利用“土办法”敲锣喊口号和发放防疫宣传手册的方式进行宣传；与湖北接壤的乡镇，有的社工被抽调到轮值守卡；有的社工被紧急抽调到疫情防控指挥部，对相关部门下发的大数据信息进行比对分析，对收集的监测信息进行汇总分析，做出预警并及时上报信息。桑植县力行社工志愿者中的多名国家二级心理咨询师，分别投入张家界市心理援助工作和桑植县疫情紧急心理危机干预工作中，为受影响人群提供心理健康服务，提供心理危机干预等。（张广玲）

【社工宣传周工作】 2020年，张家界市民政局下发《关于组织开展2020年社会工作主题宣传活动的通知》，得到各区县的积极响应。永定区茅岩河镇、教字垭镇、天门山镇、谢家垭乡、四都坪乡5个乡镇社工站分别开展以“专业社工·守护儿童·托起希望”为主题的小型宣传活动，开展5场“童心童趣·欢度六一”和防疫防控宣传主题活动，给孩子们发放学习用品，开展绘画小课堂，宣讲疫情防控知识。5月31日，桑植县力行社会工作服务中心社工和志愿者一行15人，前往凉水口镇尧儿坪村和李家庄村开展了“光影小捕手”公益项目活动，通过“小组活动+摄影+心理健康辅导”的活动方式，与60多名留守儿童提前过了一个快乐的“六一”儿童节。桑植县力行社会工作服务中心自主创新开展关爱留守儿童“光影小捕手”系列活动，吸引越来越多人的关注，越来越多的志愿者加入服务活动中来。慈利县民政局党组精心部署，组织慈利县未成年人救助保护中心、慈利县儿童福利院，引导慈利县乐善社会工作服务中心党支部与北街留守儿童之家联合开展“合力监护、相伴成长”庆“六一”活动，陪孩子们共同度过一个快乐而有意义的儿童节。慈利县关工委、慈利县妇女联合会、慈利县北街社

2020年，张家界市召开村（社区）“两委”换届选举试点工作动员会议（杨婧　摄）

2020 年 12 月 23 日，张家界市救助站工作人员开展寒冬送温暖活动　（秦向云 摄）

区相关领导参与活动，共同关爱儿童群体。慈利县民政局还联合湖南省乐善社会工作发展中心驻慈利县项目点，给该县三合镇中学孩子们赠送文具、玩具、营养品，与在校孩子共庆“六一”，并邀请专业人员讲解疫情知识及未成年人保护法相关知识。　（张广玲）

【社工人才队伍建设】2020 年，张家界市民政系统进一步健全社工人才数据库，对社工人才实行动态管理，为特殊岗位做好人才储备。疫情期间，全市 127 名社工投入抗疫工作中，服务 8436 人次。为解决社工和志愿者后顾之忧，为 2000 多名社工和志愿者购买了多种险种的抗疫保险。为社工展示才华提供平台，桑植县走马坪社工滕黄作为全省 5 个社工人物之一参与国际社工宣传日湖南省抗疫典型社工人物线上直播，将偏远山区抗疫故事传递到全省乃至全国。向省民政厅积极争取，将桑植力行社工机构纳入社会工作机构牵手计划，推动桑植县社会工作服务机构培育、专业人才培养、服务项目实施、服务制度完善、服务水平提升，充分发挥社会工作参与脱贫攻坚的重要作用。打造专业社工人才，动员从事社会工作的人员参加社会工作者职业水平考试并进行考前培训，23 人通过初级社会工作师、5 人通过中级社会工作师考试。　（张广玲）

【基层社会治理】2020 年，村（居）委会换届前期，张家界市民政局完成成立机构、调查摸底、离任审计、谈话谈心等阶段性任务，编制快板剧视频《致全体市民的一封公开信——选好村居当家人》，通过微信转发广大市民，为张家界市村（居）委会换届选举圆满收官打下基础。聚力基层治理，发挥基层党组织核心作用，构建“一核”“五治”新格局，助力社会治理、经济发展、民生改善良性互动。提升治理能力，组织部分城乡社区工作人员赴深圳培训，到娄底、邵阳、常德等地取经。做好基层政权建设和社区治理数据维护，全市 1016 个村（社区）综合服务设施覆盖率均达到 100%。接力“三联四建”，联建莲花社区、天门壹号小区，全面完成年度各项指标，为第六轮“三联四建”起好步、开好局奠定了基础。强力推进扫黑除恶，打黑惩伞，黑恶势力干涉基层政权有效遏制，人民群众的安全感、获得感、幸福感明显提升。　（李任飞）

人力资源和社会保障

【概况】2020 年，张家界市实现城镇新增就业 10240 人、失业人员再就业 4308 人、就业困难人员再就业 1566 人。张家界市基本养老保险、失业保险、工伤保险参保人数分别为 122.19 万人、11.02 万人、15.51 万人，累计征缴养老保险 18.05 亿元、职业年金 2.85 亿元、失业保险 0.19 亿元、工伤保险 0.49 亿元。全市累计制发社保卡 138 万张，实现社保卡应用功能 87 项。　（刘锋）

【稳就业】2020 年，张家界市人社局出台《新冠肺炎疫情防控期间支持企业复工复产促进稳定就业的十二条措施》《关于新冠肺炎疫情期间鼓励农民工到本市就业的实施方案》等系列政策，为 210 家企业发放稳岗返还失业保险金 1223.64 万元、惠及岗位 18446 个，为 1536 名参保职工发放技能提升补贴 232 万元，为 534 名在校的高校毕业生发放求职创业补贴 80.1 万元，为 15245 名贫困务工人员发放一次性求职创业补贴 523.2 万元。（王世华）

【创业带动就业】2020 年，张家界市建成省、市、区（县）三级创业孵化基地 9 家，直接带动就业 4436 人。发放创业担保贷款 7234 万元，直接带动就业 2181 人。　（张臣　李可石）

【重点群体就业】2020 年，张家界市人社局共组织农民工免费返岗专车 303 辆、点对点输送农村劳动力 6999 人返岗，组织农民工免费返岗专列 2 列、输送返岗农村劳动力 915 人，全市贫困劳动力返岗总体排名位列全省第二。　（张望）

【公共就业服务】2020 年，张家界市人社局应对新冠疫情影响，利用“张家界市人力资源公共服务网”和“张家界市人力资源服务中心”微信公众号两个线上平台，组织开展“春风行动线上招聘会”“全市重点监测企业线上招聘”“高新区线上专场招聘”“百日千万网络招聘”“退役军人军属线上专场”等网络招聘活动 10 场，共组织 752 家用人单位线上招聘，提供各类就业岗位 40669 个。自 7 月下旬开始，采取小型化、多场次、错峰式现场招聘模式，组织开展民营企业招聘月、送岗位进校园、点亮万家灯火、退役军人专场、第八届大中城市联合招聘张家界专场等现场招聘会 22 场，组织进场企业 953 家，现场求职人员登记 2801 人，达成就业意向 798 人。　（唐源）

【养老保险基金征缴】2020 年，张家界市征缴基本养老保险费 15.9

亿元，征缴企业养老保险费8.02亿元，征缴机关事业养老保险费7.04亿元，征缴城乡居民养老保险费0.84亿元，征缴职业年金3.27亿元。（高琴琴）

【养老保险待遇】 2020年，张家界市人社局推进“人防、制防、技防”三位一体基础体系建设，全市实现2005年以来企业养老金“十六连调”，机关企事业第五年“同步连调”，城乡居民养老保险“两个机制”建立正常运行、基础养老金从103元/月调至113元/月，全市近35万名退休人员（含城乡居保领取待遇人员28.84万人）待遇按时足额发放。全市减免企业养老保险费2.15亿元，涉及企业2884家、职工43837人。（屈迎晓）

【失业保险】 2020年，张家界市人社局为5289名失业人员发放失业补助金1354万元。全市减免失业保险费1048.37万元，涉及企业1614家、职工43319人。（张　科）

【工伤保险】 2020年，张家界市工伤保险累计参保人数155115人，全市工伤基金总收入4960万元、总支出5708万元。全市新增参保单位262家，其中建设项目164家，建设项目工伤保险参保率达100%。张家界市人社局继续执行阶段性降低社会保险费率政策，促进复工复产，为1660家参保单位阶段性减免工伤保险费4978万元。全市处理工伤认定申请850份，完成劳动能力鉴定369人次。全市减免工伤保险费4978万元，涉及企业1660家、职工62469人。（龚　声）

【工资福利】 2020年，张家界市人社局落实关心关爱抗疫一线医护人员若干措施。张家界市人社局持续推进公立医院薪酬制度改革，推动改革向基层延伸，进一步覆盖全市93家乡镇及社区基层医疗卫生机构。（李　岸）

【专技人才】 2020年，张家界市人社局完成2020年度职称评审工作，全年新增高级职称资格人员337人、中级职称资格人员648人，做好了731人职业（执业）资格考试审查。张家界市市直单位共引进科技创新人才10名，有2人被确定为“湖南省2020年度引进100个科技创新人才”。市人民医院雷明盛同志入选2020年享受国务院政府特殊津贴专家。（史明涛）

【急需紧缺人才】 2020年，张家界市开展人才引进与推荐工作，市直单位引进急需紧缺人才58名。张家界市将在抗击疫情中表现突出的4名编外援鄂医护人员转为编内人员。（黄才书）

【职业技能培训】 2020年，张家界市人社局落实《湖南省职业技能提升行动实施方案（2019—2021年）》，推行企业新型学徒制，张家界市完成职业技能培训48973人，其中创业培训4787人，骨干电商培训3231人，贫困劳动力技能培训4502人，“两后生”技能培训419人。（吴远胜）

【职业院校招生】 2020年，张家界市人社局推进技工学校扩招，全市2所技工院校招生1300余人，学生就业率达98%。（吴远胜）

【职业技能鉴定】 2020年，张家界市人社局组织职业技能鉴定或考核24008人次，全市新增高技能人才488人。（龚伯承）

【职业技能赛事】 2020年，张家界市人社局代表湖南参加人工智能应用技术技能大赛全国总决赛，荣获教师组一等奖、学生组三等奖，为湖南捧回唯一奖杯，4名选手在全国技能大赛上获2枚金牌、2枚铜牌。（龚伯承）

【“三支一扶”计划】 2020年，全市招募26名高校毕业生到乡镇基层从事“三支一扶”工作，其中支农2名、支教1名、支医7名、扶贫11名、就业和社会保障平台5名。张家界市人社局做好服务期满人员的考核工作，将21名期满考核合格人员全部安置到位。（黄才书）

【事业单位人事管理】 2020年，张家界市人社局贯彻落实《湖南省事业单位公开招聘人员办法》，加强指导、监督和管理，完成全市事业单位公开招聘508人。张家界市将在抗击疫情中表现突出的42名医护人员优先晋升岗位等级。（刘东昌）

【劳动关系】 2020年，张家界市人社局规范劳务派遣行政许可，完成11家劳务派遣单位的变更和延续行政审批。推进工资集体协商，全市已建工会企业工资集体协商建制率达91%。规范劳动用工管理，完成市直241家企业单位的劳动用工日常管理。牵头开展企业培育工作，联合“三方四家”推荐培育“和谐同行”企业5家，推荐培育市“小升规”企业5家。（朱　娟）

【劳动仲裁】 2020年，张家界市共受理劳动争议案件468件，涉及劳动者678人，涉案金额3440.44万元，按期结案率100%。其中调解结案306件，调解成功率达65.3%。（胡子忠）

【劳动监察】 2020年，张家界市以贯彻实施《保障农民工工资支付条例》为抓手，建立工作专班，实行挂图作战，全面督促工程建设领域落实农民工实名制、工资专用账户等7项根治欠薪制度。张家界市人社局化解欠薪隐患27个，拖欠工资案件341件，为3314名劳动者追回工资7737.86万元。全年未发生一起极端事件和30人以上因欠薪引发的群体性事件。桑植县根治拖欠农民工工资支付工作受到省根治办表扬激励。市劳动保障监察支队清理整顿人力资源市场秩序工作受到人社部、市场监管总局通报表彰。
（陈　超）

【市直单位绩效评估】 2020年，张家界市改革完善市直单位绩效评估实施方案和指标体系，进一步发挥绩效评估的导向、评价和激励约束作用，推动高质量发展。突出评估重点，对评估指标体系进一步简化优化，设置“业务建设、共性指标和创先争优”三项内容，突出对省考任务、市委、市政府重点工作任务以及创建“让党中央放心、让人民群众满意的模范机关”工作任务考核。改进指标设置，加强对每项评估指标及具体考点的筛选和设置，对市直单位履行日常法定职责指标采取“负面清单”方式实行简化考核，增设“履职质效”评价指标。优化计分方法，重点优化运用省绩效评估指标、省督查激励措施等省考结果计分规则，对纳入年度评估体系的市委、市政府重点工作指标要求提供差异化考核结果，加强对不同类型不同指标的分值统筹设置。严格数据采集，对未规范开展日常与年终数据采集工作、达不到差异化考核数据采集要求、数据采集公示后发生变更等情形的，实行扣分等反向约束机制。牵头推进市直二级单位绩效评估工作，对50个人财物独立的市直二级单位和派驻区县工作机构开展绩效评估，强化市直二级单位工作责任。加强绩效评估基础工作，联合市委财经办对2009年以来的全市绩效评估工作文件资料进行了全面梳理汇编，形成了《市域绩效评估十年》和《市域绩效评估实例》。经年度绩效评估，市直一级单位共评选出绩效优秀单位46个、绩效良好单位37个、绩效合格单位22个；市直二级单位共评选出绩效优秀单位20个、绩效良好单位19个、绩效合格单位11个。
（李优民　卓　照）

2020年7月8日，湖南省退役军人事务厅党组书记、厅长唐勇（右二）一行现场调研武陵源协合乡退役军人党小组建设
（唐　峰　摄）

【表彰奖励】 2020年，张家界市严格规范评比达标表彰项目管理，发挥评比达标表彰激励作用。推进全市评比达标表彰工作制度化管理，制定出台《国家、省评比达标表彰项目推荐基本流程及材料清单》《市区县级评比达标表彰项目开展基本流程及材料清单》。切实加强评比达标表彰管理工作，做好6个市县级评比达标表彰项目征集、筛选、报审工作，并指导抓好落实；对13个省以上评比达标表彰项目评选工作进行监管；完成了国家级、省级抗击新冠肺炎疫情评选和“中国人民志愿军抗美援朝出国作战70周年”纪念章颁发两项牵头工作任务。　（李优民　黄世江）

【就业扶贫】 2020年，全市累计建立81个就业扶贫车间、46个就业扶贫基地（国家级4个、省级13个、市级26个、县级3个）。完善就业扶贫政策，全市人社部门为80550名贫困劳动力发放转移就业交通补助、岗位补贴等就业扶贫资金3797.3744万元，为81个就业扶贫车间补贴就业扶贫资金96.55万元，全年帮助16089名未脱贫贫困劳动力实现就地就近就业。全市开发就业扶贫专岗89个，吸纳4273名年龄偏大、劳动能力弱的农村贫困劳动力从事保洁、保绿、公路养护等工作。　（张　望）

【社保扶贫】 2020年，张家界市实现社保扶贫“4个100%”，即贫困人员数据核实率100%、年满16周岁的贫困人口社保登记参保率100%、年满60周岁的贫困人口社保待遇发放率100%、符合社保代缴条件的贫困人口社保代缴率100%，助力参保贫困人员精准脱贫。
（高琴琴）

【人社行风建设】 2020年，张家界市人社局受理“一件事一次办”事项19063件、办结18864件，所有面向企业和群众的依申请类审批服务事项全部入驻政务服务大厅，入驻率达100%。张家界市人社局开展“人社服务快办行动”，推进“打包”办理、“提速”办理、“简便”办理，职业资格证书核发、劳务派遣时限均缩短50%以上，其中社保卡办卡期限由3—6个月缩短为3分钟。
（彭　锐）

【人事考试】 2020年，张家界市人社局扎实开展考试考务工作，完成2020年公务员招录考试、执业药师、社会工作者、一级建造师（造价师）、二级建造师（造价师）、经济师等考试考务工作，考试安全“零事故”。　（王万维）

退役军人事务管理

【概况】 2020年，张家界市推动退役军人事业全面健康发展。其中，市、区县、乡镇、村四级退役军人服务中心（站）建设覆盖率实现100%，信访工作排名居全省第一，重点民生实事完成率达119%，优抚对象抚恤补助发放准确率达100%，社保接续工作完成率达99%，移交安置工作完成率达100%，自主就业退役军人培训知晓率达100%，参训合格率达100%，推荐就业率达100%，以上指标均达到或超过下达的目标任务。军供保障安全无事故。军休管理服务总站获评五星级服务机构；张家界市被评为“全省第十届双拥模范城”。

【退役军人工作体系建设】 2020年，张家界市委、市政府领导高度重视退役军人工作，市委书记、军分区党委第一书记、市人大常委会主任虢正贵，市委副书记、市人民政府市长刘革安，市委副书记刘绍建，市委常委、常务副市长曾超群，市人民政府副市长、市公安局局长谢振华等市领导带头走访慰问2次，作出指示批示5次。市、区（县）各级党委、政府均把退役军人工作摆在重要议事日程，区（县）委退役军人安置工作领导小组相继成立。全市1100个退役军人服务中心（站）人员配备基本到位，办公场所均已解决，职能职责更加明确，机构运行逐步规范。张家界市永定区新桥镇退役军人服务站、张家界市慈利县三官寺乡退役军人服务站、张家界市桑植县刘家坪白族乡退役军人服务站，被退役军人事务部明确定为全国示范型退役军人服务中心站。

【退役军人政策法规工作】 2020年，张家界市出台《张家界市市直单位营职及以下军转干部安置办法（修订）》《张家界市市直单位退役士兵安置暂行办法》《张家界市驻军部队随军家属就业安置暂行办法（修订）》《张家界市退役军人创业扶持办法》。建立完善涉及信访维权、困难帮扶、廉政风险防控等各类规章制度60余个，用制度管人管事管物的机制逐步形成。

2020年9月30日，张家界市举行烈士纪念日缅怀革命烈士公祭活动，市委书记虢正贵（前左）等市领导与全市各界代表参加 （张 潘 摄）

【退役军人思想政治工作】 2020年，张家界市开展退役军人党小组等功能性组织建设试点工作，武陵源区协合乡龙尾巴居委会退役军人党小组成立，退役军人“四带头四发挥”（即退役军人带头抓学习、带头当表率、带头做贡献、带头促发展；在乡村振兴、综治维稳、生态保护、急难险重四个方面发挥了重要作用）作用充分体现。探索新时代文明志愿服务的导向引领，武陵源区着力打造“四季五彩”（即“红色”文化服务、“蓝色”梦想服务、“绿色”环保服务、“紫色”爱心服务、“黄色”平安服务）退役军人志愿服务活动品牌；组织开展“优秀兵支书”评选活动，慈利县云朝村“兵支书”的先进事迹视频被省厅推荐到全国展播；开展退役军人走访慰问和思想交流工作，召开“最美退役军人”座谈会；开展春节、“八一”、纪念抗战胜利75周年走访慰问活动和纪念抗美援朝出国作战70周年文艺会演；向

2020年11月6日，召开张家界市退役军人安置工作会议 （王雪峰 摄）

2020年12月3日，湖南省十三届人大解放军代表调研第三组到张家界市退役军人事务局进行《中华人民共和国国防法》《中华人民共和国兵役法》执行情况座谈调研（胡亚玲　摄）

湖南省退役军人事务厅推荐两名最美退役军人候选人，唐江获评“全省最美退役军人”；与张家界日报社、电视台合作，开设“致敬最美退役军人”专栏和一个“八一”专版，在掌上张家界APP同步宣传；在各类媒体、网站宣传报道退役军人工作动态、典型事迹达200多篇次，尊军崇军氛围日益浓厚。新冠肺炎疫情防控期间，全市有1万多名退役军人参加疫情防控，捐款捐物累计近30万元，涌现出一批疫情防控先进典型，得到社会各界的一致认可和高度赞誉。

【抚恤优待工作】 2020年，张家界市落实抚恤补助政策推进优抚对象医疗费“一站式”结算服务工作，帮助优抚对象解决看病难问题；对1—6级残疾军人的医疗费实报实销，对重点优抚对象住院医疗费用按照比例进行二次报销；全市发放价格临时补贴1152万余元。组织短期疗养5期380人次，送医药下乡15场次惠及3100余人次；全年办理申报评残、提级37人，组织带病回乡体检26人；发放元旦、春节及“八一”慰问金约600万元，走访慰问各类优抚对象1.3万余人。

【退役军人移交安置】 2020年，张家界市接收军转干部13人，接收符合政府安置条件退役士官150人（市本级20人），在省安置办规定的时间内提前完成安置任务并获得省退役军人事务管理厅表扬。高质量完成404位企业军转干部信息采集更新工作，做好企业退休军队转业干部2020年生活困难补贴调增工作。完成全市4042名退役士兵的社保接续，完成率达99%。2020年4月，张家界市社保接续工作典型案例在《中国退役军人》杂志第三期和《解放军报》刊发。

【就业创业】 2020年，张家界市重新认定7家自主就业退役军人异地职业技能培训机构，组织自主就业退役军人开展职业技能培训；组织举办“线上＋线下”招聘会活动15场，参与企业593家，提供岗位26201个，近千人参与招聘；退役军人创办各类企业440家，带动退役军人就业1076人；选送2个企业代表参加全省创新创业大赛并荣获省级三等奖。以创业为突破口，出台《张家界市退役军人创业扶持办法》，力促退役军人就业创业。

【军休服务管理及军供保障工作】 2020年，张家界市完成全市军队离退休人员45人定期增资，发放工资及各项待遇金640余万元；坚持重大节日上门走访慰问和看望军休干部及遗属260余人次，发放慰问金12万余元，慰问物资价值3万余元；为过经部队提供饮食饮水供应保障安全无事故。

【权益维护】 2020年，张家界市坚持有求必应，有难必帮，让爱的温度温暖所有退役军人及其家属。落实常态化联系退役军人机制，全市常态化联系302名退役军人及其他优抚对象，帮助解决帮扶援助资金30多万元。办好民生实事，完成资金发放比例达108%，完成帮扶

2020年12月16日，湖南省退役军人事务厅副厅长许勇才督查调研张家界市退役军人事务工作（胡亚玲　摄）

2000 年，张家界市武陵源区协合乡退役军人服务站文化建设　（赵　锐　摄）

人数比例达 184%。全市累计发放各类困难救助资金 329.54 万元，解决 1427 人的困难。

（本栏撰稿　张　民）

机关事务管理

【概况】 2020 年，张家界市机关事务管理局践行新发展理念，坚决落实过“紧日子”要求，持续推进集中统一管理，扎实推动制度创新和治理能力建设，为保障张家界市党政机关高效运转做出贡献。2020 年被授予张家界市“平安单位”荣誉称号、张家界市创建文明城市“贡献单位”荣誉称号。

【办公用房管理】 2020 年，张家界市机关事务管理局完善数据库和台账，向市直各单位印发填报信息数据等 3 份通知文件，建立健全办公用房权属信息等 5 类台账，做到底数清、情况明。整合资源统筹利用，回收市医保局等单位占用办公用房 10 间，整合市教育局等单位闲置办公用房 1366 平方米，为市疫情防控指挥部、市高质量发展指挥部、市委 1 号办公楼等单位统筹调剂办公用房 4287.66 平方米，确保国有资产的高效使用。实行常态化监督检查，全年共组织 4 次专项清理督查和“回头看”工作，督促超标单位及时整改到位，针对市直有关单位办公用房突出问题，及时抓好由点到面的整治，并积极向市委、市政府报告，体现高度的政治责任感。

【公务用车管理】 2020 年，张家界市机关事务管理局推进“三化”管理。将市直单位 376 辆公车信息、83 名驾驶员基本信息全部录入“全省一张网”平台，实行分类统计，一车一档，全面提升张家界市公车管理平台化、信息化、标识化“三化”水平。开展教育培训。举办公车平台操作培训，196 名市直及区县技术员参加。先后选派 3 名领导干部参加全省公车改革配套政策等专题培训班，进一步增强业务能力。规范使用监督。积极协调解决有关单位借用公车问题，依法依规对 7 辆公车进行网上公开拍卖。先后对 10 家单位公车使用情况进行巡查暗访，为市直单位安装公车北斗定位系统 5 台，检修 60 台，筑牢公车管理“防护栏”。

【公共机构节能管理】 2020 年，张家界市机关事务管理局完善节能管理体系。建立健全“节能员”、公共机构基本信息名录库，各单位能耗统计、生活垃圾分类和节约型机关创建工作稳步推进，张家界市较 2019 年人均综合能耗同比下降 2.5%、水耗同比下降 2.5%、单位建筑面积能耗同比下降 2%。加强宣传与教育。通过组织观看云直播、举办知识竞赛、发放倡议书等方式大力宣传绿色办公、反对餐饮浪费等节能行为。先后组织 24 名节能工作人员参加国际绿色发展博览会、清华大学节能远程培训等学习教育，结业成绩在全省排名前三。同时积极邀请省级科技专家为张家界市能耗统计培训授课，节能数据质量显著提升，顺利通过省局会审。开展节约型机关创建。经过主动争取，节约型机关创建工作纳入市直单位绩效考核。积极指导慈利县 2 家县直单位完成燃气锅炉油改气等节能项目，为桑植县、慈利县 2 家单位耗能设备改造项目争取补助资金 16 万元，充分发挥示范引领作用。

【国有资产管理改革】 2020 年，张家界市机关事务管理局根据市委、市政府领导指示要求，广泛开展张家界市党政机关和参公事业单位国有资产管理体制改革调查研究，组织到益阳、常德等“兄弟”市州学习考察，积极协调财政、国资等部门，多次征求各方意见，出台《张家界市行政事业单位国有资产管理体制改革实施办法》（草案），为建立健全新的运行机制奠定良好基础。

【后勤管理】 2020 年，张家界市机关事务管理局加强机电设备维护。全年为市委机关大院各单位维修灯管、线路、电梯等 870 多次，做到服务零距离、设备零故障、安全零事故。做好工程维修。按时保质完成周转房维修、机关大院配电改造、2 号办公楼中央空调维修等工程，配合做好市智慧城市指挥中心建设。全力做好疫情防控和日常保洁绿化工作。成立市委大院疫情防控工作领导小组，制定并落实 7 项防控专项方案。全年院内消杀频次累计186次，每月进行两次灭“四害”和一次卫生大扫除，做到清洁无死角，为干部职工营造干净舒适的办公环境。加强安全保卫。严格执行24小时值班工作制度，加强对重点部位巡逻力度，及时消除安全隐患52处，着力构建“平安机关”。提升精细管理水平。制止餐饮浪费，积极宣传引导“光盘行动”，把好食堂采购关和制作关，加强对承包商的监督。制定市级领导周转房工作规范，服务意识进一步提升。做好礼堂会务保障。定期对会场的音响、照明等设备进行排查，备足必要配件，提前做好会场布置，有力保证市委七届十次全会等21场重大会议活动的顺利召开。

（本栏撰稿　符瑶）

信访工作

【法治宣传】2020年，张家界市信访局以《信访条例》修订实施15周年为契机，广泛宣传《信访条例》等相关法律法规，改变群众“信访不信法”等错误观念，引导群众在法治轨道上维护权益。由市委宣传部牵头指导，市委常委、市委宣传部部长郭天保，分管副市长谢振华亲自策划，出品全国首部信访题材系列广播剧《信访那些事儿》，全面讲好“信访故事”，传递人民信访“为民解难、为党分忧”之正能量，在《湖南日报》、红网、张家界广播电台、“学习强国”等平台播出，全网总播放量达1万次，该经验做法被国家信访局门户网站专题报道。组织制作微视频《无声的锦旗、有声的故事》讲述接访大厅锦旗墙背后的干群温暖故事，被国家信访局于10月27日向全国推送展播。

【积案攻坚】2020年，张家界市信访局以“千方百计为信访群众解决问题”为出发点，开展信访矛盾攻坚活动，化解市信访积案37件，群众满意度大幅度提高，收到群众答谢锦旗19面。着力攻坚重点领域矛盾，着力化解普遍性问题，开展房地产办证信访突出问题攻坚和涉贫领域信访突出问题两项专项攻坚，化解了27个问题楼盘的遗留问题，解决了17034户办证难的问题，市领导领办督办化解137件涉贫突出问题。真正做到了“减存量、控增量、防变量、求质量”，永定区、慈利县、桑植县均摘掉重点管理调度区县的“帽子”。12月11日，省政府副秘书长，省信访局党组书记、局长张银桥在张调研时，对张家界市妥善化解信访突出问题取得的成绩给予高度肯定。

【“新冠疫情”防控】2020年，张家界市信访局结合自身职能，主动作为，发挥疫情防控热线“前哨阵地”作用。开通“疫情防控咨询热线”0744—8228035，共接到群众来电892个，交办并跟踪督办78个，为814名来电群众提供咨询服务。开展涉疫涉稳群众矛盾纠纷大排查，向市委、市政府提交《全市疫情防控期间形势研判报告》。2月23日，习近平总书记发表关于复工复产重要讲话，市信访在2月22日率先将筹集善款和复工物资送到帮扶村，积极助力群众春耕生产和农民工返岗，人民网、《人民信访》、《湖南日报》等媒体以《主动下访倾情助力复工复产》为题进行报道。

（本栏撰稿　张珊梦）

2020年4月11日，市委副书记、市长刘革安（左二）前往慈利开展涉贫信访专项治理工作　（张珊梦　摄）

扶贫开发工作

【概况】2020年，张家界市科学系统谋划和高位推进脱贫攻坚收官工作，取得良好成效。截至2020年底，武陵源、永定、慈利、桑植四个区县全部“摘帽”，358个贫困村如期出列，249163名贫困人口全部脱贫（2020年脱贫5692人），贫困发生率由20.1%下降到零，脱贫攻坚战取得全面胜利。在省2020年脱贫攻坚成效考核中张家界被评为“综合评价好”的市。

【战“贫”战“疫”】2020年，张家界市坚持战“贫”战“疫”两手抓，坚决克服疫情影响，全面推进脱贫攻坚。实施“3+2+N”产业发展行动计划。把“输血”与“造血”相结合，大力发展大鲵、莓

2020年8月13日，市人大主任、市委书记虢正贵（右三）深入永定区大庸桥街道办事处下沉接访现场查看（张珊梦 摄）

茶、杜仲、葛根、蜂蜜五大优势农产品，引导贫困户发展产业脱贫致富。2020年财政用于产业扶贫资金3.15亿元，与新型经营主体建立持续稳定利益联结机制的贫困人口19.98万人。“五个一批”带动贫困人口稳岗就业。通过就业扶贫载体吸纳一批、扶贫公益性岗位安置一批、组织外出务工转移一批、支持返乡创业带动一批、项目建设优先用工一批，推动贫困人口稳岗就业。到2020年年底，安排扶贫公益性岗位5766人，贫困人口就业总人数10.33万人，返乡回流人员2573人再就业全覆盖，872名应届毕业贫困大学生实现就业，就业服务政策落实到位、就业信息真实性、准确性100%。“四方助销”解决农产品卖难问题。通过干部职工助销、市场主体订销、电子商务营销、社会力量代销开展消费扶贫。到2020年年底，建设7个扶贫专馆、13个消费扶贫专区、消费扶贫总额达到7.26亿元，扶贫“832”平台完成交易1244笔157.88万元。抓好禁食退捕和受灾群众帮扶。受禁养政策影响贫困户122户实现稳定就业、有稳定增收门路。因灾纳入脱贫不稳定户和边缘易致贫户6人，紧急转移安置374人。因灾造成饮水安全问题65户93人、因灾产生危房218户699人，全部得到有效解决，确保无一人因灾致贫返贫。

2020年12月11日，省政府副秘书长、省信访局局长张银桥（左三）到张家界调研（张珊梦 摄）

【行业扶贫】 2020年，张家界市大力开展行业扶贫行动。产业扶贫方面，新培育或引进企业8个，358个贫困村成立专业合作社，155384名有产业发展能力、意愿的贫困人口实现产业扶持全覆盖，配备产业指导员1370人，开展农业技术培训15万余人次。易地扶贫搬迁方面，完成搬迁入住9644户34698人，建成集中安置点195个，搬迁入住率100%，基础设施与基本公共服务设施覆盖率100%，后续帮扶措施覆盖率100%。危房改造方面，完成农村危房改造四类重点对象任务949户。教育扶贫方面，加大“五帮一”控辍保学力度，落实助学金10392万元，“雨露计划”资助7412人1418.33万元。健康扶贫方面，落实“先诊疗后付费”，大病定点医院专项救治率96.68%、贫困人口县域内就诊率92.43%、贫困人口慢性病签约服务100%；贫困人口参保率100%，享受“一站式”结算57496人次21186.39万元，县域内报销比例87.91%。安全饮水方面，解决469个到村到户饮水安全问题，全面保障贫困人口饮水安全。兜底保障方面，兜底保障对象14718户31628人，低保标准提高至每人每年4000元以上，发放兜底保障资金8848.256万元；发放残疾人“两项补贴”332819人次2206.079万元。农村公路建设方面，完成提质改造293.241千米，自然村通水泥路93.638千米，农村公路安防工程建设615.304千米。生态补偿脱贫方面，新聘生态护林员989名，续聘1010名生态护林员，发放补助资金1999万元。扶贫资金管理方面，整合财政涉农资金97615.07万元，统筹整合资金完成支出95299.62万元。致富带头人方面，培训创业致富带头人466人。

【脱贫攻坚普查】 2020年7月，张家界市抽调870名普查人员历时43天完成脱贫攻坚国家普查。从脱贫攻坚普查情况来看，普查成功访问54780户，成功访问率99.81%，其中面访率95.56%，签字率100%，贫困人口“两不愁三保障”全面达标，扶贫政策全面落实，群众满意率达99.99%，群众幸福感和获得感得到全面提升。

【“两会四个一”】 2020年，张家界市开展以“党组会、屋场会；住一晚、吃一餐饭、打扫一次卫生、一起商量帮扶措施”为主题的“两会四个一”活动，逐户研究增收措施、整改突出问题、宣传扶贫政策和脱贫成效。到2020年底，各后盾单位到贫困村召开党组会1500余次，召开屋场会20000余场次，全面压实工作责任，全面落实到户政策，全面整改有关问题，群众满意度显著提高。该经验做法得到中央和省级等主流媒体推介。其中“屋场会”在全国反响强烈，引起中央、省级媒体争相报道，《人民日报》、新华社、中央广播电视总台、《湖南日报》、红网等中央、省级主要媒体纷纷到张家界打卡“屋场会”。

【四抓四保】 2020年，张家界市按照一季度抓自查保增收、二季度抓排查保清零、三季度抓普查保质量、四季度抓核查保成效的部署，全力推进脱贫攻坚。一季度开展全面自查，及时推动扶贫企业复工复产、防范化解旅游扶贫和大鲵产业风险、优先保障贫困人口就业、多措并举发展到户产业等工作。二季度开展脱贫质量“回头看”排查，集中推进信访化解和住房安全专项行动，3450个问题全部整改清零。三季度开展脱贫攻坚普查，做实“三张清单”、压实“三员责任”，高质量完成普查任务。四季度开展对标核查，重点抓好就业扶贫、消费扶贫、社会扶贫以及“六看”重点工作，用高质量的脱贫成效迎接历史和人民的检验。

【扶贫领域风险防控】 化解涉贫信访舆情风险。2020年，张家界市开展涉贫信访专项治理行动，集中拉网式排查涉贫信访矛盾隐患，建立健全涉贫信访处置机制，33名市级领导对137件信访件实行包案全覆盖，化解到位率100%。到2020年底，受理涉贫信访及舆情总量89件，较上年下降16.8%，未发生重大突发涉贫信访舆情。防控小额信贷逾期风险。张家界市出台扶贫小额信贷逾期风险防控办法，建立“指挥部总调度+责任单位总协调+乡镇领导责任与银行主体责任双落实+支行与乡镇、村党员干部全力推进”的“四轮驱动”工作模式，全面清理分贷统还项目，2020年新增放贷9122笔40066.1万元，逾期率为零。防止致贫返贫潜在风险。张家界市建立防止返贫致贫工作制度，围绕“一超过两不愁三保障”和饮水安全，全面防范返贫致贫潜在风险，对于有风险的对象，及时纳入帮扶。到2020年底，2046户3976人边缘易返贫户、2317户5582人脱贫不稳定户全部消除风险。

（本栏撰稿 王雄杰）

移民工作

【概况】 2020年，张家界市库区移民工作统筹推进整村推进、避险解困、移民产业开发、移民培训、项目资金监管、移民信访等工作，张家界市移民后期扶持工作在全省绩效考核中位列第一、移民绩效评价工作位列全省第二；慈利县代表湖南省迎接全国水库移民绩效评价复核，荣获全国第二名的优异成绩，得到水利部和湖南省库区移民事务中心高度肯定。

【移民增收】 2020年，全市围绕移民增收，抓好产业开发和创业创收，投入807万元新开和培管产业10600亩，以产业来带动移民增收，其中开发、培管茶叶1350亩，水果4990亩，开发种植水稻3510亩、蔬菜700亩，种植中药材50亩；投入415万元发展养殖业；投入707.8万元进行产业开发基础设施配套建设。大力加强移民就业技能培训，2020年，全市开展水果、油茶等农业技能培训和养老护理、面点师等转移就业技能培训班15期，完成农村实用技术培训550人，转移就业技能培训和中长期职业教育292人，新型职业农民培训81人，完成自主培训10人。

【移民脱贫】 2020年，张家界市移民工作按照“不丢一户、不漏一人”要求，认真落实特困移民避险解困搬迁安置工作，采取避险解困搬迁安置方式，对居住在山洪地质灾害易发区域、生存条件恶劣的417名移民搬出“穷窝”，解决其居住安全问题。争取避险解困项目资金834万元，完成建房381人，拆除旧房389人。投入精准扶贫资金595万元，实施移民精准脱贫项目26个，帮助全市5536名贫困移民如期脱贫。

【新村建设】 2020年，张家界市进一步落实移民后扶政策，以“一卡通”形式一次性及时足额发放移民后扶直补资金1763.81万元。投入资金1120.32万元，新建道路34.9千米，硬化道路36.5千米；投入资金156.6万元，实施移民安全饮水项目13个，解决2571人安全饮水问题。将永定区西尹村，慈利县柳林铺村、铁树潭村，桑植县溇阳村4个重点移民村作为精准扶持、移民增收和美丽家园建设整村推进村，安排专项资金730万元，整合部门资金800万元，从人居环境改善、基础设施补短板、发展产业移民增收等方面进行全方位帮扶。

【移民项目监管】 2020年，全市编报移民后扶基金、结余资金、扶助金、整村推进专项资金等项目计划9批次339个项目，总投资7172.62万元，全面完成市级预审、省级审查备案，市政府审核和计划下达工作。严格执行移民资金内审、稽察、监测评估和绩效评价“四位一体”监管制度，强化监督检查成果运用，确保资金使用安全高效。2020年清理消减移民存量资金869万元。对区县年度申报计划6800万元项目进行抽查，项目抽查率达30%，资金抽查率达50%以上；按时优质完成稽察、内审和绩效评价工作。

【移民矛盾化解】 2020年，张家界市妥善化解永定区天门山镇土木溪电站37户108人移民建房、2561人小水库移民要求提高口粮补贴标准、金山村109户437人移民安置建房和慈利县江垭镇以谢红梅为代表的140人外迁移民林权纠纷问题等信访积案；积极主动做好江垭水库、黄石水库“四网上岸”移民3000余人工作。2020年，接待移民信访24批次45人次，处置群体事件1批次30人次，解决问题5个。

（本栏撰稿 张 翔）

地方志工作

【概况】 2020年，张家界市公开出版地方综合年鉴9部。其中市本级出版综合年鉴2部，为《张家界年鉴（2019）》《张家界年鉴（2020）》；永定区出版2部，为《永定区年鉴（2018）》《永定区年鉴（2020）》；慈利县出版年鉴2部，为《慈利年鉴（2019）》《慈利年鉴（2020）》；武陵源出版1部，为《武陵源年鉴（2020）》；桑植县出版年鉴2部，为《桑植年鉴（2019）》《桑植年鉴（2020）》。完成《湖南省特色志·武陵源志》篇目结构优化调整，提交省地方志编纂院审核。完成《湖南年鉴（2020）》张家界市部分组稿、校稿工作。二轮修志完成的《张家界市志》在2006年内部印刷出版的基础上，按中国地方志指导小组办公室要求进行公开出版。完成《娄底市志》等志书评审任务。论文《年鉴理论研究的问题：内涵定势与范式突破》被上海市地方志办公室、复旦大学联合主办的“2020年地方志理论研讨会”论文集收录。

【《张家界年鉴（2020）》出版】 2020年10月，张家界市地方志编纂室编纂的《张家界年鉴（2020）》由方志出版社出版。该卷年鉴设特载、专题、大事记、张家界概况、中共张家界市委员会、张家界市人民代表大会、张家界市人民政府、中国人民政治协商会议张家界市委员会、中共张家界市纪委 张家界市监察委员会、民主党派、人民团体、军事、法治、综合监督管理、农业·林业·水利、工业、城乡建设与管理、生态环境保护、交通·邮政·通信、国内贸易、对外及对中国港澳台地区经济贸易、旅游产业、财政·税务、金融·银行·保险、民营经济、科学技术与科技服务、社会科学、教育、文化事业、新闻·出版·广电、文学艺术、卫生健康、体育、社会生活、区县概况、人物、附录、索引38个类目，下设269个分目、1383个条目，收录46幅图片。该卷年鉴设置“不忘初心 牢记使命”主题教育专题，收录主题教育重点讲话和工作成就；增设人物专题，将省级以上荣誉获得者单列条目，将市级荣誉列表记述；首次将45家域内知名企业纳入编纂范围，首次配备目录和索引双重检索系统。全书115万字。

【《张家界市志》公开出版】 2020年12月，《张家界市志（1988—2001）》在中共党史出版社公开出版。该书由张家界市地方志编纂室组织编写，书稿系统记述张家界市域历史沿革、自然地理、政治、经济、文化等各方面的情况，充分展现张家界建市以来的发展历程和改革开放显著成果，不仅为张家界将来的发展提供可供借鉴的经验教训和决策依据，也充分展示张家界人民意气风发、开拓进取的精神风貌。该书公开出版，标志张家界市“两全目标”完成。

【张家界市督促“一年一鉴、公开出版”工作常态化】 2020年，中共张家界市委党史研究室（张家界市地方志编纂室）聚焦“一年一鉴、公开出版”工作，按照每月一促进、季度一统计的原则，通过挂图作业、倒排工期的办法，督促全市4个区县及时推进和报送年鉴公开出版情况，综合研判区县年鉴出版进程，及时与省地方志编纂院沟通对接，大力推进全市“一年一鉴、公开出版”的情况，至年底，张家界市市本级和两区两县综合年鉴2020卷实现公开出版率100%。

【数字化建设】 2020年，中共张家界市委党史研究室（张家界市地方志编纂室）开展党史、地方志数字化建设，常年更新“张家界史志研究”公众号，设置“史志动态”“党史研究”“方志研究”等栏目，至年底，完善《张家界市志》版权页，完成300余万字的《红旗漫卷—张家界红色记忆》《张家界年鉴（2019）》《张家界年鉴（2020）》等志鉴资料的数字化加工，至年底，发布综合年鉴1卷，发布综合地方史志读物1部。

（本栏撰稿 王 欣）

2021

中国人民政治协商会议
张家界市委员会

·张家界年鉴·

综 述

【概况】 2020年，张家界市政协认真贯彻落实党中央、省委和市委有关重大决策部署，突出重点，体现特点，始终坚持人民政协性质定位，积极履职尽责，统筹推进各项工作。

加强政治引领，不断强化创新理论武装。深入学习贯彻习近平新时代中国特色社会主义思想，习近平总书记关于加强和改进人民政协工作的重要思想，习近平总书记考察湖南重要讲话精神，引导广大政协委员和政协工作者强化党对政协工作全面领导。落实全面从严治党主体责任，发挥市政协党组“把方向、管大局、保落实”作用。建立健全委员活动组、联络组功能型党支部，做到党对党员委员全覆盖。

发挥专门协商机构作用。坚持人民政协为人民，聚焦保障和改善民生，广泛开展调研协商监督。2020年，按照省市县政协调研协商监督课题三级联动要求，确定并实施“1+4+2N+2”年度调研协商和民主监督课题。组织开展1项专题议政性常委会会议协商、4项界别协商、广泛提案办理协商、对口协商、2项民主监督，开展新冠肺炎疫情防控、脱贫攻坚、“三抓三促”、创卫包保等重点工作。聚焦民本民生和市委重点工作，开展经常性履职活动，提出提案181件，委员大会发言14篇，微建议123条，编发社情民意19期。市委书记、市人大常委会主任虢正贵对14份委员大会发言和6件提案作出批示，市委副书记、市长刘革安对6件提案作出批示。相关部门对协商意见和建议高度重视，及时采取得力措施，有效促进相关工作顺利开展。

【促进澧水源头地区生态环境保护】 2020年，市政协深刻领悟习近平生态文明思想，忠实践行“绿水青山就是金山银山”，“共抓大保护、不搞大开发”，持续开展澧水源头地区生态环境保护及民主监督。2020年，是开展澧水源头地区生态环境保护民主监督“三年行动”第二年，市政协分成3个民主监督小组，深入澧水南、中、北源开展生态环境保护民主监督，形成和交办6类18个问题清单，召开主席会议、专题协商会议，就切实解决好这些问题进行广泛深入协商，为澧水源头地区生态环境保护贡献政协力量。

（本栏撰稿 谷若本）

【文史传承】 2020年是市政协成立30周年。市政协组织编纂《张家界市政协志》。遴选张家界市政协30年来有影响力的重要提案、有影响力的重要履职活动，并辑录成张家界市政协文史资料《张家界市政协30年来有影响力的履职活动》《市政协成立30年来有影响力的提案》。组织开展“不忘初心 牢记使命·我与人民政协”主题征文活动，形成《主题征文集》。向万隆回忆录《难忘的记忆——对几个历史时期亲见亲历情况的回忆》。设立“张家界市政协展示厅”，完成《与时代同行》专题片。

（吴 丹）

重要会议

【市政协第七届委员会第四次会议】 2020年1月5—7日，市政协第七届委员会第四次会议在市区举行。会议应到委员245名，实到234名。会议听取并审议通过市政协第七届常务委员会工作报告和提案工作情况报告，听取委员大会发言，听取市委书记、市人大常委会主任虢正贵在开幕会上的讲话。与会人员列席张家界市第七届人民代表大会第四次会议，听取并协商讨论市人民政府工作报告和其他报告。会议组织委员大会发言14篇，其中口头发言6篇。会议收到提案181件，经审查立案124件，并案28件。市委、市人大常委会、市政府、张家界军分区领导及其他市级领导同志出席开幕会、闭幕会，市委、市政府领导分别到各界别联组参与协商，听取意见和建议，沟通情况。

【市政协第七届常委会第十八次会议】 2020年1月6日，市政协第七届常委会第十八次会议召开。会议应到46人，实到44人。市政协党组书记、主席汪业元主持会议，会议听取各讨论组委员关于“一府两院”等各项工作报告和市政协两个报告协商情况汇报，听取并协商通过会议决议（草案）、会期提案汇总情况汇报，授权主席会议审查立案并遴选重点提案，协商决定有关人事事项。

【市政协第七届常委会第十九次会议】 2020年4月27日，市政协第七届常委会第十九次会议召开。会议主题为“统筹新冠肺炎疫情防控和经济社会发展，夺取疫情防控和实现经济社会发展目标双胜利”专题议政性常委会。会议应到46人，实到40人。市政协党组书记、主席汪业元主持会议，会议听取全市新冠肺炎疫情防控情况通报、全市应对新冠肺炎疫情促进经济高质量发展情况通报和市政协委员参与新冠肺炎疫情防控情况通报。覃仕斌、张元次、孙忠贤、赵继普、石继丽、向凤毛6名委员围绕会议主题作履职情况发言。

【市政协第七届常委会第二十次会议】 2020年7月13日，市政协第七届常委会第二十次会议召开。会议主题为“落实社会保障兜底扶贫政策，建立解决农村相对贫困的长效机制”专题议政性常委会。会议应到46人，实到36人。市政协党组书记、主席汪业元主持会议，会议听取“落实社会保障兜底扶贫政策，建立解决农村相对贫困的长效机制”调研情况通报。李宁、任琴、黎虎、宁委、高宏标5位委员围绕会议主题作交流发言。

【市政协第七届常委会第二十一次会议】 2020年9月29日，市政协第七届常委会第二十一次会议召开。会议主题为“十四五”规划编制专题议政性常委会。会议应到46人，实到43人。市政协党组书记、主席汪业元主持会议，会议听取“十四五”规划编制进展情况汇报，开展第28号重点提案办理民主评议评价，协商决定有关人事事项。市委常委，市人民政府常务副市长、党组副书记曾超群参会并讲话。

【市政协第七届常委会第二十二次会议】 2020年12月30日，市政协第七届常委会第二十二次会议召开。会议应到46人，实到35人。市政协党组书记、主席汪业元主持会议，会议传达学习中共十九届五中全会、中共湖南省委十一届十一次全会、中共湖南省委十一届十二次全会、中共张家界市委七届十次全会精神，听取2020年提案办理情况通报，协商决定市政协七届五次会议有关事项，协商通过2021年协商和民主监督计划（草案），听取市政协常委述职、市政协各专门委员会2020年工作情况及2021年工作计划报告和人事任免事项。

（本栏撰稿　吴　丹）

提案工作

【概况】 2020年，市政协认真开展调研，积极运用提案建言献策和民主监督，充分发挥凝聚共识和建言资政作用。一年来，收到提案181件，经审查立案124件，并案28件，转来信24件、社情民意5件。按归口管理原则，2020年124件立案提案及2019年度12件B类续办提案分别由市委办、市政府办交56个单位办理，2020年10月底前全部办复完毕。

【提案交办督办】 2020年，市委、市政府和各部门高度重视提案工作，在市政协七届四次会议上，市委书记、市人大常委会主任虢正贵要求各部门承办委员意见建议做到有研究、有行动、有情况报告、有办理反馈。市委副书记、市长刘革安要求提案办理工作防止四种不良倾向，切实提高满意率和落实率。2020年，市委、市政府主要领导对25件提案作出批示，市政府常务会议研究交办提案工作，分管副市长领办督办重要提案，提案办理工作纳入督查和绩效考核成为常态，有力地推动提案工作落实。

2020年，张家界市政协坚持求同存异，聚同化异，协商办理工作取得良好实效。突出“早”字，抓好提案征集工作，动员委员早调研、早撰写、早提交，提案质量明显上升；突出“严”字，把好提案审查关，坚持立案标准，坚持立案三审制，注重质量不比数量；突出“商”字，提升质量认可度，立案环节开展各专委会、承办单位及提案者广泛协商。简碧海委员提出以《我和我的祖国》歌词诞生于张家界为契机，大力推进张家界市文化宣传及爱国主义教育的提案，承办单位市委宣传部指导相关单位将提案建议在南门口大码头建设《我和我的祖国》主题文化广场时予以落实。

2020年4月，市政协下发《2020年市政协提案办理工作意见》，力促交办精准。6—7月开展提案督办，促进提案工作规范化和实效化。9月对重点提案和重点评议单位开展民主评议评价，坚持评前加强指导，明确评议要求，评中周密组织，制定《民主评议评价方案》细化评议安排，评后注重总结，向市政协党组、市委市政府报送有关情况报告。10—12月，对提案办理情况进行分析汇总，按办理落实情况进行跟踪办理，促进提案办理进一步落实。

【提案工作先进典型】 2020年，经市政协七届二十二次常委会议协商通过，评选出《关于澧水风貌带文化建设提质升级的建议》等优秀提案10件，市委政法委等提案办理先进单位12个，陈鹏等提案办理先进个人20名，并对部分先进单位和个人典型经验进行公开宣传和报道。

（本栏撰稿　吴　丹）

政治协商

【落实社会保障兜底扶贫政策，建立解决农村相对贫困长效机制课题调研协商】 2020年，市政协农业和农村委员会成立调研组开展专题调研协商。3—6月，市政协副主席李文化、邓师煌分别带队深入两区两县8个乡镇、16个村、90户贫困家庭走访座谈，社会保障兜底扶贫政策相对全面落实，取得明显成效，2020年新纳入兜底对象1062人，疫情期间新纳入兜底对象1702人，基本实现应保尽保、应兜尽兜、应救尽救、应养尽养。建议：进一步健全信息共享和监测预警机制、兜底保障机制、教育帮扶机制、基层医疗卫生服务保障机制、产业扶贫带贫减贫机制以及与乡村振兴有效衔接机制。7月13日，市政协七届二十次常委会会议进行专题议政性协商，会后将调研报告报送市委、市政府，在市委办内参（第三期）印发，市委、市政府领导作了批示。市政协党组会和市政协七届三十九次主席会议专门就课题调研协商后进行后续民主监督工作进行研究和协商，确定在2020年内围绕全市残疾人保障政策落实情况开展民主监督，重点聚焦残疾人办证、提高残疾人两项补助标准、残疾人托养等三个方面问题。通过民主监督，促进全市残疾人事业更好发展，让全市残疾人共享改革发展成果。

【建立和完善民营企业合法权益维权平台课题调研协商】 2020年，根据《政协张家界市第七届委员会2020年度协商和民主监督工作计划》，市政协经济科技和外事委员会开展“建立和完善民营企业合法权益维权平台”课题调研协商。3月20日，市政协党组成员、副主席褚新年主持召开专题调研协商座谈会。与会单位就建立和完善民营企业合法权益维权平台出台有关文件《张家界市人民法院关于优化营商法治环境保护民营企业发展的十项措施》《湖南省张家界市中级人民法院关于对涉企案件实行经济影响评估的实施意见（试行）》（张中法〔2020〕5号）。7月10日，在省政协界别协商会上，市政协副主席张元次作专题发言，提出要专题研究、专门立法、专设机构、专项监督，与会人员一致赞同。

【更好发展乡村民宿，培育乡村发展新动能课题调研协商】 2020年，根据《政协张家界市第七届委员会2020年协商和民主监督工作计划》，市政协社会法制和民族宗教委员会开展“更好发展乡村民宿，培育乡村发展新动能”课题调研。4月7—10日，市政协副主席周芳带队深入两区两县开展专题调研，围绕如何立足张家界市绝版山水资源，推动乡村民宿旅游高质量发展进行深入研究和探讨。8月26日上午，同市政府办等有关单位进行广泛界别协商。调研成果：乡村民宿发展初具规模、乡村民宿发展区域基本形成、乡村民宿发展政策框架基本搭建、乡村民宿发展前景非常广阔。建议：强化政策支持；统筹乡村规划；融合地方特色；多种形式宣传；整合资源管理。

【挖掘张家界市红色文化资源，打造精品红色旅游线路课题调研协商】 2020年，市政协文教卫体和文史委员会开展“挖掘张家界市红色文化资源，打造精品红色旅游线路”课题调研协商。3—9月，省政协文教卫体和文史委员会、张家界市政协、桑植县政协三级联动，聚焦张家界红色资源开发利用进行调研。调研组先后深入张家界市桑植县、慈利县、永定区和永州市道县红色纪念场馆、革命旧址实地调研，到宁夏、江西、福建等地开展对比调研。主要收获：张家界市红色文化底蕴深厚，基础工作扎实，将旅游与其他产业融合发展，通过编制红色旅游规划、打造红色旅游景区、开展红色旅游宣传、讲好红色老区故事等方式力促红色旅游发展取得较好成效。建议：积极做好我省长征国家文化公园规划申报工作、进一步加强革命遗址保护、打造“红色桑植”品牌、完善相关配套设施以及积极呼吁推动国家出台湘鄂西、湘鄂川（渝）黔革命老区振兴规划落地。

【澧水流域生态环境保护课题调研协商】 2020年，市政协人口资源环境委员会开展“澧水流域生态环境保护：对比调研，互学互鉴——域内其他流域生态环境保护经验对澧水流域环境保护的启示”课题调研协商。调研组深入全市四个区县对污染现状、污染防治、生态建设、保护区建立、生态补偿等情况现场调研和探察，了解保护重点和难点问题。同时学习借鉴武陵山片区其他流域生态环境保护经验，查找分析澧水流域生态环境保护中存在问题和不足，加快推进澧水流域生态环境保护，6—7月，市政协党组成员、副主席邓师煌带队到贵州省黔南州、黔东南州、本省怀化市、常德市，重点对沅水流域生态环境保护情况进行实地考察学习，并与部分地区政协和相关单位进行座谈交流，经9月11日界别协商会议协商通过调研报告并呈报市委，受到市委好评。主要收获：注重顶层设计，强化规划推动；着力生态治水，增强环境获得感；严格落实河长制，推行联合执法；坚持问题导向，突出重点治理。启示：要整体思维，坚持系统治理；拓宽思路，力促三个转变；多措并举，搞好四个结合；借力借智，争取项目支持。建议：强化顶层设计，突出系统治理；着力推动创新，瞄准重点发力；借力智慧监管，力争政策项目扶持；加大宣传力度，提高群众参与度。

（本栏撰稿 吴 丹）

民主监督

【澧水源头生态环境保护监督】 2020年，市政协以“澧水源头生态环境保护”为主题继续对澧水源头地区环境保护工作开展民主监督。12月4日，与市政府在桑植县联合召开2020年“加强澧水源头地区环境保护”民主监督专题协商会议，市政协党组书记、主席汪业元主持会议，市政协全体副主席、市政府分管副市长参加会议，就前期交办12类42个问题整改落实情况进行“回头看”，总结2020年澧水源头地区环境保护民主监督工作，部署2021年澧水源头地区环境保护民主监督工作。

【落实社会保障兜底扶贫政策，建立解决农村相对贫困的长效机制情况民主监督】 2020年，在“落实社会保障兜底扶贫政策，建立解决农村相对贫困的长效机制”专题议政性常委会协商基础上，根据市政协党组和主席会议要求，按照“小切口”原则，围绕全市残疾人保障政策落实情况，特别是残疾人办证、生活补贴、护理补贴、托养等方面开展民主监督。自8月下旬至10月份，成立两个调研监督组，由市政协副主席李文化、邓师煌分别带队深入两区两县和市残联、民政、财政、扶贫、卫健等单位，采取召开座谈会，到托养照护现场察看，与区县政府分管领导、残联工作者和残疾人深入交流等形式，开展民主监督。通过调研监督，推动残疾人各项保障政策落实，做到“保基本”。针对残疾人办证工作不平衡、残疾人保障水平不够高、托养照护能力比较弱等问题，于11月初向市委、市政府提交全市残疾人保障政策落实情况民主监督报告。据此，市委、市政府领导向有关单位进行交办。市委办把《关于张家界市残疾人保障政策的落实情况和存在问题及对策建议》作为内参2020年第5期刊发。

【提案督办及民主评议评价】 2020年4月，市政协提案委员会组织召开全市提案办理工作会议，市委办、市政府办分管副秘书长出席会议，57个承办单位到会，市发改委、市司法局、市卫健委、市市场监管局作经验交流和表态发言，下发《2020年市政协提案办理工作意见》。6—7月，市政协副主席带队，市政协提案委组织对2020年8件重点提案、25件重要提案承办单位及市财政局等5个提案办理重点评议单位开展提案督办。9月，市政协主席会议确定对8件重点提案及5个重点评议单位开展提案办理工作，依据《民主评议评价办法》公平公正开展评议工作，组织民主评议评价会议13场。后向市政协党组、市委市政府报送《关于重点提案办理民主评议评价结果及相关事宜的报告》。全年立案124件，办理情况为A类77件，占立案提案62%。委员对提案办理表示非常满意和满意118件，基本满意6件。（本栏撰稿 吴 丹）

参政议政

【概况】 2020年，市政协按照省市县政协调研协商监督课题三级联动要求，确定并实施“1+4+2N+2”年度调研协商和民主监督课题。围绕“落实社会保障兜底扶贫政策、建立解决农村相对贫困长效机制”，开展专题议政性常委会议协商。围绕“建立和完善民营企业合法权益维权平台”“更好发展乡村民宿，培育乡村发展新动能”“挖掘张家界市红色文化资源，打造精品红色旅游线路”“澧水流域生态环境保护：对比调研，互学互鉴”，开展4项界别协商。以提高城区教育承载力化解入学难等8件重点提案、深化殡葬改革破解“墓地围城”困局等17件重要提案办理为重点，开展广泛提案办理协商、对口协商。围绕残疾人帮扶政策落实、澧水源头地区生态环境保护开展2项专题民主监督。聚焦民本民生和市委重点工作，开展经常性履职活动，提出提案181件，委员大会发言14篇，微建议123条，编发社情民意19期。市委书记、市人大常委会主任虢正贵对14份委员大会发言和6件提案作出批示，市委副书记、市长刘革安对6件提案作出批示。

【重点工作任务】 2020年，市政协落实市委“三抓三促”活动任务，开展决战脱贫攻坚联乡包村，组织政协委员开展“三个一”扶贫行动、扶贫“万户帮扶”活动，1072名省、市、县政协委员参与精准扶贫“三个一”行动，对2749个建档立卡贫困户进行帮扶，实现结对户全部脱贫。市政协班子成员联系帮扶村成效明显，在慈利县阳和土家族乡双坪村杨梅园开设脱贫攻坚实践基地，举行“脱贫攻坚促振兴”消费扶贫暨双坪村第一届杨梅园开园式”活动，吸引社会各界群众300多人参与活动，助推村级产业经济发展。市政协10名正副主席联系1个园区、2个产业链、10家重点企业、10个重点工程、10个重点招商项目，联乡包村涉及21个乡镇、41个村，摸排问题55个，研究制定帮扶措施34条。着力抓上门服务、马上就办、限时办结，极大地优化营商环境，提振企业信心。承担招商引资、信访维稳、涉大鲵自然保护区水电站整治、联系“三联四建”社区等重任，帮助解决大量实际困难和问题。

【委员工作室建设】 2020年，市政协坚决落实习近平总书记考察湖南讲话精神，打通委员联系群众“最后一公里”，推动政协协商在基层落实落地。目前全市基本建成委员工作室17个，其中市政协蒋训民、永定新阶联、慈利工商业、武陵源檀木岗村4个委员工作室被省政协授予示范性委员工作室称号。永定区苏木绰等一批特色委员工作室运行良好、效果显著。省政协调研检查组对张家界市委员工作室建设给予高度肯定。（本栏撰稿 吴 丹）

凝聚共识

【概况】 2020年，市政协充分运用委员界别、活动组协商履职平台和委员履职考核指挥棒，调动政协参加单位、界别和委员积极性，通过开展务实活动实现凝心聚力目标。一年来，市政协召开5次常委会、14次主席会、8次专题（界别）协商会、13次提案办理评议评价会、老委员咨询团座谈会，分别就新冠肺炎疫情防控、“十四五”规划和二〇三五年远景目标纲要编制、“三抓三促”、城市创建、市政协调研协商监督课题等重大事项进行广泛深入协商。研究制定《关于加强委员工作室建设的实施意见》，全市建成委员工作室17个，其中4个被省政协授予省级示范性委员工作室称号。

【助力红色旅游高质量发展】2020年，省、市、县三级政协联动履职，深入挖掘湖南省红色文化资源，打造张家界市精品红色旅游线路。9月16日，省政协在桑植县刘家坪白族乡召开专题协商会，省直相关部门通过“一对一”协商形式，针对所提问题或建议予以积极回应，协商达成助推桑植县创建国家长征文化公园等重要共识，对宣传推介张家界市红色文化资源，对打造“红色桑植”品牌产生深远影响。10月11—17日，市政协党组副书记、副主席彭红带队先后赴陕西省、甘肃省和四川省开展对比调研。主要收获为：陕西省等地红色纪念场馆建设力度大，红色纪念设施、场馆建设布局合理、主题鲜明；红色资源挖掘保护利用效果好，人才培训规范有力；红色宣传教育成效显著，配套政策措施到位，值得借鉴学习。

（本栏撰稿 吴 丹）

2021

中共张家界市纪律检查委员会
张家界市监察委员会

·张家界年鉴·

总　类

【概况】 2020年，中共张家界市纪律检查委员会，张家界市监察委员会（以下简称市纪委监委）贯彻落实党的十九届四中全会和中央纪委、省纪委全会精神，忠诚履行党章和宪法赋予的职责，发挥监督保障执行、促进完善发展作用，扎实推进清廉张家界建设，持续营造风清气正的政治生态。全市各级纪检监察机关受理群众举报1556件，处置问题线索2158件，立案766件，涉及县处级干部20人，处分709人，移送检察机关审查起诉31人，反腐败压倒性胜利进一步巩固拓展。

（李太鸿）

重要会议及活动

2020年6月30日，张家界市纪委监委举办2020年庆"七一"党纪法规知识抢答赛

（张　潘　摄）

【全市纪检监察系统"七一"表彰会暨党纪法规知识抢答赛】 2020年6月30日，市纪委监委召开2020年全市纪检监察系统"七一"表彰会，集中表彰机关优秀共产党员和优秀党务工作者，并举行全市纪检监察系统党纪法规知识抢答赛活动，以赛促学练"内功"，向党的生日献礼。市委常委、市纪委书记、市监委主任候选人提名人选王令波出席活动并颁奖，全市200余名纪检监察干部参加活动。

【纪检监察系统实战业务培训班】 2020年10月12—15日，举办张家界市纪检监察系统实战业务培训班，参训对象覆盖到乡镇（街道）纪委书记，培训学员达200余人。市委常委、市纪委书记、市监委代理主任王令波出席开班式，并以《牢记习近平总书记嘱托，做忠诚干净担当、敢于善于斗争的战士》为题作开班讲话。

【全市纪检监察工作推进会】 2020年10月16日，市纪委监委合并召开全市纪检监察工作推进会、集中整治漠视群众利益作风顽疾专项行动调度会和全市纪检监察信访举报工作会。市委常委、市纪委书记、市监委代理主任王令波出席会议并讲话，强调要以坚定决心、有力措施、扎实作风，努力完成全年工作目标任务。

【调研督导区县纪委监委工作】 2020年11月2—6日，市纪委监委组成四个督查组，由班子成员带队分赴永定区、武陵源区、慈利县、桑植县，对各区县纪委监委政治建设、队伍建设情况和落实市纪委全会工作任务情况开展集中调研督导，市委常委、市纪委书记、市监委代理主任王令波分别出席在各区县召开的座谈会。

【市纪委监委被评为2020届湖南省文明标兵单位】 2020年，张家界市纪委监委被湖南省文明委被评为省文明标兵单位。《关于表彰2020届湖南省文明城市、文明村镇、文明行业、文明单位、文明标兵单位、

2020年3月5日，中共张家界市第七届纪律检查委员会第五次全体会议召开（张　潘　摄）

2020年10月12日，张家界市纪检监察系统实战业务培训班开班典礼
（张 潘 摄）

文明家庭、文明校园、文明标兵校园的决定》（湘文明委〔2021〕3号）
（本栏撰稿 李太鸿）

监督检查

【政治监督】 2020年，市纪委监委把学习贯彻习近平总书记考察湖南重要讲话精神第一时间传达到各级纪检监察机关、基层第一线。围绕贯彻总书记重要指示批示精神，紧盯大鲵保护区水电项目整治、重点水域禁捕退捕、违建别墅整治、农村乱占耕地建房专项清理，确保政令畅通、令行禁止。出台疫情防控“八必须八严禁”纪律要求，压实责任、靠前监督，紧盯责任落实、造谣传谣、非正常聚集等行为，快查快处、精准问责。严明政治纪律和政治规矩，立案查处李某杰在防疫关键期临阵脱逃等案件。

【扶贫领域腐败和作风问题专项治理】 2020年，全市纪检监察机关对358个贫困村开展入村督查行动，吃住在村，既督又战，查问题、听民意、访民情、解民忧。严查扶贫工作不实、“微腐败”和不正之风等问题。重点做好督查“后半篇文章”，回访回看督促解决道路修缮、沟渠维护、安全饮水等群众关心关注的问题639个。针对农村危房改造、易地扶贫搬迁问题比较突出，迅速召集发改、住建相关人员组织专班，开展“两房”（危房改造、易地搬迁）、“两主义”（形式主义、官僚主义）专项督查，在责任落实、政策执行方面共查纠问题56个，追责43人，问题全部得到解决。开展扶贫领域信访举报动态清零行动，配合市领导办结137件涉贫信访件。全市共发现扶贫领域问题线索494件，立案查处465件，退还群众资金845.9万元。在2020年全省扶贫领域腐败和作风问题专项治理工作考核中，市纪委监委名列全省第二，四个区县纪委监委全部进入一类先进单位。

2020年10月16日，市纪委监委合并召开全市纪检监察工作推进会、集中整治漠视群众利益作风顽疾专项行动调度会和全市纪检监察信访举报工作会
（张 潘 摄）

【作风建设】 2020年，市纪委监委严肃查处桑植“6·3”事件24名责任人，协助市委开展集中整治漠视群众利益作风顽疾专项行动。市纪委监委从自身做起，出台专项行动13项措施，带头转作风、解民忧。督促指导召开专题民主生活会，收集各类意见建议14032条、问题10127个，明确整改措施8823项，推动建立健全各项制度394项，解决一批群众关注的突出问题和长期难以解决的遗留问题。协助市委出台《关于深入整治形式主义官僚主义突出问题持续为基层减负的通知》，深化治理贯彻落实上级决策部署只表态不落实、维护群众利益不担当不作为等突出问题，查处形式主义、官僚主义案件75件205人。严格落实中央八项规定精神及其实施细则，严防享乐主义、奢靡之风反弹回潮，发现问题线索59件，追责问责20人。紧盯征地拆迁指挥部超标准发放津补贴、市直单位聘请人员滥发福利待遇等问题开展专项治理，清退违规发放资金202.2万元，立案查处14人。

【日常监督】 2020年，市纪委监委创新出台党内监督专题会议制度，在桑植县委和市退役军人事务局党组试点探索，压紧压实管党治党主体责任。继续推行主体责任提醒卡制度，对1720人次领导干部发送提醒事项，谈话函询“一把手”38人次。完善派驻纪检监察组工作模式，探索构建贯通“两个责任”的联系协调机制，推动监督做实做细。建立市管干部电子廉政档案，做好廉政画像，严把党风廉政审查关，探索开展政治生态评估。运用监督执纪“四种形态”处理问题线索2004人次，“四种形态”分别占比63.7%、30%、3.2%、3.1%，做到抓早抓小、防微杜渐。开展工程建设项目招投标专项整治，处置招投标领域问题线索145件，处理21人，其中移送司法机关处理5人，追缴违纪违法资金980余万元。开展人

2020年7月13日，张家界市工程建设项目招投标突出问题专项整治工作推进会召开
（张 潘 摄）

防系统腐败问题专项治理，组织处理7人，提出整改建议28条，督促主管部门追缴易地建设费2427.9万元。提质升级“互联网+监督”平台，推广村级财务管理“象市模式”，加强“小微权力”监督。

（本栏撰稿　李太鸿）

审查调查

【惩治腐败】2020年，市纪委监委聚焦“关键少数”，突出“重点领域”，紧盯“重点岗位”，查处张家界日报社原党委书记、社长侯某勇、张家界经济开发区开发建设有限公司原董事长张某寅、武陵源旅游产业发展有限公司原董事长、总经理王某民、桑植县医疗保障局原党组书记、局长向某良等严重违纪违法案件。根据省纪委监委指定管辖，高效稳妥完成省有关单位案件办理工作。深入推进扫黑除恶工作，全部办结涉黑涉恶和“保护伞”问题线索，严肃查处慈利县公安局原党委委员、副局长、政治办主任唐某为黑恶势力充当“保护伞”等案件。

【以案促改】2020年，市纪委监委出台《推进以案促改制度化常态化的指导意见》，充分发挥查办案件治本功能，推动反腐败工作在“查”中“改”、在“改”中“治”。加强纪法宣传教育和廉政文化教育，筑牢防腐拒变的思想防线。扎实做好受处分干部的回访工作，帮助提高认识、改正错误、放下包袱、增强信心。

【纪检监察信访举报】2020年，市纪委监委完善“信、访、网、电”立体受理体系，建成覆盖派驻机构和乡镇的检举举报平台，实现信访举报全流程闭环管理。出台“四门四访”制度（开门接访、进门约访、登门走访、上门回访），推进领导干部下访常态化。大力化解越级访，集中化解“三多”（多年、多层、多头）举报57件。约谈工作不力的乡镇党委书记、纪委书记49人次。全市各级纪检监察机关受理信访举报1556件，同比下降20.5%，省级以上越级信访举报257件，同比下降41.8%。（本栏撰稿　李太鸿）

内部监督

【政治建设】2020年，市纪委监委将习近平总书记最新重要讲话指示精神列为市纪委常委会第一议题进行学习，中心组专题学习研讨交流12次，班子成员带头讲专题党课、深入基层调研，在坚决落实上级决策部署上做表率，不断增强“两个维护”的自觉性和坚定性。坚持党建引领，积极创建省级文明标兵单位，并以第一名成绩获评全市“模范机关”，严格落实民主集中制、“三会一课”、主题党日等制度，纪检监察干部政治更加过硬，党性更加坚强。

【纪检监察体制改革】2020年，市纪委监委加强对派驻机构的领导，完善派驻机构干部管理办法，开展派驻纪检监察组组长述职评议；稳步推进市属企业、高新区纪检监察机构改革，发挥合署办公优势，市属企业设立监察专员办公室，向高新区派出监察工作委员会，履行纪检和监察两项职责；督促指导区县纪委监委向乡镇（街道）派出监察办公室，实现监察监督全覆盖。

【专业化建设】2020年，市纪委监委以全员培训为重要抓手，举办全市纪检监察实战业务培训班，参训学员达200余人，覆盖到乡镇一级。通过举办“一周一课”、党纪法规知识抢答赛、业务测试、鼓励考取专业资格证书等多种方式，促进干部增强素质能力。拓宽选人用人渠道，加大干部轮岗交流和系统内外交流力度，不断优化干部队伍结构。

【规范化、法治化建设】2020年，市纪委监委编写全市统一规范的审查调查和案件审理文书范本，出台

《关于进一步加强职务犯罪案件沟通协调工作的意见》，推进执纪执法贯通，有效衔接司法，注重办案质量，确保办案安全。对市本级纪检监察组和区县纪委监委开展工作督查，推动各项决策部署有效落实，形成工作合力。积极邀请特约监察员参加工作会议、作风督查等活动，主动接受外部监督。坚持刀刃向内，出台《张家界市纪检监察干部行为规范》，对纪检监察干部违纪违法问题“零容忍”，受理信访举报28件，立案查处7人，严防“灯下黑”，坚决维护队伍的纯洁性。

（本栏撰稿 李太鸿）

2021

民主党派

·张家界年鉴·

【概况】截至2020年12月31日，张家界市有民主党派市级组织5个、基层支部（工委）44个，各民主党派发展新成员42人，净增率5.6%，至12月31日，全市有民主党派成员784人。

思想政治引领。通过市委统战工作领导小组会议、全市统战部长会议、民主党派工作调度会、民主党派市委全会、联合学习会等，层层传达学习中共中央、中共湖南省委关于加强民主党派工作有关精神。中共张家界市委对民主党派市委会连续17年开展“新春第一访”活动。出台加强民主党派成员等各领域党外代表人士思想政治工作意见，对民主党派成员思想政治引领和责任单位予以明确和规范，进一步引导民主党派成员增强“四个意识”，坚定“四个自信”，做到“两个维护”，巩固多党合作思想政治基础。

组织队伍建设。召开座谈会组织学习中共湖南省委有关民主党派组织发展工作要求，对重点单位发展民主党派成员加强审核把关，控制数量坚持质量，市委统战部发展10名年轻优秀的党派成员，协助做好各民主党派20个基层组织换届工作。联合市委组织部开展民主党派班子政治交接中期考察评估，完成2021年民主党派市委会换届进退留转和储备人选情况综合分析，对民主党派市委会班子和班子成员履行职责、遵纪守法情况进行评估分析，下发《民主党派市委换届工作实施方案》。完成与中共湖南省委统战部、各民主党派省委会“三方”协商，确定50名民主党派市级代表人士。启动农工党市委会主委届中调整工作，做好致公党市委会班子届中调整补选工作。

参政议政履职。民主党派成员向民主党派省委会、省、市政协上报采用社情民意70条，市、区县政府部门特约人员实现全覆盖。引导各民主党派围绕优化营商环境等中心工作专题调研，2020年度形成高质量调研成果20项，将采纳落实情况纳入市绩效考核，协调中共张家界市委办公室、市政府办公室行文交办并召开工作推进会，促成2019年度专题调研成果全部采纳落实。制定《2020年度政党协商计划》，确保政党协商计划规范有序。组织民主党派成员参加2020年政府工作报告、党风廉政建设和经济形势情况通报、“十四五”规划征求意见民主协商座谈会等，引导建言献策。市委统战工作领导小组审议通过民主党派工作激励关怀制度，获中央统战部《每日汇报》、省委统战部《湖南统战》刊发，并被评为全省统战工作实践创新成果。

（卓　然　刘　潇）

【中国民主同盟张家界市委员会】

2020年，中国民主同盟张家界市委员会（民盟张家界市委会）认真履行参政党职能，努力加强自身建设，积极服务经济社会发展，为“十三五”圆满收官做出新的贡献。

思想宣传。加强政治学习。认真学习贯彻习近平新时代中国特色社会主义思想，中共十九大和十九届二中、三中、四中、五中全会等一系列重要讲话精神；深入学习中共十九届五中全会精神，通过集中学习、召开座谈会、开展主题教育活动在全市民盟开展形式多样的学习活动；及时传达学习全国“两会”精神，积极参加中共市委统战部组织的学习考察、“暑假谈心”等活动，切实增强“四个意识”、始终坚定“四个自信”、坚决做到“两个维护”，以思想建设坚定共识，以服务大局深化共识，以自我教育增进共识，不断夯实与中国共产党团结奋斗的共同思想政治基础。借助“学习强国”、湖南省干部教育培训网络学院、政协云等平台，丰富盟员思想政治理论学习的内容；组织支部盟员通过手机客户端召开视频会议，传达学习重大会议精神，激发盟员关心国家大事的政治热情，增强政治敏感性和鉴别力；积极参加中共张家界市委统战部组织的廉政警示教育专题学习。开展主题教育。在全市各基层组织共举行班子理论集中学习6次，积极参与全省民主党派骨干进修班、全省新盟员培训班学习、全省基层组织负责人培训班学习，参与盟员10余人；联合民盟湘西州委会在武陵源举办2020年盟员培训班，参与盟员120余人，省内首次在“兄弟”市州盟组织间开展沟通交流和横向联合活动，丰富学习内容，增强组织认同感、归属感；在

2020年6月8日，民盟张家界市委会主委李培其带队到桑植县合群村开展脱贫攻坚民主监督调研　（李佩佩　摄）

全市民盟开展“红色教育唤使命·凝心聚力再出发”主题教育活动，60多名盟员参加；开展“铭初心·担使命”盟员先进事迹宣讲会；开展第三季度谈心谈话暨重阳节“共话初心·传承接力”座谈会；民盟永定支部、张院支部、民中支部、旅职支部等基层支部前往花垣县十八洞村、桑植红色革命根据地等地开展主题教育活动；机关工作人员赴重庆考察学习，在民主党派历史陈列馆追寻先辈足迹，感悟同心传统。

加强宣传工作。创建“民盟张家界市委会”微信公众号；全年，共发表宣传稿件70多篇，其中民盟中央网站采用6篇，三湘统战网采用7篇，中共市委统战部采用23篇，张家界日报社采用7篇，张家界红网采用8篇；高自安、李峰被民盟省委会评为宣传工作“先进个人”，田乐、高自安被中共市委统战部评为全市统战宣传工作“先进个人”；民盟张家界市直综合支部被盟中央评为思想政治建设和宣传工作先进集体；新建民盟永定总支“盟员之家”，全市“盟员之家”共3个。

参政议政。成立课题调研组，就张家界市如何优化营商环境、矿山如何生态修复等方面的问题进行为期半年的专题调研，最终形成《精心筑巢引凤 精准招商引资——关于招商引资项目库建设的调研报告》《关于加大我市矿山生态修复治理力度的建议》，其中《关于加大我市矿山生态修复治理力度的建议》被选作市政协第七届委员会第五次会议发言材料，获市领导批示；联合民盟湘西州委会以武陵山地区旅游产业如何均衡发展为题进行调研，一起承担民盟湖南省委会《关于推动武陵山区形成优势互补高质量发展的区域经济布局的研究》课题，已立项；基层支部调研成绩显著，天门支部《关于我区旅游复苏及夜经济夜文化的探索》，就如何发挥“夜经济”在地域经济发展中的动力作用，提出切合实际的建议。民主监督有深度。民盟张家界市委会调研组深入桑植县空壳树、竹叶坪、凉水口等6个乡进行实地调研，通过入户走访、座谈等方式，充分了解、深入分析村支“两委”班子的建设及管理情况，最终结题形成《关于桑植县贫困村级干部队伍建设的调研报告》，报告中的意见和建议被桑植县委县政府采纳，付诸实施。提案议案有力度。认真履行职责，参政“参”到点子上，议政“议”到关键处。在市政协七届五次全会上，20名盟员委员积极建言献策，共提交提案16篇，其中集体提案3篇，个人提案13篇，有4篇被市委、市政府主要领导签批。罗振坤《关于执行好省人大常委会有关民族区域自治决议的建议》在省十三届人大三次会议上发言，省领导对该建议作出批示；《关于扎实推进我市农村垃圾治理工作的建议》被评为优秀集体提案；《关于规范和提升张家界导游词的提案》《关于加强我市居民住宅小区消防安全管理的提案》被市领导批示；《关于尽快制定出台校内课后服务指导性意见或实施细则的提案》被市政协评为2019年度优秀提案；粟芬芳、王振斌、于新被市政协评为2019—2020年度优秀委员；积极做好提案议案督办的相关工作，通过主动对接、实地走访和面对面交流，对《关于规范和提升张家界市导游词的提案》等三件提案进行督办，把办理重点从“办文”转到“办事”上来，避免“闭门造车、文来文往”的现象，切实做到办前联系、办中协商、办后回访“三个100%”。社情民意采用率较高。全年提交19件社情民意，《新型冠状病毒疫情对旅游业巨大影响及应对措施》被省政协采用；《关于新冠肺炎疫情防控期间在全市中小学实行错时、轮流就餐的建议》等13件社情民意被民盟湖南省委会采用；《关于发展生猪产业促产保供的建议》等6件社情民意被市政协采用；粟芬芳报送的《关于修缮美化木龙滩大桥的建议》获市政府主要领导批示；高自安被民盟省委评为社情民意信息工作“先进个人”。

社会服务。加强“抗疫”工作。民盟张家界市人民医院支部刘申志、谷忠星、谷安华等7名盟员，在支部主委田峰的带领下，第一时间递交请战书，积极参与疫情排查清洁消毒工作；民盟慈利支部坚决响应县委县政府号召，发动盟员积极参与战“疫”斗争，刘涛、褚辉波、向瑛等11名盟员冲锋战斗在疫情监测点、社区排查等抗疫一线；盟员许勇、符玮积极参与湖南统一战线同心战“疫”网络文艺作品展征稿活动，共同创作原创公益抗疫歌曲《共同的战场》；盟员朱明先获评张家界市“文艺抗疫先进个人”；民盟张家界市委会发起募捐活动，筹集物资价值20余万元；民盟慈利支部向慈利县红十字会捐款0.52万元；民盟永定直属支部向市、区红十字会捐款0.7万元；盟员张德云托朋友在外地购买口罩，将价值约0.4万元的1000只一次性医用口罩捐赠给永定区公路建设养护中心。落实脱贫工作。民盟张家界市委会领导多次带领机关工作人员深入桑植县芙蓉桥乡合群村开展脱贫攻坚“四个一”活动，与结对户同吃同住同劳动，走“亲戚”，叙家常；在桑植县、慈利县两地的扶贫村开展“以购代扶”“消费扶贫”等爱心活动，盟员企业家杨雄在桑植县芙蓉桥白族乡认购5000斤黄豆价值2万元；截至年底，盟员自发献出爱心消费扶贫达5万余元；民盟张家界市委会筹资10万元，资助2019级民盟远航·同心班50名贫困学生。2020年，杨雄被民盟中央评为“社会服务先进个人”；2020年，民盟张家界市委会被民盟湖南省委会评为“社会服务工作先进集体”。

组织建设。新发展盟员14人，发展率3.5%，平均年龄36.5岁。其中硕士5人，大学文化程度9人。

全年共有7名优秀盟员完成职级晋升，1名优秀盟员完成职称评定。

加强党盟合作。民盟张家界市委会班子成员多次走访基层支部，解决支部的活动场地及活动经费；民盟永定总支与中共永定区公路建设养护中心党支部，联合在永定区桥头乡中心学校开展“振兴乡村教育 爱心助学暖校园”活动；张家界旅游支部与张家界旅游学校第三党支部联合开展系列主题励志教育活动；永定区公路建设养护中心专门为永定支部分配办公场地；等等。充分调动支委积极性。民盟吉首大学张家界学院支部主委刘霞创新思路，将组织活动与学院专业相结合，带领支部盟员在马儿山、杨家坪等同心美丽乡村开展乡村文化建设调研活动；民盟医卫支部、天门小学支部、张家界市一中支部、市直综合支部等以线上视频学习会、座谈会、运动会等形式开展盟务工作。开好民主生活会。领导班子认真对照剖析查摆问题，扎实整改，有力促进领导班子思想作风建设，诠释民盟讲实话、办实事优良传统。做好换届筹备工作。多次召开主委会研究部署换届工作，严格按照组织程序制定换届方案，明确时间节点，顺利完成班子中期政治考察评估，推选下一届市委班子成员。梳理完善制度建设。制定《民盟张家界市委会基层组织换届工作暂行办法》；根据市纪委监委驻市委统战部纪检组要求，修订完善《民盟张家界市委会谈心谈话制度》《民盟张家界市委会基层组织年度考核办法》等18项工作制度，对工作职责、组织发展等作出明确规范。圆满完成支部换届。根据《民盟湖南省委会关于基层组织换届工作暂行规定》文件要求，结合张家界民盟《民盟张家界基层组织换届暂行办法》，对8个需要换届的支部开展走访座谈，与支部所在党委部门对接沟通，听取关于支部新班子成员的意见、建议，10月底，民盟航院支部、民盟吉大校区支部、民盟武陵源支部等8个支部圆满完成换届。提升机关工作效能。切实抓好机关干部政治学习，全年召开10多次全体机关干部职工专题学习会，不断提高机关干部的政治站位和行动自觉。积极与市委统战部共同推进文明创建工作，粟芬芳被市委统战部评为2020年度“文明标兵”。（李佩佩）

【中国民主促进会张家界市委员会】

2020年，民进张家界市委会在民进湖南省委会和中共张家界市委的领导下，以政治建设为统领，对照新时代赋予参政党的历史使命，对照新型政党制度赋予参政党的政治定位，对标对表“以党为师”建设高素质参政党市级组织的各项目标任务，以履职能力建设为工作重点，紧紧围绕民进省委会、中共张家界市委各项决策部署和中心工作选择课题，聚焦教育、营商环境、旅游等领域，认真深入调查研究，切实提高履职能力和实效。

思想建设。始终把学习好、宣传好、贯彻好中共十九大精神和习近平新时代中国特色社会主义思想作为工作主线，组织会员深入学习全国“两会”精神、习近平总书记在湖南考察调研讲话精神、中共十九届五中全会精神、湖南省委十一届十二次全会精神，传达学习民进中央印发的《各民主党派中央关于加强内部监督工作座谈会纪要》《各民主党派中央关于建立健全领导班子民主生活会制度座谈会纪要》两个会议纪要的精神以及潘碧灵主委在全省组织工作会议上的讲话。充分发挥会市委学习中心组领学示范作用，运用网站、公微、会刊等平台认真学习贯彻习近平新时代中国特色社会主义思想。

组织建设。会员发展工作，全年落实发展新会员9名，其中优才2名，“90后”的年轻会员3名。主题年工作，制定履职能力主题年工作方案，积极按照工作要求开展活动。2021年市委会换届的相关基础工作在民进省委会的领导和市委统战部的指导下开展中期评估，对市委班子进退留转情况进行摸底，并提出2021年市委班子建议方案，制定并报审《民进张家界市委会2021年换届工作方案》。基层支部换届工作，积极征求所在单位统战部门和市委统战部对支部换届人选的意见，五个支部圆满完成换届工作。向上级组织推荐先进工作，向民进中央推荐履职能力、民主监督工作先进个人5人，民进湖南省委会推荐履职能力、民主监督、抗疫先进个人8人。进一步强化了会费的收取和支部考核。

参政议政。围绕民进湖南省委课题调研安排和中共市委中心工作确定2020年市委会重点调研课题，《加大保护力度 守护好一江碧水——关于加强澧水流域保护工作的调查与思考》在民进湖南省委“高质量发展、高水平保护”的专题调研会上进行发言，《关于如何促进我市民办教育可持续发展》《关于围绕营商环境评价体系提高满意度》列入市政协全会发言，获得市委书记批示。抓好社情民意信息工作。向民进湖南省委会报送《教育资助政策刻不容缓》《关于传承发展中医药事业的几点建议》等35篇社情民意信息，其中主委周芳撰写的《关于发挥社会主义协商民主作用的几点建议》等5篇被民进中央采用，副主委冯建华撰写的《关于提升农民素质适应农业产业发展水平的建议》等21篇被民进湖南省委会采用，被市政协社情民意专报采用1篇。社情民意信息成果显著，力求以小切口反映大问题。参与提案办理和提交。大会口头发言《关于落细落小“一件事一次办”改革要求的建议》、书面发言《关于提高城区教育承载力化解入学难的建议》、民主党派调研成果汇报会课题《关于加快西线旅游发展助推乡村振兴的建议》获市委书记批示，转化为市政协重点提案和由相关单位采纳落实进行交办。集体提案《关于完善城市文化标识系统彰显张家界旅游文化特色》获得市委书记批示，并作为重点提案督办。全年积极和提案办理单位沟通、协商，参加相关提案内容的调研，并进行重点提案和重点评议单位的测评工作，搞好市政协成立30年来有影响力履职活动和有影响力重要提案的推荐工作。在政协七届五次全会上，提交7篇集体提案，其中《关于加大网络联校建设的相关建议》获得市长批示。

参与政治协商。积极参加市委全会、政协大会发言、民主党派调研成果汇报会、市委党外代表人士座谈会等协商平台建言，广泛听取、收集专家会员对张家界市“十四五”规划等重点工作内容的意见和建议。

开展脱贫攻坚民主监督活动。协助民进中央开展村级观察窗口脱贫攻坚民主监督调研工作，深入永定区的天门山镇、桑植县的五道水镇连家湾村、武陵源区的索溪峪街道双文村进行入户调研，重点围绕8个方面的调研内容，向民进中央提交了调研报告。继续向永定区交换民主监督工作意见，区委、区政府高度重视，积极予以回复。分管副主委被民进中央推荐在湖南卫视播出的“民进中央对口湖南开展脱贫攻坚民主监督”专题里接受采访。

社会服务。配合民进湖南省委会“爱心助力”项目，选送三名贫困家庭初中毕生生到上海临港科技学校学习物流专业；继续支持开展沪湘两地职校校际合作，上海航空职业学校和张家界航院就147建设人员、硬件配置要求，课程标准，实习实训等内容进行交流培训，两地职校在两地民进省委会、市委会牵线组织下多次沟通；争取外地民进组织继续支持桑植老区教育工作，今年邀请到民进苏州市委会到桑植桥自湾镇廖汉生红军学校开展助学活动，为学校捐赠20万元资金，以及部分体育用品和书法作品；为慈利县许家坊村主干道路加宽争取扶贫资金14万元。各个民进支部、会员也结合自身资源开展帮扶活动，如武陵源支部的爱心助学活动，会员唐克华为村民进行产业技能培训等。

民进张家界市委会医卫会员始终站在防控第一线，主委周芳春节期间深入慈利乡镇督查疫情防控工作。会员魏娟作为永定区天门山镇副镇长，全面部署所在镇的疫情防控工作。疫情发生后，民进张家界市委会募集资金16370元，给永定区天门山镇捐赠医用口罩、酒精、消毒液等物资。会员赵彧平夫妇的红舞鞋舞蹈学校为张家界市人民医院捐赠护目镜、口罩等医用物资，折合人民币8963元。（卓　亚）

【中国农工民主党张家界市委员会】 2020年，中国农工民主党张家界市委员会（以下简称“农工党市委会”）扎实工作，切实履行参政党职能，成绩突出；被农工党中央评为“《前进论坛》发行工作先进单位”“优秀地市级组织”；被农工党省委会评为“先进市（县）级组织”“组织建设先进市（县）级组织”“优秀地市级组织”“理论征文活动优秀组织”“党史、党章网上知识竞赛活动优秀组织”。2020年市绩效考核为优秀等级。

思想政治引领。农工党市委会全面深入学习，坚持把政治思想理论学习放在首位，作为党派核心工作抓，通过专题学习、调研培训、参观考察、谈心谈话等多种形式推动主题教育活动贯穿自身建设和履职尽责全过程。组织党员赴“精准扶贫”战略思想首倡地十八洞村、爱国主义教育基地革命摇篮韶山、常德会战抗日纪念碑、农工党党史教育基地周谷城故居、多处新农村建设示范点开展考察参观学习，开展活动10多次200余人次参加。配合农工党中央、省委会开展丰富多彩的建党90周年庆典活动：参加纪念大会、表彰先进、打造亮点工作、征集理论征文、讲好中国故事、讲好抗击新冠肺炎疫情故事、讲好脱贫攻坚故事、参与党史党章知识竞赛、组织趣味运动会等。市人民医院支委会、武陵源支委会被农工党省委会授予“先进基层组织”荣誉称号。

自身建设。农工党市委会再接再厉，进一步增强接受中国共产党领导的坚定性和自觉性，自身建设有新成效。组织建设。发展5名较高素质的党员，组织推荐36名党员参加省市级学习培训；加强与组织部、统战部和党员所在单位中共党

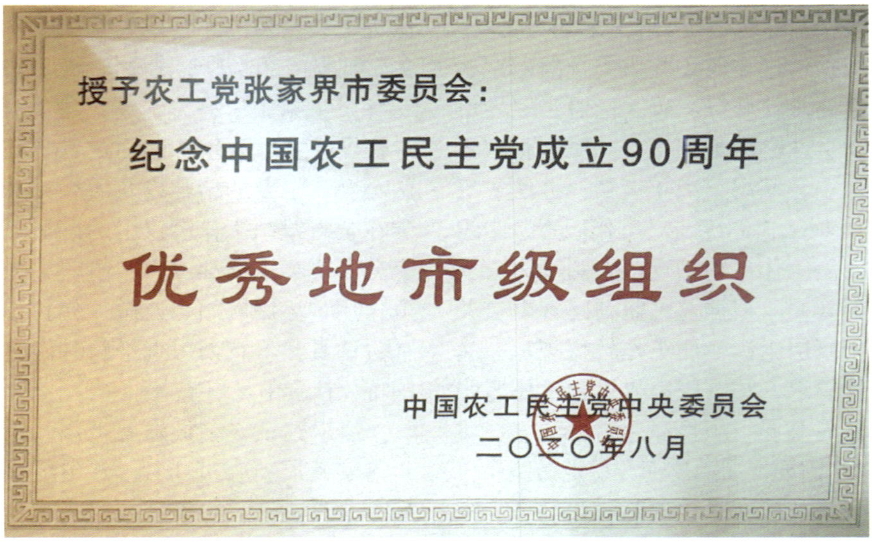

2020年8月，农工党张家界市委会被农工党中央评为“纪念中国农工民主党成立90周年优秀地市级组织”

（农工党 供稿）

组织沟通联系推荐党员有成效。3名党员被提拔或重用；继续执行老党员、家庭困难党员及生病住院党员慰问制度，增强党员的凝聚力和归属感；开展全体党员及支委会成员谈心活动，增强党派的凝聚力和向心力；努力推进市委会班子建设，完成了届中测评，召开主委班子成员民主生活会和开展廉洁风险预警提示活动；加强基层组织建设指导，农工党武陵源支委会“农工党员之家”和“支委会党员活动中心”建成，成为基层组织建设典范；探索党派工作新模式，加强和农工党“兄弟”组织联系，赴长沙等地开展基层组织工作经验交流，对接社会服务工作，整合优势资源，共谋发展；党员争先创优，郭金玲、田继先2人分别被农工党中央评为“优秀党务工作者”和“先进个人”。基层换届。指导五个基层组织圆满完成换届，顺利实现新老交替和政治交接。并举行基层组织工作培训，提升基层组织班子的综合素质，迅速高效开展工作。启动市委会换届相关工作，完成班子的述职测评，着手换届民主推荐工作。制度建设。及时修改完善多种制度，编订了《中国农工民主党张家界市委员会规章制度汇编》，包含工作规则33条、工作职责15项、各项规章制度23种。党内监督。深入落实贯彻《各民主党派中央关于加强内部监督工作座谈会纪要》精神，坚持开展廉洁风险预警提示活动，继续执行监督委员会成员列席市委会扩大会议、主委班子民主生活会、市委会委员履职座谈会，参与市委会委员循环对基层组织的年度考核，监督党费的收缴与使用。宣传工作。有55篇新闻信息被多方网站媒体录用200余次。8篇征文分别获农工党中央、省委会表彰，被收录进《纪念中国农工民主党成立90周年征文集》《湖南农工抗击疫情实录》专辑。成员参与的“融媒体时代加强民主党派思想政治建设”理论课题获湖南省统一战线理论研究结项。党员蒋训民的委员工作室获湖南省示范性政协委员工作室并被授牌。

参政议政。农工党市委会紧紧围绕全面建成小康社会主线，紧扣中共张家界市委、市政府中心工作，聚焦大局中心，参政议政有成果。专题调研。3篇调研报告被农工党省委会部分采纳，《通过新冠疫情“大考”，推动应对突发公共卫生事件能力提升》调研报告分别获全国政协副主席、农工党中央常务副主席何维及中共湖南省委常委、省委统战部部长黄兰香批示，《湖南省城市低收入群体困境救助机制完善调研报告》获全国政协副主席、农工党中央常务副主席何维批示，《健康扶贫政策落实情况调研报告》被农工党中央评为优秀调研报告医药卫生类一等奖。《挖掘张家界市红色文化资源，丰富湖南省精品红色旅游内涵》为省政协专题协商会提供参考。“两会”议政。在政协张家界市七届五次全会上，《关于完善机制推进我市城市低收入群体救助工作的建议》《关于加快长征国家文化公园建设推动红色文化旅游融合发展的建议》被选为市政协全会口头发言，获中共张家界市委书记签批；《关于疫情期间我市降低民营企业综合成本的调研报告》被列为统一战线调研成果汇报；《关于加快推进我市电商产业发展的提案》获市长批示；《关于加强对建筑垃圾资源化循环利用的提案》获分管副市长签发落实，促成了张家界市城市建筑垃圾资源化利用工作联席会议成立；《关于加强重大慢性传染病防治工作的建议》被市政协评为优秀提案。朱芳、黄颖彬、何岚等9人次被市、区政协评为优秀政协委员。社情民意。报送12篇社情民意，有9篇被农工党省委会、市、区政协采纳。

民主监督。继续对口武陵源区开展脱贫攻坚及脱贫攻坚成果巩固民主监督，形成民主监督报告，书面函告武陵源区委、区政府，得到采纳。8次到慈利县开展新冠肺炎疫情防控和脱贫攻坚督查调研，及时向当地党委、政府反馈意见、建议。参与农工党中央对口云南丽江的脱贫攻坚民主监督并建言献策。督促农工党党员人大代表、政协委员、特约监督员认真履行民主监督职能，43人次参加有关方面组织的重大问题调查和专项考察、听证会、提案督办等活动，并提出意见、建议。

社会服务。农工党市委会发挥党派优势，整合各方资源，共投入780多万元，打造社会服务品牌，开展了一系列活动，取得了较好社会效应。疫情防控。面临新冠肺炎疫情，市委会第一时间把党员思想和行动统一到上级疫情防控决策部署上来。下发《凝心聚力 同舟共济 坚决打赢疫情防控阻击战——农工党张家界市委会致全市农工党党员的倡议书》，82名党员通过不同方式交纳2.71万元特殊党费购买紧缺防控物资58套医用防护服捐赠到抗疫一线；34名党员直接参与了一线医疗救治和疫情防控工作；就防控工作建言献策，撰写6篇社情民意，其中4篇被市、区政协采用；多人以书法、诗词开展文艺抗“疫”，捐赠书画作品10幅拍卖用于疫情防控工作；撰写14篇信息展现农工党党员敬业风采和牺牲奉献精神。姚媛贞、孙忠贤等11人次被农工党省委会、市政协评为“防疫抗疫”先进个人。健康帮扶。投入752.6万元，支援张家界疫情防控和基层医疗发展，先后为市县乡医院捐赠4台飞利浦四维彩超机和急救车1辆，在慈利县乐庄村开展“爱心医疗服务慈利行”活动，为5个乡镇卫生院和村卫生室捐赠药品。教育帮扶。投入11.8万元，为银寨村LP9爱心小学培植“农工林”、添置教学设备，同心辅导“农工·湖南省胸科医院班”，组织党员30人参与腾讯99公益日助力湖南“一家一”助学就业·同心温暖工程募集善款，“一对一”帮扶武陵源区贫困学生。

同心乡村。投入23.28万元，用于东岳观镇道人山村基础设施建设、产业帮扶。（孙 杨）

【致公党张家界市委员会】2020年，中国致公党张家界市委员会切实履行参政党职能，在致公党全省市级组织考核中，荣获“综合考核一等奖”“社会服务工作特等奖”“机关工作特等奖”“思想宣传工作一等奖”“脱贫攻坚民主监督特别贡献奖”。

凝聚共识。加强学习宣传。整理张家界市各级组织和党员参与脱贫攻坚和抗疫的事迹材料，组稿参与宣讲，党员田媛媛讲述的双溪桥感人故事，荣获致公党省委会脱贫攻坚主题宣讲活动二等奖，并被致公党中央选录入《致公党“助力脱贫攻坚”主题宣讲故事汇》。加强党员培训。邀请省委会秘书长田宗之作“中国致公党简史”专题讲座，主委李文化参加致公党中央组织的参政议政工作研讨会；专职副主委朱琼琼参加致公党地市级组织专职副主委培训班。

自身建设。规范班子建设。顺利完成2次领导班子届中调整工作，结束近2年来主委缺位的局面。规范民主决策，2020年召开7次主委会、5次全会、1次党员大会、10多次工作会。规范组织结构。下发《关于调整致公党张家界市委内设机构部分组成人员的通知》，对致公党张家界市委员会内设机构部分组成人员作出优化调整。制定《致公党张家界市委员会基层组织换届工作暂行办法》，严格按照组织程序，完成10个支部的换届选举。规范考评机制。根据中共市委统战部有关民主党派激励关怀制度文件，出台《致公党张家界市委会工作奖励及党员慰问实施办法（试行）》，对信息、参政议政等奖励进行梳理和优化。规范党员服务。开展基层走访活动，对10个支部近百名党员进行走访座谈。加大优秀党员干部推荐力度，2020年有2名党员提拔为副处级干部，1名党员被提拔为正科级干部。

履行参政议政职能。配合致公党省委会对口张家界市开展脱贫攻坚民主监督，2020年，分6个调研组陪同省委会8次深入两区两县现场调研，走访考察乡镇20多个，企业30多家，召开座谈会10多次，听取意见、建议，全面了解全市脱贫攻坚工作推进情况，组织3次脱贫攻坚民主监督通报协商座谈会，形成了“4+1”调研报告，省市联动监督成果已列入年度《政府工作报告》之中。建言献策。参与各类协商会、座谈会，主委李文化提出的创建最具生态竞争力城市等相关建议，为张家界赢得“2020中国最具生态竞争力城市”称号。在2020年的致公党中央参政议政研讨会中，张家界作参政议政先进经验推介；课题联动。调研形成《关于进一步推进工程建设项目审批制度改革的建议》《浅析产业扶贫存在的问题及对策》《落实社会保障兜底扶贫政策，建立解决农村相对贫困的长效机制》等调研报告。《我市易地扶贫搬迁后续工作仍需加强》的调研报告，得到市委主要领导批示后被市直有关部门采纳。提案建议。完成市政协大会发言《关于加快推进张家界旅游目的地国际化建设的建议》和《关于加快推行我市社区居家养老建设的建议》，均得到市委主要领导的批示，分别已作为重点提案和重要提案办理，其中《关于加快推进张家界旅游目的地国际化建设的建议》被市政协评为年度优秀提案。

社会服务。用心助农。参与配合省委会做好助农培训，在我市先后举办湖南“致公·农广”助农培训工程——张家界莓茶产业领军人才培训班和湖南“致公·农广”助农工程——张家界农民专业合作社领军人才培训班，张家界市4个区县的莓茶种植企业负责人、农民专业合作社负责人140多人参加了培训，打造张家界的社会服务新品牌；用爱助学。2个致公班落户张家界，在珠海与澳门致公协会举行隆重的捐赠仪式并召开4次主题班会。致爱小组成员第一时间为腿部受伤的贫困学子捐款。在寒潮来临前，为2个班级100名学生送去100套防寒服，每套价值逾千元。用心助医。致公党湖南中医药大学支部和致公党张家界科教卫支部医生教授组成的专家团队，在桑植刘家坪乡卫生院举行义诊活动。致公党湖南省委会组织党内、外医疗专家开展为期2天的致福送诊·助医工程活动。

侨海特色。强化坚实保障。完善调整市委会侨海工作委员会，吸纳10多名优秀的党内海归人才担任委员；在党员向俐军所在的建设银行子舞支行腾出场地，挂牌设立“侨胞之家”；申请3万元人才专项资金；对张家界市400多名归国留学人员进行信息摸底，形成了最新信息台账。搭建有效平台。多方整合资源，同中共张家界市委组织部、市侨联、市商务局密切对接，与“海归论坛”同步举办2020年“侨系张家界”招商引资引智活动，来自20个国家和地区的海内外嘉宾100多人参加会议，3个项目顺利落户张家界。致公党市委会主办张家界市留联会成立大会，搭建侨海青年沟通交流的平台。

助力抗击新冠疫情。张家界大部分党员参与社区防控、市场监管、疫情舆论宣传、物资供应、道路检查、志愿者服务等工作。党员粟梦艳被致公党中央评为抗疫先进个人，党员陈艳等5人被评为“张家界市政协系统新冠肺炎疫情防控工作先进个人”，党员姚亦清等11人被省委会评为抗疫先进个人，2个基层组织及市委会被省委会评为抗疫先进组织。助力战“疫”献爱心。市委会第一时间组织张家界致公党员开展自愿捐款、奉献爱心活动，为国内防控疫情工作捐款43400元，

海外华人华侨捐款 22188 元，共计 65588 元，两次捐款党员参与率达到 81%，人均近 600 元。（彭丽敏）

2020 年 7 月 10 日，九三学社张家界市委会与市委统战部、慈利县委统战部领导赴田家坪村调研同心美丽乡村创建情况（王雅晖 摄）

【九三学社张家界市委员会】 2020 年，九三学社张家界市委员会（以下简称“社市委”）认真履行参政党职能，为张家界市多党合作事业发展以及经济社会高质量发展等方面作出积极贡献。

政治学习。加强政治引领，凝聚思想共识。深入贯彻学习中共十九大、十九届各次全会及社中央、社省委全会精神，学习习近平总书记关于统一战线重要理论、中共中央关于加强中国特色社会主义参政党建设意见等。赴溪口红军树、贺龙纪念馆、袁任远、杜心武等故居等地开展主题教育学习实践活动；举办庆祝九三学社成立 75 周年纪念活动；组织骨干社员参加各类教育培训学习；邀请社省委副主委、省政协经科委主任吴金明作题为《中共十九届五中全会精神暨“中国经济下半场”》学术报告。加强廉政建设，组织观看警示教育片等。积极参加各级组织开展的征文活动，征文 16 篇，其中王雅晖撰写的《醒悟、求索、奉献》获九三学社中央二等奖。组织部分社员，参加社中央举办的全国新闻宣传骨干网络培训班学习，参训人数居全省第一，提交心得体会数量居全省第一。在九三学社创建 75 周年活动之际，讲好九三学社社员参与脱贫攻坚的故事，积极参加社省委举办的“传精神迎社庆”脱贫攻坚演讲比赛，并取得好成绩。被市委统战部评为“2020 年度全市宣传工作先进单位”。

参政议政。跟踪督办上年度获市级主要领导签批的 5 件调研成果，其中《关于澧水风貌带文化建设的建议》《“墓地围城”问题的研究和对策》等 3 篇大会发言获中共张家界市委主要领导签批。

政治协商。《关于大鲵、莓茶、杜仲三大百亿产业兴旺发展战略路径的建议》课题获中共张家界市委、市政府主要领导同时签批。同时，认真开展调查研究，完成专题调研报告 7 篇。其中《为我市信息化项目招投标营造公平竞争环境的建议》作为政党协商课题，在召开的民主党派专题调研成果汇报会上汇报。市政协七届五次会议期间，《盘活资源，破解城市社区养老服务难题的建议》《建立国家卫生城市长效机制的建议》等 5 篇成果，获中共张家界市委、市政府主要领导签批。撰写社情民意 46 篇，其中《关于中非经贸博览会分会场落户张家界的建议》获中共张家界市委主要领导、市政府分管副市长签批，转交相关单位采纳；《关于确保疫情防控期间，农业生产物资保障的建议》获两位分管副市长签批，也转交相关单位采纳。

抗击新冠肺炎疫情。2020 年初，九三学社张家界市委组织社员发挥专业人才优势，同心协力抗击新冠疫情。以支社为单位开展募捐活动，捐款 4.9 万元，捐物价值约 4.87 万元。在“湖南统一战线同心战‘疫’网络文艺作品展”征集活动中，征

2020 年 1 月 26 日上午，九三学社张家界市委会赴张家界市红十字会捐赠疫情防控物资（王雅晖 摄）

2020 年 11 月 14 日下午，省政协副主席、九三学社省委主委张大方（右五）与九三学社基层社员座谈并合影留念（王雅晖 摄）

集抗击新冠疫情作品 11 篇，书法、油画作品 4 幅。雷明盛作为全市新冠肺炎疫情防治专家组组长，在中共张家界市委、市政府领导下，创造全省“四最”。雷明盛、谭猛、简碧海、张全分别获得九三学社中央和中共湖南省委、湖南省政府以及张家界市政协授予的“抗疫先进个人”荣誉称号。

社会服务。帮扶黄庄村发展产业，坚持对结对贫困户一月一走访，并入户开展“四个一”活动，参加中共张家界市委统战部召开的“屋场会”。争取帮扶资金对“市级同心乡村”田家坪村整修山塘和建设文化休闲活动场所；在村域内国道、村主干道及组道竖立社会主义核心价值观各类宣传牌 50 多块。为两岔溪村“九三学社同心示范基地”争取种植业项目资金 10 万元，用于机耕道路建设和技术管理。争取中国助学网湖南工作站支持，为 2 名困难学生的上学、就业提供帮助。组织社内专家医生和科技工作者，赶赴慈利洞溪乐山村开展“送医、送药、送健康”下乡社会服务活动。2020 年 10 月，九三学社中央授予九三学社张家界市委“2016—2020 年度社会服务工作先进集体”荣誉称号，还获得中共张家界市委组织部“市派驻村帮扶工作优秀工作队”表彰。

自身建设。建立健全各项规章制度和工作职责，修订激励机制，编辑第 30 期《张家界九三》社刊。积极参与文明创建工作，改善办公环境，创办文化墙和智慧宣传平台，指导社员关注和使用“社员之家”APP 平台。组织全体社员通过网络平台，参加九三学社中央举办的专题辅导视频学习 3 次。继续开展走基层、走单位大调研活动，与社员和社员所在单位党组进行沟通，交换意见，互通情况，并积极推荐社内优秀人才。在监督委员会的监督下，指导 6 个支社完成换届工作任务，顺利完成政治交接。优化干部队伍，积极发展新社员 6 人，净增率 4.3%，党派主体界别特色鲜明。

（王雅晖）

2021

人民团体

·张家界年鉴·

张家界市总工会

【概况】2020年，张家界市总工会主动参与疫情防控，积极引导职工消费，深入推进改革创新，弘扬劳模精神，开展劳动竞赛，扎实推进维权服务，增强工会组织的政治性、先进性、群众性，工会各项工作取得新进展、新成效，2020年被省总工会评为绩效考核优秀单位。

【工会组织建设】2020年，张家界市新增基层工会组织138家，基层工会组织涵盖单位154家，新增会员7006人，其中农民工4217人。2020年10月21日召开张家界市工会第七次代表大会，选举产生张家界市总工会第七届委员会委员、张家界市总工会第七届委员会工会主席、副主席、常委及经审委员会。推荐湖南慈利农村商业银行股份有限公司为全国厂务公开民主管理先进单位。推荐全国模范职工之家2家，全国模范职工小家2家，全国优秀工会工作者1人。培育推荐张家界永定区南庄坪街道工会联合会、慈利县零溪镇工会联合会、桑植县五道水镇工会联合会为湖南省百佳乡镇（街道）、开发区（工业园区）工会。加强阵地建设。加强张家界市工人文化宫建设，督促项目按期完工。推进工会上网，打造“智慧工会平台”，慈利县智慧工会平台已投入使用，市级平台已进入评审阶段。

【评先推优和工会赛事活动】2020年，张家界市开展劳动模范推荐评选活动，杜方波、袁谋文2人被评为全国劳动模范；龚成杰、苏春华、杨光胜、刘少文、宋丕斌、许云勇、吴国建、朱立文8人被评为湖南省劳动模范；雷明盛、李春萍、黄芳3人被评为湖南省先进工作者；中共张家界市委党校等5个单位获“张家界市五一劳动奖状”；罗巧等24人获“张家界市五一劳动奖章”；张家界市人民医院感染科等7个集体获“张家界市工人先锋号”；命名并授牌优贵绒劳模创新工作室等3个劳模和工匠人才创新工作室为“张家界市示范性劳模和工匠人才创新工作室”，张家界佰胜生态农业园等3个基地被评为“张家界市劳模助力乡村振兴示范基地”。

劳技竞赛。组织开展张家界市“项目高质量、勇夺双胜利”重点建设项目劳动竞赛、张家界市第一届物业职业技能大赛、2020年张家界市第一届养老护理员职业技能竞赛、第二届张家界市刑事技术职业技能竞赛和以“提升职业技能，助力脱贫攻坚”为主题的“永定区第二届职工职业技能大赛”，累计参赛达3万余人次。

安康杯赛。全年市总工会组织140余家企业1200余个班组，19000余名职工参与竞赛活动。

【解困维权】2020年，全市帮扶困难职工960余人次，帮扶慰问近400万元。两节期间，张家界市各级工会春节送温暖工作小组走访慰问困难企业68家，走访慰问困难职工1847人次，送去慰问金66万元，送去大米60吨。发放全国、省部级、市级三级劳模专项资金103.25万元用于帮助生活困难劳模、患重病劳模、年老体弱多病劳模等，解决劳模的实际困难。

法律服务。在高新技术开发区组织了维权行动月暨助力企业复工复产活动，现场为女职工解答法律、心理、劳动就业等相关咨询，发放相关图册宣传资料5600份。开展“尊法守法·携手筑梦”服务农民工公益法律服务行动，组织各级工会开展了近百次“送法律下乡入户”活动，为广大农民工提供法律咨询和法律援助服务，主办以《中华人民共和国民法典》《中华人民共和国劳动法》等为主题的公益普法大课堂活动。

医疗互助。2020年，张家界市参加医疗互助和大病关爱活动的职工有61741人，缴纳医疗互助金5554790元，全年支付医疗互助金5830343元。

关爱行动。开展“金秋助学”工作，举行2020年金秋助学活动启动仪式，现场为51名贫困学子送去157000元助学金。

【关爱职工成长】2020年，张家界市在旅游行业、园区企业、贫困村等重点区域，扩大工作范围和培训对象，重点培养5000名产业工人；通过“张家界导游云课堂”线上理论培训、各大景区线下实践培训、带团实操练兵、考试考核相结合的形式，开展导游技能提升培训；永定区组织以建筑工人为主的“塔吊、施工电梯、信号工”培训；武陵源区为助力“一户一产业”政策落地，提高疫情后的就业率，大力开展线上培训，培训学员500余人，300余人取得相关证书；慈利县、桑植县建立新型职业农民“一户一产业工人”培育示范基地，覆盖结对帮扶村和帮扶户，辐射周边乡镇及相关产业3万多人，帮助他们实现了“家门口就业”的美好愿景。

深化服务。市总工会联合张家界市人社局、妇联、扶贫办等多家单位，推行“线上招聘”，着力打造“就业服务不打烊、网上招聘不停歇”的线上春风行动。全市开展线上招聘会28次，其中工会参与的有5次。发布招聘企业1007家，其中：本地企业334家，省内招聘企业205家，省外招聘企业468家，累计推荐岗位次数92876人次，成功推荐就业1355人次，求职成功率12%。发放春风卡、劳动用工合同等宣传资料8530份。

关怀行动。新冠肺炎疫情防控期间，市总工会大力组织开展送温暖、献爱心慰问活动，全市各级工会先后深入医院、疾控中心、社区、疫情定点酒店等，为坚守疫情防控一线的医护、交通、环卫、交警等工作人员送去防疫抗疫慰问金、慰问物资达 1000 多万元。结合企业复工复产，市总工会领导班子成员深入全市各大企业，对复工复产工会组织开展指导和慰问。会同张家界心理学会组建了“抗疫职工公益心理援助热线”，招募 35 名职工心理服务志愿者实行 24 小时接线。认真落实省总工会、省财政厅《关于进一步动员全省广大职工工会会员积极消费繁荣市场发展经济的通知》等文件精神，疫情期间共有 701 家基层工会、6 万多会员提前发放节假日消费券 6800 多万元，动员广大职工、工会会员积极消费、繁荣市场、稳定就业。

主题阅读。5 月 27 日，市总工会组织拍摄了“湘悦读·工力量”2020 年张家界市职工主题阅读“城市读书快闪”活动，通过快闪视频展示阅读风尚，激发职工阅读热情；进一步鼓励各基层工会以“阅读 + 读书主题”的形式开展职工阅读沙龙活动，全市基层工会累计开展阅读沙龙活动 34 场次，带领全市职工畅读好书、精读好书，引导全市职工共同提升思想境界，助推活动深入进行。7 月 2 日，市本级组织开展庆祝建党 99 周年暨“湘悦读 · 工力量”党建主题读书月活动。8 月，我市参加了省总组织的“湘阅读·家幸福”女职工主题阅读暨第九轮女职工“芙蓉杯”家庭文明建设成果展示活动，我们选送的覃敏家庭的《书香伴我行》获得了优秀成果奖，张家界市总工会获得了此次活动的优秀组织奖。9 月 23 日，在旭生 · 国韵智慧城举办“湘悦读 · 工力量”张家界青年职工“书为媒 · 心相约”读书交友联谊活动，活动现场为贫困乡村少年儿童捐书捐款，“书”送爱心，助力贫困儿童在书香中快乐成长；鼓励全市各行各业职工网友参与省总工会举办的“好书荐读接力赛”活动，通过录制好书推荐视频，分享阅读故事。

文体活动。9 月 19 日在小哈弗运动馆成功举办以“我运动 我健康 我快乐”为主题的 2020“中国梦 · 劳动美”湘工杯全市职工羽毛球预选赛，各区县共有 80 余名职工参加比赛。10 月 12—14 日参加省总工会总决赛荣获优胜奖及优秀组织奖；10 月底组织职工报名参加 2020 张家界半程马拉松比赛；11 月 30 日至 12 月 1 日在张家界天门小学举办以“凝聚工力量、奋进新征程”为主题的全市工会系统职工运动会，市总工会领导班子成员及全市各区县总工会负责人出席运动会，各区县共有 100 余名职工参加活动。

（本栏撰稿 袁 杰）

共青团张家界市委

【概况】 2020 年，共青团张家界市委（以下简称团市委）加强青少年思想政治引领，团结带领团员青年积极投身高质量发展具体实践，真情服务青少年健康成长成才，同时，聚焦自身建设，持续确保团组织先进纯洁高效。被评为 2020 届张家界市文明标兵单位，获得“我和我的祖国”第十届湖南省少儿才艺大赛最佳组织奖。张家界市永定区永定街道紫云社区团总支荣获“全国五四红旗团支部”，桑植县第一中学 2019 级学生印晶晶荣获“全国优秀共青团员”。桑植县刘家坪白族乡团委、张家界农村商业银行股份有限公司团委荣获“湖南省五四红旗团委”，张家界市武陵源区协合乡中心学校团支部荣获“湖南省五四红旗团支部”，桑植县竹叶坪乡人民政府工作人员王斯源、永定区官黎坪街道白羊坡社区工作人员熊羚伶荣获“湖南省优秀共青团员”。张莉、王嘉梁荣获第 18 届湖南省五四青年奖章，沈道谦等 26 位同志荣获“张家界青年五四奖章”、张家界市人民医院团委等 2 个集体荣获“张家界青年五四奖章集体”的称号。

【荣获省、市青年五四奖章】 2020 年，张莉、王嘉梁荣获第 18 届湖南省五四青年奖章。团市委、市青年联合会联合评定后决定授予沈道谦等 26 位同志“张家界青年五四奖章”、张家界市人民医院团委等 2 个集体“张家界青年五四奖章集体”的称号。

2020 年 5 月 20 日，“青春有约 · 缘聚团委“活动　（团市委 供稿）

2020年9月，共青团张家界市第七次代表大会选举出来的团市领导合影 （团市委 供稿）

【青少年思想引领】2020年，团市委依托“青年大学习”载体，铺开习近平新时代中国特色社会主义思想的学习宣传。12月3日，团市委在全市共青团系统开展集中学习中共十九届五中全会精神专题培训班和习近平总书记考察湖南重要讲话精神，全市各级团干部、团员青年、市青联委员等200余人参加。

【纪念五四运动座谈会】2020年4月28日，团市委举行“绽放战‘疫’青春·坚定制度自信”纪念五四运动101周年暨“我们都是收信人”青年座谈会和张家界青年战“疫”故事网络直播活动。

【红色故事“英语说”】2020年12月18日，团市委联合吉首大学外国语学院举办红色故事“英语说”主题英语角系列活动，将本土红色故事翻译成英文讲述，张家界校区300多名师生共享这场别开生面的“红色精神文化盛宴”。此次活动为外语导游和英语爱好者提供红色故事英语素材。

【疫情防控阻击战】2020年，团市委招募青年志愿者开展专业培训，为企业、项目和商场、超市提供体温监测、人员管控等志愿服务。积极发动青年志愿者募集物资，青年志愿者为抗疫一线捐助物资近150万元，积极对接省青基会，争取到酒精、口罩和免洗手消毒液等物资全部用于全市的疫情防控。

【精准帮扶】2020年，团市委开展扶贫助学活动，发放希望工程资金90万元，资助贫困学生405名，申请省级青基会项目资金50万元，修建桑植县马合口乡易烊千玺希望卫生院。实施“千校万岗”大中专学生就业精准帮扶行动，帮助建档立卡户贫困家庭大中专毕业生完成就业。开展“脱贫攻坚·团团优选”特色农产品直播销售活动，通过张小团直播队进景区、进乡村、进企业等活动。加强农村青年致富带头人培养，深化“青春兴张·何必远方”——扶助有志青年返乡活动，大力实施乡村振兴青年“领头雁”孵化计划，实现“科技进乡村、资金进乡村，青年回农村、乡贤回农村”，完成精准脱贫与乡村振兴的无缝衔接。

【青春志愿服务】2020年，团市委创新方式助力旅游营销，成功举办第二届“张家界高新区杯”青年抖音大赛。国庆、中秋假日期间，团市委以“平安满意在张家界”为主题，组织青年志愿者在全市交通要道、景区景点提供公益服务，马拉松大赛和世界摄影大赛中组织志愿者提供志愿服务；深化品牌共筑生态文明，以“保护母亲河”行动为统领，大力开展垃圾分类宣传活动、青少年生态环保队伍建设等工作，发动青年志愿者开展“营造共青林”“争当河小青”活动，广泛宣传“绿水青山就是金山银山”理念，建立青年防汛抢险志愿者队伍，为张家界永葆青山绿水储备源生动力。

2020年9月，共青团张家界市第七次代表大会选举产生共青团张家界市第七届委员会 （团市委 供稿）

2020 年 3 月，脱贫攻坚 · 团团优选直播　　（符　玮　摄）

【青少年交流服务】2020 年，团市委广泛招募儿童安全“五防”课程公益讲师，讲师志愿者走入全市多所中小学，举行“用心关爱 · 呵护成长”儿童安全“五防”讲座；创新开办“青年家长课堂”，解除青年家长教育困境，形成学校、家庭齐抓共管、同心协力的良好自护氛围。团市委深入开展“我为禁毒代言打卡”“我是答题王”大学生禁毒知识竞赛、法制进校园等主题宣传教育活动；开展“法律服务进校园”活动，组织我市的律师事务所、法律服务所和法律援助中心派出律师和法律服务人员担任多所中小学校的法律顾问，深入学校向中小学生发放维权联系卡，认真办理有关青少年学生维权案件。5 月 12 日，团市委举办“致敬白衣天使你是我的天使”专场活动，积极动员党政机关、医疗、教育、金融等系统的优秀单身青年踊跃参加，指导各区县团委和行业系统团委、青工委结合读书会、运动会等形式开展友好交流。

【团组织建设】2020 年，团市委聚焦自身建设，深化改革措施。“张家界青年宣讲故事汇”“青年家长课堂”项目在团省委“改革创新大赛”中取得较好成绩，《为青春教授新技能、用直播凸显新作为》改革经验信息受到虢正贵书记肯定批示。2020 年，“智慧团建”系统录入，摸清全市团员底数、大力开展非公团建工作，重点推动市属以上国有企业建立团组织，继续推动“青年之家”阵地建设，青年之家的活跃度明显上升。2020 年共发展团员并成功录入“智慧团建”系统 3800 个，全市毕业生团员组织关系社会转接率达 99.8%。（本栏撰稿　李好慧）

张家界市妇女联合会

【概况】2020 年，张家界市妇联各项工作争先创优成果显著：在疫情防控“大考”中，张家界市妇联防控做法被省疫情防控热线专报第 42 期作为“市州经验”专刊推介；获得市文明标兵单位荣誉称号；宣传工作被评为湖南省妇联系统“先进单位”；湖南省农村留守儿童心理健康辅导中心项目被评为“先进集体”；在湖南省第二届巾帼创新创业大赛中获最佳“组织奖”；微信公众号“张家界新女声”多次位居全省市级妇联微信公众号综合影响力前列，12 月影响力位居全省第一；省级重点民生实事项目“两癌”免费检查超额完成任务，“湘女关爱保”达成率排全省第二。

妇联组织换届。深抓住村（居）“两委”换届的关键节点，与组织、民政等部门对接，将村级妇联组织换届工作与村（居）“两委”换届工作无缝衔接，为全市妇女和基层妇联组织参与基层社会治理畅通渠道。全市已建村级妇联 1016 个，“四新”组织妇联 87 个。基层组织会改联中，全市妇女工作者 20554 名。“网上妇女之家”覆盖全市 1093 个妇女微信群，依托小程序开通家庭教育、技能培训、信访维权等功能，实现“三网合一”。积极开展三八红旗手（集体）、巾帼建功、最美家庭等评选表彰和推荐工作，成功推荐全国“抗疫最美家庭”1 户，省级“巾帼文明岗”8 个、省级“巾帼建功标兵”2 名、省级“巾帼建功先进集体”1 个，省级“最美抗疫家庭”6 户、省级“五好家庭”3 户、省级“最美家庭”3

2020 年 1 月 17 日，举行“把爱带回家”双百万结对寒假特别行动　（粟云霞　摄）

2020年4月9日，张家界市"最美家书"作品征集活动　（粟云霞 摄）

户。评选市级"三八红旗手"60名、市级"三八红旗集体"12个。

服务大局。新冠肺炎防控阻击战中，全市四级妇联组织快速响应，第一时间发出疫情防控"集结令"，动员1215个妇联组织、2万余名妇女工作者和无数巾帼志愿者在疫情"大考"中践行初心使命。当好疫情防控的宣传员，共推送抗疫宣传稿件517篇。首创《疫情当前，张家界妇女有话说》宣传视频，组织本市全国三八红旗手、全国最美家庭等先进典型以身示范号召抗疫，并在市区公交车上滚动播放。根据国务院工作要求，推动新冠肺炎疫情防控指挥部在全省率先印发《关于做好疫情防控期间孕产妇健康保护工作的通知》，为孕产妇开通"绿色通道"。组建"娘家人"疫情防控心理志愿服务队，为252人提供精准心理干预，2次为集中隔离区医护人员和防控一线的民警开展团体心理辅导。为35名支援湖北医护人员及其家属赠送价值800元的生活物资"暖心包"，为15名第二批驰援武汉医疗队队员提供生活物资等装备，为市人民医院及其56名一线医护人员家属送去防疫物资和生活物资56箱、饮用水200件，为疫情防控一线人员筹集1万多只口罩，组织"妇字号"米袋子、菜篮子纷纷驰援湖北。张家界市妇联防控新冠肺炎疫情的做法被《省疫情防控热线专报》（第42期）以"市州经验"向全省推介。复工复产有实招。深入"妇"字号企业、巾帼脱贫示范基地调研座谈，为企业复工复产问诊把脉；针对防疫物资短缺，为10家巾帼企业赠送防疫物资口罩1万只、免洗消毒凝胶3000瓶、消毒液200瓶。

助推妇女创业就业。打造家政"云课堂"，推送技能培训、政策解读4期；引导"妇"字号企业入驻"湘就业"平台，开展"巾帼抗疫·春风送岗位"线上专场招聘活动，为50余家企业发布用工需求，提供就业岗位1500余个，带动1000余名妇女本地就业。创新创业有平台。创新推广"湘女贷"专属融资服务项目，将"湘女贷"首次列入全市银企签约会，会同人民银行、农担公司及10家商业银行召开推进会，向"妇"字号企业发放"湘女贷"8400万元。举行"亲帮亲、户帮户"活动，培训家政服务、手工编织、农村电商等女农民工2400余人。参与全省"出手吧，姐姐！"扶贫助农大直播活动，创造直播销售奇迹，5分10秒销售2.78万袋手工葛粉。民生实事有实效。实施农村适龄和城镇低保适龄妇女"两癌"免费检查民生实事工程，为2.73万名农村适龄和城镇低保适龄妇女提供"两癌"免费检查，完成率达104.02%；为73名患病妇女发放"两癌"救助资金73万元。继续开展女性安康保险活动，为4.71万名妇女提供保险服务，累计收取保费471.67万元，目标达成率为273%，排全省第二位，累计理赔人数2.63万名，累计理赔额264.14万元。

维护妇女儿童合法权益。常态化开展"法治张家界·巾帼在行动"活动。与市检察院探索建立推动保护妇女儿童权益工作合作机制十项措施，共同推进性侵未成年人"一站式"取证保护工作。与市法院联合印发《张家界市婚姻家庭纠纷诉调对接多元化解工作的意见》；就反家庭暴力工作与市公安局召开协商会议，进一步规范基层派出所家庭暴力类案件办理和家庭暴力告诫制度落实。实施安全"童"行——女童权益保护项目，建立安全"童"行性教育讲师团队、法律援助专业团队、心理疏导帮扶团队、舆情宣传引导团队4支队伍，储备专家团队人才140名；启动女童权益保护"百场宣讲三年行动"，培训性教育讲师43名，三年实现全市女童权益保护宣讲学校全覆盖。推动平安家庭建设，全市评选县级以上平安家庭96户；加大婚姻家庭纠纷预防化解工作力度，全市婚调委调解婚调案件1046对，调和634对，调和率60.6%；做好信访接待工作，市、县两级妇联接待妇女维权信访153件。

家庭工作。建立家庭教育联席会议制度，联合各职能部门完成家庭教育"十二件实事"，实施家庭教育指导人才团队建设培养计划，通过政府购买服务开展"家庭教育第一课堂"公益巡讲、"预防儿童意外伤害"知识公益讲座，受益人群达到4000多人。注重家风建设，牵头起草《张家界市文明行为促进条例》家庭文明行为规范，将家风家教纳入地方立法内容，从道德遵循上升为行为准则，走在全省前列。开展"最美家书"征集活动，收到家书200余封，网络浏览量60多万次，参与投票人数11万人，选送家书获全省“潇湘家书”评比一等奖。启动“圆梦大风车·关爱筑未来”留守困境儿童关怀公益项目，开展关爱留守贫困儿童活动476场，帮扶儿童2568人，受益家长13632人，发放助学款7.8万元，捐赠彩虹包裹910个，价值9.1万元。对帮扶村和“三联四建”社区投入帮扶物资30万元，抗洪救灾发放慰问金25万元，“知心屋”项目荣获全省“先进集体”称号。

【张家界市妇联七届二次执委暨张家界市三八红旗手（集体）表彰大会】 2020年9月28日，张家界市妇联七届二次执委暨张家界市三八红旗手（集体）表彰大会在张家界国际大酒店召开。中共张家界市委副书记刘绍建出席并讲话。市妇联党组书记、主席彭川晋作第七届三次执委会议工作报告。会议选举杨鲜艳为张家界市妇联挂职副主席。会议表彰市级三八红旗手60名，三八红旗集体12个。（本栏撰稿 粟云霞）

【妇联机构改革】 2020年，出台《中共张家界市委办公室关于印发〈张家界市妇女联合会职能配置、内设机构和人员编制规定〉的通知》（张办〔2020〕18号）文件，对市妇联职能配置、内设机构、人员编制进行修改完善，新增家庭和儿童工作部，增加行政编制一名。市人民政府妇女儿童工作委员会办公室的日常工作由市妇联家儿部承担。市编委印发《关于市妇联机关所属事业单位机构编制事项的批复》（张编〔2020〕60号）文件，撤销市政府妇女儿童工作委员会办公室事业单位建制，其职责划入市妇联机关。设立市妇女儿童中心，为市妇联所属公益二类事业单位，核定全额事业编制2名，所需编制从原市政府妇女儿童工作委员会办公室划入。

（罗 震）

【“出手吧，姐姐！”扶贫大直播活动】 2020年6月30日，参加省妇联组织的“出手吧，姐姐！”扶贫大直播活动。市、区县妇联主席携手本地主播轮番上阵直播带货本地农产品，张家界葛根粉创造了5分10秒销售2.78万袋的奇迹；引导19家企业入驻“芒果扶贫云超市”，10家企业入驻“湘农荟”，带动白茶、蜂蜜、腊肉等100余种农产品线上销售。（姚友忠）

【农村和城镇低保适龄妇女“两癌”免费检查重点民生实事项目】 2020年3月，实施农村和城镇低保适龄妇女“两癌”免费检查重点民生实事工程，全年完成检查2.72万人。累计争取到全国“两癌”救助金62万元，为符合条件的62名患病妇女每人给予1万元救助金；累计争取到湖南省“两癌”救助金10万元，为符合条件的10名患病妇女每人给予1万元救助金。继续开展女性安康保险活动，全市参保人数累计达4.8万多人，共收取女性安康保险费484.41万元，完成了全市活动目标150万元的322.94%，任务达成率在全省排名第二。2020年全市共理赔63人，理赔总金额达272.4万元，出险赔付率高达56.23%。（向文倩）

【岗位竞赛岗位建功活动】 2020年5月，市妇联组织3名巾帼手艺达人参加湖南省第二届巾帼创业创新舌尖、指尖大赛，张家界市2名选手分别获得指尖二等奖、三等奖。开展巾帼建功创建活动，成功创建省级巾帼文明岗9个，省级巾帼建功标兵3个，省级巾帼建功先进集体1个。市级巾帼建功标兵4个。

（姚友忠）

【巾帼脱贫示范基地建设】 2020年，市妇联严格按照全国、全省巾帼脱贫示范基地创建和管理办法，积极推动我市巾帼脱贫示范基地建设，指导基地做好培训、带动、服务等工作，拓宽妇女就业渠道，带动妇女脱贫增收。慈利县艳阳天家庭农场被评为2020年度“全国巾帼脱贫示范基地”；张家界市乡滋味农产品开发有限公司被评为2020年度湖南省巾帼脱贫示范基地。

（姚友忠）

【妇女信访维权、平安家庭建设工作】 2020年，市妇联以更加认真的态度关注妇女弱势群体的利益诉求，以促进社会大局和谐为目标，热情接访，主动援助，积极化解矛盾纠纷，有效保障和维护妇女权益。全年共接待来信来访来电149件次。信访调处率100%，办结率100%。与市公安局联动，进一步规范基层派出所家庭暴力类案件办理，加大家庭暴力告诫制度落实力度，维护妇女儿童合法权益。全年市公安局指挥中心接报全市关于家庭暴力类报警数为741起，全市发放家庭暴力告诫书4份，占家暴警情的0.5%。下发《关于进一步深化“平安家庭”创建活动的通知》，全市评选县级以上平安家庭96户；加大婚姻家庭纠纷预防化解工作力度，全市婚调委调解婚调案件1046对，调和634对，调和率60.6%。（姚友忠）

【女童权益保护工作】 9月23日、24日，市妇联在市民政局7楼会议室举办女童权益保护宣讲讲师培训班，全市43名性教育讲师参加培训。实施安全“童”行，女童权益保护专家团队建设项目，建立安全“童”行性教育讲师团队、法律援助专业团队、心理疏导帮扶团队、舆情宣传引导团队4支队伍，储备专家团队人才140名；启动女童权益保护“百场宣讲三年行动”，2020年开展女童权益保护宣讲16场，惠及家长儿童3000余人。与市检察院探索建立推动保护妇女儿童权益工作合作机制十项措施，共同推进性侵未成年人“一站式”取证保护工作。（姚友忠）

【“湘女贷”专项融资服务项目】 2020年，市妇联创新推广“湘女贷”专属融资服务项目，会同人民银行、农担公司及10家商业银行召开推进会，首次列入全市银企签约会，向“妇字号”企业发放“湘女贷”1.155亿元，为广大妇女及女企业家抵御疫情、创新创业提供金融支持。

（姚友忠）

【全市“圆梦大风车·关爱筑未来”留守困境儿童关怀公益项目】 2020年5月30日，“圆梦大风车·关爱筑未来”留守困境儿童关怀公益项目启动仪式暨圆梦行动第一站（永定）在新桥镇九年制学校举行。副市长邹菊芳宣布活动启动，市级老同志杨流芳、陈美林、刘德湘、刘春廷、莫辉华出席活动。帮助200名留守困境孩子们拓展眼界、放飞梦想，创新关爱留守困境儿童“扶志+扶智”新模式。（曾晓莉）

张家界市工商联

【概况】 2020年，张家界市工商联紧扣促进非公有制经济健康发展和非公有制经济人士健康成长主题，助推民营经济高质量发展，完成年初既定各项工作任务。市工商联被省工商联评为精准扶贫工作先进单位、组织工作绩效评估优胜单位、信息工作先进单位。调研文章《关于促进年轻一代非公经济代表人士健康成长的调研报告》被省委统战部评为一等奖，调研文章《建立领导联系商协会制度 畅通政企沟通渠道》被省工商联评为二等奖，调研文章《关于加快我市中心城区专业市场建设的调研报告》《张家界市疫情期间政策落实情况调研报告》被省工商联评为三等奖。

工商联商协会党的建设。2020年，市工商联召开全市工商联系统学习贯彻中共十九届五中全会精神宣讲会，学习习近平总书记在全会上重要讲话精神。在工商联六届五次执委会上，邀请全国人大代表专题传达全国“两会”精神，学习全国民营经济统战工作会议精神，帮助民营企业加深对我国经济形势的了解和认识。配合省工商联开展民营经济人士思想状况调研，联合市委统战部开展年轻一代民营经济人士思想政治引领课题调研，加强年轻一代民营经济人士教育引导。提升商协会党建水平，开展商协会党建和意识形态工作述职评议考核，压实工作责任。着力扩大党组织两个覆盖，成立党支部2个。开展“创三强”标杆引领计划，党支部“五化”达标率100%。加强党员教育管理，试点开展党员分类管理，发展新党员11名，预备党员转正8名，评选表彰一批先进党支部、优秀党务工作者和优秀共产党员。

新冠肺炎疫情防控和复工复产。2020年新冠肺炎疫情发生后，市工商联商会向广大商协会和民营企业发出倡议，号召共克时艰，爱心捐助汇聚抗“疫”力量。全市工商联系统组织举行8次集中捐赠仪式，捐款捐物价值1200余万元。同时发动商会帮助义务采购防疫物资价值2000万元以上，有效缓解疫情防护物资紧缺局面。市工商联组织开展“万企大走访、同心促发展”活动，成立6个调研指导组，走访19个商协会、240家会员企业，收集关于企业疫情防控、复工复产等方面的问题312个、解决300余个，精准指导企业复工复产。宣传参与疫情防控先进事迹，讲好战“疫”故事、展示民营企业良好形象，在三湘统战网、省工商联微信平台、新湖南、《张家界日报》、红网等媒体发布信息200余篇。张家界市工商联商会组织疫情防控成绩突出，张家界市商业企业商会被全国工商联评为全国“抗疫先进组织”，锦华药业集团公司被全国工商联评为全国“抗疫先进民营企业”。

服务民营企业。市工商联创新开展“银行+商会-企业”融资模式，与银行沟通衔接，通过商会筛选一批符合要求的中小企业，为他们提供无抵押信用贷款4000多万元，帮助中小企业解决资金问题。开展法律服务，为民营企业提供法律服务和法律咨询17次，帮助民营企业开展法律维权，在市装饰装修协会探

2020年3月，市工商联组织市长沙商会为抗击新冠肺炎疫情防控捐物（市工商联 供稿）

2020年6月12日，市工商联（总商会）六届五次执委会议召开　　（市工商联 供稿）

索建立“商事调解中心”，促进商协会积极开展商事纠纷化解。推动经贸交流，拜访长沙市工商联、长沙市张家界商会和湖南省福建总商会、湖南省河南总商会，大力宣传张家界招商项目，为两地经贸交流搭建平台。与省福建商会、省浙江商会、异地温州商会开展座谈交流，组织开展沪洽周——知名闽商走进张家界等经贸交流活动。借助成立上海市张家界商会、广东省张家界商会换届之机，组织招商引资推介会议，全力推动本市招商引资工作。

调查研究和参政议政。市工商联重点围绕优化营商环境，选择优化中心城区水电气供应保障服务和加快促进专业市场建设两个重点开展调研，成立课题调研组，赴益阳市、怀化市、重庆市等多地开展调研，撰写《张家界市中心城区水电气供应保障服务调研报告》《关于加快张家界市中心城区专业市场建设的调研报告》。为摸清疫情期间上级及本级出台各项优惠政策落实情况，市工商联成立专班，通过发放调查问卷、到企业召开座谈会、与企业负责人深入交流，深入市直有关部门了解情况、征求意见等形式开展调研，形成专题调研报告，为市委、市政府科学决策、推动惠企政策落实提供依据，得到市委领导充分肯定。1篇调研文章被省委统战部评为优秀奖，1篇调研文章被省工商联评为二等奖，2篇调研文章被省工商联评为三等奖。

2020年9月14日至18日，“中南大学—张家界市民营企业家（市工商联执常委）高级研修班”在中南大学铁道学院开班　　（市工商联 供稿）

脱贫攻坚。2020年，市工商联开展消费扶贫，组织8家商协会在贫困村开展10多场“坚定发展信心、助力消费扶贫”活动，消费贫困户农副产品44.73万元，签订意向订购协议130多万元。联合市扶贫办开展“百企入驻、千品上架”活动，10家企业现场与湖南省消费扶贫公共服务平台签约。发挥自身优势，推荐19家商协会和民营企业结对联系集体经济发展示范村，推动村级集体经济发展，助力脱贫攻坚和乡村振兴。开展“万企帮万村”精准扶贫活动，组织201家民营企业和商协会，帮扶全市253个行政村，帮扶贫困人口31032户107090人，投入扶贫资金近6亿元。张家界市大峡谷旅游开发有限公司被评为2020年全国“万企帮万村”精准扶贫行动先进民营企业。

【商会改革与发展】 2020年，市工商联加强商会组织建设，指导成立上海市张家界商会、张家界市河南商会、张家界市信息服务商会，指导张家界市常德商会、张家界市衡阳商会完成商会换届工作。吸纳张家界市广告协会、张家界市房地产协会以团体会员的形式加入工商联，壮大工商联商会队伍。开展“四好”商会建设（政治引领好、队伍建设好、服务发展好、自律规范好），以规范化建设为重点，修订完善《张家界市工商联直属商协会管理办法（试行）》，开展“四好”商会创建工作，张家界市浙江商会等2家商会被全国工商联评为全国“四好”商会，8家商会被省工商联评为湖南省“四好”商会。推动直属会员活动小组活动常态化，完善活动小组制度，组织开展小组活动，增强会员对工商联的认同感和归属感。加强工商联机关自身建设，全面落实从严治党主体责任，开展“让党中央放心、让人民群众满意”模范机关创建和清廉机关建设，开展整治漠视群众利益作风顽疾专项行动。修订完善机关管理制度，制定《市工商联机关廉政风险防控工作指南》，成功创建市文明单位，机关效能不断提升。

【市级领导联系商协会制度】 2020年，中共张家界市委在全省率先出台《市级领导联系市工商联所属商协会制度》，19名市级领导联系市工商联所属19家商协会，市级领导每季度走访调研或沟通联系商协会1次以上，主动联谊交友、主动参与活动、主动靠前服务、主动解决问题，在为民营企业纾难解困、优化营商环境方面取得成效。19名市级领导及时到联系商协会开展调研座谈走访，收集困难问题79个，大部分问题得到解决。市级领导联系市工商联所属商协会制度得到省委统战部、省工商联和市委市政府的肯定，得到广大民营企业的好评，工作经验在全省推广。

【民营企业家高级研修班】 2020年9月14—18日，“中南大学——张家界市民营企业家（市工商联执常委）高级研修班”在中南大学铁道学院开班，张家界市委统战部副部长（兼）、市工商联党组书记陈桂花出席开班式并讲话且自始至终参加培训。这次培训安排宏观经济形势分析与经济热点分析、民营企业发展过程中的热难点问题等5堂专题教学课，不仅帮助全体学员开阔视野，更增强发展壮大企业的信心和决心。通过组织到中联重科集团的智能制造基地和铜官窑古镇特色小镇开展现场教学，使学员们认识到自身水平和先进水平的巨大差距，也找到企业发展努力的方向。参观杨开慧纪念馆后，受到一次深刻的革命传统教育。这次培训对促进民营企业的健康发展和民营企业家的健康成长具有重要意义。

（本栏撰稿　田友国　熊　英）

2021

军 事

·张家界年鉴·

中国人民解放军张家界军分区

【概况】2020年，张家界军分区（以下简称军分区）始终坚持以习近平新时代中国特色社会主义思想为指导，深入学习贯彻习近平强军思想，贯彻军委主席负责制，坚决听党指挥，深化练兵备战，聚力攻坚克难，扎实强基固本，致力脱贫攻坚，统筹抓好疫情防控与年度各项工作，顺利完成各项任务，分区全面建设保持稳健发展态势。

【政治建设】2020年，军分区严格每月不少于两次的党委中心组（带机关）学习，全年共计24次，重点学习《习近平谈治国理政》第三卷、十九届五中全会精神和习近平主席最新讲话精神；推动“不忘初心、牢记使命”主题教育常态化制度化，推进“红色资源挖掘工程”，开展纪念抗日战争暨世界反法西斯胜利75周年系列活动；召开教育形势分析会，探索创新抓好民兵思想政治教育，开展组织党课党纪教育，邀请地方专家授课，开展抗“疫”专题教育等；扎实开展严守政治纪律政治规矩教育，抓实清查清理涉郭徐房张信息、纠治政治领域官僚主义问题、社团清理整治、违规“翻墙”清查等工作，严防政治性问题发生；落实党管武装各项制度，重要议题及时提交市委常委会学习研究；开展师以上干部落实有关待遇清查，严格领导干部个人事项报告，常态化组织警示教育、明察暗访、作风督查等，验收转点基层风气监察联系点，先后约谈2个单位主官，批评教育13名个人，作风纪律建设得到增强。

【战备训练】2020年，军分区开展节日战备教育，强化战备值班常态督查，升级改造两级指挥信息系统，着力提升战备工作质效；展开国防动员专项准备和战“疫”启示课题研究，组织对口保障慈利海军任务分队集训和相应支援保障行动模拟推演；组织学《大纲》、学军事理论，开展按纲施训自查整改，错峰推进军事职业教育，分时分类开展首长机关训练、优秀射击教练员和民兵“四会”教练员集训等，先后组织森林扑火、抗洪抢险等联合演练，完成民兵训练17期，协调组织指导学生军训。

【国防动员】2020年，军分区扎实推进国防教育“六进”活动，完成国防教育宣传长廊、显示屏等建设，我市推荐选手获全省国防知识演讲比赛一等奖；深化国防动员潜力调查和民兵调整改革，召开国防动员潜力统计调查任务部署会、民兵调整改革领导小组会议，完成基干民兵编组任务。梳理复盘存在问题，先后组织3个回合联合督查督办，在特色分队建设、民兵荣誉体系建设、预建党的组织建设等重难点问题上有突破。

【依法抓管】2020年，军分区坚持党委统揽，主官主抓，正规“四个秩序”、守牢安全底线。开展条令学习月活动，严格办公秩序和官兵日常养成，按照省军区正规化建设要求和规范，进行办公场所规范化整治，完成分区机关和部分单位硬件设施改造升级，营区环境得到较大改善。对照应急力量建设要求，全面推进应急装备齐全配套，推进库室设施设置规范化、模块化，组织软件资料会审，推出样板统一标准。落实新《军队安全管理条例》，认真分解细化安全责任，定期分析安全形势，强化常态化教育、管理、检查、讲评、纠治；盯住人、车、枪、弹、密等重点，开展条令条例学习月、“百日安全”、预防犯罪、“飓风—2020”反间谍、打击整治枪爆违法犯罪等活动和“灯下黑”问题整治，组织个人网上行为排查，落实枪弹使用、办公电脑、涉密载体管理制度，严格车辆派遣及跟踪管理，筑牢安全屏障，在新冠疫情和现实安全大考中，保证了部队安全稳定。武陵源区人武部分别被军委国防动员部、省军区表彰为安全管理、正规化建设先进单位。

【后装保障】2020年，军分区围绕“提高后装保障职能”主线，开展财务自查、公务卡专项清查、遗留问题清理整治、武器弹药实力和家底经费清理清查、油料管理专项整治和加油卡清理整治等，及时排查修缮仓库安防设施、围墙塌陷等隐患，推动市国防动员训练基地选址，永定区人武部新营区建设正式启动，新兵被装发放适体率全省第一，桑植县人武部被省军区表彰为财经管理先进单位。

【参建参治】2020年，军分区按市委统一部署，参与“三联四建”、“三抓三促”、“联乡包村”及“双拥模范城”创建等工作，用于乡村道路整修、基层党组织建设等，张家界市被评为省“双拥模范城”；严格疫情防控，积极抗洪抢险，组织无偿献血，交纳特殊党费，支持帮扶6个村，开展消费扶贫和“七一”慰问贫困户、老党员等活动，产生良好社会效益。

【党的建设】2020年，军分区召开党委全会认真学习贯彻军委党的建设会议精神，客观分析班子建设形势，梳理建立党的领导和党的建设问题“总台账”，压实党建主体责任。围绕“六个必须”要求，坚持问题导向，严实开好两级党委民主生活会，立起严下先严上、从严抓班子的导向。牢记习近平主席“三个永远在路上”的教导，深入贯彻军委纪委、政法委有关通知精神，压紧压实“两个责任”，落实党委纪委领导上党课，邀请地方纪委领导围绕新修订的党纪党规辅导授课，建立基层风气监察联系点，抓好经济责任审计问责，常态化开展作风纪律监督检查，立起从严执纪的刚性标准。组织机关党支部换届选举，集中两天举办基层党务工作培训，提升党建工作规范化水平。落实党管武装制度，建立常态化议军机制，开创党管武装新局面。加强基层民兵党组织建设，抓好党管武装绩效考评，确保党对人民武装力量绝对领导。贯彻军队好干部标准，激发干部内在动力，严密组织干部接收定岗、提升交流、转业及转改文职。

【党管武装述职】 2020年1月10日，军分区党委第一书记党管武装工作述职会议在湖南省军区以电视电话会议形式召开，军分区设分会场，市委书记、军分区党委第一书记虢正贵围绕“管政治方向、管思想建设、管组织领导、管解决重大问题”四个方面在分会场作述职发言。

【首长机关战备拉动演练】 2020年1月15日，根据省军区统一计划安排，军分区带各区县人武部和各级战备值班，参加省军区组织的三级首长机关战备拉动演练，进一步锤炼首长机关战斗作风和组织指挥能力，有效增强战备值班力量的战备观念和行动能力。

【征兵工作推进会】 2020年1月16日，张家界市人民政府征兵办公室在军分区四楼会议室召开“两征两退”（春季征兵、夏秋季征兵，秋季退役、冬季退役）改革暨2020年春季征兵工作电视会议，会议由军分区政治委员罗明主持。市征兵办公室副主任、市政府副秘书长侯铁夫宣读表彰2019年征兵工作先进单位和先进个人通报，市委常委、军分区司令员总结2019年征兵工作，部署2020年工作任务并提出明确要求。市、区县征兵工作领导小组成员单位领导和市、区县征兵办公室全体人员175人参加会议。

【军分区党委全体（扩大）会议】 2020年1月16日，召开张家界军分区党委五届七次全体（扩大）会议，传达学习上级会议精神，分析总结2019年工作，研究部署2020年任务。军分区党委委员出席会议，全体机关干部、市民兵应急营预建党委书记、副书记和人武部相关人员列席会议。

【民兵调整改革业务培训】 2020年4月1—3日，张家界军分区牵头组织召开全市民兵调整改革领导小组暨业务培训会议，传达学习上级民兵调整改革会议精神，就进一步抓好民兵调整改革工作提出要求；同时，组织相关业务主管人员进行法规常识学习和系统操作培训，对各区县人武部民兵编组方案进行审定，为实现全市民兵建设由“实起来”向“好起来”“强起来”全面跃升的目标奠定扎实基础。

【民兵射击教练员集训】 2020年4月21—30日，为进一步提高射击教练员自身训练水平，进一步统一规范射击课目教学方法，全面做好省军区组织全省优秀射击教练员比武相关准备，军分区组织全市10名民兵优秀射击教练员展开集中训练。训练全程严格按纲施训、从严组训，训练质量效益较高，为带动提升民兵射击课目训练质效奠定教学组训基础。永定区、慈利县各1名民兵射击教练员在参加省军区比武活动中被评为优秀射手。

【思想形势教育分析会】 2020年4月14日，军分区组织召开年度思想形势教育分析会，分析汇报各区县人武部思想政治教育情况，部署年度思想政治教育工作。会议强调要落实“高举旗帜、聚焦备战、服务建设、军地共育、确保稳定”总要求，加强组织领导，严格按计划落实年度思想政治工作任务。

【国防动员潜力统计调查任务部署会】 2020年4月17日，张家界市国动委成员单位领导在军分区四楼会议室，参加全省国防动员潜力统计调查工作部署暨业务培训电视电话会议，并召开全市国防动员潜力统计调查任务部署会，军分区副司令员、市国动委副主任讲评2019年国防动员潜力统计调查情况，就抓好2020年工作提出具体要求。6月中旬，对各区县国动委、市国动委各专业办公室采集上报的数据进行会审，对不符合要求的数据进行整改；7月初，参加省办数据会审，并针对存在的问题列出清单，明确整改责任人和完成时限；10月底，统计上报辖区国防动员重点潜力现地核查清单，根据省国动委综合办筛选后的内容，组织市、县两级进行现地核验。

【民兵抗洪抢险骨干集训】 2020年6月2—13日，军分区组织各区县民兵抗洪抢险分队骨干50人在永定区人武部开展集中训练，进一步增强民兵抗洪抢险分队骨干防汛抢险专业知识，强化专业救援技能，提高遂行应急救援任务的综合能力。

【落实国防动员领域“十三五”规划普查自评】 2020年7月12—28日，根据上级统一部署，军分区采取听取汇报、现地查看、调阅查询、谈话了解、抽样核查等多种方式，按照上级下发的相关自查自评标准要求，对军分区落实国防动员领域“十三五”规划有关情况进行全面细致梳理总结，全面分析研判存在的问题和不足，对“十四五”建设规划进行研讨交流，为进一步围绕实现强军目标、确保战斗力标准在军分区系统落地生根、紧贴部队实际做好军事斗争准备工作奠定了基础。

【军分区党委全体（扩大）会议】 2020年7月30日，召开张家界军分区党委五届八次全体（扩大）会议。会议以学习贯彻落实省军区党委全会精神为主要任务，梳理分析上半年工作，部署下半年任务，并结合军分区实际就立起一流标准，推进军分区全面建设高质量发展提出具体要求。军分区全体党委委员参加会议，机关全体干部、市民兵应急营预建党委正副书记、各人武部政工科长（或负责人）列席会议。

【年度军事训练检查考核】 2020年12月8—14日，军分区采取统一部署、分组同地实施的方式，对军分区两级首长机关年度军事训练情况进行检查考核，全面检验两级首长机关军事训练成效，摸清干部队伍和勤务班战士素质底数，营造大抓军事训练的浓厚氛围，达到以考促备、以考促训、以考促建、以考促管的预期目的。

【精准扶贫】 2020年6月，湖南省军区领导带工作组到桑植县开展脱贫攻坚成效大排查现地核查。7月17日，军分区签订党委承诺书，坚决贯彻执行上级决策部署，紧前抓好脱贫攻坚成效核查问题整改，确保高质高效通过7月份国家普查。军分区政治工作处处级副职干事、驻桑植县洪家关白族乡打鼓泉村帮扶工作队队长兼第一书记被湖南省扶贫开发领导小组评为湖南省“百名最美扶贫人物”。

（本栏撰稿 余梦钰）

中国人民武装警察部队张家界市支队

【思想政治建设】 2020年，武警张家界支队党委坚持以习近平新时代中国特色社会主义思想和习近平强军思想为引领，主动回应时代变迁、回应使命召唤，以聚焦“两大主题”教育为主线，铸魂育人、赓续动力，坚持用好各类学习教材，用活各类载体，持续深化理论武装。充分利用贺龙元帅故里红色资源，开展主题党日活动，赴慈利县溪口镇苏维埃旧址重温入党誓词；组织红色故事分享会，邀请桑植贺龙纪念馆讲解员来队演绎革命岁月；召开典型事迹汇报会，分享支队“1·18”抓捕战斗、“3·17”扑救山火战斗事迹；牵手市人民医院共办“八一”双拥文艺会演，邀请张家界援鄂医疗队来队讲座授课；纪念抗战胜利75周年之际，动员官兵为96岁抗战老兵陈树德老人紧急献血。纪念抗美援朝出国作战70周年之际，邀请参战老兵来队讲述战斗故事。响应主席号令，反哺红色热土，全力推动桑植县莲花台村扶贫攻坚任务，得到军委工作组的高度肯定。支队一系列政治工作亮点特别是扶贫爱民、救助老兵事迹被军地主流媒体广泛报道。加强疫情防控新闻舆论宣传，创作抗疫歌曲《胜利在前方》《有你在、有我在》《你的绿色是我的春天》多次参加军地抗疫演出，并分别入选全军和湖南省抗疫优秀文艺作品。

【练兵备战】 2020年，张家界支队主动把握形势变局、把握不同对手，以聚力“备战打仗”为主线，因敌因情、实战实备、精兵精训，统筹抓好以战备教育、战备值班、战备演练等为重点的常态化战备工作。在“1·18”桑植县八大公山武装抓捕战斗、“3·17”慈利县扑救山火战斗、“6·26”慈利县武装抓捕战斗中，参战官兵不畏艰险、连续作战，圆满完成任务，充分展现支队官兵敢打必胜的战斗素质和血性担当。疫情封闭管理期间，用好“云台”系统、军职在线等载体，依托“五小练兵”、函授作业等形式，因地制宜综合施训；疫情防控转入常态后，全面铺开勤训轮换和各类军事专业集训，跟踪督导新兵训练，全力备战参加武警部队、总队各类比武集训。武警部队副司令员对支队军事训练给予“练兵比武有较大突破”的充分肯定。

【基层建设】 2020年，张家界支队对照新规定抓好“双争”评比，打破“一考定音”固有模式，加大经常性检查评分占比，纠正基层落实工作中的形式主义偏向。努力办好支队暖心工程“十件实事”，为官兵配发图书、文化装备，协调地

2020年1月18日，武警张家界支队组织执行武装抓捕任务 （胡津铭 摄）

2020 年，武警总队湘西片区“魔鬼周”极限训练 （胡津铭 摄）

方政府落实转业安置、家属就业、子女入学等优惠政策，积极营造拴心留人的创业环境。通过竞岗演说、能力考核、民主测评、实名推荐等方法，选准配强基层中队主官，不断充实优化基层中队党支部班子。集中组织基层党支部正副书记暨业务骨干集训，常态化开展党务工作、政工业务网上辅导，采取经验交流、参观见学、难题会诊等方法，多措并举学习《中国共产党军队党的建设条例》，集中补齐各项问题短板，基层支部自主抓建能力显著提升。

【后装保障】 2020 年，张家界支队立足服务抗疫、服务中心、服务基层，着力提升服务保障质效。针对部队可能担负的任务实际，修订完善各类后装战备方案预案，扎实抓好后装训练组织和编携配装落实，严密组织支队“战盾”后装比武，保障中心效能明显提升。坚持把基层官兵的挠头事作为党委机关的心头事，不遗余力投入经费资源，改善基层基础设施和官兵服务保障水平，基层官兵反馈的各类问题和困难，均得以有力解决或有效改善。

2020 年，武警张家界支队保障力量比武集训现场 （胡津铭 摄）

【安全工作】 2020 年，张家界支队以抓实“4 部法规”为主线，稳中布局、稳中施策、稳中求进，为“健康发展”除弊，为“两个确保”托底。深入学习贯彻新法规，强化各级法治观念。在部分基层中队召开基层正规化管理试点现场观摩会，以点带面推广落实，不断塑造军人、军营、军队好样子。坚持安全工作党委统揽，强化安全委员会职能发挥。固化创安理念，把安全责任层层压实，涉安岗位严格把关，安全节点层层设防，安全工作下队必查，在部队形成了上下一心、群策群力、有危必治、有患必除的良好局面。常态化组织安全工作检查，突出抓好 7 个方面专项排查治理。支队全年未发生任何事故案件，守住连续 22 年安全无事故“金字招牌”。

（本栏撰稿 胡津铭）

人民防空

【概况】 2020 年，张家界市人防办被评为市综合治理平安单位、文明标兵单位、省人防工程建设先进单位、省人防系统绩效先进单位，人防事业取得新成绩。

改善行政审批。积极推进“放管服”和项目审批改革，深入落实“一次告知、一窗受理、后台审批、限时办结”制度，落实“三集中三到位”，实现人防审批事项全流程网上审批，促进人防行政审批公开化、规范化建设；主动上门服务企业、事业单位，宣讲人防法规，开展人防工程建设跟踪服务；针对张家界市人防工程未报先建、批而不建、建而不备、竣而不验等违法行为，出动行政执法 190 余人次。

保障信息建设。依据指挥要素及职能分工，熟练指挥程序和指挥方法，规范转入战时体制流程，强化日常战备值班，常态化组织适应性训练。顺利完成国家公祭日、

2020 年 6 月 29 日上午，张家界市人防办“人防宣传教育进学校”活动在市城区崇实小学南校举行
（田 恬 摄）

“11·1”防空警报试鸣任务。

【科学建设人防】2020 年，市人防办建立健全体系防护配套工作机制，采取“走出去，引进来”模式，整合人民防空研究成果，与人防产业公司和科研院校达成合作协议，邀请专家参与指导重要经济目标防护工作建设，完成《张家界市防空袭方案》中人口疏散和重要经济目标防护方案修订完善。3 月，制定《2020 年张家界市人防训练工作方案》。6 月，完成全市群众防空专业队的调整、编组、信息录入工作，依法组建、科学编组人防专业队伍。

【人防宣传教育】2020 年，市人防办推进国防人防宣传教育，增强群众国防观念、人防意识和应急避险知识技能。充分利用新媒体宣传平台，紧盯关键节点，集中开展人防宣传活动进机关、进社区、进企业活动，重点加强对中小学生的人防知识教育，开展人防宣传进校园活动。结合“11·1”防空警报试鸣日、国家公祭日等重要时间节点，开展疏散演练活动，全市人防宣传教育呈现常态化。

【人防工作暨党风廉政建设工作会议】 2020 年 3 月 13 日，召开张家界市人防工作暨党风廉政建设工作会议。副市长李培其，军分区副司令出席会议，全市各区（县）政府分管领导，市直人防成员单位分管领导参加会议。会议明确人防系统 2020 年应聚焦防空核心能力，突出抓好指挥体系建设、统筹规划、工程建设、行政执法和党风廉政等重点工作，确保人防建设“十三五”规划圆满收官。

【“人防宣传教育进学校”活动】 2020 年 6 月 29 日，人防办“人防宣传教育进学校”活动在市城区崇实小学南校举行，市、区教育局分管领导，市城区 29 所中小学分管副校长，崇实小学南校全体师生参加。活动分“人防宣传教育进学校现场会暨人防宣传教材发放仪式”“人防教育进课堂示范课”“紧急疏散演练”三个环节，现场发放人防知识读物 12600 份，广大师生反响热烈。

【人防指挥通信系统跨区拉动演练】 2020 年 11 月 30 日，市人防办组织开展人防机动指挥通信系统拉动训练。此次训练意在检验装备、锻炼队伍，提升应急处突能力、建立协同保障机制，完成短波通联、卫星通信、单兵图传等科目训练和业务考核。全体参训人员规范操作、协调联动，顺利完成各项训练任务，达到预期效果。

（本栏撰稿 卓 阳 陈祺健）

2020 年 6 月 29 日上午，张家界市人防办“人防宣传教育进学校”活动在市城区崇实小学南校举行
（田 恬 摄）

2021

法 治

·张家界年鉴·

2020 年 3 月 1 日，省委常委、省委政法委书记李殿勋（前左二）在张家界督导疫情防控工作 （王小明 摄）

地方立法

详见张家界市人民代表大会类目的地方立法分目。

政法及综治工作

【概况】 2020 年，张家界市着力维护社会安全稳定和司法公平正义，全面推进平安建设、法治建设、队伍建设、扫黑除恶专项斗争。在全省年度公众安全感民意调查中，全市政法部门执法工作情况评价得分 90.55 分，超过全省平均分 0.15 个百分点。

维护国家安全和社会稳定。防范和化解国家政治安全风险，没有发生政治安全事件、暴力恐怖事件和重大网络舆情事件。完善信访联席会议制度，组织信访积案化解攻坚，开展重点领域信访专项行动，推进信访“三无”区县创建。创新推广应用“枫桥经验”，开展诉源治理专项行动，全市共组织实施重大项目不稳定问题风险评估 123 个，开展矛盾纠纷排查 7765 次，交办突出不稳定问题 170 个，调解纠纷案件 10400 个，调处成功率达 98.5%，没有发生民转刑案件和群体性事件。推行节点警务和全天候警务，圆满完成 29 次大型活动安保和 9 次警卫任务。推进联勤武装巡逻和群众义务巡逻联防联控，加大公共场所和重点部位的治安防控力度，加强校园周边、道路交通、寄递物流等重点领域综合整治，设置护校岗 265 个，查处交通违法行为 56.01 万起，实现了较大以上道路交通事故“零发生”，道路交通问题顽瘴痼疾集中整治位列全省第三。

加强特殊重点人群管理服务，在全省率先成立由刑释人员安帮对象自行发起设立劳务公司并作为安置帮教基地，全市在册的 646 名社区矫正对象无一例脱管漏管，没有发生个人极端事件。紧盯盗抢骗、黑拐枪、毒黄赌及涉众型经济犯罪，开展集打专项行动，全市共立刑事案件 4177 起、破刑事案件 1414 起、现行刑案破案 1135 起、破获各类涉毒案件 138 起、缴获毒品 138.8 千克，特别是禁毒工作“桑植模式”被省禁毒委采用并在全省推广，破获的省督“1・26”生产销售不符合标准医用器材案，受到公安部通报表扬。

加强和创新社会治理。成立张家界市社会治理创新（平安建设）工作领导小组，由市委书记任组长，下设 21 个专项工作组，领导小组下设办公室，办公地点设在市委政法委，由市委政法委书记兼任办公室主任。2020 年，全市共确立社会治理创新试点 355 个，其中，国家级试点市 1 个（张家界市），省级试点市和区县 2 个（张家界市和武陵源区），市级试点区县及乡镇（街道）、村（社区）24 个，区县级试点乡镇（街道）、村（社区）328 个。全面推进 2020 年全国“雪亮工程”重点支持城市建设和全市政法专网

2020 年 2 月 12 日，公安民警守护在常张高速入口 （王小明 摄）

建设，统筹推进“视联网”“物联网”“社会治理末端感知系统”建设，“雪亮乡村”工程新增视频监控摄像头2万余个，“十户联防”微网格和“995”短号群互助平台得到推广运用。完善平安建设协作联动机制和考核考评细则，实行市直单位联系城镇小区平安建设制度。健全“一网多格、一职多能”的网格化管理服务体系，推进平安乡镇、平安校园、平安医院等系列平安创建活动。2020年新冠肺炎疫情防控期间，市、区县党委政法委发挥网格化平台作用，紧急调度全市所有专兼职网格员（巡防队员）全员上岗参与联防联控，2月份累计上报疫情防控信息8.3万余条。同时，全面防范和依法严惩扰乱医疗秩序、防疫秩序、市场秩序、社会秩序等违法犯罪行为，着力打赢新冠肺炎疫情防控阻击战。

2020年11月10日，张家界市社会治理创新暨扫黑除恶专项斗争推进会 （王小明 摄）

提升执法司法公信力。着力健全“党委领导、人大监督、政府实施”的法治宣传教育工作领导体系，把法治宣传教育纳入综合绩效考核、平安建设考核、法治建设考核和文明创建考核内容。依托法律服务机构和普法宣传平台，深入开展“防控疫情、法治同行”“农村法治宣传教育月”“青少年法治宣传教育周”系列普法宣传活动，共发放宣传资料3万多份，推送宣传短信4万多条，开展法治演出82场次，“七五”普法工作圆满收官。指导协调地方立法工作，积极推进法治政府建设，共审查重要文件72件，审查地方性法规1件，受理重点行政复议18件。加强涉法涉诉信访接待工作，深入开展案件协调督办和执法监督检查，共督办重点案件18件，协调重大案件3件。加强法律援助和司法救助工作，全市共收到符合法律援助条件案件申请1569起，法律援助案件办理率达100%，落实法律救助资金44.7万元。坚持以推进司法体制改革为抓手，提升司法效能，增强司法公信力。2020年，全市检察机关共批准逮捕578件780人，提起公诉935件1435人，市人民检察院案件质量位居全省第三；全市法院机关受理各类案件19018件，审结18578件，结收比101.01%，尤其是创新推行“431解纷模式”，民商案件调解率达48.5%，位居全省第一位。

开展扫黑除恶专项斗争。坚持以“六清行动”为主线，全面巩固扩大专项斗争成果。自专项斗争开展以来，全市共侦办涉黑涉恶犯罪团伙31个，审判认定黑恶势力犯罪团伙21个（其中，黑社会性质组织2个、恶势力犯罪集团11个、恶势力团伙8个），破获涉黑涉恶刑事案件309起，起诉涉黑涉恶案件52件387人，公安机关扣押、收缴、查封涉黑涉恶案件资产2亿余元，审判机关判处罚金、没收个人财产及追缴违法所得6198.5万元，查处“保护伞”及涉黑涉恶腐败54人。加强基层党组织教育整顿提升，推进村级年轻后备干部培养，开展十大行业领域专项整治。自专项斗争开展以来，全市共整顿软弱涣散基层党组织212个，调整不胜任村（社区）“两委”干部179名，新建居民小区党支部134个；开展行业整治专项行动389次，发送“三书一函”181份，回复率及整改率均为100%。坚持边打边治边建，深入开展扫黑除恶教育宣传“八进”活动，切实加强扫黑除恶人民防线建设，全面推动扫黑除恶长效常治，着力将黑恶势力消灭在萌芽状态。自专项斗争开展以来，全市核查办理各种途径线索1731件，建立完善扫黑除恶长效常治制度机制83个，其中扫黑除恶单位联系点制度在全省予以推介，中央和省委的督导考核给予高度评价。

加强政法队伍建设。以巩固扩大全市政法系统政治建警“1321”工程（即2019年市委政法委牵头出台的“1”个政治建警决定，制订的“3”年学习培训计划、“20”条便民服务措施和“10”项规范执法铁律）成果为主线，全面加强政法干部政治建设。2020年，全市政法系统累计开展政治理论集中学习和专题培训659期（次），参加学习培训人员的覆盖率达100%。强化党委政法委“协管”职责，主动联合党委组织部门狠抓政法单位的干部培养、提拔重用、交流任职，并通过调整鼓舞干警的干劲，增进队伍的活力。积极构建教、学、练、战一体化教育培训机制，健全“网络+培训”平台，不断提升干警业务能力和水平。2020年，市委政法委牵头举办了全市首届年轻政法干部培训班，共提拔重用县处级、科局级政法干部56名，交流调整干部124名。做强主流宣传平台，积极传播政法工作正能量，特别是在疫情防控期间，永定公安分局辅警胡潜和永定区法院民二庭庭长覃遵辉抗疫事迹被中央政法委官方微信刊登。同时，强化党委政法委“协查”职责，依法严肃查处一批违纪违规违法干警。

【张家界市委政法工作暨市域社会治理创新试点推进会召开】 2020年2月20日，张家界市召开市委政法工作暨市域社会治理创新试点推进会。市委常委、市委政法委书记刘桦出席会议并讲话，副市长、市公安局局长谢振华主持会议，市中级人民法院院长壮晓阳，市人民检察院检察长罗树中出席会议。市、区县党委政法委、政法各单位及部分市直单位相关负责人参加了会议。会议指出，2月19日，市委书记、市人大常委会主任虢正贵主持召开2020年第4次市委常委会议，传达学习习近平总书记对政法工作的重要指示精神和中央、省委政法工作会议精神，研究部署2020年全市政法工作并决定召开市委政法工作暨市域社会治理创新试点推进会议，充分体现市委对政法工作的高度重视。会议认为，2019年，全市政法战线深入学习贯彻落实习近平总书记系列重要讲话精神和中央、省委、市委政法工作会议的决策部署，以维护新中国成立70周年大庆安全稳定为主线，认真履责、主动作为，为全市经济社会健康持续发展作出了应有的贡献，尤其是安全稳定风险有效防控、社会治理能力持续增强、法治建设步伐不断加快、扫黑除恶专项斗争稳步推进、队伍建设力度全面加大。会议要求，2020年，全市政法工作要坚持以习近平新时代中国特色社会主义思想为指导，坚持党对政法工作的绝对领导，坚持稳中求进总基调，着力打好捍卫国家政治安全主动战、维护社会和谐稳定整体战、守护社会公平正义持久战、市域社会治理创新攻坚战、扫黑除恶专项斗争决胜战，确保为市委实施“对标提质、旅游强市”战略创造安全的政治环境、稳定的社会环境、公正的法治环境、优质的服务环境。会议强调，全市政法战线要紧紧依靠技术创新和制度创新双轮驱动，抓学习强内力，抓队伍增动力，抓基层挖潜力，抓机制提效力，抓宣传聚合力，确保为打好2020年政法工作“五大战役”提供强大的基层基础保障。最后，刘桦同志在会上还传达学习了全省政法系统疫情防控工作电视电话会议精神，特别是省委常委、省委政法委书记李殿勋和副省长、省公安厅厅长许显辉的讲话精神，并要求全市政法系统在疫情防控工作中务必高度重视，强化战时措施，严格落实责任。市、区县党委政法委要加强统筹协调，做好基层一线保障。市、区县公安和司法机关要加强管控措施，强化防护意识，落实严格的责任制度，全面打赢政法系统新冠肺炎疫情防控阻击战。

【张家界市政法系统年轻政法干部培训班】 2020年5月25—27日，张家界市政法系统年轻政法干部培训班在市法制教育中心基地举办。全市政法系统30岁至40岁副科级以上干部和各区县党委政法委政治办负责人共52人参加培训。培训采取专题讲座、现场教学、座谈研讨、知识测试等多种教学形式，着力提高年轻政法干部的政治素质、法治理念、创新意识，以及执法办案、社会治理创新、化解风险矛盾等业务能力。培训期间，市委政法委对学员的学习掌握情况进行了测试，对在校出勤守纪情况进行考核，并将每位学员综合表现报送至各级组织部门，作为提拔任用年轻政法干部的重要依据。（本栏撰稿 向 东）

2020年2月20日，市委政法工作暨社会治理创新试点推进会 （王小明 摄）

扫黑除恶专项斗争工作

【概况】 2020年，张家界市以扫黑除恶“六清”行动为主线，重拳打击黑恶势力及其背后“保护伞”。截至2021年5月10日，张家界市侦办涉黑涉恶犯罪团伙32个，审判认定21个黑恶势力犯罪团伙，其中黑社会性质组织2个、恶势力犯罪集团12个、恶势力团伙18个；检察机关受理审查起诉涉黑涉恶案件90件527人，起诉54件391人；审判机关一审审结认定黑恶案件61

件405人，二审审结涉黑恶案件24件280人；纪检监察机关立涉黑涉恶腐败和“保护伞”案件53件，现已办结53件、查处54人，其中查处“保护伞”19人、涉黑涉恶腐败27人、参与黑恶势力违法犯罪活动4人、追责问责4人，党纪政务处分51人，组织处理3人，移送司法机关12人。打掉“黑财”3.3亿余元，其中公安机关扣押、收缴、查封涉黑恶案件资产2亿余元，审判机关共判处罚金、没收个人财产4186.2万元，追缴违法所得2014.04万元，判决退赔、返还财物6768.41万元，纪检监察机关依法查封、冻结、扣押、处置、追缴涉案财产1446.4万元。

【扫黑除恶组织部署】 2020年，张家界市委、市政府进一步传导压力、压实责任，先后4次召开市委常委会研究扫黑除恶工作，市委常委、市委政法委书记刘桦带头尽责，包案指导，分别主持开展18次扫黑办会、推进会和案件协调会。督查督导依次开展。发挥督导“利剑”作用，下沉市、区县两级责任单位，开展责任落实、问题销号、整改落实工作督查检查，组织开展5次巡查和督查。大案要案联点督办。大要案件实行直查直办、重点督办、指定交办和集中包案、集中会商、集中研判、集中食宿的“三办四集中”，因时因地施策，分级分层分类指导，办结中央第八巡视组交办的、中央挂牌督办的黑社会性质犯罪组织案以及省委第四巡视组交办的“7·29”专案。

【整治行业问题】 2020年，张家界市行业主管部门持续开展行业领域专项整治，加强行业监管联合执法，整治重点领域突出问题，净化社会环境。聚焦重点抓联动。围绕自然资源、矿产矿业、交通运输、工程建筑、社会治安等重点领域，开展源头治理、专项治理和系统治理，实现社会治理资源整合、力量融合。2020年，张家界市公安、文旅、住建、交通、教育、工商等部门，持续联合开展“三贷三霸”“整治地下六合彩”“集打斗争”“云剑”“打击整治传销”“铁腕治旅”“围标串标”“打非治违”“隐患清零”、食品安全“护苗”等专项整治行动，对标对表，整治重点行业治安问题、顽固复杂问题。聚焦问题抓整改。围绕中央督导组、省特派督导组、市专项巡查组提出的问题清单，实行挂图作战，逐一销号“清零”。健全和落实市场准入、日常监管、常态巡查等工作机制，堵塞行业管理漏洞，挤压黑恶势力滋生空间。强化“三书一函”数量质量和跟踪问效，确保重点地区、行业、领域突出问题得到根本遏制。向行业监管部门发送“三书一函”181份，回复率和整改率均达到100%。

【扫黑除恶长效机制】 2020年，张家界市扫黑办立足于当前与长远、实际与可行、个性与共性，从预防、发现、查处、追责等环节抓建章立制，完善一批有特色、实用管用的制度机制。市文旅部门完善市场监管源头防范机制，研究推行佣金公对公、门票发票一票制、导游规社三项制度改革，防止偷税漏税，精简旅游市场管理举措，规范全市导游人员的集中管理，研究执行“1+N+15分钟”旅游消费处理机制和监督旅游购物行业“无理由退货承诺”制度，督促张家界市所有购物企业取消人头费和保底费，打击旅游购物市场乱象。市自然资源和规划局立足城市发展需求，研究出台《张家界市中心城区房地产开发项目公共配套(建)设施建设管理实施办法(试行)》《关于改进市中心城区集体土地征地拆迁工作机制的若干意见(试行)》等管理办法，建立征地拆迁协调机制，完善征地拆迁实施机制。市农业农村局实施高标准农田建设风险管控制度，农田建设项目的规划编制、申报审批、招标投标、勘察设计、施工管理、工程监理、资金支付、检查验收等工作，均纳入风险管控基本内容。永定区致力于矛盾源头治理，建立矛盾纠纷“431”分级化解长效机制，构建党委领导、政府负责、部门联动、群众参与的多元协调工作格局，提升基层社会治理能力和水平。

【典型人物】 2020年，张家界市通过“关键少数”警示、激励“身边多数”，加强扫黑除恶专项斗争总结表彰，凝聚社会正能量。市扫黑办组织专门班子，历经近半年时间，编撰《2018—2020年张家界市扫黑除恶专项斗争纪实》，展现张家界市扫黑除恶工作成效；通过树典型、抓先进、重示范，营造崇尚先进、学习先进、争当先进的氛围，推出以田开力为首的大批先进工作者。其中，田开力被评为“全国扫黑除恶专项斗争先进工作者”，代表张家界市参加全国扫黑除恶专项斗争表彰大会；覃遵福、钟声、黄爱明、张多、尹彩红、刘晓东、陈波、李美林8人被评为“全省扫黑除恶专项斗争先进工作者”；市文化旅游广电体育局、市公安局刑事侦查大队、市中级人民法院刑事审判第二庭、市纪委监委第六审查调查室、桑植县人民检察院被评为“全省扫黑除恶专项斗争先进集体”。

（本栏撰稿 李淋林）

法治政府建设

【概况】 2020年，市司法局依法全面履行政府职能。深化行政审批制度改革，加大简政放权力度，对行政审批事项进行动态调整，取消29项，下放90项，调整71项，承接、增加32项。梳理公布32项村(社区)高频事项，老年人优待证、生育服务登记证、就业创业证、林木采伐证4个高频事项村（社区）直办出证。市本级依申请类政务服务事项网上可办率达95.86%，网上办理深度三级以上（含三级）事项比例达到74.29%，完成省定70%目标。深化“双随机、一公开”机制，强化事中事后监管，市场监管领域20个主要部门实现联合“双随机、一公开”监管，部门联合抽查189次、抽查检查对象2309户，检查结果全部向社会公开。加大信用监管力度，归集发布全市企业信息25341条；加强信用联合惩戒，发布企业家守信“红名单”和失信“黑名单”。2020年张家界市在全国261个地级城市信用状况监测排名第43位，居全省第一。持续推进“一件事一次办”改革，推出“一件事一次办”服务事项207项，跨域通办事项目录192项。企业群众办事时间平均缩减55.4%。市本级“三集中三到位”事项入驻率超过90%，20家单位243个事项实现“一窗通办”。设立促进复工复产政策兑现专窗，办理3.5万件，惠及企业1.9万家，减免税费额、提供补贴费用、创业担保贷款等共计3.37亿元。优化法治化营商环境，开展“三抓三促”活动，帮助化解310个问题，全市建立50个营商环境监测点，聘请10名人大代表、政协委员和企业家代表作为营商环境监督员，通过第三方开展营商环境评价，执行营商环境问题交办销号通报约谈查处问责制。完善依法行政制度体系，推进行政决策科学化、民主化、法治化。

【依法行政指导和监督工作】 2020年，市司法局坚持严格规范公正文明执法。全面推行行政执法“三项制度”全覆盖，举办全市推行行政执法“三项制度”专题培训班。开辟行政执法信息公示专栏，集中发布行政执法主体、人员、职责、权限、依据等基本信息和重大行政执法决定法制审核目录清单。在信用张家界平台公示4082条行政处罚信息、6027条行政许可信息；“互联网+监管”平台公示2042条行政处罚信息，17825条行政检查信息。全力推进综合行政执法改革，市本级五大领域综合执法改革已完成“三定”规定、队伍组建、机构挂牌、班子配备、人员转隶等工作。批复了区县综合执法机构设置。开展全市行政执法案卷评查，对4个区县、26个市直执法单位和在张单位的行政执法案卷进行了评查，并召开反馈座谈会，下发评查通报。紧盯市场监管、生态环境、安全生产、交通运输、旅游监管等重点领域，重拳出击，抽检食品3142个批次，食品监督抽查达5.7批次/千人，商品监督抽查689个批次。实施环境行政处罚46起，处置医疗废物1347.06吨，办理各类污染投诉513件。安全生产检查企业4294家次，在全省“强执法防事故”执法考核中排名第一。深入开展“隐患清零”“打非治违”“交通问题顽瘴痼疾”和交通运输工程招投标领域突出问题整治等，立案调查2558起，经济处罚409万元。开展“铁腕治旅”，严查追客赶客、非法执业问题，涉旅投诉同比下降69%，建立旅游纠纷快调机制。加强行政执法人员管理，2020年新办710个行政执法证，行政执法监督证23个，持证人员信息网上可查。

（本栏撰稿 朱凌志 黄 砫）

公安工作

【概况】 2020年，全市公安机关在市委、市政府和省公安厅正确领导下，强化风险防控，提升能力建设，有力维护国家政治安全和全市社会大局稳定。市公安局荣获全省公安绩效评估、命案积案攻坚成绩突出单位，全市平安建设先进单位、文明标兵单位，国庆安保被省公安厅荣记集体嘉奖。人民群众对全市社会治安和公安队伍评价分别达到92.19分、89.84分，均创历史新高。 （闫海林）

【助力新冠疫情防控】 2020年，全市公安机关贯彻中央《关于加强党的领导、为打赢疫情防控阻击战提供坚强政治保证的通知》精神，组建疫情防控工作专班，成立临时党支部10个、组建党员突击队9支、党员先锋岗205个，全警投入战“疫”。在全市设立53个交通卡点，累计查控车辆10万余辆、人员26万余人，落地核查涉疫信息16482条，依法办理各类涉疫案件51起，查处126人，助力实现全市境外疫情“零输入”，确保队伍内部“零感染”、监管场所“零发生”。涌现出全国公安系统抗击新冠肺炎疫情先进集体桑植县芙蓉桥派出所和先进个人谷梅山等一批先进集体、先进个人。 （索县生）

【安保维稳】 2020年，全市公安机关以“防风险、保安全、护稳定”为重点，牢牢守住“五个不发生”工作底线。开展全市反恐怖实战大练兵，全市政治安全案件、暴恐案件“零发生”。完成国庆、十九届五中全会等20多个节点和“2020湖南省第十一届全民健身节暨半程马拉松赛”“中国·张家界首届世界遗产摄影大展”等29次大型活动安保和9次警卫任务。公安信访积案化解率100%。

（索县生 彭德龙 洪汝勇）

【公共安全管理】 2020年，全市公安机关开展治爆缉枪整治，办理涉枪涉爆行政案件46起，刑事案件45起，打击处理44人，收缴各类枪支112支、子弹2200发、炸药46公斤、雷管105枚，依法扣押销毁烟花爆竹8575件，消除危爆安全隐患50余处，实现危爆物品管理“不炸响、不漏管、不流失”目标。开展校园安全管理，设立265个护校岗，排查整改校园内部安全隐患126处，侦破涉校刑事案件1起，开展法制教育宣传296场次。开展道路交通事故预防"减量控大"、道路交通问题顽瘴痼疾集中整治等专项行动，查处各类交通违法56.01万起。全市道路交通事故起数、死亡人数、受伤人数、财产损失数同比分别下降18.98%、10.08%、20.64%、4.94%，实现较大以上道路交通事故"零发生"，道路交通问题顽瘴痼疾集中整治整体排名全省第四，获省政府真抓实干奖。

（李东方　宁珊珊　张林杉）

【刑事侦查】 2020年，全市公安机关坚持严打高压，持续向各类违法犯罪发起集中攻势。全年立刑事案件4086起，同比上升2.28%。破刑事案件1388起，同比上升19.86%，破案率为33.97%，破案率上升4.98个百分点。刑事拘留1191人，逮捕811人，行政拘留2960人，同比分别下降25.05%、18.74%、15.45%。全市立现行命案发案15起，同比上升66.67%，破14起，破案率为93.33%；破命案积案8起。成功侦破桑植县11年前部督"2009.10.23"特大杀人案。侦破"6·26"特大出口骗税案，涉案金额1.73亿元，成为全省警税合作打击出口骗税又一突出成果。

（隆　智　熊　云）

【公安领域扫黑除恶】 2020年，全市公安机关深化扫黑除恶专项斗争，聚焦"清网风暴"，持续向10大重点行业领域发力，持续开展"洞庭风雷"、打击"三贷三霸"、娱乐场所黄赌毒等整治行动，圆满完成"线索清仓""逃犯清零""案件清结""伞网清除""黑财清底""行业清源"等"六清"工作。三年来，扫黑除恶专项斗争打掉黑恶势力犯罪团伙32个，其中黑社会性质组织3个、恶势力犯罪集团11个、恶势力团伙18个，刑事拘留435人，侦破涉黑涉恶刑事案件323起，缴获枪支5支，扣押、收缴、查封涉黑恶案件资产2.05亿元。

（吴　华）

【黄赌毒治理】 2020年，全市公安机关开展扫黄禁赌专项行动，查处涉黄涉赌案件154起，处理599人。组建"122"机制专班，办理跨境赌博案件8起，其中2起案件被列为省督案件，3起案件被列为部督案件。成功侦办部督"10·8"开设赌场案，追缴涉案资金1.5亿余元。推进禁毒人民战争，开展"净边2020""两打两控"等专项行动，全市破获各类涉毒刑事案件138起，其中省督案件3起，部督案件1起，刑拘188人，缴获毒品138.629千克，铲除罂粟原植物11956株。全市现有吸毒人员3070人，同比减少37%，查获新增吸毒人员174人次，同比下降54%，18岁以下吸毒行为、吸毒人员肇事肇祸等"零"发生，培育、打造禁毒工作"桑植模式"被省禁毒委在全省推广。

（黄志刚　杨　娜）

【食药环旅整治】 2020年，全市公安机关开展"铁腕治旅"、污染防治攻坚战、集中打击食药环和知识产权犯罪"昆仑2020"、集中禁捕专项整治等行动，办理涉旅案件135起、打击处理184人，侦办涉食药环案件96起、打击处理84人。打击非法捕捞专项行动战果在全省名列前茅。慈利县破获省督"1·26"金某某、邹某生产销售不符合标准医用器材案，受到公安部通报表扬。

（彭佳俊）

【基层社会治理】 2020年，全市公安机关推进新时代县域警务，对全市79个乡镇（街道）开展风险隐患评估，全面澄清政治安全和社会稳定风险底数。坚持发展"枫桥经验"，组建专班推动"枫桥式派出所"创建，探索建立新型城乡、社区警务，深入开展基层矛盾纠纷排查化解。

（杨全波）

【公安改革】 2020年，全市公安机关完成两个职级首次套改、晋升工作以及全市森林公安机关改制划转。深化"公安+政务服务"改革，53项入境业务、治安业务全部入驻市政务中心，实现"一网办、一门办、就近办、马上办"；交警分中心36项车驾管业务实现"一件事一次办"；推广应用"湖南公安服务平台"，用户达37万人。

（刘立新）

检察工作

【概况】 2020年，全市检察机关以"创建学习型检察院，争当放心型检察官"为抓手，以办案为中心，忠实履行法律监督职能，各项检察工作取得新发展。获评"全市宣传思想工作先进单位""全市'三抓三促'活动先进单位""全市驻村帮扶工作先进单位"，案件质量排名全省第三，通过"全国文明单位"复查。

【服务经济社会】 2020年，全市检察机关牢牢把握"稳进"大局，聚焦"六稳""六保"和对标提质旅游强市战略，在服务经济社会发展中担起检察责任。贯彻总体国家安全观，提前介入侦查并成功起诉赵某某煽动颠覆国家政权案。着力维护社会稳定，严惩故意杀人、绑架、强奸等严重暴力犯罪和危害公共安全犯罪，打击"两抢一盗"等多发性侵财犯罪和毒品犯罪，批准逮捕372件467人，提起公诉593件729人。桑植县第十一中学"9·7"事件发生后，检察机关第一时间介入并发布信息，稳控事态。全面参与疫情防控阻击战，全市检察干警投身驻点值守、联防联控，无一纰漏；依法惩治涉疫犯罪，批捕涉疫犯罪5件7人，起诉5件9人；助力复工复产，帮助14家企业解决生产经营困难31个，促进企业复苏。全力打好扫黑除恶专项斗争收官战，

2020 年 5 月 15 日，市检察院机关举办“书香浸润检察 文化滋养青年”读书分享会（熊梓帅 摄）

两级检察院提前介入、领导包案、挂图作战，起诉黑恶犯罪 12 件 151 人，在全省率先实现案件清零目标。起诉“保护伞”5 人，移送“网伞”线索 42 条、涉黑涉恶线索 6 条。对黑恶财产均依法提出处理意见。发出行业整治类检察建议 48 份，均收到整改回复。持续服务“三大攻坚战”，批准逮捕电信诈骗、非法传销、网络赌博等经济犯罪 32 人，提起公诉 63 人；办理扶贫领域刑事案件 4 件，监督案件 1 件；对属于建档立卡贫困户的 8 名刑事案件被害人，发放司法救助金 18.5 万元；起诉破坏生态环境资源类犯罪 36 人，办理公益诉讼案件 79 件。保障民营经济发展，有力打击对民营企业敲诈勒索、强迫交易、破坏生产经营等犯罪，批捕 13 人，起诉 17 人，为民企追回损失 457 万元。坚持和发展新时代“枫桥经验”，落实 7 日内程序性回复、3 个月内办理结果答复要求，办理信访案件 282 件、申诉案件 135 件。

【履行法律监督】 2020 年，全市检察机关牢牢把握检察机关宪法法律定位和时代要求，牢记职责使命，依法履行法律监督职能。做优刑事检察，批准逮捕各类刑事犯罪 588 件 797 人，提起公诉 955 件 1825 人。秉持客观公正立场，对不构成犯罪、证据不足或犯罪情节轻微的不捕 166 人，不诉 340 人。贯彻认罪认罚从宽制度，认罪认罚适用率、服判率分别达 82.6% 和 92.1%。强化刑事诉讼及刑罚执行监督，监督立案 2 件，监督撤案 4 件，纠正漏罪 29 条、漏犯 10 人，支持抗诉 5 件，提出抗诉 13 件，对 5 名违法违规社区矫正对象、6 名判处实刑但未执行的罪犯监督收监。落实“一号检察建议”，对侵犯未成年人犯罪坚决严惩，对未成年人犯罪依法从宽处理、全程跟踪帮教，未成年人犯罪不捕率不诉率分别为 33.4% 和 37%。做强民事检察，受理各类民事检察案件 97 件，办结 87 件，同比分别增长 91.4% 和 1.09 倍。做实行政检察，办理生效行政裁判结果监督案件 16 件，督促履职案件 34 件，实质性化解行政争议案件 3 件，向法院和行政机关发出检察建议 34 份。针对校园周边暴力伤害学生事件时有发生的情况，永定区检察院治未病、防未然，向教育、公安部门和乡镇、街道办事处发出履职检察建议，促成全区启动校园周边治安安全专项整治行动。做好公益诉讼检察，全力维护公益，办理民事行政公益诉讼案件 200 件；诉前实现公益保护 79 件，督促相关行政部门收回土地出让金、国有资产 5712.18 万元，拆除违法占地建筑 4 处。慈利县多家农民合作社对农药、兽药、饲料添加剂等农业投入品不如实填录，该县检察院督促农业农村局依法履职，该案入选最高人民检察院“公益诉讼检察服务乡村振兴、助力脱贫攻坚典型案例”。

【规范检察权运行】 2020 年，全市检察机关把全面从严治检落实落细。全面接受省人民检察院党组对市检察院党组的巡视，“真刀真枪”

2020 年 4 月 23 日，湖南省检察机关扫黑除恶专项斗争专项督导张家界检察机关情况反馈会在张家界市人民检察院召开（熊梓帅 摄）

2020 年 12 月 4 日，市检察院在张家界市大操坪举办“学习习近平法治思想 强化新时代法律监督”检察开放日 （周奕彤 摄）

2020 年 9 月 16 日，市检察院检察长罗树中（右二）在市检察院图书室与年轻干警交流学习工作心得 （杨旭东 摄）

抓问题整改。把司法体制改革转化为内在驱动力，改革后市人民检察院共设置内设机构 14 个，将力量充实到一线业务部门；贯彻新的业务考评指标体系，每季度进行办案数据分析，突出检察官办案主体身份，压实司法责任，全市检察机关案件质量在全省排名第三。坚持权力的人民属性，始终把检察工作置于人民的有效监督下。自觉接受人大监督，邀请人大代表视察工作、参与案件公开审查 235 人次；主动接受民主监督，及时办结政协委员提案，邀请政协委员参加听庭评议、公开听证等活动 132 人次；广泛接受社会监督，在检察门户网站发布重要案件信息 43 条、程序性信息 2314 条、法律文书 1136 份，邀请各界人士评议重要法律文书。常态化开展检察开放日活动，使群众走进检察、监督检察。 （本栏撰稿 陈正锋）

法院工作

【概况】2020 年，张家界法院以“努力让人民群众在每一个司法案件中感受到公平正义”为目标，开展“审判质量、效率和公信力巩固年”活动。全市法院受理各类案件 19018 件，结案 18578 件，结收比 101.01%，员额法官人均结案 128.1 件。其中，市中级人民法院受理各类案件 1789 件，结案 1730 件。

【刑事审判】 2020 年，张家界法院依法审结刑事案件 1180 件。依法严惩各种渗透颠覆破坏、民族分裂、宗教极端等犯罪，坚定捍卫国家政治安全和人民根本利益。依法审结故意杀人、故意伤害等严重暴力犯罪案件 170 件，审结盗窃、抢劫、抢夺等侵财犯罪案件 332 件，切实保护人民群众生命财产安全。依法审结贪污贿赂、渎职等案件 54 件，继续保持反腐败斗争高压态势。严厉惩治金融、财税领域违法行为，依法审理全省涉案金额最大的骗取出口退税案。坚决贯彻依法严惩方针，完成扫黑除恶专项斗争审判执行任务。三年来，审结涉黑涉恶案件 59 件 401 人，其中，被判处五年以上有期徒刑的占 14.9%。强化“一把手”责任担当，两级法院院长带头办理了曾卫华、刘开培等重大涉黑涉恶案件。坚持“打财断血”，依法判处财产刑并追缴、没收违法所得，实际执行到位金额 1.19 亿元。

【民商事审判】 2020 年，张家界法院依法审结民商事案件 9497 件。深化家事审判方式改革，依法保障妇女、儿童、老年人合法权益，审结家事案件 1747 件。关注民生民利，审结教育、医疗、住房、就业、

2020 年 6 月 28 日，桑植县法院在县贺龙体育馆公开开庭审理全国扫黑办挂牌督办的曾卫华等 40 名被告人涉嫌组织、领导、参加黑社会性质组织犯罪一案。全程庭审持续 6 天，庭审直播观看量累计超过 300 万人次 （胡 钢 摄）

2020年9月10日，全市法院首个诉源治理工作站在慈利县零溪镇挂牌运行（唐丽君 摄）

劳动争议等民生案件1295件。规范契约关系，促进社会诚信，审结借款、租赁、建设工程等合同纠纷案件2328件。助力创新驱动发展战略，审结著作权、商标权案件35件。

【行政审判】 2020年，张家界法院依法审结行政案件683件。促进依法行政与公正司法良性互动，深化行政案件跨行政区域管辖改革。妥善办理非诉行政执行案件6881件，确保了大鲵自然保护区关停水电站、征地拆迁等重点工作顺利开展。推动落实行政机关负责人出庭应诉制度，行政机关负责人出庭应诉率达59%。创新行政审判机制，制定《行政审判工作十六条意见》等规范性文件。强化案例引导作用，市中级人民法院审理的“杨某先诉桑植县某行政单位行政协议案”入选2020年度全国行政审判30周年十大典型案例。

【案件执行工作】 2020年，张家界法院受理执行案件6362件，执结6172件，执行到位金额10.47亿元，执行工作核心质效指标保持全省前列。加大执行力度，集中开展“涉民生”“涉金融债权”等六类案件执行专项行动。加大执行强制性措施运用力度，发布失信被执行人名单1287例，限制高消费4253例，拘留153人，对20名拒不执行人民法院判决裁定的被告人判处刑罚，助推诚信张家界建设。

2020年10月30日，全市诉源治理工作推进会在市中级人民法院召开，进一步加强诉源治理工作力度，着力构建集“政治、法治、德治、自治、智治”为一体的基层解纷体系（陶涛 摄）

【服务保障疫情防控】 2020年，张家界市中级人民法院迅速出台《关于为依法打赢疫情防控阻击战提供有力司法服务和保障的实施意见》，及时发布典型案例。依法保障疫情防控，从严从快打击涉疫犯罪案件8件12人。努力克服疫情影响，借助信息化建设成果，开展“云调解”“云审理”等系列云端诉讼服务。全市法院网上立案602件，通过在线调解平台审理的一起车辆买卖合同纠纷案，入选疫情期间人民法院调解平台全国十大典型案例。

【服务法治化营商环境】 2020年，张家界法院召开服务保障法治化营商环境座谈会，通报服务和保障民营经济发展工作情况，妥善化解湖南东能公司、大峡谷景区旅游公司等涉企案件。加强诉讼指引和纠纷预防，在全省法院率先出台《关于对涉企案件实行经济影响评估的实施意见（试行）》。加强企业破产审判工作，受理破产案件35件，停滞多年的涉贺龙体育中心项目工程复工续建。推动旅游速裁工作改革创新，积极参与旅游市场专项整治，化解旅游纠纷235件，依法对严重扰乱旅游市场秩序的冼某、刘某判处刑罚。

【服务脱贫攻坚战】 2020年，张家界法院落实落细服务脱贫攻坚、乡村振兴司法政策，审结农村土地流转、林权转让、股份合作等案

2020 年 12 月 4 日，张家界市中级人民法院举行“宪法宣誓暨法院开放日”活动，邀请代表委员、师生、记者走进法院参加活动（陶 涛 摄）

件 217 件。妥善审理了中湖丹桂园土地经营权流转系列案，切实维护农民合法权益。加强司法救助，为建档立卡贫困户实行诉讼费全免，对生活困难的当事人缓减免诉讼费 88.7 万元。扎实推进结对帮扶、驻村帮扶，开展“党建、教育、法治、技能、消费、精神”六大扶贫举措，形成了“三人驻村、全院帮扶、全方位服务”的强大合力。市中级人民法院为扶贫村筹措帮扶资金 800 余万元，帮助成立了加工企业 2 家、农民专业合作社 13 家。

【服务生态文明建设】 2020 年，张家界法院建立环境司法行政协调联动机制，在大鲵自然保护区成立“司法保护基地”，在茅岩河、金鞭溪等地设立“生态旅游司法服务站”。强化公益诉讼及生态环境损害赔偿案件的审理，2 篇案例入选湖南法院生态环境保护典型案例。

【“一站式”多元解纷和诉讼服务体系建设】 2020 年，张家界法院主动融入党委领导的诉源治理格局，将万人起诉率等指标纳入区县平安建设考核，推动召开全市诉源治理工作推进会。织密织细诉前调解网络，力推“431 立体解纷模式”，设立诉源治理工作站 35 个。加强与行政机关、行业组织、商会等合作，集成各类解纷资源，对接调解组织 81 家、调解员 90 名，诉前委派调解、诉中委托调解案件 4110 件，调解成功 2703 件，调解成功率 65.76%。加快推进“一站式”多元解纷和诉讼服务体系建设，投入专项资金 540 万元，配备智能导诉、自助立案、自助诉讼一体机等最新设备，完成诉讼服务中心的现代化改造。优化人民法庭设置和功能，大力推广车载法庭巡回审判，全市人民法庭审结案件 2654 件，占基层法院民商事案件总数的 33.61%。深化分调裁审改革，推进民商事案件繁简分流，88.29% 的案件适用简易程序实现速裁。全市法院民商事案件调解率连续三年居全省第一。

【司法改革】 2020 年，张家界法院深化司法体制改革，高质量推进审判体系和审判能力现代化。逐步落实员额法官职业保障，完成行政人员、法官助理、书记员职务与职级序列改革。加强司法警察队伍规范化建设，严格执行法警“专编专用”制度。落实人民陪审员法，扩大参审范围，人民陪审员参审案件 1743 件。健全以质量为中心的考核评价体系，科学规划月度、季度办案绩效指标，完善定期督查通报、末尾约谈等制度，推动高效均衡结案。全市法院法定审限内结案率 100%，市中级人民法院一年以上长期未结案件连续三年“清零”。完善院庭长办案机制，市中级人民法院院庭长办案 1194 件，占全部案件的 66.74%。

2020 年 6 月 5 日世界环境日当天，永定区法院澧水环境资源法庭的 12 名“美丽中国”志愿者参与市委市政府组织的“水生生物增殖放流活动”并开展法治宣传，发放《环境资源保护法律常识》等宣传资料 2000 余份（向 进 摄）

【智慧法院建设】 2020年，张家界法院启动24小时智慧法院项目，全面落实电子卷宗随案生成，上线智能云柜系统，实行类案智能推送、文书自动生成、语音文字自动转换、送达外包，优先将智能语音识别、电子送达等成果应用于速裁快审，用信息化手段跑出审判质效“加速度”。全市法院电子卷宗整体覆盖率达100%，审判流程信息公开率99%，公开裁判文书20733份，位居全省前列。充分利用淘宝等网拍平台，推行网络拍卖询价议价，提高拍卖成交率，成交额达2.51亿元。大力推进智慧警务和“六专四室”建设，不断提升司法警务工作能力和水平。（本栏撰稿 周小晖）

司法行政

【概况】 2020年，市司法局充分发挥“一个统筹、四大职能”作用（统筹全面依法治市工作，承担行政立法、行政执法、刑罚执行和公共法律服务职能任务），按照“讲政治重全局、带队伍重素质、抓业务重服务、谋创新重亮点”的工作思路，以扎实的工作作风为市委、市政府实施“对标提质，旅游强市”战略，提供了坚强有力的法治保障。2020年，市委依法治市委员会办公室获评“全国‘六五’普法先进集体”，桑植县凉水口镇李家庄人民调解委员会获评“全国人民调解工作先进集体”，永定区公共法律服务中心获评“全国公共法律服务工作先进集体”；桑植县司法局彭群获评“全国‘六五’普法先进个人”、陈功伟获评“全国调解工作先进个人”，市司法局桂文彬、慈利县司法局屈国义和桑植县司法局程隆普获评“全国法律援助工作先进个人”。率先启动队建制改革，大力推动市县级社区矫正专门执法机构，张家界市社区矫正工作始终名列全省第一方阵。

2020年12月16日，第一批罪犯正式关押张家界监狱，张家界监狱正式恢复监管运行（陈昂 摄）

【监狱工作】 2020年，张家界监狱强化党建引领和风险防范，围绕形成关押罪犯能力推进工程整改验收，攻坚克难、团结奋进、砥砺前行，顺利实现2020年12月正式恢复关押罪犯的总目标，结束了长达10年没有关押罪犯的历史，全面开启了张家界监狱工作新局面。

【社区矫正】 2020年，社区矫正工作继续领先全省第一方阵。全年累计组织开展集中教育学习53场次；进行个别谈话教育566人次。开展心理辅导155人次，组织开展社区公益劳动33场次。一年来，全市在册的646名社区矫正对象，无脱管、漏管，刑满释放人员未发生严重危害社会稳定、造成恶劣社会影响的重大刑事案件。全省第一家由刑释人员安帮对象自行发起设立，并将该公司建设成为市、区司法局共建的安置帮教基地、温馨家园和社区矫正对象就业培训基地。针对监狱高墙服刑人员困难家庭未成年子女，发动相关职能部门、社会爱心力量，为特殊家庭困难子女捐资帮扶，12月12日现场为100名特困子女捐资。

【人民调解】 2020年，人民调解工作按照“思想疏导在先、预防矛盾在前、发现问题在早、化解纠纷在小”的工作思路，完善社会矛盾纠纷多元化解大调解机制，发挥人民调解的基础性作用、仲裁委对民商事调解的辅助性作用、行政复议与应诉调解的支柱性作用、律师介入诉前调解的关键性作用，形成横向到边、纵向到底的大调解网络格局，从源头上化解矛盾纠纷，促进了平安稳定，减少诉讼增量。创新发展经验，武陵源区司法局2020年推出“三调一问一引”新机制，永定区实施“矛盾纠纷‘431’分级化解长效机制”，做法在全省司法所长示范培训班作经验交流。截至2020年底，全市有人民调解委员会1135个，行业性专业性人民调解委员会28个，区县联合人民调解委员会4个，边界联调联防组织31个，有在册调解员5808名，专职人民调解员358名，落实“以奖代补”资金158.1万元，年均开展人民调解员培训50场次。全年共调解纠纷案件10400件，调处成功10248件，调处成功率达98.54%，开展矛盾纠纷排查7765次，排查发现矛盾纠纷2655件，预防纠纷1940件。全市收到符合法律援助条件案件申请1569起，办理1569起，法律援助案件办理率达到100%。持续推动扫黑除恶专项斗争常态化长效化，依法严厉打击违法犯罪行为，全市律师依法依规代理涉黑涉恶案件42件，有力地维护全市社会稳定。

【法治宣传（普法依法治理）】 2020年，市司法局聚焦基层阵地宣传，开展元旦春节“送法下乡”“防控疫情 法治同行”专题法治宣传、全民国家安全教育日普法宣传、五月农村法治宣传教育月等专题普法宣传活动，利用群发短信平台创新普法宣传方式。全系统共发放宣传资料3万余份，发送短信3万余条，悬挂横幅50余条，刊载普法信息20余条，张贴标语120余条，组织法治演出60余场次，利用赶集和走村串户等开展法治宣传教育100余次，直接受教育人数达10万余人。聚焦教育体系宣传，明确青少年法治宣传教育的责任、方式和途径，形成学校、家庭、社会“三位一体”的青少年法治宣传教育工作格局。认真组织开展系列青少年法治宣传教育周活动，宣传教育周期间，全市中小学共召开法治主题班会2000余场次，出法治宣传栏（黑板报）100多期，悬挂“法治宣传周”法治教育图片400余幅，相关标语200余条。全市设立青少年法治教育基地4个，配备兼职法治副校长178人，充分利用第二课堂和社会实践活动开展青少年法治宣传教育，做到了教材、师资、计划、课时“四落实”。聚焦国家工作人员宣传，狠抓国家工作人员年度学法考法工作，全年全市参加普法学习和考试的人数为38353人，报考率100%，参考率99.98%，通过率99.98%。

【律师工作】 2020年，市司法局规范管理律师工作。市律协顺利完成换届工作，全市6个律师事务所党支部（联合支部），基础建设全面加强，所有支部通过了省律师行业党委考核验收，有2个支部被省律协党委评为先进支部，1个支部被市“两新”工委评为标杆支部。进一步加强律师行业管理，严格履行年度考核职责，3年来，惩戒委受理律师投诉案件16件，处分律师3人。加大律师培训学习，定期开展案件研讨、模拟辩护、实务论坛等。同时，落实实习律师、青年律师培养和重大案件讨论等学习培训措施，有针对性地提高律师的实践能力。加强律师法治服务，基本实现各级党委、政府及县级以上各级党政机关工作部门、事业单位、国有企业全面建立法律顾问制度，全市所有行政村（社区）设立法律顾问，逐步形成与全市经济社会发展和法律服务需求相适应的法律顾问、公职律师、公司律师制度体系。

【公共法律服务工作】 2020年，全市受理法律援助案件2101件，已结案件总数1213件，挽回损失或取得利益总数2760.24万元，做到应援尽援。全市接待法律援助来访咨询11002人次，“12348”热线共接待2527起咨询。全市经费投入总额465.4万元，支出经费总额381.08万元，其中支出办案补贴经费137.47万元。市本级经费投入50万元，支出经费55.33万元，其中支出办案补贴经费27.05万元。全市办结公证3218件，其中国内公证2792件，涉外公证377件，涉港澳台公证30件，业务收费146万余元。各司法鉴定机构办理鉴定972件，业务收费129万余元。张家界仲裁委2020年度受理各类民商事合同仲裁案件74件，受案标的额47906.95万元。受理的案件涉及建设工程、金融担保、商品房买卖、设备买卖、房屋租赁、土地交易、股权转让等多个领域，其中商品房买卖合同37件，占全部案件数的50%；建设工程类纠纷20件，占全部案件数的27.03%；金融借贷合同8件，占全部案件数的10.8%。其中和解和调解的5件，撤诉8件。

【法考工作】 2020年，法考工作采取实地张贴、网上发布、微信宣传考试公告等方式，广泛发动宣传，严格审核网络报名对象，法考成绩通过率明显上升，全市489人参加法考，120人通过（其中A证95人），通过率达到24.53%，超过全国、全省平均通过率，受到省司法厅充分肯定。

【规范性文件合法性审查和备案工作】 2020年，市司法局启动推进政府立法和文件合法性审查工作。积极指导协调《张家界古树名木保护条例》等地方性法规立法工作。全年审查文件72件，其中审查疫情防控指挥部文件38件，审查重点工程项目合同12件，指导起草部门组织听证会3次，向市人大和省政府报备规范性文件6件，市直部门规范性文件登记12件。

【行政复议和行政应诉工作】 2020年，市司法局收到行政复议申请61件，释法后放弃申请6件，受理55件，案件受理率90.16%。已审结28件，中止审理2件。行政复议决定维持4件，撤销7件，确认违法2件，调解3件，驳回行政复议申请8件，当事人撤回申请4件。全市发生行政诉讼一审案件16件，已审结5件，移送5件。其中判决驳回起诉1件，驳回诉讼请求5件。当事人不服一审判决提出上诉6件，其中上期结转4件。已审结6件，其中二审驳回原告上诉6件。当事人不服二审判决提出再审7件，上期结转1件，已审结7件，驳回再审7件。

（本栏撰稿 朱凌志 黄 砫）

【张家界监狱正式恢复关押罪犯工作】 2020年12月16日，张家界监狱正式恢复关押罪犯工作。完成软硬件建设。7月底，武警营房库室建设、“智慧磐石”项目建设；

10月初正式成立监狱欣安公司；10月底全面完成省监狱管理局验收的59项整改项目；10月27日、28日先后通过省武警总队、省监狱管理局功能性综合验收；11月底武警部队全部驻兵到位；罪犯的接收方案、押解方案、分配方案、应急处突预案等全面完成；监管区办公设备设施、医疗器械全部采购完成；单警装备、罪犯囚被服及生活用品全部购置到位；大巴囚车、罪犯生活货车等特种专技车辆全部配备到位。12月初，张家界监狱与公安、检察、法院、司法、武警等单位召开恢复收押联席会议，协同商讨押犯前期准备工作。12月16日张家界监狱正式恢复关押罪犯工作。（陈　昂）

仲裁工作

【概况】 2020年，张家界仲裁委全年受理各类民商事合同仲裁案件74件，受案标的额为4.79亿元。受理案件涉及建设工程、金融担保、商品房买卖、房屋租赁、设备买卖、土地交易、股权转让等多个领域，其中商品房买卖合同37件，占全部案件数的50%；建设工程类纠纷20件，占全部案件数的27.03%；金融借贷合同8件，占全部案件数的10.8%。已办理仲裁结案64件，其中和解和调解5件，撤诉8件。在办案过程中，为给当事人提供及时高效的法律服务，办理案件基本上安排在节假日、休息日或工作日的晚上进行调解、开庭、合议等工作，缩短结案时间。

【仲裁委换届】2020年12月25日，举行张家界仲裁委换届大会，仲裁委员会主任由退休市级领导杜芳禄担任，常务副主任由市司法局局长向志刚担任，副主任和委员由相关领导和法律、经贸专家担任。重新拟聘33名仲裁员，建立一支政治可靠、办事公道、作风正派、业务精通的仲裁员队伍。修改和完善仲裁规则，讨论和修改15条仲裁规则。

（本栏撰稿 朱凌志 黄 砫）

2021

综合监督管理

·张家界年鉴·

总类

【优化经济发展环境】 2020年，张家界市持续推进“放管服”改革，把优化营商环境作为推动高质量发展的“一把手工程”。市委、市政府成立由市委书记担任第一组长、市长担任组长的优化营商环境领导小组，印发了《关于进一步优化营商环境促进产业高质量发展的若干意见》，提出30条优化营商环境举措，市人大2020年对16家重要市直单位开展营商环境评议，市纪委监委牵头开展工程建设项目招投标突出问题专项整治，在市级层面形成优化营商环境领导小组全面统筹、相关部门建立专班认真落实、人大政协加强监督、纪委严格执纪问责的工作机制。建立全市的营商环境评价体系，开展市、区县营商环境试评价，围绕国家营商环境评价指标体系“以评促优”“以评促改”，营商环境便利度指数纳入区县绩效评估，形成营商环境评价考核机制。

【优化营商环境改革】 2020年被张家界市确定为“优化营商环境攻坚年”，九大攻坚行动稳步推进。市本级“三集中三到位”改革基本完成，事项入驻率达93%；“一件事一次办”改革成效明显，办理环节、时限和跑动次数分别减少72%、50%、73%；工程建设项目审批制度改革自5月1日起全面实现了线上并联审批，园区区域评估工作基本完成，出台“拿地即开工”工作方案，对接省“多规合一”业务平台，实现8批次40.39公顷建设项目用地报批，高盛国际项目实现了“交房即交证”，“获得建筑许可”指标排名提升到全省第6名。商事登记制度改革持续发力，实现了“领照即开业”，开办时间压缩在1个工作日内，超过全省平均水平，全市民营市场主体突破10万户。推进“互联网+监管”，事项认领率、清单填报率、风险线索反馈率等3项指标完成率均达到100%，监管数据覆盖率市级排名第二、县级排名第一。抓惠企政策兑现，全面落实“六稳”“六保”，分级分类保市场主体，出台园区抗疫惠企“八条措施”，打好解难纾困、援企稳岗、减税降费、金融让利等政策“组合拳”，新增减税降费5.9亿元，贷款余额增长17.24%，存贷比居全省第3位。

【工程建设项目招投标突出问题专项整治】 2020年，张家界市开展工程建设项目招投标突出问题专项整治，招投标实现全流程电子化交易，开展远程异地评标，招标投标指标排名全省第5。开展公职人员和窗口工作人员“索拿卡要”专项整治，窗口工作作风不断提升。抓城市信用体系建设，张家界市城市信用持续居全省前列。持续开展“铁腕治旅”，保障旅游市场规范有序，助推旅游快速企稳回升。推进交通顽瘴痼疾整治，遏制和有效防范重特大道路交通事故，确保人民群众及企业的生命财产安全。

（本栏撰稿 胡朝晖）

国有资产管理

【概况】 2020年，全市国资系统深入学习习近平总书记考察湖南重要讲话指示精神，推动发展改革监管党建各项工作取得显著成效。市属国有企业资产总额731.25亿元，负债总额499.04亿元，所有者权益232.21亿元，同比增长17.8%、17.6%、18%，上缴国家税费8700万元，社会贡献率1.9%，国有经济运行稳中有进，国有资产保值增值目标圆满实现。

【国企改革】 2020年，国企改革在重要领域和关键环节取得新进展。制度先行打好基础，《张家界市市级投融资平台公司转型发展实施方案》《关于深化市属国有企业内部人事、劳动、分配三项制度改革的实施意见》《张家界市国有企业退休人员社会化管理工作实施方案》等多项改革文件出台实施。平台转型步伐加快，成立市投融资平台公司市场化转型发展工作领导小组，资产债务清查、资源配置、人员重组、纪律监督4个工作专班全面启动，市经投集团公司和市交投集团公司制定内部改革转型实施方案。深化三项制度改革，出台《市国资委推动市属监管企业深化内部三项制度改革工作方案》，明确3年阶段性工作目标和16项具体任务。全面完成退休人员社会化管理，全市17家央企、8家省属国企、7家其他部委监管企业和8家市国资委监管企业的3718名退休人员完成移交协议签订、党组织关系转接、人事档案移交等工作，市国资委被湖南省国资委评为国有企业退休人员社会化管理工作优胜单位。

【国资监管】 2020年，市国资委健全以管资本为主的国资监管体制，被湖南省国资委评为2019—2020年度市州国资监管工作优胜单位。加快转变国资监管职能，出台《张家界市国资委以管资本为主推进职能转变方案》，修订权责清单，精简监管事项41项（取消24项，下放15项，授权2项）。国资布局结构持续优化，市经投集团公司作为张旅集团公司控股股东，依法依规履行上市公司监督管理权；市华瑞公司、市汽运公司并入市交投集团公司；路桥公司组建为市交投集团公司控股的有限责任公司。履行国资监管职责，规范国有资产、融资贷款、企业投资经营管理，修订完善评审专家、中介机构选聘管理办法；完成市属一级企业所有子公司的国有

张家界综合客运枢纽建成全貌　　（市国资委 供稿）

产权登记；市经投集团公司和市交投集团公司划转10%股权充实社会保障基金。严控债务增量和无收益项目投资，2020年支持协调市属国有企业融资100.99亿元，置换债务16.39亿元，市交投集团公司获AA主体信用评级。

【国企项目建设】 2020年，全市国有企业以项目建设促进转型升级，先后与湘银集团、湖南发展集团、大汉集团等企业开展项目合作，签约总投资82亿元；市经投集团公司完成13个项目策划包装，总投资70.36亿元，公交指挥中心主体完工，沙堤路网竣工通车，弃土场项目投产运营，南门口特色街区安置区（B区）和智能交通项目进展顺利，中国·张家界首届世界遗产摄影大展在张家界大庸古城开幕；市交投集团公司全面建成张家界综合客运枢纽，机场扩建新航站楼高架桥工程、兴马公路、三人公路、紫舞公园停车场、澧兰西路等项目有序推进；市担保集团公司注册成立产业发展基金管理公司、小额贷款公司，缓解小微企业融资难题；市农投公司开展娃娃鱼大世界、杜仲产业发展、万亩莓茶产业带等项目筹建运营。

2020年5月26日，湖南发展资产管理集团有限公司与张家界市经济发展投资集团有限公司签署合作框架协议　　（李旻阳 摄）

【国资服务】 2020年，为应对新冠肺炎疫情，全市国资系统837名党员捐款12.58万元，累计筹资40余万元，全力保障公交、汽运、安保、路桥养护等一线职工防护物资供应。张家界国际大酒店作为湖北游客定点接待酒店，热情周到的服务受到游客点赞；市汽运公司、公交公司千方百计保障广大群众安全出行；市华瑞公司组织479名保安人员挨家挨户开展疫情防控宣传、登记、排查。落实国家助企纾困政策，市担保集团公司调降担保费率，降费幅度达50%，减免保费超680万元、减免保证金超6000万元；市华瑞公司减免承租市属国有企业经营性资产的承租户租金约110万元。市国资委组织30家国有企业党支部参与脱贫攻坚，筹集资金200余万元完善乡村基础设施、扶持特色产业项目。重点推进张家界大鲵保护区水电项目整改，配合做好央企水电站资产核销、职工安置、债务处置、生态修复等工作。

（本栏撰稿 贾呈霄）

自然资源管理

【自然资源保障】 2020年，全市获省批准新增建设用地342.9公顷，其中市本级157.1公顷，同比增加8.6%、9.4%，用地报批一次项通过率连年居全省第一。完成征地拆迁171个项目，征地面积421.9公顷，拆迁房屋27.9万平方米。全市供应国有建设用地623宗598.6公顷，成交价款57.64亿元，同比增加8.2%、9.2%。市本级供应土地125宗255.9公顷，完成土地收入48.13亿元，同比增加11.4%、13.7%，超额完成市政府下达的土地收入任务，土地市场逆势上扬，土地收入创历史新高，为财政增收和政府化债作出重要贡献。

【自然资源保护】 2020年，张家界市自然资源和规划局完善耕地数量、质量、生态“三位一体”保护机制，严格落实耕地“两个占补平衡”，落实建设用地报批耕地数量指标76.6公顷，水田规模指标46.9公顷，市本级收取耕地占补平衡指标费（含耕地开垦费）8156万元，回购耕地占补平衡指标175.2公顷。全市完成永久基本农田补划内业任务13927公顷，划定永久基本农田储备区7839公顷，预留储备区2666公顷。组织耕地补充项目规划设计评审14个，设计变更评审11个，组织对区县土地整理、补充耕地等项目现场验收30个，复核9个，预付19个社会投资补充耕地项目耕地占补平衡指标的回购资金2000万元。

【不动产登记】 2020年，张家界市自然资源和规划局全面升级不动产登记平台，实现不动产登记“不见面办理”；强化部门信息共享集成，实现与公安、住建、税务等11个部门的互通共享；推进不动产登记网上“一窗受理”，向37家开发企业、4家金融机构开放网上申请端口，持续优化不动产登记服务，办理时限压缩至5个工作日。不动产登记实现电子证照全覆盖。集中化解房地产办证等群众“急难愁盼”问题，完成市城区19个问题楼盘12986户首次登记办证。

【城乡建设用地增减挂钩】 2020年，全市实施城乡建设用地增减挂钩项目8批次，完成城乡建设用地增减挂钩农用地复垦6240亩，交易节余指标3502亩，实现流转收益4.45亿元。

【自然资源生态修复】 2020年，张家界市自然资源和规划局启动市级国土空间生态修复规划编制，完成长江经济带生态环境“举一反三”自查问题整改销号，扎实推进全域土地综合整治项目、省级财政历史遗留废弃矿山生态修复项目申报工作。审批19宗临时用地复垦方案，复垦土地35.21公顷。完成矿山地质环境恢复治理项目验收28宗，复绿面积57.86公顷。

【地质灾害防治】 2020年，张家界市自然资源和规划局围绕“不因灾伤亡一人”总目标，全面动员、严阵以待、顽强拼搏，主汛期经受13轮强降雨的考验，取得地质灾害防治的全面胜利，连续17年实现地质灾害“零死亡”，防灾经验被国家防总高度肯定。全年发生中小型灾情118起，同比增加318%，直接经济损失近2134万元。组织防灾知识宣传和培训57次4480人，开展避险演练54次4933人，排查隐患点2626个，处置隐患点541个，成功预警避险12起，紧急转移人口7.7万人，避免人员伤亡564人，避免经济损失近1180万元。争取中央、省财政资金3507万元，完成中小型工程治理41处，排危除险51处，开工建设8个重大工程治理项目，完成131户灾后重建搬迁避让。

【矿产资源管理】 2020年，张家界市自然资源和规划局完成244个露天矿山调查摸底，清理过期矿业权140个，专项整治砂石土矿104个。推进矿业转型发展，创建绿色矿山6个。完成砂石土矿换证54个，开展矿业权延续登记9个。对规划保留的49个砂石土矿逐矿提出具体意见，对限期关闭退出的79个矿权，按照“一矿一策”的原则提出了限期关闭、关闭注销等处置意见。注销砂石土矿采矿权31个。

【自然资源执法监察】 2020年，张家界市自然资源和规划局查处本级土地、矿产、规划违法案件14宗，收缴罚没款510万元。扎实开展土地矿产卫片执法检查，整改违法图斑338个。持续开展打非治违，打击整治无证非法矿山40处。月清“三地”扎实推进，完成整改违法用地28宗，处置闲置土地625.75亩，排名全省第二。完成耕地保护督察反馈问题整改173个，往年土地例行督察“挂账”问题整改9个，大棚房清查整治另案处理问题整改69个，违建别墅项目5个已全部完成整改，整治整改23栋，其中拆除18栋4474平方米，没收5栋，给予党纪政纪处分9人。控违治违不断加强，拆除新发生违法建设961处85837平方米，拆除存量违法建设189处7140平方米。

【农村乱占耕地问题整治】 2020年，张家界市自然资源和规划局推进全市农村乱占耕地问题整治工作。从9月下旬到11月底，市、区县先后组织召开动员部署会议，从区县、乡镇（街道）到村组（居委会）层层动员、广泛发动，全力奋战，如期保质完成了摸排阶段工作任务。11月25日，张家界市向省委省、政府提交了《张家界市农村乱占耕地建房问题摸排工作报告》。经过摸排核实，全市纳入整治范围的占用耕地建房图斑26265个，占部、省下发图斑总数的6.4%，面积40610.9亩，涉及占用耕地32750.1亩，占用永久基本农田3985.7亩。

【自然资源安全生产】 2020年，张家界市自然资源和规划局积极抓好自然资源领域安全生产工作，交办重大安全生产隐患问题16个、完成隐患治理23个，查处危险行业非法用地41宗，“强执法防事故”行动排名位居全省前列。加大黑恶势力线索摸排，完成中央督导反馈问题“回头看”整改，摸排发现非法采矿涉黑涉恶线索1条，移送涉嫌犯罪非法采矿案3件。

【自然资源基础工作】 2020年，张家界市自然资源和规划局全力夯实基础工作，国土三调、农村宅基地房地一体登记基本完成，集体建设用地基准地价公布实施，城市地价监测体系初步形成，信息化建设步伐不断加快，测绘地理信息保障能力不断提升，数字城市建设稳步推进，资源管理工作基础进一步夯实。

【自然资源服务民生】 2020年，张家界市自然资源和规划局坚持服务民生,优化营商环境,大力开展“清零即挂地”“拿地即开工”“交房即交证”攻坚，一大批重点项目及时落地。不动产登记实现提质升级，电子证照实现全覆盖。集中化解房地产办证等群众“急难愁盼”问题，完成市城区19个问题楼盘12986户首次登记办证，超额完成省政府下达工作任务。

【城乡居民合作建房改革】 2020年，张家界市自然资源和规划局牵头加快推进城乡居民合作建房改革试点工作，《张家界市城乡居民合作建房改革试点实施方案》《张家界市城乡居民合作建房管理办法(试行)》分别获省、市批准实施。全市共明确永定区西溪坪杨家溪村等16个村（居）作为城乡居民合作建房试点，“多规合一”实用性试点村规划成果于2020年12月15日上报省自然资源厅备案改革，农村集体建设用地基准地价体系于2020年12月20日上报省自然资源厅，2021年2月2日通过专家组验收。

【文旅项目点状用地改革】 2020年，张家界市将旅游用地改革纳入旅游经济高质量发展综合改革试点重要内容，积极探索文旅产业项目“点状用地”模式。张家界市自然资源和规划局组成专题调研组，通过调研座谈、问卷调查、实地调研、外地考察交流等方式，就全市文旅项目点状用地改革进行调查研究，形成专题调研报告上报省自然资源厅。出台《张家界市旅游产业项目点状供地管理办法》，申请开展农村集体经营性建设用地入市改革，为文旅项目点状用地改革提供配套政策。在全市范围内每个区县选1个至2个文旅项目作为试点，不断总结改革经验，为全省改革提供“张家界样本”。

【自然资源工作宣传推介】 2020年，张家界市自然资源和规划局充分发挥政务信息和宣传加强交流沟通、提供决策参考、推广经验典型的作用，认真梳理总结自然资源和规划重点工作推进情况、典型经验、工作亮点、存在的问题及意见建议等，积极撰写和报送政务信息，加强工作宣传与推介，被省自然资源厅、市政府评为先进单位和先进个人。2020年度，张家界市自然资源和规划局被国家、省、市各级采用政务信息145篇。张家界市增减挂钩、化解问题楼盘办证、土地市场管理经验被省政府办公厅《政务要情与交流》予以推介，文旅项目点状供地调研报告被省深改组《深化改革简报》予以刊登，引起了省市领导的高度重视。

（本栏撰稿 谷忠秋）

公共资源交易

【概况】 2020年，张家界市公共资源交易形势延续总体平稳、稳中有进的发展态势。截至12月底，完成交易项目538个，实现交易额124.6亿元，节约资金3.2亿元，增收金额1.8亿元，与去年同期相比

2020年4月1日，市公共资源交易中心和市住房和城乡建设局共同举办张家界市工程建设招标投标全流程电子化交易系统上线会 （李旦 摄）

2020 年 10 月 9 日，张家界市政府采购中心揭牌仪式在张家界市公共资源交易中心举行
（李 旦 摄）

交易金额略有上升，交易项目基本持平。其中土地成交价款比去年同期增长 40%，为地方财政增收 1.77 亿元。

【服务经济发展】 2020 年，市公共资源交易中心对重点工程、民生项目开启“绿色通道”，疫情期间完成市垃圾焚烧综合处理项目社会资本选定、老旧小区改造建设、市人民医院新院血液净化设备采购等项目。通过政策宣传、上门服务，推动国有产权出租项目、特许经营权、公共空间户外广告权应进必进，产权交易业务翻番，实现国有资产增值 604 万元。10 月至 12 月，土地出让进度加快，仅 10 月至 11 月，成交土地 30 宗，成交价款 22 亿元，占全年土地出让工作的近 50%。10 月 9 日，张家界市政府采购中心正式挂牌运行，截至 12 月底，共完成政府采购项目 153 个，成交金额 7.25 亿元，节约财政资金 2093 万元。

【优化公共资源交易环境】 2020 年，市公共资源交易中心对照《优化营商环境条例》，深化“放管服”和“一件事一次办”，实现交易各环节线上办理，市场主体只需登录张家界市公共资源交易平台，即可办理相关业务。整合现有人员成立交易运行组，设置专家等候室，规范代理机构等候区，升级监听拾音设备，拓展门禁管理系统，开放湖南 CA 在线申请，推行电子签章，通过邮寄办、预约办，实现市场主体“少跑腿”，为市场主体节约减负。对于市、县人民政府的重大招商引资项目用地，做到当天完成土地出让文件的编制、审核和网上发布工作。4 月至 6 月，按照省公共资源交易管理委员会办公室通知要求，免收 38 个涉及勘察、设计、监理等工程建设领域项目的交易服务费 37 万元，降低企业投标成本。

【智慧交易信息化建设】 2020 年，市公共资源交易中心启动与市发展研究中心政府信息平台的对接工作，以实现横向数据的互联互通。改造升级交易系统建设，初步完成全市智慧公共资源交易一体化信息平台建设的设计方案。根据《湖南省“区块链 + 公共资源交易”建设实施方案》要求，完成省公共资源交易中心、政务服务中心等单位新的数据标准对接和系统资源申请工作。按照全省工程建设项目全流程电子化要求，申请成为交易系统第一批次下发的市州。5 月 8 日，完成全省首个市政房建施工项目全流程电子化交易。6 月 5 日，作为远程异地评标主场，联合省公共资源交易中心圆满完成烟草公司中心仓库建设工程项目的评标工作。截至 12 月底，完成远程异地评标 6 次，其中主场 2 次，副场 4 次，打破空间地域限制，实现评标专家“资源共享”。

【公共资源交易管控】 2020 年，市公共资源交易中心成立工程建设项目招投标突出问题专项整治工作领导小组，对标对表，列出清单，梳理出 8 个方面共 24 项任务，按月销号。7 月底，完成工程建设项目招投标审计数据报送工作，报送项目 861 宗，数据信息 37515 条。建立与市纪律检查委员会、公共资源交易管理委员会办公室、行政监督部门的联动机制，完善《代理机构及从业人员进场交易行为考评办法》《廉政风险点及防控措施》等长效机制，对中介代理和专家评委进行现场考评。全年考核专家 1005 人次，考评代理机构 263 次，郑月蓉、李元斌、崔志刚等 16 名专家和湖南朝禹建设项目管理有限公司、华春建设工程项目管理有限责任公司、湖南大华招标代理有限责任公司因违反现场管理规定被扣分。

（本栏撰稿 李 旦 李米薇）

审计监督

【概况】 2020 年，张家界市审计机关完成审计项目 164 个。查出各类违纪违规、损失浪费金额 6.95 亿元、管理不规范金额 94.17 亿元；出具审计报告和专项审计调查报告 183 篇。应上缴财政和减少财政拨款或补贴 11.14 亿元、应归还原渠道资金 2.3 亿元、应调账处理金额 2.71 亿元。张家界市审计局、永定区审计局各有一个审计项目被评为湖南省审计厅优秀审计项目。市审计局机关顺

2020 年 4 月 29 日，召开全市审计工作会议（覃和英 摄）

利通过全国文明单位复检、连续 12 年荣获社会治安综合治理平安单位、市审计局机关党支部被评为市直机关基层党建示范点，局党组被市委评为 2019 年度优秀党组。

【审计政策落地】 2020 年，张家界市审计局按照湖南省审计厅重大政策落实情况跟踪审计年度实施方案，采取“全面覆盖、重点突出、循序渐进、分季实施”组织模式，完成永定区、慈利县、桑植县 3 个政策措施落实情况跟踪审计项目，并对武陵源区、永定区拖欠农民工工资事项进行整改检查，督促拖欠方及时支付到位，有效根治拖欠农民工工资等政策措施落实情况，推动“六稳”“六保”等重大政策措施落实，促进相关政策措施落地生根、发挥实效。

【审计监督】 2020 年，全市审计机关围绕领导干部经济责任，完成审计项目 19 个，审计市管领导干部 6 名，区县审计局局长 1 名，查处违纪违规金额 963 万元；组织全市审计力量实施完成浏阳市委书记、市长任中经济责任和自然资源资产审计，获得湖南省审计厅高度评价。围绕提高财政资金绩效，落实政府部门过“紧日子”要求，市审计局运用大数据分析筛查技术对市本级和 124 个一级财政预算单位 2019 年度预算执行情况实现审计全覆盖，重点关注财政收支真实合法性、专项资金分配管理等情况。通过审计，查出违纪违规问题 31 个，问题金额 12.11 亿元，补缴入库增加财政收入 2.66 亿元，推动下拨资金 0.67 亿元，盘活资金 0.12 亿元。围绕新冠疫情防控专项资金、社会捐赠款物等方面，全市审计机关组成 5 个审计组，抽调 27 名审计人员，开展疫情防控资金和捐赠款物专项审计。全市审计财政拨款、捐赠资金 7693.89 万元，核查专项贷款资金 5150 万元。围绕民生领域重大问题，组织开展全市保障性安居工程资金投入和使用绩效审计，揭示棚改项目资金使用绩效不高，保障性安居工程资金闲置、滞留，部分棚改项目开发周期较长、回款速度缓慢等问题；组织开展市本级与四个区县 2019 年基本医疗保险和生育保险基金审计，对多收生育费用进行收缴，促进医疗基金筹集、管理、使用等环节进一步规范；组织开展精准扶贫资金管理使用情况审计，指出扶贫资金问题 17 个，涉及金额 1.25 亿元。围绕政府重大项目投资，全市审计机关完成政府投资审计项目 75 个，核减工程造价 8.49 亿元。重点揭示项目超概算、违规招投标、高估冒算等违纪违规问题。围绕国有企业运行管理，全市审计机关组织对 4 个市属国有企业进行审计，查处各类违纪违规和损失浪费问题金额 6.52 亿元，及时揭示企业运营风险大、遵守财经纪律不严、财务核算不准、财务管理不到位等问题。组织实施 2020 年度全市易地扶贫搬迁跟踪审计和永定区、慈利县湖南农产品产地安全质量提升工程项目审计；同时，还对全市扶贫资金管理使用情况进行审计，指出扶贫资金管理使用问题 17 个，涉及金额 1.25 亿元。另外，市审计局抽调骨干力量协助配合省审

2020 年 7 月 24 日，浏阳市委书记、市长任中经济责任审计和自然资源资产与生态环境审计现场（熊 微 摄）

2020年8月3日，审计人员为检测浏阳市永和镇土宝山村土壤受重金属污染程度，现场采集土壤样品　　（刘　磊　摄）

计厅对张家界市市委书记、市长开展任期经济责任审计和自然资源资产审计，成效较好，被省审计厅和市委、市政府高度肯定。

【审计成果运用】　2020年，张家界市审计局移送问题线索19件，通过移送线索纪律处分2人。建立健全预算绩效管理工作财政审计协同联动机制和督促整改工作台账，对审计发现问题实行清单管理、对账销号，截至2020年底，审计指出问题基本得到有效整改。向被审计单位和有关部门提出审计建议230条，被采纳230条，采纳率为100%；推动被审计单位制定整改措施17项。市审计局上报审计情况专报、审计综合报告等审计成果，被市委、市政府主要领导批示13篇次。

【审计工作机制】　2020年，张家界市审计局围绕审计廉政监督、审计指出问题整改、审计监督全覆盖和优秀审计项目评选等方面，召开3次市委审计委员会会议，审议并原则通过《中共张家界市委审计委员会关于进一步加强审计整改工作的实施意见》《中共张家界市委审计委员会关于推进审计全覆盖的实施意见》《张家界市关于重大政府投资建设项目审计监督办法》《关于张家界市全面预算绩效管理工作财政审计协同联动机制实施办法》《张家界市经济责任审计工作联席会议制度》《张家界市审计局聘请审计专业技术人员的实施办法》《张家界市优秀审计项目奖励办法》等工作管理监督制度。同时对局原有四大类31项工作制度进行修订完善，进一步推进审计工作规范化管理，做到用制度管人、管事，不断提高审计工作质量。

（本栏撰稿　朱长征）

价格管理

【价格调控】　2020年，张家界市建立价格监测制度，定期开展重要农副产品和服务价格监测，按月分析价格运行动态、研判价格走势，为市政府提供决策参谋。加强价格调控，严格执行《张家界市缓解生猪市场价格周期性波动调控预案》，及时启动社会救助和保障标准与物价上涨挂钩联动机制，对全市77.49万人次低收入群众发放价格临时补贴3625.3万元。全年居民消费价格总水平温和上涨1.8%，市场价格保持总体稳定。

【门票价格改革】　2020年，张家界市根据《湖南省发展和改革委员会关于转发〈国家发展改革委办公厅关于持续推进完善国有景区门票价格形成机制的通知〉的通知》的工作要求，推进张家界市部分景区门票和交通工具价格分离，将武陵源核心景区大门票价格、天门山景区交通运输服务价格和黄龙洞景区门票价格进行拆分。核定核心景区环保车、天门山索道、天门山环保车、天门山上段扶梯、黄龙洞景区门票、黄龙洞景区内游船等旅游项目收费标准。制定大峡谷景区雕塑电梯试行价格。积极协助开展全市冬季营销活动，制定部分景区冬季优惠价格。督促景区落实对“三属”和现役军人家属按规定提供减免门票优待政策。

【“降税减费”】　2020年，张家界市落实国家价格政策，根据《湖南省定价目录》和《湖南省发展和改革委员会关于发布湖南省政府定价的经营服务性收费目录清单(2020年版）的公告》，及时对张家界市政府定价的经营服务性收费进行了清理规范，并将清理规范后的《张家界市2020年版政府定价的经营服务性收费目录清单》予以公告，同时在市发改委网站上发布。

【价格监管】　2020年，张家界市加大前期物业收费监管力度，规范物业服务收费行为，处理涉及物业收费方面投诉25起。网上审批前期物业服务价格、停车场收费等35项。开展教育收费、公益性收费、行业协会商会收费、殡葬服务收费、景区降价等调研，完善价格管理机制。根据张家界市实际，为规范价格行为，制定了《张家界市民用建筑通信设施建设场地使用费暂行标准》，物业服务收费等级标准。加强房地产市场价格监管，修订出台了《张家界市新建商品房交易价格行为管理办法》，规范交易行为，备案商品房价格公示65批次，核定商品住宅前期物业收费标准10个。联动调整采暖季非居民用天然气销售价格，执行淡旺季价格。加强电力价格监管，执行国家电力价格政策，落实一般工商业到户电费按95%结算的优惠政策，降低疫情期间企业生产成本，全市享受用电优惠政策用户6.4万户、节约用电成本3233.47万元。

【收费规范】　2020年，张家界市全面清理行政事业性收费，动态调整并发布《张家界市2020年版行政事业性收费目录单》和《张家界市2020年版涉企行政事业性收费目录单》，行政事业性收费项目共35大项；涉企行政事业性收费16大项，均为中央立项收费项目；加强行政事业性收费管理，及时将新增的行政事业性项目“新型冠状病毒核酸检测费”收费文件传达到执收单位，并督促落实。完善教育收费政策，制定部分高中学校学生公寓收费、中小学课后服务费和伙食费标准；进一步明确幼儿园收费项目；指导民办学校教育收费公示工作。

（本栏撰稿 曾清平 卓 丹）

【居民消费价格】 2020年，张家界市居民消费价格指数在温和可控区间运行，累计上涨1.8%，其中服务价格指数96.9%、工业品价格指数99.8%、鲜活食品价格指数117.9%、消费品价格指数104.4%、能源价格指数95%、扣除食品和能源价格指数（核心CPI）99.2%。

分月指数波动区间较大。1—12月同比指数分别是104.3%、104%、103.2%、102.4%、101.4%、101.7%、103.1%、102.2%、100.6%、99.7%、99.3%、100.2%。指数波动为4.3%至-0.7%，2019年同比指数与2020年同比指数走势对比，指数运行呈现出阶段性回落和阶段性上涨两种不同的走势。由于2020年疫情的影响，经济运行从低迷期进入稳步恢复期，猪肉价格触顶下跌、市场需求低迷、收入增速减缓、旅游城市的经济活跃度没有恢复正常等都成为影响居民消费价格运行的因素。

八大类指数“五涨三跌”。1—12月八大类累计指数分别是：食品烟酒类109%、衣着类101.2%、居住类95%、生活用品及服务100.2%、交通和通信96.9%、教育文化和娱乐100.7%、医疗保健101.2%、其他用品和服务99.8%。食品烟酒类是推高CPI涨幅的主要因素，服务类价格指数跌幅较为突出与2019年呈反向运行，其中交通通信城市间交通费、居住类中房租价格、其他用品和服务的宾馆住宿受疫情的影响较大，部分指数甚至跌破了基期。（本栏撰稿 余 洁）

【居民消费价格变动分析】 2020年，张家界市猪肉价格同比上涨56.1%。猪肉价格在2019年高基指数运行的背景下，2020年猪肉价格延续影响，1月在高翘尾和疫情初袭的双重作用下，猪肉价格再次高启，2020年1月与去年相比，猪肉价格涨幅达到135%，同比涨幅再创新高度，猪肉的绝对价格也达到历史峰值，3—5月，由于复工复学还未全面恢复，市场供需紧张关系有所缓和，猪肉价格出现阶段性回落。6—8月，北方疫情反扑，中南省份生猪调运受限，猪肉供应在本地供应不足条件下，再次出现供应缺口，加之6—8月正值暑假、旅游旺季，市场需求稳步回升，猪肉价格再次反弹。1—12月出现三轮价格上涨，猪肉价格指数依然高位运行，但与2019年相比，猪肉价格指数与国家、全省数据的差距明显缩小。

鲜菜价格同比上涨6.9%。1—12月鲜菜价格呈现出涨多跌少状态，由于流通环节过多，存贮以及人工成本日趋上涨，鲜菜价格一直居高不下，2020年长达一个多月的强降雨天气对本地蔬菜生产造成较大影响，本地鲜菜无法正常上市，供应无法满足市场需求，11—12月进入本地蔬菜生产的淡季，加上低温天气不宜蔬菜生长，蔬菜价格进一步推高。

服务价格指数下跌3.1%。张家界服务类指数与上年相比，指数跌幅明显，主要体现在房租价格、飞机票价格、其他旅游、旅行社收费、电影票、景点门票、车辆保险等。其中私房房租低于基期2.1%、景点门票低于基期16.9%、旅行社收费低于基期2.9%、其他旅游低于基期42.9%、飞机票低于基期17.8%、车辆保险低于基期15.7%。受疫情影响，张家界的旅游业进入寒冬，景点门票、旅行社收费、其他旅游、飞机票、电影票跌破基期。车辆保险全国性下调，与上年相比调整幅度为-30%，更是低于基期15.7%，私房房租受经济环境不景气的影响，全年处于下跌的状态。（本栏撰稿 余 洁）

应急管理

【概况】 2020年，张家界市应急管理局推进应急管理体系和能力现代化，努力用“辛苦指数”换取全市人民“安全指数”和“幸福指数”。市应急管理局荣获2020年湖南省防汛救灾先进集体，先进个人1人；2020年张家界市防汛救灾先进集体，先进个人3人；安全生产形势

2020年4月2日，市委书记虢正贵（左四）调研防汛备汛工作 （胡 哲 摄）

2020年5月12日，张家界市应急管理局、市地震局、武陵源区应急局联合开展“5·12”防灾减灾日活动（刘 杰 摄）

总体平稳向好，实现安全生产死亡事故起数和死亡人数“双下降”，全行业无重大安全事故、直管行业无较大安全事故、无因灾死亡一人“三无”目标任务。

【安全生产】 2020年，张家界市坚决贯彻安全生产“三坚决、两确保”工作要求，狠抓责任落实，全年发生安全生产责任事故45起，与上年持平，死亡44人，同比减少1人，下降2.2%。深入开展安全生产专项三年集中整治、道路交通顽瘴痼疾整治、马路市场整治、“夏季攻势”行动等各类专项治理，全面加强重大节日、重要时段安全防范工作。建立全市监管执法质量排行榜，每月汇总情况，每两月进行通报讲评，全面深化各行业领域“打非治违”，对非法营运、流动加油、非法掘采等行为始终保持严管重罚高压态势。2020年，全市共计出动执法人员33万余人次，检查生产经营单位61512家次，立案调查6159起，经济处罚7957.82万元。

【防灾减灾救灾】 2020年，张家界市遭遇13次强降雨，3次风暴，2次滑坡，1次山体崩塌。累计受灾人口97.949万人次，农作物受灾53332.6212公顷，倒塌房屋286户572间，一般受损房屋3373户5824间；国道省道受损178.5千米，经济损失约1.64亿元；农村公路受损632.3千米，损失2.06亿元。发生地质灾害259起，其中损失万元以上120起。全市经济损失达20.84亿元。面对灾情，张家界市整合资源力量，全力救灾。调整议事机构，明确部门职责，规范工作机制。全市上下众志成城，发扬连续奋战精神，牢牢守住“不因灾死亡一人”目标。灾后，根据受灾实情，登记造册，实行精细、精准救助，严格落实受灾群众“有热饭吃、有干净水喝、有合身衣服穿、有安全居所住、有病能够及时医治”五有标准，及时下拨应急救灾物资、资金。依据《张家界市自然灾害救助应急预案》，启动Ⅲ级救助响应、Ⅳ级救助响应各1次，紧急转移安置9.3万人次。争取中央和省级财政资金1.8亿元，调运生活物资5.3万余床（件），救助受灾群众19.5万人，恢复重建因灾倒塌住房280户，建立集中安置点1个。

【应急救援能力建设】 2020年，张家界市应急管理局积极推进指挥中心平台建设，重点信息资源实现互联互通。应急指挥中心现已接入国家防总防汛抗旱态势分析、自动气象站、省水利厅水旱灾害防御、张家界山洪灾害监测预警平台等应用系统，严格按照值班值守制度执行“1+1+1+1+2+N”模式，明确工作职责、值班纪律、登记统计、责任追究。特别是2020年张家界市经历十年来最严重防汛期，克服防汛值班人员不多、经验不足等困难，全天24小时值班值守，全方位无死角把好应急防线，树牢“应急红线”意识，积极收集相关汛期情况，参与信息研判，及时下达各种调度令，圆满地完成市委、市政府提出“不因灾死亡一人”工作目标任务。全年召开防汛会商会43次，准确下达防汛指挥部命令24条，为保障防汛任务胜利做出应有贡献，体现应急人能应急、应得急工作能力。截至12月30日，应急指挥中心接处突

2020年10月22日，市市应急管理局到慈利县许家坊乡检查灾后重建工作（胡 哲 摄）

2020年11月13日，市地震局在市粮食局幼儿园讲解防震减灾知识　（刘　杰　摄）

发事件25起，上报突发事件18起。其中生产安全事故8起、自然灾害9起、交通事故2起、其他事故6起（2起民事火情、4起意外事故），均保证值班值守上报工作零失误。张家界市应急管理局全面推进应急预案修编和应急演练，先后两次召开应急预案管理会议，部署应急预案管理工作，依法做好应急预案备案工作，先后组织张家界市应急管理局业务科室和相应业务专家，对应急指挥中心牵头发布14个应急预案进行修订和专家评审，通过应急预案管理工作专项行政执法，推动企业主体责任、部门管理责任落实；对全区规模以上和重点监管生产经营单位，开展多次应急演练情况督查和重点执法检查，组织并指导5月12日举行“张家界市抗洪抢险和地质灾害救援联合应急演练”、9月29日2020“澧水使命”张家界高速公路危险化学品运输车辆事故应急救援演练、“12·24”张家界防辐射救援应急演练等20余次专业演练，有效检验和论证应急预案科学性、操作性。为加强应急队伍专业救援能力建设，强化基层乡镇（街道）应急队伍能力建设，加大政策宣传、队伍培训、物资保障，相继举办乡镇（街道）党委书记、乡镇长培训班，在4个乡镇（街道）建立首批试点（永定区茅岩河镇、武陵源区军地坪街道、慈利县零溪镇、桑植县人潮溪乡），并在武陵源区索溪峪街道召开全市乡镇（街道）应急能力建设现场会。张家界市已完成乡镇（街道）应急能力建设总体30%。2020年，为矿山救护队更换新驻地，配套工作、生活、训练等相关设施，实行准军事化管理。并制定训练达标任务，每季度进行理论、体能、技能考核，并进行点评，通过训练使队员时刻保持着较高救援水平，确保遇有突发事件能够拉出、打得赢。市应急管理局加强制订预案执行计划，推进应急预案管理专项行政执法工作、强化执法检查力度，全年开展专项执法行动12次，出动执法人员90人次，对煤矿、非煤矿山、烟花爆竹、危险化学品等企业进行执法检查，检查企业240家，下达文书60份，移交案件2起，确保事故隐患及时发现、整改和消除。

（本栏撰稿　聂梦磊）

消防工作

【概况】　2020年，全市消防救援队伍提升防范化解重大安全风险和应对处置各类灾害事故的能力，经受深化改革、疫情防控、抗洪抢险和防火灭火现实斗争的重大考验，实现火灾形势和队伍管理“双稳定”。全年全市消防救援队伍12名指战员荣立个人三等功，116名指战员受到嘉奖，1个集体、5名个人受到省消防救援总队表彰，支队被评为2020年度全省消防救援队伍安全工作先进支队。

【灭火救援】　2020年，全市消防救援队伍大力推进全员岗位大练兵，出台《训练奖惩暂行规定》，组织参加并圆满完成了格瑞德绳索救援赛、消防救援片区比武、六公里供水等8场全国和全省比武竞赛，特勤、慈利两队在片区赛中取得全优赛绩。提升战训素养，编制山岳救援案例教程，印制作战安全常识、战训业务理论“口袋书”，举办了13期灭火救援大讲堂、培训班。常态化开展“六熟悉”和实战演练，全年共熟悉单位177家、开展演练256次、集中战评10次、典型灾害战例复盘2次、类型灾害战例推演4次。建立建强专业队伍，组建轻型化工、抗洪抢险、地震救援、林火扑救、疫情洗消5支专业队，开展拉动28次，邀请行业专家开展培训授课4次。探索持证上岗、持证救援的路子，61人次取得国际绳索救援一级等4类资质。打造山岳救援专业队品牌，通过外出观摩取经、邀请专家培训、购置专业器材等方式，率先在省内开展专业化训练，并形成6人编程战斗模式。全市消防指战员时刻保持枕戈待旦、快速反应的备战状态，成功完成“3·17”慈利白沙溪山火、“3·23”武陵源景区山火、“5·12”天门山翼装飞行员搜救、抗洪抢险等急难险重任务。

【消防安全治理】　2020年，全市消防救援队伍部署开展消防安全“三年行动”和“夏季攻势”行动，持续推进消防车通道、商业综合体、

2020年11月9日，张家界市“119”消防宣传月启动仪式在张家界国家森林公园举行，仪式由湖南卫视王乔主持　　（吴　杰　摄）

高层建筑、社会福利机构、民宿客栈等消防安全专项治理。发动行业管理部门、乡镇街道等基层力量，定期开展消防安全自主风险评估、自主安全检查、自主隐患整改。2020年，全市新立案重大火灾隐患单位8处，15处遗留重大火灾隐患得到整改销案，张家界市人民政府组织公安、住建、城管、交警、永定区等单位对茂隆商城重大火灾隐患开展整治攻坚，督促800余户商户配备了灭火器，拆除530平方米的违章搭建。深化消防执法领域“放管服”改革，严格执行“双随机、一公开”以及执法公示、录像备案等制度，进一步规范消防行政审批事项，简化办事程序，缩减审批时限。

【消防宣传培训】　2020年，全市营造“人人关注消防安全、人人重视消防安全”的浓厚氛围，虢正贵书记、刘革安市长联合签发《致全市人民关于消防安全的一封信》。市消防救援支队建立以“中央厨房”全媒体工作站为中心、5支宣传服务队为辐射点的消防宣教一体化模式，招募志愿者1285名，开展宣传“五进”活动800余场，发放资料20余万份，百万市民、游客接受消防安全教育。举办119消防宣传月系列活动，组织“云上消防”景区大型直播，打造1个市级消防主题公园、5个科普教育基地、1档《消防在行动》广播节目。中央电视台、《人民日报》等中央媒体47次报道张家界市消防救援工作，张家界消防短视频《消防元小事》被评为第九届全省优秀科普作品一等奖。

【抗洪抢险】　2020年汛期，张家界遭遇建市以来最强降雨过程，多地发生洪涝、泥石流、山体滑坡等灾害。灾情就是命令，张家界市消防救援支队召开抗洪抢险调度会18次，组建5支抗洪抢险应急救援队和11支舟艇救援小组，紧急采购各类抗洪装备734件（套）。全体指战员连续奋战，第一时间处置各类灾害险情，全力营救遇险群众55人，疏散被困群众89人。在5月5日永定区新桥镇洞穴救援中，消防指战员探入未开发的天然溶洞，救出6名被暗河洪水围困的安徽和上海籍驴友；在5月14日慈利县金岩乡救援中，消防指战员冒着急流成功对2名被洪水围困的挖掘机作业司机实施救援；在6月14日慈利县高峰乡富垭村救援中，消防指战员采取接力救助的方式连夜救出10位村民；在7月3日桑植县澧水河孤岛救援中，消防指战员利用绳索和橡皮艇横渡湍急河面，救出4人；在7月6日桑植县洪家关乡小埠头河段失控渡船救援中，消防指战员成功将锚索断裂的一艘30吨重渡船和两艘小型渡船拖至安全地带，确保贺龙电站大坝的安全。

【张家界市民歌志愿消防救援队受到国家级表彰】　2020年11月9日，应急管理部在北京召开表彰大会，张家界市民歌志愿消防救援队被授予第五届“全国119消防奖”。2008年以来，张家界市消防救援支队充分挖掘中国非物质文化遗产桑

2020年11月9日，张家界市民歌志愿消防救援队被授予第五届“全国119消防先进集体”　（张家界市消防救援支队　供稿）

植民歌特色，指导组建全国首支民歌志愿消防救援队。队伍成立以来，有刘赛、扎扎朵组合、山水组合、歌梅拉组合、苏木绰绰组合等15位张家界本土民歌明星组合加入，创作《防火歌》《火灾面前莫惊慌》《消防演练》等一大批“消防版”桑植民歌，深入社区、村寨和企业单位传播消防知识，参与各类消防安全宣传活动，拍摄消防公益宣传广告和海报，筑成百姓身边预防火灾的第一道防线。（本栏撰稿　蒋利君）

2020年9月，市市场监管局开展国庆、中秋节前旅游市场价格检查　（龚芬柳　摄）

市场监督管理

【商事制度改革】　2020年，张家界市出台《张家界市试行“领照即开业”承诺制改革工作实施方案》，公布“领照即开业”承诺制改革事项清单（第一批19项），建立承诺准营制度，实现市场主体（不直接涉及国家安全和重大利益）领照即开业，准入即准营。压缩企业清算公告时间，将在报纸公告45天改为免费在国家企业信用信息公示系统（公告）20天，进一步为企业“减负降费”。推行告知承诺制改革，出台《张家界市市场监管领域行政许可告知承诺制实施办法（试行）》，对食品经营许可、变更、延续，药品零售经营许可换发、医疗器械零售经营许可、小餐饮经营许可六个行政许可事项实行告知承诺发证。出台《张家界市市场主体集群注册登记管理办法（试行）》，降低市场主体创业成本，11月4日颁发张家界市首家集群注册登记市场主体营业执照。营商环境不断优化，企业设立登记一日办结。9月下旬，市场主体突破10万户大关。年末，全市实有市场主体10.27万户，增长10.2%，注册资本（金）1910.11亿元，增长10.24%。全市每万人拥有市场主体662.94户，全省排名第六，每万人拥有企业150.7户，全省排名第三。（袁　渊）

【企业信用监管】　2020年，张家界市全面深入推进市场监管领域相关部门“双随机、一公开”监管工作，建立以市政府分管副市长为总召集人的部门联席会议制度，纳入市政府绩效考核体系，张家界市商事制度改革领导小组印发《张家界市市场监管领域全面深入推进部门联合“双随机、一公开”监管实施方案》，推进20个部门统一使用湖南省市场监管领域部门联合“双随机、一公开”监管平台开展市场监管领域部门联合“双随机、一公开”监管，部门覆盖率达100%，构建联合监管、联合惩戒的机制。建立完善检查对象名录库和执法检查人员名录库，全市各部门录入执法检查人员3049人，制定或接收、完成抽查任务189项，任务完成率达100%，抽取检查人员1098人，抽取检查对象2309户，录入公示2309户，公示率达100%。其中，全市市场监管部门录入执法检查人员746人，制定或接收、完成抽查任务119项，抽取执法检查人员814人次，抽取检查对象1855户，录入公示1855户，公示率达100%。1567家企业被列入经营异常名录，288家企业被列入严重违法失信名单，清理“僵尸企业”267家。开展2019年度企业年报公示工作，2019年度企业年报应报企业18764户，已报企业17230户，年报公示率91.82%，超额完成国家总局要求的85%年报率，与去年同比增长1个百分点，位列全省第五名，同比去年前进一位。个体工商户年报公示率74.53%；农民专业合作社年报公示率89.29%。年末，国家企业信用信息公示系统（湖南）归集公示张家界23340户企业、75581户个体工商户、3781户农民专业合作社注册登记信息，公示全市各级市场监管部门行政处罚信息300条。加强联合惩戒，市场监管部门拦截各级人民法院被执行人25人，限制被执行人88次，公示128家企业的股权冻结信息。

【“个转企”“小升规”工作】2020年，张家界市促进个体工商户和小微企业转型升级工作领导小组印发《张家界市2020年度“个转企”“小升规”工作实施方案》，确定全市引导“个转企”500户以上，“小升规”100户以上，实际完成“个转企”554户，

“小升规”101户，超额完成2020年度目标任务，截至年末累计发展“个转企”2458户，“小升规”497户。2020年度张家界市市场监督管理局被张家界市人民政府评为先进单位。

（本栏撰稿 向朝富）

【价格监督检查】 2020年，围绕新冠疫情防控及复工复产，张家界市重点加强防疫物资、农副产品价格监管及复工复产系列价格政策落实情况检查。全市出动价格检查人员7163人次，检查药店、商超及农贸市场9688家次，向省、市报送各类表格、材料400余份，为上层决策提供基础依据，维护市场价格秩序稳定。同时，督促国网张家界供电公司落实阶段性电价降价政策，退补2596户电力用户优惠电价64.56万元，阶段性电价政策惠及全市电力客户6.23万户，为用户节约用电成本3663.44万元。此外，张家界市根据省市场监督管理局统一部署，组织开展包括教育收费、医疗服务收费、转供电价、节假日市场价格等多项专项检查行动，全市检查学校14家，立案查处3家，退还学生及学生家长23万元、没收违法所得82.82万元、罚款30.7万元；检查医院及乡镇卫生院16家，立案查处2家，退还病患及病人家属10.79万元、没收违法所得141.753万元、罚款76.28万元；检查转供电主体24家，发现涉嫌电价违法行为的转供电主体12家，处罚3家，退还用户322.93万元、没收违法所得1.9万元、罚款37.81万元；检查景区景点及演艺场所24家，超市、旅游购物店、餐饮店52家，车站3家，停车场12处，客运、公交公司、出租车公司25家，更换价格公示牌29块，更换标价签950张，免费发放标价签15000张。全年受理价格举报投诉185件，为消费者挽回经济损失29.83万元。（龚芬柳）

【反垄断和反不正当竞争执法】 2020年，张家界市开展集中组织打击清查传销活动4次，取缔传销窝点、场所4个，遣返传销人员35人次，通过长期高压打击，聚集式传销在全市基本得到控制。处理投诉举报1起，立案查处1起，于2020年7月29日立案调查深圳泰利能源有限公司涉嫌发展会员，以购买其原始股权名义开展传销活动一案，罚没1.85亿元。竞争执法。2020年，开展反不正当竞争执法工作，全年办理反不正当竞争违法案件14件，罚没款119.2万元，主要涉及类型有商业贿赂、虚假宣传等。建立由市市场监督管理局为召集人，市发展和改革委员会、市司法局、市财政局、市商务局为副召集人，21家市直相关单位为联席会议成员的公平竞争审查工作联席会议制度。按照《湖南省市场监督管理局等五部门关于做好妨碍统一市场和公平竞争的政策措施清理工作的通知》（湘市监反垄断〔2020〕36号）文件精神，在全市范围内开展妨碍统一市场和公平竞争的政策措施清理工作，对全市各相关成员单位在2017年1月1日至2019年12月31日制定的规章、规范性文件和其他政策措施进行“过筛”，全市清理文件572件，修改规范性文件1件，其他政策措施4件。（杨 辉）

【广告产业发展】 2020年，张家界广告经营企业1104户，从业人员8190人，广告经营金额25281万元。张家界旅游文化广告创意基地入驻企业12家，就业人员90人，广告及相关产业产值11200万元。

（金 娟）

【实施质量强市战略】 2020年，张家界市加大品牌培育力度，组织开展质量兴企和质量月活动，完成张家界市第四届市长质量奖评审工作。张家界占生塑胶制品有限公司、张家界鸿燕新材料科技有限公司获得张家界市第四届市长质量奖。11月25日，市人民政府召开第94次常务会议，学习传达全省质量工作大会会议精神，专题研究质量工作，同意出台张家界市质量建设激励措施。（王东波）

【产品商品质量安全监管】 2020年，张家界市开展火灾防控、“春霖”农资、儿童和学生用品、非法销售机动车、变型拖拉机、电动自行车、淘汰落后产能、危险化学品、磁力玩具等专项整治行动，全市出动执法人员5320人次，检查市场主体1668家，依法处理专项整治中存在的问题。加强监督检查，实施“双随机、一公开”，监督检查张家界市10家获证生产企业，被检查企业问题均整改到位。强化监督抽查，完成产商品监督抽查717批次，市本级在生产领域和流通领域针对建材、农业生产资料、食品相关产品、烟花爆竹、危化品、消防产品、旅游产品等11个大类的重点产商品；组织开展监督抽查328批次，配合省市场监督管理局在张家界市开展监督抽检177批次，指导区县监督抽查213批次，对获证企业生产产品的监督抽查达100%；首次监督抽查旅游购物场所，抽样6个批次，合格率达100%。依法依规严格实施后处理。全年完成对所有监督抽

2020年2月，市市场监督管理局开展疫情期间农副产品价格检查（龚芬柳 摄）

查不合格产品72批次的后处理工作，其中完成省级监督抽查不合格产品移送后处理17件，移送市级监督抽查不合格产品后处理36件，区县本级监督抽查不合格产品后处理19件。（向延庆）

【食品安全监管】 2020年，张家界市组织推动区县开展省级食品安全示范县市区创建，国家食品安全示范城市创建工作稳步推进。市委、市政府印发《关于深化改革加强食品安全工作的若干措施》（张发〔2020〕8号），市食安委相继印发《市政府领导班子成员食品安全工作责任清单》《落实党政领导干部食品安全责任制重点任务分工》，市委副书记、市人民政府市长刘革安担任市食安委主任。将食品安全纳入市委巡察，市委、市政府督查、对区县和有关市直单位年度绩效考核和综治考核、区县党政领导干部政绩考核内容。将食品安全纳入市“十四五”规划，明确2025年前建成国家食品安全示范城市。全年完成食品监督抽检（监测）8859批次，抽检量达到5.7批次/千人，不合格食品的核查处置完成率、抽检及处置信息公开率达100%。全市各区县城区农贸市场全部开展食用农产品每日快检，全年快检样品12万批次，合格率98.7%。食品安全公众满意度83.85分，较上年增长3.3%。全市市场监管系统办结食品案件306起，处罚没款337.2万元，取缔无证单位22家，向公安机关移送涉刑案件3件、案件线索1起。某店销售使用国家禁止的兽药的食用农产品案被省市场监督管理局列入“社会影响力大、安全风险大、涉案金额大、警示作用大”的食品安全典型案例。市食安委评选公布十大食品安全典型案例，形成惩治违法犯罪的高压态势。

开展重点品种整治。检查大米经营主体1875家次，排查整改问题142个。抽检大米82批次，检出不合格6批次。查办大米案件8起，其中镉超标案件6起（3起为2019年检出）、假冒商标案件2起。全面排查全市从事蔬菜制品生产的12家企业和17家小作坊、28家代用茶生产企业，排查整改问题126个。检查肉类生产经营单位2385家次，抽验生猪产品及制品60批次，快检生猪肉产品200批次，下架生猪肉产品1095袋，查扣问题生猪肉产品950千克，立案查处4起，罚没款5万元。重点打击使用甲醇、工业酒精等有毒有害食品原料生产酒类产品，非法添加壮阳类、镇痛类药物成分，超范围超限量使用食品添加剂，无证生产经营、无合法来源以及假冒伪劣酒类产品等违法生产经营行为，查办案件16起。

组织全市586家学校食堂全面开展食品安全隐患自查自纠。检查学校食堂825家次、校园及周边店1335家次，排查整改食品安全隐患467个，约谈学校相关负责人101人次。重点打击学校及周边特别是集中用餐配送单位的食品违法行为，查办案件6起。开展食品安全进校园宣传活动13次，培训师生7297人次。全市各级各类学校食堂586个，实施“明厨亮灶”工程的512个，完成率为87.4%。

加强特殊食品及食盐监管。现场检查特殊食品及食盐生产经营单位1475家，发现问题719个，现场责成339家企业改正违规问题448个，责令78家企业限期改正问题281个，“体检式”帮扶企业22家。组织“双随机”抽查3次，抽查特殊食品及食盐经营单位56家，发现问题213个，发现案件线索4起。全面推行特殊食品专柜或专区销售，严禁普通食品与特殊食品混放销售，查办案件11起。

开展食品“三小”规范管理巩固提升行动。市城区食品“三小”持证率达98%以上，信息公示、“三防”设施、索证索票、健康体检得到落实，燃煤炉灶全面取缔，门前灶全部改建为侧厨侧厅或后厨前厅，餐具清洗消毒设施基本到位。张家界火车站健康饮食示范街区基本建成，50多家单位量化分级等信息统一在显著位置公示。武陵源区的食品摊贩、慈利县城区的夜市摊点实现定点定时集中经营。加强网络订餐第三方平台常态化监管，全面落实外卖餐食封签。全覆盖检查入网餐饮单位，督促整改问题8000多个，下线入网餐饮服务提供者209家。责令26家网络餐饮单位下架44批次野生动物及其制品，责令平台增补完善19家商户证照信息。对农村地区包括城乡接合部的违法生产经营食品行为，开展全面清理检查。检查食品经营主体4409个，检查批发市场、集贸市场186家次，查处假冒伪劣食品案件11件，罚没款17万元；查处假冒商标案件1件，罚没款24万元。我市“四破四立”加强小餐饮安全监管的做法，被省食安办评为2020年全省食品安全工作深化改革典型创新举措之一。

（田湘忆）

【药品安全监管】 2020年，张家界市监督检查全市512家药品经营企业和使用单位以疫苗、特殊药品、专管药品、中药饮片、基本药物、疫情防控用药品等为重点，出动执法人员2.6万人次，监督检查药品相关单位9560家次，责令整改问题12970余个，监督抽检药品113批次，立案1起。组织开展疫情防控用药品、中药饮片、药品网络销售违法违规行为、医疗机构、特殊药品和专管药品、第二类精神药品、避孕药具及药品集中采购和使用中选药品、通过仿制药一致性评价品种等专项整治。组织开展飞行检查25家次，责令限期整改25家，主动注销药品经营许可证1家，3名执业药师主动停止“挂证”行为。2020年，办理备案10起，其中办理生产企业关键岗位人员变更备案5起，办理中药饮片生产备案2起，办理委托

检验备案3起。（邓 掌 郑丽君）

【医疗器械监管】 2020年，张家界市医疗器械监管实现“跨越式”发展。疫情发生后，张家界市通过采取一系列措施成功助推张家界市4家企业防疫用医疗器械生产线建成投产，填补了医疗器械生产企业的空白。张家界市采取多项措施强化医疗器械监管，确保公众用械安全。加强企业日常监管。全市医疗器械生产、批发企业年度监督检查覆盖率达到100%，二级以上医疗机构年度检查覆盖率达100%，三类医疗器械经营企业年度自查报告上报率达100%，第二类医疗器械经营备案后的现场核查率达100%。严查案件，扎实组织开展专项整治。组织开展违法违规使用医疗器械、无菌和植入性等医疗器械、“清网”和“百日集中”整治。全市市场监管系统出动执法检查人员570人次，检查辖区内各类医疗机构、美容整形机构82余家，检查批发经营企业240余家，责令改正95家。抽查重点品种120余个，监督抽检包括呼吸机、一次性使用留置针、医用电子体温计等产品在内的医疗器械12批次。全市立案查处各类医疗器械违法案件36起，罚没款54.11万元，没收不符合标准的医疗器械1470个。组织市级飞行检查，飞行检查的重点单位为上年度低信用、GSP核查未通过、整改不到位、风险较高的经营企业；全年检查医疗器械经营、使用单位15家，发现违反《医疗器械经营质量管理规范》行为70余条，下达整改通知书15份。对飞行检查结果及时通报区县局，对发现的问题督促被检查单位整改落实。组织开展“全国医疗器械宣传周”系列活动。在市区人民广场组织以“安全用械，守护健康”为主题的大型咨询宣传活动。设立宣传台和宣传展板，现场发放宣传资料500余份，惠及公众1500余人次。组织全市各大医疗器械生产、经营、使用单位在电子显示屏上滚动播放“全国医疗器械宣传周”标语。组织监管人员、从业人员踊跃参加首届“全国医疗器械安全网络知识竞赛”。同时，联合各党支部，组织全体党员深入郝坪社区开展安全用械知识进社区活动。现场向公众讲解如何选购家用医疗器械和安全用械常识，解答提问50余人次。全市没有发生一起较大及以上医疗器械质量安全事件。（景文茵）

【化妆品监管】 2020年，市市场监督管理局加大婴幼儿护肤类，祛痘、祛斑、美白类等高风险产品的抽检力度，组织对全市32家化妆品经营企业实施国家化妆品监督抽查化妆品样品37个，省抽化妆品样品8个，有力保障化妆品安全。全市申请备案非特殊用途化妆品25家企业，2020年，新提出备案申请产品32个。国产非特殊用途化妆品网上备案审查，15家化妆品企业42个产品的网上资料初审及复核，40个产品获得备案通过。（姚亦清）

【特种设备安全监管】 2020年，张家界市开展特种设备安全风险隐患大排查大整治专项行动，出动特种设备监管执法8512人次，检查特种设备使用单位2925家次，检查特种设备5628台（套），发现一般隐患798处，较严重隐患238处，下达特种设备安全监察指令书135份，查封、拆除特种设备166台（套、只），立案24起，处罚金额近60万元，提请司法机关刑拘4人。辖区内气瓶充装单位充装非自有产权、超期未检和报废气瓶现象基本得到杜绝。在全省率先提出疫情期间特种设备安全与防控措施，强化和优化疫情期间电梯使用、维保工作要求，张贴《电梯安全倡议书》2000余份，重点对医疗机构、住宅小区等使用单位的电梯消毒及维护保养情况进行现场检查。开展特种设备安全“双随机、一公开”工作，出动检查人员658人次，检查单位115家次，提出整改意见518条，下达监察指令书51份、监察指令162条。组织召开张家界市特种设备安全监察员（B类）培训班，全市76人参加培训。（向延伟）

【计量管理】 2020年，张家界市加强计量监督管理，优化计量服务水平。开展计量精准战“疫”，助力复工复产，为高速公路、超市、医疗机构等82个防控点开展计量技术服务。加强强制检定计量器具备案和检定工作力度，全市计量管理部门备案1158家单位的28502台（件）强制检定工作计量器具，免费检定各类计量器具30506台(件)，首轮强检58697台（件）。开展春节期间计量专项检查，检查各类市场主体270余家，检查相关计量器具1200多台（件）。开展集贸市场专项整治，检查集贸市场52家，门店756个，全市新增计量诚信承诺市场22个、门店445家，新增公平秤17台。开展治超站计量专项检查，计量监督检查5家公路超限检测站，检查汽车衡10台，督促更换汽车衡一台。开展环境监测和机动车测速用计量专项检查，检查环境监测站5家，机动车测速仪使用单位4家，责令整改2家。开展验配眼镜场所“回头看”计量专项检查，检查眼镜制配单位46家，检查焦度计、验光仪、验光镜片组等计量器具161台（组），责令整改12家。开展“双随机、一公开”专项监督检查，配合省市场监督管理局开展定量包装商品净含量国家和省级专项抽查、计量单位使用情况专项监督检查，组织开展加油站、能效水效标识专项监督检查。开展压力仪表计量风险防控工作，全市检定各类压力仪表3227块。加大计量宣传，开展以“计量精准抗‘疫’，助力复工复产”为特别主题的“5·20”宣传服务活动，组织全市计量检定机构和授权站开展实验室开放活动，发放计量宣传手册500余份，免费为200多人测

量血压、血糖和眼睛验光，张贴横幅、电子宣传标语320多条。（秦慧涛）

【标准化管理】 2020年，张家界市加强标准化管理。标准研制工作。参与制定的《3，4，5-三甲氧基苯甲酸甲酯》行业标准正式实施；组织指导制定《张家界全域旅游公示语英文译写规范》通则、地名交通、风景名胜，《旅游景区投诉处理服务规范》4项旅游地方标准，《张家界莓茶种植技术规程》《张家界莓茶加工技术规程》2项农业地方标准并经省市场监督管理局正式发布实施；成功指导张家界莓茶协会制定《张家界莓茶品冲泡和品鉴方法》等6项团体标准。标准化试点建设。成功创建禾田居度假酒店、市人民政府游客服务中心2个省级旅游服务标准化试点，久瑞生物创建全省首批新型工业标准化试点，3个试点均高标准通过验收。张旅集团观光电车旅游服务标准化试点、湘阿妹葛根国家级种植农业标准化示范区建设经验分别在省标协组织的全省服务、农业标准化培训班作经验交流授课。承办服务业标准化人才培训。邀请省标准化协会来张家界举办全省服务业标准化培训班，全省市场监管标准化管理人员及全省服务业标准化试点102人参加培训，省市场监督管理局标准化处二级调研员刘红讲话并培训，市市场监督管理局党组书记李步群在培训班上致辞，观光电车公司提供现场观摩学习。信息共享工作。为口罩生产企业提供最新标准及中英版的日、韩、美、欧盟等国外口罩防护标准；为养老机构通过微课堂学习国家强制性标准。标准化宣传影响深远。召开张家界莓茶地方标准新闻发布会暨天门郡莓茶省级农业标准化试点启动大会；标准化工作信息动态在"学习强国""新湖南"等多家媒体报道；通过世界标准日活动，发放张贴海报620套、参与企业250多家，户外公益广告投放235条、微信推送转发朋友圈及微信群130多个。全面完成专项工作任务。完成企业产品和服务标准公开声明119项，完成全市烟叶监标任务及企业产品标准"双随机、一公开"监督抽查工作。（毛晓娟）

【认可与检验检测监管】 2020年，市市场监督管理局开展全市市场监督管理系统交通问题顽瘴痼疾集中整治行动，成立以主要领导为组长的领导机构，进行10个方面的专项整治工作，查处各类违法行为32起，督查区县局5次，在各类新闻媒体发稿32篇。加强对车检机构的检验行为监管，首次聘请专家监督检查全市6家车检机构。参加由省市场监督管理局组织的"双随机、一公开"监督检查，检查1家车检机构、1家环保检测机构、1家食品检测机构，依法处理存在问题的检测机构。与市水利局联合对正诚水利水电工程建筑材料检测有限公司开展水利工程乙级质量检测机构"双随机、一公开"检查。全年全市完成2家新办机构的资质认定评审、1家扩项、10家变更。（向继红）

【认证管理】 2020年，张家界市实施《湖南省人民政府关于加强质量认证体系建设促进全面质量管理的实施意见》，新增强制性产品认证2家，证书5张；有机产品认证7家，证书10张；质量管理体系认证13家，证书13张。开展口罩、防护服等防疫用品领域认证活动专项整治行动，全市发现5起案件线索，主要涉及检测机构出具虚假认证证明，其中案件线索移交2起，查处结案3起。开展业务培训，引导企业选择合法的认证机构进行认证，全市3家生产企业完成医用口罩（非无菌型）CE（欧盟）符合性申明，1家生产企业完成医用口罩（非无菌型）FDA（美国）注册。开展强制性产品认证获证企业监督检查，监督检查全市10家涉及玩具、建筑安全玻璃、低压成套开关设备、室内加热器、电源等强制性产品认证获证企业，监督检查率100%。开展"双随机、一公开"监督抽查，自愿性认证获证组织事后监督检查2家，流通领域有机产品标志标识专项监督检查1家，认证机构认证活动事中监督检查1家。（王松媛）

【消费者权益保护】 2020年，张家界市加强消费者权益保护，维护消费者合法权益。"12315"系统实现"五线合一"，受理投诉举报咨询3159件，办结率100%，为消费者挽回经济损失304.55万元。继续推行"15天无理由退货制度"和经营者首问负责"先行赔付"制度，实现退货无障碍。完善基层"12315"联络站建设，优化"1+N+15"旅游维权服务圈建设，建立高标准维权站近200个。（傅建平）

【市场专项整治】 2020年，张家界市市场监管综合行政执法支队以"长江禁捕 打非断链"、打击整治非法制售口罩等防疫产品、"铁腕治旅"、成品油市场秩序、交通顽瘴痼疾、打击违法经营野生动物、莓茶白茶"两茶"整治、打击酒类产品侵权假冒等多个专项执法行动为重点，在长江禁捕、疫情防控、旅游消费、食品药品安全、产品质量安全、知识产权保护等市场监管各领域积极开展综合行政执法工作。立案查办行政处罚案件47件，办结45件，罚没432.64万元。向公安机关移送涉刑案件线索3件，向其他行政机关移送违法行为线索9件，下达责令整改通知书21份。其中，"长江禁捕 打非断链"开展部门联合行动8次，检查实体经营主体10810家次，监测网店2887家次，查扣禁售渔网、地笼等渔具1060余副，下架标识不合格水产制品1271包，整改违规菜谱325份，拆除违规广告、招牌430处，删除违规互联网信息79条，劝退销售野生河鱼村民185人。投放“禁止买卖野生鱼”LED公益广告8块、发放公益海报2万份、通告2148份，在农贸市场和集市显眼位置悬挂“禁止买卖野生鱼”横幅、标语265幅。疫情防控期间检查市场经营主体724户次，检查交易市场57个次，责令下架野生动物制品5家；拆除野生动物制品违规广告1个；指导改正价格标识不规范问题11个；责令立即下架质量不合格商品1批次；扣押不合格口罩4400只，受理并处置相关投诉举报18件。“铁腕治旅”约谈演艺场所8家、指导规范旅游演艺价格6次，检查涉及使用旅游合同旅行社25家；通过“1+N+15分钟”旅游消费处理机制、落实旅游购物行业“无理由退货承诺”制度，为旅游消费者及时处理涉旅投诉242件，执行无理由退货38起，挽回经济损失21.5万元。成品油市场开展成品油联合执法行动检查油罐车辆180余台，抽检成品油18批次，没收不合格成品油32.84吨，查封违规建设的撬装式加油装置3个。“两茶”整治完成莓茶、白茶专项抽检50批次，合格率94%，没收不合格茅岩莓茶747盒。商标侵权检查商超等经营主体56家次，没收侵权抽纸2074提、侵权洗发露69瓶、侵权豆奶包装箱173个。

（陈　丽）

【市场监督管理信息化建设】2020年，张家界市加强市场监督管理信息化建设，围绕智慧监管项目建设、网络安全、设备管理、业务档案、商品条码等方面开展工作。积极推进智慧监管项目建设。依托“天门智慧”项目，分步启动“互联网+市场监管”子项目“明厨亮灶”、佣金“公对公”、广告监控系统、电梯物联网、钢瓶信息追溯系统等内容的建设。为“互联网+监管”在全市各部门的推行提供技术支撑。完成对市直单位、各区县、重点滞后单位进行操作培训10多场次，参训人员达700多名。梳理市场监管事项200多条，填报行政检查7054条、行政执法信息332条，完成监管事项认领率、清单填报率、清单翔实度、风险预警反馈率均达100%，事项覆盖率达32%。积极参与数字政府建设。依法有序共享市场监管大数据642万条，关联法人信息131项，其中企业法人3.6万条，个体法人11.6万条，涉及功能应用包括法人概况、法人查询、法人统计、法人库表管理、法人查询配置、法人监控等。规范业务档案及条码办理工作。本年新增5030册业务档案（其中企业注册登记4195册、医疗药械35册、食品许可400册、特种设备400册），累计2.6万册；本年扫描54570页，累计扫描206.4万张，占空间30G。全年向社会各界提供企业档案查询服务751次，提供档案资料21.2万页。全年接受物品编码业务咨询185余次，指导45余家企业成功进行网上自主办理，并发放《条码业务网上注册操作手册》等培训资料。加强网络安全及设备维护。年初完成核心机房、UPS机房、网络办公机房、保密机房、广告监控机房、省市视频会议系统的搬迁及建设。整合优化网络布线，向区县移交29条连接基层所的数据电路管理权限，保留9条互联网专线、电路并进行两次升级提速，安装公共Wi-Fi路由器22台，拆除私接路由器6台，明确网络安全责任。安装广播系统设备30台（件），定时播放广播体操音乐和室外背景音乐，实现分区、定时、广播寻呼等功能，提升了办公环境的文化品位。市市场监督管理局230多台办公电脑进行保密检测，对问题电脑，进一步的硬盘登记销毁、擦除、更换，确保检查全面合格。（陈铁成）

【民营经济】截至2020年底，张家界市期末实有各类市场主体102702户，同比增长10.2%，注册资本（金）1910.11亿元，同比增长10.24%，在疫情防控形势严峻的情况下，9月18日，张家界市市场主体突破了10万户大关。企业（包含内资非私营、私营、外资，下同）达23340户，增长12.76%，注册资本（金）1675.51亿元，增长10.39%。其中内资（非私营）企业2230户，同比增长10.78%，注册资本（金）419.71亿元，同比增长19.71%；私营企业20904户，同比增长13.02%，注册资本（金）1165.92亿元，同比增长8.1%；外商投资企业206户，同比增长8.99%，注册资本（金）13.83亿美元，同比增长6.55%；个体工商户75581户，增长9.73%，出资金额116.57亿元，增长13.14%；农民专业合作社3781户，同比增长4.33%，出资金额118.03亿元，增长5.2%。

2020年，张家界市新登记各类市场主体14569户，同比下降13.32%，新登记市场主体注册资本（金）总额266.68亿元，增长13.07%。新登记注册企业4596户，同比增长2.47%，注册资本（金）237.53亿元，增长19.47%。其中新登记内资（非私营）329户，同比增长7.88%，注册资本（金）67.79亿元，同比增长66.93%；新登记私营企业4248户，同比增长1.97%，注册资本（金）165.21亿元，同比增长10.02%；新登记外商投资企业19户，同比增长35.71%，注册资本（金）0.7亿美元，同比下降40.68%；新登记注册个体工商户9588户，下降17.94%，出资金额18.4亿元，下降22.85%；新登记注册农民专业合作社385户，下降39.75%，出资金额10.76亿元，下降18.36%。（吴俊武）

表 5　　2020 年末全市市场主体发展情况统计表

计量单位：户、亿元

	户数		注册资本（金）	
	绝对值	增幅	绝对值	增幅
全部市场主体	102702	10.20%	1910.11	10.24%
1. 企业	23340	12.76%	1675.51	10.39%
①内资企业	23134	12.80%	1585.63	10.95%
内资（非私营）	2230	10.78%	419.71	19.71%
私营企业	20904	13.02%	1165.92	8.10%
②外资企业	206	8.99%	13.83（亿美元）	6.55%
2. 个体工商户	75581	9.73%	116.57	13.14%
3. 农民专业合作社	3781	4.33%	118.03	5.20%

表 6　　2020 年全市新登记市场主体发展情况统计表

计量单位：户、亿元

	户数		注册资本（金）总额	
	绝对值	增幅	绝对值	增幅
全部市场主体	14569	-13.32%	266.68	13.07%
1. 企业	4596	2.47%	237.53	19.47%
①内资企业	4577	2.37%	233.00	22.13%
内资（非私营）	329	7.88%	67.79	66.93%
私营企业	4248	1.97%	165.21	10.02%
②外资企业	19	35.71%	0.70（亿美元）	-40.68%
2. 个体工商户	9588	-17.94%	18.40	-22.85%
3. 农民专业合作社	385	-39.75%	10.76	-18.36%

海关工作

【概况】 2020 年，张家界海关监管进出境航班 238 架次，监管进出境人员 1.89 万人次，监管免税品调拨入库 46.9 万元，销售出库 26 万元，实际入库税收 15.9 万元，实施货物检验检疫 51 批次，货值 542.2 万美元；实有备案企业 124 家，注销备案企业 16 家，新增备案企业 28 家。

2020 年 1 月 9 日，海关总署验收组对荷花机场三个进境指定监管场地进行验收

（李沛芸　摄）

2020 年 1 月 9 日，海关总署验收组对荷花机场三个进境指定监管场地进行验收
（李沛芸　摄）

【出入境检验检疫和新冠肺炎疫情防控】 2020 年，张家界海关落实海关系统和地方联防联控机制关于新冠肺炎疫情防控的工作要求，做好风险评估、交通工具检疫、旅检通道卫生检疫、流行病学调查和医学排查等工作，严防疫情输入输出。自 1 月 24 日湖南省启动一级应急响应至 2 月 2 日张家界荷花机场国际航班停飞期间，监管进出境航班 28 架次，进出境旅客 1428 人次，行李物品 1338 件，排查疫情发生地区相关人员 151 人次，协助 89 名疫情发生地区越南籍旅客顺利返程，开展流行病学调查 3 次，口岸未发生新冠肺炎疫情输入和输出情况。做好临时增开“客改货”货运航班监管工作，落实机组人员闭环管理和进口货物核酸检测要求，全年监管货运航班 28 架次，监管情况一切正常。

【国门安全】 2020 年，张家界海关落实“四个最严”（最严谨的标准、最严格的监管、最严厉的处罚、最严肃的问责）要求，开展进口食品“国门守护”专项行动，做好进口食品收货人备案管理及进境动植物检疫审批指导，加强进口食品卫生证书等单证审核，落实对进境水果及其包装检疫查验、采样送检等指令，把好进口食品源头关。联合市场监管部门开展进口冻品清查整治，发现不能提供有效证明的进口冻品 6 批。加大国境口岸食品安全抽检力度，抽取样品 52 批次，完成现场快速检测 61 批次，经实验室检测 1 批次为不合格，督促生产经营单位及时整改。对 1 家口岸食品生产经营单位安排未取得健康证明的人员从事接触直接入口食品的工作的违法行为进行立案查处。做好口岸卫生监督工作，全年对门店和配餐部开展卫生监督 48 次，根据卫生监督工作情况出具卫生监督意见书 3 份，及时移交涉检案件线索 1 条；按季度开展微小气候和饮用水采样监测工作，未发现不合格情况。做好外来有害生物防控和安全风险监测，完成对荷花机场实蝇监测布点工作，开展成蚊、蚊幼虫、蠓类、鼠类监测，捕获重要监测检疫性有害生物柑橘小实蝇、柑橘大实蝇。

【口岸核心能力建设】 2020 年，张家界海关加强口岸基础设施建设，荷花国际机场负压隔离室、智慧检疫通道建设项目顺利完成；增强口岸快速筛查能力，血常规检测仪、PCR 检测仪、高压灭菌锅等投入使用；进一步推进卫生检疫、传染病监测等规范化建设，18 人获得海关总署“入境人员新冠病毒采样岗位能力及防护技能培训合格证书”，按照要求设置口岸卫生检疫工作岗位和配置专业人员，口岸核心能力提升。

【综合监管】 2020 年，张家界海关组织推动反走私综合治理，协同打私综合治理成员单位、区县相关部门开展“国门利剑 2020”“守卫”

2020 年 1 月 24 日，张家界海关当值关员对出境旅客进行体温检测　（汤　晶　摄）

及打击冻品走私等联合专项行动，查处涉嫌非法营运的危险货物运输车辆1台，向公安部门移交涉嫌违规车辆1台，扣留1台油品来源不明、无相关资质大型油罐挂车。加强企业信用管理，对未报送年报且无法联系的企业开展核查，将经核实后无法联系的8家企业及时移入信用异常名录，4家企业信用等级下调为失信企业。开展企业经营状况分析，与市场监管部门公示信息逐一比对，及时清理16家“僵尸企业”。落实社会信用体系建设有关要求，帮助1家企业完成信用修复。

2020年6月8日，张家界往返越南河内货运航线首航勤务完成（卢治豪 摄）

【张家界荷花机场3个进境指定监管场地通过验收】 2020年，张家界海关配合海关总署完成进境水果、食用水生动物和冰鲜水产品等3个进境指定监管场地的验收工作，张家界荷花国际机场成为湖南省第二个可承载上述3类进境高风险动植物及其产品海关监管业务的指定监管口岸。3个进境指定监管场地进境货物12批次、47.2吨、8.58万美元。

（本栏撰稿 梁 德）

出入境边防检查工作

【概况】 2020年，张家界出入境边防检查站检查出入境人员1.8万多人次，出入境航班238架次。1人获评湖南省直单位“新时代建功”标兵，1个单位记集体三等功，1人记个人三等功，6人次荣获湖南省公安厅、湖南出入境边防检查总站立功嘉奖，1个民警家庭获评张家界市文明家庭。

【政治建警】 2020年，张家界出入境边防检查站出台加强新时代党建工作措施，建立党建责任清单，编写《党支部工作流程图解》，提质改造党员活动室4个，选派8名同志参加各级党务工作培训，开展特色主题党日活动26次，“四心四力”工作法、“三位一体”党建模式等“一支部一特色一品牌”日趋完善。严格执行领导干部“四个在一线”，班子成员先后30余次到联系点进行指导帮建，帮助解决实际困难。探索推行“线上+线下”教育模式，大力推进“红绿蓝”文化品牌创建，举办全员政治轮训，组织各类学习39次，灵活运用“学习强国”进行“微课堂、微教育”20余次，举办“初心课堂”4期，全面打牢民警职工思想根基。科学合理、公平公正选升选任5名科级领导干部，高质量完成公务员登记工作，高标准完成士兵转改招录公务员试用期考核和定岗定级、警衔评授微调工作。投入30余万元餐厅、健身房升级改造，多方协调并解决民警子女入学问题，43名民警完成落户工作，对16名家庭困难党员和民警进行慰问，切实把从优待警落到实处。

2020年6月17日，湖南省人大常委会党组副书记、副主任黄关春（右三）率工作组到张家界荷花国际机场检查指导防范境外疫情输入工作（聂 思 摄）

【新冠疫情防控】 2020年，张家界出入境边防检查站第一时间成立防疫工作领导小组，严格落实日通报、周会商、月研判制度，研究制定方案措施11个，调配资金16.8万元，累计配发储备口罩、防护服、防护眼镜等防疫物资3.6万余件，确保队伍零感染、零输入、零扩散。通过倡议书、抗“疫”党课等形式持续抓好思想发动，广

2020 年 8 月 7 日，在口岸执勤现场开展应急处突演练　　（付　铁　摄）

大党员纷纷叫响“我是党员我先上”“疫情不退我不退”等战斗口号，2 个基层党组织、35 名执勤一线民警递交“请战书”，21 名同志放弃春节休假，3 名同志主动推迟婚期，用实际行动践行初心使命。研究制定应对新冠疫情期间客、货机边防检查和特殊勤务等方案指引 20 余个。主动与市防控指挥部、卫健委、海关建立疫情防控协助机制，迅速启动重点地区出入境人员信息核查，整理推送疫情防控数据研判 92 期 434 人，为驻地“外防输入”提供强有力的信息支撑。圆满完成智能验证台升级改造和督导台玻璃围栏加装，推广入境人员版“防疫健康信息码”，及时发布出国出境旅游安全提示，实现出入境人员闭环管控，切实筑起防范境外疫情输入的铜墙铁壁。推行营区网格化管理，严格落实留观隔离、分流办公、错峰就餐机制，常态化开展营区消毒、体温监测，依规对跨省流动人员进行核酸检测和隔离观察，开展核酸检测 150 人，防疫消杀 120 余次，确保队伍安全稳定。工作成效先后得到省人大常委会党组副书记、副主任黄关春，市领导虢正贵、刘革安等领导充分肯定。

【口岸管控】 2020 年，张家界出入境边防检查站科学规划 5 年法治建设蓝图，出台强化口岸管控、规范执法执勤等制度措施 7 个，高质量完成自助查验通道、中心机房及梅沙系统智能应急建设，积极助力“复工复产”，第一时间响应市委、市政府开通货运航班号召，优质高效完成全年客机货机边防检查任务。开展全民国家安全教育日普法宣传，严密组织“温暖国门、迎您回家”主题活动，优化勤务组织，精心装饰布置执勤现场，营造温馨、舒适、高效的良好通关环境。修订完善《口岸突发事件应急处置总体预案》及 7 项分类预案，先后 10 次开展疫情防控、涉港管控、梅沙系统故障等全流程、全要素应急处置演练，妥善处理 1 起因与涉疫情地区入境旅客同乘而拒绝登机的突发事件，得到市领导曾超群高度赞扬。注重民警基础能力提升，以实战实用实效为导向，统筹开展学习培训、业务竞赛、基础体能和实战演练 160 余次，自主组建 5 个研究小组，2 个课题获得国家总站年度边检重点研究课题一、二等奖，在国家移民管理局全警实战大练兵考核中取得良好等次。　（本栏撰稿　杨新春）

统计管理

【第七次全国人口普查】 2020 年，张家界市扎实推进第七次全国人口普查工作。落实普查工作经费 1650 万元，安排“两员”补贴 614.5 万元。组织区县召开座谈会、开展专题调研、实地走访，摸清各地区人口基本情况。抽调公安、卫健等成员单位业务骨干集中办公，形成工作合力。张家界市人口普查长短表登记、比对复查各阶段工作均按时高质量完成，各项指标均居全省前列。

【重点领域统计改革】 2020 年，张家界市严格按照统一核算方法开展区县 GDP 核算，并结合张家界市区域实情，研究制定《张家界市关于加强旅游业依法统计提升旅游统计数据质量的意见》，为全市形成统一领导、分工协作、多方参与的

2020 年 11 月 20 日，市统计局举办全市服务业统计综合培训班　　（向胤澄　摄）

旅游业依法统计格局，推动全市旅游经济高质量发展综合改革走向深化贡献统计力量。

【依法统计】 2020年，张家界出台《张家界市健全落实防范和惩治统计造假弄虚作假责任制》，制定《2020年张家界市依法治统工作绩效考核细则》，将依法治统工作纳入市委、市政府对相关部门的年度绩效考核，使依法治统体制机制进一步得到健全。张家界市统计局开展统计法规进党校、进园区、进机关等“六进”活动3次，累计培训统计业务骨干364人，发放《领导干部统计法律知识小读本》800余册。

【统计监测分析】 2020年，张家界市统计局加强疫情影响下的全市经济运行的数据采集、统计监测、分析研判。全年编印《张家界经济动态》55期，其中统计分析42期、简明信息13期，市委办、市政府办采用26篇，《新冠肺炎疫情对张家界经济运行的影响分析及对策建议》《张家界市统计局关于统计基础指标体系调整相关工作的情况汇报》等5篇统计分析获得市委、市政府主要领导批示。（本栏撰稿 刘 君）

2020年9月23日，张家界市举行第十一届“中国统计开放日”暨第七次全国人口普查宣传月启动仪式后，前往武陵源区吴家峪景区门票站指导参观人口普查宣传“六进”活动开展情况 （杨伶俐 摄）

统计调查

【概况】 2020年，国家统计局张家界调查队（以下简称张家界国调队）坚持党建引领、从严治党治队，全面落实国家统计局、总队党组决策部署，各项工作齐头并进。2020年在张家界市委、市政府组织的各类考核、评比中获得多项优秀称号；获得2020年国家统计局湖南调查总队招标课题三等奖、优秀分析报告三等奖。

【依法治统】 2020年，张家界国调队依法治统，坚决贯彻执行《意见》《办法》《规定》，遏制“以数谋私、数字腐败”。深入开展统计造假专项整治行动。按照国家统计局和湖南调查总队的要求，对2020年全年违法违规行为进行深入排查并进行整改，严格落实领导干部违规干预统计工作记录台账制度，并按时报送市委组织部、市纪委。加大“双随机”执法检查力度。抽调调查专业人员和法治专干组成执法检查组，通过市、区县队上下联动，摸排案源的检查模式联合开展执法检查。加强统计普法宣传。集中学法，党组中心组集中学习4次，结合基层

2020年，张家界国调队开展住户调查基础检查 （张家界国调队 供稿）

2020年，张家界国调队开展住户调查 （张家界国调队 供稿）

基础检查和调查业务培训，向辅调员、调查对象发放统计宣传手册。日常普法，队员以科室或专业为单位，不定期开展法律知识交流会；利用统计开放日、国家宪法日等重点时段开展大型统计法制宣传活动；线上普法无纸化学习考试，我队连续六年实现普法学习考试参学率、考试通过率“两个100%目标”。完善、细化各专业业务规范化标准，形成“步步审核，环环监督”的源头数据质量管控机制。

【统计服务水平】 2020年，全队上报统计分析89篇，被国家统计局采用2篇，湖南调查总队采用58篇、单篇登载10篇，主流媒体登载8篇。《中国信息报》单篇登载2篇，实现国字号主流媒体采用“零”突破。国办、省办各采用2篇，张家界市委、市政府共采用8篇，信息数量与质量均实现大跨越。其中《近期猪肉价格反弹CPI上行压力大》等分析报告更获得市委副书记、市长刘革安等市级领导批示。2020年，发布CPI、城乡居民收入等数据16份。每季度印发《张家界调查简报》，及时发布重要指标数据。不定期编发《张家界调查》，刊载统计分析、调研文章。与市统计局联合编发《张家界经济动态》和《张家界统计年鉴》，着力为地方党委、政府提供更加优质的统计服务。全年共印发《张家界调查简报》4期、编发《张家界调查》31期，与市统计局联合编发《张家界经济动态》12期。

2020年，张家界国调队谭敦泉（左二）深入基层调研　（张家界国调队 供稿）

【国调品牌建设】 2020年，张家界国调队配合国家统计局湖南总队组织开展的各项专项调查活动，先后推荐、选派6名队员参加2020年全省营商环境评价工作和全省城市文明程度指数测评。按照国家统计局湖南总队要求规范做好全省城市文明程度指数测评的接待安排工作，确保调查顺利完成。完善基础工作，提升数据质量，居民收支调查、劳动力调查、消费价格调查、畜禽监测等专业调查工作扎实推进。加强普法宣传，统计法制工作不断迈上新台阶。加快推进现代服务型统计建设，统计服务水平不断提高。加强调研，服务经济社会发展，以精准服务为目标，打造国调品牌。

（本栏撰稿　呼秉键）

2021

农业·林业·水利

农业总类

【概况】 2020年，张家界市各级农业农村部门深入实施乡村振兴战略，着力培育优势特色产业，深入推进农村人居环境，农业农村经济始终保持稳中向好发展势头。全年农业总产值153.56亿元同比增长3.5%，农业增加值86.62亿元同比增长3.9%以上，农村人均可支配收入1.15万元同比增长10.1%。

【助力防控新冠疫情】 2020年，张家界市农业农村局坚持疫情防控和农业生产“两手抓、两不误”，第一时间下派党员干部100余人，下沉到贫困村和各类农业经营主体。为15家农业企业提供口罩3000只、防护服120套，支持资金35万元。对屠宰场等重点人员体温监测10.55人次，对屠宰场新冠检查82场次，检查396个环境样品，对144人进行核酸检测。第一时间选派驻企复工复产联络员，全面摸排疫情复工复产影响，帮助企业一手抓防疫，一手抓复工复产，切实缓解企业生产经营困难。2020年度张家界市农产品加工企业发展到971家（其中市级以上龙头企业发展到190家），农产品加工总产值123.8亿元。新增销售收入过5000万元以上企业5家，6家农业企业在省股交所挂牌上市。全年向上成功争取各类农业产业发展专项财政奖补资金3.1亿元、吸引各类社会资本投资达2亿多元同期增长165.5%。农产品出口2850万美元同比增长16.2%。

【农业真抓实干激励】 2020年，张家界市围绕省政府真抓实干督查激励措施，永定区争创全省乡村振兴先进县，武陵源区争创全省农村人居环境整治先进县，慈利县争创全省粮食生产和高标准农田建设先进县。全面落实中晚稻生产等各项粮食生产奖扶政策，落实中央和省级财政政策补贴2.3亿元。复耕复种抛荒和季节性抛荒耕地面积达1.32万亩，张家界市粮食播种达190.67万亩、总产量63.12万吨，油菜籽收获面积62.43万亩、总产量7.85万吨，烟叶面积5.76万亩、总产13.23万担、总值1.9亿元，推广良种良法配套技术460多万亩，组织40多家农机社会化服务组织和210多台收割机抢收中稻5.7万亩，66台烘干机烘干稻谷1.66万吨。大鲵稳定在200万尾以上，莓茶、茶叶、葛根种植面积分别有11.02万亩、15.08万亩、8610亩，蜂蜜达11.46万桶，蔬菜播种面积41.56万亩。五大特色优势农业总产值占农业总产值50.8%。全力发展“张家界白茶”和“张家界莓茶”两茶，张家界市人大常委会审议通过《关于加强张家界莓茶和桑植白茶品牌建设决议》，制定张家界莓茶生产和加工两个省级地方标准，“张家界茶”“张家界莓茶”成功注册国家地理证明商标。年度创建产业园2个、示范片2个、国家级产业强镇1个，新创6个农业产业化省级联合体和2个省级示范联合体、1家国家级五星级农庄、4家省五星级农庄、7家省四星级农庄、3家省三星级农庄，新打造1条国家级和1条省级乡村休闲旅游精品线路，张家界市休闲农业经营主体发展到882个，其中星级农庄43家，休闲旅游接待785万人次，营业收入9.69亿元。投资14599.2万元，完成2019年高标准农田建设任务9万亩，同步发展高效节水灌溉面积0.58万亩工作任务。及时启动2020年高标准农田建设9.79万亩，同步发展高效节水灌溉面积0.72万亩项目，到12月底完成项目投资1.21亿元，形象进度75%，建设进度位于全省前列。实行农村人居环境整治问题曝光行动，稳步推进实用性村庄规划编制。全年曝光各类问题180余个，向省申报省级实用性村庄40个，拆除农村建房违章建筑65处，新建垃圾中转站63个，整改24个非正规垃圾堆放点，完成农户改厕1500座，90%以上村庄生活垃圾得到有效治理，卫生厕所普及率达到85%，农村生活污水处理率达到71%。完成轻中度受污染耕地安全利用5.99万亩、重度污染耕地严格管控面积1520.38亩，张家界市限养区内畜禽规模养殖场粪污处理及资源化利用配套设施配套率100%、畜禽资源化利用率90.31%、主要农作物肥料综合利用率达到40%、秸秆综合利用率达到87%、农膜使用回收率达到81.01%。创建7个省级美丽乡村示范村、8个市级美丽乡村示范村。

【农业转型升级】 2020年，张家界市农业农村局牵头开展大鲵转型专题调研，召开3次座谈会、4次专题调度会议，投资200万元，与吉大等科研院校合作，中国大鲵城、大鲵主体公园顺利开工。争取到省大鲵转产资金2000万元，协助贫困户顺利转产。成立张家界市生猪项目协调领导小组，召开调度会65次以上、沟通协调会120次、督查督办会25次，形成齐抓共促生猪产能恢复发展工作格局。东方希望集团、正邦、正大、新五峰、双佳、天心种业等大型企业入驻张家界市，东方希望集团完成投资3.5亿元，确认地块41块面积111.64万亩，投工开建14块面积3768.4亩。2020年底，生猪出栏68万头、存栏60万头，较2019年分别增长15.4%、78.92%，完成省定任务104.6%、120%，恢复到2018年80.2%、132.6%水平。

【农业脱贫攻坚实绩】 2020年，张家界市农业农村局召开五次产业扶贫调度会，出台5份文件，下达3份交办函、2份督办函，下发2份督查通报，开展5轮督查、4次调研指导、2轮产业扶贫进村入户帮扶实效调查活动和2轮产业扶贫年度任务现场核查。据不完全统计，年度化解省农业农村厅、市指挥部、市纪委监委交办以及自身查找各类问题444个，推荐区县企业、合作社、指导员参与全省产业扶贫优秀代表评选，有4家带贫企业、4家带贫合作社和10名乡村产业扶贫作业指导员获得全省有突出贡献带贫主体和优秀产业发展指导员称号，上报各类产业扶贫典型材料15个以上，慈利县杜仲、桑植县白茶产业扶贫成效入选国家农业部农业农村部扶贫开发领导小组办公室《产业扶贫一县一业》，各级财政到账产业扶贫投入资金3.15亿元，358个贫困村均成立合作社，产业发展能力、意愿贫困人口全部得到产业扶持，开展各类技能培训班培训15.54万人，通过产业发展带动贫困人口24.86万人。

【“非洲猪瘟”防控】 2020年，张家界市农业农村局组织调度“非洲猪瘟”、草地贪夜蛾等重大动植物疫病防控，开展春秋季防疫，召开8次以上党组扩大会或局务会研究部署。开展排查检查，市防治组织10多次重大动物疫病防控督导检查，张家界市开展联合执法4次、行政执法89次，出动执法人员731人，立案4起，查处涉案生猪29头、产品3233公斤，货值56.49万元，罚没金额2.01万元，移送案件1件，追究刑事责任人1人，捣毁私屠滥宰窝点2个；开展大清洗、大消毒，使用消毒药9.06吨，消毒面积累计9.16万平方米；开展“非洲猪瘟”排查，排查生猪养殖场户6.11万场次，生猪248.26万头，屠宰场1980场次，生猪7.95万头，检测样品357份；加强流通环节监管，严格执行生猪和生猪产品跨省调运备案，张家界市有生猪运输车辆备案225辆；创造良好养殖环境，畜禽粪污资源化配套率达100%，利用率达90.31%，完成省河长办交办两个养殖场废水直排污染问题整改销号；加强家禽市场监管，联合市级多部门多次进行检查，市城区实行家禽集中屠宰，派驻5名官方兽医，实现家禽交易日常监管，全年未发现区域性重大动植物疫情。

【禁捕退捕工作】 2020年，张家界市出台《张家界市人民政府关于张家界市长江流域重点水域禁捕通告》和《张家界市长江流域重点水域禁捕退捕实施方案》，聚焦禁捕退捕、非法捕捞、野生鱼市场交易等关键环节，强力推进禁捕退捕工作，印发《张家界市涉渔“三无”船舶处置方案》等文件，每周调度一次张家界市相关工作，保障禁捕退捕工作有序开展。2020年，由张家界市农业农村局领导带队组织8次禁捕工作督查和2次暗访，其中3次有市纪委参与，2次由市委、市政府督查室牵头，3次由市农业农村局、市公安局、市市场监督管理局分管领导带队联合组织督查。同时联合各成员单位力量，开展禁捕退捕联合执法行动，市级6次、区县153次，给各区县、乡镇下发37份问题交办单，约谈6名乡镇、街道党（工）委书记和1名区县农业农村局局长。张家界市农业农村部门出动执法人员3203人次，执法车辆543台次，检查水产品销售经营点2491个次、渔具店109个次，清理违规网具1126张，查处非法捕捞案件53起，清理涉渔“三无”渔船5311艘，处置需拆解渔船3579艘。在严厉打击非法捕捞基础上大力开展宣传工作，张家界市农业农村局印发禁捕通告1.6万余份，在重点水域沿岸、集市等人群密集场所张贴。张家界市形成“不能捕、不敢捕、不想捕”全民禁捕氛围。在打击非法捕捞同时大力开展水资源养护工作，参与张家界市88个水电站整改销号工作，大力开展增殖放流，2020年市级放流大鲵3.15万尾，放流草鱼、鲢、鳙、鲤、鲫等2064万尾。切实落实各项工作，守护澧水河生态环境。

【农业农村改革】 2020年，张家界市启动食用农产品合格证改革，出台《张家界市推行食用农产品合格证制度实现产地准出和市场准入有效对接实施方案》，明确应实施合格证制度生产经营主体580家，开具纸质合格证3.53万张，附证上市农产品8855吨。稳步推进农村承包地管理与改革，张家界市农户档案移交入馆总数34.69万户，入馆率99.7%，土地流转面积累计达46.33万亩，处理土地纠纷200起、调处191起、仲裁4起。继续深化农村集体产权制度改革，完成117个村量化任务，完成率稳居全省第一。全面统筹农村宅基地管理，组织开展农村宅基地和农房管理情况调查摸底，申报桑植县作为全省农村宅基地管理工作试点县。积极培育农业新型经营主体，创建国家级示范社25家，省级示范社54家，省级示范家庭农场30家，市级示范社50家，市级示范家庭26家，张家界市农民合作社总数达2656家，家庭农场累计注册1300家。

【农业生产安全】 2020年，张家界市履行拖拉机安全顽瘴痼疾整治工作职责，市级进行4次工作调度、26次督查、13次联合执法行动，查处各类拖拉机交通违法行为2402起，清零2049台隐患拖拉机问题，完成省交办47台变型拖拉机检验、报废注销整改任务。启动农产品质量安全专项整治行动（农产品质量安全“利剑”行动、农资市场整治“湘剑护农”行动），出动执法监管人员4387人次，检查生产经营企业、门店2838家次，查处问题96起，办理案件49件，移交公安机关1件，销毁假冒伪劣产品3185公斤，取缔无证经营企业6家。

【科技强农】 2020年，张家界市创办生产示范样板，建立绿色标准化生产优质湘米基地10万亩，重点推广释放县基地2个，新增千亩生态示范茶园4个，继续开展10万亩高档优质稻绿色标准化生产示范、万亩稻油水旱轮作绿色高质高效示范、千亩稻鱼综合种养技术示范和“再生稻”生产试验、示范。挖掘品种、技术增产潜力，大力推广稳产高产、优质多抗新品种，推行机耕机插机收机烘、集中育秧、配方施肥、旱地间作套种、病虫害绿色防控技术措施，推广测土配方施肥面积309.95万亩、农作物秸秆还田面积157.15万亩、配方肥应用面积161.72万亩、水肥一体化面积3.51万亩。选派科技特派员266人，组建科技专家服务团4个，为358个贫困村提供科技服务，有效带动建档立卡贫困户脱贫1.26万户，贫困户人均增收1000元以上。培训高素质农民1283名，143人获得新型职业农民资格证、5人获得农业经理人资格证。争取省农广校联合永定区政府、湖南电台新闻综合频道，举办通过快乐购、微博直播平台推介永定莓茶直播活动。永定区区长现场直播推介莓茶，快乐购、微博直播平台现场有30.1万人收看直播，1小时卖出莓茶1055件。整合致公党湖南省委会专家资源和湖南省农广校项目资源，开展湖南“致公·农广”助农产业与品牌培训两期，培训学员141人，组织“乡村产业人才倍增工程”新型职业农民培训五期，培训680人。

（本栏撰稿 邓珍辉 宁冬元 崔 洵）

【农产品质量安全】 2020年，张家界市以创建国家食品安全示范城市为主线，全面提升农产品质量安全工作水平。提高基层监管能力，新增建设乡镇标准化监管站19个，升级改造27个，涉农乡镇标准化监管站覆盖率达到93%，永定区被纳入“省级农产品质量安全县”创建单位，慈利县建成稻谷重金属检测点22个，组织开展监管人员集中培训7场次。张家界市580家生产经营主体已全部实施合格证制度，市级以上食用农产品类龙头企业、123家生产主体纳入湖南省农产品身份证监管系统，557家生产经营主体录入国家农产品质量安全追溯管理信息平台。加强农产品质量安全风险监测，张家界市抽检农产品1.05万批次，合格率为99.2%，其中定量检测3135批次。深入开展农村假冒伪劣食品治理行动、农产品质量安全“利剑”行动，张家界市出动执法监管人员4387人次，检查生产经营主体2838家次，查办农产品质量安全案件22件，移交公安1件，捣毁私屠滥宰窝点2个。张家界市建立健全应对农产品质量安全突发事件运行机制，出台《张家界市农产品质量安全突发事件应急预案》，组织开展农产品质量安全应急演练，全面提高农产品质量安全突发事件应对水平，保障人民群众餐桌上安全。（刘 豪）

【高标准农田建设】 2020年，张家界市2020年高标准农田建设工作取得良好成效。2020年度新建高标准农田9.79万亩（其中永定区2.54万亩、武陵源区0.2万亩、慈利县4.05万亩、桑植县3万亩），同步发展高效节水灌溉面积0.72万亩（其中永定区0.3万亩、慈利县0.3万亩、桑植县0.12万亩）。建设总投资16209万元（其中永定区4064万元、武陵源区320万元、慈利县7025万元、桑植县4800万元），涉及4个区县32个乡镇145个村。张家界市2020年度高标准农田建设于3月启动，4月完成设计单位招标、政府采购工作，5月至6月完成项目前期踏勘、初步设计工作，6月至7月完成初步设计专家评审、项目公示、初步设计批复报备工作，8月至9月完成项目施工招标、监理政府采购工作，10月全面启动项目建设，12月底主体工程完工。张家界市农业农村局、慈利县农业农村局被湖南省农业农村厅评为2020年度高标准农田建设工作表现突出单位，张家界市农业农村局获张家界市2020年度投资和重点工程建设目标任务考核先进单位。（曹世望）

【新型农民培育】 2020年，张家界市农业农村部门培育高素质农民1278人，发证143人。累计培育生产经营型、专业服务型和专业技能型职业农民1.25万人。一是制定培育方案。根据湖南省农业农村厅印发《2020年湖南省高素质农民培训工作方案》要求，各相关区县围绕主导产业和特色产业发展，制定高素质农民培育工程实施方案。二是创新培育方式。将高素质农民培育与主导产业、新型农业经营主体、精准扶贫对接，遴选培育对象，采取分段式教学、多媒体教学、基地技能实训、外出参观考察等多种形式开展培训。三是强化认定管理。张家界市农业农村局出台《张家界市新型职业农民认定管理暂行办法》，明确认定条件和标准、认定程序、考核管理，并提出“提供免费服务、定期跟踪指导、优先涉农项目、享受扶持政策”等扶持政策措施，2020年认定143名新型职业农民。

【防治面源污染】 2020年，张家界市农业农村部门扎实推进农业面源污染治理，取得较好成效。耕地污染治理成效明显。开展耕地质量监测和等级评价，推进受污染耕地安全利用，张家界市完成受污染耕地安全利用5.99万亩、严格管控0.15万亩，均超额完成省下达目标任务。畜禽污染防治取得进展。四个区县都实施畜禽粪污资源化利用项目，资金4511万元，对畜禽养殖场（户）进行配套设施建设和畜禽粪污还田、沼气、制作有机肥。张家界市2020年有规模养殖场156家，完成配套设施改造156家，粪污处理设施建设配套率100%，畜禽粪污资源化利用率达到90.1%，均超过考核任务指标。化肥农药减量增效行动稳步推进。张家界市水稻、玉米、油菜、柑橘、蔬菜等主要农作物测土配方施肥面积160.5千公顷，覆盖率达到92.5%。化肥使月量4.85万吨（亩均14.44公斤），比2015年减少0.85万吨，亩均减少2.7公斤，主要农作物化肥综合利用率达到40%。主要农作物病虫害统防统治面积75.583千公顷，覆盖率43.57%。绿色防控技术推广应用面积69.5千公顷。张家界市生物农药替代化学农药比率达20%以上，2020年农药使用量1344.88吨，比2019年减少68.2吨，减少4.83%。废弃农膜回收和秸秆综合利用继续加强。开展农田地膜残留监测，推广使用标准地膜，2020年张家界市农膜使用量1887.3吨，回收量1550.18吨，回收利用率82.2%。在4个区县9个市场主体、29个乡镇360个农户建立秸秆综合利用台账，实施1个秸秆综合利用重点县项目，张家界市2020年秸秆综合利用率达到88.5%。（本栏撰稿 汪文化）

【土肥管理】2020年，张家界市加强耕地质量监测，推广测土配方施肥和水肥一体化示范技术，发展绿肥生产。张家界市有4个国家级监测点、41个省级大田监测点21个土种，总面积60余亩。年度推广测土配方施肥技术309.95万亩、示范推广水肥一体化3.51万亩、商品有机肥推广应用24.75万亩，种植绿肥36.65万亩，绿肥示范片13个，示范面积2万亩。（林 佳）

【“二品一标”认证】2020年，张家界市新通过和续展认证“二品一标”农产品（二品为绿色食品、有机产品，一标为农产品地理标志）71个，其中绿色食品69个，有机产品1个，农产品地理标志1个（慈利杜仲）；张家界市“二品一标”农产品认证有效数达到137个，其中绿色食品132个，有机产品1个，农产品地理标志4个。（张陈川）

【农村人居环境整治】2020年，张家界市农村垃圾得到有效治理，已基本形成农村生活垃圾“村居收集—乡镇转运—区县处理”治理模式，建成垃圾中转站88个，初步实现872个行政村生活垃圾治理全覆盖，90%左右村庄生活垃圾得到有效治理。农村污水得到有效治理，建成14个乡镇污水处理设施，推广分散农户三级化粪池+一级简易湿地生活污水处理系统，建成单户（联户）污水处理设施7.51万套和小型集中式污水处理设施121套，农村生活污水处理率达到71%。农村改厕不断深化，全面推行农村无害化卫生厕所改新建项目，张家界市累计完成无害化卫生厕所改新建8008户，农村卫生厕所普及率达到85%以上。农业面源污染得到有效治理，退养畜禽规模养殖场30家，退养有污染排放专业养殖户551家。对151家适养区、限养区内畜禽规模养殖场粪污处理及资源化利用配套设施进行改造，累计完成配套设施改造145家，配套率96%。村庄清洁行动深入推进，张家界市76乡镇（街道办）开展形式多样村庄清洁活动，参与群众达50万人次，出动垃圾清运车650台次，清运各类垃圾680余吨，清理大小水塘3600余口，疏浚溪沟180千米，清理农业废弃物45吨，清洁农田农地6800公顷，教育规范5万余户畜禽散养行为。（田 波）

种植业

【概况】2020年，张家界市用特色发展和绿色发展推进种植业高质量发展，实现种植业年度生产指标：粮食种植面积188.4万亩、总产量63.67万吨，其中水稻种植面积74.85万亩，总产量34.19万吨；油料作物收获面积71.47万亩，总产量8.82万吨，其中油菜收获面积62.43万亩，总产量7.85万吨；经济作物生产总面积152.25万亩，实现经济作物农业总产值51.89亿元。

【高档优质稻生产】2020年，张家界市有高档优质稻种植面积16.16万亩，比上年增加12.6%，占比达21.5%，面积比上年的13.14万亩增加3.02万亩，增长23%；总产量比上年的6.21万吨增加0.74万亩，增长11.9%，实现总产量6.95万吨，总产值2.16亿元。全面推进高档优质水稻产业高质量发展，采用全环节绿色标准化生产技术，因地制宜推广农香32、农香42、玉针香、泰优390、荃优华占、兆优5455、野香优油丝，果两优油丝、桃优香占、泰优553等高档优质稻品种，做好与加工企业对接，实行订单生产，调动粮食生产经营主体生产积极性。

【特色旱粮生产】2020年，张家界市加快高蛋白大豆、小籽花生、甘薯、马铃薯、小宗杂豆、鲜食甜糯玉米、黑芝麻、苦荞等特色旱粮作物推广。开展创建慈利红薯、永定大豆、桑植小红豆、苦荞为主特色旱粮强县。每个区县建设1个绿色高质高效创建基地，其中：永定区0.46万亩、武陵源区0.0148万亩、慈利县2.22万亩、桑植县2.3万亩。

【稻油水旱轮作】2020年，张家界市冬季农业资源丰富，冬闲田较多，温光水资源充沛，季节回旋余地大，发展稻油水旱轮作潜力巨大，2020年张家界市年度实现油菜播种面积68.13万亩，新增油菜面积5.7万亩。通过9.6万亩稻油水旱轮作试点实施，发展以油菜、绿肥、马铃薯、高效蔬菜等为主秋冬种生产，让农田披绿过冬，改善农田耕作层土壤结构，保护土壤微生物群落，提高耕地地力，减少化肥农药使用量，既能让农民增收，又能让农村生态真正美起来、环境靓起来，美化环境，更促进乡村旅游发展。

【蔬菜生产】 2020年，张家界市蔬菜播种面积45.32万亩，比上年46.06万亩减少0.74万亩，减少1.6%；总产量68.16万吨，比上年72.99万吨减4.83万吨，减少6.6%；总产值20.18亿元，较上年减少0.93亿元，减少4.4%。设施蔬菜播种面积1.46万亩、设施蔬菜总产量2.74万吨，较2019年分别增加0.21万亩、0.46万吨，分别增16.8%、增20.2%。由于2020年受疫情影响，2019年冬季蔬菜存在滞销情况，2020年上半年蔬菜生产面积较2019年减少，加之2020年春夏季节低温阴雨天气较长，蔬菜产量较2019年下降，但是均价较往年有所上升。

【水果生产】 2020年，张家界市由于阴雨天气和“大年”影响，水果生产呈现“两增一减”特点。总面积52.39万亩，比上年54.44万亩减少2.05万亩，减少3.8%；总产量44.68万吨，比上年41.14万吨增加3.54万吨，增长8.6%；总产值12.23亿元，比上年14.18亿元减少1.95亿元，减少13.8%。其中：柑橘38.67万亩、30.45万吨、5.29亿元，分别比上年增加0.8万亩、3.5万吨、减少1.155亿元。由于2020年是“大年”，水果单产较往年高，但水果销售价格比2019年有所降低；由于2020年阴雨天气较多，各类果品质量下降，其外观品质和内在品质均不如往年。

【茶叶生产】 2020年，张家界市年度茶园总面积15.08万亩，干毛茶总产量5038吨，茶叶总产值44334万元。茶叶生产呈现以下特点：一是茶叶生产实现2个突破2个稳定，茶园突破15万亩，开采茶园突破10万亩、干毛茶总产量、总产值分别稳定在5千吨和4个亿以上。二是四大茶类二增二减：绿茶、白茶产量分别比上年增加7.7%、14.5%；红茶、黑毛茶产量产值分别比上年减少15%和712%。三是茶园春茶开采时间推迟，受新冠肺炎疫情和去冬今春低温阴雨灾害性天气影响，高海拔地区春茶采摘时间比往年推迟8—10天，造成春茶生产季节缩短，全年茶叶总产量较2019年减产12.5%。四是茶园全年采茶时间延长。由于全年降水量2069.3毫米，较常年偏多49.7%，平均总日照数1039.3小时，较常年少19.59%，日平均温度比上年同期降低0.7℃，有利于夏秋茶生长，但不利于茶叶采摘。加大“张家界茶”和“张家界莓茶”公共品牌打造力度，2020年“张家界茶”和“张家界莓茶”获得国家地理标志证明商标。

【优势特色作物】 2020年，张家界市慈利金香柚、慈利蜜柚、张家界菊花芯柚、猕猴桃、杨梅、香椿、甜柿、阳冬梨、李子、木瓜、八月瓜、中药材、莓茶、盾叶莓等优质种质资源得到有效保护与合理开发利用。张家界市莓茶生产总面积10.6万亩，比上年8.6万亩新扩莓茶生产基地2万亩，增长23.3%；干莓茶总产量5860吨，比上年4020吨增加1840吨，同比增长45.8%；莓茶生产总产值9亿元，比上年5.9亿元增加3.1亿元，同比增长51.4%。中药材生产总面积23.1万亩，比上年20.9万亩增加2.2万亩；总产值4.1亿元，比上年3.35亿元增加0.75亿元，增长22.4%。烟叶生产总面积5.76万亩，比上年5.66万亩增加0.1万亩，增长1.8%；由于2020年受洪涝灾害影响，烟叶产量13.23万担，比上年14.17万担减少0.94万担；产值1.96亿元，比上年1.94亿元增加0.02亿元，增长1.03%；户均收入7.6万元，烟农收入总体稳定。

【绿色农业】 2020年，张家界市以良种良法为基础，以社会化服务为支撑，积极推广各类生态增效模式及配套技术。大力推广优良品种，推广集中育秧、再生稻、旱粮分厢间套多熟制技术，“稻油”水旱轮作技术，应用节肥技术，推广绿色防控技术，张家界市各项新技术、新品种推广应用面积达460多万亩次。充分发挥农业机械化在粮食生产中主力军作用，张家界市主要粮食作物耕种收机械化率达65%以上，耕种收综合机械化水平不断提高。张家界市推广测土配方施肥309.95万亩次，推广秸秆还田157.15万亩次，推广绿肥种植36.65万亩，主要农作物肥料综合利用率达到40%。全面实施绿色防控，建立健全病虫疫情监测预报、防控指导和防控处置体系，组织开展群防群治和专业化统防统治，病虫绿色防控等农业主推技术到位率达到95.9%，实现重大病虫总体危害损失率控制在5%以下。

【种植大户】 2020年，张家界市培育种粮大户631家，流转土地种粮10.57万亩；培育蔬菜大户100家，流转土地种菜5.78万亩；培育水果大户505家，流转土地进行水果生产12.52万亩；培育茶叶大户147家，流转土地种茶10.24万亩。

（本栏撰稿　李　莉）

畜牧水产业

【动物疫病防控】 2020年，张家界市按照全年强制免疫措施，实施春秋两季动物强制免疫，口蹄疫应免分别完成猪55.24万头，牛13.63万头，羊33.1万只，禽流感483.59万羽，小反刍兽疫23.4万头，并常年保持动物补免工作，全年应免密度均达到100%，其他疫病防控得力，未发生区域性重大动物疫病。制定监测方案。

【“非洲猪瘟”防控】 2020年，张家界市“非洲猪瘟”防控工作在总结上年防控经验基础上，重点突出落实“非洲猪瘟”防控关键环节关键措施，着力落实生猪调运监管和屠宰环节两个制度。张家界市全面执行运输车辆备案制度，备案生猪运输车辆136辆；落实生猪跨省“点对点”调运备案制度和跨省生猪产品供应备案制度；狠抓屠宰企业非洲猪瘟自检制度，强化落实检测全过程监管和驻场官方兽医检测结果签字确认操作模式，张家界市屠宰企业自检“非洲猪瘟”26818份样品，无“非洲猪瘟”检测阳性样品。2020年，张家界市办理违反《中华人民共和国动物防疫法》各类案件32宗。

【定点屠宰管理】 2020年，张家界市围绕屠宰环节生物安全和肉品质量安全目标，继续强化在生猪屠宰场实施以落实“两个制度”为核心生猪屠宰监管行动和以打击屠宰环节违法行为为主的“扫雷行动”。张家界市经农业农村部审核通过11家生猪定点屠宰企业全部按规定配置驻场官方兽医、全部落实非洲猪瘟PCR快速检测，全年屠宰生猪19.76万头，“瘦肉精”自检1.23万份。加强屠宰监管，张家界市全年举办培训46场次，241人参加培训；接受举报5起，查实5起；张家界市开展执法90次，联合执法5次，出动执法人员746人次；立案6起，涉案生猪29头、生猪产品3233公斤，货值56.49万元，罚没金额2.01万元；病害猪无害化处理生猪43头，病害生猪产品1.31万公斤；“瘦肉精”监督抽检1.15万份；捣毁生猪私屠滥宰点1个。

【养殖业污染治理】 2020年，张家界市适养区、限养区内畜禽规模养殖场改造任务156个，完成配套设施改造156个，规模养殖场设施配套率达100%，超额完成95%考核指标，其中大型规模养殖场37家，已完善粪污处理设施37家，完成100%考核指标；张家界市畜禽养殖废弃物资源化利用率达到90.1%，超额完成75%考核指标。2020年，张家界市四个区县均全面实施非生猪调出大县畜禽粪污资源化利用整县推进项目，张家界市投入项目资金4511万元。通过项目建设，张家界市有270个养殖场（户）和2个种植业大户获得畜禽粪污处理设施和粪污资源化利用设施建设支持，建设沼气池1.35万立方米、干粪堆积发酵棚（池）1.37万平方米、改造栏舍及集粪沟1.22万平方米、异位发酵床600平方米、污水沉淀池1.16万立方米、污水存储池3.05万立方米、干湿分离机83台、粪污搅拌机3套、污水泵46台、泵房4间、吸污车18台、雨污分流管网3.91万米、污水输送管网8.72万米、节水设备（饮水碗）4688个、肥水一体化设施2套、有机肥加工设备1套和其他相关设施若干。

【渔政管理】 2020年度，张家界市大力开展禁捕工作，守护张家界市一江碧水。张家界市委、市政府领导主持召开5次禁捕工作推进会，组织6次禁捕工作督查和2次暗访，给区县、乡镇下发37份问题交办清单，切实压实禁捕工作责任，严厉打击非法捕捞。张家界市渔政部门出动执法人员3354人次，出动执法车辆561台次，水上巡查1499.5千米，配合或联合有关部门检查渔具生产、经营店114场次，开展联合行动160次，清理违规网具1126张。全年行政处罚22起，刑事处罚53起。清理涉渔“三无”船舶5391艘，其中1557艘作为生产生活用船已登记挂牌，3834艘用于拆解，拆解完成率100%，完成“四无四清”目标任务。张家界市开展人工增殖放流5次，放流大鲵460尾，“四大家鱼”2040万尾。（本栏撰稿 李传金 周 彤）

农业机械化

【概况】 2020年，张家界市农机装备总量持续增长，农机总动力达到119.6万千瓦，较上年增加1.4%。农机化作业水平稳步提升，完成机耕119.9万亩，机播19.58万亩，机收54万亩，主要农作物综合机械化水平达29%，其中水稻耕种收综合机械化水平达到61.7%，较上年增长1.7%；油菜耕种收综合机械化水平达到34%，较上年增长1.5%。

【农机购置补贴】 2020年，张家界市已发展18家农机经销企业经营销售农机购置补贴产品，全年实施农机购置补贴资金928.18万元，补贴机具4220台（套）；审核审批10家企业为报废农机回收企业，报废更新拖拉机和联合收割机37台；举办新机具演示会议4场次，完成4个品目12个型号机具归档；慈利县申报钢架大棚补贴试点县。

【农机具示范推广】 2020年，张家界市组织指导各区县举办水稻油菜机械化生产演示会5场，果园田土宜机化改造现场演示推进会2场，举办水稻机械化抛秧技术培训班4期，做到推广演示机具种类全覆盖，乡镇农技员、农户、操作手等有900多人参加。张家界市建立水稻全程机械化生产机抛秧示范片1个、全程机械化油菜示范点8个，示范点机播油菜亩产量达300斤以上。

【农机社会化服务】 2020年，张家界市支持创建成功省级现代农机合作社5家，现代农机合作社示范社2家，全程机械化综合农事服务中心1家，张家界市农机合作社保有量55家，其中现代农机合作社32家，示范社7家，综合农事服务中心1家，有社员1837人，服务农户1.14万户，流转土地6.5万亩，作业服务面积27万亩，批量烘干能力1320吨，拥有农机具总价值9330万元。

【项目建设】 2020年，张家界市申报并完成“果菜茶”田土宜机化改造项目2个，分别是慈利县“果园”、永定区“果菜茶”田土宜机化改造项目；首次实施水稻深施肥项目，依托农机合作社完成水稻机插同步深施肥和水田旋耕同步深施肥4万亩；向省农业农村厅申报2020—2024年储备项目6个。

【农机技术培训】 2020年，张家界市先后选派6家农机合作社20名农机操作人员、种田能手、理事长参加全省举办“三员”培训班、项目建设培训班；组织农机系统10名工作人员参加岳阳市举办为期3天的监理考试培训；选拔插秧机能手参加全省“机插秧”技能比武，获得优胜奖；选送2名农机维护工程师参加第三届全国农业行业职业技能大赛湖南省选拔赛农机修理工技能竞赛，在全省14个市州中取得第八名成绩。张家界市全年累计培训操作手4500多人次，3所拖拉机驾驶培训学校培训联合收割机、拖拉机驾驶人员429人。

【交通顽瘴痼疾整治】 2020年，张家界市完成1176台变型拖拉机报废灭失，超任务9.7%；完成2063台隐患拖拉机问题“清零”，其中变型拖拉机488台，其他在用拖拉机1575台；与交警部门联合执法，查处各类拖拉机交通违法行为2402起；与市场监管、商务及住建、应急等部门开展联合督查行动26次。

【农机安全生产】 2020年，张家界市实现县、乡（镇）、村、合作社四级网格化管理，逐级落实农机安全生产目标，农机安全生产责任实现全覆盖。张家界市创建全省平安农机示范乡镇3家；注册拖拉机运输机组382台，年检拖拉机运输机组1861台，注销拖拉机1799台；做到应注尽注、应检尽检、应消尽消；组织考试8场次，考拖拉机驾驶及操作人员442人次；接受农机宣传教育群众及机手达2300多人次，向省市信息网站报送信息23篇；8月下旬启动农业机械化生产安全保险工作，全年完成农机安责险签单184单。

（本栏撰稿 邓珍辉 宁东元 崔 洵）

农村经营服务管理

【土地确权登记】 2020年，张家界市确权农户34.83万户，签订合同34.67万户，合同签订率99.54%，确权证书颁发34.29万本，颁证率98.5%。张家界市承包地确权成果档案已整理入馆2.12万卷，农户档案整理入馆34.69万户，入馆率99.7%。通过省级数据审查，通过率100%。张家界市完成4个区县77个乡镇982个村34.82万户，189.1万亩土地数据库成果汇交任务。

【土地经营权流转和纠纷调解】 2020年，张家界市新增土地流转面积2.2万亩，累积流转面积50万亩（剔除退出流转部分）。加强土地纠纷调解仲裁体系建设，2020年，张家界市发生农村土地纠纷550起，同比降低104.9%，其中调处520起，调处率95%。

【集体产权制度改革】 2020年，张家界市983个涉改村居2017—2019年度集体资产进行清产核资，确认农村集体经济组织成员身份141.14万人。涉改983个村居均建立集体经济组织，已颁发登记证书。对321个股份经济合作社村进行股权量化。完成村级集体“三资”台账数据导入省村级财务统一软件工作，张家界市清查出村级债务总额28272.89万元。

【农村宅基地管理】 2020年，张家界市成立农村宅基地管理工作机构，制定印发《关于加强和完善农村宅基地管理和改革有关工作实施意见》。77个乡镇（街道）全部建立农村宅基地联审联办联合执法工作机制和“一站式”办事窗口。所有行政村都至少明确1名农村宅基地协管员。2020年以来，张家界市乡镇（街道）按新审批程序已办理农民建房1321宗，面积19.07万平方米。

【新型经营主体培育】 2020年，张家界市新增农民合作社190家，家庭农场137家；农民合作社累计发展到2633家、家庭农场累计注册1416家。张家界市先后创建国家级示范社25家，省级示范社54家，省级示范家庭农场30家，市级示范社50家，市级示范家庭农场26家。

（本栏撰稿 邓珍辉 宁东元 崔 洵）

农业科技研究

【苎麻试验示范】 2020年，张家界市推广中苎一号、中苎三号、华苎四号等苎麻新品种，积极组织种植大户发展苎麻生产新基地，在桑植县、永定区、桃源县新发展苎麻500亩。在新老苎麻基地推广机械剥麻技术、冬季套种技术和苎麻副产物青贮饲料加工技术，通过冬季套种蔬菜增加经济效益2000元/亩以上，通过副产物青贮饲料加工增加经济效益700元/亩以上。5月，从山东青州市引进秧苗移栽机一台，经过移栽部件改进和多次对苎麻品种改良岗位育成水培+柱状苗进行移栽试验，首次实现苎麻机械化移栽，并于12月5日在张家界通过专家现场评议，突破苎麻生产全程机械化技术瓶颈。

【白茶栽培创新】 2020年，张家界市组织开展白茶有机肥筛选试验、白茶有机肥当量试验、白茶氮肥总量控制、白茶套种绿肥品种筛选试验和绿色防控试验，根据试验结果、土样化验及走访调查推荐适宜白茶园套种绿肥品种2个，确定张家界白茶基地推荐施肥配方两个。推介应用适宜山区茶园耕作、培管、采收机械21套（件），初步拟定张家界白茶园病虫害绿色防控配套技术规范。分别在武陵源区插旗峪、永定区三岔、桑植县蹇家坡等建设生态示范茶园4个，示范面积在1000亩以上。先后主办或协办茶园轻简绿色高效种植技术培训班、“桑植白茶”产业领军人才培训班、白茶机械应用培训会等各类培训12期次，培训骨干人才380人次，发放资料1200份。

【种质资源保护】 2020年，张家界市加强种质资源种子收集、登记和安全贮藏，新收录5个作物品种12份材料，对地方优良品种金香柚母本树资源开展调查与管护，并组织资金和技术力量将武陵源插旗峪村白虎塘野生茶树资源和慈利高桥乡宜昌蜜柚资源迁移至广岩嘴基地进行集中保护，为后续开发利用奠定基础。

【粮油科研试验】 2020年，张家界市完成12个玉米新品种、16个水稻新品种生产试验。上半年，完成2019—2020年度7个油菜新品种生产试验，下半年，开展彩色油菜品种筛选和菜油两用油菜生产试验，为本地农业生产、农旅结合高质量发展、实施乡村振兴战略夯实技术基础。

【农业科技服务】 2020年，张家界市开展科技服务工作，组织技术力量深入各生产示范基地，采取集中培训和现场指导方式，开展各项技术培训，并参加市电大培训、劳动就业培训、新型职业农民培训等宣传授课14期次，培训骨干人才340人次，发放资料1260份。聚焦全市农业产业发展，为社会经济改革发展搞好服务，狠抓“两茶”地理标志证明商标申报工作，目前已获通过审批，正挂网公示。同时积极参与《张家界莓茶地方标准》《张家界莓茶产品团体标准》制定，“张家界莓茶绿色标准化栽培技术集成示范推广”获得湖南省农业丰收奖三等奖。（本栏撰稿　何春林　向　平）

农业产业化

【概况】 张家界市有农产品加工企业968家，从业人员2.26万人，农产品加工产值（现价）121.7亿元，完成销售收入114.3亿元，实现利润7.5亿元，农产品出口2850万美元。7家涉农企业在省股交所挂牌。全市休闲农业经营主体882家，其中：星级农庄43家（国家级五星农庄3家，省级五星农庄13家，省级四星农庄23家，省级三星农庄4家），完成营业收入9.76亿元。慈利县三合镇（茶叶）被认定为国家“一村一品”示范村镇。慈利县零溪镇被批准开展国家农业产业强镇示范建设，获得国家奖补资金1000万元。4个农业产业化龙头企业获得国家“百企培育”“千企帮千村”项目资金230万元。

【农业产业化龙头企业】 2020年，张家界市市级以上农业产业化龙头企业190家，其中：农业产业化省级以上龙头企业30家（国家级1家，省级29家），完成销售收入33.21亿元。规模以上企业达125家，销售收入过5000万元企业62家。全市休闲农业经营主体发展到882家，其中：星级农庄43家，完成营业收入9.76亿元；休闲农业和乡村旅游接待785万人次。年度新认定11家农业产业化省级龙头企业和4个农业产业化省级联合体、3个省级示范联合体。新认定国家级五星农庄1家，省五星级农庄4家，省四星级农庄7家，省三星级农庄3家。新认定1家省休闲农业集聚发展示范村和3个休闲农业示范农庄，获农业部推介美丽乡村和乡村旅游精品景点线路1条。新增4个产品入选全国乡村特色产品和能工巧匠名录。（本栏撰稿　胡灿云）

烟叶生产管理

【概况】 2020年，张家界市人民政府办公室印发《张家界市人民政府办公室“关于切实抓好2020年烟叶工作的通知”》，将烟叶工作纳入专项绩效考核，重点考核各产烟区县人民政府、产烟乡镇人民政府、烟农专业合作社及各级烟叶生产工作人员。1月、8月先后组织召开全市烟叶工作会议、全市烟叶收购工作会议，统筹部署全市烟叶生产、收购工作。2020年全市烟叶种植收购计划5.76万亩、14.4万担，实际落实种植面积5.76万亩，大灾之年，在全市因灾减产2万担以上的情况下，完成收购销售量13.23万担，实现烟叶税收3650万元，2173户烟农实现烟叶总收入1.65亿元，户均收入7.6万元。

【烟叶生产抗灾救灾】 2020年6月12日至7月18日，张家界全域遭遇历史罕见连续降雨极端天气，造成全市1.6万亩烟叶受灾，0.7万亩烟叶绝收，全市烟叶质量与产量遭受重创。面对灾情，全市上下全力以赴、多措并举开展抗灾救灾。积极准备防灾抗病肥料、农药139.6吨，免费发放抗病物资2.6吨，紧急投入76万元用于烟田退水后烟叶病害的统防统治工作，投入110万元人影经费加强天气监测及干预。针对异常天气，及时调整生产与烘烤技术，组织开展各类烟农培训90余场次，培训烟农达3200余人次，尽最大努力降低烟叶病害损失及烘烤损失。投入烟叶种植保费补贴449万元，保险理赔666.36万元。争取湖南省烟草专卖局及三家工业企业救灾援助350万元。调整烟叶收购政策帮助烟农增收260万元。

【烟叶基础设施】 2020年，张家界市人民政府烟叶生产管理办公室进一步夯实现代烟草农业设施基础，全市完成烟基项目建设1387个，投入补贴资金1942万元，积极争取新建烤房265座，有效缓解全市烤能不足压力。慈利县皮家垭水库建成投入使用。桑植县牛洞口水库工程完成项目进度88%，茶源峪水源性工程计划投入3000万元，顺利通过省级项目评审。（本栏撰稿 雷 凯）

林 业

【概况】 2020年，张家界市林业工作取得成效。开展林业主题建设。优化森林结构。造林绿化总面积3.17万公顷，其中人工造林5300公顷、封山育林2500公顷、退化林修复9900公顷、森林抚育1.18万公顷，投入造林绿化项目资金4100万元；重点工程防护林人工造林1213公顷、封山育林2307公顷、森林质量精准提升667公顷、油茶低改267公顷；石漠化综合治理工程完成人工造林627公顷、封山育林1307公顷；新一轮退耕还林完成183公顷；永木材战略储备基地建设项目现有林改培67公顷。

加强森林资源管护。严格执行林地定额制度，依法审核使用林地项目155个，87.3公顷；办理各类案件29起，其中刑事案件27起，林业行政案2起，刑拘1人，取保候审17人。2020年，全市林业有害生物发生面积20.12万亩。其中，林业有害生物成灾面积0.55亩，成灾率为0.65‰，全市林业有害生物防治面积12.34万亩，其中无公害防治面积为12.14万亩，无公害防治率为98.38%。全市实施飞机防治6万亩，组织检疫执法专项行动25次，烧毁松材26.7吨。加强野生动植物保护，全力推动野生动物人工驯养繁殖单位逐步转产工作。

促进林业产业发展。2020年，全市林业产业受疫情影响较大，总产值为275.63亿元，比2019年的425.12亿元减少35.16%，一、二、三产业产值分别为12.5亿元、2.01亿元和261.11亿元，同比2019年的20.01亿元、5.41亿元、399.7亿元，分别减少37.53%、62.8%和34.67%。

实施“生态补偿脱贫一批”行业扶贫工作。争取中央财政新增生态护林员补助资金1999万元，新选聘1999名生态护林员。

【古树名木保护】 2020年，张家界市林业局加强古树名木保护工作，在全域古树名木资源普查基础上，推动各区县人民政府开展古树名木保护名录认定公布工作，张家界市认定古树名木3776株，由张家界市林业局牵头组织开展《张家界市古树名木保护条例》立法工作，张家界市古树名木保护立法经过17道法定程序，形成17份正式文稿。12月初，省人大在审议《张家界市古树名木保护条例》时一致认为张家界市古树名木保护立法质量很高，全票通过。（本栏撰稿 刘有能）

【林业有害生物防治】 2020年，张家界市林业局防治作业面积12.34万亩，其中飞机或无人机防治6万亩，投入防治费用1300余万元。

（田小山）

【自然保护地整合优化试点】 2020年，张家界市林业局推进自然保护地整合优化试点工作，张家界市自然保护地存在相互交叉重叠问题复杂、多头管理情况严重、边界范围不明确、管理机构不健全等现实问题。通过国土资源、生态环境等多部门协作，多次召开市长专题会议、市政府常务会议和市委常委会会议研究，统筹考虑，形成《张家界市自然保护地整合优化预案（送审稿）》，确定按照“2+5”

2020年5月18日，《张家界市古树名木保护条例》立法听证会在张家界市林业局二楼会议室召开

（刘有能 摄）

方案对全市14处自然保护地进行整合优化，即整合优化成为八大公山、张家界大鲵2个国家级自然保护区，张家界国家森林自然公园、天门山国家森林自然公园、江垭省级森林自然公园、张家界国家地质自然公园、张家界红石林石漠自然公园等5个自然公园。（全　梨）

【查处打击各类违法占用林地行为专项行动】2020年，张家界市林业局开展打击各类违法占用林地行为专项行动，全市排查出案件70起，查处58起，督查补办或正在申办林地手续12起，面积248.9亩，收回林地50.7亩，恢复植被15.0亩，行政处罚款149.8万元，刑事起诉2人，行政处罚25人，党纪政纪处分5人，有效遏制侵占和毁坏林地行为。（江方明）

【野生动植物保护】2020年，张家界市立涉野生动植物刑事案件22起，破获16起，抓获犯罪嫌疑人20人，移送起诉13起。引导推动野生动物人工驯养繁殖单位逐步转产相关工作，全市第一批人工繁育主体退出补偿资金4147.3万元，涉及人工繁育主体199家养殖户7个物种，涵盖永定区、慈利县、桑植县等三个区县，其中涉及建档立卡贫困户68户255人，补偿资金220余万元；对野生动物实施救助，全市开展野生动物救护工作70余次。救护野生动物90余只，救护成活率达90%以上。（黄生雄）

水利

【概况】2020年，张家界市水利系统加快水利基础设施建设，提高河库监管水平，提升水安全保障能力，推进水电站整改，防御水旱灾害。应对2020年10轮强降雨过程，1人被评为全省防汛工作先进个人，2人被评为全市防汛工作先进个人。水利建设争取项目投资2.02亿元，完成投资1.87亿元，投资完成率为92.3%。推进中小河流治理、病险水库除险加固、主要支流治理、中型灌区节水改造、水土流失治理、山洪灾害防治等项目。加快实施牛洞口水库水源工程，澧水重要河段张家界市城区（荷花片、枫香岗片）治理，子午西路防洪堤及杨家溪电排站改扩建、太极溪新增防洪堤工程等工程建设。河长制工作。70条50平方千米以上河流河道划界工作在全省率先获得批复和公告，2人被评为“全国优秀河长”，2人被评为“全省优秀河长”，1人获水利部、全国总工会、全国妇联授予的“全国最美河湖卫士”称号，成为全省4名获奖者之一。4条河流荣获“全省美丽河湖”称号。湖南卫视播出“条条绿水出桑植”三集系列报道，宣传推介张家界市生态文明建设先进经验。1人被推荐为全国全面推行河长制先进个人。移民帮扶工作。综合排名持续保持全省最前列，2020年被推荐为湖南省移民系统迎接水利部移民后扶复检代表。

【水利规划】2020年，张家界市水利局编制完成《超标准洪水防御方案》《“十四五”农村供水保障规划》《溇水岸线保护与利用开发规划》，编制75座新增病险水库除险加固规划及“十四五”新建20座水库规划。推进全市“十四五”水安全保障规划、水安全规划、水利基础设施空间布局规划和水资源配置专项规划等各类水利专项规划，谋划一批重大水利项目，并兼顾面上同步谋划好小型水利项目。

【水旱灾害防御】2020年，张家界市遭受10轮暴雨洪水袭击，各地发生不同程度洪涝灾情，部分地区受灾严重。全市水利系统积极应对，确保“不因灾死亡一人”。

雨情。2020年汛期张家界市先后出现倒春寒、雷暴大风、连阴雨、暴雨灾害、轻度高温热害等灾害性天气。汛期4—9月全市平均降水量为1533.4毫米，较历年同期（1011.2毫米）偏多522.3毫米，属于偏多等级，其中4月偏少，5月显著偏少、6月异常偏多，7月异常偏多，8月正常，9月异常偏多。主汛期6月1日至7月20日，张家界市出现10轮历史罕见极端强降雨过程，历时时间长、雨量及强度大、覆盖面广、间隔时间短。

水情。受降雨影响，澧水先后发生多次洪水过程，部分支流洪水受强降雨影响出现陡涨陡落。澧水上游控制站桑植站于7月19日出现超过警戒水位2.38米洪水，为2013年以来最高，洪水重现期接近10年一遇。下游站洪水组成中主要以上游站来水为主。受降雨和江垭水库泄洪影响，7月7日溇水澧水洪水叠加影响慈利县城出现2020年最大洪水。

水灾。2020年，受多轮强降雨影响，全市4个区县78个乡镇及街道受灾，水利工程设施损毁严重，其中堤防损毁378处34.6千米，水闸损坏23座，塘坝损坏92座，灌溉设施损坏2515处，直接经济损失19132.2万元。

旱灾。无。

防汛减灾。张家界市水利局先后2次启动水旱灾害防御4应急响应，1次启动水旱灾害防御3应急响应，4个督查组，采取“四不两直”方式，先后6次18个昼夜216人次分赴乡镇督查各类水旱灾害防御责任人值班值守情况，电话抽查122座水库“三个责任人”值班值守情况，确保防汛责任、应急值守、督促检查、到岗指挥、调度安排“五到位”。通过预警平台发布预警20余次，发布短信37.06万条，涉及责任人6801人，紧急转移1239人。各乡镇通过手机、微信群、预警广播等方式将预警信息第一时间精准发布到村、到户、到人，做到不落一户、不漏一人。紧盯“临村、临水、临路”等重点区域，组织人员对崖体周边房屋及人员居住情况、村民房前屋后沟渠排水等情况进行逐一排查，落实提前转移、群测群防、转移避险等措施；紧盯淤地坝、河道等蓄水拦挡工程，排查蓄水情况、泄水安全和坝体稳定等隐患，强化巡查值守、监测调度、抢险应对等措施，确保工程安全度汛。先后派出80组次技术指导组283人次，对相关水利设施特别是存在隐患的水库、山塘和水毁水利工程进行现场查看，查险并指导处险51处，确保防汛安全。严格落实24小时领导带班、专人值守制度，信息报告制度，完善灾情信息互通共享机制。

【水利工程项目建设】 2020年，张家界市争取水利项目投资计划5.2916亿元（其中中央投资计划1.2847亿元，地方投资计划4.0069亿元）。完成灾后薄弱环节12座小型病险水库除险加固项目建设，建成小（一）型水库雨水情监测系统；加快推进牛洞口水库建设，继续推进郁水二期、零溪河二期、茅溪河二期中小河流治理项目、澧水重要河段张家界市城区（荷花片、枫香岗片、子午路延伸段）及慈利县永安保护圈治理等工程建设。

【农村安全饮水】 2020年，市水利局履行水利行业扶贫职责，加强农村饮水安全巩固提升工程建设，确保关系农民群众切身利益的“民心工程”真正落到实处。2020年完成投资6544.82万元，建设农村供水项目153处，受益人口7.22万人，其中建档立卡贫困人口1.39万人，全市农村集中供水率达到89%，农村自来水普及率达到86.6%，确保群众喝得上水、喝得起水、喝上好水。

【农田灌溉水有效利用系统测算分析】 2020年，张家界市开展农田灌溉水有效利用系统测算分析工作，测算分析成果为0.5541，其中小型灌区0.5699，较上年提高0.0056；中型灌区0.5534，较上年提高0.0075，大型灌区0.5367，较上年提高0.0052。

【水资源管理】 2020年，张家界市水资源管理工作积极践行水利发展改革总基调，不断推进水资源管理体系和管理能力现代化。严控用水总量，全市用水总量为4.96亿立方米（张家界市取水控制红线为5.7亿立方米）。完成取水工程（设施）核查登记整改提升工作，截至2020年9月，全市50个退出类项目与156个整改类项目已全部完成整改提升销号。加强取用水监管，对全市年取水量50万立方米以上非农取水户安装在线监控计量设施，将张家界市航空工业技术学院、青和锦江国际酒店、张家界江垭温泉度假村有限公司、高家溪水库中型灌区等17家单位（企业）纳入市级重点监控用水单位名录。开展用水统计调查工作，全市完成取用水户注册120户，完成率达100%，其中重点取用水户完成注册94户，非重点取用水户注册26户，并按照要求完成全年用水统计数据上报。大力推进节约用水，永定区已完成县域节水型社会达标建设，并顺利通过验收，全市5家水利机关完成节水建设，节水工作迈上新台阶。加强生态流量保障，为保障主要河流生态流量，2020年市水利局会同市发改委、市生态环境局等有关部门制定并印发《张家界市主要河流控制断面生态流量方案》，通过大鲵保护区小水电整治，大鲵保护区内保留发电的江垭水电站、鱼潭水电站，保留大坝的35个水电站和大鲵保护区外整改保留的35个水电站均已落实生态基流，安装生态基流监测设施，并联网到省级监管平台。

【水土保持】 2020年，张家界市水土保持工作因地制宜，科学施策，大力开展水土保持宣传月活动，通过组织宣传车下乡入村、进工地、进厂矿企业，在城区设立咨询台，着力开展水土保持宣传进党委、进政府、进人大、进政协、进党校“五进”活动，水土保持法宣传覆盖面、社会公众对水土保持法知晓率均大幅提升。

完成市级生产建设项目水土保持方案审批16件，区县级生产建设项目水土保持方案审批24件，全部按照时间节点时限要求完成，生产建设项目水土保持设施验收备案8个，不断强化事中和事后监管，对张吉怀高铁、市政工程项目开展水土保持设施大检查专项行动。全年市区县两级开展监督检查110余次，下发责令整改通知书23份。坚持应征尽征原则，全年市级补偿费征收入库117万元，超预算任务130%。完成所有生产建设项目水土保持方案许可系统录入及水土流失治理项目图斑录入工作；完成部、省卫星遥感疑似图斑现场复核和录入工作；对水土流失治理项目治理面积及水保措施情况实行无人机监测核实。

争取治理水土流失项目中央及省级资金2979万元，新增水土流失治理面积14.7平方千米，完成坡改梯面积7225亩；引进民间资本86万元参与水土流失治理，新增水土流失治理面积2.2平方千米；林业部门通过人工造林和防护林，新增水土流失治理面积67.51平方千米；自规部门通过增减挂等土地整理形式，新增水土流失治理面积1.6平方千米；争取石漠化治理资金4000万元，治理石漠化面积28.99平方千米。全市水土保持率提高0.9%。

【河道管理】 2020年，张家界市以河长制为抓手，常态化、规范化开展“四乱”整治，严格涉河建设项目审批，全面加强河道管理工作。涉河审批。根据《中华人民共和国水法》《中华人民共和国防洪法》

《中华人民共和国水土保持法》《中华人民共和国河道管理条例》等法律法规规定，落实分级管理责任，依法依规依程序做好河道管理范围内建设项目审批，2020年完成涉河建设项目审批6个。

岸线管理。保持高压态势，摸排并完成68个“四乱”问题整改；开展70条流域面积在50平方千米以上河流河道管理范围划定方案及界桩埋设工作；按照全省统一部署，完成溇水岸线保护与利用规划编制工作。

河长制工作。坚持问题导向，强化问题整改，省河长办交办的《关于3市14县区党政主要领导干部自然资源资产离任（任中）审计发现河长制相关问题的交办函》5个问题；省总河长会议交办的溇水弃渣、生猪养殖场污水直排和牛蛙养殖场污水直排3个问题，均全部完成整改并销号。市、县、乡、村四级河长巡河7.8万余次，解决一批河库突出问题，其中市级河长巡河60余次，通过省河长制工作综合管理信息系统、巡河现场和下达交办函等形式交办问题19批26个，全部完成整改。全市各乡镇79条河流按照省河长办工作要求开展示范河湖建设，永定区大晏溪、武陵源区索溪水库、慈利县白洋河、桑植县澧水南源获省“美丽河湖”称号。市人大代表评议区县河长履职情况作为张家界市河长制工作一项创新，对持续改善张家界市河库面貌起到极大促进作用。慈利县龙潭河镇金富村党支部书记、村级河长吴文凤获水利部、全国总工会、全国妇联联合举办的“寻找最美河湖卫士”十佳“青年河湖卫士”；永定区入列国家生态环境部公布的第四批“绿水青山就是金山银山”实践创新基地名单，并获省政府河长制真抓实干激励区县表彰。

【水政管理】 2020年，张家界市水利局出台《张家界市水利局重大行政执法决定法制审核制度》。对区县水行政执法工作进行全面督察，完成重点河道巡查50余次，下达责令改正违法行为通知书3份。对永州市水利水电有限公司违法行为进行立案查处，全面完成2019年度河湖执法及陈年积案“清零”工作。市本级征收水资源费306万元，市自来水有限公司足额补缴239万元水资源费并安装取水计量设施。按时完成水利系统违建别墅问题专项整治及长江流域重点水域禁捕退捕相关日常工作任务。

【农村水电】 2020年度，张家界市有农村小水电站35座，3.6万千瓦，全年发电量17260.2万千瓦时。目前，张家界大鲵国家级自然保护区内88座水电站，除江垭电站、鱼潭水电站2座保留外，其余86座水电站已全部关停退出；张家界大鲵国家级自然保护区外46座小水电站，其中退出类11座小水电站已全部关停退出，整改类35座小水电站已按要求整改到位。

（本栏撰稿 曾鑫德 赵 威）

2021

工　业

·张家界年鉴·

2020年，市人大党组书记、副主任胡丘陵（左三）调研张家界继源科技有限公司生产情况（郑宏玉 摄）

总类

【工业经济运行概况】 2020年，全市规模以上工业总产值115.32亿元，规模以上工业增加值增速为2.9%，排全省14位；工业固定资产投资增速为23%，工业技改投资增速为13.1%；2020年底全市规模以上工业企业216家，产值过亿元企业24家；工业实缴税金3.03亿元，同比下降28.4%；全市园区规模以上工业增加值增速2.7%，园区规模以上工业增加值占全部规模以上工业增加值比重为52.5%；工业用电量6.68亿千瓦时，同比下降3.6%。

行业经济有升有降。农副食品加工业增加值比上年增长8.3%，化学原料和化学制品制造业增长19.6%，医药制造业增长10.7%，非金属矿物制品业下降7.3%，汽车制造业增长140.1%，计算机、通信和其他电子设备制造业下降4.8%，电力、热力生产和供应业下降8.4%。

规模以上工业效益有所下降。2020年受新冠肺炎疫情和长时间降雨等因素叠加影响，规模以上工业增加值增速为2.9%。规模以上工业企业营业收入85.3亿元，比上年增长8.1%；实现企业利润总额4.6亿元，下降4.2%。规模以上企业每百元营业收入中的成本为79.8%，比上年提高1.7个百分点。（郑宏玉）

【统筹推进疫情防控和复工复产】 2020年，市工信局作为市疫情防控工作指挥部应急物资保障组的牵头单位，建立24小时值班制度，加强物资信息调度。摸清全市医疗物资供应情况，梳理重点保障调拨物资清单，建立张家界应急物资调度信息群，完善紧急医疗物资周转保供机制，做好重点医疗物资保障工作。通过有效的工作机制，组织调配口罩55万个，优先满足防疫一线物资需求，其中近30万个口罩投放市场；采购口罩41.64万个、护目镜2878个、防护服1200套、隔离服205套、测温枪/仪87个、75%酒精2537桶、84消毒液4928桶、医用手套4000双，支付采购金额270余万元。

加强企业调度和做好企业转产投产。为全市仅有的1家消杀用品生产企业办理物资采购运输“绿色通行证”手续；组织以杏仁、黄芩、甘草等治疗性中药饮片生产企业锦华药业、神舟医药快速复工复产，优先保障张家界市市场供应。向省工信厅、省高速管理局申领新冠疫情防控应急物资及人员运输车辆绿色通行证52个，确保应急物资省内无障碍到达本市。支持2家新上口罩生产企业、2家转产生产口罩企业投产。

做好复工复产工作指导。成立4个复工复产工作指导组，实行“每日一调度、每日一报告”，围绕建立健全疫情防控工作机制、严格企业员工排查、强化企业内部管理、加强个人安全防护、加强疫情防控宣传培训五个方面，对工业企业复

2020年，市委常委、市委宣传部部长郭天保（前右二）调研张家界万众新型建筑材料有限公司生产情况（李玥卿 摄）

2020年，市工信局调研张家界德鑫新型建材有限公司、张家界汽车配件制造有限责任公司生产情况　（龚　平　摄）

工复产进行指导；落实省委组织部《关于选派疫情防控工作联络员协助做好企业复工复产相关工作的紧急通知》要求，向大唐华银和国网张家界供电公司派驻企联络员2名，全市向工业企业派驻127名联络员。制定《工业企业疫情防控指南》，发放宣传单300份、宣传防护指南2000本，使企业防控工作有章可循。向区县调配一次性口罩15万余个、红外线测温枪457把、酒精6.5吨、84消毒液7.47吨，保障工业企业防疫物资需求。　（任　妮）

【项目建设】　2020年，张家界市实施“320工程”项目64个，21个新开工项目全部开工，完成投资12.29亿元，占年度投资计划的108.6%；22个计划竣工项目竣工20个，竣工率90.9%，完成投资10.35亿元，占年度投资计划的96.7%；储备项目21个。市级“52151”重大产品创新行动计划2020年完成投资2.28亿元，完成率114.57%。其中列入“省百项重大产品创新”项目2个：金鲵生物工程股份有限公司大鲵深加工食品综合开发项目，2020年完成投资1806万元，完成总计划投资的100.3%；张家界继源科技有限公司的橙皮苷、辛弗林联合提取技术升级项目，完成投资3000万元，12月底完成生产线的工艺布局、部分设备的订购和安装。2020年工业累计投资0.304亿元，完成年度计划的101.3%，其中研发投入500万元。　（宋　茜）

【企业创新转型升级】　2020年，鸿燕新材料、鼎盛建材、新瑞饲料等企业启动智能化生产线的投建和改造升级；万众新型建材、畅想农业通过两型工业企业认证。贵友环保被认定为2020年湖南省新材料企业，久瑞生物、恒亮新材料、鑫彤飞3家新材料企业通过复核认定。组织市级工业设计中心、企业技术中心认定工作，评定旅典文化、军声砂石画、恒亮新材料3家企业为市级工业设计中心，评定永兴玻璃、万众新材、丝丝湘3家企业为市级企业技术中心。加强各类示范企业创建，新瑞星等3家企业被评为工业品牌培育试点企业，茅岩莓公司获得省工业品牌标杆企业称号。组织开展全市企业创新创业大赛，17支队伍获得创业项目支持资金。向上推荐申报制造强省、省级转型升级项目和专精特新等中小专项，51个项目获省级项目资金3445.2万元。

（唐全喜）

2020年，市工信局调研张家界立开成套电器有限责任公司生产情况　（梁怡圣　摄）

【民营企业和中小企业服务】　2020年，市工信局组织开展惠企政策大宣传工作，编制《促进民营经济和中小企业发展政策汇编》，通过走访企业和开展中小企业“上云上平台”“创客中国”中小微企业创新创业大赛、“中小微企业日”等活动加大政策宣传力度；举行大范围的民营企业发展政策讲座，多次邀请省、市相关专家学者、行业权威对民营经济发展政策进行解读。张家界市促进中小企业发展工作领导小组印发《促进民营经济和中小企业发展政策责任清单》，分为优化营商环境、产业政策、财税、招商引资等六大类，由相关市直单位负责惠企政策落实到位。

出台关于发布《张家界市产融合作制造业重点企业名单（2020年

第一批）》的通知》，在全市范围内筛选了50家市级产融合作重点企业，明确扩大信贷投放、推进无还本续贷、降低综合融资成本、改进公共服务四个方面的具体金融支持措施；成功推荐24家规模以上工业企业纳入湖南省产融合作制造业重点企业名单；多次进行企业融资需求摸底，加大与商业银行、担保机构的沟通，增强中小企业贷款可得性；开展全市规模以上工业企业新增贷款贴息工作，对37家规模以上工业企业给予488.313万元的贷款贴息。

加大对专精特新"小巨人"企业培育力度，2020年全市有8家企业获批省级"小巨人"企业；开展中小企业技术创新"破零倍增"行动，围绕中小企业发明专利、技术创新、技术成果转化与推广等内容开展培训、会议、论坛、讲座等活动，10家企业完成发明专利"破零"目标，超额完成省定目标任务。

全年举办3场中小企业"上云上平台"活动推进会，大幅提高中小企业上云率，推动中小企业使用云产品、云服务，提升企业信息化应用水平。新增"上云"中小企业1445家，"上平台"企业60家，均超额完成省定目标任务。

修订市级核心服务机构认定管理办法，严把准入关，引导服务机构专业化、规范化、公益化发展。2020年新认定2家市级核心服务机构，成功推荐4家服务机构获批省级核心服务机构。依托市级中小企业公共服务平台，集聚服务管理咨询、人才招聘等共性问题，开展低收费、公益性服务，省、市级核心服务机构服务中小企业近500家次，帮助中小企业渡难关。实现公共服务平台全覆盖，全市四个区县成立区县中小企业服务中心。（宋琳霞）

【绿色体系建设】　2020年，市工信局大力推动工业企业节能降耗和绿色转型发展。组织高山怡韵、永定食品厂、千总食品等3家企业开展自愿性清洁生产审核验收工作，组织立方石业、恒林生态木、德鑫建材等6家企业申报2020年省清洁生产审核计划。组织占生塑胶、立方石业2家企业开展省级绿色工厂创建工作，占生塑胶通过省里的审核验收。组织万众新型建材、畅想农业2家企业开展两型工业企业认证工作，2家企业均获通过。组织南方水泥、永兴玻璃、占生塑胶等6家重点节能企业参加全省节能诊断服务行动，邀请节能专家和专业服务机构帮助企业挖掘节能降耗的潜力，提升能效管理水平。（成　刚）

【淘汰落后产能和节能减排】　2020年，市工信局推进淘汰落后产能，开展地条钢、沿江化工企业、工业窑炉等落后产能的全面清理和危险化学品企业排查，加强日常监管，对疑似企业进行现场核查，有1家企业纳入沿江化工企业搬迁计划、2家建材企业列入淘汰落后产能企业名单且已完成关闭退出。推进"散乱污"企业整治，通过定期调度、联合督查，全市16家整治任务全部完成。督促重点行业严格执行错峰生产，根据大气污染防治相关工作要求，华新、南方2家水泥厂均按要求完成错峰生产计划。开展重点行业重点企业节能专项监测，提升能效管理水平，督促相关企业搞好工业节能监察工作。推广散装水泥和新型墙体材料，推广应用预拌砂浆，开展禁止现场搅拌砂浆、禁止使用非新型建材专题宣传和专项执法。全市散装水泥供应量完成73.87万吨，新型墙体材料产量2.58亿块标砖，预拌砂浆供应量完成26.5万吨。（唐全喜）

【5G建设和信息产业发展建设】　2020年，张家界市5G建设投资7.8亿元，开通5G站点872个，5G信号覆盖市主城区，慈利、桑植县城区实现重点区域覆盖。深入推进两化融合管理体系贯标工作，晶典饰品等3家企业成功申报两化融合管理体系贯标试点企业；张家界汽车配件制造有限责任公司两化融合管理体系贯标获得省级认证；推动企业"上云上平台"标杆企业创建，张家界富源仿真花有限公司被评选为2020年度省级标杆企业。（沈　勇）

【能源创新建设】　2020年，张家界市推进能源创新建设，光伏发电、风电、垃圾焚烧发电等绿色能源建设得以推广实施。全市101个贫困村村级光伏扶贫电站已并网发电。慈利天鹅池风电场风电项目进展顺利，张家界市生活垃圾焚烧发电项目开工建设。推进新能源汽车应用，积极建设充电基础设施，全市已建成3个充电站，100余根充电桩，总功率达1万余千瓦。（李志胜）

【工业设计培训】　2020年6月，市工信局组织举办全市工业设计百人培训大会，邀请省工业和信息化厅张建军、湘潭大学机械工程学院设计系余从刚教授、中车株机设计师高楠教授等3位专家为企业授课，引导企业认识工业设计的重要意义，培育工业设计人才队伍。（唐全喜）

【工业安全生产宣传】　2020年，市工信局组织做好全市工业企业安全生产和消防工作的宣传和相关培训工作。以微信群、展板、发放安全生产和消防宣传资料等多种形式开展安全生产和消防宣传。组织50余家工业生产经营企业参加全市工业行业安全生产专项整治三年行动培训研讨会。开展安全生产月、安全生产三湘行、"119"消防宣传月的宣传活动。明确张家界市工业安全生产专业委员会的成员单位工作职责，制定出台《张家界市工业行业安全生产专项整治三年行动实施方案》和《张家界市工业安全生产专业委员会关于开展工业安全生产"夏季攻势"行动的实施方案》。启动"夏季攻势"专项行动暨工业安全生产专项整治三年行动，专项整治行动期间，检查生产经营业单位926家，排查安全隐患573个。

（杜丽英）

旅游商品产业

【概况】 2020年，全市规模以上旅商企业82户，实现工业总产值28.85亿元，利润总额2.28亿元。78家企业有注册商标76个、湖南著名商标7个、中国驰名商标1个。旅游商品企业线上线下、多产业融合发展的意愿和趋势进一步增强（如医源实业旅游+康养项目；军声砂石画院生产、观光、购物、民宿项目；旅典文化、仙踪林、银博馆等设计研发、生产观光、旅游购物项目；乐童玩具工厂生产观光购物等项目相继建设投产）。

【工业技术创新】 2020年，市工信局推动旅游商品生产企业云化发展，培育畅想农业、湘润食品、九天生物、金绿油脂等4家旅游商品生产企业（占全部企业数的50%）为2020年全省“专精特新”小巨人企业。组织旅游商品企业参加各类中小企业培训活动，围绕提升企业财务管理水平、技术创新水平、数字信息应用水平等方面，开展“破零倍增”行动暨创新方法大讲堂、大型财税交流培训会、新媒体平台直播技巧分享沙龙等活动，邀请全市500余家次旅游商品生产企业参与。

【“观光工厂”评选】 2020年，市工信局组织开展首届张家界“观光工厂”评选。联合市文旅广体局、市市场监管局共同完成首届张家界“观光工厂”的评选工作，占生塑胶、九天生物、湘阿妹3家企业经评审认定为张家界市首批“观光工厂”，纳入全市“全域通”系统向游客推广，并分别获得10万元创建资金奖励。

（本栏撰稿 梁怡圣）

生物医药产业

【概况】 2020年，全市10家规模以上生物医药工业企业实现工业总产值4.46亿元，同比增长13.1%，完成主营业务收入3.52亿元，同比增长4.6%，从业人数为586人，实现利税1692万元。中药饮片加工、医疗器械行业2020年增长较快，重点企业康尔佳实现产值0.94亿元，同比增长283%。全市产值过亿元的企业1家，为继源科技；产值过5000万元的企业2家，分别为康尔佳、神舟中药饮片公司。产值过2000万元的企业6家，分别为锦华中药、仙踪林、东莱生物、瑞博医疗、万康医疗、普兰植物。

【生物医药产业链条式发展】 在《湖南省生物医药产业链发展三年行动计划（2020—2022年）》（湘工信消费品〔2020〕332号）文件中，张家界市列入大湘西中药谷集聚区发展，张家界高新区植物提取产业园已启动建设。张家界市生物医药产业发展的重点是依托天然药库优势，构建从道地中药材育种、规范化种植、饮片加工、植物提取、中药制剂、中药衍生品、现代物流到中药标准化研究与应用等完整的现代中药产业链，实现链条式发展。

【生物医药企业现状】 2020年，张家界市生物医药企业主要分布在产业链上游的原材料加工行业、中游的医药制造及医疗器械制造业。产业链上游企业有从事植物提取的继源科技、东莱生物、普兰植物等企业；产业链中游企业有从事中药饮片加工企业神舟中药饮片、锦华药业等企业，全市中药饮片年生产能力2500吨。医药制造、医疗器械生产企业有康尔佳、瑞博医疗、万康医疗等企业。

【助力新冠疫情防控】 2020年，张家界市医药企业率先复工复产，全力转产扩能，慈利瑞博公司建设的日产40万只全自动医用口罩生产线、日产2万只半自动医用口罩生产线，高新区康尔佳生物医药公司建设的日产8万只全自动医用口罩生产线，桑植中科恒瑞公司建设的日产30万只全自动民用口罩生产线。仙踪林公司扩产免洗抗菌液生产线，抗菌液等防护物资产能大幅提升。康尔佳纳入省应急防疫物资能力建设项目企业名单。

【中药材大健康产品项目】 2020年，总投资1.195亿元的湖南乾坤生物科技有限公司年产1万吨中药材大健康产品项目纳入省生物医药产业链重点项目。该项目新建药食两用代用茶系列、功能食品系列、化妆品3大车间8条生产线，可新增营业收入6.78亿元，新增税收4600万元，2020年完成生产车间、企业研发技术中心的建设。

（本栏撰稿 田 静）

生态绿色食品产业

【概况】 2020年，全市81家规模以上生态绿色食品工业企业实现工业总产值33.3亿元，同比增长7.2%；完成主营业务收入25.69亿元，同比增长11.1%；从业人数为3960人，实现利税1662万元，同比下滑36%；生态绿色食品产业占全市规模以上工业总产值28.8%，规模企业户数占全市规模以上工业户数36.4%。农副食品加工业增长较快，重点企业湖南畅想农业科技有限公司实现产值1.9亿元，同比增长23.2%。

张家界市生态绿色食品产业发展的重点是依托全市优良的自然生态和丰富的农产品资源，发展壮大茶叶粮油肉食果蔬等农副产品精深加工，推进食品加工与农产品种养、文化旅游深度融合，持续增品种、提品质、创品牌，建设全省重要的生态绿色食品生产加工基地和优质茶叶、休闲食品、特色饮品产业集群。张家界市生态绿色食品产业主要分布在农副食品加工业、食品制造业和酒、饮料、精制茶制造业三个子行业，主要从事粮油、肉类、辣椒、黄豆、葛根、茶叶等传统农产品加工。

【主要企业发展现状】 2020年，张家界茅岩莓有限公司、湖南畅想农业科技有限公司纳入湖南省生态绿色食品产业链重点企业。张家界茅岩莓有限公司是全国规模最大、全省最早从事莓茶深加工研究及人工栽培繁殖的企业，“茅岩莓”被认定为中国驰名商标。湖南畅想农业科技有限公司专注于旅游休闲食品和农产品研究、开发、生产加工，专业生产蛋制品，生产线年产能达1万吨。全市产值过亿元的生态绿色食品工业企业5家，分别是湖南畅想农业科技有限公司、张家界永兴牲畜交易有限责任公司、张家界新瑞星饲料有限公司、张家界市新瑞生物饲料有限公司、张家界银澧米业有限公司。“六个一”（一瓶水、一杯酒、一片药、一杯茶、一头猪、一条鱼”）主要集中在食品行业。

【工业企业诚信管理建设】 2020年，市工信局落实省、市食品诚信体系建设要求，组织重点食品企业湖南畅想农业科技有限公司、张家界福太子食品有限公司、张家界家家耀葛根食品科技有限公司、张家界江垭佐胜渔业水产开发有限公司、桑植县福康生态农业发展有限公司参加全省食品工业企业诚信管理建设培训，推动食品加工企业持续增强信用建设意识。（本栏撰稿 田 静）

建材产业

【概况】 2020年，全市54家规模以上建材企业实现工业总产值31.9亿元，同比下降2.8%；完成主营业务收入29.7亿元，同比增长3%；实现利润1.73亿元，同比下降36.5%。建材产业占全市规模以上工业总产值27.7%，规模企业户数占全市规模以上工业户数24.3%。张家界市绿色建材产业仍处于起步阶段，绿色建材市场整体发展较慢，绿色建材市场仍处在市场导入期，绿色建材产品品种、规格、功能还不能满足消费者需求，供使用者选择的余地较小。绿色建材产品在整个建材市场中所占的比重小，全市建筑材料生产企业大部分属于技术薄弱、装备简陋、管理落后的小型企业，与绿色建材产业的要求存在着很大差距。因技术能力不强和缺乏资金，导致全市从事绿色建材产品生产的企业相对较少。

【湘西北城市固体废弃物绿色循环利用项目】 湘西北城市固体废弃物绿色循环利用项目2020年8月28日开工建设，由张家界理意建材有限公司所属全资子公司湖南理意固体废弃绿色循环利用产业有限公司与南方水泥集团合作共同投资22亿元建设。项目选址在张家界市永定区尹家溪马口村蒿子峪，总面积194公顷，其中矿山、道路用地137公顷，生产厂区面积57公顷。建设包括固废处理、路基材料、烧结材料、预拌砂浆、沥青混凝土、商品混凝土、建筑骨料（含砂石）、新型干法水泥等协同工程，形成年处理200万吨建筑垃圾、渣土为核心，多产业协同发展的立体绿色循环产业集群。建成后综合利用产值30亿元，实现利润5亿元，实现税收5亿元，安排就业500余人。（本栏撰稿 唐全喜）

装备制造产业

【概况】 2020年，张家界市规模以上装备工业企业22家，主要包括金属制品业4家、通用设备制造4家、汽车制造业2家、电气机械和器材制造业7家，计算机、通信和其他电子设备制造业4家，仪器仪表制造业1家，占规模以上工业企业9.9%。2020年完成产值7.12亿元，占全市规模以上工业总产值6.19%，同期增长13.19%。

【装备制造企业现状】 2020年，全市主要有汽车零部件制造企业2家，分别是张家界汽车配件制造有限责任公司、张家界长兴汽车电器有限公司；照明、电子元器件及设备制造企业5家，分别是张家界祯弘照明有限公司、张家界兴友电子有限公司、湖南中兴泰电子科技有限公司、慈利县利升电子有限公司、慈利县普新电子科技有限公司；新型能源主要有生物质燃具制造企业1家，为张家界三木能源开发股份有限公司；风能发电项目开发企业1家，为湖南龙源新能源有限公司；电力装备主要有电气设备生产企业2家，分别是湖南华投电力设备有限公司、张家界立开成套电器有限责任公司。

【装配项目建设】 2020年，湖南万众筑工科技有限公司与三一集团达成战略合作，计划投资3.26亿元，建设2条装配式建筑生产线的“湖南装配式建筑SPCS示范项目”，建成年产60万平方米装配式建筑SPCS智能工厂。同时建立湘西北区域装配式建筑技术研发中心、培训中心、大数据共享中心等，以期占领绿色智能化建筑领域战略高地。2020年完成投资1.2亿元，项目建成达产后，可年新增销售收入5亿

元，税收3825万元，提供就业岗位150个左右，消耗建筑垃圾及再生料30万吨左右。（本栏撰稿 唐全喜）

电子信息产业

【概况】2020年，张家界市规模以上电子信息制造业企业8家，行业覆盖领域主要有：电气机械和器材制造业、计算机、通信和其他电子设备制造业、仪器仪表制造业等。营业收入约2.4亿元，同期增长18%；实现工业总产值约2.5亿元，约占全部工业总产值2.17%，同比增长15%。

【电子信息企业发展现状】2020年，张家界市电子信息产业主要以电子元器件、零部件生产为主，产品技术含量不高，可替代性强，因此相关企业的生产经营受市场影响较大，企业多数为外地企业生产配套产品，发展空间较小。张家界市的电子信息制造业2020年产值占工业总产值的比重仅为全部工业总产值2%左右，加快张家界市电子信息制造业发展，是实现全市工业经济结构优化升级、推动经济高质量发展的重要力量。（本栏撰稿 沈 勇）

纺织产业

【概况】2020年，张家界市纺织工业规模以上企业3家，其中纺织业2家，纺织服装、服饰业1家。受新冠疫情冲击，在市场需求趋弱和贸易风险上升的背景下，全市纺织行业供需两端增速持续放缓，纺织行业整体效益下滑。全市规模以上纺织工业企业实现工业总产值1.03亿元，同比增长-15%，完成主营业务收入0.89亿元，同比增长-10%，行业实现利润总额669万元，同比增长-12.5%。龙头企业张家界美达制衣有限公司出口订单减少，产值较2019年下滑20%，利润减少36.1%。以生产酒店床上用品为主要产品的张家界鑫旭酒店用品有限公司完成主营业务收入157万元，产销率为11%。

【纺织项目建设】2020年10月，湖南艾佳家纺有限责任公司年产100万件（套）家纺用品生产线异地搬迁项目完成，该项目对家纺产品生产线进行智能化升级改造，提高关键工艺流程数控化率，实现重点工序数控化制造。

（本栏撰稿 田 静）

电力工业

【概况】2020年，张家界电网统调发电量4.22亿千瓦时，同比减少47.51%。其中火电电量0.64亿千瓦时，同比增加100%（2019年火电未开机）；水电电量3.58亿千瓦时，水电电量同比减少55.4%。最大负荷68.06万千瓦，与同期相比增长6.29%。最大日供电量1238.11万千瓦时，出现时间8月6日，与同期相比增加8.05%。全市全社会用电量28.37亿千瓦时，同比减少0.12%。分行业看，第一产业用电量0.09亿千瓦时，占0.33%；第二产业用电量7.47亿千瓦时，占26.34%；第三产业用电量9.3亿千瓦时，占32.79%。2020年年底，张家界市电源总装机543.05兆瓦，其中水火电源装机525.75兆瓦，水电装机405.75兆瓦，占总装机77.18%。火电装机120兆瓦，风电装机17.3兆瓦。2020年年底，拥有35千伏及以上输电线路2116.269千米，变电容量3517.98兆伏安。2020年，张家界地区供需形势良好，网内电力供应充足。全年区统调供电量27.21亿千瓦时，主网下网电量28.25亿千瓦时，转供1.434亿千瓦时，外购地区小水电电量0.3891亿千瓦时。

（周 巍 陈 坤）

【国网张家界供电公司】2020年，国网张家界供电公司设职能部门14个，业务支撑机构8个，下辖4个县区公司（含永定区供电支公司），集体企业3家。员工总人数2227人（全口径）。完成售电量25.40亿千瓦时，同比增长0.31%；售电均价662.37元/千瓦时，同比降低31.85元/千瓦时。资产总额30.53亿元，同比增长13.24%；营业总收入14.94亿元，同比降低2%。

2020年1月10日，冰天雪地保供电 （杜 瑜 摄）

2020年，国网张家界供电公司知重负重、砥砺前行，全面完成各项目标任务，顺利通过全国文明单位复查。荣获张家界市人民政府“2020年度投资和重点工程建设”前期工作先进单位。参加国网湖南省电力有限公司物资专业竞赛获得团体第2名。荣获国网湖南省电力有限公司2020年度“转观念、抓作风、强落实”先进集体。国网桑植县供电公司荣获张家界市“五一劳动奖状”。国网张家界调度控制中心地区调度班获“全国安康杯”劳动竞赛优胜班组，方式班获国网公司“工人先锋号”。公司员工刘少文荣获湖南省劳动模范，熊武、谭豪、熊宏平分别荣获国网湖南省电力有限公司“最美国网人”、“优秀青年”、劳动模范，曾盛国获湖南省总工会“湖南省百万职工重点建设项目劳动竞赛优秀个人”，田宏业荣获国网湖南省电力有限公司“战疫情促复工”基建先进个人。在脱贫攻坚收官之年，公司驻慈利县三合镇关岩村工作队获湖南省脱贫攻坚先进集体，公司扶贫办、驻桑植县澧源镇高家坪社区工作队、国网慈利县供电分公司荣获国网湖南省电力有限公司服务脱贫攻坚先进集体，公司员工张铖昀荣获国家电网有限公司服务脱贫攻坚突出贡献个人，马海军获湖南省脱贫攻坚先进个人，王初章、刘建军、何汇获国网湖南省电力有限公司服务脱贫攻坚先进个人等荣誉称号。

2020年，完成固定资产投资7.79亿元(含省直管工程投资0.91亿元)，其中电网基建投资6.3亿元，投产35千伏及以上线路37.08千米、变电容量22.6万千伏安。500千伏变电站项目前期工作全面完成，年度21项主电网工程顺利推进，新改扩变电站8座，新增变电容量22.3万千伏安、输电线路30.56千米。整体改造21条农配网线路，启动配电自动化建设，配网投资创历史新高。“向配网开战”取得优异成绩，集中治理线路79条。开工建设武陵源数据中心站，实现变电站光缆通信全覆盖。

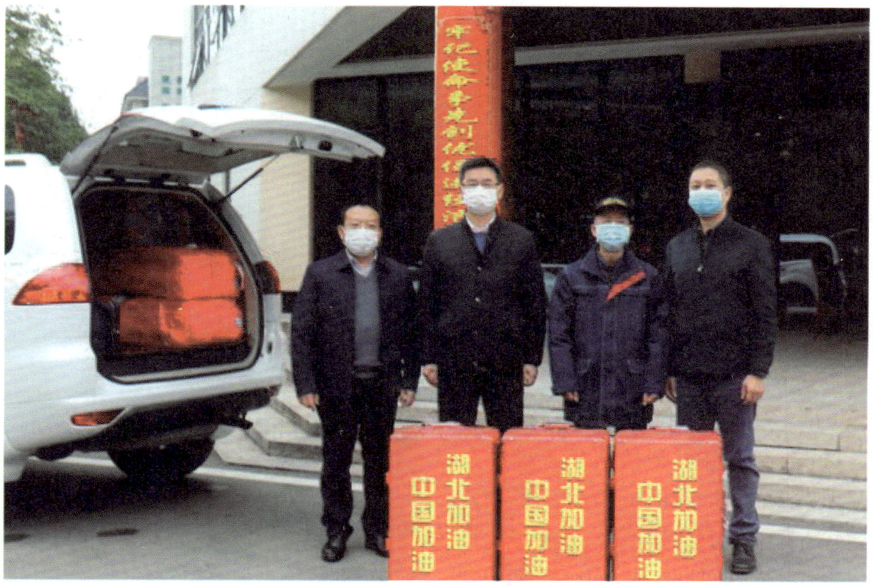

2020年2月18日，国网张家界供电公司3名员工出征湖北抗疫保电一线 （杜 瑜 摄）

全面推进“党建+阳光业扩”工程，优化营商环境，试点建立共产党员“表计快装”队，“快装”率达87%以上；积极引导客户通过网上国网等线上渠道报装，线上办电率达到99.74%；坚决落实业扩“三零”政策，为客户节约943万余元办电成本；优化业扩配套审批流程，加快建设速度，全年建设完成209个高、低压业扩配套项目，总投资3278.58万元；提高办电效率，高、低压累计平均接电时长分别压减至45.02天和1.33天。严格落实降价减费政策，减少客户用能成本3725万元。完成桑植甘溪村特殊电价整治。大力推广“互联网+营销服务”，低压居民客户基本实现“零证”办电，“网上国网”应用率达到99.74%。完成20万只HPLC模块安装，更换自购表计2万只、改造费控装置488套，采集、计量、费控准确率大幅提升。43次重大保电活动实现“零差错”。金坪、天鹅池风电项目顺利并网。决战决胜脱贫攻坚，2016—2020年，公司累计完成投资13.63亿元，提前一年完成张家界市新一轮农网改造升级工程。完善358个贫困村电网，实现自然村全部通动力电，“两率一户”指标达到国家要求，累计并网104个光伏扶贫电站，实现电量全额消纳、收益及时结算；2020年结算光伏扶贫发电收益223.18万元，助力消费扶贫163.49（2020年实现消费扶贫122.26万元），2020年度省直和中央驻湘单位扶贫开发责任制考核地方政府评价为“A”。荣获“全国市场质量信用等级服务类AA级企业”称号。

高效运作安委会，组建8个专业安委会，严格落实述职管理，强化“管专业必须管安全”。坚持重奖重罚，落实安全奖励909万元，责任追究371人次，干部预警5人次。扎实推进安全生产专项整治行动，“一下一上”梳理问题隐患149条，排查治理输电“三跨”、配电电缆防火、森林草原火灾隐患167处。全面推进省公司安全巡查问题整改，严肃管理责任追究，对2个单位领导班子进行干部预警，对102人落实经济处罚10.15万元。“专业所+区县公司”协同联动治理输电线路通道19条。集中检修变电站12座，220千伏零阳变荣获全省精益红旗变电站。汲取“8·25”电网事件教训，全面排查整改高危及重要客户供电隐患，规范电网风险及突发事件管控流程。全年未发生全口径人身伤亡事故、外人触电事件和220千伏输变电设备故障停运事件。战汛期、斗寒潮，度冬、度夏等各项重大保电任务交上满意答卷。圆满完成国家网络安全攻防演习。疫情防控保持“双零”目标，1名同志荣获国网公司抗击新冠肺炎疫情先进工作者。

全面扛起脱贫攻坚政治责任。公司成立5支驻村帮扶工作队，累计选派15名驻村帮扶队员，投入及引进帮扶资金11856万元，其中公司已捐赠村级服务平台、路灯、光伏电站等产业扶贫项目16个448.57万元，成本等资金支持449.6万元（不含网改）；助力6个村、建档立卡贫困户417户、1374人已全面实现“户脱贫、村出列”。贫困人口人均收入由2015年2997元增至2020年11308元，群众满意度100%。

2017—2020年，完成接网工程投资737万元，接入光伏扶贫电站104户6823千瓦。2017—2020年累计发电量、上网电量1331.56万千瓦时，实付上网电费599.18万元；其中2020年创造阳光财富237.93万元。认真落实国家降电价、惠民政策，清理涉电收费项目。2015—2020年为低保户、“五保户”减免电费1813.51万元，其中2020年度为低保户、“五保户”减免电费266.96万元；清退易地扶贫搬迁户报装费涉及296户10.58万元。为全市6个芙蓉学校项目，提供可靠用电保障。2016—2020年，完成易地扶贫搬迁配套电网投资370万元，完成25个集中安置点配套电网建设，保障979户安置户稳定用电。做实做强产业帮扶，兴旺塔330亩现代农业示范观光园受到广泛赞誉。2020年5月，省委书记（时任湖南省委副书记、省长）许达哲亲临产业园调研。推进“教育+就业”扶贫，累计定向培养供服员工28名。服务市政重点工程，保障黔张常铁路、宁邦国际、千古情等项目用电。配合政府关停大鲵自然保护区水电站86座，改造接管自供区11个，在发电装机同比下降43.29%情况下，确保电力安全可靠供应，获得湖南省委书记杜家毫和张家界市主要领导批示肯定。

（冉双武 林泉泉 杨瑛子 毛 艳 陈 坤 田宏业 陈 云 钟岱兰）

园区经济

【概况】 2020年，张家界市园区经济稳中有进、稳中向好，在新冠肺炎疫情的冲击下表现出良好的发展韧劲和复苏势头。

园区技工贸总收入84.92亿元，同比增长19.98%，其中张家界高新区、慈利工业集中区、桑植工业集中区分别为32.35亿元、38.57亿元、14亿元；生产总值29.48亿元，增长5.70%，其中张家界高新区、慈利工业集中区、桑植工业集中区分别为11.11亿元、13.58亿元、4.79亿元。

亩均税收，2020年，张家界高新区、慈利工业集中区亩均税收分别为7.67、1.79万元/亩，分别增长17.46%和4.68%，桑植工业集中区为负增长。2020年，张家界高新区、慈利工业集中区、桑植工业集中区亩均生产总值分别为30.49万元、25.14万元、6.65万元，呈现正增长。张家界高新区2020年新增纳税达1000万元工业企业1家，产值过亿元工业企业达到7家，产值过5000万元工业企业达到12家，规模以上工业企业新入规2家达到47家，科技型中小企业入库32家，高新技术企业新增11家达到23家。

2020年，尽管受新冠肺炎疫情影响，出口受到影响，全市园区进出口总额139939.48万元，增长7.90%。其中，张家界高新区66780万元，增长14.93%；慈利工业集中区72245.18万元，增长3.19%；桑植工业集中区914.3万元，减少41.76%。

3个省级园区7类21项区域评估基本完成。慈利工业集中区、桑植工业集中区园区平台公司转型去平台取得实质进展。慈利县政府与湖南金荣集团合作，以“PBOS”模式联合打造金荣慈利科创产业园。

（宋宏铁）

【张家界高新技术产业开发区】 2020年，张家界高新区实施“抗疫惠企八条措施”助力企业复工复产，主动深入实施“八大工程”推进超常规高质量发展，园区主要经济指

2020年9月29日，全省第二次重大项目集中开竣工活动张家界分会场 （李清华 摄）

标保持了正增长。

园区考核。2020年在全省园区年度综合考核排名有新的进位。其中，在143家省级以上产业园区综合评价中，张家界高新区位列第75名，进位30名；在全省43家国家及省级高新区（其中国家高新区8家）中绩效评价排名第11名，进位19名，成为全省排名进位最快园区。

经济增长。2020年完成技工贸总收入32.35亿元，增长1.82%；完成工业企业总产值23.05亿元，增长4.26%。其中，规模以上工业总产值21.42亿元，增长0.49%，规模以上工业增加值5.55亿元，增长达5%；完成固定资产投资19.27亿元，增长16.6%。其中，工业投资4.31亿元，增长15.59%，基础设施投资3.2亿元，增长14.29%；完成一般公共预算收入2.93亿元，增长19.08%，其中完成税收收入2.79亿元，增长17.86%。

项目建设。持续开展“产业项目建设年”活动，年初铺排的38个重点项目，除前期项目外均实质性开工建设，完成投资26亿元。省级重点项目中国翠谷植物提取产业园提前完成年度投资计划，承担的10个市级重点建设项目完成投资18.26亿元，达年度投资计划的162%。比往年提前3个月实施产业项目集中开工，累计集中开工项目8个，总投资64.96亿元，已建成投产2个，在建6个。

招商引资。深入开展“招商引资攻坚年”活动，全年新增签约项目14个，合同引资达105.99亿元，实际利用内联引资达7.67亿元。上半年，举办了园区企业与用户的销售订单集中签约活动，12家园内龙头企业与昆药集团、安徽三只松鼠等28家企业签订销售订单近12亿元。赴长沙、深圳、广州等地，对春光九汇、东鹏特饮、贝利视通、睿森生物等企业进行实地考察洽谈，为下一步的产业发展打下坚实基础。与湖南中医药大学、华南农大等高等院校开展校地合作，积极推动植物提取产品开发及科研成果转化。管委会旗下开发建设有限公司与步步高集团、韩国K&C株式会社合资成立湖南扑当食品有限公司，建设的年产750吨巧克力柑橘片项目在园区落地，为公司市场化改革探索了新路。

张家界茅岩莓生产车间　　（李清华 摄）

科技创新。积极组织高新技术企业申报，年内高新技术企业新增11家。完成科技成果登记10件，新增专利申请数69件，专利授权27件。园区共有绿色工厂2家，小巨人企业7家，破零倍增重点企业5家，两化融合贯标企业1家，智能制造车间2家，省级技术中心、研发机构6个，省级众创空间、孵化器2个，公共服务平台5个。依托众创空间平台集聚力，开展创新创业培训活动38场，组织企业参加“创客中国”“创翼中国”选拔赛，久瑞生物获“创客中国”湖南赛区三等奖，福太子、荣升食品获批“破零倍增”重点企业，继源科技、畅想农业、久瑞生物获批“小巨人企业”。

服务保障。优化要素保障项目审批服务坚持“上午来不过夜，下午来不过天”，精选联系项目，实行帮办代理服务，推出“开户即开业、拿地即开工、建成即使用、呼叫即回应”的“四即模式”，变“企业自己跑”为“园区代理跑”，带动园区项目高位推进。持续推进项目联系“五个一”、项目调度“周联旬调月总结”机制，落实“人才强园”计划，引进市级科技创新人才3名、省级科技创新人才2名、高学历人才7名，竞争上岗选拔管理岗位人员19名，出资10万元利用“线上+线下”方式帮助企业招工2000余人。打好防汛保卫战，抢修社溪滩防洪堤，开挖阳湖溪泄洪沟渠，24小时进行值班巡守，实现园内平安度汛、安全生产“零伤亡、零事故”。

抗击疫情。2020年面对突如其来的新冠疫情，张家界高新区积极作为，在全省园区率先实施“抗疫惠企八条措施”，积极帮助企业复工复产，园区规上企业复工复产率达100%，在抗击新冠肺炎疫情斗争成绩突出，得到《省委要情》的全省推介和市委书记的肯定批示。

西界村“屋场会”经验被央媒推介。张家界高新区派驻桑植县澧源镇西界村扶贫工作队组织村支部举办第五十二次“屋场会”，经验被央广网在全国推介。（向振宇）

【慈利县工业集中区】 慈利县工业园创建于2003年，园区总体规划面积为6.42平方千米，总人口为5万人，已成功开发1.8平方千米。园区包括三园（矿产工业园、新材料园、机电工业园），最终通过食品产业、新材料（镍钼）产业等相关高新技术产业的发展，促进园区文化和基础设施配套建设，形成充满生机与活力的现代化产业新城。园区建有220千瓦、110千瓦变电站各1个，自来水加压站、天然气供应站、高速宽带计算机处理中心各1处，实现水、电、路、通信、互联网络、有线电视、天然气、排污管网等基础设施的“八通”。园区实行“以区带园”科学规划，功能分区，在主体区（含苗市建材工业小区）外，专辟中小企业创业园、服饰鞋业工业园、食品工业园、机械工业园、生物医药园、有色金属工业园等专业园区。园区重点引导食品加工、机电制造、新材料、服饰鞋业、有色金属等五大产业集群发展，并明确食品、机电、新材料、服饰四大主导产业。园区现已汇集恒昌钼业、衍金钼业、金秋葛业、三峡燃气、昌元机电、恒亮新材料、石昌钼业、硕鸿鞋业、华仪实业、中南实业、美达服饰等业内有广泛影响的骨干企业和优势项目。政务服务方面，县级立项、规划、建设行政审批职能均已授权园区招商合作科和规划建设科；实行“一个窗口对外”“一个窗口对内”的“一站式”“一条龙”“超市化”服务。

2020年初，新冠肺炎疫情形势刚刚缓和，慈利县引进湖南金荣集团，以市场化方式替代原有的行政化方式开发运营产业园区，并同步出台《慈利工业集中区“PBOS”项目入驻若干规定》《慈利县促进工业地产发展和规范工业用地管理办法》等招商优惠政策，推进园区发展。2020年12月12日，金荣慈利科创产业园举行开工奠基暨集中签约仪式，湖南莫奈筑格家具制造有限公司等4家企业集中签约，实现一开工就签约的良好开局。

2020年3月11日，园区92家企业中已有86家正式复工复产。慈利工业集中区管委会推进园区体制机制改革，县人民政府为促进园区发展成立两个公司，一个是负责招商的市场平台公司万邦服务有限公司，利用市场化手段开展招商工作；另一个是主要负责园区的基础设施建设的乾元公司，把园区这个平台进一步做强做大，为招商引资筑巢引蜂提供条件。

截至2020年12月底，慈利工业集中区有企业100家，其中规上工业企业55家。2020年全年实现技工贸总收入38.6亿元，同比增长3.5%；实现规模以上工业总产值29.1亿元，同比增长2.5%；实现规模以上工业增加值8.07亿元，同比增长1.9%；完成固定资产投资6亿元；5000多人在园区实现稳定就业。

（朱立辉）

【桑植县工业园区】 2020年，桑植县工业园区有入园企业47家，其中工业企业40家、规模以上工业企业20家、上市企业2家、规模以上服务业2家、高新技术产业企业16家，园区企业从业人员2103人。2020年完成园区技工贸总收入142186万元，完成园区工业总产值132244万元，完成规模以上工业增加值40835万元，完成固定资产投资22412万元，其中基础设施建设投资11410万元，工业固定资产投资11002万元。高铁站广场项目（总投资3.5亿元）完成绿化、亮化等扫尾工程，进入验收程序；园区三四期标准厂房项目占地面积20700.8平方米，建设4栋5层标准厂房，建筑面积27573.68平方米，1栋5层综合楼，建筑面积4264.37平方米，建筑面积31934.9平方米，工业集中区污水管网铺设（总投资640万元）于6月底完工。（彭　文）

2021

城乡建设与管理

· 张家界年鉴 ·

总类

【概况】 2020年，张家界市住房保障工作、房地产监管和物业管理工作、勘察设计工作、危房改造工作，桑植县危房改造工作、建筑管理工作、建设工程招投标与稽查工作，慈利县危房改造工作、工程建设项目审批制度改革工作、城建档案管理工作获得湖南省住房和城乡建设厅通报表彰。（陈 瑾）

城市建设

【概况】 2020年，张家界市住房和城乡建设局推进城市建设。完成投资40亿元，且住岗片区路网打通，红壁岩大桥、茅溪河大桥建成，大湘西天然气管道加快推进，张家界市第一水厂、花岩水厂开工建设。住房发展保持稳定，房地产投资增速全省第一；“交房即交证”全面推开，房地产办证难信访突出问题化解经验受省政府推介；城镇老旧小区改造全面推进，争取资金4.06亿元；棚户区改造“扫尾清零”加快推进，争取棚改专项债8亿元。危房改造圆满收官，城市环境基础设施不断完善，探索PPP项目运营接管以降低财政付费压力。（陈 瑾）

【建筑市场】 2020年，张家界市建筑业总产值73.91亿元，较2019年同期增长10.1%；办理施工许可证164个，面积388.01万平方米，工程造价117.31亿元，较2019年同期办理施工许可证个数增长5.8%，工程造价增加9.6%；办理工程竣工验收备案39项；建造师新注册95人，审批新申报企业总承包4家，专业承包4家，劳务企业10家，增项19家；组织安管人员业务培训，申报460人。（张宏卫）

【市政项目】 2020年，张家界市完成市政项目投资25.5亿元，市政项目建设程序到位、质量可靠，未发生安全生产事故。月亮湾东路、月亮湾西路、红壁岩大桥、茅溪河大桥、兴民路、宝塔路（天健佳苑段）、南正街提质改造、高远路、孟坪路、开明路、西溪坪北路等11个项目基本建成通车或竣工验收投入使用。贺龙体育中心、澄潭大桥、月亮湾中路、城墙路一期、崇州路、太极溪南路、桂花路、花岩水厂源水供水管网工程、张桑公路城市段环境整治工程、老旧小区二次供水改造、大湘西燃气长输管网工程、大栗坡黄家阁溪截污干管等12个项目正在抓紧施工。（罗文军）

【燃气建设管理】 2020年，张家界市住房和城乡建设局抓燃气安全管理。推行瓶装燃气“互联网+”监管平台，燃气用户通过手机“扫一扫”功能，可清楚了解气瓶的产权人、充装单位、充装人员、充装重量、充装时间、配送人员、年检情况等所有信息，在气瓶一个使用周期内，做到全过程可追溯管理。推行管道燃气网格化管理，下发《关于对管道燃气用户实行网格化管理有关事项的通知》，督促管道燃气公司推进网格化建设，实现对管道燃气设施设备及用户管理的精细化、信息化，市中心城区220多个小区配备专门网格员实行网格化管理。加快推进“气化湖南工程”项目建设，“气化湖南”大湘西支干线张家界段管线长度约11千米，截至12月底，全部完成线路施工丈量、扫线工作，完成8千米管道焊接，完成3千米第一次回填，完成4千米光缆套管敷设，末站主体工程建设基本完成。提前布局下游燃气管线建设，张家界末站至永定区（13千米，造价650万元）及武陵源区（50千米，造价7100万元）的城燃次高压燃气管线全部敷设完成。（伍贤勇）

【住建领域招投标管理】 2020年，张家界市住房和城乡建设局严格执行招标投标法律法规及相关文件要求，加大招标投标事中事后监管力度，招投标市场进一步规范。开展专项整治，成立住建领域招投标突出问题专项整治工作领导小组，制定《张家界市住建领域招投标突出问题专项整治工作方案》，清理2017年以来制定的招投标规范性文件和政策规章文件18份，废止6份，保留使用11份，修订完善1份。开展标后稽查，制定《关于开展房屋建筑和市政工程项目标后稽查及扫黑除恶督查工作的通知》，随机抽取11个项目，发现问题55个，下发执法建议书11份；抽查招标文件73个，发现问题15个，全部整改到位。完善信访投诉机制，设置投诉专栏，公开举报邮箱、电话，依法依规处理信访举报案件6起；梳理2017年以来问题线索，发现问题线索14条，及时上报派驻纪检组和市纪委监委，向区县住建局交办3起。推进电子招投标，张家界市房屋建筑和市政基础设施工程施工和监理项目实现全流程电子化交易，推进进度位居全省前列，获湖南省住房和城乡建设厅高度肯定。（彭衫子）

村镇建设

【农村危房改造】 2020年，张家界市完成88396户贫困人口的入户核查工作，准确核准危改存量；完成949户4类对象危房改造，完成率100%；完成65户边缘户危房改造，完成率100%；按照“市级有专门工作机构、县级有技术指导专家、乡镇有政策宣传人员、村组有技术工匠”要求，推进农村危房改造技术指导全覆盖；市、县区、乡镇3级分级分批组织开展业务培训10次，培训人员800人。

2020年张家界市住房和城乡建设局直属事业单位——市小城镇建设服务中心获张家界市“脱贫攻坚”集体记功奖励，石坚同志获张家界市“脱贫攻坚”个人记功奖励。

（石　坚）

【传统村落】 2020年，张家界市完成29个传统村落保护发展规划的省级评审，完成29个传统村落的挂牌保护；完成13个传统村落数字博物馆建馆；推进16个村、74个传统村落项目建设。（石　坚）

【乡镇污水处理】 2020年，张家界市建成11个乡镇污水处理设施，累计建成40个乡镇污水处理设施，进度居全省前列。（杨爱民）

【规范农村建房管理】 2020年，张家界市培训农村工匠207人并全部发证；编制完成《农村建房户型设计图册》，宣传引导农村村民按照规划和示范图集建房，提高村民住房的建筑标准和安全保障；2020年5月，湖南省住房和城乡建设厅征集14个市州农村住房设计方案100例，张家界市住房和城乡建设局上报的设计方案成功入选13例。

（石　坚）

世界自然遗产与风景名胜管理

【湖南省第二届“文化和自然遗产日”活动】 2020年，武陵源区人民政府承办，以“遗产保护与可持续发展”为主题2020年“文化和自然遗产日”暨湖南省第二届“文化和自然遗产日”主题活动在世界自然遗产地张家界武陵源举办。崀山、南岳衡山、紫鹊界梯田—梅山龙宫、万佛山—侗寨、炎帝陵—桃源洞、里耶—乌龙山等遗产地交流各遗产地管理与保护经验做法。联合国教科文组织专家、同济大学教授韩锋，中科院地理科学与资源研究所研究员、教授黄河清，世界自然基金会（瑞士）北京代表处机构发展经理刘松作为特邀嘉宾参加活动。（樊文军）

城乡规划

【规划宣传】 2020年，张家界市自然资源和规划局推动城乡规划宣传工作，加强新闻信息宣传报道，把城乡规划宣传工作推向规范化、制度化、科学化，为城乡规划创造良好的舆论环境，为张家界经济建设和社会发展营造良好的舆论氛围。在市政府常务会、市委常委会、全委会、国土空间规划委员会等多层次会议上，对全市国土空间规划的编制情况进行全面细致的说明和解读；召开各区县、各部门及社会各界座谈会，充分征求国土空间规划编制意见。市政府分管副市长在市委党校中青班就自然资源和规划管理知识进行授课，就全市国土空间规划编制及管理工作进行宣讲。在《张家界日报》上开辟专栏，分6期全面细致解读全市国土空间规划。

【规划编制】 2020年，张家界市自然资源和规划局高位推进市县乡镇三级国土空间规划编制，有序开展总体规划、专项规划、详细规划三类规划编制，规划体系逐渐完善；市级国土空间规划编制完成阶段性任务，科学划定生态保护红线、永久基本农田、城镇开发边界等空间管控边界，优化国土空间结构和功能布局，为重大项目用地预留规划空间。旅游、交通等22项专项规划编制同步开展，完成城市总体规划修编和5个城区组团控制性详规编制，40个“多规合一”实用性村庄规划试点全面铺开，永定区崇山村等四个“多规合一”的实用性村庄规划入选全省首届国土空间规划优秀案例展评活动。

【规划审批】 2020年，张家界市自然资源和规划局办理建设工程规划许可证54件，许可总建筑面积317.3万平方米。对中心城区85个项目实施批后监管，完成建设项目规划核实37个25.79万平方米。查清改变土地用途、改变容积率建设项目35个，追缴出让金、城市配套费5.78亿元。对69个房地产开发项目配建公共服务设施进行清理处置。

【规划管理】 2020年，张家界市自然资源和规划局进一步强化专项规划、详细规划编制，加强对城市重点片区、重要地段、重点项目的规划设计，完善三维仿真辅助决策系统，强化项目设计方案审查。强化规划批后管理，严控临街退让、临水退让、临山退让，让城市显山露水，为建设精品旅游城市打好基础。加强乡村规划管理，推动农村建筑风貌协调、彰显特色、安全宜居。在“拆”与“改、建、创、治、引”五个方面作出探索，推动中心城区老旧小区和棚户区旧貌换新颜。

【规划监管】 2020年，张家界市自然资源和规划局进一步规范城市规划区内在建工程的监督管理，加强各类在建工程依法、依规进行建设，制定出台《张家界市建设工程规划批后监督管理办法》，将全程监管划分为放线、地下工程、正负零验线、建设主体建设、建筑风貌实施、配套设施和附属工程实施、规划核实七个阶段，明确各阶段职能职责分工、监管内容、流程环节关系，将监管制度化、规范化建设推向纵深。

【规划执法】 2020年，张家界市自然资源和规划局采取“四不两直”

的方式对全市范围内已审在建项目进行监督检查，做到规划批后管理早介入、建设情况早掌握、存在问题早发现、业主需求早解决。保持“执法检查不松懈、查处违法不手软”的高压态势，确保项目建设按规划条件和规划设计方案有条不紊推进。2020年，全市开展规划执法检查885人次，查处规划违法行为115起，交办整改问题45个。

（本栏撰稿 谷忠秋）

勘察设计

【概况】 2020年，张家界市审批建设工程初步设计项目193个，建筑面积512.48万平方米，投资212.32亿元；实施建设工程施工图审查项目227个，建筑面积629.37万平方米，投资额354.52亿元；落实规划方案定位，引导建筑项目设计与张家界市地域文化融合，坚持外地专家和本地专家联合审查，确保项目有足够的技术支撑和质量保证；着重审查公共配套内容，审查16个开发项目，均配建垃圾站公厕、物业管理用房、社区用房，配建幼儿园项目2个，配建中小学1个；服务市政项目建设，全年审批市政项目8个，道路6667米，投资额6.51亿元，确保市政项目如期完成。

【行业发展】 2020年，张家界市有勘察设计企业12家，其中：建筑行业设计企业7家，电力行业设计企业1家，公路行业设计企业2家，水电行业设计企业2家；实现营业收入19279.26万元；设计行业从业人数281人，工程师人数250人（其中高级工程师48人、中级工程师128人、助理工程师74人）；注册工程师人员64人，其中注册建筑师24人（一级注册建筑师5人、二级注册建筑师19人），注册结构师16人（一级注册结构师8人、二级注册结构师8人），注册设备工程师4人，注册电气工程师5人，注册城乡规划师6人，注册造价师9人。建筑设计企业设计业务拓展至贵州、湖北、湖南常德及怀化。

【审批制度改革】 2020年，张家界市勘察设计审批制度改革全面完成，初步设计审批采取容缺审查办法，通过专家审查或专家咨询会议，在办理其他审批事项时同步修改完善设计，为建设项目落地节省时间，初步设计审批承诺在3个工作日内完成。施工图审查实行政府购买服务，落实线下无审图要求，全面实施施工图、人防、消防多图联审，实现“零跑路、零接触、零收费”施工图审查改革目标，施工图审查平均用时5.79个工作日、备案平均用时1.45个工作日，施工图审查时间控制在13个工作日以内。2020年，张家界市受理消防设计审核项目59个，办结项目49个。

（本栏撰稿 张立荣）

建筑业监管

【概况】 2020年，张家界市受监项目164个，面积388万平方米，投资规模117亿元；创建“平安工地”37个、湖南省质量管理标准化考评优良工地25个、安全标准化考评优良工地32个、湖南省优质工程5个、“芙蓉奖”1个；质量安全形势总体平稳，无重大质量安全事故发生。

【城市建设安全监管】 2020年，张家界市全面推进“城市建设安全专项整治三年行动”。制定并下发《2020年全市建筑管理工作要点》《2020年张家界市建筑工程安全生产目标管理考核办法》《张家界市城市建设安全专项整治三年行动实施方案》（张建发〔2020〕59号）、《张家界市城市建设安全生产专项整治三年行动宣传工作方案》（张建发〔2020〕111号）、《关于进一步明确城市建设安全专项整治三年行动工作领导小组和工作专班人员的通知》（张建发〔2020〕112号）等文件，成立城市建设安全专项整治三年行动工作领导小组和工作专班，建立“一情况两清单”，制定工作制度，推行挂图作战。认真开展执法检查，检查项目2387次，监督执法1475次，出动执法人员4254人次，立案调查105起，实施行政处罚93起，罚款477.02万元，认定78名个人及5家企业建筑市场不良行为，认定项目安全生产标准化考评不合格14起。认真开展企业资质动态核查和安管人员的报审管理，5月份对15家建筑施工企业进行资质动态核查；组织安管人员培训考试2次，参加考试人员239人；安管人员新申报180人、延期换证267人，其中新申报企业负责人A类110人、项目负责人B类96人、土建类C2专职安全员80人、机械类C1专职安全员15人、综合类C3专职安全员146人。认真组织资质审批，审批新申报安全生产许可证企业2家、延期安全生产许可证企业4家和一、二建造师注册86人。

（本栏撰稿 张宏卫）

【农民工工资管理】 2020年，张家界市住房和城乡建设局处理劳务工资纠纷案件23起，涉案金额1289.12万元；开展项目负责人和劳资专管员培训，增强保障农民工工资意识；强化农民工工地管理，增设农民工实名制通道，市直管54个在建项目均建立农民工实名制通道、开设农民工工资专户、设立维权告知牌，基本落实银行代发工资。

（胡铁山）

【建筑业卫生管理】 2020年，张家界市住房和城乡建设局组织开展在建工地管理巩固提升行动，组织开展旱厕改造和污水治理巩固提升行动，打造在建工地示范点，着力提升住建领域卫生水平。2020年8月份国家爱卫专家对张家界市进行创卫技术评估，在建工地满分通过。在建工地管理。张家界市住房和城乡建设局召开创卫推进会24次，开展在建工地管理巩固提升行动专项检查355次，对市中心城区所有建筑工地“六要素”进行全面检查，对工地围挡宣传内容进行清理，下达建筑工地创卫问题整改通知书68份、停工整改通知书13份、严重不良行为告知书11份。

旱厕改造和污水提质。张家界市住房和城乡建设局对市中心城区内截污干管和次干管开展专项检查20次，下发整改通知书8份，修复破损的检测井308个，修复管网28米；市中心城区污水日均处理量达到10.8万吨（设计水量10.6万吨/日），处理水量达到设计水量负荷102%，出水水质均达到一级B和一级A排放标准，澧水流域水体水质得到改善。加强在建工地旱厕检查，张家界市在建工地实现“零”旱厕。在建工地示范点建设。张家界市打造潇湘华府、宁邦广场、东宸江山里、江与城、龙庭国际住宅小区二期、武陵源区景区移民建镇扶贫项目巨岩门安置区EPC项目6个示范点，对推进在建工地创卫工作起到积极示范作用。

【扫黑除恶工作】 2020年，张家界市住房和城乡建设局制定并下发《2020年住建系统扫黑除恶专项斗争行动工作计划》（张建发〔2020〕33号），明确工作目标，压实工作责任；开展优化工程（项目）建设施工环境攻坚行动，制定并下发《关于张家界市住建系统优化工程（项目）建设施工环境攻坚行动工作方案》（张建发〔2020〕38号），严厉打击违法违规行为，着力整治乱象，建立长效机制，优化建设工程领域营商环境；全面摸排工程建设“黑恶势力”问题线索，开展建设工程领域涉黑涉恶线索摸排行动，摸排建筑企业42家，摸排在建项目78个，收集问题线索30条。

【建筑企业小升规工作】 2020年，张家界市住房和城乡建设局精准推动“四上”企业发展，制定《张家界市建筑企业2020年“小升规”工作实施方案》，对拟入规企业开展了调度督查，完成“小升规”企业30家，目标任务高标准完成。

（本栏撰稿 张宏卫）

住房保障

【概况】 2020年，张家界市完成省定棚户区居民改造5189户、租赁补贴发放17850户目标任务，公租房、限价房管理上档进位，张家界市住房和城乡建设局获评湖南省住房保障先进单位。（符文林）

【老旧小区改造】 2020年，张家界市住房和城乡建设局紧抓老旧小区改造进度，老旧小区改造取得较大进展。将2005年前718个住宅小区纳入改造项目库，涉及77547户，面积825.1785万平方米；加快项目建设进度，纳入2019年改造任务的70个小区全部竣工，纳入2020年改造任务的102个小区全部开工；积极争取老旧小区改造工程资金，争取老旧小区改造工程资金4.1852亿元。

【房屋管理】 2020年，张家界市住房和城乡建设局推进小区管理规范化。严格物管用房管控，全面清理已建成住宅小区的物业管理用房，进一步规范物管用房维护、使用和管理，保障住宅小区业主权益。强化维修资金归集，探索非住宅商业部分物业专项维修资金收取，依据《湖南省物业管理条例》规定，积极推进物业保修金交存、使用、管理和返还。选拔张家界市代表队参加湖南省“中建杯”物业管理职业技能大赛暨中国物业管理行业职业技能竞赛湖南选拔赛，取得第三届湖南省物业服务职业技能竞赛物业管理员三等奖、电工组优胜奖和优秀组织奖。（本栏撰稿 龚 昭）

【限价房管理】 2020年，张家界市住房和城乡建设局修订《张家界市中心城区限价商品房管理办法》，市中心城区筹集限价商品房项目33个、6833套，达到预售条件限价房5235套，销售限价房4217套，销售率80.55%，为加快推进棚改项目建设发挥积极作用。

【公租房管理】 2020年，张家界市住房和城乡建设局加大违规租赁住房清理力度，清退不合理住房1616户，切实保障无房群众“住有所居”；加快信息系统建设，及时做到公租房住房信息动态更新，提升公租房规范化管理能力。

【规范房产市场交易流程】 2020年，张家界市住房和城乡建设局通过优化业务办理流程、精简业务资料、明确办理时效，为服务对象提供更加规范和便捷的服务，办理商品房合同网签备案审批业务13208件；期现对接办理259宗，其中问题楼盘办理112宗；经济适用房上市51宗；归集维修资金97709947万元、12815户，做到了应缴尽缴。

（本栏撰稿 符文林）

房地产业

【概况】 2020年，张家界市房地产市场总体呈现平稳健康发展态势，完成房地产开发投资139.95亿元，同比增长17.72%，其中市中心城区完成房地产开发投资90.58亿元，同比增长11.69%；商品房销售160.06万平方米，同比增长5.01%，其中市中心城区商品房销售96.77万平方米，同比增长11.18%。

【“交房即交证”】 2020年，张家界市制定出台《张家界市中心城区新建商品房“交房即交证”试行办法》，自2020年元月份正式启用《商品房买卖合同示范文本》，以商品房预售合同为切入点，明确房地产开发企业为“交房即交证”责任主体，宁邦广场、中建凤栖台、荣盛华府、荣盛花语书苑、世茂云著、教字垭教字古城展示区、龙庭国际住宅小区二期、君天公馆、富华里、景源大厦、唯读·逸臣公园、山水印象·澜庭、新松机器人欢乐城、福天华府、西溪凤凰城、金域滨江、靛达广场、富华锦绣公馆、天诚熹悦、紫舞财富大厦等20个新建房地产项目与购房人签订“交房即交证”商品房买卖合同。2020年以前开发建设的高盛国际、盛达佳苑二期、御景湾二期3家楼盘积极报名参加“交房即交证”，2020年9月28日，高盛国际项目率先实现“交房即交证”，已售941户房屋全部实现交房即交证。

【问题楼盘办证】 2020年，张家界市中心城区逾期未办证问题楼盘办证难题化解效果明显，成功化解27个楼盘17034户主要问题，完成首次登记12933户，转移登记2803户，剩余楼盘正在有序化解。

（本栏撰稿 秦辉婵）

【张家界唯读房地产集团有限公司】 截至2020年底，张家界唯读房地产集团有限公司已成功开发10余个中大型楼盘，建设面积约150余万平方米，“唯读·逸臣”系列品牌的“唯读·逸臣公园”项目已开放在售。公司拥有在职员工120人，其中管理人员50人。公司获“湖南省房地产开发企业二十强”“湖南省房地产协会诚实守信企业”“湖南省银行业协会守信用单位”“张家界市房地产开发企业先进单位”“张家界市房地产开发企业管理先进单位”等荣誉。（罗江文）

【张家界沁园物业服务有限责任公司】 2020年，张家界沁园物业服务有限责任公司有员工100余人，持证物业管理经理资格证13人，持证专业技术人员15人。法定代表人刘家圻多次被评为湖南省、张家界市物业管理行业优秀个人；公司先后被评为湖南省、张家界市物业行业先进单位、张家界市物业协会优秀常务理事长单位、张家界市优秀物业管理企业；公司管理的湖南省烟草公司物业服务项目获得“张家界市最美庭院”“张家界市园林式单位”，山水印象住宅小区项目获得“张家界市最美庭院”奖、“张家界市园林式单位”奖。（曾建国）

建筑节能与科技

【绿色建筑】 2020年，张家界市住房和城乡建设局在新建项目初步设计阶段实施绿色建筑严格审查，市中心城市进行绿色建筑设计启动建设绿色建筑项目26个，建筑面积119.838万平方米，占新开工民用建筑比例99.323%；城镇已新增绿色建筑竣工总面积50.186万平方米，占竣工建筑总面积比例46.656%；福天华府5.35万平方米公寓式酒店项目获得一星级绿色建筑设计标识，实现张家界市无绿色建筑标识零的突破。（朱希青）

【装配式建筑】 2020年，张家界市住房和城乡建设局推进装配式建筑发展，全市已启动建设的装配式建筑项目有22个，有建筑面积35.119万平方米，其中市中心城市新建装配式建筑项目有17个，合计31.425万平方米，装配式建筑占新建建筑面积比例30.889%

【建筑企业科学技术研究】 2020年，张家界市住房和城乡建设局推动一级建筑业企业投入建筑新技术研发经费，提高创新产能。紧紧围绕施工中技术难点和急需解决现场技术问题进行技术研究与应用为重点，针对在风景名胜区施工对环境保护更高要求特点，探索研发节能减排技术，通过技术和材料革新，减少建筑施工对周边环境影响；在装配式建筑施工中针对出现的疑难问题，积极组织专业技术人员攻坚克难，着力提高完善装配式建筑施工工艺和工法。湖南鑫成建设有限责任公司于2019年12月获得了由省科技厅、省财政厅和省税务局颁发的湖南省高新技术企业证书。

（本栏撰稿 朱希青）

城市管理

【概况】 2020年，市城管局成功创建省级文明单位，被评为全市平安建设先进单位、全市治理车辆超限载工作先进单位、张家界市创建国家卫生城市优秀单位、全市防汛救灾先进集体、全市党委信息工作先进单位、全市“三抓三促”先进单位。

【城管综合执法】 2020年，市城管执法支队清理拆除违规设置的户外广告，下达整改通知书168份，立案查处44起，罚款29300元，拆除各类广告1439块、灯箱广告106个，拆除广告面积约1.2万平方米，市城区户外广告设置进一步规范。开展占破道和损绿毁绿整治，下达整改通知书66份，立案查处13起，罚款5.29万元。开展建筑工地噪声污染整治，处理噪声投诉395起，下达整改通知书85份，立案查处

2020年5月6日，市城管局党组书记、局长王章祥（前一）查看城市排涝情况

（席新国 摄）

11起，罚款52000元。永定区城管局收缴违规设置的共享单车、电动车428辆。开展交通秩序整治，整治人行道车辆乱停乱摆及马路市场、占道经营现象，处置违停车辆19530辆，强制拖离违停摩托车、电动车11550辆。

【助力防疫防汛】 2020年，市城管局严格落实疫情防控措施，对公园、公厕等部位进行日常消杀，加强一线作业人员安全防范，守住城市管理领域的防疫阵地，毫不松懈抓好复工复产和常态化疫情防控，打赢疫情防控阻击战。强化汛期应急值守，制定防汛应急预案，对14个易涝点和风险隐患点进行重点监控，完成火车北站广场周边及站前路、永安路排水防涝改造，完成鹭鸶湾大桥东匝道周边区域排水防涝改造，打赢防汛保卫战。

【环卫精细管理】 2020年，市环卫处紧紧围绕城市中心工作，以“4132”工程为抓手，队伍建设、设施建设和精细化管理等各项工作均取得优异成绩。抓街道冲洗，每天出动100辆环卫特种车、1000余名环卫工人，对市城区354万平方米主次干道实施“3321”作业，道路冲洗时间达19小时。抓垃圾清运工作，对市城区310处垃圾点和1125个垃圾桶做到日产日清。抓站厕管理，在站厕安装视频监控，值守人员严格按照创国卫各项标准，随脏随拖、不留污渍。加强病媒生物防制，站厕内外干净整洁无异味。抓水上环境管理，每天出动6条船只、60名员工，做好澧水河城区段359.2万平方米水面和35.73万平方米河堤护坡环卫工作，定期对排污口拦截设施内的垃圾进行清理。开展扬尘污染专项防治，制定突发污染等问题清单，突击整治临时污染19处。加强渣土污染监管，每10天对污染道路的工地进行统计上报。

【环卫设施设备购建】 2020年，市环卫处持续推进厕所革命，按照“一站一品、一厕一景”工作要求，新改建公厕13座，同时对公厕进行合理设计，增配除臭设备，提高女厕厕位占比，完善第三卫生间布局，缓解如厕难题。

【垃圾处理】 2020年，市垃圾处理监督站完成市煤炭湾生活垃圾填埋场提质升级改造和环保督察问题整改销号任务，年处理垃圾19.46万吨，日均533.17吨；年处理渗滤液2.90万吨，日均79.56吨，垃圾无害化处理率达100%。聘请第三方检测公司对垃圾场各项环境指标进行每月监测，并出具监测报告。规范餐厨垃圾管理，完成餐厨垃圾政府采购，处理餐厨垃圾1.95万吨，聘请第三方评估公司进行价格评估。加强装修垃圾收集点日常监管，转运处理装修垃圾11812车，有效遏制市中心城区装修垃圾乱堆乱弃的问题。与垃圾运输公司签订责任书，制定“三不出场”管理规定，明确运输“红线”行为。

【生活垃圾分类】 2020年，张家界市印发《张家界市生活垃圾分类工作实施方案》，成立市垃圾分类领导小组，市委书记任第一组长，市长任组长，市人大、市政府、市政协有关同志任副组长，纪委监委、市发改委、市教育局、市住建局、市城管局、市机关事务管理局等28家单位为成员单位。市城管局组织开展分类宣传活动14次，发放宣传资料10万余份。开展垃圾分类试点，在永定区南庄坪街道办事处、永定区官黎坪街道办事处、武陵源区锣鼓塔街道办事处、武陵源区军地坪街道办事处、慈利县零阳镇、桑植县刘家坪镇等8个街道（乡镇）创建生活垃圾分类示范片区，在新家园小区、世纪花园小区、江与城小区和阳湖坪建新社区配置分类收集设施。

【建筑垃圾资源化利用】 2020年，市城管局牵头建立建筑渣土资源化利用联席会议制度，出台建筑渣土资源化利用工作方案，筛选2家渣土资源化利用企业进行培养。

【张家界市垃圾焚烧综合处理项目】 2020年11月30日，张家界市垃圾焚烧综合处理项目开工建设，该项目是破解“垃圾围城”的重点民生项目，位于永定区阳湖坪街道，总占地面积11.6公顷，计划投资5.7亿元，日垃圾处理规模达930吨。项目采取政府和社会资本合作模式，由市城管局作为政府方负责统筹推进，中国光大环境（集团）有限公司作为社会资本方参与项目建设与运营。

【市政设施维护】 2020年，市市政设施维护中心维修车行道沥青路面3422.34平方米，维修人行道3554.67平方米，维修侧平石、锁边石912.34米，维修更换检查井150座、雨水桥125座，清淤雨水井3898座，疏通下水道、明沟6204米，完成车行道灌缝4652米，清理路障58车，维修更换隔离柱107根。完成甘溪桥桥面隔离墩拆除和路面坑洞修补工程，完成火车站环形道路改造工程，完成天门路（铁路桥下）人行道护栏维修工程。完成东互通桥下市政沥青混合料储备基地建设，平整场地约2000平方米，硬化地面600多平方米。完成杆子坪基地改造，市政综合养护车、疏通车等大型车辆及其他市政设备均存放至杆子坪基地。新采购铣刨机1台、压路机1台、小型综合养护车1台、融雪撒盐机2台，有效提升市政维护机械化水平。

【微建设】 2020年，市城管委办公室牵头实施城市“疑难杂症”微改造、微建设，摸排出包括管线管网、井圈井盖、功能照明、道路改造等29大类共318个问题，计划按照“先急后缓、先重后轻”的原则分三年实施，其中投入小、见效快且与群众生活息息相关的60多个问题在2020年全部解决完毕。投入28万元，对严重破损的井圈井盖进行更换，保障了群众的“脚下安全”。实施绿化带改造项目，将崇实南校西、鹭鸶湾高架桥东等部分路段绿化带改建为人行道和车行道，解决道路拥堵问题。在人流车流较多的道路交叉位置设置道路交通安全岛66座，规范车辆行驶路线。

【园林项目建设】 2020年，市园林绿化服务中心科学推进园林项目建设，完成古人堤公园边坡整治工程，整治面积5000平方米，消除临河游道边坡垮塌、落石隐患；实施张清大桥至澧水大桥滨河绿地改造项目，新建园路750平方米，绿化面积2150平方米，一扫“雨天泥泞、晴天扬尘”的旧貌；实施紫舞公园改造工程，改造面积5000平方米，对公园进行合理分区，增加铺装广场，优化景观效果；实施南庄坪小游园、凤湾桥头绿地，金海岸旁绿地、岩塔小游园等6处零星绿地的提质改造工程，加快构建“园在城中、人在园中”的绿色格局；优化改造庸都园、樟树角公园、澧兰公园、宝塔岗公园，增设休憩座椅、直饮水设施、供电用电防护设施，恢复植被，增加游人指引，强化公园服务功能，消除安全隐患，提升游园体验感。

【城市绿化管养】 2020年，市园林绿化服务中心全面推进公园绿地管养标准化、规范化、常态化，全年累计修剪乔木4万余株，建成区绿化覆盖率达42.3%，人均公园绿地面积达10.36平方米；落实月考核制度，定期召开管养工作讲评会，对未履行养护责任的单位进行通报，并将考评结果与养护费用挂钩；完成市城区16条路段7000余平方米的花卉种植工作；投入50余万元，补植绿地9000余平方米，增设竹护栏近3000米，清理垃圾400余吨，基本清除城市绿地“残缺带”和“蚂蚁路”；开展市级园林式单位和小区创建工作，评定10家市级园林单位、小区和10家市级园林式单位小区复检工作。（本栏撰稿 贾俊杰）

住房公积金管理

【概况】 2020年，张家界市住房公积金管理中心紧紧围绕全市中心工作，服务经济社会发展大局，以“房住不炒”为根本遵循，扎实推进“一件事一次办”“一网通办”，积极推进改革、追求更美服务。2020年，业务工作综合考核在全省住房公积金系统为一类排位第三；成功创建省文明标兵单位、荣获全省文明行业称号；创建省文明城市工作为全市先进单位；被评为全市平安建设（综治）工作先进单位，获平安单位称号；关工委工作被评为优秀等级，被评为市巾帼文明岗；中心驻村帮扶工作队被评为全市优秀驻村帮扶工作队；全市政务信息先进工作单位。

【住房公积金业务指标】 2020年，张家界市住房公积金管理中心归集扩面。2020年全市新增102家单位、开户职工4816人，住房公积金覆盖率达87%；归集15.49亿元，职工提取住房公积金8.88亿元，占当年归集的57.33%；累计归集101.29亿元，归集余额42.12亿元。贷款投放，全市发放个人住房贷款1876户7.01亿元，完成年度计划的132.21%，比2019年同期增长0.06亿元；回收贷款本金3.18亿元，利息0.99亿元，贷款余额32.02亿元；住房公积金个贷率76.03%，贷款逾期率为0.0182%。增值收益，实现业务收入12533.92万元，比2019年同期增长1487.81万元；实现增值收益6687.68万元，完成年度计划的133.75%。

【住房公积金管理制度建设】 2020年，张家界市住房公积金管理中心研究下发《关于进一步规范全市住房公积金贷款工作的通知》等7个规范性文件，全面规范张家界市住房公积金信贷、归集和提取各项业务；坚持以人为本，将“特殊情况提取”“受限贷款”“楼盘准入”等事项通过主任办公会议集体审议、民主决策；扩大住房公积金制度覆盖面，制定出台《灵活就业人员住房公积金缴存使用管理办法》，支持张家界市灵活就业人员改善居住条件；通过网络广泛征求意见、出台《住房公积金失信行为惩戒管理办法》，倡导单位与个人诚实守信，惩戒失信行为，推进住房公积金诚信制度化建设。

【助力新冠肺炎疫情防控和复工复产】 2020年，张家界市支持企业复工复产，为全市46家企业2628人缓缴公积金210.76万元；为37户职工办理公积金贷款延迟归还手续；毫不设限全额清退全市86家房地产企业14979.47万元贷款保证金，确保住房公积金疫情防控惠民政策

2020 年张家界市住房公积金管理中心政务礼仪培训　（胡艳群 摄）

落地落实。

【风险防控】 2020 年，张家界市住房公积金管理中心研究出台《张家界市住房公积金管理中心廉政风险防控管理暂行办法》，建立与组织机构、住房公积金业务及管理相适应的内部授权管理体系，规范授权管理与监督程序，确保资金安全和有效使用；加大逾期贷款清收力度。因受疫情影响，上半年对部分借款人实行延期还款，至 8 月底，贷款逾期率达到当年最高点的 0.087%。仅 40 天时间的催收清收工作，贷款逾期率降至 0.0229%，控制在省定标准之内；清算中心成立以来的历史老账，联动法院、公安等部门，积极开展清退单位出借的房改资金；组织清理固定资产，已完成宝塔岗不动产证办理和入账工作，桑植的固定资产清理也在依法诉讼，确保国有资产不流失；开展调研，调研报告《如何加强抵押权落实前阶段贷款风险防控的对策》在全省住房公积金系统荣获课题研究一等奖。

【信息化建设】 2020 年，张家界市住房公积金管理中心更新硬件设施、优化升级软件，开通网上服务大厅、微信官网、“12329”热线（短信）、门户网站等服务渠道，通过全省住房公积金综合服务平台验收，实现网上服务大厅缴存住房公积金、微信提取公积金等功能；克服资金困难，根据国家信息系统等级保护体系和标准要求，进行信息系统网络安全等级（三级）保护项目建设，通过第三方测评验收，有效提升住房公积金网络信息安全。

（本栏撰稿　向　月）

2021

生态环境保护

·张家界年鉴·

总类

【概况】 2020年，张家界市生态保护工作取得一定成绩。

生态环境质量。实施《张家界市污染防治攻坚战三年行动计划（2018—2020）年》，大力推进“蓝天、净土、碧水”保卫战。空气质量连续三年稳定达到国家二级标准，全市国控、省控、市控地表水监测断面水质稳定达到功能区要求，县级以上城市集中式饮用水水源达标率100%。全市地表水环境质量、城市空气质量综合排名稳居全省第一，PM2.5首次达到世界卫生组织推荐过渡期第二阶段目标值（PM2.5年均浓度低于25微克/立方米），环境空气质量获得历史性突破。

突出生态环境问题。涉大鲵国家级自然保护区水电站整改、禁养区规模化养殖场和养殖专业户清退整治、工程废石渣整治及一批群众身边生态环境问题得到有效解决。

生态文明建设。继武陵源区成功创建国家级生态文明建设示范区后，永定区建成全国“绿水青山就是金山银山”实践创新基地和省级生态文明建设示范区，慈利县、桑植县建成省级生态文明建设示范县。

全市生态环境保护“四梁八柱”。通过推进机构改革，生态文明体制改革，四个区县分局全面上收，人、财、物实现全市统一管理，新生态环保体制、新工作局面基本形成。

（吕佳骋）

【张家界市生态环境保护委员会2020年第一次会议】 2020年3月16日，张家界市委副书记、市长刘革安主持召开张家界市生态环境保护委员会2020年第一次会议，传达全省生态环境保护委员会2020年第一次会议精神，总结2019年并部署2020年全市生态环境保护工作。副市长李培其参加会议。会议传达全省生态环境保护委员会2020年第一次会议精神，听取全市生态环境保护工作情况，审议并原则通过《2020年张家界市生态环境保护工作要点（审议稿）》《张家界市污染防治攻坚战2020年度工作方案（审议稿）》《张家界市污染防治攻坚战“2020年夏季攻势”任务清单（审议稿）》《张家界市2020年度污染防治攻坚战考核办法（审议稿）》《张家界国家生态文明建设示范市2020年度创建工作方案（审议稿）》《关于评定2019年度污染防治攻坚战先进集体和先进个人的通报（送审稿）》。会议明确，2020年全市上下要进一步提高政治站位，认真贯彻落实习近平生态文明思想，切实增强做好生态环境保护工作的政治自觉、思想自觉和行动自觉。抓好问题整改，切实打好污染防治攻坚战，开展好“2020年夏季攻势”，努力推进“蓝天保卫、碧水攻坚、净土持久、大地增绿、城乡洁净”五大行动；加快形成绿色生产生活方式，引导全社会自觉践行；坚持用法治思维守护绿色，坚守生态保护红线。要进一步压实责任，提升治理能力，理顺机制体制，改进工作作风，确保生态环境保护各项工作落实落地，擦亮绿色生态发展名片，为全市经济社会高质量发展，全省生态文明建设作出更大贡献。

（王礼发）

【2020年张家界市生态环境保护暨全面从严治党工作会议】 2020年3月26日，张家界市生态环境保护暨全面从严治党工作会议召开，副市长李培其出席会议。会议贯彻学习2020年全省生态环境保护工作电视电话会议精神，总结2020年全市生态环境保护工作所取得的成绩，认真分析生态环境保护工作存在的问题，安排部署2020年重点工作。2020年是全面建成小康社会和“十三五”规划收官之年，也是《张家界市污染防治攻坚战三年行动计划（2018—2020年）》决胜之年。全市生态环境保护工作将坚持以习近平新时代中国特色社会主义思想为指导，认真贯彻落实习近平生态文明思想，按照党中央、国务院和省委、省政府决策部署，巩固生态环境保护成果、坚守生态保护红线，加强生态环境保护建设定力不动摇、不松劲、不开口子。紧紧围绕创建国家生态文明建设示范市工作目标，突出打赢打好污染防治攻坚战，狠抓中央、省级生态环境保护督察问题整改，落实《湖南省生态环境保护工作“四严四基”三年行动计划》，努力推进“蓝天保卫、碧水守护、净土攻坚、大地增绿、城乡洁净”五大行动，全面践行“绿水青山就是金山银山”发展理念，谱写美丽张家界新篇章。

【“十三五”环境保护规划指标完成情况】 2020年，张家界市“十三五”环境保护规划指标完成较好，空气质量优良率、澧水干流水质优良率等10项约束性指标全面完成。县级以上城镇生活污水集中处理率等12项指导性指标中，重点工业污染源与城市生活污水处理厂达标排放、县级城镇生活垃圾无害化处理率等9项指标已全部完成，其中农村环境综合整治已经完成省定500个行政村整治任务；“十四五”生态环境保护规划已基本完成。完成两套机动车尾气固定遥感监测系统和监控平台建设，环境空气VOCs自动监测站已建成并投入使用，市中心城区10个空气小微站已完成建设；全市建成县级以上城市污水处理厂7个，污水处理能力达15.5万吨/日，处理率达到96.26%；2020年建成乡镇污水处理厂7座，累计建成乡镇污水处理厂37座。全面完成“十三五”污染减排目标，2019年二氧化硫、氮氧化物、化学需氧量、氨氮四项主要污染物排放量较2015年分别削减16870吨、2808

吨、3054吨、121吨，削减率分别为59.9%、28.9%、15.86%、5.64%。慈利县枧潭溪流域镍污染综合治理取得良好成效，2020年1—12月慈利县枧潭桥断面镍浓度平均值为0.0228毫克/升，较2012年的0.255毫克/升下降91.06%。

（本栏撰稿　吕佳骋）

【突出环境问题整改】　2020年，生态环境部华南督察局、湖南省生态环境厅日常督察交办的8个突出生态环境问题，7个问题基本得到整改：桑植县对砂坝硫黄矿冲毁的挡渣墙、排洪沟等设施进行修复（华南督察局、湖南省生态环境厅均交办）；强化汨湖乡三子界村煤矿日常监管，视情况采取有效治理措施。慈利县对张家塔石料厂、张卫砂场、夏辉砂石来料加工场、业兴建材经营中心、张家界西南水泥有限公司、慈澧砂石厂等6家企业采取断电措施，严控违法砂石破碎加工死灰复燃；对慈利县新感觉渣土运输有限公司生产设施进行拆除；督促贵友化工厂按环评要求加高锅炉烟气及收集反应釜溢出氯化氢喷淋塔排气筒，完善废气、噪声防治设施及事故应急处理池，积极化解厂群矛盾。永定区督促张家界恒丰建筑材料有限公司拆除违法占地建设的砂石生产线及其附属设施。1个问题按计划进行整改：桑植县梭罗溪煤矿矿井涌水污染问题正在制定治理方案。2020年9月16—30日，省第七生态环境保护督察组对张家界市开展“回头看”，交办信访问题69件，截至2020年12月底，完成整改52件。持续推进中央及“回头看”和省级生态环境保护督察问题整改，截至2020年12月底，中央生态环境保护督察及“回头看”反馈意见涉及张家界14个问题完成整改13个，1个（慈利县重金属监测断面镍浓度年均值超标问题）完成年度整改任务，按时序推进；转办的158件信访件完成整改156件，2件（慈利县洞溪、高桥镍钼矿区污染问题，久瑞生物臭气污染问题）按时序推进。省级生态环境保护督察反馈问题29个，完成整改26个，1个问题（慈利县重金属监测断面镍浓度年均值超标问题）有序推进，2个问题（采石制砂无序问题、城镇污水处理设施不匹配问题）超期未完成。张家界没有全国人大执法检查指出的个性问题及长江经济带警示片披露问题。（李中文）

【大鲵保护区水电站整改工作】2020年，全面完成涉大鲵保护区88座水电站整改任务。除江垭、鱼潭水电站2座明确保留外，其余86座水电站已全部停止发电，发电设备已拆除；需拆除46座大坝、86座发电设备、57座厂房已全部拆除；88座水电站生态基流、增殖放流等生态修复措施整改到位；88座水电站全部完成整改销号。大鲵自然保护区水电站整改工作，获得时任省委书记杜家毫6次批示和时任生态环境部部长李干杰2次批示肯定。

（吕佳骋）

【法制宣传】　2020年，张家界市生态环境局全年召开新闻发布会三次。3月开展一次媒体联合采访活动，6月进行一次新闻发布会，10月份举办一次非道路移动机械污染防治工作布置及新闻发布会。积极开展“六五”环境日系列宣传活动。由张家界市生态环境保护委员会办公室统一发文，要求各部门和各区县人民政府积极组织开展“六五”世界环境日宣传活动。让“六五”环境日环保宣传活动变成全社会共同活动，不是生态环境部门唱独角戏。以绿色卫士张家界大队为媒介，开展清洁河流活动。先后有张家界市生态环境局、张家界市国资委、张家界市边检站、张家界市公安局、张家界市水文局等10余家单位与绿色卫士张家界大队合作开展清洁河流活动。张家界市生态环境局牵头组织清洁河流、垃圾分类收集、新闻发布会、中商广场环保宣传、生态环境应急物资储备库挂牌仪式等5场活动。制作清洁河流抖音等5件新媒体产品，其中清洁河流抖音短视频24小时关注量在10万以上。原创《环保之歌》上传抖音、快手，受到省生态环境厅领导肯定和社会赞扬。省生态环境厅采用推广，广为传颂。区县分局组织学生、市民参观环境教育基地1000人次。指导绿色卫士张家界大队开展“为澧代言”环保志愿者服务活动。

行政处罚案件审查和行政处罚听证工作。全年组织行政处罚案件集中审查会7次，行政处罚听证会3次，行政复议2起。制定《张家界市生态环境损害赔偿制度改革实施办法》，并两次征求市直和区县各部门意见，报市政府常务会、市委深改委会议通过，并发布实施。推动生态环境损害赔偿案例落地，落实4个案例。完成法治政府、普法、依法治市、执法监督等各项工作。起草制定对分局行政执法委托文书，解决综合执法改后分局无执法权限的难题。修订制定案审制度，做到行政执法法制审核工作。（邱克明）

自然生态保护

【概况】　2020年，张家界市有自然保护地25处，按自然保护地级别统计，世界级自然保护地2处、国家级自然保护地11处、省级自然保护地9处、市级自然保护地1处、县级自然保护地2处；按区域统计，永定区辖区涉及自然保护地7处、武陵源区辖区涉及自然保护地11处、慈利县涉及自然保护地5处、桑植县涉及自然保护地9处。全市自然保护地矢量求积总面积111532.73公顷，占市域总面积的11.70%。多年来，自然保护地在维护生态安全、保护生物多样性、保存重要自然资源、改善生态环境质量以及促进张家界市经济发展等方面发挥重要作用。2020年，张家界市持续开展“绿盾2020”自然保护地强化监督，建立“绿盾2017—2020”专项行动问题1027个，其中国家聚焦重点问题143个（涉自然保护区水电站93个、河道采砂29个、工矿企业21个），按湖南省自然保护区突出生态环境问题整改销号指导意见（湘生环委办〔2019〕10号）要求完成销号1027个，销号率达100%。

【“绿盾2020”自然保护地强化监督】 2020年，张家界市继续发挥绿盾领导小组办公室领导协调优势，对自然保护地问题进行排查、核实、整改，以领导小组办公室名义进行调度和督办。全市“绿盾2020”专项行动建立问题台账1027个，其中：“绿盾2017、2018”专项行动台账297个问题、2019年新增自然保护区遥感疑似问题662个问题（注：自然保护区问题60个，其他自然保护地602个），2020年新增67个，省级督察1个。2020年全部完成整改，并进行销号。

【生态保护红线监管】 2020年，张家界市生态环境局协助开展生态保护红线再评估，以生态保护红线划定成果为基础，重点识别存在的矛盾，与其他控制线交叉情况，提出生态保护红线优化调整方案，做到应划尽划。武陵源世界自然遗产、武陵源风景名胜区核心一级保护区2.8平方千米自然保护地核心区未纳入生态保护红线，通过评估纳入生态保护红线；张家界高新技术开发区规划范围与生态红线存在2.3平方千米重叠区域，城镇开发活动与生态保护存在冲突，从生态红线中移除。严守生态保护红线。为支持项目建设服务关口前移，对项目所处位置进行生态保护红线核查，参与项目准入把关。2020年对新建约110个建设项目，在提供项目拟用土地勘测定界技术报告情形下，核实项目用地是否在生态保护红线，是否有项目实施制约因素。

【生态保护修复】 2020年，张家界市为落实习近平生态文明思想和中央生态环境保护督察及“回头看”反馈意见，保护张家界大鲵栖息地和生态环境，2020年底86个水电站全部停止发电，39座水电站大坝拆除，保留40座水电站大坝基本落实生态基流泄放设施，增殖放流投入资金529.95万元（2018年378万元，2019年151.95万元），安装宣传牌295块，建设人工鱼巢4970平方米，人工放流大鲵7736尾（其中亲本104尾、后备亲本292尾、幼苗7340尾），人工放流鳙鱼、鲢鱼、鲤鱼、鲫鱼等鱼类432万尾（另网箱拆除直接放流5.25万千克）。

（本栏撰稿 杨卫文）

土壤环境管理

【概况】 2020年，张家界市以污染防治攻坚战2020年工作方案为依据，通过开展宣传教育、加强执法监督、抓好项目管理、强化污染治理等措施，进一步夯实张家界市土壤污染防治基础，土壤生态环境质量得到稳步提升。全市6家土壤污染重点监管企业，其中永定区2家、武陵源区1家、慈利县2家、桑植县1家；全市有11个疑似污染地块，17个污染地块。按照有关工作要求和法律法规，张家界市先后进行土壤污染重点监管企业自行监测和周边土壤环境监督性监测，针对永定区、武陵源区、桑植县开展土壤污染治理与修复成效技术评估，以及全市疑似污染地块环境状况调查。持续深入开展重金属污染治理与风险管控，2020年实施土壤污染防治项目4个，完成8个村农村生活污水治理及4个区县农村生活污水治理规划编制工作。强化耕地管理，以农用地详查数据为依据，配合市农业农村局完成受污染耕地安全利用面积5.99万亩、严格管控面积0.14万亩。

【枧潭桥断面重金属超标问题治理情况】 截至2020年底，国家相继投入10585.18万元，在慈利大浒矿区先后实施9个治理项目。通过治理，慈利县大浒矿区部分废渣实现安全处置，废渣自燃现象已消失，矿区植被逐步恢复，大大降低以往镍钼矿废渣裸露无序堆存给当地环境造成的污染影响，生态环境得到改善，整治成效十分明显。治理废渣232.05万立方米，恢复植被33.03万平方米，矿区以往硝烟四起自燃场景不复存在，以往受污染影响溪沟河床发黄污染场景已得到根本改观，以往裸露矿区地表已有植被覆绿、焕发生机。修建雨水导排沟渠11401.7米，建设废水收集池26处，收集处理采矿矿洞废水及填埋场渗滤液，铺设废水收集管网9852米，配套建设渗滤液和矿洞涌水处理站4座，时处理废水能力400吨。监测结果表明，慈利县枧潭桥断面镍浓度呈逐年下降趋势，镍浓度年均值从2012年的0.255毫克/升下降到2020年的0.0228毫克/升，浓度下降幅度达91.06%，且2020年的0.0228毫克/升较2019年的0.025毫克/升下降8.8%，地表水环境质量明显改善。

【涉重金属行业企业污染防控】 2020年3月20日，结合张家界市实际，张家界市生态环境局印发《张家界市涉镉等重金属重点行业企业排查整治方案》，明确排查目标任务。4月启动第五轮涉镉排查。张家界市生态环境局桑植分局针对2020年6月华南督察局交办《桑植县砂坝硫黄矿（二矿区）风险管控项目》渗滤液部分重金属超标问题进行重点排查，编制完成《桑植县砂坝硫黄矿（二矿区）风险管控项目水污染现状调查报告》，报告显示，砂坝硫黄矿（二矿区）排水沟镉未检出，镍0.00854毫克/升，锌未检出，砷未检出，pH值7.08，符合《地表水环境质量标准》（GB3838—2002）中3类标准。根据全口径涉重金属重点行业企业排查清单，张家界市3家企业，分别为吉祥矿业、金天化工、兴达冶化。2020年10月，张家界市生态环境局慈利县分局组织排查，得到反馈：吉祥矿业有限责任公司已进行污染治理（风险管控），不存在残留固体废物堆存情况，无厂区残存废水；张家界市金天化工有限责任公司不存在残留固体废物堆存情况，无厂区残存废水；张家界兴达冶化有限公司无厂区残存废水。2020年，全市范围内无电石法聚氯乙烯行业企业，无新审批新、改、扩建涉重金属重点行业建设项目，全市范围内无涉重金属行业“散乱污”现象，未发生涉重金属突发环境事件。经排查，辖区内无涉镉等重金属污染源。

（本栏撰稿　代雨杭）

【农业面源污染治理】 2020年，张家界市完成辖区内禁养区调整，调整前禁养区数量135个，禁养区面积1948.6平方千米，调整后，禁养区数量为122个，禁养区面积1104.5平方千米。取消无法律法规依据划定禁养区数量24个，取消无法律法规依据划定禁养区面积844.099平方千米；完成8个农村生活污水治理项目，局部农村人居环境得到改善；编制完成《农村生活污水治理规划》，为“十四五”农村生活污水治理提供技术依据；在永定区开展农村生物多样性保护试点工作，并取得成效，为区域性农村生物多样性保护积累经验；开展农村黑臭水体排查，尚未发现黑臭水体；配合有关单位对辖区内18家规模化养殖场进行检查，并对发现的问题督促其整改落实。（唐纯军）

大气环境管理

【概况】 2020年，张家界市委、市政府高度重视蓝天保卫战（大气污染防治）工作，召开全市蓝天保卫战工作推进会、全市非道路移动机械摸底调查和编码登记工作推进会，市政府常务会议专题听取特护期大气污染防治和重污染天气应对工作汇报，部署安排“十三五”和蓝天保卫战三年行动计划收官工作，并对市中心城区扬尘污染防治情况进行现场调研。一年来，陆续下发全市（大气）污染防治攻坚战工作方案、“夏季攻势”清单、考核细则和全市大气污染防治和应对气候变化工作要点，通过强化工业污染防治、移动源排放监控、扬尘污染管控、面源污染整治及夯实大气环境监管监测能力建设等一系列措施，全市环境空气质量明显持续改善，2020年张家界市优良天数为359天，同比增加17天，优良天数比例为98.1%，同比提高4.4个百分点；$PM_{2.5}$为25微克/立方米，同比下降19.4%；PM_{10}为43微克/立方米，同比下降14.0%；没有发生中度以上污染天气（轻度污染7天）；环境空气质量综合排名全省第一。环境空气质量8个指标中，综合指数、$PM_{2.5}$、臭氧、一氧化碳、二氧化硫等指标为全省最低，综合指数、臭氧两个指标改善幅度排名全省第一。慈利、桑植两县城区环境空气质量均达到国家环境空气质量二级标准。

（李伊胜）

【工业废气污染防治】 2020年，张家界市抓重点行业大气污染治理，制定下发《全市工业窑炉污染治理工作方案》和《挥发性有机物综合治理方案》。全面落实水泥生产企业错峰生产计划，南方、华新两家水泥厂超额完成2020年第一季度40天、第四季度25天错峰生产停窑计划。中央大气专项资金支持6家印刷厂完成挥发性有机物治理。桑梓火电厂1#和2#超低排放改造已于12月底前完成改造任务。

（李伊胜）

【移动源污染防治】 2020年，张家界市全力推进老旧柴油货车淘汰和非道路移动机械摸底调查登记编码工作，提前完成省定21台老旧柴油货车淘汰报废任务。柴油货车上线检测合格率达90%以上。2020年完成非道路移动机械编码登记2746台，超额完成省定任务目标。张家界市人民政府出台《关于划定禁止使用高排放非道路移动机械区域的通告》，市生态环境局联合市交通运输局市市场监督管理局制定出台《贯彻实施全市汽车排放检验和维修（I/M）制度工作方案》，已公示机动车排放检验检测机构（I站）6个，确定机动车排放超标维修治理企业（M站）5个，从2021年1月开始在全市全面实施汽车排放检验和维修（I/M）制度。（李伊胜）

【面源污染治理】 2020年，张家界市严格执行《中华人民共和国大气污染防治法》《湖南省大气污染防治条例》《张家界市扬尘污染防治条例》，下发《关于确定2020年市级扬尘重点污染源的通知》，配合市人大常委会开展《张家界市扬尘污染防治条例》执法检查，完成整改交办问题48个，已完成44个问题整改。城市主次干道冲洗洒水降尘持续开展，污染天气期间，增加洒水降尘频次。严格秸秆焚烧和烟花爆竹禁放管控，下发《进一步严格管控农作物秸秆禁烧的通知》，下达各区县卫星遥感监测火点控制指标。2020年全市发生9个秸秆焚烧卫星遥感监测火点，为省定控制目标数30%，督促区县对火点情况进行逐个处理并严肃教育有关责任

人。加强烟花爆竹销售燃放管理，违规燃放烟花爆竹现象大幅减少，春节期间环境空气质量大幅改善，全为优良天气。（李伊胜）

水环境管理

【概况】 2020年，张家界市实施碧水守护行动，推进长江保护修复攻坚战，组织开展污染防治攻坚战“夏季攻势”，圆满完成“十三五”各项水污染防治目标任务。水环境质量持续改善，河流更通畅，张家界大鲵国家级自然保护区内拆除水电站大坝46座，88个水电站生态基流、增殖放流等生态修复措施整改到位。全面取缔境内河道采砂，29个采砂项目已全部取缔关闭并完成生态修复。全市所有天然水域网箱等养殖设施全部退养清零。水质更清澈，全市澧水流域所有地表水监测断面水质常年保持Ⅱ类水质，水质优良率达100%，县级以上集中式饮用水源地水质达标率100%；2020年，张家界市水环境质量综合排名全省第一，武陵源区、桑植县、永定区、慈利县水环境质量综合排名分列全省第1位、第3位、第7位、第21位。水污染防治重点任务全面推进，全面控制水污染物排放。在工业污染防治方面，辖区内“十小”企业已全部取缔；全市3个工业园区均建成污水集中处理厂和在线监控设施并稳定运行，实现园区工业企业污水全收集、全处理。累计完成132个加油站450个地下油罐更新为双层罐或设置防渗池，加油站地下油罐防渗改造率达100%。在城镇生活污染防治方面，“十三五”以来，建成投运阳湖坪污水处理厂、蒋家坪污水处理厂、索溪峪污水处理厂扩容提标改造3个污水处理项目，新增城市污水处理能力6万吨；慈利县污水处理厂扩容提标、桑植县污水处理厂扩容提标项目主体工程已经完工，项目投运后将新增污水处理能力4万吨；启动杨家溪污水处理厂二期扩容提标项目，已完成立项、选址及初步设计；全市累计建成乡镇污水处理厂40座，开工在建16座；全面加强配套管网建设，新建、改造污水管网550.54千米，县以上城市污水处理率达96.26%。在农业农村污染防治方面，全市划定禁养区面积1087.2平方千米，累计退养禁养区畜禽规模养殖场30家、养殖专业户551户，禁养区规模养殖场全部清零；完成156家规模养殖场粪污处理及资源化利用配套设施改造，全市畜禽规模养殖场粪污处理设施配套率100%，粪污资源化利用率达到90.31%，4个区县均启动畜禽粪污资源化利用整县推进项目；完成540个村庄农村环境综合整治，辖区内4个区县均通过农村环境综合整治整区县推进验收。在船舶港口污染防治方面，完成4处港口和船舶污染物上岸设施建设。全力保障水生态环境安全。对全市105个集中式饮用水源地全部划定保护区，对10个县级以上饮用水水源地和16个“千吨万人”饮用水水源地环境问题整治，整治水源地突出环境问题130多个，79.5万居民饮用水安全保障水平得到巩固提升；完成无事溪和仙人溪2个城市黑臭水体和46个村庄黑臭水体整治工程，周边群众获得感明显增强。湖南张家界大鲵自然保护区内129个排污口已全部整治销号，关闭排污口61个。扎实做好新型冠状病毒感染肺炎疫情防控工作，及时提出收治肺炎患者定点医院、接纳定点医院污水城镇污水处理厂、集中隔离点污水消毒处理方案和监测要求，深入现场检查指导废水处理工作，每天调度污水处理情况，确保病毒不通过水环境途径传播。

【澧水流域横向生态补偿】 2020年2月28日，张家界市财政局、张家界市生态环境局联合向张家界市人民政府提交《关于张家界市签订流域横向生态保护补偿协议情况的汇报》；经与常德市多次协调，2020年3月30日，张家界市人民政府与常德市人民政府签订《关于澧水流域上下游横向生态补偿协议》。2020年5月19日，张家界市财政局、张家界市生态环境局联合在慈利县财政局召开全市流域生态补偿督办会议；2020年5月29日，市人民政府召开全市区县集中签订流域生态补偿协议会议，会上签订《慈利县人民政府、永定区人民政府关于澧水流域上下游横向生态补偿协议》《慈利县人民政府、桑植县人民政府关于溇水流域上下游横向补偿协议》《慈利县人民政府、武陵源区人民政府关于溹水流域上下游横向补偿协议》《永定区人民政府、桑植县人民政府关于澧水流域上下游横向生态补偿协议》4份协议，实现张家界市澧水流域上下游横向生态补偿全覆盖。

【集中治理工业集聚区水污染】 2020年，张家界市持续开展工业集聚区专项整治行动，定期检查调度工业集聚区水环境问题整改工作，督促慈利工业集中区污水处理厂实现在线监控正常运行，督促桑植工业集中区投入308万元建成瑞塔铺片区污水管网4.833千米，建成瑞塔铺镇污水处理厂在线监控设施并实现正常运行，到2020年12月，全市排查出21个工业园区环境问题已全部整改销号，全面完成工业园区水环境问题整治任务，实现全市3个工业园区污水管网全覆盖，工业污水集中收集处理、达标排放，在线监控稳定运行。推动加强工业园区环境管理水平，督促建立完善水环境管理档案，实现“一园一档”。

【饮用水源地保护】 2020年，张家界市摸排出乡镇“千吨万人”水源地27个、千人以上水源地68个。为确保完成全市乡镇“千吨万人”、乡镇千人以上饮用水水源地保护区划分和乡镇“千吨万人”水源地环境问题整治任务，将该项工作列入全市2020年度污染防治攻坚战“夏季攻势”清单任务、全市重点民生实事项目、2020年度河长制重点工作，将其纳入全市2020年污染防治攻坚战和河长制考核任务进行重点考核。8月31日，省生态环境厅《关于划定株洲市等7市45处千吨万人饮用水水源保护区的复函》（湘环函〔2020〕127号）批复慈利县洞溪乡杜家溪“千吨万人”饮用水水源地保护区划定方案；8月28日，张家界市人民政府《关于公布张家界市第一批45处乡镇千人以上集中式饮用水水源保护区划定方案的通知》（张政函〔2020〕118号）批复永定区罗塔坪乡槟榔坪村寒溪沟水库等45个乡镇千人以上饮用水水源地保护区划定方案；12月31日，张家界市人民政府《关于公布张家界市第二批14处乡镇千人以上集中式饮用水水源保护区划定方案的通知》（张政函〔2020〕181号）批复桑植县龙潭坪镇三合街村火烧垭山溪等14个乡镇千人以上饮用水水源地保护区划定方案。截至2020年底，累计完成27个乡镇“千吨万人”和68个乡镇千人以上水源地划定，基本完成全市农村集中式饮用水水源保护区划定工作。3月3日，市绩效评估委员会办公室印发《关于做好2020年省市重点民生实事项目任务分解有关工作的通知》将乡镇饮用水水源地环境整治列入全市2020年办重点民生实事项目；4月10日，市生态环境保护委员会印发《张家界市2020年“千吨万人”饮用水水源地环境问题专项整治工作方案》（张生环委发〔2020〕7号），正式启动农村“千吨万人”饮用水水源地环境问题整治工作。截至2020年底，完成16个“千吨万人”（经排查，8个饮用水水源地达不到“千吨万人”规模，未纳入此次整治范围）饮用水水源地34个环境问题整治工作，设置水源地保护标识标牌48块，建设隔离防护网3.07千米，拆除旅游餐饮设施1家，整治生活排污口9个、交通穿越桥梁2座，治理生活面源污染51户，建设污水处理设施3个，实现养殖废弃物资源化利用30家。

（本栏撰稿 褚道平）

固体废物、辐射安全管理

【概况】 2020年，张家界市生态环境局配合做好疫情防控工作，严格医疗废物处置，全年处置医疗废物量1558.632吨，其中新冠病毒医疗废物实际处置量为1.868吨，没有发生一件因医疗废物处置不当导致环境污染事件。开展危废排查整治。全年调查危废企业326家，排查企业136家，重点流域1处；查处非法处置危险废物刑事案件1起，对2人采取刑事强制措施；行政处罚2起，罚款11万元；新增2家危废经营单位，增加危废收集能力2000吨。（吕佳骋）

【医废处置】 2020年，全市新增两家危废经营单位（废矿物油、废铅酸电池各1家），增加收集能力2000吨。针对新冠疫情，张家界市及时制定应急方案，妥善处置医疗废物，特别是涉新冠医疗废物。全市处置医疗废物1558.632吨，其中张家界市处置1074.322吨（新冠病毒医疗废物1.868吨），协助益阳市处置医疗废物484.31吨。

【废物大调查、大排查、专项执法】 2020年，张家界市生态环境综合行政执法支队将所有危险废物经营单位和重点工业产废单位纳入“双随机”监管对象，并联合张家界市公安局、张家界市人民检察院开展打击危险废物环境违法行为。2020年，全市查处一起非法处置危险废物刑事案件（慈利甘堰乡非法拆解处置废铅酸电池），并对2人采取刑事强制措施；行政处罚2起，罚款11万元，其中运用新《中华人民共和国固体废物污染环境防治法》对张家界市报废汽车回收有限公司未按规定设置危险识别标志处于10万元罚款。在与卫健部门开展联合检查行动中，全市卫健系统立案查处涉医疗案件25起。在危废“大调查大排查”工作中，辐射固废管理科制定工作方案，组织人员进行调查摸底，排查隐患。2020年调查企业326家，排查企业136家，重点流域1处。录入系统122家，申报91家，并根据工作要求，相应建立产废单位、自有利用处置单位、经营单位、排查问题清单四个清单。同时，张家界市对两处超期储存危废场所进行排查，一处已结合土壤治理项目建设完成安全填埋，另一处已送湖南瀚洋公司进行安全处置。

（本栏撰稿 李 敏）

环保科技与产业

【概况】 2020年，全市调查统计环保产业相关企业20家，营业收入总额为7.05亿元。全市环保产业有一定的基础，但产业门类发展不全，尚在培育阶段，随着国家对生态环境重视程度不断加深，企业和公众环保意识不断增强，从事环保行业的企业逐年增加。

【环保产业发展情况】 2020年，张家界市从事水环境治理、危险废物治理、环境监测等环境服务企业14家，占比70%；火电厂、水泥厂等资源综合利用企业3家，占比15%；其他自然保护行业2家，占比10%；环境保护产品制造1家，占比5%。从企业规模看，环保产业发展不均衡，缺少龙头企业，以小微型为主；从企业营业收入看，环境服务业以公益性事业为主，资源综合利用中的水泥企业营业收入最高，合计达51660万元，仅有的1家环境保护产品制造业一枝独秀，达2557万元。（本栏撰稿　黄颖彬）

生态环境质量监测

【概况】 2020年，张家界市生态环境局对全市4个国控站点、3个省控站点开展环境空气质量自动监测；对全市5个国控断面、8个省控断面、3个市控断面、23个水环境功能区断面，以及张家界市境内流域生态补偿断面、长江及重要支流跨界断面、县级以上集中式饮用水源开展逐月水质监测，对乡镇“千吨万人”集中式饮用水源开展季度监测；张家界市组织开展10个国控土壤点位样品采集以及样品分析；全市完成7个声环境功能区监测点、115个区域环境噪声监测点、27个道路交通噪声监测点年度监测任务。2020年9月15—30日省级环保督察“回头看”进驻张家界市期间，湖南省张家界生态环境监测中心积极配合省级环保督察工作需要，开展6期环保督察专项监测。在审计署对张家界市开展经济责任审计期间，湖南省张家界生态环境监测中心配合审计署开展4期审计专项监测，为生态环境监管、生态环境督察和经济责任审计工作发挥生态环境监测技术支撑。2020年，湖南省张家界生态环境监测中心参加标准样品研究所2020年度IERM能力验证计划，汞结果为满意；参加国家能力验证第一轮水中总磷、总氮、氨氮能力验证，结果为满意；按要求开展环境监测信息公开，在张家界市生态环境局网站及其他相关媒体及时公开全市环境质量月报、环境质量状况公报等相关信息，满足公众环境知情权。

【环境空气监测】 2020年永定城区有效监测天数365天，空气质量优良天数350天，空气质量优良率95.9%；武陵源城区有效监测天数320天，空气质量优良天数319天，空气质量优良率99.7%；慈利县有效监测天数366天，空气质量优良天数361天，空气质量优良率98.6%；桑植县有效监测天数366天，空气质量优良天数356天，空气质量优良率97.3%。永定区、武陵源区、慈利县、桑植县环境空气质量均达标。

【水环境监测】 2020年澧水干流张家界市段9个监测断面中，桑植八斗溪断面水质类别为Ⅰ类，其他8个断面水质类别为Ⅱ类；澧水一级支流溇水3个监测断面中，淋溪河乡断面、柳杨溪断面达到Ⅰ类水质，溇水入河口断面达到Ⅱ类水质；澧水二级支流索溪4个监测断面中，索溪水库断面水质类别为Ⅰ类，金鞭岩断面、水绕四门断面、黄龙洞断面水质类别为Ⅱ类。澧水干流张家界市段、澧水一级支流溇水、澧水二级支流索溪水质状况优。

（本栏撰稿　黄颖彬）

【声环境监测】 张家界市中心城市2020年区域环境噪声平均等效声级为52.8dB（A），较上年上升0.4dB（A）；慈利县城区域环境噪声平均等效声级为52.8dB（A），较上年上升2.0dB（A）；桑植县城区域环境噪声平均等效声级为52.5dB（A），较上年下降2.3dB（A）。市中心城市、慈利县、桑植县区域声环境质量等级为二级，区域声环境质量较好。张家界市中心城市2020年道路交通噪声平均等效声级为69.2dB（A），与上年持平；慈利县道路交通噪声平均等效声级为68.5dB（A），比上年下降1.4dB（A）；桑植县道路交通噪声平均等效声级为69.8dB（A），比上年上升1.7dB（A）。张家界市中心城市、慈利县、桑植县道路交通噪声质量等级为二级，道路交通噪声处于较好水平。

（市生态环境局　供稿）

生态环境准入管理

【概况】 2020年，张家界市生态环境局全面实行排污许可制，推进固定污染源“一证式”监管。建立“三线一单”、规划环评、项目环评有效联动体系，深化排污许可成果与环评、监测、执法等生态环境管理手段有机衔接，实现全市“三线一单”动态管理，严禁在地方立法、政策制定、规划编制、项目审批、执法监管中变通突破、降低标准，清单之外不另设门槛和隐形限制。

【环境影响评价】 2020年，全市完成环境影响评价文件审批204个，涉及总投资218.28亿元（其中环保投资7.90亿元），其中采用告知承诺制审批项目47个。

表 7　　2020 年全市环境影响评价文件审批情况一览表

序号	审批机关	报告书（份）	报告表（份）	项目总数（个）	总投资（万元）
1	张家界市生态环境局	31	73	104	1733726.80
2	张家界市生态环境局慈利分局	0	60	60	285302.00
3	张家界市生态环境局桑植分局	0	23	23	38881.92
4	张家界市生态环境局永定分局	0	7	7	43151.80
5	张家界市高新区环境保护局	0	10	10	81778.22
6	张家界市生态环境局武陵源分局	0	0	0	0
7	合计	31	173	204	2182840.74

【排污许可证发放、排污权交易】2020 年全市完成固定污染源摸底 1598 家（其中 2018 年污普基础底单 1381 家，2018 年以来新增底单 217 家），全年核发排污许可证 149 家（其中重点管理 37 家，简化管理 112 家），企业登记管理 1222 家，因企业重复、关闭、不符合排污许可分类管理名录等原因不需纳入排污许可管理企业 227 家。2020 年全市严格执行主要污染物排放总量指标审核制度，大力推进工业企业排污权交易工作，全年应征收排污权有偿使用费 1293160.5 元，实征收到位 1199627.8 元。全年完成排污权政府储备指标交易 9 笔，总交易金额 217310.00 元。

【推进放管服改革】2020 年，张家界市生态环境局全面深化“放管服”改革，做好精简审批事项，在环评涉及 5 项行政许可中，仅保留建设项目环评审批 1 项。减少审批数量，将占环评总量 80% 左右登记表项目改为建设单位自行登记备案，2020 年全市完成建设项目登记表备案管理 1006 个。最大限度缩短审批时限，其中建设项目环境影响报告书审批事项承诺办结时限由原法定 60 个工作日缩短为 12 个工作日，建设项目环境影响报告表审批事项承诺办结时限由原法定 30 个工作日缩短为 8 个工作日；严格项目环境准入，严格落实《建设项目环境保护管理条例》，按要求将排污许可证后督察列为抽查事项，及时、准确、规范公示检查计划、检查结果，加强事中事后监管。加强环评单位和从业人员监管，依据《建设项目环境影响报告书（表）编制监督管理办法》，在环境影响评价信用平台实施诚信记分，及时曝光黑名单，加快建立信用监管体系；积极落实生态环境部下发《关于统筹做好疫情防控和经济社会发展生态环保工作的指导意见》，建立环评审批正面清单机制，实施“豁免一批，告知承诺一批，优化服务一批”，对正面清单中 10 大类 30 个小类环评登记表项目实行豁免，对正面清单 17 大类 44 小类行业项目实行环评报告书或报告表告知承诺制审批改革试点，目前已按告知承诺制审批项目 63 个，占审批项目总数的 49.6%。对纳入市级重点项目库项目做好环评审批服务，提前介入。推进互联网 + 政务服务，在“湖南省互联网 + 政务服务一体化平台”上公布 9 项行政许可事项、3 项其他行政权力和 4 项依申请类公共服务事项，并全部进驻市政务服务中心办理，实施网上审批、不见面审批，方便群众办事。

【“三线一单”编制和发布】2020 年，张家界市生态环境局编制“三线一单”初稿前后历经十五次省级层面对接，以及十余次市直单位、区县及工业园区对接。2020 年 2 月 11 日和 7 月 14 日，刘革安市长先后两次主持召开专题会议，专门听取“三线一单”编制工作情况汇报，并提出“依法依规、实事求是、生态优先、有利发展”科学划定原则，2020 年 12 月 25 日，张家界市人民政府以张政发〔2020〕6 号文发布《张家界市人民政府关于实施“三线一单”生态环境分区管控的意见》。全市划定 29 个环境管控单元，其中：优先保护单元 14 个，涉及 37 个乡镇街道。重点管控单元 8 个，涉及 15 个乡镇街道。一般管控单元 7 个，涉及 24 个乡镇街道。全市形成 5 份清单，一是全市生态环境准入总体清单，二是全市生态环境问题清单，三是全市产业布局清单，四是工业集中区清单，五是乡镇清单。其中全市生态环境准入总体清单为正面清单，工业园清单和乡镇清单为负面清单。　（本栏撰稿　陈军山）

生态环境保护执法

【概况】2020 年，张家界市生态环境综合行政执法支队全年办理生态环境违法行政处罚案件 58 件，处罚金额 508.675 万元。按照《环保法》四个配套办法办理环境违法案件 14 起，其中查封扣押 2 起、限产停产 2 起、移送拘留 9 起、办理环境污染犯罪案件1起。案件办理数量同比增长31%，罚款额同比增长54%。全市受理各类生态环境污染投诉513件，办结513件。

【生态环境执法监管】 2020年，张家界市生态环境综合行政执法支队严格落实“双随机、一公开”执法监管，建立完善“执法人员信息库、污染源监管动态信息库”，全年开展“双随机”监管一般排污单位483家次、重点排污单位55家次，特殊监管对象2家次，其他执法事项监管133家次，发现并查处违法问题数量79个。开展蓝天保卫战执法专项行动，完成非道路移动机械编码登记2645台，超额完成省定任务目标。督促区县对卫星遥感监测发现9个秸秆焚烧火点逐个检查并严肃处理。开展碧水保卫战执法专项行动，全市26个“千吨万人”饮用水源地排查出问题34个，已全部整改到位。开展净土保卫战执法专项行动，配合市人大常委会开展《土壤污染防治法》执法检查，将全市6家土壤重点监管单位纳入重点监督对象。开展固废污染防治执法专项行动，全年排查涉危废企业100多家，移送公安机关行政拘留1件，公安机关对2人采取行政强制措施，办理涉危险废物环境违法行政处罚案件2件，罚款11万元。开展“绿盾”执法专项行动，督促区县政府限期整改完成涉大鲵国家级自然保护区生态环境问题12个。配合开展消耗臭氧层物质执法专项行动，组织开展ODS执法专项行动，摸排出使用涉ODS企业8家，督促建立资料台账，严格落实相关措施。

【生态环境综合行政执法改革】 2020年，张家界市综合行政执法队伍编制通过改革增加到103个，其中市执法支队增编9个，其他区县增编5个。承接水利、林业部门综合行政执法相关事项，移交餐饮油烟治理、夜间施工噪声治理执法权限。对全市执法文书类型、编号等实行统一管理，进一步规范执法流程。改革后，实行管理重心下沉，推动全市综合行政执法基本形成“市级抽查、县（区）级检查、乡镇级巡查”监管制度。

【统筹环境保护和经济社会发展】 2020年新冠疫情防控期间，张家界市生态环境局对全市定点医疗机构、隔离观察点及乡镇医疗机构疫情防控工作开展专项检查，确保医疗废物按要求收集、暂存、处置，医疗废水达标排放。分两批次将全市9个行业53家企业纳入生态环境监督执法正面清单，充分利用在线监控、视频监控、大数据分析等科技手段开展非现场检查，审慎采取查封、扣押和限制生产、停产整治措施，对因受新冠肺炎疫情防控直接影响，环境违法行为轻微并及时纠正且未造成环境危害后果的，依法依规免于处罚，督促其尽快整改。

（本栏撰稿 覃 锋）

2021

交通·邮政·通信

·张家界年鉴·

交通总类

【概况】 2020年，全市交通运输发展呈现稳定恢复态势，“高质量建设交通基础设施、打好打赢‘三大攻坚战’、科学编制交通发展规划、深入推进重点领域改革、不断增强行业治理能力、坚持不懈抓好平安交通建设”等九大年度目标任务全面完成，为“十三五”画上圆满句号。全市交通运输领域“隐患清零”工作考核排名全省第二，交通问题顽瘴痼疾集中整治年终考核排名全省第四；市交通运输局成功入选全省法治政府建设示范综合创建候选单位，局平安建设、“三抓三促”、提案办理、禁毒工作获全市先进或优秀单位。市交通运输行业邓昌义、黄生勇、吴天波、向延国等同志分别被评为全省交通运输行业十佳客运站站长、运政员、超限检测站站长、船员。

【交通建设投资】 2020年，全市完成交通固定资产投资22.88亿元，是省定年度目标任务的131.5%。其中干线公路项目完成投资10.37亿元；农村公路完成投资3.26亿元；客运站场及渡口改造、停车（服务）区建设等完成投资9.25亿元。

【交通“三大攻坚战”】 2020年，全市交通运输系统坚决打赢打好“三大攻坚战”。精准扶贫。全市完成农村公路投资3.26亿元。深入推进“四好农村路”建设，武陵源区成功创建省级“四好农村路”示范县。评选“四好农村路”市级示范乡镇12个，文明示范路30条、195千米。全市吸收502名建档立卡贫困户参与农村公路养护管理工作。全市25户及100人以上自然村全部实现通水泥路，农村交通状况得到大幅改善，畅通的交通路网成为助力脱贫攻坚的“致富路”。驻点帮扶的慈利县零阳镇团溪村、两溪村脱贫质量进一步巩固提升，贫困发生率分别从最初的19%、28%降至0。污染防治。全市建成4个船舶污染物接收转运站并投入运行，船舶生活垃圾及油污水得到有效处理。制定并落实机动车尾气排放治理M制度。全面淘汰不符合环保要求的车船，大力推广使用新能源车船，景区旅游船舶全部实现零污染排放。风险防控。争取国省补助资金7.93亿元，全力保障项目建设。强化工程造价管理，全年审查金额31.52亿元，核减金额1.07亿元，核减率3.3%。强化预算管理，提高资金使用效率，压减一般性支出，把有限的资金用在刀刃上。

【交通规划】 2020年，市交通运输局结合全域旅游、乡村振兴实际需要，在“十三五”的基础上进一步完善功能布局，强化薄弱环节，突出前瞻性、操作性，开展调查研究，征求各方意见，通过反复论证和项目对接、衔接报批，“1+12”规划体系已经形成，完成全市“十四五”交通规划编制任务。同时加强与省交通运输厅对接，谋划全市交通运输规划项目进省“十四五”规划，已申报纳入省干线公路建设规划项目42个、客货运输站场建设规划项目63个。

【行业治理】 2020年，全市交通运输系统行业治理能力稳步提升。法治建设。深入贯彻落实习近平法治思想，落实行政执法“三项制度”，修订出台《张家界市网络预约出租汽车经营服务管理实施细则》。市交通运输局入选全省法治政府建设示范综合创建候选单位。执法改革。市交通运输综合行政执法支队和区县交通运输综合行政执法机构完成挂牌，市执法支队三批人员划转到位并已按新执法机制运行。公路管养：扎实开展干线公路大中修，好路率达90.97%、路面综合使用性能指数PQI值90.61，分别超省目标6.89%、7.08%。深入推进农村公路管养，县乡村公路列养率达100%，常养率分别为100%、92.6%、83.65%。开展公路路域环境治理，全力推进科技治超，依法查处违法超限超载运输行为，不停车超限超载检测非现场执法系统处罚结案率达81.29%，居全省前列。干线公路大中修工作和治超工作得

2020年9月，道路运输执法（钟 彭 摄）

到省通报表扬。运输市场。深入推进“铁腕治旅”“打非治违”等专项整治行动，严厉打击道路运输违法违规行为，吊销撤销许可证照36个。顺应发展形势做好城市客运。今年新延伸、开通公交线路3条、新增公交车12辆。培育运输企业做好运输服务。开展运输企业“小升规”工作，积极培育企业2家，规范驾校培训考试管理工作，推进维修检测行业节能减排工作，淘汰营运黄标车及老旧车，实施机动车检测维修（I/M）制度，建成机动车尾气排放维护站（M站）5个。开展水上安全巡查，水运管理服务水平不断提升。建设市场。深入开展交通建设领域招投标突出问题专项整治，交通建设项目招投标、信用评价、人员履约管理不断强化。开展质量安全监督检查89次，重点加强一线作业人员和施工现场的安全防护。组织开展品质工程“示范工地”创建，打造亮点、以点带面，工程质量全面提升。热点问题。办理“12345”市长热线交办事件，及时处理涉交舆情、信访、投诉，G353慈利岩泊渡至市城区和G241慈利国太桥至通津铺路段路况差、通行不畅等群众关心、关注问题得到有效解决。深入开展扫黑除恶专项斗争，行业乱象得到有效治理，建立扫黑除恶长效机制。

【平安交通建设】 2020年，全市交通运输系统抓责任落实，强化工作措施，水上运输、交通建设等领域实现“零事故”，全行业未发生重大及以上生产安全事故，安全生产形势持续向好。专项整治。开展安全生产专项整治三年行动、交通问题“顽瘴痼疾”集中整治和安全“隐患清零”等行动，全年查处“两客一危”车辆人为关闭、损毁监控终端行为119起，查处超载超限运输车辆3426辆次，查处非法营运车辆644辆次，完成193处普通国省道公路交通标识隐患整改，完成546处农村公路隐患整改和979处高风险路段整治任务。淘汰800千米以上和55座以上客车80辆。整治普铁安全隐患123处。“隐患清零”工作考核排名全省第二，交通问题顽瘴痼疾集中整治年终考核排名全省第四。科技兴安。“两客一危”安全智能监管平台高效运行，“两客一危”车辆违章次数同比下降57%。完成47家源头企业技防设施安装、7套超限不停车检测系统、5个治超站引导车道建设，全市治超监管网络基本形成。全市56艘船舶安装北斗系统，船舶动态监管手段进一步强化。应急保畅。安排灾毁重建资金7474万元，疏通公路阻断425处，修复路基损毁95.3千米，有效解决公路“通返不通、畅返不畅”问题。

【全市交通运输工作会议】 2020年3月18日，张家界市以视频会议形式召开2020年全市交通运输工作会议。副市长李传荣参加会议。会议总结2019年工作，部署2020年重点工作。李传荣指出，就如何做好今年全市交通运输工作，李传荣强调，全市交通运输系统要进一步细化分解任务，制定切实可行的方案，强化保障措施，把握时间节点，确保如期完成各项目标任务；坚持不懈抓好平安交通建设，强化责任落实，强化重点领域和安全隐患整治，对交通运输违法行动做到严打严治严惩；努力改进工作作风，勇于攻坚克难，积极创优争先，不断提升运输服务品质，推进全市交通运输事业高质量发展。

【湖南中铁炉、慈桑龙高速公路有限公司成立暨揭牌仪式】 2020年12月26日，湖南中铁炉、慈桑龙高速公路有限公司成立暨揭牌仪式在张家界高新区举行。市委书记虢正贵，中铁交通投资集团有限公司总经理谭世俊，市委副书记、市长刘革安，省交通运输厅副厅长肖文伟共同为公司成立揭牌。市委常委、常务副市长曾超群致辞，副市长祝云武出席仪式。G59呼北高速炉红山（湘鄂界）至慈利段位于张家界市东北，起于湘鄂两省交界的炉红山（湖南省石门县与湖北省五峰县），终于常张高速慈利西互通西的张家山附近，初步设计主线长79.054千米。G5515张南高速桑植至龙山段位于张家界市西北，路线起点与张家界至桑植高速公路对接，终点与已建的龙永高速公路交叉相接，初步设计主线全长为61.5千米。两条高速均采用设计速度100千米/小时、路基宽度为26.0米的四车高速公路标准，建设期4年，两项目均于2020年8月31日动工。炉慈、桑龙高速公路是国、省重点交通项目。

【张官高速项目开工建设动员会】 2020年12月26日，张家界至官庄、城步至龙胜高速公路开工建设动员会分别在张家界市和邵阳市举行，副省长陈飞宣布两条高速公路开工。市委书记虢正贵，市委副书记、市长刘革安，省交通运输厅副厅长肖文伟，省高速集团党委副书记、总经理何海鹰，市领导曾超群、祝云武等在张家界会场参加开工建设动员会，并现场看望慰问参与该项目建设的一线工作人员。G59呼北高速张家界至官庄段为国家公路网规划呼和浩特至北海高速公路的重要路段，路线呈南北走向，也是湖南省“七纵七横”高速公路网中第6纵的重要组成部分。该高速公路项目起自市区东侧洋池村，接已建常张高速公路，止于怀化市沅陵县官庄镇，接已建常德至吉首高速公路和在建呼北高速官庄至新化段，项目总投资160.4亿元，路线全长82.3千米，共设互通6处，主线采用双向四车道高速公路标准，设计速度100千米/小时。项目修通后，张家界市南下至怀化方向的出行多一个选择，大湘西地区交通联系更加紧密。　（本栏撰稿　李魏然）

铁路交通

【概况】 2020年，张家界西火车站发送旅客133.22万人，日均办理45列旅客列车客运业务。其中，始发旅客列车15对：张家界—长沙11对，张家界—广州1对，张家界—深圳1对，张家界—湘潭1对，张家界—株洲1对。张家界西火车站有直达上海、广州、深圳、长沙、成都、宁波、重庆、汕头、常德、益阳、株洲、湘潭、湘西土家族苗族自治州、恩施土家族苗族自治州等近100个城市的直达列车。张家界西火车站突出关键，把握重点，规范制度，优化作业环境，抓日常基础管理，完善各项管理制度体系，完成全年各项任务，实现“安全生产稳定、运输经营良好”的工作目标；在新冠疫情发生初期，车站就设置专人负责盯控测温、盯控消毒、盯控酒精的使用，督促所有车站职工佩戴好防护用品，服务的同时注意做好清洁，并且积极利用广播及宣传手册普及疫情防控知识。疫情以来，车站在服务社会的同时严格落实各项举措要求，守住“防止疫情通过铁路传播、防止发生职工聚集性感染”两条防线，被评为湖南省抗击新冠肺炎疫情先进集体。

【张家界西火车站运输生产】 2020年，张家界西火车站完成运输生产工作。

安检查危工作。为保证安检查危工作顺利有效开展，增设激光笔、话筒和扩音器 设备，加强了安检值机与处置员间的互控能力。安排业务骨干在点名会间演示规范动作，所有手检员逐个上手学习；同时，车站建立和完善安检查危作业及现场盯控的标准，制定张家界西站安检员作业管理细化措施，明确安检查危中值机、处置、手检、引导四个岗位的作业内容和作业要求，规范了手检员的作业规定动作，坚持班组长两小时一盯控、交接班时管理人员同在岗的作业流程。实践以来，安检作业的水平和能力得到了较大提高，整体取得了较好的效果。

旅客乘降组织。车站建立日班计划工作表。工作表中明确标明开行车次的基本信息，具体包括次日列车开行计划、上水 吸污计划、折返保洁计划、车底变更、客调命令、客运/运输电报等，每日客运作业清晰体现，为车站客运作业的开展提供可靠的基础依据；同时，车站认真制定清明节、“五一”、中秋、国庆黄金周等节假日运输组织方案，在关键岗位合理调配力量，重点对交汇列车以及大客流车次在安检处截流引导，在电梯、检票口、进出站通道以及站台等关键部位安排专人进行安全防护。另外，在周末时组成志愿服务队为旅客提供“购票—乘车”、行李搬运、重点帮扶的一站式服务。

应急处置。扩充完善非正常情况下的应急预案，提高大面积晚点、旅客扒乘列车、旅客漏乘、列车带管开车、移动机具掉入股道、客服设备故障、售票系统故障等情况下客运职工的应急处置水平。重点突出对电梯等特种设备的场景演练，做到全场景覆盖、全人员覆盖，确保所有车站职工知晓电梯的紧急制动方式、具备对受伤旅客的救治和安抚能力。同时，车站积极完善火灾防控体系，通过讲座及演练增强职工的消防意识，普及防火防灾常识，使职工熟练掌握消防器材的使用，极大提升了特殊情况下的自救和救援的能力。

满足旅客多元需求。利用客票网络进行精准分析，每趟列车按需调整售票策略，积极通过加挂车、组织复工专列、主动联系旅行社、节假日增加人工售票窗口数量；试行售票厅服务台，引导旅客使用自动售取票机，提升自动售的使用率等方式，满足旅客日益多元化的出行、购票需求，不断提升服务质量，为旅客创造更温馨舒适的旅途环境。

【张家界西火车站后勤保障】 2020年，张家界西火车站做好了火车运行的后勤保障工作。

保障疫情防控的物资储备。疫情暴发后，车站不等不靠、积极拓展防疫物资供应渠道，先后通过自购、与相关部门汇报申请及与“张家界微爱公益”等社会公益组织联系等方式筹集一次性口罩、医用一次性手套、84消毒液、医用消毒酒精若干，丰富了防疫物资储备，为打赢疫情防控阻击战建立了坚实的物质基础。

提升职工防疫能力。车站多次主动联系张家界市疾控部门，邀请专业的防疫人员对车站职工和保洁人员进行“自我防护”和“消毒工作”等方面的教学指导。

保证列车上水供应充足。根据列车运行图及上水吸污计划，车站按规定程序合理分配上水吸污力量，确保了始发列车辆满水，吸污作业整体清洁。

强化保洁及消毒工作。对于墙壁、玻璃、隔断、护栏等2米以下的部位每日保洁，2米以上的部位及顶、棚等设施定期保洁，做到随脏随清、立体扫保；同时对于公共场合每2小时进行一次消毒作业，非公共场合每日1次消毒作业，并不定期进行抽查盯控。

加强行车组织。在保证安全的情况下，合理运用股道，调整到发时间，为旅客出行创造便利。

完善设备设施检查机制。车站定期组织人员对站内电梯、空调、消防及旅服设备进行清查，对发现的问题及存在的隐患及时上报处理，加强设备设施整治，确保安全可靠。

加强人员管理调配。车站成立路风监督、后勤保障、售票组织、乘降组织、运输安全及疫情防控等多个工作小组，各司其职，各尽其责，对各项工作进行全面部署和执行安排。

完善安全卡控。定期开展包括封闭式管理、安检查危专项活动、站台乘降在内的各专项整治活动。实现节假日站台堵卡常态化，杜绝闲杂人员从站台两头进入车站及股道当中；严格落实实名制车票验证规定，杜绝无票及“票、证、人”不一致的人员进入车站。

（本栏撰稿　张迩瀚）

2020年12月30日，安慈高速通车典礼举行　（向　华　摄）

公路交通

【概况】　2020年，张家界市公路路网进一步完善。高速公路方面：安慈高速（慈利至石门段）建成通车，桑龙、炉慈、张官三条高速公路顺利开工建设。干线公路方面：教温（二期）、兴马、三人、瑞中公路和G353慈利岩泊渡至市城区、G241慈利国太桥至通津铺路面改善等项目开工建设。年度交竣工通车里程创近三年新高。清江、杨通、零龙、刘洪、官瑞公路等7个项目全面实现交竣工目标，年度交竣工总里程达147千米。农村公路方面：完成自然村通水泥路建设93.638千米，农村公路提质改造314.02千米，安防工程建设615.304千米，群众出行更加方便。

【G241和G353路面改善工程建设】　2020年10月12日下午，市公路建设养护中心组织召开G241和G353路面改善（大修）工程建设协调会。市人民政府副秘书长黄爱新出席会议并讲话。G241（慈利通津铺至国太桥段）和G353（慈利岩泊渡至永定新桥段）路面改善（大修）工程已列为市重点建设工程，并于9月29日开工建设。该项目的实施，将彻底解决沿线人民群众出行难的问题，对改善全市交通运输环境和提升全市干线公路路况水平具有重要意义。黄爱新指出，G241和G353路面改善（大修）工程是市委、市政府安排的一项重点工程，也是事关群众生产生活的重要民生工程，各相关单位要高度重视，全力支持。要制定具体工作方案，建立高效的沟通衔接机制，明确专人专班，严格按照责任清单抓好任务落实。要落实工作举措，及时做好项目沿线群众的宣传动员，搞好施工环境保障。要提前分析影响项目施工的各项因素，抢抓有利时机，严格按照设计方案，科学规范、安全有序组织施工，力争提前、高质量完成建设任务，向全市人民交上一份满意答卷。

【安慈高速慈利至石门段通车】2020年12月30日上午11点18分，湖南省安乡至慈利高速公路慈利至石门段通车试运营仪式在常德石门县石门收费站隆重举行。省交通运输厅党组成员、副厅长曾胜在致辞中表示，安慈高速慈利至石门段建成通车，结束石门县不通高速的历史，实现全省122个县区30分钟内上高速的目标，对湖南高速公路建设和

2020年11月，刘洪公路（桑植洪家关至刘家坪公路）
（钟仁杰　摄）

2020年11月，农村公路：军地坪至龙头峰路段（张家界居委会）
（鄢　湘　周　兵　摄）

2020 年 7 月，龙阳公路梨子坪隧道提质改造工程前后对比　　（朱斐佳 摄）

“交通强国”建设具有里程碑的意义，兑现省委省政府对全省人民的承诺。安慈高速公路是湖南省规划的“七纵九横三环”高速公路网的重要组成部分，线路全长 121.311 千米，途经安乡、临澧、澧县、津市、石门、慈利 6 个县市。其中慈利至石门段线路长 38.5 千米，设石门、苗市、慈利三个收费站。该项目由中国铁建投资集团、中铁十五局、中铁十八局组成联合体，以“BOT+EPC”模式负责项目的投融资、建设管理和运营维护。

【S241 龙阳公路梨子坪隧道提质改造工程】 S241 龙阳公路梨子坪隧道是连接武陵源风景区及长张高速阳和出口的主要通道。因存在功能缺失和重大安全隐患，自 2020 年 4 月 15 日起，由张家界市公路建设养护中心实施全封闭施工提质改造，建设工期 3 个月。完成隧道内水泥路面换板 4730 平方米，完成水沟、电缆沟浇筑 2180 米，完成路面板底注浆 4100 多平方米，于 2020 年 7 月 8 日零点开放交通，较预定通车时间提前一个星期完工。

【张家界锦程驾校】 2020 年，张家界锦程驾校招生 4300 人，其中大车 1100 人，小车 3200 人，培训合格拿证人数 3300 人。开展从业资格证培训 3796 人，开展从业人员继续教育培训 1710 人。参加政府小型汽车科目三考场项目投标并中标，投资 1640 万元按时按质完成项目建设，保证学驾人员按时开考。

（本栏撰稿　李魏然）

水路交通

【港口和船舶污染物接收转运处置】 2020 年，全市全面推行“河长制”工作，继续根据《张家界市防治船舶及其有关作业活动污染水域环境应急能力建设规划（2018—2020 年）》和《张家界市港口和船舶污染物接收转运及处置设施建设方案》建成 4 个船舶污染物接收转运站并投入运行，全面淘汰不符合环保要求的船舶，大力推广使用新能源船舶，景区旅游船舶全部实现零污染排放。

【水上交通安全】 2020 年，市水运事务中心深入落实水上安全巡查制度，对全市所有渡口、通航水域开展安全巡航检查，全年组织到全市渡口码头、水运企业巡航和安全检查 94 次，检查船舶 121 艘次。全市安全运送水路旅客周转量达 36.33 万人次。

【船舶检验营运】 2020 年，市水运事务中心完成船舶检验发证 266 艘。其中：完成 104 艘外港船舶检验发证，162 艘旅游客运船、标渡船舶检验发证。（本栏撰稿　李魏然）

民用航空

【概况】 2020 年，张家界机场安全形势总体平稳，疫情防控扎实有效，基础设施建设加快推进，为地方经济社会发展做出新贡献。

安全运行。开展作风建设，倡导“手册”文化，重点抓好安全生产规章体系建设，制定完善安全质量监督管理、安全责任考核、安全生产齐抓共管、岗位手机管理等安全管理规章。开展“学规章、用规章、守规章”活动，进一步强化规章意识。抓“三基”建设，抓细基础培训、岗位培训和技能培训，并通过开展培训考核、“微课”比赛、技能比武来确保培训实效，促进员工岗位技能全面提升。全面推行安全积分管理，加强对无后果违章行为的管控，把要求从严、教育从严、检查从严、问责从严落到实处。

疫情防控。突出国内疫情防控、国际疫情应对、常态化疫情防控、复工复产等阶段重点，加强沟通协调，强化责任落实，积极采取应对措施，疫情防控取得阶段性成果。

复工复产。受新冠肺炎疫情影响，张家界旅游产业受到巨大冲击，张家界机场旅客吞吐量大幅下滑，全年仅完成旅客吞吐量 127.8 万人次，运输架次 13450 架次，分别为 2019 年的 44.53% 和 52.98 %，完成主营业务收入 6114 万元，仅占 2019 年的 46.73 %。机场争取地方政府政策和资金支持，加强与旅游企业合作，推动国内航空客运市场逐步恢复。

持续深化改革。创新空管模式，湖南机场气象预报中心投入运行，

2020 年 7 月 14 日，市委副书记、市长刘革安（右二）赴张家界荷花国际机场调研物流园项目 （贺 超 摄）

2020 年 7 月 30 日，湖南省机场管理集团党委副书记、总经理谭克涛（前右二）赴张家界机场调研 （贺 超 摄）

成为中南地区首家气象集中预报试点单位。推进“小发明、小创造、小革新”，员工自主研发的机场运行管理平台投入运行，自主改造的航站楼分区照明控制系统投入使用，通过小创新推动机场的大发展。

机场建设。抓疫情防控窗口期，加快推进基础设施建设，围界报警系统、气象自动观测系统已投入试运行。新建尹家溪全向信标台（DVOR）已获得立项和初步设计批复。加快推进张家界机场扩建工程缓建项目前期工作，对照民航中南管理局和省住建厅批复的初步设计和概算内容，对扩建工程项目实施情况进行清理，编制缓建项目实施方案，并加快推进已完成项目的结算审计工作；组织开展机场总体规划修编；加强与省发改委、省住建厅和民航中南管理局的沟通汇报，加快推进项目设计变更和概算调整工作。

2020 年 5 月 6 日，南航厦门—张家界—重庆航线首航成功 （贺 超 摄）

2020 年 6 月 24 日，红土航空长春—张家界—珠海航线首航成功 （贺 超 摄）

2020 年 8 月 1 日，山航济南—张家界航线首航 （贺 超 摄）

【张家界荷花机场开通贵阳—张家界—井冈山航线】 2020 年 5 月 5 日，华夏航空公司开通“贵阳—张家界—井冈山”航线。

【张家界荷花机场开通重庆—张家界—厦门航线】 2020 年 5 月 6 日，南航开通“重庆—张家界—厦门”航线。

【张家界荷花机场开通曼谷—河内—张家界国际货运航线】 2020 年 6 月 8 日，南航开通“曼谷—河内—张家界”国际货运航线。

【张家界荷花机场开通长春—张家界—珠海航线】 2020 年 6 月 24 日，红土航空开通“长春—张家界—珠海”航线。

【张家界荷花机场高架桥工程开工】 2020 年 7 月 31 日，张家界机场高架桥工程开工。

【张家界荷花机场开通济南—张家界航线】 2020 年 8 月 1 日，山东航空开通“济南—张家界”航线。

【张家界荷花机场开通张家界—武汉航线】 2020 年 9 月 8 日，幸福航空开通“张家界—武汉”航线。

（本栏撰稿 贺 超）

邮政

【概况】 2020 年，全市邮政业业务总量完成 3.24 亿元，同比增长 9.27%；业务收入累计完成 2.84 亿元，同比增长 7.17%。其中，全市邮政寄递服务业务量累计完成 2302.29 万件，同比增长 5.11%；邮政寄递服务业务收入累计完成 2684.29 万元，同比增长 5.36%。全市快递业务量累计完成 604.92 万件，同比增长 16.21%；业务收入累计完成 11136.36 万元，同比增长 15.91%。

【邮政民生实事】 2020 年，市邮政管理局推进民生实事落实。积极

2020年5月11日上午，湖南省邮政2020年第一场图书巡展活动——张家界市第十一届图书巡展暨2020书香张家界·全民阅读绿书签进校园活动启动仪式在张家界市人民广场举行（田进粮 摄）

推进“快递进村”工程，启动“快递进村”三年行动方案，结合电子商务进农村示范县项目、基层公共服务（一门式）全覆盖工作，整合多方渠道，通过邮快合作、电商合作等方式，到2020年底已通快递的建制村数量433个，全市“快递进村”率50.33%。全市新增建设村级邮政服务站点91个。邮政企业与商务、供销及基层政府对接，贴近农户、带动创收、助力脱贫。邮政企业通过邮政支局所收储、邮乐购平台销售模式，推动“土家香肠”“腊八豆”“猕猴桃”“豆皮”等精品项目营销，销售农产品3.38万件，带动农民创收316.5万元。全面实施“放心消费工程”。组织开展邮政补白局所专项整治工作，全市10个无独立营业场所的补白局所除了2个因原址拆除暂无法恢复外，已基本完成整改，全市46个空白乡镇局所已全部正常营业。处理消费者申诉。全年处理消费者申诉450件，为消费者挽回经济损失6997元，申诉满意度达100%。推动行业绿色发展。开展邮政业绿色网点、绿色分拨中心建设试点工作，组织企业购置符合标准的快递包装回收箱。关爱快递从业人员。联合人社局、技工学校，组织快递从业人员职业技能培训，92名一线快递员取得职业培训合格证。开展快递工程技术人员职称评审工作，8名助理工程师通过评审，1名技术员通过评审。开展关爱快递小哥系列活动，联合市团委、总工会、行业协会开展冬季送温暖、夏季送清凉关爱快递小哥活动，慰问快递小哥300余人次。疫情期间，为从业人员协调争取口罩、消毒液、手套防疫物资3万多份。

【邮政行业安全】 2020年，市邮政管理局严格依法履行监管职责。加大监督检查力度。全年开展执法检查688人次，发现寄递企业安全生产隐患43起，约谈告诫7次，责令整改43次，行政处罚19起。治理机要通信安全隐患。严格落实机要通信工作“一把手”负责制，以“严、实、硬”的要求，将机要通信保密和安全的责任落实到收寄、分拣、运输、投递的每一个环节。联合市保密局开展常态化检查，定期对全市机要通信安全进行全覆盖检查。开展“扫黄打非”工作。传达上级部门要求查堵的政治性有害出版物目录七批次、查堵非法出版物书籍、杂志目录174条，口径传达615人次，对全市寄递网点开展检查、现场宣传培训126次。查堵合成淫秽图片非法诈骗信件100余件。打击寄递渠道涉烟违法行为。全年在寄递渠道查处案件61起，查扣卷烟6690条。

【邮政行业发展】 2020年，市邮政管理局全力推动行业发展。推动企业实行联合分拣。全市市、县两级快递分拨中心共建共享，实现集中分拨、联合运输，提高机械化使用率，降低运输和处理成本，初步形成抱团发展、互利共赢的合作模式。推进末端整合。快递企业加速末端网点整合升级，实现一个网点经营、投递多家快递业务，开展快递+商超、快递+通信等跨行业融合叠加，增加网点经营收入，降低派件成本，服务形象和质量大幅提升。推动服务创新。建设邮政综合服务平台，各级邮政企业深度融合“放管服”改革，全面铺开警邮、税邮、政邮合作，警邮网点数量增至4个，税邮网点数量增至4个，政邮合作与1个市级政务平台、3个县级政务大厅实现对接。

（本栏撰稿 谷屏儒）

通信

【中国电信股份有限公司张家界分公司概况】 2020年，中国电信股份有限公司张家界分公司（简称张家界电信）辖慈利、桑植、永定、武陵源4个县级分公司和4个城市分局，全市有41个农村支局，18个城市营业部，合同制员工473人。

业务完成情况。做活宽带融合，全年分公司业务口径主营业务收入超省公司预算进度28万元，完成收入预算，同比增幅6.28%；利润目标完成115.9%。全市签订71个平安乡镇，智慧社区乡村电视台上线50个；行业IPTV增幅全省第一；本地公交翼支付成功落地，服务广大市民；客户服务“三个一”列全省前五；公众客户综合满意度四季

2020 年 5 月 14 日，张家界市人民政府、中国电信股份公司湖南分公司、中国移动通信集团湖南有限公司、中国联合网通通信有限公司湖南省分公司、中国铁塔股份有限公司湖南省分公司共同推进 5G 建设发展—联通—通信（联通公司 供稿）

度行业排名第一；张家界日报社“千屏计划”云网融合项目成为省级标杆项目。

高质发展。张家界电信着眼客户体验感知、网络质量感知，推动网运体系创新。通过改善线路安全，提升光网光功率、重点资源效能，以及建立市县纵向一体化政企客户支撑团队体系，强化业务支撑能力。全年新建光网端口 3.6 万个、5G 基站 395 个，扩容小区 350 个；市县波分扩容 100G 波道 2 波，新增 100G 电路 4 条；县乡波分新增 10G 电路 9 条；MSE 扩容 4 个 100G 端口等。全年实现铁塔租费压降 3.09%，共享率由 62.13% 提升到 71.2%，效能提升综合排名全省第二；电费效能提升竞赛，排名第二；效能提升资源预清算汇总电费排名第四；0 箱体占比下降比例全省第二；1 箱体比例下降比例全省第一。

【张家界电信全面承接全市“雪亮乡村”建设】 2020 年 4 月 24 日，张家界市政法委在慈利县召开“雪亮乡村”建设现场推进会，全面启动全市“雪亮乡村”建设，市委政法委副书记程建国出席会议并讲话，张家界电信总经理刘立宏、各区县政法委和分公司相关负责人参加会议。

在现场会上，张家界分公司围绕“雪亮乡村”如何通过县乡村三级综治中心平台把治安防范措施延伸到群众身边的建设模式和公共安全视频监控联网应用等情况进行介绍，就进一步加快“平安乡村”建设提出了相关建议，同时表态全市电信将履行央企社会责任，积极做好“雪亮乡村”建设支撑服务，努力为张家界市平安建设做出应有贡献。市委政法委副书记程建国就加快建设“雪亮乡村”提出一系列工作要求。

“雪亮乡村”把治安防范措施进一步延伸到群众身边，为群防群治注入新内涵，增强群众对社会治安的认同感和主体责任感，提升人民群众的安全感和幸福感，助力“乡村振兴”建设。

【张家界电信全面承接全市农村网络联校项目】 2020 年 5 月 14 日，中国电信永定分公司、中国电信桑植分公司分别与当地教育局签订农村网络联校实验县综合应用系统设备采购协议，张家界电信全面承接全市网络联校项目。

根据 2019 年全省农村网络联校实验县市区工作研讨会精神，永定区和桑植县被纳入首批 22 个试点区县。按照网络联校模式，市区学校通过网络教研平台进行直播，农村学校利用电子白板、投影仪等终端进行接收，实现同步教学。此次合作将助力两地农村学校实现“网络环境全覆盖”“学科全覆盖”“教师全覆盖”，有效缓解农村学校专业教师紧缺问题，促进区域教育均衡发展，推动教育信息化建设模式升级。

【电信抗洪救灾通信保障】 2020 年 6 月以来，张家界市持续一个多月连降大雨，受灾严重，多地长距离杆线受损，截至 7 月 10 日，全市 259 皮长公里光缆受损、1526 根倒断杆。张家界电信风雨无阻，不分昼夜抢修通信设备。

7 月 7 日以来，永定区受强降水、雷雨大风等强对流天气影响，多地山体滑坡，通信杆路中断导致用户无法通信和上网，人民生命财产受到严重威胁。张家界电信通信保障队第一时间赶赴受灾现场，截至 7 月 12 日，147.1 皮长公里光缆受损、819 根倒断杆，主要覆盖温塘、沅古坪、沙堤、王家坪等地。受灾地区调配 12 支抢修队伍，累计出动抢修人员 568 人次、抢修车辆 180 辆次，油机 80 台次。

【中国电信永定分公司助力法院开展“云”上开庭】 2020 年 7 月 22 日，张家界永定区人民法院通过“远程庭审 + 庭审直播”创新方式，成功办理张家界“云”上开庭刑事审理案件。

【张家界电信当选全市信息服务商会首届名誉会长单位】 2020 年 12 月 13 日，张家界市信息服务商会召开成立大会，张家界电信当选首届名誉会长单位。

张家界市信息服务商会旨在凝聚信息技术服务业企业力量，加强行业间交流，充分发挥服务能力，促进行业健康发展，更好地为全市“对标提质，旅游强市”的发展目标贡献智慧和力量。党委书记、总经理刘立宏代表分公司接牌，并向各会员单位发出倡议。

（本栏撰稿 杨菁雅）

2020年4月24日，张家界电信全市“雪亮乡村”建设现场推进会 （杨菁雅 摄）

【中国移动通信集团湖南有限公司张家界分公司】 2020年，中国移动通信集团湖南有限公司张家界分公司（以下简称张家界移动）基站规模超过5300个，移动客户规模达到88万户，宽带客户规模达到24万户。

网络建设。张家界移动推动5G建设，开通5G基站410个，是全省第三个达到5G商用的城市，获得“‘5G领跑’中国移动5G网络建设劳动竞赛先锋奖”。扩大4G规模，新建和扩容4G基站165个，4G基站总数超过4500个，4G网络综合覆盖率达到99.8%。攻坚有线网络，建设有线宽带资源点612个，新增端口2.2万个，覆盖行政村866个，通达率达到99%。巩固政企支撑，新建专线660条，集客网络覆盖集团单位超过2500家。新建光缆线路487千米，投入运营的光缆里程超过11000皮长公里。

客户服务。张家界移动网络整体满意度、语音通话满意度排全省第二位，手机上网满意度排全省第四位。针对景区、高校等高热区域开展专项优化，景区4G覆盖率达到98.59%，高校高负荷小区占比降低到0.01%。提升有线网络安全性、稳定性，电视播放响应时长降低到0.70s，互联网电视卡顿用户占比降低到0.11%，互联网电视优良体验率提升2个百分点。营业厅满意度98.87%，电信用户申诉率、携号转网申诉率、影响用户感知服务问题申诉率分别下降63.2%、83.47%、81.93%，获得2020年信息通信行业用户满意企业荣誉。

信息化应用。张家界移动打造信息化应用“定制服务”，助推“智慧张家界”建设提质升级。聚焦旅游，打造“5G智慧景区”，利用物联网、4/5G等技术，为武陵源景区提供“5G+监控+应急报警”服务，在景区人流密集区建设34个应急广播点和27个应急报警点，满足核心监控区域及应急广播报警区域的高速率低时延要求，实现视频监控网络共享、数据共享和武陵源景区对下辖监控、广播、报警、网络的统一运维、管理与配置。打造“党群联心”平台，达成信息监测预警和反映问题自动收集统计功能，通过区（县）、乡镇（街道社区）、村（民）分级建群，实现三级联动管理，助力村级权利由部分监督向全民监督、事后监督向全程监督转变。开创“智慧办公”新模式，借助云视讯平台，打造跨部门跨层级的视频会议、视讯指挥调度、综治监控、教育培训等多专业、差异化场景服务，开发适合手机端处理公文的办公APP，解决基层人员难以集中开会和学习、在外出差不能及时处理审批公文的实际问题。

社会责任。张家界移动向19名驰援湖北抗疫医护人员提供话费减免服务，向75名医护人员提供和对讲APP业务，向218名一线疫情防控人员提供免停机通信保障服务，向372家重点A类单位提供通信网络畅通保障服务；配合传递疫情防控知识，免费发送疫情提醒、卫生防护、防疫知识等公益短信2389万条，为63家单位6258名成员开通防疫期间宣传视频彩铃；借助信息化手段助力复工复产，提供云视讯远程会议系统技术支撑及免费软终端注册服务，覆盖8家党政单位、1200余个会场，服务近3万人次。配合公安部门开展骚扰诈骗电话整治，完成公安转办涉案号码、12321诈骗电话、骚扰电话处置。保障暴雨洪水灾害期间网络通信，出动应急保障人员1432人次，车辆855车次，油机2243台次，抢通基站1908站次，抢通传输光缆中断2012次，修复家宽OLT故障17处，汛期零重大故障、零通信孤岛。

（本栏撰稿 李 甜）

【中国联合网络通信有限公司张家界市分公司】 2020年，中国联合网络通信有限公司张家界市分公司（张家界联通）收入规模1.83亿元，用户规模25万户，基础业务同比增长1.9%。

网络建设精准投资。实现网络品质与用户感知双提升。网络建设覆盖提升与电信的4G、5G共建共享，完成4G小区共享983个，建设投资及网运成本节省1993万元。移网用户感知提升NPS提升至31.13。

深化改革。推进网络线、市场线、政企线团队承包改革，优化增量分享机制，实现双赢局面，形成良性发展。2020年度获湖南联通最佳进步奖。

助力智慧城市。建设千万级项目有市政法委公共视频监控联网项目、智慧城市安全运营项目、智慧监狱项目和大庸古城景区智慧信息化项目，11个百万级项目，77个十万级项目，实现新签城市信息化建设创新项目合同5600万，以项目推动创新业务突破，助推城市信息化发展。

【张家界市人民政府与四家电信企业签订5G建设发展合作协议】 2020年5月14日，张家界市人民政府和电信、移动、联通及铁塔公司签订共同推进张家界市5G建设发展战略合作协议，就构建5G网络信息基础设施体系，推动物联网、云计算、大数据、智慧旅游在张家界市各个领域的集成应用达成战略合作，是全省首个签约此协议的地级市。

【张家界联通与中共张家界市委政法委员会签订公共安全视频监控建设联网应用项合作协议】 2020年12月，张家界联通与中共张家界市委政法委员会签订项目合作协议，该项目依托互联网将视频图像数据与社会综合治理深度融合，推进中央、省、市、县、乡、村六级综治中心的实体化建设和办公，提高张家界市综合治理的法制化、专业化、精细化、智能化水平。

【张家界联通与张家界市人民政府签订智慧城市安全运营项目合作协议】 2020年12月，张家界联通签订张家界智慧城市安全运营中心项目，项目建成启用后将实现安全管控可视化、安全防御持续化、安全运营自动化、安全服务流程化的城市安全建设目标。以城市数字基础设施、重要数字资产和信息系统为保护对象，以大数据和人工智能为核心技术，以网络安全态势感知、通报预警和协同联动为重要手段，利用“实时、全样、精准”的安全大数据建立全程在线、全域覆盖、实时反馈的“城市网络安全态势地图”，从而快速有效地感知、预警、调度、处置全市网络安全风险，提高管理决策的科学性和精准性，提升管理效率和应急响应能力，助力城市的数字化转型和数字经济发展。

（本栏撰稿 喻应东）

无线电管理

【频率占用费征收】 2020年，市工信局无线电管理办公室做好无线电频率占用费的征收工作。通过上门到荷花机场、天门狐仙公司等一些重点设台单位进行征缴，并做好《无线电管理条例》等法律法规的宣传，向设台单位宣传无线电频率占用费属国家规费的相关政策和有关规定，2020年征收无线电频率占用费约7.01万元，完成年度计划的140％。（朱德超）

【无线电保障】 2020年，市无线电监测站为全市多场考试提供无线电保障。参与省公务员招录，普通高考，大学英语四、六级，初级会计师，二级建造师，学业水平，自考和卫生资格考试等18场全国性重大考试的无线电巡考，累计出动人员60余人次、车辆32余台次、启用技术设备90余套次，完成全年重大考试的无线电安全保障工作。

（龚平）

【无线电频率监测】 2020年，市无线电监测站做好无线电频谱监测和无线电频谱监测月报工作，加强对航空导航、公众通信、广播电视、人防通信、铁路运输等重要业务和重点频段的保护性监测，保障重点设台单位的用频安全，全年监测累计时间达9000余小时。顺利完成张家界荷花机场申请使用的1785—1805MHz基于TD-LTE纯宽带技术无线集群数据通信网络平台拟建台站电磁环境测试任务，为机场的项目建设提供技术依据。

（龚平）

2021

国内贸易

2020 年 9 月 15 日，张家界市 2020 年招商引资第三次集中签约仪式　（邵　颖　摄）

总类

【概况】 2020 年，张家界市加快推进供给侧结构性改革，挖掘消费潜力，培育新兴消费业态，推进内贸流通稳步发展。全市完成社会消费品零售总额 196.97 亿元，新入规企业 35 家，入规工作超额完成省定、市定任务目标。提升传统消费功能。举办“火红七月湘府有礼”暨“湘券花”智慧商圈赋能实体促消费活动。鼓励引导餐饮企业转型升级，发展“线上＋线下”经营模式，支持市餐饮行业协会创建“客来了——张家界外卖生活平台”。做大汽车销售产业，专题调研汽车消费市场，举办三次湘西北（张家界）汽车展示会，拉动消费近 2 亿元。

【新兴消费业态】 2020 年，张家界出台《关于加快电子（数字）商务发展的实施意见》《关于加快网红经济发展的实施意见》。落实“3+2+N”农村产业发展计划，打造“千年庸农”“硒有慈利”“源来桑植”三大区域公共品牌，逐步形成以葛根、莓茶等农特产品为代表网销品牌。发挥电商平台优势，利用直播营销、社交电商等新业态拓宽销路，开展“网游网购张家界，助力经济大发展”“旅游直播节”等活动，培育增量客群，拉动行业消费。张家界市 2 家电商企业被省商务厅授予“湖南省电子商务示范企业”称号，并入选湖南省“电商企业百强”。

【电商扶贫】 2020 年，“一园区四中心”和“县有中心村有站”电子商务服务体系基本完善，“农产品进城”“工业品下乡”双向渠道畅通服务体系网络逐步结网。2020 年，张家界市电商销售农产品 6.71 亿元，其中贫困村农产品电商交易额 9795.7 万元，超额完成任务。张家界市电商扶贫工作连续四年获评全省优秀一类市州。

【市场秩序规范管理】 2020 年，市场体系建设投入 2.57 亿元，新建、改扩建农贸市场 38 家。农贸市场创卫工作顺利通过省检、创卫暗访和国家级专家组技术评估。规范二手汽车市场管理，71 家在营二手车交易市场，全部安装监控并接入交警平台。成功申报 3 家企业为全省农商互联农产品产业链项目，获得支持资金 598 万元。成品油市场管理日渐规范。组织加油站完成油气回收在线监测设备安装、双层罐改造和散装汽油购销实名制等工作。开展成品油经营企业购销台账、油品来源及证照情况检查。配合查处内部擅自使用撬装加油设施企业 5 家。

（本栏撰稿　彭　樾　田　丞）

2020 年 9 月 25 日，成品油检查（李雅希　摄）

2020 年 5 月 16 日，网购张家界直播带货活动（市商务局　供稿）

石油销售

【中国石油湖南张家界销售分公司】截至2020年底，中国石油湖南张家界销售分公司在营加油站14座，提供就业岗位60余个，实现安全环保和质量计量等级责任事故为零。

油品销售。深化周五会员日、节假日营销活动，坚持线上线下业务深度融合，全年销售油品3.06万吨。“10惠”等主题促销及电子券业务常态化，微信、支付宝、中油好客e站等多种移动支付方式全面推广。自有商品特色销售，免费洗车服务提升客户体验。参与打非治违市场整治活动，综合运用现场稽查、视频扫站、神秘顾客访问、综合大检查等手段，构建所有站点全方位服务质量监管体系，获得中国石油天然气股份有限公司湖南销售分公司劳动竞赛红旗10面。

非油品销售。开展“百城万站·扶贫助农”百日攻坚活动，积极策划地方特色农产品直播带货和网络分销，在湖南站中取得了直播订单规模和完成率、粉丝增量完成率、服务保障完成率三个第一。积极拓展化肥业务，推进润滑油三方融合，覆盖全部站点，通过主题促销、为购会等活动，营造良好商业氛围，加大自有商品开发力度，在加油站设立张家界特产销售专柜，多品种展示地方土特产品牌特色。结合季节时令，针对不同类型客户提供全方位、个性化贴心服务，有效提升客户满意度。

安全环保。全力做好疫情防控，多渠道筹集调配医用口罩和防疫物资，及时启动应急处置程序，全体干部员工坚守岗位、担当尽责，未发生一起确诊和疑似病例，实现疫情防控和复工复产两不误。顺利通过集团公司体系审核和质量体系外审认证，未发现重大不符合项。成立联合稽查小组，严查加油站规范操作、疫情防控情况等，开展防抢防盗、防雷防静电、环境保护等12个专项整治活动，组织应急演练190场次，举办安全培训班12期，开展安全检查350站次，下发视频扫站和加油机检查通报12期，完成全部加油站排污许可证办理。

质量计量管理。强化关键环节管控，提升质量计量信息化自动化水平，降低油品损耗率，油品通过质量体系认证审核。定期开展液位仪维护保养，标定加油站油罐，提升计量数据准确性。落实石油石化行业反恐规定，推进散装汽油系统安装工作，进一步规范加油站散装汽油日常销售工作。组织质量计量专项检查，确保加油站整体受控，加油站在2020年接受各级政府职能部门质量计量抽检合格率100%。

爱心助考。连续3年开展“爱心助考”活动，高考期间，为学子们免费赠送武夷山水，在加油站现场开设“爱心加油通道”，为考生及爱心车主提供便捷服务，践行社会责任。（彭　娜）

【中国石化湖南张家界石油分公司】2020年，中国石化湖南张家界石油分公司有47座在营加油站、1座现代化油库。实现成品油经营总量22.9万吨，将疫情对生产经营的影响降到最低，中国石化湖南张家界石油分公司获省公司信访稳定先进单位荣誉称号。全年安全环保和质量计量等级责任事故为零。

油品供应。中国石化张家界石油分公司实现“好于预期、优于同行、跑赢大市”，企业整体水平稳步提升，全力以赴抗击新冠疫情，切实履行了“油品不断供、商品不涨价、服务不打烊”的责任。

安全管理。实现零事故目标；加入张家界市级社会应急救援队伍，为全市应急救援工作贡献力量；加强企地合作，与政府合建湖南首个生态环境应急物资储备库并投入使用。全年未发生任何形式的安全数质量环保事故或事件。

合资合作。中国石化张家界石油分公司在与市交投集团深入合作的基础上，与永定、慈利和桑植三个县级政府达成合作协议，注册合资公司，实现合资合作全覆盖。

（朱克胜）

供销合作

【概况】2020年，张家界市供销系统完成购销总额164.1亿元；利润1.83亿元，同比增长14.92%；资产总额达17.88亿元，同比增长21.14%。在全省供销系统综合业绩考核中荣获二等奖，获评年度“市文明标兵单位”“‘平安单位’创建示范单位”“综治工作先进单位”“安全生产工作先进单位”等荣誉。

截至年底，张家界市供销合作社系统有县级专业合作社联合社4个、县级惠农服务公司4个、乡镇农合会(联)68个、乡镇基层社64个、乡镇惠农综合服务中心64个。新建和改扩建村级供销（基层）社945个（包括860个行政村、85个社区供销社），发展各类协会组织46个，领办创办农民专业合作社116个，吸纳农民从业人员7866人。全市供销合作社系统流转（托管）43万公顷，统防统治30万公顷。组织全市供销系统内农资公司开展农资采购，储备农资3万多吨。

【供销社新型组织体系】2020年，张家界市供销合作社联合社按照“党建引领、村社共建”方式，将村级供销社纳入全市村级综合服务平台建设，与组织部门牵头实施的基层公共服务“一门式”全覆盖工作统筹部署，推动乡村供销（基层）社建设。截至年底，全市64个乡镇供销（基层）社已全部建成，新建和改扩建村级供销（基层）社945个。

【供销社新型经营服务体系】2020年，张家界市供销合作社联合社以拓展经营服务领域、增强为农服务功能为核心内容推进供销社新型经营服务体系建设。

打造农村电商综合服务平台。慈利县依托惠民供销公司打造惠民供销电商平台，开展农村、社区“线上团购”和“线下配送”，销售生活消费品和生产资料。

打造农业社会化综合服务平台。桑植县依托国楚农业公司，将乡镇农业社会化服务中心、村级农业社会化服务站点叠加在乡镇和村级经营服务平台，将土地托管、土地流转、统防统治、代耕代种代收、种养技术培训等服务功能整合进基层经营服务网点。

拓宽农产品销售渠道。截至年底，张家界市15家企业入驻（桑植10个、慈利5个）832平台，上架产品超过100个，总销售额775万元（其中慈利332万元，桑植443万元）。慈利县供销云商公司与慈利县粉丝、蜂蜜、柑橘、猕猴桃等龙头企业就整合生产和品牌资源达成合作意向，形成产业联盟，将慈利县区域内优质农产品以云商公司为平台，冠名“一界农户”品牌，在832平台上架销售。

【供销社新型农合会体系】2020年，张家界市供销合作社系统区县农合会、乡镇农合联完成全覆盖，共吸纳各类企业80多家、农民专业合作社200多个、种养大户100户，服务农民5万人以上。市农合会组织50多家农合会成员开展金融信贷政策、电商平台销售等业务培训，组织慈利县、桑植县优质农产品企业对接上线扶贫“832”平台，组织武陵源湘阿妹公司、桑植国楚农业公司、永定区源源水果种植专业合作社、慈利县茶林河农业开发公司4家龙头企业参加第四届中国（长沙）果品产业博览会、第四届全国果业扶贫大会，并免费为其提供展位开展产销对接。

2020年9月4日，在慈利县供销合作联社社有企业慈利惠民供销农业服务有限公司，慈利县供销综合改革工作推进会召开。（汪　俊　摄）

【供销体制改革】2020年，张家界市供销体制改革的重点任务主要是完成“三大体系”建设，即：到2020年10月，各区县80%的行政村完成村级供销（基层）社建设任务；各区县所有乡镇完成乡镇惠农服务中心建设，全部行政村完成村级惠农综合服务社（网点）建设；各区县全部乡镇完成乡镇农合会（联）建设。截至11月底，全市供销合作社新型组织体系、新型经营服务体系、新型农合会体系“三大体系”建设任务全部超额完成。

区县供销改革。张家界永定区供销合作社联合社开展土地变性，盘活社有资产。永定区供销合作联社将10宗土地35953平方米，由国有划拨变更为国有出让性质，资产

2020年12月25日，张家界市武陵源区供销合作社联合社第二次代表大会召开。大会通过投票选举曹淑莉为武陵源区供销合作社联合社监事会主任（王贵珍　摄）

2020 年 5 月 9 日，全市供销改革工作区县社主任座谈会召开
（向　雷　摄）

2020 年 9 月 28 日，在张家界市供销合作社联合社，省供销合作总社二级巡视员程念贵专项调研“十四五”规划编制工作
（易付文　摄）

增值 8796 万元。联合开发紫舞饭店，新增房产面积 3900 平方米，每年增加经营收入 300 万元。市供销合作联社和各区县供销社设立资产管理委员会，建立社有资产信息化档案，对社有资产进行经营管理，确保社有资产保值增值。

武陵源区供销合作社联合社推进农旅融合。武陵源区供销合作联社搭建为农服务平台，合资成立区农业旅游发展公司，依托省农科院作技术支撑开发传统农业特色产业。通过参股湘阿妹食品公司、天子山剁辣椒食品公司、鱼泉贡米专业合作社助推特色农业产业发展。

张家界慈利县供销合作社联合社打造惠民供销电商平台。慈利县供销合作联社开发“惠民供销”线上团购电商平台，采取“线上”社区团购与“线下”乡村实体服务新零售模式，建成县域电商中心 1 个、县级仓储物流中心 1 个、乡村电商站点 276 个，吸纳团购会员 2 万多人，开辟乡镇配送专线 6 条、物流配送专车 6 台，每日生鲜配送订单最高数量 400 单。

2020 年，桑植县供销合作社联合社开展土地托管服务，打造“有机桑植”特色品牌。以桑植县为重点开展土地托管等农业社会化全程服务，依托国楚农业公司实施供销改革示范县项目，打造“有机桑植”“谷罗山”等区域特色农产品品牌。全县共建立 10 个有机种养基地，25 个村级农业社会化服务站点，托管土地 3.85 万亩。

（本栏撰稿　周昱佃）

粮油流通

【概况】 2020 年，张家界市从事粮油储存、加工、购销企业 33 家，其中：粮油仓储企业 5 家，粮油批零企业 13 家，粮油加工企业 15 家（含国有参股企业 1 家）。拥有从业人员 986 名，在岗人员 978 名，其中：拥有高级职称 1 名、中级职称 26 名、初级及以下人员 310 名，技术工人 249 名。入统粮油企业有库区 38 个，拥有库区面积 354302.7 平方米。发挥粮食安全省长责任制考核“指挥棒”作用，统筹推进各成员单位落实目标任务，压实各级政府抓粮食保安全工作责任，优化评价体系，量化目标任务，细化工作责任，认真开展考核评比，推动粮食安全责任制落实。各区县人民政府高度重视粮食安全工作，狠抓责任制落实。永定区、慈利县、桑植县、武陵源区被市人民政府评为优秀。

【粮食产销】 2020 年，张家界市收购粮食 220486 吨，其中从外省收购 7712 吨，从生产者购进 38436 吨，从企业购进 99696 吨（省外 15904 吨），储备粮转入 22336 吨，加工成品收回 60018 吨，较 2019 年收购 206120 吨增加 14366 吨，增比 7%。全年购入面粉 2837 吨，购入大豆 3789 吨，购入油脂及油料 10134 吨，折合菜籽油购入 5598 吨，其中：实际购入菜籽油 3502 吨、购入油菜籽 6551 吨。

实施“走出去”和“请进来”战略。组织粮食企业参加全国粮食产销协作福州、郑州洽谈会和 2020 年长沙食品博览会，制作“张家界好粮油”推介宣传资料，全方位、宽领域、多渠道展示张家界好山好水好粮油形象。大鲵、葛根、油茶等系列产品受到与会者追捧；张家界丝丝湘食品有限公司生产的“丝丝湘”红薯粉丝销往中国香港，受到消费者的好评。

全市商品粮销售 221643 吨（含销往省外 4048 吨），较 2019 年 202928 吨增加 18715 吨，增比 9%。其中：国有企业销售 118046 吨，非国有企业销售 103597 吨。按用途分：转作储备粮 27364 吨，加工原料付出 70559 吨，转化用粮 5055 吨，工业用粮 5055 吨。全年销售大豆 3788 吨，折合菜籽油销售 5452 吨，其中：实际销售菜籽油 3386 吨、实际销售油菜籽 6456 吨。张家界银澧米业有限公司、慈利县隆源米厂生产的大米销往贵州、广西、福建等地。为保证魔芋系列产品质量，提高市场占有率，湖南大湘西魔芋有限公司在东北建立粳稻生产基地。为丰富市场供应品种，提高城乡居民生活品质，粮食批发企业从东北采购粳米2200余吨。

【粮油产业】 2020年，张家界市入统粮油加工企业21家，其中：稻谷加工企业3家、油脂加工企业3家、面条加工企业2家、食品饮料加工企业13家。张家界丝丝湘公司被评为省级农业产业化龙头企业，张家界银澧米业有限公司、慈利县隆源大米厂被省粮食和物资储备局确定为应急保供重点加工企业。

粮油加工设计年产能138750吨，成品粮油年加工能力120500吨，日处理稻谷360吨，日处理油料112吨，日精炼油脂77吨。2020年，实际加工稻谷70559吨，实现加工成品大米42013吨。实现粮油工业总产值29735万元，主营业务收入25310万元。实现销售收入26523万元，其中：通过互联网实现销售收入710万元，拓展粮油销售渠道。粮油主食产业化建设获省级财政支持资金50万元。（本栏撰稿 赵 平）

烟草专卖

【概况】 2020年，张家界市烟草专卖局（公司）销售卷烟6.95万箱，实现销售收入23.15亿元，同比增长5.07%，实现税利6.91亿元。完成退休人员社会化管理移交工作，通过湖南省文明标兵单位考评组验收。张家界市烟草专卖局（公司）《心有远山》党课微视频获国家烟草专卖局一等奖，贯彻落实“三项制度”工作情况纳入张家界市法治政府创建先进重点内容。

【专卖管理】 2020年，张家界市烟草专卖局（公司）联合公安、市场监管、邮政等部门，开展“春雷”市场专项整治、电子烟市场专项检查、学校周边零售户清理等行动，加强卷烟市场监管治理，建成桑植五道水边界卡口1个。查获涉烟违法案件215起，查获违法卷烟1438万支、违法运输烟叶15.58吨，破获三级国际网络案2个，捣毁制假窝点1个，公安、司法机关依法刑拘20人、逮捕6人、判刑11人。推进“放管服”改革，烟草专卖许可证办理推行电子执照认证和线上申请。

2020年1月19日，张家界市烟草专卖局召开全市系统工作会议暨企业管理会议
（李 欢 摄）

【卷烟营销】 2020年，张家界市烟草专卖局（公司）开展“我与客户共成长”主题营销活动，开展“我的客户我辅导”活动44场、主题培训会4场，全市整条零售价格到位率99.96%，排名全省第三位，零售户综合毛利率11.96%，排名全省第二位，零售户满意度排名全省第三位。构建现代零售终端体系，新建湘汇636加盟终端25家，旅游终端27家，合作终端16家，示范镇3个、示范街1条。推进文明吸烟环境建设，全市新建吸烟室、区、点78个。

【烟叶生产】 2020年，张家界市44个乡镇256个村2173户烟农共种植烟叶5.76万亩，收购烟叶13.23万担，全省烟叶收购质量检查和工商交接检查等级合格率分别为80.36%、77.27%。推进高端卷烟原料定制化开发，落实3个定制化开发单元，开发面积4.64万亩，开发高端卷烟原料6.32万担。完成烟基项目建设1387个，投入补贴资金1942万元，慈利皮家垭水库投入使用，桑植牛洞口水库工程项目进度88%，桑植茶园峪水源工程顺利通过省级项目评审。开展湖南雪茄烟试种项目。

【烟草产业助力脱贫攻坚】 2020年，张家界市烟农种烟总收入1.65亿元，户均收入7.6万元。抗击汛情，投入各项经费补贴、救灾专项资金955万元，帮烟农衔接保险理赔666.36万元。抓好产业扶贫、教育扶贫、消费扶贫等，投入帮扶资金900余万元，10个帮扶贫困村全部脱贫摘帽。（本栏撰稿 李 欢）

盐 业

【概况】 2020年9月，湖南盐业股份有限公司张家界市分公司更名为“雪天盐业集团股份有限公司张家界市分公司”。2020年，雪天盐业集团股份有限公司张家界市分公司全年调进各类盐4200吨；销售各类盐4092吨。其中：小包装食盐销售3200吨，完成计划4220吨的76%，与上年同期4022吨对比下降20.41 %。中高端食盐销售123吨，与上年同期78吨对比，提升57.69%。加工生产盐销售892吨。库存因生产企业调整结构生产，计划盐生产不及时，影响了调进，年末库存为零。

【食盐安全】 2020年，雪天盐业集团股份有限公司张家界市分公司利用“3·15”消费者权益保护日、“5·15”碘缺乏病宣传日、“五一”劳动节、“十一”国庆节点，开展食盐加碘消除碘缺乏病防治、“雪天”产品、食用盐安全识别等宣传27场次。通过宣传，提高市民对加碘食盐科普认知，增强百姓自我辨识能力。并按照非碘盐规范要求，完成未加碘盐供应点设立、公示、挂牌，全市共设立未加碘盐供应点130户。

【食盐经营】 2020年，雪天盐业集团股份有限公司张家界市分公司规范小包装食盐商品陈列。制定开门生活线上商城应用、外勤访销配送方案。小包盐商城平台销售占比达到总销售额的80%，数字化营销取得实质进展。坚持走访服务终端，深耕市场，扩充终端直配网点，基础客户从上年末1518户增加到3300户，净增加1782户。直配有效覆盖率达到40%，巩固“雪天”碘食盐市场保有率。通过调整产品结构，推动基础盐及320克系列品种上市销售，满足市场供应。中高端盐占比、小包盐价格均有小幅回升。落实新冠肺炎疫情防控指挥部复工复产和后盾单位保供要求，积极开展“战疫情、稳价格、保供应”工作，履行社会责任，保障市场供给。

（本栏撰稿　危胜勇）

2020年5月15日，张家界盐业公司2020年“5·15”碘缺乏病宣传日活动（尚梦姣　摄）

2020年8月20日，张家界市盐业公司慈利食盐销售中心竣工会议（尚梦姣　摄）

2021

对外经济贸易

·张家界年鉴·

总 类

【概况】 2020 年，张家界市实现外贸进出口 14706 万美元，同比下降 5.20%；实际利用外资 17552 万美元，同比增长 19.5%；实现内联引资 97.54 亿元人民币，同比增长 19.85%；受突如其来的新冠肺炎疫情影响，国际客运航班 2 月 2 日全面停运。口岸出入境航班 238 架次（客运航班 210 架次，全货机 28 架次），同比下降 90.59%；出入境 1.8699 万人次，同比下降 94.78%；进出口货物吞吐量 148.66 吨，同比下降 43.7%。

（蔚建新　周雪原　钟琬乔　邢为胜）

【口岸开放】 2020 年，口岸疫情防控扎实有效，做到“零输入、零感染、零传播”，有效保证国门安全。同时，积极推进复工复产和口岸平台建设，培育发展口岸经济。

口岸疫情防控“零输入、零感染、零传播”。根据国家、省、市联防联控文件要求，制定口岸防境外疫情输入防控工作方案。市口岸办与市防指、市疾控中心，海关、边检、机场空港密切沟通联系，加强风险评估，落实防控措施。积极争取海关卫生专业人员配备经费，医疗监测设施添置，提高口岸疫情检测和监管能力，保证国门安全。

客货并举，首次开通国际全货机航线。认真做好口岸航班复航疫情防控预案，制定国际全货机机组人员管控方案，抢抓疫情之下国际物流通道严重紧缺机遇，开通国际全货机航班，至 2020 年底运行 14 个往返，载运进出口货物计 148.66 吨，货值 454.3 万美元。

口岸平台建设。张家界航空口岸进境（水果、冰鲜水产品、食用水生动物）指定监管场地通过海关总署验收并公示获批，张家界航空口岸开通曼谷—河内—张家界首条国际全货机航线，推动口岸贸易和国际航空物流发展。

复工复产。针对全市进出口生产型企业，有针对性地提出政策引导意见。企业原材料供应和产品运输物流不畅等困难及时协调相关部门帮助解决。相继出台包括简化业务办理手续、加快货物验放、延长业务办理时限等一系列帮扶措施。

（朱　睿　邢为胜）

进出口贸易

【概况】 2020 年，张家界市进出口总额 100505 万元，同比下降 5.9%。其中出口 96123 万元，下降 7.2%；进口 4382 万元，增长 39.1%。加工贸易进出口总额 885 万元，增长 38.1%。其他贸易进出口总额 9 万元，下降 93.3%。

外贸出口下降。受新冠疫情影响，2020 年出口额为 96123 万元，下降 7.2%，增速排名全省第 11 名。

外贸结构不平衡。张家界市外贸以出口为主，占进出口总额的 95.64%，进口占进出口总额 4.36%。从贸易方式来看，一般贸易占主导地位，进出口总额 99611 万元，下降 6.0%，占张家界市进出口总量的 99.0%；加工贸易同比增长 38.1%，占张家界市进出口总量的 0.9%；其他贸易下降 93.3%，占张家界市进出口总量的 0.01%。从产品结构看，进出口商品结构不够合理，高新技术产品、机电产品进口下降和传统产品出口下降明显。2020 年张家界市进口机电产品 187 万元，下降 23.8%，进口高新技术产品 33 万元，下降 41.0%；传统产品出口下降，如：服装及衣着附件出口 8286 万元，下降 50.2%；鞋靴出口 3268 万元，下降 37.8%；箱包及类似容器出口 2438 万元，下降 41.9%。

民营企业壮大。2020 年，全市产生进出口实绩企业有 27 家，其中民营企业 25 家，比上年增加 7 家，进出口额在 5000 万美元以上企业 1 家，1000 万美元以上企业 4 家，500 万美元以上企业 2 家。民营企业实现进出口总额 9.8 亿元，占张家界市进出口总量的 97.0%。

（蔚建新）

表 8　　2020 年张家界市各区县进出口情况表

区县	进出口额（万元）	同比增长（%）	出口额（万元）	同比增长（%）	进口额（万元）	同比增长（%）
永定区	73940	-6.2	69676	-8.1	4264	44.5
武陵源区	396	395 倍	369	—	27	26 倍
慈利县	20219	51.2	20128	51.7	91	-10.8
桑植县	5950	-59.3	5950	-59.0	0	-100
合计	100505	-5.9	96123	-7.2	4382	39.1

外资利用及对外经济技术合作

【概况】 2020年，张家界市利用外资17552万美元，同比增长19.5%。张家界市新设外商投资企业8家，合同外资6134万美元，投资领域涉及新型工业、商贸物流、旅游文化等。将利用外资纳入年度考核内容，科学设立考核方法，压实责任。先后3次组织进行全市利用外资业务培训，集中学习新外商投资法、实施条例、负面清单以及利用外资统计制度，提高从业人员素质，为完成利用外资和任务打下基础。协助外资企业做好复工复产，加快完成利用外资进度。

【稳外资】 2020年，张家界印发《关于积极应对新冠肺炎疫情加强招商引资工作和外资企业服务的通知》（张商发〔2020〕8号），做好防控工作并做好企业服务。协助外资企业申请成本价医用口罩，缓解企业困难，并申请支持外籍技术人员入境，协助企业复工复产。全面取消外商投资企业备案，执行外商投资准入前国民待遇和负面清单管理制度，除法律法规明令禁止范围外一律开放，不设置任何对外地经营者不平等、消除或减少经营者之间竞争市场准入条件。印发《关于做好2020年张家界市外商投资企业“多报合一”工作的通知》（张商发〔2020〕20号），落实外商投资企业信息报告制度。初步建立外商投资企业投诉机制。（周雪原）

表9 2020年张家界市利用外资情况表

	累计	上年同期	同比增长±%
永定区	6500	2701	140.7
武陵源区	910	388	134.5
慈利县	4354	7335	-40.6
桑植县	4039	0	
高新区	1749	4265	-59.0
合计	17552	14689	19.5

【对外经济技术合作】 2020年，因受疫情和世界经济大环境影响，全年暂停办理外出务工业务，张家界市暂无外派劳务人数正规口径数据。截至2020年，张家界市外出务工人员累计产生营业额达1000万美元，该数据主要来自历年务工人员营业额总和。为应对复杂的国内外形势，推动开放型经济发展，张家界市采取有力措施做好外经贸工作。推动企业“走出去”。完善“湘企出海+”综合服务平台，为企业提供全面“一站式”信息资讯，政策法规、项目发布以及金融服务等。加强政策宣传，鼓励企业赴境外投资。搭建平台，组织企业参加对外投资促进活动。

推进外派劳务输出。完善订单培训和“先培后派”机制，提升外出务工人员能力素质。为校企合作搭建平台，助力大学生境外就业，重点开展海员海乘、学生出国实习推介与招聘活动。加强与省内外派劳务企业联系，及时发布境外务工信息，为张家界市意向外出劳务人员，提供各类境外务工信息咨询和服务。加强与援外培训基地衔接工作，合理安排对接和实训，做好援外培训学员来张实地培训工作。

持续做好服务。落实“稳住人心，稳在当地”双稳工作，做好疫情期间劳务人员管理服务和心理疏通以及打疫苗等工作，切实保障劳务人员合法权益。（本栏撰稿 车俊圆）

贸易促进工作

【概况】 2020年，张家界市贸促会开展疫情防控助力企业复工复产，深度对接“一带一路”战略，推进张家界“丝路驿站”建设，推动国际交流合作，协助市政府参加2020第九届中国国际生态竞争力峰会并成功捧回“2020中国最具生态竞争力城市”桂冠，为张家界市开放型经济发展和推进张家界国际化做出重要贡献。

【新冠肺炎疫情防控】 2020年初，张家界市贸促会主动应对新冠疫情影响，成立疫情防控工作领导小组，由会党组书记李永祥任组长，利用单位官方网站、“丝路驿站”微信公众号、微信群等网络平台和逐个电话联系等方式，及时将有关疫情最新指示精神、防控常识和会党组决议措施对各会员企业、“丝路驿站”各相关旅行社、区县贸促会、结对

2020年9月23日，中国国际贸易促进委员会张家界市支会第四届委员会议暨中国国际商会张家界商会第四次会员代表大会召开
（市贸促会 供稿）

2020 年 9 月 24 日，2020 中国（湖南）国际绿色发展博览会　　（张　洋　摄）

帮扶贫困村群众进行宣传告知，营造不信谣、不传谣的社会氛围，引导群众树立正确的就医、购物观念。并充分发挥贸促会“亦官亦民”身份优势和联系海内外商协会资源丰富的渠道优势，凝聚张家界国际商会、张家界“丝路驿站”等各界力量，筹集和捐赠价值 26.4 万元的紧缺医疗物资，开辟医用口罩重要采购渠道一条，帮助市防疫指挥部和各医疗单位采购医用口罩 300 多万只。

【张家界市获“2020 中国最具生态竞争力城市”奖】 2020 年 9 月 20—21 日，由中国贸促会、中国国际商会、全国政协人口资源环境委员会、国家林业和草原局联合主办的 2020 第九届中国国际生态竞争力峰会召开，张家界市荣获“2020 中国最具生态竞争力城市”称号，市政府副市长欧阳斌代表张家界市领取奖牌并在大会作城市推介和主旨发言，分享张家界市生态文明建设成功经验，提升该市在国内外的知名度和美誉度。

【“丝路驿站”建设】 2020 年，张家界市贸促会推进“丝路驿站”建设，筛选康辉国旅、天崇国旅等九家入境业务量大的旅行社为申报机构，筛选境外亚洲（美国）旅行社、英国本家旅游有限公司、迪拜金太平洋国旅等有实力、有信誉的旅行商，在境外新建 9 家“丝路驿站”，截至 2020 年底，张家界市“丝路驿站”站点 22 家。同时，邀请市委外事办、国家安全局专家，对 22 家“丝路驿站”进行外事纪律和国家安全知识开展专题讲座，明确外事纪律和国家安全的具体要求，进一步增强各家“丝路驿站”在开展对外合作和交流中的国家安全和外事纪律意识。

【贸促换届】 9 月 22—23 日，张家界市贸促会召开中国国际贸易促进委员会张家界市支会第四届委员会议暨中国国际商会张家界商会第四次会员代表大会，听取和审议工作报告，确定下一步贸促事业发展战略、工作方针和主要任务；推举通过市贸促会第四届委员会名誉会长建议名单和委员拟任名单；选举产生新一届市贸促会委员会领导班子；选举产生新一届张家界国际商会理事会。

（市贸促会　供稿）

2020 年，市人民政府副市长欧阳斌代表张家界市在 2020 第九届中国国际生态竞争力峰会上领取奖牌，并发表重要讲话（朱湘茂　摄）

2021

旅　游

·张家界年鉴·

总 类

【概况】 2020年，市文旅广体局全面应对新冠疫情带来的冲击和影响，全力以赴统筹推进文旅行业疫情防控和复工复产，出台《张家界市促进旅游市场全面复苏“310”行动计划》，创新旅游营销工作，持续推进旅游产品提质升级、行业管理标准化、“铁腕治旅”，旅游市场实现有序复苏。全市旅游接待总人数达4949.21万人次，旅游总收入568.95亿元，分别恢复到同期的73.63%、68.47%。全年无重大游客投诉、无涉旅的输入性病例、无重大涉旅负面舆情。（周双群）

【文旅行业疫情防控】 2020年，新冠肺炎疫情发生后，张家界市于1月26日关闭所有文化旅游场所，完成所有游客退团、退房、退票和劝返工作，其中退团4462个、95187人，退款1.6亿多元。1月28日，中共张家界市委旅游工作委员会办公室下发《关于在疫情防控期间做好湖北客人接待工作的通知》，在全国率先指定酒店接待湖北及相关客人，接待湖北或与湖北相关的客人2000多人次。创作“艺抗疫情”文艺作品共50多部，其中致敬逆行白衣天使的诗歌朗诵被央视报道，充分体现了湘鄂情深和文化旅游行业的担当。2月23日，中共张家界市委旅游工作委员会办公室印发《张家界市旅游景区有序开放工作方案》，决定2月27日武陵源景区率先恢复对外开放，天门山及其他等级景区在全面做好疫情防控工作的基础上陆续恢复开放。

旅游景区建设

【旅游基础设施】 2020年，张家界市有26家等级旅游景区，4个国家乡村旅游重点名村，3个湖南省乡村旅游重点名村，16个五星乡村旅游区点，国家级全域旅游示范区2处，省级全域旅游示范区1处。

【旅游产品供给】 2020年，张家界市新增国家3A级旅游景区3家、五星级乡村旅游区（点）3家、全国乡村旅游重点村3处、湖南省乡村旅游重点村3处、湖南省文旅小镇1处。永定区成功创建为全国第二批全域旅游示范区，桑植县洪家关乡成功创建湖南省第二批十大特色文旅小镇。琵琶生态园、远方的家、马头溪景区成功创建国家AAA级旅游景区。永定区龙洞湖山庄、慈利县樟树营拓展基地、桑植县上河溪休闲旅游观光园成功创建五星级乡村旅游区（点）。永定区马儿山村、武陵源区龙尾巴居委会、泗南峪居委会成功创建全国乡村旅游重点村，永定区马头溪村、武陵源区杨家坪村、桑植县芭茅溪村成功创建湖南省乡村旅游重点村。张家界大峡谷景区对外推出新建体验性项目——高空滑索、高空蹦极，武陵源推出中小学生科普研学游、世界自然遗产游等研学旅游产品，茅岩河景区增加“心湖”和星空营地两个项目。

【乡村旅游与旅游扶贫】 2020年，张家界市投资270488.65万元用于景区景点提质升级项目建设。武陵源核心景区、天门山景区、张家界大峡谷景区、宝峰湖景区、黄龙洞景区被省文旅厅收纳进“魅力湘西·世界遗产游（大湘西板块）”线路。2020年，送客入村到张家界市的游客人数为17.89万人，接待送客入村的特色村镇有29个，共有125个旅行社送往张家界。全年建成旅游厕所91座，完成199个村级文化设备配送。

【红色旅游】 2020年，桑植县委、县政府编制《长征国家文化公园（桑植段）——红二方面军长征出发地纪念园专项规划》，将其纳入桑植县经济社会“十四五”发展规划的专项规划进行统筹安排。张家界湘鄂川黔革命根据地纪念馆、贺龙故居被省文旅厅纳入“不忘初心·重走长征路（湘赣边—长征国家公园湖南段—湘鄂西）”线路。组织参加2020湖南红色旅游文化节暨湘潭首届红色文化博览会，并组织全市红色旅游企业参加2020年中国红色旅游博览会。（本栏撰稿 张涵铭）

旅游市场开发

【概况】 2020年，市委、市政府推出《张家界市促进旅游市场全面复苏“310”行动计划》，在全国创新开展“网游张家界”活动，第一时间启动省内旅游，在全国旅游市场没有启动前，走进张家界客源市场开展旅游营销活动，国内跨省游放开之后举办重大旅游营销活动，研判市场出台航空专列奖励政策，开展旅游+体育+游戏+摄影+诗歌+汽车等丰富多彩的活动20余个。联合国世界旅游组织旅游可持续发展中国观测点授予张家界“最佳营销创新案例奖”。张家界旅游恢复进度排全国同类山岳型景区首位。

【出台《张家界市促进旅游市场全面复苏“310”行动计划》】 2020年2月18日，继2月17日张家界全市累计确诊5例新冠肺炎患者全部治愈出院后，张家界市制订《张家界市促进旅游市场全面复苏“310”行动计划》，出台30条措施提振旅游行业信心，促进旅游市场全面复苏。具体包括设立旅游专项扶持资金、加大融资政策支持、税收政策支持、降低企业运营成本、加大对有贡献的旅游企业的奖励支持、暂退部分旅游服务质量保证金、实行就业扶持政策、适当减免房租、缓缴水电气费用、建立市领导联系企业帮扶制度等在内的支持旅游企业纾困“十项政策”；倡导旅游行业积极自助、苦练内功，做好疫情防控、强化员工培训、完善旅游设施、推进智慧旅游、加强规范管理、提升服务质量、推出精品线路、深化涉旅改革、持续铁腕治旅、主动开拓市场等“十项要求”；尽快消除疫情对张家界市旅游业的影响，尽快恢复旅游市场，张家界全市景区开放后至今年年底，所有景区及景区内交通工具共计27家单位对全国医护人员实行免票；景区开放后2个月时间内，张家界全市所有景区及景区内交通工具共计27家单位对国内外游客实行门票“买1送1”优惠，15家酒店、18家民宿客栈实行住房“住1晚送1晚”优惠；为鼓励旅行社组团，对招徕客人较多、影响较大、服务质量较好的旅行社给予5万元以上的奖励等“十条措施”。

【“网游张家界”活动】 2020年2月21日，以网宣张家界、网播张家界、网购张家界为内容的“网游张家界”活动在全国拉开帷幕。活动至6月30日结束，历时4月有余，内容丰富，亮点突出，形成了全媒体推广、全链条营销的旅游营销模式，带动形成全社会参与宣传营销张家界的热潮，有力促进张家界旅游市场复苏。网宣张家界，抖音平台“#抖音张家界嗨动全世界”“#好山好水张家界”话题播放量达7.9亿，“云上中国张家界”微视频登上纽约时报广场中国屏一周时间，新华社、新华网、《中国日报》、中新视频、新华视频及《人民日报》腾讯视频多次宣传张家界，“每日一景”专栏共刊发84期，其中，有46篇被《人民日报》客户端选用。网播张家界，培养一支30人组成的以张家界本土主播为主的张家界旅游网红直播团队；由山水组合作词作曲演唱的土家原创歌曲《你莫走》蝉联“酷狗音乐TOP500”榜首，全网播放量达100亿次以上，成就张家界文化现象级传播；茅岩河景区发现“天坑心湖”两次登上热搜。网购张家界，汪涵、华少、吉杰、林依轮、大兵等多名明星主播走进直播间为张家界带货；阿里巴巴飞猪旅游平台直播间推广张家界旅游线路产品与农产品，为旅游营销标新立异；张家界星途云、五六七、时光等一批旅游直播企业应运而生，培训近千名旅游直播学员。

【“智库专家话旅游”网络直播活动】 2020年3月10日—6月28日，结合近年来张家界文旅行业的焦点、热点问题，张家界旅游发展聚智融智重要平台——张家界（国际）旅游营销智库开展“专家话旅游”网络直播活动12场，在线观看人数超过200万，为张家界建市以来网络直播嘉宾规格高、参与人数多、影响力大的访谈类活动。为进一步转化网络直播活动成果，直播话题编印成《云端上的对话》，中组部、湖南省文旅厅、张家界旅游业界等对该书给予高度肯定。

【“百台携手敬英雄 英雄相聚张家界”全国大型公益活动】 2020年8月19—21日，“百台携手敬英雄 英雄相聚张家界”全国大型公益活动在张家界隆重举行，来自全国62个城市的医护人员、知名专家代表参会。市委书记、市人大常委会主任虢正贵宣布活动启动，陈秋香等13名全国抗击新冠肺炎的先进个人及医务人员重温“中国医师宣言”，“张家界所有景区向获得省级以上表彰的抗疫英雄及本次受邀代表一年内免费开放”政策发布。此次活动由张家界市人民政府、全国城市电视台产业发展联盟指导，张家界市委宣传部、张家界市文化旅游广电体育局、张家界市卫生健康委员会主办。

【体育旅游示范城市创建正式启动】 2020年6月19日，湖南省体育局与张家界市人民政府签订共建体育旅游示范城市战略合作协议，张家界创建“体育旅游示范城市”正式启动。2020年，张家界成功举办2020湖南省第十一届全民健身节暨张家界首届半程马拉松赛、2020中国张家界慢跑英雄会暨“跑者荣耀——中国微马百强跑团颁奖盛典”、2020年中国户外健身休闲大会暨张家界黄石寨高空扁带对抗赛、“薪火传承·中国健康跑”、张家界宝峰湖冬泳活动等10余个旅游+体育活动，推动体育与旅游深度融合。

【中国·张家界首届世界遗产摄影大展】 2020年11月16—22日，以“交流共享、保护传承”为主题，用影像的力量，承担起宣传、保护、收藏、展示、交流世界遗产的责任的中国·张家界首届世界遗产摄影大展成功举办。活动得到世界各地摄影家和摄影爱好者的高度关注、热情参与，有近万名摄影家参加本次大展投稿，投稿作品45800余幅（组）。拍摄于33个国家和地区、88处世界遗产地的100幅（组）摄影作品、15件多媒体作品入选本次大展；来自全球120处世界遗产地的350余幅（组）摄影作品参展世界遗产地摄影作品联展；450余名摄影家的4500余幅摄影作品参展“文化与生活，疫情下的你我他”摄影报名展；15位摄影名家的170余幅摄影作品参加名家邀请展。大展还特别举办贺龙在延安专题摄影展、张家界南门口专题展、百年大庸老图片展、影像张家界专题展等12个展览，展出作品总数6800余幅（组），参展作品既有学术性、艺术性，更有文献性，从不同视角展示了世界遗产的自然之美、人文之美，永恒定格世界遗产的历史瞬间、留下珍贵的历史文献。

【“仙境张家界 诗约全世界”中国·张家界第四届国际旅游诗歌节】 2020年12月9—11日，“仙境张家界 诗约全世界”中国·张家界第四届国际旅游诗歌节举行，300余位国内外知名诗人、诗歌爱好者、全国诗歌节组委会成员齐聚张家界，在张家界的奇山秀水中谈诗论道。开幕式、旅游诗歌主旨演讲、张家界与鹤壁文化旅游交流对话等主题活动，将传统的诗歌文化与张家界的秀美山水相结合，以诗歌为切入点，展示张家界的诗意山水，促进文化和旅游融合发展，持续提升张家界旅游文化品位和审美能力，拉动张家界旅游业回暖复苏。

（本栏撰稿 田金松）

旅游行业管理

【概况】 2020年，张家界市有住宿企业（含星级饭店、社会饭店、民宿客栈）2178家，其中永定区753家，武陵源区840家、慈利县400家、桑植县185家；旅行社278家，旅行社分公司35家，其中五星级5家，四星级8家，三星级5家。

【星级旅行社评定】 2020年11月29日，张家界中国旅行社股份有限公司、张家界逍遥行国际旅行社有限公司、张家界光明旅行社有限公司3家旅行社获评“五星级”，张家界中世国际旅行社有限公司、张家界芙蓉假期国际旅行社有限公司、张家界众横天下国际旅行社有限公司等5家旅行社获评“四星级”。

【全市民宿（客栈）星级评定】 2020年5月6日，市文旅广体局召开张家界市宣贯《民宿（客栈）管理办法》暨星级评定工作会议，启动全市民宿（客栈）星级评定工作。评定工作分为自愿申报、初评、现场考察、最终审核、结果公示五个阶段，三星民宿由各区县文旅广体局组织评定，四星、五星民宿由区县文旅广体局组织初评，市宿评委进行最终评定。历时4月，最终评选出稻边民宿等22家为三星民宿，茅花界山庄等5家为四星民宿，梓山漫居等6家为五星民宿，并颁发星级民宿标牌与“张家界市民宿（客栈）、社会饭店备案登记证明书”。

【旅游市场综合治理】 2020年，市文化市场综合行政执法支队出动3412人次，出动执法车辆410台次，检查旅行社210家次，导游346人次，团队397个，景区260家次。12345平台转来投诉纠纷1961件、同比去年（4469件）下降了56.1%，12301平台受理涉旅投诉613件，同比去年（580件）上升了5.7%。办理旅游行政处罚案件59件（其中23家旅行社和36名旅游从业人员），收缴罚款108.2万元。重点对诱导、欺骗二次消费，委派无证导游，非法同城转交、合同签订不规范、虚假宣传、泄漏游客信息、出租出借旅行社经营许可证、擅自变更游览行程等突出的违法违规行为进行打击。

【2020年“铁腕治旅”夏季行动暨“五一”假期旅游市场秩序专项整治工作会议】 2020年4月28日，张家界市召开2020年“铁腕治旅”夏季行动暨“五一”假期旅游市场秩序专项整治工作会议。5月1日—9月30日，在全市范围内开展2020年“铁腕治旅”夏季行动，严厉打击“诱导、欺骗消费”“线上非法经营行为”“追客赶客乱象”“商业贿赂”“非法营运行为”等各种扰乱旅游市场秩序、侵害旅游者合法权益的不法行为，进一步规范全市旅游市场秩序。

【《张家界市旅游市场主体及从业人员失信监管暂行办法》】 2020年9月23日，张家界印发并实施《张家界市旅游市场主体及从业人员失信监管暂行办法》，对具有11类或10类情形之一的旅游市场主体及从业人员将分别列入本市旅游市场黑名单或重点关注对象。该办法在汲取相关法律法规的基础上，充分考虑张家界旅游市场特色，创新性地将发布不实信息引发社会治安事件以及违反旅游资源租赁信用受到县级政府相关行政管理部门警示等行为列入市级旅游市场黑名单。

（本栏撰稿 周双群）

旅游队伍建设

【旅游人才培训】 2020年，市文旅广体局组织全市40多名五星级乡村旅游区（点）负责人参加湖南湘旅学堂的网上培训，推荐瞿双全为全国乡村文化和旅游能人并获得国家旅游能人项目支持，精选10名执法人员分别讲授文化执法和旅游执法技能，促进文化和旅游执法的有效融合。选派2名骨干分别参加外单位培训后组织队内培训，组织执法支队全体人员参加文旅部旅游市场执法7次专题培训，组织全市50余名执法人员参加文化市场综合执法业务培训及案卷评查活动，组织120家旅行社开展送客入村业务操作培训，组织开展65个乡村的书记、村长，200多家旅行社280人参加“送客入村”培训。

【2020张家界市文旅融合高质量发展中高级人才培训班】 2020年11月24日上午，全市文旅融合高质量发展中高级管理人才培训班开班。张家界市委旅游工作委员会执行副主任、市人民政府副市长欧阳斌出席并讲话，市委人才办、市文旅广体局班子成员、区县分管领导、区

县文旅广体局班子成员，培训班全体学员，媒体记者等约130人参加此次开班仪式。此次培训班为期四天，共设置8堂专题培训课程，包括文旅融合背景下旅游高质量发展、乡村旅游助推乡村振兴的创新与实践、全域旅游背景下张家界旅游产业转型升级与民生效益、旅游企业新媒体营销手段与技巧、旅游服务业标准化建设与实践、推动张家界旅游高质量发展、数字媒体时代下文旅企业的发展模式与路径等。

（本栏撰稿 周双群）

2021

财政·税务

·张家界年鉴·

财 政

省财政厅党组成员、副厅长陈博彰（前右二）在市高新区调研　（陈　翔　摄）

【概况】 2020年，张家界市一般公共预算收入完成52.03亿元，同比下降20.4%。地方收入完成32.13亿元，同比下降14.77%。其中：地方税收收入完成21.89亿元，同比下降14.41%；非税收入完成10.24亿元，同比下降15.52%，非税收入占地方收入的31.86%。上划中央收入16.59亿元，同比下降26.59%；上划省级收入3.31亿元，同比下降34.71%。全市一般公共预算支出累计完成198.35亿元，同比增长5.53%。

市本级一般公共预算收入完成19.43亿元，同比下降20.86%。地方收入完成12.33亿元，同比下降18.67%。上划中央收入6.4亿元，同比下降18.15%；上划省级收入1.16亿元，同比下降27.89%。市本级一般公共预算支出完成46.11亿元，同比增长15.50%。

财政运行平稳。牢固树立高质量发展信心，积极应对新冠肺炎疫情，多措并举增收节支，全市财政基本实现收支平衡。收入水平稳中有质。加强对财政收入的执行监控，进一步规范非税收入管理，杜绝虚增空转“放错口袋”，全市非税收入占比为31.86%，较上年下降0.34个百分点，收入质量进一步提高。压减支出成效明显。坚持“保压并举、有促有控”，严格执行过“紧日子”要求。全市“三公”经费继续保持“只减不增”。全市年初一般性支出压减预算资金1.86亿元，非急需非刚性项目支出压减预算资金5.76亿元，切实保障基层“三保”良性运转。争取资金积极有为。抢抓政策机遇，紧盯“2万亿大礼包”，全市争取上级补助收入127.87亿元，同比增长7.39%；争取债券资金50.66亿元，同比增长136.37%。其中：一般债券12.09亿元，同比增长57.01%；专项债券38.57亿元，同比增长181.53%。争取抗疫特别国债资金8.5亿元。通过积极争取资金，纾缓疫情期间财政收支压力，基本实现当年财政平稳运行。

打好“三大攻坚战”。助力决胜全面小康目标任务，固根基、补短板、强弱项，积极贡献财政份额。脱贫攻坚战。加大扶贫领域投入，全市整合财政涉农资金9.76亿元；首次公开竞争性遴选政策性农业保险承保机构，政策性农业保险保费达1.2亿元；发放惠农惠民及扶贫补贴149项10.96亿元；积极助力消费扶贫，“832”消费扶贫平台完成率达150.56%。环保攻坚战。向上争取环保资金1.13亿元；完成流域横向生态补偿机制，与常德市政府签订澧水干流生态补偿协议，

市财政局党组书记、局长莫海宏（前右二）在官黎坪社区督导疫情防控　（金俊先　摄）

市财政局召开财政工作务虚会 （陈 翔 摄）

全市各区县政府集中签订流域横向生态补偿协议。化债攻坚战。2020年，全市隐性债务累计化解74.98亿元，完成三年化债任务70.36亿元的106.57%（其中市本级累计化解32.31亿元，完成三年化债任务32.17亿元的100.44%）。四个区县均已完成累计化债任务，武陵源区被财政部确定为隐性债务置换试点县，获得置换债券资金13亿元。

改善民生保障。紧紧围绕“六稳”“六保”，做好保基本、普惠性、基础性、兜底性民生工作，集中财力办好民生实事。支持就业创业发展。严格按照疫情期间支持企业复工复产促进稳定就业“12条措施”，从发放一次性吸纳就业补贴、加大创业扶持力度、减免企业社保缴费和实施失业保险稳岗返还等多方面加强财政支持。支持教育事业发展。完成高中生均公用经费和城乡义务教育学校生均公用经费提标，大力支持“阳光助学”，精准落实义务教育和建档立卡贫困家庭学生等资助政策，拨付相关资金1.83亿元。支持义务教育学校建设，全面完成义务教育“大班额”化解任务。支持医疗卫生发展。聚焦“健康张家界”，完善医保筹资和待遇调整机制，提高城乡居民医保财政补助和个人缴费水平，加大对重特大疾病的救助力度，顺利完成企业养老保险省级统筹、医保市级统筹和公立医院综合改革等工作。全市财政民生支出占一般公共预算支出的77.48%。

深化财税改革。以财税改革难点为导向，全面深化财税改革，各项改革任务取得实质性进展。推进综合治税。成立张家界市财源建设工作领导小组办公室，全面完成全市财税综合信息平台建设“一心四极”布局，对接采集959.8万条涉税数据，全年通过平台追缴各项税费0.86亿元。涉农资金统筹整合。制定出台《张家界市探索建立涉农资金统筹整合长效机制实施方案》，切实优化财政支农投入供给，提升支农政策效果和支农资金使用效益。政府采购制度。制定出台《张家界市2020年政府集中采购目录及政府采购限额标准》规范性文件，赋予采购单位更多自主权。市本级政府采购电子卖场正式上线并纳入“全省一张网”，全年交易额达3973万元。会计制度。积极推进会计师事务所和代理记账机构行政许可“一网通办”，行政事业单位政府会计准则制度全面实施。“村账乡代理”。在“象市模式”的基础上，编印《村级财务管理操作指南》，使“象市模式”可复制、可借鉴、可推广，成功打造村级财务管理“张家界样本”。相关经验被《中国财经报》《中国财政》等多家媒体推介，成为全省乡村财政财务精细化管理的典型。

规范财政管理。认真落实“市县财政管理规范年”行动，严守“六个严禁”要求，筑牢财政运行“法治根基”。财政预决算公开。严格执行《预算法》，顺利完成123个市直部门（不含涉密单位）2019年

张家界市人民政府与农行湖南省分行全面战略合作协议签约仪式暨“智慧张家界”产品推广会 （周晓燕 摄）

决算公开和2020年预算公开工作，市本级、武陵源区、慈利县及桑植县获得省财政厅通报表扬并获得资金奖励。财政资金绩效自评。全市评价财政资金支出项目135个，评价资金总额10.84亿元。编制2021年部门预算时，全市核减财政资金0.82亿元，核减率为7.53%（其中：市本级评价项目25个，评价资金总额2.41亿元，取消专项资金项目7个，核减财政资金0.66亿元，核减率为27.16%），切实做到“花钱必问效”。加强库款管理。全市收回财政存量资金0.4亿元，加快暂付款清理，消化暂付性款项2.06亿元，全市库款保障系数为0.48（位于合理区间内）。节约财政资金。全市交代理机构办理项目1004个，采购预算金额24.42亿元，实际采购金额23.39亿元，节约资金1.03亿元；完成政府投资评审项目425个，送审金额45.15亿元，审定金额38.19亿元，审减金额6.96亿元，审减率为15.42%。

【新冠肺炎疫情防控保障】 2020年，张家界市财政局全力打好疫情防控阻击战。落实疫情防控部署。建立防控资金市、区县联动机制和疫情防控政府采购“绿色通道”机制，为全市抗疫一线的村（居）两委5309名工作人员免费提供保险，积极动员党员干部助力社区疫情防控和企业复工复产，全市投入疫情防控资金1.76亿元（不含抗疫特别国债资金）。支持复工复产。支持小微企业纾困发展，为4家疫情防控重点保障企业争取贴息资金，两区两县均纳入全省“潇湘财银贷”试点。不折不扣落实减税降费系列政策，实行收费目录清单管理，全市累计新增减税降费5.9亿元。拨付直达资金。市本级收到直达资金6.55亿元，并全部纳入直达资金台账管理，同时建立直达资金监控机制，加强督导检查，确保资金精准投放。

【预算管理】 2020年，张家界市财政局强化预算管理，各项工作取得新突破。财政预算编制。年初在认真分析收入有利条件和不利因素的基础上，合理确定财政收入目标，并考虑到2020年大规模减税降费的基础上，且受到疫情突发影响以及经济运行受到的冲击更为明显等因素，经市七届人大常委会第三十二次会议研究通过调整年初预期目标，全市地方收入增幅由年初预算的6%调整到–15.18%。地方税收收入增幅从年初预算的8%调整到–15%，在全市财税干部的共同努力下，全市及市本级财政收入实现预期目标。财政支出结构。坚持“保压并举、有促有控”的原则，进一步调整和优化支出结构，在保工资、保运转、保基本民生的前提下，把更多的资金投向公共服务领域，加大对社会保障、卫生健康、环境治理等重点民生领域的投入力度。严控一般性支出，进一步压缩“三公经费”。对专项资金进行梳理压缩，腾出财力保重点支出。防范三保风险。督促区县建立健全县级“三保”工作机制，推进县级“三保”工作常态化，按省厅要求定期开展专项督查，动态监控各地库款余额，确保县级“三保”支出及时保障到位。预决算公开排名。根据2020年省财政厅通报的2019年度全省地方预决算公开核查结果，武陵源区、慈利县、市本级、桑植县和永定区分别位居全省（137个市区县）总排名第3、第18、第26、第33、第93位。其中，市本级位居全省14个市州本级排名第3位。

【国库管理】 2020年，张家界市财政局提高库款管理水平，推进国库管理改革，较好完成各项工作任务。暂付款清理机制。扎实缩小“盘子”，对照市县区年度清理目标任务，严格暂付款消化时限，严格控制增量，严禁违规新增暂付款。动态厘清“底子”，建立健全区县暂付款“一月一报一调度”机制，确保暂付款清理有力有序。资金动态监控和评估机制。建立区县级工资支付保障月风险评估制度，对所有区县财政工资发放情况进行监控预警；全年密切关注区县库款保障情况，对时点库款保障水平低下的区县及时进行追踪督办。直达资金管理机制。成立直达资金监控工作领导小组，实时通报市本级直达资金分配及支付进度。建立直达资金动态监控机制，压实在线监控、预警信息核实、违规问题处理、监控情况报送及相关督促指导等工作责任，加强重点领域财政资金监控，确保资金承载政策目标的实现。政府综合财务报告制度编制。2020年是全面编制政府综合财务报告第一年，全市按照“同部署、同标准、同编制”的工作原则，通过加强动员培训，狠抓基础工作，顺利完成政府综合财务报告制度的编制工作。

【非税管理】 2020年，张家界市聚焦非税征管主线主业，强化非税管理改革，确保非税收入应收尽收、应缴尽缴。土地收入缴库。加大对土地出让金、城市基础设施配套费、人防易地建设费、资源有偿使用费的清理与追缴，发放追缴通知120个（出让金85个、城市基础设施配套费35个），收集资料建档120多个，约谈开发企业46家，上门催款50余家，移送司法机关6家（其中立案4件），2020年完成土地出让收入45.11亿元。财力筹措渠道。出台《张家界市本级非税收入统筹集中比例实施方案》，提高统筹比例，切实增加市级财政可用财力。此外，积极同武陵源区政府、市发改委、张旅集团等进行多轮磋商，对拆分后门票收入进行重新分配，2020年11月1日完成张家界核心景区门票拆分并正式执行新价格，实现收益共赢，增加市级财政收入。2020年全面完成张家界智慧非税平台的开发与建设，智慧非税平台通过对接大数据与大平台实现非税收入电子化收缴，实现让“数据多跑路，让群众少跑腿”的改革目标，提高非税征管水平。医疗收费电子票据管理改革。联系维护公司和医疗部门，督促本级医疗机构完成HIS系统改造工作，保证医疗机构在2021年1月1日顺利开具新版医疗机打收费票据。

【政府债务管理】 2020年，张家界市财政局牢守“隐性债务不新增、借新还息不发生、三保资金不断链”三条债务风险防控工作底线，防范政府债务风险。投融资决策工作机制充分发挥。将市投融资决策委员会办公室、市债务办、高质量指挥部资金保障组合署办公，实行“三办合一”。充分发挥市债务办指导、统筹、监督作用，从过去的统计和监测单一职能，强化到数据分析、政策研究、风险督导、融资指导的综合职能，确保债务化解工作有力、有序推进，进一步明确计划决策、审批决策、项目调整决策等工作程序，严格落实“谁审批谁监管、谁主管谁监管”的职责。市高质量发展指挥部成立后，资金保障组按照资金筹措会议精神，筹措项目资金6.42亿元，保障25个项目的开工建设。强化债务动态监测。对市本级债务实行全口径管理，除市本级政府性债务外，对所有国有企业（含融资平台公司）举借的经营性债务全部纳入动态监测范围，全年未发生一起债务风险事件。抢抓先机建章立制。在全省率先出台《张家界市本级地方政府专项债券资金管理暂行办法》，建立专项债券“借、用、管、还”全生命周期管理制度，得到省财政厅的高度肯定。构建高位推动新格局。从专项债券项目的储备、申报、推进、管理等方面明晰责任，构建“市领导报、市领导推、市领导管、市长总调度”的高位工作格局。完成平台公司压减。全市保留8家平台公司，完成2020年度平台公司清理压减任务。实现规范流程全覆盖。围绕国家政策支持方向，科学谋划包装，动态储备项目，建立专项债券项目动态监管机制，专项债券项目储备、申报、推动、监管等工作得到进一步规范。

（本栏撰稿 金俊先）

税务

【概况】 2020年，国家税务总局张家界市税务局（以下简称张家界市税务局）下辖4个区县税务局，全市税务登记纳税人3.86万户，其中企业1.85万户、个体经营纳税人1.92万户，其他纳税人880户；自然人纳税人35.05万人申报所得，其中实际缴纳个人所得税8.83万人；城乡居民养老保险参保缴费人58.2万、城乡居民医疗保险参保缴费人125万。全年组织入库各项收入62.99亿元，其中税收收入44.35亿元，社会保险费收入16.67亿元，非税收入1.59亿元，代征工会经费3773.47万元。张家界市税务局获评全省税务系统绩效管理先进单位、连续三年市政府绩效考核获评“优秀”等次，获得各类市级以上集体荣誉52项、个人荣誉25项。工青妇群团和老干工作扎实开展，荣获省、市各类工青妇荣誉13项，老干团队被省委评为“全省离退休干部先进集体”“全省示范离退休干部党支部”。“6·26”专案在全国“税海竞帆”税务稽查案例评选中获评“全国税务稽查十佳案例”，“一票制”改革入选湖南基层改革探索100范例，全市税务系统全国文明单位覆盖面达80%。2020年，张家界市税务局调整优化4个区县局领导班子。推进职级晋升工作，完成864名干部职级套转，315人晋升职级。开展干部培训105期、培训6517人次。在各项全省税务系统比赛中获得优异成绩，稽查类比武获全省第一，信息技术类比武获全省团体第四、1人获冠军、4人进十强，纳税人课堂比武获全省税务系统二等奖。

【支持新冠疫情防控和经济社会发展】 2020年，张家界市税务局落实地区新冠疫情防控政策，开展新冠疫情防控四项服务。组建各类战疫“突击队”21支，开展志愿服务1137人次，组织干部无偿献血近9万毫升，募捐抗疫善款9.6万元，带动联点扶贫村捐赠蔬菜20吨送达

2020年2月，国家税务总局张家界市税务局驻慈利县南坪村精准扶贫工作队组织村民捐赠蔬菜20吨驰援湖北抗疫 （刘 英 摄）

武汉。推广“非接触式”办税，推送网上办税纳税服务提醒短信288万余条。落实“一线医务人员和防疫工作者”及“其他参与疫情防控的人员”取得的临时性工作补助和奖金的个人所得税疫情期间优惠政策。落实新冠疫情防控征管举措，推行企业延期申报缴税服务，办理延期缴税68户次、延期税款6800万余元。落实《国家税务总局湖南省税务局关于实施助力打赢疫情防控阻击战 支持企业恢复生产十条措施的通知》文件，对135户纳税人在疫情期间的税收违法行为免予税务行政处罚；对38户因疫情原因逾期申报缴税的纳税人免予加收滞纳金119.16万元。出台“税务十二条”，推动企业复工复产。深化银税互动，截至2020年12月31日，帮助432户纳税人获得3.2亿元无担保信用贷款。

【减税降费】 2020年，张家界市税务局全面落实减税降费政策，精准实施新冠疫情防控税费优惠政策，推动小微企业普惠性减税退税工作，支持企业复工复产。撰写的《减税降费助力旅游市场发展》经验材料被省政府以专报形式上报国务院。举办纳税人学堂减税降费政策培训19场，宣传辅导纳税人3200人次，录制减税降费政策宣传电视节目，印制发放税费优惠政策和操作指南宣传资料13万余份，“面对面”上门辅导纳税人1.98万户次。全市新增减税降费7.69亿元，办理出口退税1254万元。

【税收收入】 2020年，全市税务系统组织入库各项税收收入44.35亿元，比上年减收11.85亿元，下降21.09%。从行业看，旅游相关行业、房地产业、建筑业、批发零售业构成减收主力，四行业减收10.34亿元，占税收总减收11.85亿元的87.26%；其中：旅游相关行业入库税收3.42亿元，减收4.55亿元，降幅达57.09%；房地产业入库税收12.05亿元，减收2.13亿元，降幅达15.01%；建筑业入库税收6.29亿元，减收2.58亿元，降幅达29.1%；批发零售业入库税收6.89亿元，减收1.08亿元，降幅达13.56%。

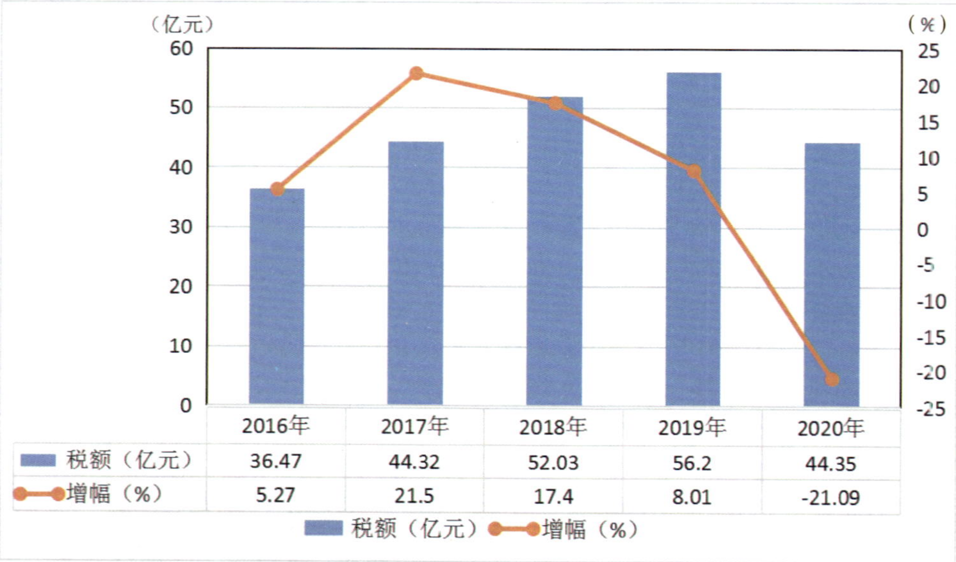

图2　　2016—2020年张家界市税收收入情况图

【社会保险费和非税收入】 2020年，张家界市税务局推进社会保险费和非税收入征收工作，企业社会保险费和机关事业单位职业年金征管职责顺利划转，城乡居民基本养老、基本医疗保险做到全覆盖，社会保险费征收工作全省税务系统排名第五。组织入库各类社会保险费16.67亿元，其中机关事业单位基本养老保险费7.31亿元，企业职工基本养老保险费8132万元，基本医疗保险费（含生育保险费）3.6亿元，失业保险费1400万元，工伤保险费1801万元，其他社会保险3741万元，城乡居民基本养老保险费8317万元，城乡居民基本医疗保险费3.42亿元。组织入库各类非税收入1.59亿元，其中教育费附加5238.37万元，地方教育附加3492.41万元，水利建设基金3159.98万元，文化事业建设费59.75万元，残疾人就业保障金3960.64万元。另代征工会经费3773.47万元。

【征收管理】 2020年，张家界市税务局加强税收征管规范，提升税收管理效能。推进税务系统的法制事务、征收管理、风险管理、纳税服务、税收分析等税收业务事项统筹管理。推动市城区财税分配再优化，调整市局第二税务分局与永定区税务局的征管范围，确保市与永定区新的财政分配关系运行顺利。

2020年11月12日，张家界市人民政府联合国家税务总局湖南省税务局在长沙召开"6·26"特大出口骗税案新闻发布会（宗 敏 摄）

探索推进建筑房地产税收征管一体化管理。创新推行全市二手房交易评税系统。开展5C征管质效监控，完善金三数据质量，处理疑点数据1.26万条。核实修正纳税人税务登记信息超5000户次。推广有奖发票，落实"互联网+发票有奖"活动。深化推进"一票制"改革和"天门智慧工程"，"互联网+"旅游税收征管成效明显。全面落实税收风险应对质量管控规程，加强税收风险管理工作统筹，深化数据分析应用，建立预警指标体系，形成风险疑点纳税人名单共享长效机制，提升风险应对质效，全市风险应对入库各项税收1.25亿元。加强11个地方税种管理工作，推行非住宅存量房的纳税评估系统，堵塞非住宅存量房类交易税收漏洞，完善消费税、出口退税管理机制。参与互联网平台经济落户对接，探索平台经济税收征管模式。

【税收法治】2020年，张家界市税务局推行行政执法"三项制度"（行政执法公示制度、执法全过程记录制度、重大执法决定法制审核制度），落实税收执法责任制和"双随机、一公开"（在监管过程中随机抽取检查对象，随机选派执法检查人员，抽查情况及查处结果及时向社会公开）监管机制。加强税收执法督察，发现问题71个，涉及4111户次，整改违规税款214.25万元，整改其他违规金额6948.66万元。回复税收业务征求意见稿13份，回办复函市政府、市委组织部、市发改委、市统计局、市人社局等12次家，办理人大政协建议提案11份。审理8起重大税务案件，补税罚款2854.06万元。公布重大违法失信案件17户，其中虚开增值税发票失联户14户，骗税3户，全部纳入联合惩戒管理。办理税务行政复议案件2起，审查税收规范性文件6件，其他相关文件148件。健全税务系统法律顾问和公职律师制度，组织公职律师论证、提出法律意见20项，办理具体法律事务26项，参与法律文件起草5项，参与合法性审查、合规性评估18项，参与合同审查38件。结合税收宣传月、宪法宣传周等活动集中开展税法宣传，全市税务系统行业普法考试参学率、参考率、达标率均达100%。

2020年12月23日，市政府在国家税务总局张家界市税务局组织张家界市非税收入征管职责划转工作部署会议（皮明勇 摄）

【税务稽查】2020年，张家界市税务局严厉打击虚开骗税、恶意偷逃税等涉税违法行为，强化高风险行业和重点企业税务稽查，稽查结案52户，查补入库各项税费1.33亿元。张家界市政府联合湖南省税务局在长沙召开新闻发布会，通报"6·26"特大出口骗税案件查处情况，该案虚开发票14万余份，金额14.7亿元，虚假出口2271次，骗取出口退税1.73亿元。该稽查案例在2020年全省税务稽查案例实战竞赛评选中获得第一名，并在全国"税海竞帆"税务稽查案例评选中获得"全国税务稽查十佳案例"荣誉。

【纳税服务】2020年，张家界市

税务局全面深化“放管服”改革，创新举措推动税收营商环境不断优化，推动纳税服务向网上延伸，便捷纳税人、缴费人办理方式。宣传推广电子税务局使用，建立电子税务局远程辅导微信群86个，远程辅导纳税人、缴费人利用电子税务局、手机APP、自助办税终端办理业务，全市电子税务局业务量78.22万笔。利用微信广告推广涉税小管家“湘税通”。优化办税机制，落实184项业务“全程网上办”，“非接触式”办税网上申报率达98%。178项涉税事项实现最多跑一次。优化自助办税渠道，全市安装23台自助办税终端，自助办税终端业务量9.81万笔。实施电子税务局发票领用和发票代开免费邮寄服务，全年办理发票邮寄服务6521笔。在办税服务厅设立新冠疫情防控重点保障物资企业办税缴费绿色通道，积极推动企业复工复产。全面落实“税收优惠清单式”服务，简化退税流程和资料。完善纳税信用评价管理，完成纳税信用等级评价1.35万户。12366纳税服务热线解疑1543次，处理12345政府热线投诉事项141件，及时处理率100%。

【国际税收】 2020年，张家界市税务局以税收服务“一带一路”为主题，多渠道、多形式开展“非接触式”税收宣传辅导。建立4户“走出去”企业清册管理台账。加强非居民税收管理，入库非居民税款651万元，加强服务贸易对外支付税务备案及外汇信息清理工作，核查付汇信息66条。抓好反避税基础工作。加强国际税收合作交流，在国际税收平台向英国报送一份自动情报交换资料。（本栏撰稿　杨壁铖）

2021

金 融

·张家界年鉴·

总类

2020 年 9 月 2 日，召开全市金融人才工作座谈会（尚健美 摄）

【概况】 2020 年，张家界市加强金融风险防范，金融运行呈现稳中有进的总体态势，为全市经济社会发展提供有力支撑。年末，金融机构各项存款余额 939.52 亿元，同比增长 8.04%，存款余额较年初增加 69.91 亿元，同比多增 54.67 亿元；各项贷款余额 915.47 亿元，同比增长 17.24%，贷款余额比年初增加 134.59 亿元，同比多增 21.77 亿元。存贷款增速在全省 14 个市州中排名分别为第 12 位和第 10 位。存贷比居全省第 3 位。

推进资本市场建设。2020 年全市新增涉农股改挂牌企业 6 家，总数达到 7 家，实现了区县全覆盖。13 家企业入选 2020 年度省上市后备企业资源库入库企业，20 家企业入选市上市后备企业资源库。建立了拟在湖南股权交易所科技创新专板挂牌企业的后备资源库，4 家企业入库。

服务民营小微企业。开辟金融服务“绿色通道”，切实解决疫情期间受困企业难题。积极搭建政银企合作平台，推动市政府与省农村信用联社签订深化金融服务推进经济社会高质量发展合作协议，开展系列政银企对接活动，银企现场、线上共达成意向贷款金额 465.5 亿元。

推动金融精准扶贫。全市扶贫小额信贷余额 5.09 亿元，累计发放扶贫小额信贷 30805 笔、13.07 亿元。全市当年新发放扶贫小额信贷 9122 笔、40066.1 万元。

防范化解金融风险。出台《张家界市打好防范化解重大金融风险攻坚战实施方案》，建立张家界市防范化解重大金融风险协作制度，加强防范非法集资知识宣传，宣传月活动期间共发放 32000 多份宣传资料，制作宣传展板 285 块，制作横幅 350 条，接受群众咨询 1300 余次。（尚健美）

2020 年 12 月 7 日，《人民日报》、中国新闻社、《金融时报》、《中国证券报》等 12 家中央媒体在张家界市开展金融支持精准脱贫采访报道（市人民银行 供稿）

【金融业运行】 2020 年，张家界金融运行情况呈现以下特点：

金融运行总体平稳。2020 年末，全市金融机构各项存款余额 939.5 亿元，同比增长 8.04%；各项贷款余额 915.5 亿元，同比增长 17.2%。存贷比为 97.4%，同比上升 7.6 个百分点，居全省市州第三位。

金融业税收贡献持续提升。2020 年，全市金融业缴纳各项税收 6 亿元，同比增长 4.1%，占全市入库税收的 13.4%，同比上升 3.2 个百分点。

股票基金交易量大幅上升，保险收支平稳增长。2020 年，全市证券机构股票基金交易量 672.9 亿元，同比增长 87.4%；累计新增交易客户 8810 户，同比下降 22.7%。全市实现保费收入 29.5 亿元，同比增长 4.5%，增速同比下降 7.7 个百分点；各项赔款和给付支出为 8.7 亿元，同比增长 15.5%，增速同比上升 12.9 个百分点。（杨 蕾）

【P2P 专项整治】 2020 年，张家界市网贷机构有 6 家已经注销或正在办理注销手续，2家已经变更经营范围，仅剩张家界中兴易贷投资管理有限公司1家。截至2020年12月31日，“中兴易贷”投资人已收回5451万元，平台借款余额610万元。（赵尔斌）

【规范地方金融组织发展】2020年，市政府金融办加强融资担保机构监管，全市新增融资担保190笔，16.78亿元，同比分别增长84.5%、82.4%；年末融资担保余额244笔、19.99亿元，分别增长69.4%、65.9%。推进小贷行业监管，3家小额贷款公司发放贷款25笔、2033万元，分别下降19.4%、29.9%；年末贷款180笔，同比增长2.4%，余额14826万元，同比下降2.8%。（贺代平）

银行业

【概况】2020年，张家界市银行业机构13家，其中法人银行机构4家，分支银行机构9家，银行机构网点数共计233个，全市银行机构从业人员2980人。年末，张家界市银行业资产总额1157.06亿元，同比增长13.96%；负债总额1128.19亿元，同比增长14.78%。

银行业不良贷款余额7.98亿元，比年初增加0.60亿元，不良贷款率0.87%，比年初下降0.07个百分点。全市银行业拨备覆盖率347.18%，比上年增加82.06个百分点，其中法人银行机构拨备覆盖率251.46%，比上年增加49.01个百分点。

【银行业监管】2020年，中国银行保险监督管理委员会张家界监管分局加强银行业监管工作，银行业平稳运行。

提升金融服务实体经济质效。2020年全市银行机构持续加大有效资金供给，12月末，各项存贷款余额分别为922亿元、915亿元，同比增长8.43%、17.23%；存贷比居全省排第3位。2020年末全市小微企业无还本续贷贷款余额8.33亿元，全年发放7.1亿元，同比增长115.53%和105.44%。办理贷款延期还本36.54亿元，为45.18亿元贷款延期支付利息，延期支付金额0.43亿元。全市完成普惠金融信贷投放年度计划的155.74%，完成“两增两控”工作目标。各银行机构累计减免相关收费505万元，累计承担企业信贷费用共180万元。全市13家银行机构入驻“信易贷”平台，授信金额439.6万元，金融获得便利度显著提升。

规范银行业市场秩序。开展乱象整治“回头看”，进一步强化银行保险机构内控合规建设。将扫黑除恶工作与治理市场乱象相结合，加强行业合规文化建设。将一起涉黑涉恶线索移送市扫黑办，引导银行机构配合公检法等部门完成涉案查询、冻结、扣划工作。重拳出击违法违规，严格实施“双罚”，突出对不正当竞争行为的查处力度，处罚机构数量及金额均超过前三年处罚总和，切实维护金融市场秩序，保护消费者权益。

稳妥有序化解重点领域金融风险。抓好重点机构风险处置。通过案件风险和关联交易排查、严格利润分配等措施全面提升法人机构抗风险能力。做好重大风险化解。多举措推进张家界大鲵保护区水电站整治，其中涉及银行债务处置和P2P整治工作，初步化解地区金融风险隐患。推进债委会和联合授信机制建设，稳妥有序防范化解重点企业债务风险。

推进银行机构改革发展。进一步改善股本结构和公司治理。推进公司治理改革，督促法人机构切实发挥党组织在公司治理中的领导核心和政治核心作用。强化党建引领，推动辖内农商行把党的领导、股东股权管理等内容写入公司章程。通过监管会谈等方式，督促辖内4家法人机构加快股权托管工作进度，均已完成股权托管。进一步完善金融机构体系。积极推进桑植村镇银行组建工作，全面完成“一县两行”战略布局。（本栏撰稿 彭显颖）

【中国人民银行张家界市中心支行】2020年，中国人民银行张家界市中心支行积极履行基层央行职责，深入开展模范机关创建，推动履职能力和水平不断提升，各项工作成效显著，辖区金融运行总体平稳，无重大风险事件、无重大责任事故、无严重违纪事件、无信访发生。全

2020年7月16日，市人民银行联合张家界农商行在金虾湾村（帮扶村）召开脱贫攻坚专题联席党委会（龙佐佳 摄）

年有131项工作获上级肯定、推介或获奖。

贯彻执行稳健货币政策，支持疫情防控、复工复产和实体经济发展。用好货币政策工具，强化逆周期调节。加大再贷款投放力度，截至2020年末，全市再贷款余额28.7亿元，同比增长50.8%。降低存款准备金率，为符合条件的4家地方法人金融机构释放可用资金5.5亿元。推广运用LPR，降低文旅企业等实体经济融资成本。做好金融支持疫情防控和复工复产工作。督促辖内金融机构按要求落实《张家界市金融支持防控新型冠状病毒感染肺炎疫情实施细则》《张家界市金融“暖春行动”助力疫情防控和复工复产工作方案》，全力支持疫情防控和企业复工复产。截至2020年末，投放抗疫专项再贷款1700万元；投放复工复产支农再贷款专用额度1.2亿元；投放复工复产支小再贷款专用额度5.3亿元。联合市工信局、市文旅广体局、市农业农村局等部门摸排502家重点企业和项目的融资需求，提高企业首贷率、信用贷款率、中长期贷款率。加大金融支持稳企业保就业工作力度。印发《张家界市金融支持稳企业保就业工作实施方案》，督促各银行机构用好中小微企业贷款阶段性还本付息、小微企业信用贷款支持计划两项直达实体工具，2020年7月初在全省率先完成第一批普惠小微信用贷款支持计划。2020年，对全市284家中小微企业提供贷款延期支持，延期偿还贷款本金39亿元，延期支付利息1.1亿元。积极推动政银企对接，开展金融“暖春行动”暨政银企座谈线上线下签约活动、金融助推文化旅游高质量发展和金融支持稳企业保就业专场对接活动，总体授信达到460.3亿元。统筹推进金融精准扶贫和金融支持乡村振兴战略。积极开展金融支持产业扶贫主导特色产业试点工作，制定《张家界市金融支持“茅岩莓”产业发展工作方案》，引导支持“一县一特”特色产业发展。金融支持旅游扶贫做法获总行微信公众号推介和《人民日报》、中新社等12家中央媒体采访报道。

强化金融管理，维护辖区金融稳定。发挥金融监管协调机制作用。会同金融办制定《打好防范化解重大金融风险攻坚战实施方案》，建立任务清单和责任清单，加强风险联防联控。提请市政府召开金融风险防控专题会议，有序化解涉保护区水电整治等重点领域信贷风险。督促金融机构积极落实“六个一批”化债措施，确保全市政府债务三年化债目标实现。加强存款保险制度宣传，确保存款保险标识的平稳使用。加强反洗钱监督管理。完善疫情期间反洗钱资金监测措施，扎实做好扫黑除恶专项斗争工作。开展全辖义务机构洗钱风险评估和反洗钱分类评级工作。协助有关部门开展金融领域涉黑涉恶问题集中整治工作。

落实“金融为民”理念，做好做优金融服务。提升支付结算服务水平。开通绿色通道，确保疫情期间紧急开户顺利进行。选取26个助农取款服务点开展试点，“助农取款服务点+N”金融综合服务功能站工作取得实效。深入推进移动支付便民工程，积极探索开展短期入境人员在张家界移动支付便利化试点。开展金融领域“断卡”行动，规范支付服务市场秩序。截至2020年末，全辖金融机构拦截柜面异常开户312笔，堵截电信网络诈骗22起，挽回损失269.8万元。加强货币金融管理。严把疫情防控期间现金消毒关，做好现金清分和消毒工作。协助公安机关破获建市以来第一起假币制造贩卖案件，缴获假币27万余元。依法经理国库。与市财政联动部署，建立辖内各级财政国库联动响应机制，开通战“疫”资金拨付“绿色通道”。2020年，全市各级国库累计办理疫情紧急拨款3508万元。开展储蓄国债到期提醒兑付工作，累计办理提醒兑付42笔，金额164.3万元。开发电子退税审核系统，全省推广运行。强化征信管理和服务。督促辖内各银行机构对4类受疫情影响群体调整逾期记录或还款安排，涉及金额64亿元。成功上线运行人民银行二代征信系统，实现个人信用报告自助查询设备区县全覆盖。全面推进辖内农村信用体系建设，对72541户建档立卡贫困户建立信用档案，覆盖面达100%，“信用户、信用村、信用乡镇”创建不断走向深入。提升外汇管理和服务水平。落实外汇绿色通道政策，快速办理辖内三家口罩生产企业货物贸易名录登记。在全省率先

2020年7月23日，张家界市举办金融支持稳企业保就业专场对接活动。活动现场，10家银行机构共与20家企业进行签约，授信金额达24.18亿元，线上银行机构与537家企业达成贷款意向192.5亿元
（市人民银行 供稿）

试行《对发卡法人机构银行卡境外交易信息考核管理工作实施细则》，获全省发文推广。（杨 蕾）

【中国农业发展银行张家界市分行】2020年，中国农业发展银行张家界市分行（以下简称农发行张家界市分行）发放各类政策性贷款14.05亿元，年末各项贷款余额84.23亿元，较年初增加6.48亿元，增幅8.3%；各项存款日均余额20.64亿元；农发重点建设基金余额5.72亿元；实现FTP利润6731万元；不良贷款连续十年保持“零”余额，全行高质量发展迈出坚实步伐。

信贷支农。至年末，全行政策性粮食收储企业7家，贷款余额2.36亿元，对应粮食库存10.49万吨。同时，投放800万元市场化收购贷款，用于保障疫情期间慈利地区粮食市场基本供应。支持重要农产品有效供给，累计发放贷款2950万元，用于生猪稳产保供和春耕备耕物资有效供给。全力支持疫情防控和复工复产，用好应急通道，投放应急贷款2800万元，支持4家企业生产采购防疫医疗物资；用好绿色通道，积极践行金融“暖春行动”，围绕旅游扶贫、城乡一体化建设等领域，投放复工复产贷款8笔、金额6亿元，重点帮助中小微企业尽快复工复产，支持实体经济恢复发展。助力精准脱贫攻坚，实施脱贫攻坚挂牌督战，制定全市4个贫困区（县）的挂牌督战“一县一策”金融服务方案。全年累计投放扶贫贷款13.54亿元，涵盖全市4个贫困区（县），消除贫困区（县）扶贫贷款零投放问题。截至年末，全行扶贫贷款余额56.15亿元，占各项贷款总额的66.7%，比年初增加8.15亿元，增幅17%，扶贫贷款余额和增长额持续领跑全市金融系统。桑植县支行被评为全省系统2020年脱贫攻坚贡献奖先进集体。力促业务转型发展。在“夏季攻势”活动中，发放基础设施扶贫贷款2.66亿元，着力解决农村污水处理、农村安全饮水供水、农村燃气供应不足问题。在“长江行”活动中，围绕地方政府重大决策部署以及战略规划，把生态修复与环境保护、绿色发展、人居环境改善等领域作为业务支持重点，投放长江大保护贷款1.81亿元，参与污染防治和生态修复行动行列。积极推进民营小微企业提升工程，全力做好民营小微企业金融服务，实现普惠小微“增量扩面”。全年普惠小微贷款累放3940万元，比年初增加2712万元，支持普惠小微企业8家，超额完成全年目标任务。严格执行优惠贷款利率，让利实体经济。全年累放贷款加权平均利率4.1%，比2019年同期减少110个BP。至年末，全行发放首年优惠利率贷款26笔，贷款金额11.22亿元，首年让利225.53万元。严格防控新增信贷风险，建立约期还款风险预警台账，全年应履约收回中长期贷款约期还款42笔、金额4.03亿元，实际收回44笔、金额5.35亿元，约期还款率达132.8%。牢固树立“全面风险管理”和“合规创造价值”理念，坚持全覆盖、抓重点、守底线，在风险可控的前提下发展信贷业务。年末全行正常贷款82.06亿元，占贷款总额的97.4%；关注贷款2.16亿元，占贷款总额的2.6%，持续保持不良贷款和不良贷款率“双零”目标。（夏珂洋）

【工商银行张家界分行】2020年，工商银行张家界分行支持实体经济，加大对城市基础设施、文化旅游产业、政府债务化解等融资支持，推进精准扶贫工作，助力全市经济高质量发展，年末各项贷款总额125.07亿元，各项存款总额107.49亿元。

新冠肺炎疫情防控。2020年2月，走访疫情防控重点保障企业名单内的湖南神舟中药饮片有限公司等三户企业，当场达成合作意向，并在2个工作日内发放首笔“抗疫贷”。全年人民银行名单内的7户抗疫企业该行开户6户，授信5家、授信金额合计2430万元，提供贷款5家（其中人行优惠利率贷款3家）、投放贷款2230万元（其中人民银行优惠利率贷款1500万元），开户率、授信率、贷款率同业占比第一。

稳企业保就业。落实减费让利和无还本续贷，2020年新发放银监普惠口径贷款利率为4.21%，较上期下降0.4个百分点；疫情以来对受疫情影响较大的零售、住宿、餐饮、旅游等行业企业，如张家界市武陵

2020年10月20日，省工商银行副行长秦谭平（右二）走访受困旅游企业

（市工商银行 供稿）

源旅游产业发展有限公司，张家界大庸古城发展有限公司等83户受困企业，发放各类贷款101596万元。1—12月给予新增信贷支持62户，贷款金额23431万元，其中新增小微信贷支持60户，贷款金额9131万元；无还本续贷贷款余额4157.22万元，全年无还本续贷贷款累放金额6497.82万元；对付息有困难的企业将付息时间首先延迟到6月20日，6月20日后该行根据企业实际经营情况，再次将付息时间延迟到2021年3月20日，调整计息合计金额超17.9亿元，极大地缓解了企业付息资金压力。

普惠金融。将县域支行作为城乡服务融合发展切入点，创新金融产品，深入推进线上线下一体化，利用工商银行普惠融资白名单场景，积极推广经营快贷、税务贷、烟草贷、e抵快贷等产品营销，支持普惠实体经济发展。截至2020年底，银监普惠口径贷款余额22086万元，较年初增加7121万元，增速达45.37%；人行定向降准口径普惠贷款余额28603万元，较年初增加6789万元。金融精准扶贫贷款18026万元，较年初增加8792万元。其中个人扶贫贷款余额17490万元，较年初增长1917万元；产业扶贫贷款余额11559万元，较年初增长10329万元。

精准扶贫和乡村振兴。为桑植金山油茶种植专业合作社、张家界家家耀葛根食品有限公司等10家扶贫企业和近百名具有带动和服务作用的个人发放小额扶贫贷款1.7亿元。特别是为张家界东线旅游开发有限公司办理融资时，该行支持其6000万元用于大峡谷景区建设，直接解决当地7户精准扶贫户的就业问题，带动景区周边村庄整村脱贫。此外，该行还不断完善扶贫不良贷款考核机制，一定程度上免除各支行投放精准扶贫和普惠型涉农贷款后顾之忧。同时，该行积极推广融e购电商平台，简流程、优政策推选本土企业入驻，助力企业拓宽渠道、增加收入；全年入驻企业商品交易额2171万元，其中消费扶贫交易额113.3万元；结合积分兑换、专场特购等活动，让更多优质农产品走出大山。

金融便民服务。该行深入开展“2020，服务先行”服务提升主题活动，牢牢抓住客户服务基础工作不放松，聚焦痛点治理、深化服务改进，全年客户线上线下综合满意率达99.94%；完成桑植支行营业室、官黎坪支行装修升级，提升网点智能化服务水平，不断优化客户体验；建设社保卡服务网点6家、普及类公积金网点4家，税务服务网点3家，普惠金融普及类服务网点5家。

（谭宇杰）

【中国农业银行股份有限公司张家界分行】 截至2020年末，中国农业银行张家界分行年末各项存款总额128万元，比年初增加10.5亿元。各项贷款总额152亿元，比年初增加24亿元。贷存比118.75%，同业排名第一。

支持实体经济。开展“走进百园万企、助力中小微”专项攻坚活动，举办“走进高新区、助力中小微”产品推介会，推出“便民联系卡”。至2020年末，园区企业贷款余额1.93亿元。新冠疫情期间，对旅游、客栈、农家乐等受疫情影响严重行业做到不抽贷、不断贷、不压贷，对企业金融需求做到随时报、随时审、随时批，为支持企业复工复产新投放贷款19.7亿元，其中为全市医疗、医药企业投放防疫贷款达6.07亿元，两区两县大型医院实现全覆盖。另外，为应对利率市场化改革，贷款产品全面实行LPR定价应用，法人贷款率先在全省完成转换要求。严格落实中央精神，推动减费让利，全行普惠贷款利率下降0.11个百分点。

服务乡村振兴。逐支行指导制订“一行一策”活动方案，加强与农业信用担保公司合作，大力推广“金穗农担贷”，加大在农户贷款、专业合作社贷款、涉农中小企业贷款方面合作，重点支持“张家界莓茶”“慈利杜仲”“桑植白茶”等区域公用品牌优质企业；充分发挥农银人寿在涉农业务方面作用，构建银行、保险携手服务“三农”框架体系，打造集团合成服务“三农”品牌形象。到2020年末，农户贷款余额3.22亿元，惠农e贷余额2.65亿元，投放乡村振兴带头人贷款5706万元。

助力脱贫攻坚。获评“2019—

2020年，张家界市委副书记、市长刘革安（前右）和省农行党委书记、行长陶伟梁（前左）代表双方签署战略合作框架协议（崔玲摄）

2020年6月16日，市农行与张家界市卫健委签订“智慧医疗”战略合作协议 （崔 玲 摄）

2020年度湖南省金融扶贫专项竞赛先进单位”。2020年在桑植县瑞塔铺镇恢复重建全市第一个乡镇营业网点——中国农业银行桑植瑞塔铺支行，标志着助力脱贫攻坚与乡村振兴工作又踏出坚实一步。至2020年末，全行精准扶贫贷款余额18.18亿元，增速达62.2%，高于全行贷款平均增速43.4个百分点。推进消费扶贫工作，加大扶贫商城营销推广，全年指导6家企业入驻扶贫商城，动员本行员工到扶贫商城线上购物，围绕扶贫商城商户上线和商品销售对支行进行挂点帮扶。全年消费扶贫购买金额达615.9万元，其中直接购买贫困地区农产品34.8万元、帮助销售贫困地区农产品581.1万元。

服务社会民生。推进场景建设，重点打造政务、医疗、教育三大核心场景。通过与慈利县政府、财政等加强合作，新上线非税缴费学校项目7个，并成功测试将“智慧非税＋教育”模式输出到农行掌银端缴费。加强与张家界市政府“智慧城市”建设合作，升级打造“智慧张家界”新产品，定制“微金融服务”专区、创新“复工贷”系列产品，嵌入“张家界政务通”公众平台，并深化“智慧医疗”、精准扶贫以及信贷融资等方面全面合作。6月16日，湖南省农行与张家界市政府签署战略合作协议，张家界市农行与张家界市卫健委签订“智慧医疗”战略合作协议，“智慧张家界”行业应用领域进一步拓展。

保护消费者权益。在中国人民银行张家界市中心支行消费者权益保护工作考评中，其连续两年排名第一，被评为A级行。定期召开消保工作例会，及时转发学习省消保协会案例分析、风险提示、消保微课堂知识等内容，并开展“个人金融信息领域金融消费权益保护自查”，个人金融消费者各类事件单处理及时率达100%。积极向人民银行报送金融消费权益保护典型案例，有1例被人民银行长沙中支采用。在湖南省消费者委员会2020年“凝聚你我力量”消费维权年主题征文比赛活动中，两名员工分别荣获三等奖和优秀奖，永定支行营业室被评为湖南省金融消费权益保护标准化星级网点。组织全行全辖机构进乡镇、进社区、进企业、进学校开展“支付安全与防范电信网络新型欺诈”“防范非法集资宣传教育”“‘3·15’消费者权益日保护”“普及金融知识万里行，守住‘钱袋子’”“防范非法集资宣传月”“存款保险制度颁布五周年”等宣教活动。 （崔 玲）

【中国银行股份有限公司张家界分行】 2020年，中国银行股份有限公司张家界分行（以下简称中国银行张家界分行）人民币各项存款时点余额50.47亿元，较年初新增6.74亿元，增幅9.96%；各项贷款余额32.92亿元，较年初新增5.47亿元，增幅19.7%；不良资产余额12868.22万元，不良率为3.87%；全年实现业务净收入14697万元。

服务地方经济。中国银行张家界分行为张家界地区投放贷款10.64亿元，贷款增幅达17%。助力地方政府化债，2020年上报省分行审批政府隐性债务授信金额2亿元，实现投放4.5亿元；落实对小微企业和“三农”的金融授信扶持，于2020年7月成立普惠金融事业部，负责辖区内普惠金融业务的管理和市场规划，并陆续推出企E贷、银税贷、科技贷、烟商贷等信用类金融授信产品，通过名单式客户管理、“百场千户”等活动方式持续做好对小微企业的金融服务。截至12月底，中国银行张家界分行为61户小微企业发放普惠类贷款7600万元；支持个人住房贷款需求，审批通过新增楼盘项目10个，审批合作授信额度12.3亿元，发放个人住房贷款25812万元。

业务发展。中国银行张家界分行实现市政府重点项目相关账户开立5户，为公司业务发展奠定坚实基础；参与财政新医保项目的招投标，实现医保资金突破，新增医保资金存款4000万元；依托已经搭建完成的市本级预售房资金监管系统、公共资源交易系统、各区县预售房资金监管系统等平台，带来新的存款增长1.6亿元；围绕场景建设做好个人客户的拓户提质工作，2020年手机银行月均交易客户数9948户，较同期增加1926户，增长率24%。

风险防控。中国银行张家界分行将60户遇困贷款客户应还贷款本息8700万元通过贷款延期、调整还款计划、调整本息还款日、无还本续贷等方式进行暂时调整延后归还，化解遇困企业暂时经营困境，涉及贷款余额达4.86亿元，涉及的客户主要有：旅游交通、住宿餐饮、房地产、批发零售等13户遇困企业及47户遇困个人客户，其中，信用卡客户35户、个贷客户12户；开展金融知识宣传活动，根据市人民银行关于开展“预防洗钱、维护金融安全”“保护自己、远离洗钱”“防赌反赌、金融守护”等主题宣传活动的工作要求，通过下乡——坪山村、走进校园——张家界航院等形式，线上线下宣传有机结合圆满完成反洗钱宣传工作，提升人民群众防范风险意识；加强员工日常行为管理，做好员工案防和合规教育，增强员工的案防意识和合规意识，切实防范各类风险事件，对重点岗位、重点异常行为排查，重点关注民间借贷、经商办企业、挪用客户资金等易引发案件行为，全年无重大案件发生。（赵雁翎）

2020年11月8日，中国银行股份有限公司张家界分行开展“规范人民币图样使用，维护人民币形象”活动（中国银行 供稿）

【中国建设银行股份有限公司张家界市分行】 截至2020年底，中国建设银行股份有限公司张家界市分行一般性存款时点余额175.66亿元，比年初新增16.46亿元，增幅10.34%，四行新增排名第一；贷款余额176.11亿元，比年初新增26.91亿元，增幅18.04%，四行新增排名第一；不良贷款余额4112万元，不良率为0.22%，信贷资产质量系统内领先；实现账面利润5.3亿元。2020年分行荣获“湖南省文明单位”、总行第六届“文明单位”、省行“思想政治工作先进单位”，分行连续4年全面风险管理评价全省A类行，连续8年获评全市“消费者权益保护优秀单位”称号，连续9年获评全市“社会管理综合治理平安单位”，连续23年安全营运无事故。

服务地方经济社会发展。持续加大对重大项目、重大行业、重大产业与社会民生领域的信贷投入，2020年投放贷款35.15亿元，较2019年增幅11.56%，支持地方经济社会发展。助力基础设施建设，重点为慈利城镇化建设、桑植县和永定区土地增减挂、高新区工业园建设等投放贷款13.44亿元；支持全市旅游产业提质升级，重点为武陵源核心景区提质升级、游客中心智慧旅游体系建设、大峡谷提质升级等重大项目投放信贷资金合计10.2亿元；持续保障社会民生项目，重点为全市医院以及吉首大学张家界学院、张家界航院等高校投放贷款6.03亿元。参与国际竞争能力进一步提升，开创全国系统内首笔“龙转贷”业务，破除市人民医院采购大型成套医疗设备进口融资难题。紧紧围绕“六稳”“六保”要求，多措并举加大小微企业扶持力度，为企业复工复产注入“金融活水”。2020年，贷款平均利率较上年度下降32个基点，为1392户小微企业提供7.97亿元“云义贷”信贷支持。通过展期、无还本续贷、再融资及还款计划调整等方式办理信贷业务134笔，涉及贷款金额15.23亿元，主动为745家企业减费让利。2020年，普惠余额18.98亿元，较年初新增6.62亿元，增速达53.56%，余额当地四行占比为53.02%，新增占比为54.10%。

2020年11月20日，全国建设银行系统内首笔“龙转贷”业务签约仪式（邓以佳 摄）

2020年11月12日，中国侨联副主席隋军以及时任张家界市委书记虢正贵（左四）一行来到建行张家界市分行紫舞路支行考察全省首个侨联与建行网点共建的“侨胞之家”（刘 靖 摄）

推进转型创新。打造个人和对公客户服务体系相融合的乡村金融完整新生态，设立金湘通普惠金融服务点2232个，实现金湘通在全市行政村布点100%覆盖、全市农村集体经济组织开户100%覆盖、全市村委拓点100%覆盖，帮助村民足不出村完成各类便民缴费36.18万笔。积极推广金湘通业主快贷、乡村文明贷等信贷产品，对农业龙头企业、乡村特色企业等客户加大信贷支持力度，2020年涉农贷款余额达35.1亿元，较年初新增8.76亿元，较2019年增幅33.26%。成功打造龙支付出行便民支付重要场景，实现高铁、机场的停车场无感支付全覆盖、公交车扫码乘车的全覆盖，进一步扩大支付便民示范工程的影响力。

强化风险防控。中国建设银行股份有限公司张家界市分行全面落实“党委管”“全面管”“主动管”要求，做实信贷管理“315工程”，资产质量管控做到心中有数、把控有度、释放有序。主动释放和消化风险，处置不良贷款6975万元，已核销资产现金回收505万元。持续宣导合规文化，组织开展“行为管理年”活动。

履行社会责任。创新造血式金融扶贫模式，2020年末扶贫贷款余额7.79亿元，新增1.13亿元，被人民银行长沙中心支行和省金融工会评为“省金融扶贫专项竞赛先进单位”。打造“劳动者港湾+侨胞之家”新模式，成立全省第一个侨联与建行网点共建的“侨胞之家”，打响建行公益服务品牌。投身防疫抗疫，通过“劳动者港湾”、金湘通服务点、智慧社区管理平台等，免费向群众提供便捷高效的防疫服务，向市人民医院捐赠防疫物资价值14余万元，为1000余名援鄂医护人员及防疫相关人员免费提供风险保障。

（刘 靖）

【中国邮政储蓄银行张家界市分行】

2020年，中国邮政储蓄银行张家界市分行完成全年各项工作任务，各项存款余额96.26亿元，年净增6.75亿元，各项贷款余额27.57亿元，年净增3.54亿元。加大金融支持防疫与复工复产，发放贷款4.37亿元，加大小微企业、“三农”、消费客户展期、延期还款和停息力度，风险缓释9000多万元。金融精准扶贫贷款净增2111万元，完成驻村建档立卡户的脱贫任务，慈利县支行被省邮储银行评为脱贫攻坚先进支行。绿色信贷投放业务余额1.3亿元，完成绿色银行建设三年规划净增计划的171.82%。全市未发生一起重大资金案件或风险事件。普惠金融贷款余额净增17659万元，结余户数净增287户，完成计划的151.58%。“两增两控”达监管要求。小企业贷款完成省分行计划的101.83%，线上支用率达62.14%，发放新型农业经营主体贷款1455万元，公积金信用贷款年净增1.56亿元，净增绝对值排全省第7位。信用卡激活首刷率48.34%，排全省第3位，额度使用率33.77%，排全省第1位。严守资产质量生命线，不良率1.62%，低于总行限额目标0.24个百分点。

（巢 越）

2020年11月27日上午，省农信联社与张家界市人民政府“深化金融服务推进经济社会高质量发展合作协议”签约仪式在张家界举行（张家界农商银行 供稿）

2020 年 7 月 23 日，慈利农商银行“福祥 e 家”正式投产
（朱常宾　摄）

2020 年 9 月，张家界农商银行首个助农金融服务点开业
（陈　潇　摄）

【湖南省农村信用社联合社张家界办事处】 2020 年，张家界市农商银行系统存贷款总量分别为 246 亿元、178 亿元，均在全市金融系统排第一位，综合考核在全省农信系统 14 个市州当中也排第一位，年末不良率较年初下降 0.47 个百分点。全系统累放各项贷款 217 亿元，同比多放 24 亿元，贷款余额净增 19 亿元。其中：累放涉农贷款 140 亿元，民营、小微企业贷款 34 亿元，年内新发放扶贫小额信贷 9127 笔 3.99 亿元，累计投放 12.96 亿元，惠及 2.4 万户贫困农户。参加或组织银企洽谈 6 场，签约 26 个项目、16 亿元，履约 24 个、9.96 亿元。支持企业复工复产，发放复工复产贷款 301 户、23.45 亿元；办理延期还本贷款 62 笔、14048 万元，延期付息贷款 82 笔、46037 万元；为 43 家企业减免利息 1120 万元。强化科技支撑，依托省联社的大力支持和指导，全市农商银行上线运行“福祥到家”系统，全面澄清基础客户底数，推动“党建共创 金融普惠”行动走实走深，促进业务线上化、移动化、智能化、生态化转型，共走访 7.5 万户，对 9.1 万户农户进行评级授信 147.06 亿元，累计支持 7.97 万户农户，户均贷款 21 万元。共创建信用村 21 个，同步推进智慧门牌建设，与基层治理、乡镇农户紧密融合实现新突破。履行社会责任，缴纳税金 2.09 亿元，其中张家界、桑植、慈利农商银行分别缴纳各项税收 8465 万元、4713 万元、7770 万元。（朱杨扬）

【华融湘江银行张家界分行】 截至 2020 年末，华融湘江银行张家界分行各项存款余额 40.46 亿元，各项贷款余额 90.80 亿元，其中表内贷款余额 61.25 亿元，表外贷款余额 29.55 亿元。实现税收 2299 万元。“两增两控”指标全面达标。

经济服务。经投公司 PPN5 亿元成功投放，向交投集团子公司张家界站场经营开发有限公司投放企业信用类同业资金 5 亿元，搭建商品房预售资金实时监管系统、公积金缴纳归集和公积金按揭贷款业务系统。破除和解决旅行社融资难和融资贵问题，拿出 1 亿元额度推出了纯信用旅行社模式化授信，对张家界雨露学校信用贷款 1 亿元。坚决落实“稳企业保就业”国家政策。支持疫情防控重点保障企业融资需求，开辟绿色通道，真正体现反应快、手续简、利率低，以实际行动勇当金融抗疫“排头兵”，对冰雪世界、大成酒店、中兴泰等企业实行降息、停息挂账等，涉及贷款金额 5 亿元。为张家界锦华中药饮片有限公司和张家界吉利医疗器械有限公司分别给予 200 万元和 90 万元信用贷款。投放“战疫芙蓉人才贷”2 笔，贷款金额 1400 万元，“人行专项再贷款”1 笔，贷款金额 200 万元，“人行支小再”贷款 10 笔，贷款金额 2839 万元。

金融宣传。推动市普惠金融知识宣传，开展“3・15”金融消费者权益保护、“金融知识万里行”、反洗钱、反假币、网络诈骗、防范非法集资、金融扶贫政策等金融知识宣传活动，全方位普及金融知识。全年开展各类宣传 30 余次，发放各类宣传资料 12000 余份，接受公众咨询 350 余人次。

脱贫攻坚。华融湘江银行张家界分行发放精准扶贫贷款余额 1181.1 万元，个人精准扶贫贷款笔数 48 笔，全部为建档立卡贫困户贷款，发放已脱贫人口贷款 4724.91 万元。（代　鸥）

【长沙银行股份有限公司张家界分行】 截至 2020 年 12 月 31 日，长沙银行股份有限公司张家界分行（以下简称张家界分行）各项存款余额 33.66 亿元，比年初增加 6.82 亿元，增幅 25.43%；各项贷款余额 41.28 亿元，比年初增加 14.45 亿元，增幅 53.88%；表外授信余额 13.1 亿元，较年初增长 5.1 亿元，增幅 63.75%。在 2020 年度张家界市银行业金融机构综合评价中，张家界分行被评为 A 级，在 13 家金融机构中排名第一，较上年评级上升一级，排名上升 9 位。

加大信贷投放，支持复工复产和重点项目建设。截至 2020 年 12 月 31 日，张家界分行对公表内外

2020年10月27日，交通银行张家界南庄坪支行揭牌　　（田 娜 摄）

授信余额42.92亿元，较年初新增投放11.87亿元。张家界分行主承张家界市经投集团2020年第一期PPN成功发行，实现首次债券主承销。推出"暖心助企"系列措施，开展"我们在一起"进园区活动，支持企业复工复产，全年新增投放普惠型小微企业贷款1.47亿元，增幅154.74%。创新"旅游贷"产品，全年累计投放"旅游贷"2315万元，帮助16家旅行社渡过难关。做好"快乐续贷——再融资"业务，办理无还本续贷业务8笔，再融资金额8450万元。

推进零售业务，做好普惠金融服务，满足城乡居民金融需求。截至2020年12月31日，张家界分行储蓄存款、零售贷款、零售客户突破"三个12"，分别达到12.21亿元、12.59亿元、12.65万户，业务规模上台阶。推进长沙银行农村金融服务站建设，全市累计建站167家，组织开展"送戏下乡暨金融知识宣传"等各项金融知识宣传活动116场，主要面向农村居民普及金融知识。

做好风险防控，统筹推进信用风险、案防风险、操作风险、声誉风险等各类风险的防控，全年无案件、无重大风险事件。截至2020年12月31日，不良贷款余额为511.72万元，不良率0.12%，控制在较低水平。全年开展案件风险排查、员工行为排查、业务条线检查共计70次，推进"从严治行"。抓好反洗钱管理，全年向人民银行张家界市中心支行上报重点可疑案例9例，在2019年度的反洗钱评估中获得A类评级。

抓好营业网点基础设施建设，完成三家一级支行的网点智能高柜改造，智慧厅堂建设取得成效。抓好金融消费者权益保护，全年处理客户投诉27笔，办结率100%。桑植支行被人民银行评为"金融消费者权益保护标准化网点"。张家界分行营业部"一顿有温度的大碗饭"被长沙银行总行评为2020年度"最创意故事奖"。　　（于 磊）

【交通银行张家界分行】 截至2020年末，交通银行张家界分行人民币各项存款余额合计22.71亿元、市场（不含桑植县、慈利县）占比4.67%。其中个人存款余额6.52亿元、市场占比2.45%，公司存款余额16.19亿元、市场占比7.38%；人民币各项贷款余额30.11亿元、市场占比5.72%，其中个人贷款余额8.71亿元、市场占比5.28%，对公贷款余额21.40亿元、市场占比5.93%，普惠贷款余额1.89亿元。分行营业部目前是张家界市内唯一一家"中国银行业文明规范服务千佳示范单位"。

客户服务。"以客为遵"是交通银行张家界分行的服务初心，分行营业网点集智能化、综合化、人性化为一体，将传统银行服务和科技创新有机结合，开拓各类线上渠道和新型智能机具，借助数字媒体和人机交互技术，为客户带来充满智慧的便捷体验。同时通过服务理念的提炼和践行，优化服务流程，制定"业务操作定时，柜员操作定型、机具摆放定位"的三定标准化模式，结合设立弹性窗口、增加多类型的智能设备等特色模式，提高业务处理效率。2020年个人客户数增幅33.41%、个人存款余额增幅39.12%，个人贷款余额增幅72.48%。

银政合作。交通银行张家界分行持续深化与市、区政府的合作力度，完善系统和平台建设，不断完善服务渠道建设，创新金融服务方式，围绕"政府+招商+旅游+园区+普惠"经营策略，全力支持张家界地方经济和民生工程建设，2020年承销市经投集团15亿元中票，发放债务置换贷款1.8亿元，调整长期贷款还款计划7.2亿元等，为市委、市政府在政府隐性债务风险化解出谋划策，助力债务风险平稳化解。同时在信贷投放不断缩紧的形势下，积极跟进国网高速公路建设项目助力重点项目建设，审批212.21亿元综合授信；创新信贷方式，通过投贷联动、权益质押、供应链金融等创新业务为张家界旅游产业提供有力的金融资金支持。

社会履职。2020年，交通银行张家界分行加大对绿色经济、低碳经济、中小微企业和"三农"的支持，大力开展中小微企业信贷业务，通过税融通等面向中小微企业的融资产品，扶持当地中小企业发展。并向光大环保提供0.6亿元跨境资金外汇结算服务、授信资金4亿元，确保光大环保垃圾综合处理项目按时建设。年初新冠疫情突发期间，向张家界市6家医院以及制药公司投放疫情保障专项贷款，发放普惠两增口径贷款8260万元助力抗疫保障和复工复产。（吴　鹏）

保险业

【概况】2020年，张家界市保险行业有市级分、中支公司15家。其中财产险公司9家，人身险公司6家。支公司33家，营销服务部26家。年末，全市保险公司从业人员1.3万人；保险业资产总值60.4亿元，同比增长5.4%；保险密度为1822元/人。

保险业务。全年保费收入29.5亿元，增长4.5%。其中，财产险保费收入10.5亿元，增长7%；人身险保费收入18.9亿元，增长3.1%。赔（给）付8.6亿元，增长15.5%。其中财产险赔款支出5.6亿万元，同比增长21.7%；人身险赔（给）付2.9亿元，同比5.4%。

全市健康险保费收入5.9亿元，同比增长16.4%；意外险保费收入1亿元，同比增长11.3%（旅意险保险收入2106万元，同比增长–50%）；大病保险保费收入8710万元，同比增长22.8%。

财产险市场。财产险保费收入10.5亿元，增长7%，增速排全省第8名。车险、健康险、农业险、责任险保费收入分别为6.2亿元、1.9亿元、1.2亿元、5086万元，分别同比增长3.7%、27.6%、8.1%、–2.1%。加速调整业务结构，积极拓展非车险业务，非车险业务占比达41.4%，比2019年同期增长1.9个百分点。

全年种养两业农险承保960.9万亩水稻、油菜、中药材、玉米、桃、林木等农林作物和374.2万头育肥猪、能繁母猪、山羊等牲畜。为72.1万户农户提供85.2亿元的风险保障。全市保险业代收车船税5809万元，同比增长6.5%。

人身险市场。人身险保费收入18.9亿元，增长3.1%，增速排全省第13位。寿险、健康险、意外险保费收入分别为14.4亿元、4.1亿元，5221万元，分别增长1.6%、11.7%、–12.7%。寿险新单期缴保费4亿元，同比增长–12.6%，占寿险新单保费的78.4%。

人身险公司赔（给）付2.9亿元，其中，死伤医疗给付5324万元，同比增长25.7%；满期给付1.1亿元，同比增长–2%；意外险赔付1753万元，同比增长–1.7%；健康险赔付6662万元，同比增长12.8%（大病保险赔付2598万元，同比增长32.8%），产生退保金2.1亿元，同比增长–5.4%，为100.3万人次提供4527.9亿元的保障金额。

【保险业监管】2020年，中国银行保险监督管理委员会张家界监管分局加强保险业监管工作，提升保险业服务水平。整治保险市场乱象。开展乱象整治“回头看”，进一步强化银行保险机构内控合规建设。深入整治车险、意外险和中介市场乱象。召开行业专题监管联席会议、开展监管约谈和现场检查等多种方式对保险机构开展窗口指导和风险提示。针对辖内旅意险问题，向地方旅游管理局发送公函，形成合力加强整治工作，车险费用指标逐渐向好，综合费用率指标在全省排名下降两位。另外，进一步推进保险回归保障本源。督促财险公司做好培训、测试、宣传工作，同时指导保险协会做好行业自律，确保商业车险综合改革平稳落地。持续做好天安财险接托管工作，接托管工作合规有序开展。（李　婷　彭显颖）

【财信吉祥人寿保险股份有限公司张家界中心支公司】截至2020年底，财信吉祥人寿保险股份有限公司张家界中心支公司为4000多名张家界市民提供工作岗位，为100多万名客户提供保险保障。2020年，公司正式由吉祥人寿保险股份有限公司张家界中心支公司更名为财信吉祥人寿保险股份有限公司张家界中心支公司。

保险赔付。2020年，财信吉祥人寿保险股份有限公司张家界中心支公司理赔747件，理赔金额453.32万元。2020年5月，财信吉祥人寿保险股份有限公司张家界中心支公司理赔人员接到报案，公司客户唐某于2020年4月29日在中南大学湘雅医院确诊为：急性淋巴细胞性白血病。理赔人员接到报案后，立即启动理赔程序，第一时间将28万元理赔金给付给被保险人。

重大突发事件应急线上演练活动。2020年度“3·15”财信吉祥人寿保险股份有限公司张家界中心支公司开展重大突发事件应急线上演练活动。活动情景模拟有20名客户在合作银行网点聚焦，公司以与该银行结束合作关系后续服务跟不上且销售时有瑕疵为由，提出要求全额退保，预计退保金额400万元。面对该突发事件，财信吉祥人寿保险股份有限公司张家界中心支公司立即启动重大突发事件应急预案处理流程，成立突发事件应急小组，前往现场面见客户，安抚情绪，了解诉求，并及时向分公司报告。在总、分公司运营中心、财务会计部等相关部门支持下，公司及时做好资金安排。同时客户情绪已平复，事态已得到控制。

承办“微光大义·致敬白衣天使”志愿服务活动。2020年3月30日，由市文明办、市福彩中心与财信吉祥人寿保险股份有限公司张家界中心支公司联合承办的“微光大义·致敬白衣天使”志愿服务活动正式启动。财信吉祥人寿保险股份有限公司张家界中心支公司专门为抗“疫”医护人员设计开发保险产品，用实际行动向“最美逆行者”表达敬意和关爱，践行“让人人都拥有健康、养老保障”的企业使命。公司设立“微光大义 · 致敬白衣天使”志愿服务慰问物品领取点。

参加“血液护新生 保险护万家”保险宣传活动。2020 年 7 月 9 日在张家界市人民广场举办“血液护新生 保险护万家”保险宣传活动。财信吉祥人寿保险股份有限公司张家界中心支公司 60 余人参加了此次活动，在活动现场有 15 位员工积极参与无偿献血活动。

开展金融知识进万家主题宣传活动。2020 年财信吉祥人寿保险股份有限公司张家界中心支公司设立桑植为试点区域，成立专门的宣讲队深入社区组织形式各样的宣讲活动，开展金融知识普及活动累计 120 多场次。

捐赠保险保障。2020 年结合省财政厅《关于印发〈进一步激励关爱疫情防控一线工作人员的若干措施〉的通知》（湘组〔2020〕19 号）精神，财信吉祥人寿保险股份有限公司为抗疫一线的村（居）两委工作人员捐赠抗击“新型冠状病毒感染肺炎”疫情专属保险保障。财信吉祥人寿保险股份有限公司张家界中心支公司收集村居两委人员名单 5308 人，全面完成名单核对及录入承保，提供风险保额 29 亿元。

（杨 琴）

【中国人民财产保险股份有限公司张家界市分公司】 2020 年，中国人民财产保险股份有限公司张家界市分公司下辖 4 个支公司、4 个直属业务部、9 个机关部室、11 个“三农”营销服务部、73 个保险服务站、885 个保险服务点，经营网点遍布全市城乡，被誉为“家门口的保险公司”。

业务发展。公司实现保费收入 4.89 亿元，同比增长 6.39%，处理各类赔案 38438 件，承担保险责任达到 1.5 万亿元。公司保费市场份额达到 45.75%，缴纳和代收税款 4022 万元。保险业务涵盖机动车保险、企事业单位及家庭财产保险、人身意外保险、旅游安全、交通安全、特种设备安全、农机安全、公共安全保险等经济建设领域和“三农”、社保、弱势群体等民生服务领域。

经营品质。公司全险种万元以下案件理赔周期 5.54 天，全省系统排名第一位；全险种理赔案件结案率 95.78%，全省系统排名第二位。年度服务得分 97.21 分，全省排名第一位，达到省分公司 AAA 服务评级标准。

运营管理。公司运用人工智能、大数据等现代技术，构建智能承保、理赔、客服、风控体系，实现客户服务能力、产品创新能力、风险管理能力的全面提升。2020 年在全省地市分公司考核评比中，全年主要经营指标分类评级为 B。

公益活动。公司积极主动开展各类公益扶贫活动。2020 年全市系统组织捐赠项目 3 个，捐赠金额 10 余万元；主动参与捐献防疫物资、爱心助学、慰问孤寡老人、义务献血、“以购代捐”、定点扶贫等内容丰富、形式多样的慈善公益类活动，积极传递企业“温度”。

重大承保。公司承保各类保险业务 470161 笔，其中车险 272809 笔，商业非车险 189328 笔，农险 8010 笔，社保 14 笔，保险服务涉及全市各个行业，累计提供保险保障金额 1.59 万亿元。服务全市旅游发展。2020 年，面对突发疫情，公司积极助力旅游业复工复产，承办的涉旅保险提供保险保障金额 8000 余亿元，有效调节旅游纠纷，为张家界良好的旅游口碑贡献力量。服务全市重大项目。2020 年，公司加大对当地实体经济的服务力度，为全市多家企业提供保障。如承办全市建筑工地安全责任保险，全年累计提供保险保障金额 68.24 亿元；承保国网张家界电力公司财产险统保项目，提供保险保障金额 11.5 亿元；承保全市农村公路改造工程保险，全年提供保险保障金额 9.7 亿元。服务特定人群保险保障。2020 年，为水稻、玉米、育肥猪等常规农业保险提供保障金额 52 亿元，为大鲵等特色农业保险提供保障金额 2.8 亿元；公司承保扶贫特惠保、特困人员护理费用保险等项目，为贫困人口提供保险保障金额 37.2 亿元。公司开展新农合意外医疗保险、大病保险等各项阳光医疗民生保险以及计生家庭意外险、精神病监护人责任险等民生保险。承保全市农房保险，为全市农户提供住房保险保障金额 39 亿元；承保全市巨灾保险，提供保险保障金额 72 亿元；承保全市城乡居民大病保险，覆盖全市城乡居民，累计提供保险保障金额 176 亿元。

重大理赔。农房理赔案件。2020 年 6 月开始张家界市出现特大暴雨，800 余户的农房受到损失，公司接到报案，快速启动绿色理赔服务，安排多支理赔专项查勘小组前往各受灾村庄进行现场查勘，确保快速理赔，共支付农房赔款 90 余万元。大鲵理赔案件。2020 年 7 月，因暴雨引发洪水灾害，导致 2.7 万户次大鲵养殖户受灾严重，公司支付赔款 1000 余万元。其中，桑植县一家大鲵养殖公司当月支付赔款 480 余万元。游旅行业保险赔案。2020 年 6 月，游客张某某在景区游玩时坠崖身亡，接到报案后公司立即核实事故情况，进行快速理赔。烟叶理赔案件。2020 年 9 月，桑植县境内 600 余户烟农种植的烟叶因暴雨和病灾受损，公司接到报案后立即派查勘人员进行现场查勘定损，将 350 余万元赔款支付到位。雇主责任险案件。2020 年 12 月，某工程公司发生重大事故，接到报案后，公司及时安排人员进行查勘，核实事故情况，在被保险人资料提交齐全后仅三天时间完成所有理赔流程。

（吴桂初 卓 姣）

【中国人寿保险股份有限公司张家界分公司】 2020 年，中国人寿保险股份有限公司张家界分公司实现总保费收入 58307 万元，同比增长 0.42%，市场份额 32.7%。

推进业务发展。长期险首年标准保费达成 6564 万元，首年期交保费达成 11170 万元，10 年及以上首年期交达成 7014 万元，保障型业务 10 年及以上首年期交 4710 万元，短期险交保费达成 5042 万元，政策性健康险保费达成 2938 万元，续期保费达成 37542 万元。优化业务结构，10 年期及以上期交保费在首年期交的占比为 62.8%，提升 6.5 个百分点；保障型业务在 10 年期中的占比为 67.2%，提升 3.2 个百分点。

做好疫情防控。公司向全市 1.1 万名医护人员捐赠风险保障 77 亿元；向社会捐赠资金和物质 1.1 万元，受益人群约 1000 人；党员自动自发发挥先锋模范作用，捐款 0.63 万元。统筹推进疫情防控和复工复产，感染率为零。

提升服务品质。全年公司赔付总金额 4226 万元，赔付总件数 10004 件，日赔付 11.58 万元，日服务客户 28 位。其中医疗案件 9069 件，赔付金额 1418 万元；伤残案件 48 件，赔付金额 179 万元；重疾案件 218 件，赔付金额 848 万元；身故案件 670 件，赔付金额 1782 万元。理赔申请支付件均时效 1.06 天，小额医疗理赔件均失效 0.06 天，重疾一日赔全年服务客户 84 人次，赔付金额 323 万元。

防范经营风险。抓风险防控体系建设，组织系列排查，严格内部监督，整治市场乱象，加大问责力度。公司全年未受到重大行政处罚，人民银行反洗钱分类评级市级、县级公司结果均为 A 级，被金融消协评为先进单位。（石　婷　熊书琴）

2020 年 6 月 16 日，中国人寿张家界分公司开展“6·16”客户节活动　（王夏燕　摄）

【中国平安财产保险股份有限公司张家界中心支公司】 2020 年，中国平安财产保险股份有限公司张家界中心支公司全年保费收入 13254.47 万元，增速 1.13%，为财产保险公司第二大主体。2020 年已报告赔款 5792 万元（含农险 456 万元），保险经济补偿功能发挥较好，同时强化政策支持，发展企业财产保险、工程保险、机动车辆保险、家庭财产保险、意外伤害保险等险种，增强社会各个层面抵御风险能力。为张家界市人民生命财产安全，维护社会稳定作出了贡献。

创新服务。个人车险全面推行并已实现电子投保单、电子保单，减少客户等待时长，降低保单差错率，提高良性体验度；承保、理赔信息更准确；客户查询通道智能化、多维度，支持短信、邮箱、好车主 APP、官网进行保单查询；支持人脸识别技术，确保身份验证时，录入准确的客户信息及手机号进行校验；理赔全流程环节引入创新科技，推出车险理赔爆款项目，信任赔：颠覆传统的车险理赔模式，将保险公司处理理赔、管理理赔变为客户自主理赔，打破客户与保险公司的信任壁垒，引领行业提升服务能力；利用大数据及 AI 技术推出 AI 智能定损，系统智能识别损失，减少人工审核耗时，缩短客户等待时间，提升理赔效率。

风险防控。对业务经营活动中

2020 年 5 月 15 日，打击和防范经济犯罪宣传日活动　（李占洲　摄）

2020 年 10 月，平安产险落实政风肃纪专项行动　　（黄 准 摄）

的管控漏洞和违法违规行为积极自查、严格整改、严肃问责，建立依法合规经营的长效机制，维护消费者合法权益，促进张家界保险市场健康发展。

扶贫工作。公司继续承保扶贫特惠保业务和扶贫借款人人身意外伤害保险业务，对承保区域内参加城乡居民医保的居民因意外身故、意外伤残、意外医疗、大病住院等和扶贫借款人因意外身故提供保险保障，全年该类扶贫保险业务赔付超 150 万元，降低受损家庭的经济压力。（黄 准）

【平安人寿张家界中心支公司】2020 年，平安人寿张家界中心支公司的总保费收入 1.1 亿元（不含续收保费收入），同比增长 -15.3%；个险累计赔付、给付支出 5223.7 万元，同比增长 14.3%。

科技助力经营。截至 2020 年 12 月 31 日，平安人寿张家界中心支公司金管家一年累计注册用户数达 1.6 万人，月均活跃用户数近 4.01 万人。通过“科技 + 客户服务”，应用 AI 技术大幅提升承保、保全、理赔等服务时效，升级“智慧客服”。平安人寿张家界中心支公司收到 21321 份投保申请，96.9% 通过 AI 自动核保完成；95.9% 通过 AI 自动完成“智慧客服”，日均空中业务受理 31 件，最快用时 3 分钟；“闪赔”服务持续升级，全年理赔案件 5350 件中 44.2% 的案件可在 30 分钟内完成赔付，最快 2.23 分钟完成赔付。

重大赔付。2020 年，平安人寿张家界中心支公司快速完成了一份“安心百分百”的理赔。张先生，普通机关工作人员，2019 年 9 月购买了一份安心百分百保险。意外无处不在，12 月张先生在下班途中不幸横遭意外，当场死亡。一场意外给其家庭带来了情感和经济的双重打击，使其家庭顿时陷入巨大的沉痛之中。张先生保单代理人在得知消息后，第一时间通过 95511 报案。公司立即成立以机构一把手为组长的应急小组，当即派出相关工作人员第一时间前往事故现场进行查勘，看望家属表示慰问。2020 年 2 月，经公司及业务员协助，其家属收集整理申请理赔所需资料提交至公司。经审核，该事故符合安心百分百条款的约定，给付意外保险金 100 万元。

风险管理。平安人寿张家界中心支公司建立包括但不限于反洗钱、防范和处置非法集资、制度内控等工作制度及细则，明确各部门及机构的职能及责任，针对各监管部门 2020 年的各项合规要求，重点进行了规划和部署，2020 年 5—11 月，多次开展非法集资风险专项排查及整改活动。通过加强合规制度管理、操作风险管理、反洗钱自查、反保险欺诈管理等工作，全年度未发生群体事件和系统性风险事件，风险防控机制完备，运行良好。（王 敏）

证券业

【概况】2020 年，张家界市有 1 家上市公司，股本 4 亿股，年末市值 20 亿元，同比下降 7.3%，没有发生再融资，没有新增上市公司。有 4 家证券营业部（新增 1 家），全年股票基金交易量 675 亿元，同比增长 91.7%；年末户数 135379 户，同比增长 8.8%；A 股托管市值 41 亿元，同比增长 41.3%；全年累计新增交易客户 8810 户，同比下降 22 .7%。年末全市证券机构股票基金交易量 672.9 亿元，同比增长 87.4%；新增交易客户 8810 户，同比下降 22.7%。（贺代平）

2021

科学技术与科技服务

总 类

【概况】 2020年市科技局向国家科技部、省科技厅争取科技项目立项29项，获得资金支持1350.08万元，近几年来首次突破1000万元，其中18家企业获得省级财政研发奖补资金175.08万元，较2019年翻6.4倍；统筹抓好市本级、各区县、高新区真抓实干相关工作，推荐永定区获得省政府真抓实干表扬激励，2020年度高新技术产业增加值23.12亿元；技术合同交易额达到3.89亿元，完成率155.82%，同比增长114.36%，目标任务完成率居全省第一，同比增幅全省第一。科技成果登记39项，同比增长21.88%；全市科技人员联系贫困村覆盖率达到100%。（杨文静）

【科技体制改革】 2020年，张家界市科技局科技体制改革工作稳步推进。明确了市科技局2020年改革任务和科技体制改革工作时间节点，制定完善《张家界市星创天地认定管理办法》《张家界市科技创新项目管理办法》《张家界市科技创新计划项目管理办法》。优化“互联网+服务”行政服务事项的清理和完善，服务事项100%入驻市政务中心；优化营商环境，完成中介服务机构清理，及时更新政务数据归集。（彭宇文）

【科技项目】 2020年，张家界市科技局合理统筹安排2020年度市本级科技创新项目，分两批安排资金770万元，对2018年度及2019年度获批的34家高新技术企业，以及2019年获批的省级农业科技园、省级众创空间、省级星创天地、省级科普基地、湖南级科技进步三等奖等单位兑现后补助。支持精准扶贫、三联四建等市委、市政府中心工作。扎实推进产业项目建设年活动，张家界鸿燕新材料科技发展有限公司承担的“固硫催化剂研发及产业化”项目是张家界市唯一列入省“科技创新100”的项目，2020年实际完成投资5100万元、研发投入350万元，完成率分别为145.7%、175.0%，在二类地区排名前列。市“52151”行动计划20个重大科技创新项目，投资、研发投入完成率分别达到110.1%、110.8%，超额完成年初计划任务。（邓 刚）

【科技监督管理】 2020年6月，张家界市科学技术局下发关于对2019年度市科技创新项目、产学研项目开展“双随机、一公开”检查的通知，对2019年11个项目进行“双随机、一公开”检查，检查结果及时进行公开。10月配合省科技厅对省级17个项目进行“双随机、一公开”检查，对6个项目进行现场检查，5个项目限时完成整改。（彭宇文）

【科技活动】 2020年1月，市科技局在桑植县瑞塔铺镇开展全市文化科技卫生“三下乡”集中示范活动，为当地群众送去资金及黄桃、茶叶种植、小龙虾养殖技术等科学技术书籍3000余册。举办2020年张家界市科技活动周，30多个科技活动周成员单位开展科技防疫成果、科普知识展览，向市民发放科普手册20000余份，展出科普知识展板300余块，动员118名各类志愿者提供咨询服务，吉首大学张家界学院附属医院、张家界大众医院现场开展义诊活动500人次。同时通过“科普张家界”微信公众号、张家界市科技局门户网站等平台，打造永不落幕的科技活动周。（彭宇文）

工业科技

【高新技术产业】 2020年，张家界市组织举办2次高新技术企业认定管理培训班，全年分2批向省高企认定办推荐43家企业参与高企认定，截至12月底，37家企业通过评审、公示与备案复函，新增高新技术企业22家，高企总数达到77家，增长速度为40%，位居全省前列。举办全市高新技术产业增加值统计管理培训，全市纳入高新技术增加值统计的企业117家。2020年度张家界市高新技术增加值为23.12亿元，占GDP比重为4.15%。2020年全市高新技术产品产值67.57亿元。发动150家企业参与科技型中小企业评价，成功评价认定科技型中小企业139家。（徐向华）

【产学研创新专项计划项目】 2020年，张家界市科技局根据《张家界市级产学研结合创新管理暂行办法》要求，下发《关于申报2020年度张家界市产学研结合创新专项计划项目的通知》，收到各企业申报的产学研项目20个。在纪检监察组全程参与并监督下，完成形式审查、专家评审、现场考察、局党组会议研究审核、拟立项公示等程序，并报请市财政局和市人民政府分管副市长同意，对“延长豆奶保鲜关键技术的研发与推广”等8个项目进行立项，总资金100万元。（徐向华）

【创新创业大赛】 2020年，张家界市科技局举办2020年湖南省创新创业大赛张家界市选拔赛，比赛有72家企业注册，56家企业报名参赛，涵盖新材料、新能源及节能环保、生物医药和现代农业、电子信息、先进制造、互联网六个行业。推荐15家企业参加湖南省行业半决赛，9家企业荣获湖南省赛优秀奖，5家

企业入围中国创新创业大赛总决赛，张家界科学技术局荣获大赛优秀组织奖。（徐向华）

【科技创新平台建设】 2020年，张家界市启动潇湘科技要素市场的建设工作。已完成了省科技厅报备、前期可行性论证、场地设计、外出考察、建设方案与运营方案的出台和场地装修等工作，计划于2021年6月挂牌。（徐向华）

【科技成果转移转化】 2020年，张家界市科技局出台《张家界市技术合同认定登记管理办法》，下发《张家界市技术合同认定登记服务指南》，完善认定登记工作流程，举办全市技术合同认定登记和科技成果登记培训，截至2020年12月31日，全市技术合同认定登记72项，实现技术合同成交额38954.72万元，完成率为155.82%，同比增长114.36%，完成率与增长率均位居全省第一。印发了科技成果登记服务指南和流程图，全年完成科技成果登记39项，创历史新高，增长速度是21.88%。（徐向华）

【科技金融】 2020年，张家界市科技局向55家高新技术企业进行“科技企业融资需求”的征集；与建设银行和邮政银行举办2次科技金融对接会和签约仪式；推荐2家拟在上交所科创板挂牌的后备企业、推荐6家拟在湖南省科创板挂牌的后备企业。（徐向华）

【张家界军声砂石画研究院】 截至2020年底，张家界军声砂石画研究院（以下简称画院）总资产7689.7万元，收入1631万元，利润406.4万元，上缴税金8.6万元，生产产值2048.2万元；年接待人数57035人，同比2019年度下降91%。

张家界军声砂石画文创产业基地项目在张家界旅游商品产业园区内正在建设。本项目是张家界市军声砂石画研究院为满足青少年研学旅行、国内外游客绘画欣赏与购物需求，依托张家界旅游市场，投资兴建的集砂石画艺术培训、研发设计、创意制作、研学体验、展览销售等于一体的文创产业项目，致力打造国家级研学旅游基地。项目总建筑面积10800平方米，预估总投资8900万元，建设内容包括研学接待服务区、砂石画研发及收藏馆、仓储区、办公区及基础配套设施，预计2021年7月运营，开通企业直播间、抖音、短视频号等；引入第三方“旅游达人分享平台”，与旅游服务网站途牛、携程展开合作，将景区产品上架并签订合作协议。画院与吉首大学旅游工程管理学院长期建立合作关系，聘请蔡建刚博士为画院的战略顾问和科研主要成员之一，共同组建军声砂石画文创专家委员会。与吉首大学共同开展《砂石陶瓷工艺品数字化制造技术改造》《砂石画与陶瓷工艺融合新产品开发》等设计创新课题研究。研发、设计军声砂石画文化和科技融合的文创产品，取得创新成果并申请发明专利一项，专利是一种环保树脂改性泥胶。（刘国群）

【张家界湘阿妹食品有限公司】 截至2020年底，张家界湘阿妹食品有限公司实现营业收入5355万元，利润508.55万元，上交利税47.17万元，资产总计5310.08万元，负债1477.14万元，负债率27.8%。

公司采用“公司+合作社+基地+农户”的产业化经营模式，按照“标准化种植、企业化管理、集约化经营、市场化运作、品牌化发展”的理念，以龙头企业为依托，以科技为支撑，以市场为导向，以基地为基础，以合作社为载体，因地制宜，精心布局，葛根产业取得突破性发展。葛根基地方面，到2020年底，公司已发展葛根种植基地面积113.3多公顷，带动全区发展葛根种植面积533.3公顷左右，参与葛根种植的农户达500户，覆盖武陵源全区两乡和两个街道办事处，年产鲜葛达1万吨以上。公司自建绿色标准化示范种植基地5个，葛根育苗大棚基地2个4.67公顷，每年可育苗200万株左右。葛根加工链建设方面。公司在协合乡协合村建有现代化的加工厂，占地2余公顷，建有5800平方米生产办公用房，拥有年产1500吨葛根粉加工流水线一条，1000吨葛根粉颗粒加工流水线一条，连续式微波烘干杀菌生产线一条，无菌净化包装生产线五条，采用现阶段最先进的葛根产品加工设备和加工技艺，生产最优质的葛根产品，年产葛根粉1500吨以上，其他葛根产品1000吨。同时，建有标准化的产品检测中心，打造可视化溯源系统，搭建葛根产业智慧平台，对葛根产品全生命周期进行溯源保障。在科技研发方面。公司成立技术研发中心，与湖南省农科院签订战略合作协议；与湖南省农业信息与工程研究所签订产学研协议；与三区科技人才、科技特派员、上海应用技术大学、吉首大学签订技术研发协议，开发速溶葛根粉、颗粒葛根粉、葛根原液等20多款特色葛产品，申请发明专利12项，获得授权专利1项。被认证为“国家高新技术企业、国家葛种植标准化示范区、湖南省农业产业化省级龙头企业，被评为“2020年中国·湖南创新创业大赛优秀企业”。（秦华）

【张家界康华实业股份有限公司】 2020年，张家界康华实业股份有限公司拥有面积达2.67公顷，厂房和仓库22000平方米。通过“公司+基地+专业合作社+农户”经过20多年产业化经营，辐射带动湘鄂西2.3万户6万名农民参与粽叶采摘、公司每年安排7000万元收购资金，人均增收1万多元，农民累计增收4亿多元。公司现资产总额为13095万元，已具备年收购、加工、销售冷鲜粽叶10亿片、干粽叶

5000吨生产能力。新建湖南十大低温万吨冷冻库，2020年实现销售收入14200万元，实现利税1350万元。产品畅销全国20多个省市、自治区及港澳台地区，部分产品还出口到美国、加拿大、日本等国家。

康华先后获得国家农业综合开发重点龙头企业，湖南省农业产业化省级龙头企业，湖南省林业产业化龙头企业，湖南省扶贫龙头企业，湖南省私营企业100强企业，省、市、县三级残疾人扶贫、就业、培训基地，荣获全国扶残助残先进集体、湖南省优秀非公有制企业、第三届湖南省民营企业质量信得过单位、湖南省员工信得过企业、张家界市首届十大诚信企业，“康华粽叶”获得生态原产地产品标志和湖南省名牌产品称号，湖南粽叶地方标准制定单位，“康华”商标被认定为中国驰名商标，获四项实用型发明专利。已通过ISO—9001—2008国际质量管理体系认证，获自营出口资质。

截至2020年底，康华已在湘鄂两省建立四家分公司，18个收购点。

（蔡群兰）

农业科技

【农业产业化项目建设】2020年，张家界市组织推荐国家、省级科技扶贫项目26项，立项16项，获资金支持500多万元。依托科技扶贫专项、“三区”科技人才专项和科技特派员创新创业行动专项的实施，组织实施一批技术先进、适应本地实际、有利于示范推广的科技扶贫项目，引进推广一批先进适用新品种、新技术、新模式，建立一批科技示范基地，引领贫困群众利用科技手段脱贫增收；继续指导永定区实施好省级创新型区建设培育项目，通过项目实施，带动县域经济的发展。

【农业创新平台建设】2020年，张家界市指导农业科技园区提质升级。研究制定和完善园区一系列奖补和优惠政策，积极争取上级相关支持政策和资金向园区倾斜，永定区农业科技园成功认定为国家级农业科技园，武陵源区农业科技园成功认定为省级农业科技园区。培育星创天地。及时提供资金、政策、人才和服务等方面的支持，制定出台《张家界市星创天地认定管理办法》，全市创建国家级星创天地3家，省级星创天地12家，市级星创天地4家。抓科技信息服务。依托市科技信息研究所成立市级服务中心，并在各区县建立相应的区（县）级服务工作站，及时为农户提供新品种、优质种养技术、病虫害防治、农副产品加工贮藏和供求等信息，初步形成新型现代的农村科技信息服务体系。

【科技人才助力脱贫攻坚】2020年，张家界市制定出台《关于进一步明确科技人才合理取酬等有相关事项的通知》，对科技人才提供增值服务合理取酬等事项做出具体规定，并建立领导班子联系区县指导科技人才扶贫制度，定期下区县督查指导。全市新选派科技特派员266名，“三区”科技人才56名，4个区县科技专家服务团充分发挥科技人才的技术优势，全面推广落实“派单制”服务，积极深入企业、乡村开展科技扶贫。科技专家服务团和广大科技特派员为全市358个贫困村、10662户、43904人提供科技服务，带动建档立卡贫困户脱贫12593户，贫困户人均增收1000元以上。疫情期间，全市300多名科技人才积极应对，围绕莓茶、白茶、葛根等支柱产业，为企业、合作社、农户提供精细化的线上、线下服务，开展咨询服务线上223次、线下183次。（本栏撰稿　周可慧）

社会发展科技

【科技助力绿色发展】2020年，张家界市指导各区县科技管理部门对水资源保护、重金属污染防治的重点领域、“双控”、城市节水和建筑垃圾管理、食品安全、艾滋病综合防治等重点领域整治提供科技支撑。组织相关企业申报两型产品，推荐张家界长兴汽车电器有限公司申报的“新型发电机整流桥”，张家界新浪潮信息技术有限公司申报的“公共资源交易中心人脸识别门禁系统V1.0”“海询集中配电网络管理平台系统V1.0”等两型产品参加省科技厅的评审。指导武陵源区开展2020年度湖南省可持续发展实验区监测与评价工作。

【人类遗传资源管理工作】2020年，张家界市指导区县科技管理部门、科研院所和市直有关单位对开展涉及人类遗传资源科学研究活动的单位进行严格的监督，对存在的问题进行整改。同时组织区县科技管理部门及开展涉及人类遗传资源科学研究活动单位的负责人到省科技厅参加培训学习，提高和规范人类遗传资源管理的思想认识和业务能力。

【科技合作】2020年，张家界市针对地域优势、特色产业和技术需求，引进领先技术和高科技人才来张家界市创新创业，解决瓶颈技术问题，开展科技合作事项。培育张家界市特色产业五倍子和茅岩莓两个科技合作基地，组织企业参加上海举办的2020年湖南与德国、奥地利、丹麦科技创新合作对接会，在全市征集与国外有科技创新合作的企业参加，对接技术需求。

（本栏撰稿　周化玉）

科普活动与学术交流

【科普工作】2020年，市科协协调指导全民科学普及工作，召开全民科学素质行动计划纲要实施工作推进会，印发《2020年全民科学素质行动计划纲要工作要点》（以下简称《纲要》），安排2020年全民科学素质工作。组织纲要办成员单位做好“十三五”《纲要》实施自查工作，顺利完成省纲要办“十三五”纲要实施情况评估和第三次湖南省公民科学素质调查工作。推进“第四届湖南省科学素质网络大赛”，全市工会、共青团、妇联、科协、农业农村等各领域各行业参加答题活动72万人次。提质升级“科普张家界”微信公众号，升级后的公众号关注数量增加1.2万人。成功申报省科协科普信息化融合发展项目，争取项目资金40万元。由党组书记亲自挂帅，与市科协全体干部职工下沉一线，将“科普中国”“科普湖南”嵌入张家界政务通、张家界政务服务APP平台；在慈利县召开全市科普信息化建设推进会，推介科普一条街、恒源学府小区科普信息化建设典型经验，以基层科协组织建设推动科普信息化发展。全市注册科普信息员3.3万人，传播量229万人次。市科协被中国科协评为“2020年科普中国信息员队伍建设优秀组织单位”“2020年全国科普日优秀组织单位”，被省科协评为“2020年湖南省科普信息员科普信息传播优秀组织单位奖”，孙忠贤被评为“最美防控战士”，高枚玲被评为“最美基层科协工作者”，李松富被评为“最美学会工作者提名人选”；市科协主办张家界市第30届青少年科技创新大赛，推选优秀作品获省级奖项31个，全国奖项2个。组织中小学生参与湖南省赛第十一届蓝桥杯大赛——青少年创意编程竞赛，荣获一等奖1项，二等奖2项，三等奖1项。

【服务广大科技工作者】2020年，张家界市科协与张家界市委人才办联合下发《张家界市2020年“全国科技工作者日”活动方案》；市委、市政府主要领导先后走访慰问卫生、农业、工业、科协等行业领域的10名优秀科技工作者代表，充分体现党和政府对科技工作者的深切关爱；召开优秀科技工作者座谈会，共话张家界市科技事业发展美好未来，与会科技工作者倍感温暖、倍受鼓舞、倍增信心；在时刻张家界、掌上张家界、《张家界市日报》等媒体平台刊发《致全市广大科技工作者的一封信》，向广大科技工作者致以节日问候；联合红网张家界站推出专题报道《科技为民 奋斗有我——张家界科技工作者风采录》，对粟仲锐、杨帆、邱帅、欧志宏等10名基层一线科技工作者先进事迹进行宣传报道，阅读量达82万人次，7篇先进事迹被学习强国湖南平台推介，1篇被学习强国总平台推送，为科技工作者办实事解难题。市科协党组成员分别带领干部职工深入基层，贴近服务在一线的优秀科技工作者，了解情况、倾听心声，为20名优秀科技工作者送上“娘家”慰问，为全年工作谋划布局收集意见建议。市科协搭建平台、畅通渠道，永定区老科协专家服务组成员黄宏全提出的《关于创建〈张家界莓茶基因保护繁育研究中心〉给市委市政府的建议》得到市委书记批示，转交相关部门办理。与市委人才办、市教育局协调配合，及时解决吉首大学张家界校区引进博士研究生子女入学的问题。开展优秀评选（推荐）工作。在全市开展“最美科技工作者”“科协工作先进个人”“科协工作先进集体”“学会工作先进单位”“科普示范基地（农村专业技术协会）先进集体”“科技示范户”评选活动，评选出20个先进单位和30名先进个人。对评选出的先进集体和先进个人，在市科协第六次代表大会上进行表彰。向中国科协、省科协举荐优秀人才，推荐2名科技工作者参与全国创新争先奖评选，推荐9名优秀科技工作者参与省科协“五美”评选，其中3人分别获评“最美防控战士”“最美基层科协工作者”“最美学会工作者提名人选”。

【科技助力精准扶贫和乡村振兴工程】2020年，市科协做好全市科技助力精准扶贫项目收官工作。慈利县成功申报科技助力乡村振兴工程县域试点项目，获省科协200万元项目资金支持。项目实施举办科技示范培训班16期，培训2000余人；打造“科普小镇”，建成2个农业产业科普基地、3个青少年科普教育基地、2000平方米科普广场。在科普广场设立中国科学院院士、“两弹一星”功勋奖章获得者陈能宽雕像，修建了包含阳和土家族乡土文化、“永不消失的电波”张沈川革命故事及溇澧文化渔浦书院历史渊源等科普文化长廊300米，并设置老百姓科普大舞台，丰富当地群众科普文化生活。

【“全国科普日”活动】2020年，市科协开展1个主场活动和4个分场活动。“湖南科技论坛暨院士专家张家界行”为主场活动，开展科普宣讲、科技论坛、考察指导等13个分活动。在崇实北校举行“智慧奔跑 健康中国”抗击疫情定向越野智跑活动，进一步推广普及科技体育运动。张家界健康科普教育基地——张家界血站开展“探索血液奥秘，传承红色爱心”开放日活动，普及科学血液知识、无偿献血健康知识，传播无偿献血引领健康生活的新理念。慈利县开展院士专家慈利行活动，邀请院士专家参观慈利县银澧国际学校科技展馆，并深入慈利县众创空间现场调研富硒产业发展，进行实地对接，面对面开展服务指导。桑植县在桑植一中开展以“体验科学”为主题的中国流动科技馆湖南桑植站巡展活动，流动科技馆巡展包含七个主题展区，50余件互动产品，以及科学表演、科学实验和科普影视。

【青少年科技教育】 2020年，市科协主办张家界市第30届青少年科技创新大赛，评出127项获奖作品。推选优秀作品参加全国及湖南省青少年科技创新大赛，获省级奖项31个，全国奖项2个。组织中小学生参与湖南省赛第十一届蓝桥杯大赛——青少年创意编程竞赛，荣获一等奖1项，二等奖2项，三等奖1项。在崇实北校举行“张家界市青少年科技体育实践基地学校”授牌仪式，培养青少年学生科学精神和创新实践能力。

【2020年“湖南科技论坛暨院士专家张家界行”活动】 2020年，市委、市政府聘请官春云、陈政清、邹学校、卢光琇、彭万喜、邱明华6名院士专家为“创新引领、开放崛起”发展战略顾问。各位院士专家深入园区、企业、基地、医院进行现场考察、指导、对接洽谈和服务。省富硒生物产业协会、省土木建筑学会等4个省级学会与全市4家学会服务站签订服务协议；彭万喜院士、邱明华教授分别与张家界仙踪林医源实业有限公司、张家界高新区管委会签订战略合作协议。

（本栏撰稿 孙一鸣 毛丽苹）

知识产权

【知识产权管理】 2020年，张家界市知识产权部门加强知识产权管理。全市专利申请量1143件，比上年增长8.34%，全市每万人有效发明专利拥有量1.32件，比上年增长17.86%。新增注册商标2102件，全市现累计拥有注册商标10695件，较上年增长30.08%，新增中国驰名商标1件，累计达到8件。新增马德里国际注册商标11件，累计达到49件。申请地理标志证明商标5件，全市地理标志商标和地理标志产品达9件。2020年8月5日，张家界康华实业有限公司的“康华”商标被国家知识产权局认定为中国驰名商标，桑植县实现中国驰名商标零的突破。9月15—17日，国家知识产权局组织13家中央媒体对张家界市地理标志促进区域特色经济发展和精准扶贫工作进行深度采访，在央视、人民网、《光明日报》等中央媒体发表涉及张家界市地理标志工作有关报道20余篇。市财政局和市知识产权局联合制定《张家界市专利质押融资补助办法（试行）》。推进地理标志运用促进工作。成立张家界市地理标志保护工作领导小组，负责组织协调全市地理标志保护和运用促进工作。“桑植蜂蜜”被列入省知识产权战略实施专项。桑植县以地理标志运用为切入点，打造知识产权精准扶贫世界样本，在国新办举行的知识产权助力精准扶贫新闻发布会上予以推介，受到世界知识产权组织关注。

【知识产权保护】 2020年，市知识产权管理部门推进知识产权保护和维权工作，制定《2020年张家界市知识产权执法保护专项行动实施方案》,开展“2020年知识产权执法铁拳”行动，“2020年假冒伪劣重点领域治理‘雷霆’行动”等相关工作。全市2020年度知识产权立案40件，结案38件，罚没金额156.683万元。全年调解专利纠纷2件。

【“4·26”知识产权宣传周】 2020年，张家界市市场监督管理局组织开展知识产权宣传活动周活动。下发《关于开展2020年知识产权宣传周活动的通知》，在“4·26”知识产权宣传活动周期间，市市场监督管理局在所辖四个区县举办了为期一周的知识产权系列知识讲座和培训，邀请专家讲授专利、商标、地理标志申请与挖掘、企业知识产权管理等有关知识，全市120多家企业近200人参加讲座。各区县通过现场咨询、媒体、电子显示屏、气球、拱门、横幅条幅标语等向公众开展宣传，发放宣传资料3000余份，提供咨询500多人次。桑植县委宣传部、市场监督管理局在民歌广场举办大型“世界知识产权日”宣传活动，开展现场宣传咨询，通过展板宣传知识产权知识和相关政策，集中展示知识产权成果。组织开展知识产权进企业活动。4月中旬，组织有关专家、中介服务机构和各级知识产权管理人员开展走访企业活动，深入各区县和工业园区的企业，了解知识产权需求和困难，为企业商标、专利申请等进行现场服务，发放知识产权宣传资料、书籍等120多份（册）。配合国家知识产权局在张家界市开展央媒和国际媒体采访活动。9—12月，国家知识产权局组织13家中央媒体和境内外媒体对张家界市地理标志促进区域特色经济发展和精准扶贫进行深度采访。

【知识产权奖励和资助】 2020年，张家界市根据《张家界市专利资助办法》，发放2019年专利资助资金219060元。推进张家界市《“商标兴市”三年(2018—2020)行动计划》,落实《张家界市“商标兴市”三年行动计划(2018—2020)奖励办法》,对驰名商标获得者奖励100万元，对地理标志证明商标和地理标志产品获得者奖励10万元。2020年，知识产权战略实施专项项目建设取得成效，张家界市知识产权局“知识产权纠纷行政裁决试点”、桑植县蜜蜂产业协会“‘桑植蜜蜂’地理标志促进与运用”等8个项目获得2020年湖南省知识产权战略实施专项立项，获专项资金110万元。

（本栏撰稿 李 方 郗国斌）

气象服务

【决策服务】 2020年6月1日—7月20日，张家界市出现10轮强降水天气过程，降雨量在历年平均降水量中居第二，其中慈利县居历年第一。其间张家界市气象部门靠前服务，发扬连续作战不畏困难的战斗精神，并根据降雨形势的趋势变化对各级政府领导和防汛责任人全天候进行“叫应”，为政府领导指挥防汛减灾防灾救灾工作提供了及时精准的科学依据，多次受到市委市政府领导的高度肯定与表扬。市委常委、常务副市长曾超群期间在张家界市气象局实地了解天气变化情况34次，并组织在气象局召开了3次防汛调度会议。面对历史罕见连续强降水天气过程，实现了“不因灾死一人”的工作目标，防汛安全工作取得了全胜成绩，政府和领导对张家界气象部门工作的高度重视和肯定，市委书记虢正贵，市长刘革安，市委常委、常务副市长曾超群多次在气象工作报告材料中进行表扬，社会公众对气象工作也是十分赞誉。

【公共气象服务】2020年，张家界市气象局发布各类专题500余期，召开以春运、清明、“五一”、高考、中秋、国庆为专题的气象服务新闻发布会5次。借助互联网、手机短信、QQ、“96121”、传真等渠道定期为文旅、农业、铁路、水电、林业、高速公路等行业提供了针对性较强的专业气象服务产品。组织在“3·23”“5·12”“安全生产月”宣传日和科技宣传周等重要时间节点开展了形式多样的宣传。2020年6月13日张家界市永定区王家坪镇特大暴雨过程的气象服务案例“张家界永定区暴雨山洪成功避险案例”入选国家气象局先进典型案例库。

2020年，高考天气新闻发布会　　（蒋志鹏 摄）

【气象服务“三农”】 2020年，张家界市气象局完成2013—2018年“三农”服务业务专项建设预验收，成为全省为数不多现场通过省专家组验收单位之一。制定完成2020年张家界市山洪（基层气象防灾减灾）项目建设实施方案及资金预算表。进一步推进全市乡村振兴“六个一”项目建设。4月底，组织全市烟叶人工防雹7个高炮作业点、4架火箭流动作业车，为张家界市烟叶生产和抗旱工作提供必要保障。2020年开展森林防灭火2次，发射火箭弹12发，人工防雹4次，发射高炮炮弹76发。其中，3月23日，张家界武陵源杨家界景区发生森林火灾，由于起火点位于海拔700—800米的绝壁悬崖上，所有常规扑火力量历经多次努力均无法到达，无功而返。张家界市气象局人影办出动人影火箭作业车，作业后降水效果明显，成功扑灭山火。

（本栏撰稿　梁　可）

防震减灾

【地震监测预报】 2020年，市地震局视频会议视频会商系统和地震台网中心已经于4月底建设完成。张家界地震台仪器运转正常，数据传输连续可靠。对台站挡土墙、排水、山洪沟，塔面水稳层及时拨付资金进行修缮，地震台外围附属工程，道路硬化、亮化、绿化工程建设已经全部完成。2020年对张家界市现有20个群测群防点进行检查和重新认定，由原来个体养殖户向养殖大户进行转变，对各观测点工作制度、地震知识宣传挂图、地震应急电话标识牌进行更换，收集20个群测群防观测点数据，重点收集羊毛塔水温观测数据，同时对三网一员进行防震减灾知识培训。在桑植利福塔和茅花界观测站安装监控设备，数据接入张家界市地震台网中心，总投资经费约10万元。市地震局协调推进国家地震烈度速报和预警工程（湖南子项目）项目实施。以市应急局名义向市气象局发支持国家地震烈度速报与预警工程湖南子项目，完成在张家界市两区两县地震烈度速报和预警工程基本台选址、实地勘测工作，并配合完成台站地质钻探波速测试，为下一步预警台站设备安装打下基础。

【地震灾害风险防治】 2020年，张家界市对抗震救灾指挥部各成员单位进行重新调整。对积极推动实施地震灾害风险调查和重点隐患排查工程和地震易发区房屋设施加固工程建设相关工作进行提前部署、制定地震灾害风险调查初步方案。张家界市地震局配合市应急局开展综合减灾示范社区创建工作，张家界市慈利县杉木桥镇马塔社区、桑植县龙潭坪镇苦竹坪村被评为湖南省综合减灾示范社区；推进地震安全示范农居建设；创建桑植县思源学校和永定区崇实小学北校2所市级科普示范学校。市地震局加强抗震设防要求监管，推进“一次办结”改革网上审批平台建设，依据行政许可法等法律规范，梳理完善行政权力事项目录清单，完成大量系统数据填报工作，明确行政许可申请、受理、审查、决定等规范流程，减少审批环节，完善联审程序，提高审批效能，同时编制行政权力运行流程图，每个审批事项从便民、快捷角度制定操作指南，与相关部门通力合作，提供技术服务和政策咨询，做到“一件事一次办”。按照时间节点完成建设工程地震安全监管检查自查工作。

【防震减灾公共服务】 2020年，市地震局结合“5·12”防灾减灾日、“7·28”唐山地震纪念日、“10·13”国际防震减灾日进行防震减灾科普主题宣传活动，印制分发宣传资料、制作法制宣传栏和LED电子显示屏，利用网站、新闻媒体等平台，开展普法活动。活动现场发放消防、火灾、急救、防震减灾等知识手册数千份，展示宣传展板25块，并解答相关问题咨询。采取情景剧、话剧等创新方式，展示社区应急响应、伤员搬运、校园安全自救互救等防灾减灾救灾知识，还设置盲区扫雷、居家隐患排查、模拟烟道逃生等体验式游戏，吸引广大市民观摩学习和参与互动；重点加大学校、农村地震科普知识普及力度。5月12日，在武陵源区应急管理局进行防震减灾知识讲座；6月，在全市乡镇街道应急管理工作培训班上进行防震减灾知识培训；7月在市地震局扶贫村高峰双星村开展防震减灾知识讲座。10月29日，在慈利县江垭镇龙潭湾村开展防震减灾知识宣传；11月13日、23日分别在张家界市粮食局幼儿园、领航国际幼儿园讲解防震减灾知识。市地震局工作人员多次在幼儿园、中小学、农村社区讲解防震减灾科普知识，培训学生、群众掌握在家里、学校、户外及室内正确避险知识。张家界防震减灾科普馆总面积500平方米，分为地震威胁展区、地震知识介绍、地震模拟逃生训练、防震减灾工作展示等四大区域，是一个互动性强、内容丰富科普展馆，科普馆定期向市民和游客免费开放。自科普馆正式开馆以来，接待参观人员3000多人次，得到原中国地震局领导、省市县领导高度评价。

（本栏撰稿 聂梦磊）

2021

社会科学

2020年10月14日，湖南省社科联2020年“社科专家服务团慈利行”活动筹备会 （吴东杰 摄）

2020年11月25日，张家界市社科普及基地挂牌 （谷政宏 摄）

社科普及

【概况】 2020年，张家界市社会科学界联合会组织社科工作者开展社科普及“进机关、进农村、进企业、进社区、进学校、进景区”的“六进”特色宣讲活动，采取屋场会、专题讲座、公益宣讲、发放宣传资料等多种形式，将十九届四中、五中全会精神、习近平新时代中国特色社会主义思想、《张家界市文明行为促进条例》和优秀传统文化等作为宣讲重点，提高干部群众人文社会科学素养，将社科知识宣讲普及延伸覆盖到全市范围，2020年开展专题宣讲196场次。组织市云梦山鬼谷文化研究会调研创作市级社科普及读物《鬼谷子与张家界》一书。推荐市重点社科普及读物《张家界的历史记忆》参评湖南省第十届优秀社科普及读物并获奖。

【社科普及基地】 2020年，张家界市社科联修订《张家界市社会科学普及基地管理办法》，规范和加强社会科学普及基地的管理，提升社会科学普及基地的发展力和影响力，7月开展第二批市级社会科学普及基地考核评估工作，经基地自评、综合考评，市博物馆和袁任远故居2家单位被评定为优秀等次，市彭祖文化研究会被评定为合格等次，桑植县青青果教育文化传媒有限公司—青青果·历奇体验馆评定为不合格等次被取消基地资格。9月开展第三批市级社科普及基地创建工作，经过申报推荐、专家评审，党组会议研究，评定吉首大学图书馆张家界校区馆、张家界市心理学会——心之力心理健康服务中心、慈利县许家坊土家族乡金仙山村新时代文明实践站、慈利县许家坊金星幼儿园4家单位为市级社科普及基地并挂牌。截至2020年底，有市级社科普及基地10个。

【特色活动】 2020年张家界市家庭教育学会开展家庭教育进机关、进社区、进学校、进农村、进企业、进景区的活动，学会进乡镇文明实践（所）站、屋场会开展讲座28场，进学校开展公益讲座29场次，进农村文明实践站开展讲座67场次，进企业宣讲34场次，进机关宣讲38场次，参与活动近万多人次。全年学会宣讲超过300场次；2020年8月27日张家界市钱币学会在桑植县陈家河镇开展“人民币知识宣传进社区”专题宣传活动和反假货币知识现场宣传活动，近2000人参加；2020年5—6月，市档案学会开展“讲述英雄故事 筑梦时代征程”主题视频演讲活动，收到23个参赛视频。

2020年8月15日，《张家界市文明促进条例》进景区宣传活动 （兰晶 摄）

【专业培训】 2020年，张家界市国学教育研究会举办汉学家塾公益研习班，全年开培训班8期400余人参加培训；12月1—2日市财政会计学会承办湖南省行政事业单位会计准则制度培训班，全市有880名财会人员集中参训；张家界市心理学会开展心理咨询师、婚姻家庭咨询师和心理学科普讲师培训，培养咨询师18名，举办32期心理学沙龙，40堂青年家长课堂，5堂“第一课堂”家庭教育讲座，620余人次个案咨询。

社科研究

【概况】 2020年，张家界市社会科学界联合会修订《张家界市哲学社会科学课题立项管理办法》，开展2020—2021年市级哲学社会科学课题申报工作，收到申报课题64项，立项63项。组织申报“破解慈利县创建全域旅游示范县的瓶颈与对策”，入选“2020年湖南省社科联社科专家服务团基层行”全省五大活动课题之一，省社科联“社科专家服务团”一行9人来张家界市开展服务活动，为慈利县全域旅游建设把脉问诊献计献策，并提交《慈利县全域旅游发展咨询报告》为慈利县委县政府提供决策服务。制定出台《张家界市优秀社会科学人才评选办法》《张家界市优秀社会科学专家评选办法》，培育社会科学创新人才，建立完善市级社会科学人才专家库。

【市党建研究会·张家界市档案学会·市税务学会】 2020年，张家界市党建研究会结合人工智能、5G等热点，研究“智慧党建”工作，推动全市首个智慧党建平台“澧兰党建”上线运营，形成的调研报告《对提升“智慧党建”质量的实践与思考》在《湖南党建研究通信》刊发，撰写《突出正向激励 鼓足攻坚士气》等4篇党建工作典型案例，获选全省优秀党建案例；2020年4—7月张家界市档案学会报送《浅谈档案部门人才引进与培育的策略研究》一文参加省档案学会“新时代档案资源开发与增强道路自信”第二十八次档案学会论文评选活动获二等奖；2020年7月市税务学会根据张家界市旅游税收存在的问题与现状，开展《加强旅游税收管理的探索与实践》课题调研，组织召开旅游企业复工复产座谈会，深入企业调查研究，对存在的问题进行深层次剖析，解决旅游税收存在的问题，推动张家界市旅游事业健康发展。年底在全省税务系统出版发行《张家界税韵》2020年抗“疫”特刊。

【市中共党史学会·市炎黄文化研究会·市教育学会】 2020年，市中共党史学会启动“红二方面军长征故事”编纂工作，开展《百年巨变——回忆录之八》组稿工作，修订完成《中国共产党张家界历史（1921—1949）》（第一卷），启动编写《中国共产党张家界历史（1949—1978）》（第二卷）；市炎黄文化研究会开展“旅游和文化融合发展”“张家界红色文化”“张家界史文化”“张家界非遗文化”等课题研究，《湘潮》2020年第2期发表《两弹元勋陈能宽》；《湘潮》2020年第4期《贺龙的统战艺术》。《茶马古道上的民间音乐文化“活化石”——张家界骡马号子传承人寻访与曲词整理》课题获得省级奖励；市教育学会组织省、市中小学、幼儿园、特殊教育学校教师教育教学论文评奖活动，促进教师理论水平的提升和专业技能的提高，推荐送湖南省教育局参评的论文202篇，获一等奖48篇、二等奖68篇、三等奖86篇。

【张家界市市场监督管理学会·市图书馆学会】 2020年，张家界市市场监督管理学会围绕市场监管服务“复商复市”工作开展专项调研，形成6篇调研报告。围绕“六大工程秋季攻势专项行动”开展“百名会员进百企”助企解困调研活动。围绕“脱贫攻坚、全面小康”调研，撰写1篇报告。围绕“市场监管服务高质量发展”开展调研，收到15篇调研报告，并报送到湖南省市场监督管理局参加评比；2020年市图书馆学会组织会员积极参加国家级、省级以及地区级各类年会征文活动，积极申报各级各类课题，发表多篇专业论文。其中国家社科基金项目《武陵民族地区濒危传统技艺口述史料采辑与保护利用研究》批准号：20BTQ037，1篇专业论文*Countermeasures and Key Technologies of Port Economic Development under Anti-dumping Policy*，发表期刊名：Journal of Coastal Research，发表时间：2020，103（SP1）:11-14，被SCI，SSCI全文收录和检索。

学术交流

【概况】 2020年，张家界市社会科学界联合会组织张家界市社科界开展各种形式学术交流活动。9月24日在省级社科普及基地——湘鄂川黔革命根据地纪念馆，组织开展主题党日活动，聆听红色故事、观看警示教育片和党组书记讲党课《学习贯彻习近平总书记在考察湖南时的重要讲话精神》《认真学习“四史” 牢记初心使命》等活动，社科界100余人参与学习交流。7月7日在慈利县阳和三溪村对村民开展《不忘党恩国恩，共享美好生活》宣讲，8月15日在张家界国家森林公园黄石寨六奇阁广场向市民和游客开展《张家界文明行为促进条例》宣讲并发放宣传手册等。

【市金融学会·市国学教育研究会】2020年，张家界市金融学会组织全市会员单位围绕“金融支持稳企业保就业”集中研讨，市级银行及部分证券、保险机构等17家单位71人参与。围绕“金融支持稳企业保就业”拍摄“普及金融知识，守住‘钱袋子’”说唱视频《珍信》，参加湖南省新媒体创意设计大赛评选获得一等奖，被中国人民银行总行微信公众号推介。组织会员单位进行“金融知识网课”录制，以防诈骗知识、征信知识、零花钱理财、防诈骗等应知应会的金融知识为主要内容，进行10分钟的网络授课，以此开展“金融知识普及月 金融知识进万家”活动。编辑出版刊物《张家界金融》供学术交流服务；2020年7月11日张家界市国学教育研究会联合“秦大妈”餐饮联合创始人、湘菜大师、张家界系列土菜开创者宋小兵举办“拜师礼”仪式，张家界餐饮从业人士100余人参加。

【市家庭教育学会·市心理学会】2020年，张家界市家庭教育学会组建“娘家人疫情防控心理志愿服务队”在网上心理服务60多人次。心理咨询与家庭教育指导服务53名家长及孩子。集体研发《做好隔代教育，成就子孙美好未来》《学条例树新风，建设和谐单位》等讲座课程；2020年市心理学会依托指导心之力教育机构开展心理咨询师、婚姻家庭咨询师和心理学科普讲座讲师培训，培养咨询师18名，举办32期心理学沙龙，举办2期《绘画心理分析与咨询》初阶工作坊。邀请心理咨询专家专题讲座《在心理治疗中如何为个案赋能》。开展青年家长课堂和“12355”青少年热线服务工作，青年家长课堂40堂，“第一课堂”家庭教育讲座25堂。

【市税务学会·市白族文化研究会·市教育学会】2020年，疫情期间张家界市税务学会推出“用心用力用真情，全员全程全覆盖”送税收优惠政策，支持企业复工复产。协办《湖南税务》2020年第二期（总第九期），展示张家界税务人的精神风貌，打造张家界税务品牌。完成湖南省税务局《湖南税务》《税收参考》《税收科研报告》等刊物征稿组稿，被省税务局刊物采选各类稿件十余篇；2020年10月22日市白族文化研究会在桑植万宝山（白）茶庄和桑植惊梦酒业等企业开展调研活动，对本地企业存在的困境问题和未来发展提供智力支持；2020年市教育学会组织15位高中书记、校长参加省教育学会在长沙举办的“第二届湖湘高中校长论坛”，主题是“聚焦育人方式改革，提升高中教育质量”，探索如何推进普通高中育人方式改革，助推普通高中教育质量的提高。组织12个高中学科骨干教师“工作坊”网络线上线下研修活动，提高教师的整体素质和综合素养。

社科团体管理

【概况】2020年，张家界市社会科学界联合会配合市委巡察组开展巡察工作，加强市级社科团体的管理。督促指导社科团体制定完善意识形态、财务管理、支部建设3项制度，从党风廉政、意识形态、财务、党建等方面规范社科团体工作。依据《社会团体登记管理条例》对社科团体开展年审年检工作。截至2020年年底，归属张家界市社科联管理市级社科团体25个，市级社科普及基地10个，省级社科普及基地3个。

【意识形态工作】2020年，张家界市社科联督促指导社科团体制定《学会意识形态工作制度》，针对社科团体开展专题研判4次。对业务工作不规范的市校园文学研究会3次研判会，下达《限期整改通知书》，召开“张家界市校园文学研究会整改情况通报及挂靠单位”专题党组会议，通过研判督促该会整改，张家界市社科联为该会的业务主管单位负责业务工作管理监督。对存在意识形态风险的市文殊院文史研究会多次走访调研，1次专题分析研判会，敦促该会依程序办理注销。5月22日在市博物馆，全市社科团体主要负责人、支部书记、秘书长和业务骨干100多人参加意识形态专题培训。通过工作会、专题会、基层调研、主题党日活动等形式开展意识形态工作谈话提醒，市级社科团体的网站、微信工作群、公众号等社科阵地2020年没有出现一起负面舆情。

【社科团体财务工作】2020年，张家界市社科联督促指导社科团体制定《学会财务管理制度》。8月23日全市社科团体主要负责人、支部书记和财务人员参加财务专题培训。指导巡察中发现财务问题的社科团体，规范社团财务工作，督促按期完成整改并销号。

【社科团体党建工作】2020年，张家界市社科联加强社科团体党建工作指导，社科团体党支部均为功能性支部，党组书记多次带队下基层调研，指导社科团体规范开展党建工作。聘请3名党建工作指导员，分别委派到各社科团体，指导市级社科团体的党建工作。

（本栏撰稿 田 艳 吴东杰）

2021

教　育

总类

【概况】 2020年，张家界市有全日制中小学235所（不含222所农村教学点），其中小学119所，初中86所，完全中学3所，独立高中9所，十二年制学校4所，中等职业学校8所，特殊教育学校6所。全市小学在校生112275名、教学班2834个、平均每个班有学生39.6名，普通初中在校生56226名，教学班1189个、平均每个班有学生47.3名，普通高中在校生28334名，教学班530个、平均每个班有学生53.5名，中等职业高中在校生11260名，教学班248个，平均每个班有学生45.4名。九年义务教育阶段学生年巩固率99.88%，高中阶段学生毛入学率95.1%。全市有专任教师13891人，其中小学专任教师6927人，初中专任教师4467人，高中专任教师2497人。全市有中小学在职特级教师11人、正高级教师20人、高级教师2493人、一级教师5717人。中小学专任教师中研究生以上学历202人、本科学历8743人、专科学历4580人。

【教育重点项目建设】 2020年，张家界市有慈利县芙蓉学校、张家界金海高中部、张家界雨露学校、慈利县银澧国际学校、永定区天门山镇芙蓉学校、大庸小学6项重点项目建设，总投资8.85亿元，秋季开学全部竣工投入使用，新增学位10570个。省重点工程芙蓉学校项目建设，计划投资1.47亿元，2020年实际完成投资3.5亿元，完成比为238%。2020年，桑植县芙蓉学校建设项目进度快、质量好获省人民政府500万元奖励。消除大班额项目。2020年全市消除义务教育大班额358个，完成省定目标（162个）220.99%，实现义务教育大班额清零。普通高中消除大班额188个，完成省定目标（134个）的140.3%。村小学建设项目。2020年，规划改扩建乡村小学38所，截至12月底竣工33所。公办幼儿园学位项目。截至12月底，增加公办园学位2083个，清理治理35所配套幼儿园。

【教育扶贫工作】 2020年，市教育局出台《张家界市2020年教育扶贫工作方案》,落实国家助学金1.0392亿元，资助各学段学生65599名，帮助学生缓解因疫情导致的临时家庭经济困难；落实“阳光助学”资金1761万元，资助建档立卡户、家庭经济困难户学生22400名；市财政拨出300万元专项资金，资助大学新生600名。9—10月，在全市组织开展义务教育控辍保学专项行动，实现建档立卡义务教育阶段学生零失学、零辍学目标。

【教育督导评估】 2020年，市教育局主要进行3项常规性教育督导。办学条件常规性教育督导。4月，依据义务教育均衡发展10项基本办学条件、8项差异系数指标，对全市17所不达标学校进行全面督查；11月，国家义务教育基本均衡督导组对张家界市义务教育基本均衡发展工作进行实地督导（国检）并予以好评。学校管理常规性教育督导。完成对省示范性高中线上督导。张家界市一中、慈利县一中针对省专家提出的整改意见逐项逐条制定整改措施，问题整改率100%。针对张家界市民族中学在办学过程中出现的问题，同学校相关领导进行座谈，问题得到及时整改。教育经费常规性督导。邀请省督导经费专家对武陵源区教育经费存在的问题指导，规范教育经费使用；5月，对永定区、武陵源区、慈利县义务教育阶段教师工资待遇落实情况进行重点督查，及时召开张家界市义务教育教师待遇落实专项督导反馈会，将专项督导情况及时反馈给各区县。6月，接受省教育厅党组成员、省委教育工委副书记王建华带队对全市义务教育教师工资待遇落实情况进行督查，永定区、慈利县、桑植县相继完善义务教育阶段教师收入长效机制。慈利县补发2019年义务教育教师绩效工资增量4037万元。12月初，组织专家对2020年全市23个标准化教学点、12个乡镇寄宿制学校、4个农村公办园和2019年2所推迟验收的农村公办园教育建设项目，进行评估验收。

【教育人事工作】 2020年，市教育局打造“阳光人事”“廉洁人事”，为推动全市教育改革与发展提供组织保障。推进基层党建工作。市教育局党工委联合市委组织部下发《关于加强全市民办学校党的建设工作的实施意见》《关于加强全市中小学党的建设工作的实施意见》。深入区县28次，对84所中小学校进行调研督查，现场交办涉及党建、安全、食堂问题276个，重点跟踪督办整改2个，形成调研报告7篇。桑植县澧源镇第一小学党支部被评为全省教育系统先进基层党组织。全面加强干部教育管理。在推荐、选拔、任用干部过程中，基本杜绝“跑官要官”“跑风漏气”“任人唯亲”等违纪行为发生。市教育局正科级以上干部参加主题教育学习培训率达100%，干部网络学习任务完成率达100%。积极推进教育人事制度改革。2020年，完成中小学教师职称制度、乡村教师支持计划、教师资格认定考试制度改革等一系列人事制度改革。建立健全激励机制。从德、能、勤、绩、廉等方面对干部、教师进行考核，评先评优突出实绩，基本杜绝“轮流坐庄”“争抢要”等违规行为发生。教师节表彰“立德树人标兵”“教育脱贫先进个人”“优秀支教教师”“最美乡村教师”“优秀校长”173名。在全市范围内遴选出20名市级名优校（园）长、80名市级学科带头人、200名市级骨干教师，建成市、县、校三级名师梯队。

【语言文字工作】 2020年，市语言文字工作委员会办公室组织开展全国推广普通话宣传周活动，全市1000多人参加普通话集中培训，开设普通话培训测试点6个，全年组考11次，参测人数达4214人。市教育局注重学校语言文字规范化工作和语言文字达标建设，达标校设立语言文字工作办公室，配有专、兼职工作人员。全市有专、兼职语言文字工作者185人、普通话测试员95人。2020年随机抽测理科类教师195人，合格180人（其中优秀116人），合格率达92.3%（其中优秀率达59.48%）。47所中小学申报推广普通话达标。800多名中小学教师参加经典诵读活动，用实际行动大力弘扬、传承中华优秀传统文化。

【教育公益项目】 2020年市教育基金会秘书处组织实施教育公益项目。“爱烛行动”项目，资助30名家庭生活困难教师(其中永定区9名、武陵源区1名、慈利县10名、桑植县9名、市直学校1名），每人发放救助金1万元，计30万元。“育才行动”项目，资助品学兼优家庭贫困，被一本院校录取的大学新生30名，每人发放助学金5000元，计15万元。“春节慰问教师”项目，慰问在职教师40名、退休教师10名，每人发放慰问金2000元，计10万元。组织线上公益募资活动。2020年，市教育基金会卓有成效地开展“重燃希望之光”活动。张家界市域有29854人次参与献爱心活动，募集善款419500.6元。12月2日，在全省公益募资总结表彰大会上，张家界市“重燃希望之光”获湖南省优秀项目奖，获得项目激励资金10000元，10名教育基金工作人员获“湖南省教育基金会优秀志愿者”荣誉称号。注重教育基金会自身建设。

（本栏撰稿 谭镇 吴志锋）

规划财务工作

【概况】 2020年，张家界市教育局全面启动编制市中心城区教育设施专项规划，并作为城市空间规划子规划纳入张家界市城区空间规划编制工作。8月，通过竞争确定编制单位，10月底出台《张家界市中心城市教育基础设施专项规划》，拨付51项专项资金62231万元。其中市本级774万元，永定区15168万元，武陵源区2892万元，慈利县23089万元，桑植县20308万元。10月底，完成《张家界市十四五教育现代化的课题研究》，12月底，完成《张家界市教育事业发展十四五规划》编制征求意见稿。

【教育保障】 2020年，市教育局启动三大举措，健全教育保障体系，优化学前教育资源布局，制定学前教育建设三年行动计划。出台《张家界市学前教育建设三年行动计划（2020—2022）》。计划3年时间投入资金2.5亿元，新建幼儿园35所，新增公办幼儿园学位5860个。到2022年，实现每个乡镇有1所公办幼儿园，城区每个社区有1所公办幼儿园，城市社区按300米服务半径实现公办幼儿园或普惠性民办幼儿园全覆盖。全市三年学前教育毛入园率达到87%，普惠性幼儿园覆盖率达到82%，公办幼儿园在园幼儿占比50%以上。稳步改善农村中小学办学条件，促进义务教育均衡发展。市教育局出台《张家界市乡镇寄宿制学校和乡村小规模学校建设三年行动计划（2020—2022年）》。计划通过3年时间，投入资金6.5亿元，改扩、新建乡村小规模学校56所（其中2020年23所，2021年22所，2022年11所）和乡镇寄宿制学校95所（其中：2020年41所，2021年35所，2022年19所）。以全面提升乡村教育质量为根本遵循，以抓好乡镇寄宿制学校建设为重点，强化乡镇寄宿制学校辐射和带动作用，全面改善农村中小学办学条件。积极推进城市社区教育发展。2020年，市教育局等8个职能部门联合制定、下发《张家界市关于进一步推进社区教育发展的实施意见》。5月，市人民政府出台《张家界市中心城区房地产开发项目公共服务配套（建）设施建设管理实施办法（试行）》，将幼儿园、小学、初中起配标准分别定在开发住宅面积10万平方米、30万平方米、75万平方米，配建教育设施的教育用地明确为划拨用地，配建教育设施必须无偿移交当地教育行政部门，并且规定未达到起配标准的开发项目的缴纳配建费标准。相关部门将对房地产开发项目，严格按照《实施办法》进行审核，相应配建教育设施，必须同步规划、同步设计、同步施工、同步验收。12月底，已有7所幼儿园启动配建。

【为民办实事项目】 2020年张家界市教育系统村小学教学点建设。“村小和农村教学点建设”是张家界市2020年度为民办实事重点项目，规划投资1000万元，改扩建村小学和农村教学点23所（其中永定区9所，慈利县8所，桑植县6所）；改扩建乡镇寄宿制学校15所（其中永定区12所，武陵源区2所，桑植县1所），12月中旬，通过市教育局评估验收。消除中小学大班额。截至12月底，消除义务教育大班额358个，全市义务教育大班额清零；消除普通高中大班额215个、超大班额21个，全市普通高中大班额已控制在10%以内。中小学卫生厕所改造。张家界市学校卫生厕所改造工程省定目标任务38个，改造面积4493平方米、投资820.48万元。截至12月底，完成改造34个（其中永定区14个，慈利县6个，桑植县14个），竣工率97.4%；已完成建筑面积4403平方米，完成比达98%，完成总投资800.58万元，完成比97.6%。

（本栏撰稿 谭 镇 吴志锋）

学前教育

【概况】 2020年，全市3—5岁幼儿总数51194人，其中在园在班幼儿45917人，学前三年毛入园率为89.7%。公办幼儿园在园幼儿20687人，公办幼儿园在园幼儿占比45.05%；公办园和普惠性民办幼儿园在园幼儿数41919人，占在园幼儿的91.2%。幼儿园341所，其中公办幼儿园124，民办幼儿园217所；幼儿教师3713人，其中获得教师资格证2224人。2020年，新建、改扩建公办幼儿园11所，新增公办园学位2083个；市认定164所普惠性民办幼儿园（其中完全达标137所，基本达标27所）。

【幼儿园学位工作】 2020年，张家界市出台《张家界市中心城市中小学幼儿园建设三年行动计划（2019—2021年）》。通过置换资产、信贷、债券等方式融资24.5亿元，通过新建、改扩建、政府回收等方式建设52所普惠性幼儿园。出台《张家界市增加公办幼儿园学位工作实施方案》，新建、改扩建公办幼儿园11所，新增公办园学位2083个，完成省定任务182.8%。启动城镇小区配套园专项治理。出台《张家界市城镇小区配套幼儿园专项治理工作方案》，组建城镇小区配套园专项治理工作组，摸清治理底数，对35个配套园开展清理治理。组织普惠民办幼儿园评估认定工作。

【幼儿园管理】 2020年，张家界市出台《2020年张家界市幼儿园办园行为规范治理工作方案》，促进张家界市各类幼儿园规范化办园行为，落实"以游戏为基本活动，寓教育于各项活动中"教育教学理念，促进全市学前教育普及普惠安全优质发展。落实学前教育监管机制。加大办园行为监管力度，配合教育督导室对所有公民办幼儿园开展专项督导评估，列出问题清单，严肃整改落实，全面规范办园行，无证办园清零，"小学化"教学得以控制。

（本栏撰稿 谭 镇 吴志锋）

中小学教育

【概况】 2020年，张家界市教育局从形式到内容全面落实立德树人任务。开展德育主题活动。利用孩子心理特点组织开展生动有趣的主题教育活动，有效渗透世界观、人生观、价值观教育。开展争先创优活动。2020年6月，全市有79名学生被评为"省级三好学生"、30名学生被评为"省级优秀学生干部"、1名学生被评为"普通高中省级优秀学生"、3名学生被评为"湖南省新时代好少年"；348名学生被评为"普通中学市级三好学生"、175名学生被评为市级优秀学生干部、9名学生被评为"张家界市新时代好少年"。创建文明校园。2020年，桑植县第四中学、桑植县澧源镇第二小学申报省级文明校园，桑植县第一中学、桑植县人潮溪学校申报省级文明标兵校园，10所学校申报市级文明标兵校园。武陵源区第二中学、慈利县高峰中学被省教育厅评为"湖南省乡村温馨校园"。学生心理健康教育。全市创建7所市级心理健康教育示范校，4所省级心理健康教育特色校。拓宽青少年教育阵地。2020年创建乡村少年宫10所，其中永定区2所，慈利县3所，桑植县5所。每周一组织全市中小学生集中收听由省教育厅、省广电集团联合录制的《国旗下讲话》，组织收看中央文明办、教育部和中央音乐学院等单位联合举办的"美育云端课堂"。武陵源区第二中学、慈利县高峰中学被省教育厅评为第一批"湖南省乡村温馨校园"。

【普通高中教育】 2020年张家界市教育局加大高中教育普及力度。为切实落实《湖南省高中阶段教育普及攻坚计划（2018—2020年）》，努力提高高中阶段教育普及程度。2020年，张家界市高中阶段毛入学率达95.1%。开展普通高中新教材培训。暑假期间，组织相关人员参加由教育部统一组织的普通高中统编三科教材国家级示范培训和普通高中非统编三科新教材网络培训。为进一步帮助一线教师更深入理解新教材、把握新教材、用好新教材，充分发挥学科育人功能，张家界市组织全市普通高中9门高考科目和体育1门非考试科目的新教材线下培训，参培教师人数占全市普通高中高一教师数的90%以上。探索普通高中特色发展，推进办学模式多元化改革，鼓励普通高中办出特色，在天门中学开办语言特色（俄罗斯语、西班牙语、日语）实验班。

【九年义务教育】 2020年，市教育局制定教育教学管理路线图。3月，召开2020年全市基础教育工作会，明确基础教育工作方向和任务，部署、强化中小学招生管理。科学进行教育教学调整。因新冠疫情影响，就延迟开学期间相关教育教学工作做详细安排与部署，组织开展"停课不停学"网络线上教学，科学安排疫情防护科普、心理健康辅导等寓教于乐的学习内容。强化中小学统一管理。对民办义务教育阶段学校招生做出重大调整，并纳入教育行政部门统一管理，进一步规范义务教育阶段招生秩序，优化教育生态，保障教育公平，缓解社会教育焦虑。2020年，小学学龄儿童净入学率100%，初中阶段毛入学率99.5%。（本栏撰稿 谭 镇 吴志锋）

特殊教育

【概况】 2020年，全市有特殊教育学校6所，其中：永定区3所（包括2所民办）、慈利县1所、桑植县1所、市直1所。截至12月底，全市有6—15周岁学龄残疾儿童1159名，其中在校1153名（包括特校就读268名、随班就读590名、送教上门295名），入学率99.5%。市城区九年制特殊教育学校1所13个班，学生128人；慈利县特殊教育学校1所6个班，学生81名；桑植县特殊教育学校1所10个班学生176名。全市在岗特教工作人员103名。张家界市特殊教育学校是全市唯一一所九年制特殊教育学校，现有教职工40名，承担全市特殊教育资源中心、培训中心、创新中心、指导中心作用。2020年12月，市特殊教育学校被评为湖南省“十三五”特殊教育先进单位。

【特殊教育管理】 2020年，市教育局加强特殊教育学校管理。强化学生管理。坚持以习近平新时代中国特色社会主义思想为指引，认真贯彻党的教育方针，坚持德育第一，以培养残疾学生“自尊、自信、自立、自强”为办学目标，全面推进素质教育。强化教师管理。每学期评选1次优秀班主任，每月召开1次班主任专题例会，定期开展班主任业务培训，坚持“以生为本”“为生服务”教育理念。10名教师被评为市优秀班主任，1名教师获湖南省“湖湘优秀班主任称号”。

【特教疫情防控】 2020年，张家界市坚持“停课不停学”。根据不同类别残障学生提供文化课学习、疫情防控、劳动教育、技能提升、阅读培养等在线指导，引导残疾孩子居家学习。抓疫情“联防联控”。开学后，学校储备口罩10000余只，手持测温枪4支，热成像测温摄像机1台，消毒液10件，酒精200千克。严格落实日报告制度。通过微信公众号、教师群、家长群、学生群等网络渠道开展健康教育，新冠疫情防控科普。改善环境卫生条件。对教室、宿舍、食堂、运动场、图书室、厕所等重点区域和场所环境进行全方位消毒，为师生创造卫生、整洁、健康校园环境。建立常态疫情防控机制。坚持落实每天晨检、午检及相关消毒工作，积极开展师生体育活动，加强体育锻炼，增强体质，提高免疫力。

【特教教研活动】 2020年，张家界市根据残疾学生类别及潜能，有针对性地开展个性化、“一对一”的缺陷补偿、潜能开发、康复训练等方面教育教学研究。培智班除常规课程外，创新“走班制”教学模式，按残疾孩子兴趣和能力重组分班，针对律动康复、运动康复、自理能力、言语矫治、自闭症康复五个方面潜能开发，学生行为习惯、认知水平得到较大发展，学生家长满意度100%。在省、市教育科研部门组织教育教学论文评选活动中，市特殊教育学校4篇论文获得省级一等奖，7篇论文获省级二等奖，12篇论文获市级一等奖，10篇论文获市级二等奖。

【特殊教育队伍建设】 2020年，张家界市有公办特殊教育学校专任教师71名，其中市特校35名、慈利县14名、桑植县22名。为加强特殊教育师资队伍建设，采取“引进来”“走出去”方式，全方位开展教师培训，暑期选派15名教师参加国家级培训，15名教师参加省级培训，10名教师参加市级培训，专任教师参训率56%。秋季开学，市特殊教育学校新聘3名年轻教师，其中研究生1名，本科生2名。

【残疾康复成果】 2020年，张家界市特殊教育学校建立完善“集体康复、个别化康复与家庭康复”三位一体康复模式。陈李享、陈嘉镱、樊萱呈、田紫轩、周芮涵、黎瑾萱等6名听障儿童得到有效康复，分别进入澧滨小学、崇实小学北校、解放小学等普通小学随班就读。严格按课程标准要求，开足开齐体育、艺术、律动、健康教育等课程。从德、智、体、美、劳等多角度全方位培养和促进残疾学生全面发展，学校舞蹈、乒乓球、书法等兴趣小组形成品牌效应，11月，在湖南省第三届少儿基本功大赛活动中谢炎铣获省一等奖、秦晓岚获省优胜奖。

（本栏撰稿 谭 镇 吴志锋）

职业教育与成人教育

【概况】 2020年，张家界市有中等职业教育学校8所，其中永定区2所、武陵源区1所、慈利县3所、桑植县2所。在校学生11260名，其中永定区3219名、武陵源区793名、慈利县4434名、桑植县2814名。秋季，全市中等职业学校招收全日制新生4307名，与2019年相比减少732名，下降17个百分点。市教育局将“立德树人”作为职业教育学校首要任务，深入开展社会主义核心价值观教育，弘扬劳动光荣、技能宝贵、创造伟大时代风尚，帮助学生树立正确的世界观、人生观和价值观。2019—2020学年，全市中职学生有6名被评为省级三好学生、3名被评为省级优秀学生干部、2名被评为省级优秀实习生，4个班级被评为省级先进班集体。

【职业教育办学投入】 2020年，张家界市改善中职学校办学条件，投入资金8792万元。即：张家界旅游学校扩建工程投入资金6200万元，武陵源区旅游职业学校图书馆配套改造投入资金 267 万元，慈利县中等专业学校学生公寓建设投入资金 325 万元，12 月底完成项目投资，竣工投入使用。桑植县中等职业学校产教融合发展工程建设项目投入中央专项资金 2000 万元，已完成主体工程。

【职教队伍建设】 2020 年，张家界市职教人才培养主要开展以下工作：抓师资专业培训。全市选派 113 名教师参加卓越校长专题研修、管理人员专题研修、全国中等职业学校学生管理信息系统新功能等项目培训学习。选派 85 名教师分别参加专业带头人领军能力研修、教师企业实践、优秀青年教师跟岗访学、贫困地区中职学校教学能力提升、中职学校阳光德育体系建设、职业院校公共课骨干教师培训、文体专干综合能力提升、信息技术应用能力等 8 个项目培训。抓以赛促训活动。全市有 6 所中职学校组成 62 个团队报名参加课堂教学比赛活动。从中遴选 23 个团队、6 名专业教师、2 个班主任团队分别参加“湖南省职业院校教师职业能力比赛”，其中“课堂教学”“专业技能操作”“班主任基本功”等 3 个项目参赛教师，获省一等奖 1 个、二等奖 1 个、三等奖 7 个。

【职业技能培养】 2020 年，市教育局出台《张家界市中等职业学校专业教学团队建设总体规划（2020—2022 年）》。张家界旅游学校胡晓君“旅游服务与管理”专业教学团队、慈利县职业中等专业学校向延宏“果蔬花卉生产技术”专业教学团队，被立项为“省级专业教学团队建设”。全市职教中心组织“两后生”各类培训达 2188 人次，其中永定区 200 人次、慈利县 1358 人次、桑植县 630 人次。组织技能大赛。在全省职业院校技能大赛活动中，张家界市选派学生代表 49 名，获省一等奖 1 个、二等奖 5 个、三等奖 10 个；在湖南省黄炎培职业教育奖创业规划大赛活动中，桑植县职业中等专业学校作品《湘野铺子》获省优胜奖。为学生就业导向。2020 年，全市中职毕业生 4086 名，其中直接就业 1737 名，升入高等院校 2282 名，直接就业和升入高等院校学生数占毕业生总数的 98%。

【电大招生考务】 “十三五”规划期间，张家界市电大系统学历教育招生 5504 名，其中开放教育 2618 名，农民大学生 2445 名，村（社区）定向培养生 173 名，奥鹏教育 268 名。截至 2020 年 12 月底，全市创建实践教学基地 7 个，投入资金 7 万元，4287 名学员顺利毕业；组织 7 次全省行政执法资格电子化考试，12909 人参加考试。2020 年，电大通过微信、QQ 群、微信公众号、网站等，开通在线招生平台，招学员 793 名，其中开放教育 382 名、农民大学生 238 名、村（社区）定向培养生 173 名。安排课程 355 门，其中本科 156 门，专科 199 门。2020 年，在籍学员 4091 名，6 月毕业学员 958 名。

【终身教育】 2020 年 7 月，市教育局等八部门联合出台《关于进一步推进社区教育发展的实施意见》为开展公民终身教育提供政策依据和制度保障。由市电大组织 6 名专家进入 10 个社区进行宣讲，2100 名市民思想接受启迪，9—11 月组织开展“让学习伴随一生”公益宣讲活动，3 个社区，6 所中小学 1900 人聆听宣讲。12 月 4 日，以“让学习伴随一生”为主题的 2020 年张家界市全民终身学习活动周正式启动，市委副书记刘绍建出席开幕式并讲话，活动表彰张家界市代表在湖南省“百姓学习之星”评选活动中获奖单位和个人。

（本栏撰稿 谭 镇 吴志锋）

【张家界市高级技工学校概况】 2020 年，张家界市高级技工学校有建筑面积 86748.16 平方米，二期规划建筑面积 133891 平方米，在籍学生 3377 人，教职工 208 人，教师 142 人，其中省以上技术能手 2 人，省级技能大师 1 人，市级技能大师 1 人，高级讲师、高级实习指导教师 21 人，技师、高级技师 30 人，双师型教师 43 人，本科及以上学历教师 122 人，有博士 1 人，硕士 14 人。

【张家界市高级技工学校申筹工作】 2020 年，张家界市高级技工学校申请筹设湖南旅游技师学院工作取得阶段性进展。5 月 13 日，省技工院校论证评估专家组来校实地调研。11 月 2 日，省人社厅组织技师学院评估专家组通过听取汇报、现场察看、查阅资料、调查座谈、听课评教等方式对湖南旅游技师学院筹设准备工作进行评估，评估专家组采用量化计分办法，逐条对照湖南省技师学院筹设论证评估标准对张家界市高级技工学校进行评估，评估得分为 957 分（总分 1000 分）。

【张家界市高级技工学校招生就业】 2020 年，张家界市高级技工学校招收新生 1582 人（含高级班），在校学生规模达 3377 人，生源覆盖湖南、湖北、江西等多个省市，其中旅游管理、电子商务、中式烹调、汽车维修等专业备受学生家长青睐。2020 届毕业生导游考证合格率 68%，就业率达 98%。

【张家界市高级技工学校校企合作】 2020 年，张家界市高级技工学校与武汉海尔、安徽长安汽车、奇瑞汽车、湘投阳光等 30 余家企业建立深度校企合作关系，全年投入 200 万元专项资金完善改进实习实训场地设施设备，提高技能培训基础能力。

【张家界市高级技工学校参赛获奖】 2020 年，张家界市高级技工学校学赛结合，以赛促学，组织 20 名信息工程系学生参加 2020 年湖南电子商务师（跨境电子商务师）职业技能大赛，取得2类11项奖励荣誉。教师黎春晖参加张家界市“最强创业服务人”竞赛，获得张家界市“最强创业服务人”荣誉。

【张家界市高级技工学校职业培训】2020年，张家界市高级技工学校完成培训办班报备240个，开展技能培训10462人次，完成结业或鉴定考试10262人，实现培训收入1729万元。（本栏撰稿 覃 珮）

民办教育

【概况】2020年，张家界市有各级各类民办学校703所，涵盖覆盖幼儿教育、小学教育、中学教育、职业教育四个层面。其中民办幼儿园234所，民办普通中小学7所，高考补习学校2所，民办中等职业学校3所，校外培训机构457所。2019年12月5日—2020年4月10日，市教育局成立专家组对701所民办学校（含幼儿园、培训机构）办学情况进行评估，其中优秀等级198所、合格等级420所、基本合格等级30所、不合格等级12所、未评41所，评估结果由市教育局发文向社会公布。

【民办学校创办】2020年，张家界市教育局同意香港雨露集团创办兴建一所集幼儿园、小学、初中、高中于一体寄宿与走读相结合的全日制民办学校——张家界雨露学校，2020年秋季投入使用。同意湖南金海教育集团创办兴建张家界市金海高级中学，2020年秋季投入使用，校址位于永定区枫香岗街道丁家溶社区，占地面积114亩，建筑面积9万平方米，总投资3.5亿元。协调安徽北大邦教育投资有限公司和张家界市侨辉高级中学合作办学，创办张家界北大邦侨辉实验学校，并为该校办学规模进行专项回复。同意由广州市金铎教育集团和张家界市湘粤教育科技有限公司联手与湖南长郡远程教育合作办学，校名为慈利县银澧国际学校，该校是一所以小班化为特色民办寄宿制学校，校址为慈利县零阳镇董家岗，占地102亩，总投资1.86亿元，2020年秋季投入使用。

【民办教育“三抓三促”】2020年，张家界市教育局出台《关于进一步动员全市民办教育机构积极参与教育脱贫攻坚战实施方案》，促使民办教育机构积极参与教育脱贫攻坚战，为决战决胜脱贫攻坚，全面建设小康社会做出贡献。民办教育机构通过资助建档立卡贫困户学生、向贫困地区定点采购物资、帮扶贫困地区薄弱学校、培训帮扶农村学校教师、培育特色产业项目等方式，投入教育脱贫攻坚战。市政府副市长邹菊芳为联系市领导，市教育局为后盾单位，联系湖南神舟医药有限公司、张家界市金海中学、中医药健康旅游产业园。市政府副市长邹菊芳亲自带队深入项目基地开展调研；市教育局分管领导带领民办教育科负责人多次到企业、到项目部掌握工作进展，及时汇总上报市委“三抓三促”（抓上门服务、抓马上就办、抓限办结，促问题解决、促要素保障、促预期目标）办，促进企业的发展和项目建设进度；到市委、市政府“三抓三促”办公室进行沟通协调，促进工作顺利开展。

【公民办教育协调发展】2020年，市教育局向市委、市政府提交公民办中小学教育协调发展意见。张家界市义务教育阶段民办教育比例应控制在15%以内，高中教育阶段民办教育比例应控制在30%以内，近5年内市中心城区不宜再引进新的民办教育资源。

【民办平安校园建设】2020年，张家界市抓好民办学校（包括民办教育培训机构）疫情防控工作。5月以前，通过明察暗访，认真贯彻落实市新冠疫情防控指挥部关于对校外培训机构和民办幼儿园疫情防控刚性要求，建构线上培训机制，确保新冠疫情零感染。5月以后，积极指导校外培训机构和民办幼儿园复训复园后疫情防控工作，确保疫情防控万无一失，积极协调做好疫情防控期间各项优惠政策落实，尽量为民办学校减少损失。狠抓安全管理，打造民办平安校园。为确保民办学校学生在校安全，市教育局下发“关于切实加强民办学校安全工作的通知”，要求民办学校和幼儿园对照通知要求进行自查，及时整改，强化教育行政部门管理、指导和监督。对幼儿车辆接送、食品卫生等方面作硬性规定，要求建立严密的安全制度，层层分解，责任到人，杜绝事故发生。由于各民办学校对安全工作高度重视，始终紧绷“安全第一，预防为主，防微杜渐”这根弦，2020年，张家界市民办学校没有发生一起重大安全责任事故。

【民办学校党建】2020年，市教育局下发《关于加强张家界市中小学民办教育机构党建和思想政治工作的通知》，对全市民办学校要求党组织全覆盖，教育行政部门将民办学校党建工作纳入教育工委统一领导、统一部署、统一管理、统一检查督促。对全市民办学校所有党员进行一次普查和登记。成立民办学校党支部加强党建工作，定期召开党员民主生活会，定期发展党员，要求全体党员充分发挥先锋队作用，模范带领全体教职工爱岗敬业，为发展民办教育做出自己的贡献。

（本栏撰稿 谭 镇 吴志锋）

学校安全教育

【概况】 2020年，张家界市教育局强化学校安全管理举措，截至12月底，全市中小学学生非正常死亡8人（其中桑植县4人，永定区2人、慈利县2人），全市教育系统没有发生一起群体性安全责任事故和较大以上安全责任事故。

【学校安全管理】 2020年，召开全市学校安全管理工作（视频）会议8次，覆盖到市、区县、乡镇（街道）三级党（工）委政府（街道办）和市学校安全工作委员会各成员单位及全市各级各类学校，全面统筹、定时调度、重点推进2020年全市学校安全管理工作，统一思想，厘清思路，分解任务，压实各单位责任。相关部门联动抓，新增市委宣传部、市委政法委、市委网信办、市人民检察院、市司法局等11个部门为市学校安全委员会成员单位。

【学校安全教育】 2020年，市教育局加强宣传教育，全面提高安全意识，各级各类学校严格落实安全管理制度，强化安全教育。坚持课堂教。每学期均有安全教学计划，每月均有固定教育主题，突出“防火、防溺水、防欺凌、防性侵、禁毒、交通、食品、防汛、防暴力”等内容，落实时间、人员、师资等保障，提升安全教育质量。坚持活动讲。结合“开学第一课”“国家安全宣传日”“国家网络安全宣传周”“安全生产月”“食品安全宣传月”“国际减灾日”“全国消防安全日”“全国交通安全日”等一系列活动，制作精美课件、宣传册，开展生动有趣活动。坚持天天提。全市各级各类学校坚决落实“安全第一，预防为主，综合治理”总方针，坚持每天放学、周末、节假日安全提醒制度，做到安全提醒时时讲，预警提示及时传。坚持专项练。为提升学生应急反应能力和学校应急处置能力，在消防、公安、市场等部门指导下，学校结合实际情况，完善预案，开展应急疏散、反恐防暴、食品安全等应急处理演练。

【学校安全重点治理】 2020年，张家界市抓“平安校园”创建。各地各校加大安全工作投入力度，加强校园“4个100%”（指中小学专职保安员配备率、学校封闭化管理率、一键式紧急报警和视频监控系统达标率、学校“护学岗”配备率）建设，逐步配齐配足安保器械，完善“技防”设施，建立符合资质安保队伍和应急救援队伍。截至9月底，全市中小学、城镇幼儿园已全部实现封闭化管理，专职保安配备分别达到93.4%、85.8%，一键式紧急报警和视频监控实现与公安部门联网分别达到97.6%、86.3%，城镇中小学“护学岗”设置已全面完成目标任务，230所城镇幼儿园完成“护学岗”设置，完成率达98.3%。抓交通集中整治。全市完成校车安全监管平台，中小学、幼儿园全面落实校领导陪餐制度，学校食堂“互联网+明厨亮灶”覆盖率大幅度提高，截至10月底，全市完成“名厨亮灶”450个，完成率91.8%。抓季节性风险防范。全市经历11轮强降雨，市教育局采取提前放学2次，停课3次，停考1次，高考、中考期间，连夜制定多部门护送方案2套，研究护送路线85条，全市学校安全度汛。强化“五一”、端午、暑假等假期安全提醒，压实属地责任，对危险水域警示标牌、安全隔离带、防护栏、求救电话标识等损毁损坏的及时全面进行更换，2020年全市无学生溺亡责任事故发生。抓督导检查确保工作落到实处。春、秋学期开学，市教育局均派出5个专项督查组，由局领导班子成员带队对所辖学校开展地毯式安全检查。春季学期，联合公安部门等部门，重点督查学校法律教育开展情况、管制刀具收缴工作、学校安全隐患排查治理、门卫值班值守等工作情况。秋季学期，副市长邹菊芳带领教育、文旅、公安、消防救援等8个职能部门对全市校园安全工作进行联合大督查，全面加强教育系统安全风险防控和安全隐患排查整治。全年市教育局牵头组织开展中小学安全督查活动30余次，参加督查人员114人次，督查各级各类学校80余所，进一步摸清底数，整改隐患，压实责任。

（本栏撰稿 谭 镇 吴志锋）

学校体育、卫生、艺术与国防教育

【概况】 2020年，市教育局将体育、卫生、艺术与国防教育“四课”开课设节、教育教学，纳入教育督导与评估范畴，全市体育与健康课开课率达90%以上，音乐课开课率达75%以上，美术课与国防教育课开课率达70%以上；大课间活动每天上午30分钟，每天锻炼1小时得以落实。以开展阳光“体育艺术2+1”和“一校一品”等活动为契机，乡镇中心完小以上学校每年举办1次田径、球类比赛和艺术节，每个学生至少掌握2项终身受益的体育锻炼项目和1项艺术特长等技能培养在实施过程中。

【体育教研活动】2020年，张家界市按照《国家学生体质健康标准》实施方案，全市中小学“人人皆知，个个参加”阳光体育运动基本形成。积极开展体质健康标准检测活动。2020年，检测中小学206所，达标上报195所，达标率94.7%。规范中小学体育考试。根据《张家界市初中毕业升学体育考试工作方案》，

12月10日组织区县教育局相关负责人，邀请家长代表、体育教师代表举行2021年初中毕业体育考试项目抽签仪式，明确2021年考试项目。抓体育师资水平提升。要求区县配齐专职教研员，将以往两年一届体育与健康教育教学评优活动改为1年1次，活动涉及全市在职专任体育教师714人，以提升体育教师教育教学水平。

【体育设施建设】 2020年底，全市83所中学均有200—400米不等田径场1块、2—10个标准篮球场、10张左右乒乓球台。张家界市一中、张家界国光实验学校、慈利县一中、市民族中学均建成大型综合体艺馆，永定区张家界国光实验学校、张家界天门小学，武陵源索溪中心学校，慈利县岩泊渡小学、苗市小学、许家坊小学，桑植县官地坪中学均投资建成人工草坪足球场。“十三五”期间，全市中小学体育用地、场馆设施建设和体育专用器材等经费投入1亿元。

【体育赛事活动】 2020年，张家界市桑植一中和张家界国光实验学校代表张家界市参加湖南省校园足球高中联赛和初中总决赛，均获省三等奖；组队参加湖南省校园足球夏季训练营活动，男女均获省级二等奖。慈利县许家坊中心完小许聪聪同学参加全国校园足球夏令营活动，入选“全国最佳阵容”，并被教育部评为全国校园足球“未来之星”。在2020年湖南省中学生田径运动会中，慈利县一中田径队代表张家界市赴省参赛，夺得4金、3银、4铜，团体总分获全省第一名。2020年12月7—14日，在武陵源区第一中学成功举办全市第五届中小学生校园足球联赛，30个“全国校园足球特色学校”组成43支代表队，700多名运动员参赛。

【学校艺术教育】 2020年，张家界市出台全市中考艺术素质测试方案。组织骨干音乐教师进行中考艺术素质测试（音乐学科）题库建设，并对武陵源区700名考生音乐学科演唱部分进行人工定标。组织开展戏曲教学竞赛活动。张家界市遴选7堂课参加“2020年湖南省小学戏曲教学竞赛现场展示活动”，其中桑植县思源学校崔春老师执教课获省一等奖。启动“非遗”进校园项目。12月28日项目启动仪式在张家界天门小学进行，全市成立5个“非遗”名师工作室。

【健康卫生教育】 2020年，印发《关于进一步做好全市教育系统创建国家卫生城市工作的通知》《关于张家界市创建国家卫生城市整改任务交办单》《创建国家卫生城市督查问题交办函》等文件，市教育局副局长王育杰于5—6月3次主持召开全市教育系统创国卫工作推进会。加大学校环境整治力度。春、秋两季开学，市教育局对全市中小学组织开展环境卫生大排查活动。消除卫生死角，保证校园干净、整洁、美观。抓好生活垃圾分类管理工作；建立卫生室或保健室，配备专职卫生技术人员或兼职保健教师。组织学生体检。全市中小学每年进行1次健康体检逐渐形成常态，其中永定区、武陵源区义务教育阶段学校基本建立学生体检制度，学生体检费已列入学校公用经费开支。深入开展健康教育。学校健康教育课开课率达100%，学生健康知识知晓率、健康行为形成率和小学生洗手方法准确率均达90%以上。

【中小学国防教育】 2020年，张家界市每学年新生入学，不仅向学生传授国防知识，还要求学生树立国防意识，激发学生爱国热情。实施办法做到“四个坚持”。坚持教育与宣传并重。将国防教育内容纳入中小学有关课程，开展实践活动；配发《人防知识教育读本》，配合常规教学，通过黑板报、广播站、校园网、校刊、标语等多个层面，多个角度，宣传国防知识、加强国防教育。坚持课内与课外相结合。通过人民防空知识教学，充分利用现有教学器具，给学生展示、演示与示范。课后发动学生自己动手制作防毒面具、防毒口罩、防毒眼镜器材，培养学生动手能力，强化学生自保自救意识。坚持教学与媒体相结合。采用生动活泼教学方式，组织学生集体观看时事新闻、相关电影以及历史资料片，让学生学会如何应对各类突发性事件。坚持国防教育与各学科教学自然渗透。要求任课教师在课堂教学这一环节，将国防教育自然渗透到各学科教育教学中去。

（本栏撰稿 谭 镇 吴志锋）

师资培训

【概况】 2020年，全市中小学教师参加县级以上培训30676人次。其中：参加国家级中小学教师培训培计划98个项目3572人次，参加省级中小学教师培训培计划30个项目74人次，组织市级中小学教师培训培计划7个项目6584人次，以及县级中小学教师培训培计划143个项目20446人次。组织全市中小学教师业务培训6337人，其中：小学信息技术新教材培训239人，中等职业学校10门公共基础课课程标准培训114人，信息化应用能力培训5845人，初中学业水平考试命题培训48人，特殊教育学校教师培训（含跟岗培训）91人。纵向看，以“国培计划”为中心，以省、市、县、校为支撑的五级培训网络日趋完善；横向看，教师培训面覆盖中小学行政管理、后勤管理、教学管理、团队工作、一线教师等不同群体。培训内容丰富多彩，包括师德师风、教育理论、教育思想、教育管理、教育技术、教学方法、教学技能、教学诊断、心理健康等。继桑植县、慈利县、永定区之后，武陵源区成为湖南省第五批"国培"计划项目县，张家界市两区两县全部成为湖南省"国培"计划项目县。2020年，市财政安排张家界市"双名"工程（中小学名优校长、中小学名优教师）专项经费150万元对遴选出的20名市级名优校（园）长、80名市级学科带头人、200名市级骨干教师，分别给予市政府人才津贴5000元、5000元、3000元，安排名教师工作坊配套工作经费34万元。

【中小学教师队伍建设】 2020年5月，选拔优秀初高中毕业生428名加入省公费定向培养师范生队伍。2020年招录普通中小学特岗教师89人，补充"三区支教"教师91人，乡村中小学教师队伍不足现状有所缓解。积极探索实施省公费定向师范生扶贫计划，以桑植县为试点在全省率先实施"省公费定向师范生扶贫计划项目"，依托长沙师范学院每年培养50名建档立卡贫困户子女，其成果在全省推广。2020年，张家界市有1052人通过教师资格证书认定，并合法取得教师资格证书。继续实施教师资格定期注册制度，754名教师申请首次注册，合格669名、暂缓注册63名。

【教师职称评审】 2020年，张家界市贯彻落实省职称改革工作领导小组办公室和省中小学教师系列职称改革工作领导小组《关于印发〈湖南省中小学教师系列职称申报评价及管理办法〉的通知》（湘职改办〔2019〕8号）和省教育厅、省人社厅《关于中小学教师职称评审中对农村学校或薄弱学校任教经历要求的处理意见》（湘教通〔2016〕570号）之规定，严格向"一线教师倾斜"政策，深受基层教师欢迎，并产生较大社会反响。刚性要求：中级职称评聘必须有1年以上农村学校或薄弱学校任教经历、高级职称评聘必须有2年以上农村学校或薄弱学校任教经历。对在农村和艰苦边远地区工作满20年和30年的初级、中级职称的中小学乡村教师申报上一级职称时，学历和普通话要求放宽一个等次，不作论文和计算机应用能力要求。在乡镇以下学校（片小、村小）任教教师，每年记0.6分，在教学点任教教师每年记1.2分，在乡镇政府所在地学校任教教师每年记0.4分，城区教师的农村工作经历每年记0.3分，城区教师选派到农村乡镇学校支教每年记1分，选派到村小学任教每年记1.5分，乡镇所在地教师选派到村小学任教每年记1分，让乡村教师在专业技术职务晋升中得到实惠。2020年，张家界市412名教师申报中小学教师高级职称，通过215人，通过率为52.2%；25名教师申报中职学校讲师，通过17人，通过率为68%。12月，张家界市褚泽民、李春明、陈琳、莫洪球、陈良云、刘灵芝等6名中小学教师获准晋升为湖南省中小学正高级教师；邓四清、龚华蓉、匡辉、李东海、彭永谦、朱声文等6名教师被评为湖南省第十一届中小学教师特级教师。

【教师工作坊】 2020年，张家界市是湖南省第一批教师工作坊研修区域整体推进试点单位。"教师工作坊"研修被市教育局提升为教师专业素质"一号工程"，实行"一把手"负责制。截至12月底，创建教师工作坊51个，其中：市级12个、区县级39个（永定区10个、慈利县20个、桑植县9个），覆盖学前、小学、初中、高中四个层次，开设学科工作坊45个（其中：高中9个、初中20个、小学16个）、班主任工作坊2个、学前教育工作坊4个。培训总人数2615人，上线率、合格率均达100%。

（本栏撰稿 谭 镇 吴志锋）

教育科学研究

【概况】 2020年，教育科研主攻方向是全面推进高中新课程改革。市教科院为贯彻落实高中新课标、新教材规定的学习目标和任务，有效推进全市高中新课程改革，具体开展以下工作：抓新课标、新教材学习培训。8月1—3日线上线下培训。线上：组织全市高中思想政治、语文、历史骨干教师和相关学科教研员参加国家级线上培训，参培率达90%。线下：组织举办全市非统编教材，即数学、英语、物理、化学、生物、地理、体育与健康等学科线下培训，参训率达98%。推进新高考改革。聘请专家举办普通高中课程与高考制度改革培训讲座，现场解决棘手问题；建立高考研究工作群，宣传新高考改革政策，及时解答学校在新高考改革过程中遇到的困难和问题；建立骨干教师工作坊，为学科教师适应新高考进行专题研究，为教师释疑解惑。

【教研活动】 2020年，张家界市组织开展全市高三年级课堂教学示范活动。为提高全市农村普通高中教学质量，有针对性地抓好备考，市教科院利用骨干教师工作坊采取集体听课评课，反复探索研究，为各学科精心打磨3—5堂优质课，给高考备考教学提供示范。组织开展高中联考网络评价。举办高中一、二年级期末联考网络评价活动，利用网络平台进行线上交流，既促进学科间交流又提升教学水平；高三年级引进教育发达地区教育资源，举办全市联考，既弥补本地教育资源不足，又为教师备考提供目标。下沉基层学校送教送研。2020年，市教科院向区县教育局送教送研3次，指导课题研究20次，下沉中小学教学一线送教送研30次，指导课题研究工作30次。积极推进学科名师工作室建设。义务教育学科工作室以区县为主组建，高中学科工作室和小科目工作室以市教科院为主组建。组织开展中小学骨干教师工作坊研修工作。中小学骨干教师工作坊由市教育局牵头组建，区县教育局制定具体研修实施方案。2020年，疫情期间全市中小学教师通过线上线下研修,共同学习,取长补短，形成良好学习共同体。

【教研成果】 2020年，张家界市在全省“信息技术与学科教学深度融合”在线集体备课大赛活动中，2名教师获省特等奖，6名教师获省一等奖，39名教师获省二等奖，100名教师获省三等奖。在全省中小学教师录像课教学比赛活动中，张家界市有11堂课获省一等奖（其中小学语文3堂、小学数学5堂、初中物理2堂、初中英语1堂）。在全省“立德树人”教学风采大赛活动中，张家界市崇实小学北校刘晶晶老师获省一等奖。“一师一优课，一课一名师”活动。2020年，在省“一师一优课，一课一名师”评选活动中，张家界市有22堂课被评为省优课。教学论文评选活动。在湖南省教育学会论文评选活动中张家界市有202篇论文获省奖励，其中省一等奖48篇、二等奖68篇、三等奖86篇。组织全市教育科研机构建设现状调研活动，为省教科院提供1份有价值的调研报告，对湖南省教研队伍建设具有一定参考价值。

（本栏撰稿 谭 镇 吴志锋）

教育技术装备与信息化

【概况】 2020年，张家界市教育装备和教育信息化环境建设不断补充完善。全市新增理化生和小学科学实验室38间、仪器室24间，投入资金611.5万元；新建计算机教室24间（其中云计算机室18间）、配备教师专用计算机（含笔记本电脑）1353台、新增班班通教室终端429间、智慧教室1间、数字实验室5间，已建成录播教室（含网络联校）70间，投入资金3632.3万元。不断补齐“三通工程”建设短板。全市有467所中小学（含教学点241所）“校校通”宽带接入完成率达100%。截至12月底，全市完成4116间多媒体教室建设并实现“优质资源班班通”应用，完成率为86.14%。全市约11000名教师注册个人空间，100%完成年度目标任务，其中94.3%的教师能利用空间进行网络教研、网上备课和资源汇集共享等工作。永定区、桑植县完成“湖南省农村网络联校群建设实验县市区”信息化环境建设，为促进教育均衡发展，提升农村学校教育信息化水平打下坚实基础。2020年，新冠疫情突如其来，“教师离校不离教，学生停课不停学”，全市中小学全面开展线上教学活动。疫情期间，为全市6826名教师和32732名经济困难学生分别提供“50G助教流量包”“20G助学流量包”。接受爱心企业天闻数媒科技（北京）有限公司向张家界品学兼优的贫困学生捐赠学习平板电脑400台，新冠疫情期间为全市中小学生线上学习提供服务。

【强化网络管理】 2020年，针对学生线上学习需求，市教育局加大教育网络安全管理，制定网站及网络安全工作责任制。坚持谁主管谁负责原则。将网络安全纳入总体目标考核内容之一，并将目标任务层层分解，做到年初有布置，平时有检查，年终有考核。大力推进农村网络联校建设。2020年完成永定区、桑植县农村网络联校群建设实验县信息化基础设施建设，确保网络联校主分校基本教学需要。市教育局启动全市网络联校管理平台建设，对全市网络联校进行统一管理与调度，构建网络联校常态化应用机制。

【教育信息队伍建设】 2020年，张家界市培训提升教育信息化的领导力和执行力。全市选派13名区县教育局副局长、中小学校长、骨干教师分别参加教育部组织的2020年教育信息化局长培训班、中小学校长培训班和“网络学习空间人人通”专项培训班；组织870名教师参加第21届全省中小学电脑制作活动在线培训，组织市、县、校管理员240名参加湖南省多媒体教室全覆盖数据核查等工作线上培训。促进教育装备和实验教学深度融合。根据《湖南省义务教育学校办学标准》要求，推进学校教育装备标准化建设，开展中小学教育装备质量抽查，组织开展全市中小学图书馆图书审查清理专项行动，优化图书馆藏结构，提高馆藏质量，提升图书馆在学校教育教学中的地位和作用，进一步加强学校意识形态工作，落实立德树人根本任务。

【教育信息化应用研究】 2020年，张家界市参加湖南省教育信息技术研究课题申报和开题论证工作，全市向省申报课题11个，成功立项10个。在全省“一师一优课、一课一名师”评选活动中，全市有8131名中小学教师参与，晒课110694堂，完成省定任务386%，区县教育局向市推荐优课76堂，市教育局向省推荐优课33堂。张家界敦谊小学、张家界民族小学被省教育厅确定为“2020年教育信息化创新试点项目”承担单位。

【教育信息化成果】 2020年，张家界市积极参加省以上各种教育信息化赛事活动，成果喜人。在第21届湖南省中小学电脑制作活动中，数字创作类：向省推荐31件作品，27件获省奖项（其中一等奖3件、二等奖9件、三等奖15件），向全国推荐2件作品参加全国评比，均获“创新之星奖”；教育教学专项类：教师线上报送9件作品均获省奖项（其中：一等奖2件、二等奖1件、三等奖6件）；线上交流展示活动：15支队伍获省奖项（其中：一等奖1个、二等奖5个、三等奖9个），1支队伍被推荐参加国赛。张家界市教育局、永定区教育局、慈利县教育局、武陵源区军地小学和慈利县零阳镇第一完全小学获省“最佳组织奖”。在2020年全省中小学教育教学信息化作品征集活动中，张家界市中小学向省推荐30件作品，25件获省奖项（其中一等奖2件、二等奖8件、三等奖15件）。组织参加2020年全省中小学实验教学说课活动，推荐9名教师参赛，8名教师获奖（其中：一等奖2人、二等奖4人、三等奖2人），张家界市教育局获优秀组织奖。

（本栏撰稿 谭 镇 吴志锋）

招生考试工作

【概况】 截至2020年12月底，市考试院组织进行普通高校招生全国统一考试、全国英语等级考试（PETS）、高等教育自学考试、普通高中学业水平考试合格性考试、中小学教师资格考试（笔试）、湖南省硕士研究生招生考试、全国成人高校招生统一考试、成人学士学位外语水平考试等8大类型考试，组考无一差错，事故发生率为零。高考、学考、中考“三考”期间，疫情、雨情、汛情“三情”叠加，给考试组考安全带来严峻挑战，市委书记虢正贵亲自调度、担当作为，以史上最严标准、最严措施、最严纪律进行高密度部署、高频次调度、高强度指挥，确保张家界考试安全。实现“健康高考、公平高考、平稳高考、温馨高考、诚信高考”目标任务，张家界高考组织工作作为“湖南特色”工作得到教育部高度肯定。

【考试条件提升】 2020年，张家界教育系统加大考试场地升级改造。全市投入资金1251万元用于建设标准化考点和考点升级改造。其中：永定区投入380多万元，新建新一中考点；武陵源区投入211万多元，对区民族中学考点进行升级改造；慈利县投入275万元，对县保密室、慈利一中、金慈小学两个标准化考点设施设备进行升级改造；桑植县投入215万多元，对桑植一中考点及保密室进行升级改造。教育考试安全环境进一步提升。2020年，在市委市政府统筹指挥下，各区县教育局主动加强与公安、保密、无线电管理、工商、宣传、互联网管理等部门联系与协调，持续开展“净化涉考网络环境”“打击销售作弊器材”“净化考点周边环境”“打击替考作弊”4个专项行动，重点防范和打击高科技作弊，保持对“助考”犯罪高压打击态势，安全防护网络进一步织细织密。诚信参考、诚信考试氛围越来越好，教育考试事故零发生，“爱心送考”“阳光招考”越来越被社会认可。

【普通高校招生考试】 2020年，普通高校招生全国统一考试于7月7—8日举行。全市有8431名考生参加统考，其中永定区2483名，武陵源区371名，慈利县3093名，桑植县2484名。全市设有4个考区、6个考点，299个考室。其中永定考区设2个考点，92个普通考室、9个备用隔离考室；武陵源考区设1个考点，15个普通考室、3个备用隔离考室；慈利县考区设2个考点，107个普通考室、11个备用隔离教室；桑植县考区设1个考点，85个普通考室、9个备用隔离考室。

【成人高校招生考试】 2020年10月24—25日，张家界市组织举办成人高校招生全国统一考试。全市有7365名考生参加报考，设3个考区、4个考点、270个考室。其中永定区考区：应考人数5772名，设2个考点，200个考室；慈利县考区：应考人数694名，设金慈实验小学1个考点，30个考室；桑植县考区：应考人数899名，设澧源中学1个考点，40个考室。12月26—28日，组织举办2021年湖南省硕士研究生招生考试。全市有1789名考生参加报考，其中准予参考1787名，考点设张家界市第一中学。

【高等教育自学考试】 2020年，张家界市组织举办2次高等教育自学考试。第一次，考试时间：8月1—2日。全市报考人数1011名，3351科次，考点设在张家界市民族中学。第二次，考试时间：10月17—18日。全市报考人数911名，2625科次，考点设在张家界市民族中学。

【高中学业水平考试】 2020年7月11—13日，张家界市组织承办普通高中学业水平合格性考试。全市有8683名考生参加统考，其中永定区2647名，武陵源区319名，慈利县3092名，桑植县2625名。全市设4个考区、6个考点、296个考室。

【社会考试】 2020年7月9—10日，张家界市组织举办全国英语等级考试（PETS）。全市设张家界市一中、慈利县一中、桑植县一中、武陵源区一中4个考点。参考考生1615名，其中永定区1136名、武陵源区271名、慈利县144名、桑植县64名，均为口语测试。10月31日，组织举办中小学教师资格考试笔试全国统考。全市有7187名考生报考，14826科次，设张家界市一中、张家界市民中、张家界市航空工业职业技术学院3个考点。11月7日，组织举办成人学士学位外语水平考试，全市有410名考生参加报考，考试科目有英语、日语。考点设在张家界市民中，15个考室。

（本栏撰稿 谭 镇 吴志锋）

毕业生就业指导

【概况】2020年，张家界市属地高校毕业生5719名（其中：本科3054名，专科2665名），已就业4894名，就业率85.57%。张家界市生源高校毕业生7127人（其中：本科4410名，专科2717名），离校通过实名就业信息登记662名，已就业295名，就业率44.56%。2020年，张家界市实施农村特岗教师计划89名，“三支一扶”计划26名（其中支教1名）。教育部直属师范院校毕业生31名，10名签约本地就业。全市实施公开招聘教师312名，人才引进教师74名；为253名基层就业项目服务期满毕业生及公费师范毕业生落实岗位编制（其中：特岗教师104名，“三支一扶”支教7名，部属公费师范生10名，省公费师范生132名）。配合人社部门为属地高校615名毕业生（其中湖北籍毕业生81名）落实2021届符合条件毕业生求职创业补贴92.25万元。

【毕业生档案管理】2020年，全市加强高校毕业生档案管理，为高校毕业生免费接转档案，为升学、落户、入伍、出国留学、入职等毕业生提供就业指导与服务。2020年，库存高校毕业生档案28000余份，严格提档手续，认真做好档案接转信息登记，确保毕业生档案接转不出差错。在新冠肺炎疫情防控期间，严格按照市疫情防控指挥部要求，为避免现场办事人员聚集，采取线上申请、电话预约等服务方式为高校毕业生提供信息咨询，为入伍、录取研究生、出国留学毕业生政审等提供相关指导服务达4000余人次，配合29家企、事业单位完成50余名录用人员录用前的档案查阅政审工作。2020年，为大中专毕业生接转档案4144份（其中：接收档案2924份、转递档案1220份），为30名毕业生办理就业改派手续。为更好地为毕业生提供便捷、高效、优质服务，市就业指导中心加强与省内高校工作联系，积极做好就业招聘信息收集与宣传，并将张家界市人才引进岗位需求信在湖南省毕业生就业创业网、湖南省内部分高校校园网予以发布。

【就业指导服务】2020年张家界市教育局做好定向培养“少数民族高层次骨干人才”毕业生、教育部直属免费师范毕业生就业指导与服务。根据“生源归口、双向选择、政府推动”就业原则，鼓励毕业生自主择业、灵活就业。2020年，张家界市教育部直属师范院校公费师范毕业生31名，通过参加双向选择活动，10名毕业生签约本地就业。拓宽就业渠道，配合人社、属地高校举办招聘活动，为毕业生和用人单位搭建供需见面平台。2020年，举办大小型线上线下招聘活动63场次，参与招聘用人单位281家，提供就业岗位7326个，达成就业意向2410人。配合相关部门为市属地高校毕业生落实就业帮扶政策。根据人力资源社会保障部、教育部、财政部《关于做好高校毕业生求职补贴发放工作的通知》精神，配合市人社局、市财政局完成市属地高校2021届毕业生求职创业补贴审核发放工作，市属地高校534名毕业生符合条件获得求职创业补贴80.1万元。2020年，受新冠肺炎疫情影响，另有81名湖北籍毕业生纳入求职创业补贴范围，获得求职创业补贴12.15万元。加强创新创业教育，落实创业培训政策，组织开展“互联网+”大学生创新创业大赛等活动，为毕业生就业创业提供服务指导，鼓励毕业生自主创业、灵活就业。各高校以举办“互联网+”大学生创新创业大赛及创业培训等形式，把创新创业教育融入人才培养全过程。组织活动35场次，1050名大学生参加培训。实施离校未就业高校毕业生就业促进计划。为679名实名制未就业失联毕业生通过查阅档案、毕业生就业情况平台等渠道同毕业生或家长取得联系，提供精准就业信息服务，其中662名毕业生通过网络平台完成档案确认、求职登记。

（本栏撰稿 谭镇 吴志锋）

党建与思想政治工作

【主题教育活动】2020年，张家界市教育系统思想政治教育主题是“以立德树人为根本聚焦发展核心，大力培育和践行社会主义核心价值观。”抓主题教育。在全市中小学校广泛开展“学习新思想，做好接班人”“寻访红色足迹”“争做文明小市民”“我身边的文明故事”“学宪法讲宪法”等系列思想政治主题教育活动。抓心理疏导。春季开学，市教育局工委印发《关于加强开学后中小学生心理疏导工作的通知》，广泛组织收看“美育云端课堂”“中小学生心理防疫的调试与行动”等录播课。新冠疫情期间，全市中小学生线上学习活动丰富多彩。武陵源区毛浩瀚同学创意程序设计作品《抗击疫情模拟游戏》、罗琰君同学的电脑绘画作品《喜气洋洋》在第21届全国中小学电脑制作比赛中均获全国一等奖。

【学校党建工作】2020年，张家界市明确学校党建责任，推进基层党建工作。市教育局党工委与市委组织部联合下发《关于加强全市民办学校党的建设工作的实施意见》和《关于加强全市中小学党的建设工作的实施意见》，实现全市教育系统党建工作全覆盖。下沉基层党组织，把党建工作重点摆在基层。市教育党工委已将学校基层党组织调研形成常态化。2020年，深入区县28次，对84所中小学校党组织进行调研督查，现场交办涉及党建、安全、食堂问题276个，重点跟踪督办整改2个，形成调研报告7个。

2020年，举办基层党组织书记轮训8期，参加轮训500多人次。组织开展基层党组织示范点创建。桑植县澧源镇第一小学党支部被评为省教育系统先进基层党组织。

【教育系统干部教育管理】 2020年，市教育局在推荐、选拔、任用、考核干部过程中，严格按照中共中央《党政领导干部选拔任用条例》基本杜绝“跑官要官”“跑风漏气”“任人唯亲”等违纪行为发生。以提升干部政治素养为导向，以建设学习型机关为抓手，以“不忘初心、牢记使命”主题学习教育为契机，以增强执政能力为目标，积极引导广大干部加强平时学习，参加各种培训学习。市教育局正科级以上干部参加培训率达100%，干部网络学习任务完成率达100%。积极推进教育人事制度改革。2020年，本着与实际相结合、解决突出问题、确保科学管用原则，完成中小学教师职称制度、乡村教师支持计划、教师资格认定考试制度改革等一系列人事制度改革，并取得阶段性成效。建立健全激励机制。科学制定学校考核制度，从德、能、勤、绩、廉等方面对学校领导、教职工进行全面考核，评优评先、职称晋升，突出工作实绩，坚决杜绝“轮流坐庄”“争抢要”等违规行为发生；建立干部能上能下机制，坚持把品行好、能力强的干部推上去，把不作为、乱作为干部换下来。2020年教师节，全市表彰“立德树人标兵”“教育脱贫先进个人”“优秀支教教师”“最美乡村教师”“优秀校长”173名。在全市范围内遴选出20名市级名优校（园）长、80名市级学科带头人、200名市级优秀骨干教师，建成市、县、校三级名师梯队，经常性开展“名师工作坊”活动，充分发挥“双名”工程示范引领作用。

（本栏撰稿　谭　镇　吴志锋）

【吉首大学张家界校区】 截至2020年底，吉首大学张家界校区占地面积750余亩，建筑面积16.82万平方米，仪器设备固定资产总值1.13亿元。吉首大学张家界校区现有教职工393人，其中具有高级专业技术职务166人，具有博士学位52人，拥有全日制在校预科生、本科生、硕士研究生6275人。设有软件学院、外国语学院、土木工程与建筑学院、美术学院、旅游与管理工程学院、民族预科教育学院6个学院和林产化工工程湖南省重点实验室、生态旅游应用技术湖南省重点实验室、大鲵资源保护与综合利用湖南省工程实验室。

教育教学。吉首大学省级一流专业和国家级一流课程进入全省高校第一方阵。吉首大学张家界校区以学科专业建设和课程建设提质增量为抓手，提升学科专业实力。2020年，吉首大学张家界校区新增国家级一流专业建设点1个（原有1个），新增省级一流建设专业3个，国家级一流课程2门和省级一流课程8门。

吉首大学张家界校区以“立德树人”为根本任务，将本科教学摆在学校工作的中心地位。疫情期间按照“停课不停学”的要求，保证教学有序运转。2020年，吉首大学张家界校区招收硕士研究生112人，较上一年增长47%。本科生、研究生在各级各类学科竞赛、创新创业大赛中成绩突出，吉首大学张家界校区在2020年学生学科竞赛中获得国家级赛事一等奖16项，省部级一等奖23项。此外，旅游与管理工程学院在读研究生宋旭东同学获第六届全国“青春文学奖”长篇小说奖，该项奖励的历届得主均已成为我国著名作家。

吉首大学张家界校区按照吉首大学总体要求，注重从引进、培养、稳定、考核四个方面谋划师资队伍建设，优化师资队伍结构，提高整体素质，激发队伍活力。2020年，吉首大学张家界校区蒋万胜入选“湖湘青年英才”支持计划和湖南省“芙蓉学者”奖励计划，1名教师入选“湖南省青年骨干教师”培养对象。在教学竞赛中，吉首大学张家界校区获省级教师课堂教学竞赛一等奖1项，信息化教学竞赛一等奖1项，课程思政竞赛二等奖1项。

科研创新及产学研合作。吉首大学倡导有效科研理念，完善科研工作评价奖励机制，提高科研创新能力。2020年，吉首大学国家自然科学基金和社会科学基金立项双双进入全省高校前8名。其中，吉首大学张家界校区国家自然科学基金项目立项8项，国家社会科学基金项目立项4项。吉首大学张家界校区还获湖南省科技进步奖三等奖1项。

对接民族地区经济社会发展需求，推动产学研融合。2020年，软件学院申报湖南省现代产业学院获批；中华民族共同体研究基地获批国家民委人文社科重点研究基地。依托原有和新建科研平台，为地方企业和行业提供人才和智力支持。扎实开展教育扶贫、科技扶贫，积极选派10余名高职称、高学历的教师为省市科技特派员，发挥专业和行业优势，科技助力精准扶贫。2020年，吉首大学张家界校区被评为“2018—2019年度湖南省科技特派员工作先进单位”，3名教师被评为省、市优秀科技特派员。外国语学院研制的《张家界全域旅游公共标识语英文译写规范》系列地方标准已正式发布实施，为张家界市全域旅游公共标识语的英文译写提供了权威专业的参考。　（张仁全）

【吉首大学张家界学院】 截至2020年底，吉首大学张家界学院占地746亩，建筑面积184357平方米，全日制本科学生8404人，教职员工444人（含外籍教师7人），院级领导7人。

学院设文艺法学院、经济管理学院、理工农学院、医学院和通识教育中心等教学单位5个，其中文艺法学院下设中文系、外语系、法学系、音乐系、舞蹈系、美术与设计系6个教学系，经济管理学院下设管理系、会计系、经济系3个教学系，理工农学院下设计算机系、土木工程系、园林系3个教学系，医学院下设基础医学系、护理系2个教学系及1个实验实训中心，通识教育中心下设思政教研室、公数教研室、健康教研室、才艺教研室、职业教研室5个教研室。学院可招生本科专业45个，2020年实际办学专业20个，涉及工学、理学、农学、管理学、经济学、文学、艺术学八个学科门类。

教学科研工作。立项省厅级科研项目3项，验收3项；立项省级教改项目4项，验收3项；立项省级课程思政建设研究项目6项；教师获首届全国高等学校外语课程思政教学比赛二等奖1项，获省级课堂教学竞赛三等奖1项，获省级信息化教学竞赛三等奖1项。学生各类考试成绩突出，2016级护理学专业护士执业资格考试通过率为100%，2016级法学专业法律职业资格考试通过率为33%；学科竞赛获国家级奖励3项，获省级奖励52项。

招生就业工作。2020年共录取新生2787人（含“专升本”学生668人），实际报到2727人，报到率为97.8%；2020届毕业生总数为1639人，年终就业率为85.7%。

师资建设工作。2020年共引进教师48人，聘请兼职教师130余人次；7名教师新晋副高职称，29名教师新晋中级职称，29名教师获得高校教师资格证，师资队伍的学历、职称结构进一步优化。

校园文化及交流平台。全年新增图书21.5万余册，馆藏纸质藏书77万余册；学院主办第四届樱花文化艺术节等有较大影响力的艺术活动；学院成功承办、协办为了胜利·纪念中国人民志愿军抗美援朝出国作战70周年大型文艺演出（共演出七场）、2020第四届中国·张家界国际旅游诗歌节等活动。

转设评估工作。根据教育部“能转尽转、能转快转、统筹兼顾、协调推进、分类指导、因校施策”的独立学院工作思路，学院积极推进转设工作，学院举办者由吉首大学、深圳长银实业有限公司、深圳市禾田居房地产开发有限公司变更为湖南誉达教育科技有限公司。湖南誉达教育科技有限公司由张家界市人民政府所辖的国有企业张家界产业投资（控股）有限公司、深圳市雅颂投资发展合伙企业和深圳市禾田居教育投资合伙企业组成。公司拟坚持教育的公益性原则，将吉首大学张家界学院转设为应用型非营利性的民办独立本科院校。（杨 春）

【张家界航空工业职业技术学院】

截至2020年底，张家界航空工业职业技术学院占地面积762亩，建筑面积17.2万平方米，固定资产总值近10亿元，其中教学仪器设备总值达1.56亿元。现有教职工500余人，在校学生11600余人。设有6个系部，开办32个专业。

人才培养。开课情况：（全院多媒体教室149间、机房22个、理实一体化教室66间）上半年班级数311个，开课班级234个（不含毕业班77个），按照停课不停学总要求，以我院《疫情防控期间教学组织方案》为依据线上开课310门，授课教师应为307人，实际开展线上教学教师307人，教师到岗率100%，应上课学生8474人，实际在线学习8134人，学习参与率为95.99%；下半年班级数334个，开课班级334个，开课430门（含退役军人210人班级6个课程16门），并把上半年疫情期间不能线上授课的课程（包含实训环节）移到了下半年统一进行了协调和安排，确保开课有序，上半年课时数76286.58个（含线上实训课时816个），下半年1—17周核定登记课时69687.46个（含实践课时8951个）。

技能竞赛：坚持以赛促教、以赛促学、以赛促训，积极组织学生参加国内外职业技能竞赛，竞赛成绩取得重大突破，先后荣获国赛三等奖3个，全国行业赛一等奖3个、二等奖3个、三等奖3个，省赛一等奖4个、二等奖14个、三等奖19个。教师团队在全国、省内各类职业技能竞赛中屡获佳绩，在国家级行业赛中斩获一等奖1个、二等奖2个，在湖南省职业院校教师职业能力比赛中斩获一等奖5个、二等奖7个、三等奖3个，在2020年全国行业职业技能竞赛飞行器人工智能技术应用赛项中获得职工组一等奖、在第七届全国高校电工电子基础课程实验教学案例设计竞赛中获得二等奖2个．教师余洪伟和唐道湘获“全国技术能手”称号。

产教融合。深化校企深度融合。与湖南众合智造工业技术有限公司共同开设数控技术专业校企合作班——众合工匠班。继续办好中国航发南方机械加工定制班、中国通发南方机械加工定制班。继续与331、贵飞等企业开展认识实习，与湖北三江航天、广东长盈、广东TCL、长沙威胜等企业开展跟岗实习。移动商务、工业机器人、空中乘务、信息工程系的所有专业均与企业开展了深度校企合作。航空维修工程系和经济管理系在1+X证书方面进行了有益探索和实践，并已取得多项1+X证书。与湖南省智能制造协会签署了校会合作办学协议，共同开发建设高职层次智能制造专业。此外，学校与哈尔科夫国立航空航天大学成功签订合作办学协议，开创了学校国际合作办学先河。

定向培养士官。学院是中国人民解放军定向培养士官定点院校。学院进一步规范士官培养管理，制定思想政治、专业技能、军事体能三大考核标准，强化士官思想政治素质培养，注重士官专业技能培养，加强士官军事体能训练，着力实现士官生军事技能素质和军事行动能力“双提高”。2020年，学校在开设海军、空军士官生专业培养的基础上，增加对陆航士官的培养，进一步加强学校现代兵种多元化培养。

（谢尚町）

2021

文化事业

·张家界年鉴·

总类

【文化产业发展】 2020年，市文产办积极参与抗疫稳产，通过调查研究和汇报沟通，撰写《新冠肺炎疫情对张家界市文化产业发展影响的情况报告》，争取省级应对新冠疫情补贴资金160万元。开展金融服务文化企业活动，为有融资意愿的文化企业发放银行贷款5.6亿元。《魅力湘西》受邀参加湖南卫视《出手吧兄弟》现场晚会，助力直播带货。张家界旅典文化经营有限公司推出全国首家“抗疫”题材文创织锦作品《致敬逆行者》，并慰问来张家界援鄂医疗队成员。推动文化企业复工复产。魅力文旅发展有限公司主动适应新冠疫情变化，历时60天精心打磨，推出《魅力湘西·民俗风情篝火晚会》大型室外民俗演艺，5月13日正式恢复《魅力湘西》室内演出。6月12日，张家界千古情恢复演出。7月31日，《天门狐仙》恢复演出。加快推进文化产业项目。天门狐仙演出舞美升级改造项目，已于3月底全部完成。砂石画文创产业基地项目建设进展顺利，完成投资4200多万元，主题展馆已经封顶。土家织锦文化创意园项目已完成投资3700多万元，已完成主体工程。大庸古城项目正在招商，即将开门迎客。张家界丝绸之路国际文化旅游产业园等项目正在有序推进。组织参加展会营销活动。组织企业参展第三届中国国际进口博览会，张家界旅典文化经营有限公司达成意向订单300多万元，张家界绣云土家刺绣有限公司达成意向订单80多万元。文化产品提质创新。演艺节目不断提质升级，11月5日在2020中国旅游演艺大会上，魅力文旅发展有限公司荣获“2019年度中国旅游演艺机构十强”，节目《魅力湘西》荣获“2019年度中国独立剧场演艺十强”。张家界推出8集全国首部信访系列广播剧《信访那些事儿》，在全省信访系统引起强烈反响。加强文产专项资金规范管理。规范文产专项资金申报管理，支持14个文化企业在建项目。湖南方正会计师事务所对张家界市文产专项资金项目实施第三方绩效评价，评价结果为“优秀”等级，位列全市专项资金绩效评价前列。文产专项资金接受市委巡察，不断提高财政资金使用效益。推进文化旅游深度融合。武陵源区召开全市“文化赋能旅游”调研座谈会，撰写《打造文化赋能旅游“张家界名片”——张家界市文化赋能旅游情况调研报告》上报省委宣传部。《湖南日报》市州头条推出《张家界文旅融合催生新业态》报道。实施“文化+”行动，推进文化与旅游、体育、休闲农业、制造、康养等相关产业深度融合，拓展文化产业发展空间。

（朱　俊）

【文化工作概况】 2020年，张家界文化工作取得突破。

文化艺术创作。2020年新创小阳戏《骂鸭》、汉剧小戏《慈母泪》、情景剧《政务新语》、小品《关系户》、山歌剧《山村迎来金凤凰》等各类艺术作品。《骂鸭》入选湖南省文化综合发展专项资金精品艺术创作项目。在红网、华声在线等媒体发布“战疫”诗词、对联作品151件，发布摄影、美术作品上百幅。阳戏《婆媳买衣》入选“湖南文艺 助力抗疫”优秀新创小戏展播。汉剧《赈酒风波》入选“五一”期间文旅惠民全省基层院团剧目展播。歌曲《卡普它》获得湖南省“潇湘好歌”比赛金奖，新创花灯戏《一曲花灯唱平安》参加省文旅厅主办的2020年“致敬扫黑英雄”文艺晚会，孙建华《背青稞的女孩》入选第十二届全国水彩·粉画作品展，吕启琼《湘西日记》入选第二届湖南·中国画双年展，《湘西印象》入选湖南省美术作品展，王成均、曹勇的歌曲《康华情思》获湖南省文旅厅精准扶贫重点扶持。

现代公共文化服务。2020年，创建第四批国家公共文化服务体系示范项目“打造张家界地域特色多民族民俗文化新名片”通过文化和旅游部验收。全市78个乡镇综合文化服务中心和1016个村级综合性文化服务中心设置率100%，县级图书馆总分馆制建设及县级文化馆总分馆制建设100%完成。举办2020年湖南省“欢乐潇湘”精准扶贫优秀文艺作品展（巡）演张家界专场，选送节目《田园里的音符》（曲艺）、《卡普它》（歌曲）参加2020年湖南省“欢乐潇湘”精准扶贫优秀文艺作品展（巡）演。组建了张家界文化旅游广电体育志愿服务支队，下设9个大队，共招募志愿者5000余名，积极引导社会力量参与全市文化旅游广电志愿服务工作，开展“我是雷锋家乡人·湖湘文化送春风”“我们的中国梦·湖湘文化进万家”等志愿服务活动。文化遗产保护利用。2020年，张家界市已挖掘整理非物质文化遗产10大类818项，有桑植民歌等国家级保护名录项目5项、张家界高花灯等省级项目15项、张家界元宵灯会等市级项目75项。申报认定县级以上非遗传承人515名，其中国家级非遗传承人4名、省级14名、市级68名。2020年慈利县板板龙灯成功入选国家第五批非物质文化遗产代表性项目名录，已进行公示。认定16家市级非遗生产性保护示范基地及张家界莓茶制作技艺等24个市级第六批非物质文化遗产代表性项目名录。指导市非遗中心土家织锦、桑植花灯、慈利板板龙灯、武陵源攀岩采摘、永定土家刺绣等项目争取资金支持，共争取项目资金65万元。开展非遗进校园、进景区。张家界高花灯、鬼谷神功、张家界泼水龙、土家花灯、板板龙灯、摆手舞、桑植仗鼓舞、桑植民歌等非遗项目传承人深入天门小学、官坪中学、天子山小学、零阳中学、澧源中学、贺龙中学等校，经常性开展非遗进校园，并指导编排非遗课间操、非遗课程，极大丰富了学校人文教育和非遗传承。现在正在组织编写少儿读本，已完成初稿，正在组织评审。文化市场专项整治。2020年，市文旅广体局重点对网吧、KTV、演艺场所以及影剧院等人员密集场所，加大了日常检查巡查力度，建立安全生产检查台账，对发现问题责令整改。全年市支队检查文化市场共出动937人次，执法车辆188台次，检查营业性演出65家次，娱乐场所190余家次，互联网上网服务营业场所363家次。

（郭 璇 刘贵荣 伍元军 张 凯 向 瑶）

【“五馆一院一中心”项目】 2020年，市“五馆一院一中心”（即市图书馆、市美术馆、市文化馆、市规划馆、市科技馆、市大剧院、市演艺中心）项目于2020年重新成立了以市委书记虢正贵任第一组长，市政府市长刘革安任组长，市委常委、市委宣传部部长郭天保，市委常委、市政府副市长曾超群，市政府副市长欧阳斌为副组长的项目建设领导小组，领导小组下设指挥部，欧阳斌同志任指挥部指挥长，王兆业、邓剑同志任副指挥长。指挥部办公室设在市博物馆401房。市文化旅游体验中心（一期）（又名市“五馆一中心”）项目可行性研究报告编制、资金平衡方案编制、环评报告编制工作及用地预审和选址意见，项目已经立项。启动了项目的征地拆迁工作，已经完成了三榜公示，永定区人民政府发布了拟收储土地公告，正在走报地程序。在9月1日的市长办公会议上又重新明确该项目为招商引资项目，并于9月15日与深圳旭生集团公司签订《投资合作框架协议》。（唐志超）

【2020年张家界市“文化和自然遗产日”非遗宣传展示活动】 2020年6月13日，由张家界市文化旅游广电体育局主办，张家界市文化馆（张家界市非物质文化遗产保护中心）承办的2020年张家界市“文化和自然遗产日”非遗宣传展示活动在张家界市博物馆顺利举行。活动中，新组建的“张家界印象”张家界市旅游营销非遗轻骑兵首次登台，展示了白族仗鼓舞、土家打溜子、张家界阳戏、土家武术、土家摆手舞等“非遗”项目，全面展示近年来张家界市“非遗”保护的重要成果和优秀项目。

【2020年全省“欢乐潇湘”精准扶贫优秀文艺作品展演张家界专场】 2020年9月13日，由张家界市文化旅游广电体育局、张家界市扶贫开发办公室主办，张家界市文化馆、张家界市广播电视台融媒体经营中心承办的2020年全省“欢乐潇湘”精准扶贫优秀文艺作品展演张家界专场在张家界市广播电视台演播厅激情上演，全市12个优秀节目参加展演，包含戏剧、曲艺、武术、音乐、舞蹈等，节目内容丰富多彩、形式多样。此次活动以“决战脱贫 决胜小康”为主题，创作展演一批反映张家界市在脱贫攻坚、全面小康建设中取得的巨大成就，歌颂全市人民在打赢脱贫攻坚战和决胜全面小康建设的伟大事业中做出的贡献，宣传扶贫工作中涌现的先进事迹与典型人物，营造了健康向上、欢乐喜庆的文化氛围。

（本栏撰稿 周双群）

文物·考古

【文物保护】 2020年，张家界市完成田家大院、湘鄂川黔革命根据地旧址、贺龙故居3处全国重点文物保护单位“三防项目”方案上报工作。制定《张家界市文物安全与行政执法工作方案》（张文旅广体〔2020〕236号），进一步明确张家界市文物行政管理部门和行政执法队伍各自职责，建立联合执法巡察制度和执法协同机制，系统加强文物安全工作，建立文博单位文物安全责任公示制度。

【文物利用】 2020年，张家界市组织永定区、武陵源区、慈利县、桑植县4个重点县编制完成《重点县不可移动革命文物保护利用工程三年行动计划书》。开展张家界市革命文物名录核定和公布工作，经核定，张家界市不可移动革命文物共计176处，国有可移动文物共计3981件（套）。完成了2019年度全市博物馆、纪念馆的备案信息统计工作，2018—2020年湘鄂川黔革命根据地纪念馆、贺龙纪念馆、红二方面军长征出发地纪念馆及相关省级及以上文物保护单位革命专题陈列、展览的统计工作。完成全市非国有博物馆登记备案检查工作。完成开展了“5·18”国际博物馆日文物宣传。完成《红色张家界》宣传片、纪录片的拍摄与制作，共4集，总时长50分钟，系统介绍了张家界地区的红色历史。

【文物安全监管】 2020年，张家界市组织文物安全巡查与检查。全年张家界市各级文物管理部门、文博单位开展文物自查、检查148次，出动521人次、检查文物单位306处、博物馆5处。发现隐患144处，督促整改102处。完成全市2019年度省保绩效、2017—2019年度国保绩效、2017—2018年文物保护专项资金自查工作及2019年全市省、市、县级文物保护资金设立情况统计工作。完成桑植起义旧址消防、防雷项目资金使用情况调查。

（本栏撰稿 袁 振）

图书馆

【概况】 截至2020年底，全市有1家国家一级馆（永定区图书馆）、2家国家二级馆（慈利县图书馆、桑植县图书馆）、1家国家三级馆（武陵源区图书馆）。年初启动了“书香张家界”永定区图书馆社区分馆建设，在南庄坪社区办公楼二楼、张家界市园林绿化服务中心所属位于宝塔岗社区建筑物局部各100平方米建设永定区图书馆分馆。

【24小时自助图书馆】 2020年，市城区5家自助图书馆日均进馆人数达3000余人、日均借阅图书150余册。截至12月共接待读者30万余人次，借阅图书6万余册。

【第十一届图书巡展暨2020“书香张家界 全民阅读”绿书签进校园活动启动仪式】 2020年5月11日，第十一届图书巡展暨2020“书香张家界 全民阅读”绿书签进校园活动启动仪式。来自全社会各界热心读者300余人欢聚一起，共享阅读感悟，引领全民阅读风尚，共同见证张家界市全民阅读系列活动拉开序幕。

【“书香张家界 青少年儿童品牌系列读书活动”】 2020年，永定区图书馆积极改革创新，采取切实措施，把系列读书活动服务的触角延伸、拓展到社区、山区学校等，为更广大的青少年儿童服务。开展了“少年强则国强”大型爱心助学活动、“少年中国梦”红歌教唱活动、“新时代乡村阅读季”系列读书活动、“国旗下的誓言”读书活动等。此外还建立了关注留守儿童阅读点灯公益书架项目，关爱自闭症儿童、残疾儿童等特殊群体阅读计划，举办农村贫困儿童小小阅读推广人培训班等多个未成年人特色服务项目。

【开展“书香张家界 全民阅读”系列活动】 2020年，全面展开全民阅读推广“七进”活动，先后举行农家书屋管理员系列活动10场、书香张家界“阅读大课堂”活动、“文化大讲坛”活动、全年开展社区阅读活动、“书香张家界 关爱特殊群体阅读”活动、“书香张家界”建党99年阅读主题活动、“欢度重阳节 礼赞新时代”关爱老人主题活动、“亲子经典阅读”等系列活动。

（本栏撰稿 唐志超）

档案工作

【概况】 2020年，张家界市档案局紧紧围绕中心、服务大局，深化职能，提升效能，全面贯彻落实党的十九大和十九届二中、三中、四中、五中全会精神，持续推进全市档案事业发展，拓展档案工作新领域，创新档案工作服务机制。全年共接待档案查阅利用者6561人次，电话查阅3105人次，调阅档案24634卷（件），复印档案资料26725页。接收56个全宗15467卷（件）档案。

【档案宣传】 2020年6月9日，张家界市档案局以“档案见证小康路，聚焦扶贫决胜期”为主题，开展“6·9”国际档案日宣传活动。积极组织开展主题征文活动，全市征集征文68篇，市委办公室荣获全国优秀组织奖。开展“讲述英雄故事 逐梦时代征程”主题演讲活动，全市征集演讲视频23个，其中桑植县档案局朱德胜的《女人也可以活成一座山》、桑植县宣传部蒋婷的《一个蹲着身子奔向幸福的人》分别荣获省档案局三等奖、优胜奖，市档案局获优秀组织奖。

【档案基础设施建设】 2020年，张家界市国家综合档案馆共添置618M3密集架。张家界市国家综合档案馆新馆建设项目纳入2021年的重点工程项目计划。推进档案信息化管理平台应用，加大全市存量档案数字化力度，已完成馆藏传统载体档案数字化目录著录74万条、全文扫描363万页，共投入资金362.4万元。

【治档治理】 2020年，张家界市档案局组织开展全市各级各部门学习贯彻新修订《中华人民共和国档案法》的专题培训，培训人数约300人。同时，全年共对155个市、区县直单位、乡镇开展监督执法。

【档案收集】 2020年，张家界市档案馆积极参与重大活动档案资料征集接收工作，收集脱贫攻坚、疫情防控等方面的档案资料12279件。持续开展贺龙及红二方面军档案工作，征集战地记忆档案2120件，接收名人字画捐赠13件，个人书画手稿捐赠1260件，图书资料捐赠200册。征集127件“南方大寨”通津铺镇长峪铺村村史重点档案。分类接收民生档案进馆。区县接收土地确权颁证档案19.4万卷，污染源普查档案7467件。（本栏撰稿 黄 勤）

图书发行与销售

【新华书店发行与销售概况】 2020年，湖南省新华书店有限责任公司张家界市分公司实现社会效益及经济效益协调发展。截至2020年底，公司售书网点16家。其中，校园书店10家，特色书店2家。在职员工84人，全年销售码洋1.42亿元。

政治性图书发行。2020年，张家界市新华书店始终把党和国家的重要文件、文献的发行工作进行认真部署和安排，将《习近平谈治国理政》第三卷、《中华人民共和国民法典》、《十九届四中全会辅导读本》、《论坚持党对一切工作的领导》等读本送至各单位。公司各中心门店对重点政治读物发行做到专柜专架陈列，展示展销突出，满足各党政机关及企事业单位订购和一般性市场需求，体现新华书店作为社会主义精神文明阵地和宣传阵地的作用。

一般图书发行。2020 年，张家界市新华书店着力提升实体门店服务质量和线上平台建设，张家界图书城自 2019 年底建成以来，不断优化分类布局，做好图书选品，丰富品种，“4·23”世界读书日，开展书墙打卡、专属书封设计等各种读书主题活动，张家界图书城当天首次尝试抖音直播做阅读推广活动，张家界市农村商业银行在图书城二楼举行“共享阅读 书香农商”读书分享会。目前，图书城已成为全市多家单位的读书学习基地。

2020 年 8 月，张家界市新华书店“小小店长”活动举行　（肖梓伊 摄）

教材发行。2020 年，张家界市新华书店坚持把做好教材发行、服务教育教学工作、保证“课前到书，人手一册”作为一项坚定的政治任务毫不懈怠地认真履行。2020 年，面对新冠疫情，张家界市新华书店加强防控，保证工作人员“安全渡疫”与学校开学“课前到书”两不误。2020 年，义务阶段教材“课前到书”率 100%，共为 1.7 万人次学生供应免费教材 2194 万余元，提供免费新华字典 36 万余元。同时，为保障疫情期间“停课不停学”，新华书店与学校老师配合，为张家界航空工业职业技术学院 7000 余人次学生用书按套分好，通过同城邮寄的方式，错峰配送至学生手中。

2020 年 1 月，张家界市新华书店举办“共读，遇见星辰大海”读书分享活动（肖梓伊 摄）

【新华书店社会公益事业】 2020 年，张家界市新华书店联合市委宣传部牵头教育局、扶贫办等 5 家单位出台《关于印发〈张家界市共享阅读传递爱心关爱贫困村图书室建设公益活动方案〉的通知》张宣发〔2020〕11 号文件，在全市推开“共享阅读传递爱心”主题营销活动，各单位可按人均 400—600 元为干部职工购买专购图书的爱心卡，筹集爱心图书 14 万余册，码洋达 320 万余元。

（本栏撰稿 黎佳豪 沈思妤）

2021

新闻·出版·广电

·张家界年鉴·

总类

【广电机构】2020年，全市有市级广播电视台1座，县级广播电视台2座，分别为张家界市广播电视台，慈利县广播电视台、桑植县广播电视台，张家界市广播电视台有新闻频道、公共频道2套广播电视节目，慈利、桑植各有1套广播电视节目。有广播电视高山无线调频台4座，分别为一碗水市微波总站、慈利太平山调频台、桑植王家界调频台、武陵源三角垭调频台，张家界市微波总站担负中央无线数字覆盖工程2个频道电视节目、10套广播节目无线发射任务。有省管中波台1座。有广播电视传输企业1家即有线电视网络有限公司。张家界市文化旅游广电体育局承担辖区内广播电视行业管理职能。

【公共服务】2020年，推进广播电视公共服务能力建设，完成市微波总站、武陵源区三角垭转播台、慈利县太平山转播台、桑植县王家界转播台省级节目无线数字工程建设任务，省级节目无线数字工程通过初步验收，具备节目发射能力。两区两县大力开展广播补点工程建设，推进市级广播102.4千赫提质升级，覆盖范围进一步扩大，桑植之声93.5千赫广播实现复播，广播服务能力不断提高，为抗击新冠疫情、提高党委政府声音发挥了较好喉舌作用。全市基本建成有线、无线、卫星为接收方式的广播电视覆盖接收体系，广播电视覆盖率达99.6%。因机构改革，两区两县均成立融媒体中心，归口宣传部领导，区县融媒体中心承担村村响农村广播系统运行维护和节目生产，农村广播质量得到加强，人民群众听好广播，看好电视获得感进一步提升。有线网络公司、县级融媒体中心利用广电平台更多参与经济社会发展，广播电视事业发展稳步加强。

【舆论导向】2020年，张家界广播电视，始终坚持正确政治方向和舆论导向，围绕中心，服务大局，宣传党的主张，反映人民心声，唱响主旋律，传播正能量，媒体影响力、传播力持续加强。2020年，全市电视台完成上稿409条次，其中湖南卫视上稿267条次，央视上稿142条次，市广播电视台收到中央广播电视总台的感谢信，褒奖1月份上稿位居全国同级电视台前五的广播电视机构。组织参加湖南省局公益广告优秀节目评奖评优工作，广播电视节目创新创优作品选评工作，共有五个节目获奖，其中公益广告节目“‘90’后撕扯标签向前冲”获一类扶持，“原件与复印件”获三类扶持；创新创优节目“旅游360”，“扶贫那些事儿”，“桑植好人”获省一类扶持，其中“扶贫那些事儿”进入学习强国平台。

（本栏撰稿　张　敏）

新闻宣传

【主题宣传报道】2020年，张家界市委宣传部组织全市各媒体落实省委宣传部各项重大宣传报道提示近500条，切实按照中宣部和省委宣传部的要求，精心策划推出“在习近平新时代中国特色社会主义思想指引下——新时代新作为新篇章”系列报道，配合做好“走向我们的小康生活”、“美遍中国”、推送30期《加油！脱贫攻坚》等宣传报道，确保全市主流媒体重大主题报道与重要央媒省媒同频共振，《湖南吸引年轻人积极投身乡村建设 创业正当时 耕耘收获多》被《人民日报》头版头条推送。各媒体开设“学习宣传贯彻十九届五中全会精神”“扫黑除恶进行时”“决战决胜脱贫攻坚”“安全责任重于泰山 人民生命高于一切”“集中整治漠视群众利益作风顽疾专项行动”“六城同创 曝光台”“中央环保督察‘回头看’”等近50个栏目展开宣传报道。采写报道了33个《脱贫故事》和89名《群英谱》采访对象，完成了4集脱贫攻坚宣传片摄制等工作。

【重大宣传报道】2020年，张家界市委宣传部面对新冠疫情和6—7月份特大雨情灾情，组织全市各媒体各平台坚持移动优先，通过报纸、电视、“两微一端”以及近8000个“村村响”广播终端，高密度科普各种防疫防汛知识，及时播报各级党委政府工作动态，及时澄清谣言（从1月28日—3月18日，全市发布新冠疫情防控信息15553条、新闻报道15774条、处理负面舆情363条、回应群众关注5062条），为实现新冠疫情防控全省“四个最”、重大洪灾“未因灾死亡一人”做出了突出贡献。《李远哲：“抛妻弃子”赴一线 担当作为真英雄》《基层党组织守土尽责，劝停3282场乡村酒席》《张家界459名农民捐赠8吨蔬菜驰援湖北》《央视 新闻直播间 健身教练变身跑腿小哥 筑起温暖防疫线》《风雨中，我们众志成城——张家界市干部群众防汛救灾纪实》等一大批稿件被《人民日报》、新华社、央视等重要央媒省媒采用。12月中旬，与省委宣传部一道，协调组织《人民日报》、新华社、《湖南日报》、湖南卫视等14家新闻媒体20余名记者，深入张家界市4个区县，采访张家界市屋场会活动情况，刊发稿件46篇，全面深入解读了张家界市创新“屋场会”活动经验。通过这些宣传报道，张家界“屋场会”经验引起了省委领导和其他市州的高度关注。

【媒体融合工作】2020年，张家界市委宣传部有机整合市直及驻张新闻媒体单位、区县融媒体中心工作力量，召开全市重点宣传报道“中央厨房编前会”19次，统筹全市抗击新冠疫情、抗洪抢险及脱贫攻坚等重大宣传报道工作，实现“一体策划、一次采集、多种生成、多元发布”，稿件质量大幅提高，多篇稿件被《人民日报》、新华社、央视等央媒推送（张家界市在重要央媒省媒上稿10000多件），新闻舆论“四力”得到深化。永定区、武陵源区、慈利县、桑植县融媒体中心按照中宣部、省委宣传部的要求，全面完成媒体、人员、机构融合，先后通过了省委宣传部的验收。各中心先后搭建掌上永定、新武陵源、智慧慈利、新桑植等新型主流媒体平台，运用“媒体+政务”“媒体+服务”等模式，提高了用户黏度和覆盖半径，带动媒体融合向纵深发展，生产出了多条爆款产品。

（本栏撰稿　李美林）

出版工作

【主题出版】2020年，市新闻出版局围绕全市主题出版工作主题主线工作，深入挖掘文旅融合和红色文化资源，大力弘扬主旋律，全力讴歌正能量。为表达全市文学界对中华人民共和国成立70周年诚挚祝福，策划出版庆祝新中国成立70周年著作《笔墨山水咏中华——张家界市作家协会庆祝中华人民共和国成立70周年优秀文学作品选》；为丰富张家界旅游文化内涵，扩大西线旅游对外知名度，加快全市实施“对标提质、旅游强市”发展战略，策划出版旅游类作品《再去西线游——张家界西线旅游文学作品选》；深入挖掘红色文化资源，以张家界市抗战老兵滕周权为原型，再现抗日战争时期中国远征军英勇打击侵略者的场景，弘扬保家卫国精神，策划出版《战车少尉》红色主题读物。

【全民阅读】2020年，全市围绕“学传统文化，讲张家界故事”主题，把阅读推广分为“中华传统文化”“张家界传统文化”“张家界历史”“国学经典”四大板块来宣讲，共开展“天门讲坛”进机关、进企业、进军营、进家庭、进乡村、进景区、进学校等12期活动。同时，结合“不忘初心、牢记使命”主题教育、家德家风建设、疾病预防、心理健康、文旅融合、家庭教育等方面开展宣讲，推荐30本主题阅读书目。特别是让传统文化走进青少年活动，深受孩子们喜爱。“天门讲坛”荣获全省第三届“书香湖南”全民阅读品牌项目。

【行业监管】2020年，全市查缴各类非法出版物7200余册、光盘677张、U盘29个，责令下架非法出版物453册；立案11起，其中省“扫黄打非”办挂牌督办1起，向全国“扫黄打非”办备案1起。对线上线下市场开展了多次定期巡查和不定期抽查，确保出版市场健康稳定。

（本栏撰稿　李怀国）

报刊

【张家界日报社】2020年，张家界日报坚持正确舆论导向，形成以报刊（《张家界日报》纸质报）为主体、新媒体（掌上张家界客户端）为阵地、户外大屏为补充的立体传播矩阵。

把握政治导向。开设“在习近平新时代中国特色社会主义思想指引下”“牢记习近平总书记嘱托 奋力谱写新时代中国特色社会主义新篇章”“一手抓疫情防控 一手抓复工复产”等骨干栏目20余个，发表《龙头，在伤痛中昂起》《湖南省支援武汉第五批医疗队张家界分队抗疫实录》《大写在山水之间的生命奇迹》等重头稿件400余篇。编辑出版书籍《那年，那城，那些事》，策划编辑《屋场会》《我和我的祖国》《张家界决战决胜·脱贫攻坚群英谱》等特刊书籍。

突出宣传策划。策划奋战新冠疫情系列故事、旅游复苏系列报道、产业项目建设年等宣传方案30余个。承办并报道在张家界举行的2020湖南省第十一届全民健身节暨张家界半程马拉松赛、中国张家界首届世界遗产摄影大展、张家界国际旅游诗歌节、红二方面军与长征学术研讨会等活动。

创新融合发展。加大手绘、创意海报等表现形式的应用，综合运用手机、全景相机、无人机等专业设备，推出《全面消杀！开学，我们准备好了！》《独家英雄凯旋！湖南省支援武汉第五批医疗队张家界分队抗疫实录》《创意海报绘就生态文明建设画卷，书记话中有“画”》等新媒体作品。

加强宣传工作。打造全方位、多层次、宽领域宣格局，推出《张家界纪检监察干部揣着“25条”下乡村》《大国点名响亮喊“到”》《4位乌克兰音乐家滞留张家界，临时学中文，为张家界加油》等报道。2020年度，首次在省级电视台上稿，在新华社上稿10条，《人民日报》客户端上稿18条，“学习强国”上稿20条，中新网上稿2条。

发挥舆论监督作用。完成《内参》编发工作，撰写《张家界全面禁止娃娃鱼交易和食用引多方关注》《严防严控还需落细落实》《增开的公交“抢客源” 传统客运班线何去何从》等内参稿件，调查社会反映强烈问题，提供决策参考。发表评论文章，如《一小区临时变更垃圾站位置 业主：交房后才知道》等。

践行“走转改”。继续深入开展“走转改”活动，鼓励记者落实“三贴近”。记者采写基层，撰写如《老张的房子被“强拆”》《屋场夜话谋脱贫》等600余篇稿件，推出“新春走基层”“记者基层行”“脱贫故事”等栏目。

加强阵地建设。启动“千屏计划”项目建设，完成大屏建造1块，车载屏302块，智能公交站牌79块，初步形成“报、网、客、端、屏”全媒体融合发展。

推动内部改革。积极推进人事改革，新设立时政部、社会部、重点报道与评论部、经济部、文旅部等业务部室，采取“双向选择，竞聘上岗”的方式选拔部室负责人。推进绩效管理改革，实行“打分制”，建立“多劳多得、优劳多得”的分配体系。

【“掌上张家界”微信公众号】2020年，“掌上张家界”微信公众号（以下简称“掌上张家界”）围绕张家界市中心工作开展新闻舆论宣传。

注重内容。“掌上张家界”围绕全市中心工作，组织“抗击疫情”“重点工程”“招商引资”等系列宣传，发布《致敬逆行者！张家界10名建筑工人星夜驰援武汉》等重点报道。截至12月底，“掌上张家界”稿件点击量达1万次以上39期，5万次以上5期，10万次以上4期，15万次以上1期，20万次以上2期。其中，“掌上张家界”单条稿件点击量首次突破22万次，抖音后台流量峰值突破50万次，微博最高点击量突破150万次。

创新形式。“掌上张家界”探索手绘、创意海报等新形式，强调人文关怀与视觉效果的结合，打造“掌上张家界”的“厂牌效应”。截至12月底，推出《创意海报|绘就生态文明建设画卷，书记话中有“画”》等创意海报39组、《手绘|亲爱的，不哭！带着你的梦想，我们并肩战斗！》等手绘作品10组、“扶贫系列h5”等作品15条、动画18组。此外，搭配新闻短视频，推出《全面消杀！开学，我们准备好了！》《独家英雄凯旋！湖南省支援武汉第五批医疗队张家界分队抗疫实录》《“疫”不容辞|等你，回家！》等系列作品。

优化团队。“掌上张家界”新闻短视频数量持续增加，其背后的新媒体运营部短视频生产能力不断提升，手机、全景相机、无人机等设备得到综合运用。截至12月底，新媒体运营部可运用专业软件剪辑的素材种类不断丰富，专业剪辑人才由2人增加到6人。（谷俊德）

【“掌上张家界”新闻客户端】2020年，张家界日报社新媒体运营部（“掌上张家界”新闻客户端）形成以“掌上张家界”新闻客户端为核心、“掌上张家界”微信公众号为侧翼、“媒体云”“政务云”“服务云”“1+N市县融合”等传播方式为补充的移动传播矩阵。

平台建设。张家界日报社推动媒体融合发展，于2020年7月上线“掌上张家界”新闻客户端。截至2020年底，“掌上张家界”新闻客户端总下载量约为5万人次，月均点击量约为70万人次，单条稿件最高点击量约为20万人次。

内容建设。“掌上张家界”新闻客户端推出习近平总书记重要讲话、重要精神、重要活动的宣传报道，在掌上张家界客户端首页头条设置“核心新闻”区域，滚动播报有关习近平总书记的重要报道。在客户端设置“要闻”版块，发布有关张家界市委、市政府的新闻报道。此外，还采用多频道导航的展现方式，力推张家界市各区县的本地新闻。

服务建设。“掌上张家界”新闻客户端着力提升用户体验，全天候及时、全面地向用户提供张家界本地旅游、社会、经济、文艺等方面的资讯。不断提升便民服务水平，向用户提供张家界本地交通、美食、住宿等信息查询服务。（谷俊德）

【湖南日报社张家界分社】2020年，湖南日报社张家界分社（以下简称张家界分社）围绕张家界市委、市政府“对标提质、旅游强市”战略部署，唱响主旋律，打好主动战，全年共刊发稿件318篇，其中在《湖南日报》刊发头版头条7篇，市州新闻版头条35篇，60多篇稿件升等。围绕张家界中心工作，先后在《湖南日报》推出《激荡峰林进行曲》《张家界：旅游龙头再昂首》《张家界市稳投资迸发“新动能”》《张家界：留住青山方赢得金山》等一批重稿，

2020年7月3—6日，百台携手敬英雄 英雄相聚张家界——2020全国百家城市电视台致敬抗疫英雄大型公益活动（李文彬 摄）

受到张家界市委、市政府主要领导的表扬。

张家界分社记者们走基层、转作风、改文风，先后就疫情防控、脱贫攻坚、防汛抗灾、旅游复苏、屋场会等内容，推出《张家界在全省率先实现在治确诊病例清零——目标：护好“湖南迎客厅”》《万众一心筑长城——张家界市干群共同防控疫情扫描》《众志成城保安澜——张家界广大干群奋战防汛抗灾一线见闻》《来之不易的胜利——张家界战胜11轮强降雨洪水灾害纪实》《厚植“绿色”赢未来——张家界市旅游业强势复苏纪实（上）》《深耕“红色”扛大旗——张家界市旅游业强势复苏纪实（下）》《新时代基层社会治理的“张家界经验”——张家界创新开展“屋场会”活动综述》等40多篇有高度、有深度、有温度的鲜活稿件。

张家界分社结合疫情防控、脱贫攻坚、复工复产等重点节点、重大活动抓经营，抓策划，其中12月4日推出的特刊《张家界：决胜贫困，筑梦小康》12个专版，展示张家界脱贫攻坚以来取得的成绩。同时，利用媒体融合矩阵，采取直播、图集、专题、h5、视频、长图等新媒体集中推介，提升影响力，其中《冬游张家界嗨动全世界》专题，获得张家界旅外委主要领导点赞。

（田育才）

广播·电视·电影

【张家界市广播电视台】2020年，张家界市广播电视台用心用情践行媒体责任与担当，荣获由省广播电视局、湖南广播电视台、省广播电视协会颁发的“2019年度宣传创优组织奖”；经营创收实现逆势上扬，同比上升10%。

主题宣传。疫情期间，累计发布新冠疫情信息1330条，抗疫新闻报道27075条，专题宣传387条。在央视和湖南卫视上稿累计196条。为树立张家界市积极抗疫，在全省确诊病例发生最晚、最早清零的正面形象作出积极贡献；制作脱贫攻坚电视系列专题片《使命》，全面展示张家界决战决胜脱贫攻坚工作取得的成就。精心办好《决战决胜脱贫攻坚》专栏，其中播出“脱贫攻坚群英谱”70期，“张家界脱贫故事”31期；制作全市涉大鲵保护区水电站整改专题片《坚决打赢这场硬仗》，获原省委书记杜家毫点赞。协助湖南卫视新闻联播组摄制三集电视专题《条条绿水出桑植》，为张家界赢得巨大美誉度；在全年11轮强降雨天气中，采写发布100余条新闻报道，多视角呈现军民干群奋力抢险救援事迹，为“不因灾死亡一人”工作目标的实现营造良好的舆论氛围；全年播发日常经济工作新闻150条，播发重点工程巡礼报道40多期，拍摄全市易地扶贫搬迁工作策划、重点宣传报道10期，针对经济高质量发展工作进展情况完成10期共120分钟的暗访专题。完成上稿507条，其中央视上稿161条，1分钟以上正稿73条，央视《新闻联播》上稿6条；湖南卫视上稿346条次，1分钟以上正稿40条。央视《新闻联播》上稿强势增长，较2019年涨幅为100%。2020年2月15日，张家界台收到中央广播电视总台的感谢信，褒奖张家界台1月份上稿位居全国城市台前五。2020年开展对2019年度各类奖项评比中，张家界市广播电视台在省里获奖作品23篇。其中，湖南新闻奖获奖作品1篇，湖南广播电视奖获奖作品7篇，一等奖1篇、二等奖2篇、三等奖4篇。省广告信息节目及播音主持获奖作品13篇，一等奖3篇、二等奖3篇、三等奖7篇。

2020年9月10日，“以爱之名·点燃梦想”慈善助学第八季活动　（章湘庸　摄）

改革重组。强化顶层设计，精心部署实施一年一改革，三年大变样，五年新跨越的“135”战略，勾勒发展推进“路线图”：逐步构建党媒全域覆盖，事业产业两翼齐飞，电视、手机、户外LED“三屏联动”，广播、电视、网络、内刊“四位一体”的媒体大融合格局。实行中心与公司一体化运作，建立完善人事、财务、审计等规章制度和法人治理结构，构建符合实际的管控运营机制和考核体系，确保管理效率提升和产业事业协同发展。

融合发展。搭建一批自主可控的新媒体平台，开通爱视网视频、抖音、快手账号，与本台电视、广

2020 年 11 月 16 日，“中国张家界”首届世界遗产摄影大展开幕式
（李文彬 摄）

2020 年 12 月 9 日，中国·张家界第四届国际旅游诗歌节开幕式
（李文彬 摄）

播、智慧张家界、爱视网形成丰富的融媒体传播矩阵。抖音号单条短视频最高播放量 90 万 +。赢得央视、卫视信任，上稿渠道畅通并时有“定制”稿件；很多活动也能邀请到央视、卫视助阵；同时开通央视频、腾讯微视、腾讯视频，形成外围的宣传矩阵，舆论传播力、影响力实现新提升。

原创发展。在市委宣传部的指导下，集全台精锐力量，与市信访局联合打造了全国首部信访系列广播剧《信访那些事儿》。全剧共八集，总片长两个多小时，根据张家界市信访系统近十年来真实信访案例改编，描述为民排忧解难、用理解和信任消融信访坚冰的信访干部群像。广播剧于 11 月初播出后登上“学习强国”平台，全集收录于湖南学习平台《特别关注》栏目。公益广告《原件与复印件》荣获湖南省 2020 年广播电视公益广告大赛电视类一类扶持项目奖励、《“90”后撕扯标签往前冲》荣获广播类三类扶持项目奖励。

【百台携手敬英雄　英雄相聚张家界——2020 全国百家城市电视台致敬抗疫英雄大型公益活动】 2020 年 7 月 3—6 日，“百台携手敬英雄　英雄相聚张家界”2020 全国百家城市电视台致敬抗疫英雄全国大型公益活动在张家界举行。活动由张家界市人民政府、全国城市电视台产业发展联盟指导，中共张家界市委宣传部、张家界市文化旅游广电体育局、张家界市卫生健康委员会主办，张家界市广播电视台独立策划并承办。邀请 500 多名来自 22 个省份 62 个城市的优秀抗疫医护人员、专家代表参加，联合全国 100 多家城市台进行报道，取得了巨大的宣传效应。城市台联盟向市委、市政府发来了热情洋溢的感谢信。张家界通过抗疫英雄的口口传颂，迎来了更大的美誉度。

【“以爱之名·点燃梦想”慈善助学第八季活动】 2020 年 9 月 10 日，由永定区委、区政府主办，永定区慈善总会、永定区民政局、张家界广播电视台青少产业中心联合承办的“以爱之名·点燃梦想”慈善助学第八季活动，助力 532 名贫困学生梦圆大学。活动现场，永定区党政机关、企事业单位、社会团体、私营企业、市民纷纷慷慨解囊，截至活动结束，现场共募集善款 90 余万元。此外，全区还收到 187 家企业单位 210 余万元善款。

【“中国张家界”首届世界遗产摄影大展】 2020 年 11 月 16—22 日，由中国联合国教科文组织全国委员会、国际山地旅游联盟指导，中国摄影家协会、张家界市人民政府主办，张家界市广播电视台具体承办的中国·张家界首届世界遗产摄影大展在张家界举行。活动分为四大主题：中国·张家界首届世界遗产摄影大展开幕式、中国·张家界首届世界遗产与旅游研讨会、中国·张家界首届世界遗产摄影大展专家讲座、中国·张家界首届世界遗产摄影大展荣誉盛典。共征集和展出了中外 560 余名摄影家拍摄的、涉及 71 个国家 115 处世界遗产地的影像作品 5000 余幅。来自 22 个省份的 100 多位专家、学者和各级摄协组织负责人、近 700 位摄影训练营学员、300 多个报名参展作者代表等相聚张家界，共享世界遗产影像盛宴。

【中国·张家界第四届国际旅游诗歌节】 2020 年 12 月 9 日，以“仙境张家界 诗约全世界”为主题的中国·张家界第四届国际旅游诗歌节在湖南省张家界市举行。本届诗歌节由中国作家协会、诗刊社、湖南省文联、中共张家界市委、张家界市人民政府指导，湖南省诗歌学会、中共张家界市委宣传部、张家界市文学艺术界联合会、张家界市文化旅游广电体育局主办，张家界市广播电视台具体承办。收到参赛作品

2020年10月22日，举行“梦圆2020”脱贫攻坚主题文艺创作颁奖活动　（李文锋 摄）

26789首，其中还有来自俄罗斯、西班牙等国家的国际诗人投稿参赛。诗歌节设置18万元的总奖金，评出一等奖1名，二等奖5名，三等奖20名，优秀奖200名。

【张家界市广播电视台1部作品获“梦圆2020”脱贫攻坚主题文艺创作一等奖】 2020年10月22日，“梦圆2020”脱贫攻坚主题文艺创作颁奖活动在长沙举行。张家界市广播电视台党委委员、副台长李文锋撰写的长篇小说《火鸟》获一等奖。

（本栏撰稿 石乙贝）

【电影市场】 2020年市委宣传部主动作为，助力电影行业复工复产。新冠疫情出现恰逢电影春节档，电影行业第一时间全面暂停放映，直至7月下旬陆续按要求复工复产，为此，全市各影院不同程度遭遇打击，票房有所下跌。2020年，全市10家影院平均票价为32.6875元，总观影近37万人次，总票房为1234.7519万元，票房同比下降63.4811%。全市现拥有城市电影院线6条。横店院线观影超13万人次，票房收入400万元，位列全市第一；潇湘院线位居第二，票房收入为267.5万元；楚湘院线四家影院慈利县人民剧院3D影视城、慈利县芒果国际影城、慈利县楚湘悦影城江垭店和武陵源楚湘悦影院票房收入202.9559万元。此外，电影院恢复开放首日观影、“湘观影”“光影铸魂”等活动为营造观影氛围、培养观影习惯，大力推进张家界市电影行业有序复工复产收效明显。

【农村公益电影】 2020年张家界市农村公益电影计划放映13776场次，自8月份该项工作启动以来，各放映队克服时间紧、任务重、汛期长等困难，在做到防疫安全放映的同时，放映电影14053.6场，完成百分比达到102.02%。张家界顺民农村数字电影院线公司从影片交易系统订购各类影片61部，订购放映10203场次，订单14个。武陵源区计划放映240场，实际放映347.5场，完成率高达144.79%，全市最高；慈利县计划放映场次5952场，实际放映6076.4场，任务虽重，完成质量高；永定区、桑植县均超额完成放映任务，保障了农村地区对于电影放映的文化生活需求。

（本栏撰稿 朱 珠）

2021

文学艺术

·张家界年鉴·

总类

【概况】 2020年，张家界市文学艺术界联合会（以下简称张家界市文联）工作呈现新气象、新风貌。胡丘陵的长诗《戴口罩的武汉》获第五届中国长诗奖最佳成就奖；在湖南省作协举办的“圆梦2020精准扶贫”征文中，罗长江的长篇报告文学《石头开花》和李文峰的长篇小说《火鸟》获一等奖，田润《苍山作证》获三等奖；宋旭东《交叉感染》获第六届“青春文学奖”长篇小说奖；钟锐《歪歪探长：百变大盗》（有声版）在“学习强国”上线；郭红艳《新阳》被确定为湖南省作协“庆祝建党100周年”创作专项选题；喻灿锦被吸纳为中国作家协会2020年新会员；吕启琼《湘西日记》入选第二届湖南·中国画双年展，《湘西印象》入选“决胜脱贫在今朝 丹青共筑中国梦”湖南省美术作品展，《阅读季节》《春之韵》等14幅作品在中国核心期刊《美术界》“现代水墨专栏”专版刊登；石志文《苗寨乡风》入选第二届“香凝如故”全国美术作品展，《众志成城 万众一心》被评为湖南省文联阻击新冠肺炎主题文艺创作优秀作品奖；向好《聚变·湘西村寨之二》、孙建华《背青稞的女孩》入选第十二届全国水彩·粉画作品展；王成均、曹勇的歌曲《康华情思》获湖南省文旅厅精准扶贫重点扶持。

【张家界市文联四届六次全委（扩大）会议暨2020年工作会】 2020年1月9日下午，张家界市文联四届六次全委（扩大）会议暨2020年工作会议召开。会上对2019年张家界市文联系统全省及全市先进单位、先进个人进行表彰，总结过去一年的文艺成绩。2020年，张家界市文联凝神聚力，坚持为人民书写为时代立传的文艺创作意向，建设德艺双馨充满活力的文艺工作队伍，要全面深化改革推动全张家界市文联系统各项工作深入开展，深入生活，贴近实际，扎根人民，创作出更多更好的文艺精品，为推动张家界高质量发展做出新贡献。

【张家界市文联第五次代表大会】 2020年9月25日上午，张家界市文学艺术界联合会第五次代表大会召开。省文联党组书记、副主席夏义生和市领导刘革安、刘绍建、汪业元、胡丘陵、刘桦、单铸飞、田华玉、郭天保、李传荣、欧阳斌参加会议。近年来，全市各级文联组织团结带领广大文艺工作者深入基层、扎根人民、潜心创作、辛勤耕耘，创作一批脍炙人口、深入人心的优秀作品，开展一系列富有影响的重大文艺活动，有力推动全市文艺事业繁荣发展，丰富群众精神文化生活，为团结带领全市广大干部群众打赢打好三大攻坚战、推动经济社会高质量发展统一思想、激发干劲、凝聚力量、做出贡献。

【会员管理】 截至2020年底，张家界市文联拥有国家级会员96人，省级会员654人，市级会员2782人。2020年1月，副主席黄真龙、会员罗舜加入中国少数民族作家学会；7月，会员胡长刚、朱凤英、龚海楚、甄钰源、田润加入湖南省作家协会；9月，会员喻灿锦加入中国作家协会；10月，推荐会员罗春浓、赵斯华进入毛泽东文学院学习，罗春浓、赵斯华、汪珍玺、王译贤从毛泽东文学院毕业；11月，市作协副主席、组织委员黄真龙被张家界市文联文艺家协会党委推荐进入张家界市级党员教育师资库；会员印存校、朱凤英、张建湘、罗建辉加入湖南散文学会。

【文艺扶贫】 2020年，张家界市文联开展“助力脱贫攻坚、助力乡村振兴”文艺志愿服务活动，成立湖南省文艺志愿服务团张家界市分团和张家界市16个文艺志愿服务团，联合三家公益企业为四都坪乡6个贫困村儿童捐赠15万余元的爱心物资，开展文艺扶贫“六个一”活动，助推乡村旅游。元旦期间，张家界市文联组织文艺家走进四都坪、洪家关和政务中心，为老百姓书写春联2500多副，拍摄全家福30张，送去浓浓年味和新春祝福。

（本栏撰稿 杨次洪 李 莉）

文学·文艺评论

【第四届国际旅游诗歌节】 2020年12月8—10日，张家界市文联在张家界市区举行第四届国际旅游诗歌节，邀请全国200余名诗歌名家前来参会。中国作家协会副主席、著名作家廖奔，湖南省政协第十届副主席、省文联原主席、著名作家、诗人谭仲池，湖南省文联副主席张纯等领导、嘉宾及著名诗人出席此次诗歌盛会。本届诗歌节通过创办《行吟诗刊》旅游诗歌征稿、精美短诗大赛、校园诗歌朗诵会、旅游诗歌创作讲座、颁奖典礼和旅游诗歌朗诵、张家界景区现场创作与朗诵等活动，邀请国内外知名诗人、诗歌爱好者、全国诗歌节组委会成员至张家界共襄盛举。张家界市文联用文艺攻略展示张家界的魅力，探索出成熟的诗歌助推旅游的新路子。

12月9日晚，张家界国际旅游诗歌节在吉首大学张家界学院风雅厅举办“行吟中国”暨第四届中国张家界国际旅游诗歌节颁奖典礼，分为序篇《我向你走来》、第一篇章《风·诗源流长》、第二篇章《雅·诗情激荡》、第三篇章《颂·诗意远方》、尾声《礼赞中国》几个部分。本届国际旅游诗歌大赛设置18万元的总奖金，评出一等奖1名，二等奖5名，三等奖20名，优秀奖200

名。其中，毕厚俊作品《张家界之恋》荣获一等奖。

【文学激励与文艺平台建设】2020年4月，为鼓励张家界市文学创作，在2019年度（1月1日—12月31日）发表的733件文学作品中，张家界市文联对其中的184件优秀文学作品进行激励。本次文学激烈活动发放激励奖金18.04万元，扶持文学事业，鼓励创作精品力作。为扶持文学新人，宣传有特色、有深度的文学艺术作品，2020年，张家界市文联出版《张家界文艺》2期（其中文艺战疫1期、旅游诗歌集1期）。微信公众号“文艺张家界”全年发表文艺新闻快讯82条。

【作协活动】2020年，张家界市作家协会主席石绍河主编的《张家界市2019年度优秀文学作品选》即将出版。该书是张家界市连续推出的第5部年度优秀文学作品选，已经成为张家界市作协的品牌和文学事业的一张闪亮名片。2020年1月，由主席石绍河、副主席黄真龙主编的《再去西线游——张家界西线旅游文学作品选》由团结出版社公开出版。该书旨在为加快西线旅游开发，丰富张家界旅游文化内涵，扩大西线旅游对外知名度，为加快张家界市实施“对标提质、旅游强市”发展战略，在“锦绣潇湘”全域旅游基地中发挥龙头作用作出新的贡献。该书是张家界市作家协会主动作为，勇于担当的生动实践。市作协围绕西线旅游有关内容进行广泛宣传、征稿，张家界市广大作家和文学爱好者创作出一批主题鲜明、文学性强的优秀文学作品。该书收录小说、散文、诗歌（含古体诗词）、纪实文学、评论等文学体裁，是发现西线旅游、宣传西线旅游、记录西线旅游的珍贵文学作品。该书分为“悠悠岁月”“如歌散板”“斑斓大地”“回眸瞬间”“多彩西线”“今日畅游”6个章节，共计26.5万字，还有关于采风活动的纪实照片与张家界市摄影家协会会员拍摄的绝美西线风景，内容丰富、图文并茂，是了解西线旅游的窗口。9月，由主席石绍河、副主席黄真龙为主编的《笔墨山水咏中华——张家界市作家协会庆祝中华人民共和国成立70周年优秀文学作品选》，由团结出版社出版发行。作品30万字，分为上、下两册，作品主题积极向上，充分表达张家界市文学界对中华人民共和国成立70周年的诚挚祝福。这些作品主题积极向上，通过“岁月如歌”“诗意斑斓”“江山多娇”“山水有情”等篇章，用散文、诗歌、小说、报告文学等各种文学体裁，把张家界作家们心中山水中华呈现出来，充分展示张家界市文学创作的基本实力，表达对中华人民共和国成立70周年的诚挚祝福。12月，《吐鲁番》（2020年第4期）杂志公开发行，张家界作家作品获该杂志集中推介，石绍河《怪味菜》、汪本莲《九溪寻梦》、陈颉《天平山植物志（组诗）》、宋梅花《钱三扣》刊发于“双城文汇”栏目，黄真龙散文小辑（散文15篇）、罗建辉评论文章《极富特色的乡土田园抒写》刊发于“新锐推荐”栏目。

【文学精品】2020年，张家界市作家就在省级（含）以上的报纸杂志发表文学作品400余篇（首）。广大会员作者投身文学抗“疫”、志愿服务、精准扶贫等工作，切实发挥作家为人民著述，为时代放歌的作用。2020年6月，会员滕军钊长篇小说《战车少尉》由东方出版社正式出版。2020年发表的作品有：张家界市文联名誉主席刘晓平《远村》刊发于《中国作家》（2020年第2期）、《抗疫沉思录》刊发于《娘子关》（2020年第2期）、《我行走在现代与记忆的诗意里（七首）》刊发于《江南》（2020年第6期）、《梦里梦外总得做一回英雄（组诗）》刊发于《鸭绿江》（2020年第20期）；主席石绍河《十八洞的树》刊发于《散文（海外版）》（2020年第8期）、《碧水丹山大地花》刊发于《散文百家》（2020年第9期）；副主席向延波《空山（组诗）》刊发于《诗潮》（2020年第11期）；副主席汪本莲《一棵树的穿越》刊发于《湖南日报》（2020年5月5日）并被学习强国转载；副主席胡良秀《寻梅古城（两章）》刊发于《散文诗世界》（2020年第2期）；钟锐《歪歪探长：百变大盗》（有声版）在学习强国上线；谢德才《梭子丘的咸鸭蛋》刊发于《散文海外版》（2020年第7期）；鲁絮《逆风的人》刊发于《湖南文学》（2020年第3期）；胡家胜《杀猪饭》刊发于《微型小说选刊》（2020年第14期）；张建湘《大哥与他的酒窖》刊发于《福建文学》（2020年第7期）；罗舜《无人区（组诗）》刊发于《青春》（2020年第5期）；宋梅花《瓜子红》刊发《小小说月刊》（2020年第4期上半月刊）；杨冬胜《惠安石雕》刊发于《泉州文学（增刊）》（2020年第11期）；彭冬梅《眼睛的味道》刊发于《高中生》（2020年第6期）；兰彩军《澧源周年与诸公吟》刊发于《诗词月刊》（2020年第7期）；朱凤英《遥望四姑娘山》刊发于《湖南工人报》（2020年9月）；向国庆《九天洞赋》刊发于《中华辞赋》（2020年第6期）等。

（本栏撰稿　杨次洪　李　莉）

书法·美术·摄影

【美术家协会活动】2020年5月22日，张家界市美术家协会与全国水墨名家方土、邹明、陈风新、李伟、王学辉在“旭生·国韵壹号会议室”，举办“水墨张家界·创作座谈会”，并观摩名家们的张家界水墨写生作品展；6月16日，市委宣传部举行“张家界市文艺家书画摄影作品进机关收藏仪式”，协会捐赠30件绘画作品；6月28日—7月2日，决胜脱贫攻坚——市新阶联携手美术家走基层描绘新农村新面貌采风写生活动，在天门山镇和张家界森林公园成功进行，并举办“决胜脱贫攻坚——美术创作座谈会”，发表“决胜脱贫攻坚——美术家走基层写生作品微展”；8月7日，协会与张家界荷花园、全国鬼谷康养张家界康旅基地联合举办“立秋·我遇见那朵无尘的青莲”采风写生活动，并举办“艺术有什么用”美术理论报告会暨自助音乐晚会；11月6日，由市美协设计艺委会主办的“理想之境”建筑室内设计五人联合展在（匠野艺术空间）举办，展出40多件设计作品。

【美术精品】 2020年，吕启琼的中国画《湘西日记》入选中国美术家协会主办的“第二届湖南·中国画双年展”，《湘西印象》入选湖南省文联主办的“决胜脱贫在今朝 丹青共筑中国梦”湖南省美术作品展，《城市美容师》入选湖南省统战部主办的统一战线美术作品线上展，《阅读季节》《春之韵》等14幅作品在中国核心期刊《美术界》“现代水墨专栏”专版刊登；石志文的中国画《苗寨乡风》入选中国美协主办的第二届“香凝如故”全国美术作品展，并在中国美术馆展出，作品《众志成城 万众一心》被评为湖南省文联阻击新冠肺炎主题文艺创作优秀作品奖；邓典的油画《同舟共济》入选全国第六届挖掘·发现新人展，油画《蓝韵幽梦》入选“天下黄河”——中国百名油画家主题作品展；向妤的水彩《聚变·湘西村寨之二》入选第十二届全国水彩·粉画作品展；孙建华的水彩《背青稞的女孩》入选第十二届全国水彩·粉画作品展，中国画《武陵源峰林组画》三幅入选中国美术家协会主办、在北京展出的“新时代 新气象 新表达——全国新文艺群体美术作品展”，中国画《张家界奇峰竞秀》参加在台湾故宫博物院举办的大型艺术精品展，中国画《祖国平安》参加七省市抗疫线上美术作品展；舒新建的中国画《盛世荷韵》获四川省美术家协会主办的首届“司马相如杯”全国美术展览入展奖；熊风的油画《南山之忧》、罗林敏作品《值班》、宋晖作品《社区宣传》入选2020年“凝心聚力 抗击疫情”七省（区）市美术、书法、摄影微展。

【中国·张家界世界遗产摄影大展】 2020年11月16日，中国·张家界世界遗产摄影大展在张家界大庸古城开幕。大展以交流共享，保护传承为主题，设有“贺龙在延安”专题摄影展、百年大庸老图片展、张家界南门口记忆专题展、影像张家界专题展等12个展览，展出作品108个国家、120处世界遗产地的影像6800多幅（组），举办陈复礼铜像揭幕仪式、中国意大利自然遗产地对话、摄影名家摄影讲座、大展荣誉盛典、摄影训练营等6次专题活动。央视朝闻天下作专题报道，央视新闻联播作1个小时的现场直播。全国政协原副主席刘晓峰，省委常委、宣传部部长张宏森出席大展活动。联合国第八位秘书长潘基文为大展发来贺词，意大利驻广州领事馆总领事、中国香港特别行政区政府驻武汉主任出席活动。活动是推动“旅游+文艺”融合发展，推动张家界世界遗产与时代对话、与世界握手，肩负起人类历史责任，把张家界的山水、自然、文化之美更多更全面、更精彩地呈现给全世界，为早日实现国内外知名旅游胜地的有力推手。

【摄影精品力作和摄影奖项】 2020年度，张家界市摄影家协会30多幅作品在全国摄影赛事中获奖及被中央电视台采用，50多幅作品在省级赛事中获奖，300多幅摄影作品在国家级、省级摄影专业杂志、报纸和平台发表。其中在中国·张家界首届世界遗产大赛中，姜浩《水墨张家界》、王建红《天子山空中田园》、王晋新《世界文化自然遗产地——曼代奥拉》、刘向荣《乐山大佛》摄影作品，周建鑫多媒体作品《绝版张家界 仙境武陵源》、周怀松视频作品《锦绣武陵源》入展。郑世华、彭立平、李维跃、宋卫红、田莉等会员踊跃参与中国·张家界首届世界遗产摄影大展报名展，其中彭立平《张家界鸟雀》、宋卫红《百姓人家》获得报名展优秀奖。

在“龙山杯”首届中国土家族全国摄影大展中彭立平《抢鸭子》、王建红《火炕屋的温情》、彭建《桥头杖头木偶戏》、韩远谋《龙山舍巴日全国摄影大展启动仪式》入展。

杨年春抗疫作品《群防群控》《抗疫一线党旗红》被央视元宵晚会采用作演出现场背景墙。《溪口镇渡坦村民驰援武汉》被人民日报社采用录入《中国抗疫图鉴》。

在“走进湘桂黔边·关注老少边穷”第五届全国摄影大展中，王卫红两幅作品《木通，通向幸福路》《一藤架通幸福桥》、高山两幅作品《沉甸甸果实惹人爱》《金色温情》、李仕博两幅作品《脱贫户的甜头》《脱贫致富的摇钱树》分获优秀作品奖；杨年春作品《喜迁新苗寨（组照）》《山泉矿泉水厂（组照）》入选。

在参加湖南省林业局举办的“庆祝林业发展70周年关爱地球皮肤保护草原生态”摄影赛中，向金次作品《草坪落大山》获三等奖。

在第四届武陵源全国航拍摄影大赛中，毛定作品《仙境武陵源》视频获得金奖，作品《杨家界云海》获得图片组优秀奖；周建鑫作品《绝版张家界 仙境武陵源》视频组荣获银奖，《云瀑张家界》荣获图片组铜奖；张光之作品《乡村醉秋》获图片组银奖，作品《秘境武陵源》《这里是武陵源》分别获视频组银奖、图片组优秀奖；吴扬辉作品《大美武陵源》视频组获铜奖；邓昌勇作品《四季如画》获视频优秀奖，作品《十里画廊云海》获得图片组银奖；罗锐作品《奇峰武陵源》获视频组优秀奖，作品《峰林魅影》获图片组优秀奖；陈文升作品《多彩武陵源》获得视频组优秀奖；熊宗喜作品《张家界地貌——武陵源》获得视频组铜奖，作品《行走云端》获得图片组优秀奖；杨年春作品《相“峰”武陵源》视频类获优秀奖；李景林作品《航拍武陵源》获视频类优秀奖。周建鑫微视频《云上中国张家界》登上纽约时报广场新华社中国屏、新华社及湖南卫视新闻联播等；航拍发现“张家界心形湖”，让张家界登上各大媒体热搜。

（本栏撰稿 杨次洪 李 莉）

音乐·舞蹈

【音乐创作成果】 2020年，张家界市音乐家协会创建文艺志愿服务团。在创作中，探索创新，开辟山野民谣和土家风歌曲创作新天地，走向央视、卫视舞台，催生“张家界音乐现象”，走向国际舞台，参与国际音乐文化交流活动。推出一批有实力、有影响，人民群众喜闻乐见的歌手（组合），如刘赛、瞿英、李慈庸、王小小、李红艳、山水组合、歌梅拉组合、扎扎朵组合、苏木绰绰组合等。他们以其鲜明的地方民族特色，多次登上央视、卫视舞台，甚至赴国外展播，深得观众好评，被业内称为“张家界音乐现象”。2020年4月，由山水组合创作演唱的山野民谣《你莫走》爆红网络，4个月时间全网综合点击量超过70亿次，人气指数和影响力连续一个月占据酷狗TOP500音乐排行榜首位，让“张家界音乐现象”深入人心。2020年9月，在长沙举办《你莫走》创作座谈会和“仙境张家界，民歌邀你来”2020张家界山野民谣《你莫走》暨经典民歌汇报音乐会专场活动，推介张家界，推进“旅游+”跨界融合发展。

【舞协活动】 2020年，张家界市舞蹈家协会推出抗疫歌曲《大爱无边》、美术作品《战胜疫情，祖国平安》、方言三棒鼓《艺抗疫情》、抗疫舞蹈《并肩战疫》、诗朗诵《我在张家界等你》等系列作品，推出鼓舞士气战胜疫情、弘扬正能量的歌曲、三句半、戏曲、曲艺等40多部群众原创文艺作品。成立“张家界印象”旅游营销非遗轻骑队，并举办“张家界印象”非遗与旅游推广轻骑队培训班，集中培训张家界国家非物质文化遗产项目《白族仗鼓舞》《桑植民歌》《张家界阳戏》及省级非物质文化遗产节目《茅古斯舞》《土家摆手舞》等，这支轻骑队将成为展示张家界形象的活招牌，传递张家界文化的信使。

（本栏撰稿 杨次洪 李 莉）

影视·校园文联

【校园文联活动与文艺成果】 2020年9月，张家界市校园文联配合第四届张家界国际旅游诗歌节，开展“仙境张家界，诗意满校园”全市大中学生旅游诗歌朗诵大赛。发动全市大中学生参与大赛，有60支队伍、2000余人参与比赛，评出特等奖2个、二等奖4个，三等奖8名，特等奖是张家界学院的《出发，在黎明》。副市长邹菊芳、欧阳斌等领导全程观看两场决赛并为特等奖获得者颁奖。曹勇为慈利一中学生杜汪彦谨创作演讲稿《爷爷的听诊器》，参加湖南省“建设伟大祖国，建设美丽家乡”演讲比赛，获高中组第一名。音乐专业委员会组织的“我是小小艺术家”网络比赛活动，吸引大量中小学生参加，反响良好。

校园文联主席杨次洪为市微爱公益服务中心创作的主题歌曲《微爱之光》荣获全国总工会读书比赛歌曲类二等奖，另一首《有爱就有希望》也收到好的反响。曹勇创作的抗疫歌曲《虽然看不见你的面容》获得湖南省文旅厅“文艺抗疫、云游湖南”（合作）作品优秀奖、人气奖两个奖项。曹勇创作的反映扶贫攻坚的歌剧《那条路》被常德市歌舞剧院采用，参加常德市艺术节演出引起较大反响，荣获一等奖，被誉为常德市20年来歌剧创作的一次突破。目前该剧已被立项为文化项目，即将参加全省演出。曹勇创作的另一个微视频《红色，红色》，被湖南省选送参加中宣部社会主义核心价值观微视频微电影大赛。

校园文联校园公益委员会和市微爱公益服务中心会长周海燕今年又获得“2020年湖南省新冠肺炎疫情防控学雷锋先进志愿服务组织”等荣誉。而她则被大家誉为“爱心姐姐”“天使阿姨”，先后被评为湖南省十佳禁毒志愿者、湖南好人、湖南省最美志愿者，连续四届获得湖南省无偿献血志愿服务一、二、三、五星级奖，第五届张家界市道德模范，第二届张家界市优秀志愿者、张家界市最美无偿献血志愿者等荣誉称号，近日她又被评为全国未成年人思想道德建设工作先进工作者。

（本栏撰稿 杨次洪 李 莉）

2021

卫生健康

·张家界年鉴·

总 类

【概况】2020年，张家界市卫生健康系统以为经济建设服务、为人民健康服务作为指导方针，坚持以人为本，精准落实疫情防控措施，着力推动医疗卫生项目建设，深入开展爱国卫生运动，全面推进医药卫生体制改革，中医药事业得到传承创新发展，计划生育工作稳步进行，全市卫生健康工作呈现持续、稳定、健康发展的良好势头。张家界市疫情防控工作创造了确诊病例发生最晚、病例人数最少、病例清零最早、治愈病人集中隔离留观时间最长的全省纪录。2020年年底，张家界市顺利通过国家技术评估和综合评审，成功创建“国家卫生城市”。市卫生健康委员会（以下简称市卫健委）获评2020年度卫生健康市州重点工作目标管理考核优秀单位。

（刘 俊 夏铭励）

医疗卫生体制改革

【概况】2020年，张家界市以深入开展医疗卫生资源城（县）乡一体化改革为主线，推动医疗卫生资源下沉、共享，基本构建了运转高效的分级诊疗体系和医防融合、上下联动、信息互通、共建共享、职责清晰的整合型医疗服务体系。张家界市组建6个医疗集团，63个县级医院和乡镇卫生院与部省级医院建立远程医疗协作网，公立医院及其主要负责人绩效考核逐步完善。扎实推进国家基本药物制度综合试点建设，基本药物覆盖率达100%。全面取消公立医院药品加成，在完善公立医疗机构药品采购“两票制”的基础上，在全省乃至全国率先建立完善了公立医疗机构“以量换价”药品集中配送新机制。

【公共卫生防治体系建设】2020年1月，成立由市委书记挂帅的新冠疫情防控工作领导小组和以市长为指挥长的疫情防控工作指挥部，构建党委统一领导、指挥部统一指挥、市县乡村统一行动的“三统一”战时防控指挥体系，确保各项决策指令第一时间“直接见底”。拟定《张家界市人民政府关于建立突发重大公共卫生事件市县乡村四级联防联控应急体系及队伍的意见》，将突发重大公共卫生事件联防联控应急体系及队伍建设相关内容纳入财政预算管理。建立市委常委联系区县和市直部门、市级领导联点指导乡镇街道、区县处级干部下沉乡镇街道、乡镇街道干部下沉到村（社区）的“四级包联”机制，组织抗疫先锋队，合力打通疫情防控“最后一公里”。将重点人群的结核病筛查费用纳入各级财政保障范畴，对病原学阳性肺结核住院患者进行单病种管理，肺结核患者住院费用报销额度达到85%。

【公立医院综合改革】2020年，张家界市出台《关于实施医疗卫生城（县）乡一体化改革的指导意见》，全面部署一体化改革任务。张家界市6个医疗集团正式挂牌成立，慈利县人民医院集团、桑植县中医集团在分级诊疗、现代医院管理、医疗集团医保总额打包及药品统一采购配送管理等体制机制方面取得重大突破，城乡服务同质化初显成效。深入推进绩效考核和管理改革，加快现代医院管理制度建设，公立医院及其主要负责人绩效考核逐步完善。建立医疗集团工作联系机制，同步开通转诊、会诊“绿色通道”，提高双向转诊工作效率，有力保证急危重患者及时得到救治，实现区域医疗卫生资源下沉共享。

【药品供应保障制度建设】2020年，张家界市出台《张家界市公立医院药品集中配送管理暂行办法》，在公立医疗机构全面取消药品加成、实施药品采购“两票制”的基础上，建立完善公立医疗机构“以量换价”药品集中配送新机制，为张家界市患者减轻药费负担6000万元以上。成立张家界市药事管理与药物治疗学委员会及药师专家库，指导医疗机构（医疗集团）制定用药目录，进一步加强张家界市医疗机构药事管理和药学服务。出台《张家界市公立医疗机构医疗服务价格调整方案》（张医保发〔2020〕18号），于2020年7月1日正式公布实施新调医疗服务价格，公立医疗机构的价格结构进一步优化。

【中医药管理体系建设】2020年，市、区县卫生健康行政部门完成中医药管理机构设置工作，构建了以公立中医医疗机构为主体、民营中医医院为补充，纵向到底、横向到边的中医药服务网络。截至2020年年底，张家界市中医医院的全科医师培训基地和慈利县中医医院住院大楼、桑植县民族中医院的业务综合大楼全面投入使用，产生良好的社会和经济效益。2020年完成基层医疗卫生机构中医药服务能力提升项目3家，张家界市累计有67个乡镇卫生院、社区卫生服务中心中建成高标准中医馆，65%以上的村卫生室、社区卫生服务中心能提供中医药技术服务，市、县、乡、村四级中医药服务网络基本形成。

【医保制度重点事项改革】2020年，张家界市出台《张家界市基本医疗保险和生育保险市级统筹实施方案》（张政办发〔2020〕5号）等文件，实行“统一基本政策，统一基金管理，统一信息系统，统一经办流程”的市级“四统一”基本医疗保险统筹模式，收集市级统筹资金65737万元。出台《关于张家界市公立医院实施按病种收付费工作的通知》（张医保发〔2020〕33号），将按病种付费扩大至187个。建立医保基金安全监管制度，张家界市全年检查定点医药机构877家（包含重复检查的医药机构），监管检查覆盖率达到100%。（本栏撰稿 林成军）

公共卫生和卫生应急

【概况】2020年，张家界市完善突发公共卫生事件监测、评估、预警、反应机制，建立以疾控中心为技术依托，城区医疗卫生单位为枢纽，乡镇卫生院为延伸的突发公共卫生事件及传染病监测报告网络，实行24小时值班值守、传染病网络直报及零报告制度，切实做好卫生应急管理和处置工作。全市共组建83支、总人数1123人的应急处置队伍，紧急处置和救治新冠肺炎确诊病例5例，有效处理传染病突发事件4起，疑似事件68起，预警报告608次，传染病及突发公共卫生事件报告和处置率达100%。全年无甲类传染病报告，乙、丙类传染病报告8557例，同比减少119.88%。全年支付疾病应急救助资金84.08万元，救助患者192人次。

【免疫规划】2020年，张家界市完成国家免疫规划疫苗296566剂次，常规疫苗接种率达95%，单苗接种率达95%，建证和建卡率达100%。儿童基本信息完整率达99.84%，儿童接种信息完整率达95.55%，扫码接种率达95.74%。开展"4·24"免疫规划宣传日活动，发放宣传册550本、宣传单2000余份，解答群众咨询1500余次。

【结核病防治】2020年，全年新发结核病1348例，涂阳598例，涂阳率44.36%。治疗活动性肺结核患者1380例，成功治疗1353人，成功治疗率达98.04%。报告疑似肺结核2152例，检测2109例，检测率98.00%，涂阳病人密切接触者筛查率100%。按照《肺结核筛查收治工作实施方案》，摸排重点人群520804人，完成筛查520804人。筛查学校621所学生81124人，筛查率98.97%。全年发送结核病日宣传短信23万条。

【艾滋病防治】2020年，张家界市新发现HIV/AIDS患者175例，检测291485人次，阳性170人；病毒载量检测934人，完成率达96.6%。完成暗娼、性病病人、吸毒者、孕产妇等群体的行为学调查与HIV、HCV、梅毒抗体检测12807人次，新发现梅毒阳性58人，丙肝阳性175人，未发现HIV抗体阳性；梅毒病例报告准确率100%，漏报率为零。

【慢性病防治】2020年，张家界市报告死亡人数9068例，粗死亡率为643.24/10万，报告及时率99.29%，身份证填写完整率99.96%，多死因链填写完整率75.54%，审核率100%，重卡率0.02%，不明原因死亡率2.86%。肿瘤发病1851例，发病率265.58/10万，肿瘤死亡病例647例，死亡率92.83/10万。上报恶性肿瘤数据3228条。完成学生常见病及健康影响因素监测8526名学生6个方面近200个指标的调查。完成32所学校9922名学生近视眼调查。新建成健康支持性环境99家。

【地方病和寄生虫病防治】2020年，张家界市开展碘盐质控考核，检测儿童尿碘200人，食用盐样200份，孕妇尿样100份，孕妇食用盐样100份。巩固消除疟疾达标成果，"三热"病人疟疾镜检420人，阴性血片复核率100%。完成血吸虫查病任务，检测家畜102头，无阳性病畜；查螺面积310768平方米，未发现钉螺。

【职业卫生】2020年，张家界市完成职业危害因素企业监测268家，完成职业性尘肺病随访调查1028例，开展在岗职业健康体检1532人次。救助尘肺病农民工262人次，尘肺病人医疗总费用291.70万元，医保报销费用190.47万元，尘肺补助75.52万元，病人自付费用15.67万元，自费部分占比仅为5.4%。粉尘治理范围内用人单位粉尘危害申报90家，申报率达到95%。

【卫生监测】2020年，张家界市开展供水水样监测，采集城市集中式供水水样255份，合格255份，合格率100%；检测农村饮用水水样430份，合格385份，合格率89.53%。完成各类（饮用水、公共场所、集中空调、医疗机构、学校卫生）抽检计划任务，监测公共场所48个，抽检医疗机构样品152件，合格率98.66%。完成2020年度食品安全风险抽检1679件，其中，食品微生物监测252件，食品污染物监测417件，食源性疾病病原学标本180个，城乡生活饮用水监测590件，餐饮具集中消毒监测240件。卫生监督执法立案查处各类违法违规行为53起，下达监督意见书30份，处罚金额46.31万元。开展打击非法行医、整治"医托号贩"行动，出动执法人员528人次，下达《卫生监督意见书》48份，提出整改意见240条，查处无证口腔诊疗机构29家（含无证洁牙、美牙、镶牙10家），没收医疗器械74件。

【健康教育】2020年，张家界市卫生系统在主流媒体和微信公众号开设专栏23个，在具有时政资质的新闻机构刊播新闻稿件1932篇，全省卫生健康网络宣传影响力在市州排行榜连续3年位居第二。以创建国家卫生城市为契机，全市共创建健康主题公园6个、健康步道7条、健康学校17所、健康餐厅12家、健康食堂8家、健康社区27家、健康单位71家、二级以上健康医院1家，社区（乡镇）卫生院14家、健康家庭和卫生家庭100家。全市48个健康小屋已投入使用。结合创国卫进社区活动，组织举办健康教育巡讲523场，全市居民健康素养总体水平同比提升3.57个百分点。选送《疫情防控知识宣传进山寨》在全省健康科普大赛中获三等奖。

【重症精神病救治救助】2020年，张家界市累计在管（国家严重精神障碍患者信息系统）7621人，建档8566人。报告患病率4.96‰，规范管理率82.82%，面访率88.79%，患者规律服药率94.90%。2020年张家界市救治救助重性精神疾病住院患者任务数为1000人，实际救治救助1360人，完成率达136%；严重精神障碍患者救治救助监护奖励任务数为1000人，实际通过“以奖代补”政策发放严重精神障碍患者救治救助监护奖励1057人，完成率达106%。（本栏撰稿 赵 敏）

医疗服务能力建设

【概况】2020年，张家界市开展进一步改善医疗服务行动，实施多途径、全方位的预约诊疗，简化住院流程，推行便民惠民措施，初步建立预防化解医疗纠纷的长效机制。2020年末，张家界市医疗卫生机构总数1294个，其中：医院32个、基层医疗卫生机构1246个、专业公共卫生机构16个。医疗卫生机构实有床位数10401张，每千常住人口拥有病床数由上年的6.48张增加到6.71张。张家界市卫生健康工作人员总数12659人（其中市本级3139人），每千常住人口执业（助理）医师2.59名、注册护士2.82名。张家界市享受国务院政府特殊津贴2人、二级以上主任医师（教授）11人、省级名中医8人、市级名医10人、市级学科带头人20人、高级职称733人。2020年，张家界市医疗卫生机构总诊疗人次达550.41万人次，入院人数40.15万人，病床使用率81.54%；卫生健康系统总收入41.7亿元（含财政拨款15.7亿元）；无偿献血量6.4吨。孕产妇产前检查率97.69%，比上年增长2.31个百分点。

【老年人健康管理服务】2020年，张家界市推进二级以上医疗机构老年医学科建设，4家二级以上综合公立医院、1家中医医院设立老年医学科，设置比例为100%。34家中等规模以上医疗机构开设老年人挂号就医“绿色通道”，11家城市社区卫生服务站和937所村（居）卫生室为城乡老年居民提供简单的医疗保健上门、转诊联络等服务。创建3家医养结合示范机构，共为903名老年人提供安宁疗护各类服务。完成65岁以上老年人免费健康体检15.8万人，65岁以上老年人健康管理率为73.11%；65岁以上老年人医养结合服务率为73.11%；家庭医生签约服务14.02万人，签约服务覆盖率为84.59%。完善基层老年协会建设，建立城市社区和农村村级老年协会993个，建会率为97.1%，会员7.38万人。

【市人民医院】2020年，市人民医院建成新院区完成搬迁，医疗救治能力大幅提升，医院环境面貌焕然一新，“一院三区”新发展格局正式形成。全年服务门诊病人65.57万人次，住院病人4.86万人次，开展手术1.18万台次，健康体检3.38万人次。

学科建设。新院区正式投入使用，“一院三区”格局正式形成，临床医技科室由58个增至88个，专科门诊增设24个，其中新设妇科内分泌、风湿免疫、男科、小儿发热、医学美容、麻醉、PICC及伤口造口护理等专科门诊。东院区传染病医院建设正式启动，星辉妇产医院获省卫健委批复，古庸路院区三级管理二级收费工作即将实施，与西溪坪社区卫生服务中心合作探索托管模式正在推进。获批国家综合住院医师规范化培训基地，并新增内科、外科、妇产科、儿科、急诊科、骨科、麻醉科等7个专业基地。获批湖南省呼吸疾病康复疗养工程研究中心，呼吸与危重症医学科通过省级省重点专科验收，儿科、心血管内科通过省级市重点专科验收；启动湖南省首批“安宁疗护标准病房”创建，荣任张家界创伤救治联盟理事长单位。

医疗服务。严格依法执业，从业人员持证上岗率100%，完成执业电子化注册及临床医生定期考核，落实手术分级管理，规范会诊人员资质管理。完善质量管理制度，重新修订《张家界市人民医院总住院医师考核办法》等27项医院管理制度。强化专业培训，严抓“三基三严”，组织开展法律法规等各项培训26批次。落实医疗核心制度，全年开展疑难病例讨论及MDT活动230余次，外请专家来院会诊60次，专家外出会诊16次，完成在架及终末病例质控6103份，完成临床医技药科室月、季度检查16次。提高精细化管理水平，率先在湖南省内开展临床路径精细化管理工作，开展临床路径病种数量共220个，涵盖全院36个临床科室、29个临床专业，临床路径完成率位居全省前列。强化应急管理，设应急管理办公室，组织各类应急演练11次，承担11起重大应急事件的医疗救治工作。救治急诊病人5.6万人次，院前急救转运6864人。提升预约诊疗。开展预约诊疗，“一院三区”门诊医生派班挂网公告，开通微信公众号预约诊疗，预约诊疗率达到48%。优化服务流程，采取无假日医院、“急危重患者医护人员陪检”“五个当天”、开通区间交通车、完善“一院三区”各类标识、志愿者导诊服务、增加自助终端设备等措施，让急危重患者得到及时有效救治。开展“病人在我心中，患者在我手中”优质护理服务“五化”活动，落实“一少、三多、两转变、三重点”，开展60多个重点病种专科护理服务、97次护理质量专项督查，优质护理服务覆盖率100%。开展公益服务，先后派出31批次90人医疗队为全市13场大型活动提供医疗服务保障。完成各类医学鉴定1572人，免费为438名精准扶贫对象提供伤残鉴定。开展义诊活动23次，惠及群众5726人。

人才培养。引进急需紧缺人才硕士研究生27人，招聘劳动合同制人员57人、编内工作人员37人。推行科主任管理下的病区主任负责制，提拔重用中层干部65人。实施特色人才工程，获批市级名医工作室1个、市级医疗专家工作室6个、市级医疗专家人才6名、市名医7名和学科带头人11名，评选先进集体58个、创新能手等先进个人431人，聘任6名高年资主任为“名誉主任”。围绕学科前沿，邀请164名省内外院士及专家来院进行学术交流，举办高层次学术交流活动22场次，共享前沿优秀学术成果，惠及6500余人次；选派57名业务骨干参加国内外学术交流与培训

科学研究。顺利完成不停跳冠脉搭桥、体外循环下心内直视手术等高水准心脏外科手术32台，开展经内镜逆行性胰胆管造影术（ERCP）68例，成功开展脑干旁巨大颅内外沟通颈静脉球瘤切除术，多种入路脑干血肿清除术，完成我市首例腹腔镜下头侧入路左半肝切除术、黏膜耦合尿道成形术治疗复杂性尿道狭窄、前交叉韧带全内重建术、微创经椎间孔入路腰椎椎间融合术（Mis-TLIF）、慢性骨髓炎骨外露行游离皮瓣修复创面术、全腔内腹膜支架八爪鱼技术治疗腹主动脉夹层动脉瘤合并内脏血管病变，率先在张家界地区开展冠脉OCT、FFR，血管内超声检查，全年完成三、四级手术占比达到69%，介入手术2947台。胸痛、卒中两大中心高效有序运行，胸痛中心成功开展急诊PCI手术222例，卒中中心完成动脉瘤夹闭及栓塞77例、动脉取栓及颅内外支架植入34例，完成大血管腔内手术33台。全年抢救病危病人2968例，成功率达99%。参与湖南省创新性省份重大专项课题，围绕新冠肺炎，参与研究《新型冠状病毒分子诊断创新技术和移动化系统的开发及临床应用的研究》《开发高敏、快速的新型冠状病毒核酸检测试剂及应用》课题，有效提高疑似患者的筛查、分流，极大提升了疫情防控的效率。获批省卫健委、省教育厅、省科技厅及横向科研项目12项，发表论文72篇，其中SCI收录4篇。

【市医学会】 2020年，市医学会指导、协助各质量控制中心、专业委员会、团体会员单位举办20余场学术交流活动，邀请百余名省内外知名专家到张家界指导，参会代表达1000余人次。召开六届一次学术交流会议，来自全市医疗卫生领域的200余名专家和医务人员参加会议。完成医疗事故技术鉴定13件，其中构成医疗事故（四级）医方负主要责任1件，不构成医疗事故8件，难以判定是否构成医疗事故4件。对2018—2019年度3230人进行医师定期考核，合格3035人，不合格195人。（本栏撰稿 杨云华 覃 昭）

医疗服务质量管理

【概况】 2020年，张家界市制定《张家界市公立医院管理章程实施意见（试行）》，落实“管办分开、政事分开、医药分开、营利性和非营利性分开”的要求，建立起维护公益性、调动积极性、保障可持续的公立医院运行机制。建立现代医院管理制度，逐步取消公立医院行政级别。稳步推进薪酬制度改革，按照“允许公立医院突破现行事业单位工资调控水平，允许医疗服务收入扣除成本并按规定提取各项基金后主要用于人员奖励”的要求，建立符合我市医疗行业特点、体现以知识价值为导向的公立医院薪酬制度。市人民医院、市精神病医院、慈利县人民医院、桑植县人民医院和桑植县妇幼保健院完成现代医院管理制度方案的制定。

【医疗纠纷管理】 2020年，张家界市卫生健康委联合市中级人民法院印发《关于医疗纠纷诉调对接多元化解工作的意见（试行）的通知》（张中法〔2020〕70号），加快推进医疗纠纷多元化解机制建设，积极有效预防化解医疗纠纷，维护社会和谐稳定。2020年全市各级各类医疗机构共发生医疗纠纷38起，较2019年195起下降413.16%。其中医疗机构自行处理的医疗纠纷数量25起，产生赔偿23起，赔偿金额102.0136万元。各级卫生健康行政部门受理并处理的医疗纠纷13起，产生赔偿8起，赔偿金额77万元。医疗纠纷人民调解委员会调解的医疗纠纷17起，法院受理医疗纠纷5起。通过采取医患双方协商、人民调解委员会调解、卫生行政部门调解、民事诉讼等途径，医疗纠纷得到了妥善处置，没有发生因医疗纠纷引发涉医违法犯罪案事件和“医闹”事件以及进京、到省非正常上访事件的发生。

【医疗废物管理】 2020年，张家界市以整治为重点，狠抓医疗废弃物管理。开展医疗废弃物管理专项整治行动，出动执法人员4672人次，检查医疗机构904家次，检查医疗废物集中处置单位3家次，检查其他单位或个人1家次（湖南天淼生物科技集团有限公司），责令改正341家次，通报批评8家次，曝光

违法单位0家次。共立案查处25起，其中，警告48起，罚款6.1万元。经过专项整治后，医疗机构规范分类收集、登记和交接废弃物得到明显改善。机构均使用专用包装物及容器盛装医疗废物，并按照规定暂存医疗废物。医疗废物交有资质的单位集中处置并严格执行危险废物转移联单制度达100%。辖区内无非法倒卖医疗废物行为。

【行风整治】2020年，张家界市完善行风建设体系，下发《关于建立张家界市纠正医药购销领域和医疗服务中不正之风部门联席会议制度的通知》和《关于印发纠正医药购销领域和医疗服务中不正之风张家界市部门联席会议机制成员单位及职责分工的通知》，建立纠正医药购销领域和医疗服务中不正之风联席工作机制。狠"药品耗材回扣之风、过度检查治疗之风、骗取医保基金之风、有偿转诊病人之风"等四股歪风。依托"抗菌药物临床应用监测网"和"细菌耐药监测网"对各级各类医疗机构抗菌药物使用情况实行动态监测、定期通报。继续推进单病种费用管理、检查检验结果互认，并与医保部门联合开展医疗控费专项督查。发挥市质量控制中心作用，加强对医疗服务行为及医疗质量安全监管，建立实施巡查点评约谈制度。促进医疗机构规范、有序、健康发展，不断改善患者就医体验。

（本栏撰稿 杨云华 覃 昭）

中医药事业

【概况】2020年，张家界市建成以公立中医医疗机构为主体、民营中医医院为补充，纵向到底、横向到边的中医药服务网络。张家界市中医医院全科医师培训基地、慈利县中医医院住院大楼、桑植县民族中医院的业务综合大楼全面建成并投入使用，65家乡镇卫生院、社区卫生服务中心中建成高标准中医馆，65%以上的村卫生室、社区卫生服务中心配备中医药技术服务。全市3家公立中医医院与辖区内社区卫生服务中心及乡镇卫生院组建紧密型县域医共体，在全市二级及以上中医院实施单病种付费，中医医院单病种付费达50种以上。

【中医药人才培养】2020年，张家界市成立中医药基本公共卫生服务项目专家技术指导组，开展专业公共卫生机构人员和基层医务人员中医药服务技术规范化培训，年度培训人员达300人次。开展首批中医名医评选，3名中医医师被评为"湖南省名中医"。组织开展中医药专项竞赛，获得中药炮制大赛省级二等奖、中医药科普大赛及复赛第一、第二名。

【张家界民族骨伤医院】2020年，张家界民族骨伤医院添置美国GE1.5T核磁共振（MIR）1台、动脉硬化仪1台、颈颅多普勒1台、菲利普心脏彩超1台、身体分析仪1台，诊疗水平显著提高。全年开展全院大会诊12次，组织对危重患者抢救6次，疑难病例讨论8次，死亡病例讨论12次。门诊人数27209人，住院人数3899人，病床使用率61.52%，周转率6.35%，平均住院天数9.67天，住院费用6181元，体检人数180人。医疗总收入2885万元，其中，门诊收入610万元，住院收入2275万元。

【张家界仁康中医院】2020年，张家界仁康中医院挖掘传统医学，突出中医特色优势，医疗整体水平显著提高。全年门诊人数48255人，住院人数4207人，手术台数1492台次。门诊收入1421万元，住院收入2467.6万元，药品收入1243.6万元。开展医疗下乡健康扶贫活动，组织乡村义诊活动10次接诊病人18000人次，发放资料1500份，免费发放44843元药品。为贫困患者减免医疗费用27.5万元。名誉院长谢茂叶凭借"勇克疑难顽疾，屡创生命奇迹"文章，在第三十三届中华大地之光全国征文评选总结表彰大会上被授予中华十佳新闻人物称号。（本栏撰稿 宋新任）

计划生育

【概况】2020年，张家界市总人口169.58万人，出生人数13858人，较上年同期减少2365人，出生率8.17‰，较上年同期下降1.37个千分点，自然增长率2.05‰，较上年同期下降0.88个千分点，符合政策生育率94.93%，出生人口男女性别比110.38，较上年同期上升1.67个比点，65岁以上老年人24.97万人，较上年同期上升3.25个百分点。全市出生人口呈现逐年下滑、老龄化程度逐步加深态势。

【计划生育证管理改革】2020年，张家界市进一步优化一、二孩生育服务登记程序，全面推行网上办证、一门式服务和承诺制，为群众提供高效便捷服务。全市共办理二孩生育服务登记6133人。慈利县全年共发放一、二孩生育服务证4134人，审批再生育证175人，桑植县办一、二孩服务证2414本，审批再生育证215人，未出现乱作为现象。

【计划生育奖励扶助】2020年，张家界市全市享受农村部分计划生育奖扶政策的对象41041人（其中2020年新增1976人），发放奖扶资金3939.936万元，享受计划生育特扶政策的对象2011人（其中2020年新增153人），发放特扶资金1471.2万元，奖扶资金到位率100%。全市独生子女奖励对象2834人，发放独生子女保健费68.016万元。全市累计落实城镇独生子女父母奖励国家机关、事业单位、国有企业和国有控股企业奖励对象17542人，发放奖励资金全部到位；全市发放老年村级计生专干困难补助2282人，发放资金253.404万元；落实计划生育特殊家庭住院护理补贴255人次，发放补贴金32.94万元，为2840人计划生育特殊家庭购买意外保险45.425万元。

（本栏撰稿 谷 杨）

基层卫生

【概况】2020年，张家界市聚焦解决基本医疗有保障的突出问题，着力健全兜底保障机制，实现农村建档立卡贫困人口基本医疗保险、大病保险、医疗救助全覆盖，城乡居民健康水平显著提高，贫困人口看病就医负担大幅减轻。全市注册全科医生382名，64个乡镇卫生院实现2名以上全科医生配备。全市860个行政村卫生室配套运行经费516万元，乡村医生从业人员505人，其中60岁以下415人，45岁以下178人。60岁以下乡村医生参加基本养老保险人数415人，参保率100%。45岁以下乡村医生参加基本养老保险人数178人，参保率100 %，其中参加城镇企业职工养老保险人数136人，占比76.4%。

【健康扶贫】2020年，张家界市建档立卡贫困人口基本医疗保障参保人数247886人，贫困人口享受参保补助政策和“参保率”均达到100%。全市贫困患者县域内住院人数51593人，总住院费用23080.43万元，县域内实际报销比例88.87%；大病集中救治病种扩大至33种，集中救治建档立卡贫困患者大病29784人，救治率达99.62%；慢性病签约服务率达100%；重病兜底保障覆盖人数为1982人，救治率达98.69%。

【创建国家卫生城市】2020年，张家界市全面开展第32个爱国卫生月活动，面向人口密集的重点公共场所开展环境整治；深入开展第33个世界无烟日宣传倡导活动，宣传推介控烟禁烟知识，授予200家无烟单位称号。利用社区（村）宣传栏，以及广播电视、微博微信等媒体，及时准确开展疫情防控和健康科普宣传，促进群众养成卫生习惯。永定区成功创建国家级慢性病综合防控示范区。省定慈利县、武陵源区健康素养监测点工作有序展开。年底，张家界市顺利通过国家技术评估和综合评审，成功创建“国家卫生城市”。

【“最美乡村医生”评选活动】2020年，张家界市开展“最美乡村医生”评选活动，向省卫健委推荐10名业在业务能力、工作业绩、群众口碑、疫情防控表现突出，群众公认的优秀乡村医生，圆满完成省定目标任务。

（本栏撰稿 石江峰 陈俊祥）

妇幼健康

【概况】2020年，张家界市以母婴安全为底线，围绕重点项目，狠抓妇幼健康服务工作质量，全市妇幼健康工作再上新台阶，成为全省唯一孕产妇零死亡市州。

【重点指标完成情况】2020年，张家界市孕产妇死亡0例，5岁以下儿童死亡率4.22%，婴儿死亡率3.33%。孕产妇系统管理率96.17%，孕产妇住院分娩率99.96%，0—6岁儿童系统管理率95.42%，出生缺陷发生率61.84/万，婚前医学检查率80.39%。

【重点民生实事】2020年，张家界市卫健委联合市妇联、市财政局下发《2020年张家界市农村适龄和城镇低保适龄妇女“两癌”免费检查实施方案》（张妇发〔2020〕13号），全市2020年度农村适龄妇女和城镇低保适龄妇女“两癌”免费检查人数27252人，超额完成省定目标任务，完成率达104.02%。全市共为9293名孕产妇进行免费产前筛查服务，目标人群覆盖率为102.23%，产前筛查高危孕产妇2288人，干预诊断1994人，干预诊断率87.15%，检查诊断出30例染色体异常和开放性神经管出生缺陷胎儿，已全部终止妊娠，有效避免了严重缺陷儿的出生。

【妇幼公共项目】2020年，张家界市对照省定目标任务，全面做好妇幼公共项目。全市孕产妇艾滋病、梅毒和乙肝孕早期检测率均为88.75%；无艾滋病感染产妇及所生婴儿；梅毒感染孕产妇治疗率96.34%，梅毒感染孕产妇规范治疗率82.93%，梅毒感染孕产妇所生儿童预防性治疗率98.78%；乙肝感染孕产妇所生新生儿乙肝免疫球蛋白注射率100%；梅毒感染孕产妇所生儿童随访率98.65%。全市共实施避孕节育手术12617例，为5对夫妇提供计划生育爱心助孕治疗，补助助孕治疗费用19.68万元。

（本栏撰稿 伍 燕）

医保工作

【概况】截至2020年底，张家界市基本医疗保险参保人数150.82万人，其中：城镇职工医保14.27万人，城乡居民医保136.55万人，全市常住人口参保率达到99.4%；各项医保基金总收入20.38亿元，总支出18.47亿元，当期结余1.91亿元，累计结存20.46亿元，其中：城镇职工医保基金收入 8.60 亿元，同比增长 38%，支出 5.67 亿元，同比增长 15%，当期结余 2.93 亿元，累计结存 15.52 亿元（统筹基金结存 5.45 亿元，个人账户结存 10.07 亿元），城乡居民医保基金收入 10.80 亿元，同比增长 8%，支出 11.97 亿元，同比增长 11%，当期结余 -1.17 亿元，累计结存 3.57 亿元。

【医保扶贫】 2020 年，张家界市医疗保障局狠抓行业扶贫不放松，围绕贫困人口参保率 100%，县域内住院综合报销比例 85%，"一站式"结算资金到位率 100% 等考核指标，压实区县责任，在全省脱贫攻坚实地考核中没有反馈问题，落实门诊报销政策、助力医疗保障扶贫工作被《湖南医疗保障工作》推介。落实基本医疗保险全覆盖要求，完成全面建成小康社会指标。

【市级医保统筹】 2020 年，张家界市按照"1+3+N"体系推进市级统筹工作。"1"：市政府常务会议研究审议通过的《张家界市基本医疗保险和生育保险市级统筹实施方案》（张政办发〔2020〕5 号）。"3"：按照"统一基本政策，统一基金管理，统一信息系统，统一经办流程"要求出台的三个办法，《张家界市基本医疗保险和生育保险市级统筹风险储备金管理暂行办法》（张医保发〔2020〕27 号）、《张家界市医疗保险基金预决算管理暂行办法》（张医保发〔2020〕25 号）、《张家界市医疗保障基金管理工作目标考核暂行办法》（张医保发〔2020〕32 号）。"N"：出台的《关于全市实行统一基本医疗保险和生育保险相关政策的通知》（张医保函〔2020〕52 号）、《关于调整城镇职工医疗保险基金最高限额支付标准的通知》（张医保发〔2020〕28 号）、《张家界市医疗保险基金财务管理暂行办法》（张医保发〔2020〕26 号）、《张家界市医疗保险市级统筹基金上解下拨暂行办法》（张医保发〔2020〕24 号）、《关于落实全市医疗保障经办政务服务事项清单工作的通知》（张医保发〔2020〕25 号）等各项配套制度。按照"统一收支、统一预算，分级管理、统筹使用"的基金管理要求，根据统筹基金上解下拨暂行办法，清算区县账目，除保留 3 个月支付预留金以外的资金全部上解到市级财政专户，确保了基金统一管理。

【打击欺诈骗保】 2020 年，张家界市医疗保障局制定《2020 年张家界市医保基金监管工作实施方案》《张家界市开展医保经办机构和定点医药机构医保违法违规行为专项治理工作实施方案》，开展"打击欺诈骗保、维护基金安全"集中宣传月活动。督促各协议医药机构围绕业务重点，认真开展自查自纠上缴金额 350.37 万元。加大交叉检查和处罚力度，对全市 87 家定点医药机构开展实地检查，发现了挂床住院、套餐化验检查、使用限二级以上医院用药、不合理收费、线下采购、无资质执业、使用过期试剂、住院指征把关不严、过度治疗等 398 个问题，涉及违规金额 2052 万元，首次启动张家界市医保对违规医药机构行政处罚程序，对 8 家医药机构行政处罚 1148.38 万元，移交卫健部门 13 家，移交市场监管局 8 家，暂停服务协议 16 家。通过实地检查、年终考核、日常监管、自查自纠等方式检查定点协议医药机构覆盖率 100%。

【医保信用体系建设试点】 2020 年，张家界市医疗保障局先后出台《张家界市医疗保障信用信息管理暂行办法》《张家界市定点医疗机构信用信息管理实施细则》《张家界市医保医师信用信息管理实施细则与医保医师管理实施细则》，获得《湖南医疗保障工作》推介。

【城乡居民门诊医疗保障政策】 2020 年，张家界市医疗保障局积极开展普通门诊统筹及特殊病种门诊工作，参保城乡居民在协议基层医疗机构因病就诊政策范围内门诊医疗费用报销 70%，每年门诊医疗费用最高支付限额 350 元，将恶性肿瘤、尿毒症等 45 种病种纳入特殊病种管理，参保城乡居民在特殊病种协议医疗机构的门诊费用按 70% 的比例进行报销，不同病种实行不同的限额支付标准，全市普通门诊报销 686976 人次，报销费用 3711.76 万元；特殊病种门诊报销 126483 次，报销费用 7589.48 万元。积极推动高血压糖尿病门诊用药保障工作，全市高血压病门诊报销 63450 人次、报销费用 308.22 万元，糖尿病门诊报销 37132 人次，报销费用 478.28 万元。

【集中带量采购和专项集采】 2020 年，张家界市医疗保障局按照第一批、第二批、第三批国家集中带量采购、湖南省抗菌药物专项集采要求，扎实推进国家集采和专项集采落地。据初步测算，张家界市公立医疗机构通过国家前三批药品集中带量采购节约药费 2779.23 万元。通过抗菌药物专项集采节约药费 3523.25 万元，切实减轻患者的医药费用负担。开展高值医用耗材治理，全面取消医用耗材加成，开展冠脉支架等高值耗材带量采购，冠脉支架从均价 13000 元降至 700 元左右，切实改善高值耗材价格虚高，过度使用问题。全市公立医疗机构药品采购行为有效规范，在推进集采药品落地同时，开展违规线下采购药品专项检查，对检查发现违规采购的 2 家基层卫生院进行了通报，并责令限期整改。作为全省第一个查处违规线下采购的市州，此项工作得到省局高度认可并在全省推介。

【医疗服务价格】 2020 年，经成本调查、反复征求意见、专家论证及风险评估、政府常务会审议通过、省医保局备案等程序后，《张家界市公立医疗机构医疗服务价格调整实施方案》2020 年 7 月 1 日正式执行，优化了医院医疗服务收入结构，更为充分体现医疗人员技术劳务价值；统一了全市医疗服务价格政策，全市各区县公立医院按级别执行统一价格，结束了原来因价格管理体制变化导致的一县一价、一个医院一价的局面。

【医药服务管理】 2020 年，张家界市医疗保障局稳步推进支付改革，推行以按病种付费为主的多元复合式医保支付方式，控制医疗费用不合理增长，降低参保人员医疗负担，提高医保基金使用效率，根据省医疗保障局、省卫生健康委员会《关于完善和扩大按病种收付费的通知》精神，出台了全市公立医院 187 个按病种收付费标准（张医保发〔2020〕33 号）和《关于我市肺结核医疗有关事项的通知》（张医保发〔2020〕21 号），将肺结核实行单病种结算管理。完善医药机构协议管理。制定协议医药机构服务协议样本，公开服务协议谈判，邀请协议医药机构代表就 2020 年基本医疗保险医药机构服务协议内容进行公开谈判，引导其形成合理预期，充分听取医药机构意见建议并吸收采纳了合理意见。出台了《关于进一步规范全市特殊病种门诊药店服务管理的通知》，进一步规范张家界市协议医药机构申请“特门服务”管理办法。全力做好疫情防控医疗保障工作，全市医保系统提前向医疗机构拨付基金 8585 万元，及时做好费用结算。

【医保经办服务】 2020 年，张家界市医疗保障局制定了《张家界市医保经办政务服务清单和办事指南》，进一步规范工作流程和服务管理。张家界市医保经办机构首创的“总额预算控制付费及医保服务协议内容公开谈判”和“协议医药机构双随机一公开抽查”工作获得《湖南医保动态》推介。其中 2020 年度“双随机、一公开”对市本级协议医药机构开展 4 次抽查，抽查协议药店 151 家，对 18 家检查不合格的协议药店采取了停协议 1 个月的处理。创新日常监管模式，制定《协议管理制度》《报账审核制度》《查房制度》《双随机一公开检查制度》《参保人员回访制度》《年度考核制度》6 项综合监管制度。加强行风建设，完善智慧人社 APP 医保服务项目，异地就医备案通过网络便能快捷申请和审核；调整报账模式，实行异地联网直接结算；简化结算报表报送，各协议医药机构通过电话、微信、QQ 等方式备案，无须报送纸质结算报表；简化报销流程，将原来的审核时间由原来的 14 个工作日缩短到 10 个工作日。积极创建“青年文明号”“文明窗口单位”和“巾帼文明岗”，实行热情、文明、有效服务，提高群众满意度。张家界市医疗保障经办服务工作获《湖南医疗保障工作》推介。

（本栏撰稿 寇 杰）

血站工作

【无偿献血】 2020 年，张家界市采血 17213 人次（其中全血 16688 人次、机采血小板 525 人次），较 2019 年同期增长 940 人次，增长率 5.78%，采血量增长 5.67%，400 毫升比率 94.1%，初筛阳性率 1.45%，较去年同期下降 0.2，完成全年工作目标。临床供应红细胞 30882.5u，血小板 2516u（其中机采 962 治疗量），冷沉淀 8455.5u，血浆 2399100 毫升，年度血液综合利用率为 68.09%，血小板冷沉淀使用率 26.38%，用血总量同比 2019 年增长 6.04%。成分输血比例达到 99%，各类血液使用均呈现不同程度上涨，其中红细胞较 2019 年同期增长 3.8%，血浆增长 9.86%，冷沉淀增长 23%，机采血小板增长 32.24%。

【血液检测】 2020 年，张家界市酶免检测标本 17195 份，同比 2019 年增长 5.76%。核酸检测 17080 人次，检测出 HBV-DNA 阳性 17 例，检出 HCV-RNA 阳性 3 例，检出 HIV-RNA 阳性 0 例，核酸阳性率 1.17‰，达到全国平均水平。对全部血液标本进行了 Rh 血型检测及确认实验，2020 年度共确认阴性标本 86 例，阴性率占 5.00‰。送检 HIV 初筛呈反应性标本 4 例，确认阳性标本 3 例。

（本栏撰稿 兰春红）

2021

体　育

·张家界年鉴·

【概况】2020年，张家界市认真贯彻落实习近平总书记对体育工作的批示和讲话精神，坚持稳中求进工作总基调，统筹推荐群众体育、竞技体育、体育产业协调发展，取得了新的进步和成绩。

群众体育。2020年，湖南省体育局与张家界市共建体育旅游示范城市，大力推进体育与旅游融合发展，积极培育“体育＋旅游”新业态、推动群众体育高质量发展。两年共承办省级以上大型群众体育活动和赛事20次以上。全国新年登高健身大会（湖南会场）、张家界半程马拉松、中国户外健身休闲大会暨张家界黄石寨高空扁带对抗赛，张家界天门山“天路挑战赛”，张家界公开水域（冬泳）活动等极具张家界特色的品牌群众体育活动和赛事在国内外产生积极影响，直接吸引约10万名国内外体育爱好者参加。以创建国家卫生城市为契机，在市直单位积极推行每天两次工间操（第九套广播体操）和每年1次单位或系统运动会。推动全民健身活动向农村延伸，举办张家界市农民运动会1次，在全市开展全民健身示范村创建活动，创建20个全民健身示范村，组织10个乡镇，50个村举办乡镇及村级运动会，以运动会为杠杆带动乡村群众参加健身活动。新建15个社会足球场。扎实开展全国第五次国民体质监测工作，完成国家监测样本2376个。加强对体育单项协会的指导，新成立协会1个，全市18个体育单项协会成立党支部并按照“五分离五规范”的要求完成脱钩，培训二级社会体育指导200名，新增一级社会体育指导员15名。完善公共体育基施设施健身，新增全民健身路径41条，农民体育健身工程10套。

竞技体育。2020年，优化项目布局，强化人才输送，两年来新增青少年业余训练项目2个，全市开展青少年业余训练项目14个，在训运动员400余名。向省级专业运动队输送运动员1人、省级体校输送运动员5人，张家界籍运动员参加全国、国际单项竞赛获冠军1项、季军1项。参加2020年湖南省青少年锦标赛获金牌32枚、银牌25枚、铜牌22枚。2020年湖南省体育后备人才基地中期评估检查张家界市业余体校获优秀单位。体教融合进一步深化全市国家级体育传统项目学校3所，国家级青少年体育俱乐部5所，体教联合举办田径、篮球、足球比赛，开展足球、武术进校园活动。严格等级运动员审批和管理，2020年审批二级运动员48名，向省体育局申报一级运动员8名。承办2020年湖南省青少年摔跤锦标赛、2020年全国U19青年男子篮球决赛阶段比赛。

体育产业。2020年在全省率先出台《张家界体育产业发展规划（2020—2025）》，以“奇峰秀水、运动天堂”“秀美张家界、时尚运动城”为主题，大力推进体育产业发展，着力打造国际山地户外运动胜地，极限运动挑战天堂。2020年受新冠肺炎疫情影响，体育彩票销量仍达1.2亿元。张家界冰雪世界、皮划艇激流回旋基地、张家界天门山高尔夫球场、攀森国际汽车特技表演城、慈利红岩岭户外拓展运动欢乐园等体育企业脱颖而出，张家界贺龙体育中心、阳和休闲运动小镇、桑植红军体育小镇建设稳步推进。张家界全民健身中心、张家界大峡谷极限户外景区前期论证工作顺利完成。2020年全市体育产业总产值30.1亿元，体育产业增加值10.3亿元、体育产业从业人员1.3万人。

【学校体育工作】（详见教育类目的学校体育、卫生、艺术与国防教育分目的学校体育部分）

【共建体育旅游示范城市签约仪式】2020年6月19日，湖南省体育局与张家界市人民政府共建体育旅游示范城市签约仪式在张家界市阳光酒店举行。湖南省体育局与张家界市人民政府以张家界市为示范，共建湖南省体育旅游示范城市，携手建立推动张家界市体育旅游融合发展的体制机制，搭建推动张家界市体育旅游融合发展的合作平台，进一步拓展张家界市体育产业发展空间，并在张家界市探索出可复制可推广的体育旅游融合发展的经验，以此推动全省体育旅游深度融合，带动全省体育旅游消费升级，促进全省体育旅游高质量发展。湖南省体育局局长李舜、湖南省体育局二级巡视员傅力强及湖南省体育局相关处室人员，湖南省体育产业集团董事长张敦南、总经理陈彬，张家界市市委书记虢正贵，市委副书记、市人民政府市长刘革安，市委常委、市委秘书长单铸飞，市委常委、市委宣传部部长郭天保，市人民政府副市长欧阳斌，举重奥运冠军王明娟，蹦床世界冠军罗丹、张维等5位登顶珠穆朗玛峰运动员，张家界市直各单位、区县主要负责人出席签约仪式。签约仪式上，湖南省体育局局长李舜与张家界市委副书记、市人民政府市长刘革安签订了共建体育旅游示范城市战略合作协议。根据战略合作协议，双方将围绕张家界市全民健身工程建设、精品赛事、精品线路、精品项目打造张家界市体育公共服务体系建设、体育旅游企业培养等展开深度合作，充分带动张家界市体育旅游业发展繁荣。受新冠肺炎疫情影响，国家体育总局登山运动管理中心主任、中国登山协会主席李致新通过视频连线方式向签约表示祝贺并与张家界市人民政府副市长欧阳斌进行品牌赛事签约。

【2020年湖南省青少年摔跤锦标赛在桑植县举行】 2020年8月19—22日湖南省青少年摔跤锦标赛在桑植县贺龙体育馆举行。本次锦标赛由湖南省体育局主办，湖南省摔跤柔道跆拳道运动管理中心、湖南省摔跤柔道协会、张家界市文化旅游广电体育局、桑植县人民政府承办。全省各市州、省体校、省体育后备人才基地的19支代表队497名运动员参赛。比赛设男子古典式、男子

自由式、女子自由式三个组别48个级别。经过四天激烈角逐，株洲市代表队、长沙市代表队、湘西自治州代表队分获团体总分和金牌榜前三名。张家界市代表队、长沙市代表队、株洲市代表队、娄底市代表队获体育道德风尚奖。

【2020潇湘100第四届天门山越野赛】 2020年9月18—20日，潇湘100第四届张家界天门山越野赛在天门山景区举行。越野赛由湖南省体育局、张家界市人民政府主办，张家界文化旅游广电体育局、张家界市永定区人民政府承办。本次赛事设102千米大师组、67千米精英组、10.77千米天路体验组。共有来自全国各地1000余名运动员参赛（其中10.77千米天路体验组298人，67千米精英组495人，102千米大师组286人）。经过激烈的角逐，吴胜明、刘光银，马常分别获得男子67千米精英组前三名，李小艳、刘芬、程琳分别获得女子67千米精英组前三名，梁晶、赵家驹、罗灿华分别获得102千米大师组前三名，郑文荣、瞿尚薇、邓荣华分别获得女子102千米大师组前三名。

【2020年全国U19青年男子篮球联赛决赛】 2020年10月8—16日，全国U19青年男子篮球联赛决赛在张家界举行。此次赛事由中国篮球协会主办，湖南省篮球协会、张家界市文化旅游广电体育局、桑植县人民政府共同承办。共有来自黑龙江南青、陕西信达、长沙勇胜等16支球队参赛，参赛球员年龄均为17—19周岁，比赛分别在张家界国光实验学校体育馆、桑植贺龙体育馆进行。经过8天的角逐，青岛国信代表队获得第一名，南京同曦代表队获得第二名、山东西王代表队获得第三名，新疆维吾尔自治区代表队、青岛国信代表队获得体育道德风尚奖。

【2020年全国晋升篮球国家级裁判员临场考试张家界举行】 2020年10—13日，2020年全国晋升篮球国家级裁判员临场考试（南区考区）在张家界国光实验学校举行。有来自全国18个省份、大专院校、体育协会120名学员参加了考试，中国篮协竞赛部部长叶庆晖、裁委会主任马立军及讲师团12名成员亲临现场监考指导。109名学员通过了考试晋升篮球国家级裁判员，湖南考生曹培智、李世雄、何鹏明、李玢慧、胡凯强、王文婧晋级，这是湖南省首次承办篮球国家级裁判员晋级考试。

【张家界市文化旅游广电体育系统首届职工运动会】 2020年10月28—31日，张家界市文化旅游广电体育系统首届职工运动会在张家界市杨家溪体育公园举行。运动会的举办旨在贯彻“健康中国”战略，推进系统体育文化和全民健身活动开展。本次运动会设拔河、羽毛球、气排球、趣味体育四个大项，市文旅广体局机关及二级机构、各区县文旅广体局600余名干部职工参加。在比赛过程中，系统干部职工进一步交流了感情、增进了友谊，凝聚了共识。慈利县文旅广体局代表队获一等奖，市文旅广体局机关一队、武陵源区文旅广体局代表队获二等奖，市文旅广体局机关二队、永定区文旅广体局代表队、桑植县文旅广体局代表队获三等奖。

【2020全民健身挑战——健康湖南e起来张家界站】 2020年11月7日，2020全民健身挑战日——健康湖南e起来张家界站活动在杨家溪体育公园举办。本次活动由中华全国体育总会主办，湖南省体育局、张家界市人民政府主办，张家界市文化旅游广电体育局、张家界市体育总会承办。湖南省纪委监委驻湖南省体育局纪检监察组二级巡视员龙卫斌宣布活动启动，湖南省体育局机关党委专职副书记、纪委书记肖方军，张家界市人大常委会副主任陈红日出席活动。张家界市两区两县和张家界市直单位的干部职工、各单项体育协会和体育俱乐部的健身爱好者、各中小学学生等2000余人在冬日的暖阳下，带来了丰富多彩的全民健身展示表演和投篮王、颠球王、垫球王等10大挑战王比赛，展现张家界市全民健身的良好氛围和活力。

【湖南省第十一届全民健身节暨张家界半程马拉松赛】 2020年11月14—15日，湖南省第十一届全民健身节暨张家界半程马拉松赛在张家界市举行。本次赛事由湖南省体育局、张家界市人民政府主办，湖南省社会体育指导服务中心、张家界市文化旅游广电体育局承办。国际奥委会副主席、中国奥委会副主席、北京2022年冬奥会和冬残奥会组织委员会副主席于再清出席开幕式并宣布开幕。中国奥委会执委、亚奥理事会副主席、体育委员会主席宋鲁增，湖南省体育局局长李舜，张家界市委书记虢正贵，张家界市委副书记、市人民政府市长刘革安，张家界市委副书记刘绍建，张家界市委常委、市委宣传部部长郭天保，张家界市人民政府副市长欧阳斌，张家界市人民政府副市长谢振华等领导出席开幕式并为张家界半程马拉松鸣枪开赛。本次全民健身节设置半程马拉松、体育舞蹈、健美健身、广场舞、排舞、瑜伽、健身气功、健身气舞、啦啦操、儿童滑步车、航模、中国象棋、毽球13个比赛项目。健身节首次举办半程马拉松比赛，丰富了健身节的内容，是张家界市以体育旅游促进高质量发展的创新举措，旨在加快旅游市场复苏，拉动市场消费，扩大张家界市的知名度和美誉度，擦亮张家界市体育＋旅游新名片。张家界半程马拉松吸引了全国各地5000多名跑友参赛，舒常华以1小时6分27秒获得男子组第一名、巴合塔尔·吾拉孜艾力以1小时7分46秒获得男子组第二名、杨逸豪以1小时7分48秒获得男子组第三名，殷晓雨以1小时19分15秒获得女子组第一名、第张开琴以1小时19分16秒获得女子组第二名、林缘以1小时20分50秒获得女子组第三名。其他12个项目有来自全省各地1万余名运动员参赛，是张家界建市以来举办的参赛人数最多的群众性体育赛事。

【2020中国户外健身休闲大会武陵源站暨张家界黄石寨高空扁带对抗赛】 2020年11月15日，2020中国户外健身休闲大会武陵源站暨张家界黄石寨高空扁带对抗赛在张家界市武陵源区举行。本次活动由国家体育总局登山运动管理中心、中国登山协会指导，湖南省体育局、张家界市人民政府主办，张家界武陵源风景名胜区和国家森林公园管理局承办。活动有黄石寨登高赛、金鞭溪有氧健身走、全国广场舞大赛、黄石寨高空扁带对抗赛等项目，来自全国各地3000名选手参加。张家界黄石寨高空扁带对抗赛经过多轮对抗，施海林获得冠军，熊柏东获得亚军，余超获得季军。张交以20分35秒的成绩获得登高男子组第一名，王国龙以20分43秒获得登高男子组第二名，邓孟以23分19秒获得登高男子组第三名，熊思思以26分36秒获得登高女子组第一名，周莉莉以28分23秒获得登高女子组第二名，胡晓玲以31分11秒获得登高女子组第三名。

【2020年张家界宝峰湖公开水域（冬泳）活动】 2020年11月20日，以“绝美张家界·畅游宝峰湖”为主题的张家界宝峰湖公开水域（冬泳）活动在张家界市武陵源区宝峰湖景区举行。本次活动由湖南省文化和旅游局、湖南省体育局、张家界市人民政府、湖南省体育总会指导，张家界市文化旅游广电体育局、张家界市武陵源区人民政府、湖南省游泳协会、张家界旅游集团股份有限公司主办。活动设男子青年组、中年组800米竞速，女子青年组、中年组400米竞速，男女400米个人畅游项目，有湖南省各市（州）、广东、浙江、福建、贵州、河南以及相关企业等46支团体或协会1000余名运动员冬泳爱好者参加比赛，这是中国首个在5A级旅游景区举办的全国性冬泳赛事。诸世俊、黄兴霸、田杭州分别获得男子青年组800米竞速前三名，阮文耕、陈斌、洪建春获得男子中年组800米竞速前三名，王双双、孔伟凤、唐海燕分别获得女子青年组400米竞速前三名，吴文娟、隋春玲、谭灵慧分别获得女子中年组400米竞速前三名。张家界市游泳协会、长沙市冬泳协会、常德武陵区冬泳协会、湘潭市冬泳协会获得突出贡献奖，益阳市冬泳协会、邵阳市冬泳协会、泸溪县冬泳协会、株洲市冬泳协会获得优秀组织奖。

【2020“薪火传承·中国健康跑”（桑植站）】 2020年12月5日，2020“薪火传承·中国健康跑”在桑植站在洪家关白族乡举行。本站赛事是2020“薪火传承·中国健康跑”的全国第8站，由国家体育总局社会体育指导中心指导，湖南省体育局、张家界市人民政府主办，张家界市文化旅游广电体育局、桑植县人民政府承办，设12.26千米经典跑项目，来自全省的1100余人参加。湖南省体育局群体处处长傅黎明、湖南体育产业集团有限公司党委副书记李武祥、湖南省体育发展基金会理事长谭鸥、国家体育总局社会体育指导中心全民健身活动部业务主管夏阳、张家界市人民政府副秘书长王兆业、桑植县人民政府副县长陈荣昌以及甘肃省庆阳市、湖南省浏阳市、韶山市、龙山县等赛事承办城市嘉宾出席本站活动。经过激烈角逐，吴胜明、赵书凯、邓钊分别获得经典跑男子组前三名;邓超群、胡晓玲、谷萌萌分别获得经典跑女子组前三名。

【2020中国户外健身休闲大会慈利站暨张家界大峡谷极限运动节】 2020年12月20日，2020中国户外健身休闲大会慈利站暨张家界大峡谷极限运动节在张家界大峡谷景区举行。本次比赛由国家体育总局登山运动管理中心、中国登山协会指导，湖南省体育局、张家界市人民政府主办，张家界市文化旅游广电体育局、慈利县人民政府承办。慈利站大会设有大峡谷负重跑（2千米）、徒步（6千米）、攀岩比赛、玻璃桥极限小轮车自行车表演赛等体验项目和蹦极跳远大赛特色传播项目，参赛人数1800人。刘勤华、胡祖兴、佟锌分别获得大峡谷负重跑男子组前三名，周莉莉、邓超群、张妮分别获得大峡谷负重跑女子组前三名。覃贵林、封哲清、文杰分别获得攀岩男子组前三名，李乐、袁晴、邓杰分别获得攀岩女子组前三名。

【“中国体育彩票”2021全国新年登高健身大会（湖南主会）】 2020年12月21日，“中国体育彩票”2021全国新年登高健身大会（湖南主会场）在张家界市武陵源区黄石寨景区举行，此活动已连续5年落户张家界市武陵源黄石寨景区。活动由国家体育总局主办，国家体育总局登山运动管理中心、国家体育总局体育彩票管理中心、中国登山协会、湖南省体育局承办，张家界市文化旅游广电体育局、张家界市武陵源区人民政府、武陵源风景名胜区和国家森林公园管理局协办。活动设有3千米专业组和群众组，全国各地5000名选手齐聚黄石寨。经过激烈角逐，叶朝阳以20分50秒获得男子组第一名，施爱爱以21分27秒获得男子组第二名，秦安州以21分34秒获得男子组第三名。熊思思以26分36秒获得女子组第一名，周莉莉以27分21秒获得女子组第二名，邓超群以28分12秒获得女子组第三名。（本栏撰稿 黄学军）

2021

社会生活

人民生活

【城乡居民收入】 2020年，张家界市全体居民人均可支配收入19139元，比上年增长6.2%。按常住地分，城镇居民人均可支配收入27884元，增长4.0%；农村居民人均可支配收入11538元，增长10.1%。

【城乡居民消费】 2020年，张家界市全体居民人均消费支出15656元，下降0.6%。按常住地分，城镇居民人均消费支出19592元，下降3.4%；农村居民人均消费支出12236元，增长3.6%。

【城乡居民住房】 2020年，张家界市城镇居民人均住房面积52.6平方米，下降5.8%；农村居民人均住房面积66.4平方米，增长2.3%。

【居民消费价格】 2020年，张家界市全体居民消费价格比上年上涨1.8%，其中食品烟酒增长9.0%，衣着增长1.2%，居住下降5.0%，生活用品及服务增长0.2%，交通和通信下降3.1%，教育文化及娱乐增长0.7%，医疗保健增长1.2%，其他用品和服务下降0.2%。商品零售价格上涨1.5%。

【社会消费】 2020年，张家界市实现社会消费品零售总额197.0亿元，比上年下降4.5%。按经营地分，城镇消费品零售总额149.4亿元，下降3.0%；乡村消费品零售总额47.5亿元，下降8.9%。

（本栏撰稿 袁超权）

【居民收入概况】 2020年，张家界市全体居民人均可支配收入19139元，比上年增长1113元，增长6.2%。按常住地分，城镇居民人均可支配收入27884元，增长4.0%。其中，工资性收入14845元，比上年增长3.9%；经营净收入3936元，增长3.7%；财产净收入3153元，增长4.6%；转移净收入5950元，增长4.1%。农村居民人均可支配收入11538元，比上年增长10.1%。其中，工资性收入4938元，比上年增长8.4%；经营净收入3213元，增长9.5%；财产净收入142元，增长6.1%；转移净收入3245元，增长13.6%。（雷 娅）

【城乡居民消费】 2020年，受新冠疫情影响，居民消费支出收紧，张家界市全体居民人均消费支出15656元，比上年负增长0.6%。从八大类别来看，食品烟酒类支出增长2.2%，衣着类支出增长1.2%，居住类支出增长2.0%，生活用品及服务类支出负增长6.1%，交通通信类支出增长0.7%，教育文化娱乐类支出负增长12%，医疗保健类支出增长4.5%，其他用品和服务类支出上涨1.1%。医疗保健、食品烟酒、居住类支出增速在八大类中增速居前三位，教育文化娱乐、生活用品及服务类支出较2019年同期下降。按常住地分，张家界城镇居民人均消费支出19592元，比上年减少3.4%。八大类消费增长呈“七负一正”。其中，食品烟酒类支出负增长3.2%，衣着类支出负增长2.5%，居住类支出负增长2.3%，生活用品及服务类支出负增长7.3%，交通通信类支出增长8.9%，教育文化娱乐类支出负增长13.0%，医疗保健类支出负增长2.1%，其他用品和服务类支出负增长3.8%。

农村居民人均生活消费支出12236元，比上年增长3.3%。八大类消费支出增长呈“五正三负”，其中食品烟酒类支出增长10.2%，衣着类支出增长8.3%，居住类支出增长7.9%，生活用品及服务类支出负增长4.6%，交通通信类支出负增长11.7%，教育文化娱乐类支出负增长11.1%，医疗保健类支出增长10.3%，其他用品和服务类支出上涨8.2%。（雷 娅）

【各区县居民收入】 2020年，张家界市4个区县居民收入平稳增长。分区县看，武陵源区和永定区全体居民人均可支配收入高于全市平均水平，桑植县全体居民人均可支配收入仅为全市平均水平的70.7%。按常住地分，城镇居民人均可支配收入四区县分别为：永定区31743元，比上年增长4.4%；武陵源区33161元，同比增长3.5%；慈利县27019元，增长4.3%；桑植县19269元，增长3.9%。农村居民人均可支配收入分别为：永定区12276元，增长9.5%；武陵源区15621元，增长8.6%；慈利县12838元，增长10.2%；桑植县10163元，增长12.2%。（雷 娅）

表10 2020年张家界各区县居民收入统计表

	全体居民人均可支配收入			城镇居民人均可支配收入			农村居民人均可支配收入		
地 区	2020年	2019年	增速	2020年	2019年	增速	2020年	2019年	增速
计量单位	元	元	%	元	元	%	元	元	%
张家界市	19139	18026	6.2	27884	26811	4.0	11538	10480	10.1
永定区	22446	21222	5.8	31743	30405	4.4	12276	11211	9.5
武陵源区	26760	25589	4.6	33161	32040	3.5	15621	14384	8.6
慈利县	18567	17400	6.7	27019	25905	4.3	12838	11650	10.2
桑植县	13533	12563	7.7	19269	18546	3.9	10163	9058	12.2

婚姻·家庭

【婚姻登记工作】 2020年，张家界市婚姻登记16418对，其中依法办理内地居民结婚登记8876对、离婚登记4873对，补发结婚证2510对、补发离婚证151对、出具婚姻登记证明2对、补录婚姻登记历史数据6对。6月份对全市4个婚姻登记处按照规范化建设的要求进行了检查，现场指导各区县严格按照《婚姻法》《婚姻登记条例》和《婚姻登记工作规范》依法依规对婚姻登记当事人进行资料审核和把关，杜绝“人情登记”和“权力登记”，全年无一例违法登记的事件发生。慈利县和永定区婚姻登记处积极开展全国AAA级婚姻登记机关创建；各登记机关根据婚姻登记规范化建设要求，在坚持群众自愿的前提下，开展婚姻家庭辅导服务，引导当事人婚事新办，组织登记人员集中观看全省第二届集体婚礼现场直播，倡导文明节俭办喜事、树立新风尚，还帮助部分濒临婚姻解体的家庭走出阴霾。10月份举办《中华人民共和国民法典》培训班，组织婚姻登记员学习“婚姻家庭篇”和婚姻登记有关法律法规。（李　益）

【2020年张家界市“最美家书”作品征集活动】 2020年3月3日，张家界市妇女联合会下发了张妇发〔2020〕6号文件——《关于开展“最美家书”作品征集活动的通知》，通过群众自荐和组织推荐相结合的方式共收到家书200余封，活动期间网络浏览量达60多万次，参与投票人数高达11万。最终评选出10封“最美家书”，同时邀请其作者进行专业级录音制作，并在“张家界新女声”微信公众号进行展播。共同营造和谐美好的社会氛围。

【张家界市家庭教育联席会议】 2020年5月7日，市妇联牵头组织市文明办、市检察院、市教育局、市民政局、市司法局、市文旅广体局、市卫生健康委、团市委、市关工委等10个部门的相关负责人和联络员召开了张家界市2020年家庭教育工作联席会议。会议由市委副秘书长宋维胜主持，市委副书记刘绍建出席会议并讲话。重点研究家庭教育联席会议工作机制及内容，明确2020年着重办好家庭教育12件实事。

【“第一课堂”家庭教育公益巡讲】 2020年6月10日，市妇联下发张妇发〔2020〕17号文件——《关于在全市开展“第一课堂”家庭教育公益巡讲活动的通知》。在全市各乡镇（街道）、村（居）、机关企事业单位等不同场景开展公益巡讲活动50场。针对各年龄阶段人群系统讲解家庭教育有关内容，解答家长困惑，宣传正确的家庭教育理念和科学方法，防止对儿童的暴力行为，理性帮助孩子确定成长目标，培养孩子好思想、好品行、好习惯，让孩子健康成长。（本栏撰稿　曾晓莉）

妇女·儿童·老人

【“把爱带回家”双百万结对寒假特别行动】 2020年1月6日，张家界市制定“把爱带回家”寒假特别行动实施方案，在全市深入开展“把爱带回家”双百万结对寒假特别行动，176个城乡社区参与到行动中来，开展各种关爱活动476场，结对儿童人数2568人，受益家长13632人次。真正为留守儿童打造温馨、和谐、向上的快乐家园。

（曾晓莉）

【2020年妇儿工委成员单位联络员会议】 2020年5月20日，召开了全市2020年妇儿工委成员单位联络员会议。市政府妇儿工委36个成员单位的联络员、区县妇儿工委办负责人、区县统计局工作人员近50人参加会议。学习张家界市妇儿工委相关工作制度，布置两个规划的统计监测年报数据填报工作。

【2020年张家界市妇儿工委全体会议】 2020年7月31日上午，张家界市妇儿工委全体会议在市人民政府二楼会议室召开。市妇联党组书记、主席、市妇儿工委副主任彭川晋主持会议并作工作报告，市委组织部、市教育局、市民政局、市人社局、市卫健委、市统计局单位负责人分别作述职发言，市政府副市长、市妇儿工委主任邹菊芳出席会议并讲话。市人大常委会党组成员、副主任向锦云，社会建设委主任委员柴蒙及市政府妇儿工委36个成员单位分管负责人参会。总结2019年张家界市实施妇女儿童发展规划情况，安排部署下半年工作。

【召开全市确保“两个规划”指标达标推进会】 2020年8月21日，召开全市确保“两个规划”指标达标推进会。妇儿工委11个成员单位参会。市人大常委会委员、社会建设委主任委员柴蒙，市政府妇儿工委副主任、市妇联主席彭川晋，市统计局党组成员、副局长符长元听取对暂未达标、无监测数据指标承担单位的专项汇报。

（本栏撰稿　曾晓莉）

【老年人优待】 2020年，张家界市有百岁及以上老人60人，发放百岁老人长寿保健补贴25.9万元，为4209名90岁老年人发放高龄津贴414.3万元。基本养老服务补贴8328人，覆盖目标人群95.1%，3个区县目标人群覆盖率100%。逐步完善老年人意外伤害保险制度，政府为特殊困难老人购买意外伤害保险覆盖率100%。（唐群惠）

【重点民生实事项目建设】 2020年，养老领域重点民生实事项目为新建特困人员供养机构，新建3所中心养老院，即永定区桥头乡养老服务中心、武陵源区中心敬老院、桑植县陈家河中心敬老院，新增养老床位458张，其中护理型床位428张，远远超过省定任务158张、188张，全部按照省定要求竣工验收。

（唐群惠）

【农村留守老人关爱】2020年，张家界市全面摸排农村留守老人基础信息，录入信息平台6761人，实现留守老人信息化管理。增强留守老人制度化关爱，促使外出民工自觉履行赡养义务，对拒不履行赡养义务的民工家庭，采取司法行政手段进行干预。充分发挥低保、社会救济的职能，在同等条件下优先救助留守老人。全面普及农村合作医疗，确保留守老人参合率达100%。开展留守老人社会化帮扶，将赡养老年人纳入村规民约，实行“基本走访＋个性化服务”的清单化管理，将关爱服务整合到村组干部和党员各类入户走访服务中，落实关爱帮扶责任。整合乡、村医疗机构技术设备等资源，确保留守老人有病能得到及时医治。整合村社区养老服务示范点、农村幸福院、日间照料中心等老年活动室、体育健身设施等，引导留守老人参与文体活动，丰富和活跃留守老人的精神文化生活。创新留守老人服务模式，慈利县通过政府购买社会服务，湘潭荆鹏家政服务有限公司搭建覆盖慈利城乡的居家养老服务信息平台，开展电话、上门走访关爱留守老人活动。老年人足不出户，只要拨打全县统一服务热线“0744-2212349”，即可及时获得送上门的居家生活照料服务和紧急救助服务。张家界市各区县民政局及各类社会组织通过丰富多彩的形式开展走访慰问老年人活动，为他们送去慰问金、慰问物资及防疫用品。武陵源区民政局开展“敬老为夯实疫情防控、奉献爱心筑牢卫生防线”主题党日活动，组织党员采取分片包干形式，分批次赴各乡、街道敬老院奉献爱心，送上生活慰问品。开展心理疏导援助服务活动，慈利县根据受疫情影响居住在院外的老人强烈要求返院的实际情况，联合慈利县心理援助志愿服务队分成三个组，对因疫情影响居住在院外的老人开展心理疏导援助服务活动，为他们提供心理健康知识辅导及心理健康咨询，帮助他们克服恐慌、抑郁、焦虑等心理问题，使他们能够接受因疫情防控工作需要暂不返院的要求。

（唐群惠）

【居家和社区养老服务调研】 2020年，张家界市民政局联合市财政局组成调研组，在全市范围内开展居家和社区养老服务改革工作调研。围绕本地推动居家和社区养老服务改革取得的主要成效、好的经验和做法；制约居家和社区养老服务发展的重点、难点、堵点问题及症结，认真总结2016年以来居家和社区养老服务改革试点工作经验，找准居家社区养老服务发展中面临的突出问题，就如何更好发挥政府职能，支持居家和社区养老服务发展提出对策建议，形成调研报告，荣获省厅奖励。（唐群惠）

【养老服务】2020年，张家界市将每千名老年人口养老床位数纳入全面建成小康社会统计指标。据统计，年末养老总床位13496张，每千名老年人口养老床位数达37张，超过全省平均水平。（唐群惠）

【养老院服务质量建设专项行动】2020年，张家界市继续实施养老院服务质量建设专项行动，推动“清隐患、防风险、补短板、促达标、转机制、提质量”任务完成。全力做好疫情防控工作，严格落实民政部《养老机构新型冠状病毒感染的肺炎疫情防控指南（第二版）》和经省人民政府批准下发的《关于养老机构实行分区分级精准防控与恢复服务工作的通知》，在当地联防联控机制统一领导下，强化养老机构风险防控，落实人员出入管理、人员防护，健康监测、消毒等防控措施，有序恢复养老服务秩序，支持养老机构正常运营，有序恢复服务秩序，实现机构和人员“零感染”目标。积极消除养老机构安全隐患，落实《养老机构服务安全基本规范》，深入开展养老机构安全隐患政治，加强安全管理。落实特困人员供养服务机构主体责任、乡镇人民政府属地责任、民政部门行业监管责任，完善安全管理制度，加强消防安全设施设备改造。对因未办理不动产登记、土地规划等手续问题未能通过消防审验的特困人员供养服务机构，提请区县级人民政府组织有关部门集中研究处置。防范“保健”市场乱象和非法集资风险，保障老人人身财产安全。大力实施特困人员供养服务机构提升工程，市、区县两级分别制定了《特困人员供养服务机构提质升级三年行动计划（2020—2022年）》。积极推行社会化改革，强化兜底线、保基本职能，统筹敬老院资源，优先保障特困老人的集中供养需求。有序开展养老机构等级评定，完善特困人员护理补贴制度，将护理经费落实到集中照护机构。多途径开展养老服务人才培训，落实国家养老服务人才“百千万”工程，培养职业化敬老院院长和为老服务社工，开展养老护理员职业技能培训，所有养老护理员持证上岗。合理确定工作人员与生活自理供养对象、失能供养对象的配备比例。建立养老从业人员激励机制，按规定落实培训补贴。对符合失业保险技能提升申领条件的职工，给予相应补贴，定期举办全市养老护理员职业技能竞赛，积极参加全省养老护理员职业技能竞赛，对优秀选手给予奖励。合理确

定和落实工作人员薪酬待遇，建立与岗位绩效、职业技能水平相挂钩的考核激励机制。（唐群惠）

【养老领域非法集资防范和处置】2020年，张家界市强化养老领域防范和处置非法集资工作领导和协调，形成防范养老领域非法集资的覆盖到边的工作网络。强化宣传教育，充分利用短信、微信、宣传单、横幅标语、警示通告、宣传车等方式进行全方位无死角宣传，提醒老年人及亲属，不为高额回报所诱惑，不参与非法集资，守好自己的养老钱、救命款。张家界市民政局联合市处非办等单位印发3000份《防范养老领域非法集资的警示通告》，由各区县张贴到了每个村居、社区、金融机构服务网点；同时各成员单位通过单位网站予以刊发。制作防范和处置养老领域非法集资宣传广告牌，常年进行宣传。各养老机构通过悬挂宣传横幅的方式进行防范养老领域非法集资宣传。同时各级各单位充分利用微信、公众号、宣传栏、标语等形式进行防范养老领域非法集资宣传工作。各区县、各养老机构密切关注当地信息，严格落实每周四上报养老领域非法集资线索摸排情况的要求，确保全市上下信息互通共享。就泰和养老服务有限公司、安康童颜养老服务有限公司涉嫌非法集资问题，及时向有关职能部门移交线索，并将情况报送相关部门和市级领导，随时掌控有关责任人及资金动向，有条不紊地进行防范和处置工作。同时认真细致做好宣传解释工作，为涉及群众提供政策和法律指导和支持，帮助他们正确依法维权。同时，从少数养老机构涉嫌非法集资案例中吸取教训，认真查找前期工作不足和短板，扩大宣传教育受众对象，改进宣传方式方法，协同老干部门和相关单位老干工作部门，帮助广大老年人群提高防范意识和能力，构建防范和处置养老领域非法集资工作长效机制。（唐群惠）

【张家界市养老服务中心项目建设】2020年，张家界市新建市养老服务中心，属市政府重点建设项目，于2017年获批建设，地处永定区大庸桥街道且住岗社区明鑫澧水湾二期项目北侧，用地面积3.2071公顷，建筑面积21250平方米，床位500张，估算总投资8800万元，中央预算内投资和地方政府专项债给予资金支持。2020年11月6日，调整总投资为11121.45万元，现到位资金6700万元。湖南和天工程项目管理有限公司代建。2020年5月进行场地平整，2020年11月30日完成施工单位招标（中标单位为湖南第五工程有限公司）；2020年12月13日施工单位进场，完成驻地临建设施、施工进场道路、场地围挡、2#栋、3#栋、4#栋、9#栋桩基础浇筑、2#栋、9#栋基础开挖、塔吊安装备案等建设任务。该工程计划2021年11月完成主体结构，2023年3月竣工验收。（唐群惠）

【儿童福利工作】2020年，张家界市有3个儿童福利机构，5个未成年保护中心，全年救助未成年人4人次。孤儿363名（集中供养114名），艾滋病儿童1名，孤儿基本生活费最低保障标准为散居950元/月，集中供养儿童1350元/月。事实无人抚养儿童462名，农村留守儿童30627名，困境儿童5043名。2020年元月，对全市40名留守困境儿童进行走访慰问，发放慰问金4万元。全市建成“儿童之家”1016家，其中4家获“省级儿童之家”称号。2020年对78个乡镇（街道）和1016个村（居）的“儿童督导员”“儿童主任”进行了业务知识培训。从3月份起，把孤儿和事实无人抚养儿童纳入低收入群众价格临时补贴范围，各区县按照市发改委印发的临时价格补贴文件标准及时足额发放到位，截至9月，孤儿发放1840人次，事实无人抚养儿童发放2151人次，发放金额22.89万元。有序开展“福彩圆梦，孤儿助学工程”和慈善助力寒门学子梦圆大学活动。年初各区县将40名符合助学条件的孤儿纳入“孤儿助学工程”，并在8月底按人均1万元的标准及时将助学资金发放到位，以帮助孤儿完成高等教育。依托“六一”儿童节，联合张家界市妇联、张家界市教育局在永定区新桥镇九年制学校发起“圆梦大风车·关爱筑未来”留守困境儿童关怀公益活动，为150名留守儿童实现了自己的梦想，用公益的力量给予留守儿童心灵抚慰和爱的温暖。购买社会组织服务对留守儿童进行五防（防性侵、防拐卖、防意外、防校园暴力、防灾害）教育活动，9月下旬为王家坪小学，沅古坪和天门山九年制学校11个班的500多位留守儿童带去了生动有趣的“儿童五防”安全教育课，帮助留守儿童提升应对各种侵害的自我保护意识和能力，预防和避免各类侵害事件的发生。同时利用“6·19”救助开放日活动，为未成年人保护制定专门的展板，增加未成年人保护相关宣传内容，印发宣传手册近2000份。根据《湖南省民政厅关于进一步做好民政服务机构安全防范工作的通知》（湘民函〔2020〕22号）精神，制定《张家界市儿童福利领域民政服务机构消防安全标准化管理三年行动实施方案》（张民发〔2020〕27号），同时结合《湖南省民政厅关于防范化解儿童福利工作领域重大风险的通知》（湘民函〔2019〕35号）每个季度对福利机构进行一次明查暗访，发现问题限时整改到位。截至2020年底，儿童福利机构没有发生一例安全事故。此外，根据省民政厅联合13家单位印发的《关于加强农村留守妇女关爱服务工作的实施意见》（湘民发〔2020〕16号）精神，各区县对农村留守妇女进行摸底排查，全市有2581名农村留守妇女。（朱庆华）

福利·救济

【残疾人两项补贴工作】2020年，张家界市下发《张家界市2020年残疾人两项补贴重点民生实事项目实施方案》（张民发〔2020〕23号），将残疾人两项补贴纳入全市重点民生实事项目，成立残疾人两项补贴联合小组，负责项目安排部署、组织实施、工作监督和统筹协调，并向社会公布监督电话，接收社会的咨询和举报。“两项补贴”月标准由上年度60元/人提高到65元/人。残疾人“两项补贴”遵循自愿申请原则，严格审批和发放程序，补贴资金发放通过各级财政确认的金融机构直接拨入残疾人财政惠农（民）补贴“一卡通”账户。2020年共发放困难残疾人生活补贴资金927.3万元，140022人次享受补贴；发放重度残疾人护理补贴资金1485.9万元，225355人次享受补贴。年初及时下拨两区2020年残疾人两项补贴省级财政预拨资金374.6万元和市级财政补助资金116.7万元，并完成2019年省级两补资金的结算。完成省民政厅交办张家界市945户疑似残疾人确认工作任务，两项补贴工作做到应补尽补，不漏一人、不错一人。4月在桑植县启动残疾人士康复救助“复康工程”试点，并在张家界市范围内全面推开。

（张广玲）

【慈善募捐工作】2020年，新冠疫情发生后，张家界市各级慈善组织迅速发起“凝善致爱·共抗疫情”倡议书，积极参与打赢疫情防控阻击战。截至6月9日，10个慈善组织（含红十字会）募集捐款2114.35万元，用于抗疫支出1917.92万元（定向捐给湖北57万元），账上留存现金1964.29万元；物资25.23万件，价值293.53万元。依法依规建立捐赠款物的发放审批程序，定向捐赠物资按捐赠协议或捐赠方意愿及时用于新冠疫情防控，做到专款专用、专物专用；非定向捐赠物资优先保障医疗一线，其他物资向社区和防疫一线倾斜。管好用好捐赠款物，建立捐赠物资接收台账、物资发放台账和资金收支台账，每周在相关网站向社会公示一次疫情防控捐赠款物使用情况，主动接受社会和公众监督，提升慈善事业公信力。

（曹祖伟）

【残疾人工作概况】2020年，张家界市残疾人事业全面发展，实现“十三五”规划圆满收官。

统筹疫情防控和残疾人事业发展。第一时间贯彻落实市委疫情防控工作部署，全市残疾人零感染。

2020年，张家界市残联组织开展便民评残服务，全年开展便民评残9200余人次，新办残疾人证14498本，为残疾人享受相关惠残政策提供有力保障　（李江平　摄）

2020年，张家界市残联组织开展便民评残服务，全年开展便民评残9200余人次，新办残疾人证14498本，为残疾人享受相关惠残政策提供有力保障　（李江平　摄）

2020年，张家界市残联组织开展四轮脱贫攻坚督战，为全市实现残疾人脱贫“一个都不少”目标奠定基础　（漆维维　摄）

2020年9—10月，张家界市残联配合市人大常委会开展涉残法规执法检查，有力推动全市残疾人事业进一步发展　（吴　捷　摄）

2020年，市红十字会在学校组织应急救护培训　　（汪　巍　摄）

将残疾人事业纳入“十四五”规划，针对《张家界市国民经济和社会发展第十四个五年规划和二O三五年远景目标纲要（草案征求意见稿）》提出4条修改意见。积极配合市人大常委会开展涉残法规执法检查和市政协开展残疾人保障政策落实情况民主监督，并积极做好整改。配合中国肢体残疾人协会在举办首届中国（张家界）山岳景区无障碍旅游现场督导巡查会，完成省政府无障碍环境建设管理工作调研任务，报请市人大常委会将无障碍环境建设管理纳入“十四五”立法调研项目，并向市人民政府建议启动无障碍城市创建工作。

打赢残疾人脱贫攻坚战。全市21980名建档立卡贫困残疾人全部实现脱贫，在全省脱贫攻坚普查中，6项涉残指标张家界市有4项居全省前列，其中2项第二名、1项第三名、1项第四名。市残疾人综合服务中心被市人社局、市扶贫办确定为脱贫攻坚专项奖励记功单位，2名同志分别给予记功和嘉奖奖励。开展便民评残服务9200余人次，新办残疾人证14498本。为805名残疾人提供技能技术培训，开展创业扶持74人，为1家阳光扶贫基地和8名残疾人申请到创业小额贷款贴息。为666名残疾人提供托养服务。为26名学前教育在校残疾儿童提供资助资金7.8万元，为1053名残疾人（含贫困残疾人子女）大学生、高中生发放资助资金216.98万元。残疾人两项补贴均提标到65元/人/月，全年为1.32万名困难残疾人发放生活补贴928.76万元、为2.01万名重度残疾人发放护理补贴1488.97万元。新认定市级就业扶贫示范基地1家、县级基地4家，省、市、县三级基地分别达到2家、7家、13家。积极帮助残疾人稳岗就业，为7家残疾人就业扶贫基地发放补贴19万元，为84个个体户、盲人按摩门店发放补贴19.2万元。沈绍民等4名残疾人被省残联、省扶贫办评为2020年度全省残疾人“阳光致富示范户（带头人）”。

残疾人服务得到深化。残疾人康复服务取得新成效。实施省、市政府重点民生实事“残疾儿童康复训练”项目352名；开展精准康复服务9201人次，其中免费发放辅具1564件；开展假肢和矫形器安装、人工耳蜗手术、白内障复明手术356人次；对定点康复机构进行星级评定，4家被评定为三星级，1家被推荐到省残联评定四星级；康复教师刘娜被评为湖南省“最美残疾儿童康复教师”。残疾人就业及托养服务有新提升。征收残保金3960万元，其中市本级1153万元；对托养机构重新进行等级评定，认定3A级机构6家；组团参加湖南省首届残疾人托养从业人员技能竞赛获团体二等奖，并获个人赛一等奖、三等奖和优秀奖各1个；聋哑姑娘谷小燕获第三届全省残疾人岗位能手比赛二等奖。残疾人权益维护更为有力。继续开展残疾人权益保障“双联双百”工作，完成社情民意2篇；全年接待来访残疾人296人次，救助262人次42.33万元；开展残疾人家庭无障碍改造286户，为603名残疾人发放机动车燃油补贴15.68万元。残疾人宣传文体活动丰富活跃。在央视频道、湖南卫视新闻联播各正面报道1条涉残新闻，新湖南客户端也报道10余篇信息，参加2018—2019年全省残疾人事业好新闻评比获2个三等奖；加强典型宣传和推介，肢残人杨育被评为“湖南好人”；组织参加第七届全省残疾人文化周活动，获3个二等奖、2个三等奖、1个优秀奖，并获组织奖；组织参加第三届全省残疾少年儿童基本功比赛，获1个一等奖、2个优秀奖，并获组织奖。

残疾人工作基础更加夯实。启动第三代残疾人证换发工作，为800名贫困智力、精神和重度残疾人发放残疾评定补贴资金12万元。市残疾人康复中心已委托给市人民医院运营管理，市残疾人托养中心已签约给长沙怡智家园运营。切实落实群团组织改革“强三性”（政治性、先进性、群众性）“去四化”（机关化、行政化、贵族化、娱乐化）

要求，市委深化改革委员会印发《张家界市残疾人联合会改革方案》。市委发文重新明确市残联机关“三定”方案，增设教育就业部，增加1名编制。将市残疾人劳动就业管理中心和市残疾人康复托养中心合并为市残疾人综合服务中心，其服务职责和公益属性更加突出。市残联机关管理更加规范，成功创建市级文明单位，被评为全市“三联四建”先进单位，机关党支部被评为“五化”建设优秀支部。（唐登浩）

【张家界市4名残疾人获评全省残疾人“阳光致富示范户（带头人）”】2020年10月，湖南省残联和省扶贫开发办举行2020年度湖南省残疾人“阳光致富示范户（带头人）”评选表彰颁奖活动，张家界市沈绍民、陈贵英、毛成明、郭国珍4名残疾人获得表彰。（唐登浩）

【张家界市1人获评为湖南省“最美残疾儿童康复教师”】2020年12月，全省“最美残疾儿童康复教师”评选结果公布，张家界市康复教师刘娜获得表彰。（唐登浩）

【张家界市获湖南省首届残疾人托养从业人员技能竞赛获团体二等奖】2020年12月，在省残联、省人力资源和社会保障厅、省民政厅联合主办的湖南省首届残疾人托养从业人员技能竞赛中，张家界市获团体二等奖，并获个人赛一等奖、三等奖和优秀奖各1个。（唐登浩）

【谷小燕获第三届全省残疾人岗位能手比赛二等奖】2020年10月，在省残联、省人社厅主办的第三届全省残疾人岗位能手比赛中张家界市聋哑姑娘谷小燕获二等奖。（唐登浩）

【张家界市2件作品获全省残疾人事业好新闻奖】2020年12月，2018—2019年全省残疾人事业好新闻评选结果揭晓，张家界市2件作品获三等奖。（唐登浩）

【杨育获评“湖南好人”】2020年8月，张家界市单腿“80”后小伙儿获评为当月助人为乐类“湖南好人”。（唐登浩）

【张家界市7件作品在第七届全省残疾人文化周活动中获奖】2020年9月，第七届全省残疾人文化周活动评比结果揭晓，张家界市6件作品获奖，并获组织奖。（唐登浩）

【张家界市3人在第三届全省残疾少年儿童基本功比赛中获奖】2020年10月，在第三届全省残疾少年儿童基本功比赛中，张家界市1人获一等奖、2人获三等奖，并获组织奖。（唐登浩）

红十字会工作

【新型冠状病毒感染肺炎疫情防控捐赠工作】2020年，张家界市红十字会（市本级）累计接受社会捐款49笔，共计113.03万元，其中20.60万元为定向捐赠。接受防控物资捐赠19批次，价值110.95万元。各区县红十字会接受社会捐款396.75万元，接受社会捐赠物资8批次，价值51.64万元。捐赠物资没有滞留和积压，由指挥部物资分配组及时有序发放到位。

【“三救”“三献”业务工作】2020年，张家界市红十字会开展“博爱送万家”活动，为500多名群众筹措并发放了4万余元的慰问款物。争取省人道救助资金37.5万元，救助困难户75户。为8名白血病患儿争取24万元“小天使”基金。为两区两县受灾严重地区，争取价值76.45万元的防汛抗旱物资。推进应急救护培训进机关、进学校、进企业、进农村、进社区，全年组织应急救护讲座8场，受益群众1万人次，开展普训20场，普及15000人，培训持证红十字初级应急救护员520名，选送25人次参加国家和省级组织的师资培训学习。新增182名志愿者加入中华骨髓库，新增登记的遗体捐献志愿者52名，协调人体器官捐献6例，捐献大器官18个。（陈胜男）

2020年2月13日，市红十字会接收社会捐款（汪巍 摄）

2021

区县概况

·张家界年鉴·

永定区

区　委　书　记　　祝云武
区人大常委会主任　　欧湘云
区人民政府区长　　朱法栋
区　政　协　主　席　　龚朝明

【概述】永定区地处湖南省西北部，位于北纬28° 52′—29° 48′、东经109° 40′—111° 20′，东邻慈利县和常德市的桃源县交界，南接怀化市沅陵县，西抵湘西自治州永顺县，北连桑植县和武陵源区，距省会长沙398千米。境内有张家界荷花机场、张家界火车站、张家界火车西站（高铁站）、张家界中心汽车站，交通便利。以旅游业和农业为主导，2020年，永定区辖7乡7镇10街道，土地总面积216903.14公顷，其中耕地面积21247.26公顷。发现矿种35种，探明资源储量的矿种13种，新发现大中型矿产地1处。年末户籍总户数197208户，户籍总人口481828人，其中城镇人口202781人，少数民族人口403281人；出生人口4200人，死亡人口2703人，人口自然增长率4.1‰。年降水量1973毫米，水资源总量18.3亿立方米；森林覆盖率73.13%，水质综合达标率100%，空气质量优良率95.9%。

地区生产总值230.7亿元，同比增长2.1%。其中第一、二、三产业增加值分别为25.1亿元、37.1亿元、168.5亿元，同比分别增长3.4%、4.1%、1.6%。三次产业结构比为10.9 ：16.1 ：73。全年完成一般公共预算收入10.09亿元，同比下降35.2%，其中地方一般公共预算收入6.02亿元，同比下降20.1%；上划中央“两税”1.34亿元，同比下降58.5%。全年一般公共预算支出41.4亿元，同比增长1.8%。

工业增加值20.28亿元，同比增长2.6%。年末规模上工业88家，实现销售产值57.43亿元，同比下降1.5%，规模以上工业增加值同比增长2.9%。规模以上工业企业实现利润2.16亿元，同比下降26.8%。年末建筑业企业41家，全年完成建筑业总产值49.54亿元，同比增长11%。建筑业增加值16.79亿元，总比增长6.1%。

农林牧渔业总产值41.59亿元，同比增长3.7%。主要农产品产量：粮食总产量21.8万吨，同比下降1.9%；油菜产量1.42万吨，同比增长0.8%；烤烟产量2338吨，同比下降1.5%；蔬菜产量39万吨，同比增长2.0%；猪肉、牛肉、羊肉、禽肉、水产品产量分别为0.85万吨、0.15万吨、0.11万吨、0.28万吨、0.46万吨，猪肉、羊肉、水产品产量分别同比下降24.1%、3%、7%，羊肉、禽肉分别同比增长1.1%、26%。农产品加工企业301家，其中省级龙头企业12家。农民专业合作社1009家，入社成员1.2万户，家庭农场355家。农业机械总动力36.16万千瓦，同比增长1.0%。

社会消费品零售总额92.61亿元，同比下降4.4%。其中批发业21.4亿元，同比增长10.1%；零售业61亿元，同比下降6.1%；住宿业3.84亿元，同比下降32.7%；餐饮业6.34亿元，同比下降6.6%。全年实际利用境外资金8249万美元，同比增长18.6%；实际到位省外境内资金44.39亿元，同比增长13.5%。全年接待国内外游客2576.3万人次，同比下降14.6%。其中接待境外游客1.8万人次，同比下降97.3%；接待过夜游客524.7万人次，同比下降34.6%。旅游总收入307.7亿元，同比下降18.2%。

全年固定资产投资总量比上年增长14.5%。其中，固定资产投资（不含农户）增长16%，房地产开发投资增长11.7%。

全年交通运输、仓储和邮政业增加值159348万元，同比下降8.5%。航空起落架次13450架次，同比下降47.0%；航空旅客吞吐量127.84万人，同比下降55.5%；航空货邮吞吐量1110.7吨，同比下降37.6%。铁路旅客发送量204.38万人，同比下降17.2%；铁路货物发送量0.55万吨，下降8.3%。公路旅客运输量1451万人，同比下降39%；公路旅客周转量32954万人千米，同比下降19%；公路货物运输量778万吨，同比下降39%；公路货物周转量33533万吨千米，同比下降30%。年末公路通车里程2349.9千米，同比增长3.9%，提质改造农村公路92.35千米。邮政业务总量6497万元，同比增长0.6%。电信业务总量56500万元，同比增长34.8%。年末固定电话用户8.31万户，同比下降5.84%；移动电话用户58.45万户，同比增长20.54%；互联网宽带用户数27.51万户，同比增长9.1%；建成5G基站352个，5G用户5.3万户。

高新技术企业53家，新培育高新技术企业9家，高新技术产品30个以上，高新技术产业主营业务收入占工业主营业务收入的97.36%，实现高新技术增加值146132万元，同比增长2.4%。万家企业中高新技术企业数64.18家，高新技术产业增加值占地区生产总值（GDP）比重6.34%；新培育科技型中小企业32家、科技型农业龙头企业15家，目前市级及以上农业产业化龙头企业数共62个。万家企业中科技型中小企业数95.49家，规模以上企业新产品销售收入占主营业务收入比重16.16%；规模以上工业企业发明专利授权数58件。

金融业增加值227079万元，同比增长6.1%。截至年末，金融机构人民币存款余额454.91亿元，同比增长5.2%；金融机构人民币贷款余额487.7亿元，同比增长15.0%。全年股票交易额432.22亿元，同比增长88.3%。

有学校131所，其中小学58所、普通初中21所、普通高中5所。

高中、初中、职业中学、小学在校学生分别为6921人、16153人、3063人、39501人，在园幼儿16029人。小学适龄儿童入学率99.95%。小学毕业生升学率100%。高中阶段教育毛入学率95.06%。落实义务教育保障资金8700万元，发放中职国家助学金543.18万元，资助中职学生4395人次，落实中职免学费资金587.99万元，免学费资助中职学生3957人次，发放普通高中国家助学金361.7万元。有艺术表演团体25个，博物馆1个，纪念馆1个，公共图书馆1个，24小时自助图书馆3个，农家书屋184个，文化馆1个，广播电台1座，电视台1座。医疗卫生机构29个，其中：医院1个，妇幼保健院1个，专科疾病防治院1个，社区卫生服务中心10个，诊所、卫生所、医务室441个，乡镇卫生院17个，村卫生室188个，区疾病预防控制中心1个。截至年末医院床位数1650张，乡镇卫生院床位数809张，乡镇卫生院卫生技术人员336人。体育场地769个，全年开展全民健身项目15项次，6.7万人经常参加体育锻炼。

有社会福利机构29个。获得政府最低生活保障的城镇居民人数4480人，发放城镇居民最低保障经费1889.56万元，获得政府最低生活保障的城镇居民人数9116人，发放农村居民最低生活保障经费2451.89万元。提供住宿民政机构床位数823人，其中养老机构服务人数715人，城镇各种社区服务设施74个，其中综合性社区服务中心291个，销售社会福利彩票5791.38万元，筹集福彩公益金1709.58万元。城乡居民基本养老保险登记参保人数25.48万人。参加工伤保险职工人数3.49万人，参加失业保险职工人数2.13万人，领取失业保险金职工人数388人；城乡居民基本医疗保险参保人数36.86万人，其中城镇职工基本医疗保险参保人数3.53万人。参加生育保险职工人数2.53万人。社会保障卡持卡人数43.36万人。

2020年，永定区坚持以习近平新时代中国特色社会主义思想为指导，深入学习贯彻习近平总书记考察湖南重要讲话精神，认真落实“三高四新”战略，深入实施“对标提质旅游强市”总体思路，坚持“旅游带动、绿色崛起”，扎实做好“六稳”工作，全面落实“六保”任务，全力打好三大攻坚战，奋力夺取疫情防控和经济社会发展双胜利，全面建成小康社会取得决定性成就。

全力以赴，灾情防控蹄疾步稳。疫情防控取得重大成果。全面贯彻落实中央、省、市决策部署，在疫情暴发之初，迅速启动一级应急响应，组织1.4万名党员干部，采取全面摸排、对重点人群实行“四对一”管控措施，是全省治疗周期最短、病例清零最早的区县。防汛工作通过严峻考验。加强洪灾预测预报预警，精准调度指挥，实现“不因灾死亡一人”目标。复工复产推进有力有序。选派210名驻企防疫联络员，梳理优惠政策33条，举办金融“暖春行动”暨“政银企”座谈线上线下签约活动，签约资金102.4亿元。开展点对点送工服务，在全省率先组织5批67台“返岗直通车”，输送1708人返岗复工。全面实施促进旅游复苏“310”行动计划，旅游市场恢复到2019年的六成，是全国同类山岳型景区旅游恢复进度最快的地区之一。

科学部署，“六稳”“六保”全面落实。就业形势持续向好。优先保证就业，新增城镇就业3510人，失业人员再就业805人，城镇登记失业率3.97%，低于省控目标0.53个百分点。重点民生有效保障。完成27件重点民生实事，全区生活必需品市场供应和价格秩序得到保障，5G网络信号实现城区全覆盖。市场主体活力凸显。完成“个转企”231户、“小升规”37户。新增市场主体5332户，增长16.3%，总量超3.8万户。粮油市场供应稳定。全区播种粮食42.2万亩，粮食产量达14.7万吨，超额完成粮食“双稳”目标，建立区级成品粮储备应急供应保障体系。产业链供应链基本稳定。全力稳住旅游产业链，旅游商品、生态绿色食品、生物医药、绿色建材、数字经济等新兴产业链稳步发展。项目建设统筹推进。张吉怀铁路加快推进，张官高速开工建设，插分公路永定段、新老公路全线建成通车，旅游商品产业园加快建设。128个重点项目投资160亿元，签约12个项目157.5亿元，引进三类500强企业1个。全区旅游商品生产、农产品精深加工、生物医药等新兴产业产值达21.2亿元，占全部规模以上工业总产值的比重提高到36%。张家界莓茶种植总面积达10.6万亩，省委书记许达哲、省长毛伟明在永定调研时充分肯定莓茶产业发展成果，中国茶叶流通协会授予永定区“莓茶之乡”称号。基层运转平稳有序。安排5000万元保障村级组织运转，落实区乡财政体制分成，全区库款保障系数保持在合理区间。

尽锐出战，三大攻坚战成果丰硕。脱贫攻坚顺利收官。开展消费扶贫行动，认定扶贫产品70种、供应商13家，消费扶贫销售额1.5亿元。实施危房改造、安全饮水项目，实现存量危房全面“清零”，贫困人口安全饮水保障率100%。全区贫困人口全部实现脱贫。污染防治力度空前。抓中央、省环保督察“回头看”交办问题整改，敢于直面“痛点”，全区涉大鲵自然保护区内23座水电站实施关闭退出，全部整改销号。污染防治攻坚战“2020年夏季攻势”全面完成。开展长江流域重点水域禁捕退捕工作，937艘捕捞船舶全部上岸。风险防范成效显著。出台防范政府性债务风险绩效考核办法等文件，加强对区直单位和区属国有企业融资举债行为管理，积极化解债务风险。建立健全防范化解涉众型非法经营活动稳定风险联席会议制度等工作机制，打击处置一批非法集资案件。统筹抓好安全生产和交通问题顽瘴痼疾专项整治等工作，社会大局和谐稳定。

统筹兼顾，城乡面貌焕然一新。创卫工作圆满完成。改造老旧小区43个，成功打造紫云社区、崇实北校等一批示范点，全力推进病媒生物防治、户外招收广告整治等行动，城区环境卫生不断改善。城市管理不断加强。推行城管执法力量下沉基层一线，实现十个办事处全覆盖。出台《物业服务企业监督考核实施办法》，建立物业服务行业黑名单制度，规范小区物业管理。坚决遏制违法建设行为，拆除违章建筑794处7.4万平方米。27个问题楼盘整治到位。乡村振兴扎实推进。完善基础设施建设，完成自然村通水泥路14.89千米，通村部道路5.68千米，窄路加宽18.87千米。持续开展农村人居环境整治，茅岩河、四都坪等12个乡镇污水处理厂竣工验收，全区乡镇污水处理厂建设实现全覆盖。

守正开新，改革开放持续深化。各项改革纵深推进。深入推进行政审批制度改革，加快促进“三集中三到位”，事项入驻率94.5%。公布“一件事一次办”事项175件，减少办理环节、办理时限、跑动次数。农业、交通运输、市场监管、文化市场综合行政执法改革基本完成。医疗卫生一体化改革顺利推进，张家界市中医院医疗集团挂牌成立。招商引资成绩斐然。引进“500强”企业上海东方希望集团，签约四都坪高空极致体验乐园等12个项目，签约资金157.5亿元。全年实现内联引资36.7亿元，外贸进出口总额超3500万美元。营商环境持续优化。全面落实“三抓三促”，实行区级领导定点联系帮扶企业和重点项目，主动服务破解难题。开展“营商环境攻坚年”，深入推进以“清零即挂地、拿地即开工、领照即开业”为重点的八大攻坚行动。积极做实“三办”服务，湘西北固体废弃物绿色循环利用项目等一批重大招商项目顺利推进。全力做好要素保障。全区累计征拆倒房63.77万平方米，43个项目完成清零。“3个2000”行动计划基本完成。

真抓实干，民生福祉大幅改善。教育名区建设加快推进。大庸小学、金海高中、雨露学校正式投入使用，天门山镇芙蓉学校、第一芙蓉学校主体竣工，崇山小学等6所小规模学校建设完成，区域内大班额全面消除。社会保障体系日益完善。14个乡镇卫生院与上级医院远程诊疗实现对接，4个乡镇卫生院业务用房全面改善。城乡低保、残疾人“两项补贴”、五保供养资金连续提标。社会治理能力不断增强。深入推进“平安永定”建设，创新推广“天门清风模式”等基层治理方式，化解信访积案40件，全区信访量持续下降。打造“1+6+N”县域警务智慧平台，深化扫黑除恶专项斗争，全区刑事案件、“两抢一盗”案件立案下降8.95%、33.55%。

2020年，张家界市永定区获得“国家卫生城市”“国家全域旅游示范区”“绿水青山就是金山银山”实践创新基地等国家级称号。

【湘鄂川黔渝边老苏区首届“贺龙杯”青少年足球邀请赛】 2020年1月17日，湘、鄂、川、黔、渝边老苏区“贺龙杯”青少年足球邀请赛在永定区杨家溪体育公园鸣哨开赛，副市长欧阳斌出席开幕式并为此次足球邀请赛开球。本次赛事由张家界市文化旅游广电体育局指导、永定区文化旅游广电体育局主办、永定区足球运动协会和张家界弛逸体育文化有限公司承办。比赛从1月17日开始到1月21日结束，历时5天，赛制采用5人制，共有来自不同省份不同地区的16支队伍参与，张家界共有5支球队参加。

【永定区首批医疗队驰援湖北】 2020年2月21日，永定区驰援湖北省武汉市首批医疗队4名医护人员在市中医院集结出征，参与一线疫情防控工作。4月22日，永定区驰援湖北武汉的4名医护人员结束为期14天的隔离休整期，平安凯旋。5月29日，永定区举行援鄂医疗队慰问暨抗疫事迹宣讲会，深入学习援鄂医疗队员的奉献精神、斗争精神、职业精神，努力营造崇尚英雄、学习英雄的浓厚氛围。

【永定区创建国家级慢性病综合防控示范区】 2020年6月2日，国家卫生健康委公布第五批国家慢性病综合防控示范区建设评估结果，永定区被确定为国家级慢性病综合防控示范区，成为张家界市首个国家级慢性病综合防控示范区。近年来，永定区委、区政府坚持以提高辖区居民健康水平为核心，本着“政府主导、部门协作、动员社会、全民参与”的工作原则，在组织管理、政策保障、经费投入、督导考核等方面不断发力。为普及健康生活，营造全民参与的工作氛围，永定区先后投入300余万元创建12类健康支持性环境，在城区范围内创建1条健康街、2个健康主题公园、4条健康步道、10家健康餐厅、15家健康食堂、55家健康小屋、100户健康家庭和100户卫生家庭。建成可供千人开展活动的文化广场8个，建设127个健身活动小场地，体育健身覆盖率100%，实现居民“15分钟健身圈”，营造良好的健康氛围，健康行为能力日益提高，永定区居民健康素养水平达到21.62%。

【马儿山村入选“全国乡村旅游重点村”】 2020年7月9日，文化和旅游部发布《关于公示第二批全国乡村旅游重点村名单的公告》，永定区尹家溪镇马儿山村入选第二批全国乡村旅游重点村。近年来，马儿山村以武陵民俗为特色，按照

3A旅游景区标准打造集休闲观光、温泉疗养和文化体验于一体的城郊休闲目的地。马儿山村先后获得“湖南省美丽乡村建设示范村”“湖南省级同心美丽乡村”“张家界市十佳乡村旅游区”和“张家界市级同心乡村”等荣誉，接待游客超过20万人次/年，旅游收入超过1000万元/年。

【永定区实施铁腕治旅“八个一律”】 自2020年7月22日开始，永定区在全区范围内严格实施铁腕治旅“八个一律”。对于追客赶客的违法人员一律从严打击；对于非法招揽游客的旅游接待场所一律停业整治；对于销售假冒伪劣产品的旅游购物场所一律停业整治；对于有安全隐患的旅游接待场所一律停业整治；对于追客赶客的所有车辆一律从严处罚；对于涉黄涉毒的休闲娱乐场所一律依法关闭和打击；对于涉旅黑恶势力保护伞一律从严查处和打击；对于失职渎职，造成重大社会影响的相关部门责任人一律从严问责。严厉打击旅游领域的违法犯罪行为，切实规范全区旅游市场秩序，全力维护广大游客的合法权益，保障旅游市场治安秩序平安稳定，坚决维护张家界旅游目的地品牌形象。

【电视剧《江山如此多娇》在永定区取景】 2020年，电视剧《江山如此多娇》在永定区取景，6月6日在王家坪镇开机，9月9日在沅古坪镇杀青，主场景在永定区四都坪乡牧笛溪村。该剧由安建执导，王成刚编剧，罗晋、袁姗姗等领衔主演，以精准扶贫战略思想首倡地湖南为“取材地”，讲述了“扶贫二代”濮泉生（罗晋 饰）与都市女记者沙鸥（袁姗姗 饰）在澧水市庸城县碗米溪村参与精准扶贫，带领村民脱贫致富的故事。该剧已入选国家广播电视总局办公厅发布的第三批2018—2022年重点电视剧规划选题名单。

【“以爱之名·点燃梦想”第八季爱心助学慈善义演活动】 2020年9月8日，永定区举行“以爱之名·点燃梦想”慈善助学第八季活动。活动由中共张家界市永定区委、永定区人民政府主办，张家界市永定区慈善总会、永定区民政局、张家界广播电视台青少产业中心联合承办，共收到永定区党政机关、企事业单位、社会团体、私营企业、市民善款300万元，资助贫困学生532名。

【2020年中国农民丰收节湖南主题活动（张家界分会场）在天门山镇举行】 2020年9月18日，“2020年中国农民丰收节湖南主题活动张家界分会场暨张家界市农民运动会”在天门山镇举行。现场活动形态丰富多彩，有家乡好物集市直播、农民丰收节、农民运动会、美丽乡村健康跑、“丰收季”志愿服务等系列活动；“线上直播+现场推介”芒果扶贫云超市，直通“国际张”家乡好物，通过湖南广电芒果扶贫云超市张家界的家乡好物集市大直播，重点推荐张家界十大特色农产品；首聘张家界农产品宣传推广大使、特色农业丰收大使，合力助推乡村振兴；组织“五送”下乡丰收季志愿服务活动，开展以送政策、送科技、送信息、送物资、送服务等“三农”志愿服务，助力脱贫攻坚和乡村振兴。

【永定区体育健儿在湖南省青少年锦标赛上夺得殊荣】 在2020年湖南省青少年锦标赛上，永定区运动健儿在田径、乒乓球、羽毛球、跆拳道、健美操和拳击六大项目比赛中共夺得9金9银8铜。

【永定区举行纪念中国人民志愿军抗美援朝出国作战70周年文艺演出】 2020年10月29日，“为了胜利”张家界市纪念中国人民志愿军抗美援朝出国作战70周年文艺演出永定区专场在吉首大学张家界学院举行。永定区全体处级领导、区级退休老同志代表、民主党派及各界人士代表、驻村第一书记代表以及区直单位干部、乡镇（街道）干部和永定区教师代表共近1000名观众观看演出。

【张家界莓茶获评首届“湖南气候好产品”】 2020年11月1日，张家界莓茶获评首届“湖南气候好产品”。第二十二届中国中部（湖南）农业博览会上，由湖南省气象局、湖南省农业农村局共同主办首届“湖南气候好产品”评选活动，来自永定区的张家界莓茶成为全市唯一获此殊荣的农产品。获得“湖南气候好产品”品牌称号的单位，将成为各级气象和农业农村部门重点支持单位，适时提供气象防灾减灾服务、农业产业扶持、展示展销推介、媒体宣传服务，同时优先推荐参与国家气候标志“中国气候好产品”品牌创建申报。

【教字垭镇七家坪村获评“全国文明村镇”】 2020年11月20日，《中央文明委关于表彰第六届全国文明城市、文明村镇、文明单位和第二届全国文明家庭、文明校园及新一届全国未成年人思想道德建设工作先进的决定》发布，张家界市永定区教字垭镇七家坪村获评为“全国文明村镇”。

【湖南省第六届生态文明论坛年会在永定区举行】 2020年11月21日，以“绿水青山就是金山银山”为主题的湖南省第六届生态文明论坛永定年会在永定区举行。湖南省副省长陈文浩，湖南省生态环境厅党组书记、厅长邓立佳出席会议。会议通报表彰第二批13个省级生态文明建设示范县（市、区）并授牌，表彰湖南省第六届生态文明论坛永定年会获奖论文，并举行“高峰论坛”和“县（市、区）长热点对话”。大会闭幕式上，发布在新时期展现新作为的《永定倡议》。

【永定区入选第二批国家全域旅游示范区】 2020年11月18日，永定区入选第二批国家全域旅游示范区。依据《国家全域旅游示范区验收、认定和管理实施办法（试行）》《国家全域旅游示范区验收标准（试行）》，文化和旅游部组织开展第二批国家全域旅游示范区验收认定工作并对《第二批国家全域旅游示范区名单》进行公示。在各地初审验收的基础上，综合会议评审、现场检查结果，决定将北京市昌平区等97家单位认定为国家全域旅游示范区，张家界市永定区入选。

【“张家界莓茶”双院士论坛成功举办】 2020年11月19日，“科技协同创新、莓茶五业兴旺”双院士支撑“张家界莓茶”高质量发展论坛在张家界市永定区举行，以茶为媒、以茶论道、以茶兴业。论坛特邀印遇龙院士、刘仲华院士做实施张家界莓茶产业“五业兴旺”战略主题报告；中科院亚热带农业生态研究所印遇龙院士、湖南农业大学国家植物功能成分研究利用工程技术研究中心刘仲华院士与湖南乾坤生物科技有限公司三方产学研合作签约；院企双方合作首批6个项目成功签约，8家产学研合作单位发起共建张家界莓茶工程技术研究中心；举行《张家界莓茶——种植技术规程》《张家界莓茶——加工技术规程》发布实施新闻发布会；省市场监督管理局宣布天门郡莓茶省级农业标准化示范区建设项目启动。

【永定区授予山水组合“张家界莓茶公益形象大使”】 2020年11月27日，张家界市永定区授予山水组合“张家界莓茶公益形象大使”新闻发布会暨“寻找最美莓茶姑娘”活动启动。发布会上，永定区委副书记、区长朱法栋为山水组合颁发荣誉证书，“寻找最美莓茶姑娘”活动正式启动，该活动旨在通过树立“爱莓茶、制莓茶、懂莓茶”的典型，为张家界莓茶文化持续健康发展，战略目标实现提供强大的产业动力和文化支撑。

【永定区获评全国“绿水青山就是金山银山”实践创新基地】 2020年11月30日，由国家生态环境部举办的“2018—2019绿色中国年度人物”、第四批国家生态文明建设示范市县和“绿水青山就是金山银山”实践创新基地表彰授牌活动在京举办。张家界市永定区被授予“绿水青山就是金山银山”实践创新基地，是湖南省唯一一个获此殊荣的区县。永定区委副书记、区长朱法栋参加活动，并代表永定区接受授牌。

【中国茶叶流通协会授予永定区“莓茶之乡”称号】 2020年12月14日，中国茶叶流通协会授予永定区“莓茶之乡”称号。2020年，永定区莓茶种植面积10.5万亩，综合产值12.75亿元，建成两个莓茶特色产业省级示范园，带动建档立卡贫困户1.1万人平均增收5000元。中国茶叶流通协会在复函中指出，永定区地处湖南省西北部，武陵山脉腹地，生态环境优良，土壤富含锌、硒等微量元素，具有得天独厚的莓茶产业发展优势和条件。

【永定区举行书画作品联展】 2020年12月28日，“以决胜脱贫攻坚全面建成小康社会建设和谐美丽幸福永定”为主题的永定区美术书法作品联展在区治大院开展，共93幅书法美术作品参展。活动旨在讴歌在脱贫攻坚、全面建成小康社会中可歌可泣的感人故事，描绘脱贫攻坚、全面建成小康社会鲜活画面。

【茅岩河镇温塘易地扶贫搬迁集中安置区获“全国‘十三五’美丽搬迁安置区”】 2020年，国家发改委办公厅印发《关于全国“十三五”时期易地扶贫搬迁典型案例的通报》，永定区茅岩河镇温塘易地扶贫搬迁集中安置区被评为“美丽搬迁安置区”，是张家界市唯一获此荣誉的安置区。茅岩河镇位于永定区西部，与桑植县、永顺县交界，是典型的偏远山区乡镇。近年来，茅岩河镇始终以让贫困群众“搬得出、稳得住、能致富”为工作目标，将易地扶贫搬迁工作作为全镇脱贫攻坚工作的重中之重。其中，作为全区最大易地扶贫搬迁安置点的温塘安置区被打造为产业配套齐全、建筑风貌独特、基础设施完备、管理维护有序的特色街区。

（张宏和　龚萱）

武陵源区

区委书记	朱用文
区人大常委会主任	许忠亮
区长	郑小胡
区政协主席	向绪杰

【概述】 武陵源区位于湖南省西北部，位于北纬29°16′—29°24′、东经110°22′—110°41′之间，土地总面积397.47平方千米，其中耕地面积2.7千公顷。全区已发现矿种6种，已探明资源储量矿种2种。水资源总量0.19亿立方米。武陵源中心城区距张家界荷花国际机场34千米，距张家界高铁西站和张家界火车站分别为26千米、35千米；距G5513长张高速公路阳和入口26千米，距S10张花高速公路张家界西入口28千米。武陵山大道连接市城区和景区，驾车全程仅需35分钟。2020年，辖2乡4街道，年末户籍人口5.57万人，其中城镇人口3.61万人、少数民族5.24万人；人口出生率11.2‰，自然增长率16‰。主导产业为旅游服务业。国家级风景名胜区1个；A级旅游景区6家，其中AAAA级以上4家。年降水量2189毫米，年内气温最高38.3℃、最低-1.3℃；森林覆盖率85.18%，

水质综合达标率100%，空气质量优良率99.7%。

经济综合。地区生产总值43.26亿元，比上年下降2.9%；第一、二、三产业增加值分别为2.35亿元、1.35亿元、39.56亿元，分别增长1.8%、5%，下降3.3%，三次产业结构比为5.4 ：3.1 ：91.4。一般公共预算收入3.73亿元，下降29.4%，其中地方一般公共预算收入2.68亿元，下降22.5%；一般公共预算支出12.95亿元，下降8.2%。

农业。农林牧渔业增加值2.51亿元，增长2.1%。耕地总面积2.7千公顷。农业支柱产业：蔬菜种植、生猪养殖、优质水稻。主要产品产量：粮食1.35万吨、油料0.14万吨、蔬菜3.34万吨、水果0.43万吨、茶叶194吨，禽蛋700吨，出栏生猪1.6万头、羊0.48万只、牛0.19万头。有市级以上农业产业化龙头企业12家，其中省级以上1家；农民专业合作社78家，其中省级以上示范社5家。农业机械总动力0.81万千瓦。

工业。工业增加值0.59亿元，增长2.4%，规模以上工业销售产值6375万元，同比增长10.5%。建筑业增加值0.76亿元，增长7.3%。

商贸服务业。社会消费品零售总额17.17亿元，下降4.9%（剔除物价因素）。进出口总额0亿元。实际利用境外资金910万美元，增长146%；实际到位省外境内资金11.04亿元，增长85.6%。

旅游业。接待国内外游客1702.5万人次，减少31.4%，其中接待入境游客1.26万人次，减少98.2%；旅游收入191.71亿元，下降38.2%，其中入境旅游收入470.2万元，下降98.9%。

固定资产投资。固定资产投资比上年减少44.3%。其中高新技术产业投资下降65.7%，基础设施建设投资下降63.5%，房地产开发投资增长10.3%。

交通通信。境内公路通车总里程394.8千米，其中：国道22.9千米，省道80.1千米，县道101.9千米。建成5G基站77个，5G用户2.05万户。

科技教育。有高新技术企业5家，新增1家；取得省部级以上科技成果5项，专利申请48件，授权专利7件，签订技术合同12项，成交金额3030万元；有学校11所，其中小学7所、普通初中2所、普通高中1所、中等职业学校1所，公办幼儿园6所；幼儿入园率89.55%，小学适龄儿童入学率100%，小学升初中入学率100%，高中阶段毛入学率96.2%。

文化卫生体育。省级重点文物保护单位2处，省级以上非物质文化遗产保护项目1个，艺术表演团体10个，文化馆1个，公共图书馆1个，博物馆（纪念馆）2个，档案馆1个。有医疗卫生机构49个，其中疾病预防控制机构1个、医院2个、卫生院2个，病床286张，每千人口医生数1.68名、床位数4.58张。公共体育场地9个。

社会生活。社会福利机构7个。新增城镇就业930人，城镇失业率为4%。累计脱贫5629人，贫困发生率为零。农村劳动力转移400人。城镇居民人均可支配收入33161元，农村居民人均可支配收入15621元，分别增长3.5%、8.6%。

三大攻坚战实施情况。全区未脱贫人口全部清零，高质量通过国家脱贫攻坚普查、省级脱贫攻坚考核；做好疫情灾情“加试题”，实现贫困人口就业2305人，完成消费扶贫1600多万元。推进污染防治，完成违建别墅清查整治。获得国家建制县隐性债务化解试点政策支持，政府债务风险等级降级，产业公司转型进展顺利，金融风险总体可控。

获得荣誉称号。连续16年保持全省“平安区县”称号，连续26年获评全省社会治安综合治理先进区县。获评全省公路水路交通建设年度目标完成情况好，“四好”交通成效明显市、县市区。获评全省农村人居环境整治先进区县、重大动物疫病防控先进区县。张家界市公安局武陵源分局获评“全省十佳公安局”。张家界市武陵源区扶贫开发办公室荣获“全省脱贫攻坚先进集体”。区人民武装部被中央军委国防动员部评为“安全管理工作先进单位”，被省军区评为“先进人武部”“正规化建设先进单位”“军事训练先进单位”。中湖乡人民调解委员会被评为“全国模范人民调解委员会”。武陵源区市场监督管理局被授予“全国食品安全工作先进集体”荣誉称号。索溪峪街道获评“全国脱贫攻坚先进集体”、抗击新冠肺炎湖南省先进基层党组织及先进集体。

存在的主要不足。财政收支矛盾突出，财税做减法的速度比发展做加法的速度快，“三保”等刚性需求比财力增长的速度快；经济下行压力加大，新业态新经济发展不快；生态环保约束越来越严，项目建设审批难、见效慢，招商引资、产业项目落地较为困难；民生领域还有不少薄弱环节，金融、安全生产等风险隐患不容忽视。

【武陵源核心景区实现刷脸进站】 2020年1月1日，武陵源核心景区新门票系统上线测试，景区全面实现实名制购票、刷脸进站等功能。武陵源核心景区新门票系统采用生物技术，以身份证+人脸识别验票进入景区。游客可通过网络平台、微信小程序以及“张网旅游”等多渠道购买门票。一次购票，有效期4天。新的门票系统还具有大数据分析、应急救援救助、旅游信息发布等功能。

【武陵源区58万元奖励旅行商】 2020年1月19日，武陵源区召开“凝心聚力 共赢未来”旅行社新春答谢会。武陵源区人民政府分别为张家界中国旅行社有限公司、张家界逍遥行国际旅行社有限公司等为武陵源核心景区输送客源量前30名的旅行社颁发5万元、3万元、1万元三个等级的客源组织奖励，奖励资金58万元。2019年，武陵源区旅游经济保持着持续增长，全年实现接待游客2450.63万人次，同比增长15.31%，实现旅游总收入306.81亿元，同比增长23.39%，核心景区一次进山429.55万人，同比增长5.11%。

【86名农民工乘免费“直通车”返岗复工】 2020年2月26日，武陵源区举行首批农民工返岗复工欢送仪式，86名农民工乘坐四辆“直通车”分别赴长沙、中山、东莞返岗复工，途中无须任何换乘，实现“点对点”“一站式”免费服务。为解决农民工健康返岗和企业复工复产难题，武陵源区及时收集全区农民工返岗出行信息，迅速编班编组，调度车辆，做好各项先期准备工作。出发现场，对出行车辆进行严格消毒，每辆车都配备1名工作人员及防疫物资和日常用品，医务人员对每位农民工都进行体温监测并建立档册，途中工作人员每隔四个小时进行一次体温监测。同时严格遵守每趟车载客率不超过50%的要求，实行隔座出行，确保农民工健康返岗复工。

【武陵源景区对外恢复开放】 受新冠肺炎疫情影响，张家界市委旅游工作委员会办公室下发通知，自1月26日起，张家界全市所有景区（景点）暂停对外开放。2020年2月27日，张家界武陵源景区对外恢复有序开放。截至下午4时，武陵源核心景区接待客人454人，其中本市市民434人，其他20名游客分别来自湘西自治州、常德市等张家界周边地区。当天，武陵源区首批5家旅游餐饮、住宿酒店在主管部门指导下同步恢复营业，分别为索溪山寨餐饮店、熊氏草帽面餐饮店、江汉山庄、溪布街客栈、湘西之恋人文主题酒店。

【湘阿妹“扶贫车间”新生产线运营】 2020年3月31日，张家界湘阿妹食品有限公司“扶贫车间”生产线投入启用。该公司新引进的生产线总投资500万元，设备、管道全部采用食品级304不锈钢材质制造，加工车间采用无尘车间标准建设，阳光晒制，微波杀菌。新生产线的投入使用不仅解决葛根产业发展后的加工产能问题，还大大提高葛根粉的品质和销售价格，同时解决葛粉加工用水量大，水污染严重的问题，污水降低80%以上。武陵源区把湘阿妹葛根基地列入精准扶贫特色产业扶贫项目，形成“农户+基地+公司”的生产模式，通过“三包政策”、产业分红、小额贷款分红、村企共建分红和培训聘请贫困户务工的形式，带动村民增收致富。

【湖南人游湖南暨仙境张家界健康自驾游活动启动】 2020年4月18日，“体验锦绣潇湘 拥抱健康生活”湖南人游湖南暨仙境张家界健康自驾游活动在张家界市武陵源区标志门启动。省委宣传部副部长、省文旅厅党组书记禹新荣宣布活动启动。市委书记虢正贵致辞，市委副书记、市长刘革安主持启动仪式。此次活动，是贯彻落实中央和省委决策部署，以文旅促消费、促脱贫、促发展的具体行动，是湖南省举办的重大旅游活动之一，湖南旅游吹响复苏的号角。张家界市是湖南旅游发展的龙头和对外开放的窗口，在张家界市启动该活动旨在发挥张家界的龙头带动作用，促进全省文化旅游持续健康发展。

【省内医护人员张家界公益行活动启动】 2020年5月8日，湖南省内医护人员张家界公益行活动启动，首批来自娄底市各大医院的200名医护人员旅游团队到张家界武陵源核心景区享受清心洗肺之旅。景区通过此次活动向全国医护人员发出诚挚邀请，推动“湖南人游湖南”活动的深入开展，提振武陵源旅游市场人气。活动期间，医护人员通过实名登记、扫健康码、体温监测等严格防控措施进入核心景区，免费游览黄石寨、金鞭溪、袁家界、天子山等景点，景区黄石寨索道、百龙天梯、环保客运、天子山索道、张家界世界地质公园博物馆、港源疗养酒店、金凤凰餐厅等相关旅游企业为其开通绿色通道。张家界全市景区截至2020年12月31日，所有景区及景区内交通工具对全国医护人员实行免票。

【武陵源位居2019年湖南十大文旅地标首位】 2020年5月19日，2020中国旅游日湖南宣传活动暨2020桃花源文化旅游节在常德桃花源景区开幕。现场发布2019湖南十大文旅地标，张家界武陵源位居首位。武陵源是湖南省旅游的名片，是张家界的核心景区，拥有“中国首批世界自然遗产、全球首批世界地质公园、世界‘张家界地貌’命名地、中国第一个国家森林公园、中国首批AAAAA级旅游景区、全国文明风景区、首批全国全域旅游示范区”七块“金字招牌”。主要精品旅游景点有：天子山、袁家界、黄石寨、金鞭溪、杨家界、黄龙洞、宝峰湖。武陵源自然景观以独特的张家界地貌景观为主，以喀斯特岩溶景观为辅，兼有大量地质遗迹地貌，具有很高的美学价值、生态价值和科学价值。除此之外，武陵源传统文化氛围浓厚，作为土家族为主的少数民族聚居地，古朴的民俗、浓郁的风情与秀丽的自然风光相得益彰。

【第二届“文化和自然遗产日”主题活动在武陵源举办】 2020年6月12日，由湖南省林业局主办，武陵源区人民政府承办，湖南省自然保护地协会协办的2020年“文化和自然遗产日”暨湖南省第二届“文化和自然遗产日”主题活动在世界自然遗产地武陵源举办。本届活动的主题是：遗产保护与可持续发展。国际自然保护联盟世界保护地委员会专家、国际古迹遗址理事会国际风景园林联合会文化景观科学委员会副主席、同济大学教授韩锋，中国科学院地理科学与资源研究所研究员黄河清，世界自然基金会（瑞士）北京代表处机构发展经理刘松，湖南省林业局党组成员、副局长李林山，张家界市人大常委会副主任、武陵源区委书记朱用文，张家界市人民政府副市长李培其，武陵源区委副书记、区长郑小胡，以及新宁崀山、南岳衡山、老司城等全省8家遗产地管理机构和市州林业部门相关负责人参加活动。活动包含开幕式、主题演讲、嘉宾访谈、互动交流、实地考察等部分。活动期间，武陵源区还开展湖南省遗产地图片展、“自然遗产进校园”科普宣教、遗产地推出门票减免优惠、遗产地专题游览线路推介等活动。

【中央电视台“聚焦”武陵源乡村振兴】 2020年7月28—29日，中央广播电视总台欧洲拉美地区语言节目中心到武陵源区协合乡龙尾巴居委会专题拍摄乡村振兴成果。此外，摄制组还用无人机多角度航拍龙尾巴的田园风光及武陵源核心景区的“张家界地貌”风光。该节目时长3分钟，8月中旬在匈牙利电视台“看中国”等栏目和平台播出。龙尾巴居委会依托自身独特的区位优势，舞活旅游“龙头”，经过30多年的发展成为远近闻名的“小康村”，2019年该居委会人均纯收入达到2万元，是建区前的100倍。2019年度有60多个国家和地区的游客前来度假。龙尾巴的乡村振兴，先后被《人民日报》、新华社、《湖南日报》、《新湘评论》、湖南卫视、湖南经视等媒体报道。

【2020中国首届（张家界）慢跑英雄会在武陵源举行】 2020年11月7日，2020中国首届（张家界）慢跑英雄会暨“跑者荣耀·中国微马百强跑团颁奖盛典”在张家界核心景区武陵源举行，全国3000余名慢跑爱好者参加比赛。该活动为张家界市2020年度重大体育活动，由微马体育控股有限公司与张家界别院旅游开发有限公司联合主办。活动内容主要包括“跑者荣耀·中国微马百强跑团颁奖盛典”、武陵源风景名胜区欢乐跑、首届户外（慢跑）运动论坛等，旨在让慢跑英雄会成为世界了解张家界的一个窗口，让张家界成为世界慢跑爱好者的圣地，推动张家界体育旅游产业发展。

【陈复礼铜像在武陵源揭幕】 2020年11月16日，陈复礼铜像揭幕仪式在武陵源核心景区水绕四门举行。继吴冠中之后，这是武陵源区第二次在世界自然遗产地为当地旅游发展作出突出贡献的艺术家安放铜像。陈复礼是国际摄影大师、香港著名摄影家和中国式“画意摄影”的代表人物，2018年9月11日，在香港病逝，享年103岁。20世纪80年代初期，陈复礼到张家界摄影创作，并将摄影作品大篇幅刊发在香港杂志《中国旅游》上，首次将张家界武陵源山水风光亮相海外，揭开张家界走向世界的帷幕。之后，他又多次到张家界摄影创作，推动香港与张家界两地的文化艺术交流与合作。2005年，张家界市人民政府授予陈复礼“张家界荣誉市民”称号。2018年，摄影家陈复礼、陈勃摄影艺术长廊落户张家界。此次安放的陈复礼铜像由香港摄影家、陈复礼摄影艺术奖发起人黄松辉捐赠，旨在铭记和感恩陈复礼为开拓张家界旅游事业做出的卓著贡献，激励和鼓舞后人继续为张家界经济社会发展努力奋斗。

【第四届武陵源区“农商银行杯”四人制足球赛开赛】 2020年12月4日，第四届武陵源区“农商银行杯”四人制足球比赛在喻家嘴河畔球场鸣锣开赛。比赛由武陵源区文旅广体局主办，武陵源区足球协会承办，张家界市农村商业银行独家冠名。赛事吸引武陵源区、慈利县、永定区的9支队伍近百名足球爱好者参加。比赛参照国际足联最新比赛规则，采用循环淘汰赛制，44场比赛，赛期30天。

【武陵源山水组画亮相全国新文艺群体美术作品展】 2020年12月4日，在北京炎黄艺术馆举办的“新时代 新气象新表达”全国新文艺群体美术作品展中，著名美术家孙建华创作的三幅张家界武陵源山水组画入展。本次群体美术作品展由中国美术家协会指导，由中国美术家协会新文艺群体（组织）展览与推广中心主办，艺品芸空间、《艺品》杂志承办，展览汇集全国各地近百名艺术家的200多幅作品，包含国画、油画、版画、漆画等多种形式。展览12月8日结束。

【中央、省、市媒体聚焦武陵源区“屋场会”】 2020年12月15日，《人民日报》、新华社、中央广播电视总台、《光明日报》、《经济日报》、《湖南日报》等中央、省、市主要媒体近30名记者走进张家界市武陵源区，聚焦“屋场会”的成功经验、具体举措及实际效果。其间，采访团先后到索溪峪街道、黄龙路社区、田富村等地，围绕“屋场会”的主要做法、主要成效和典型案例进行集中采访，并实地参观各新时代文明实践所（站）“屋场会”开展情况及功能设置等情况。武陵源区以新时代文明实践中心国家级试点为契机，积极探索屋场会新模式，在全区33个村（社区）设立屋场238个，用好用活“讲、听、演、评、办”五字诀，一年来召开屋场会476场次，理论宣讲476场次，“送戏下乡”382场次，摸排及收集困难问题582个，解决问题443个，处理率达76%。

【《石头开花》在武陵源首发】2020年12月15日，旅游扶贫题材长篇报告文学《石头开花》首发式暨研讨会在武陵源区举行。《石头开花》由国家一级作家罗长江创作，湖南文艺出版社出版发行，在“梦圆二〇二〇”湖南主题文学征文活动中荣获一等奖，是全国精准扶贫文艺宣传的又一佳作。《石头开花》全书32万字，分为“新时代民宿”“湘阿妹乖幺妹”“第一书记”“这里的石头会唱歌”“童米，贡米”“运气比什么都可贵”“界上人家”七章，紧紧围绕精准扶贫这一主线，聚焦武陵源人决战贫困决胜小康的故事，书写新时代的山乡巨变、壮丽斑斓、深邃厚重。该书的出版发行，有助于推动旅游扶贫之“武陵源模式”向纵深发展，促进武陵源旅游与文化的深度融合，进一步提升张家界旅游品位和影响力。

【2021年全国新年登高健身大会（湖南会场）在武陵源举行】2020年12月21日，“中国体育彩票”2021全国新年登高健身大会（湖南会场）在武陵源景区黄石寨举行。来自全国各地5000余名户外运动爱好者参加比赛，登高望远黄石寨，喜迎2021年到来。本次登山路线途经大氧吧广场、前山游道、黄石寨六奇阁，最后到达黄石寨餐厅，全程均是登山台阶，沿途峰林挺立，风景如画。经过比拼，叶朝阳以20分50秒的成绩获得男子专业组冠军，熊思思以26分36秒的成绩获得女子专业组冠军。全国新年登高健身大会（湖南会场）连续五年在张家界武陵源景区举办，吸引众多户外运动爱好者报名参加。

【湖南省人民医院对口帮扶武陵源区人民医院授牌】12月22日，湖南省人民医院对口帮扶武陵源区人民医院授牌仪式在区人民医院举行，标志着湖南省人民医院对口帮扶武陵源区人民医院工作全面启动。2020年10月，湖南省卫健委新增武陵源区人民医院为湖南省人民医院对口支援单位。接到任务后，湖南省人民医院制定实施方案，通过技术帮扶、人才培养、专科建设、管理帮扶等多种形式开展帮扶，实现湖南省人民医院优质医疗资源下沉，把省人民医院的优质医疗资源源源不断地输送到武陵源区人民医院及各基层医疗机构，助力夯实武陵源区医疗卫生的整体队伍素质和服务能力，真正解决基层人民群众的看病就医问题。湖南省人民医院对口帮扶武陵源区人民医院对口支援实行分批进驻，每批半年左右，整个支援工作将持续三年。当日，湖南省人民医院“仁术心连心”博士专家团开展义诊服务活动，受到群众好评。

【张家界市首个县级食品检验检测中心在武陵源区成立】2020年12月23日，张家界市县级食品检验检测中心暨国检集团张家界检验检测中心在武陵源区挂牌成立。湖南省市场监督管理局副局长陈跃文，张家界市人民政府副市长欧阳斌，武陵源区委副书记、区长郑小胡出席挂牌仪式，区副区长秦进廷主持仪式。该检测中心是国家第二批县级食品安全检验检测资源整合试点项目，是全市首个县级食品检验检测中心。中心规划用地面积3亩，总投资1695万元，由武陵源区委托第三方公司进行市场化运营，是以食品检验检测为主，整合疾控、农业、畜牧、环保等检验检测功能的综合实验室。中心投入运营，可整合武陵源区、慈利县、桑植县食品检验检测资源，实现专业技术人员、检验设备、检测结果等资源共享，提升检验检测能力和水平，其中食品、食品相关产品及食用农产品省级监督抽检参数不低于800项（误差率不高于10%），为群众食品安全监管提供技术支撑。（高　建）

慈利县

县委书记　　邱初开
县人大常委会主任　朱超雄
县长　　高靖生
县政协主席　　吴淑元

【概述】慈利县位于湖南省西部，地处北纬29°04′—29°41′、东经110°27′—111°20′之间。发现矿产7类45种，探明资源储量矿种21种。

规模以上工业总产值达到39.8亿元，实现规模以上工业增加值12.58亿元，完成工业固定资产投资16.5亿元，同比分别增长0.5%、1.6%、10%，培育高新技术企业6家，新增科技型中小企业13家，预计实现“个转企”185家、“小升规”18家。工业集中区入园企业达到100家，规模以上工业企业达到55家，实现规模以上工业总产值28亿元、规模以上工业增加值8.6亿元、技工贸总收入38亿元，分别增长3%、2.5%、3.5%；成功引进湖南金荣集团，投资5亿元创建“金荣·慈利科创产业园”，加速工业集中区市场化、专业化发展。
社会消费品零售总额57.71亿元，比上年增长10.2%。其中，进出口总额9.88亿元。旅游固定资产投资4.35亿元，推动湖南省精品旅游线路重点县建设，推进大峡谷景区提质、张家界（朝阳）地缝景区扩建、壮举实景演艺等项目；开展“铁腕治旅”行动，实施“1+4+N”旅游综合管理；举办温泉泼水节、地缝旅游文化节、旅居文化节、《天涯明月刀》手游上线启动仪式等活动，全年接待游客440万人次，旅游收入41亿元。

抓好疫情防控，县委、县人民

政府扛牢疫情防控重大政治责任，第一时间响应湖南省重大突发公共卫生事件一级响应，紧急调度部署疫情防控工作59次，投入财政资金1.26亿元，动员3.3万名党员干部、医护人员、社区工作者深入防控一线。严守“外防输入、内防扩散”总要求，坚持闭环管理、实行群防群控，落实疫情防控“四包一”措施，全面暂停文娱场所、公交的士运营，严格管理冷链食品和生鲜市场，投入3000万元推进野生动物禁食退养，劝停聚集赈酒3282户，免费提供预防中药2.13万人次，提供口罩139万只、消毒液5.78万升。准确把握疫情形势变化，出台支持企业复工复产“15条硬核措施”，安排43名县级领导干部联系全县64个重点建设项目和91家规上工业企业，选派163名副科级以上党员干部担任驻企防疫联络员，为345家民营和小微企业发放贷款7.98亿元，适时推动311家企业灵活复工、8.5万名学生分批复学。坚持思想不松、机制不变、队伍不散，推进疫情常态化防控，不断健全公共卫生应急物资储备体系，新建3个核酸检测实验室，推行“健康码”“通行码”，统筹抓好疫情防控和经济社会发展。

风险防范有力有效。有序压减政府存量隐性债务，严控政府投资项目预决算，不断盘活国有资源，政府性债务风险可控；加强金融监管，规范投融资行为，严厉打击非法集资，加速推进社会诚信体系建设，社会金融秩序稳定。

脱贫攻坚成效显著，高质量通过国家脱贫攻坚普查验收和省脱贫攻坚成效绩效考核。整合财政资金4.8亿元，发展产业扶贫项目356个，带动1.1万余名贫困人口增收致富。推进易地扶贫搬迁后续帮扶和社区化管理，慈利县被授予全国“十三五”时期易地扶贫搬迁工作成效明显县。

持续加强污染防治。全面完成省以下环保机构监测监察执法垂直管理制度改革试点，整改完成省生态环境保护督察“回头看”交办问题16件。开展河湖“清四乱”行动，落实长江流域全面禁捕，2935艘船舶全部上岸，如期完成慈利县涉大鲵国家级自然保护区水电项目整治，33座水电站整改销号；建成乡镇污水处理厂17个、乡镇垃圾转运站5个，关闭砂石矿场6家，完成规模养殖场粪污治理89家，全县饮用水水源水质达标率100%。（插入照片4：慈利县三合镇庄塌集中供水点—龚汉业摄）整治工地扬尘、渣土清运、秸秆焚烧、工业污染排放等，环境空气质量优良率99.3%，城市空气环境质量首次达到国家二级标准。完成黄林峪重金属污染治理工程；开展复绿行动，完成营造林7.56千公顷，森林覆盖率66.22%，申报绿色村庄151个。创建为湖南省生态文明建设示范县。

加强依法行政，健全县、乡、村公共法律服务体系，落实行政执法公示、执法全过程记录、重大执法决定的法制审核制度，办理行政复议、应诉案件55件，案件受理率100%。

深化服务转型，开展“漠视群众利益集中整治专项行动”，聚焦解决群众急、难、愁、盼问题293个；推进“互联网+监管”“双随机、一公开”，打造24小时不打烊“互联网+政务服务”一体化平台，实现县、乡、村三级全覆盖。

存在的主要问题和困难：经济总量依然偏小，支柱产业不突出，创新和抗风险的能力不强；重点领域关键环节改革任务仍然艰巨，惯性思维和陈旧观念仍然不同程度存在；治理能力和治理体系现代化建设任重道远，共建共享共治的社会治理格局未完全形成；依法行政和为民服务水平有待提升，工作效能与新时代发展要求还有差距。

【慈利县八个乡镇污水处理厂竣工验收】 2020年1月，慈利县住建局组织相关业务部门对洞溪、高桥、龙潭河、景龙桥、杨柳铺等8个乡镇污水处理厂进行竣工验收。经现场踏勘，一致认为工程质量合格，达到验收标准。在2019年，慈利县加快乡镇污水处理厂及配套管网建设工程建设，不仅完成了之前的江垭、东岳观等3个续建工程，而且新建了杨柳铺、龙潭河、高桥、洞溪4个污水处理厂及其污水管网，加上2019年运行的二坊坪污水处理厂，全县竣工验收的污水处理厂有8个，其中二坊坪、江垭、东岳观、景龙桥在试营运，其他污水处理厂基本都具备试运行条件，处于全市前列，在全市重点民生项目考核中获得好评。

【慈利县新冠肺炎疫情防控】 2020年1月，新冠肺炎疫情发生以来，慈利县委、县人民政府高度重视，把疫情防控工作作为当前最重要的工作来抓，做到抢救生命不惜财物、守护健康不畏繁难、防控疫情不避艰辛，坚持做到严防严控、联防联控、群防群控、技防技控“四防四控”，坚决打赢疫情防控“保卫战”，慈利县确诊病例0例。

武汉新冠疫情蔓延后，面对疫情防控严峻形势，慈利县委、县人民政府协调各方强化严防严控措施。1月21日，召开县委常委会研究新型冠状病毒应急预防议题，全县疫情防控工作正式启动；1月22—26日，相继召开疫情防控工作调度会，对19家重点单位及25个乡镇、新城区管委会进行工作调度；1月27日上午，召开县委2020年第4次常委会议，对疫情防控工作进行再研究、再部署、再动员，全县疫情防控工作整体部署已全面完成。

突出联防联控。成立了慈利县新型冠状病毒感染的肺炎疫情防控指挥部，设立综合组、舆情监测组、物资保障组等9个小组，高位推进县域一线防控工作。制定下发《关于成立慈利县新型冠状病毒感染的肺炎疫情防控工作领导小组的通知》

《关于成立综合组等9个专项小组的通知》《慈利县新型冠状病毒感染的肺炎疫情防控工作指挥部1号令》《慈利县新型冠状病毒感染的肺炎疫情防控工作指挥部2号令》等7个文件，明确防控责任，落实防控任务，突出“查、防、堵、控”四个重点，形成联防联控工作合力。

重视群防群控。按照县级领导包乡镇、乡镇领导包村、村两委干部包组、党员包户的“四包”责任制，第一时间动员全县各级单位干部职工进入427个行政村（社区），对外地务工返慈人员、武汉返乡人员和途经武汉的返乡人员进行全面摸排，预防控制组对城区各个酒店进行摸排，对从武汉籍返回人员采取集中隔离、居家隔离等措施，并严格落实信息上报制度。县委党建工作领导小组办公室下发《关于充分发挥全县各级党组织和广大党员在打赢新型冠状病毒感染的肺炎疫情防控攻坚战中的战斗堡垒作用和先锋模范作用的通知》，动员全县1368个基层党组织，3.3万名党员展现新时代共产党人的政治本色和精神风貌，在关键时刻，能站得出来、冲得上去，迎难而上、勇挑重担。全县暂停一切文化、旅游、体育聚集性活动，对影院、网吧、酒吧、KTV、电游室等人员密集场所一律关闭，县图书馆、文化馆、博物馆、全民健身活动中心闭馆，从26日开始暂停辖区内所有景区、景点开放。开展舆情监测。指挥部开通24小时举报电话，积极回应社会关切。共接到群众举报125起，已全部交办相关部门或乡镇查实处理，并将结果进行反馈。公安机关打击微信群造谣传谣人员2名。

加强技防技控。全县境内设立12个检测点（27日景区关闭，已拆除卡点3处），即“三站两点三景区四出口”，24小时正常开展检测工作。458家医疗机构、368个建制村卫生室、3131名各级各类医疗卫生机构人员积极做好各项防控准备，加强病房、检测试剂、耗材、药品、防护用品等各类医疗物资保障储备和供应，确保疫情防控工作有效开展。到28日14时，全县检测点累计派出工作人员759人次，排查车辆5515辆，测量体温人数20126人，其中来自武汉19人，来自其他地区的人数5399人，劝返52人。

【慈利县首批7名医务人员驰援湖北黄冈】 2020年，慈利县医护人员主动报名参加湖北疫情防控和医疗救治工作，县中医院脾胃病科护士长朱家荣，呼吸内科护士赵振、代芳元、柴国庆，急诊科护士彭丽萍，县人民医院急诊科主管护师景虹、重症学科主管护师陈丽经遴选后加入驰援湖北医疗队。整支队伍的平均年龄还不到30岁，大都来自重症医学科、呼吸内科相关专业科室，是慈利县战“疫”精锐力量。2月19日，湖南医疗队接管黄陂方舱医院，张家界市第一批医疗队独自接管黄陂区方舱医院B舱，20名驰援医护人员中，6人在重症医学科，4人在急诊科，9人在呼吸内科，1人在感染科。其间，累计收治223人，累计出仓156人，实现患者零死亡、医护零感染、安全生产零事故、进驻人员零投诉、治愈人员零复发“五个零”。3月7日，张家界市第一批医疗队将舱内未出院的患者安全转运至其他医院，黄陂方舱医院顺利休舱。3月18日，慈利县首批7名援鄂医务人员随同湖南省支援武汉第四批医疗队张家界市第一批医疗队返回张家界。

【慈利县农村宅基地一体确权登记试点】 2020年2月19日，慈利县农村宅基地房地一体确权登记试点工作会议召开，为加快推进该项工作，决定在零溪镇汪家桥村开展确权登记试点。试点工作将在2月底前完成村委会和496户村民的房地一体不动产登记颁证，为全县全面推进农村房地一体不动产确权登记发证工作提供一个可以借鉴的“模式”，并及时总结经验，合理解决确权登记发证中存在的历史遗留问题，制定合理合法的配套政策。待试点成功后，将在全县推广实行，依法确权、规范登记，全面完成慈利县农村房地一体确权颁证工作，切实维护农民和集体经济组织合法产权。4月16日，慈利县首批农村宅基地房地一体确权登记颁证仪式在零溪镇汪家桥村举行，汪家桥村468户村民获确权证书。

【慈利县108家涉农企业全部复工复产】 2020年2月18日，春耕时节，慈利县108家涉农企业陆续复工复产，确保疫情防控、春耕生产两不误。慈利县农业部门对各涉农企业实施严格的疫情防控措施，及时跟踪服务到位，并加大物资准备和检查执法力度，全县共调运近42万公斤春耕种子，安排专技人员33名，组成技术小组6个，下到企业开展技术服务，帮助企业解决复工复产中存在的困难和问题，全力保障全县春耕生产和防疫阻击“两不误”。

【慈利县4个行业系统基层人民武装部成立】 2020年，慈利县在县发展和改革局、教育局、科技和工业信息化局、交通运输局设立基层人民武装部。2月27日，慈利县行业系统人民武装部成立。县委常委、县人武部部长曾鹤鹏，县人武部政委杜乃华参加新任武装部部长任前谈话会。谈话会上宣读了新任武装部部长任职命令和批复，行业系统代表、新任武装部部长代表进行了发言。曾鹤鹏要求，各行业系统人民武装部要进一步提高政治站位，深化思想认识和大局观念，切实履行职责，强化号令意识、服从意识，推动行业系统武装工作全面发展。

【慈利县651名农村劳动力坐免费大巴集中返岗】 自2020年2月25日起，全县农村劳动力免费报名乘坐集中返岗专车，提交个人健康证明、对方企业和人社部门复工证明等相关材料，在户口所在村（居）报名即可。慈利县组织七批651人坐上免费大巴集中返岗，到3月10日全部完成农村劳动力集中返岗工作。3月2日，慈利县第七批次集中返岗的农村劳动力搭上免费“复工快车”，从慈利出发前往广东省广州、珠海、深圳等地，实现“出家门、上车门、进厂门”安全有序返岗复工。万福温泉酒店停车坪前，5辆核载50人的大巴车有序停放，等候集中返岗的农村劳动力排队上车。这5辆大巴车开往广东省广州市、珠海市、深圳市、东莞市等地，“点对点”将慈利县集中返岗的工人送进工作厂区。按照疫情防控相关要求，集中返岗的大巴车上座率不超过50%，乘客之间需间隔一个座位。上车后，医护、交警、运管工作人员逐一测量体温，核对乘客实名制信息，检查车辆及司机相关证件，一切符合要求后才可发车，全方位保障农民工安全、有序返岗复工。

【慈利县3.3万名党员自愿捐款523万元支持抗疫】 2020年2月27日晚，中共慈利县第十二届委员会2020年第10次常委会议传达中组部通知精神，现场举行党员自愿捐款仪式。新冠疫情期间，县委卫健工委964名党员同献爱心，县委教育工委辖62个支部2122名党员通过现金、微信等方式捐款。其中，有48名已通过其他途径捐款的党员主动要求向党组织再次捐款。“白衣”党员征战前线，“园丁”党员驻守后方；零溪镇汪家桥村党支部率先在全县发出“支援疫区、党员先行”活动倡议，1月底将2.78万元和10余吨蔬菜捐赠湖北；2月28日，甘堰土家族乡西峪村党支部26名党员全部自愿捐款。92岁的县林业局退休老党员邢祖瑄步行8千米到林业局捐款；86岁的江垭林场建场元老庹海吾到支部捐款；零溪镇朝阳村78岁朱法年步行2小时到村部捐款、四坪村64岁老党员洪小周用摩托车载着97岁的老母亲朱李洪到村部捐款；88岁的甘堰村老党员赵云初是一名抗美援朝的退伍老兵，党龄62年，交代儿子一定要将500元捐款交到村书记手中；江垭镇四坡村68岁党员、村务监督委员会主任高守国带着同是党员并已96岁高龄的父亲高永火到村部分别捐出300元和200元。截至2020年3月5日，全县3.3万名党员为疫情防控工作自愿捐款523万元，党员捐款率覆盖率达100%。

【慈利县森林防灭火应急演练活动】 2020年3月31日，慈利县2020年森林防灭火应急演练在零阳镇白沙溪村举行。市人民政府副市长李传荣、市森林公安局局长张世健、市应急管理局副局长毛祖保、县领导高靖生、赵群策、吴淑元、曾鹤鹏现场观摩演练。本次演练以白沙溪村生态护林员巡山过程中发现一村民在山边烧地坎，经劝阻不听引发山火为背景，火情发生后，护林员迅速报告村支部书记。接到火情报告后，零阳镇迅速组织应急救援队伍携带扑火机具赶往火场，镇党委政府分管领导第一时间赶到火灾现场，靠前指挥。因天气高温、可燃物载量多、地形复杂，火势逐步向山林蔓延，火场前线指挥部迅速研究扑火方案，安排部署扑救力量，采取正面压制，两线推进，多点突破，分段扑打的战术，正面利用水泵对火场进行压制，两翼迅速开设防火隔离带向纵深发展，高压水泵跟随，利用有利地形压制火势，分段扑打，最后形成合围态势，将火场的山火控制在可控范围之内，逐步推进，歼灭余火。与此同时，县森林公安局及时安排警力介入调查，查明起火原因，控制肇事者，并通过无人机侦查，迅速展开伤员救治，随后进行人工增雨作业。至此，零阳镇白沙溪村火灾现场明火全部扑灭。此次演练经过火情报告、启动预案、火灾救援各项演练科目，是慈利县规模最大、规格最高的一次森林扑火演练，有7支主力队伍，120多名人员参加演练，使用扑火机具140台套。

【慈利县打掉10个黑恶势力团伙】 在2018年1月23日全国扫黑除恶专项斗争电视电话会议召开，为期三年的全国扫黑除恶专项斗争中，慈利县扫黑除恶专项斗争取得阶段性成果。截至2020年末，全县公安机关破获涉黑涉恶类案件111起，抓获涉案人员357人，刑事拘留288人，逮捕187人，移送起诉203人。10个黑恶势力团伙被打掉，其中捣毁领导组织黑社会性质案件1个，恶势力犯罪集团6个，恶势力团伙3个，打击村霸28人，扣押、查封、冻结涉黑涉恶案非法财产5500余万元。县人民检察院批捕涉黑涉恶案件67件180人，起诉涉黑涉恶案件36件172人。县人民法院依法作出涉恶判决14件33人。县纪委监委核查涉黑涉恶线索81条，立案13件16人，组织处理4人。组织部门积极参与扫黑除恶专项斗争，开展多轮次的软弱涣散村（社区）党组织排查整治活动，全面加强村（社区）“两委”班子建设，排查违纪违法问题村（社区）干部数155名，调整不胜任、不称职村（社区）干部59名，其中村（社区）党组织书记20名。

【慈利县脱贫攻坚问题整改暨全面总攻动员大会】 2020年4月17日，慈利县召开脱贫攻坚问题整改暨全面总攻动员大会，深入学习贯彻习近平总书记关于脱贫攻坚重要讲话精神，落实国家脱贫攻坚约谈要求和省市专题会议精神，全面查摆、全面诊断、全面整改工作中存在的问题，安排部署当前及下阶段工作。市委副书记、市长刘革安在会上强调，脱贫攻坚是一场必须打赢的硬仗，必须以攻坚作战的姿态，凝心聚力、动真碰硬、攻坚克难、实打实干，坚决如期兑现脱贫攻坚军令状。

会议学习习近平总书记关于扶贫工作的重要论述，传达国家约谈会、省政府专题会、市委常委会精神，宣读《慈利县脱贫攻坚问题整改方案》《关于成立慈利县脱贫攻坚指挥部“一办五组”的通知》《慈利县脱贫攻坚总攻方案》，县驻村办、县发改局、县农业农村局、县卫健局、江垭镇等相关单位和乡镇作表态发言。会议指出，2020年是全国上下向脱贫攻坚发起总攻、夺取全胜的决战决胜之年。慈利县上下要充分认识脱贫攻坚的严峻形势，切实增强决战决胜脱贫攻坚的责任感、紧迫感、危机感；要抓紧抓实抓细问题整改，确保向党中央和省委省政府、市委市政府交上合格答卷；要竭尽全力开展总攻行动，高质量完成全县脱贫攻坚目标任务；要加强组织领导，迅速凝聚脱贫攻坚问题整改和全面总攻的强大合力，不忘初心、牢记使命，勇往直前、善作善成，为夺取脱贫攻坚战的全面胜利而顽强奋斗。

刘革安强调，慈利县委县政府要进一步深化认识，统一思想，增强政治敏感性，深入反思，提高站位，扛牢决战决胜脱贫攻坚的政治责任；坚持问题导向，迅速行动，全面坚决整改，举一反三、不留死角，确保工作扎实，作风务实，结果真实；压实责任，全力落实，以攻坚作战的姿态，凝心聚力、动真碰硬、攻坚克难、实打实干，坚决如期兑现脱贫攻坚军令状。以更加坚定不移的决心、更加坚韧不拔的斗志、更加务实有力的举措，迎难而上、全力以赴，奋力夺取脱贫攻坚和经济社会发展双胜利。

【慈利县防汛救灾】 2020年6月入汛以来，慈利县遭遇多轮强降雨，特别是6月10日—7月9日先后遭受四轮强降雨， 全县总降水量为1397.1毫米，较历年同期偏多83.9%；6月以来（主汛期）降水量为867.4毫米，较历年同期偏多242%，主汛期降水量为历年同期第一高值。“6·13”“6·21”“7·2”“7·5”四轮强降雨都具有降雨量大、持续时间长、强度高等特征。突如其来的“雨情”，造成全县各乡镇中小河流普遍暴涨，水位高、来势猛、破坏力强，“水情”刻不容缓，“山情”“险情”并发而至。

慈利县防汛抗旱指挥部组织气象、水文、水利等部门针对汛情进行会商，开展防汛救灾情况研判，安排部署防汛救灾工作。6月13日，6月21日、7月5日全县先后三次启动防汛三级应急响应，6月24日，启动自然灾害救助三级应急响应。强降雨发生后，县委、县人民政府迅速部署，各级各部门联动响应，县领导亲自督战，靠前指挥，到所联系的乡镇、行业、水库、电站开展督导检查78组次，组织受灾群众做好生活安排和开展生产自救。同时，县、乡两级政府和各职能部门实施24小时值班制度。全县各地的党员、干部、群众携手同心、除险固堤、保卫家园，筑起了一道道坚不可摧的“防洪堤”。县防指累计组成12个督查组600余人次到全县26个乡镇（管委会）开展防汛督导检查。县水利局、县自然资源局、县公路养护中心等部门累计组织30000余人开展巡堤、查险、排险工作。全县共派出救灾应急6个工作组，协调乡镇组织指挥、转移灾民、查灾核灾、应急救助。

汛情以来，全县落实基层抢险队伍139支3244人，住建、交通、水利、电力、通信等专业抢险队伍27支1167人，落实避灾场所131处。储备16.82万条编织袋、5.72万条麻袋、2560件救生衣、627台应急排涝水泵、1779台照明灯具等防汛救灾物资设备。采购储备棉被2521床、棉衣1063件，毛毯1000床，500套折叠床。全县共有地质灾害隐患点324处，威胁2457户8170人。慈利县及时启动地质灾害防治战时状态，制定应急预案，派驻督察组下沉一线、靠前指挥，值班值守、监测预警、巡查排查、应急处置、转移避让，环环相扣，坚决不留死角和盲区，同时通过电视、村村响广播、智慧慈利手机台、慈利手机报等平台和微信群发方式宣传地质灾害防治知识，建立联防联动的新防线。十轮强降雨以来，全县地质灾害受灾人口1534人，紧急转移5800人，无人员伤亡。

【慈利县应急救援中心暨综合应急救援大队成立】 2020年8月4日，慈利县举行应急救援中心揭牌暨综合应急救援大队授旗仪式。县委副书记、县长高靖生，县委常委、常务副县长戴必欣，县人民政府副县长王大云、谭本伦，县人武部副部长王登超参加揭牌、授旗仪式。仪式上，高靖生、王大云、谭本伦等县领导为慈利县应急救援中心揭牌，高靖生为慈利县综合应急救援大队授旗。高靖生指出，组建综合性应急救援队伍，是构建新时代应急救援体系的重要举措，对提高防灾减灾救灾能力，维护社会公共安全，保护人民生命财产安全具有重大意义。各级各部门要切实履行职责，密切配合，提高效率，全面提升我县应急管理水平，为建设更加平安和谐的新慈利作出积极贡献。

【张家界首届地缝旅游文化节暨张家界第三届温泉泼水节开幕】 2020年7月25日，张家界首届地缝旅游文化节暨张家界第三届温泉泼水节开幕。地缝旅游文化节紧扣非遗民俗和“相约地心酒吧”两个令游客兴奋的“点”，突出地缝的神秘和清凉。温泉泼水节则充分利用“福泉”水元素精心策划，充满新奇创意。开幕式现场，优美、奇妙的舞美设计如梦似幻，夺人眼球；时尚、精致的节目表演精彩纷呈，令人目不暇接；活泼、生动的游艺互动扣人心弦，高潮迭起。

【G59炉红山至慈利高速公路开建】 2020年3月30日，湖南省人民政府常务会原则同意G5515桑植至龙山、G59炉红山至慈利、G59张家界至官庄、G59新化至新宁（武冈）等4个高速公路项目。8月31日，长益高速公路扩容工程通车、六条高速公路建设动员大会视频会举行，张家界市在慈利县、桑植县设立分会场。张家界市开工的项目是炉慈、桑龙高速项目，总投资估算约256亿元。

G59呼北高速炉红山（湘鄂界）至慈利段路线起于常德市石门县与湖北省宜昌市五峰土家族自治县交界的炉红山（湘鄂界），接在建的呼北高速宜都（全福河）至鄂湘界段，经太平、百丈垭、维新、国太桥、东岳观、林家台，止于慈利县西张家山，与已建的呼北高速慈利至张家界段相接，全长80.2千米。估算总投资为144.23亿元。主线采用双向四车道高速公路标准建设，设计速度100千米/小时，路基宽度26米。建设期4年。

【慈利县3.6万亩高标准农田验收】 2020年8月上旬，慈利县农业农村局邀请县纪委监委驻农业农村局纪检监察组、县财政局、项目区乡政府、村委会、设计单位、监理单位及施工单位等组成项目初步验收组，对2019年高标准农田建设项目许家坊乡、金岩乡等片区展开初步验收工作。为确保验收工作的真实性，县农业农村局特聘请水利、交通、财会、农艺等领域方面的专家形成专家组，作为第三方参与此次初验评定工作。

【慈利县芙蓉学校开学】 2020年9月，慈利县芙蓉学校建成投入使用。芙蓉学校建设项目为“湖南省贫困地区中小学校建设”工程。该项目是湖南省人民政府为改善全省贫困地区学校基本办学条件，贯彻落实《湖南省教育扶贫规划（2015—2020年）》的重大举措。《湖南省贫困地区中小学校建设实施方案》计划从2017年开始，在4年内支持40个武陵山、罗霄山集中连片特困县和国家级贫困县，按照国家有关中小学校建设标准，每县建设1—2所规模适中、条件达标、风格统一、办学质量和管理水平较高，主要面向贫困家庭招生的中小学校。慈利县芙蓉学校建设项目落户零阳镇永安村。

学校建设遵循“限额设计、量力而行”的基本原则，严格控制学校建设总造价，不给当地财政增加包袱。统一采用装配式建筑，标准化设计、工厂化生产、装配式施工。统一建筑楼层高度、教室大小、走廊宽度、楼梯宽度等尺寸标准，减少非标设计，降低装配式建造复杂程度，为工厂预制排除障碍。建筑单体模块化，功能单元灵活、节约，如积木一样，形成多种组合方式，以适应不同地形要求。外墙、外窗、楼板等建筑构件统一模数化，既节省成本、绿色环保，又能加快建设进度。

芙蓉学校以招收建档立卡家庭经济困难学生和偏远地区的贫困学生为主，比例将不低于30%或50%。通过公费定向师范生培养、“三区支教计划”“国培计划”“省培计划”等项目的倾斜支持，为项目学校配优建强教师队伍，通过“中小学网络联校建设”等项目的倾斜支持加快提高项目学校信息化水平，通过组织优质学校对口帮扶等帮助项目学校提高办学质量，确保项目学校有“好校长”“好教师”，确保培养出一大批“好学生”。

慈利县芙蓉学校设施齐全，科技楼、教学楼、综合楼、食堂、操场等一应俱全，投资总额1.4亿元，占地面积85.02亩，总建筑面积25000平方米，设置小学1—6年级36个班，每班45人，可提供1600多个学位。

【“硒有慈利”农产品走俏湖南农博会】 2020年10月31日，“湘有好物”民俗年货消费节暨区域公用品牌“硒有慈利”品牌推介会在第二十二届中国中部（湖南）国际农业博览会上举行，现场签订采购协议金额逾1.65亿元。推介会上，数十种“硒有慈利”富硒农产品惊艳亮相，富硒农产品展柜上不仅有熏香扑鼻的腊肉、香肠，晶莹剔透的土家蜂蜜、美味健康的红薯粉丝，还有营养丰富的红心猕猴桃、黄澄澄的丑柑、具有保健功能的杜仲雄花等产品，吸引众多市民前来采购。为了让“硒有慈利”品牌走出去、响起来，慈利县先后组织举办了以“硒有慈利”冠名的首届年货节、千人百车自驾“消费扶贫”红色之旅等特色活动。“硒有慈利”系列产品在北京、烟台、上海等地引起强烈反响，成功与中国优质农产品开发服务协会、新农堂、硒农园、中军集团等全国知名农产品开发服务平台建立合作关系。慈利县已形成优质粮油、茶叶、果蔬为第一梯队，畜禽、水产品、中药材等为第二梯队的产业发展体系，是打造天然富硒农产品供应基地的理想之地。

推介会现场举行“硒有慈利”购销签约仪式，“硒有慈利”与湖南省团餐行业协会、一心团膳餐饮管理有限公司、湖南笑帮手餐饮管理有限责任公司、湖南稻道味供应链有限公司、湖南农业大学等企事业单位签订购销合作协议。

【慈利县建设投资集团有限公司挂牌成立】 2020年10月1日，慈利县建设投资集团有限公司挂牌成立。慈利县建设投资集团有限公司是一家由县人民政府出资，授权县国资局作为出资人的国有独资有限公司。公司将按照“一年打基础，三年上台阶，五年大发展”的工作目标，全力推进全县旅游和城市重点项目开发、基础设施建设、精品工程以及相关配套产业的投资建设和经营管理，建成融资、投资、建设及营运有机统一、高效运作的现代化企业，为推动全县经济社会发展提供强有力的支撑。

【慈利县单建式平战结合人防工程项目建设启动】 2020年7月10日，慈利县单建式平战结合人防工程项目建设动员会召开。会议听取慈利县单建式平战结合人防工程项目工作情况汇报；介绍了目前有关工作及投资建设方案；解读《慈利县单建式平战结合人防工程宣传工作方案》。慈利县单建式平战结合人防工程性质为国防工程、军民融合工程、社会公益工程和城市基础设施工程，是2020年市、县重点工程。项目位于零阳镇零阳路、慈姑路、笔架路、幸福路部分路段地下。

【慈利县“宣廉轻骑兵唱廉送清风”活动】 2020年11月10日，慈利县举办“宣廉轻骑兵唱廉送清风”活动启动仪式。活动由慈利县委副书记、县人民政府县长高靖生主持。启动仪式上，张家界市纪委常委、监委委员黄章宪以案释警、以案明纪，为大家上了一堂生动的廉政警示教育课。全体人员还观看廉政文艺节目，节目以廉洁文化为基调，作品原创、形式多样、内容丰富。《夜半惊魂》《男怕入错行》《慈母泪》等节目以发人深省的故事，教育和引导党员干部筑牢思想防线、牢固树立廉洁从政理念，精彩节目，赢得台下阵阵掌声，也让廉政教育更加鲜活，更加深入人心。

“宣廉轻骑兵 唱廉送清风”活动重点宣讲党的十九大精神、中央和省市纪委全会精神、党风廉政建设和反腐败斗争面临的新形势新任务，解读党纪法规，剖析违纪违法典型案例，有力传递“全面从严治党永远在路上”的强烈信号。轻骑兵由“宣讲兵”和“表演兵”组成。

【慈利县151个村入选湖南省绿色村庄名单】 2020年11月10日，湖南省林业局下发《湖南省林业局关于公布湖南省绿色村庄（森林乡村）名单的通知》，慈利县三合镇平溪村等151个村入选。

慈利县是湖南省重点林区县，一贯坚持践行“绿水青山就是金山银山”的生态文明思想，通过培植和保护森林资源，抓实行业扶贫，全县森林资源稳步增长，林农收入快速增加，村居环境明显改善，绿色村庄创建取得明显的成效。近五年来全县累计完成各项营造林任务79.29万亩，完成义务植树678万株，保护生态公益林191.96万亩、天然商品林91.29万亩，挂牌保护古树名木908株、古树群5个，全县林地面积370万亩，活立木总蓄积量845.5万立方米，森林覆盖率66.22%。绿色村庄评定工作由省林业局统一组织实施，由村级进行自评申请，主要包括乡村绿化美化、自然生态系统管理、乡村生态文化三大类16项现状因子，以及成片裸露山地、发生过重大毁林和破坏森林资源案件、发生过重大森林火灾和林业有害生物灾害、发生过违规占用林地开发房地产、建别墅等5项否决因子。经乡镇初评，县级林业主管部门严格初审、县人民政府复审并网上公示、市级主管部门审查评价通过后，报省林业局统一审核认定公布。

【美丽南山乡村旅游】 截至2020年底，南山坪乡按照“十景一带”开放式空间格局，打造以原生态自然风光为主要载体的乡村休闲度假旅游目的地，其中，以南山桃源和南山瑶池为主的观光休闲旅游，拉磨谷和胭脂溪为主的户外探险旅游已经正式运营。

南山桃源坐落于南山坪乡新坪、田垭、枫树、中山等村，三面环山，一面临水，自然生态环境优良。南山桃源有桃林面积近2000亩，品种以红沙桃、红不软、大九宝、黄金桃、怡红水蜜桃、新川中岛等为主，由南山桃源、南山瑶池、拉磨谷、胭脂溪、南水泊梁山、胜天红旗渠、南山梯田、剪刀寺、插旗山、南溪草场组成的“南山十景”景色优美。南山坪乡先后举行首届南山桃源蟠桃会暨乡村旅游推介会、南山坪乡南山桃园第二届采桃节、“缘结三生三世 情定十里桃花”的美丽南山桃花节、“水灵胭脂溪 旅游助扶贫”南山坪胭脂溪旅游开发一期工程竣工暨开园仪式、福寿文化旅游节等系列旅游节会，以南山桃源、月亮湾、胭脂溪等景点为基础，开发农家乐、户外活动等项目，打造南山旅游品牌，发展乡村旅游，打造绿色生态旅游产品，促进农民增收致富，深化“旅游+”发展模式，探索乡村振兴发展良方。境内拉磨谷、胭脂溪、勾魂溪等户外线路声名远播。

2020年8月11日，南山坪乡桃花村举办“脱贫攻坚 助力“三农”消费扶贫·公益助农直播美丽南山行”采摘活动，当日售出12000余斤黄桃。南山坪乡商会也第一时间向乡商会全体会员发出倡议书，商会会员采摘购桃每件商会补贴10元，至8月10日，通过微信、电话预订黄桃数量500余件。

【中央、省、市媒体聚焦慈利县“屋场会”】 2020年，慈利县以“新时代文明实践屋场会”为切口，学习宣传习近平新时代中国特色社会主义思想、培育和践行社会主义核心价值观，“新时代文明实践屋场会”成为密切党群关系的桥梁和纽带、深入实施乡村振兴战略的有力抓手和创新基层治理模式的有益探索。全县通过开展屋场会解决问题2876个，化解矛盾纠纷540余起。同时，组建20名优秀理论宣讲员、13名廉政“宣讲兵”充当政策“传声筒”，并深入开展300多场次文化惠民活动。通过“屋场会”的有效化解、及时回应，全县信访量大幅减少，全年受理初次信访件1233件，受理率达100%，办理满意率达90%，信访总量同比下降五成，实现来县、去市、赴省、进京、来信、网投信访量同比下降六成。

12月16日，《人民日报》、新华社、湖南电视台等中央、省、市主要媒体近30名记者走进慈利县广福桥镇三王村，聚焦“屋场会”的成功经验、具体举措及实际效果进行集中采访。省委宣传部新闻中心办副主任禹丹，市委宣传部副部长卢晓珊，县委常委、县委宣传部部长吴清英参加活动。在广福桥镇三王村，采访团先后了解三王村赋、大事记，走进各栋别具风格的民宿，实地参观了解民宿改造、新时代文明实践站“屋场会”开展情况，并围绕三王村“屋场会”的主要做法、主要成效和典型案例深入采访。

【安慈高速公路慈利至石门段通车】2020年12月30日，安慈高速公路慈利至石门段通车试运营仪式在常德石门县石门收费站举行。省交通运输厅副厅长曾胜，张家界市、常德市、中国铁建投资集团、慈利县、石门县相关领导和人员，安慈高速各参建单位代表及沿线群众代表共计400多人参加了通车典礼。

安慈高速公路是湖南省规划的“七纵九横三环”高速公路网的重要组成部分，线路全长121.311千米，途经安乡、临澧、澧县、津市、石门、慈利6个县市。其中慈利至石门段线路长度38.5千米，设石门、苗市、慈利三个收费站。项目由中国铁建投资集团、中铁十五局、中铁十八局组成的联合体，以“BOT+EPC”模式负责项目的投融资、建设管理和运营维护。

安慈高速慈利至石门段建成通车，实现全省122个县区30分钟内上高速的目标，对湖南高速公路建设和“交通强国”建设具有里程碑的意义。（朱立辉）

桑植县

县委书记　刘卫兵
县人大常委会主任　皮运舰
县长　赵云海
县政协主席　杨绍武（提名人选）

【概述】桑植县地处湖南省西北边陲，位于东经北纬29° 27′—29° 84′、109° 41′—110° 46′，土地面积3475.292平方千米．耕地面积353.6195平方千米。

区位。桑植东与石门、慈利县交界，南与永定区、永顺县接壤，西与龙山县毗邻，北和湖北省宣恩、鹤峰县相连，湖南四大水系之一的澧水由境内发源，隶属世界旅游胜地张家界市。

自然资源。桑植县已发现矿产有煤、石煤、天然气、铀、地下水、铁、铜、铅、锌、铝土矿、硫铁矿、重晶石、萤石等28种，其中能源矿产5种，黑色金属矿产1种、有色金属矿产4种、冶金辅助原料矿产4种、化工原料矿产2种、建材及其他非金属矿产12种。已探明储量并列入《湖南省矿产资源储量简表》的有煤、石煤、铁、锌、铝土矿、硫铁矿、重晶石、萤石等13种矿种，矿区39处。

交通。桑植境内公路总里程6577.8千米。其中高速公路18.0千米，高铁30千米，普通国道77.3千米、普通省道407.9千米，农村公路6074.6千米。基本形成以张桑高速、G353为骨干，S246、S247、S302、S303、S306、S523、S524为主体，农村公路为补充的公路网络体系。

铁路。黔张常铁路于2019年底正式开通运营，设计速度200千米/小时，境内里程约30千米，设桑植铁路场站，属客货共线国铁Ⅰ级双线电气化快速铁路。

交通站场。城乡客运场站33个，其中县级二级站1个，三级站2个，四级站1个，乡镇五级站29个，招呼站240个。

客运运输。有客运企业4家，公交线路9条，营运总里程147千米；城市出租客运企业2家，运力规模145台；农村班线客运企业3家，运营线路64条，运力规模257台。

人口。2020年末，全县人口总户数16.78万户，总人口46.3万人，其中：男性24.15万人、女性22.15万人，城镇人口10.16万人，乡村人口36.14万人，少数民族人口43.07万人。按年龄分：0—17岁人口9.91万人，18—34岁人口9.78万人，35—59岁人口17.84万人，60岁及以上人口8.77万人。

行政区划。2020年，桑植县辖12个镇，11个乡（其中5个白族乡），299个村（居）民委员会。

气候特征。2020年，桑植县年平均气温16.5℃，比历年偏高0.1℃；年极端最高气温37.7℃，出现在8月4日；年极端最低气温-1.7℃，出现在1月20日。春季平均气温16.9℃，比历年偏高0.9℃；夏季平均气温26.0℃，与历年持平；秋季平均气温16.2℃，比历年偏低1.1℃；冬季平均气温7.4℃，比历年偏高1.3℃。

降水。2020年降水总量1859.4毫米，比历年平均偏多441.2毫米，距平百分率为31.1%；全年汛期（4—9月）降水量为1399.5毫米，占全年总降水量的75.3%，较历年偏多31.7%；汛期暴雨日数7天（4月1天、6月3天、7月3天），降水量为503.6毫米，占全年降水总量的27.1%；全年阴雨日数179天，日最大降水量118.6毫米，出现在7月19日。

日照。2019年年日照时数985.0小时，比历年平均偏少141.3小时。

气象灾害。2020年，桑植遭受7次洪灾、1次大风冰雹、1次轻度高温热害，1次寒露风，10次气象灾害侵袭。洪灾：3月26日夜间至3月27日，受灾人口1789人，农作物受灾面积65.27公顷，直接经济损失295万元；5月11日20时14至8时，受灾人口11178人，农作物受灾面积459.515公顷，直接经济损失1973.49万元；6月17日20时至6月18日20时，受灾人口3040人，农作物受灾面积435.132公顷，直接经济损失499.13万元；6月20日20时至22日20时，受灾人口25019人，农作物受灾面积1822.67公顷，直接经济损失6354.97万元；7月1日20时至7月2日20时，受灾人口19498人，农作物受灾面积1362.63公顷，直接经济损失4280.7万元。7月5日8时至8日16时，受灾人口69240人，农作物受灾面积4206.97公顷，直接经济损失30903.92万元。7月2—11日10天累计降雨量达到273.9毫米，达到中度洪涝灾害标准。大风冰雹：5月4日18时至20时，普降中到大雨，局部暴雨，并伴有雷雨大风、短时强降水、冰雹等强对流天气，风雹灾害，受灾人口14055人，农作物受灾面积1468公顷，直接经济损失1538万元。高温热害：7月31日—8月5日达到轻度高温热害天气过程。寒露风：9月25—30日达到重度寒露风天气标准

国内生产总值。2020年全县实现生产总值1009208万元，同比增长2.5%。其中：第一产业161713万元，增长3.8%，第二产业158421万元，增长4.6%，第三产业689074万元，增长1.9%。人均生产总值为26374元，比上年增加1224元。

全县三次产业构成。由上年的14.1∶15.2∶70.7调整为16.0∶15.7∶68.3。其中，工业增加值占地区生产总值的比重为8.02%，同比下降0.05个百分点。一、二、三产业对经济增长的贡献率分别为59.1%、15.2%和25.7%。

财政收支情况。2020年，桑植县完成一般公共预算收入5.91亿元，增长–17.5%，其中地方一般公共预算收入3.52亿元，增长–7.1%；完成一般公共预算支出44.17亿元，增长7.4%。

脱贫攻坚战。稳定脱贫964户2167人，现行标准下建档立卡贫困人口29125户98721人全部脱贫，产业扶贫、就业扶贫、教育扶贫、健康扶贫、易地扶贫搬迁精准实施，全县贫困人口实现“一超过两不愁三保障”，群众生活质量提高。在脱贫攻坚实践中，创造“两有四个一”产业就业扶贫工程、教育扶贫“四种模式”“城乡医保一卡通，医疗结算一站式”“阳光院”梯度搬迁、知识产权精准扶贫的世界样本等先进桑植经验。

风险防控。化解债务7.85亿元，政府性债务风险可控。开展国有资产清产核资，推进政府投融资平台公司转型，整合保留的两家公司，交投公司完成市场化转型，老区发展公司正在稳步推进。消防、森林防灭火、地质灾害、道路交通顽瘴痼疾整治、社会治安管理创新等工作，安全生产形势持续向好。

污染治理。落实环保督察问题整改，涉保护区35座水电站全部退出销号。推进长江流域重点水域禁捕退捕和野生动物禁食退养，上岸船只818艘，劝退各类野生动物养殖场46家。城区污水处理厂提质扩建、7个乡镇污水处理厂基本建成，城区空气优良率达99.2%，森林覆盖率达72.8%，地表水省控考核断面、饮用水源水质达标率均为100%。

工业。全年实现工业增加值8.09亿元，同比增长4.0%。年末规模以上工业企业40家，同比增加7家。

固定资产投资和建筑业。全年固定资产投资同比增长14.1%。其中，房地产开发投资增长21.7%。实现商品房屋销售面积19.29万平方米，增长7.5%。从投资规模来看，5000万元及以上固定资产投资项目34个，占全部投资的52.35%，同比增长5.5%。从投资类型来看，民间投资完同比增长38.5%，占全部投资的65.4%。从投资产业来看，第一产业投资增长199.8%，第二产业投资增长1.3%，第三产业投资增长14.3%，三次产业占固定资产投资比重由上年的1.1∶16.4∶82.5调整为2.8∶14.6∶82.6，第一产业投资比重上升1.7个百分点。全年建筑业完成增加值7.75亿元，增长5.3%。

商业。全县实现社会消费品零售总额320820万元，同比下降4.5%。按经营地分，城镇消费品零售额达253889.7万元，同比下降5.5%，占全部消费品零售总额的79.1%；乡村消费品零售额达66930.3万元，同比下降0.8%，占全部消费零售品总额的20.9%。按行业来分，批发、零售、住宿、餐饮四大行业分别完成61307.7万元、224157.9万元、8481.2万元、26873.2万元，同比分别下降3.7%、4.3%、20.0%、2.1%。全年实际利用外资4039万美元，实际利用内资17.2亿元，同比增长16%。

招商引资。2020年签约引进项目14个，签约资金133.4亿元，引进“三类500强”企业2家。项目履约率达100%，正式投资协议项目已开工8个，开工率达80%。全年实现内联引资17.17亿元，同比增长15.81%；实际利用外资实现“破零”，完成4039万美元；利用内外资增长率151.5%，超标准完成“十三五”小康建设指标预期增长率70%的目标任务；社会资本投资占比全县固定资产投资达65.5%。2020年，桑植县荣获2020年度“全省招商引资工作先进单位”。

农业。全年完成农林牧渔业总产值26.22亿元，同比增长3.9%；实现农林牧渔业增加值16.43亿元，同比增长3.9%。农业、林业、牧业、渔业分别完成产值14.81亿元、2.08亿元、7.98亿元、0.81亿元，同比分别增长5.1%、3.1%、2.0%、–

2.6%，农业生产三要农作物机械化综合水平达到 31.99%。全县年末农业机械总动力 206726 千瓦，同比增加 1.22%，主要农作物机耕面积达 31216 公顷，机插机播面积达 866 公顷，机械化收获面积达 5420 公顷。

主导产业。2020 年，桑植县有白茶、优质稻、生猪、中药材、烟叶等产业，茶叶种植面积 7.9 万亩，覆盖贫困户 9200 户 35000 人；烟叶种植面积 2.8 万亩，覆盖建档立卡贫困户 778 户 2334 人；中药材 42.9 万亩，覆盖贫困户 4943 户 14829 人；蔬菜复种面积 8.5 万亩，覆盖贫困户 7346 户 24861 人；蜜蜂养殖 8.15 万箱，覆盖贫困户 3523 户 11000 万人；养殖生猪 23848 头，覆盖贫困户 6919 户 16456 人。“桑植白茶”获湖南省“一县一特”农产品优秀品牌。

旅游和风景名胜资源。截至 2020 年年底，桑植县的旅游和风景名胜资源有国家 AAAA 级旅游景区，贺龙纪念馆，全国爱国主义教育基地贺龙故居，国家 AAAA 景区九天峰恋景区，全国红色旅游经典景区，中国工农红军第二方面军长征出发地纪念馆，溇水风景名胜区，红二、六军团长征出发地司令部旧址，桑植民歌寨景区，梭子丘风情老街，贺龙刀劈芭茅溪盐税局旧址，八大公山自然保护区。

旅游发展。2020 年旅游固定资产投资完成 0.8 亿元；争取奖补资金 4000 万元；洪家关特色文旅小镇申报成功；桑植红色教育暨研学基地项目开建，仙辰岛一期工程完成；红军体验园建成营业，桑植民歌寨项目完成投资 2000 万元；苦竹寨、百年育英、芭茅溪、星火、红军灶等红色研学基地建设进展顺利。走马坪何家界红色文化旅游综合体项目成功签约张家界大美湘西文化旅游投资公司。2020 年，桑植县接待游客 267.3492 万人次，同比增长 14.42%，增速全市排名第一；旅游总收入 26.2676 亿元，同比增长 12.42%，增速全市排名第一。

旅游营销。2020 年，桑植完成九天峰恋—洪家关—刘家坪—天子山等红色旅游精品线路的包装，印制桑植红色旅游精品线路宣传册 2 万份，在省旅博会上进行推介。

精神文明建设。2020 年新增社会主义核心价值观宣传标牌 1200 余块，组织开展主题宣讲报告会 330 场次。在《时刻桑植》开设文明实践专栏 50 期，在桑植电视台开设“桑植好人”专栏，拍摄桑植好人典型事迹宣传片，定期滚动宣传。建成凉水口镇李家庄村、瑞塔铺镇杨家洛社区、刘家坪白族乡新阳村等 3 个新时代文明实践站示范点；组织各类新时代文明实践活动 6000 次，参与党员群众 20 万人次，其中召开“屋场会”3283 场。指导创建 2020 届省、市级文明（标兵）单位 19 家、文明村镇 20 个、文明校园 13 所；李世友家庭荣获全国文明家庭荣誉称号，桑植县关工委荣获“全国关心下一代工作先进集体”荣誉称号，马合口白族乡梭子丘村荣获第六届全国文明村称号，张小青家庭荣获湖南省文明家庭荣誉称号，李鸿家庭等 4 个家庭荣获张家界市文明家庭荣誉称号，力行社工入选团中央“七彩四点半”志愿服务项目示范实施团队，茅岩河景区荣获湖南省文明风景旅游区荣誉称号、澧源镇汪家坪社区荣获湖南省文明社区荣誉称号，桑植县政务服务中心荣获湖南省文明窗口单位荣誉称号。彭长助陈风英夫妇、钟高明荣获湖南好人称号，十帮一夏令营项目荣获湖南省最佳志愿服务项目，庹霞荣获湖南省最美志愿者荣誉称号。以中国好人、道德模范贺晓英为原型的电影《马桑花开》成功开拍。

教育事业。2020 年，有中小学校 224 所（有学生的学校 117 所，无学生的学校 107 所）。小学 187 所（城区中心小学 2 所，农村中心小学 19 所，片完小 6 所，有学生教学点 53 所，无学生教学点 107 所）；独立初中 9 所（城区 1 所，乡镇 8 所）；九年制学校 21 所（城区 3 所，含德兴实验学校，乡镇 18 所）；十二年制学校 1 所，普通高中 3 所；职中 2 所（含文武学校）；特校 1 所。

2020 年秋，全县学生 60376 人。小学 31804 人（城区 15537 人，含城区片完小 90 人，德兴实验学校 36 人，特校 176 人；乡镇 16267 人，含五所乡镇片完小 520 人，教学点 383 人）。初中 17279 人（城区 8313 人，含德兴实验学校 119 人；乡镇 8966 人）。普高 8678 人。职中 2615 人（含文武学校 54 人）。

截至 2020 年 6 月，小学和初中的差异系数分别为 0.45 和 0.37，均低于国家限定的标准，县级人民政府推进义务教育均衡发展工作评估得分 98.4 分，义务教育均衡发展公众满意度 88.5%。截至 2020 年 12 月底，完成农村公费定向师范生省级培养计划 611 人，其中扶贫计划培养 450 人；发放各类资助款 3.59 亿元，受益 37.97 万人次；累计投入资金 10.8 亿元，改造农村薄弱学校 117 所、新建学校 4 所、新建幼儿园 17 所，增加各阶段学位 12505 个。2020 年 12 月，教育扶贫工作高标准通过国家脱贫攻坚普。

卫生事业。有医疗卫生机构 323 个，其中医院 6 个，乡镇卫生院 23 个（卫生院分院 15 个），村卫生室 252 个，诊所、卫生所、医务室 40 个，专防站所 1 个，妇幼保健站 1 个；年末执业（助理）医师数 822 人、同比减少 2.1%，年末医院、卫生院床位数 2218 张、同比增长 9.5%，每千人拥有床位 6.2 张。全县贫困户、慢性病患者签约率达 100%，建档立卡户中，孕产妇、儿童、老年人、残疾人等重点人群签约率达 100%，计生特殊家庭实现签约全覆盖。

全县基本医疗保险覆盖率稳定在 100%。城乡居民参加基本医疗保险人数为 38 万人，征缴基金 2.84 亿元。计生特殊家庭和建档立卡贫困人口实现签约全覆盖。

桑植县启动全县医疗卫生县乡一体化改革工作。2019年12月，成立桑植县医疗集团管理委员会，分别以县人民医院和县民族中医院为龙头，以全县23家乡镇卫生院及其所辖的252家行政村卫生室为成员单位，组建两个医疗集团。实行行政、人员、资金、业务、绩效、药械“六统一”管理。

科技事业。全县全年科技成果登记数3项，同比下降50.0%，签订技术合同14项，同比增长280%，技术合同成交金额5004万元，同比增长130.7%。

（谷志锦 王帮利 彭 文）

【省政协在桑植召开红色旅游专题协商会议】 2020年9月16日，省政协在桑植县召开“挖掘我省红色文化资源，打造精品红色旅游线路”专题协商会议。省政协主席李微微主持会议。省政协副主席戴道晋，贺龙元帅女儿贺晓明、贺黎明出席。省委宣传部、省直机关工委、省委党校、省发改委、省教育厅、省财政厅、省文化和旅游厅、省文物局负责人和市、县有关领导以及省、市、县部分政协委员参加会议。这次专题协商会议采取“一对一”的协商形式。贺龙元帅亲属代表、老红军代表、部分政协委员和相关基层文旅单位负责人等通过现场或远程视频连线发言，提出加强革命烈士先进事迹宣传、强化红色文化旧址保护、持续加大对革命老区的政策支持等意见建议。针对建议内容，相关省直部门负责人一一予以回应。会后，桑植县与省直部门对接，在长征国家文化公园规划编制、桑植起义纪念馆建设、红色旅游资源开发建设等方面取得良好成效。

（向克清）

【10名桑植医务人员驰援武汉】 2020年2月19日至3月7日，桑植县人民医院、县民族中医院10名医护人员，驰援武汉，接管黄陂区方舱医院B舱，收治患者223人，治愈出舱156人，实现患者零死亡、医护零感染、安全生产零事故、进驻人员零伤亡。

（钟 昱）

【桑植县被湖南省文化和旅游厅评为“全省非遗保护工作先进集体”】 2020年7月，桑植县被湖南省文化和旅游厅评为“全省非遗保护工作先进集体”。桑植县建立有桑植民歌、仗鼓舞、土家族撒叶儿嗬3个国家级项目保护区，百根冰酒制作技艺、土方榨油项目生产性保护基地和非遗传承基地；桑植县完成非遗编纂文字资料7册计12万字，拍摄照片4923张，录音36小时，录像108小时，音像资料11盒；完成非遗保护工作六大类档案310卷（册），其中文本档案永久235卷，照片档案30册2688张，光碟档案45册583张，并将全部资料进行数字化处理；完成桑植民歌国家级传承人尚生武记录工程。整理《桑植民歌选（第一集）》《桑植民歌资料卷一、二》等五套资料和“民间舞蹈精选”“民间文学”“桑植器乐集”等18本桑植民族文化系列丛书；出版《守望精神家园——走近桑植非物质文化遗产》《唱过山歌甩过来——桑植民歌精粹》；制作发行《桑植民歌经典第一辑》光碟。截至2020年底，桑植县有国家级非遗项目3个，省级项目7个，市级项目26个，县级项目76个；国家级代表性传承人3人，省级传承人11人，市级传承人43人，县级传承人71人。

（吴光辉）

【省委党校将桑植县“屋场会”列入研究课题】 2020年，桑植县在23个乡镇298个村（居）探索开展“屋场会”，主要围绕“谁来讲”“讲什么”“怎样讲”“有效讲”，组建“四支队伍”。县级组建240名骨干讲习员队伍，乡镇建立30—50人的讲习员队伍，讲习人员达1200人，定期到各讲习所开展讲习活动。2020年，全县召开“屋场会”3283场，累计1.3万人次接受农村实用技术培训，“屋场会”成为品牌宣传阵地，《人民日报》和央视1套均给予报道，省委党校将桑植县“屋场会”列入研究课题。

（段青卿）

【利福塔芙蓉学校动工建设】 2020年7月24日，桑植县利福塔镇芙蓉学校开工建设，芙蓉学校规划办学规模30个班1500人，建设用地78亩（含新征用地58亩），计划投资5000万元，总建筑面积12510平方米。

（沈英华）

【义务教育大班额“清零”】 桑植县实施城区教育扩容工程，新增义务教育学位9855个。截至2020年底，累计消除义务教育大班额345个、超员人数4590人，义务教育大班额全部“清零”。

（沈英华）

【桑植县完成总分馆制（数字馆）建设】 2020年8月桑植县公共文化云上线运营，设立桑植县公共文化云大数据中心，建成一站式公共数字文化服务平台（平台标识码：286）。县文化馆建立总馆，乡镇建立23个分馆，村（居）建立服务点298个。

（吴光辉）

【桑植消费扶贫购销达到3.13亿元】 桑植县建立省级消费扶贫生活馆1个、县级消费扶贫集中生活馆2个，线上扶贫专区2个、超市消费扶贫专区1个，投放消费扶贫智能专柜200台，申报进入中国社会扶贫网全国扶贫产品目录48家企业157个品类，省扶贫产品目录92家企业204个品类，初步形成立体化消费扶贫格局。消费扶贫走进超市、学校、医院、景区、车站、社区、广场及食堂等场所，结合工会消费扶贫政策，将各成员将元旦、春节、清明三个节日工会福利费在智能专柜中购买扶贫产品，连续支持5年。创建“桑植县农产品信息平台”官方微信公众号。开设行业动态、产品供应发布、产品需求发布、供需大厅四大信息版块，对接全县99家经营主体261个扶贫产品。推行“订单式”生产，根据信息平台农产品需求，结合本村实际和群众意愿，搞好线下对接，在签定订单的前提下，以销定产，依托村级专业合作社，有针对性地组建若干生产小组，按照订单进行生产。2020年实现消费扶贫助力农产品购销额3.13亿元。

（张柯棵）

【桑植线上交易额突破9亿元】 2020年，桑植县电子商务交易额达9.4亿元，网商总数1642家，电商带动建档立卡户20000人，直接带动就业2000人。电商扶贫统筹资金投入达200万元；电商销售农产品零售额达3.2亿元；贫困村农产品电商交易额达3.4万元。2017—2020年连续四年被评为全省电商扶贫一类优秀县。

桑植电商工作主要围绕“五个一”建设做文章，即搭建“一个平台”，打造电商产业“升级版”。通过政府引导，职能部门资源整合，搭建集培训、孵化、营运等功能合一的桑植县电子商务公共服务中心。打造“一个品牌”，树立电商产业“新标杆”。通过打造“源来桑植”区域公共品牌，有效整合县域内特色产品品牌资源，将产品从多而散、小而弱向简而精、大而强转变，实现产品系列化、标准化和规范化建设。配合建设“一个中心”，确保电商产品“高质量”。配合市场监督管理局、农业农村局等部门建设检验检测中心，严把关产品质量，助力电商和产业高质量发展；培育“一批企业”，带动电商发展“加速度”。立足县域特色优势资源禀赋，采用“电子商务＋农业产业”新模式，培育一批电商龙头企业，不断培育壮大电商经营主体，自2016年以来，全县已孵化培育电商企业72家，其中省级认定企业7家，重点培育企业2家，培育、孵化电商网店1642家。促进“一批产业”，构建产业发展“新格局”。立足资源优势，协助农业农村部门发展烟叶、茶叶、粽叶、菜叶、药叶、大鲵、蜂蜜等产业，利用“电子商务＋农业产业”新模式，加快推进农业产业化进程。

（申　岩）

【桑植获评省级生态文明建设示范县】 2020年3月，桑植县启动省级生态文明建设示范县申报工作，组织申报资料编制，2020年8月申报资料通过张家界市生态环境局初审，9月根据省生态环境厅通知，安排申报资料报省厅进行申报，2020年10月通过省厅现场验收，11月省厅进行授牌，桑植县获评省级生态文明建设示范县。

（张家界市生态环境局桑植分局）

【桑植县科技特派员促脱贫攻坚】 2020年，桑植县选派科技特派员72人，其中：省派9人、市派10人、县派53人，覆盖124个贫困村开展科技扶贫。科技特派员分成经济作物种植、畜牧水产养殖、农作物种植、旅游管理与开发、综合五个组，指导乡镇确定1—2个主导产业，发展产业基地项目281个、专业合作社455家，入社74043人，涉及建档立卡户45901人，占全县的45.7%。创建“科技服务团服务示范基地”1个、“省科技特派员创新创业服务基地”1个，2020年1—12月举办全县茶叶、烟叶、粽叶、养蜂等技术讲座577场，培训贫困群众6.8万余人，培育农村技术能手450人，推广新技术应用20余项、新品种、新成果10余个，发放红利200余万元，完成桑植白茶SC食品生产许可证、绿色食品认证企业3家，绿色生态茶基地认定0.58万亩，第八届中国茶博会现场签约订单8388余万元，康华粽叶被认定为中国驰名商标。2020年4月24日，桑植县人民政府被省科技厅评为“湖南省科技特派员工作先进单位”，授予桑植县副县长张帆“2018—2019年度湖南省优秀科技特派员”称号。

（向宗政）

【桑植县金海实验学校获全市重点项目测评第一名】 2020年12月，在张家界市重点项目测评中，桑植县金海实验学校，获得第一名。金海学校是桑植县人民政府于2017年签约引进长沙金海教育集团，以民办公助方式兴办的十二年寄宿制学校。学校位于桑植县澧源镇朱家台社区，占地112亩，建筑面积52000平方米，13栋校舍，总投资2.3亿元，2019年秋季建成办学。2020年秋，全校小学、初中和高中三个学段64个教学班3300余名师生员工。

（孙海平）

【合群村“村社合一、党群连心”做法入选全省基层改革探索100例】 2020年，桑植县芙蓉桥白族乡合群村“村社合一、党群连心”做法入选全省基层改革探索100例，合群村通过党建引领，“党员冲在前，群众跟着走”，充分发挥党组织战斗堡垒作用，激活农村集体经济发展新动力。党支部逐户做好村民思想工作，对全50余公顷稻田、130余公顷山地进行土地流转。全村建优质稻、油菜种植基地67公顷，黄桃果蔬基地80公顷，丑柑果蔬基地20公顷，黑山羊、林下土鸡、良种母猪生态养殖基地。推行田头连车间，建设扶贫工厂，生产加工优质米，注册“七眼泉”生态香米商标，创建优质米品牌。全村常年在产业基地就业人数达158人，2020年发放薪金140万元。

（周雅兰）

【桑植红色教育培训暨研学基地项目正式动工】 2020年9月29日，桑植红色教育培训暨研学基地（以下简称桑植红培基地）正式动工，桑植红培基地是张家界市和桑植县招商引资的重点项目，位于革命老区“红二方面军长征出发地、贺帅故里”桑植县洪家关白族乡龙凤塔村，基地由桑植中合长城文化产业发展有限公司投资兴建。项目于2019年完成红色宣教点考察、规划、前期准备；2020年7月，成立桑植中合长城文化产业发展有限公司；2020年7月23日，与桑植县政府签约；项目投资6.5亿元，占地面积约180.6亩，已征用面积144.5亩，项目建筑面积10.3万平方米，容积率≤1，绿化率28.3%，建筑密度19.5%。（王成均 刘海艳）

【“桑植白茶”获“一县一特”农产品优秀品牌】 2020年10月13日，桑植白茶被湖南省农业农村厅授予首批“一县一特”农产品优秀品牌。桑植白茶始于元代，云南大理白族迁居到此，带来茶种和白茶加工技术，五道水镇发现地径15厘米以上树龄700年小种灌木茶叶30余株。桑植白茶按白族文化元素“风花雪月”划分产品等级，形成桑植白茶独特文化底蕴。桑植县在20世纪50年代、70年代、90年代大力种植茶叶，基地面积维持在2000公顷左右，2012年以来桑植白茶产业进入快速发展阶段，新建良种茶园3300余公顷，加工企业增至56家，带动茶农7.45万人，其中帮扶对象3.5万人。桑植县与湖南省茶叶研究所开展院县合作，形成以包小村、王建群、张帆、伍孝冬、唐怀廷等人为首的桑植白茶技术创新和推广核心团队，在传统技术中融入乌龙茶摇青技术，形成“老茶味花蜜香”的桑植白茶特色。招商湖南湘丰茶业集团公司完善精深加工产业链条，2018年成为湖南省委省政府“五彩湘茶”主推区域公共品牌之一，2019年底，获国家地理标志证明商标。（伍孝冬）

【桑植县公安局侦破“2009.10.23 蹇家坡特大杀人案”】 2020年9月1日，桑植县公安局经历11年不间断侦查，成功侦破“2009.10.23”蹇家坡特大杀人案，抓获犯罪嫌疑人程某滔（男，34岁，江西省乐平市人），2009年10月23日，湖南省桑植县蹇家坡乡蹇家坡村发生一起三人被害特大杀人案，死者为刘某云（女，殁年30岁）及其儿子刘某威（殁年4岁）、女儿蹇某晶（殁年2岁），犯罪嫌疑人手段残忍，作案后在现场纵火焚尸，为案件侦破带来阻力。省公安厅和市公安局多次组织专家团队到桑植县调度研究，推动案件侦破工作。桑植县公安机关也从未停止过案件的侦查工作，几代刑侦民警多年来接力担当，誓破此案。11年来，桑植县公安机关先后出动警力1000余人次参加调查走访和宣传发动，走访排查7000余人，辗转湖北、河南、福建、广东、浙江、江苏、贵州等10多个省市追踪线索，投入经费100余万元。2020年，该案被公安部挂牌督办，省公安厅刑侦总队专家组多次深入桑植研究指导案件侦破工作。市县两级公安机关相继成立以张家界市副市长、市公安局长谢振华为总指挥，桑植县副县长、县公安局长吴勇为组长的领导小组，组建工作专班，举全局之力开展侦破工作。最终，侦查员于2020年9月1日，在浙江省杭州市将潜逃11年的犯罪嫌疑人程某滔成功抓获。经审讯，犯罪嫌疑人程某滔对其犯罪事实供认不讳。

2020年9月2日，犯罪嫌疑人程某滔被依法刑事拘留，2020年11月13日移送起诉至桑植县人民检察院。

（覃天红）

【禁毒工作“桑植模式”全省推介】 2020年，桑植县被评为年度全省禁毒工作先进县（市）区。2014年，桑植县被省禁毒委约谈和重点挂牌整治。2019年，桑植县打造由40名公安干警组成的专业管控队、50名禁毒知识培训老师组成专业讲师队和2600余名志愿者组成志愿服务队三支专门力量，专司外流吸贩毒管控、预防教育、禁毒宣传等工作，社区戒毒和社区康复管控率实现100%，全县涉毒人员增幅较五年前下降25%，外流涉毒人员发生率较五年前下降83.7%，人民群众对禁毒工作满意率从全省倒数第7跃至前40名。（覃天红）

【桑植招商引资年活动】 2020年，桑植县签约14个重大项目，项目推进顺利。桑植县出台《2020年招商引资考核奖励实施方案》。策划包装重点招商项目，涵盖文化旅游、健康养老、新型工业、农业开发、商贸服务等板块，整理发布14个市级招商项目。编制招商地图、招商引资项目库及优化招商引资项目规划。成立桑植县应对新冠肺炎疫情促进经济高质量发展指挥部，推进项目落地建设，统筹经济社会高质量发展。建立桑植县重大招商项目预审会审、洽谈会商、落地推进、交办督办等机制，高效推动项目签约、落地。梳理工作目标。对2020年签约的14个重大项目挂牌督办，推动东方希望集团现代化生猪养殖、桑植红色教育培训暨研学基地、张家界“十八寨”国际民宿度假区等项目开工建设。积极为客商提供全程代办服务，简化办事流程，为桑植县老观潭文化产业园、桑植红色教育培训暨研学基地、桑植民歌国际文化产业园等项目提供全程代办服务。领导上门招商。县领导带队开展小分队招商十余次，分别前往上海、北京、兰州、长沙等地，考察光明乳业集团、东方希望集团、华图集团、天祝宏氟锂业科技集团、华新水泥株洲有限公司、优冠公司、春光九汇现代中药有限公司等知名企业，对接产业项目。紧密联系粤港澳大湾区、长三角城市群、京津冀地区等区域，积极与商会、驻外联络处平台对接。积极组织参加“2020年湖南—长三角经贸合作洽谈周活动”及2次张家界市重大招商引资项目集中签约活动，签约项目5个，签约达资金42亿元。创新招商方式，尝试使用委托招商、“互联网+”招商、驻外联络处与商会相结合方式招商，不断拓宽招商渠道，提高招商实效。（申岩）

【桑植县统一战线“六个一百”活动】 2020年，桑植县委统战部牵头，开展“百场主题宣讲、百场消费扶贫、百个产业项目、百条富民建议、百场就业培训、百个同心屋场”的“六个一百”行动。136家民营企业、105个统战组织、3200名统战成员在“六个一百”行动中凝聚共识、凝聚智慧、凝聚力量，助力脱贫攻坚。围绕“统战政策法规、法律咨询服务、优化营商环境、公共卫生知识、民族宗教知识、乡村振兴战略，开展百场主题宣讲，宣讲对象12000人次。组织民营企业、乡镇商会、行业协会、知联会、新阶联等，在乡镇、村、屋场集中开展消费扶贫活动93场次，参与统战组织105个，统战成员2700人次，现场销售农产品320万元，动员统一战线成员积极购买农副产品，签约订单3800多份，订单金额360多万元，39家企业与58家合作社、185个贫困农户建立长期稳定扶贫产品供销关系。从全县1248家非公企业中，挑选出136家民营企业参与“六个一百”行动，积极发展脱贫产业。召开村企对接会23场次，全县100个贫困村和11个非贫困村与民营企业结成帮扶对子，覆盖贫困人口5465人，投入6600多万元，实施产业项目121个，其中新发展产业项目23个，壮大产业基地98个，扶持种养大户167户。组织100名党外知识分子深入开展调研活动，提出富民建议100条。连好岗位就业线，与县就业局联合开展面食、电工、焊工、刺绣等就业技能培训51场次，推荐326人到江苏、长沙等地就业；连好产业发展线，聘请农业、企业、林业等方面专家，采取田间课堂、现场“问诊”等方式，开展培训38场次，培训各类乡土人才228名；连好网上带货线，与张家界颐高集团等13个电商平台联合，开展电商培训12场次，培训电商人才61人。组织统战成员扶持屋场群众发展微产业585个，创建微庭院302个，签约微订单1800多个，培训微技术200多场次，开展微宣讲180多场次。按照“布局美、清洁美、发展美、风尚美、绿化美”五美标准验收合格同心屋场100个，表彰最美屋场10个，最美庭院10户，最美产业10个。

（葛选章）

2021

人　物

·张家界年鉴·

优秀共产党员

【龚少雄】1966年7月出生，湖南张家界人，中共党员，省委党校研究生。1988年7月至1999年1月依次在大庸市永定区税务局、张家界市税务局、张家界市地方税务局和张家界市地税局工作；1999年1月至2001年8月历任张家界市永定区地方税务局任党组副书记、局长和党组书记、局长；2001年8月至2018年6月历任张家界市地方税务局党组成员、副局长和党组书记、局长；2018年6月至2020年3月历任国家税务总局张家界市税务局联合党委副书记、副局长和党委副书记、副局长。2020年3月30日，龚少雄主持市税务局新冠疫情防控专题会议时突发脑干出血，经抢救无效于4月4日去世。龚少雄从事税收工作32年成绩杰出，多次受到国家和省市表彰奖励。新冠疫情发生后，他在身患冠心病、高血压等疾病的情况下，连续65天工作在新冠疫情防控一线，作为单位负责人，带头值守摸排，落实新冠疫情防控措施和企业税收优惠政策，帮助企业复工复产；作为小区党支部书记，带领党员驻点包片，全面摸排小区454户业主，有效防止疫情传播；作为帮扶工作负责人，先后4次到贫困村指导新冠疫情防控、脱贫攻坚和春耕生产，协调资金购买防疫物资，带动联点扶贫村一起向武汉捐赠蔬菜20吨。龚少雄因公殉职后，湖南省委追授其“湖南省优秀共产党员”称号，同时被中央文明办2—7月“中国好人榜”评为“敬业奉献好人”。（杨壁铖）

劳动模范

【杜方波】男，汉族，1965年5月出生，中共党员，慈利县国太桥养猪专业合作社总经理，2015年获“湖南省劳动模范”荣誉称号，2020年获“全国劳动模范”荣誉称号。他自1997年返乡创业开办养猪场，至2010年发展成由148个养猪农户组成的养猪专业合作社。合作社采取“基地+合作社+养殖场+养殖户”的模式，流转山林、山地2500亩，注册了“满山游”生态放养富硒黑猪商标。他积极响应党和国家的号召，投身脱贫攻坚事业，带领广大农户通过发展养猪产业走上脱贫道路。在他的带领下，354户1192人的建档立卡贫困户实现了脱贫，人均增收1600元以上。他个人资助失学、贫困和残疾学生近十万元。疫情期间，宰杀17头总价值近10万元的黑猪送到抗疫一线。

【袁谋文】女，土家族，1973年12月出生，中共党员，张家界武陵源风景名胜区和国家森林公园管理局门票管理中心吴家峪经营部部长，2017年获“全国三八红旗手”荣誉称号、2018年获“全国五一劳动奖章”荣誉称号，2020年获“全国劳动模范”荣誉称号。她从事一线旅游服务工作27年，带游客如亲人，获得了广大游客的赞誉。2013年成立党代表工作室——袁谋文党代表工作室，7年间工街道游客咨询5万余人次，处理各类问题及投诉1000余起，为游客找回丢失物品及挽回经济损失20多万元。

【龚成杰】男，土家族，1969年8月出生，中共党员，张家界金绿油脂有限责任公司仓库保管员兼安全员，2015年获“张家界市劳动模范”荣誉称号，2020年获得“湖南省劳动模范”荣誉称号。他自2008年担任仓库保管员以来，每年经手保管8400吨国家储备粮，账面与实务均无差错。他无私奉献、工作不分节假日，每年出满勤还加班150小时左右，毫无怨言。

【刘少文】男，土家族，1970年10月出生，中共党员，国网湖南省电力有限公司张家界市武陵源区供电分公司索溪峪供电所副所长，2019年获“湖南省五一劳动奖章”荣誉称号。2020年获“湖南省劳动模范”荣誉称号。2013年，他在全省农村供电所营销服务评价中获得一等奖，并被授为全省供电所综合管理、营销管理“双项标杆”；2015年，被评为国家电网公司营销管理标杆供电所；2017年，被授为国家电网公司五星供电所。他积极推行“互联网+”建设，先后为6个扶贫村解决了村办实体用电难题，鼓励58家家庭旅馆及乡村客栈推行“煤改电”，6000多名居民用户用电实现了电气化，增加年替代电量16万千瓦时，在3个村实施光伏发电项目，推进生态建设。

【苏春华】女，土家族，1975年5月出生，群众，张家界爱尚园茶叶有限公司职工，2019年获“张家界市劳动模范”荣誉称号。2020年获“湖南省劳动模范”荣誉称号。她积极参加公司产业扶贫，2017—2020年，积极推广中药材绞股蓝种植，每年发展绞股蓝仿生态种植，每年为农户（含贫困户）新增500余万元收入。公司在项目建设期和收益期，带动农户1000余户（其中建档立卡贫困户362户），通过土地租赁、务工和鲜叶收购，实现项目区农户年均增收5864元/年。她建立村级电子商务服务站，与沙塔坪乡沙塔坪村、唐家庄村、大木塘村等三个村签订电子商务销售协议，让沙塔坪乡368户的贫困人口的人农家产品有销路。

【杨光胜】男，土家族，1974年3月出生，中共预备党员，张家界市公共交通发展有限公司驾驶员，2019年获“张家界市劳动模范”荣誉称号。2020年获“湖南省劳动模范”荣誉称号。他几年如一日，人心服务乘客，乐于助人，曾多次送患病乘客就医，为乘客找回遗失物品，先进事迹在中央电视台十三套节目播出。他坚持安全第一，自从业以来，从未出现过安全问题。

【宋丕斌】男，土家族，1972年7月出生，群众，桑植县建筑安装工程有限责任公司泥工班班长（农民工），2019年获“张家界市劳动模范”荣誉称号。2020年获得“湖南省劳动模范”荣誉称号。他从事工程行业30多年，苦心钻研技术，一心确保工程质量，带出了8名徒弟。他热心助人，救起过溺水儿童，救济过孤寡老人，积极支持公益事业。

【吴国建】男，土家族，1970年2月出生，慈利县建杰农机作业专业合作社负责人，2019年获“张家界市劳动模范”荣誉称号，2020年获“湖南省劳动模范”荣誉称号。他心系农业，致力于解决农村“抛荒”问题，成立了农机合作社，现拥有厂房800余平方米，大型收割机和拖拉机共16台；雇佣机手3人、务工人员50多人；耕种服务面积达4000余亩，自己流转田地800余亩，每年产粮45万多千克，产值达120多万元。他吸收当地贫困劳动力，30户建档立卡贫困户年增收5000余元。他济贫帮困，热心公益事业，自掏腰包硬化村道。

【许云勇】男，土家族，1974年4月出生，中共党员，张家界佰胜农业科技有限公司负责人，2019年获“张家界市劳动模范”荣誉称号，2020年获“湖南省劳动模范”荣誉称号。他投身军营，多次获得荣誉称号。退役后，开办公司，解决家乡1000多人就业问题，回乡后创立佰胜农产品销售公司，带动两区两县10多个专业合作社、400多农户（含120多户建档立卡户）从事绿色农业果蔬、家禽养殖的生产与销售。新冠疫情期间，他带领公司员工为企事业单位和居民免费运送平价蔬菜。2月21日，他与新合源公司一起给武汉捐赠价值3000元的蔬菜，4月1日，他与国盛公司一起为湖南红十字会捐赠价值10万元的芦笋，4月17日，他为张家界金海私立学校捐赠价值5000元的蔬菜，先后为秦大妈、南庄坪办事处等单位捐赠自产的绿色蔬菜500多千克。

【朱立文】男，土家族，1978年10月出生，中共党员，张家界朝阳冲农产品开发有限责任公司总经理，2019年获“张家界市劳动模范”荣誉称号，2020年获“湖南省劳动模范”荣誉称号。他苦心钻研技术，获批多项专利，改良传统粉丝工艺，惠及700余户农民。他注册“长峪铺南方大寨”品牌，利用自己销售平台的优势，把家乡更多的农产品销往全国各地，2019年农产品销售达到了4000多万元。他带动108户建档立卡贫困户掌握红薯、油菜的生产和加工技能，户均增加收入4000元以上，人均增收1000元以上。疫情防控期间，他为一线送去口罩、消毒水等紧急物资。

【黄芳】女，土家族，1983年2月出生，慈利县三合镇三合口中学教师，2019年获“全国模范教师”荣誉称号，2020年获“湖南省先进工作者”荣誉称号。她从教十三年来，虚心求教，爱岗敬业，撰写的《浅谈小学语文中的口语交际教学》等四篇论文获省二等奖，14篇论文获得市县级奖。2014年，她所带的80班获全县中考第一名；2017年、2018年所带的84、86班蝉联两届中考全市第一名，2019年所带的88班中考获全市第三名。

【雷明盛】男，土家族，1969年9月出生，九三学社张家界市委主委，张家界市人民医院副院长兼呼吸与危重症医学科主任，2017年获“张家界市第六批市级拔尖人才”荣誉称号、2019年获“湖南省政府特殊津贴”荣誉称号，2020年获“湖南省先进工作者”荣誉称号。他被湖南省卫健委、张家界市卫健委任命为中东呼吸综合征、禽流感湖南省医疗救治成员及张家界市医疗救治专家组组长，始终战斗在“抗疫”一线。2015年韩国暴发中东呼吸综合征，他迅速制定预案，进行排查，将中东呼吸综合征拒于国门之外。2017年、2018年高致病性禽流感（H7N9）疫情暴发，他及时实行联防联控，迅速控制禽流感（H7N9）疫情并成功救治2例危重患者（死亡率很高），无死亡病例。2020年“新冠”疫情暴发，他任市新冠肺炎疫情专家组组长，快速响应，筛查排除800多疑似病例，对确诊的新冠肺炎患者精心治疗全部治愈出院，成为湖南省首个清零城市，平均住院时间仅8天，最短时间只4天，创造了治愈率100%、患者“0”死亡、医务人员“0”感染、“0”失误的佳绩。他钻研学术，以主要责任人获得国家公共卫生项目科研课题2项及国家自然科学基金1项，以责任人获得湖南省自然科学基金1项、湖南省科技厅科研基金1项、湖南省卫生厅2项等。公开发表论文40多篇，其中SCI收录11篇，参编专著3部，开展“土家族民间验方及诊疗技术项目”研究。

【李春萍】女，汉族，1971年12月出生，中共党员，张家界市永定区农业农村局植物保护检疫局副局长，2015年获“张家界市优秀共产党员”荣誉称号、2019年获“张家界市劳动模范”荣誉称号，2020年获“湖南省先进工作者”荣誉称号。她以服务“三农”工作为己任，爱岗敬业，乐于奉献，勇于接受新事物，善于推广新技术，总结新经验。她致力于精准扶贫工作，积极推广新技术，三年来，她带领塔坪乡水田坪、谢家垭乡和平岗、苗湾等多个村镇利用新技术，开拓新路子，推广农作物新品种近40个，新技术近20项，指导创办农村合作组织5个，培育科技示范户10人，带动近千户建档立卡贫困户脱贫致富。她本人连续3年被评为全区优秀科技特派员。（袁 杰）

先进工作者、先进个人

【程漫】永定区委副书记、区脱贫攻坚指挥部常务副指挥长。自2016年8月至今，四年多来，她夙兴夜寐、呕心沥血、吃住在基层、冲锋在一线，以忘我的工作精神、心中无我的奉献付出、建功有我的决心担当，推动该区脱贫攻坚取得历史性成就，该区脱贫攻坚考核连续四年居全市第一，2018年整区实现脱贫摘帽，2019年被评为全省脱贫攻坚优秀区县，开展的教育扶贫、社会兜底保障等经验做法被《中国教育报》《中国民政》等国家级媒体推介。几年来，她用行动践行责任，用脚步丈量民情，成为了群众口中的“好姑娘”“好孙女”“主心骨”，永定区干部群众评价她是脱贫攻坚战场上的“急先锋”“铁娘子”“贴心人”，赞誉她是脱贫攻坚战场闪耀着的最美的一朵金花。2021年2月25日，荣获“全国脱贫攻坚先进个人”。

【唐乾】2017年至2020年12月在慈利县审计局工作，2019年8月，慈利县委政府派遣唐乾同志赴通津铺镇泗虎坪村担任第一书记。作为驻村第一书记，唐乾情系贫困群众，在驻村工作期间，刻苦钻研并熟练掌握了各项涉农惠民政策，服务群众能力强。在慈利县审计局党组、慈利县通津铺镇党委政府的领导下，在泗虎坪村支两委和唐乾共同努力下，泗虎坪村的村容村貌发生了较大变化，村民生活水平得到了明显提高。唐乾常常在周末、深夜，放弃休息的机会和时间，带领村支两委成员冲在一线，2020年12月1日下午3点40分左右，唐乾在指导泗虎坪村级道路建设时突发脑干出血，昏迷在道路建设现场，后经医院全力抢救无效不幸去世，终年53岁，他把自己的生命献给了他挚爱的扶贫事业。2021年2月25日，荣获“全国脱贫攻坚先进个人”。

【胡辉】2016年被组织派到桑植县洪家关白族乡担任党委书记，通过与党政班子齐心协力、大力弘扬贺龙元帅精神，聚焦“一超过两不愁三保障”目标，攻坚克难。该乡2019年贫困村全部出列，2020年贫困户全部脱贫，经国家普查群众均满意认可，洪家关白族乡绝对贫困问题得到历史性解决。荣获2017年全国社区戒毒社区康复工作示范点、2019年全国模范司法所、2020年全国五四红旗团委；2018年湖南省休闲农业示范点、2020年湖南省特色文旅小镇；2018—2019年张家界市脱贫攻坚先进乡镇。多年来，他走遍了全乡23个村，走完了所有的特困户、边缘户等重点对象，统筹全乡23支驻村工作队，以“事事有回音，件件有落实”的工作要求，扎实服务于基层，切实解决了困难群众最盼、最想、最实际的问题，他为少数民族革命老区脱贫攻坚事业作出了突出贡献。2021年2月25日，荣获“全国脱贫攻坚先进个人”。

【王传殊】2016年，王传殊被任命为张家界市武陵源区扶贫开发办公室党组书记、主任。根据省委、省政府安排，武陵源区于2016年底要全省率先脱贫摘帽，为此，他倡导并提出了“区级统筹、乡镇主导、产权到村、收益到户”的产业扶贫的十六字方针，得到了领导和群众的高度认可。2017年2月，武陵源在全省率先实现整区脱贫摘帽。同年底他调入市扶贫办担任规划和督查科科长。2020年他针对各级督查和考核发现的问题，提出建立以结对帮扶责任人、村两委干部、驻村工作队为主体的问题发现机制，坚持“翻箱倒柜”查找问题，并举一反三，发现问题及时整改到位，及时采取针对性措施进行重点帮扶，确保脱贫攻坚路上不漏一户、不落一人。2021年2月25日，荣获“全国脱贫攻坚先进个人”。

【王雄杰】1983年4月出生，中共党员，白族，现任张家界市扶贫开发办公室法制和信访科科长，参加扶贫工作7年。他是信仰坚定的“扶贫人”，政治立场坚定，对党绝对忠诚，能够在思想上政治上行动上同党中央保持高度一致。他是工作落实的“多面手”，历经政策研究、业务指导、督查考核、驻村帮扶及信访化解等扶贫岗位，牵头起草多篇对张家界市脱贫攻坚进程有着重要意义的文件。他是攻坚克难的“排头兵”。这几年，他走遍全市所有乡镇贫困村，为市委、市政府科学决策收集整理了第一手资料，在旅游扶贫、小额信贷风险防控和防止返贫致贫等工作落实方面上表现良好。其间，他获市政府嘉奖3次，记三等功2次，荣获张家界市脱贫攻坚先进工作者称号。2021年6月4日，荣获“全国乡村振兴（扶贫）系统先进个人”。

【李林】男，苗族，1964年5月出生，湖南桑植人，中共党员，大学本科学历，2014年4月任张家界市民族宗教事务局党组书记、局长。他推动出台了《中共张家界市委 张家界市人民政府关于加强新形势下民族工作的实施意见》。争取65项民族地区优惠政策与湘西自治州基本达到一致，争取落实少数民族发展资金1.5亿元。组织14个民族乡开展了“逢十”庆典活动。7个单位被评为“张家界市级民族团结进步创建示范点”，6个单位被湖南省民族宗教事务委员会命名为“湖南省民族团结进步创建活动示范单位”。8个少数民族特色村镇被国家民委挂牌为“中国少数民族特色村寨”。牵头制定的《民族客栈》成为湖南省第一个民族类地方标准，被湖南省委统战部授予“全省统战工作实践创新成果奖”。2015年9月，张家界市民族宗教事务局被国家民委、人社部评为“全国民委系统进单位”。2019年9月，张家界市民族宗教事务局被国务院授予“全国民族团结进步模范集体”。2020年6月，被授予“湖南省民族团结进步模范个人”。（罗长跃）

【王嘉梁】男，1989年3月出生，河北石家庄人，现任张家界市消防救援支队阳湖坪特勤站站长助理，2007年12月加入消防救援队伍，加入消防救援队伍13年多来，王嘉梁先后参加过800余次灭火救援任务，成功抢救遇险群众260余名，荣立一等功1次、二等功1次、三等功3次，荣评全国消防队伍“训练标兵”“优秀士官人才”一等奖，张家界市第五届“十佳人民警察”。2008年，全省打造消防铁军集训中获评“训练标兵”；2009年，南方片区比武中他所参加的百米梯次进攻操和快速出战控火操双双夺冠；2011年，全国打造消防铁军比武上述项目又分别夺得第二、三名的佳绩。参加过“10·8”翼装飞行选手坠崖救援、“10·24”建材市场火灾扑救、“7·18”抗洪抢险救援、“11·20”湘西东市家具市场火灾扑救等急难险重的作战任务。工作中他吃苦耐劳，踏实能干，在全国首届“火焰蓝”比武竞赛中，他担任教练，不知疲倦，反复研究操法动作，所带操法取得全国第三的好成绩，为比武队做出巨大贡献。

【张莉】女，1981年11月出生，湖南慈利人，现任索溪峪街道党工委副书记、办事处主任。先后任军地坪街道党工委委员、办事处副主任，区文明办主任（选派丽江挂职锻炼），区委宣传部正科级纪检员，区发改局党组成员、副局长，区统计局党组书记、局长，中共张家界市第七次代表大会代表、市青年联合会第三届委员会委员、中共张家界市武陵源区第五届纪律检查委员会委员，曾多次被市区授予嘉奖，荣立二等功、三等功，被评为优秀共产党员，2020年获评湖南省优秀河长湖长、省级文明家庭。作为一名基层干部，她始终坚持用习近平新时代中国特色社会主义思想武装头脑，坚持科学民主决策，大事面前讲原则，关键时刻经得起考验。她倾心为民扶贫，制定出台“六个一批”增收措施，转移贫困劳动力就业322人。2020年，农民人均可支配收入年均增长16.6%。她身先士卒抗疫，街道党工委被评为全省先进基层党组织和先进集体。她铁面无私治污，常年“脚步丈河”，严控面源“清四乱”，平安度过2020年10轮强降雨，被评为2020年湖南省“优秀河长”。她积极推行“党员微网格+屋场网格”基层社会治理新模式。打造22个新时代文明实践文化小广场，全年组织大小屋场会上百次，解决问题近百个，开展新时代文明实践志愿者活动2300余人次，得到省委常委、省委宣传部部长张宏森充分肯定，“屋场网格”微宣讲案例成功入选中央文明办《建设新时代文明实践中心工作方法100例》，迎来省委书记许达哲、省委副书记乌兰等省市主要领导莅临索溪调研考察。

【彭澧康】男，土家族，1961年11月出生，湖南桑植人，中共党员，大学专科学历，1997年创办张家界康华实业有限公司并担任董事长、党支部书记，同时担任湖南省农业产业化协会常务理事、张家界市工商业者联合会名誉副会长、张家界市侨商会副会长、湖南省农产品加工研究会副会长等社会职务。他立足乡村振兴，做民族经济的排头兵。他搞好残疾事业，做民族助困的贴心人。他加强爱国主义教育，做民族复兴的担纲人。2002年度被农业部、共青团中央授予“全国农村青年创业致富带头人标兵”荣誉称号。2005年度被评为“湖南省关爱员工优秀企业家”“张家界市优秀中国社会主义事业建设者”荣誉称号。2009年度被评为“湖南省首届农业产业化十大领军人物，全国扶残助残先进集体”。2011年被评为“张家界市劳动模范”。2011—2015年连续5年荣获“湖南省非公有制经济先进基层党组织”称号。2016年5月被评为“张家界市最美助残人”。2020年6月被授予“湖南省民族团结进步模范个人”。

【屈湛军】男，汉族，1969年12月出生，大学本科学历，中共党员，湖南永定人，现任张家界市永定区民族宗教事务局副局长，2015年12月调入张家界市永定区民族宗教事务局工作以来，认真执行党的民族政策，模范遵守党纪国法，立足岗位，勇于奉献，在民族共同团结奋斗、共同繁荣发展的崇高事业中取得显著成绩，2016年、2017年、2018年连续三年被中共张家界市永定区委授予“优秀党务工作者”荣誉称号。2018年度中共张家界市永定区委记“三等功”。2020年6月被授予“湖南省民族团结进步模范个人”。

（罗长跃）

【杜修勇】男，土家族，1977年1月出生，湖南慈利人，中共党员，大学本科学历，2016年11月就任张家界市武陵源区索溪峪街道办事处街道党工委书记。他抓民生改善，民政救助资金支出600万元，基础设施建设投入1000万元，村级年集体经济收入合计达481万元。他抓文化传承，80多家民俗客栈完成风貌改造，张家界千古情等演艺场所每年吸引数百万名游客，黄龙国际乡村音乐周被文旅部评价为“巧用文化软实力提升国家形象的一次成功实践”。他抓争先创优，开展“三级联创”，举办“十佳文明户”“十佳好媳妇”“十佳文明公民”“美丽庭院”等评选活动，促进民族团结、文化繁荣。2020年6月被授予“湖南省民族团结进步模范个人”。

（罗长跃）

【杜修福】男，土家族，1969年12月出生，湖南慈利人，中共党员，大学专科学历，张家界市慈利县三官寺土家族乡罗潭村党支部书记。在杜修福的带领下，罗潭村实现了从“贫困村”到“旅游景区”的转变，创造了引企业、建产业、促脱贫的旅游精准扶贫“罗潭模式”。2017年被张家界市旅游工作委员会评为“张家界市十佳乡村旅游经济能手”。2020年6月被授予“湖南省民族团结进步模范个人”。（罗长跃）

全国文明家庭

【李世友家庭】2020年，李世友家庭荣获全国文明家庭荣誉称号。带领村民致富。在李世友带领下，村里兴修公路5千米，架设桥梁6座，铺设人畜饮水管道5千米，改造电线6千米，先后培养举荐10名年轻干部。李世友拿1000元退休金购树苗2000株，首先帮助陶堂生发展种植梨树20亩，并帮助订阅科技报刊，让他掌握栽植和培管技术。三年后，梨树开始挂果，陶堂生当年受益2万元。不仅成了当地有名的种植土专家，脱了贫，修了新居，还当上了村主任。李世友及时推广陶堂生的成功经验，主动帮助贫困青年购买经济苗木，在全村发展水果800亩。为让青年农民掌握干水果栽植、培管和贮藏技术，在李世友帮助下，村里30多户贫困青年脱了贫，20多名贫困青年致了富。关心老年人。熊本然常年生病，距市场较远，不便修剪头发，李世友带着剪刀每月上门服务。风湿病患者李长生家房屋被烧后无处安生，李世友主动帮助写报告和发动捐款，帮助其解决生活困难。杨定才老人残疾后生活长期不能自理，李世友出了400元差旅费帮助办理残废证并解决了低保。李世友资助了30名社会老人。为开阔老人视野，切身感受祖国新气象，李世友先后出资2万多元，组织了50名老人到北京、重庆等地参观考察和旅游10次。开办假日学校。办“夕阳托朝阳”黑板报和青少年图书室，每季度向青少年宣传公民道德规范、做人准则、法律法规、方针政策、传统美德、好人好事。节假日，他将村上和邻近村适龄孩子们聚集到家里，组织读书活动，给孩子讲革命故事，教唱《没有共产党就没有新中国》革命歌曲。组织孩子为孤寡老人背柴、挑水、扫地，到烈士坟前扫墓、宣誓，租车带孩子们到贺龙纪念馆参观，开展“热爱祖国”“做三好学生”等主题演讲比赛，培养他们爱党、爱国、爱家乡、尊老、敬老美好品德。后来，为让孩子们假期有个固定的好去处，李世友同老伴一合计，把自家堂屋空出来作教室，制作了30套课桌椅和一块大黑板，将自家的腊肉和米背到餐馆加工，把本村的14位“五老”和民间老艺人请到餐馆，决定再拿出部分退休金作为师生的中餐，在自家办免费假日学校。他的想法得到了本村“五老”和考出去的在校大学生的大力支持，有10多位“五老”和在校大学生自愿担任假日学校的老师。每年寒暑假报名参加假日学校的中小学生少则30名，多则70名。李世友将几十名孩子按兴趣爱好和年龄分成三个班进行文化补习和乐器、书法、歌舞、作文、英语等特长教育，免费为孩子们提供笔墨纸张。他积攒5000多元，为孩子们添置了乒乓球桌、羽毛球拍、滑板、呼啦圈、滑冰鞋等体育器材，整修了自家的塔坪为孩子们设立篮球场，使孩子们学习有内容，活动有场所，锻炼有场地。

（向延波）

全国脱贫攻坚先进个人

程　漫　永定区委副书记
唐　乾　生前为慈利县通津铺镇泗虎坪村驻村工作队队长兼第一书记，慈利县审计局正科级干部
胡　辉　桑植县洪家关白族乡党委书记
王传殊　张家界市扶贫开发办公室规划和督查科科长

全国乡村振兴（扶贫）系统先进个人

王雄杰　张家界市扶贫开发办公室法制和信访科科长

全省脱贫攻坚先进个人

朱法栋　永定区委副书记、区长
漆辉玉　永定区人民代表大会常务委员会副主任
刘任生　永定区扶贫开发办公室党组成员、副主任、区驻村办常务副主任
覃志勇　永定区医疗保障局党组成员、副局长
汤建军　永定区教育局办公室副主任、扶贫办主任
胡午阳　永定区教字垭镇党委书记
吴新燕　永定区谢家垭乡组织委员、乡人大主席
高忠红　永定区桥头乡桥头村党总支书记、主任
卢洲星　永定区林业局派驻阳湖坪街

道竹园塔村第一书记兼工作队长、区林业局机关工会主席
李全胜　张家界市公安局永定分局派驻罗塔坪乡太坪村第一书记兼工作队长、张家界市公安局永定分局温塘派出所民警
白　波　张家界市武陵源区委副书记
陈圆圆　武陵源区扶贫开发办公室党组副书记、副主任
姚　铤　武陵源区天子山街道党工委副书记、街道办事处主任
唐承元　武陵源区迎宾路居委会村党支部书记
毛中平　武陵源区委办驻协合乡黄家坪村第一书记、区委办公室副主任
李建华　武陵源区政务中心驻协合乡李家岗村工作队员、区政务服务中心副主任
熊廷文　武陵源区中湖乡驻石家峪村工作队员、中湖乡工作人员
赵韩英　武陵源区纪委常委
戴必欣　慈利县委常委、常务副县长
褚世军　慈利县扶贫开发办公室贫困监测股股长
邓伯秋　慈利县易地扶贫搬迁联席办副主任
万正红　慈利县金岩土家族乡党委书记
李久荣　慈利县苗市镇党委副书记
莫　浩　湖南慈利农村商业银行股份有限公司职工
李元景　慈利县二坊坪镇占甲桥村驻村第一书记兼工作队队长，县库区移民事务中心干部
朱有生　慈利县金岩乡金竹山工作队驻村第一书记兼工作队长，县税务局干部
杜启志　慈利县零溪镇两岔溪村第一书记兼工作队长，县人力资源和社会保障局干部
卓佼龙　慈利县住房和城乡建设局危房改造办公室主任
王云仙　慈利县南山坪乡梁山村党支部书记
赵云海　桑植县委副书记、县长
袁宏卫　张家界市扶贫开发办公室党组成员、副主任，张家界市市派驻村帮扶工作队管理办公室副主任，市委派驻桑植县脱贫攻坚特派专员，桑植县人民政府副县长（挂职）
向延波　桑植县信访局工作人员
向　东　桑植县官地坪镇龙泉村工作队第一书记兼工作队队长，县退役军人事务局党组成员、副局长
向左军　桑植县河口乡新民村工作队第一书记兼工作队队长，张家界市生态环境局桑植分局工会主席
胡小波　桑植县人潮溪镇中里村驻村工作队队员，桑植县发展和改革局工业高新技术股股长
张太平　桑植县工业园管理委员会党组书记、主任
尚　雨　桑植县上河溪乡党委副书记、乡长
钟　文　桑植县澧源镇人民政府副镇长
卓尚茂　桑植县瑞塔铺镇人民政府副镇长、扶贫办主任
侯先华　桑植县应急管理局驻桑植县五道水镇茶叶村工作队第一书记兼工作队队长
刘　芸　张家界市卫生健康委员会工作人员
林成志　张家界市财政局农业农村科科长
谢晚琴　张家界市总工会驻慈利县零溪镇百寿村工作队队长兼第一书记，张家界市人大社会委副主任委员，市总工会经审办主任
马海军　张家界市供电公司驻桑植县澧源镇兴旺塔村工作队队长兼第一书记，国网张家界供电公司五级职员
金　红　张家界市委统战部驻永定区天门山镇黄庄村工作队队员，张家界市委统战部信息中心工作人员
陈金峰　张家界市气象局驻慈利县东岳观镇道林村工作队队员，张家界市气象局执法队副队长
赵舶帆　张家界市驻村帮扶办综合组组长、市政务服务中心技术保障部主任
杨建武　张家界市委宣传部派驻永定区四斗坪乡和平村第一书记

2021

附　　录

·张家界年鉴·

张家界市2020年国民经济和社会发展统计公报

2020年是张家界市建市以来极其不易、极不平凡的一年。面对持续加大的经济下行压力和有气象记录以来最大降雨量的汛期考验，特别是突如其来的新冠肺炎疫情的严重冲击，全市上下坚持以习近平新时代中国特色社会主义思想为指导，深入学习贯彻习近平总书记考察湖南重要讲话精神，在省委、省政府和市委、市政府的坚强领导下，坚持“对标提质、旅游强市”战略和“11567”总体思路，坚持统筹疫情防控和经济社会发展，扎实做好“六稳”工作，全面落实“六保”任务，全市经济逐季恢复，发展质量明显提升，主要经济指标实现了预期目标，脱贫攻坚取得全面胜利，决胜全面建成小康社会取得决定性成就，“十三五”实现了圆满收官。

一、综合

经初步核算，全年地区生产总值556.68亿元，比上年增长2.0%，增速较第一季度、上半年和前三季度分别提升3.9个、3.1个和1.9个百分点。分产业看，第一产业增加值82.15亿元，增长3.8%；第二产业增加值87.24亿元，增长3.8%；第三产业增加值387.29亿元，增长1.3%。

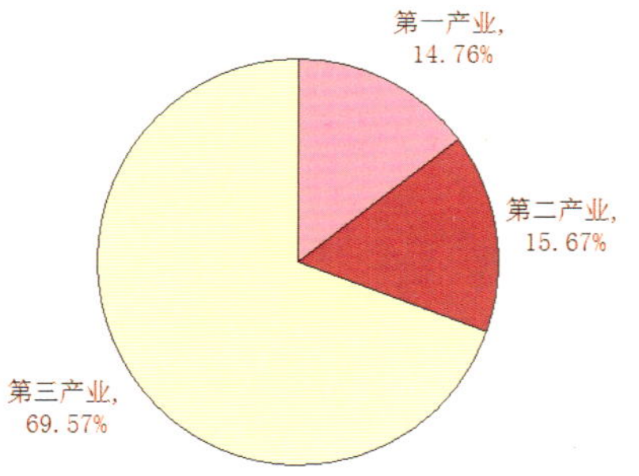

图3 2020年三次产业占GDP比重

全市三次产业占地区生产总值比重为14.76 ∶ 15.67 ∶ 69.57，第一、二产业增加值比重较2019年分别提升2.16个、0.97个百分点，第三产业增加值比重较2019年下降3.13个百分点，全市经济结构进一步优化改善。第一、二、三产业对经济增长的贡献率分别为21.2%、29.8%、49.0%。其中，工业对经济增长的贡献率为11.5%，比上年提高2.9个百分点。

按区县看，永定区地区生产总值230.7亿元，比上年增长2.1%；武陵源区地区生产总值43.3亿元，下降2.9%；慈利县地区生产总值181.8亿元，增长2.0%；桑植县地区生产总值100.9亿元，增长2.5%。

全年规模以上服务业实现营业收入40.4亿元，利润总额0.8亿元，税金及附加0.2亿元，应交增值税0.8亿元。规模以上服务业从业人员期末人数8858人，比上年下降8.6个百分点。

二、农业

全年农林牧渔业总产值136.1亿元，比上年增长3.9%。其中，农业产值73.4亿元，增长5.0%；林业产值9.3亿元，增长3.9%；牧业产值44.4亿元，增长1.5%；渔业产值4.0亿元，下降1.5%；农林牧渔专业及辅助性活动5.0亿元，增长7.0%。

表11 2020年农林牧渔业总产值构成表

指 标	绝对数(亿元)	增速（%）
农林牧渔业总产值	136.1	3.9
#农业	73.4	5.0
林业	9.3	3.9
牧业	44.4	1.5
渔业	4.0	-1.5
农林牧渔专业及辅助性活动	5.0	7.0

全年粮食种植面积118.4万亩；糖料种植面积0.3万亩，下降0.5%；油料种植面积72.9万亩，增长7.7%；烟叶种植面积9.7万亩，增长0.7%；蔬菜种植面积57.9万亩，增长2.3%。

全年粮食产量63.7万吨；油料产量8.4万吨，比上年增长6.9%；烤烟产量1.5万吨，增长0.9%；茶叶产量0.4万吨，增长11.7%；蔬菜产量104.0万吨，增长2.6%；猪、牛、羊肉产量6.3万吨（其中猪肉产量5.2万吨）；禽蛋产量1.4万吨；水产品1.2万吨。

全市年末存栏生猪58.4万头；全年出栏生猪73.1万头；全年出栏牛5.4万头；全年出栏羊29.9万头。全年农村用电量21832万千瓦时，比上年增长1.5%；全年化肥施用量（折纯）5.7万吨，增长0.3%。

国家级及省级龙头企业30家，农产品加工企业实现销售收入114.3亿元，利税8.2亿元，利润7.5亿元。休闲农业经营收入9.8亿元。农民专业合作社共2550个，成员88068户。家庭农场1301个。年末农业机械总动力119.6万千瓦。高标准农田建设面积9.8万亩。全市有效使用绿色食品标志、有机农产品标志和农产品地理标志产品个数137个，其中绿色食品132个，有机食品1个，农产品地理标志4个。省级和市级现代农业特色产业园区分别为26个和33个。稻田综合种养0.8万亩。土地托管面积33.9万亩。秸秆还田面积157.2万亩。名优特水产品养殖面积和产量分别为0.2万亩和0.1万亩。

三、工业和建筑业

全年规模以上工业增加值比上年增长2.9%。其中，民营经济增加值比上年增长7.1%。按企业规模分，大中型企业比上年增长0.6%。按经济类型分，国有企业比上年增长5.6%，股份制企业下降2.2%，外商及港澳台投资企业下降17.2%。按行业分，农副食品加工业增长8.3%，化学原料和化学制品制造业增长19.6%，医药制造业增长10.7%，非金属矿物制品业下降7.3%，汽车制造业增长140.1%，计算机、通信和其他电子设备制造业下降4.8%，电力、热力生产和供应业下降8.4%。

高技术制造业增加值增长0.5%，省级及以上产业园区工业增加值增长2.7%。

规模以上工业企业营业收入85.3亿元，比上年增长8.1%；实现企业利润总额4.6亿元，下降4.2%。规模以上企业每百元营业收入中的成本为79.8%，比上年提高1.7个百分点。年末资产负债率为44.0%。规模以上工业亏损企业亏损额0.6亿元，比上年增长8.3%；企业亏损面为12.6%；产品销售率为98.1%；出口交货值2.0亿元。

全年规模以上主要工业产品增长面37.0%。其中，大米7.8万吨，比上年增长12.5%；饲料5.6万吨，增长4.6%；精制食用植物油0.2万吨，增长10.8%；水泥157.2万吨，下降14.0%。

全年资质以上总承包和专业承包建筑业企业实现总产值73.9亿元，比上年增长10.1%。房屋建筑施工面积410万平方米，下降9.7%；房屋建筑竣工面积160.0万平方米，下降36.7%。

四、固定资产投资

全年固定资产投资（不含农户）比上年增长6.0%。其中，民间投资增长10.3%。分经济类型看，国有投资下降2.0%；非国有投资增长8.7%。分产业看，第一产业投资比上年增长3.9倍；第二产业投资增长23.0%；第三产业投资增长2.9%。分地区看，永定区固定资产投资同比增长14.5%，桑植县增长14.1%，慈利县增长4.2%，武陵源区下降44.3%。分投资方向看，工业投资同比增长23.0%，民生投资下降0.8%，生态投资增长1.5%，基础设施投资下降16.9%，高新技术产业投资增长52.6%。

全年施工项目个数342个，比上年下降13.2%。本年新开工项目167个，下降9.7%。本年投产项目个数122个，下降47.4%。全年房地产开发投资同比增长17.7%。商品房销售面积160.0万平方米，比上年增长5.0%。其中，住宅销售面积144.7万平方米，增长6.3%。商品房销售额92.6亿元，下降4.6%。其中，住宅销售额79.8亿元，增长1.2%。年末商品房待售面积16.3万平方米，增长90.4%。

表12 2020年固定资产投资增长速度表

指 标	增速（%）
固定资产投资	6.0
按经济类型分	
# 国有投资	–2.0
非国有投资	8.7
民间投资	10.3
按投资方向分	
# 工业投资	23.0
民生投资	–0.8
生态投资	1.5
基础设施投资	–16.9
高新技术产业投资	52.6
工业技改投资	–13.1
房地产开发投资	17.7
按产业分	
# 第一产业	394.3
第二产业	23.0
第三产业	2.9

五、国内贸易和物价

全年社会消费品零售总额197.0亿元，比上年下降4.5%。按经营地分，城镇消费品零售总额149.4亿元，下降3.0%；乡村消费品零售总额47.5亿元，下降8.9%。按地区分，永定区实现消费品零售额92.6亿元，下降4.4%；武陵源区17.2亿元，下降4.9%；慈利县55.1亿元，下降4.5%；桑植县32.1亿元，下降4.5%。

全年限额以上法人批发零售企业商品销售额58.4亿元，下降10.3%。网上零售额（按卖家分）3.1亿元，比上年增长70.4%。旅游产业增加值189.2亿元，增长1.9%。高新技术产业增加值23.1亿元，下降1.5%。

全体居民消费价格比上年上涨1.8%，其中食品烟酒增长9.0%，衣着增长1.2%，居住下降5.0%，生活用品及服务增长0.2%，交通和通信下降3.1%，教育文化及娱乐增长0.7%，医疗保健增长1.2%，其他用品和服务下降0.2%。商品零售价格上涨1.5%。

表13 2020年居民消费价格指数表

指 数	上年 =100
居民消费价格指数	101.8
# 食品烟酒	109.0
衣着	101.2
居住	95.0
生活用品及服务	100.2
交通和通信	96.9
教育文化及娱乐	100.7
医疗保健	1011.2
其他用品和服务	99.8

六、对外经济

全年外贸进出口总额10.1亿元，比上年下降5.9%。其中，出口额9.6亿元，下降7.2%。新批外商投资项目9个。实际到位资金3000万美元以上项目4个。新引进世界500强企业3家。在张家界投资的世界500强存续企业5家。引进2亿元以上境内省外项目27个。2亿元以上项目实际到位资金17.6亿元。

实际利用外资金额1.8亿美元。按产业分，第一产业1.3亿美元；第二产业0.1亿美元，增长13倍；第三产业0.3亿美元，下降77%。实际引进境内省外资金96.8亿元(不含慈利县0.75亿元市外省内资金)，比上年增长18.9%。按产业分，第一产业5.1亿元，比上年增长1.7倍；第二产业8.1亿元，增长53.9%；第三产业83.6亿元，增长15.8%。

表 14 2020 年进出口总额及其增长速度表

指 标	单位	绝对数	比上年增长(%)
进出口总额	亿元	10.1	-5.9
出口额	亿元	9.6	-7.2
合同使用外资金额	亿美元	1.8	
实际利用外资金额	亿美元	1.8	
按产业类别分			
#第一产业	亿美元	1.3	
第二产业	亿美元	0.1	1300
第三产业	亿美元	0.3	-77
实际到位资金3000万美元以上项目	个	4	100
新引进世界500强企业	家	3	
在湘投资的世界500强存续企业	家	5	
外派劳务	万人	0.0016	-69.2
实际引进境内省外资金	亿元	96.8	18.9
按产业分			
#第一产业	亿元	5.1	165.8
第二产业	亿元	8.1	53.9
第三产业	亿元	83.6	15.8
引进2亿元以上境内省外项目数	个	27	
2亿元以上项目实际到位资金	亿元	17.6	

七、交通、邮电和旅游

年末全市公路通车里程 9206 千米。其中，高速公路通车里程 185.1 千米，比上年增长 1.6%。铁路营业里程 205 千米。提质改造农村公路 314 千米。公路客运量 2745.6 万人次，下降 62.6%；水运客运量 37.9 万人次，下降 80.5%。铁路客运量 202.5 万人次，下降 0.2%。公路旅客周转量 12.4 亿人千米，下降 62.2%。年末民用汽车保有量 444717 辆。

全年电信业务总量 153.3 亿元，比上年增长 32.9%。邮政业务总量 3.24 亿元，比上年增长 9.3%。年末固定电话用户 9.6 万户，下降 4.4%。年末移动电话用户 166.1 万户，增长 3.0%，其中本年净增 4.8 万户。年末固定互联网宽带用户数 58.7 万户，比上年增长 13.6%。

全年全市旅游等级区（点）26 家，其中，AAAA 级及以上 12 家。实现旅游总收入 569.0 亿元，比上年下降 31.5%。接待国内外游客 4949.2 万人次，下降 26.4%。

表 15 2020 年全市旅游总收入和旅游人数情况表

指 标	单位	绝对数	比上年增长(%)
旅游总收入	亿元	569.0	-31.5
国内外旅游人数	万人次	4949.2	-26.4
国内旅游收入	亿元	568.2	-26.3
境外入境人数	万人次	3.1	-97.7
#外国人	万人次	2.2	-98.0
港、澳、台同胞	万人次	0.9	-97.0
国际旅游外汇收入	亿美元	0.1	-98.7
全市旅游等级区（点）	家	26	13
#AAAA 级及以上	家	12	0

八、财政、金融和保险

全年一般公共预算收入 52.0 亿元，比上年下降 20.4%。其中，地方财政收入 32.1 亿元，下降 14.8%；上划中央“两税”9.0 亿元，下降 31.5%；上划中央所得税 7.6 亿元，下降 19.7%。地方财政收入中，税收收入 21.9 亿元，下降 14.4%；非税收入 10.2 亿元，下降 15.5%。一般公共预算支出 198.4 亿元，增长 7.7%，其中民生支出 153.7 亿元，增长 6.8%。

表 16 2020 年全市财政收支情况表

指 标	绝对数（亿元）	比上年增长（%）
一般公共预算收入	52.0	-20.4
#地方收入	32.1	-14.8
#税收收入	21.9	-14.4
非税收入	10.2	-15.5
上划中央“两税”	9.0	-31.5
上划中央所得税	7.6	-19.7
一般公共预算支出	198.4	7.7
#一般公共服务	19.9	-1.8
教育	27.6	1.0
科学技术	1.9	22.7
文化体育与传媒	4.2	-7.6
社会保障和就业	25.0	-1.0
卫生健康支出	17.9	6.9
节能环保	5.4	-36.7
城乡社区	11.6	-26.7
农林水	28.80	0.5
住房保障	8.8	80.2
#民生支出	153.7	6.8

年末金融机构本外币各项存款余额 939.5 亿元，比上年增长 8.0%。其中，住户存款余额 591.0 亿元，增长 8.6%；非金融企业存款余额 135.2 亿元，下降 8.1%。年末金融机构本外币各项贷款余额 915.5 亿元，增长 17.2%。其中，住户贷款余额 365.8 亿元，增长 16.1%；非金融企业及机关团体贷款余额 549.6 亿元，增长 18.0%。年末全市有上市公司 1 家，A 股上市公司总股本 4 亿股，总市值 20 亿元。全市直接融资总额 28 亿元，比上年增长 27.2%。年末证券公司营业部 4 家，证券交易额 675 亿元。

表 17 2020 年末金融机构本外币存贷款余额表

指 标	年末余额（亿元）	比上年增长（%）
年末金融机构本外币各项存款余额	939.5	8.0
其中：境内存款	939.2	8.0
# 住户存款	591.0	8.6
活期存款	231.5	0.6
定期及其他存款	359.5	14.4
非金融企业存款	135.2	-8.1
活期存款	112.53	-7.2
定期及其他存款	22.7	-12.2
非银行业金融机构存款	10.3	4580.6
境外存款	0.3	33.2
年末金融机构本外币各项贷款余额	915.5	17.2
其中：境内贷款	915.4	17.2
# 住户贷款	365.8	16.1
短期贷款	106.0	6.8
中长期贷款	259.8	20.3
非金融企业及机关团体贷款	549.6	18.0
短期贷款	60.8	39.3
中长期贷款	482.3	15.8
境外贷款	0.1	-15.6

全年保险公司原保险保费收入 28.4 亿元，比上年增长 3.7%。其中，寿险保费收入 17.8 亿元，增长 1.8%；财险保费收入 10.5 亿元，增长 7.0%。保险公司原保险赔付支出 8.7 亿元，增长 14.8%。其中，寿险赔付支出 3.0 亿元，增长 1.9%；财险赔付支出 5.7 亿元，增长 21.4%。

九、教育和科学技术

全年普通高中毕业生 8452 人，中等职业教育毕业生 4088 人，初中学校毕业生 17705 人，普通小学毕业生 18531 人，特殊教育毕业生 32 人。幼儿园在园幼儿人数 45918 人。小学适龄儿童入学率 100%。高中阶段教育毛入学率 95.1%。年末各类民办学校 698 所。发放普通高中国家助学金 1682.7 万元，发放中职国家助学金 1469.4 万元，中职免学费资助中职学生 9207 人。

表 18 2020 年全市各级学校招生、在校及毕业生情况表

指 标	招生人数（人）	在校（学）人数（人）	毕业人数（人）
中等职业教育	4311	12469	4088
普通高中	10094	28341	8452
初中学校	18676	56207	17705
普通小学	17071	111865	18531
特殊教育	165	688	32

全年科技成果登记数 39 项，比上年增长 21.9%。签订技术合同 72 项，比上年增长 38.5%。技术合同成交金额 3.9 亿元，比上年增长 1.4 倍。全市省级工程技术研究中心 2 个，省级重点实验室 2 个。专利申请量 1143 件，比上年增长 8.3%。其中，发明专利申请量 440 件，增长 21.9%。专利授权量 723 件，增长 62.8%。工矿企业、大专院校和科研单位专利申请量分别为 210 件、50 件和 2 件。工矿企业、大专院校专利授权量分别为 25 件、6 件。

年末全市共有检验检测机构 48 家，法定计量检定机构 3 家。特种设备数量 8385 台。重点工业产品质量监督抽查 718 批次，定期抽查合格率 89.0%。强制检定计量器具 8.9 万台件。组织制定地方标准 4 项。发放食品生产许可证 43 张。

十、文化、卫生和教育

年末艺术表演团体 42 个，群众艺术馆、文化馆 5 个，公共图书馆 4 个，博物馆、纪念馆 5 个。国家级非物质文化遗产保护名录 4 个，省级非物质文化遗产保护名录 16 个。广播电台 2 座，广播综合人口覆盖率为 94.2%。电视台 3 座，电视综合人口覆盖率 99.4%。有线电视用户 1.5 万户。年末全市拥有 5 个综合档案馆，已开放档案 11 万卷，比上年增长 4.4%。放映农村公益电影 1.4 万场，出版报纸种类 2 种，报纸总印数 2 万份。

年末卫生机构 1294 个，比上年增长 0.8 个百分点。其中，医院 32 个，妇幼保健院（所、站）5 个，社区卫生服务中心（站）23 个，诊所、卫生所、医务室 236 个，村卫生室 890 个。卫生技术人员 10232 人。其中，执业医师和执业助理医师 4009 人，注册护士 4364 人。疾病预防控制中心 5 个，卫生技术人员 199 个。卫生监督所（中心）5 个，卫生技术人员 71 人。医院床位数 7069 张，增长 5.6%；乡镇卫生院 89 个，拥有床位 2547 张，卫生技术人员 1882 人。

全市经常参加体育锻炼人数 59.3 万人。开展全民健身项目 25 项次，增长 8.7%。新建农民体育健身工程的行政村 876 个。获得 1 个全国冠军。体育场地 4234 个，比上年增长 1.8%。其中，体育馆 4 座，运动场 166 个，游泳池 15 个，各种训练房 11 个。

十一、人民生活和社会保障

全年全体居民人均可支配收入 19139 元，比上年增长 6.2%。按常住地分，城镇居民人均可支配收入 27884 元，增长 4.0%；农村居民人均可支配收入 11538 元，增长 10.1%。全体居民人均消费支出 15656 元，下降 0.6%。按常住地分，城镇居民人均消费支出 19592 元，下降 3.4%；农村居民人均消费支出 12236 元，增长 3.6%。城镇居民人均住房面积 52.6 平方米，下降 5.8%；农村居民人均住房面积 66.4 平方米，增长 2.3%。

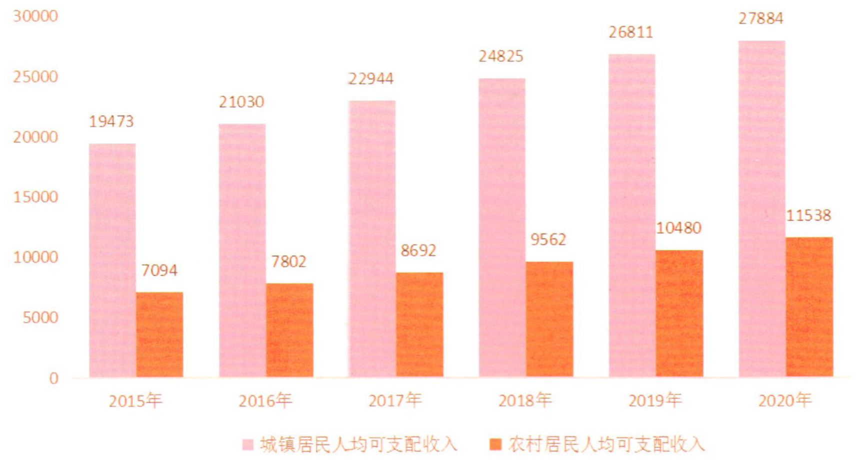

图 4　2015—2020 年全市城乡居民人均可支配收入图

表 19　2020 年全市城乡居民人均消费支出情况表

指 标	绝对数（元）	指 标	绝对数（元）
城镇居民人均消费支出	19592	农村居民人均消费支出	12236
# 食品烟酒	5401	# 食品烟酒	3435
衣着	1498	衣着	687
居住	5139	居住	3341
生活用品及服务	1142	生活用品及服务	682
交通通信	2144	交通通信	1039
教育文化娱乐	2748	教育文化娱乐	1544
医疗保健	1158	医疗保健	1281
其他用品和服务	361	其他用品和服务	227

全年新增城镇就业人员 10240 人。年末城镇登记失业率 3.6%。失业人员再就业人数 4308 人，比上年增长 1.1 倍。年末基本医疗保险参保人数 150.8 万人，其中，城乡居民基本医疗保险参保人数 136.6 万人，城镇职工基本医疗保险参保人数 14.3 万人。城乡居民基本养老保险登记参保人数 98.2 万人，增长 1.9%。城镇基本养老保险职工人数 18.6 万人，增长 10.8%。参加工伤保险职工人数 15.5 万人，参加失业保险职工人数 11.1 万人，领取失业保险金职工人数 2468 人。获得政府最低生活保障的城镇居民 11571 人。发放城镇居民最低生活保障经费 0.6 亿元，比上年增长 0.2%。获得政府最低生活保障的农村居民 40315 人，增长 17.9%。发放农村居民最低生活保障经费 1.2 亿元，增长 32.7%。提供住宿民政机构床位数 5803 张，其中养老机构床位数 5376 张。提供住宿民政机构收养人数 3648 人。全年销售社会福利彩票 1.2 亿元，筹集福彩公益金 0.3 亿元。增加公办幼儿园学位 20687 个。改（新）建农村户用厕所 1571 户。孕产妇免费产前筛查 9293 人。

十二、资源、环境和安全生产

全年达到或优于 III 类标准的水质断面比例为 100%，空气质量达到国家二级标准。城市生活污水处理率为 96.7%。森林覆盖率达到 71.0%，与上年持平。森林蓄积量 3130.5 万立方米，增长 4.0%。全年完成造林面积 0.3 万公顷。年末实有封山（沙）育林面积 0.2 万公顷，增长 4.6%。自然保护区 5 个，其中，国家级 2 个，省级 3 个。自然保护区面积 48781 公顷，国家地质公园 1 个。

全年全社会用电量 28.4 亿千瓦时，比上年下降 0.1%。其中，工业用电量 6.7 亿千瓦时，下降 3.6%；居民生活用电量 11.5 亿千瓦时，增长 5.8%。初步核算，全市规模以上工业综合能源消费量 24.6 万吨标准煤，比上年下降 4.4%。其中，六大高耗能行业综合能源消费量 20.6 万吨标准煤，下降 4.9%。从主要污染物排放情况看，化学需氧量排放量 1.6 万吨，下降 2.4%；二氧化硫排放量 1.1 万吨，与上年基本持平；氨氮排放量 0.2 万吨，下降 4.1%；氮氧化物排放量 0.7 万吨，与上年基本持平。

全年开工各类水利工程 257 处，比上年增长 4.6 倍。水利工程投入资金 3.6 亿元。水利工程完成土石方 0.2 亿立方米，比上年增长 14.2%。新增节水灌溉面积 0.03 千公顷。全年道路交通事故 19347 起，比上年下降 0.2%；道路交通死亡率 2.4 人 / 万辆，比上年下降 35.4%。

注释：

本公报数据为初步统计数，所有数据均来源于相关市直部门，部分数据因四舍五入原因，存在与分项合计不等的情况。

地区生产总值、三次产业及相关行业增加值绝对数按现价进行计算，增长速度按不变价格进行计算。

因第七次人口普查结果尚未发布，本公报与人口相关计算指标的数据暂缺。（市统计局）

在市委七届十次全体会议上的总结讲话

中共张家界市委书记 虢正贵

（2020 年 12 月 11 日）

同志们：

“十四五”时期是我国全面建设社会主义现代化国家新征程的开局起步期，也是世界百年未有之大变局的加速演进期，更是实现中华民族伟大复兴的关键时期。我们召开这次全会，总结今年来的工作，审议通过市委《关于制定国民经济和社会发展第十四个五年规划和二〇三五年远景目标的建议》《关于深入贯彻落实习近平总书记考察湖南重要讲话精神奋力推动新时代张家界高质量发展的决定》，对于立足“两个大局”，落实中央、省委要求，谋划办好自己的事，对于全市广大党员干部统一思想行动、强化责任担当，奋力开启新时代张家界现代化建设的新篇章，都具有重要意义。下面，我讲五点意见。

一、切实增强政治自觉思想自觉行动自觉，坚定不移沿着习近平总书记指引的方向砥砺奋进

在决胜全面小康、决战脱贫攻坚、开启全面建设社会主义现代化国家新征程的关键时期，在收官“十三五”、谋划“十四五”的重要节点，习近平总书记亲临湖南考察，在我省发展进程中具有里程碑意义。全市各级党组织和广大党员干部要增强“四个意识”、坚定“四个自信”、做到“两个维护”，深刻理解把握讲话的思想内涵、核心要义、实践要求，以高度的政治自觉思想自觉行动自觉抓好贯彻落实。

（一）要深刻认识习近平总书记考察湖南重要讲话精神是为我省现代化建设量身定制的行动纲领。习近平总书记作出的一系列重要讲话指示，充分肯定党的十九大以来湖南各项事业发展取得的新成绩，勉励打造“三个高地”、践行“四新”使命、抓好五项重点任务，深刻阐明新时代湖南改革发展稳定的一系列全局性、根本性、战略性问题，是我省开启现代化建设新征程的强大思想武器和科学行动指南。

（二）要准确把握习近平总书记考察湖南重要讲话精神与中共十九届五中全会精神有机统一的内在关系。习近平总书记考察湖南与中共十九届五中全会胜利召开，时间上一前一后，精神实质上相互贯通，是全局与一域、普遍与特殊的关系。在“三个高地”上，全会明确要求，要把发展经济的着力点放在实体经济上，要锻造产业链供应链长板，建设制造强国；总书记要求湖南，要着力打造国家重要先进制造业高地。全会明确提出，把科技自立自强作为国家发展的战略支撑；总书记要求湖南，要打造具有核心竞争力的科技创新高地。全会明确提出，坚持实施更大范围、更宽领域、更深层次对外开放，依托我国大市场优势，建设对外开放新高地；总书记要求湖南，要打造内陆地区改革开放高地。在“四新”使命上，全会明确提出，“十四五”时期要以推动高质量发展为主题；总书记要求湖南，要在推动高质量发展上闯出新路子。全会对构建以国内大循环为主体、国内国际双循环相互促进的新发展格局作出战略部署，总书记要求湖南，要在构建新发展格局中展现新作为。全会对优化国土空间布局、推进区域协调发展、构建高质量发展的国土空间布局和支撑体系作出重大部署，总书记要求湖南，要在推动中部地区崛起和长江经济带发展中彰显新担当。全会明确提出，“十四五”时期要为全面建设社会主义现代化国家开好局、起好步；总书记要求湖南，要奋力谱写新时代坚持和发展中国特色社会主义的湖南新篇章。

（三）要系统谋划习近平总书记考察湖南重要讲话精神在我市贯彻落实的落脚点着力点。省委十一届十二次全会深刻把握习近平总书记考察湖南重要讲话精神和中共十九届五中全会精神的内在联系，旗帜鲜明提出“三高四新”战略，构成了“十四五”乃至更长一个时期湖南发展的指导思想和行动纲领，吹响了全省上下团结奋斗建设现代化新湖南的强劲号角。这次市委全会深入贯彻省委全会精神，坚持谋事与谋势、谋当下与谋长远、谋一域与谋全局相结合，把张家界放在习近平总书记对湖南的殷切期望和中共十九届五中全会、省委十一届十二次全会的长远谋划中进行谋篇布局，提出坚持“建设国内外知名的旅游胜地”目标不动摇，明确努力打造“两地两区一龙头一家园”的发展定位。这个定位，牢牢把握新发展阶段的使命担当，牢牢把握新发展理念的内在要求，牢牢把握新发展格局的重大机遇，突出张家界的比较优势和地域特点，体现对市第七次党代会和市委七届三次全会精神的深化和发展，每个方面都代表了责任义务，每项内容都关系着民生福祉，每个目标都需要不懈奋斗。全市上下要认真对照《决定》要求逐条逐项研究，压实责任、细化措施、明确时限，不断推动习近平总书记重要讲话精神在张家界落地生根、结出硕果，以实干实绩回报习近平总书记的亲切关怀和深情厚望。

二、准确把握新时代新发展阶段的新特征新要求，奋力开启张家界现代化建设的新征程

我国即将进入全面建设社会主义现代化国家、向第二个百年奋斗目标进军的新发展阶段。我们谋划发展、实施战略、推进工作，都要从这个大背景出发，准确把握所面临的阶段性特征。

从现实基础看，“十三五”时期张家界发展取得新的巨大成就。一是综合实力不断增强。全市 GDP 由 2015 年的 384.1 亿元增加到 2019 年的 552.1 亿元，是 2015 年的 1.44 倍，年均增长 8%，增速高于全省平均水平；一般公共预算收入从 2015 年的 46 亿元增加到 2019 年的 65.4 亿元，年均增长 9.4%。二是全域旅游提质升级。全市接待游客人次和旅游总收入，分别由 2015 年的 5075 万人次、341 亿元增长到 2019 年的 8049.3 万人次、905.6 亿元，年均增速分别为 18.2%、24.9%，持续保持高基数上的高增长，“锦绣潇湘”全域旅游龙头作用和地位进一步凸显。三是城乡面貌显著改善。黔张常高铁、张桑高速、武陵山大道、杨家界大道、滨水环线等重大交通项目建设相继完成；荷花国际机场迈入全国中型机场行列。成功创建国家森林城市、环境空气质量达标城市、省级文明城市、省级园林城市，国家卫生城市通过国家技术评估。四是三大攻坚战战果卓著。脱贫攻坚任务如期完成，旅游精准扶贫“张家界样本”走进联合国教科文组织总部，向世界分享经验。大力实施生态绿色张家界建设，大鲵自然保护区 88 座水电站全部整改关停到位，武陵源核心景区生态移民搬迁扎实推进。政府债务风险总体可控，非法集资风险排查、P2P 平台整治取得实效。五是改革开放持续深化。党政机构改革全面完成，“互联网 + 政务服务”“最多跑一次”改革取得重要成效，农村集体产权制度改革、中小学生校内课后服务改革等经验在全省推广。国际友好城市达到 6 对，境外丝路驿站达到 22 个，境外客源市场达 133 个国家和地区。六是民生保障全面加强。全市城镇和农村居民人均可支配收入分别由 2015 年的 19473 元、7094 元增长至 2019 年的 26811 元、10480 元，年均分别增长 7.9%、9.8%。完成棚户区改造 4.7 万余户。市一中、金海学校等一批学校竣工建成，市人民医院新院投入使用，“一宫四中心”主体建成。

从外部环境看，“十四五”时期我市经济社会发展将面临难得的历史机遇。一是国家战略叠加实施的机遇。近年来，国家相继制定并实施“一带一路”、长江经济带、中部地区崛起等发展战略，湖南自贸区获批，我市具有“承东接西”“左右逢源”的区位优势，许多战略将在市域内叠加实施，给我市带来巨大发展机遇。二是国家实施特殊类型地区振兴政策的机遇。国家正在对特殊类型地区振兴发展进行重大部署并启动规划编制，我市作为革命老区、少数民族地区、国家生态功能区等，完全可以得到国、省更多的政策、资金和项目支持。三是构建国内外双循环发展新格局的机遇。国家已将旅游发展提升到新的高度，并作为提振经济、扩大消费的重要举措之一。去年我国出境旅游超过 1.5 亿人次，消费超过 3000 亿元，在新发展格局背景下，今后这部分中高端客源将持续向国内转移，释放新的旅游消费动能，我市的旅游消费将迎来更加广阔的发展空间。四是湖南区域发展战略实施的机遇。我市在湘西地区特别是在建设张吉怀精品生态文化旅游经济带方面具有重要地位和作用，随着省委“三高四新”战略的大力实施和“锦绣潇湘”全域旅游基地建设的深入推进，我市必将迎来更为广阔的发展空间。

从内生动力看，“两地两区一龙头一家园”战略定位的确立，必将催生更多的新活力新动力。一是旅游经济高质量发展空间更大。我市作为国内外知名旅游目的地，已经成为旅游经济大市，塑造了“国际张”的良好形象，也必将催生集观光、度假、休闲、康养、会展等于一体的复合型旅游产品体系，为全市旅游业和服务业的发展提供强大的动力和巨大的空间。二是区域性交通枢纽地位日渐凸显。我市基本形成了航空、铁路（高铁）、高速公路等综合立体交通体系，作为武陵山片区旅游交通枢纽城市和旅游集散中心城市的优势更加显现，荷花机场扩建、张吉怀和安慈开通以及炉慈、桑龙、张官等高速公路的开工，将进一步扩大开放发展空间。三是综合改革红利加快释放。旅游经济高质量发展综合改革将推动我市进一步发挥龙头示范作用，随着土地、劳动力、资本等市场要素配置的优化，市域治理体系和治理能力现代化的深入推进，改革红利将持续释放，发展活力将不断增强。

三、贯彻新发展理念融入新发展格局，紧紧围绕实现“十四五”规划目标任务聚焦发力

这次全会审议通过的市委《规划建议》，是推动“十四五”乃至更长一个时期我市高质量发展的行动指南，全市各级各部门要强化目标引领，从以下八个方面上聚焦发力。

（一）要在努力打造“两地两区一龙头一家园”上聚焦发力。在制定全市“十四五”规划建议中，我们全面对标对表，深入贯彻中共十九届五中全会精神和习近平总书记考察湖南重要讲话、省委十一届十二次全会精神，认真落实“三高四新”战略，深入实施对标提质旅游强市和“11567”总体思路，明确提出我市“十四五”时期主要目标、重点任务和工作要求。全市各级各部门要紧扣努力打造“两地两区一龙头一家园”目标定位要求，坚持目标导向、问题导向和结果导向，结合各自实际、结合职能职责，找准位置、发挥优势，既要在战略全局上布好局，又要在关键处落好子。

（二）要在积极融入新发展格局上聚焦发力。要依托我市旅游流量大的优势，抢抓疫情之下出境游必然回归国内游的机遇，完善落实扩大内需的政策支撑体系，积极参与国内旅游市场建设，更大范围加强与国内中心城市、国内重点旅游城市以及武陵山片区县市的协调合作，深度参与构建全省旅游发展总体格局，引领张吉怀精品生态文化旅游经济带建设。要大力推动消费升级，提升传统消费，培育新型消费，适当增加公共消费，推动城市“夜经济”繁荣发展，促进线上线下消费融合发展。要持续扩大有效投资，重点围绕基础设施、社会民生、产业等领域，规划建设一批强基础、增功能、利长远的重大项目，争取更多项目进入国、省“笼子”。要充分发挥政府投资撬动作用，完善和落实鼓励民间投资政策，着力打造一流营商环境，激发投资活力。

（三）要在着力加快产业转型升级上聚焦发力。要推动“旅游+”跨界融合发展，以发展实体经济为本，以旅游高质量发展为引领，以深化供给侧结构性改革为主线，提质生态观光游，突出休闲度假游，发展民俗风情游，加快体育运动游，创新红色文化游，不断提高旅游经济发展的质量、效益和竞争力。要大力实施新型工业强基倍增计划，重点培育生物医药、生态绿色食品、旅游商品、特色装备制造、装配式建筑、数字经济六条新兴优势产业链，加快建设体现旅游城市特色、与生态环境和旅游相适应、一、二、三产业创新融合的新型工业体系。要深入推进五大农业特色产业及优势农产品发展“3+2+N”行动计划，积极创建国家特色优势农产品示范区，培育壮大农业产业化龙头企业，加强农产品仓储保鲜、冷链物流设施等建设，以深加工产品效益提高农作物经济附加值。要大力实施乡村振兴战略，健全防止返贫监测和帮扶机制，积极探索巩固拓展脱贫攻坚成果同乡村振兴有效衔接。要大力培育现代物流龙头企业，加快建设综合物流园区，着力打造武陵山片区物流集散中心。

（四）要在深入推进生态文明建设上聚焦发力。要坚持生态优先、绿色发展，全面推进国家生态文明建设示范区，加强各类自然生态资源保护，加快推进自然保护地整合优化国家试点，严守生态保护区红线，建立最为严格的生态保护监管制度和监测预警管控体系。要大力推进生态绿色张家界建设，深化碧水守护、蓝天保卫、净土攻坚、大地增绿、城乡洁净五大行动，坚持不懈打好污染防治攻坚战，抓好长江“十年禁渔”，全面落实河长制，全面推行林长制，不断改善生态环境质量。要严格落实领导干部生态文明建设责任制，健全完善落实生态环境监测和评价制度、生态环境损害赔偿制度、生态环境损害责任终身追究制度。

（五）要在全面深化改革开放上聚焦发力。要坚持用好改革“关键一招”，既要确保中央和省委改革部署在我市落地见效，又要打造一批具有我市特色的改革亮点，重点把旅游经济高质量发展、国资国企、行政审批、商事制度、投融资、财政税收等领域改革不断推向深入。要深度融入“一带一路”等国家战略，扩大在西部陆海新通道建设中的经贸合作，拓展国际客运航班，稳定国际全货机航班线，设立更多“丝路驿站”，积极争取跨界电商通关、扩大免税购物、144 小时入境免签等政策尽早落地实施，探索设立综合保税区，推动张家界融入和服务“大循环”“双循环”合作新模式。

（六）要在统筹推进城乡协调发展上聚焦发力。要大力建设国际精品旅游城市，充分发挥城市设计对城市整体形态的控制、引导作用，按照“世界眼光、现代理念”，加强对重要区域、重点路段的城市设计，让建筑造型、色彩、风格与周边环境相协调，让一桥一路都有特色、一街一坊都有韵味。要树牢“精明增长”理念，推进智慧城市、海绵城市建设，加强城市社区治理体系和服务能力建设，把交通秩序、市容市貌、背街小巷、人居环境等群众反映最强烈、改善形象最亟须的问题作为重中之重，扎实开展突出问题集中整治。要大力开展乡村建设行动，统筹新型城镇化和新一轮村庄规划建设，推进乡村基础设施提档升级，发展民族风情特色小镇，促进休闲农业和乡村旅游，推动农村一、二、三产业融合发展。

（七）要在改善民生福祉提升幸福指数上聚焦发力。要积极适应群众需求变化，竭力办好民生事业，扎实推动共同富裕取得实质性进展，使改革发展成果更多更公平惠及全市人民。要落实更加积极的就业政策，支持重点群体就业，扩大公益性岗位安置，完善促进就业带动就业、多渠道灵活就业的保障制度，实现更加充分更高质量就业。要全面推进社会事业发展，推动教育高质量发展，完善社会保障体系，推进健康张家界建设，建设老年友好型社会。要立足我市文化底蕴和优势，实施文明创建工程，巩固创建国家卫生城市成果，积极创建全国文明城市。要大力发展公共文化事业，完善城乡公共文化服务体系，弘扬和传承红色文化、民族文化，推进文化惠民。要继续谋划实施一批重点民生工程，着力解决群众反映强烈的突出问题，切实提高人民群众生活品质。

（八）要在牢牢守住安全发展底线上聚焦发力。要落实总体国家安全观，严格防范和严厉打击敌对势力渗透、破坏、颠覆、分裂活动。要继续打好防范化解重大风险攻坚战，高度重视防范化解政府债务和金融风险，牢牢守住不发生系统性风险底线。要加强公共卫生体系建设，增强应对突发公共卫生事件能力。要落实“四个最严”要求，加快创建国家食品安全示范城市。要严格落实安全生产责任制，健全应急管理体系，强化安全生产监管，确保全市安全生产形势持续稳定向好。要以创建市域社会治理现代化试点城市为抓手，探索合乎共性要求、具有市域特色、时代特征的社会治理新模式，力争我市的市域社会治理创新工作走在全国前列。要加强社会治安防控体系建设，巩固扩大扫黑除恶专项斗争成果，建设更高水平的平安张家界、法治张家界。

四、树立抓落实重实干的鲜明导向，确保各项目标任务和重点工作高质量完成

反对空谈、强调实干、注重落实，是我们党的优良传统。全市党员干部要让抓落实、重实干成为自己的鲜明特质，共同推动市委决策部署落实落细落地。

（一）紧扣目标任务抓落实、重实干。目标不明，方向必失、阵脚自乱。全市上下要紧扣建设国内外知名的旅游胜地这一总目标，着力抓好“两地两区一龙头一家园”六个分目标的铺排和部署。要坚持系统观念和“一盘棋”思想，自觉对表对标，努力增强行业目标、部门目标、区域目标与全市发展目标的匹配度和契合度，确保各项工作都紧紧围绕全市的目标任务来展开来推进。这次市委全会后，市里将进一步编制完善规划实施纲要，各级各部门要加快制定相应规划和专项规划，注重把握好宏观与微观、定性与定量的平衡点，实打实地设定工作目标，确保可细化、可操作、可实现。

（二）要聚焦突出问题抓落实、重实干。问题是时代的声音，推进各项工作，必须坚持问题导向，任何宏伟的目标都是在解决现实问题中一步步实现的。全市上下要聚焦贯彻落实党中央重大决策部署，聚焦认真落实省委“三高四新”战略、深入实施对标提质旅游强市的重点难点问题，加强跟踪督办，推动落实落细。要发扬攻坚克难精神，把抓落实的重心放在基层一线，自觉到基础差、困难大的地方挑重担，主动到矛盾多、压力大的地方啃硬骨头，切实提升抓落实的效果。

（三）要坚持精准精细抓落实、重实干。要处理好“形”与“势”的关系，始终胸怀“两个大局”，在变化变局中保持战略定力，聚精会神办好张家界自己的事。要处理好“稳”与“进”的关系，该稳的要坚决稳住，确保经济持续健康发展和社会大局稳定；该进的要积极进取，推动发展向更高层次更高质量迈进。要处理好“近”与“远”的关系。抓产业，近的是转型阵痛，远的是动能接续；抓项目，近的是招商安商，远的是富民强市；抓环保，近的是污染防治，远的是厚植优势；等等。一定要因地制宜、因时制宜、因事制宜，精准谋项目、精准抓招商、精准兴产业、精准攻改革、精准解民忧，以庖丁解牛的办法解难题、抓工作，以实干实效促进经济社会大发展大进步。

五、全面加强和改善党的领导，为开启张家界现代化建设新征程提供坚强保证

党的领导始终是我们事业取得成功的根本保证。要坚定不移把党的领导贯穿“十四五”经济社会发展全过程，以高质量党建引领高质量发展。

（一）要巩固拓展讲规矩、守纪律的政治生态。要始终把党的政治建设摆在首位，扎实开展政治忠诚教育，建立完善干部政治素质档案，推进领导班子和领导干部政治建设考察全覆盖，更好更深地引导全市各级党组织和广大党员干部增强“四个意识”、坚定“四个自信”、做到“两个维护”。要更好发挥党委总揽全局、协调各方作用，充分调动各方面积极性，最大程度、最大力度凝聚起发展合力，形成心无旁骛干事业、万众一心抓发展的生动局面。要推动不忘初心、牢记使命制度化常态化，教育引导广大党员干部传承红色基因，发扬斗争精神、增强斗争本领，奋力走好新时代长征路。要纵深推进全面从严治党，把“严”的主基调长期坚持下去，把“零容忍”进行到底，一体推进不敢腐、不能腐、不想腐，扎实建设清廉张家界。

（二）要全面构筑聚民心、解民忧的坚强堡垒。要牢固树立大抓基层的鲜明导向，坚持“一切工作到支部”，加强支部标准化规范化建设，推动基层党组织全面进步全面过硬。要抓好新一轮村（社区）“两委”班子换届，选优、配强、管好党组织书记，全面实行村（社区）党组织书记和主任“一肩双责”。要深入抓好省委、市委关于加强基层建设文件精神的贯彻落实，进一步加大对基层的关心关爱力度，推动人往基层走、钱往基层投、政策往基层倾斜，切实把为基层减负一抓到底、抓出成效。

（三）要鲜明树立重品行、重实干的用人导向。要全面贯彻新时代党的组织路线，坚持好干部标准，把忠诚干净担当、埋头苦干实干的好干部选出来用起来，以“三个用起来”用人导向引领干事创业导向。要把推动高质量发展作为领导干部考核评价的重要标尺，坚持以高质量发展实绩实效论英雄。要充分发挥督查考核的“指挥棒”作用，干了多少事、干成了哪些事都要一笔一笔地“记在账上”，写实画像、考准考实，坚决纠治“干好干坏一个样”的思维定式，坚决破除“干事不如会来事”的积弊陋习，努力营造奋发有为、干事创业的良好氛围。

领导干部是“关键少数”，应该发挥好关键作用。在省委十一届十二次全会上，达哲书记代表省委常委会向全省作出“五个带头”的郑重承诺，即：带头政治坚定、绝对忠诚，带头心系群众、执政为民，带头真抓实干、担当负责，带头尊崇法治、依法办事，带头清正廉洁、坚守底线。全市广大党员特别是各级领导干部要对标省委常委会、对标达哲书记，坚决做到“五个带头”，把责任扛在肩上，勇于挑最重的担子，敢于啃最硬的骨头，善于接最烫手的山芋，向党和人民交出一份满意的答卷。

同志们，临近岁末，各方面工作千头万绪。这里，我再强调五项重点工作：一是对照“十三五”规划和“六稳”“六保”、全面小康、脱贫攻坚、党建等全年目标考核任务，加强梳理调度，抓紧查漏补缺，力争各项指标任务高效推进、圆满完成，确保年底考核取得优异成绩。二是积极向上衔接汇报争取支持。各级各部门要紧密对接国、省“十四五”规划，全力争取项目、资金等方面支持，需要市委、市政府领导出面的，尽管大胆地提出来，大家一起想办法，一起去争取。三是科学谋划好明年工作，合理确定明年经济社会发展目标，提前谋划部署一批重大项目、政策和举措。四是进一步把今冬明春的常态化疫情防控工作做实做细，不断健全防控机制，织密防控网络，防松懈、防反弹、防输入。五是统筹抓好安全生产、信访维稳、民生实事等工作，做好农民工工资支付、困难群体慰问帮扶、过冬能源物资保障等工作，确保社会大局和谐稳定。

同志们，2020年极不平凡，千百年来困扰中华民族的绝对贫困问题即将历史性地画上句号，我们党即将实现第一个百年奋斗目标。处于这一重大历史节点，站在张家界这方红色热土，我们倍加铭记老一辈无产阶级革命家建立的不朽功勋，倍加需要发扬先辈先烈的大无畏革命精神，把他们开创并为之奋斗的事业不断推向前进。征程万里风正劲，重任千钧再出发。让我们更加紧密地团结在以习近平同志为核心的党中央周围，在省委的正确领导下，不忘初心、牢记使命，承前启后、继往开来，为夺取全面建成小康社会伟大胜利、加快建设国内外知名的旅游胜地、全面开启张家界现代化建设新征程而努力奋斗！

张家界市人民代表大会常务委员会工作报告

——2021年1月10日在张家界市第七届人民代表大会第五次会议上

市人大常委会党组书记、副主任 胡丘陵

各位代表：

我受市人大常委会的委托，向大会报告工作，请予审议。

2020年的主要工作

2020年，面对突如其来的新冠肺炎疫情考验，市人大常委会以习近平新时代中国特色社会主义思想为指导，深入贯彻落实党的十九大和十九届二中、三中、四中、五中全会精神，坚持党的领导、人民当家作主、依法治国有机统一，认真履行宪法和法律赋予的职权，守正创新，锐意进取，推动了全市经济社会高质量发展。

一年来，市人大常委会共召开主任会议14次，常委会会议7次，审议通过地方性法规2部，作出决议决定9项，听取和审议“一府两院”专项工作报告29项，听取有关审议意见研究处理情况报告17项，开展了5部法律法规实施情况的执法检查或调研。

一、坚持党的领导，政治领导力更加坚定

市人大常委会始终坚持正确政治方向，充分发挥党组领导作用，把坚持党的领导贯穿人大工作始终。

坚决维护党中央权威和集中统一领导。自觉在政治上思想上行动上同以习近平同志为核心的党中央保持高度一致，增强“四个意识”，坚定“四个自信”，做到“两个维护”。始终以习近平总书记关于坚持和完善人民代表大会制度的重要思想指导人大工作，及时传达学习习近平总书记湖南考察重要指示和关于人大工作的批示精神，结合实际抓好贯彻落实。

自觉接受市委领导。围绕市委重大决策部署，安排市人大常委会重点工作，做到人大工作与市委决策部署同频共振，把党的全面领导贯彻到人大工作全过程和各方面，确保市委决策部署通过法定程序成为全市人民的共同意志，确保市委推荐的人选通过法定程序成为国家政权机关的领导人员。认真落实重大事项向市委请示报告制度，一年来，向市委请示报告22次，提请市委常委会研究人大工作6次。

充分发挥党组作用。市人大常委会党组定期研究部署人大重要工作，严格落实意识形态、基层党建和党风廉政等工作责任制，全面加强政治、思想、组织、纪律、作风和制度建设，充分发挥了党组把方向、管大局、保落实的领导作用。

二、提高立法质量，法治引领力显著加大

市人大常委会着力探索“既要讲好党言党语，也要讲好法言法语”的法治实践，坚持“小切口、真管用”原则，充分发挥立法引领作用，深入推进科学立法、民主立法和依法立法，为全市高质量发展提供了有力的法治保障。

创新立法模式。充分发挥立法主导作用，建立了常委会主要领导负总责，其他副主任分头负责，各专委会、工作机构和常委会组成人员齐上阵的“众人磨一剑”立法模式。坚持提前介入、开门立法，落实立法公开要求，健全立法沟通机制，扩大公民有序参与，多渠道多形式征集社会各方面的立法意见建议，广泛凝聚社会共识，立法更加科学、更加民主，立法质量明显提高。

坚持立法为民。始终把人民群众对美好生活的向往作为立法方向，坚持立打造改革开放高地的法、立离人民群众近的法、立管长久的法。为解决农村村民建房规划滞后、滥占耕地、人居环境差、审批手续繁杂等突出问题，常委会各副主任分别带队深入14个乡镇36个村，开展多轮考察调研，市人大常委会三次审议修改法规草案，出台了《张家界市农村村民住房规划建设管理规定》，该法重点突出，条条都有针对性，为实施乡村振兴战略提供了基础法治保障。

加强生态保护立法。古树名木既是我市森林资源的重要组成部分，也是推进全域旅游发展的重要基础，具有很高的生态和旅游价值。为加强古树、名木、大树和古树后续资源保护，制定了《张家界市古树名木保护条例》，该法切口小，有特色，规范和加强了古树名木保护管理，将大力促进我市生态文明建设和全域旅游发展。

维护法制统一。听取了规范性文件备案审查工作报告，进一步完善了备案审查制度，推动备案审查工作规范化、制度化、程序化。对市“一府两院”报送的39件规范性文件进行了备案审查，做到有件必备、有错必纠。创新开展市本级法规学习宣传，联合市委全面依法治市委员会编印了《张家界市地方性法规学习读本》，并纳入了全市普法考试内容。

三、依法行使决定和任免权，大事决策力明显提升

市人大常委会围绕市委决策部署，积极回应群众期盼，加强对事关全市经济社会发展大局的重大事项开展调查研究，努力提升审议水平，依法作出决议决定。

围绕发展大局作出决议决定。为促进经济复苏，推进重点项目建设，作出了《关于批准2020年市本级

重点项目计划的决议》。为贯彻落实“一带一路”倡议，加强对外交往，审议并批准了《张家界市与老挝人民民主共和国琅勃拉邦省琅勃拉邦市建立友好城市关系的议案》。为推动张家界莓茶、桑植白茶产业发展，促进农民增收，作出了《关于加强张家界莓茶和桑植白茶公共品牌建设的决议》。对市政府提请审议的《天子山景区高台游步道提质改造项目议案》和《金鞭溪基础设施提质改造项目议案》，开展了深入调研和认真审议，依法作出了批准议案的决定。加强对“一府一委两院”的支持和监督，作出了《关于进一步加强行政审判工作的决议》，健全协作机制，促进依法行政、依法监察和公正司法，大力推进法治张家界建设；作出了《关于加强检察机关公益诉讼工作的决议》，明确公益诉讼的范围和程序，强化公益诉讼检察工作措施，维护国家和社会公共利益。

坚持依法行使人事任免权。始终坚持党管干部原则，依法任免23名国家机关工作人员，包括任命8人，免去5人，批准免去1人，决定任命4人，决定免去3人，接受辞职2人。按要求组织拟任职人员参加任前法律知识考试。认真执行宪法宣誓制度，对常委会依法任命的国家工作人员组织了宪法宣誓仪式，增强了国家工作人员的宪法意识、责任意识和公仆意识。

四、务求监督实效，制度执行力逐步增强

市人大常委会围绕市委所谋、政府所为、群众所盼，创新监督方式，依法开展正确监督有效监督，确保法律法规和决议决定有效执行。

促进经济企稳向好。为科学应对疫情影响，市人大常委会领导和有关委室深入联系项目企业、乡镇村居一线，调研产业复工复产。听取和审议了计划、预算、审计、重点项目计划安排、国有资产、国有自然资源管理等工作报告，推动全市上下坚定发展信心、抓好项目建设、促进旅游升温，经济发展企稳向好。开展优化营商环境工作评议，出台市直部门优化营商环境工作评议方案及实施细则，对16个市直部门开展了集中评议，为优化我市营商环境发挥了积极作用。开展了演艺市场调研视察，督促相关部门解决了演艺市场恶性竞争等突出问题。听取和审议了国际友城工作情况报告，内陆开放新高地建设有了新进展。听取和审议脱贫攻坚工作情况报告，助力全面建成小康社会。听取了市人民政府“十四五”规划和2035年远景规划纲要编制工作报告，召开了“十四五”规划和2035年远景规划纲要座谈会。各专委会主动对接有关部门，广泛组织市人大代表为规划纲要建言献策，并汇编成集供编制单位参考，为更好绘就我市发展蓝图留墨添彩。

确保人民生命健康安全。认真贯彻落实党中央和省委、市委坚决打赢疫情防控阻击战的决策部署，常委会领导靠前指挥疫情防控工作，全市各级人大及人大代表积极行动，共同抗击疫情。配合省人大常委会开展了重大疫情防控和突发公共卫生事件应对法治建设专题调研，听取和审议了《全国人民代表大会常务委员会关于全面禁止非法野生动物交易、革除滥食野生动物陋习，切实保障人民群众生命健康安全的决定》及野生动物保护法贯彻实施情况报告。开展了传染病防治法和实施办法的执法检查，针对人民群众反映突出的结核病防治有关问题，组织开展了本届人大常委会首次专题询问，形成审议意见和问题交办清单，理顺了结核病防控机制，规范了治疗程序，加大了财政投入，解决了中小学生入学免费体检、结核病患者报销比例不高、免费药物品种较少、检验检测设备缺乏等突出问题。

保护一方碧水蓝天。采用“1+4”编组模式，市区县协同开展《张家界市扬尘污染防治条例》执法检查，形成了监督合力。创新运用“两次交办一次回头看”监督方式，向市人民政府及有关部门交办问题17个，整改成效明显。强力推进国家卫生城市创建，市人大常委会两位副主任分别负责创卫日常工作和督查工作，开展了《张家界市爱国卫生条例》实施情况调研，为成功创建国家卫生城市作出了贡献。听取和审议了《湖南省武陵源世界自然遗产保护条例》实施情况报告，景区资源环境保护进一步加强。听取和审议了贯彻实施城乡规划法和湖南省实施办法、开展国土空间规划编制情况的报告，促进了我市国土空间合理利用和有效保护。听取和审议了自然保护地整合优化方案有关情况的报告，力促自然保护地相互重叠、边界不清、多头管理、机构不全等问题的解决。

维护社会公平正义。听取和审议了2019年度法治政府建设、“扫黑除恶”专项斗争工作、行政诉讼法贯彻实施等工作情况报告，维护了社会公平正义，推动了平安张家界建设。听取和审议了全市医疗保障基金监管工作情况的报告，切实维护医保基金运行安全。组织开展了贯彻实施残疾人保障法的执法检查，提出健全残疾人保障工作联动机制、加大残疾人事业资金投入、加强残疾人基本公共服务、完善残疾人基本权益保障等审议意见，保障了残疾人合法权益。

五、发挥代表主体作用，代表履职力不断提高

市人大常委会坚持为代表服务与保障代表履职并重，加强领导示范带动，推动代表建议办理全程公开，代表履职能力不断提高。

引导代表密切联系群众。完善代表联系群众平台建设与管理，重点在市城区及周边人员密集地，市、区县政务服务中心新建立了15个代表联络站，运用“互联网+”模式，建立了代表联系群众“微”平台，通过线上线下相结合，有效打通了代表联系群众最后一公里。一年来，各代表联络站累计收集来访群众反映问题、建议505条，落实解决151条，转化为代表建议和意见50余条，代表联络站已真正成为“民意窗、连心桥”。

深入开展代表活动。开展市级领导干部中的市人大代表“密切联系人民群众”主题活动，市级领导带头深入群众、带头参加代表活动，起到了良好的示范作用。围绕群众普遍关心关注的热点难点问题，印发了代表调研重点课题，指导代表小组开展脱贫攻坚、旅游发展、乡村振兴等专题调研。组织全国、省人大代表开展农村电子商务发展情况专题调研，针对农村地区物流欠发达、网络信息技术普及度低等问题提出了合理化建议。

强化代表建议办理。为提高代表建议办理效果，制定了代表建议督办工作方案，常委会各副主任带队督办，压实相关单位办理主体责任和各专门委员会督办责任。将代表提出的133件建议内容和办理结果在张家界日报、红网张家界等媒体上进行了公示，接受各方面监督，有力推动了营商环境优化、旅游产业发展、食品药品安全等代表和群众高度关注的工作。

六、加强自身建设，服务保障力更加高效

市人大常委会创新开展理论学习，改进工作作风，全面提升了履职水平和服务保障能力。

创新开展理论学习。深入开展党组中心组学习，认真落实市委“每月一次、上下同题”要求，开展党的创新理论学习。邀请专家进门授业解惑，先后有省人大各专委会和有关工作机构7位领导受邀到机关进行专题辅导讲座，常委会组成人员、区县人大常委会和有关市直部门负责人、部分人大代表一同学习，有力提升了基层人大政策理论水平和业务能力。

切实提高履职能力。深化常委会组成人员政治能力建设，坚持正确履职方向，确保让党放心、让人民满意。提升调研能力，组织常委会组成人员围绕经济社会发展、人民群众“急难愁盼”问题开展深入细致的调查研究，为促进经济社会发展、推动民主法治建设建言献策。杜绝官僚主义、形式主义，减少不必要的会议和调研，力求工作实效。完善常委会、主任会议议事规则，充分保证会议时间，提高了审议效能。

强化服务保障水平。深化党支部“五化”建设，确保党内政治生活正常化。发挥市纪委监委驻市人大常委会机关纪检监察组履行监督作用，改进机关工作作风。开通“OA”无纸化办公系统，信息化建设提质升级。加强新闻宣传工作，坚持微信公众号工作日推送人大新闻信息。认真开展脱贫攻坚驻村结对帮扶和社区联建工作，深入实地帮助解决困难和问题。高度重视综治维稳、扫黑除恶、消防安全、创卫包保等工作，努力创建平安单位、文明机关、模范机关。

加强对县乡人大工作的指导。组织召开了学习贯彻《湖南省乡镇人民代表大会工作条例》暨乡镇民生实事项目人大代表票决制工作推进会议，各乡镇党委书记、人大主席同时参会，为条例的有效实施打下了坚实基础，乡镇人大工作步入法治化、规范化轨道。永定区人大常委会创新代表联系方式，24个乡镇街道全部建立代表联络站，实现了代表进站全员化、代表活动实效化、问题解决手段多样化。武陵源区人大常委会连续三年对15个政府工作部门主要负责人开展工作评议，强化对人监督和对事监督的有机结合，促进了政府依法行政。慈利县人大常委会制定了《关于加强慈利县人大代表履职管理的意见》，搭建代表与选民沟通桥梁，实现了县乡人大代表向选区选民述职评议全覆盖。桑植县人大常委会进一步完善“五联五争五个一”活动平台，三级代表科学编组、互联互学，代表活动开展丰富多彩。

各位代表！一年来，市人大常委会求实创新，首创了“众人磨一剑”立法模式、“1+4”联合执法检查模式、“听一次报告解决一个突出问题”的清单交办制度、代表建议办理及结果向社会公开、乡镇党委书记与人大主席同时学习、定期邀请省人大领导来张授课等工作经验，受到了省人大常委会高度肯定和推介。这些成绩的取得，是认真贯彻以习近平同志为核心的党中央决策部署的结果，是市委正确领导的结果，是全体市人大代表履职尽责、扎实工作的结果，是市“一府一委两院”密切配合、团结协作的结果，是全市人民充分信任、大力支持的结果。在此，我谨代表市人大常委会向大家表示崇高的敬意和衷心的感谢！

回顾过去一年，我们清醒地认识到，市人大常委会的工作还存在一些问题和不足，一是市本级立法的针对性、实效性有待进一步加强；二是监督刚性仍显不足，监督实效有待进一步提升；三是服务代表工作有待进一步改进；四是对县乡人大监督指导有待进一步强化；等等。对这些问题，我们将采取务实措施，认真加以解决。

2021年工作总体安排

2021年是伟大的中国共产党成立100周年，也是实施“十四五”规划的第一年。在以习近平同志为核心的党中央带领全党全国各族人民全面建设社会主义现代化国家、向第二个百年奋斗目标进军的关键时刻，我们党正式提出了习近平法治思想，这是顺应实现中华民族伟大复兴时代要求应运而生的重大理论创新，是马克思主义法治理论中国化最新成果，是习近平新时代中国特色社会主义思想的重要组成部分，回答了新时代为什么实行全面依法治国、怎样实行全面依法治国这个重大时代课题。

人民代表大会制度是坚持党的领导、人民当家作主、依法治国有机统一的根本政治制度安排，是打通“三者有机统一”的重要制度平台和有效载体。人大及其常委会是国家立法机关、法律实施监督机关，在全面依法治国中承担着重要职责。我们深入学习贯彻习近平法治思想，就是要坚持宪法确定的中国共产党领导地位不动摇，坚持宪法确定的人民民主专政的国体和人民代表大会制度的政体不动摇，坚定不移走中国特色社会主义道路不动摇。把坚持党的全面领导作为人大工作的首要政治原则，以习近平新时代中国特色社会主义思想指导人大工作，坚决贯彻落实习近平总书记重要指示精神和党中央、省委和市委决策部署，严格执行重大事项请示报告制度，确保人大工作正确方向。

我们深入学习贯彻习近平法治思想，就是要通过人民代表大会制度充分保障人民当家作主，确保各级人大代表具有广泛的代表性，确保人大代表忠实代表人民意志，推动人大代表更加密切联系群众，使人民当家作主更加具体地、现实地、有效地落实到国家政治生活之中。

我们深入学习贯彻习近平法治思想，就是要区分轻重缓急，坚持急用先行，研究谋划当前和今后一个时期的立法工作，丰富立法形式，增强立法的针对性、适用性、可操作性，为各项事业在法治轨道上运行提供法律保障。要加强宪法和法律实施的监督，运用法治思维和法治方式，推动法治张家界、法治政府和法治社会一体化建设，提高社会治理能力和治理水平。

今年工作的指导思想是：高举中国特色社会主义伟大旗帜，深入贯彻党的十九大和十九届二中、三中、四中、五中全会精神，以习近平新时代中国特色社会主义思想为指导，深学笃用习近平法治思想及关于坚持和完善人民代表大会制度的重要思想，坚持党的领导、人民当家作主、依法治国有机统一和全面贯通，深入推进根本政治制度在基层不断完善创新，围绕省委“三高四新”战略、市委对标提质旅游强市战略和“两地两区一龙头一家园”战略新定位，依法行使职权，提高治理效能，确保“十四五”开好局，以优异成绩庆祝建党100周年。

一是推动宪法全面实施。习近平法治思想是全面依法治国的根本遵循和行动指南。这一重要思想包含的一系列关于宪法的重要论述，丰富和发展了中国特色社会主义宪法理论，标志着我们党对宪法的认识和实践达到了一个新的高度。习近平总书记关于宪法的重要论述，构成了一整套科学完备的宪法理论体系。要深入学习贯彻习近平法治思想，深刻理解和把握其中关于宪法的重要论述，维护宪法权威，弘扬宪法精神，推动宪法全面实施，为我市现代化建设提供宪法保障。

二是高质量推进立法工作。立法是全市的一项重要政治活动。围绕市委部署、政府需要和群众所盼，依法立法、科学立法、民主立法，保障立法供给，提高治理效能。科学制定立法规划和2021年立法计划。制定《张家界市旅游市场管理若干规定》《张家界市户外广告管理条例》，开展物业管理、无障碍设施和无障碍社区服务、生活垃圾分类管理、革命红色资源保护等立法调研。

三是依法行使决定权、任免权。围绕全市发展大局，就关系我市根本性、长远性、全局性的重大事项、重点项目，深入开展调查研究，依法作党委有主张、群众有期盼、“一府一委两院”有效能的决定，确保党的主张通过法定程序成为全市人民的共同意志。坚持党管干部与人大常委会依法任免干部的有机统一，遵循人事任免的组织程序和法定程序，切实行使好人事任免权。

四是提升监督实效。推行专题询问、工作评议、“问题交办清单制”、“听一次汇报解决一个突出问题”等监督模式常态化。加强经济运行和财政监督，听取计划、预算、审计、国有资产、政府债务等专项工作报告，推动营商环境工作评议向纵深发展。加强民生监督，对市人民政府推进的民生实事项目实施情况开展监督，推动创建全国民族团结进步示范市，听取退役军人服务保障体系建设工作报告，开展脱贫攻坚与乡村振兴有效衔接专题调研。探索开展对监察工作的监督，听取审议有关专项工作报告。开展就业促进法、《湖南省武陵源世界自然遗产保护条例》和市本级法规的执法检查或调研。

五是加强和改善代表工作。加强代表网络平台建设，探索在景区景点、机场车站等群众集中的地方建立代表工作站。继续开展市级领导干部中的市人大代表“密切联系人民群众”主题活动，精心组织在张的全国、省人大代表集中视察和专题调研活动。完善代表建议全程公开办理制度，加大代表建议督办力度，强化代表建议的跟踪督办。加强对县乡人大换届选举的监督指导，开展乡镇民生实事人大代表票决制专题监督，努力提高县乡人大工作整体水平。

六是全面加强自身建设。继续强化党领导下的政治机关建设，进一步增强“四个意识”、坚定“四个自信”、做到“两个维护”，深入学习贯彻习近平总书记关于加强新时代地方人大工作和建设的重要指示精神，进一步巩固文明机关、平安机关、模范机关创建成果，加强基层党建、党风廉政、意识形态等工作，为人大工作高质量发展提供保障。

各位代表，新的发展阶段开启了新的奋斗征程，让我们更加紧密地团结在以习近平同志为核心的党中央周围，在市委的坚强领导下，积极进取、主动作为，为全面开启张家界现代化建设新征程而努力奋斗！

政府工作报告

——2021年1月9日在张家界市第七届人民代表大会第五次会议上

张家界市人民政府市长 刘革安

各位代表：

现在，我代表市人民政府向大会报告工作，请予审议，并请各位政协委员和其他列席人员提出意见。

一、2020年及“十三五”工作回顾

2020年是极其不易、极不平凡的一年。面对突如其来的新冠肺炎疫情和我市有气象记录以来最大降雨量的严重冲击，面对经济下行压力持续加大的严峻考验，我们坚持以习近平新时代中国特色社会主义思想为指导，深入学习贯彻习近平总书记考察湖南重要讲话精神，在省委、省政府和市委的坚强领导下，大力实施“三高四新”战略，坚持对标提质旅游强市和“11567”总体思路，扎实做好“六稳”工作，全面落实“六保”任务，奋力夺取疫情防控和经济社会发展双胜利。预计地区生产总值增长2%，规模以上工业增加值、固定资产投资分别增长2%、6%，实现社会消费品零售总额203.75亿元，完成一般公共预算收入52.03亿元，城乡居民人均可支配收入分别增长5%、9.9%。

（一）“六稳”“六保”全面落实。大力实施促进旅游复苏“310”行动计划，组织举办首届张家界半程马拉松赛、首届世界遗产摄影大展、第四届国际旅游诗歌节、红二方面军与长征学术研讨会等活动，大力推介“贺帅故里”“红二方面军长征出发地”等品牌，和湖南广播电视台等联合摄制的电视剧《江山如此多娇》即将播出，扎实创建“体育+旅游共建示范城市”，持续推进“铁腕治旅”，在全省率先推动旅游复苏，全年接待游客4830万人次、实现旅游总收入550亿元，分别恢复到上年的60%、60.7%，是全国同类山岳型景区旅游恢复进度最快的地区，2020亚太城市旅游振兴机构中国区域视频会议推介了我市旅游复苏经验。出台支持促进就业“12条”，新增城镇就业、失业人员再就业、就业困难对象再就业16114人，城镇登记失业率3.5%。分级分类保市场主体，出台园区抗疫惠企“八条措施”，打好解难纾困、援企稳岗、减税降费、金融让利等政策“组合拳”，新增减税降费5.9亿元，贷款余额增长17.24%，存贷比居全省第3位，培育认定“小新星”企业100家，完成“小升规”82户、“个转企”551户，新增市场主体1.5万户，总量突破10万户，增长10.4%，产业链供应链基本稳定。强力推进项目攻坚，安慈高速慈利至石门段建成通车，张吉怀高铁加快建设，桑龙、炉慈、张官高速开工建设，中国翠谷植物提取产业园、新松机器人欢乐城等一批重大产业项目加快实施；26个省重点项目完成投资70亿元，完成目标任务的150%；141个市重点项目完成投资286亿元。粮食能源安全供应，全面完成省定粮食“双稳”和生猪生产任务，燃气、石油等能源得到有效保障。守住“三保”底线，基层运转平稳有序。

（二）三大攻坚战取得丰硕成果。严格落实“四个不摘”要求，创新开展“两会四个一”活动，扎实推进脱贫质量“回头看”，顺利通过国家脱贫攻坚普查、专项督查和全省脱贫攻坚实地考核。大力推进就业扶贫、消费扶贫，开发扶贫公益性岗位5711个，贫困人口外出务工10.33万人，农民工返岗复工率居全省第二，完成消费扶贫销售额7.26亿元，剩余5692名未脱贫人口全部脱贫，圆满完成脱贫攻坚目标任务。扎实推进污染防治攻坚战，狠抓中央、省级生态环保督察及“回头看”反馈问题整改，86座水电站全部停止发电，需拆除的46座大坝、86座发电站附属设施、57座电站厂房全部拆除，已完成省级验收销号。推进污染防治“2020夏季攻势”，开展农村乱占耕地建房、禁捕退捕等专项整治行动，地表水环境质量、市中心城区环境空气质量综合排名均居全省第1位，被评为“2020中国最具生态竞争力城市”。着力防范化解重大风险，严控债务增量，化解债务存量，缓释到期偿债风险，政府债务总体安全可控；非法集资风险排查处置成效明显。

（三）防疫防汛取得重大胜利。坚决落实“坚定信心、同舟共济、科学防治、精准施策”总要求，坚持统一领导、统一协调、统一调度，准确把握旅游城市特点，见事早、行动快、要求严，迅速启动重大突发公共卫生事件一级响应，严守湖北交界133千米水陆防线，劝退旅游团4462个，涉及游客9.5万人，退款1.6亿余元，取消元宵灯会等2000多场文化演艺民俗活动，未发生重大游客投诉、涉旅输入性病例、涉旅负面舆情，是全国第一批次全域关闭所有景区景点的旅游地区，创造了确诊病例最晚、病例人数最少、治疗周期最短、病例清零最早的“四个全省纪录”，毫不松懈抓好常态化疫情防控，防控成果持续巩固。坚决打赢防汛保卫战，加强预测预报预警，明确“三个一律”“五个到位”“三个确保”工作要求，精准调度，有效应对历时 56 天、连续 13 轮、我市有气象记录以来最大的降雨量，成功处置重大险情 39 起，紧急转移安置群众 10.45 万人次，实现了不垮一堤一坝、不因灾死亡一人的目标。

（四）城乡发展步伐不断加快。树牢“精明增长”理念，大力建设国际精品旅游城市，科学编制国土空间总体规划，加快空铁新城建设，茅溪河大桥、红壁岩大桥、开明路、月亮湾西路等一批项目建成通车，月亮湾中路、澄潭大桥、花岩水厂等一批项目开工建设。改造老旧小区 172 个、城镇棚户区 5189 户。智慧城市建设加快推进，城市精细化管理水平不断提升，国家卫生城市创建通过公示，即将正式命名。大力实施乡村振兴战略，促进“3+2+N”五大特色优势农业产业转型提质，东方希望集团现代化生猪养殖项目加快推进。完成自然村通水泥路 93.6 千米、农村公路提质改造 314 千米。农村人居环境整治持续开展，建成乡镇污水处理厂 20 个，完成农村改厕 1500 户，新改建农贸市场 38 个。城乡居民合作建房改革省级试点扎实推进。

（五）改革开放持续深化。各项改革有序推进，市本级“三集中三到位”改革基本完成，事项入驻率达 93%；“一件事一次办”改革成效明显，办理环节、时限和跑动次数分别减少 72%、50%、73%；武陵源核心景区门票和环保车车票分离改革完成；融资平台公司市场化转型和国有企业三项制度改革稳妥推进；开展“营商环境攻坚年”活动，在全省率先出台市级领导联系商协会制度，我市城市信用排名全省第 1。招商引资成效明显，组织举行 3 次重大招商项目集中签约、5 次重点项目集中开工，签约重大招商项目 80 个、金额 790.1 亿元，引进“三类 500 强”企业 8 家。培育口岸经济、网红经济、总部经济等新经济，水果、食用水生动物、冰鲜水产品 3 个进境指定监管场地获批，国际全货机开通，荷花国际机场扩建、国际航空物流园项目启动，引进总部经济企业 4 家。缔结国际友好城市 2 对，新设丝路驿站 9 个。

（六）民生保障全面加强。省市 30 件重点民生实事全面完成，财政民生支出占比 77.48%。张家界金海实验学校（高中部）、雨露学校、慈利县芙蓉学校、银澧学校、天门山芙蓉学校等投入使用，文津小学和沙堤、金岩、利福塔 3 所芙蓉学校开工建设；消除义务教育大班额 358 个，在全省率先清零；吉首大学张家界学院转设、旅游技师学院申报筹建取得突破性进展。市人民医院新院建成使用，市中医院医疗集团和武陵源区、桑植县医疗集团挂牌成立，建制乡镇卫生院配备 2 名全科医生实现全覆盖。常住人口基本医疗保险参保率达 98.2%，实现了基本医疗保险和生育保险市级统筹。基本养老服务补贴覆盖率达 95%，“留守儿童之家”实现村级全覆盖。“百岁健康市”创建经验在全国推广。高质量推进第七次全国人口普查工作。公共文化服务体系不断完善，体育事业快速发展。

（七）社会治理有力有效。坚持和发展新时代“枫桥经验”，“屋场会”成为新时代基层社会治理创新“张家界模式”。化解信访积案 117 件，调解各类矛盾纠纷 1.04 万起。扫黑除恶专项斗争不断深化。全国禁毒示范城市、国家食品安全示范城市创建工作成效明显。扎实开展安全生产专项整治三年行动，交通问题顽瘴痼疾专项整治工作居全省前列，安全生产形势持续稳定向好。退役军人事务工作扎实开展，我市获评“全省第十届双拥模范城”。

（八）政府自身建设不断加强。坚持市政府党组领学促学，推动习近平新时代中国特色社会主义思想和习近平总书记考察湖南重要讲话精神走深走实。巩固“不忘初心、牢记使命”主题教育成果，深入推进“理旧事解难事办实事”攻坚行动，市中心城区 31 个问题楼盘中的 27 个 17034 户居民办证问题得到妥善解决。借鉴疫情防控经验，在全省率先成立高质量发展指挥部，开展“六大工程”秋季攻势行动，采取超常规措施加强经济运行调度，治理能力明显提升。“七五”普法顺利收官。自觉接受人大法律监督、工作监督和政协民主监督，加强审计监督和社会各界监督，省、市 143 件人大代表建议和 126 件政协提案全部办结。压减一般性支出近 20%。扎实推进清廉政府建设，持续纠治形式主义、官僚主义，巩固了团结共事、廉洁干事的良好生态。

一年来，国防动员工作深入开展，全民国防教育、国防后备力量、现代人防体系建设得到加强，统计、审计、民族宗教、住房公积金、烟草、档案、史志、地震、气象、水文等工作实现新进步，税务、电力、通信、金融等驻张单位为全市经济社会发展作出新贡献，各民主党派、工商联、无党派人士及工会、共青团、妇联、科协、侨联、新的社会阶层工作取得新成绩。

各位代表，过去的一年，全市上下共同努力应对大战大考，工作极其艰辛，成绩来之不易，实现了“十三五”圆满收官，彻底摆脱了千年来的绝对贫困，全面建成小康社会取得决定性成就。

五年来，我们坚持转型升级、创新发展，发展基础更加坚实。2016—2019 年，接待游客连破 6000 万人次、7000 万人次、8000 万人次大关，旅游总收入年均增长 19.55%。“三星拱月、月照三星”发展格局不断优化，张家界大峡谷玻璃桥、张家界千古情、九天峰恋旅游区等项目建成开放；丝绸之路工商领导人（张家界）峰会、世界跑酷大赛等国际性会议赛事成功举办；旅游企业发票门票“一票制”、全域旅游“公对公”结算、导游归社等改革成效明显；以梓山漫居、五号山谷为代表的一批高端民宿走在全国前列。五年来，地区生产总值年均增长6.8%，其中前四年年均增长8%，高于全国全省平均水平；固定资产投资、社会消费品零售总额、规模以上工业增加值年均分别增长10.7%、7.1%、6%，园区规模以上工业增加值占全部规模以上工业增加值比重从28%上升到57.7%，非税收入占比从48%下降到31.86%，张家界经开区获批省级高新区。

五年来，我们坚持城乡统筹、协调发展，城乡面貌更加靓丽。黔张常铁路、张家界西站建成运营，张桑高速建成通车，武陵山大道、杨家界大道等建成使用。改造城镇棚户区48515户，新改建农贸市场77个，中心城区建成区达到35.49平方千米，较“十二五”末增加5.9平方千米。常住人口城镇化率51%，较“十二五”末提高6.4个百分点。新建农村公路4832千米、安防工程3640千米，完成电网改造881个村，农村饮水安全巩固提升70.74万人，改造农村危房28550户、农村卫生厕所8015户。建成高标准农田40.47万亩。成功创建省级以上文明村镇15个、美丽乡村示范村35个。

五年来，我们坚持生态优先、绿色发展，生态名片更加精美。生态绿色张家界建设扎实推进，县级以上城镇污水处理率达到96.26%，地表水监测断面保持Ⅱ类及以上水质，大鲵保护区水电项目整改取得重大进展。武陵源核心景区移民搬迁一期工程基本完成。建成市级生态文明建设示范村镇118个、省级绿色村庄269个，慈利县、桑植县获评省级生态文明建设示范县，永定区、武陵源区分别获评全国“绿水青山就是金山银山”实践创新基地、国家生态文明建设示范区，我市获评国家森林城市、全国环境空气质量达标城市、中国绿色发展优秀城市、“2019美丽山水城市”。

五年来，我们坚持深化改革、开放发展，发展动能更加充沛。重点领域改革不断深化，取消、下放、调整行政权力事项262项，清理行政审批中介服务事项79项。扎实开展“产业项目建设年”“招商引资攻坚年”活动，签约重大招商项目317个，引进“三类500强”企业20家、行业领军企业20家；民营经济加快发展，实现“个转企”2455户、“小升规”478户。设立丝路驿站22个。荷花国际机场通航国际（地区）城市增至31个，国际国内航线达到88条，迈入全国中型机场行列。

五年来，我们坚持改善民生、共享发展，人民生活更加幸福。坚决打赢脱贫攻坚战，两区两县全部摘帽，358个贫困村全部出列，完成易地扶贫搬迁9644户34698人，累计脱贫249163人，旅游精准扶贫经验在全国推广。投入410亿元，完成150件省市重点民生实事。新增城镇就业、农村劳动力转移就业10万人。消除义务教育大班额、中小学生校内课后服务改革试点经验在全省推广。率先在全省启动城乡医疗卫生一体化改革，村卫生室“空白村”清零。城乡低保实现应保尽保，企业退休人员养老金实现“十六连增”。城乡居民人均可支配收入分别由19473元、7094元增加到28151元、11213元。连续三年获评全省安全生产优秀市州，第三次捧得全国综治最高奖“长安杯”。

各位代表！五年的成就令人振奋，积累的经验弥足珍贵。我们深深地体会到，做好政府各项工作，必须坚持党的全面领导，不断推动中央、省委和市委决策部署落地见效；必须把加快发展作为第一要务，着力解决发展不足、结构不优的问题，不断巩固高质量发展态势；必须贯彻以人民为中心的发展思想，不断增强人民群众的获得感幸福感安全感；必须坚定不移深化改革扩大开放，破除思维定势和体制机制障碍，不断增强经济社会发展的创新力和竞争力；必须始终抓重点攻难点治堵点，坚持问题导向、精准施策，不断汇聚推动高质量发展的强大合力。

各位代表！过去五年成绩的取得来之不易，是省委、省政府和市委坚强领导的结果，是市人大市政协和社会各界关心支持的结果，是全市上下团结奋斗的结果！在此，我代表市人民政府，向全市各族人民，向人大代表、政协委员，向各民主党派、工商联、无党派人士和人民团体，向驻张部队、武警官兵、政法公安干警和消防指战员，向离退休老同志，向关心支持张家界发展的海内外朋友，表示衷心的感谢！

各位代表！在总结成绩和经验的同时，我们也清醒看到存在的困难和问题：一是经济总量小，回旋余地小，地区经济发展动能不足；二是工业短板明显，科技创新能力不足，产业结构调整任务十分艰巨；三是基础设施欠账较多，民生保障存在不少弱项；四是财政收支矛盾突出，政府性债务风险防范压力大；五是营商环境还有不小差距，少数干部理念、素质、作风还不适应新时代高质量发展的要求，治理能力有待进一步提升；等等。对此，我们将直面问题，采取有力措施，努力加以解决。

二、“十四五”时期主要目标任务

“十四五”时期是开启全面建设社会主义现代化新征程、向第二个百年奋斗目标进军的第一个五年。当前，疫情变化和外部环境存在诸多不确定性，世界经济形势复杂严峻。我国发展仍然处于重要战略机遇期，但机遇和挑战都有新的发展变化。全国上下都在认真贯彻习近平新时代中国特色社会主义思想和中共十九届五中全会精神，立足新发展阶段，贯彻新发展理念，构建新发展格局，致力推动高质量发展，我国经济总体向好、长期向好的基本面没有改变。我省大力实施“三高四新”战略，坚持创新引领开放崛起，将催生更多高质量发展新活力新动能。我市高质量发展基础进一步夯实，旅游品牌美誉度、影响力进一步提升。市委七届十次全会审议通过了《中共张家界市委关于制定张家界市国民经济和社会发展第十四个五年规划和二〇三五年远景目标的建议》，根据市委的《建议》，市政府编制了《张家界市国民经济和社会发展第十四个五年规划和二〇三五年远景目标纲要（草案）》，提交本次大会审查。

“十四五”时期，全市要围绕2035年人均地区生产总值达到全省平均水平，建成国内外知名旅游胜地，建成旅游强市、生态强市、文化强市、健康张家界和国际精品旅游城市，基本实现社会主义现代化的美好愿景，把握“两地两区一龙头一家园”的发展定位，即建设成为世界一流旅游目的地、国家生态文明建设示范区、国家特殊类型地区振兴示范区、“锦绣潇湘”全域旅游基地龙头、武陵山片区改革开放新高地和人民幸福美好家园，全力推动全市高质量发展，努力实现地区生产总值年均增速7.5%以上、旅游人次达到1.2亿人次、旅游总收入达到1200亿元的增长目标。重点抓好以下几个方面的工作。

——加快构建以旅游高质量发展为引领的现代化产业体系，推进经济体系优化升级取得新成效。坚持生态立市、旅游兴市、实体经济强市，把发展经济着力点放在实体经济上，形成旅游引领、多业并举、多元发展的产业新格局。推动旅游业高质量发展，坚持“三星拱月、月照三星”总体布局，提升旅游管理国际化标准化精细化水平，推动旅游跨界融合，新增3个国家5A级景区，武陵源、天门山跻身世界级旅游景区和度假区。实施新型工业强基倍增计划，推进优势产业链培育行动、工业招商专项行动、工业绿色发展专项行动，努力把张家界高新区创建成国家级高新区。加快现代服务业创新发展，补齐生产性服务业短板，提质消费性服务业，努力打造全国旅游信息大数据平台、武陵山片区旅游特色商品集散中心和物流中心，建设武陵山片区健康体检、医疗康养和旅游急救中心。

——扭住扩大内需战略基点，积极融入新发展格局。全面融入国内大循环和国内国际双循环，加强与国际旅游组织合作，积极参与国内旅游市场建设，引领张吉怀精品生态文化旅游经济带建设，形成需求牵引供给、供给创造需求的更高水平动态平衡。推动消费升级，健全现代流通体系，开拓城乡消费市场，加快特色街区建设，发展夜游夜市夜经济，创建国家文化和旅游消费试点城市、国家级夜间文旅消费集聚区。持续扩大有效投资，重点围绕基础设施、社会民生、产业等领域，规划建设一批强基础、增功能、利长远的重大工程和项目，建成张吉怀高铁和桑龙、炉慈、张官高速公路，打通常张高速宜清段，力争张石铁路开工建设，争取动车运用所项目建设，加快荷花国际机场扩建工程建设，打造国内重点旅游机场和武陵山片区旅游交通枢纽。

——坚持全面深化改革创新，培育壮大发展新动能。深化旅游经济高质量发展、国资国企、行政审批等重点领域改革，激发市场主体活力。完善经济治理体系，健全财政、金融、产业等政策协同发力的经济治理体系。推进土地、劳动力、资本、技术、数据等要素市场化改革。打造公平、公正、透明、可预期的一流营商环境。坚持创新在现代化建设全局中的核心地位，提高企业技术创新能力，激发人才创新活力，加强科技创新平台建设，以改革和创新的主动赢得竞争的主动。

——坚持农业农村优先发展，在全面推进乡村振兴中开拓新局面。坚持以工促农、以商活农、以旅带农、科技强农和规模兴农，巩固拓展脱贫攻坚成果，推进乡村全面振兴。加强生产体系建设，发展资源节约型、环境友好型农业。加强产业体系建设，大力发展大鲵、茶叶、蔬菜、中药材、水果五大特色农业产业，延伸生猪养殖产业链，完善种养协调的农业产业结构。加强经营体系建设，落实农村基本经营制度、第二轮土地承包到期后再延长30年的政策，强化基本农田保护，落实耕地保护红线，加快培育家庭农场、农民专业合作社等新型农业经营主体，实现小农户与现代农业有机衔接。加强治理体系建设，形成乡村振兴合力，探索具有张家界特色、农旅融合、城乡一体发展的乡村振兴之路。

——扎实推进以人为核心的新型城镇化，推动国际精品旅游城市建设取得新突破。优化城镇发展布局，以市中心城区为核心，慈利、桑植县城为市域副中心城市，打造沿黔张常铁路城镇发展轴和澧水生态经济带、溇水生态经济带，构建“一主两副、一轴两带”的区域发展格局。深入推进“五城一体”国际精品旅游城市建设，实施市中心城市承载功能升级行动，推动城市骨架和微循环同步提升，优先推进智慧城市、空铁新城建设，提升中心城市集聚度和承载力。推动区域协调发展，支持慈利撤县设市，依托“红色沃土、绿水家园”建好贺龙元帅家乡。

——大力发展文化事业和文化产业，社会文明程度得到新提高。发展公共文化事业，完善城乡公共文化服务体系，加快建设文化旅游体验中心，推动文化惠民工程扩大覆盖面、增强实效性。壮大现代文化产业，改造提质旅游演艺节目，培育新型旅游演艺产品，打造“中国旅游演艺之都”。弘扬和传承红色文化、民族文化，规划建设长征国家文化公园（张家界段），创建全国红色文化传承、红色旅游体验、党性教育培训示范基地。重视家庭建设，注重家庭家教家风，提高社会文明程度，实施文明创建工程，加强新时代文明实践中心建设，巩固国家卫生城市创建成果，加快建设文化强市，积极创建全国文明城市。

——加快推进生态绿色张家界建设，生态文明建设实现新进步。做好绿色发展和生态保护两篇文章，继续打好污染防治攻坚战，加强生态系统保护修复，统筹推进山水林田湖草系统治理，加强自然资源保护利用，完善生态环境保护制度体系，全面推进长江流域十年禁渔，提升生态系统质量和稳定性。推进国家生态文明建设示范市、张家界“世界绿谷”、“绿水青山就是金山银山”实践创新基地建设，力争实现碳达峰，积极推动碳排放交易工作，森林覆盖率、环境空气质量、地表水环境质量等重要生态环境指标处于全省领先、跻身全国前列。

——推进开放崛起，打造武陵山片区对外开放新高地。深度融入“一带一路”、长江经济带、粤港澳大湾区、西部陆海新通道、湘南湘西承接产业转移示范区等建设，积极对接融入中国（湖南）自由贸易试验区建设，争取纳入扩区建设范围，创建国家全面深化服务贸易创新发展试点城市。完善对外开放支撑体系，筹建 B 型保税物流中心、国际快件监管中心、跨境电商通关中心、保税展示中心，打造“一站式”国际口岸综合通关服务平台和产业园区。

——改善人民生活质量，民生福祉达到新水平。坚持把实现好、维护好、发展好最广大人民根本利益作为发展的出发点和落脚点，强化就业优先政策，提高人民收入水平，扎实推进共同富裕。促进城乡义务教育均衡发展和各级各类教育协调发展，办好人民满意的教育。推进健康张家界建设，提升公共卫生防控救治能力。完善社会保障体系，健全基本公共服务体系，建设人民幸福美好家园。

——统筹发展和安全，平安张家界建设迈上新台阶。坚持总体国家安全观，把安全发展贯穿全市发展各领域和全过程。推进法治张家界建设，加快建设法治政府、法治社会，规范行政执法行为，提高依法行政水平。加强经济安全风险预警、防控机制和能力建设。落实安全生产责任制，强化安全生产监管，提升防灾减灾抗灾救灾能力。完善社会治安防控体系，巩固扫黑除恶专项斗争成果。加强和创新社会治理，建设人人有责、人人尽责、人人享有的社会治理共同体。

三、2021 年工作安排

今年是中国共产党成立 100 周年，是“十四五”开局之年，做好今年工作意义重大。

今年工作的总体要求是：以习近平新时代中国特色社会主义思想为指导，全面贯彻党的十九大和十九届二中、三中、四中、五中全会精神，坚决落实习近平总书记关于湖南工作系列重要讲话指示精神和中央、省委经济工作会议精神，坚持稳中求进工作总基调，立足新发展阶段，贯彻新发展理念，构建新发展格局，以推动高质量发展为主题，以深化供给侧结构性改革为主线，以改革创新为根本动力，以满足人民日益增长的美好生活需要为根本目的，大力实施“三高四新”战略，坚持创新引领开放崛起，坚持对标提质旅游强市和“11567”总体思路，坚持扩大内需战略基点，坚持系统观念和底线思维，更好统筹发展和安全，坚持精准施策，扎实做好“六稳”工作，全面落实“六保”任务，巩固拓展疫情防控和经济社会发展成果，推动经济平稳健康运行、社会和谐稳定，确保“十四五”开好局起好步，以优异成绩庆祝建党 100 周年。

全市经济社会发展的主要预期目标是：地区生产总值增长 8% 以上；旅游接待人次增长 30% 以上，旅游总收入增长 34% 以上；规模以上工业增加值增长 10% 以上；固定资产投资增长 10% 以上；社会消费品零售总额增长 12% 以上；地方一般公共预算收入增长 11% 以上；城乡居民人均可支配收入分别增长 8% 以上、10% 以上；居民消费价格涨幅 3% 以内；城镇调查失业率控制在 5.5% 以内。节能减排、人口自然增长率、安全生产完成省定目标。

围绕上述目标，重点做好以下十个方面的工作：

（一）以建设“锦绣潇湘”全域旅游基地龙头为抓手，推动旅游经济高质量发展。全力以赴促进旅游复苏，加快创建国家全域旅游示范市、旅游经济高质量发展国家示范区，提高旅游经济质量、效益和核心竞争力。优化旅游布局。巩固提升武陵源景区的核心地位，实施武陵源景区提质升级工程。培育壮大天门山国际旅游文化先导区、张家界大峡谷国际旅游经济区、茅岩河国际康体养生度假区、桑植红色旅游区“四个增长极”。完善产业链条。加快发展红色旅游，大力挖掘贺龙元帅故里、红二方面军长征出发地等红色资源，抓好长征国家文化公园（张家界段）规划建设。支持张家界大峡谷创建国家 AAAAA 级景区。发展研学旅游、康养度假、低空飞行、极限探险、会展影视、乡村民宿等新业态。加快推进七十二奇楼小镇等综合体建设，建好旅游集散设施，做特做优“张家界礼物”。推动融合发展。推进旅游与文化、体育、康养、会展等产业深度融合，抓好世界自然遗产与国家级非物质文化遗产融合，打造一批文旅项目和文创产品。持续推进“体育 + 旅游共建示范城市”创建，打造体育旅游示范基地、精品线路、精品赛事和体育旅游综合体。推进旅游与工业、农业、科技融合发展。创新旅游营销。突出张家界品牌，推介仙境张家界、健康张家界、绝版武陵源和中国旅游演艺之都，抓好重点城市营销、渠道营销、云端营销、需求侧营销，做实做好丝路驿站。办好世界翼装飞行锦标赛、国际旅游诗歌节等赛事活动，积极争取全国导游大赛等赛事活动落户张家界。加强服务管理。完善旅游交通体系，发展汽车租赁市场，推动城区景区无缝换乘。发展智慧旅游，建设智慧景区，实现“一机游张家界”。加强旅游服务监管，推进“铁腕治旅”，以星级评定推动管理标准化、以诚信管理推动行业自律、以智慧管理推动管理升级。

（二）以新型工业强基倍增计划为突破，加快补齐工业短板。工业是实体经济的主体，也是我市经济发展中的短板，工业散小弱、占比低，已严重影响地区经济的协调发展。建设体现旅游城市特色、与生态环境和旅游相适应的新型工业体系，是我市产业结构调整的迫切需要。狠抓高位高效推进。组建高规格机构和班子，制定五年行动计划和年度工作方案，建立健全领导干部联系工业企业制度，强化目标管理考核，营造聚焦工业、狠抓工业、大干工业的浓厚氛围，力争年度落地投资过亿元的重大工业项目5个以上、新增规模以上工业企业20家以上、新增产值过亿元企业5家以上。狠抓特色产业集聚。推行链长制，培育发展旅游商品、生物医药（植物提取）、生态绿色食品（农副产品精深加工）、旅游装备制造、绿色建材、信息与数字技术等产业链，提升产业链供应链现代化水平。围绕“六个一”重点产业发展，加快推进东方希望肉类加工、万众新材、继源科技、久瑞生物、乾坤生物等项目。狠抓园区平台建设。优化园区布局，坚持“三区一园”错位发展，推动张家界高新区加快创建国家级高新区，支持慈利工业集中区创建省级高新区。重点建设中国翠谷植物提取产业园、绿色建材循环产业园、旅游商品产业园。完善园区功能配套，拓展用地规模，推进标准厂房建设并落实免租政策，打造园区“135”工程升级版。创新管理机制，深化园区改革，进一步赋权赋能，让企业办事不出园区。实行“一企一策”精准帮扶，引导企业绿色转型、创新发展，走专精特新发展之路。

（三）以消费升级为着力点，大力发展现代服务业。适应产业发展融合化和生活需要多样化趋势，推动服务业提质升级取得新突破。巩固提升传统服务业。发展现代物流，推进张家界国际航空物流园、火车北站铁路物流基地和区县物流中心建设，培育壮大冷链物流。发展现代金融，提升普惠金融服务水平，推进资本市场县域工程，实施企业上市“破零倍增”计划，拓宽实体经济融资渠道。发展电子商务，加快张家界电子商务公共服务平台建设，完善“一园区四中心+村级电子商务综合服务站”发展体系。发展会议会展经济，引进一批有影响的国际国内节会活动，打造会议会展品牌。培育壮大新兴服务业。发展信息大数据产业，推动配套基础设施、5G智慧走廊项目、应用产业园和示范基地建设，加快5G商用。围绕买全球卖全球，发展全货机航班、跨境电商，进一步做大口岸经济。发展总部经济，力争引进更多总部经济企业。加快建设网红经济产业园，打造直播基地、培训基地和网红产业孵化基地。培育和释放消费需求。改造提升批发零售、住宿餐饮等服务业，加快农贸市场、批发市场、专业市场建设。培育线上教育、医疗等消费热点，发展银发经济，推进消费结构升级。落实带薪休假制度，促进节假日消费。扩大汽车消费，加快汽车交易市场建设，打造武陵山片区汽车交易中心。推进快递进村工程，挖掘农村消费潜力。开展质量、品牌提升行动，改善消费环境，保护消费者合法权益。

（四）以农业农村现代化为引领，全面推进乡村振兴。坚持农业农村优先发展，促进农业高质高效、乡村宜居宜业、农民富裕富足。提高农业质量效益和竞争力。抓好粮食生产和粮食安全，建设高标准农田10万亩，坚决遏制耕地“非农化”、防止“非粮化”，促进粮食稳面积、稳产量。大力发展现代精细农业和特色农业，深入推进优势农产品发展“3+2+N”三年行动计划，改造传统种养业，推进东方希望集团现代化生猪养殖项目建设，扶持发展张家界黑猪、杜仲、菊花芯柚产业。支持张家界大鲵、张家界莓茶、硒有慈利、桑植白茶、武陵源莱葛区域公用品牌建设，积极创建国家级特色优势农产品示范区。推动科技下乡，提升农业科技化、机械化水平，培育新型职业农民。抓好重大动植物疫病防控。实施乡村建设行动。建设165千米农村公路，完成138个村电网改造，农村自来水普及率达78%。实施以“六治”为重点的新一轮农村人居环境整治提升行动，扎实开展农村“厕所革命”，确保农村生活垃圾无害化处理率达90%、农村卫生厕所普及率达85%以上，积极创建省级美丽乡村示范村和特色精品乡村。压实路长制责任，加强道路管养和环境治理。科学编制农村建房规划，规范农民建房，推进农村乱占耕地建房问题整治，保护传统村落和乡村风貌。深化农村改革。推进承包地“三权分置”改革，深化农村集体产权制度改革，发展新型农村集体经济。健全城乡融合发展机制，推动城乡要素平等交换、双向流动，增强农业农村发展活力。统筹推进供销合作社综合改革、农业领域综合执法改革。巩固拓展脱贫攻坚成果。严格落实“四个不摘”要求，保持主要帮扶政策总体稳定，健全防止返贫监测帮扶机制，持续壮大扶贫产业，做好脱贫人口稳岗就业，强化易地搬迁后续扶持，加强资金资产项目管理，促进特色产业可持续发展。推动脱贫攻坚与乡村振兴有效衔接，集中支持一批乡村振兴重点帮扶乡镇和村（居）。

（五）以做大做强中心城区为重点，加快推进国际精品旅游城市建设。围绕建设生态、文明、智慧、休闲、畅达“五城一体”的国际精品旅游城市，按照人在城中、城在景中、景城一体、产城融合的要求，实施市中心城区承载功能升级行动，增强市场要素、产业发展、城市功能、人口承载和辐射带动能力。健全城乡规划。凸显旅游城市特色，建立健全“三级三类”国土空间规划体系，持续推进主体功能区规划、土地利用规划、城乡规划等“多规合一”，形成国土空间规划“一张图”。实现乡镇规划编制全覆盖，全面开展村庄规划编制，加快形成城市发展区、农产品生产区、重点生态功能区三大空间格局。优化城市功能。推进空铁新城建设，加快宇邦国际广场、丝绸之路国际文化旅游产业园等项目建设，推动产业集聚、商企集聚、人口集聚。建成贺龙体育中心、大湘西燃气长输管网等项目，加快世贸云著、新松机器人、张家界万达广场、花岩水厂、土木溪水厂、垃圾焚烧综合处理等项目建设。推进老旧小区和棚户区改造，着力解决城市D级危房问题。坚持房子是用来住的、不是用来炒的定位，高度重视保障性租赁住房建设，加快完善长租房政策，大力发展旅游地产，促进房地产市场健康发展。深化户籍制度改革，加快农业转移人口市民化。强化城市治理。加快推进智慧城市建设。开展环境卫生提质、市容市貌提升、基础设施改善、生态环境改观专项整治行动。大力发展公共交通，规范出租车、网约车经营管理。加强城市残疾人无障碍设施建设。完善社区、小区功能，提高居民自治和管理水平。推动城镇建设。围绕“一主两副”城市格局，发展县域经济，增强慈利、桑植县城承载能力。加快建设一批特色产业小镇。

（六）以项目建设为载体，增强发展支撑力和竞争力。继续开展“产业项目建设年”“招商引资项目攻坚年”活动，加强项目全流程闭环管理，实施160个重点项目，完成投资290亿元以上。加快项目推进。紧盯重大项目，加快中央预算内投资项目和专项债券项目建设，确保张吉怀高铁建成通车，加快桑龙高速、炉慈高速、张官高速、荷花国际机场扩建工程、瑞中公路等项目建设，推动慈利通用机场项目开工，加快张家界鲵城、荣佳智慧城、义乌商贸城二期等项目建设。加强招商引资。包装一批文化旅游、生物医药、高铁经济、乡村振兴、现代物流等项目，争取更多项目进入国家和省里笼子。突出园区招商、工业招商、新兴产业招商、链式招商，力争引进“三类500强”和行业领军企业8家以上。提高项目履约率、开工率、资金到位率、投产率。推进全生产要素良性循环。推进土地要素市场化配置，保障重大产业、重点建设、重要民生项目用地需求。积极争取地方政府专项债券、中央预算内投资资金支持；做好经营土地、盘活资产等工作，激活民间投资；健全“政银保担投”金融服务体系，加大信贷投放力度。抓好征地拆迁集中清零攻坚，确保项目按期落地实施。

（七）以改革创新为根本动力，全面厚植发展新优势。把改革创新作为化危为机的关键一招，以改革促创新，以创新促发展。深化重点领域改革。加快推进旅游经济高质量发展综合改革试点。深化“放管服”“一件事一次办”改革，加快实现基层公共服务“就近办”“一次办”。深化国资国企改革，加强国有资产运营和资金监管，扎实推进融资平台公司转型发展，建立现代企业制度。推进零基预算和绩效预算，强化预算约束和绩效管理。深化政府采购、司法、城管、社保、统计等领域改革。全面推进殡葬改革。全力培育创新生态。强化企业创新主体地位，培育高新技术企业和科技型中小企业165家。弘扬劳动精神劳模精神工匠精神，培养创新型、应用型、技能型人才，加强科普宣传，提高全社会研发投入占地区生产总值的比重和高新技术产业增加值占地区生产总值的比重。着力优化营商环境。落实优化营商环境“30条”，深入推进清零即挂地、拿地即开工、交房即交证、领照即开业。建立营商环境“红黄榜”评价机制，实施好“双随机、一公开”监管，推动我市营商环境进入省内第一方阵。支持民营经济发展。鼓励民间资本参与基础产业、基础设施等领域的建设经营。培育扶持本地企业发展。加强社会信用体系建设，落实包容审慎监管，规范涉企收费，构建亲清政商关系。建立政企“圆桌会议”制度，开通企业家“直通车”，让企业家放心投资、安心发展、舒心生活。

（八）以生态强市为目标，大力推进生态绿色张家界建设。深入践行习近平生态文明思想，牢固树立“绿水青山就是金山银山”的理念，坚定不移走生态优先、绿色发展之路。打好污染防治攻坚战。巩固大鲵保护区水电项目整改成果。继续推进“夏季攻势”，严格落实河长制，统筹推进澧水、溇水流域治污治岸治渔。抓好农业面源污染防治，加强白色污染治理。加快城市雨污分流改造，推进城市生活垃圾分类、乡镇污水处理厂建设，加强垃圾、污水处理设施运行监管，确保县级以上城市集中式饮用水水质达标率、中心城区建成区黑臭水体消除比例均达到100%。加强生态环境保护。强化国土空间规划和用途管控，落实生态保护、基本农田、城镇开发等空间管控边界。统筹实施石漠化和水土流失治理，抓好生态廊道建设。加快推进自然保护地整合优化国家试点。实施国土绿化行动，推行林长制，完成营造林绿化29.7万亩。加快形成绿色生产生活方式。推行工业企业清洁生产，倡导绿色低碳生活方式，开展绿色创建活动，发展绿色交通、绿色能源、绿色建筑，探索绿色低碳发展新路子，让绿色成为张家界高质量发展最动人的色彩。

（九）以解决“急难愁盼”民生问题为落脚点，着力提高社会建设水平。坚持以人民为中心的发展思想，办好重点民生实事，改善人民生活品质。落实就业优先政策。加强职业技能培训和就业服务指导，促进高校毕业生、退役军人、农民工、残疾人等重点群体多渠道就业，新增城镇就业 0.9 万人、农村劳动力转移就业 1.3 万人，确保零就业家庭动态清零。保障劳动者合法权益，持续整治拖欠农民工工资问题。优先发展教育事业。认真履行政府办教育的职责，办好各级各类公办学校，支持民办教育发展，建成芙蓉学校 3 所，加强乡村小规模学校和乡镇寄宿制学校建设，推进义务教育均衡发展和城乡一体化。抓好商住楼盘学校、幼儿园配建工作，确保公办幼儿园在园幼儿占比达 50% 以上。加强中小学幼儿园安全防范建设。健全完善职业技术教育体系，筹建湖南旅游技师学院，支持张家界航空工业职业技术学院专升本，支持吉首大学张家界学院转设后的建设发展。发展终身教育，支持张家界老年大学建设。全面推进健康张家界建设。毫不松懈抓好常态化疫情防控，确保不反弹。纵深推进城乡医疗卫生一体化改革，加强以城带乡的医共体建设，推动医疗资源下沉，加强基层医卫人才建设，实施一批覆盖市县乡村的医疗服务体系重点项目。促进中医药传承发展，开工建设市中医院应急医疗救治中心，加快建设张家界传染病医院。积极应对人口老龄化，推进健康养老和医养结合项目建设。深入开展爱国卫生运动、全民健身运动。健全多层次社会保障体系。大力实施全民参保行动，健全基本养老、基本医疗等社会保障机制。制定城乡统一的医疗救助办法，全面治理过度医疗检查行为，增强医保基金保障能力。完善社会救助体系，发展社会福利和慈善事业，实施困难群众价格临时补贴联动机制，确保城乡困难家庭应保尽保。健全退役军人工作体系和保障制度，维护退役军人合法权益。加强残疾人、未成年人和农村留守老人、留守儿童、留守妇女关爱保护。防范化解重大风险。加强经济安全风险预警、防控机制和能力建设，防范化解政府债务风险。持续开展涉众型非法经营活动整治，强化金融监管，防范金融风险。推进安全生产三年集中整治专项行动，集中整治交通问题顽瘴痼疾，努力实现“三个坚决、两个确保”目标。提升自然灾害预测预警能力，开展第一次自然灾害综合风险普查，加快推进防灾减灾工程建设，加强地质灾害综合治理。强化食品药品安全管理，加快创建国家食品安全示范城市。加强和创新社会治理。巩固“屋场会”成果，推动社会治理重心下移，加强城乡社区治理和服务体系建设，减轻基层特别是村级组织负担，全面完成新一轮村（居）民委员会换届工作。完善“三调联动”机制，排查化解矛盾纠纷，常态化开展扫黑除恶专项斗争，深化“一村一辅警”建设。不断完善国防动员体系，提升国防动员质量效益。推动人防体系能力建设。依法加强宗教事务管理，积极创建全国民族团结进步示范市、全国禁毒示范城市，推进市域社会治理现代化，让地区发展更有“温度”，让人民幸福更有“质感”。

（十）以政治建设为统领，努力建设人民满意的服务型政府。加强政府自身建设，不断提高政府效能，与时俱进推动政府治理体系和治理能力现代化。强化政治担当。学深悟透习近平新时代中国特色社会主义思想和总书记考察湖南重要讲话精神，自觉把习近平总书记的关怀厚望转化为前行动力，善于用政治眼光观察和分析经济社会问题，善于从全局中分析一域，善于从细节上提升境界，以实际行动践行“四个意识”“两个维护”。坚持依法行政。认真落实市人大及其常委会决议决定，依法接受人大监督，自觉接受政协民主监督，办好人大代表建议和政协委员提案。推进审计监督全覆盖。主动接受群众监督和社会监督。坚持依法行政，落实行政执法“三项制度”，有序开展“八五”普法，健全依法决策机制，深化行政执法体制改革，健全依法统计工作机制。提高素质本领。政府系统干部要进一步解放思想，学经济、懂经济、抓经济，坚持系统观念，坚持目标导向、问题导向、结果导向，注重经济增速与质量效益的内在平衡，注重发展与安全的科学统筹，注重有效市场与有为政府的良性互动，努力成为经济工作和社会管理的行家里手。深化作风建设。大力发扬为民服务孺子牛、创新发展拓荒牛、艰苦奋斗老黄牛精神，持续推进“理旧事解难事办实事”常态化，真抓实干、敢想敢干，不断解决问题、破解难题。深入推进清廉政府建设，严守规矩和纪律，锲而不舍落实中央八项规定精神，持续纠治形式主义、官僚主义。强化公共权力、公共资金、公共资产、公共资源、公共工程监管。大力压减一般性支出和非刚性、非重点、非急需支出，厉行节约，带头过紧日子，以政府的紧日子换来百姓的好日子，以干部的辛苦指数提高人民群众的幸福指数！

各位代表！历史的车轮滚滚向前，时代的潮流浩浩荡荡。张家界是一片红色的热土，无数英雄儿女为这方热土的革命、建设和发展作出了巨大牺牲和贡献！一代人有一代人的使命，一代人有一代人的担当！站在“两个一百年”的历史交会点，开启社会主义现代化建设新征程的时代重任历史地落到了我们肩上。征途漫漫，唯有奋斗。让我们更加紧密地团结在以习近平同志为核心的党中央周围，在省委省政府和市委坚强领导下，不忘初心、牢记使命，开拓奋进、后发赶超，全面推进张家界社会主义现代化建设，以优异成绩庆祝建党100周年！

《政府工作报告》名词解释

1.“两会四个一”活动：“两项帮扶”后盾单位在帮扶村召开专题党组会、屋场会，结对帮扶人在贫困户家中宿一晚、同做一顿饭、一起打扫一次卫生、一起完善帮扶措施。

2.“六大工程”秋季攻势行动：集中力量在旅游复苏、园区经济、新经济发展、项目建设、招商引资、土地增收等六个方面攻坚突破。

3.B型保税物流中心：是指经海关批准，由中国境内一家企业法人经营，多家企业进入并从事保税仓储物流业务的海关集中监管场所。

4.“六个一”重点产业：培育发展一头猪、一条鱼、一杯茶、一片药、一瓶水、一瓶酒重点产业。

5.“六治”：治房、治厕、治水、治墓、治垃圾、治面源污染。

6.“三级三类”国土空间规划体系：市级、县级、乡级，总体规划、详细规划、专项规划。

中国人民政治协商会议张家界市委员会常务委员会工作报告

——在政协张家界市第七届委员会第五次会议上

汪业元

（2021 年 1 月 8 日）

各位委员、同志们：

我受政协张家界市第七届委员会常务委员会委托，向大会报告工作，请予审议，并请列席会议的同志提出意见。

一、2020 年工作回顾

2020 年是新中国历史上极不平凡的一年。这一年，新冠肺炎疫情突如其来，人类正在经历第二次世界大战结束以来最严重的公共卫生突发事件。一年来，市政协常委会认真贯彻落实党中央、省委和市委有关重大决策部署，突出重点，体现特点，主要做了四项工作。

一是全力以赴投入新冠肺炎疫情防控。市政协党组会、主席会议和常委会议，认真学习领会习近平总书记关于统筹推进疫情防控和经济社会发展重要论述，第一时间贯彻落实市委疫情防控工作部署。市政协班子成员深入疫情防控一线，现场督导疫情防控工作。在全市疫情防控总体战中，市政协承担牵头协调组织疫情防控物资的重任。面对防疫物资一度严重短缺的局面，我们充分发挥政协优势，建立防疫物资采购机制，设立防疫物资采购临时资金池，多次召开物资筹措调度会，努力拓宽物资采购渠道，协调接受各方捐赠，为缓解防疫初期物资紧缺局面作出了一定贡献。120 多名市政协委员奋战在疫情防控第一线，19 名市政协委员奋战在救治第一线。市政协对奋战在疫情防控一线的 38 名市政协委员进行慰问，评选雷明盛等 72 名省市区县三级政协委员为“张家界市政协系统新冠肺炎疫情防控工作先进个人”。同时，积极助推复工复产，市政协 10 名班子成员共联系 1 个园区、2 个产业链、10 家重点企业、10 个重点工程、10 个重点招商项目，联乡包村涉及 21 个乡镇、41 个村，共摸排各类问题 55 个，研究制定帮扶措施 34 条。市政协委员创办或负责的 23 家企业响应号召，率先复工复产。为了夺取疫情防控和经济社会发展双胜利，加开了“统筹推进新冠肺炎疫情防控与经济社会发展”专题议政性常委会，新增开展“总结新冠肺炎疫情防控工作经验教训，强化传染病防治，保护人民身体健康”课题的调研协商和民主监督。

二是助力决战决胜脱贫攻坚。2020 年，市政协班子成员继续联系帮扶 62 个贫困村，市政协机关继续驻村帮扶 2 个贫困村。在推进脱贫攻坚帮扶工作过程中，注重同市级领导联乡包村及开展“三抓三促”活动相结合，同党员干部结对帮扶相结合，同省政协“双助双行动”、委员“三个一”扶贫行动相结合，同省政协“助力巩固脱贫成果万户帮扶行动”相结合，分类分层开展帮扶活动。动员省市区县三级政协委员及政协机关干部共 1067 人，对 2749 个建档立卡贫困户进行帮扶，实现了结对户全部脱贫的目标。市政协班子成员联系帮扶村成效明显。机关驻村帮扶工作全面完成年度目标任务。

三是持续促进澧水源头地区生态环境保护。深刻领悟习近平生态文明思想，忠实践行“绿水青山就是金山银山”，“共抓大保护、不搞大开发”，“守护好一江碧水”要求，久久为功，持续开展澧水源头地区生态环境保护及民主监督。2020 年，认真执行澧水源头地区生态环境保护民主监督“三年行动”第二年的工作计划，继续分成 3 个民主监督小组，深入澧水南、中、北源开展生态环境保护民主监督，形成和交办 6 类 18 个问题清单，召开主席会议、专题协商会议，就切实解决好这些问题进行广泛深入协商，为澧水源头地区生态环境保护贡献了政协力量。

四是务实开展市政协成立 30 周年纪念活动。2020 年是市政协成立 30 周年。为了全面系统、客观生动地反映市政协成立 30 年来走过的不平凡历程，我们开展了系列纪念活动。组织编纂《张家界市政协志》。遴选张家界市政协 30 年来有影响力的重要提案、有影响力的重要履职活动，并辑录成张家界市政协文史资料。组织开展“不忘初心 牢记使命 · 我与人民政协”主题征文活动。设立“张家界市政协展示厅”。

一年来，在中共张家界市委的正确领导下，市政协常委会始终坚持人民政协性质定位，积极履职尽责，统筹推进各项工作。

（一）加强政治引领。不断强化创新理论武装。通过市政协党组会议、党组理论学习中心组、全体会议、常委会议、主席会议、委员学习座谈小组等形式，深入学习贯彻习近平新时代中国特色社会主义思想，习近平总书记关于加强和改进人民政协工作的重要思想，尤其是习近平总书记在中央政协工作会议暨庆祝中国人民政治协商会议成立70周年大会上的重要讲话，党的十九大和十九届二中、三中、四中、五中全会，习近平总书记考察湖南重要讲话精神，引导广大政协委员和政协工作者增强“四个意识”、坚定“四个自信”、做到“两个维护”。不断强化党对政协工作的全面领导。认真落实全面从严治党主体责任，充分发挥市政协党组“把方向、管大局、保落实”作用。建立健全委员活动组、联络组功能型党支部，切实做到党的组织对党员委员全覆盖、党的工作对政协委员全覆盖。坚决做到在市委领导下开展工作。一切重要活动围绕市委中心任务进行，一切重要安排在广泛征求意见基础上报市委审批后实施，一切重大事项向市委请示、报告。

（二）积极建言资政。2020年，按照省市县政协调研协商监督课题三级联动要求，确定并实施“1+4+2N+2”年度调研协商和民主监督课题。围绕“落实社会保障兜底扶贫政策、建立解决农村相对贫困长效机制”，开展专题议政性常委会议协商。围绕“建立和完善民营企业合法权益维权平台”“更好发展乡村民宿，培育乡村发展新动能”“挖掘我市红色文化资源，打造精品红色旅游线路”“澧水流域生态环境保护：对比调研，互学互鉴”，开展4项界别协商。以提高城区教育承载力化解入学难等8件重点提案、深化殡葬改革破解“墓地围城”困局等17件重要提案办理为重点，开展广泛的提案办理协商。以新冠肺炎疫情防控、脱贫攻坚、“三抓三促”、创卫包保等工作为重点，全面完成市委交办的各项重要工作任务，开展广泛的对口协商。围绕残疾人帮扶政策落实、澧水源头地区生态环境保护开展2项专题民主监督。此外，聚焦民本民生和市委重点工作，开展经常性履职活动，共提出提案181件，委员大会发言14篇，微建议123条，编发社情民意19期。市委书记、市人大常委会主任虢正贵对14份委员大会发言和6件提案作出批示，市委副书记、市长刘革安对6件提案作出批示。相关部门对协商意见和建议高度重视，及时采取得力措施，有效促进了相关工作顺利开展。

（三）广泛凝聚共识。市政协坚持做到有事多商量、遇事多商量、做事多商量，通过加强协商广泛凝聚共识。2020年，在组织开好全会的基础上，召开5次常委会、14次主席会、8次专题（界别）协商会、13次提案办理评议评价会、老委员咨询团座谈会，分别就新冠肺炎疫情防控、“十四五”规划和二〇三五年远景目标纲要编制、“三抓三促”、城市创建、市政协调研协商监督课题等重大事项进行广泛深入协商，根据需要邀请有关市领导、相关部门参加协商讨论。努力打通委员联系服务群众的最后一公里，推动政协协商在基层落实落地，研究制定《关于加强委员工作室建设的实施意见》，全市建成委员工作室17个，4个被省政协授予省级示范性委员工作室称号。配合省政协在桑植县成功举办“挖掘我省红色文化资源，打造精品红色旅游线路”协商会，认真贯彻落实习近平总书记关于传承红色基因重要指示精神，为宣传推介我市红色文化资源、促进我市尤其是桑植县红色旅游发展必将产生深远影响。

（四）强化队伍建设。市委高度重视市政协机关建设。2020年全面完成委室专职副主任配备，结束了专门委员会一人委的历史。加强政治建设，市政协机关党组接受了市委巡察。切实改进工作作风，着力整治形式主义和官僚主义，扎实开展集中整治漠视群众利益顽疾专项行动。市政协机关紧密结合“不忘初心、牢记使命”主题教育，大力推动“大学习走在前”、建设“书香政协”读书活动。积极开展“让党中央放心、让人民群众满意”模范机关创建活动，深入推进市政协机关文明创建工作。我们不断加强委员队伍建设，大力开展以“政协云”运用为重点的各类业务培训，不断提升政协委员和政协工作者的履职能力和水平。全面启动市政协常委履职考核。不断改进委员履职管理及考核。

当前，人民政协工作在完善职能定位、健全制度程序、加强队伍建设、提高履职能力等方面，仍然存在一些与新时代、新任务、新要求不相适应的问题。习近平总书记指出的“市县政协基础工作薄弱、人员力量薄弱的问题”，在我市客观存在。我们对人民政协制度的思想认识有待进一步提高，加强思想政治引领、广泛凝聚共识“双向发力”水平有待进一步提升，工作制度机制需要进一步完善，界别工作有待进一步加强，委员主体意识和履职能力有待进一步增强，机关队伍建设仍然存在瓶颈制约。我们要按照习近平总书记在湖南考察工作时的重要指示，“政协委员要更好联系和服务所在界别的群众”，对标对表，以问题为导向，努力做好2021年工作。

二、2021年工作安排

2021年是实施“十四五”规划、开启全面建设社会主义现代化国家新征程的开局之年，是中国共产党建党100周年。我们要以习近平新时代中国特色社会主义思想为指导，始终坚持党对人民政协工作的全面领导，准确把握人民政协性质定位，把加强思想政治引领、广泛凝聚共识作为中心环节，坚持团结和民主两大主题，提高政治协商、民主监督、参政议政水平，把人民政协制度优势转化为国家治理效能，为实施“十四五”规划和全面建设社会主义现代化国家开好局、起好步，作出人民政协应有贡献。

（一）持之以恒抓好学习提高。增强学习自觉。

遵循习近平总书记“崇尚学习、加强学习”的重要指示，响应全国政协号召，广泛开展“委员读书”活动，努力建设书香政协，助力书香社会建设。突出学习重点。对习近平新时代中国特色社会主义思想，必须做到全面系统学、深入思考学、联系实际学，学懂、弄通、做实。深入钻研习近平总书记关于加强和改进人民政协工作的重要思想，努力做到“懂政协、会协商、善议政”。改进学习方式。健全委员学习座谈小组学习制度，把学习贯穿委员活动组、联络组开展工作的全过程。以调研协商监督课题为纽带，开展涉及课题的专题学习。以“学习强国”“政协云”为平台，开展线上学习。

（二）充分发挥专门协商机构作用。按照省市县政协三级联动工作部署和要求，实施“1+4+2N+2”年度调研协商和民主监督课题。围绕推动我市红色旅游高质量发展，开展专题议政性常委会协商。围绕杜仲产业、与东盟合作、营商环境、澧水保护立法4项课题，开展专题协商。进一步加强提案工作，开展广泛的提案办理协商。在落实市委交办的各项重要工作任务时，开展广泛的对口协商。开展澧水源头地区生态环境保护、营商环境2项专题民主监督。动员全体委员，根据自身条件和专业特长，参与上述课题调研协商监督，既可以参加到课题小组，参与小组调研，也可以自我思考，向课题小组提出真知灼见。

（三）努力提升“双向发力”效能。坚持以人民为中心思想和人民政协为人民理念，把实现好、维护好、发展好最广大人民根本利益作为政协工作的根本目标。贯彻落实习近平总书记考察湖南时提出的“政协委员要更好联系和服务所在界别的群众”要求，加强和改进政协委员联系和服务界别群众工作，突出解决人民群众“急难愁盼”问题。加强思想政治引领，注重运用“政协云”平台开展网络议政、远程协商，走好网上群众路线。推动政协协商与基层协商、社会组织协商有效衔接，鼓励委员开办“委员工作室”，拓展政协协商参与面，扩大界别群众工作覆盖面。

（四）务实开展团结联谊活动。继续发挥武陵山片区政协主席联席会议、澧水流域生态保护课题组、市政协老委员咨询团等平台的团结联谊功能。积极参加武陵山片区政协主席联席会议，传播张家界好声音，为实现市委提出的把张家界打造成武陵山片区改革开放高地集思广益、凝心聚力。召开澧水流域生态保护课题组年会，让澧水河成为一条流淌着习近平生态文明思想的实践之河，让澧水流域永葆绿水青山，澧水岁岁安澜。组织老委员咨询团成员撰写“三亲”资料，作为第三方开展政协履职评估。

（五）不断加强政协队伍建设。着力解决好当前市县两级政协组织基础工作、人员力量“两个薄弱”突出问题。进一步加强对广大政协委员、政协工作者的创新理论武装和思想政治引领，增强“四个意识”、坚定“四个自信”、做到“两个维护”。加强政协基本知识培训，运用“政协云”开展线上线下履职，全面提高委员的政治把握能力、调查研究能力、联系群众能力、合作共事能力，努力提升综合素质，切实改进工作作风，努力做“懂政协、会协商、善议政”，“守纪律、讲规矩、重品行”的优秀委员。

（六）协助市委做好市政协换届工作。今年是本届市政协任期的最后一年。我们要珍惜时光，只争朝夕，在抓好政协各项履职工作的同时，统筹兼顾，严格按照市委的总体安排部署，做好市政协换届有关工作。

今年，我们还要抓好两件大事：一是隆重庆祝中国共产党成立100周年；二是为召开中共张家界市委政协工作会议积极做好相关工作。

各位委员、同志们，让我们更加紧密地团结在以习近平同志为核心的党中央周围，以习近平新时代中国特色社会主义思想为指引，深刻领会习近平总书记关于加强和改进人民政协工作的重要思想，准确把握习近平总书记考察湖南重要讲话的丰富内涵和精神实质，在中共张家界市委的正确领导下，深入贯彻落实中共十九大和十九届二中、三中、四中、五中全会精神，中共湖南省委十一届十二次全会和中共张家界市委七届十次全会精神，不忘初心使命，忠实履职尽责，积极建言资政，广泛凝聚共识，为全面实施省委提出的“三高四新”战略、持续落实市委提出的对标提质旅游强市和“11567”总体思路，奋力谱写“两地两区一龙头一家园”现代化张家界新篇章做出新贡献！

张家界市组织机构和中央、省驻张单位及负责人名单

中国共产党张家界市委员会

书　记 虢正贵
副书记 刘革安
　　　 刘绍建
常　委 刘　桦　单铸飞
　　　 田华玉　郭天保
　　　 艾可知（2020年8月免）
　　　 袁美南（2020年4月免）
　　　 郭　钰　曾超群
　　　 王令波（2020年4月任）
　　　 李传荣（2020年8月任）
秘书长 单铸飞
副秘书长 李　立（2020年12月任）
　　　 张子龙（2020年12月免）
　　　 文军华（2020年4月免）
　　　 佘　芳　宋维胜
　　　 姚红岩　王福民
　　　 屈　辉（2020年12月免）
　　　 熊海清（2020年12月任）

张家界市人民代表大会常务委员会

主　任 虢正贵
党组书记、副主任 胡丘陵
党组副书记、副主任 陈红日
副主任 羿宝明
党组成员、副主任 吕　毅　朱用文
　　　 向锦云
党组成员、秘书长 曾癸银

张家界市人民政府

党组书记、市长 刘革安
党组副书记、常务副市长 曾超群
副市长 李传荣（2020年10月免）
　　　 邹菊芳　欧阳斌　谢振华
　　　 尚生龙　李培其
　　　 祝云武（2020年10月任）
秘书长 沈刻明
副秘书长 刘德祥（2020年12月免）
　　　 李　凌　秦平武　王兆业
　　　 黄爱新
　　　 杨力鹏（2020年12月任）
　　　 马仲夏（2020年4月免）
　　　 彭发斌（2020年4月任）
　　　 侯铁夫

中国人民政治协商会议张家界市委员会

党组书记、主席 汪业元
党组副书记、副主席 彭　红
党组成员、副主席 褚新年　邓师煌
　　　 刘卫兵
副主席 覃仕斌　张元次　周　芳
　　　 王光明　李文化
党组成员、秘书长 周双全

中共张家界市纪律检查委员会
张家界市监察委员会

市纪委书记 袁美南（2020年4月免）
　　　 王令波（2020年4月任）
市监委主任 袁美南（2020年4月免）
　　　 王令波（2020年4月代）
市纪委常务副书记 陈　军
市纪委副书记 刘小平　周珍云
市监委副主任 陈　军　刘小平
　　　 周珍云
市纪委常委 张小庆　黄章宪
　　　 邢祖元　罗湘平
　　　 李　庄（2020年12月任）
市监委委员 黄章宪　邢祖元
　　　 罗湘平　周绪新
　　　 刘晓东（2020年12月任）
市纪委监委秘书长 张小庆
办公室主任 张志勇
组织部部长 刘险峰
宣传部部长 张交通
党风政风监督室主任 徐智晖
信访室主任 王玉成（2020年12月任）
案件监督管理室主任 杨兆军

第一监督检查室主任 周黎明
第二监督检查室主任 于金武
第三监督检查室主任 杨仙宝
第四监督检查室主任
　　　 林　玲（2020年12月任）
第五审查调查室主任 鄢四海
第六审查调查室主任 肖　鹰
第七审查调查室主任
　　　 高绪波（2020年12月任）
案件审理室主任 欧阳新
纪检监察干部监督室主任 肖启宇

张家界市中级人民法院

党组书记、院长 壮晓阳
党组副书记、副院长 彭建民
党组副书记、副院长 郭攻玉
市纪委监委派驻市中级人民法院纪检监察组组长、党组成员 黄昌金
党组成员、副院长 伍少杰
副院长 吴媛春
党组成员、审判委员会专职委员
　　　 梅中才（2020年12月任）
党组成员、执行局局长 甄建棠
党组成员、政治部主任 高忠志
审判委员会专职委员 周　洁

张家界市人民检察院

党组书记、检察长 罗树中
党组副书记、常务副检察长 刘有仁
党组副书记、副检察长 邢国锋
副检察长 覃遵福
党组成员、副检察长 周先勇
党组成员、政治部主任
　　　 鲁礼平（2020年9月免）
党组成员、政治部主任
　　　 许朝晖（2020年9月任）
党组成员、市纪委监委驻市人民检察院纪检监察组组长
　　　 郁大成（2020年7月免）
　　　 谭贤竹（2020年12月任）
检察委员会专职委员 于祖胜

市委机构

市委办公室（加挂市人民政府外事办公室、市人民政府港澳事务办公室、市委台湾工作办公室、市人民政府台湾事务办公室、市档案局；对外使用市委机要局（市国家密码管理局）名称）

主　　任　单铸飞
常务副主任　李　立（2020年12月任）
　　　　　　张子龙（2020年12月免）
副 主 任　佘　芳　宋维胜
　　　　　屈　辉（2020年12月免）
　　　　　熊海清（2020年12月任）
　　　　　吴辉军
市纪委监委驻市委办纪检监察组组长　张文瑜
督查室主任　向建云
督 查 专 员　郝慧敏

市委组织部（加挂市委非公有制经济组织和社会组织工作委员会、市公务员局牌子）

部　长　艾可知（2020年8月免）
　　　　李传荣（2020年8月任）
常务副部长　田杰胜（2020年12月免）
　　　　　　王德光（2020年12月任，同月免兼职副部长）
副 部 长　陈叶峰（2020年12月免，同月任兼职副部长）
副部长、市委两新工委书记　王学军
市纪委监委驻部纪检监察组长　王远孟
副 部 长　郑昭峰
　　　　　李雪清（2020年4月兼）
　　　　　杨兴平（2020年12月任）

市委宣传部（加挂市人民政府新闻办公室、市新闻出版局（市版权局）、市文明办牌子）

部　长　郭天保
常务副部长、市新闻出版局（市版权局）局长　黄卫红
副部长、市人民政府新闻办主任　卢晓珊
副 部 长　刘明成　赵富生
市纪委监委驻市委宣传部纪检监察组组长　谷小兵

市委统一战线工作部（加挂市人民政府侨务办公室牌子）

部　长　田华玉
常务副部长（2020年12月免）、市侨办主任（2020年12月免），二级巡视员　陈生健
常务副部长（2020年12月任）、市侨办主任（2020年12月任）　高志军
副部长（兼）、市工商联党组书记　陈桂花
市纪委监委驻市委统战部纪检监察组组长　徐　薇
副部长（2020年4月任）　崔长青

市委政法委员会

书　　记　刘　桦
常务副书记　陈　旗
副 书 记　程建国　王祥军　田　垒
委员、政治部主任　胡冠青
委员、市纪委监委驻市委政法委纪检监察组组长　李　毅
委　　员　陈宏勇

市委政策研究室（加挂市委全面深化改革委员会办公室、市委财经委员会办公室）

主　任　屈　辉（2020年12月任）
　　　　李　立（2020年12月免）
副主任　吴红仪　刘志明
市委改革办专职副主任　张湘辉

市委网络安全和信息化委员会办公室（加挂张家界市互联网信息办公室）

主　任　张世炎
副主任　李海军　欧小芳

市委机构编制委员会办公室（对外使用市事业单位登记管理局名称）

主　任　汤敬波
副主任　杨英虎　龚国政　周恒姣

市直属机关工作委员会

书　　记　单铸飞
常务副书记　钟法友
副 书 记　朱国辉
市直机关纪检监察工委书记　周叙胜

市委巡察工作领导小组办公室

主　任　郑朝霞
副主任　罗爱民
　　　　全显煌（2020年5月任）

市委巡察组

一组组长　曹　波　副组长　张　钧
二组组长　田　敏　副组长　汪晓妮
三组组长　刘三阳　副组长　李　湘

市委老干部局

局　长　李雪清
副局长　谭国贵　黎艳林
　　　　王敬华（2020年7月任）

市老干部（老年）大学

校　长　谭国贵（2020年3月任）
副校长　何艳湘（2020年3月任）

市委保密委员会办公室（加挂市国家保密局牌子）

主任（局长）　李瑞武
副　主　任　朱义道

市人大专委和常委会办事（工作）机构

办公室（加挂信访办公室牌子）

机关党组书记、主任　曾癸银
副主任　卓志高（兼）
　　　　全金平（兼）
市纪委监委驻纪检组监察组组长　彭艾菲
常委会办公室专职副主任、常委会联工委办公室主任　张雅鑫

常委会民侨外委

主　任　张　炎（2020年12月免）
副主任　万凌冰

常委会联工委

主　任　陈立新
副主任　肖国翔

常委会研究室

主　任　郝　超
副主任　吴　军

民族华侨外事委员会

主任委员　杨政洪（2020年12月任）

监察和司法委员会

主　任　彭法开
副主任　全心爱

法制委员会（法制工作委员会）

主　任　杨小雨
副主任　代碧忠　董府宁

财政经济委员会（预算工作委员会）

主　任　窦宏瑜
副主任　瞿大学　李　奎

教育科学文化卫生委员会
主　任 邢　川
副主任 钟　标
环境与资源保护委员会
主　任 贾宏图
副主任 林世凯
农业与农村委员会
主　任 任振珍
副主任 杨　芳
社会建设委员会
主　任 柴　蒙
副主任 谢晚琴

政府工作部门

市人民政府办公室（加挂市行政审批服务局牌子）
党组书记、主任、市行政审批服务局局长 沈刻明
党组成员、副主任 刘德祥
马仲夏（2020年4月免）
党组成员 李　凌 秦平武 王兆业
黄爱新
杨力鹏（2020年12月任）
彭发斌（2020年4月任）
侯铁夫
党组成员、纪检组长 康锋辉
党组成员、副主任 张国伟
市政府督查专员、督查室主任 李志益
市政府督查专员 袁和平
市发展和改革委员会（加挂市粮食和物资储备局牌子）
党组书记、主任 龙维务
党组副书记、副主任 王　胜
党组成员、副主任 钟高宏 宁家繁
党组成员、市纪委监委驻市发改委纪检监察组组长 余湘峰
党组成员、优化办主任 胡绵蛟
党组成员、副主任 宋登双
市文化旅游广电体育局（市委旅游工作委员会办公室、对外使用市文物局名称）
党工委书记、局长 邓　剑
党工委副书记、副局长 邓少兵
党工委委员 欧阳小平 汪　涌
党工委委员、副局长 严　军 杨家进
李慈忠 曾韦栋
唐　炅 屈云海
副局长 朱　芳
党工委委员、总工程师 钟　毅
党工委委员、市纪委监委驻纪检监察组组长 邓家友
市教育局（市委教育工作领导小组秘书组）
党工委书记、局长 兰智平
党工委委员、副局长 陈初赞 王育杰
彭　彧 姚国军
党工委委员、市纪委监委驻市教育局纪检监察组组长 杨关胜
党工委委员、主任督学 谭辉武
市科学技术局
党组书记、局长 卓　湛
副局长 薛绍祥
党组成员、副局长 严　晖 赵　波
市工业和信息化局
党组书记、局　长 杨余茂
党组成员、副局长 吴　新 全民政
张立秋 黎　艳
党组成员、总经济师
邹家永（2020年4月免）
总工程师 李玥卿（2020年4月任）
市民族宗教事务局
党组书记、局长 李　林
副局长 万开虎
党组成员、副局长 陈智勇 侯全胜
市公安局
党委书记、局长 谢振华
党委副书记、常务副局长 黄　翔
党委副书记、副局长
孙　泽（2020年4月任）
党委委员、副局长 谷剑英 刘　余
驻局纪检监察组组长、市公安局党委委员 唐　翔
党委委员、政治部主任 彭齐星
市民政局
党组书记、局长 彭发勇
党组成员、副局长
瞿　山（2020年8月退）
陈　辉（2020年8月任）
王胜勋 杨登胜
党组成员 熊　炜
市司法局（市委全面依法治市委员会办公室）
党组书记、局长 向志刚
党组成员、副局长 汪席军
李焕德（2020年2月退）
田振华 王章勇
杨梦君
党组成员 姜小华
党组成员、政治部主任 张热忱
市财政局
党组书记、局长 莫海宏
党组副书记、副局长 刘国辉
党组成员、副局长 李洲池 刘金山
王振华
党组成员、纪检组长 谷承春
总会计师 龙　帆
市人力资源和社会保障局
党组书记、局长
王德光（2020年12月免）
陈叶峰（2020年12月任）
党组副书记、副局长
张德献（2020年4月任）
谢　雄（2020年5月退休）
周美荣 范本树
罗兴林
党组成员 胡家杉
市自然资源和规划局
党组书记 王章钊
局　长 赵　旭
党组成员、副局长 周泽荣 曹永国
杨再宝 赵　林
党组成员 朱　洪
党组成员、总工程师 卢玖辉
党组成员、总规划师 杜　锋
市生态环境局
党组书记、局长 朱敷建
党组副书记、副局长 周泽猛
党组成员、副局长 李　芳 彭汉寿
胡家齐
总工程师 董清富
党组成员、市生态环境监测中心主任
胡家忠
市住房和城乡建设局
党组书记、局长 全锦程
党组成员、副局长 喻灿斌 罗名军
谢碧清 余卫东
党组成员、市纪委监委派驻市住房和城乡建设局纪检监察组组长
张文瑜
党组成员、总工程师 吴献军

市建筑市场执法监察支队支队长
符启化

市城市管理和综合执法局

党组书记、局长　王章祥
党组成员、副局长
杨春龙（2020年4月免）
陈　辉（2020年7月免）
陈　俊
宋登双（2020年7月免）
谷晓彬（2020年7月任）
张四海（2020年4月任）
总工程师　伍良斌

市交通运输局

党组书记、局长　吴扬琼
党组副书记、副局长　庹友明
党组成员、副局长　邱先利　钟军民
向才文　张金华
党组成员、总工程师　毛忠欣
党组成员、市纪委监委驻市交通运输局纪检组组长　尚　平

市农业农村局（市委农村工作领导小组办公室）

党组书记、局长、市委农办主任
陈光明
党组副书记、市委农办专职副主任
熊卫国
党组成员、副局长　李本周　王寅章
秦向阳
党组成员、总农艺师　熊玉双
党组成员、市纪委市监委驻市农业农村局纪检监察组组长　田江波

市水利局

党组书记、局长　胡圣虎
党组副书记、副局长
向　鑫（2020年5月任）
党组成员、副局长
唐　林（2020年1月任）
江　南
宁家繁（2020年5月免）
党组成员、总工程师　周金升

市商务局（加挂市人民政府口岸办牌子）

党组书记　蒋高翔（2020年12月免）
欧兵波（2020年12月任）
局长（市政协副主席）　王光明
党组成员、副局长　易中军　谷翔鸿
周　高
熊四清（2020年12月免）
柴伶俐（2020年12月任）
党组成员、市人民政府口岸办主任
朱　睿
市政协经济科技和外事委员会副主任
毛星星

市卫生健康委员会

党工委书记、主任　王江华
党工委委员、副主任　王焕友
市计生协会常务副会长、市卫健委副主任（兼）　张　赟
党工委委员、副主任
刘祥斌（2020年12月免）
党工委委员、副主任
钟吉波　向辉标
党工委委员、市纪委监委驻市卫健委纪检监察组组长　范正红

市审计局

党组书记、局长　向　洁
党组成员、副局长　叶晓明　刘　阳
高智（2020年2月免）
党组成员、市委审计委员会办公室专职副主任　胡家玉
总审计师　何爱国
副局长　郑英明（2020年11月任）

市退役军人事务局

党组书记、局长　郭铁军
党组副书记、副局长　樊孝清
党组成员、副局长　童先平　龚建兵

市应急管理局

党组书记、局长　毛志刚
党组副书记、副局长
毛祖保（2020年4月任）
党组成员、副局长　龙上敏　黎盛法
全跃峰（2020年4月任）
党组成员、总工程师　黄拥军
党组成员、政治部主任　全精华

市人民政府国有资产监督管理委员会

党委书记、主任　杨年喜
党委副书记、副主任　吴志平
党委委员、副主任
邹家永（2020年4月任）
罗军辉（2020年4月免）
副主任　谷学军

市林业局

党组书记、局长　覃遵江
党组副书记、副局长
李发声（2020年10月免）
陈贤德（2020年10月任）
胡松柏
党组成员、总工程师　尹志坚
党组成员、副局长　杨文胜

市市场监督管理局（加挂市知识产权局牌子）

局长、党组副书记　阙道文
党组书记、一级调研员　李步群
党组副书记、副局长　彭　波
党组成员、副局长　吴　海
党组成员、二级调研员　李成友
党组成员、副局长、三级调研员
贾祖平　田　烨
党组成员、副局长　鲁礼安　李朝晖
党组成员、驻局纪检监察组组长
石东庸
党组成员、总工程师　陈　铭

市统计局

党组书记、局长　舒洪波
党组成员、总统计师　张万鋆
党组成员、副局长，机关党支部书记
姚　红
党组成员、副局长　符长元

市机关事务管理局

党组书记、局长　阳益欣
党组成员、副局长　杨文娣
吴贤政（2020年4月免）
罗军辉（2020年4月任）

市人民政府研究室（加挂市人民政府金融工作办公室牌子）

党组书记、主任　李宗胜
党组成员、副主任　董　波　王建新

市人民防空办公室

党组书记、主任　彭　冲
党组成员、副主任　邢祖凡　肖梅花

市信访局

党组书记、局　长　李耕田
党组成员、副局长　尚金秀　屈国辉
胡红林(2020年4月任)

市扶贫开发办公室

党组书记、主任　谷文涛
党组成员、副主任，市驻村办副主任，市委派驻桑植县脱贫攻坚特派专员，桑植县副县长（挂职）　袁宏卫

党组成员、副主任　赵和荣　刘　勇　向左权

市医疗保障局

党组书记、局长　周远莽

党组成员、副局长　全士琪　王小飞

市政协专委和办事机构

办公室

机关党组书记、主任　周双全

机关党组成员、副秘书长、办公室副主任（兼）　石继丽

副秘书长、办公室副主任（兼）　杨　煜

办公室专职副主任、行政接待科科长（兼）　卓从进

研究室

主　任　谷若本

副主任　郭恩华（2020年7月30日任）

委员学习联络委员会

主　任　潘远忠

副主任　欧芳艳

提案委员会

主　任　陈艳静

副主任　向延初（2020年12月30日免）

王　祥（2020年12月30日任）

经济科技和外事委员会

主　任　刘才林

副主任　毛星星

农业和农村委员会

主　任　张建国

副主任　唐度量

人口资源环境委员会

主　任　龚小进

副主任　罗振坤

文教卫体和文史委员会

主　任　向凤毛

副主任　谢高菲

社会法制和民族宗教委员会

主　任　杨秀林（2020年12月30日免）

胡　蛟（2020年12月30日任）

副主任　龙　波（2020年9月29日任）

社会团体

市总工会

主　席　陈红日

党组书记、常务副主席　姚晓丽

党组成员、副主席　吴江涛　张宏波

党组成员、经费审查委员会主任　罗　洁

共青团张家界市委

书　记　吴俞萍

副书记　李　巍　柴伶俐

黎　涛（2020年9月任）

市妇女联合会

党组书记、主席　彭川晋

党组成员、副主席　李　宁　刘焕云

挂职副主席　杨鲜艳（2020年9月任）

市科学技术协会

主　席　覃仕斌

党组成员、书记　张　冲

党组成员、副主席　李奇满

党组成员、四级调研员　朱红俐

市归国华侨联合会

党组书记　曹无害

党组成员、副主席　吴盛章

市社会科学界联合会

党组书记、主席　孙　鹏

党组成员、副主席　刘俐欣

党组成员、四级调研员　吕锦华（2020年7月退休）

市文学艺术界联合会

党组书记、主席　覃文乐

党组成员、副主席　彭　义

党组成员、四级调研员、专职委员　杨次洪

市工商业联合会（总商会）

主席（会长）　张元次

党组书记、副主席（副会长）　陈桂花

党组成员、副主席（副会长）　王作阳

党组成员、四级调研员、党支部书记　田友国

市红十字会

会　长　田　边

市残疾人联合会

党组书记、理事长　覃新君

副理事长　伍　琴

党组成员　朱　军　刘刚生

中国国际贸易促进会张家界市支会

党组书记　李永祥

会　长　李文化

党组成员、副会长　杜　杰

市计划生育协会

会　长　陈红日

专职副会长（兼秘书长）

涂　鹏（2020年4月免）

杨鲜桦（2020年4月任）

政府部门内下设副处级机构

张家界监狱

党委书记、监狱长、一级高级警长　刘定昂

党委副书记、政委、一级高级警长　谢新友

党委委员、副监狱长、二级高级警长　徐翠娥　马　刚

党委委员、政治处主任、二级高级警长　胡　强

党委委员、三级高级警长　刘文化

一级高级警长　向远刚

三级高级警长　黎　明

三级高级警长　余亚冰

市公安局交通警察支队

支队长　全际平

政　委　卓尚君

市公安局巡特警支队

支队长　龙正义

政　委　向绪柏

市县副处级以上事业单位

市委党校（市行政学院、市社会主义学院）

校（院）长　刘绍建

常务副校（院）长　刘坤明

副校（院）长　张武斌　何文海　郑兴元

教育长　肖忠义

组织人事处主任　李　芳

教务处主任　但成业

学历教育处主任　卓德红

行政事务处主任　邓昌和

机关党委书记　佘军建

政治教研部主任　瞿孝军

经济教研部主任　田开春

市旅游经济研究所所长　戴　海

市委党史研究室（加挂市地方志编纂室牌子）

主　任 张国纲

副主任 李德友 张海峰

张家界日报社

党委书记、社长、总编辑

刘祥斌（2020年12月任）

侯泽勇（2020年12月免）

党委委员、副社长 全　伟

党委委员、副总编辑 周和平 卓志华

朱昭臣（2020年12月免）

党委委员、社委会委员　包昌辉

市接待服务中心

主　任 张潇岳

副主任 谷忠学

李　晖（2020年12月任）

钟雁初（2020年7月免）

市档案馆

馆　长 张双莲

副馆长 宋维和 田种玉

市专用通信局

局　长 李建丽

市广播电视台

党委书记、台长、总编辑　蔡昌顺

党委副书记、副台长　刘庆尧

党委委员、副台长　褚宏伟

党委委员

安　宁（2020年6月19日因病去世）

党委委员、副台长　李文锋

党委委员　卢伯军

党委委员、总工程师　田　辉

党委委员、副台长　罗元宏

党委委员、副总编辑　胡亦平

市政务服务中心

党组书记、主任

杨力鹏（2020年12月免）

党组书记

刘海林（2020年12月任）

副主任

郁双菊（2020年12月任）

党组成员、副主任 钟明初 田　勇

党组成员　谷晓彬（2020年7月免）

市公共资源交易中心负责人名单

党组书记　黎开业

主　任　谢军山

党组成员、副主任　李建军 王　维

市政府发展研究中心（加挂张家界市大数据中心）

党组书记、主任　田发臣

副主任　周志强　杨晓文

市住房公积金管理中心

党组书记、主 任　贺军梁

党组成员、副主任 周斌武 唐　洁

曹　巍

市供销合作社联合社

党组书记、理事会主任　宋晓波

党组成员、监事会主任　马忠全

党组成员、监事会副主任 张祥云

胡方华 李昌靖

张家界高新技术产业开发区管理委员会

党工委书记　曹　飞

党工委副书记、管委会主任 向　罡

党工委委员、管委会副主任 王宏权

周晓军 欧汶标

党工委委员、纪工委书记　覃智勇

市政府驻北京联络处

主　任 朱爱民

副主任 覃涵仪 李　平

市政府驻长沙办事处

主　任 盛立新

副主任 谢章勋 田胜勇

市政府烟叶生产管理办公室

党支部书记、副主任　雷　凯

主　任　谷　琼

市政府办机关事务管理中心

主　任　郭　平

市重点建设项目事务中心

党支部书记、副主任　朱星春

市文化市场综合行政执法支队

党支部书记　佘高平

支 队 长　侯春艳

市广播电视微波总站

党支部书记　朱建兵

站　长　李美菊

市文化旅游事务中心

党支部书记　梁冠珍

主　任　全洁琼

市广播电视大学（市社区大学）

党委书记　廖世健

党委副书记、校长　张银平

党委委员、副校长　彭兴顺 周永晟

卓　韧

市民族中学（湖南师大附中张家界实验学校）

党总支书记、校长　刘经让

市教育考试院

党支部书记、副院长 刘仁军

院　长　杨竹清

市师资培训中心

党支部书记　向子金

主　任　刘协平

市政府采购办

主　任　桂永忠

市国库集中支付核算中心

党支部书记　唐智俊

主　任　高欢云（2020年5月任）

市财政事务中心

党支部书记 袁桂香（2020年4月任）

主　任　陈建民

市高级技工学校

党委书记　欧阳仁德

党委副书记、校长　游红军

党委委员、副校长　张明华

党委委员、工会主席 罗　坤

党委委员、纪委书记 张海燕

党委委员、副校长

李宏梅（2020年12月免）

党委委员、副校长

伍大国（2020年12月免）

市就业服务中心

主　任　刘光田

市社会保险服务中心

主　任　吴仁军

市工伤保险服务中心

党支部书记　黄生柏

主　任　申迎春

市自然资源事务中心

党委书记、主任　雷　鸣

党委委员、副主任 肖志坚

市国土资源执法监察支队

支队长　郭景飞

市土地储备中心

主　任　王　斌

市不动产登记中心

主　任　唐生忠

市生态环境保护综合行政执法支队

党支部书记 覃　锋

支　队　长 余宗巧

市政府房屋征收与补偿管理办公室
主　任 满延安
市住房保障和房产市场服务中心
主　任 符文林
市环境卫生管理处
党支部书记、主任　向平华
市城市管理综合行政执法支队
支队长　孙云国（2020 年 4 月任）
市交通运输综合行政执法支队
党支部书记、支队长　唐　雄
市公路建设养护中心
党委书记、主任　高宏标
党委书记、副主任 皮运成　李克峰
张正麒　朱光旺
党委委员　石俊亮
市道路运输服务中心
主　任　陈兴旺
市交通建设质量安全监督站
党支部书记　寇　泓
站　长　王振斌
市水运事务中心（加挂市船舶检验中心牌子）
党支部书记　张　明
主　任　覃　军
市畜牧水产事务中心
党支部书记、副主任　刘　英
主　任　陈海涛
市农机事务中心
党支部书记、副主任　郑　平
主　任　周　宇
市农村经营服务站
站　长　钟家权
市农科教办公室
党支部书记　孙　炜
主　任　冯建华
市农业科学技术研究所
党支部书记、所长　何春标
市库区移民事务中心
党支部书记　聂立群
市水旱灾害防御事务中心
党支部书记、主任　黄　卫
张家界灌区管理局
局　长　刘协周
市投资促进事务中心
党支部书记　丁碧月
主　任　郁双菊（2020 年 12 月免）

市人民医院
党委书记　卓名云
院　长　姚媛贞
党委副书记、副院长　唐　华
党委委员、总会计师　刘阳春
党委委员、副院长　袁卫群
党委委员、纪委书记　黄　红
党委委员、工会主席　赖贵生
副院长　雷明盛
党委委员　孙　玲　陈　明
市第二人民医院
党委书记　孙　玲
院　长　孙　明
市妇幼保健计划生育服务中心（市幼保健院）
主任（院长）　彭　旭
市卫生计生综合监督执法局
党委书记　杨　辉（2020 年 4 月免）
徐　丹（2020 年 4 月任）
局　长　向晓燕
市疾病预防控制中心
党委书记　余刚宝
主　任　孙忠贤
市地震局
局　长　秦　健
市市场监管综合行政执法支队
党支部书记　刘维毅
支 队 长　简碧海
市食品药品检验所
所　长　毛国华
市城市社会经济调查处
党支部书记、副队长　郭金洲
市企业调查队
党支部书记、副队长　杨德发
队　长　陈　平
市医疗保障事务中心
党支部书记、副主任　杨贵月
主　任　熊广员
市自来水有限责任公司
党总支书记、董事长　许　玻
党总支副书记、总经理　陈彦冰
市交通建设投资集团有限公司
党委书记、董事长　刘少龙
党委副书记、总经理　张进成
党委副书记、副总经理　周珍生
党委委员、监事会主席　冯　亮
副总经理　杨永清

党委委员、副总经理 陈生洋　廖基楚
党委委员、纪委书记　赵　飞
市经济发展投资集团有限公司
党委书记、董事长　赵文胜
党委副书记、总经理　王章利
党委委员、监事会主席　刘世星
党委委员、纪委书记　田元清
党委委员、副总经理 谷占亚　杨成华
党委委员、副总经理、工会主席 赵　辉
张家界旅游集团股份有限公司
党委书记　袁祖荣
党委副书记、董事长　戴名清
党委委员、总裁　陈　琛
党委委员、纪委书记　杨流爱
党委委员、监事会主席　万自锋
副总裁　刘美云
党委委员、副总裁　覃鸿飞
市融资担保集团有限公司
党委书记、董事长　张坚持
党委副书记、总经理　王朝群
党委委员、监事会主席、纪检组长
李雄彬
党委委员、副总经理　杨力辉
湖南张家界经济开发区开发建设有限公司
司董事长 张德寅（2020 年 12 月免）
谭建国（2020 年 12 月任）
总经理　谭建国（2020 年 12 月免）
汤　程（2020 年 12 月任）
监事会主席 李　振
副总经理　陈　晴　田学文　王　炜

驻张金融机构

中国人民银行张家界市中心支行（国家外汇管理局 张家界市中心支局）
党委书记、行长　王　君
调研员　胡雄勇（2020 年 11 月任）
党委委员、副行长
李云雀（2021 年 3 月任）
褚鸿飞　邓少山
党委委员、工会主任　王孝平
党委委员、纪委书记　路　东
中国银行保险监督管理委员会张家界监管分局
党委书记、局长　于　波

党委委员、副局长
王晓峰（2020 年 4 月任）
韩友庭（2020 年 9 月免）
党委委员、纪委书记
廖道远（2020 年 9 月任）

中国农业发展银行张家界市分行

党委书记、行长 唐近东
党委委员、副行长 曾未冰 阳志清
党委委员、纪委书记、副行长 罗光灿

工商银行张家界市分行

党委书记、行长
曾 俊（2020 年 5 月任）
党委委员、副行长 朱 利 李 乐
党委委员、纪委书记
陈 波（2020 年 12 月任）
行长助理 李立波
高级经理 胡家茂

中国农业发展银行张家界市分行

党委书记、行长 唐近东
党委委员、副行长 曾未冰 阳志清
党委委员、纪委书记、副行长 罗光灿

中国银行股份有限公司张家界分行

党委书记、行长 李伟平
党委委员、副行长
陈健（2020 年 5 月任党委委员，9 月任副行长）
邓 蕾（2020 年 7 月任党委委员，11 月任副行长）
李德华（2020 年 9 月任党委委员，12 月任副行长）

建设银行张家界分行

行 长 缪尔宁
副行长 刘 华 王晓燕 彭 猛 姜 凯 滕 冈

邮储银行

党委书记、行长 岳 文
纪委书记、副行长 覃 瑶
党委委员、工会主席、副行长
李 明（2020 年 11 月免）
党委委员、工会主席、副行长
余 谦（2020 年 11 月任）

湖南省农村信用社联合社张家界办事处

党组书记，张家界稽核中心主任 唐造时
党组成员、纪检组组长，张家界稽核中心副主任 李文闯

华融湘江银行张家界分行

党委书记、行长 邱苏明
党委委员、纪委书记、副行长 蔡剑波
党委委员、工会主席、副行长 向杰锋
党委委员、行长助理、风险总监（兼） 文四友
党委委员、行长助理
李翔勇（2020 年 11 月任）

长沙银行股份有限公司张家界分行

党委书记、行长 陈 曦
党委委员、副行长 庹 巍 姚 近
党委委员、行长助理 邢文辉
党委委员、派驻风险总监 张孜奕

交通银行张家界分行

党委书记、行长
甘 嵘（2020 年 12 月退）
党委委员、副行长 杜修智 范 欣

财信人寿张家界中心支公司

党支部书记、总经理 石永红
副总经理 宁 群
副总经理 聂春辉
总经理助理 赵红军

中国人民财产保险股份有限公司张家界市分公司

党委书记、总经理
李官军（2020 年 10 月免）
党委书记、总经理
左齐团（2020 年 10 月任）
党委委员、副总经理 谭 政 吴愈兵
党委委员、总经理助理
胡思明（2020 年 10 月任）

中国人寿保险股份有限公司张家界分公司

总 经 理 何 炜
副总经理 符志辉 陈敬东
总经理助理 彭 云

中国平安财险股份有限公司张家界分公司

总 经 理 葛 启
副总经理 雷 嫘

中国平安财产保险股份有限公司张家界中心支公司

总 经 理 葛 启
副总经理 雷 嫘

平安人寿保险张家界中心支公司

党支部书记、总经理 唐东风

驻张单位

国家税务总局张家界市税务局

党委书记、局长
许 晖（2020 年 9 月任）
梁文辉（2020 年 9 月免）
党委委员、副局长
龚少雄（2020 年 4 月因公殉职）
兰国平 康 伟
田建伟（2020 年 9 月免）
彭长旭（2020 年 9 月免）
李忠汉（2020 年 9 月免）
汪 凌（2020 年 9 月免）
曾豪武（2020 年 9 月免）
党委委员、纪检组长
杨 华（2020 年 12 月任）
邓国华（2020 年 12 月免）
党委委员、总经济师 刘 英
龙 勇（2020 年 9 月免）
党委委员、总会计师 谷忠浩

国网张家界供电公司

总经理、党委副书记 任 浪
党委书记、副总经理 刘 凯

邮政管理局

党组书记、局长 彭跃辉
党组成员、副局长 钟高慧

邮政公司

党委书记、总经理
阙巧莲（2020 年 8 月任）
党委委员、副总经理 全 毅 谭小毕 李 杰

中国电信股份有限公司张家界分公司

党委书记、总经理 刘立宏
党委委员、纪委书记、副总经理 张树民
党委委员、工会主席、副总经理 姚 铭
总经理助理 杨 颖（2020 年 7 月任）

中国移动通信集团湖南有限公司张家界分公司

党委书记、总经理 龚 循
党委委员、纪委书记、工会主席、副总经理 唐耿勇
党委委员、副总经理 张明胜
党委委员、副总经理 罗怀琏

中国联合网络通信有限公司张家界市分公司

党委书记、总经理　邵金泽

纪检组组长、党委委员　李　斌

党委委员、副总经理　涂红波

党委委员、副总经理　聂飞翔

党委委员、副总经理　宾　颖

市气象局

党组书记、局长　周新成

党组成员、副局长　黄治国

党组成员、纪检组长　秦　平

党组成员、副局长　胡艳阳

张家界市烟草专卖局（公司）

党组书记、局长、经理

李雄伟（2020年1月任）

党组成员、副局长

姚　辉（2020年8月免）

彭业敏（2020年9月任）

党组成员、副经理　钟　静

唐恢栋（2020年12月任）

党组成员、纪检组长　谢新宇

张家界海关

关长、党委书记　朱建平

党委委员、副关长　胡　英

副关长　彭万新（2020年11月免）

张家界荷花机场

党委书记　张辉华（2020年10月免）

总经理　罗　刚

党委副书记、纪委书记　屈新生

副总经理　彭国军　樊爱军　袁　灿

中国石化湖南张家界石油分公司

经理、党委委员　冯　罗

副经理、党委书记

曲　浩（2020年6月任）

副经理、工会主席、纪委书记　李化顺

副经理、党委委员　彭子才

欧阳敏（2020年12月任）

中国石油湖南张家界销售分公司

党委书记　徐静妮

经　理　刘　波

中储粮张家界直属库

雪天盐业集团股份有限公司张家界市分公司

党支部书记、总经理

杨海蓉（2020年1月免）

王立志（2020年1月任）

党支部委员会成员、副总经理　田开勇

杜方锦

国调队

党组书记、队长　谭敦泉

党组成员、副队长　郑文芳（2020年10月由党组成员、纪检组长转任）

杨　闽

党组成员、纪检组长

欧亚波（2020年10月任）

市水文局

党委书记、局长　周少林

湖南省新华书店有限责任公司张家界市分公司

书记、总经理　邹亿平

副总经理　王作锋　胡文庆

左广晖（2020年11月免）

湖南日报社张家界分社

社　长　廖声田

驻张军事单位

武警张家界支队

支队长　罗祥华

政治委员　陈今辉

副支队长　陈正华

副支队长　汤鸿飞

副政治委员　谭杨亮

参谋长　刘德军

政治工作处主任　孟培松

保障处处长　刘向明

张家界市消防救援支队

支队长　周　宏

政治委员　粟云平

副支队长　陈　程　陈　莉　张启高

副政治委员　杨海平

政治部主任　陈　伟

张家界出入境边防检查站

党委书记、站长　张利平

党委委员、纪委书记、副站长　蔡　建

党委委员、副站长　胡勇前

党委委员、办公室主任　罗　永

学　校

吉首大学张家界学院

院　长　简德彬

党委书记　王宾吾

副院长　何小飞　范本祁　王常锋

袁启君　向　江

张家界航空工业职业技术学院

党委书记　唐汝元

党委副书记、校长　王　璞

党委副书记、副校长　周仲春

党委委员、副校长　万友良　卢端敏

党委委员、副校长、校工会主席

魏道德

党委委员、纪委书记　黄金波

党委委员、党政办公室主任　贺红斌

党委委员、宣传统战部部长　田　敏

党委委员、学生工作处处长　熊湘玲

党委委员、组织人事处处长　倪士勇

中共永定区委员会

书　记　祝云武

副书记　朱法栋　程　漫

常　委　曹　飞

龚朝明（2020年12月免）

安守金（2020年4月调出）

吴文斌　苏　振　龚　颜

向　鑫（2020年4月调出）

李　巍（2020年4月任）

王　磊　向慈庸

张觉先（2020年12月任）

甄如辉（2020年12月任）

区人大常委会

主　任　全有军（2020年12月免）

欧湘云（2020年12月任）

副主任　孙林贤（2020年12月免）

周世建（2020年12月任）

漆辉玉

张辉文（2020年12月免）

杨建军　孙仁健

张豪雄（2020年12月任）

区人民政府

区　长　朱法栋

副区长　龚朝明（2020年12月免）

向慈庸（2020年12月任）

刘海林（2020年12月调出）

钟　湘　龚建梅

甄如辉（2020年12月免）

谷佶晖　张宏华

覃事永（2020年12月任）

张泽民（2020年12月任）

赵雅宏（2020年12月任）

政协永定区委员会
主　席　欧湘云（2020年12月免）
　　　　龚朝明（2020年12月任）
副主席　杨双英　郑　丽
　　　　覃正锋（2020年8月免）
　　　　龚志华
　　　　陈世伟（2020年12月任）
　　　　宋　娟（2020年12月任）

永定区人武部
政　委　张觉先
部　长　安守金（2020年4月调出）
　　　　欧阳礼明（2020年7月任）
副部长　钟小辉（2020年1月任）

永定区人民法院
院　长　彭　军

永定区人民检察院
检察长　褚晓军

永定区公安分局
局　长　谷佶晖
政　委　潘　勇

张家界市中医医院
党委书记　庹兴国（2020年8月退休）
　　　　　覃正锋（2020年8月任）
院　　长　侯启年

湖南天门山国家森林公园管理处
党组书记、主任
　　　　周世建（2020年12月免）
　　　　黄兴吉（2020年12月任）

中共武陵源区委员会
书　记　朱用文
副书记　郑小胡　白　波
　　　　向绪杰（2020年12月免）
　　　　谢贵湘（2020年12月任）
常　委　侯　毅　毛善猛　屈　辉
　　　　谢模强　王兴树
　　　　张德献（2020年4月免）
　　　　刘政忠（2020年4月任）
　　　　陈贤德（2020年12月免）
　　　　何　漾（2020年12月任）
　　　　卓秋爱（2020年12月任）

武陵源区人大常委会
主　任　许忠亮
副主任　阳　艳　彭玉周　胡金堂
　　　　戴云峰
　　　　万齐坤（2020年12月免）
　　　　万其松（2020年12月任）

武陵源区人民政府
区　长　郑小胡
副区长　侯　毅　李湘耀
　　　　杨　勇（2020年12月免）
　　　　秦进廷　李　红
　　　　陈家法（挂职）
　　　　欧春霞　唐汇民
　　　　李鹏飞（2020年12月任）

政协武陵源区委员会
主　席　余开平（2020年12月免）
　　　　向绪杰（2020年12月任）
副主席　杨春云
　　　　张　瑛（2020年12月免）
　　　　唐国贵　胡弥弥　戴一清
　　　　戴小芬（2020年12月任）

武陵源区人武部
部　长　毛善猛
政　委　陈　军
副部长　赵　云

武陵源区人民法院
院　长　梅中才

武陵源区人民检察院
检察长　李　澧

市公安局武陵源分局
局　长　欧春霞
政　委　唐承海（高配副处级）

张家界武陵源风景名胜区和国家森林公园管理局
党委书记　　　　朱用文
党委副书记、局长　郑小胡
党委副书记、常务副局长
　　　　向绪杰（2020年12月免）
　　　　谢贵湘（2020年12月任）
党委专职副书记
　　　　张　炎（2019年2月免）
　　　　杨　勇（2020年12月任）
党委委员、纪委书记　王兴树
党委委员、副局长
　　　　刘先宇（2020年5月免）
　　　　秦进廷　宋伯胜　朱法林
　　　　田爱群（2020年7月任）
总工程师　张　雁

中共慈利县委员会
书　记　邱初开
副书记　高靖生
　　　　朱超雄（2020年12月免）
常　委　屈春林　秦永辉　吴清英
　　　　戴必欣　覃业成
　　　　欧兵波（2020年12月免）
　　　　曾鹤鹏　李　勇
　　　　张满钏（2020年12月任）

县人大常委会
主　任　赵群策（2020年12月免）
　　　　朱超雄（2020年12月任）
副主任　唐熙照（2020年12月免）
　　　　戴建军　于世雄　朱庆霖
　　　　朱经伟
　　　　朱　云（2020年12月任）

县人民政府
县　长　高靖生
副县长　戴必欣　李新龙　满金华
　　　　王大云　谭本轮
　　　　成勇翔（挂职）　邹　辉
　　　　李雄林（2020年1月任）

政协慈利县委员会
主　席　吴淑元
副主席　周克平　卓耀楚
　　　　万　剑（2020年3月免）
　　　　周　毅
　　　　姜志平（2020年12月任）
　　　　朱良文（2020年12月任）

慈利县人武部
部　长　曾鹤鹏
政　委　杜乃华
副部长　王登超

慈利县人民法院
院　长　屈　平

慈利县人民检察院
检察长　许朝晖

慈利县公安分局
局　长　李雄林（2020年1月任）
政　委　龙军平（高配副处级）

慈利工业集中区管理委员会
党工委书记　李晓阳
主　　任　孙明建（2020年12月免）
　　　　　向延初（2020年12月任）

中共桑植县委员会
书　　记　刘卫兵
副书记、县长　赵云海
副书记　熊卫国（2020年12月免）
　　　　肖运谋（2020年12月任，12月以前任县委常委、纪委书记）

县委常委、常务副县长

杨绍武（2020年12月免）

县委常委、组织部部长　陈　瑞

县委常委、政法委书记　程持恒

县委常委、县委办主任

彭发斌（2020年4月免）

县委常委、人武部政委　肖卫军

县委常委、县委办主任

谷忠涛（2020年4月任，2020年4月之前任县委常委、宣传部长）

县委常委、宣传部部长

汤　程（2020年4月任、2020年12月免）

县委常委、统战部部长　张仁华

县委常委、常务副县长

钟照寰（2020年12月任）

县委常委、宣传部部长

陈　星（2020年12月任）

桑植县人大常委会

主　任　皮运舰

副主任　张东林　王　云

王　军（2020年12月免）

韦先娥

彭　英（2020年12月免）

副主任候选人

范武斌（2020年12月任）

韦克修（2020年12月任）

桑植县人民政府

县　　长　赵云海

县委常委、常务副县长

杨绍武（2020年12月免）

县委常委、常务副县长

钟照寰（2020年12月任，2020年12月之前任副县长）

副县长　王远刚　袁宏卫　谷　威

唐湘桥（2020年7月免）

王茂蓉　陈荣昌　杨昌顺

张　帆

吴　勇（2020年7月任）

副县长提名人选

彭剑锋（2020年12月任）

政协桑植县委员会

主　席　熊正元（2020年12月免）

主席提名人选

杨绍武（2020年12月任）

副主席　钟建国（2020年12月免）

阙玉英

幸电安（2020年12月免）

佘　平　王建群

副主席候选人

熊基林（2020年12月任）

屈海波（2020年12月任）

桑植县人武部

部　长　龚武兵

政　委　肖卫军

副部长　钟　伟

桑植县人民法院

院　长　覃恩赐

桑植县人民检察院

检察长　谭红亮

桑植县公安局

局　长　唐湘桥（2020年8月免）

吴　勇（2020年8月任，2020年8月前任政委）

政　委　黎昌辉（2020年8月任，高配副处级）

湖南八大公山自然保护区管理处

主　任　蔡双林

贺龙纪念馆

馆　长　黄　清

2021

政策法规选编

·张家界年鉴·

中共张家界市委关于制定张家界市国民经济和社会发展第十四个五年规划和二〇三五年远景目标的建议

（2020 年 12 月 11 日中国共产党张家界市第七届委员会第十次全体会议通过）

“十四五”时期是全面建成小康社会、实现第一个百年奋斗目标，乘势而上开启全面建设社会主义现代化新征程、向第二个百年奋斗目标进军的第一个五年。中国共产党张家界市第七届委员会第十次全体会议，认真学习贯彻中共十九届五中全会和习近平总书记考察湖南重要讲话精神、省委十一届十二次全会精神，深入分析我市经济社会发展形势和任务，就制定国民经济和社会发展“十四五”规划和二〇三五年远景目标提出以下建议。

一、全面建成小康社会，开启全面建设社会主义现代化新征程

1. 决胜全面建成小康社会取得决定性成就。“十三五”时期，面对错综复杂的国际形势和艰巨繁重的改革发展稳定任务，面对 2020 年新冠肺炎疫情严重冲击，市委坚持以习近平新时代中国特色社会主义思想为指导，坚决贯彻习近平总书记重要讲话指示精神和党中央、省委决策部署，团结带领全市人民，大力实施“三高四新”战略，坚持对标提质旅游强市和“11567”总体思路，攻坚克难、砥砺前行，推动全市经济社会发展取得巨大成就。综合实力不断增强，旅游经济高质量发展态势进一步巩固，以“锦绣潇湘”为品牌全域旅游基地的龙头地位逐步凸显；旅游融合发展，带动工业提质升级、农业基础夯实、新经济活力强劲；统筹新冠肺炎疫情防控和经济社会发展成效明显，我市成为全省确诊病例最晚、病例人数最少、治疗周期最短、病例清零最早的市州，做好“六稳”工作、落实“六保”任务扎实有效；防范化解重大风险有力有序，脱贫攻坚目标任务圆满完成，以大鲵国家级自然保护区水电项目整改为重点的污染防治攻坚战取得决定性成果，成功创建国家森林城市、国家环境空气质量达标城市、省级园林城市，国家卫生城市创建通过公示、即将正式命名；重点领域关键环节改革实现突破，对外开放水平显著提升；城乡面貌明显改善，实现县县通高速、村村通公路，步入高铁时代；民生保障全面加强，法治张家界、平安张家界、清廉张家界建设有力推进，社会和谐稳定。“十三五”规划目标任务即将完成，全面建成小康社会胜利在望，为开启全面建设社会主义现代化新征程奠定了坚实基础。

2. 新发展阶段面临的新机遇新挑战。世界百年未有之大变局进入加速演变期，国际环境日趋错综复杂，一方面和平与发展仍是时代主题，另一方面国际形势的不稳定性不确定性明显增加，特别是“东升西降”大趋势更加明显，新冠肺炎疫情大流行影响广泛深远，经济全球化遭遇逆流。新一轮科技革命和产业变革深入发展，国际力量对比深刻调整，人类命运共同体理念深入人心，我国仍处在大有作为的战略机遇期。我国立足新发展阶段，贯彻新发展理念，构建新发展格局，经济长期向好的基本面没有改变，制度优势和治理效能更加彰显，人民对美好生活的向往呈现多样化多层次多方面特点，长江经济带发展、粤港澳大湾区建设、中部地区崛起等国家战略深入实施。我省发展基础良好，“一带一部”区位优势明显，大力实施“三高四新”战略，坚持创新引领开放崛起，将催生更多高质量发展新活力新动能，带来一系列重大发展机遇。我市高质量发展基础进一步夯实，旅游支柱产业蓬勃发展，旅游品牌美誉度、影响力进一步提升，但总体处于欠发达的后发赶超阶段，发展不平衡不充分问题依然突出，工业化、新型城镇化尚处于起始阶段，产业结构欠合理，二产尤其是工业短板问题突出，科技创新支撑能力弱，城乡区域发展不平衡，巩固脱贫攻坚成果任务艰巨，社会事业、民生保障、社会治理等领域存在诸多弱项。全市党员干部要胸怀“两个大局”，明晰发展大势，深刻认识错综复杂国际环境带来的新矛盾新挑战，深刻把握新发展阶段新特征新要求，保持战略定力，办好自己的事，努力在危机中育先机、于变局中开新局。

3. 二〇三五年远景目标。到二〇三五年，建成国内外知名旅游胜地，建成旅游强市、生态强市、文化强市、健康张家界和国际精品旅游城市，实现富饶美丽幸福美好愿景，基本实现社会主义现代化。经济实力大幅跃升，人均地区生产总值达到全省平均水平，世界一流旅游目的地全面建成，“锦绣潇湘”全域旅游龙头示范作用充分凸显；基本实现新型工业化、信

息化、城镇化、农业农村现代化，以旅游高质量发展为引领的现代化经济体系更加完善；改革全面深化，制度机制更加健全，基本实现市域治理现代化，基本建成法治张家界、法治政府、法治社会；形成对外开放新格局，成为武陵山片区对外开放新高地；国民素质和社会文明程度达到新高度，人的全面发展、全体人民共同富裕取得更为明显的实质性进展，中等收入群体显著扩大，基本建成现代化公共服务体系；平安张家界建设达到更高水平，安全保障体系不断健全，共建共治共享的治理格局更加完善；生态环境质量、绿色生产生活方式、生态经济发展处于全省领先水平，建成国家生态文明示范区、美丽中国亮丽名片和宜业宜居幸福美好家园；全面从严治党持续深入推进，清廉张家界全面建成，政治生态风清气正、社会生态和谐稳定，党的全面领导和中国特色社会主义制度优势充分彰显。

二、“十四五”时期经济社会发展指导方针和主要目标

4. 指导思想。高举中国特色社会主义伟大旗帜，深入贯彻党的十九大和十九届二中、三中、四中、五中全会精神，坚持以马克思列宁主义、毛泽东思想、邓小平理论、“三个代表”重要思想、科学发展观、习近平新时代中国特色社会主义思想为指导，全面贯彻党的基本理论、基本路线、基本方略，深入落实习近平总书记对湖南工作系列重要讲话指示精神，统筹推进“五位一体”总体布局，协调推进“四个全面”战略布局，坚定不移贯彻新发展理念，坚持稳中求进工作总基调，以推动高质量发展为主题，以深化供给侧结构性改革为主线，以改革创新为根本动力，以满足人民日益增长的美好生活需要为根本目的，统筹发展和安全，坚持“建设国内外知名旅游胜地”总目标不动摇，大力实施“三高四新”战略，坚持创新引领开放崛起，坚持对标提质旅游强市和“11567”总体思路，积极融入以国内循环为主体、国内国际双循环相互促进的新发展格局，加快建设面向全国、全球的现代化旅游经济体系，加快建设旅游强市、生态强市、文化强市、健康张家界和国际精品旅游城市，推进治理体系和治理能力现代化，实现经济持续健康发展、社会安定和谐稳定，为全面建设社会主义现代化开好局、起好步。

5. 基本原则。

——坚持党的全面领导。坚持和完善党领导经济社会发展的体制机制，坚持和完善中国特色社会主义制度，增强“四个意识”、坚定“四个自信”、做到“两个维护”，不断提高贯彻新发展理念、构建新发展格局能力和水平，为实现高质量发展提供根本保证。

——坚持以人民为中心。坚持人民主体地位，坚持共同富裕方向，始终做到发展为了人民、发展依靠人民、发展成果由人民共享，维护人民根本利益，激发全体人民积极性、主动性、创造性，促进社会公平，增进民生福祉，不断实现人民对美好生活的向往。

——坚持新发展理念。把新发展理念贯穿发展全过程和各领域，构建新发展格局，切实转变发展方式，推动质量变革、效率变革、动力变革，实现更高质量、更有效率、更加公平、更可持续、更为安全的发展。

——坚持深化改革开放。坚定不移推进改革、扩大开放，加强治理体系和治理能力现代化建设，破除制约高质量发展、高品质生活的体制机制障碍，强化有利于提高资源配置效率、有利于调动全社会积极性的重大改革开放举措，推动更大范围更宽领域更深层次对外开放，持续增强发展动力和活力。

——坚持系统观念。加强前瞻性思考、全局性谋划、战略性布局、整体性推进，统筹国内国际两个大局，办好发展安全两件大事，更好发挥各方面积极性，着力固根基、扬优势、补短板、强弱项，注重防范化解重大风险挑战，实现发展质量、结构、规模、速度、效益、安全相统一。

6. 主要目标和战略定位。锚定二〇三五年远景目标，围绕“建设国内外知名的旅游胜地”总目标，立足国内外发展趋势、我市发展基础条件和阶段性特征，突出目标导向和问题导向，推动经济发展取得新成效，地区生产总值增速高于全省平均水平1个百分点以上，经济总量接近1000亿元；推动改革开放迈出新步伐、社会文明程度得到新提高、生态文明建设实现新进步、民生福祉达到新水平、治理效能得到新提升，基本建成旅游强市、生态强市、文化强市、健康张家界和国际精品旅游城市。

——努力打造世界一流旅游目的地。旅游业创新转型、提质增效取得突破性进展，旅游融合带动能力显著增强，基本建成以旅游高质量发展为引领的现代化产业体系；旅游集约化现代化国际化水平不断提升，世界一流的旅游产品、旅游服务、旅游品牌、消费环境、文旅体验、康养基地建设取得重大突破。新增2个国家AAAAA级旅游景区，武陵源、天门山跻身世界级旅游景区和度假区，国家级旅游休闲城市基本建成，旅游接待人次年均增长20%以上，旅游总收入年均增长17%以上，游客人均综合消费比2020年翻一番。

——努力打造国家生态文明建设示范区。国土空间开发保护格局更加优化，世界自然遗产地、自然保护地保护和生态产品供给机制更加健全，生态文明建设制度不断完善，经济社会全面绿色转型成效显著，能源资源利用效率大幅提高，主要污染物排放总量持续减少，生态环境质量持续改善，生态安全屏障更加牢固，城乡人居环境明显改善；绿水青山就是金山银山转化通道进一步拓展，绿色生产生活方式进一步形成，基本形成绿色产业发展体系，“世界绿谷”建设取得重大进展；绿色真正成为发展底色，森林覆盖率、空气环境质量、地表水水质、生物多样性等重要生态环境指标处于全省先导、跻身全国前列。

——努力打造国家特殊类型地区振兴示范区。红色基因得到大力传承，基本建成全国、全省重要的红色教育、党性教育基地；产业高质量发展、基础设施互联互通、公共服务设施配套等各项事业实现跨越式发展，基本公共服务水平大幅提升。民族政策全面落实，民族文化有效传承，各民族共同繁荣发展局面持续稳固，成功创建全国民族团结进步示范市。以产业可持续发展为基础和支撑，脱贫攻坚成果巩固拓展，乡村振兴全面推进。

——努力打造“锦绣潇湘”全域旅游基地龙头。在全国、全省率先全面建成“国家全域旅游示范区”，基本建成一批旅游总收入过百亿元的旅游强县、旅游总收入过十亿元的旅游小镇、旅游总收入过亿元的旅游名村，形成多点支撑、协调发展的全域旅游发展新格局，在优化旅游产品供给、国际精品旅游城市建设、旅游跨界融合、旅游管理体制机制创新、旅游国际化、旅游惠民富民、旅游辐射带动等方面作示范，“锦绣潇湘”全域旅游基地龙头带动作用进一步彰显，“仙境张家界”旅游品牌更加亮丽，“地上最高绝景”的山水人文之美享誉全球。

——努力打造武陵山片区改革开放新高地。以旅游高质量发展综合改革为牵引的重点领域改革和以“一件事一次办”为突破的“放管服”改革全面深化，建成武陵山片区营商环境最优、市场机制最活、改革示范带动最强的市州，基本建成高标准市场体系，市场活力、社会活力充分激发，基本建成高质量发展、高效能治理、高品质生活的体制机制；高水平开放型旅游经济新体制基本形成，与国内中心城市群、重点旅游城市、武陵山片区协同合作和与国际旅游组织、协会、国家文旅局驻外办事处等机构交流合作达到新高度，境外友好城市和友好往来城市达40个以上，基本建成武陵山片区对外开放新门户。

——努力打造人民幸福美好家园。实现更加充分更高质量就业，居民收入和经济发展同步增长，低收入群体收入明显增加，中等收入群体明显扩大，城乡居民收入差距明显缩小；高质量教育体系初步建成，社会保障和基本养老、卫生健康、公共文化服务体系进一步完善，实现基本公共服务均等化；社会治理创新高效，城乡社区建设服务水平持续提升，“平安张家界”建设达到更高水平，人民群众获得感、幸福感、安全感不断增强。

三、以旅游高质量发展为引领，加快构建现代产业体系

坚持发展实体经济，以高质量发展为主题，以深化供给侧结构性改革为主线，坚持走品牌化规模化特色化发展之路，推进旅游业与其他产业深度融合，不断提高旅游经济质量、效益和核心竞争力。

7. 推进旅游业高质量发展。对照世界一流标准，加快完善“五大体系”、畅通“六条路径”、做好“七个示范”，推动旅游提质升级增效，增强旅游带动能力，扩大张家界旅游品牌国际影响力，加快建设世界一流旅游目的地。坚持“三星拱月、月照三星”总体布局，巩固提升武陵源风景名胜区和张家界国家森林公园在全市的旅游核心地位，持续推进天门山、张家界大峡谷等精品旅游区建设提质，全力抓好东线、西线、南线景区景点高起点开发，巩固拓展旅游发展空间。提质发展精品观光旅游，突出发展休闲度假旅游，大力发展民俗风情旅游，加快发展体育运动旅游，创新发展红色文化旅游，积极发展乡村旅游和自驾游、房车旅游，全面发展科普教育、研学修学等新型主题旅游，推进无障碍旅游，构建面向国际的复合型旅游产品体系。提升旅游管理服务国际化标准化精细化水平，深化旅游管理体制改革，加强旅游酒店星级管理、旅行社质量等级管理和旅游从业人员资格认证管理，强化旅游市场综合监管，完善旅游综合执法和旅游诚信体系；按照国际标准改造提升景区景点服务设施，鼓励发展多业态精品酒店、文化主题酒店，引进一批国际一线高端品牌酒店和具有国际竞争力的旅游（管理）集团；探索制定民俗标准，建成一批精品旅游民俗集聚区。提升旅游品牌，推进旅游营销国际化，巩固国内旅游市场，深耕东北亚、东南亚市场，拓展欧美、拉美等国际旅游市场，提高国际高端游客比重。优化旅游消费环境，规划布局国际一流标准的免税店和购物中心，积极争取境外游客购物离境退税政策，拓展高端购物消费；布局建设具有国际影响力的高品位步行街和大型消费商圈；鼓励跨境电商、市场采购贸易等外贸新业态综合发展，打造跨境电商消费中心。推进旅游与文化深度融合发展，增强旅游的文化底蕴和吸引力。依托张家界优良自然生态环境和丰富的森林、温泉、地貌、医药等资源，大力发展康养旅游产品，规划建设国家健康旅游示范基地和国际医疗旅游先行区，建设一批世界一流的旅游康养基地、国际康养社区和康体小镇。积极申报国家体育训练基地，按规定创建国家体育旅游示范基地和全省体育旅游示范城市，打造一批体育旅游精品线路、精品赛事和体育旅游综合体。

8. 实施新型工业强基倍增计划。聚焦拉长工业短板，推动“旅游＋工业”深度融合，加快建设体现旅游地区特色、与生态环境相适应、一、二、三产业创新融合的新型工业体系，着力推进工业高质量发展，力争工业增加值年均增长15%以上、突破100亿元，比2020年增长一倍以上。大力实施新型工业优势产业链培育行动，重点培育旅游商品、生物医药（植物提取）、生态绿色食品（农副产品精深加工）、旅游装备制造、绿色建材、信息与数字技术等特色优势产业链和产业集群。实施园区发展平台提升行动，聚焦“三区一园”，创新园区管理体制，全力支持张家界高新区创建成国家级高新区，慈利县工业集中区建成省级高新区，加快桑植工业集中区、张家界旅游商品产业园建设，推动工业向园区集聚，提升园区工业发展承载能力，打造“135”工程升级版。深入实施工业项目“320”行动计划，加强工业项目谋划和项目库建设，大力实施工业招商专项行动，着力招大引强、靠大联强。实施规模以上工业企业培育行动，培育壮大“小巨人”企业，推动中小企业“专精特新”发展。大力实施工业绿色发展专项行动，推进绿色制造体系建设，积极发展环保产品、环保设备制造产业。用先进信息技术改造提升传统产业，推进“5G+工业互联网”融合发展，加快建设智能工厂、智能车间和智慧园区。

9. 加快现代服务业创新发展。构建现代服务业新体系，补齐生产性服务业短板，提质消费性服务业。大力发展现代物流业，

全面实施《张家界市现代物流业发展规划（2020—2030年）》，构建完善“一港六园多点”的多层次物流节点体系，推动形成市中心城区（永定城区和武陵源城区）、慈利县、桑植县三大物流集聚区，培育物流龙头企业，推进综合物流园区和专业物流基地建设，积极发展冷链物流，完善现代物流体系，加快打造武陵山片区旅游特色商品集散中心和武陵山片区物流中心。大力发展会议会展经济，支持市场主体和社会团体承办大型会议会展，提升会议会展、节会活动市场化运作水平，积极引进和永久落户一批有影响的国家级、国际性节会活动，培育会议会展品牌。大力发展电子商务，培育壮大一批电商平台和企业，推进县级电子商务服务运营中心和全国电子商务进农村综合示范县建设，推动跨境电商综合服务区建设，打造电子商务地域品牌和综合商城。大力发展健康、养老产业，引进和培育国内外有实力的医疗合作机构和养老机构，打造武陵山片区健康体检、医疗康养和旅游急救中心。

10. 大力推进数字产业化、产业数字化。推进大数据、人工智能、物联网、区块链等前沿技术与旅游业发展深度融合，推进“互联网+智慧旅游”，打造全国旅游信息大数据中心，培育发展旅游大数据产业。加快传统产业、园区、企业、景区数字化、智能化、绿色化、高端化升级改造，推进数字化智能化全产业覆盖。以新一代信息技术为支撑，拓展在交通、城管、生态、医疗、教育、服务等领域应用场景开发，提高5G商用技术应用水平。完善“互联网+政务服务”体系，加快建设数字社会和数字政府，推进经济发展数字化、社会治理数字化、公共服务数字化。保障数字经济信息安全，强化个人信息保护。突出数字化引领、撬动、赋能作用，完善和落实支持政策，全面发展总部经济、流量经济、口岸经济、网红经济等新经济新业态，打造新经济发展高能级平台。

四、扭住扩大内需战略基点，积极融入新发展格局

坚持实施扩大内需战略，深化供给侧结构性改革，加强需求侧管理，以创新驱动、高质量供给引领和创造新需求，在畅通国内大循环、促进国内国际双循环的新发展格局中展现新作为。

11. 全面融入国内大循环和国内国际双循环。依托强大国内市场，促进生产、分配、流通、消费各环节相互贯通，推动上下游、产供销有效衔接，实现市场、资源、技术、人才、产业、资本等要素循环畅通。破除妨碍生产要素市场化配置和商品服务流通的体制机制障碍，降低全社会交易成本。完善落实扩大内需的政策支撑体系，优化供给结构，改善供给质量，形成需求牵引供给、供给创造需求的更高水平动态平衡。积极参与国内旅游市场建设，加强与国内中心城市和重点旅游城市及武陵山片区县市的协同合作，深度融入全省旅游发展总体格局。推进张吉怀精品生态文化旅游经济带建设，联合打造旅游精品线路，完善全产业链旅游产品供给体系，提升旅游供给对市场需求的适配性。加强与国际旅游组织联系合作，提升国际旅游市场共享度，增强旅游发展的国际融通性。大力发展进出口贸易，提高引进外资水平。主动服务国家开放战略，深度融入共建“一带一路”，充分利用国内国际两个市场、两种资源。

12. 大力推动消费升级。把握消费升级趋势，提升传统消费，培育新型消费，完善促进消费政策，释放消费潜力。健全现代流通体系，加快建设国际航空物流园，配套建设集疏运基础设施，完善冷链、物流、仓储、加工、分拨功能，引进国际快递企业设立转运基地，打造以全货机航线为重点的国际物流大通道，提升消费平台，拓展消费空间。加快购物集聚区建设，重点建设一批特色酒店、街区、商贸服务体、专业市场，打造武陵山片区汽车交易中心。促进线上线下消费融合发展，支持发展“首店经济”“首发经济”。大力培育和推动城市“夜经济”发展，积极发展消费新模式新业态新场景。促进房地产健康发展，鼓励外地户籍人口到我市购房，鼓励农村户籍人口到市城区购房。

开拓城乡消费市场，加快建设城乡融合新型消费网络节点、农村社区综合性服务网点，加快工业品下乡、农产品进城。积极创建新型消费示范城市，建设区域消费中心。改善消费环境，强化消费者权益保护。

13. 持续扩大有效投资。发挥投资对优化供给结构的关键作用，精心策划和储备“十四五”发展重点项目，争取更多项目进入国、省规划“笼子”，建设一批强基础、增功能、利长远的重大工程和项目，加快补齐基础设施、市政工程、农业农村、公共安全、公共卫生、物资储备、防灾减灾等领域短板。扩大民生领域投资，实施一批教育、医疗、养老、托幼、生态环保等社会民生项目。加大产业投资力度，推动企业设备更新和技术改造，扩大优势产业尤其是战略性新兴产业投资。完善和落实吸引鼓励民间投资政策，激发民间投资活力。加强项目前期工作，规范政府投资行为，提高投资效益。

14. 加快基础设施配套提升。大力完善基础设施，推进基础设施全面建设配套和提质升级。加快建设武陵山片区旅游交通枢纽，加快实施张家界荷花国际机场改扩建工程，加快推进张吉怀高铁建成通车，积极争取张石铁路和动车运用所项目建设，构建高效便捷铁路网。推进高速公路建设，提升公路交通运输能力，全面提质普通国省干线公路，加快推进产业路、旅游路和农村“四好”公路建设，完善市中心城区和县城道路建设。推进城市和景区交通基础设施零换乘、便捷化，优化客货运站场网络布局，提升张家界高铁站综合交通枢纽一体化、综合化、智能化水平。加快实施城乡供水水源工程，推进城市防洪工程建设、澧水重要河段及中小河流治理、病险水库除险加固。推进电网建设工程，提高地区电网供电能力及供电可靠性。加快管道供气工程建设，实现“气化张家界”全覆盖。推进新一代信息基础设施建设，加快5G深度覆盖景区、城乡，全面提升信息化水平，打造融合高效的智慧交通基础设施，加快建设提供数字转型、智能升级、融合创新等服务的一体化融合基础设施，完善储能设施、新能源汽车充电桩、换电站及车路协同基础设施。

五、坚持全面深化改革创新，增强经济社会发展新动能

用好改革“关键一招”，坚持创新在现代化建设全局中的核心地位，大力实施省委“四大改革行动”“七大创新计划”，以改革和创新赢得竞争主动权，培育扩大发展新优势。

15. 激发市场主体活力。深化国企国资改革，健全现代企业制度，形成以管资本为主的国有资产监管体制。积极稳妥推进国有企业混合所有制改革。加快融资平台公司市场化转型发展。以完善市场经营机制为目标，加强国有经济企业家队伍建设，提升企业法人治理水平，推动企业转型发展。完善落实支持民营经济、中小企业发展的政策、制度、破除制约企业发展的各种壁垒。完善中小企业、民营企业融资服务担保体系。营造各种所有制主体依法平等使用资源要素、公开公平公正参与竞争、同等受到法律保护的市场环境。弘扬企业家精神，坚持党建引领，激发企业活力。

16. 创新完善经济治理体系。健全财政、金融、就业、产业、投资、消费、环保、区域等政策协同发力的经济治理体系。完善经济配套政策制定和执行机制，加强经济配套政策协调，提高经济调节能力。加强经济治理数据库建设，提升大数据等现代技术手段辅助治理能力。完善财税金融体制，加强财政资源统筹和规划管理。完善标准科学、规范透明、约束有力的预算制度。推进财政支出标准化，强化预算约束和绩效管理。健全政府债务管理制度。构建金融有效支持实体经济的体制机制，增强金融普惠性。完善金融监管体系，提高金融监管透明度和法治化水平。

17. 建设高标准市场体系。健全市场体系基础制度，坚持平等准入、公正监管、开放有序、诚信守法。切实放宽市场准入，全面实施市场准入负面清单制度。强化竞争政策基础地位，落实公平竞争审查制度，清除妨碍统一市场和公平竞争的各种规定和做法。开展反垄断执法和反不正当竞争执法。完善知识产权维权机制，建立知识产权纠纷多元化解平台，构建便捷高效低成本的维权渠道。科学运用市场力量优化人力资源配置，建立与经济社会发展需求相适应的人力资源职业供求预测信息常态化发布机制。健全要素市场运行机制，推进土地、劳动力、资本、技术、数据等要素市场化改革。推进市场监管法治建设，理顺市场综合行政执法体制机制。

18. 建设高水平营商环境。加快转变政府职能，全过程推进决策、执行、管理、服务、结果公开，构建职责明确、依法行政的政府治理体系。深化“放管服”改革，持续推进“一件事一次办”改革，健全“证照分离”制度，加强事中事后监管，全面落实“双随机、一公开”“互联网＋监督”制度。深化商事制度改革和党政领导联系商协会制度，探索以承诺制为核心的极简审批。深化工程建设项目审批制度改革。推进政务服务标准化、规范化、便利化并向乡镇（街道）、村（社区）延伸，打通服务群众“最后一公里”。深化事业单位、行业协会、商会和中介机构改革。深化社会信用体系建设，对新产业新业态实行包容审慎监管。

19. 提高企业技术创新能力。强化企业创新主体地位，围绕旅游商品、生物医药（植物提取）、生态绿色食品（农副产品精深加工）、旅游装备制造、绿色建材、信息与数字技术等重点领域，引进、培育、壮大高新技术企业和科技型中小微企业。推动产业链上下游、中小企业融通创新，推动一批“小巨人”（后备）企业发明专利实现突破。健全完善产学研、政校企协同创新机制，与高校院所联合建设一批孵育结合、产学研联结紧密的新型研发机构。引导企业加大研发投入，以引进消化吸收再创新为主攻方向，研究开发新产品、新工艺、新装备、新材料，提升企业研发中试、创业孵化、检验认证、技术服务等能力，增强自主知识产权创造和科技成果转化能力。

20. 激发人才创新活力。深化人才发展体制机制改革，推进实施人才强市战略和张家界人才行动计划。健全人才引进制度，引进一批具有国际视野的科技领军人才、创新团队和文化旅游创新创业团队。建立健全高层次人才管理和专业人才使用机制，构建以创新能力、质量、实效、贡献为导向的人才分类评价体系，探索建立旅游人才评价标准。推进基层人才提质工程，健全人才创新激励、待遇保障、收益分配等机制。加快推进技工院校转型发展，强化职业技能鉴定质量管理。加强科研院所及科技创新型企业建设，推动旅游职业教育提质升级，围绕新型工业强基倍增计划有针对性地培养技术人才，建设具有国际影响力的旅游人才高地。

21. 加强科技创新平台建设。围绕特色资源禀赋优势，建设一批院士专家工作站、博士后工作站、产业技术创新联盟。对接国家、省创新研发平台总体布局，重点在动植物有效成分提取、食品加工等领域，建设一批国家级、省级实验室和工程技术研究中心等科技创新平台。支持建设生态旅游湖南省重点实验室，打造旅游科技创新的研发中心和人才培养基地。积极建设众创空间、星创天地、科普基地等新型科技创新平台。加快中国翠谷植物提取产业园建设，打造武陵山片区植物提取技术创新中心和产业化基地。实施科普惠民提升工程，创新科普工作方法，探索“科普+旅游”融合发展模式。

六、坚持农业农村优先发展，全面推进乡村振兴

全面实施乡村振兴战略，以深化农业供给侧结构性改革为主线，以构建新型工农城乡关系为路径，加快推进农业农村现代化。

22. 发展现代农业。全面落实省现代农业发展“三个百千万”工程和农业产业发展“一特两辅”战略，大力发展蔬菜、茶叶、中药材、水果、大鲵等特色农业产业。引进新希望等龙头企业，加快扩大生猪养殖规模，延伸生猪养殖产业链，着力构建种养协调发展的农业产业结构和区域布局。坚持严格的耕地保护制度，坚决遏制耕地“非农化”、防止“非粮化”，加大农业水利设施建设力度，推进高标准农田建设，推动现代种业发展，确保粮食安全。加快农业产业园区建设，推进张家界农副产品交易中心建设。积极引进培育农业产业化龙头企业，大力发展旅游农业、休闲农业、创意农业、智慧农业。大力培育农业品牌，加快建成以“三品一标”农产品为基础、企业品牌为主体、区域公用品牌为龙头的农产品品牌体系，全面提升市场竞争力。建立完善绿色、有机农产品认证和后续监管机制，加大对农产品地理标志产品的培育和保护力度。强化农业科技和装备支撑，提高农业良种化水平。推进农旅融合和农村一、二、三产业融合发展，丰富乡村经济业态，拓展农民增收空间。

23. 实施乡村建设行动。强化县城综合服务能力，把乡镇建成服务农民的区域中心。统筹县域城镇和村庄规划建设，加大传统村落和乡村风貌保护。加快美丽乡村示范村创建，加大农村空心村整治整修和拆危拆杂力度，加强农村建房规范化管理。深入推进农村人居环境综合整治，持续开展农村垃圾治理、污水治理及“厕所革命”行动。完善乡村水、电、路、气、通信、广播电视、物流等基础设施。完善农村公共文化服务体系，加强农村文化服务设施和阵地建设。加强平安乡村建设，保障农民安居乐业，农村社会安定有序。提高农民科技文化素质，推动乡村人才振兴。

24. 深化农村改革。认真落实农村基本经营制度、第二轮土地承包到期后再延长三十年的政策，稳步推进农村土地所有权承包权经营权“三权分置”，全面完成农村承包地确权登记颁证工作。加快培育家庭农场、农民专业合作社等新型经营主体，健全农业专业化社会化服务体系，建立适度规模经营体系，健全城乡统一的建设用地市场，积极探索实施农村集体经营性建设用地依法入市制度。健全土地流转管理服务体系，完善土地承包纠纷调处机制。探索农村宅基地“三权分置”实现形式，保障进城落户农民土地承包权、宅基地使用权、集体收益分配权。深入推进农村集体产权制度改革，全面建立农村集体经济组织。深化小型农田水利工程产权制度改革，推行农田水利工程设施不动产登记。深化集体林权制度改革、供销合作社综合改革、农场改革、农业领域综合执法改革。建立村级集体经济收入稳定增长机制，加快壮大村级集体经济。健全农村金融服务体系，发展农业保险。创新优化休闲农业、乡村旅游等产业发展用地政策。推进农村殡葬改革。积极推进城乡居民合作建房改革试点。

25. 实现巩固拓展脱贫攻坚成果同乡村振兴有效衔接。推动减贫战略和工作体系平稳转型，统筹纳入乡村振兴战略。完善农村低收入人口帮扶机制，保持财政投入力度总体稳定，接续推进脱贫地区发展。建立健全防止返贫监测和帮扶机制，做好易地扶贫搬迁后续帮扶工作。加强扶贫项目资金资产管理和监督，推动扶贫产业可持续发展，巩固提升脱贫产业成果。继续选派驻村第一书记，坚持和完善对口支援、社会力量参与帮扶机制。

七、推进新型城镇化，促进区域协调发展

主动对接融入国家区域战略布局，落实主体功能区战略，完善新型城镇化战略，推动城区、景区、园区融合发展，形成区域协调发展新格局。

26. 构建国土空间开发保护新格局。健全“三级三类”国土空间规划体系，持续推进主体功能区规划、土地利用规划、城乡规划等规划“多规合一”，形成全市国土空间规划“一张图”。科学划定生态保护、永久基本农田、城镇开发三条空间管控底线。以国土空间规划为依据，对全市所有国土空间分区分类实施用途管制。立足资源环境承载力与国土空间开发适宜性评价，发挥张家界世界自然遗产和生态价值优势，推动形成城镇化发展区、农产品生产区、重点生态功能区三大空间格局，支持城镇化发展区高效集聚经济和人口、保护基本农田和生态空间，支持农产品生产区提高农产品供给水平和质量，支持重点生态功能区把发展重点放在保护和修复生态环境、提供生态产品和维护生态系统功能上，推动形成主体功能明显、优势互补、高质量发展的国土空间开发保护新格局。

27. 推进以人为核心的新型城镇化。实施市中心城市承载功能升级行动，强化区域统筹，积极依规有序推进行政区划调整，提高资源统筹配置、产业协同发展和重大基础设施统筹建设能力，增强市场要素、产业发展、城市功能、人口承载和辐射带动能力。加快智慧城市建设，推进“城市大脑”全覆盖。实施城市更新行动，推进城市精明增长和生态修复、功能完善，强化历史文化保护、塑造城市特色风貌，提升城市规划建设管理的科学化、精细化、智能化水平，加快推进生态、畅达、休闲、智慧、文明“五城一体”的国际精品旅游城市建设。加快推进空铁新城建设。增强城市防洪排涝能力，建设海绵城市、韧性城市、宜居城市。全面完成体育馆、图书馆、美术馆、档案馆等民生项目建设，完善城市公共文化体育设施。加快城镇老旧小区改造，配套完善社区、小区功能，提高居民自治和管理水平。坚持租购并举，有效增加保障性住房供给，加大低收入住房困难家庭保障力度，促进房地产市场平稳健康发展。落实户籍制度改革，强化基本公共服务保障，完善“人地钱挂钩”配套政策，推动城镇基本公共服务覆盖未落户常住人口，提高农业转移人口市民化质量。

28. 推动区域协调发展。以市中心城区（永定城区和武陵源城区）为核心、两个县城（慈利县城、桑植县城）为市域副中心城市，沿黔张常铁路城镇发展轴和澧水生态经济带、溇水生态经济带叠加的城镇发展带，构建“一主两副、一轴两带”的区域发展格局，推进区域协调联动发展。推进扩权强县改革，支持慈利撤县设市。支持桑植加快发展，依托“红色沃土、绿水家园”建好贺龙元帅家乡。开展扩权强镇改革试点，赋予乡镇更多发展自主权，增强发展能力和服务能力。积极争取革命老区、民族地区等国家特殊类型地区振兴发展项目和支持政策，推动革命老区振兴、民族地区加快发展。

29. 促进城乡融合发展。以协调推进乡村振兴战略和新型城镇化战略为抓手，以缩小城乡发展差距和居民生活水平差距为目标，建立健全城乡融合发展体制机制和政策体系。完善土地、资金、人才、技术、信息等要素在城乡间自由平等流动的体制机制，协同推进城乡产业培育、基础设施建设、社会事业发展。加快推进城乡统筹、景城一体、产城融合、旅城融合，实现人口就地城镇化。加快推进城乡要素合理配置、缩小城乡基本公共服务差距、提高城乡基础设施建管能力，促进乡村经济多元化发展。加强城乡生态环境保护基础设施建设，以城促乡，以乡护城，协同提升城乡生态环境保护能力。

八、繁荣发展文化事业和文化产业，提高文化软实力

坚持马克思主义在意识形态领域的指导地位，坚定文化自信，围绕举旗帜、聚民心、育新人、兴文化、展形象的使命任务，推动文化事业和文化产业大发展大繁荣，提升社会主义先进文化的传播力与影响力，加强社会主义精神文明建设，加快建设文化强市。

30. 提高社会文明程度。始终把学习宣传贯彻习近平新时代中国特色社会主义思想作为重大政治任务，加强“四史”宣传教育，推动理想信念教育常态化制度化，以社会主义核心价值观引领新时代公民道德建设，突出抓好未成年人思想道德建设。实施文明创建工程，拓展新时代文明实践中心（所、站）建设。巩固创建国家卫生城市成果，积极创建国家文明城市。健全志愿服务体系，广泛开展志愿服务关爱行动。加强社会信用体系建设，弘扬社会诚信文化。扎实开展以劳动创造幸福为主题的宣传教育活动。加强家庭家教家风建设。坚持正确舆论导向，健全社会舆情引导机制，发展积极健康的网络文化，营造清朗网络空间。

31. 发展公共文化事业。全面推进新闻出版、广播影视、文学艺术、哲学社会科学事业健康发展。实施文艺作品质量提升工程，加强现实题材创作生产，不断推出反映时代新气象、讴歌人民新创造的文艺精品。推进媒体深度融合，实施全媒体传播工程，做大做强新型主流媒体，建强用好县级融媒体中心，稳健推进市级融媒体中心建设。完善城乡公共文化服务体系，优化城乡文化资源配置，推动文化惠民工程扩大覆盖面、增强实效性。健全支持开展群众性文化活动机制，鼓励社会力量参与公共文化服务体系建设。推进高雅艺术与民族文化有机结合。

32. 壮大现代文化产业。坚持把社会效益放在首位、社会效益和经济效益相统一，深化文化体制改革，完善文化产业发展规划和支持政策，扩大优质文化产品供给。大力发展文化旅游产业，高标准建设文化旅游产业园区，打造一批文化旅游项目和文化创意产品。加快发展以旅游演艺为主要特征的新型文化企业、文化业态、文化消费模式，改造提质现有旅游演艺节目，培育新型旅游演艺产品，打造中国演艺之都。培育壮大一批文化创意龙头企业，培育数字创意、动漫游戏、影视剧创作拍摄等新兴业态，开展国际文化创意交流活动。积极打造影视基地、节庆基地、文创基地、写生基地等，延长产业链条。按规定积极创建国家文化和旅游消费试点城市，打造夜间文旅消费集聚区。建设张家界对外传播中心，加强对外文化交流，讲好张家界故事，提升张家界文化影响力。

33. 弘扬和传承红色文化、民族文化、历史文化。依托贺龙故居及纪念馆、红二方面军长征出发地纪念馆、湘鄂川黔革命根据地纪念馆等丰富资源，规划建设长征国家文化公园（张家界段），创建全国红色文化传承、红色旅游体验、党性教育培训示范基地，培养党性教育师资队伍，推出一批高质量的红色精品课程，打造红色文化旅游品牌。注重挖掘红色资源，加强红色纪念地、纪念馆、纪念碑、纪念室的保护修缮和开发利用。编排制作一批红色题材的文艺节目，做精做强“张家界民俗文化活动月”等民族文化活动品牌，推进张家界阳戏、慈利汉剧、桑植民歌等传统艺术创新发展；加强文物古籍保护、研究、利用，深入挖掘民族、历史和地域文化内涵，加大对民族文化风貌区、古村落、古建筑等文化遗产和非物质文化遗产保护，加强民族优秀传统手工艺保护和传承。加大人才培养力度，造就一批文化领军人物和高素质文化人才。

九、坚持生态优先绿色发展，实现人与自然和谐共生

深入贯彻习近平生态文明思想，坚持“绿水青山就是金山银山”理念，坚持共抓大保护、不搞大开发，促进经济社会发展全面绿色转型，深入推进生态绿色张家界建设，促进人与自然和谐共生。

34. 加强自然资源保护利用。严格执行《湖南省武陵源世界自然遗产保护条例》等法律法规，加强各类自然生态资源保护，重点保护世界自然遗产、地质公园、风景名胜区、自然保护区、森林公园和“张家界地貌”，稳步推进国家自然保护地整合优化试点工作。推进武陵源核心景区生态环境综合整治和生态移民搬迁工程，建立健全水土保持、森林防火、森林病虫害防治、生物多样性保护、地质遗迹保护等体系。加强自然资源调查评价监测和确权登记，推进自然资源统一确权登记法治化、规范化、标准化、信息化。健全森林资源保护利用制度，严格林地用途监管，筑牢生态安全屏障。坚持节水优先，加强水资源保护和利用，建立水资源刚性约束制度，推进用水权市场化交易。健全自然资源产权制度，完善落实资源有偿使用制度，实行资源总量管理和全面节约制度。

35. 全面推动绿色低碳发展。全面推进国家生态文明建设示范区、“绿水青山就是金山银山”实践创新基地建设，探索建立生态产品价值实现机制，不断提升生态文明建设水平。全面推行重点行业和重点领域清洁生产、绿色化改造，淘汰落后产能和设备，降低能耗、物耗、水耗。大力发展绿色建筑、绿色工厂和绿色园区，深入开展绿色家庭、绿色学校、绿色社区、绿色乡村、绿色酒店等创建。大力发展绿色交通，做好新能源汽车的推广应用，提倡低碳绿色出行。大力发展绿色能源，支持生物质发电、太阳能光伏发电等项目，提高新能源占比。加快构建废旧物资循环利用体系，推行垃圾分类和减量化、资源化。完善环境保护、节能减排约束性指标管理，推进总量控制、科学配置、全面节约、循环利用。大力发展绿色金融，支持绿色技术创新，发展环保产业。加强绿色环保宣传，增强全民生态文明意识，倡导绿色低碳生产生活方式。

36. 加强生态系统保护与修复。坚持尊重自然、顺应自然、保护自然，坚持节约优先、保护优先、自然恢复为主，统筹山水林田湖草系统治理，有序针对矿山、河流、土地开展生态修复，增强环境资源再生能力。严守生态保护红线，建立最严格的生态保护监管制度和监测预警管控体系，推动生态系统功能整体提升。理顺自然保护地管理体制机制，推进自然保护地绿盾行动，强化对自然保护地生态系统完整性监管。加强松材线虫等森林病虫害防治，严控林业有害生物危害。推进生物多样性保护工程，加强特有珍稀濒危野生动物及其栖息地保护，完善生物多样性保护网络。开展大规模国土绿化行动，加强水土流失和矿山、石漠化综合治理。巩固张家界大鲵国家级自然保护区水电项目整治成果。

37. 完善生态环境保护制度体系。严格落实领导干部生态文明建设责任制。完善市人大常委会听取生态环境保护报告制度。完善生态环境信用评价、信息强制性披露、严惩重罚制度，构建全过程生态环境监管执法制度体系。落实生态环境监测和评价制度、生态环境损害赔偿制度、生态环境损害责任终身追究制度。严格落实企业主体责任，全面实行排污许可制度。全面落实河长制，加强澧水、溇水等流域和重要湿地生态保护与系统治理，实施好十年禁渔行动。完善流域生态补偿制度。严格执行森林资源保护利用规划，全面推行林长制。

38. 持续提升生态环境质量。持续打好污染防治攻坚战，全面完成中央、省环保督察及“回头看”交办的问题整改工作。巩固国家环境空气质量达标城市成果，中心城市空气质量优良天数比例保持在全省前列。全面推进“三水统筹”，加强水环境治理、水资源保障、水生态修复，国控地表水断面水质优良率保持100%、中心城区建成区黑臭水体消除比例达到100%、县级以上城市集中式饮用水水质达标率达到100%。严格控制入河污染物排放，推进城镇污水管网全覆盖，全面完成县级及以上污水处理厂提标改造。全面推进水源地规范化建设和环境整治。推进畜禽养殖污染治理和粪污资源化利用。推进化肥、农药减量化和土壤污染治理，加强白色污染防治。强化危险废物和医疗废物监管，有效防范环境风险。加强噪声污染防治，提升城乡声环境质量。加强农业面源污染和农村水系综合整治，持续改善农村人居环境。

十、推进开放崛起，打造武陵山片区对外开放新高地

深入实施“五大开放行动”，在更大范围、更宽领域、更深层次扩大对外开放，构建开放发展新格局。

39. 深度融入国家开放发展战略。发挥“一带一路”沿线国家“丝路驿站”作用，加强务实合作。坚持共抓大保护、不搞大开发，深度融入长江经济带建设。主动对接粤港澳大湾区、成渝城市群等地区发展。强化区域旅游协作，构筑高铁经济走廊，打造中西部地区旅游黄金带。积极参与西部陆海新通道建设，加强骨干通道衔接，对接北部湾经济区和海南自由贸易港。积极主动融入湘南湘西承接产业转移示范区。

40. 建设开放型经济新体制。积极对接融入中国（湖南）自由贸易试验区建设，争取把张家界申报成为中国（湖南）自由贸易试验区扩区建设范围，推进贸易创新发展。健全服务贸易促进机制，构建外贸公共服务体系，拓展对外贸易多元化，按规定创建国家全面深化服务贸易创新发展试点城市。落实外商投资准入前国民待遇加负面清单管理制度，实行备案为主、核实为辅的管理模式。建立外事、外资、外贸、外宣深度融合机制。完善海外风险评估和安全预警体系。推进国际贸易单一窗口建设，提高口岸跨境贸易便利化水平。建立区域旅游联盟，加强与周边地区交流合作，完善联合协作机制。

41. 完善对外开放支撑体系。拓展建设外贸综合服务平台，积极发展市场采购贸易试点、跨境电商等外贸新业态。完善口岸基础设施，建设口岸物流平台，推动国际航空物流园建设，筹建B型保税物流中心、国际快件监管中心、跨境电商通关中心、保税展示交易中心，充分发挥水果、食用水生动物、冰鲜水产品等进境指定监管场地作用，打造“一站式”国际口岸综合通关服务平台和产业园区。构建海陆空联运网络，稳定现有越南全货机航线，开拓韩国、日本、泰国、印度尼西亚等全货机运输，对接西部陆海新通道，完善铁路物流集疏运设施，加强机场、铁路、公路有效衔接，推动公路卡班、铁路集装箱标准化运输。推进空铁联运、公机联运和国际多式联运发展。强化口岸通道合作，加强与省内口岸、长江沿线口岸、北部湾等港口口岸合作，推动我市口岸与开放港口无缝直通，港港联动，功能延伸。依托国际航空物流园，强化国际陆港口岸功能，打造区域国际旅游航空枢纽。

42. 积极引进来走出去。深入推动产业发展和对外贸易转型升级，加强产业对外合作，实行精准招商，提升产业开放发展水平。坚持引资、引技、引智相结合，大力引进企业总部、区域总部和功能性总部，引进科研院所和研发中心。用好国际交流合作平台，积极组团参加世博会及其他国际性展（博）览会。凭借丝绸之路友城合作契机，加强与国外商协会合作，推进贸易往来。发展一批重点产业、重点企业，培育跨境电商、市场采购贸易、外贸综合服务等贸易新业态新模式，推动更多企业开展进出口业务。联合“湘企出海”，支持张家界优秀本土企业开展“走出去”线上线下业务深耕培训，增强企业对外贸易能力。

十一、坚持保障和改善民生，提高社会建设水平

坚持把实现好、维护好、发展好最广大人民根本利益作为发展的出发点和落脚点，着力实施一批重点民生工程，扎实推动共同富裕，改善人民生活品质，提高社会建设水平，促进人的全面发展和社会全面进步。

43. 提高居民收入水平。以按劳分配为主体、多种分配方式并存，提高劳动报酬在初次分配中的比重，健全工资合理增长机制，着力提高低收入群体收入，扩大中等收入群体。落实按要素分配政策制度，探索通过要素使用权、收益权增加中低收入群体要素收入。多渠道增加城乡居民财产性收入。落实再分配机制，发挥第三次分配作用，保障知识密集型创造性劳动获得合理报酬，改善收入和财富分配格局。落实促进农民收入持续较快增长的长效政策机制，完善农民工工资支付保障长效机制。

44. 强化就业优先政策。落实更加积极的就业政策，扩大就业容量，提升就业质量，促进充分就业。落实重点群体就业支持体系，统筹城乡就业政策体系。依法扩大公益性岗位安置，帮扶残疾人、零就业家庭成员就业。完善促进创业带动就业、多渠道灵活就业的保障制度，支持和规范发展新就业形态，健全就业需求调查和失业监测预警机制。加强创新创业新载体、创业孵化基地、众创空间等新型创业平台建设，形成创业培训、创业政策、创业孵化、创业服务“四位一体”的工作新格局。落实就业公共服务体系、劳动关系协调机制和终身职业技能培训制度、开展职业技能提升行动。做好农民工服务和困难群体就业工作，推进农村劳动力就近就地转移就业。

45. 推动教育高质量发展。坚持立德树人，健全学校、家庭、社会协同育人机制，培养“德、智、体、美、劳”全面发展的社会主义建设者和接班人。推动教师队伍蓬勃发展，加强师德师风建设，完善教师培养体系。推动义务教育均衡发展和城乡一体化，全面加强乡村小规模学校和寄宿制学校建设。完善普惠性学前教育和特殊教育、专门教育保障机制，鼓励高中阶段学校多样化发展。完善现代职业教育体系，促成职业教育创新发展，深化职普融通、产教融合、校企合作。大力支持吉首大学张家界学院转设后的建设发展，支持张家界航空工业职业技术学院专升本，积极兴办张家界旅游高等专科学校。支持和规范民办教育发展，规范校外培训机构。发挥在线教育优势，推行全民素质提升计划，加强市民终身学习开放平台建设，完善终身学习体系。

46. 完善社会保障体系。健全覆盖全民、统筹城乡、公平统一、可持续的多层次社会保障体系。落实基本养老保险制度，健全基本养老金合理调整机制，积极发展补充养老保险，鼓励符合条件的非公有制经济组织建立企业年金，构建多层次、多支柱养老保险体系。推行“公助民营”模式，积极发展居家养老服务。深入推进基本医疗保险和生育保险市级统筹，健全重大疾病医疗保险和医疗救助制度，落实异地就医结算。建立规范的商业健康保险制度。加强医疗保险基金监管。充分发挥失业保险稳定就业、预防失业功能，扩大失业保险金保障范围。落实工伤保险基金省级调剂、市级统收统支管理制度，严格执行上级制定的工伤保险待遇结构和标准。健全灵活就业人员社保制度。健全退役军人工作体系和保障制度。完善最低生活保障、特困人员救助供养及低收入家庭基本生活保障制度，健全分层分类的社会救助体系。坚持男女平等基本国策，保障妇女儿童合法权益。健全老年人、残疾人关爱服务体系和设施，完善帮扶残疾人、孤儿等社会福利制度。落实社会保险基金预算管理制度，提高社会保险基金使用效率和抵御风险能力，实现社会保险基金的安全可持续运行。

47. 推进健康张家界建设。深入实施健康张家界行动，完善健康促进政策，普及健康知识，织牢公共卫生防护网，强化全方位全周期健康服务。坚持基本医疗卫生事业公益性、服务性，持续深化医药卫生体制改革，推进疾病预防控制体系改革、医疗卫生城（县）乡一体化改革，加快健全分级诊疗制度，加强以城带乡的医联体建设。巩固提升基本医疗和基本公共卫生服务体系，完善医疗救治和传染病防控体系，大力推进区域卫生大健康“九大工程”，加快建设武陵山片区医疗服务中心。加强医疗卫生人才队伍建设，加大全科医生培养力度，推进全科医生制度。加快发展“互联网 + 医疗健康”，提高医疗技术水平和服务质量。促进中医药传承创新发展，完善中医药服务体系，打造特色优势医疗专科。支持社会办医，完善全民健身公共服务体系，促进健康产业发展。深入开展爱国卫生运动，弘扬文明健康生活方式。

48. 积极应对人口老龄化。落实国家生育政策，增强生育政策包容性，提高优生优育服务水平，发展普惠托育服务体系，降低生育、养育、教育成本，提高人口素质。落实基本养老服务制度，完善市县乡布局合理的养老机构，发展普惠型养老服务和互助性养老，支持家庭承担养老功能。培育养老新业态，完善居家养老、社区养老等养老服务体系。积极开发老龄人资源，发展银发经济。构建养老、孝老、敬老的社会环境，建设老年友好型社会。

十二、统筹发展和安全，建设更高水平的平安张家界

坚持总体国家安全观，统筹传统安全和非传统安全，把安全发展贯穿全市发展各领域和全过程，有效防范和化解各种风险，确保社会大局和谐稳定。

49. 推进法治张家界建设。深入学习贯彻习近平法治思想，持续开展全民普法，重点加强《中华人民共和国宪法》《中华人民共和国民法典》等普及工作，弘扬宪法精神，增强公众法治观念。完善立法工作格局，推动重点领域立法。加快建设法治政府，提高依法行政水平。深入推进司法规范化建设，规范执法司法行为，完善司法权运行监督管理机制，确保司法公正高效权威。加强社会主义法治文化建设。

50. 创新社会治理。坚持共商共建共治共享，完善社会治理体系，健全党组织领导的自治、法治、德治相结合的城乡基层治理体系。发挥群团组织和社会组织在社会治理中的作用，推动社会治理重心向基层下移，强化网格化管理和服务，发挥村规民约、居民公约作用，夯实基层社会治理基础。健全重大决策社会风险评估机制、社会心理服务体系和危机干预机制，从源头上预防和化解社会矛盾。完善信访制度和社会矛盾纠纷多元化预防调解处置综合治理机制，努力将矛盾化解在基层。积极创新社会治理，推进智能治理基础建设和现代化，构建数据资源共享体系，打造智能化治理新模式。

51. 切实维护安全稳定。坚决捍卫国家政治安全，严格防范和严厉打击敌对势力渗透、破坏、颠覆、分裂活动。加强经济安全风险预警、防控机制和能力建设，确保产业安全、生态安全、资源安全、金融安全、债务安全。加强平安建设，构建立体化网格化信息化社会治安防控体系，推进“雪亮工程”“雪亮乡村”建设，巩固扫黑除恶专项斗争成果，持续整治黄赌毒，坚决防范和打击暴力恐怖、黑恶势力、新型网络犯罪和跨国犯罪，织密织牢社会安全网。坚持人民至上、生命至上，全面提高公共安全保障能力。提高食品药品安全保障水平，加快创建国家食品安全示范市。落实安全生产责任制，强化安全生产监管，坚决遏制重特大安全事故发生。加强自然灾害防御工程建设，健全应急综合指挥平台和应急处突队伍，强化应急物资保障，提升防灾减灾抗灾救灾能力。

十三、全市各族人民团结起来，为实现“十四五”规划和二〇三五年远景目标努力奋斗

加强党对经济社会发展的全面领导，充分调动一切积极因素，广泛团结一切可以团结的力量，为实现“十四五”规划和二〇三五年远景目标提供坚强保证，凝聚强大合力。

52. 坚持和加强党的全面领导。贯彻党把方向、谋大局、定政策、促改革的要求，深入学习贯彻习近平新时代中国特色社会主义思想和习近平总书记考察湖南重要讲话精神，增强“四个意识”、坚定“四个自信”、做到“两个维护”，完善上下贯通、执行有力的组织体系，确保党中央和省委决策部署落细落地落实。完善党委研究经济发展战略、定期分析经济形势、研究重大方针政策的工作机制。全面贯彻落实新时代党的组织路线，充分运用本土红色教育资源加强党员干部理想信念教育，拓展深化政治建设考察，弘扬斗争精神，落实好干部标准，树牢“三个用起来”用人导向，激励干部担当作为，提高各级领导班子和干部适应新时代新要求抓改革、促发展、保稳定水平和专业化能力。以组织体系建设为重点提高党建质量，优化基层党建考核问责机制，加大基层保障力度，持续为基层减负，做深做实基层党建载体品牌，健全党组织领导的城乡基层治理体系，增强基层党组织的政治功能和组织功能，充分发挥基层党组织战斗堡垒作用和党员先锋模范作用。

53. 推进社会主义政治建设。坚持和完善人民代表大会制度，加强人大对“一府一委两院”的监督，保障人民依法通过各种途径和形式管理经济文化事业、管理社会事务。坚持和完善中国共产党领导的多党合作和政治协商制度，加强人民政协专门协商机构建设，提高建言资政和凝聚共识水平。深入实施“凝心聚力新时代”行动，坚持和完善大统战工作格局，全面落实党的知识分子、民族、宗教、侨务等政策，充分发挥民主党派、工商联和无党派人士作用，做好港澳台及海外统战工作，巩固和发展最广泛的爱国统一战线。推进基层民主制度化、规范化、程序化，提高基层群众自治能力和水平。推动工会、共青团、妇联等人民团体增强政治性、先进性、群众性，把各自联系的群众紧紧团结在党的周围。完善国防动员体系，深化国防教育，做好“双拥”工作，深化军地协同改革，促进军民融合深度发展，巩固军政军民团结。

54. 深入推进清廉张家界建设。推动全面从严治党向纵深发展，落实党委主体责任和纪委监督责任，把“严”的主基调长期坚持下去，营造干部清正、政府清廉、政治清明、社会清朗的政治生态和发展环境。锲而不舍落实中央八项规定精神及其实施细则，持续纠治形式主义、官僚主义，驰而不息反“四风”，持之以恒改作风。坚持无禁区、全覆盖、零容忍，紧盯不收敛不收手，坚决查处重点领域和群众身边腐败问题，一体推进不敢腐、不能腐、不想腐，巩固和发展反腐败斗争压倒性胜利。强化政治监督，深化政治巡察，实现政治巡察全覆盖，精准运用监督执纪“四种形态”，持续加强对公权力运行的制约和监督。完善党统一领导、全面覆盖、权威高效的监督体系，深化纪检监察体制改革，加强党内监督与人大、政协、审计、群众、舆论等监督统筹衔接，以严密的监督体系完善治理格局、提升治理能力，密切党群干群关系，巩固风清气正的良好政治生态。

55. 健全规划制定和落实机制。深入贯彻党中央大政方针政策，按照省委决策部署、市委工作要求，落实本建议要求，科学制定“十四五”规划纲要和专项规划，以项目为支撑，根据规划确定的约束性指标和重要任务，明确责任主体和实施进度。加强规划统筹管理和衔接协调，以总体规划统领其他各类规划。健全政策协调和工作协同机制，完善规划实施监测评估机制，强化重点目标任务责任分解、跟踪督办、信息反馈、情况通报、考核奖惩、责任追究等制度机制，发挥督查、巡察等利剑作用，提升执行力和落实力，确保“十四五”发展各项目标任务落到实处。

蓝图美好需实干，勇扛使命显担当。全市上下要紧密团结在以习近平同志为核心的党中央周围，万众一心，开拓进取，奋发有为，为实现“十四五”规划和二〇三五年远景目标、谱写新时代坚持和发展中国特色社会主义的张家界新篇章而不懈奋斗！

中共张家界市委关于深入贯彻落实习近平总书记考察湖南重要讲话精神奋力推动新时代张家界高质量发展的决定

（2020 年 12 月 11 日中国共产党张家界市第七届委员会第十次全体会议通过）

为深入贯彻习近平总书记考察湖南重要讲话指示精神，统一思想行动，牢记殷殷嘱托，强化使命担当，推动高质量发展，奋力开启新时代张家界社会主义现代化建设新征程，作出如下决定。

一、深刻认识习近平总书记考察湖南重要讲话精神的重大意义，切实把增强“四个意识”、坚定“四个自信”、做到“两个维护”落实到实际行动上

1. 深刻认识习近平总书记重要讲话的重大意义。在决胜全面小康、决战脱贫攻坚、开启全面建设社会主义现代化国家新征程的关键时刻，在收官“十三五”、谋划“十四五”的重要节点，习近平总书记亲临湖南考察，发表重要讲话，作出重要指示，在湖南发展进程中具有里程碑意义。习近平总书记考察湖南重要讲话指示，着眼“两个大局”、党和国家工作全局，精辟阐述了关系湖南全局和长远发展的一系列方向性、根本性问题，为新时代湖南改革发展，确定了新坐标、明确了新定位、赋予了新使命，是习近平总书记为湖南未来发展量身定做的“定盘星”，是习近平新时代中国特色社会主义思想的“湖南篇”。全市上下要深刻学习领会，把习近平总书记考察湖南重要讲话指示精神，作为做好新时代张家界一切工作的根本遵循和行动指南，紧扣建设“三个高地”、践行“四新”使命、抓好五项重点任务的丰富内涵和实践要求，坚持对标对表、把准方向，坚持融会贯通、学深悟通，坚持贯彻落实、干出实绩，大力实施“三高四新”战略，确保习近平总书记重要讲话指示精神在张家界落地生根、结出硕果，努力打造世界一流旅游目的地、国家生态文明建设示范区、国家特殊类型地区振兴示范区、“锦绣潇湘”全域旅游基地龙头、武陵山片区改革开放新高地、人民幸福美好家园。

二、坚持高质量发展，积极融入和服务新发展格局

2. 扎实做好“六稳”工作、全面落实“六保”任务。深入贯彻新发展理念，坚持稳中求进工作总基调，采取有力措施推动“六稳”“六保”落实落细。不断降低企业用工成本，规范企业裁员行为，加大劳务协作、就业帮扶力度，办好各类招聘会。重点防范化解地方政府债务、房地产市场、网络信贷等领域金融风险。引导加大金融支持先进制造业、绿色产业、创新企业等实体经济力度，严肃查处在贷款中违规收取应减免费用、强制捆绑销售、收取高额服务费和代理手续费等行为。抓好“三个外贸出口基地”建设，大力发展跨境电子商务。以更大力度扩大有效投资，重点加大“两新一重”、公共安全、公共卫生、公共服务、防灾减灾、产业园区、乡村振兴等领域投资。研究出台鼓励汽车、家电、家居、餐饮、民宿、文化等消费政策，强化旅游宣传营销，扩大居民和游客消费。认真实施重点民生实事项目，完善质量监管、后续管理等机制。推动纾困惠企政策直达市场主体，支持民营经济高质量发展。做好粮食收购工作，加强石油、天然气等能源调配、储备。加强财政预算约束和绩效管理，坚决兜牢“三保”底线。

3. 抓实抓好实体经济。大力实施新型工业强基倍增计划；深度对接融入制造强省“1274”行动计划，以制造业为主攻方向，着力抓好新兴产业布局和先进制造业发展，研究出台推进新型工业强基倍增五年行动方案和年度工作计划。加快工业化与信息化深度融合，全面推进智能制造、智能建造，抓紧做好中小企业上云上平台工作。实施产业链再造和提升工程，对原材料工业、轻工轻纺业等企业实施新一轮技术改造；实施新型工业优势产业链培育行动，重点培育旅游商品、生物医药、生态绿色食品、旅游装备制造、绿色建材、信息与数字技术等优势产业链和产业集群，做好建链补链强链延链工作。实施工业招商专项行动，着力招大引强、靠大联强。实施规模以上工业企业培育行动，培育壮大“小巨人”企业，推动中小企业“专精特新”发展。突出龙头企业培育和引进，重点推进生猪、茶叶、优质饮用水等一批特色产业建设，打造特色拳头产品和产业集群。实施园区发展平台提升行动，聚焦“三区一园”，创新园区管理体制。加快中国翠谷植物提取产业园、绿色循环建材产业园等建设，推动工业向园区集聚，提升园区工业发展承载能力。

4. 培育壮大新动能。大力发展现代服务业，积极培育新业态新模式，着力在总部经济、数字经济、流量经济、电商经济、网红经济、口岸经济、会展经济和商贸物流、美丽文创、大健康等领域培育新的增长点。大力发展会展经济，积极引进和永久落户一批国家级、国际性节会活动。加快发展体育产业，完善公共体育设施布局，积极承办国际性、区域性品牌体育赛事，打造一批体育旅游精品线路、精品赛事和体育旅游综合体。大力发展电子商务、健康、养老等产业。大力推进数字产业化、产业数字化，加快信息技术全领域应用场景开发，推动数字化智能化全产业覆盖，加快建设数字社会和数字政府。认真研究、把握国内外产业发展和变革大势，瞄准未来产业发展制高点，提前谋划和布局一批前瞻性、创新性、引领性、带动性强的重大项目，留足产业发展和增长空间。

5. 提高供给体系质量。以市场需求为导向，对标国际国内一流标准，开展质量提升专项行动，全面提高工程质量、管理质量、产品质量、服务质量。增强企业质量品牌创新升级能力，引导特色优势企业申报创建国家级、省级质量标杆、品牌培育示范企业。突出加强产品品牌建设，重点围绕景区景点、旅游服务、民宿、演艺、民歌、体育、美食、农副产品等优势资源打造优质品牌和区域公共品牌，精心开发、营销“张家界礼物”。持续开展张家界市推广使用本地产品名录遴选，推行“质量诚信，用户满意”承诺活动。

6. 深入实施创新驱动发展战略。建设潇湘科技要素大市场张家界分市场。强化企业技术创新主体地位，实施中小企业技术创新“破零倍增”计划，推动一批企业发明专利实现新突破。加大全社会研发投入，发展天使投资、风险投资。加强创新平台建设，建设一批院士工作站、博士后工作站、创新联合体和产业技术创新联盟，支持建设生态旅游湖南省重点实验室，与高校院所联合建设一批新型研发机构，积极建设星创天地、科普基地等科技创新平台，大力争取国家、省科技项目落户张家界。实施关键核心技术攻关专项行动，推动大鲵、莓茶、五倍子等动植物资源开发利用、优势特色农产品精深加工业、特色旅游商品开发等技术突破。完善科技成果转移转化激励奖励政策，鼓励支持新材料、新工艺、新技术推广应用。加强企业家队伍建设，引导支持企业家创新创业。加强引才营智环境建设，健全创新激励、待遇保障、收益分配等机制，引进造就一批战略科技人才、科技领军人才、青年科技人才和高水平创新团队。支持张家界高新区加快创建国家级高新区、慈利工业集中区加快创建省级高新区。

7. 大力推动旅游经济高质量发展。瞄准世界一流标准，加快完善“五大体系”，畅通“六条路径”，做好“七个示范”，推动旅游提质升级增效。扎实推进旅游经济高质量发展综合改革试点，确保如期完成改革目标任务。深化旅游统计改革，强化依法统计、应统尽统，全面提升旅游统计质量。鼓励支持旅游企业发展壮大，建立激励机制，重点引进、培育一批大型旅游联合体、旅游集团公司、旅游上市公司、国际高端连锁酒店。组建文化旅游产业投资管理集团，建立旅游产业发展基金。加快张家界旅游商品产业园、特色美食文化旅游休闲街区建设。加快智慧旅游张家界、全国旅游信息大数据中心建设，培育发展旅游大数据产业。升级更新旅游服务标准，健全旅游诚信体系，持续推进“铁腕治旅”，全面优化旅游发展环境。积极创建国家全域旅游示范区、国家体育旅游示范基地、湖南省体育旅游示范城市。

8. 推进改革开放走深走实。深化金融、土地、劳动力、资本、技术、数据等要素市场化改革，深化“放管服”改革，深入推进“一件事一次办”改革，加快破除深层次体制机制障碍，激发市场主体活力。积极对接融入中国（湖南）自由贸易试验区建设，争取把张家界申报成为中国（湖南）自由贸易试验区扩区建设范围。优化外资准入管理制度，简化旅游市场准入管制，争取服务贸易创新发展试点、市场采购贸易、跨界电商综合试验区、扩大免税购物、144 小时入境免签、国际医疗旅游先行区等政策尽早落地实施，探索设立综合保税区，构建开放型经济新体制。深度融入“一带一路”、长江经济带、粤港澳大湾区、中部地区崛起等国家战略，扩大在西部陆海新通道建设中的经贸合作，强化与区域全面经济伙伴关系协定（RCEP）国家对接。拓展国际客运航班，稳定、增开国际全货机航线，设立更多“丝路驿站”，加强机场、铁路、公路有效衔接，推动标准化运输、多式联运，完善对外开放支撑体系。强化区域旅游合作，建立区域旅游联盟，构筑高铁经济走廊，打造中西部地区旅游黄金带，打造武陵山片区改革开放新高地。

9. 加强基础设施建设。大力推进航空、高速（快速）铁路、高速公路、旅游公路、轨道交通、快速路网等重大交通项目建设，启动铁路物流基地、动车运用所等重大项目前期工作，加快建设武陵山片区旅游交通枢纽城市。系统布局新型基础设施，加快 5G 网络及其应用场景、新能源汽车充电柱（换电站、车路协同）、大数据中心（智慧城市指挥调度中心）、工业互联网等建设。加快推进城乡水厂（水站）、堤防、病险水库除险加固等民生基础设施建设，提升饮用水水源保障、水资源优化配置和水旱灾害防御能力。加快建设完善体育馆、图书馆、档案馆等文化体育建设。构建现代流通体系，加快高铁物流园、国际航空物流园、国际快件通关监管中心、进境免税商店等建设，推进口岸通道合作，争取国内外大型物流集成商在张家界设立区域分拨中心和运营基地，打造武陵山片区旅游特色商品集散中心和现代物流中心。

三、坚持农业农村优先发展，全面推进乡村振兴

10. 夯实粮食安全基础。全面治理乱占耕地、耕地抛荒和耕地“非农化”、农田“非粮化”等行为，坚决守住基本农田“红线”。加大农业水利设施建设，持续推进高标准农田建设，推动现代种业发展，强化良种良法配套技术推广应用，实现粮食年种植面积保持191万亩、总产量稳定在63万吨以上，确保粮食安全。推行耕地分级分类管理，落实受污染耕地安全利用措施，实施优质粮油工程，确保粮食质量安全。支持发展粮食适度规模经营，全面落实粮食生产奖扶政策，切实保护种粮积极性。加强应急物资储备体系建设，保障粮、棉、油、糖、肉等重要农产品供给安全。坚决制止餐饮浪费，落实“光盘行动”。

11. 不断提高农业质量效益和竞争力。深化农业供给侧结构性改革，全面落实省现代农业发展“三个百千万”工程和农业产业发展“一特两辅”战略，围绕市场需求，深入推进五大农业特色产业及优势农产品发展“3+2+N”行动计划，优化“一县一特”布局，大力发展旅游农业、休闲农业、创意农业、智慧农业，加快农业科技园、现代农业产业园、农业特色小镇建设，积极创建国家特色优势农产品示范区，深入推进农业供给侧结构性改革，不断增强绿色优质农产品供给能力。培育壮大农业产业化龙头企业、农业科技企业和农产品加工企业，加强农产品仓储保鲜、冷链物流设施等建设，推进农副产品精深加工，提高经济附加值。全面加强农产品质量安全监测，推进农产品“两证＋追溯”平台建设，依法从严查处农产品质量安全违法行为。健全动物防疫和农作物病虫害防治体系，加强农业保险，增强农业抗风险能力。加快农业产业园区建设，推进张家界农副产品交易中心建设。

12. 深化农业农村改革。坚决守住土地公有制性质不改变、耕地红线不突破、农民利益不受损三条底线。深入推进承包地“三权分置”改革，做好第二轮土地承包到期后再延长三十年工作。探索城乡建设统一用地、农村产业发展用地改革，建立实施农村集体经营性建设土地依法入市制度，创新优化休闲农业乡村旅游等产业发展用地改革。稳妥审慎开展宅基地制度改革，扎实推进城乡居民合作建房改革试点，出台加强农村宅基地管理的实施意见，完善农村宅基地管理动态巡查制度，做好农村乱占耕地建房清理整治工作。深化农村集体产权制度改革，建立农村集体资产管理和交易制度体系，推进农村集体资产监督管理和产权交易平台、“三资”管理服务平台、智慧农业大数据综合服务平台建设。深化小型水利工程产权制度、集体林权制度、供销合作社、农场、农业领域综合执法等改革，启动实施农村殡葬改革。开展村级债务清查和化解。持续发展壮大村级集体经济。

13. 巩固拓展脱贫攻坚成果。严格落实“四个不摘”要求，保持现有帮扶政策、资金支持、帮扶力量总体稳定。健全防止返贫监测和帮扶机制，持续跟踪脱贫户、脱贫不稳定户、边缘户的收入变化和“两不愁三保障”情况，持续推动问题动态清零。持续发展壮大扶贫产业，巩固提升旅游精准扶贫成果，办好消费扶贫生活馆。统筹做好贫困劳动力稳岗就业和技能培训、易地扶贫搬迁后续帮扶等工作。加强扶贫资金资产项目管理。规范扶贫公益性岗位开发管理。推动减贫战略和工作体系平稳转型，统筹纳入乡村振兴战略，接续推进全面脱贫与乡村振兴有效衔接。

14. 加快谋划推进乡村振兴。统筹新型城镇化和新一轮村庄规划建设，保护乡土风情，留住乡村原生态，发展民族风情特色小镇。推进乡村水、电、路、气、通信、广播电视等基础设施提档升级，促进美丽乡村建设扩面提质。实施信息、金融、物流进村入户工程，推动乡村金融服务点基层公共服务“一门式”共建，提高农村电商覆盖面，建立城乡融合消费网络。培育壮大乡村旅游中介服务组织，促进休闲农业和乡村旅游，推动农村一、二、三产业融合发展。加强乡风文明建设，增强乡村善治能力，持续推进文明村镇创建。建立健全乡村振兴实绩考核制度。

四、深入贯彻习近平生态文明思想，共抓大保护、不搞大开发

15. 着力抓好长江流域治污治岸治渔。严格执行长江经济带负面清单制度。加强长江流域生态环境领域整治和资源管控，开展专项行动，加大提起公益诉讼力度，依法严惩非法码头、非法采砂、非法采矿、非法排污、非法捕捞等环境违法行为。加强河库岸线管理，完成流域面积在50平方千米以上河流河道管理范围界桩埋设工作，全面开展河库乱占、乱采、乱堆、乱建“四乱”突出问题清理整治。坚持精准识渔扶渔禁渔，统筹抓好退捕渔民社保及转产安置等工作。全面落实河长制。

16. 持续推进澧水保护和治理。统筹干支流，加快沿澧水化工企业搬迁，强化船舶污染防治及风险管控，加强澧水流域水系生态连通、沟渠塘坝清淤疏浚、湿地保护和修复，加大水生生物完整性恢复和珍稀濒危野生动物及栖息地保护，着力建设全流域生态涵养带。加强澧水源头保护，开展优质水源地普查，全面落实澧水流域上下游横向生态补偿协议，呵护好“中国好水”。协调做好大鲵保护区86座水电站的资产核销、银行债务处置、职工安置、补偿、大坝移交管护等工作，确保这一中央环保督察问题整治在省级销号。

17. 全面整治生态环境突出问题。持续抓好张家界大鲵国家级自然保护区水电项目等中央、省生态环保督察及“回头看”反馈问题整改，确保各类问题按时整改、全面清零。全面推行工业、矿业企业清洁生产和超低排放改造。持续加大城市扬尘、噪声、餐厨油烟、高排放机动车等专项整治。狠抓饮用水水源地保护、城乡污水处理设施建设。加强涉重金属重点行业企业排查整治，严厉打击固体废物、危险废物非法转移、倾倒、堆放和处置。持续强化农业面源污染综合治理，全面推进农村人居环境整治。全面落实生态环境损害赔偿制度。

18. 推动形成绿色生产生活方式。全面推进国家生态文明建设示范区、“绿水青山就是金山银山”实践创新基地建设，深入抓好自然保护地整合优化国家试点，强化世界自然遗产系统性保护和修复，完成生态保护红线、永久基本农田、城镇开发边界三条控制线划定，深化生态绿色张家界建设。加快传统产业绿色转型和新兴产业绿色发展，推进绿色工厂、两型企业创建，大力发展固废综合利用和节能环保产业。推进工业旅游，开展旅游观光工厂评定认定工作。加大生物多样性保护，实施林业重点生态建设项目，推行林长制。认真落实《张家界市生活垃圾分类管理办法（试行）》。深入开展绿色系列和环境教育基地创建。

五、坚持以人民为中心的发展思想，不断增强人民群众获得感幸福感安全感

19. 实施积极的就业政策。千方百计稳定和扩大就业，对就业困难人员实行公益岗位兜底帮扶，积极推进创业担保贷款发放和财政贴息，做好高校毕业生、退役军人、农民工、残疾人等重点群体就业，促进充分就业。完善就业公共服务体系，健全劳动关系协调、就业需求调查、失业监测预警等机制，开展“订单式”技能培训，解决结构性就业矛盾。加快创业孵化基地、众创空间、退役军人创业基地、农民工返乡创业园等建设，拓展创业就业新空间。

20. 不断丰富人民精神文化生活。大力培育和践行社会主义核心价值观，深化群众性精神文明创建活动，部署开展全国文明城市创建。做好古籍整理、戏曲振兴、非遗保护传承、考古研究等工作，保护、传承和弘扬红色文化、民族文化、历史文化。强化对群众的思想教育和引导，开展“知党恩、感党恩、听党话、跟党走”活动。加强公共文化服务体系建设，大力实施文化惠民工程，加快“五馆一院一中心”建设，建强用好县级融媒体中心，充分发挥新时代文明实践中心（所、站）作用，深化拓展“欢乐潇湘”“书香张家界”等群众性文化活动，打造张家界地域特色多民族民俗文化新名片。

21. 办好人民满意的教育。把社会主义核心价值观教育融入各级各类学校课程。推动学前教育公益普惠优质发展。义务教育阶段首先把公办学校办好，推动义务教育城乡均衡发展和一体化，全面加强乡村小规模学校和寄宿制学校建设，基本解决“择校热”问题。推动普通高中教育和职业教育多元优质特色发展，高等教育内涵式发展，支持张家界学院转设后的发展，张家界航院专升本，兴办张家界旅游专科学校。加快特殊教育学校建设。支持和规范民办教育发展，规范校外培训机构。加强师德师风和教师教书育人能力建设。加大义务教育阶段教师政策待遇落实情况监督检查。重视学生身体素质和预防近视眼问题，强化心理、生理健康教育，设立劳动教育必修课。健全学生营养餐等制度。

22. 完善社会保障体系。加强城乡低保和社会救助工作，完善最低生活保障制度，健全困难群众价格临时补贴联动机制。完善残疾人服务保障政策体系，实施无障碍环境建设行动。推动城乡居民养老保险法定人群全覆盖，构建形成居家社区机构相协调、医养康养相结合的养老服务体系。树牢“精明增长”理念，加快国际精品旅游城市建设，实施城市更新行动，推进城市精明增长和生态修复、功能完善。加强城乡社区治理体系和服务能力建设，更好为居民提供精准化、精细化服务。组建荣军（优抚）医院，巩固省级创建成果，积极创建全国双拥模范城市。

23. 确保人民群众生命安全和身体健康。健全公共卫生和疾病预防控制体系，筹备建设市公共卫生应急指挥中心。时刻绷紧常态化疫情防控这根弦，落实“外防输入、内防反弹”要求，以万全准备应对万一可能，确保我市疫情防控形势持续向好。深化医药卫生体制改革，落实县域综合医改，加强乡镇中心卫生院（社区医院）和农村学校医疗点建设，加大投入，优化服务，推进城乡医疗一体化，加快构建基层首诊、双向转诊、急慢分治、上下联动的分级诊疗格局。加强中西医结合，大力发展中医药事业。认真落实国家基本药物制度。完善医疗卫生行业综合监管制度，提高监管能力和水平。深入开展爱国卫生运动、全民健身运动。

24. 建设各类安全一体的平安张家界。坚持总体国家安全观，统筹传统安全和非传统安全，始终把维护政治安全放在首位，严密防范和严厉打击敌对势力渗透、破坏、颠覆活动。坚决处置非法宗教活动，着力防范和抵御境外势力利用宗教进行渗透。深化司法体制综合配套改革和政法领域各项改革。打好扫黑除恶专项斗争决胜战，形成预防、发现、查处、追责相互衔接的常态长效机制。依法严厉打击宾馆酒店涉黄“卡片党”、跨境赌博、电信诈骗、民族资产解冻类等突出违法犯罪，深入开展依法严厉打击严重暴力犯罪专项行动，扎实推进命案积案攻坚，持续开展“三贷三霸”专项整治。坚持和发展新时代基层治理创新的“枫桥经验”和我市“屋场会”做法，深入推进信访依法分类处理，做好集中治理重复信访、化解信访积案专项工作。加强和改进新时代民族工作，积极创建全国民族团结进步示范市。加强灾害监测预警和风险评估管理。加强地质灾害综合治理。扎实推进安全生产专项整治三年行动。

六、从党的光辉历史中汲取砥砺奋进的不竭力量，全面加强新时代党的建设

25．把党的政治建设摆在首位。把“两个维护”作为根本政治任务，扎实开展政治忠诚教育。强化政治监督和政治巡察，推进领导班子和领导干部政治建设考察全覆盖，完善考察反馈问题整改落实和跟踪问效机制，强化成果运用。完善干部政治素质档案。实施“一把手”政治能力提升计划。严明党的政治纪律和政治规矩，坚决防止和整治“七个有之”问题，坚决查处对党不忠诚、不老实的“两面人”。

26．与时俱进传承弘扬红色基因。巩固提升“不忘初心、牢记使命”主题教育成果，深入开展“四史”学习教育。把红色文化、红色故事作为加强党员、干部教育培训和各级各类学校的教学内容，大力弘扬和传承革命先辈为国为民、敢于斗争、不怕牺牲的崇高精神。加强张家界革命遗存等红色资源的保护、开发和利用，深入挖掘和阐发其时代价值，打造一批全国知名的红色教育特色课程，建好用好红色教育基地、爱国主义教育基地。实施张家界红色旅游精品工程。规划建设长征国家文化公园（张家界段）。推动湘鄂川（渝）黔革命老区振兴发展规划的制定、出台和实施。

27．推动基层党组织全面进步全面过硬。持续整顿提升软弱涣散基层党组织，推动基层党建工作述职评议考核全覆盖。抓好新一轮村（社区）“两委”班子换届，选优、配强、管好党组织书记，全面实行村（社区）党组织书记和主任“一岗双责”。建立选派第一书记工作长效机制。全面夯实街道、社区抓基层党建主体责任，推动居民小区党组织全覆盖。深化“让党中央放心、让人民群众满意的模范机关”创建。深入实施“两新”组织党建“标杆引领”计划。扎实推进党员、干部社区、小区“双报到”。在有条件的乡镇（街道）党（工）委设立党校。

28．完善容错纠错鼓励干事创业的体制机制。把学习贯彻党的创新理论落实到干部“选、育、管、用、考”各环节，着力建设忠诚干净担当的高素质专业化干部队伍。全面贯彻新时代党的组织路线，坚持政治标准，落实好干部标准和“三个用起来”用人导向，注重在重大斗争、重要领域、重点工作主战场和一线考察识别干部，选拔任用一大批想干事、能干事、干成事的干部。健全以高质量发展为导向的政绩考核评价机制。完善正向激励、能上能下等制度，加大干部不担当不作为问题专项检查。健全完善党员、干部和党代表、人大代表、政协委员直接联系服务群众系列制度。开展农村致富带头人“先富帮后富，我们共同富”行动。

29．纵深推进全面从严治党。全面落实管党治党责任，着力加强对权力运行的制约和监督，切实强化“关键少数”特别是对“一把手”监督。持续深化纪检监察体制改革，不断提升监督、巡察质效。深入贯彻中央八项规定精神，驰而不息反“四风”、转作风，坚决反对形式主义、官僚主义。坚持“严”的主基调和“零容忍”态度，对公职人员违纪违法案件坚决查处，对损害群众利益的不正之风坚决纠治，对各类形形色色的潜规则坚决破除，对主动“下套”、设法“围猎”等行为坚决抵制，一体推进不敢腐、不能腐、不想腐，加快建设清廉张家界。

张家界市人民代表大会常务委员会关于加强检察机关公益诉讼工作的决议

（2020年10月21日市七届人大常委会第三十次会议通过）

为贯彻落实中共中央关于检察机关提起公益诉讼制度的决策部署，加强全市检察公益诉讼工作，促进依法行政，维护国家利益和社会公共利益，根据《中华人民共和国民事诉讼法》《中华人民共和国行政诉讼法》《湖南省人民代表大会常务委员会关于加强新时代人民检察院法律监督工作的决议》等规定，结合我市实际，作出如下决议：

一、全市各级国家机关、企事业单位、人民团体、社会组织和公民要以习近平新时代中国特色社会主义思想为指导，充分认识检察机关提起公益诉讼制度的重要意义，共同支持、推进全市检察机关公益诉讼工作。

二、检察机关应当会同宣传部门、司法行政机关加大公益诉讼宣传力度，积极营造全社会关注和支持公益诉讼的良好氛围。鼓励有关单位、组织和个人向检察机关举报公益诉讼案件线索，检察机关依法核实后可以给予奖励。

检察机关应当积极稳妥拓展公益诉讼案件新领域新范围，重点办理生态环境和资源保护、食品药品安全、国有财产保护、国有土地使用权出让、英雄烈士权益保护等领域案件，探索办理安全生产、传染病防治、文物和文化遗产保护、特殊群体权益保护、大数据安全等领域的公益诉讼案件。

检察机关办理行政公益诉讼案件，应当严格履行诉前程序，向行政机关提出检察建议督促其依法履行职责。检察机关作出的检察建议书，同时报送同级人大常委会。

检察机关应当加强公益诉讼机构和队伍建设，建立配置科学、运行高效的公益诉讼检察机构；配齐配强专业办案力量，开展教育培训，提高队伍政治业务素质。

三、市、县（区）人民政府应当支持检察机关公益诉讼工作，对检察机关公益诉讼工作经费依法依规予以支持；探索建立检察公益诉讼赔偿金管理机制，设立公益诉讼赔偿金专项账户，确保赔偿金依法用于公益修复。

行政机关应当配合检察机关开展查阅行政执法卷宗材料和收集证据等调查核实工作；按照检察机关的检察建议全面自查、履职整改，并在法定期限内书面回复；分阶段采取整改措施的，应当将每一阶段整改情况及时书面回复。

司法行政机关应当加强公益诉讼宣传工作，指导公证机构、司法鉴定机构、律师为检察公益诉讼案件提供法律服务。

公安机关应当与检察机关建立公益诉讼案件线索移送及办案协作机制，及时移送办案中发现的公益诉讼案件线索，对检察机关移送的刑事犯罪案件线索应当依法及时立案查处；对干扰、阻碍司法机关办理公益诉讼案件的违法行为，应当依法及时处理；协助检察机关开展证据收集固定、鉴定评估等工作。

四、监察机关应当健全与检察机关案件线索双向移送及办案协作机制，及时向检察机关移送办案中发现的公益诉讼案件线索。检察机关在办理公益诉讼案件中发现的涉及国家公职人员违规的案件线索，应及时移送监察机关。监察机关对于检察机关移送的行政机关不配合调查，不落实检察建议等问题线索，依法依规及时处理。

五、审判机关在公益诉讼工作中，应当与检察机关加强沟通协调，共同研究解决公益诉讼案件管辖、庭审程序、证据规则、保全措施及法律适用等问题；积极探索实施补植复绿、增殖放流、替代性修复等恢复性司法措施，逐步建立完善惩罚性损害赔偿机制。检察机关提起的公益诉讼案件不预交诉讼费。

六、本决议自公布之日起施行。

张家界市人民代表大会常务委员会关于进一步加强行政审判工作的决议

（2020年12月23日张家界市第七届人民代表大会常务委员会第三十二次会议通过）

为全面贯彻落实习近平法治思想，进一步加强行政审判工作，提升行政审判权威和司法公信力，推进法治政府建设，根据《中华人民共和国宪法》《中华人民共和国各级人民代表大会常务委员会监督法》《中华人民共和国行政诉讼法》等有关法律规定，结合本市实际，特作如下决议：

一、审判机关要进一步优化行政审判工作机制，合理配置行政审判资源，加强行政审判队伍专业化建设，不断提升行政审判能力、水平和质效。正确执行案件管辖制度，充分发挥基层法院的作用，及时有效化解各类行政纠纷。严格执行立案登记制，注重诉权保护，遏制滥诉行为。审判机关要与行政机关加强配合，稳妥推进和规范非诉行政案件“裁执分离”，建立非诉行政案件执行联动机制，支持行政机关依法行政，确保公共利益不受损害。审判机关要进一步加大司法公开力度，重视以案释法，不断提高网络庭审直播率。各级审判机关应当在每年2月前向同级人大常委会报告上一年度辖区内行政机关负责人出庭应诉情况，并向同级人民政府和监察机关进行通报。

二、行政机关要加强行政争议源头预防和治理，严格规范公正文明执法，提升依法行政能力。充实行政复议工作力量，发挥行政复议化解行政争议的主渠道作用。充分调动法律顾问、公职律师的积极性，引导律师参与诉前、诉中调解和多元化解，实质解决行政争议。对于审判机关发出的司法建议和检察机关发出的检察建议，行政机关应当在法定时限内予以回复。行政机关要认真履行举证、答辩、出庭等行政应诉法定义务，切实执行行政机关负责人出庭应诉的相关规定，涉及重大公共利益、社会关注度高、可能引发群体性事件或者审判机关书面建议出庭的行政案件，行政机关负责人应当出庭应诉。

三、检察机关要加强行政诉讼法律监督工作，监督审判机关依法行使审判权和执行权，切实维护公民、法人和其他组织的合法权益。对行政机关违法行使职权或者不作为的，应当依法及时监督并向行政机关提出检察建议，涉及损害国家和社会公共利益的，经严格履行诉前程序，依法提起公益诉讼。

四、监察机关要加强对行政机关负责人出庭应诉情况的监督，根据审判机关通报的情况，对无正当理由拒绝出庭的行政机关负责人予以问责。探索建立行政败诉案件过错责任追究机制，对行政行为被判决确认违法或撤销、判令给付行政赔偿等案件中行政机关相关责任人存在失职渎职行为的，应当依法追究其法律责任。

五、按照“谁执法谁普法”的原则加强普法和法制宣传，建立健全行政诉讼法等法律和业务知识培训机制。切实增强有关人员依法行政、依法监察、公正司法的观念和意识，积极引导公民、法人和其他组织依法维护自身权益。各级领导干部要做好表率，带头尊法学法守法用法，善于运用法治思维和法治方式开展工作。

六、监察机关、审判机关、检察机关、行政机关要建立健全问题线索移送机制。审判机关在判决行政机关败诉或者向行政机关发出司法建议的同时应当将判决结果或司法建议抄送给监察机关、检察机关和司法行政机关。检察机关、审判机关、行政机关在办理行政诉讼、行政复议案件中发现公职人员涉嫌贪污贿赂、失职渎职等职务违法或者职务犯罪的问题线索，应当移送同级监察机关。监察机关在行使监察权中发现行政机关工作人员有慢作为、不作为等现象的，要进行认真处理，并将处理情况向该行政机关及其上级机关通报。

七、本决议自公布之日起施行。

张家界市第七届人民代表大会常务委员会
公　告

（2020 年第 6 号）

《张家界市古树名木保护条例》已于 2020 年 10 月 21 日经张家界市第七届人民代表大会常务委员会第三十次会议通过，2020 年 11 月 27 日经湖南省第十三届人民代表大会常务委员会第二十次会议批准。现予公布，自 2021 年 3 月 1 日起施行。

张家界市人民代表大会常务委员会
2020 年 12 月 25 日

张家界市古树名木保护条例

（2020 年 10 月 21 日张家界市第七届人民代表大会常务委员会第三十次会议通过 2020 年 11 月 27 日湖南省第十三届人民代表大会常务委员会第二十一次会议批准）

第一条　为加强古树名木保护，促进生态文明建设和经济社会协调发展，根据《中华人民共和国森林法》《城市绿化条例》等法律法规规定，结合本市实际，制定本条例。

第二条　本市行政区域内古树名木及古树后续资源的保护管理适用本条例。

第三条　本条例保护对象为古树、名木、大树和古树后续资源（以下统称为古树名木）。古树是指树龄在 100 年以上的树木；名木是指稀有、珍贵树木或者具有重要历史、文化、观赏、科研价值以及重要纪念意义的树木；大树是指胸径在 1 米以上的树木；古树后续资源是指树龄在 80 年以上 100 年以下的树木。

第四条　古树名木的保护坚持政府主导、社会参与、属地管理、全面保护、科学管护的原则。

第五条　市、县（区）人民政府应当加强对古树名木保护工作的组织领导，将古树名木保护纳入国土空间规划和经济社会发展规划，将古树名木保护资金列入同级财政预算。

市、县（区）人民政府林业主管部门，是古树名木保护工作的行政主管部门，负责统一组织、协调本行政区域内古树名木保护工作。其他有关职能部门按照各自职责做好古树名木保护相关工作。

乡镇人民政府、街道办事处应当依法做好辖区内的古树名木巡查、上报等相关保护工作。

村（居）民委员会应当组织村（居）民保护古树名木，可以通过制定村规民约、组织义务巡树等形式，协助做好古树名木保护相关工作。

第六条　市、县（区）人民政府及其有关部门应当加强对古树名木保护工作的宣传教育，利用本地民间习俗、传统节庆等形式，组织开展便于公众广泛参与的活动，增强全社会对古树名木的自觉保护意识。

第七条　市、县（区）林业主管部门应当建立举报制度，公布举报方式，及时受理单位、个人及其他组织对损害古树名木行为的检举，并依法查处；对不属于本部门职责范围的，应当及时移交相关部门依法查处。

第八条　坚持保护优先、因地制宜、科学利用原则，通过建设古树名木公园、科普和生态文明教育基地等，对古树名木进行适度开发利用。鼓励和支持古树名木保护的科学研究和技术推广应用，充分挖掘古树名木的历史、文化、生态、科研价值。

在城乡绿化建设中，科学选择树种，对性状优良、保护价值高的树木实行重点培育，规划建设古树后续资源。

第九条　任何单位和个人都有权制止和举报，损伤、毁坏古树名木及其附属设施的行为。

鼓励单位和个人以捐资、认养等形式参与古树名木保护。捐资、认养古树名木的单位和个人可以享有认养期限内的署名权。

鼓励单位和个人向市、县（区）林业主管部门提供未经认定和公布的古树名木资源信息，市、县（区）林业主管部门应当及时组织调查、认定和建档。经认定属于古树名木的，可以给予适当的奖励。

对纳入古树名木保护范围的林木的所有权人，保护古树名木有突出贡献或者提供重大违法案件线索的单位和个人，市、县（区）人民政府应当给予补助或奖励。

第十条 市、县（区）人民政府应当每五年组织一次古树名木普查，建立健全古树名木身份证信息管理系统、资源和健康档案，建立动态数据库，及时发布和更新资源状况信息。

第十一条 古树按照下列标准分级：树龄500年以上的为一级古树，树龄300年以上不满500年的为二级古树，树龄100年以上不满300年的为三级古树。大树或古树后续资源依照三级古树保护。

名木不受树龄限制，按一级古树保护。符合下列条件之一的树木可以纳入名木范畴：

（一）国家级领导人、外国政要、文化名人名流所植的树木；

（二）分布在名胜古迹、历史园林、宗教场所、名人故居等，与著名历史文化名人或者重大历史事件有关的树木；

（三）列入世界自然遗产或者世界文化遗产保护内涵的标志性树木；

（四）树木分类中作为模式标本来源的具有重要科学价值的树木；

（五）其他具有重要历史、文化、观赏和科学价值或者具有重要纪念意义的树木。

第十二条 古树名木按照下列规定认定：一级古树、名木由市林业主管部门按规定上报批准后向社会公布；二级古树由市林业主管部门审定，报市人民政府认定后向社会公布；三级古树由县（区）林业主管部门审定，报同级人民政府认定后向社会公布。

第十三条 古树名木实行养护责任制，市、县（区）林业主管部门应当按照下列规定确定古树名木的养护责任单位或者责任人：

（一）在机关、部队、学校、团体、企业、事业单位和文物保护单位、寺庙等用地范围内的古树名木，由所在单位负责养护；

（二）在机场、铁路、公路、江河、水库、沟渠等设施用地范围内的古树名木，由管理单位负责养护；

（三）在现有和新建自然保护地（国家公园、自然保护区以及森林公园、湿地公园、地质公园、石漠公园、草原公园等自然公园、风景名胜区）和国有林范围内的古树名木，由管理单位负责养护；

（四）在城市道路、街巷、广场、公园、绿地以及其他公共设施用地范围内的古树名木，由城市园林绿化管理单位负责养护；

（五）在农村集体所有土地范围内和城乡居民房前屋后已明确权属的古树名木，由所有权人负责养护。所有权人无能力养护的，经其同意，由县（区）林业主管部门另行确定养护责任单位或者养护责任人；古树名木未明确权属的，由所在村（居）民委员会或者村民小组负责养护；

（六）城镇居民小区范围内的古树名木，由所有权人负责养护；

（七）被认养的古树名木，认养期间由认养单位或者认养人，同属地养护责任人共同负责养护；

（八）建设项目范围内的古树名木，建设期间由建设单位负责养护；

（九）其它权属不明的古树名木，由县（区）林业主管部门确定养护责任单位或者责任人。

第十四条 市、县（区）林业主管部门应当与养护责任单位或者责任人签订古树名木养护责任书，明确养护责任和义务。

养护责任单位或者责任人应当加强对古树名木的日常养护，保障古树名木正常生长。市、县（区）林业主管部门应当加强对古树名木日常养护的技术指导，组织专业技术人员对古树名木进行专业养护和有害生物预防，发现古树名木生长异常时，应当及时实施抢救、复壮措施。

第十五条 市、县（区）人民政府应当建立定期巡树制度，市、县（区）林业主管部门负责落实巡树责任制，督促巡树责任人每半年至少开展一次巡树活动。对巡树过程中发现的问题，市、县（区）林业主管部门应负责督促解决。

第十六条 古树名木树冠垂直投影向外5米处划定为古树名木生态保护红线。对主动拆除红线范围内已有的建（构）筑物（文物古迹除外）的，市、县（区）人民政府应当给予相应补偿。

在城市、乡镇规划区和其他特殊区域内的古树名木以及古树群，其保护范围可以由市、县（区）林业主管部门根据实际情况划定。

古树名木保护措施影响文物保护的，市、县（区）林业主管部门应当与文物保护主管部门协商，采取相应保护措施。

第十七条 对古树名木实行挂牌保护。古树名木保护牌由市林业主管部门统一设计、制作和悬挂。悬挂古树名木保护牌不得影响古树名木生长。

市、县（区）林业主管部门可根据实际需要，对古树名木设立支撑架、保护围栏、避雷装置、视频监控和智慧感知终端等保护设施。

任何单位和个人不得擅自移动或者损毁古树名木保护牌和保护设施。

第十八条　建设工程影响古树名木生长的，建设单位应当采取避让和保护措施。市、县（区）城乡规划主管部门在办理规划许可手续时，应当书面征求市、县（区）林业主管部门意见，并依法报市、县（区）人民政府批准。

因建设施工对古树名木生长造成损害的，建设单位应当承担相应的复壮、养护费用。

第十九条　任何单位和个人不得擅自移植古树名木。

有下列情形之一，因特殊情况确需进行保护性移植的，必须经市、县（区）林业主管部门审查同意，并依法定程序报同级或者上级人民政府批准：

（一）古树名木的生长状况对公众生命、财产安全可能造成危害，且采取修剪等防护措施后仍无法消除危害的；

（二）原生长环境不适宜古树名木继续生长，可能导致古树名木死亡的；

（三）因国家和省重点建设项目确实无法避让或者进行有效保护的；

（四）法律、法规规定的其他情形。

移植古树名木的，移植申请单位应当制定移植方案，依法报市、县（区）林业主管部门审查。经批准移植的古树名木，应当按照批准的移植方案实施移植；移植和移植后五年内的养护，应当由专业的绿化养护单位进行，费用由移植申请单位负责。

第二十条　古树名木死亡的，养护责任单位或者责任人应当及时向市、县（区）林业主管部门报告。市、县（区）林业主管部门应当在接到报告后组织专业技术人员进行确认，查明原因和责任后注销登记，由所有权人处置，报同级人民政府备案，并及时向社会公布。经确认死亡的古树名木具有保护价值的，可以采取相应措施处理后予以后续保护。

第二十一条　禁止下列损害古树名木的行为：

（一）砍伐；

（二）刻画、钉钉、击打、剥皮、掘根、攀树、折枝、缠绕悬挂重物或者以古树名木为支撑物；

（三）在古树名木所在生态保护红线范围内挖坑取土、采石挖砂、非通透性硬化树干周围地面、非保护性填土、圈地养殖、铺管架线、烧火、排烟、倾倒污水、堆放和倾倒易燃易爆或者有毒有害物品，以及修建或者扩建临时和永久性建（构）筑物；

（四）危害古树名木正常生长的其他行为。

第二十二条　违反本条例第十四条规定，养护责任单位或者责任人未尽到养护责任的，由市、县（区）林业主管部门责令限期改正；因养护不当造成古树名木死亡的，对养护责任单位或者责任人处一千元以上一万元以下的罚款。

第二十三条　违反本条例第十七条规定，擅自移动或者损毁古树名木保护牌、保护设施的，由市、县（区）林业主管部门责令停止违法行为、限期恢复原状；逾期不恢复原状的，处五百元以上一千元以下的罚款。

第二十四条　违反本条例第二十条规定，擅自处理未经林业主管部门确认死亡、核实注销的古树名木的，由市、县（区）林业主管部门或者其他有关部门没收违法所得，可以处500元以上5000元以下的罚款。

第二十五条　违反本条例第十八条第一款、十九条、二十一条规定，砍伐、毁坏或者擅自移植古树名木的，依照《中华人民共和国森林法》《中华人民共和国森林法实施条例》《城市绿化条例》《湖南省林业条例》等法律、法规的规定处罚。

第二十六条　林业主管部门及其他有关部门工作人员，违反本条例规定，失职渎职致使古树名木遭受损害或者死亡的，对负有责任的主管人员和其他直接责任人员依法给予行政处分；构成犯罪的，依法追究刑事责任。

第二十七条　违反本条例规定的其他违法行为，法律法规另有规定的，从其规定。

第二十八条　市人民政府应当根据本条例制定实施细则。

第二十九条　本条例自2021年3月1日起施行。

张家界市第七届人民代表大会常务委员会
公　告

（2020 年第一号）

《张家界市人民代表大会及其常务委员会制定地方性法规条例》已于 2020 年 1 月 8 日经张家界市第七届人民代表大会第四次会议通过，2020 年 3 月 31 日经湖南省第十三届人民代表大会常务委员会第十六次会议批准。现予公布，自 2020 年 5 月 1 日起施行。

张家界市人民代表大会及其常务委员会制定地方性法规条例

（2020 年 1 月 8 日经张家界市第七届人民代表大会第四次会议通过 2020 年 3 月 31 日经湖南省第十三届人民代表大会常务委员会第十六次会议批准）

目　录

第一章　总　则

第一条　为了规范地方立法活动，提高立法质量，维护社会主义法制的统一，发挥立法的引领和推动作用，根据《中华人民共和国地方各级人民代表大会和地方各级人民政府组织法》《中华人民共和国立法法》和《湖南省地方立法条例》的有关规定，结合本地实际，制定本条例。

第二条　市人民代表大会及其常务委员会制定、修改、废止、解释地方性法规及其相关活动，适用本条例。

第三条　市人民代表大会及其常务委员会根据本市的具体情况和实际需要，在不同宪法、法律、行政法规和本省地方性法规相抵触的前提下，可以对城乡建设与管理、环境保护、历史文化保护等方面的事项制定地方性法规。

法律对设区的市制定地方性法规的事项另有规定的，从其规定。

第四条　制定地方性法规，应当坚持中国共产党的领导，遵循《中华人民共和国立法法》规定的基本原则，坚持不抵触、有特色、可操作。对上位法已经明确规定的内容，一般不作重复性规定。

第五条　规定本市特别重大事项的地方性法规，应当由市人民代表大会制定。

在市人民代表大会闭会期间，市人民代表大会常务委员会可以对市人民代表大会制定的地方性法规进行部分补充和修改，但不得同该法规的基本原则相抵触。

第六条　市人民代表大会及其常务委员会应当加强立法工作组织协调，推进科学立法、民主立法、依法立法，发挥在立法工作中的主导作用，注重提高立法质量。

第二章　市人民代表大会制定地方性法规程序

第七条　市人民代表大会主席团可以向市人民代表大会提出地方性法规案，由市人民代表大会会议审议。

市人民代表大会常务委员会、市人民政府、市人民代表大会专门委员会，可以向市人民代表大会提出地方性法规案，由主席团决定列入会议议程。

一个代表团或者十名以上代表联名，可以向市人民代表大会提出地方性法规案，由主席团决定是否列入会议议程，或者先交有关的专门委员会审议并提出是否列入会议议程的意见，再决定是否列入会议议程。

第八条　向市人民代表大会提出的地方性法规案，在市人民代表大会闭会期间，可以先向常务委员会提出，经常务委员会依照本条例第三章规定的有关程序审议后，决定提请市人民代表大会审议，由常务委员会或者提案人向大会全体会议作说明。

第九条 常务委员会决定提请市人民代表大会会议审议的地方性法规案，应当在会议举行的三十日前将法规草案发给代表。

第十条 列入市人民代表大会会议议程的地方性法规案，大会全体会议听取提案人的说明后，由各代表团进行审议。各代表团审议地方性法规案时，提案人应当派人听取意见，回答询问；根据代表团的要求，有关机关、组织应当派人介绍情况。

第十一条 列入市人民代表大会会议议程的地方性法规案，由有关的专门委员会进行审议，向主席团提出审议意见，并印发会议。

第十二条 列入市人民代表大会会议议程的地方性法规案，由法制委员会根据各代表团和有关的专门委员会的审议意见，对地方性法规案进行统一审议，向主席团提出审议结果报告和法规草案修改稿，对重要的不同意见应当在审议结果报告中予以说明，经主席团会议审议通过后，印发会议。

第十三条 列入市人民代表大会会议议程的地方性法规案，必要时，主席团常务主席可以召开各代表团团长或者代表团推选的代表会议，就地方性法规案中的重大问题或者重大的专门性问题听取各代表团的审议意见，进行讨论，并将讨论的情况和意见向主席团报告。

第十四条 列入市人民代表大会会议议程的地方性法规案，在交付表决前，提案人要求撤回的，应当说明理由，经主席团同意并向大会报告，对该地方性法规案的审议即行终止。

第十五条 地方性法规案在审议中有重大问题需要进一步研究的，经主席团提出，由大会全体会议决定，可以授权市人民代表大会常务委员会根据代表的意见进一步审议，作出决定，并将决定情况向市人民代表大会下次会议报告；也可以授权市人民代表大会常务委员会根据代表的意见进一步审议，提出修改方案，提请市人民代表大会下次会议审议决定。

第十六条 法规草案修改稿经各代表团审议，由法制委员会根据各代表团的审议意见进行修改，提出法规草案表决稿，由主席团提请大会全体会议表决，由全体代表的过半数通过。

第三章 市人民代表大会常务委员会

制定地方性法规程序

第十七条 市人民代表大会常务委员会主任会议可以向常务委员会提出地方性法规案，由常务委员会会议审议。

市人民政府、市人民代表大会专门委员会，可以向市人民代表大会常务委员会提出地方性法规案，由主任会议决定列入常务委员会会议议程，或者先交有关的专门委员会审议并提出报告，再决定列入常务委员会会议议程。主任会议认为法规案有重大问题需要进一步研究，可以建议提案人修改完善后再向常务委员会提出。

第十八条 市人民代表大会常务委员会组成人员五人以上联名，可以向常务委员会提出法规案，由主任会议决定是否列入常务委员会会议议程，或者先交有关的专门委员会审议、提出是否列入会议议程的意见，再决定是否列入常务委员会会议议程。对不列入常务委员会会议议程的，应当向常务委员会会议报告或者向提案人说明。

第十九条 市人民代表大会主席团交市人民代表大会常务委员会审议的地方性法规案，由主任会议决定列入常务委员会会议议程。

第二十条 提请市人民代表大会常务委员会会议审议的地方性法规案，提案人一般应当在会议举行的十日前向常务委员会提出。

列入常务委员会会议议程的地方性法规案，一般应当在会议举行的七日前将法规草案、法规草案说明及有关资料发送给常务委员会组成人员。

常务委员会会议审议地方性法规案，应当邀请有关的人大代表列席会议。

第二十一条 列入市人民代表大会常务委员会会议议程的地方性法规案，一般应当经过三次常务委员会会议审议后再交付表决。

常务委员会会议第一次审议地方性法规案，在全体会议上听取提案人的说明和专门委员会审议意见的报告，由分组会议进行初步审议。

常务委员会会议第二次审议地方性法规案，在全体会议上听取法制委员会关于法规草案修改情况的汇报，由分组会议进一步审议。

常务委员会会议第三次审议地方性法规案，在全体会议上听取法制委员会关于法规草案审议结果的报告，由分组会议对法规草案修改稿进行审议。

第二十二条 列入市人民代表大会常务委员会会议议程的地方性法规案，各方面意见比较一致的，可以经两次常务委员会会议审议后交付表决。调整事项较为单一或者部分修改的地方性法规案，各方面意见比较一致的，可以经一次常务委员会会议审议即交付表决。

列入常务委员会会议议程的废止法规的决定案和其他有关法规问题的决定案，一般经过一次常务委员会会议审议即可交付表决。

第二十三条 市人民代表大会常务委员会审议地方性法规案时，提案人应当派人听取意见，回答询问。

第二十四条 列入市人民代表大会常务委员会会议议程的地方性法规案，由有关的专门委员会召开全体会议进行审议，提出审议意见的报告。

有关的专门委员会审议地方性法规案时，可以邀请其他专门委员会的成员或者常务委员会工作机构的负责人列席会议，发表意见；根据需要，可以要求有关机关、组织派人说明情况。

第二十五条 列入市人民代表大会常务委员会会议议程的地方性法规案，由法制委员会根据常务委员会组成人员、有关的专门委员会的审议意见和各方面提出的意见，召开全体会议对地方性法规案进行统一审议，提出修改情况的汇报或者审议结果的报告和法规草案修改稿，对重要的不同意见应当在修改情况汇报或者审议结果报告中予以说明。对有关的专门委员会的审议意见没有采纳的，应当向有关的专门委员会反馈。

法制委员会审议地方性法规案时，应当邀请有关的专门委员会的成员列席会议，发表意见；根据需要，可以要求有关机关、组织派人说明情况。

第二十六条 专门委员会之间对法规草案的重要问题意见不一致时，应当向主任会议报告。

第二十七条 列入市人民代表大会常务委员会会议议程的地方性法规案，法制委员会、有关的专门委员会和常务委员会法制工作委员会应当就地方性法规案的有关问题调查研究，听取各方面的意见。听取意见可以采取座谈会、论证会、听证会、实地考察等形式。

地方性法规案中有关问题专业性较强，需要进行可行性评价的，应当召开论证会，听取有关专家、部门和人大代表等方面的意见。

地方性法规案中有关问题存在重大意见分歧或者涉及利益关系重大调整，需要进行听证的，应当召开听证会，听取人大代表、基层和群体代表、相关部门、人民团体、专家学者和社会有关方面的意见。

第二十八条 在市人民代表大会常务委员会审议地方性法规案后，应当将法规草案及其起草、修改的说明等通过张家界人大网等媒介向社会公布，征求意见，但是经主任会议决定不公布的除外。向社会公布征求意见的时间一般不少于三十日。

第二十九条 拟提请市人民代表大会常务委员会会议审议通过的地方性法规案，在法制委员会提出审议结果报告前，常务委员会法制工作委员会可以对法规草案中主要制度规范的可行性、法规出台时机、法规实施的社会效果和可能出现的问题等进行评估。评估情况由法制委员会在审议结果报告中予以说明。

第三十条 列入市人民代表大会常务委员会会议议程的地方性法规案，在交付表决前，提案人要求撤回的，应当说明理由，经主任会议同意并向常务委员会报告，对该地方性法规案的审议即行终止。

第三十一条 地方性法规案经三次市人民代表大会常务委员会会议审议后，仍有重大问题需要进一步研究的，由主任会议决定，可以暂不付表决，交法制委员会进一步审议。

第三十二条 法规草案修改稿经市人民代表大会常务委员会会议审议，由常务委员会法制工作委员会根据常务委员会组成人员的审议意见进行修改，经法制委员会审议提出法规草案表决稿，由主任会议提请常务委员会全体会议表决，由常务委员会全体组成人员的过半数通过。

法规草案表决稿交付常务委员会会议表决前，主任会议根据常务委员会会议审议的情况，可以决定将个别意见分歧较大的重要条款提请常务委员会会议单独表决。

单独表决的条款经常务委员会会议表决后，主任会议根据单独表决的情况，可以决定将法规草案表决稿交付表决，也可以决定暂不付表决，交法制委员会和有关的专门委员会进一步审议。

第三十三条 列入市人民代表大会常务委员会会议议程的地方性法规案，因各方面对制定该法规的必要性、可行性等重大问题存在较大意见分歧搁置审议满两年的，或者因暂不付表决经过两年没有再次列入常务委员会会议议程的，由主任会议向常务委员会报告，该地方性法规案终止审议。

第四章 地方性法规的报批、公布和解释

第三十四条 市人民代表大会及其常务委员会表决通过的地方性法规，应当自通过之日起十五日内由常务委员会报请省人民代表大会常务委员会批准，未经批准，不得施行。

第三十五条 报请批准的地方性法规在省人民代表大会常务委员会批准后三十日内，由市人民代表大会常务委员会发布公告予以公布，并在《张家界日报》和张家界市人民代表大会常务委员会官网上刊载公告和地方性法规全文。公告中应当载明该地方性法规的制定机关、通过和施行日期，并注明批准机关和批准时间。在《张家界日报》上刊载的地方性法规文本为标准文本。

地方性法规被修改的，应当公布新的地方性法规文本。地方性法规被废止的，应当由市人民代表大会常务委员会发布公告予以公布。

地方性法规发布公告予以公布之日起十日内，市人民代表大会常务委员会应当将有关地方性法规标准文本和公告等书面报送省人民代表大会常务委员会。

第三十六条 市人民代表大会及其常务委员会制定的地方性法规，其解释权属于常务委员会。

地方性法规有以下情况之一的，由常务委员会解释：

（一）地方性法规的规定需要进一步明确具体含义的；

（二）地方性法规制定后出现新的情况，需要明确适用依据的。

市人民政府、市中级人民法院、市人民检察院和市人民代表大会专门委员会以及各县（区）人民代表大会常务委员会可以向市人民代表大会常务委员会提出地方性法规解释要求。

市人民代表大会常务委员会对地方性法规的解释，与地方性法规具有同等效力。

第三十七条 市人民代表大会常务委员会法制工作委员会研究拟订法规解释草案，由主任会议决定列入常务委员会会议议程。

法规解释草案经常务委员会会议审议，由常务委员会法制工作委员会根据常务委员会组成人员的审议意见进行修改，再由法制委员会统一审议，提出地方性法规解释草案表决稿。

第三十八条 法规解释草案表决稿由市人民代表大会常务委员会全体组成人员的过半数通过。法规解释作出后，应当自公布之日起三十日内报省人民代表大会常务委员会备案。

第五章 其他规定

第三十九条 市人民代表大会常务委员会应当编制年度立法计划，根据需要可以编制立法规划。立法计划和立法规划应当向社会公布。

编制立法规划和立法计划，应当征求省人民代表大会常务委员会法制工作委员会的意见。

第四十条 市人民代表大会常务委员会法制工作委员会根据各专门委员会、市人民政府法制工作机构以及有关方面的立法建议，统一研究、协调论证，提出立法规划草案和立法计划草案，提请主任会议确定。

立法规划和立法计划在执行过程中需要作适当调整的，由常务委员会法制工作委员会根据专门委员会和有关方面的建议提出方案，报请主任会议决定。

第四十一条 法规草案一般由提案人组织起草。

有关的专门委员会、常务委员会工作机构应当提前参与有关方面的法规草案起草工作；综合性、全局性、基础性的重要法规草案，可以由有关的专门委员会、常务委员会工作机构组织起草。

专业性较强的法规草案，可以吸收相关领域专家参与起草工作，或者委托有关专家、教学科研单位、社会组织起草。

第四十二条 提出地方性法规案，应当同时提出法规草案文本及其说明，并提供必要的参阅资料。修改法规的，还应当提交修改前后的对照文本。法规草案的说明应当包括制定或者修改法规的必要性、可行性和主要内容，以及起草过程中对重大分歧意见的协调处理情况。

第四十三条 向市人民代表大会及其常务委员会提出的地方性法规案，在列入会议议程前，提案人有权撤回。

第四十四条 交付市人民代表大会及其常务委员会全体会议表决未获通过的地方性法规案，如果提案人认为必须制定该地方性法规，可以按照本条例规定的程序重新提出，由主席团、主任会议决定是否列入会议议程。

第四十五条 市人民代表大会及其常务委员会制定的地方性法规，在表决前应当报请省人民代表大会常务委员会法制工作委员会指导。

第四十六条 市人民代表大会及其常务委员会制定的地方性法规，在报请省人民代表大会常务委员会批准过程中，市人民代表大会常务委员会或者其授权的主任会议可以根据省人民代表大会常务委员会的审查意见，对地方性法规个别条文进行修改。

第四十七条 地方性法规的修改、废止程序，适用本条例的有关规定。

第四十八条 地方性法规明确要求有关国家机关对专门事项作出配套规定的，有关国家机关应当自法规施行之日起一年内作出规定。法规另有规定的，从其规定。

有关国家机关未能在期限内作出配套规定的，应当向常务委员会说明情况。

第四十九条 市人民代表大会有关的专门委员会、常务委员会法制工作委员会可以组织对有关法规或者法规中有关规定进行立法后评估。评估情况应当向常务委员会报告。

第五十条 市人民代表大会常务委员会法制工作委员会可以对地方性法规有关具体问题的询问进行研究予以答复，并报常务委员会备案。

第六章 附则

第五十一条 本条例自 2020 年 5 月 1 日起施行。

张家界市第七届人民代表大会常务委员会
公 告

（2020年第4号）

《张家界市农村村民住房规划建设管理规定》已于2020年9月3日经张家界市第七届人民代表大会常务委员会第二十九次会议通过，2020年9月25日经湖南省第十三届人民代表大会常务委员会第二十次会议批准。现予公布，自2021年1月1日起施行。

张家界市人民代表大会常务委员会
2020年10月15日

张家界市农村村民住房规划建设管理规定

（2020年9月3日张家界市第七届人民代表大会常务委员会第二十九次会议通过 2020年9月25日湖南省第十三届人民代表大会常务委员会第二十次会议批准）

第一条 为了加强农村村民住房规划建设管理，节约利用土地，改善农村人居环境，根据《中华人民共和国土地管理法》《中华人民共和国城乡规划法》等有关法律法规的规定，结合本市实际，制定本规定。

第二条 本市行政区域内，城镇开发边界以外，集体所有土地上农村村民新建、重建、改建、扩建住房的规划建设等活动，适用本规定。

第三条 农村村民住房规划建设应当遵循保护耕地、规划管控、风貌协调、高效便民的原则。

第四条 市、县（区）人民政府组织领导本行政区域内的农村村民住房规划建设管理工作，对农村村民住房规划建设管理的机构设置、人员配备予以保障，将村庄规划和示范图集编制、建筑风格奖励和补助、执法管理等经费纳入财政预算。

农业农村、自然资源和规划、住房和城乡建设、财政、交通运输、水利、生态环境、文化旅游、林业等主管部门按照各自职能职责，做好农村村民住房规划建设管理的相关工作。

第五条 乡（镇）人民政府是农村村民住房规划建设管理的实施主体，根据法律、法规授权以及县（区）人民政府有关主管部门的委托，负责组织编制、实施村庄规划，开展农村村民住房规划建设管理工作。

村民委员会协助乡（镇）人民政府做好农村村民住房规划建设的审查、批准和监督管理等工作，制定村规民约促进本村村民规范住房规划建设行为。

第六条 农村村民建设住房应当充分利用原有宅基地、空闲地、荒山、荒坡和其他未利用地，禁止占用永久基本农田，不占或少占耕地。

对于建在成片耕地区域内的零星分散房屋，乡（镇）人民政府经批准后可以组织村集体经济组织实施土地整理建设，促进耕地保护和土地节约利用。

经依法批准占用永久基本农田以外耕地的，应当按照有关规定通过开垦荒地或复垦宅基地等措施落实耕地占补平衡。

对于主动拆除废弃房屋复垦并耕种的新增加耕地的农户，县（区）人民政府应当按新增加耕地面积给予奖励补助。

第七条 编制村庄规划应当以国土空间总体规划为依据，与永久基本农田保护、全域旅游、生态保护、乡村振兴等规划相衔接，突出实用性，体现乡村特色，注重保护和传承传统文化。规划成果内容应当通俗易懂、简便易行，利于村民认知、接受和执行。

编制的村庄规划经该村庄的村民会议或者村民代表会议讨论同意并公示后，提请乡（镇）人民代表大会审议，并报县（区）人民政府批准后公布实施。

乡（镇）人民政府应当在本规定施行后一年内完成村庄规划编制工作。

第八条 住房和城乡建设主管部门应当会同自然资源和规划、农业农村等部门联合编制、修订农村村民住房建筑设计示范图集。

编制的农村村民住房建筑设计示范图集应当充分听取村民意见，尊重村民意愿，征求所在村和乡（镇）的意见。

纳入农村村民住房建筑设计示范图集的农村村民住房建筑设计图应当符合村庄规划确定的建筑风格，满足不同经济水平村民需求和公众的审美要求，与周边环境相协调，合理安排生活污水处理设施，推广使用新材料、新技术、新工艺，并根据当地实际情况及时更新。

住房和城乡建设主管部门应当无偿提供农村村民住房建筑设计示范图集，并对农村建筑施工人员提供技术指导和免费培训。

第九条 符合下列情形之一的，农村村民可以以户为单位申请住房建设：

（一）无自有农村住房的；

（二）原有住房因灾毁损需要重建的；

（三）具备分户条件，确需另立户修建住房的；

（四）住房因国家建设项目征收或政策性搬迁的；

（五）退出原有宅基地向农村村（组）集中建房点建房的；

（六）因改善居住条件等原因需要拆旧建新的；

（七）其他可以申请住房建设的情形。

第十条 农村村民申请住房建设，应当持下列材料向村民委员会提出申请：

（一）住房建设审批表；

（二）农村宅基地使用承诺书；

（三）住房建设工程设计方案或者住房和城乡建设主管部门免费提供的住房建筑设计图；

（四）申请人身份证和户口簿。

前款第一项、第二项的格式文书，由申请人到村民委员会免费领取。

第十一条 农村村民一户只能拥有一处宅基地。建房户易地新建住房的，应当在新房竣工或者入住后及时拆除原有住房。

农村村民建房选择宅基地应当符合村庄规划要求，合理避让地质灾害隐患区、地下采空区、山洪灾害危险区等不宜建房的区域，确因选址困难需切坡的，应当在乡（镇）人民政府指导下，按照有关技术规范做好坡体防护，确保建房安全。

第十二条 农村村民建设住房用地面积使用耕地不超过一百三十平方米、使用荒山荒地不超过二百一十平方米、使用其他土地不超过一百八十平方米。

第十三条 提倡同一居住区域的农村村民依据村规民约选择住房和城乡建设主管部门推荐的住宅设计图，在样式、体量、色彩、高度上相对统一。

在特色景观旅游名村、高速公路沿线、景区公路沿线、重要交通节点等地进行住房建设的，要体现民族、区域、文化、民居传统和自然风貌等特色，形成统一或相近建筑风格。

在历史文化名村、传统村落、少数民族特色村寨等完整体现历史风貌和建筑特色、有一定保护价值的村庄，应当保护原有建筑，新建建筑应当与原有建筑风格相一致。

第十四条 县（区）、乡（镇）人民政府应当通过政府网站、政务大厅、村级服务平台等，公开农村村民住房建设的申请条件、申请资料目录、申请受理机关、审批机关、审批权限、审批程序、审批时限以及农村建房年度用地计划等，并定期公布审批情况。

村民委员会应当协助乡（镇）人民政府在本辖区公布前款事项。

农村村民申请自建住房，应当先向村民委员会提出申请，经村民委员会讨论通过后，报乡（镇）人民政府审批，符合批准条件的，由乡（镇）人民政府五个工作日内依法发放许可手续。

第十五条 乡（镇）人民政府在办理农村村民建房许可手续时，应当在正文及其附图、附件上明确建房户、建房位置、用地面积、建筑面积、建筑高度、四至范围、建筑朝向、建筑风格等要求。

第十六条 建设布局和土地利用不合理、房屋建筑不规范、基础和公共设施不完善的村庄，应当按照村庄规划逐步进行改建、改造，达到规划的要求。

第十七条 乡（镇）人民政府可以根据实际情况，在编制村庄规划时，设置农村村（组）住房集中建设点。

农村村民选择集中建房点建设住房的，村（组）集体经济组织应当为其协调置换宅基地。

因置换土地造成被置换土地利害关系人合法权益损失的，应当给予合理补偿。

第十八条 乡（镇）人民政府应当建立农村村民住房规划建设动态巡查制度，及时发现和查处违法行为。

村民委员会应当协助乡镇人民政府加强日常巡查，发现违法建设房屋的，应当立即劝阻，并于二十四小时内向乡（镇）人民政府报告。

第十九条 违反本规定，有下列情形之一的，对主要责任人和直接责任人给予处分；构成犯罪的，依法追究刑事责任：

（一）未依法处理违法占用永久基本农田等行为的；

（二）未依法编制或者未按照法定程序编制、审批、修改村庄规划的；

（三）未依法办理许可手续的；

（四）对村民住房建设违法行为巡查不到位、制止查处不力的；

（五）有其他玩忽职守、滥用职权、徇私舞弊等行为的。

第二十条 农村村民建设住房有未经批准、超出批准范围或者采取欺骗手段骗取批准等行为的，依照《中华人民共和国土地管理法》《中华人民共和国城乡规划法》等法律法规进行处理。

第二十一条 违反本规定的其他行为，法律法规已有规定的，从其规定。

第二十二条 街道办事处等管理机构辖区范围内的农村村民住房的规划建设管理，参照本规定执行。

第二十三条 本规定自 2021 年 1 月 1 日起施行。

索 引

说明：

一、本索引采用分析索引方法，按索引条目第一字汉语拼音（同音字按声调）顺序排列。

二、部类用棕色字标明。标引调后的阿拉伯数字表示内容所在页码。

数字、首字母

D

E

F

J

K

L

M

N

P

Q

R

S

T

W

Z